长江运河相约的地方

中国镇江

CHINA ZHENJIANG

【城市坐标】

市树 广玉兰

市花 杜鹃花

镇江精神 创业创新、开放文明、务实诚信

城市位置 长江运河『十字黄金水道』交汇处

城市性质 国家历史文化名城，长江下游重要的港口、工贸、风景旅游城市

城市历史 3000年文明历史

辖市（区） 丹阳市、句容市、扬中市、丹徒区、京口区、润州区、镇江新区

【城市荣誉】

国家历史文化名城
中国优秀旅游城市
国家园林城市
全国社会治安综合治理优秀城市
国家环境保护模范城市
全国科技进步先进城市
国家知识产权示范城市
2011中国城市科学发展典范城市
全国创业先进城市
国家创新型试点城市
全国双拥模范城
国家卫生城市
全国未成年人思想道德建设工作先进城市
全国文化体制改革工作先进地区
劳动关系和谐创建国家级示范区

《镇江年鉴》近年来主要荣誉

中国年鉴奖（2004年）

全国地方志系统首届年鉴评奖综合特等奖（2004年）

全国地方志系统第二届年鉴评奖综合特等奖（2010年）

第三届全国年鉴编纂出版质量评比综合一等奖（2004年）

第四届全国年鉴编纂出版质量评比综合特等奖（2009年）

第二届全国年鉴编校质量检查评比特等奖（2006年）

第三届全国年鉴编校质量检查评比一等奖（2007年）

第四届全国年鉴编校质量检查评比特等奖（2008年）

第五届全国年鉴编校质量检查评比特等奖（2011年）

第六届全国年鉴编校质量检查评比特等奖（2012年）

江苏省第四次地方志系统优秀成果评奖特等奖（2006年）

首届江苏省年鉴奖综合特等奖（2010年）

镇江年鉴

2012（总第21卷）

镇江市人民政府主办
镇江市史志办公室编

方志出版社

图书在版编目(CIP)数据

镇江年鉴.2012/镇江市史志办公室编. —北京:
方志出版社,2012.9
ISBN 978-7-5144-0571-2

Ⅰ.①镇… Ⅱ.①镇… Ⅲ.①镇江市-2012-年鉴
Ⅳ.①Z525.33

中国版本图书馆CIP数据核字(2012)第218674号

镇江年鉴(2012)

编　　者: 镇江市史志办公室

责任编辑: 李志瑜

出 版 者: 方 志 出 版 社
(北京市东城区夕照寺14号院富瑞苑公寓6层)
邮编　100061
网址　http://www.fzph.org

发　　行: 方志出版社发行部
(010)67120966-6008

经　　销: 新华书店总店北京发行所

法律顾问: 北京市大禹律师事务所

印　　刷: 南京凯德印刷有限公司

开　　本: 889×1194　1/16

印　　张: 26

字　　数: 1179千字

版　　次: 2012年9月第1版　2012年9月第1次印刷

印　　数: 0001~2800册

ISBN 978-7-5144-0571-2/K·465　定价:280.00元

《镇江年鉴》主审

张敬华 朱晓明

《镇江年鉴》编审人员

主　　编	孙晓南　胡　振
副 主 编	张国平　杨国祥　傅雪元（执行）　刘爱玲　孙爱军　陈恒明　杨正宏
编辑部主任	毛向阳
编　　辑	(以下按姓名笔画排序) 丁秋波　毛向阳　严志清　杨正宏　陈春鸣　姚丽华　赵茂龙　倪红阳　蔡树梅
特约编辑	王　磊　欧红卫　付久成　解志勇　冯鸿鸣　石铁流　安　江　朱利荣　吴　琼　高　广　李世华　胡　瑾　束国玉　邵　教　陈正群　於光辉　姜银土　唐　为　贾泽栋　郭　鑫　吴苏凌　满子琴　褚和平　缪立新　徐红军
辖市(区)编辑	丁　阁　王　芸　尹宏蔚　刘　芳　李冬冬　於　鹏　殷　红　谢竞美
彩页设计	黄丽华　黄　锦

《镇江年鉴》撰稿单位审稿人名单

（按姓名笔画排序）

马国进　马勇良　马鹤利　尤　廉　尹卫民　尹连荣　方益民　王　华　王为华　王友照

王长江　王永新　王亚娟　王会明　王建宏　王金华　王俊秋　王根生　王桂宏　王高飞

王琪生　王燕文　卢小扣　叶　震　叶有伟　宁湘煜　田先华　艾学平　任一鸣　任振棣

刘　志　刘　沁　刘军强　刘贤忠　刘晓波　刘爱淳　印　明　吕建峰　孙　杰　孙广平

孙中良　孙正林　孙德举　庄　钧　朱纪平　朱希庭　朱保卫　朱绮云　许再湘　严顺秋

冷国桂　吴　越　吴士富　吴林宝　宋飞雄　宋勤华　张　明　张　俊　张世成　张永志

张志宏　张国云　张忠波　张雪冰　张朝晖　李　丹　李　军　李少华　李立文　李江苏

李奇瑞　李　明　李柏椵　李润仙　杜秀芹　杜晓镇　杨宁国　沈　红　沈玉林　沈红亮

沈高升　沈维良　肖军荣　邵伟一　邵利明　陈　凯　陈义春　陈汉金　陈孝信　陈林海

陈泰龙　周　鸿　周万宝　周艾平　周苏平　周国年　周建明　周祝全　周梅生　宗加伟

岳卫平　武　斌　郑　青　郑　毅　金彩曦　俞波涛　施有才　施竞平　祝　林　胡配军

贺平泉　贺丽娟　唐成海　唐国义　徐　力　徐心田　徐文山　徐旭峰　徐海亮　殷国兴

殷金顺　莫丽荣　袁剑峰　郭必东　郭瑞龙　钱伯安　顾雄林　高　民　康　勇　曹阳根

曹丽虹　章纯钢　傅雪元　彭　军　曾文兵　葛晓祥　葛艳峰　蒋　宁　蒋元林　蒋宗宁

蒋建新　韩建玲　管鹤楼　缪志林　蔡　萍　蔡晓伟　樊德高　潘　江　潘国建　霍爱平

戴江澄　戴非平　鞠　伟　魏守红

编辑说明

《镇江年鉴》是镇江市人民政府主办、镇江市史志办公室编撰的大型地方综合年鉴，创刊于1992年，每年一卷，旨在逐年记载镇江市经济和社会发展的基本情况，为社会各界认识镇江、研究镇江、发展镇江提供基本资料。

《镇江年鉴(2012)》记载2011年全市经济、社会等方面的基本面貌、发展状况和各行各业取得的新进展、新成就、新经验，出现的新矛盾、新问题以及新探索。《镇江年鉴(2012)》新设中共镇江市第六次代表大会、六创双拥模范城、庆祝中国共产党成立90周年、纪念辛亥革命100周年、民生工程建设、文明城市创建、干部人事制度改革、互联网属地管理等内容。彩色画页继续设立《城市名片》，介绍城市特点和重要荣誉。为增强年鉴实用性，在相关部类安排重点企事业单位、科研机构、科研成果、大专院校等“点”上的信息，刊登最新版《镇江市政区图》《镇江市城区图》，继续选登有资料价值、史料价值的图表。

全书分类目、分目和条目3个层次，共设41个类目、231个分目、2000多个条目(图表)。个别分目下设立次分目，其标题前后加 · 表示。条目为记述实体，其标题用黑体字加【】表示。《大事记》中△表示“同日”,表格中＃表示“其中”。全书所用稿件由市各部门、单位，各辖市(区)专人撰写，并经过各单位领导审阅，事实与数据均经过反复核对。统计数据均使用法定计量单位，为保持文献原貌，《特载》所刊报告中数据的量与单位均不作变动。对有些重要资料的记载在时限上适当放宽，以提高资料使用的时效性。地图经市国土资源局、地名管理办公室等单位审核，并由镇江市测绘管理办公室监制。

全书配有多重检索方法：卷首设中、英文目录，卷末设主题分析索引，并辅之以全书条目参见系统。为行文简洁，对主要机构(单位)名称采用习惯性简称，并在目录前配有《〈镇江年鉴〉主要机构(单位)简称全称对照表》，全书所有资料可通过目录、索引、条目参见系统以及书眉等查寻。2000年起，《镇江年鉴》进入互联网（http：//szb.zhenjiang.gov.cn）；2006年起附电子版光盘，以方便读者使用。2012年起，全书改成彩色印刷。

镇江市政区图

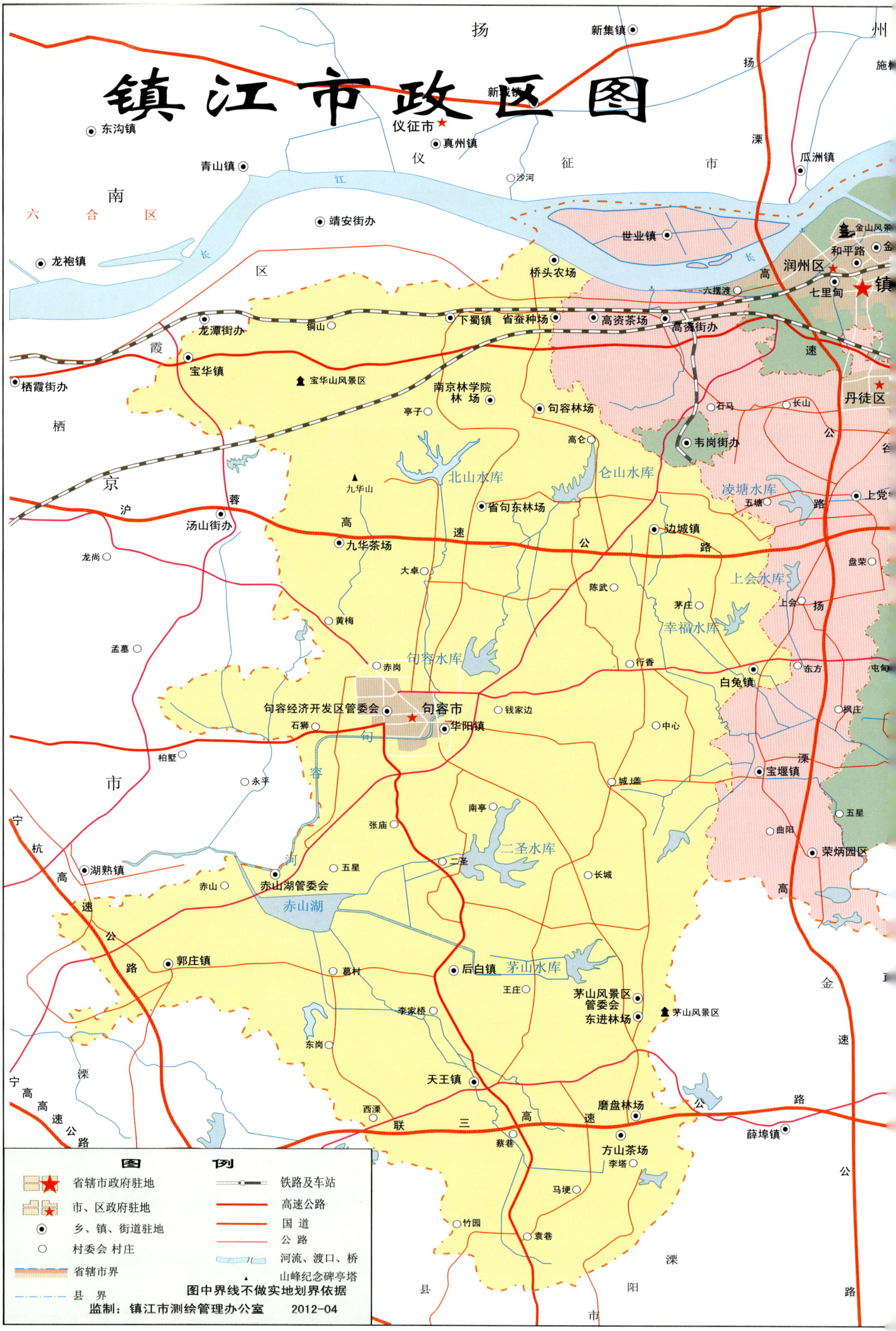

扬
新集镇
州
扬
施
新城镇
仪征市
真州镇
东沟镇
青山镇
仪
征
市
瓜洲镇
沙河
江
南
六
合
区
靖安街办
世业镇
金山风景
和平路
龙袍镇
长
区
桥头农场
长
高
润州区
镇
六摆渡
七里甸
铜山
龙潭街办
下蜀镇
省蚕种场
高资茶场
高资街办
霞
速
宝华镇
宝华山风景区
栖霞街办
南京林学院
林场
句容林场
丹徒区
亭子
石马
长山
栖
高仑
韦岗街办
公
京
九华山
北山水库
仑山水库
凌塘水库
五塘
路
上党
沪
蓉
省句东林场
汤山街办
高
速
边城镇
九华茶场
公
路
龙尚
大卓
上会水库
盘荣
陈武
茅庄
上会
扬
黄梅
幸福水库
孟墓
句容水库
赤岗
行香
东方
白兔镇
屯甸
句容经济开发区管委会
句容市
钱家边
枫庄
石狮
华阳镇
中心
句
柏墅
溧
容
永平
城塘
宝堰镇
市
南亭
五星
宁
张庙
曲阳
二圣水库
荣炳园区
杭
湖熟镇
五星
二圣
河
高
长城
赤山
赤山湖管委会
高
速
赤山湖
公
路
郭庄镇
葛村
后白镇
茅山水库
金
王庄
茅山风景区
管委会
李家桥
东进林场
茅山风景区
速
东岗
溧
天王镇
宁
高
高
磨盘林场
公
路
速
西溧
公
联
三
高
速
路
蔡巷
方山茶场
薛埠镇
李塔
公
马埂
竹园
袁巷
溧
县
阳
路
市
图例
省辖市政府驻地
市、区政府驻地
乡、镇、街道驻地
村委会 村庄
省辖市界
县界
铁路及车站
高速公路
国道
公路
河流、渡口、桥
山峰纪念碑亭塔
图中界线不做实地划界依据
监制：镇江市测绘管理办公室 2012-04

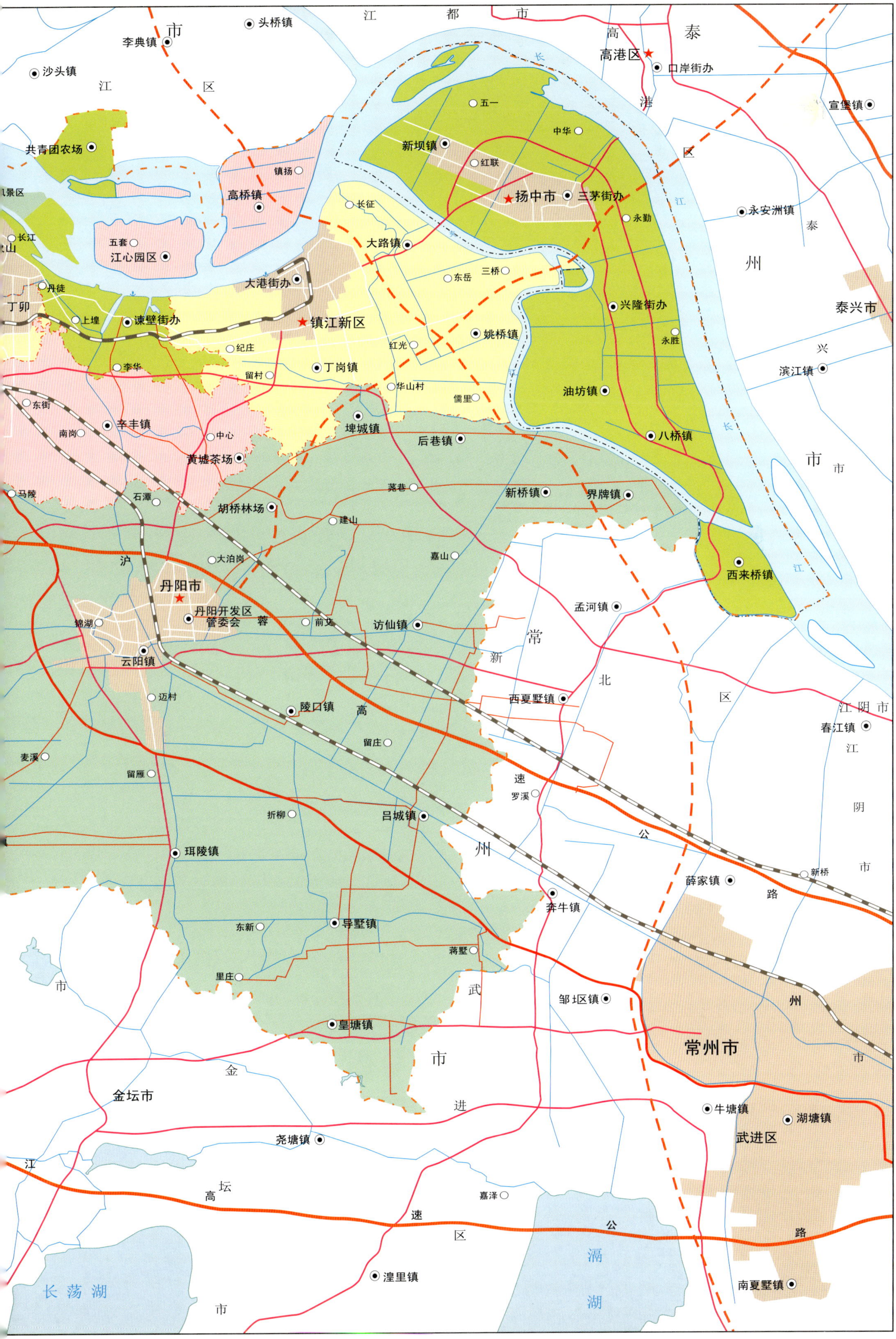

头桥镇
李典镇
沙头镇
江
市
区
江
都
市
高
泰
高港区
口岸街办
港
宣堡镇
区
共青团农场
镇扬
高桥镇
五套
江心园区
风景区
长江
丹徒
丁卯
上壖
谏壁街办
大港街办
镇江新区
纪庄
丁岗镇
留村
李华
东街
辛丰镇
南岗
中心
黄墟茶场
马陵
石潭
胡桥林场
长征
大路镇
东岳
三桥
红光
姚桥镇
华山村
儒里
埤城镇
后巷镇
五一
中华
新坝镇
红联
扬中市
三茅街办
永勤
兴隆街办
永胜
油坊镇
八桥镇
永安洲镇
泰
州
泰兴市
兴
滨江镇
市
市
长
江
江
荚巷
新桥镇
界牌镇
建山
嘉山
大泊岗
沪
丹阳市
丹阳开发区管委会
蓉
前艾
访仙镇
西来桥镇
孟河镇
常
新
北
区
锦湖
云阳镇
迈村
陵口镇
高
西夏墅镇
江阴市
春江镇
江
麦溪
留雁
留庄
速
罗溪
阴
折柳
吕城镇
公
珥陵镇
州
新桥
市
薛家镇
路
奔牛镇
东新
导墅镇
蒋墅
里庄
市
武
邹区镇
州
常州市
皇塘镇
市
市
金
金坛市
进
牛塘镇
湖塘镇
武进区
尧塘镇
江
坛
高
嘉泽
速
公
路
区
滆
湖
长荡湖
湟里镇
南夏墅镇
市

镇江市城区图
征润洲
金泉
金山公园
春江潮广场
北固山公园
四牌楼街道
大市口街道
宝塔路街道
金山街道
宝盖山
镇江龙门港区
鲇鱼套
和平路街道
健康路街道
跑马山
镇江站
润州区
大桥
五摆渡
三摆渡
七里甸街道
五里
江苏省镇江中学
市政府
润州花园
朴园
磨笄山
黄鹤山
龙门
四摆渡
茶砚山
江苏科技大学（西校区）
小牛山
润州道院
黄山
高崇寺
招隐寺
竹林寺
观音
岘山顶
九华山
南山国家森林公园
五州山
蒋乔街道
凤凰山
润州区
乔家门
严庄
南山公园
蓝山花园
东山头
鸡笼
五州山
东山
嶂山
诈输
回龙
官塘
镇江南站
马鞍山
驸马山庄
史家
缪家
丹徒区
宜城街道
画意江南
风景城邦
临湖尚郡
图例
市政府
县（市）、区政府
乡、镇政府
街道、场
村、社区
学校
医院
居民区
河流沟渠
桥梁水闸
码头
绿化
山峰
汽车站
铁路、车站
庙宇
塔
文物古迹
水库、鱼池
本图中界线不做实地划界依据
监制：镇江市测绘管理办公室 2012-04

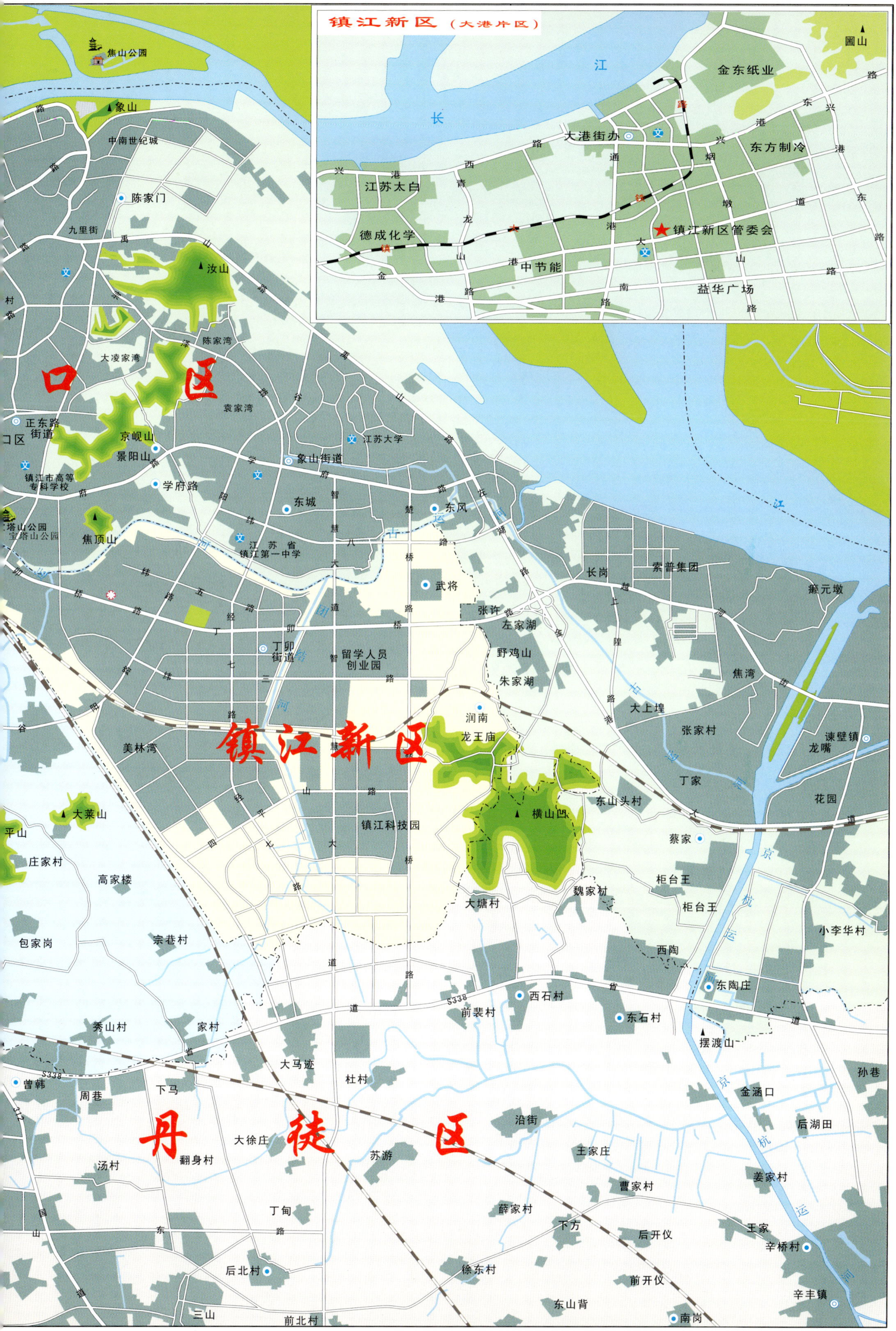

镇江新区（大港片区）
圌山
金东纸业
大港街办
东方制冷
江苏太白
德成化学
镇江新区管委会
中节能
益华广场
焦山公园
象山
中南世纪城
陈家门
九里街
汝山
陈家湾
大凌家湾
口区
袁家湾
正东路街道
京岘山
景阳山
镇江市高等专科学校
学府路
象山街道
江苏大学
东城
东风
宝塔山公园
焦顶山
江苏省镇江第一中学
武将
长岗
索普集团
瘾元墩
张许
左家湖
野鸡山
朱家湖
丁卯街道
留学人员创业园
焦湾
大上埠
润南
龙王庙
张家村
谏壁镇
龙嘴
镇江新区
美林湾
丁家
东山头村
花园
大莱山
横山凹
镇江科技园
蔡家
平山
庄家村
高家楼
柜台王
大塘村
魏家村
小李华村
包家岗
宗巷村
西陶
东陶庄
西石村
前裴村
东石村
秀山村
家村
摆渡山
大马迹
杜村
孙巷
曾韩
周巷
下马
金涵口
丹徒区
大徐庄
沿街
后湖田
汤村
翻身村
苏游
王家庄
曹家村
姜家村
丁甸
薛家村
下方
后开仪
王家
辛桥村
后北村
徐东村
前开仪
辛丰镇
三山
前北村
东山背
南岗
S338

2011年9月8日，省委书记罗志军（中）到镇江慰问教师

2011年6月23日，省长李学勇（前左二）到镇江调研科技创新和医疗改革

2012年5月11日，市委书记张敬华（右）会见法国驻沪总领事卢力捷

2012年4月20日，代市长朱晓明（中）与2012亚太地区杰出女性论坛代表合影

2011年8月26日至29日，中共镇江市第六次代表大会召开

中共镇江市六届一次全会新当选的常委，从左至右依次为：李雪峰、王树均、张洪水、魏红军、李国忠、许津荣、刘捍东、李茂川、秦景安、孙健、李小平

2011年12月26日召开
中共镇江市六届二次全委会

2012年1月10日至13日召开
镇江市第六届人民代表大会第五次会议

2012年1月9日至11日召开政协镇江市第六届委员会第五次会议

2011年11月28日，中共中央政治局委员、中央书记处书记、中宣部部长刘云山（右三）到镇江视察网络管理工作

2011年12月9～10日，由中央外宣办、国家互联网信息办主办的全国加强互联网属地管理现场经验交流会在镇江召开，国家互联网信息办、公安部、工信部以及各省、市、自治区宣传部、公安厅（局）、通信管理局等部门相关领导约200名代表参加会议。会议要求学习和借鉴镇江经验，搞好互联网属地管理，推动社会主义文化大发展大繁荣。中央外宣办、国务院新闻办、国家互联网信息办主任王晨，省委书记罗志军，省委常委、宣传部部长杨新力等领导到会并做重要讲话，工业和信息化部副部长杨学山，公安部副部长、国家互联网信息办兼职副主任张新枫，镇江市领导许津荣、刘捍东等出席会议。镇江网络发言人、网上居委会、网上派出所、版主沙龙等工作给与会代表提供了有益的借鉴。

2011年10月、11月、12月，中宣部副部长、中央外宣办主任、国务院新闻办主任、国家互联网信息办主任王晨（右二）三次到镇江调研网络管理工作

2011年12月9日，参加全国加强互联网属地管理镇江现场经验交流会的代表们参观网上居委会现场

2011年12月9～10日召开加强互联网属地管理镇江现场经验交流会

镇江市第四届网民节颁奖晚会

2011年6月14日，中宣部、江苏省委在北京人民大会堂联合举办张雅琴同志先进事迹报告会

2011年9月6日，镇江市召开授予人民奖章荣誉称号大会

2011年8月12日，镇江召开2011镇江国际友城交流大会

2011年11月12日，“绿色人居/创意城市”第八届中外绿色人居论坛在镇江举行

2011年4月1日，长三角城市经济协调会第十一次市长联席会议在镇江召开

2011年6月29日，全市召开庆祝中国共产党成立90周年暨“七一”表彰大会

“红心向党 放歌镇江”——镇江市庆祝中国共产党成立90周年万人演唱会

2011年6月8日，镇江市卫生系统举办庆祝建党90周年红歌演唱比赛

2011年5月20日，镇江市市级机关举办“红歌嘹亮颂党恩”——庆祝中国共产党成立90周年大型演唱会

国内最大航空铝合金板项目开工建设

南京大学镇江楼奠基

2011年，镇江市经济社会事业保持协调稳定发展，经济发展方式积极转变、科技创新步伐加快、结构效益持续改善、居民收入稳定增长、民生保障水平不断提升、文教卫各项事业全面进步，顺利完成年度经济社会发展目标任务，实现“十二五”良好开局。

镇江港迎来开埠以来最大载重吨位外籍货船

麦道-82机身运抵镇江

京沪高铁动车组首停镇江

港口建设加快

2011年，科技新城双子楼建成启用

中船设备公司新厂区最大功率船用主机试车

荣德新能源科技公司

检修长江大跨越供电设备

中国镇江醋文化博物馆建成开馆

恒顺工业园一期工程投产

中节能太阳能

安置房建设

2011年，全市城市基础设施进一步完善。南徐新城行政中心投入使用，档案馆、科技馆建成交付，商务A区、职工文体中心和体育会展中心等主体竣工，金山湖景区调水控水工程全面完成，官塘片区开发全面启动。新增停车泊位1万个，住宅小区实现物业管理全覆盖，区域供水普及率98.7%，创成国家节水型城市，省人居环境奖创建工作通过省级调研，成为国家级数字城市推广建设市。生活垃圾焚烧发电厂建成使用。市区建成区面积114.1平方公里，比上年增加5.5平方公里。

新行政中心建成启用

九润商业广场建成开业

镇江艺术剧院竣工

城中之山

看新城

2011年5月27～29日，江苏省政府外事办和镇江市政府举办驻沪总领馆官员镇江行活动。乌克兰、巴基斯坦、阿根廷、保加利亚驻沪总领馆总领事，匈牙利、斯洛伐克驻沪总领馆副总领事，以及美国、法国、英国、新加坡、俄罗斯、瑞士等26国驻沪领馆签证官员一行95人到镇江参观考察

金山湖景区鸟瞰

山 水 花 园 城 市 建 设 成 果 掠 影

文宗阁复建开放

运河清淤工程

雪中劳作

2011年，全市住房和城乡建设工作加快推进

万达广场
WANDA PLAZA
万达广场
万达广场
WANDA PLAZA
万达广场

2011年8月，万达广场建成开业

2011年6月7日，全国道德模范与身边好人现场交流活动在镇江举行

2011年，全市连续第四年开展“大爱镇江”主题活动。活动进入常态化、规范化发展阶段，各种道德实践活动的开展，催生出各类“大爱之星”相继涌现，成为镇江公民道德建设的闪亮名片。镇江市委宣传部先后组织开展“万束鲜花送楷模”活动，向社会各界公开征集2011年度“大爱镇江”活动项目，向社会各界公开征集“大爱镇江”主题曲，组织“大爱之星”进机关、进行业、进企业、进学校、进社区“五进”活动，组织开展第四届“大爱之星”评选。举办“道德的星空”第四届“大爱镇江”新闻人物颁奖典礼。在市民大厅隆重举办道德传承·大爱镇江——全国道德模范与身边好人（镇江站）现场交流活动。组织第三届全国、全省道德模范推荐评选活动，张雅琴当选全国道德模范。

大爱镇江颁奖典礼演出现场

012年元旦第四届“大爱镇江”颁奖晚会现场

大爱之星——环卫工人孙玉芳走进丁卯中心小学

2011年10月31日举行“与爱同行”大型慈善爱心互动会暨第二届江苏慈善周镇江系列活动

市国税、地方海事局举办“大爱镇江”演讲比赛

第三届“大爱之星（仪人）”在镇江市信息中专进行爱心事迹报告

2011年，西津渡历史文化街区成为国家AAAA级旅游景区

2011年12月，镇江市举办第三届文化产业招商集中签约仪式

2011 年，全市文化事业蓬勃发展。“新型绿色环保书刊商业印刷基地”项目基本建成，“江苏文化科技产业园”“句容郭庄国际数字出版基地”等重大项目立项推进。成功举办“文化嘉年华 · 唱响红色经典”“欢乐家园”等主题文化惠民活动，深化“文心讲堂”“文心艺术讲座”“文博系列讲座”等系列文化品牌建设。成功举办“HIFI 西津渡”、“长江草莓音乐节”、“中国瘗鹤铭奖”书法艺术展和海峡两岸白蛇传文化研讨会等系列活动。

10月，2011中国镇江金山旅游文化节暨长江草莓音乐节在世业洲举办

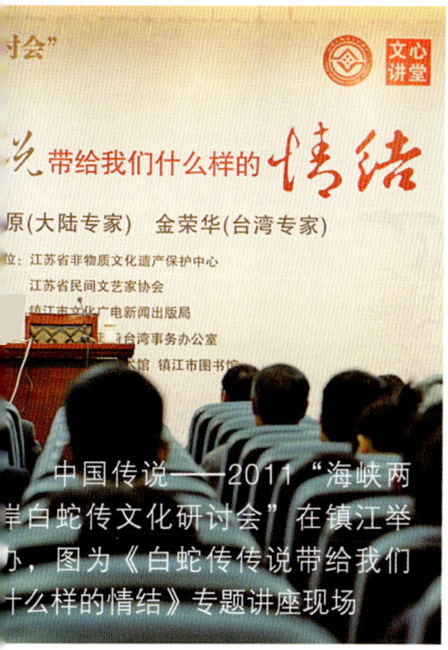

中国传说——2011“海峡两岸白蛇传文化研讨会”在镇江举办，图为《白蛇传传说带给我们什么样的情结》专题讲座现场

2011年“文化嘉年华”活动开幕式

2011年12月，镇江康盛剧社表演的杜鹃山选段获第四届全国京剧戏迷票友电视大赛团体组金奖

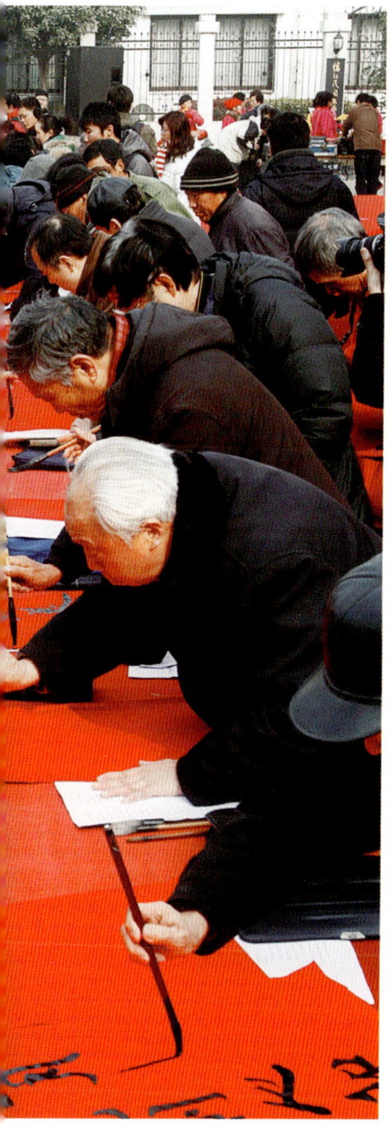

镇江”文艺家迎新春文化惠民活动

2011年9月举办“2011镇江金山湖新丝路中国小姐大赛”

2011年5月，镇江举办旅游文化节暨龙舟大奖赛

2011镇江市第二届半程马拉松赛

2011年12月24日，“山水美城 幸福青春”镇江市首届大型青年集体婚礼

2011年“欢乐家园”文化惠民系列活动

举办“小记者节”

镇江市“现代”杯宝宝趣味运动会

前列专题图片由镇江市摄影家协会、镇江日报社摄影中心、《创新》杂志社、市史志办公室等单位和丁伟民、丁庆平、文雯、王忠、王念约、石小刚、孙悦萌、宋建设、张兴淮、张桂安、张斌、陈拱良、倪红阳、奚向红、袁曾亭、谢戎、魏兟（上列姓名按笔画排序）等摄影供稿。

《镇江年鉴》主要机构（单位）简称全称对照表

简　称	全　称	简　称	全　称
市　委	中国共产党镇江市委员会	住建局	镇江市住房和城乡建设局
市人大常委会	镇江市人民代表大会常务委员会	城管局	镇江市城市管理局
市政府	镇江市人民政府	城管执法局	镇江市城市管理行政执法局
市政协	中国人民政治协商会议镇江市委员会	园林局	镇江市园林管理局
纪　委	中国共产党镇江市纪律检查委员会	南山管委会	镇江市南山风景区管理委员会
市委办	中国共产党镇江市委员会办公室	干道办	镇江市城市干道工程建设办公室
统战部	中共镇江市委统一战线工作部	文广集团	镇江市文化广电产业集团
政法委	中共镇江市委政法委员会	城投集团	镇江市城市建设投资集团有限公司
综治委办	镇江市社会治安综合治理委员会办公室	水投公司	镇江市水利投资公司
市法院	镇江市中级人民法院	交投公司	镇江市交通投资建设发展公司
检察院	镇江市人民检察院	农　委	镇江市农业委员会
农　办	中共镇江市委农村工作领导小组办公室	农机局	镇江市农业机械管理局
台　办	中共镇江市委台湾工作办公室	农资局	镇江市农业资源开发局
	（镇江市人民政府台湾事务办公室）	贸促会	中国国际贸易促进委员会镇江市委员会
编　办	镇江市机构编制委员会办公室	文广新局	镇江市文化广电新闻出版局
机关工委	中共镇江市委市级机关工作委员会	药监局	镇江市食品药品监督管理局
保密办（局）	中共镇江市委保密委员会办公室	人口计生委	镇江市人口和计划生育委员会
	（镇江市国家保密工作局）	安监局	镇江市安全生产监督管理局
史志办	镇江市史志办公室	民宗局	镇江市民族宗教事务局
党史办	中共镇江市委党史工作办公室	口港局	镇江市口岸和港口管理局
接待办	镇江市委市政府接待办公室	机关事务局	镇江市市级机关事务管理局
关工委	镇江市关心下一代工作委员会	人防办	镇江市人民防空办公室
市政府办	镇江市人民政府办公室	国资委	镇江市人民政府国有资产监督管理委员会
发改委	镇江市发展和改革委员会	外　办	镇江市人民政府外事办公室
经信委	镇江市经济和信息化委员会	港澳办	镇江市人民政府港澳事务办公室
科技局	镇江市科学技术局	侨　办	镇江市人民政府侨务办公室
人社局	镇江市人力资源和社会保障局	法制办	镇江市人民政府法制办公室
国土局	镇江市国土资源局	民革市委	中国国民党革命委员会镇江市委员会
环保局	镇江市环境保护局	民盟市委	中国民主同盟镇江市委员会

简　称	全　称	简　称	全　称
民建市委	中国民主建国会镇江市委员会	烟草局（公司）	镇江市烟草专卖局（江苏省烟草公司镇江市公司）
民进市委	中国民主促进会镇江市委员会	无管处	江苏省无线电管理局镇江管理处
农工市委	中国农工民主党镇江市委员会	海　关	中华人民共和国镇江海关
致公市委	中国致公党镇江市委员会	缉私局	中华人民共和国镇江海关缉私分局
九三市委	九三学社镇江市委员会	检验检疫局	中华人民共和国镇江出入境检验检疫局
工商联	镇江市工商业联合会	边检站	中华人民共和国镇江边防检查站
团市委	中国共产主义青年团镇江市委员会	人　行	中国人民银行镇江市中心支行
妇　联	镇江市妇女联合会	银监分局	中国银行业监督管理委员会镇江监管分局
科　协	镇江市科学技术协会	农发行	中国农业发展银行镇江市分行
社科联	镇江市哲学社会科学界联合会	工　行	中国工商银行股份有限公司镇江市分行
文　联	镇江市文学艺术界联合会	农　行	中国农业银行股份有限公司镇江市分行
侨　联	镇江市归国华侨联合会	中　行	中国银行股份有限公司镇江分行
台　联	镇江市台湾同胞联谊会	建　行	中国建设银行股份有限公司镇江分行
残　联	镇江市残疾人联合会	交　行	交通银行股份有限公司镇江分行
仲裁委	镇江仲裁委员会	江苏银行	江苏银行股份有限公司镇江分行
供销社	镇江市供销合作总社	邮储银行	中国邮政储蓄银行有限责任公司江苏省镇江市分行
广电网络公司	江苏省广播电视信息网络股份有限公司镇江分公司	农商行	江苏镇江农村商业银行股份有限公司
消防支队	中国人民武装警察部队江苏省总队镇江市消防支队	电信公司	中国电信股份有限公司镇江分公司
武警支队	中国人民武装警察部队江苏省总队镇江市支队	移动公司	中国移动通信集团江苏有限公司镇江分公司
船艇学院	中国人民解放军镇江船艇学院	联通公司	中国联合通信有限公司镇江分公司
农科所	镇江市农业科学研究所	中石化镇江分公司	中国石油化工股份有限公司江苏镇江石油分公司
国税局	镇江市国家税务局	中石油镇江分公司	中国石油天然气股份有限公司江苏镇江销售公司
地税局	镇江市地方税务局	教育工委	中共镇江市委教育工作委员会
质监局	江苏省镇江质量技术监督局	江　大	江苏大学
工商局	江苏省镇江工商行政管理局	江科大	江苏科技大学
盐务局（公司）	镇江市盐务管理局（江苏省盐业集团镇江有限公司）	高　专	镇江市高等专科学校
		江大出版社	江苏大学出版社有限公司

目 录

特 载

专 记

镇江概况

中共镇江市委员会

镇江市人民代表大会

镇江市人民政府

政协镇江市委员会

民主党派·工商联

人民团体

国　防

政　法

综合经济管理

人力资源和社会保障

农　业

水　利

工　业

交通运输・邮政

信息化建设

城乡建设与管理

环境保护

旅游 · 园林

国内贸易

对外及对港澳台经济贸易

口岸·港口

财政·税务

金 融

民营经济

科学技术

教 育

文　化

新闻出版

卫 生

体 育

社会生活

辖市（区）

镇江新区·开发园区

人 物

大 事 记

书目 · 文摘 · 题录

统计资料

工作生活指南

CONTENTS

EATURES

MONOGRAPH

GENERAL SURVEY OF ZHENJIANG

ZHENJIANG COMMITTEE OF THE COMMUNIST PARTY OF CHINA

THE PEOPLE'S CONGRESS OF ZHENJIANG

THE PEOPLE'S GOVERNMENT OF ZHENJIANG

ZHENJIANG COMMITTEE OF THE PEOPLE'S POLITICAL CONSULTATIVE CONFERENCE

DEMOCRATIC PARTIES · ASSOCIATION OF INDUSTRY AND COMMERCE

PEOPLE'S ORGANIZATION

MILITARY AFFAIRS

POLITICS AND LAW

OVERALL ECONOMIC CONTROL

MANPOWER RESOURCES AND SOCIAL SECURITY

AGRICULTURE

WATER CONSERVANCY

INDUSTRY

COMMUNICATIONS AND TRANSPORT · POSTAL SERVICE

INFORMATIONIZATION

URBAN AND RURAL CONSTRUCTION AND MANAGEMENT

ENVIRONMENTAL PROTECTION

TRAVEL INDUSTRY · GARDENS

DOMESTIC TRADE

ECONOMY RELATIONS AND TRADE WITH FOREIGN COUNTRIES AND HONGKONG, MACAU, TAIWAN

PORT

FINANCE · TAXATION

BANKING · INSURANCE · SECURITIES

INDIVIDUAL AND PRIVATE ECONOMY

SCIENCE AND TECHNOLOGY

EDUCATION

CULTURE

JOURNALISM · PUBLICATION

HYGIENE

SPORTS

SOCIETY

COUNTIES AND DISTRICTS

ZHENJIANG NEW AREA · DEVELOPMENT ZONES

FIGURES

CHRONICLES OF EVENTS

BOOKLISTS · DIGEST · TITLES

STATISTICAL DATA

GUIDE TO LIFE AND BUSINESS

加快转型升级 推进跨越发展 为率先基本实现现代化而不懈奋斗

——2011 年 8 月 26 日在中国共产党镇江市第六次代表大会上的报告(摘要)

市委书记 许津荣

这次大会的主题是:加快转型升级,推进跨越发展,为率先基本实现现代化而不懈奋斗。

一、过去五年回顾

过去五年,是镇江在科学发展道路上跨越前进的五年。经过五年奋斗,全市经济社会各个领域发生令人振奋的新变化,胜利完成市第五次党代会确定的各项目标任务。

——2008 年,以县为单位,全面达到省定小康标准。

——2010 年,实现地区生产总值 1988 亿元,是"十五"末的 2.25 倍。

——固定资产投资累计完成 4123 亿元,是前五年的 3.2 倍,累计利用外资 60.5 亿美元,以二重出海口基地为代表的一批重大产业项目相继落户。

——全社会研发投入占地区生产总值比重 2010 年达到 2%,成为国家创新型试点城市、国家知识产权工作示范城市。

——镇江经济技术开发区和大学科技园晋升"国家级",镇江港跨入亿吨大港行列。

——城市化率达到 62%,"南山北水"建设取得重大进展,"三新"建设试点成效初显。

——城市居民人均可支配收入、农民人均纯收入年均分别增长 13.2% 和 12.9%;医疗卫生改革试点走在全国前列,提前完成省县域教育现代化创建任务。

——党的建设全面加强,涌现出张雅琴、傅德利、江一社区党委等全国先进典型。

——获中国十大最关爱民生城市、中国十佳和谐可持续发展城市、中国创业之城、人民满意城市、全国社会治安综合治理优秀地市、全国双拥模范城等称号,国家生态市、全国文明城市创建通过省级考核。

五年来,我们主要做了以下工作:

(一)强化思想引领,奋力开创跨越发展新局面。深入开展新一轮解放思想大讨论活动,着力转变观念、创新理念,打破束缚科学发展的各种思想和机制障碍,引导广大党员干部认清形势、正视差距,坚持苏南定位,奋力争先进位。深入开展学习实践科学发展观活动,着重抓好领导班子、领导干部的学习,确保真学、真懂、真干。把"践行科学发展观,推进镇江新跨越"主题贯穿始终,激励各地、各部门理清发展思路,树立更高标杆,明确赶超对象,争当跨越发展排头兵。深入开展"创先争优"活动,紧扣转型升级、强市富民的新要求,动员各级党组织和广大党员,在发展方式上创先、在发展质量上争优,在发挥榜样示范作用上创先、在提高引领发展的能力水平上争优。经过这三大活动的洗礼,广大党员干部牢记跨越使命、带头干事创业,广大群众热情支持建设、踊跃参与发展,全市跨越赶超的氛围日益浓厚。

(二)大力推进结构调整,转型升级步伐加快。以农业现代化提升农村生产力水平,高效农业面积占比提高 23.2 个百分点,农村三大合作组织由百余家发展到 1600 多家,新增 9 家省级以上农业龙头企业。工业经济"千百亿工程"实施三年,五大主导产业占规模工业比重提高 7.6 个百分点,装备制造业跻身千亿级产业,6 家企业销售收入超百亿元。新增上市公司 10 家。新能源、新材料、电子信息、航空制造、海洋工程五大新兴产业,2010 年销售突破 1000 亿元。服务业增加值占地区生产总值比重达到 40%。旅游业总收入年均增长 22.4%;八佰伴、红星美凯龙、万达广场等一批新型商贸业态和城市综合体相继开业,优化了消费结构,拉升了消费对经济增长的贡献;软件与信息服务业营业收入五年增长 6.8 倍,成为省国际服务外包示范城市。一批文化产业重点项目加快推进,文化产业增加值占地区生产总值比重 2011 年有望比全省提前一年实现 5%。金融对转型升级的支持力度不断加大,有 6 家银行在镇江新设分支机构,成立农村小额贷款公司 24 家、村镇银行 4 家,在全省率先组建科技支行和科技小额贷款公司,存贷款余额年均增长 22.5%。央企 38 个项目落户镇江,投资总额 1364 亿元。实施"331"人才引进计划,引进高层次人才(团队)125 个,其中国家"千人计划"12 人,64 人进入省"双创"计划;建设科技孵化器 100 万平方米,高新技术产业产值占规模工业比重 43.04%,位居全省第二。

（三）加快城乡建设、生态建设，城乡面貌焕然一新。过去五年成为城乡建设的一个“黄金期”。累计完成城乡建设投资1270亿元，是“十五”时期的2.6倍。建成镇溧、宁常、宁杭和金港大道等一批高等级公路，农村公路总里程突破6000公里。伴随沪宁、宁杭城际和京沪高铁投入运营，镇江跨入“高铁时代”。南徐新城快速崛起，展现出现代城市气息；北部滨水区托起“三山、一湖、一渡”美景，成为让镇江人引以为自豪的标志性景区，镇江城市水利工作成为全国典型。市区完成老小区改造250万平方米，开工建设拆迁安置房458万平方米。加快城乡统筹发展，优化生产力布局，在全省率先推行新市镇、新园区、新农村“三新”建设和“万顷良田”建设试点。切实加强环境保护和生态建设。铁腕淘汰落后产能，关停并转“五小”企业611家，全面完成“十一五”节能减排目标。开展谏壁、高资等地区环境整治专项行动，黑臭河流治理初见成效。3个辖市和丹徒区通过生态市省级考核，80%的镇建成全国环境优美乡镇，实现污水处理厂乡镇全覆盖，按照创建国家环保模范城市的新标准，通过国家级现场检查。“青山绿水”行动加快推进，全市林木覆盖率、建成区绿化覆盖率分别提高到22.6%、42.1%。

图1-1　南徐新城渐显现代城市气息　（张兴淮）

（四）坚持以人为本，民生改善成效明显。把保障和改善民生作为一切工作的出发点和落脚点，实施一系列民生政策，办成一大批民生实事。公共财政更多地向民生倾斜，民生类支出年均增长29.1%，超过一般预算支出年均增幅4.8个百分点。全民创业蓬勃兴起，个私经济注册资本达到2294亿元，是“十五”末的9.6倍。五年累计新增城镇就业22.9万人、转移农村劳动力23.8万人。统筹城乡的社会保障体系初步建立，在广覆盖的基础上不断提高保障水平。教育现代化步伐加快，高中阶段毛入学率104.5%，人均受教育年限达到14.5年。医疗卫生形成“小病在社区、大病进医院、康复回社区、健康进家庭”的新格局。保障性住房供给大幅增加，市区和农村人均住房面积分别达到34.2平方米、48.5平方米。文化体育惠民活动丰富多彩，“大爱镇江”成为具有影响力的城市品牌。“平安镇江”“法治镇江”建设成效显著，社会和谐稳定。对口援建四川地震灾区三年任务两年完成，援藏援疆工作有序推进。

（五）不断提升党建工作科学化水平。认真贯彻中央《关于加强和改进新形势下党的建设若干重大问题的决定》，严格落实党要管党责任。各级党组织引领科学发展、跨越发展的凝聚力、创造力、战斗力显著增强，党员队伍整体素质明显提高，全市80%以上的基层党组织达到“五个好”的要求。坚持为科学发展选配干部的鲜明导向，领导干部差额选任、公推直选全省领先，民主、公开、竞争、择优的用人机制进一步确立，激发广大干部干事创业、创先争优的热情。反腐倡廉建设不断加强，初步建成具有镇江特色的惩防体系基本框架。党务公开工作被评为全国先进联系点。以提高落实执行力、群众满意度为重点，开展机关评议，加强效能建设，有力促进机关作风转变。过去五年，我们共同创造了镇江发展史上综合实力提升最快、城乡面貌变化最大、人民群众得益最多的辉煌五年！

这五年，最鲜明的特点是，镇江呈现出跨越发展的强劲态势。实践启示我们，推进跨越发展，是改变镇江面貌、实现争先进位的必然选择，必须始终坚持不懈。

这五年，最宝贵的经验是，我们坚持了“人才引领、创新驱动、绿色增长、和谐共享”的发展思路。实践启示我们，只有坚决贯彻科学发展观，紧密结合镇江实际，实事求是，勇闯新路，才能不断开创发展新局面。

这五年，最深刻的变化是，凝聚了镇江人奋勇争先，立则干、干必成的精气神。实践启示我们，人民群众中蕴藏着巨大的发展能量和活力，充分发动群众、紧紧依靠群众、一切为了群众，我们的事业一定无往而不胜。

在回顾五年取得的辉煌成就的同时，我们也清醒地看到，我市经济社会发展中还存在一些突出问题，主要是：综合实力还不够强、产业层次还不够高、经济结构还不够合理，社会建设、公共服务、民生改善还相对滞后，一些党员干部的思维层次、领导能力和工作作风同现代化建设的要求还不相适应。

二、未来五年奋斗目标

今后五年工作的总体要求是，以科学发展观统揽经济社会发展全局，认真贯彻“六个注重”，深入实施“八项工程”，坚定不移走“人才引领、创新驱动、绿色增长、和谐共享”之路，加快转型升级，推进跨越发展，全面完成“十二五”规划目标，率先基本实现现代化。

主要奋斗目标是：全面达到省基本实现现代化指标体系要求；转型升级和民生改善的重点指标处于全省前列；有条件的地方力争提前达标。

——建设产业发达城市。实现地区生产总值翻一番，人均地区生产总值12万元。先进制造业增加值达到1500亿元，新兴产业销售规模超过5500亿元，高新技术产业增加值占规模以上工业比重50%以上，高效农业面积比重60%以上，服务业增加值占地区生产总值比重提高到48%以上，旅游业、文化产业成为支柱产业。单位地区生产总值能耗下降18%，全面完成“十二五”主要污染物减排任务。

——建设创新创业城市。全社会研发投入占地区生产总值比重3%，科技进步贡献率65%，高层次人才工作位居全省第一方阵，建成国家创新型城市；建设各类创业孵化基地300万平方米，扶持创业3万人以上、创业带动就业15万人以上，成为国家级创业型城市。

——建设山水花园城市。坚持统筹城乡发展，城市化率提高到67%以上。基本完成“南山北水”建设工程和“青山绿水”行动计划，科学务实推进“三新”建设。创成国家生态市和全国文明城市，争创国家人居环境奖。

——建设幸福和谐城市。实现城乡居民收入倍增。建立城乡一体的社会保障体系，强化城乡基本公共服务。创新社会管理，建设法治、公正、公平、诚信社会。民生“五有”达到更高水平，人民群众幸福感显著提升。

三、加快构建现代产业体系

（一）以现代服务业为重点，加快调整产业结构

生产性服务业提速发展。充分发挥交通区位和长江深水岸线优势，提升镇江港枢纽地位，建设区域物流中心城市。以“智慧镇江”建设为引领，以“云神”工程为主要支撑，重点发展研发设计、软件开发等科技信息服务业。围绕眼镜、汽配等特色产业集群，培育新型交易市场。规划建设更多集生活、工作、商贸、休闲功能为一体的城市综合体，发展新型商贸业态，进一步浓厚镇江现代商业气息。创新金融服务，改善金融结构，优化金融业总体布局和资源配置，加快发展现代金融业。研究全球服务业最新趋势和前沿业态，主动承接国际服务业转移。培育年交易额百亿元以上专业市场3～5家、省级现代服务业集聚区10个以上，生产性服务业增加值占服务业比重达到45%以上。

旅游业转型发展。注重把文化元素融入旅游，促进历史文化、宗教文化、特色文化和文化创意与旅游业融合提升；把现代科技注入旅游，以信息化带动旅游业加速升级。重点抓好“智慧旅游”示范城市建设，建成国家智慧旅游服务中心、云计算平台、感知网络体系，实现旅游管理数字化、服务智能化、体验个性化。针对旅游景点小而散的突出问题，全方位整合旅游资源，理顺管理体制，实施一批旅游基础设施重点项目，完善配套功能，构筑吃住行、游购娱产业链。加大旅游整体形象塑造和推介力度，打造一批独具特色、吸引力强的旅游品牌，加快旅游国际化进程，建设旅游强市，旅游业增加值占地区生产总值比重超过8%。

文化产业创新发展。规划建设一批特色文化产业园区，重点扶持西津渡文化创意产业园、江苏文化科技产业园、郭庄数字出版传媒产业园、凤凰智慧产业园、长山文化产业园、大禹山创意新社区、世业洲文化创意产业园等项目，促进文化产业集聚发展。深化文化管理体制改革，引进文化产业战略投资者，鼓励社会资本进入文化领域，积极发展创意设计、影视演艺、现代传媒、数字出版印刷等新型文化业态，文化产业增加值占地区生产总值比重超过8%。

（二）以新兴产业为引领，加快提升产业层次

新兴产业规模提升。按照年均增长40%的目标，加快新兴产业形成规模。以光伏太阳能、风电设备等为重点的新能源，以纤维材料、高性能合金等为重点的新材料，以光电子、软件及信息服务等为重点的电子信息，跻身千亿级产业；海洋工程、航空制造产业销售均超过500亿元；加快培育智能电网、物联网、生物医药、节能环保等其他新兴产业。把延伸拓展产业链作为新兴产业爆发式增长的重点，进一步加大产业集群培育力度，发展壮大一批特色园区。

传统产业改造提升。实施传统产业改造升级与产业调整振兴计划，装备制造业销售力争突破3000亿元，绿色化工和特种金属成为千亿级产业。促进信息化与工业化深度融合，推动传统产业装备更新、技术革新、品牌创新，提高产品质量、技术含量和附加值。制定和完善退出政策，铁腕淘汰落后产能，为转型升级腾出空间。

现代农业高效提升。以劳动生产率高、土地产出率高和综合效益高为目标，加快发展现代高效农业，农业增加值实现翻番，达到160亿元，建成省级现代农业产业园10个以上。全面加强农业科技服务体系、农产品质量安全保障体系和农产品流通体系建设。发展创意农业、感知农业、精致农业等新型业态，农业科技进步贡献率达到70%，基本实现农业现代化。着力发展农村合作经济组织，提高农民组织化程度，培育壮大农业龙头企业。加强以农田水利、农业综合开发、耕地质量为重点的农业基础设施建设，加强土地开发整理复垦，落实最严格的耕地保护和集约节约用地制度。

（三）以科技创新为动力，加快构建现代产业体系

增强创新能力，推进产业升级。抢抓镇江成为国家创新型试点城市、苏南创建国家自主创新示范区重大机遇，立足更高起点推进科技创新，实现高新技术产业增加值、发明专利授权总量、创业投资规模、民营科技企业总数翻两番。加大科技投入力度。促进政府引导性投入稳步增长，企业主体性投入持续增长，社会多渠道投入大幅增长，实现科技投入多元化，确保全社会研发投入年均增长25%以上。推进科技与金融紧密结合，创新科技金融产品和服务，加速发展创业投资、风险投资。大力引进高端人才。围绕转型需求实施新“331”计划，引进培育30名国家层面领军人才、300个领军人才（团队）、1000名海外领军人才。优化人才环境，完善人才激励机制，加强知识产权保护，力争有更多优秀人才跻身国家“千人计划”和省“双创”计划。完善区域创新体系。强化技术公共服务、技术成果交易等公共平台建设，促进科技资源优化配置、高效利用和开放共享。充分发挥驻镇高校和科研院所的“创新源”作用，积极构建创新联盟，推动产学研紧密结合。加快引进建设一批省级以上实验室和检测机构，突破一批关键技术，转化一批重大科技成果，抢占科技创新制高点。以国家级大学科技园为核心，加速建设镇江科技新城和各类科技孵化器，打造科技创新示范区。全市科技孵化器面积达到300万平方米。

深化改革开放，促进产业升级。深入推进农村改革，进一步激活农村生产要素；深入推进财税金融体制改革，为转型升级提供更加有力的财税金融支持；深入推进行政管理体制改革，转变政府职能，提高服务效能，建设公共服务型政府。全面提升经济国际化水平，继续加强与跨国公司、央企的战略合作，引进一批带动性大、支撑力强的重大产业项目。推进开发园区转型发展，使之成为转型升级的龙头、跨越发展的新增长极，对全市经济贡献份额提高15个百分点以上。镇江新区进入国家级开发区“20强”，丹阳、句容等有条件的开发区力争跻身“国家级”。

发挥企业主体作用，带动产业升级。实施“千企升级”计划，鼓励企业兼并重组，提高资本运作能力，加强自主创新，努力做大做强。培育销售超500亿元企业2～3家、超百亿元企业20家，新增上市公司30家。支持有条件的企业“走出去”，培育本土跨国公司。扶持拥有自主知识产权、自主品牌的创新型企业加快发展，关心中小企业成长，促进民营经济健康发展，在全社会形成支持服务企业发展的良好环境和氛围。

四、统筹推进城乡建设

要着力提升中心城区对辖市的辐射拉动作用，加快“三新”建设步伐，走在全省城乡统筹发展的前列。

（一）加快形成城乡一体化建设新格局。推进重大专项规划向农村延伸，实现城乡规划全覆盖。优化调整城乡生产力布局，统筹城乡要素资源，实现错位发展、联动发展。着眼于长三角同城化、宁镇扬一体化发展趋势，加快推进泰州长江大桥、五峰山过江通道、连淮扬镇铁路等重点工程，完成镇江轨道交通规划。强化中心城区与辖市的联系纽带，建成镇丹高速、扬中三桥等一批重大交通工程，构建市域快速路网系统。提高辖市城市化水平，丹阳加快向现代化中等城市迈进，句容加快打造山水园林城市，扬中加快建设现代化水上花园城市。

（二）扎实推进“三新”建设。按照生产发展、生活富裕、生态优美的总体要求，抓好15个新市镇、100个新社区（新农村）建设试点，积极稳妥实施“万顷良田”建设工程，促进农村生产生活科学布局、资源要素集约节约、就业居住方便舒适、公共服务功能完善，带动农村面貌发生根本性变化。加强农村基础设

施建设，实现城乡道路、供水、供电、供气、信息网络等基础设施“无缝对接”，推进城乡公交一体化。开展村庄整治、河塘疏浚，全面实行城乡垃圾统一收集处理。加强水利建设，提高防洪减灾综合能力、水资源供给保障能力、河湖生态健康保护能力，到2013年，在苏南率先基本实现水利现代化。加快城市公共服务资源向农村延伸，积极促进农村创业就业、社保、户籍、教育、卫生、文化、体育等全方位与城市接轨。

（三）提升中心城区建设管理水平。按照山水花园城市总体定位，做精做美中心城区。全面完成南徐新城市政公用配套设施和绿化景观工程建设，打造与南山风景区浑然一体的现代花园新城，形成新的城市公共服务中心区；以“长江最美港湾”为目标，把北部滨水区建成镇江最具文化底蕴、山水特色、古城神韵和现代气息的休闲旅游板块；镇江科技新城、大港生态产业新城加速集聚高端人才和产业，建成最具发展活力的城市板块；建设官塘新城，与丹徒新城有机连接，拓展城市发展空间；改造提升乔家门片区和高资板块。优化建设大市口中央商务区，带动周边环境改善。完成老城棚户区改造、街巷低洼区整治，消除“城中村”。市区建成区面积达到130平方公里。

（四）加强生态建设。坚持把生态作为镇江最重要的优势，推动生态文明建设不断深入。优化生态环境。在完成市区“青山绿水”行动计划的基础上，把整治范围逐步扩大到全市域重要山体水系，科学编制规划，分步骤实施退房还绿、封山育林，畅通水系、洁净水质，重现“小桥流水、青山如画”的江南美景。有效保护重要生态功能区，防止生态环境破坏和功能退化，为可持续发展做好生态储蓄。加快丹阳中芬数字生态园建设，打造绿色低碳清洁、生产生活与山水园林融为一体的示范园区。广泛开展植树造林，形成布局合理、覆盖城乡、景观优美的绿色生态屏障，全市林木覆盖率、建成区绿化覆盖率分别提高到24.5%、45%，力争建成国家森林城市。以最严格的措施推进节能减排。认真落实节能目标责任制，开展全民节能行动，在全社会倡导绿色低碳行为方式；提高环保准入门槛，严格禁止新上超出环境容量的项目，确保完成“十二五”节能减排任务。全面加强污染防治。坚持铁腕治污，着力解决好废水废气排放、烟尘、噪声、土壤污染等突出环境问题。加强源头控制，坚决取缔和关闭重污染企业，推进工业污染集中治理，建成省级循环经济示范园区3个以上，省级以上开发区全部达到生态园区标准。加快改造建设城乡污水处理设施和雨污分流管网，市区、县城、乡镇生活污水处理率分别达到90%、85%、80%。推进垃圾源头减量、分类处理，提高生活垃圾资源化利用、无害化处理水平。

五、加强和创新社会管理

（一）夯实社会管理基层基础。把城乡社区打造成政府社会管理的平台、居民日常生活的依托、社会和谐稳定的基础。一要完善网络，健全队伍。推广“一委一居一站一办”社区管理模式和“网格化”管理经验。特别是在“三新”建设和“城中村”改造的过程中，要及时调整和建立村、社区等基层组织，强化管理和服务，防止缺位、失管。选派和鼓励优秀人才到社区工作，充实加强社会工作专业队伍。加强培训，提高基层干部做群众工作、社会工作的本领。切实关心社区和农村基层干部，由政府各级财政保障他们的收入，逐步提高待遇，激励他们专注社会管理和服务。二要转变职能，强化保障。科学界定社区职能，切实为社区工作“减负”。坚持寓管理于服务，加强就业社保、居家养老、综治平安、扶贫济困等社区服务，建设“一网式”社区服务信息平台，城乡社区信息化覆盖率分别达到100%和80%以上，更好地满足居民需求。建立政府投入和社会投入相结合的工作经费保障机制，把社区工作用房和服务设施纳入城乡建设与土地利用规划，真正做到有人管事、有钱办事、有场所议事。动员组织社会各方面力量，共同参与社区建设和管理，使城乡社区成为管理有序、服务完善、文明祥和的社会生活共同体。

（二）完善社会管理机制。建立健全诉求表达、矛盾排查和预警、矛盾调处、应急管理、社会公共安全管理五大机制，使各类社会矛盾和问题的处理都有对应机制作保障。进一步畅通信访渠道，完善领导干部接访、走访、下访制度，初信初访和信访积案化解率均超过85%。加强互联网综合管理，在“用好”与“管好”上下工夫，使互联网成为社会管理的重要渠道和有效手段。

（三）注重从源头上减少社会矛盾。高度重视社会公平，不断缩小不同群体、区域和城乡差距。把社会稳定风险评估作为实施重大决策、重大项目的必经程序和前置条件，切实做到“应评尽评”，防止因决策不当引发社会矛盾。加强“平安镇江”建设，进一步巩固综治成果，强化流动人口服务管理和特殊人群帮教管理，依法严厉打击各类犯罪活动，提升人民群众安全感。深化“法治镇江”建设，开展“六五”普法宣传教育，加强全社会诚信体系建设，形成学法知法守法的良好环境。各级党政组织和全体公务人员要坚持依法办事，公正廉洁执法，提高公信力。

推进现代化建设，不仅经济要实现跨越发展，社会建设和管理也要走在全省前列。我们要积极探索，创新实践，以新的社会管理机制和方式，保稳定、促和谐，为现代化建设营造良好的社会环境。

六、着力提高民生幸福水平

把人的现代化放在现代化建设的核心位置，显著提高人民生活水平和全社会文明程度。

（一）全力实施收入倍增计划。这是推进现代化建设的“硬任务”，检验现代化建设成效的“硬指标”。要采取有效措施，通过多种渠道，增加城乡居民收入，切实解决困难群众收入增长问题。调整优化财政支出结构，市级财力70%用于民生和各项社会事业，新增财力80%用于民生投入。既要多途径提供就业岗位，让更多的人通过劳动增加工资性收入，又要巩固和发展全民创业的良好局面，实现创业致富。每年开展创业意识教育不少于15万人（次）、创业培训6500人（次），创业培训成功率60%以上，让更多的人动起来、忙起来，使勇于创业、勤于创业、善于创业成为镇江人的时代特征。

（二）努力提高社会保障水平。扩大保障范围，基本实现城市居民与农村居民、本地人口与外来人口“两个全覆盖”。完善各类保障水平与经济发展同步提高的自然增长机制，推动城乡、区域、行业社会保障衔接，提高统筹层次，提升保障能力。逐步实现被征地农民基本生活保障制度与城镇职工社保接轨、城乡低保标准并轨。加大保障性住房建设力度，三年内解决“住有所居”问题。抓好“米袋子”“菜篮子”，加强市场价格调控和监管，稳定消费价格总水平。加快发展慈善和社会福利事业，让困难群众感受社会温暖。

（三）着力提高公共服务水平。优先发展教育事业。深入实施素质教育，提高教育教学质量，办好人民满意教育。高质量完成国家学前教育体制改革试点任务，促进义务教育均衡发展、普通高中特色发展、职业教育创新发展、终身教育按需发展，全面实现教育现代化。着力建设“健康城市”。进一步优化资源配置，提升医疗质量，完善公共卫生服务，继续走在全国医改前列。广泛开展全民健身活动，增强人民体质。加强食品药品安全监管，确保人民群众饮食和用药安全。加快发展老龄事业。顺应人口老龄化趋势，探索建立以居家养老为基础、社区养老为依托、机构养老为补充的社会化养老服务体系。重视做好人口和计划生育工作，提高妇女儿童和残疾人事业发展水平。

（四）大力提升全民素质和社会文明程度。坚持以文化人、文化育人、文化惠民导向，加快发展文化事业。加强文化基础设施建设，深入开展“文化嘉年华”和“欢乐家园”等文化走进人民大众的公益活动。创建省公共文化服务体系示范区，推动公共文化服务向基层倾斜、向农村延伸、向公众开放，更好地满足城乡居民“富了口袋、还要富脑袋”的精神文化需求。以创建全国文明城市活动为龙头，以“大爱镇江”为载体，深入推进社会公德、职业道德、家庭美德、个人品德建设，加强未成年人思想道德建设、农村精神文明建设，整体提升社会文明程度和市民文明素养。加强社会主义核心价值体系教育，为现代化建设提供不竭精神动力。

七、以创新精神全面加强党的建设

（一）筑牢率先基本实现现代化的思想基础。坚持用中国特色社会主义理论体系武装党员干部，不断增强理想信念、宗旨意识和率先基本实现现代化的使命感、责任感。联系发展实际，继续推进思想解放，始终保持与时俱进、开拓创新的锐气勇气。加强学习型党组织建设，立足党员干部思想实际，切实提高学习培训工作的针对性和实效性。深入研究现代化建设的一般规律和镇江跨越发展的特殊规律，用创新的理念、创新的举措攻坚克难、争创优势，促进党员干部知识能力转型提升，使创新思维成为镇江广大党员干部的特质。

（二）建设一支能够担当现代化建设重任的干部队伍。树立为现代化建设选人用人的鲜明导向，深化干部人事制度改革。坚持德才兼备、注重实绩、群众公认的原则，把那些转变发展方式有正确思路、推动跨越发展有显著业绩、促进社会和谐有明显成效、对人民群众有深厚感情的干部选出来、用起来。重视在现代化建设一线发现和考验干部，特别要有计划地安排年轻干部到艰苦地区、关键岗位、复杂环境接受锻炼和培养。加强公务员队伍建设，提高素质、增强活力。建立健全现代化建设的科学考评体系，针对不同地区、不同岗位、不同要求，实施差别化考核。

（三）强化基层组织建设。把党建工作的主阵地放在基层第一线，工作重心向基层下移、工作力量向基层充实、工作资源向基层倾斜，使基层党组织成为现代化建设的坚强堡垒。尊重基层首创，鼓励大胆探索，以“创先争优”活动为载体，发挥好基层组织推动发展、服务群众、凝聚人心、促进和谐的作用。以“四有一责”为抓手，加强农村基层党组织建设；创新社区党组织设置和管理模式，推动和谐社区建设；探索多种组织形式，扩大党组织在非公经济组织、社会组织和农村合作经济组织中的有效覆盖。各级党组织书记要学习和弘扬张雅琴同志“敢于担当、善于发展、长于化解、甘于奉献”的崇高精神，当好带头人。

（四）密切联系群众，凝聚民心民力。广大党员、各级干部要始终把人民群众放在心上，树立群众观点，坚持群众路线，做好群众工作。定规划、作决策、抓落实，必须充分听取群众意见，尊重群众意愿，赢得人民群众的理解、支持和拥护。充分宣传群众、发动群众、教育群众，让人民群众广泛知晓现代化建设的目标任务，最大限度地调动全市人民投身现代化建设的积极性、创造性，汇聚民智民力同心干。更加深入地走到群众中去，解决群众的具体利益问题，协调处理好不同阶层、不同群体的利益关系，多做惠民生、解民忧、暖民心的实事好事。

（五）加强反腐倡廉建设，为率先基本实现现代化营造风清气正的良好环境。在鼓励、支持各级干部敢闯敢试、干事创业的同时，坚持“党要管党、从严治党”，加强对党员干部队伍的管理和约束，坚决纠正损害群众利益的不正之风，坚决查处违纪违法案件，坚决依法严惩腐败分子，防止少数人的腐败行为影响现代化建设大业。在坚决惩治腐败的同时，更加注重治本、更加注重预防、更加注重制度建设，严格执行党风廉政建设责任制，加强惩治和预防腐败体系建设，让权力在阳光下运行，让干部在制度框架内干净干事、创先争优。

坚定信心　稳中求进　全面加快现代化建设进程

——2011 年 12 月 26 日在中共镇江市六届二次全委会议上的讲话（摘要）

市委书记　许津荣

这次全会的主要任务是，全面落实中央、省经济工作会议和省、市党代会精神，总结今年，部署 2012 年，动员全市进一步坚定信心、稳中求进，保持跨越发展强劲态势，全面加快现代化建设进程。

一、现代化建设开局良好

2011 年是“十二五”和现代化建设的开局之年。预计地区生产总值增长 12%，地方一般预算收入增幅超过 30%，固定资产投资增长 22.5%，实际利用外资 18 亿美元，社会消费品零售总额增长 18%，外贸进出口总额突破 100 亿美元。在 11 月份公布的中国城市科学发展评价报告中，镇江综合排名列第 16 位。

1．“人才引领”成绩喜人。人才工作迈入全省“第一方阵”。新增国家“千人计划”8 人，总数达到 12 人，列全省第四。又有 40 个人才（团队）入选省“双创”计划，列全省第三，其中镇江新区 16 人，居全省开发区之首。市“331”人才计划实施三年共引进 196 个人才（团队），带动引进海内外高层次人才 874 人，其中博士 421 人；引进高新技术企业 98 家，申请发明专利 472 项。承办“千人计划”工程与新材料专业委员会首次年会，促成“千人计划”新材料研究院落户京口。丹阳集聚航空领域 14 位院士，成立全国首家航天航空产业院士工作站。

2．“创新驱动”能力增强。第八次蝉联全国科技进步先进市，成为国家创新型试点城市。全市科技进步贡献率 55%，列全省第四。高新技术产业产值实现两年翻番，突破 2200 亿元，占规模以上工业产值比重提高到 43%，居全省第二。全社会研发投入占地区生产总值比重 2.2%，对上争取科技拨款近 3 亿元。新增 11 家省级以上研发和检测机构、2 家省级公共技术服务平台，新建孵化器面积超 50 万平方米。江苏大学水泵及系统工程技术研究中心成为镇江首家国家级研发机构，国家中低压配电设备检测中心基本建成。百亿元地区生产总值发明专利申请量和专利授权量分列全省第三、第四。金融部门科技贷款增长 18%。新增创投企业 8 家。市国投创业公司组建的首家母子型基金投入运行。

3．“绿色增长”水平提升。一是产业结构进一步优化。新兴产业完成投资 407 亿元、比去年翻一番，实现销售 1640 亿元、增长 54.6%。丹阳新材料、句容光电子、扬中新能源、丹徒高端装备制造、新区航空制造、京口软件、润州海洋工程等新兴产业基地迅速崛起。央企投资的 39 个项目中新兴产业类占 75%。五大主导产业实现销售 4290 亿元，增长 30.6%，绿色化工成为继装备制造业之后第二个千亿级产业。新增 1 家百亿企业、3 家上市公司。服务业增加值占地区生产总值比重 40.8%、提高 0.7 个百分点。旅游业总收入增长 22%，“国家智慧旅游服务中心”加快建设；软件业营业收入增长 55.3%，服务外包执行额增长 103.8%；惠龙港物流基地交易额超 200 亿元；万达、九润等城市综合体建成营业。现代高效农业加快发展，农业增加值突破 100 亿元，增幅全省第一，粮食生产实现

"八连增"。全年吸引"三资"投农51亿元,新增省级现代农业园区4家、高效农业2.2万公顷、设施农业1.33万公顷,其中亩均效益超万元的0.73万公顷,新增合作组织入社农户10万户。二是生态建设扎实推进。国家环保模范城市通过环保部复核,丹阳、句容、扬中生态县创建通过国家评估,87.8%的镇通过国家级生态镇省级考核。市区铺设雨污分流管网48公里,9条河流通过整治达标验收,古运河中段风光带初显靓丽景观。全市林木覆盖率23.9%、城镇绿化覆盖率41.3%。三是节能减排成效明显。万元地区生产总值能耗下降3.7%,主要污染物减排完成省下达任务。

图1-2 2011年12月10日,全国加强互联网属地管理现场经验交流会在镇江召开

(魏 兢)

4. "和谐共享"成效显著。一是民生建设有力推进。全年公共财政民生类支出108亿元,增长32%。城市居民人均可支配收入26200元,增长13.5%;农民人均纯收入12560元,增长15.5%。积极创建国家级创业型城市,在全国90个创建城市评估中列第九。全市私个注册资本总量突破2500亿元,万人拥有私个注册资本居全省第三,新扶持创业12700人,带动就业63800人,企业最低工资标准从每月960元提高到1140元。启动实施被征地农民参加社会保险,将未参保城镇集体企业退休人员纳入基本养老保险;企业退休人员月养老金提高11%,居民医保政策内住院报销比例提高8个百分点。国家学前教育体制改革试点进展顺利,成立初中教育两大集团,创成国家中等职业教育改革发展示范学校2所。医疗体制改革三年任务两年完成,落实医院与社区卫生机构分工协作机制,"3+X"团队服务模式综合满意率达到92.1%。新建各类保障性住房100.6万平方米、18113套(间),超过前三年总和。市区安置房竣工面积150万平方米,近2万户居民喜迁新居。高标准建设菜市场21个,建成"菜篮子"平价商店35家,新增蔬菜基地1万亩,发放低收入群体物价补贴1710万元。新老年活动中心、残疾人综合服务中心、救助管理站暨流浪未成年人救助保护中心等一批民生工程建成启用。二是城乡建设取得新突破。全市完成城乡建设总投入570亿元。新行政中心、京沪高铁站投入使用,档案馆、科技馆建成交付,体育会展中心、职工文体中心、二人医、商务A区主体竣工。全面完成金山湖景区调水控水工程,加快推进金山文化园、招商北固湾等功能性项目,景区形象和品质显著提升。交通建设完成投资99亿元,泰州大桥主桥合龙,338省道市区段等重点工程建成。新改建农村公路251公里,新建公交站场20个。"三新"建设完成投资200亿元,农民集中居住点开竣工面积超560万平方米。水利现代化加快推进,丹阳、句容、扬中、丹徒进入全国农田水利建设重点县行列。三是文化繁荣发展。文化发展绩效考核评价综合指数列全省第三,被中宣部评为"全国文化体制改革先进地区"。公共文化服务体系基本实现城乡全覆盖,"文化嘉年华""欢乐家园""大爱镇江"等公益文化活动蓬勃开展。文化产业投资65亿元、增长70%,增加值占地区生产总值比重突破5%。重建文宗阁、北固楼、云台阁、南山琴房。四是社会管理不断加强。积极探索互联网运用和管理,搭建"网上居委会""网络发言人""网上派出所"等网络平台,及时了解民情,解决实际问题。"镇江模式"获中央领导同志高度评价,并在镇江召开全国现场会予以推广。社区"网格化管理"是镇江创新社会管理的积极实践,解决了服务到户"最后一米"的问题。深入推进法治镇江、平安镇江建设,各类矛盾纠纷调解成功率96.4%,八类案件破案率提高7.4%,公众安全感93%、居苏南首位。第六次创成全国双拥模范城。

5. 党的建设全面加强。新任县处级领导干部差额选拔比例超过50%。市县镇党委换届圆满成功,辖市(区)委班子成员平均年龄下降3岁,三级党代表对换届风气的满意率均在98.8%以上。加强年轻干部培养使用,从市级机关选派12人到乡镇、街道任职,市县联动公开选拔65名年轻干部。深入开展"创先争优"活动,全市近20万党员、90个单位"一把手"、9400多个基层党组织"亮剑"承诺,促进了各项工作真抓、真改、真变。深入开展"学习张雅琴、当好带头人"活动,落实村级组织"四有一责"任务,党员干部扎根基层、实干为民、甘于奉献的意识和能力进一步提高。深入开展建党90周年纪念活动。深入推进党风廉政建设,基本建立惩防腐败体系框架,加强领导干部经济责任审计,保持惩治腐败高压态势,开展工程建设、政府采购等领域纠风专项治理工作。通过建立市委党务公开网站、市委常委会电视播出等方式,从市委层面带头深化党务公开。注重发挥人大、政协组织作用,市人大通过组织代表评议垂直部门、开展"授荣"和审议视察等活动,有力推动了政府效能建设和重点工作开展;市政协积极履职,为推进经济转型升级、促进社会和谐建言献策;市各民主党派圆满完成换届工作,统一战线紧贴全市大局,目标"同心"、工作"同力"。

一年来,我们在目标定位上,坚持自加压力、奋勇争先。今年8月召开的市第六次党代会,选举产生了新一届市委领导班子,确立了2015年与苏南其他城市同步率先基本实现现代化的奋斗目标。各辖市(区)也都结合自身实际,明确了基本实现现代化的"时间表"。在发展导向上,突出转型升级、强市富民。省委提出落实"六个注重"、实施"八项工程"的意见后,市委紧密结合镇江实际,制定出台八个配套文件,明确阶段性目标、重点任务,转型升级、强市富民的导向更鲜明、行动更自觉、措施更扎实。新增财力82.5%用于民生和科技人才支出。在工作推进中,注重创新思路、克难奋进。各级党委、政府和职能部门驾驭复杂局面、推动科学发展的能力进一步增强,经济社会发展的创新活力、内生动力进一步提高。

二、2012年形势与目标任务

总体上看,2012年国内外经济环境将更加严峻复杂,不确定不稳定性上升，主要表现为三个“压力加大”：一是世界经济下行风险压力加大；二是国内经济不平衡、不协调、不可持续的矛盾突出，保持经济平稳较快增长的压力加大；三是镇江面临着加快经济转型升级和保持跨越态势的“双重任务”，在转型中促跨越的压力加大。我们必须看到，在宏观趋紧情况下，全市经济增速有所回落，企业运行难度加大；结构性矛盾仍然比较突出，节能减排任务艰巨；城乡居民收入水平、社会管理创新水平还需要加快提升；一些发展指标与现代化标准和群众期盼还有较大差距。在各种困难和挑战面前，我们要从镇江这几年跨越发展的成功实践中，汲取经验和力量，坚定信心、咬定目标，加倍努力、勇于胜出，巩固来之不易的跨越态势，不断开创现代化建设新局面！

2012 年是党的十八大召开之年，也是全面贯彻省市党代会精神、实施“十二五”规划、推进现代化建设的关键之年。做好 2012 年工作，必须按照中央和全省经济工作会议的要求，结合镇江实际，准确把握“稳中求进”的总基调。“稳”，就是要坚定信心，全力以赴稳住跨越发展的好势头；“进”，就是要紧中寻机，在转型升级上大踏步前进。总体要求是：继续坚持“人才引领、创新驱动、绿色增长、和谐共享”，全面落实“六个注重”，深入实施“八项工程”，在加快转型中保持经济社会又好又快发展，在率先基本实现现代化的新征程中迈出关键一步，以优异成绩迎接党的十八大胜利召开。

综合考虑当前形势，市委提出 2012 年主要工作目标是：地区生产总值增长 12%；固定资产投资增长 22%；地方一般预算收入增长 25%；社会消费品零售总额增长 17.5%；实际利用外资增长 10%，进出口总额增长 12%；服务业增加值占地区生产总值比重 43%；研发支出占地区生产总值比重 2.4%；高新技术产业产值占比 45%；城市化水平达到 64%；单位地区生产总值能耗、主要污染物排放削减率完成省下达任务；城市居民人均可支配收入增长 14%，农民人均纯收入增长 16%。同时，为确保完成“十二五”目标和现代化建设任务，市委、市政府结合“十二五”规划和省定现代化指标体系，制定全市现代化建设考核指标体系，共四大类 38 项指标。

2012 年全市工作的主要任务是：

（一）以争先姿态推进创新驱动

牢牢抓住镇江成为国家创新型试点城市、苏南争创国家级自主创新示范区机遇，深入实施科技创新工程，确保高新技术产业产值超 3000 亿元、占规模以上工业比重提高 2 个百分点，科技进步对经济增长贡献率 57.5%。

建设更具优势的“人才高地”。巩固和扩大人才加速集聚的好势头，力争在全省“第一方阵”中位次不断前移，提升人才引进与镇江产业升级的契合度。实施新“331 计划”，加大海内外高端人才引进力度，力争新增国家“千人计划”8 人，总数突破 20 人，凸显“千人计划”镇江板块；入选省“双创”计划超 40 名，省创新团队 2 个以上。

强化创新载体和平台建设。新增省级以上研发、检测机构 10 家、科技创新平台 15 家，新建孵化器面积超 50 万平方米。提升国家级大学科技园、留学生创业园、高新技术创业园等载体的市场转化和产业孵化功能。重点抓好药品食品保健品检验检测公共服务中心、航空焊接技术及材料重点实验室、恒神碳纤维企业研究院等平台建设。丹阳要全力争创国家级高新技术开发区。各开发区要争创省级以上特色产业园区。

实现创新投入大幅增长。通过财政引导资金、企业主体投入与风险投资、贴息、担保、有偿使用等多种方式结合，强化金融对创新的扶持，推动科技创新持续保持高投入。2012 年市级财政科技人才专项资金计划安排 1.43 亿元，增长 42.3%。引进培育更多创投、风投企业，促进科技支行和科技小额贷款公司良性发展，推广知识产权质押融资。

（二）着力提升产业竞争力

促进新兴产业跨越发展。2012 年新兴产业投资要确保 600 亿元、增长 60%，实现销售 2200 亿元、增长 35%。重点推进航空航天产业跨区域整合、资源共享，狠抓大项目，加快研发平台和大路临时起降点建设，在核心部件、机身材料、整机制造和通用机场建设上实现突破，力争国内有地位、国际有影响。丹阳要抓住建设国家“军民融合式发展示范区”机遇，力争使新材料产业早日成为千亿级产业。电子信息、海洋工程、智能电网等产业要加快主攻核心技术，发展高端产品，培育龙头企业，扩张规模、增强竞争力。

加快发展现代服务业。服务业完成投资增长 30%，实现增加值 1150 亿元。要按照高端化、集聚化、国际化的方向，结合产业升级大力发展生产性服务业，结合城乡建设发展生活性服务业和新型商贸业态，重点培育现代物流、现代旅游、文化创意、科技信息、商品流通业新亮点。抓好市县两级 16 个城市综合体项目，加强农村商贸市场和蔬菜批发市场建设，积极培育新的消费热点，力争消费对经济增长贡献率达到 51%。加快“云神工程”建设，软件业营业收入突破 200 亿元，争创省级特色服务外包产业园区。抢抓港口经济、道口经济发展新机遇，做大做强惠龙港钢材集散中心、大港生产资料和工业品集散中心、二重特种大件物流中心、新民洲临港物流园等一批物流基地。强化旅游资源开发与整合，加大旅游基础设施投入，创成“三山一湖一渡”国家 AAAAA 级旅游景区，加快“智慧旅游”建设，实现旅游业增加值占地区生产总值比重 8.6%。

提升现代农业效益。着力提高园区建设水平，增强市场经营和运作能力，新增 2 个省级现代农业产业园区。力争高效设施农业面积比重达到 14%，适度规模经营面积比重 66%。围绕高效蔬菜、花卉苗木、应时鲜果、高档茶叶等特色优势产业，重点建设一批高效设施农业基地，新增亩均效益万元以上设施农业面积 0.67 万公顷。继续做好“万顷良田”试点工作。培育壮大农业龙头企业，大力发展农产品精深加工，加快推进百亿级农批市场、粮油仓储物流基地建设。加快以农田水利为重点的农业基础设施建设，健全基层水利服务体系，确保 2013 年基本实现水利现代化。

（三）统筹推进城乡建设

我们要紧紧围绕“山水花园城市”的总体定位，继续加大力度、加快建设。同时，也要清醒看到，2012 年国家将继续加强房地产市场调控，政府投融资平台筹资难度加大，必须千方百计、拓宽思路，确保城乡建设有力有序推进。综合考虑，2012 年城乡建设的主要任务是：

1. 加快提升中心城市现代化水平。一是突出主要板块功能建设。南徐新城方面，体育会展中心、职工文体中心交付投运，商务 A 区建成、商务 B 区主体工程封顶，开工建设京沪高铁站商务区。北部滨水区重点推进金山创意产业园、文化艺术中心、西津渡文化旅游商务区建设；启动西津湾、中华路片区开发。主城核心区要加快苏宁广场、财富广场建设进度，开工建设“水游城”、国贸中心广场项目。全面启动官塘片区开发建设，加快丁卯科技新城、丹徒新城、大港滨江新城商业开发、产业集聚和功能配套。二是突出老城综合改造。推进和平路西、绿竹巷北、荣庆里等老城棚户区和一批“城中村”改造。解决大市口区域路网成环问题，加快停车场（楼）建设，缓解中心城区交通拥堵和停车压力。三是突出改善和提升城市形象。完成城市三大出入口综合整治工程；打造一批景观特色街；启动长江路沿线综合改造；整治南山北出入口，让城市更加清新雅致、赏心悦目。推进城市现代化管理，完善监督考评体系，推行精细化、网格化管理，提高净化美化绿化亮化水平。

2. 加快城乡一体化步伐。突出抓好三个方面：一是以重大基础设施建设为重点，构筑城乡联动发展新格局。开工建设泰州大桥接线、镇江新区至丹阳高速公路、扬中三桥等一批重点工程。二是加快城乡公交一体化，增强中心城市辐射力。建立中心城市联通各辖市的公共交通大循环体系，与各辖市公交小循环联为一体，为城乡居民提供便捷的公共交通出行条件。市区公交线路增加到100条以上，完成“智能公交”系统建设，城市公共交通出行分担率达到19%，市区公交覆盖率100%。三是有序推进“三新”建设，确保完成三年行动计划年度工作任务。

3. 充分彰显生态特色。加快推进生态文明建设工程，继续开展突出环境问题集中整治，坚持铁腕治污，空气质量优良天数比例达到90%以上，Ⅲ类以上地表水比例达到65%以上。加大国家级生态市建设力度，确保通过环保部考核验收。全面完成“青山绿水”行动计划，古运河中段景观整治竣工，成为展示镇江新形象、方便市民居行游的新亮点。深入开展村庄环境整治，京口、润州全面完成，丹阳、扬中、镇江新区完成50%，句容、丹徒完成30%。创建国家森林城市，林木覆盖率达到25%、城镇绿化覆盖率达到42%。认真分解落实节能减排任务，多措并举确保实现全年目标。

（四）加快建设文化强市

认真贯彻落实十七届六中全会精神，以高度的文化自觉和文化自信，深入实施文化建设工程，促进文化大发展大繁荣。

强化思想引领。用现代化的宏伟目标凝心聚力，让跨越争先的精气神内融于心、外化于行。进一步提高互联网建设、运用和管理水平，增强网络政务平台服务群众的影响力和公信力，培育文明网民队伍，着力打造积极向上、文明和谐的网络文化。引导全社会崇德向善、关爱互助，让“大爱镇江”成为提升城市软实力的重要品牌。

坚持文化惠民。进一步加大公益性文化投入，打造城市“15分钟文化圈”、农村“十里文化圈”，培育基层特色文化。继续办好“文化嘉年华”“欢乐家园”“文心”系列公益文化活动。深入开展群众性精神文明创建活动，不断提高城市文明程度。

做强文化产业。力争文化产业招商突破100亿元，完成投资85亿元，增加值160亿元，占比6%。

（五）不断提高民生幸福水平

突出创业带动就业，增加居民收入。2012年新建创业孵化基地200万平方米，扶持创业5000人以上、创业带动就业2.5万人以上，新增城镇就业6.5万人以上。加强收入分配制度改革，推进工资分配向一线职工倾斜，力争企业职工最低工资标准增长15%。

突出民生“五有”，提高保障水平。逐步建立城乡一体的居民社会养老保险新制度，将所有新增被征地农民纳入“城保”。完善社会医疗保险办法，城乡居民医保、学生医保财政补助标准分别提高20%、100%。全面推进教育现代化，提升义务教育、学历教育和学前教育国家级试点工作水平，主要劳动年龄人口平均受教育年限提高到9.7年。强化医疗集团医院社区一体化管理，提高社区卫生服务质量，完善“3+X”团队服务模式，切实减轻群众医疗费用负担。深入开展“健康镇江”行动，提高城乡居民健康水平。完成保障性住房建设200万平方米，市区新竣工安置房230万平方米、2.2万套。用好价格调节基金，深入推进平价商店建设，稳定物价，保障困难群众基本生活。发挥慈善事业对特殊群体的救助功能。加快发展养老服务，开展镇街综合性居家养老服务中心建设试点，推进社区居家养老服务站建设。

突出基层基础，创新社会管理。加强村级“四有一责”建设。全面推行社区“网格化管理”和“网上居委会”双网融合，加强政策指导和业务培训，强化职能配套，提高基层工作人员的服务水平和工作能力。积极构建居家养老、扶贫济困、就业社保、综治平安等社区服务体系。深入开展和谐社区创建活动，城乡和谐社区建设达标率达到60%。

突出平安、法治建设，确保和谐稳定。扎实开展“六五”普法，营造学法知法守法的良好环境。实行矛盾纠纷四级排查预警机制，深化“大调解”机制建设，积极预防和妥善处置群体性事件。坚持用群众工作统揽信访工作，落实领导干部接访、走访、下访制度，深入开展“三解三促”活动，切实把矛盾化解在基层、把问题解决在当地。完善治安防控体系，严密防范和依法打击各类违法犯罪活动。扎实推进国防动员和民兵预备役建设。按照“全面融合、全面提升”的思路，开启七创全国“双拥”模范城工作。加大公共安全投入，加强食品药品安全、交通安全、消防安全监管，严防重特大安全事故发生。

三、提升引领现代化建设的能力

第一，大兴落实之风。要深刻分析和研究现代化指标体系的内涵要求，分项目分阶段、分层次分重点加大工作推进力度，强化督促检查考核，确保各项任务落到实处。

第二，不断创新思维。牢牢把握加快改革创新这一强大动力，重点围绕转型升级建立市场倒逼的新机制，围绕改善民生寻求教育、医疗、文化事业改革的新路径，围绕社会管理创新探索具有镇江特色的管理模式，围绕城乡一体化发展完善土地征用、流转、农村产权制度、户籍管理等新举措，鼓励支持基层创新实践、先行先试。

第三，激发队伍活力。深入实施党建创新工程，深化运用干部人事制度改革成果，扎实开展选拔优秀年轻干部工作，安排年轻干部到发展、民生、稳定一线挂职，选派干部到企业服务，选送新录用公务员到村、社区锻炼。开展基层干部“提高科学发展能力、创新基层社会管理”专题轮训，大规模教育培训干部，建设服务型党组织和党员队伍。实施大学生村官培养“四百工程”，优化基层干部队伍结构。选优配强各级人大、政府、政协领导班子，清正换届风气，确保市县乡三级人大、政府和市县政协换届成功。深入开展党风廉政建设，解决群众反映强烈的突出问题，坚决查处各类违法违纪案件，以党风廉政建设的实际成果保障现代化建设。

第四，汇聚强大合力。要深入发动群众、组织群众、依靠群众，充分发挥人大、政协的重要作用，支持民主党派、工商联、无党派人士更好地履行职能，支持各级工会、共青团、妇联等人民团体创造性地开展工作。

政府工作报告（摘要）

——2012年1月10日在市第六届人民代表大会第五次会议上

市 长 刘捍东

2011年工作回顾

过去的一年，全市上下深入贯彻落实科学发展观，坚持“六个注重”、推进“八项工程”，圆满完成市六届人大四次会议确定的各项目标任务，实现“十二五”发展良好开局，顺利开启基本现代化新征程。预计全市实现地区生产总值2300亿元,比上年增长12%;地方财政一般预算收入181.9亿元,增长31.7%;固定资产投资1225亿元,增长22.5%;社会消费品零售总额660亿元,增长18%;实际利用外资18亿美元,增长11.5%;进出口总额突破100亿美元,增长22.7%;城市居民人均可支配收入26200元,增长13.5%;农民人均纯收入12560元,增长15.5%;单位地区生产总值能耗下降3.7%,主要污染物减排完成省下达任务。

一、经济结构持续优化

现代服务业增加值占地区生产总值比重达40.8%。3个城市综合体建成运营,“一主五副”六大商圈初具形态。“云神工程”全面启动。软件业实现营业收入160亿元,增长55.3%,新增软件企业100家;服务外包执行额3.2亿美元,增长103.8%。国家级智慧旅游服务中心落户镇江,11家高星级饭店项目加快推进,旅游总收入超400亿元。文化产业完成投资59.5亿元、增长65.4%,增加值占地区生产总值比重突破5%。农商行、村镇银行和异地农商行实现辖市全覆盖,新开业11家农村小额贷款公司,新增4家证券营业部、8家创投机构。3家新上市公司募集资金8亿元。应收账款质押和知识产权质押融资走在全省前列。“千百亿工程”深入推进,五大主导产业实现销售突破4000亿元。五大新兴产业完成投资407亿元,增长100.6%;实现销售1640亿元,增长54.6%。创成2家省级特色产业集聚示范区,新增千亿产业、百亿企业各1个。新落户央企投资项目11个,其中新兴产业类占82%。农业现代化提速增效。农业增加值突破100亿元,粮食生产实现“八连增”。新增4家省级现代农业产业园区,率先实现省级园区辖市全覆盖。新增亩均效益万元以上设施农业面积超10万亩。吸引“三资”投入农业51亿元,合作组织入社农户数超10万户。疏浚镇级以上河道48条、村庄河塘618个。水利现代化改革发展经验在全国推广。

二、科技创新成效明显

镇江成为国家创新型试点城市,第八次荣获全国科技进步先进市称号,科技进步综合实力列全省第五位。全市科技进步贡献率达55.5%,全社会研发投入占地区生产总值比重达2.2%。高新技术产业产值占比达42.5%,列全省第二位。省级以上科技计划项目立项近500项,获拨款超2.5亿元。成功引进和建设11家省级以上研发、检测机构,新增孵化面积超50万平方米,建成7家省级商务公共服务平台。新“331计划”成效显著,新引进领军团队71个、领军人才263名,新入选国家“千人计划”8名。引进本科以上人才1.2万名,培养高技能人才8000名。

三、城乡建设扎实推进

全市完成建设投入570亿元。南徐新城行政中心投入使用,档案馆、科技馆建成交付,商务A区、职工文体中心和体育会展中心等主体竣工。金山湖景区调水控水工程全面完成,官塘片区开发全面启动。市区新改扩建道路24条,建成公交首末站场18个,新增停车泊位1万个。住宅小区实现物业管理全覆盖。大市口地下人防工程投入使用。金山水厂扩建工程完工,区域供水普及率达98.7%,创成国家节水型城市。数字镇江地理空间框架建设项目获批,成为国家级数字城市推广建设市。深入推进“大城管”建设,建成区道路实现保洁一体化,生活垃圾焚烧发电厂建成使用。交通基础设施投入99亿元,创历史新高。338省道市区段改造完成,大路飞机临时起降点立项获批。镇江港口货物吞吐量达到1.15亿吨。丹阳、句容和扬中市中心城区建设步伐加快,丹徒新城与主城全面对接,京口、润州城市经济承载能力进一步增强,镇江新区“万顷良田”工程得到国土资源部充分认可。全市村镇“三新”建设快速推进,第一批87个村庄环境整治全面启动。

四、生态建设力度加大

镇江顺利通过国家环保模范城市复核,成为全国第一个按新标准通过复核的省辖市。国家生态市建设顺利推进,三个辖市全部通过国家级技术评估。全市生态镇占比达87.8%、生态村占比达65%,林木覆盖率达23.9%,城镇绿化覆盖率达41.3%。获国家森林城市创建立项。“青山绿水”行动继续推进,市区9条河流整治达标,新建污水管网126公里,基本实现污水处理设施全覆盖。建成在线监控网络,实现重点污染源数字化监管。集中整治环境突出问题成效明显。

五、社会建设创新发展

全年公共财政投向民生124.5亿元、增长37.6%,高于一般预算支出增幅近7个百分点。新增城镇就业9.8万人,转移农村劳动力3.6万人,高校毕业生就业率95%,连续72个月保持城镇“零就业”家庭动态为零,城镇登记失业率控制在2.35%以内。创业型城市中期评估综合排名全国第九。医疗、失业、工伤、生育等社会保险市级统筹稳步推进。率先在全省实施失业人员医保新政策,被征地农民社会保障工作取得较好进展。企业职工最低工资标准达1140元、增长18.8%,企业工资指导线提高15%。新建各类保障性住房1.8万套(间)、100.6万平方米,超过前三年总和。市区改扩建16个菜市场,建成35家“菜篮子”平价商店。切实保障困难群体基本生活,建立低保金自然增长机制,发放困难群体物价补贴1861万元,全面消除年收入低于3500元的农村贫困人口。国家学前教育体制改革试点深入推进,东方职校等顺利迁建。医改镇江模式和社区卫生“3+X”团队服务在全国产生较大影响。成功举办“长江草莓音乐节”“文化嘉年华”和“欢乐家园”等300多场文化活动。切实加强文化遗产保护,复建文宗阁、重修北固楼。文化发展绩效考核列全省第三,成为全国文化体制改革先进地区。网络发言人、网上居委会和网上派出所等做法取得实效,互联网应用与管理经验在全国推广。全民健身计划深入推进,率先开通“10分钟体育健身圈”网络服务平台,实现全国残运会金牌零的突破。人口计生工作扎实开展,出生缺陷干预取得明显成效。全面启动“六五”普法,扎实推进“平安镇江”“法治镇江”建设。积极开展中心社区试点,形成了“多网叠加”的社区管理服务模式。市人民来访接待中心正式运行,信访工作取得新成效。成功六创全国双拥模范城。国防教育、人民武装、国家安全工作取得新成绩,丹阳成为全军军民融合示范区。援藏援疆工作有序推进,首批援疆项目完成率全省第一。安全生产、食品药品和产品质量安全工作扎实有效。慈善助医被评为省慈善最具影响力项目。

六、自身建设不断加强

全年办理人大代表建议260件、政协提案456件,满意和基本满意率达100%。深入开展法治政府建设,制订邀请公民列席市政府常务会议实施办法,市政府常务会议视频在网上播出。行政权力网上公开透明运行近15万件,“12345”服务热线受理市民来电近20万次。制订网上行政服务规范国家标准,圆满完成两级政府机构改革评估,构建全市政务系统纵向联动六大机制。认真开展预算执行、民生资金和重大项目等绩效审计。扎实推进公务用车专项治理。“中国镇江”政府门户网站绩效评估列全国地级市第11位。无纸化办公走在全省政府机关前列。

我们也清醒地认识到,工作中还存在一些问题:经济结构性矛盾仍较突出,破解各种要素制约的难度很大,城乡建设、发展和管理的水平有待进一步提升,社会建设中的基础性工作还需要进一步加强等。对此,我们将高度重视、认真整改,努力把工作做得更好。

2012年主要任务

2012年,市政府工作的总体要求是:以科学发展观为指导，全面贯彻中央和省一系列重要会议精神，认真落实市委六届二次全会的决策部署，坚定信心、稳中求进，强化人才引领，加快结构调整，推动科技创新，深化改革开放，加强节能减排，持续改善民生，促进社会和谐，以全面推进现代化进程的优异成绩迎接党的十八大胜利召开。

根据省定基本现代化指标体系，全年全市经济社会发展的预期目标为：地区生产总值增长11%；地方财政一般预算收入增长18%；固定资产投资增长18%，其中新兴产业投资增长60%、现代服务业投资增长25%以上；实际利用外资增长8%；进出口总额增长10%，其中出口增长10%；社会消费品零售总额增长17%；服务业增加值占比达42%；全社会研发投入占比达2.4%；高新技术产业产值占比达45%；城市化水平达到64%；城市居民人均可支配收入增长13%，农民人均纯收入增长14%；城镇登记失业率控制在3.5%以内；居民消费价格总水平涨幅控制在4%左右；单位地区生产总值能耗下降率和主要污染物排放削减率完成省下达任务；人口自然增长率低于3‰。

图1－3　2011年4月2日上午，市委、市人大、市政府、市政协领导及市级机关80余个部门2000余名工作人员，在新行政中心南广场举行宣誓仪式　（魏　兢）

我们将全力加速五个现代化进程：

一、提升产业发展现代化水平

大力推进创新驱动。顺应苏南地区整体发展战略规划的要求，继续推进国家创新型城市试点工作，大力发展创新型经济，力争完成高新技术产业产值2600亿元，新引进与建设省级以上研发、检测机构10家，科技进步贡献率达58%。切实加强企业和企业家队伍建设，加快培育拥有自主知识产权的创新型企业与名牌产品，更大力度引导创新要素向企业集聚。继续加快人才国际化进程，力争新增国家“千人计划”8人、入选省“双创”计划超40名、省创新团队2个以上；市级科技人才专项资金计划安排1.43亿元、比2011年增长42.3%，积极探索财政投入向基金滚动式方向发展；高度重视人才引进后的服务、培养和成长，不断提高项目“成活率”，力争使人才工作继续走在全省前列。全力推进金融创新，通过私募、风险投资等各种途径，助推企业转型升级，确保通过国家知识产权质押融资试点市验收，争创国家知识产权投融资示范市。

加快发展现代服务业。抢抓成为“三网融合”试点城市机遇，加快推进“云神工程”，建设智慧城市。大力引进国内外知名电子商务企业，鼓励有条件的企业发展网上连锁经营。建成服务外包载体超200万平方米，争创省级公共服务平台和服务外包特色产业园区。软件业营业收入突破200亿元。建成7个城市综合体。力争再引进2家股份制银行，新增3家上市公司。引导和支持房地产行业平稳发展。新增3个省级以上现代物流载体。大力推进智慧旅游示范城市建设，构建国家智慧旅游公共支撑体系。改革“三山”风景区管理体制和运营机制，力争创成国家AAAAA级旅游景区。

持续推进工业优化升级。继续推动新兴产业爆发式增长，力争五大新兴产业投入650亿元、销售2200亿元，争创2家省级以上新兴产业特色基地和新型工业化示范基地。继续推进“千百亿工程”，全面落实各项扶持政策，培育规模企业，新增1家百亿企业。加快“两化融合”步伐，推动传统产业改造升级，确保工业投资完成850亿元、销售突破6000亿元。

积极发展现代农业。争创2个省级现代农业产业园区和连片万亩的农业示范园区，新增亩均效益万元以上设施农业面积0.67万公顷，确保高效设施农业面积比重达到12.8%、适度规模经营比重达到60%。提升农村合作组织的运作管理水平，力争农户参加的比重达48%。继续加强农田水利建设，加大水利重点工程建设力度，加快水利现代化进程。认真落实农民收入倍增计划，确保全市薄弱村集体经营性年收入超过50万元、低收入农户人均纯收入超过4000元。

二、提升城乡发展现代化水平

规划适度超前。以建设山水花园城市为目标，进一步提高规划的前瞻性和现代意识，从群众最期盼、发展最急需、土地最集约、操作最可行的角度，科学编制和组织项目，加快推进城市总体规划修编，完善建成区控制性详规，全方位提升城乡规划编制水平，着力解决好群众反映强烈的出行畅通、生活便利、环境舒适等问题。

建设打造亮点。力争全年城建投资完成550亿元。北部滨水区重点启动西津湾、中华路和征润洲片区开发，规划建设长江路金融街区，优化长江路沿线布局，打造完整的滨水风光带；开通金山湖水上游览线路，新建佛祖舍利展示馆，实施焦东湿地景观保护工程。南徐新城核心区完成基础设施建设，商务A区全面建成，商务B区全面开工、部分封顶，建成市体育会展中心，开工建设高铁商务区。官塘新城加快推进路网建设，全面启动电力及景观水系改造，3～5个现代服务业项目落地开工。中心城区加快建设大市口A、B地块等项目，开工建设“水游城”、国贸中心广场等项目。完成主城区老铁路范围内所有“城中村”改造。完成城市三大出入口和古运河中段综合整治，打造学府路、朱方路等一批景观特色街。建成智能公交系统，新建20个公交站场，新增公交线路25条，城市、镇村公交覆盖率均达100%。加快构建大交通格局，基本建成泰州大桥镇江接线主体工程，开工建设镇丹高速和镇江—扬中快速直达通道，实施沪宁高速镇江支线收费站南移，推进338省道丹阳段拓宽改造，形成覆盖全市的快速骨架路网。完成镇江轨道交通线网规划编制。加快推进苏南运河“四改三”工程。全面开工建设大港四期工程，实现港口集装箱业务资源整合。

管理精致长效。进一步完善城市管理体制和工作机制，强化属地管理责任，充分发挥街道、社区的基层基础作用。以精致管理为目标，推进管理的网格化、标准化、精细化和常态化，实行实时监控、动态监管，有效解决违法建设、违章占道、店面整治、毁绿种菜和犬类管理等突出问题，建成省优秀管理城市。着力缓解主城区交通拥堵问题，搬迁南门大街夜市，改造青年广场、梦溪广场，建设2个立体停车库，切实加强渣土车、电动车管理。

乡村展示新貌。加快推进城乡规划、产业发展、要素配置、基础设施和公共服务一体化，做到“一村一规划、一村一张图”，打造各具特色的美丽乡村。全面完成主要交通干线沿线和省级以上风景名胜区周边村庄的环境整治，建成40个省级“康居示范村”，村庄环境整治达标率超过45%。全面完成“三新”建设三年行动目标任务。加快建设农村现代商品流通服务网络。

三、提升生态建设现代化水平

推进生态文明建设。大力实施生态文明建设工程，深入开展突出问题集中整治。加大国家级生态市建设力度，确保通过环保部考核验收。扎实推进国家森林城市创建，完成合山、黄鹤山、宝塔山等山体整治，保护南山等山体资源，实施山体林相改造，林木覆盖率达到24.8%，城镇绿化覆盖率达到42%。切实加强农村工业和生活污染治理，积极推进植保专业化，有效防治种植、畜禽、水产养殖等面源污染。

优化区域环境质量。加强太湖流域水污染防治，落实环境资源区域补偿制度，对完不成治理任务的乡镇实施挂牌督办、区域限批，确保考核断面水质全面达标。继续做好长江水污染防治工作。增强农村污水处理能力，确保乡镇以上污水处理厂全面规范运行。加大集中式饮用水源保护力度，区域集中供水普及率提高至98.8%。大力实施蓝天工程，开展PM2.5等指标监测分析，实施黄标车区域限行，加强扬尘、工业废气等污染综合治理，空气质量优良天数比例保持90%以上，城市噪声达到功能区标准。推进7个省级以上园区的生态工业园区创建，开展4个化工园区环境保护集中整治行动。

完成节能减排任务。启动新一轮三年淘汰落后产能行动计划，实行单位地区生产总值能耗下降和地区能源消费总量“双重”控制，加强投资项目节能评估审查和节能竣工验收。狠抓重点用能企业监管，坚决实施差别电价、惩罚性电价等措施。加快发展循环经济和低碳经济，推进公共机构节能，全社会节能工作通过国家考核。强力推进污水处理设施配套建设，确保污水管网建成运行，全面完成节能减排约束性指标。

四、提升文化事业现代化水平

积极发展公益文化。深入实施文化建设工程，积极创建省公共文化示范区。建立文化市场综合信息管理系统，继续提升互联网的建设、运用与管理水平。深化文化惠民系列活动，进一步加强农村文化工程建设，打造城市“15分钟文化圈”和农村“十里文化圈”。

加快发展文化产业。突出文化创意、影视演艺、旅游文化、现代传媒和数字出版印刷等产业发展，精心打造西津渡民国文化旅游和古渡文化旅游项目，建成丹徒米芾书法公园、丹阳天地石刻园等20个重点文化产业项目，启动市文化艺术中心建设，大力引进核心层、科技型、品牌响的文化企业和产业项目，引进和培养高层次文化人才，力争文化产业增加值占地区生产总值比重达6%。

不断扩大文化影响力。繁荣文艺创作，开展丰富多彩的群众文化活动，培育基层特色文化，提高市民的文化自觉和自信。进一步打造“大爱镇江”“长江音乐节”等品牌。充分利用文化遗产保护成果，举办全国碑帖、古琴等研讨活动，扩大国家历史文化名城的影响。

五、提升社会建设现代化水平

提高群众生活水平。继续推进创业型城市建设，新增创业5000人，创业带动就业2.5万人，力争新增城镇就业6.5万人、转移农村劳动力2万人。不断扩大创业投资领域，增加居民经营性和财产性收入。全面推行企业工资协商机制，力争企业职工最低工资标准增长15%左右。进一步加大投入，推进社会保障两个“全覆盖”“五险合一”和被征地农民社会保障等工作，确保城镇职工基本养老保险覆盖率达到98.3%、新型农村养老保险覆盖率达到95%、城乡各类社会医疗保险覆盖率达到96%、失业保险覆盖率达到98%。完成保障性住房建设200万平方米，努力实现住房困难低收入家庭应保尽保。全力稳定物价，推进平价商店建设，做好动态物价补贴发放工作，保障困难群众基本生活。扩大社会救助覆盖范围，切实加大对低收入群体的帮扶力度。加强养老机构建设。做好市民卡规模化发放工作。实行残疾人免费乘坐公交车。

提升公共服务水平。深入推进教育现代化，继续深化国家学前教育体制改革试点，加快推进中小学布局优化调整，主要劳动年龄人口平均受教育年限提高到9.7年。全面完成校舍安全工程三年规划，积极推行校车公交化。扎实开展“健康镇江”行动，建成区域卫生信息平台，提高市民健康水平。深入推进医疗集团实体化运作，完善“3+X”团队服务模式，大力提升社区卫生服务水平。推进城乡公共体育设施建设，推动群众体育活动蓬勃开展，进一步作响乒乓、象棋、篮球等品牌。推动计生卫生合作和资源共享，实施人口计生公共服务均等化，确保全市出生缺陷发生率控制在8‰以下。深入开展群众性精神文明创建活动、科普活动和各类培训，提高市民文明素养和社会文明程度，促进人的现代化。

促进社会和谐稳定。深入开展和谐社区创建活动，建设10个邻里中心模式的社区服务示范区。继续加强政务诚信、商务诚信、社会诚信和司法公信建设。推进法治镇江建设，抓好“六五”普法，率先实现法治政府建设阶段性目标，力争2个辖市（区）跨入法治县（市、区）创建工作先进行列，建成全省首批法治城市。坚持“四民主、两公开”，推进农村基层民主法制建设。围绕贯彻主题主线重大战略思想，扎实推进国防动员和后备力量建设。按照“全面融合、全面提升”的新思路，七创全国双拥模范城。深化平安镇江建设，深入开展社会治安整治专项活动，做好流动人口服务管理。落实信访维稳工作领导责任制，坚持领导干部定期接访和下访，深化大调解机制建设，依法处理好信访问题。扎实做好安全生产、食品药品安全和应急保障等工作，严防重特大事故发生。

我们将进一步加快转变政府职能，深化第六轮行政审批制度改革，推进“两集中、两到位”工作，完成事业单位清理规范，不断扩大市场开放度。我们将进一步加强电子政务和数字政府建设，推动行政权力网上公开透明运行，拓展政府门户网站为民服务功能，大力构建政务微博平台，提供实时公共服务。我们将进一步加强行政监察和审计监督，规范权力运行，健全行政问责机制，切实增强执行力，提升服务效能和服务水平。我们将进一步加强政府廉政建设，坚持不懈地推进反腐倡廉工作，带头勤俭节约，树立全体公务人员勤政、清廉、为民的良好形象。

中共镇江市第六次代表大会侧记

2011年8月25~29日,中共镇江市第六次代表大会胜利召开。大会圆满完成各项议程,充分贯彻和体现省委"形成一个好报告、选出一个好班子、营造一个好氛围"的换届工作要求。选举产生新一届"两委"班子,新提名的市委、市纪委常委会委员人选全部一次性高票当选。整个换届工作程序严谨,组织严密,体现加强党的领导与充分发扬民主的有机统一,换届选举全面实现组织意图。

注重超前谋划,确保工作有序推进。市委高度重视,坚持早调研、早部署、早培训、早谋划,牢牢把握换届工作的主动权。一是加强调研。2011年5月,市委书记许津荣带领相关部门负责同志,针对党委换届的重点工作,到各辖市(区)开展调查研究,摸清底数、了解情况、掌握动态、认真谋划。二是及早部署。在市委的领导下,7月中旬成立会务组、文件起草组、组织组、宣传组和安全保卫组等工作机构,制定换届工作计划。市委副书记张庆生要求换届工作"确保市第六次党代会开出最好效果、最大影响、最高水平"。三是强化培训。市委领导多次召开筹备组各组组长、副组长会议,学习上级文件精神,统一思想、理清思路,提前制定切实可行的党代会组织方案,细化各项工作任务,明确责任和完成时限。组织部门及早进行党代会组织组工作人员业务培训,让大家尽早了解情况,迅速进入角色。四是超前谋划。组织组有针对性地做好大会选举工作各类预案,确保大会选举万无一失。在选举省党代表时,出现三名候选人得票超过半数且票数相同、不能确定当选人的情况下,组织组迅速启动预案,在短短的半个小时内,完成二次选举的相关准备工作,确保二次选举的顺利进行,得到省委组织部、市委领导的高度评价和全体代表的普遍认可。

注重宣传引导,确保代表思想统一。一是着力营造氛围。通过电视、报纸、网站、手机等平台,深入宣传全市近年来经济社会发展和党的建设所取得的成就,为党代会的顺利召开营造"奋发作为、全力跨越"的浓厚舆论氛围。二是精心起草报告。坚持"开门"写稿,先后召开14场座谈会,广泛征求意见,使报告起草的过程真正成为解放思想、形成共识、汇聚力量的过程,切实将干部群众思想统一到镇江"十二五"转型升级、跨越发展的要求上来。三是加强广泛沟通。党代会前,组织召开地市职老同志和民主党派、工商联主要负责人通报会,及时通报换届人事安排情况,引导社会各界全面理解,认真贯彻省、市委意图。党代会期间,市委主要领导多次召开各代表团团长会议统一思想认识,提出明确要求,明确具体责任;市委领导班子成员深入各代表团,带头做好党代表和"两委"委员的思想教育和引导工作;各代表团团长加强与代表沟通谈心、交流思想,在全体党代表中切实形成共识,确保省、市委意图和代表意愿有机统一。对换届中不再继续提名的同志和选举中落选的同志,市委主要领导和市委组织部负责同志逐一深入细致地开展谈心谈话活动,引导他们正确对待个人的进退留转,愉快服从组织安排。四是强化联络指导。从组织部门、纪检机关选派20名政治可靠、业务熟悉、作风过硬的同志作为各代表团组联络员,全程参与代表酝酿讨论。及时做好上传下达工作,并根据不同情况,有针对性地跟进工作措施,确保会议各项议程的顺利进行。同时,通过旁听代表讨论报告、酝酿人事,掌握一批履职能力强的党代表,为今后实行党代表任期制、建立党代表人才库打下基础。

注重发扬民主,确保选举圆满成功。在坚持依法办事的前提下,始终以落实知情权、参与权、选择权和监督权为重点,把充分发扬民主贯穿于各类候选人提名酝酿和换届选举的全过程。一是坚持全程差额。在省市党代表、"两委"委员产生过程中,积极借鉴近年镇江"四差额"的成功经验,实行全程差额,通过差额推荐、差额考察、差额酝酿,最终由全体党代表差额选举产生。二是尊重民意表达。党代表的产生过程,充分发扬民主,尊重民意,按照自下而上、上下结合、反复酝酿、集体研究的方法,精心组织酝酿推荐。选举产生的449名党代表,分布在全市机关、事业、企业、农村、大学生村官等各行各业,有领导干部、离退休干部、先进模范人物,也有专业技术人员、企业生产一线职工、农村致富能手,广泛性、先进性得到充分体现。三是提高知情程度。为使代表更好地了解各类人选情况,更好地理解省、市委意图,认真负责地行使好民主权利,在人事安排说明中,除介绍候选人产生提名过程,还向代表提供候选人详细基本情况、上级的政策规定,并有针对性地进行各类候选人结构比例要求的具体介绍,力争把情况讲清楚,把理由讲充分,把道理讲明白,以知情率来提高支持率和满意率,保证省委批准的换届人事安排方案圆满实现。

注重严明纪律,确保大会风清气正。坚持把严肃纪律贯穿于换届全过程,做到教育在先、警示在先、预防在先,营造风清气正的换届环境。一是领导高度重视。市委专门设立纪律监督组,强化对严肃换届纪律工作的组织领导。二是强化制度规范。建立市委常委严正换届风气挂钩联系工作制度,先后下发

《关于贯彻落实严肃换届纪律有关要求的通知》《镇江市严肃辖市区及乡镇党委换届纪律的工作方案》《关于进一步严肃党委换届工作纪律的通知》等文件，三令五申换届纪律。先后三次召开严肃换届纪律工作专题会议，要求进一步增强做好严肃换届纪律工作的自觉性，确保市委换届风清气正。三是加强教育宣传。通过会议、党校培训、电视、广播、报刊、党建网站、手机短信、标语和专栏等广泛宣传换届纪律，全市印发的有关换届纪律资料总计超过10万余份，做到换届纪律教育全覆盖、无遗漏。广泛开展"一对一"谈心谈话和党代表专题培训活动，层层承诺严守换届纪律。在党代会召开时，组织全体代表进行严肃换届纪律专题学习培训。邀请省、市选人用人风气监督员全程列席党代会，对选举工作进行全程现场监督。在省委组织部组织的严肃换届纪律情况问卷调查中，镇江市委换届纪律知晓率位居全省前列。在整个市委换届期间未收到一例经查属实的违反换届纪律的举报，干部群众对市委换届工作及换届风气均比较满意。

镇江市县乡两级党委换届工作纪实

2011年，全市县乡两级党委在上半年集中进行换届。年初，县乡换届工作启动，到3月31日，全市40个乡镇完成换届任务，共选举产生党委委员373名。对辖市(区)委换届，市委组织部认真制订换届考察方案，设计13个考察步骤，并编印下发《考察工作手册》，由6个部领导带队，组成6个考察组，深入到6个辖市(区)进行考察。有935人参与民主测评和全额定向推荐，315人参加二次会议推荐，实施个别谈话1016人，发放征求意见表5784份，发放民意调查、征询意见函919份，935人填写换届纪律调查问卷，224名"两代表一委员"、普通党员群众、领军人才、企业家、基层党组织书记、先进模范人物代表参与民主推荐和个别谈话，形成换届考察综合报告6份、考察材料115份。

图2-1　2011年6月23日至26日，中共丹阳市第十二次代表大会召开
（史志办）

这次换届，市委组织部注重抓好四个方面工作。一是制定和贯彻政策。认真学习中央、省委换届政策，领会把握文件精神，结合镇江市实际情况，在认真调研，摸清实情的基础上，出台《关于辖市区委及乡镇党委换届工作的意见》。二是统筹人事安排。2010年8月，采取"四差额"方式，充实5名辖市(区)党政班子成员，为换届提前准备；2010年底，结合"两会"又对不再提名的8名同志提前作过渡性安排。换届工作启动后，针对换届人事调整，分三次就拟新进班子人选、新提拔和交流干部、换届人事安排方案提交市委常委会专题研究通过。三是认真指导。及时转发省委组织部关于做好换届选举工作的要求，换届选举中实事求是地做好人事安排说明，具体要做到"三个清楚"：即讲清楚有关换届政策，领导班子结构要求和工作需要；讲清楚人选德才条件、提名理由和方案的形成过程；讲清楚市委对辖市(区)领导班子建设的总体考虑。四是严格把关。组建换届指导督查组全程跟踪指导县乡两级党委换届工作，严把程序关，着重把握好领导班子的职数设置和选配要求，对乡镇党委换届人事安排方案认真审核把关，深入公推直选试点乡镇，靠前指导试点工作；对辖市(区)党代表的名额、构成和产生程序以及党代会的报批程序等关键环节，及时答复各地在换届实际操作过程中遇到的问题。同时及时掌握大会选举中的情况和动态，为圆满完成换届选举任务提供保证。

截至2011年6月底，辖市(区)委换届工作圆满结束，63名新一届辖市(区)委领导班子成员全部高票当选。调整后，辖市(区)委领导班子成员平均年龄43.8岁，比换届前下降3岁；每个班子中都配备女干部和年轻干部；大学本科以上文化程度的61人，占96.8%，其中研究生学历30人；有基层工作经历者达到49人，占77.8%。通过换届，一批政治坚定、善于领导科学发展、能够驾驭全局、作风民主、熟悉基层、清正廉洁、群众公认的干部走上辖市(区)的领导岗位。领导班子的年龄结构更加合理，知识结构进一步优化，经历气质形成互补。

镇江市换届工作的一些做法先后入选中组部《市县党委换届干部人事制度改革100例》，被中组部《领导参阅》《党建研究》等杂志刊登，受到中组部换届调研组的肯定。　（杜官军）

镇江市创先争优活动纪实

2011年，镇江市把开展创先争优活动作为推进全市转型升级、跨越发展的重大契机和强大动力，统筹协调抓推进，活动取得明显成效。一些特色做法得到中央和省委创先争优活动办公室的肯定，树立的先进典型张雅琴，受到中央政治局委员、中央书记处书记、中宣部部长刘云山，中央政治局委员、中央书记处书记、中组部部长李源潮，省委书记罗志军的批示，成为全国重大典型。省委党建办评价镇江创先争优活动走在全省前列。中央创先争优活动《简报》《人民日报》《新华日报》等重要媒体先后对镇江市窗口单位和服务行业"三比三创"活动、创先争优助推新兴产业爆发式增长等经验做法予以重点介绍。镇江市经验做法在中央和省委创先争优活动《简报》用稿量均列全省13个地级市的前三名。活动主要特色体现在"五个突出"：

突出跨越主题，激发赶超动力。一是主题引领。各级基层党组织按照"四明确"（明确活动主题、明确活动载体、明确创建标准、明确承诺内容）和"三个一"（一领域一主题、一支部一载体、一党员一承诺）的要求，确立各具特色的活动主题，以鲜明的主题引领活动的开展。二是载体推动。创设"争当跨越发展排头兵、争创跨越发展先锋岗"的"双争"活动载体，在辖市（区）开展"科学发展争一流"活动；在机关部门开展"更高标准争一流、更大范围争位次、更高层次争荣誉"活动；在乡镇党组织开展"综合实力争超百亿规模、财政收入争当全省百强、村镇建设争创全国重点中心镇"活动；在村党组织开展"提升科技文化素质、提升发展致富能力和集体增资产、农民增收入、班子增活力"活动；在街道社区党组织开展"经济发展增实力、社会管理增活力、和谐建设增合力"活动；在企业党组织开展"争创高新技术企业、争当全国行业龙头企业、争获国家品牌、争做劳动关系和谐企业"活动，进一步增强活动的吸引力和号召力。三是齐争共创。各级党组织创先争优，主动作为，呈现出比学赶超、竞相发展的良好局面。丹阳市围绕"学赶宜兴"，三年投入超千亿元，在"全国县域经济竞争力"排名第16位，比2010年前移8位；镇江新区紧追常州高新区，实际利用外资在全省131家省级以上开发区中居第3位。

突出关键环节，狠抓工作推进。一是全覆盖公开承诺。全市19.4万名党员、9400多个基层党组织结合实际，全部做出公开承诺。同时，分市级机关部门、乡镇（街道）、村、社区四种类型，集中梳理汇编承诺事项，并向社会公开承诺，全方位接受群众监督。3月份，89个市级机关部门、驻镇单位主要领导走进电视直播室，向社会作出庄严承诺，引起社会强烈反响，其中承诺在全市前列的48项，在全省前列的有286项，在全国前列的有95项。新闻网、人民网、新华网、《新华日报》、江苏省委办公厅《快报》等十余家媒体作报道。二是大力度履职践诺。通过全面自查、分类座谈、现场督查等形式对履职践诺情况进行全面检查推进，并召开全市为民服务创先争优推进会，推动各地各单位履职践诺全面完成。2011年，各级党组织公开承诺事项达35981多项，党员公开承诺事项达355874多项。截至2011年底，全市各级党组织和党员分别践诺29792项、321725项；各级党组织共获得360多项省以上荣誉，在省级以上会议介绍经验做法80多次，160余项单项工作在全省实现进档升位。三是多途径年底考诺。对89个市级机关部门创先争优公开承诺事项完成情况进行全面考核，并记入年底"三位一体"综合得分，真正做到"年初有承诺、年底能兑现"。结合年底社会评议工作，从评议人员中随机抽取10000人，对公开承诺进行群众评议，真正将创先争优公开承诺用促进发展的效果来"说话"，用为民办事来"报账"，靠群众满意度和好口碑来"打分"。

突出重点行业，提升服务效能。开展争创群众满意的窗口服务单位活动，推动窗口服务单位服务意识、工作作风、服务质量转变。一是比岗位技能，创服务标兵。积极开展"服务标兵、服务明星、服务品牌、优胜窗口"竞赛活动，公开服务承诺，接受群众监督；全面实行党员挂牌上岗、佩戴徽章上岗、党员责任区、党员示范岗、党员先锋岗，引导党员干部进一步改进工作作风，在为民服务一线发挥示范作用、展示先进风采。2011年，全市窗口单位和服务行业共作出承诺事项3.2万余件，创建党员示范岗和党员先锋岗3600多个，开展岗位练兵、技能比武522场次，评选服务标兵11832名。二是比服务效能，创特色品牌。围绕便民利民惠民创品牌，着力优化服务流程、简化办事程序、出台惠民措施、提高服务效能；各部门各行业结合工作实际，本着"感情上贴近群众、方法上尊重群众、目的上为了群众"的原则设计活动主题，说群众话，办群众事、解群众忧，全面优化了行政服务效能。三是比群众认可，创满意窗口。通过亮标准、亮身份、亮承诺，比作风、比素质、比奉献，把服务窗口办成优化发展环境的示范窗口、服务群众的便民窗口；制定实施"加强窗口建设提升服务效能"的具体措施，将被动服务向主动服务延伸；开展群众评议，建立"群众评议团"，通过座谈评议、督促检查、媒体曝光等方式有效监督评估服务质量。2011年，共开展座谈评议731场次，明察暗访967次，媒体曝光198次，发现并整改问题253个。

突出典型示范，营造争先氛围。一是举行典型推介会。召开村书记"学华西村、学常德盛"村党组织书记座谈会和各类先进典型的推介会，第一批推出44个基层党组织和党员干部先进典型，形成具有一定规模和感染力、影响力的典型群体。二是培树宣传重大典型。6月，在北京人民大会堂、省级机关及苏南、苏中、苏北三地巡回举行张雅琴同志先进事迹报告会，产生强烈反响。全市开展"学习张雅琴、当好带头人"主题活动，取得良好效果。三是组织"三百"评选活动。组织开展"百名优秀共产党员先进事迹、百个先进基层党组织特色品牌、百项基层党组织创先争优经验做法"的"三百"评选活动，评选一批先进典型，并汇编成《基石》一书，7月1日举行发行仪式，对百个先进基层党组织特色品牌进行命名表彰，使先进典型激励转化为创先争优的生动实践和推动工作的强大动力。

图2-2　2011年6月22日，润州区金山街道党工委书记吕朝霞（右二）向省委常委、组织部部长石泰峰（中）汇报创先争优成果　（镇　组）

突出组织推动，有力有序开展。一是强化领导，合力推进。建立党委统一领导、组织和宣传部门共同负责、各部门密切配合、齐抓共管的工作机制。狠抓党组织"一把手"，形成书记抓、抓书记，一级抓一级、层层抓落实的工作格局。二是精心组织，科学指导。分类指导，分层推进，调研暗访，及时掌握进展情况，帮助分析解决存在问题。同时，对创先争优活动的实践经验进行总结交流，推动活动的持久深入开展，三是上下联动，共促发展。开展"三解三促"下基层活动，拓宽联系群众的渠道，落实一批为民办实事项目，解决一大批热点难点问题，得到人民群众的拥护。2011 年，全市领导干部下基层 13200 多人次，为基层和群众解决难题 2.6 万余个，办实事 8960 多件。

（创先办）

镇江市人才工作纪实

2011 年，市委、市政府制定全年力争引进培育国家"千人计划"5 人，40 人入选省"双创计划"的人才工作目标。各地各部门深入全市企事业单位调查摸底，广泛开展宣传发动，详细介绍国家"千人计划"、省"双创计划"和"333 工程"申报的具体条件、工作流程，解决申报工作的疑难问题。全市高层次创新创业人才队伍建设取得重大突破。2011 年新增和引进国家"千人计划"各 4 人，全市国家"千人计划"总数达到 12 人，列全省第四；有 37 名人才入选省"双创计划"，比上年增长 72%，入选数量继苏州、无锡之后，列全省第三；有 2 个省"创新团队"进入公示阶段，41 人入围省"企业博士集聚计划"面试考察。本土人才培育成果显著，分别有 4 人和 100 人被列入省第四期"333 工程"第二、三层次培养，有 12 人入选首批江苏省产业教授，25 人入选首批江苏省科技企业家，推荐 4 人申报"国家青年拔尖计划"。镇江市人才工作迈入全省第一方阵，得到中组部、省委组织部领导肯定。

加大投入造声势，"331 计划"人才集聚效应不断增强。制订《镇江市"十二五"创新创业领军人才集聚计划》，围绕新能源、新材料、电子信息、航空制造、海洋工程五大战略性新兴产业以及生物医药、低碳环保、现代服务业等新兴产业，重点引进培育具备世界先进和国内顶尖水平，能够突破关键技术的创新创业领军人才。加大人才资金资助力度，将创新类和创业类领军人才扶持标准相统一，均按重点、优先、一般三个层次分别给予 300 万元、150 万元和 60 万元资助。对领军人才（团队）创新创业项目所产生的科技创新产品，优先列入政府采购目录，同等条件下优先获得政府采购合同。积极与国内外高等院校、人才机构开展交流合作，高质量承办国家"千人计划"专家联谊会工程与材料专业委员会 2011 年年会，对接"千人计划"人才项目 22 个。组织百所高校镇江行、"千人计划"镇江行，参加深圳中国国际人才交流大会等高规格引才活动，大力推介镇江市引才优惠政策，拓宽引智引才渠道。全年"331 计划"第四批共有 251 名人才团队申报，经过严格的初审、技术评审、综合评审和面试，最终有 78 名人才获得资助，其中重点资助 8 人，优先资助 18 人，一般资助 52 人，资助总额达到 8220 万元，资助金额和人数均创历史新高。

完善机制扩影响，人才工作科学化水平显著提升。制定《镇江市人才"十二五"发展规划》，确立人才优先发展、优先投入的战略导向，推动各级财政按不低于本级财政一般预算收入的 3% 设立人才发展专项资金。建立高效沟通协调机制，在开展人才引进、评审、服务等各项工作中，市委组织部和市科技局、人社局分工明确，市财政、外办、侨办、经信、发改等部门协调推进，形成多部门联动、全方位协作的工作格局。同时，开通镇江人才工作信息平台。短信平台全年向相关部门和人才发送信息 4000 余条。为提高政府扶持资金使用效率，市人社、科技、财政等部门共同制定《关于对"331 计划"落户人才（团队）及项目绩效考核的通知》，研究相关绩效评估指标，明确考核程序和责任人。召开全市科技创新暨人才工作会议，公布 2010 年度镇江市自主创新重大成果奖和杰出人才奖，为"331 计划"第二批、第三批重点资助人才颁发资助资金，与各辖市（区）和镇江新区主要领导签订人才考核指标责任状。实施县域重点人才工作项目化管理，鼓励和引导各地加大人才工作创新力度。组织开展 2010 年度县域人才工作项目申报，对各辖市（区）和镇江新区集中申报的 8 个人才工作项目进行评审，产生一等奖 1 个、二等奖 2 个、三等奖 4 个，分别发放 4 万元、2 万元和 1 万元奖金。

优化环境拴人心，创新创业服务体系逐步形成。市城投、交投、韦岗集团与深圳创新投资集团、红豆集团合作在镇江设立首家以搭建"331 计划"引进人才企业融资平台为目的、政府引导资金入股的镇江红土创业投资有限公司。建立企业资本与全球人才的沟通渠道，多次组织民营企业家参加专题招才引智活动。在"331 计划"面试环节邀请企业家旁听，深入全面地了解人才及其项目背景，加速企业资本与引进人才"联姻"。组织高层次人才短期休养和中秋、迎春慰问活动，对学术技术带头人发放图书资料补贴及读博奖励，为人才补充办理"优秀人才一卡通"。坚持不挤占、不截留的原则，会同市财政局向各辖市（区）、镇江新区下达省"科技创新团队""双创计划""企业博士集聚计划"和市"331 计划"资助资金，并指导各地强化规范资金管理。大力实施人才教育培训，全年共选派 70 余名人才参加省委组织部组织的赴英国牛津大学、美国斯坦福大学、清华大学、北京大学等 26 批国内外知名院校参加短期研修活动，组织第五期题为"创新创业企业发展中的问题"企业家大讲堂活动。开展"科技镇长团"选派工作，组织完成 21 名第三批"科技镇长团"成员考核工作，推荐新一批共 32 名高校专家教授到丹阳市、句容市、丹徒区的乡镇或园区任职，推动当地科技创新和人才引进培育工作，为地区发展注入后劲。

（章昆明）

镇江市互联网管理和运用经验向全国推广

近年来，镇江市创新思路、大胆实践，探索出一条"以运用促管理、寓管理于引导"的互联网运用与管理新路径，引起中央和省领导的高度重视。2011 年，中央、省有关领导两次到镇江考察，肯定镇江经验并决定在全国推广。12 月，全国加强互联网属地管理现场经验交流会在镇江召开，推广镇江网络运用管理的经验和做法。镇江的网络运用管理经验归纳为"三抓三促三少"。

"三抓"即抓体制机制、抓网络队伍、抓网络文化品牌，探索积极用网、科学管网新模式。

1. 抓体制机制，构建科学管网的制度体系。一是强化网络管理职能。在江苏率先成立市互联网信息办公室，在市县两级宣传部门设立网络管理专门机构，实现机构的全覆盖。二是理顺网络管理体制。在江苏率先建立互联网管理联席会议制度,成立互联网行业协会,有效整合社会各方面的资源和力量。三是健全网络管理制度。先后制定联席会议工作规则、舆情收集研判反馈、网络发言人在线回复、电信运营企业联席会商、网络基础资源联动查询等管理机制,形成一套科学管网的制度体系。

2. 抓网络队伍,培育积极向上的主流群体。通过分层分级管理,形成骨干层、紧密层、基础层相结合的队伍架构。骨干层主要由资深版主、网友等组成。紧密层主要由网络发言人群体、"网上居委会"版主等群体组成,他们以公职身份与网民公开互动。2009 年 1 月,镇江市在全国率先推出"网络发言人"制度,全市 115 个与市民日常生活关联度高的党政机关、重点企事业单位,集中在网上"开坛设版",一般由职能处室负责人担任版主,以网络发言人的名义公开亮相。2010 年,镇江市在全省率先开设"网上居委会",80 多位社区干部成为版主,在线与社区居民进行互动,化解最基层的社会矛盾。基础层包括网站从业人员和论坛版主等,主要负责搜集网民的诉求。

3. 抓网络文化品牌,搭建凝聚网民的有效载体。一是策划网络文化主题活动。由市委宣传部牵头,联合教育、文化、体育等部门以及工青妇等群众团体,坚持常年策划开展网络主题实践活动,吸引数以万计网民积极参与。全市形成爱心募捐、志愿服务、环保行动、捐资助学、摄影征文、文化巡访、全民健身、网友互助、主题讨论、建言献策、自治公益等 10 多个系列文化主题活动。这些形式活泼、丰富多彩的网络活动,突出主流价值取向,寓教育引导于活动体验之中,网站积极性高,网民参与踊跃,起到弘扬先进文化、消解消极文化的作用。二是扶持自发性的网络活动。针对网站和网民自发性活动频繁、积极性高的特点,注重顺势而为,因网、因群制宜,为各类网络版块、网络群体的单项活动注入积极、健康、向上的主流价值元素。如网民中数码摄影爱好者队伍非常庞大,镇江每年将各大网站的摄影版块联合起来,策划开展"锦绣镇江""青山绿水新镇江"等主题的网络摄影大赛。车友也是网络上非常活跃的群体,市有关部门不定期组织"车迷之家"的网友开展公益自驾活动。三是精心策划打造网络文化品牌。2008 年,为救助一位身患白血病的女大学生,网上发起"满城尽飘黄丝带"爱心行动,近百万网民积极参与,境内外媒体跟进报道,社会各界倾情援助。以此为契机,全市广泛开展"大爱镇江"主题创建活动,先后组建形成"黄丝带"志愿者、"社会妈妈""社会儿女""0511 爱心家园""镇江文化之旅"等 10 多个网络群体品牌,50 多个 QQ 群常年活跃在爱心公益活动的第一线。网络爱心群体连续三年被评为镇江"大爱之星",成为"大爱镇江"建设的生力军。自 2008 年起,镇江市每年策划举办"网民节"活动,推出一系列网上网下活动,市委、市政府领导到场与网民交流互动,对表现突出的网民和群体进行表彰奖励,让网民分享网络成就和荣耀,倡导正确的网络价值观。"网民节"成为全市网民期待的年度盛会。

"三促"就是促实际工作、促热点问题引导、促热点事件处置,发挥互联网凝聚民心、助推发展的积极作用。

1. 促进实际工作。一是借助网络集纳民意民智。市政府在决策过程中,注重通过网络推行行政决策公开,搜集网络反映,征询网民意见。对事关民生的城市建设规划、公交线路和站点设置等公共决策,开展"问需于网、寻策于民"活动,增强公共政策制定透明度和公众参与度。网络成为网民建言献策的"议事厅"和政府收集社情民意、解决民生问题的"集散地"。二是利用网络推进重点工作。在创建文明城市、生态城市、大爱镇江活动中,网民都成为重要推动力量。从 2009 年起,连续三年领导干部网上述职述廉,88 个市级机关部门开展"创先争优"网上公开承诺活动,网民纷纷留言谏言,有效推动机关勤政廉政等作风建设。三是通过网络动员和组织民力。针对全国性的"橘虫风波""菜贱伤农"等热点,先后发起"万人义购柑橘""我为奶奶卖莴苣""为农服务城乡直通车"等帮农助农活动,吸引机关、企事业单位和广大市民的积极参与,使广大农民利益免受损失,形成"政府推动、网络发动、各界行动"的工作模式。

2. 促进热点问题引导。一是创新拓展互动平台。顺应互联网发展,不断创新政府和群众互动渠道,在办好书记(市长)信箱的基础上,"中国镇江"政府门户网开设政府官方论坛,主动搭建网络问政平台。开办两年的"12345"政府热线,2011 年网络版和官方微博上线运行,为受理和回应市民诉求提供更加便捷的服务。二是推行制度化回复。全市机关部门、重点企事业单位全部开展网络发言工作,在线受理市民意见反映,限时答复处理。镇江市网络发言人制度规定,网民意见投诉"3 个小时回应受理、5 个工作日办结回复、7 个工作日解释说明"。年均受理量达 8600 多件次,回复率 98.5%,办结率 96% 以上。这些措施增进党委、政府与网民的良性互动,推动一批网民关注的社会民生问题及时解决。"有问题、请上网,网络发言帮你忙"成为镇江网络"流行语"。市区 158 个"网上居委会"版主将社区事务、文体活动等搬上网,开通网上服务平台,对接社区居民意见诉求,产生巨大的便民、利民效果,把社会热点问题解决在最基层,为创新社区管理注入新活力。三是开展网络热点对话。市委、市政府主要领导经常就城建规划、文明城市创建、生态环境建设等热点问题,与网民坦诚交流,积极互动,成为网民顶帖叫好的网络佳话,也带动各级领导与网络亲密接触。搭建"党报在线""版主沙龙"等互动平台,围绕热点话题,不定期邀请版主、网民代表与部门对话沟通,增进理解互信。

图 2-3 2011 年 11 月 28 日,中共中央政治局委员、中央书记处书记、中宣部部长刘云山到镇江视察网络管理工作 (镇 宣)

3. 促进热点事件处置。围绕群众关注的热点问题,坚持以公开为原则,及时回应社会关切,正确引导社会舆论。协调有关部门加强与网民交流沟通,及时澄清事实、驳斥谣言、畅通民意、解决问题。通过"三抓""三促",镇江市在开放多元的互联网环境下,唱响主旋律,打好主动仗,实现"三少":源发本地网络的重大负面舆情少,网民到市外网站炒作负面话题少,市内网站偏激言论少,营造积极向上、文明和谐的网络环境。

镇江的"三抓三促三少"网络管理经验得到中央领导的高度肯定。中共中央政治局委员、中央书记处书记、中宣部部长刘云山专门批示:"镇江市创新互联网管理的经验和做法值得推广和介绍。"中宣部副部长、中央外宣办主任、国务院新闻办主任、国家互联网管理信息办主任王晨肯定镇江"创造了很好的经验"。江苏省委书记罗志军先后六次批示,肯定"镇江互联网管理为社会管理创新工作做出贡献"。江苏省委、省政府办公厅还专门下文,要求全省推广镇江的互联网管理经验。

镇江的互联网管理经验也引起中央和省各级媒体的关注。2011年9月,《光明日报》以《"三抓、三促、三少"——看江苏镇江市怎样管理网络》为题,率先详细报道镇江网络管理经验,随后新华社、《人民日报》、央视《新闻联播》《焦点访谈》等中央级媒体以及《新华日报》、江苏卫视等省级媒体集中宣传报道镇江经验,推动镇江互联网管理经验走出镇江、走向全国。

2011年10月10日,中宣部副部长、中央外宣办主任、国务院新闻办公室主任、国家互联网管理信息办公室主任王晨一行先行到镇江调研互联网宣传运用与管理工作。在省委书记罗志军,省委常委、宣传部部长杨新力等陪同下,王晨先后考察市人社局、市规划局"网络发言人"工作,江滨新村第一社区、香江花城"网上居委会"工作,参与"做有社会责任的网民"版主沙龙活动,并参观在西津渡历史文化街区展览的"网络的力量"大型图片展。王晨对具有镇江特色的互联网管理工作予以充分肯定,希望镇江总结好经验,为全国互联网管理工作提供有益借鉴。省委书记罗志军代表省委、省政府表示全省正在推广镇江经验。

2011年11月28日,中央政治局委员、中央书记处书记、中宣部部长刘云山到镇江考察互联网工作。刘云山现场听取市互联网协会、四牌楼街道江一社区、市规划局和市公安局等单位工作汇报,称赞"镇江在互联网建设和管理方面有自觉又有自信,认识到互联网的作用,高度重视互联网的管理",肯定"镇江在互联网建设管理工作上有许多好的做法和经验,值得在全国推广学习",强调互联网管理就是要落实好"谁主管、谁负责""分级管理"和"属地管理"。刘云山认为,镇江的做法和经验说明,互联网管理应当推广到地市这一级,勉励"镇江在互联网建设管理工作上要率先探索,在全国互联网建设管理工作中起到示范作用","镇江在这方面做好了,对全国互联网管理和建设将会作出重要的贡献。"

2011年12月9～10日,中央外宣办、国家互联网信息办在镇江召开全国加强互联网属地管理镇江现场经验交流会,国家互联网信息办、公安部、工信部以及各省、市、自治区委宣传部、公安厅(局)、通信管理局等部门相关领导共200多名代表参加会议。会议明确要求:学习和借鉴镇江经验,搞好互联网属地管理,推动社会主义文化大发展大繁荣。中宣部副部长、中央外宣办主任、国务院新闻办主任、国家互联网管理信息办主任王晨,省委书记罗志军,省委常委、宣传部部长杨新力等领导到会并做重要讲话,工业和信息化部副部长杨学山,公安部副部长、国家互联网管理信息办兼职副主任张新枫,镇江市领导许津荣、刘捍东等出席会议。代表们还先后参观考察镇江"网络发言人""网上居委会""网上派出所""版主沙龙"等工作,对镇江的工作予以充分肯定。 (郑 轩)

她,留下一座美丽富裕的金桥

——丹阳市金桥村原党总支书记张雅琴先进事迹

2010年9月27日,年仅55岁的丹阳市新桥镇金桥村党总支书记张雅琴匆匆走了,离开了她带领村民苦战10年建成的美丽富裕的金桥村。在担任村党组织书记的10年间,她与全村党员群众一道,把合并的3个贫困村建成了科学发展的新金桥。张雅琴同志的先进事迹,受到中央政治局委员、中宣部部长刘云山,中央政治局委员、中组部部长李源潮,省委书记罗志军的批示,成为全国重大典型。她也因此获得全国"双学双比"女能手、省优秀基层党组织书记、五一劳动奖章、"十佳"农村新女性和"三八红旗手"等荣誉称号。

艰苦创业,把"朽木"雕成"金木"

金桥村,前身木桥村曾是当地出了名的"穷村乱村",许多人说这个村是块不可雕的"朽木"。"没人干书记,我来试试!"听说她要回村,有人笑她傻:放着镇农服中心副主任不干,回村当受气的穷村官,图啥?张雅琴跟丈夫长谈了一次,这一谈,就是一夜。"雅琴说,木桥的水有多深,她心里透亮。可我不犯一回傻,村里就没救了。带领群众致富,是我们党员的一份责任",丈夫陆荣华回忆起那一夜,刻骨铭心。"这个傻子书记我干定了。只要自己手不长,嘴不馋,身后没尾巴,我相信一定能站稳脚跟。"2000年"七一",45岁的张雅琴走马上任。

木桥村要发展,必须招商引资。最冷的三九天,每天早上5点,跺着脚去本村能人崔洪昌家大门外守着,晚上八九点钟又来。找了不下10次,对方动容了:钱可以投,但必须把桥、路先修好。可村集体账上除了20多万元债务,一个子也没有。为了筹钱,张雅琴带村干部到几十里外的砖窑,挑回一担担残砖破砖;不顾刺骨寒冷,卷起裤腿跳到河里挖土方。在她的带动下,村民站不住了,也跟着跳下去,号子声和着漫天大雪……那一幕,村民张耀龙至今历历在目:"天真冷,可雅琴这个傻子书记让我们心里滚烫。"

就这样,张雅琴终于筹满了60万元修桥资金。4个月后,村里第一座水泥桥通车了。通车那一天,崔洪昌二话不说,签字把厂子搬回村里。有了第一个,就有第二个、第三个,木桥这块"朽木"逐渐雕成了"金木"。日子刚刚好过一点,2004年,镇里把更穷的八字桥村、闸桥村"捆"到了木桥,取名"金桥村"。她毅然接下了这份担子:"自己有口吃的,就不能饿着一家人。"她从有限的木桥村资金里划拨出大笔经费,改善其他两村的公共事业。名声传开了:这个书记傻得可爱。

矢志发展,把"苦瓜"变成"甜瓜"

这个书记不但"傻",还很"抠","公家钱要当自家钱来挣和花",张雅琴的抠门故事很多。修完桥,再修路,造"百安楼""千禧楼""万安楼"……她常年带着全村120名党员、村干部挑土做工,"既锻炼了党员队伍,又改善了金桥环境,还为集体挣了钱,一举三得"。

她还成立了镇江第一家"村干部园艺工程队",带着村干部坐拖拉机到处揽活,吃住全在工地上。有一个冬夜干活归来,有人提议去喝碗羊汤,"到我家吧,老陆下的挂面,比羊汤还好吃!"张雅琴这一喊,没人再好意思提羊汤,又为村里省下90

元。书记这么抠，党员们都很服她。因为，重体力活她抢着干。她有严重的肩周炎，有段时间一只手连穿衣服都困难，咬牙用另一只手继续干活还开玩笑："我是真正的'一把手'！"

"2008年年初大雪，村物流中心的彩钢棚要压塌了，消防车水冲不掉，她急疯了似地带着村干部上了棚顶扒雪。有个棚子当场塌了，幸好她站的位置偏，只受了一点小伤。"村民姚步云至今忆起仍泪流满面："张书记说，'我也怕死，可我舍不得集体资产流失！'"丈夫陆荣华看在眼里，疼在心里。他几次劝她：你不休息，总不能让其他人都不休息吧？她想了想说，"当干部不是来享福的，一名合格的村干部是服务者，也是劳动者、经营者，要像经营自家的田地、财产一样，用心去为集体谋利，为群众办实事。"

图 2－4　2011年6月14日，张雅琴先进事迹报告会在人民大会堂隆重举行
（镇　组）

"抠门书记"也有大方的时候。金桥村3900多名普通村民就个个说她大方，而且是"真大方、会大方"。每年，村里仅是救困资金就超过50万元。村民们这样看她："我们张书记，路上栽个跟头都要为群众抓把泥。"村里每一分零散地、废弃地，都被她"抠"了出来，点石成金建门面房、建村工业集中区……高压线横贯的一块废弃空地，给她抠成了一个"金桥物流中心"，一期建筑面积9000平方米，200间商铺为村里每年创收100多万元。盘活30公顷存量土地的工业园，每年创收180多万元，还带动了400多位村民创业。

从负债20多万元，到集体年收入近600万元，金桥村农民人均纯收入从5000多元上升到15000多元；"路难走、水难排、村容脏"，变成了"路好走、水系畅、村庄绿"；村里12层的"金桥大厦"，成了全镇的标志性建筑。"城里人有的，我们样样不缺。"村民们对村里的一切，如今都无比自豪，3个曾经的"苦瓜"村，让张雅琴扭成了一根蔓条上的"甜瓜"。

无私奉献，心里始终装着村民群众

10年支书路，为了村里的发展，张雅琴背后吃过许多苦，受过很多委屈。有一年过小年夜，她家大门上让人泼了大粪，还有人送来了花圈。张雅琴知道是谁干的："他们不认可我，说明我的工作还没做好。"第二天，继续带着笑容做工作。她说，"村官虽小，气量要大，心胸要宽，感情要真，否则，什么事也做不成。"

逐渐品尝到生活甘甜的村民们，对女书记服气了，都喊她"大度书记"。村民自掏腰包请张书记去吃"庆功宴"，家家户户敬酒，不胜酒力的她也豁出去了："这喜酒，我喝死也心甘。"

2009年5月，她被确诊为食道癌。在上海动手术期间，探病的人一拨接一拨，其中，就有6位曾被她免职的生产队长。医院方面不得不专门为她下了探视禁令。术后，一刻放心不下工作的她，稍微攒起点力量，就瞒着家人用手机打回村里"遥控指挥"。她还让丈夫陆荣华定期把村里情况拍成DV带到医院给她研究。病情稍稍好转，她就嚷嚷着"回家工作"。走不动路，她就让丈夫开车带着在村里转。

2010年元旦，她带着村干部顶风冒寒出门考察，开现场会着了凉，病情恶化。身高1米66，瘦得竟不到60斤。可细心的陆荣华发现，她还时常倚在床上发呆，问她，"我在想工作的事呐！"一件，两件，三件……唯独没有一件是她自己的。陆荣华泪如雨下："她最后常跟我说，再给她3年，把金桥推上正轨了，她就退下来，牵着我的手到老"，"后来，她又说，哪怕两年也好……再给我一年……"

临终前两天，张雅琴还在跟丈夫念叨，让他从家里拿点钱："国庆节回一趟金桥，找一下那几个有过矛盾的困难户，帮他们找个致富项目。只要有一户村民过不好，就是我这个村支书没当好！"

有人说，人活到这份上，很苦。整理张雅琴的遗物，一个小康村的书记，破袜子一双双补好再穿，穿的也都是三五十块钱的衣服。她有医保，可这些年，她看病没花过公家一分钱，包括这一次的病。

也有人说，人活到这份上，很值。3900多人的村子，全体为她送葬，队伍绵延半公里，村里七八十岁的老人来了，刚会走路的孩子也给搀来了，恸哭声连成一片。村民们抢着抬灵柩，脚步放轻放缓，请她再多看一眼金桥……到村口短短100多米，走了20分钟。

"大家舍不得她啊，我愿拿自己的命去换她的！"80岁的退休工人张耀龙哭得很伤心。大学生徐英娇当场给张雅琴跪下了：要不是张妈妈，我的大学梦没法圆；年近古稀的周月美老人也跪下了：雅琴病重期间还对我说，有困难要跟她讲。这些年我们欠她很多……

张雅琴走了。她把一个永不逝去的背影留在了金桥，留在了人们心中。
（创先办）

镇江市区河流专项整治工程纪实

2010年12月16日，市委、市政府决定用9个月时间，采取"重拳出击、铁腕治污"的办法，集中各方力量，彻底整治市区古运河、运粮河、光明河、虹桥港、玉带河、大港河、丁岗团结河、丁卯团结河和周家河等9条河流，达到雨污分流主管网全接通，地表水质明显改善，检测指标全面达标，实现晴天污水不入河，污水截流主城区全覆盖。

为加快进度，2011年2月22日，市长刘捍东主持召开协调会，对控源截污工程所涉规划、资金、实施主体和领导责任等方面逐一落实。市政府相继下发《关于市区2011年控源截污工程有关工作会议纪要》《关于市区河流整治实行"河长制"管理的意见》《市区2011年控源截污工程实施方案》《市区河流专项整治工作方案》等操作性较强的文件。专门安排奖励资金，以表彰在整治工作中作出突出贡献者。市政府成立市区河流专项整治工作办公室，分管副秘书长任主任，市政府办、市委宣传部、市委组织部和市监察局、住建局、水利局、环保局共同派员参加，实体化运作。

指导思想和目标明确。市委、市政府明确要求：推进市区河流整治，是生态市创建的重要内容，是提升居民幸福指数的重要措施，要求集中精力加以推进，不能“隔靴搔痒”，对9条河流要一河一策，治急治重，科学治理，分段治理，对所有排口，要个个有着落、有说法。9月底前解决晴天污水不入河问题，污水截流年内做到主城区全覆盖。市委、市政府的要求，既着眼治标，更强调治本，体现治理过程的综合性、系统性和实效性。

组织指挥形式创新。由常务副市长牵头，分管城建和水利的副市长参加，形成很强的指挥体系。为解决属地政府、职能部门的对接配合问题，有效形成治河合力，9条河流全部实行“河长制”管理，由京口、润州、镇江新区和市水利局、环保局的党政一把手任“河长”，市政府赋予“河长”整治河流所应有的各项权力和全部责任，要求市各部门和所涉街道、社区服从“河长”的调度和指挥。同时市水利局承担9条河的清淤、换水任务，市住建局负责5条河排口整治、污水管网铺设和已建管网的交接管理，市环保局负责沿河企事业单位的截污纳管、排口的排查和水质监测，市规划局负责主城区范围的管网建设规划编制，市城管局负责沿河两侧的厕所改造、垃圾箱的管理，市农委负责沿河两侧的种养殖清理。

合力推进氛围浓厚。市人大、政协分别组织开展专题调研，专题视察活动，提出许多好的建议和意见。整治办成立综合组、项目组、督查组，实行集中办公，每周一例会，每月一主题，每月督查通报一次，经常带着问题现场办公，当场落实。新闻部门积极营造合力攻坚氛围，电视台、日报、晚报、电台和中国镇江网站均开辟专栏，多视角地报道动态、介绍典型。市整治办还召开专题新闻发布会。一年中，各新闻媒体编发专题报道稿件近百篇，整治办编发工作简报32期，妇联、共青团和市级机关均组织开展以“整治河流我关注、我行动”为主题的义务劳动活动。

整治成效显著。到2011年9月底，除周家河之外，8条河的整治达标验收；11月底，在坚决关闭官塘屠宰场后，周家河经过强力推进，也全面完成整治工作。全市共完成清淤110.31万立方米，完成排口整治256个，治理厕所、粪坑102座，清理种养杂物21.7万平方米，治理污染企业118家。从监测数据看，2011年7月市区9条河流综合污染指数较2月下降55.3%，较上年同期下降82.5%；主要污染物氨氮、总磷浓度较2月份分别下降70.7%和62.1%，较上年同期分别下降63.9%、89%，整体水质改善显著；玉带河、虹桥港分别在2011年5月、6月率先“脱臭”。省环保厅对镇江市河流实施控源、截污、清淤、治水等整治措施，以及全面建立污染点源排污管理信息，彻底整治排污口的做法给予肯定。广大市民对河流专项整治工

图2－5　　整治后的虹桥港　　（京口区）

作给予高度评价和积极支持，涉河污染信访件明显减少。

控源截污工程是市区河流专项整治的基础性工程，也是一个最为关键的环节。按照《市区2011年控源截污工程实施方案》的要求，分12个区域和流域，完善污水收集系统，落实污水设施建设和排口整治方案。建设润州路以西，金山湖、南徐新城、官塘新城、古运河中段等区域污水管道100公里及相应污水泵站。在2010年已整治排口107个的基础上，完成剩余171个排口整治。完成解放路、黎明河、张王庙沟等10平方公里区域内合流制管道改造。

市区计划完成9条河流的排口整治278个（含新增37个），全部整治到位。

片区雨污分流改造。完成解放路南段、解放路北段、润兴路、张王庙沟、黎明河5个片区共计10平方公里的雨污分流改造任务。累计铺设雨污水管道32公里，建设检查井2715座。

企业内部雨污分流改造。市区建成区内（韦岗镇片区除外）已完成257家企业内部雨污分流改造工作。

2011年，大桥、丹徒园区、港口泵站基本建成并具备运行条件，左湖、北山路泵站土建工程完成并具备抽水条件，象山、引航道污水泵站为跨年项目。

2011年全部完成1公里重要节点老管道的贯通和维修工作。2000年以来99条新建道路排水管网设施有82条道路完成移交手续，剩余17条道路管网暂不具备移交条件。

2011年10月，在9条河流全部完成整治任务并通过达标验收的基础上，市府办专门下发《河流长效管理指导意见》，提出强化属地政府责任、强化职能部门监管、强化综合施策、强化责任追究的明确要求。各河流责任单位结合实际，分别制定河流长效管理的具体实施意见，明确责任部门，安排专门经费，建立管理队伍，制定具体规定。河流整治办公室不定期进行长效管理工作督查，提出工作要求，确保9条河流长期达标，实现水清岸绿的整治目标。

（刘卫华）

地情概要

【地理位置】 镇江市地处江苏省西南部，位于长江下游南岸，长江三角洲顶端，北纬31度37分至32度19分、东经118度58分至119度58分。东西最大直线距离95.5公里，南北最大直线距离76.9公里。东南接常州市，西邻南京市，北与扬州市、泰州市隔江相望。

（叶 卜）

【土地面积】 镇江市土地总面积3847平方公里，占全省土地总面积的3.75%，其中水域面积470.8平方公里，占全市总面积的12.2%。市区1082平方公里，丹阳市1047平方公里，句容市1387平方公里，扬中市331平方公里。

（叶 卜）

【地貌】 镇江市大部分地区属宁镇—茅山低山丘陵，沿江洲滩属长江新三角洲平原区，丹阳东南部则属太湖平原区。镇江市地貌走势为西高东低，南高北低，丘陵岗地为主。宁镇山脉大体为东西走向，茅山山脉略呈南北走向。境内主要山峰高度：玉华山437.2米、九华山433.4米、高骊山425.5米、丫髻山410.6米、宝华山396.4米、十里长山349米、五州山306米。

江中洲地自西向东有世业洲、征润洲、和畅洲、江心洲、顺江洲和扬中4洲（雷公嘴、太平洲、西沙、中心沙）。

镇江市区地貌南高北低，北部沿江分布着心滩、洲滩、边滩以及冲积平原，海拔高度5米~7米。市区南部为低山残丘，自西向东分布着五州山、十里长山、东山、九华山、黄山、观音山、鸡笼山、磨笄山等，东郊零星分布着汝山、横山、京岘山、雩山等残丘，除五州山、十里长山高度超过300米，其余山丘高度均在100米~200米之间。城区内分布着金山、焦山、北固山、云台山、象山等高度低于100米的孤丘，总体上形成一水横陈，连岗三面的独特地貌。 （叶 卜）

【资源】 土地资源：拥有耕地、园地、林地、牧草地、居民点及工矿用地、交通用地及水域等各种土地资源类型，更有一批风景名山。

水资源：镇江是水资源较为丰富的城市，长江和大运河在这里交汇，秦淮河、太湖湖西、沿江三个水系在这里集聚。全市有大小河流63条，总长702.34公里，河网密度0.18公里/平方公里。全市水资源主要有地表水、过境水、地下水、回归水等四种形式。长江流经境内长103.7公里。京杭大运河境内全长42.21公里，在谏壁与长江交汇。全市在册水库101座，其中，中型水库7座，集水面积309.7平方公里，总库容为2.08亿立方米；小型水库94座，总集水面积580平方公里，总库容为3.32亿立方米。

矿产资源：镇江已发现44种矿产。金属矿产有铁、铜、铅、锌、钼、钨、金、银、铼及镉等10余种，发现矿床（点）47处。非金属矿产有白云石、石灰石、大理石、膨润土、珍珠岩、沸石、耐火黏土、硅石、型砂及红柱石等；化工非金属矿产有硫铁矿、岩盐、泥炭、磷及含钾岩石等。地热资源丰富，包括地下热水和地温异常两类。

生物资源：植物方面，木本树种有74科183属394种和变种。自然植被分为针叶林、落叶阔叶林、落叶与常绿阔叶混交林、竹丛、灌丛、草丛和水生植被等7个类型，栽培植被则包括大田作物型、蔬菜作物型、经济林型、果园型及绿化型5个类型。落叶阔叶树有麻栎、枹树、黄连木、山槐、枫杨等；常绿阔叶树有青冈栎、苦槠、石楠等。宝华山自然保护区有木兰科中最珍稀的宝华玉兰。动物方面，镇江市常见主要动物分为无脊椎动物和脊椎动物两大类，其中被列为国家一级保护动物的有白鱀豚、白鲟、鹳、丹顶鹤、大鸨、扬子鳄、中华鲟，二级保护动物有豺、雁、天鹅、鸳鸯、鹰、隼、雕鸮、鹰鸮、虎纹蛙、中华虎凤蝶等。鱼类资源丰富，境内长江鱼类分19个科。青、草、鲢、鲤等淡水养殖鱼类和鲌、鲶、鳝等非人工养殖鱼类均有大量出产，其中刀、鲥、鳗、鮰、河豚是名贵品种；白鱀豚、中华鲟等是中国珍稀动物。 （叶 卜）

【气候】 镇江市属北亚热带季风气候。2011年全市平均气温15.8℃（摄氏度，下同），平均降水量1113.1毫米，平均日照时数1974.8小时。

气温：全年（2011年1~12月）各站平均气温为15.6℃~16.0℃，比常年偏高0.3℃~0.8℃。全市年平均气温15.8℃，比常年偏高0.3℃，异常度值为1.4，属偏高年份。平均气温1月异常偏低，4月、5月显著偏高，11月异常偏高。3月27日开始进入春季，比常年平均晚2天。入冬为2010年12月11日，比常年平均晚21天。整个冬季102天，比常年平均少21天。春季仅40天。5月6日入夏，比历史平均提前21天。夏季最高气温38.9℃，出现在市区的6月9日。9月18日入秋。11月21日扬中出现初霜，24日市区、丹阳出现初霜。秋季最高气温35.1℃，出现在句容的9月15日；最低气温1.2℃，出现在丹阳的11月24日。11月30日进入冬季，比常年平均晚9天。

降水：全年（2011年1~12月）全市各站降水量为1000.6毫米~1373.6毫米，比常年偏少5%至偏多30%。全市年平均降水量1113.1毫米，比常年平均偏多5%。全年1～5月全市平均总降水量为145.9毫米，比常年同期平均偏少57%。全市夏季降水量为788.7毫米（丹阳）～1075.9毫米（扬中），与常年同期相比，各站偏多53.0%（市区）～112%（扬中），市区、丹阳、句容属显著偏多年份，扬中属异常偏多年份。全市8月份降水日24天，平均降水量377.4毫米，是常年平均的3.1倍。

日照：全年（2011年1～12月）日照时数为1762.1小时～2081.9小时。全市平均日照时数为1974.8小时，比常年同期偏少1.6%。　（居小虎）

【重要天气气候事件】　1. 寒潮。2011年11月27～30日，全市出现下半年以来首次寒潮天气过程，全市各站48小时最低气温降温幅度均达10℃以上：市区11.3℃、扬中12.0℃、丹阳11.6℃、句容12.0℃；12月1日最低气温各站均在4℃以下，最低为2.1℃（句容），同时出现5级阵风、6到7级偏北大风和小到中雨。

2. 连阴雨。7月5～20日，市区出现连续16天的连续低温连阴雨天气，累计日照时数30小时，15日最高气温23.3℃，为伏天历史最低纪录。7月26日～8月31日，全市出现连续37天的区域性连阴雨天气过程，平均雨日有28天，其中8月市区降雨日24天，为历史之最。

3. 大雾和霾。2月5～8日出现霾天气；22日出现全市范围浓雾天气，最小能见度40米。3月13日，句容出现能见度70米的浓雾。4月8日，句容出现能见度小于100米的浓雾。6月7日4时52分，丹阳出现能见度100米的浓雾；4时54分句容出现能见度40米的强浓雾。6月19日4时53分，句容出现能见度70米的浓雾天气。7月21日4时52分，句容出现能见度40米的浓雾天气。10月21日，句容出现能见度70米的浓雾。11月17日，全市出现浓雾，最小能见度50米，出现在市区。

4. 雷暴。4月10日出现初雷；4月15日，扬中、丹阳出现雷暴；4月23日，市区、丹阳出现雷暴；4月27日，丹阳出现雷暴；4月30日，扬中出现雷暴；5月11日，全市出现雷暴。夏季出现多次雷暴，其中，6月雷暴日市区7天、句容5天、扬中3天、丹阳5天，7月雷暴日市区11天、句容12天、扬中11天、丹阳12天，8月雷暴日市区15天、句容14天、扬中15天、丹阳17天。

5. 干旱。1～5月，全市连续5个月降水均为负距平，平均总降水量145.9毫米，比常年同期平均偏少57%，为历史同期最少。句容1～5月降水量为126.4毫米，比常年同期偏少60%。

6. 暴雨。6月17～18日，市区出现区域性暴雨天气过程，16日20时～17日20时句容51.8毫米，17日20时～18日20时市区85.3毫米、扬中63.3毫米、丹阳89.5毫米、句容83.5毫米。6月25日，西北部地区出现暴雨到大暴雨天气过程，24小时降水量市区80.6毫米、句容78.7毫米，其中润扬大桥站雨量达159.6毫米。7月26日，全市出现区域性暴雨，其中，市区52.2毫米，扬中70.8毫米，丹阳71.1毫米，句容73.6毫米。8月2日，扬中出现单站暴雨，雨量89.8毫米。8月22日，市区、扬中出现暴雨，其中市区73.7毫米，扬中68.2毫米。

7. 高温。5月出现3天全区域高温日，5月10日最高气温市区35.5℃，5月20日最高气温36.7℃，均为历史同期最高。5月20日，句容最高气温37.1℃，亦为历史同期最高。6～8月共出现高温日：市区11天，扬中9天，丹阳9天，句容9天。　（居小虎）

【水文水情】　2011年，镇江市汛期面平均雨量838.8毫米，比多年平均（675.2毫米）偏多24.2%，最大为1265.5毫米（扬中站），最小为726.0毫米（仑山水库站）。汛期平均雨日为57.0天，比上年同期（48.3天）偏长8.7天。

镇江市6月14日入梅，入梅正常略早（常年6月19日）；7月21日出梅，出梅偏晚（常年7月10日）。梅雨期37天，比常年偏长15天（多年平均为22天）；全市梅雨日17～26天。全市平均梅雨量352.2毫米，比多年平均梅雨量（236.4毫米）明显偏多49.0%。

汛期大通水位未超警戒（14.40米），大通来水量比多年平均偏少32.2%。大通站6月26日出现汛期最大流量46400立方米/秒（上年65700立方米/秒），6月22日出现汛期最高水位12.11米（上年14.58米）；5月4日出现汛期最小流量为14000立方米/秒（上年31100立方米/秒），5月3日出现汛期最低水位5.25米（上年9.44米）。

镇江站汛期平均潮位4.64米，低于上年同期（6.15米）1.51米和多年平均（5.47米，北固山）0.83米。7月19日出现汛期最高潮位6.53米（上年8.02米），5月1日出现汛期最低潮位2.53米（上年4.38米）。汛期镇江站潮位未超警戒水位（7.00米，上年为44天）。扬中站7月19日出现汛期最高潮位5.98米（上年为7.05米），汛期未超警戒水位（6.00米，上年为45天）。

市境内主要河湖赤山湖、句容河汛期平均水位（8.60米、7.88米）分别高于多年平均0.23米、0.16米，其中句容河超警戒水位3天。大运河、香草河汛期平均水位（3.88米、3.85米）分别低于多年平均0.31米、0.19米。

汛期谏壁闸引水148.5百万立方米、排水2.3百万立方米，谏壁抽水站引水316.0百万立方米，九曲河闸引水118.6百万立方米、排水122.3百万立方米，九曲河抽水站引水15.0百万立方米，沿江闸站汛期总引水量为598.1百万立方米，总排水量为124.6百万立方米。赤山新闸汛期引水0.1百万立方米、排水120.7百万立方米，赤山抽水站汛期引水7.1百万立方米。5月1日，全市16座报汛水库总蓄水量为60.02百万立方米，小于上年同期（106.80百万立方米）；其后总蓄水量持续下降，到6月2日降至当年最小量56.05百万立方

表3－1　**2011年度镇江市区气候资料统计表**

项目		12月	1月	2月	3月	4月	5月	6月	7月	8月	9月	10月	11月	12月	全年值	常年值
平均气温（℃）	历年	5.2	2.7	4.2	8.5	14.9	20.3	24.2	27.7	27.4	23.0	17.6	11.2	5.2	–	15.6
	本年	6.7	0.0	5.0	9.2	16.3	21.8	24.3	27.6	26.6	23.0	17.7	14.8	4.4	15.9	
降水量（毫米）	历年	28.7	41.3	48.8	82.4	71.0	90.9	197.1	187.7	131.6	87.0	63.9	57.8	28.7	–	1088.2
	本年	47.4	9.8	13.5	50.8	21.3	43.3	232.2	197.4	362	16.4	46.0	27.2	23.2	1043.1	
日照（小时）	历年	155.3	132.6	127.4	138.6	170.7	194.1	166.3	200.8	214.2	172.2	171.4	157.4	155.3	–	2000.9
	本年	99.3	169.3	118	217.9	241.8	247.4	109.0	160	130.1	148	166.2	125	167.2	1993.5	

说明：表中前一个"12月"指2010年12月，后一个"12月"指2011年12月，"历年""常年值"均指1971～2000年的平均值。　（居小虎）

米(上年90.31百万立方米);其后水库总蓄量随着梅雨又有所回复,到8月25日涨至当年最大量113.29百万立方米(上年为111.25百万立方米);到10月1日蓄水量为95.91百万立方米,大于上年同期(92.71百万立方米)。汛期中16座报汛水库总蓄水量增加35.89百万立方米。 (姚允龙)

【建置沿革】 "宜"为镇江最早地名,是3000年前周康王封给宜侯的领地名称,春秋时称朱方,后曾用谷阳、丹徒、京口、润州等名称。北宋政和三年(1113年)建镇江府,始称镇江,历经宋、元、明、清。辛亥革命后称丹徒县,1928年改为镇江县。1929年至1949年2月为江苏省政府所在地(其中1937年至1945年镇江沦陷期间,省政府迁往苏北)。1949年4月23日镇江解放后,划城区和近郊为镇江市,四乡为丹徒县,均隶属苏南行政区镇江专署。1953年苏南行政区、苏北行政区合并建江苏省后,设镇江专员公署,辖镇江市和10个县(丹徒、丹阳、扬中、句容、江宁、高淳、溧水、武进、金坛、溧阳),镇江为县级市和专署所在地(其中1958年9月~1959年9月,专署迁至常州,改称常州专员公署)。1983年3月,镇江市改为省辖市,辖4县2区。1987年、1994年、1995年,所辖丹阳、扬中、句容先后撤县设市;2002年,丹徒撤县设区。现镇江市辖丹阳市、句容市、扬中市和丹徒区、京口区、润州区以及镇江新区(镇江市人民政府派出机构)。 (叶 卜)

【行政区划】 至2011年年底,全市有53个镇(街道)。其中,镇35个,街道18个。丹阳市辖13个镇,句容市辖9个镇,扬中市辖4个镇、2个街道(2011年10月,经省政府批准,撤销三茅镇,以其原辖区域分别设立三茅街道、兴隆街道),丹徒区辖6个镇、1个街道(2011年7月,经省政府批准,撤销高资镇,以其原辖区域设立高资街道),京口区辖6个街道(2011年7月,经省政府批准,撤销象山镇、谏壁镇,分别以其原辖区域设立象山街道、谏壁街道),润州区辖7个街道(2011年7月,经省政府批准,撤销蒋乔镇,以其原辖区域设立蒋乔街道;同月,经市政府批准,同意设立蒋乔街道、官塘街道、韦岗街道,并同意调整七里甸街道管辖范围),镇江新区辖3个镇、2个街道。 (徐雨平)

【城市性质】 经江苏省政府批准,镇江城市性质为:国家历史文化名城,长江下游重要的港口、工贸、风景旅游城市。1978年,镇江被国务院列为对外开放城市;1986年,镇江港经国务院批准对外开放;1986年年底,镇江被国务院列为第二批国家历史文化名城;1988年,镇江被国务院列为沿海经济开放区;1998年年底,镇江成为中国优秀旅游城市。 (叶 卜)

【交通】 镇江临江近海,水陆交通极为便利。镇江为国家级水路主枢纽和省级公路主枢纽城市。世界闻名的"黄金水道"——长江和京杭大运河在此交汇,沪宁高速公路、京沪高速铁路、沪宁城际铁路、京沪铁路、312国道穿市而过。润扬长江公路大桥将苏南、苏北连在一起,成为长江南北的又一主要通道。2011年年末,全市公路总里程为7014公里,当年新增79公里,其中高速公路152公里。104、312国道和122、231、238、241、243、337、340省道构成镇江与外省、市连接的公路网络。距南京机场和常州机场均为60公里,至扬州泰州机场70公里。 (叶 卜)

【口岸】 镇江港是国家一类开放口岸,全国主枢纽港之一,-10米以下岸线长85公里。高资港区、龙门港区、谏壁港区、高桥港区、大港港区、扬中港区构成镇江港口群体。2011年,全市港口货物吞吐量1.33亿吨,比上年增长9.4%。苏南运河镇江段42.21公里,是全国第一条国家级文明样板航道,三级标准,可常年通行500吨级船队。镇江口岸为国家一类对外开放口岸,海关、商检、卫检、动植检等查验机构齐全。 (叶 卜)

【人口】 2011年,全市常住总人口313.43万人,比上年增加1.98万人。户籍总人口271.86万人,比上年增加1.15万人,其中,男性人口135.40万人,女性人口136.46万人,男女性别比(女=100)为99.22;分辖市看,丹阳市98.32,扬中市96.98,句容市99.42。在户籍总人口中,市区103.65万人,其中,京口区32.30万人,润州区24.80万人,丹徒区28.67万人,镇江新区17.88万人;丹阳市81.29万人,扬中市28.01万人,句容市58.91万人。

全市户籍人口总户数102.24万户,比上年增加0.01万户,户均2.66人,其中,市区40.23万户,比上年增加0.01万户,户均2.57人。全市出生人口21641人,其中,男性11155人,女性10486人。人口出生率8.0‰,比上年提高0.1个千分点,其中,市区7.1‰,丹阳市8.8‰,扬中市8.4‰,句容市8.2‰。全市死亡人口17592人,人口死亡率6.5‰,比上年下降1.3个千分点,其中,市区5.9‰,丹阳市8.5‰,扬中市7.8‰,句容市4.1‰。全市人口自然增长率1.5‰。 (统计局)

【民族】 据第六次全国人口普查资料,2010年,镇江有47个少数民族,比2000年第五次全国人口普查多5个,总人数18443人(不包括其他未识别的民族和外国人加入中国籍的人口),其中男性9408人,女性9035人,比2000年的16256人增加了2187人,增长13.45%,高于同期全市总人口的增长速度,占全市总人口的比重由5.71‰升至5.92‰。

在全市各少数民族中,人口数达到100人的少数民族有20个,比2000年多了8个,这20个少数民族依次为:回族(7288人)、苗族(2291人)、土家族

表3-2 **2011年镇江市行政区划一览表**

辖市(区)	镇	街道
丹阳市	云阳、司徒、延陵、珥陵、导墅、皇塘、吕城、陵口、访仙、界牌、新桥、后巷、埤城	-
句容市	华阳、下蜀、宝华、边城、白兔、郭庄、后白、天王、茅山	-
扬中市	八桥、西来桥、油坊、新坝	三茅、兴隆
丹徒区	谷阳、辛丰、上党、宝堰、高桥、世业	高资
京口区	-	正东路、健康路、大市口、四牌楼、象山、谏壁
润州区	-	宝塔路、和平路、七里甸、金山、蒋乔、官塘、韦岗
镇江新区	丁岗、大路、姚桥	大港、丁卯

(徐雨平)

(1820人)、彝族(1280人)、蒙古族(1062人)、壮族(958人)、布依族(686人)、满族(471人)、维吾尔族(376人)、侗族(316人)、朝鲜族(231人)、仡佬族(231人)、黎族(156人)、水族(124人)、傣族(122人)、土族(117人)、瑶族(113人)、白族(106人)、藏族(100人)、哈尼族(100人)。 (统计局)

【方言】 镇江话属于北方方言的江淮次方言,位于北方方言与吴方言两大方言的结合部,大致以谏壁为东界、上党为南界。古代的镇江话属吴方言,由于特殊的政治、社会、交通等原因,导致方言属性的变化。镇江话虽属北方方言范畴,但构成复杂,其中既有吴方言的遗痕,又有旗腔(类似京腔)的影响。与普通话相比,镇江话没有全浊声母和舌尖后音声母;鼻化元音介于前鼻音韵母与元音韵母之间,in、ing、en、eng、n、l不分;有入声调。词汇中保留着丰富的吴方言词。句容、丹徒、扬中的方言类似镇江话,虽构成复杂,但均属北方方言系统。大港以东、宝堰以南、句容傍茅山一线及至丹阳市西部的语言自西向东渐次出现吴方言特点,多文白异读,说话音接近吴语,读书音接近官话;全浊声母消失,舌面声母多,没有舌尖后音声母;单元音韵母多;读书音4个声调,说话音6个声调。丹阳东部则进入吴语区。

(叶 卜)

【风景名胜】 镇江为中国优秀旅游城市,具有"城市山林"和"真山真水"的独特风貌,以"天下第一江山"闻名于世。市区北部"珍珠项链"——长江路自西向东串联起金山、北固山和焦山,组成风景各异的"三山"风景区。"寺裹山"的金山以绮丽著称,"山裹寺"的焦山以雄秀闻名,"寺冠山"的北固山以险峻称雄。2011年10月,文宗阁复建开放。市区南部有南山国家森林公园,这里青山连绵,古木幽深,昭明太子读书台、文苑、增华阁和赵伯先墓等点缀其中。西津渡古街全长约1000米,存有六朝至清代的历史踪迹。市区还有宝塔山公园、伯先公园、河滨公园、梦溪园、赛珍珠旧居和长达5公里的古运河风光带。市区东部有山上矗立"万里长江第一塔"——报恩塔的圌山风景名胜区。句容市有佛教"律宗第一山"隆昌寺和以"宝华玉兰"著称的宝华山国家森林公园,有集江南名山、道教胜地、革命根据地于一体的茅山风景名胜区。镇江的宗教活动在全国乃至东南亚有广泛影响。金山江天禅寺、焦山定慧寺、宝华山隆昌寺、茅山道院均为全国重点寺庙道观。 (叶 卜)

【历史文化遗存】 镇江是国家历史文化名城,有着深厚的文化积淀。全市有全国重点文物保护单位9处:焦山碑林、丹阳南朝陵墓石刻、镇江英国领事馆旧址、昭关石塔、大运河镇江段、虎踞桥、江河交汇处、新河街一条街、西津渡古街。焦山碑林中有"大字之祖"瘗鹤铭以及苏轼、黄庭坚、米芾、陆游等书法大家的墨迹碑刻和摩崖石刻;南朝陵墓石刻存有齐梁两代帝王归葬丹阳故里的陵墓11处26件,葬于句容的1处4件,是南朝石刻瑰宝。省级文物保护单位48处,其中有焦山古炮台遗址、相传为孔子所书的延陵季子碑(唐拓本)、被誉为"江南第一钟"的唐中和铜钟、古代建筑奇葩隆昌寺无梁殿和铜殿、宋抗金名将宗泽墓、圌山炮台遗址、保存完好的汉末城堡铁瓮城遗址等。还有市、县级文物保护单位211处、文物控制单位25处。白蛇传传说、镇江恒顺香醋酿造技艺、古琴艺术、扬剧、秦淮灯彩、封缸酒酿造技艺、董永传说等7个项目先后被列入国家级非物质文化遗产名录,并有国家级非物质文化遗产项目代表性传承人5人。

(叶 卜)

【历代名人】 镇江扼南北要冲,得山水之胜,钟灵毓秀,代不乏才,历代文人墨客纷来寻幽探胜,寄情抒怀,其中有李白、杜牧、范仲淹、王安石、苏轼、陆游、辛弃疾等才士名贤,在此耕耘风雅,播种斯文。王昌龄的"洛阳亲友如相问,一片冰心在玉壶",王安石的"春风又绿江南岸,明月何时照我还",辛弃疾的"何处望神州,满眼风光北固楼"等成为千古绝响,流风遗韵,至今袅袅不断。李白的"丹阳北固是吴关,画出楼台云水间",杜牧的"青苔寺里无马迹,绿水桥边多酒楼",范仲淹的"山分江色破,潮带海声来",沈括的"楼台两岸水相连,江北江南镜里天",萨都剌的"野人一过竹林寺,无数竹林生白烟",冷士嵋的"槛外晴川甘露寺,窗前秋水玉圌峰",是一幅幅活色生香的有声画、无声诗。东晋时期中原鸿儒显宦纷纷南下,移居京口者众多,或完成大业,或著书立说,著名的有:南朝宋开国皇帝刘裕(寄奴),撰有《世说新语》的刘义庆,著有《晋书》的臧荣绪,选编《玉台新咏》、诗文与庾信齐名的徐陵,中国第一部诗文总集《昭明文选》的编纂者萧统,著有中国第一部系统文艺理论巨著《文心雕龙》的刘勰等。宋代移居镇江的有:著有被誉为"十一世纪的科学坐标"——《梦溪笔谈》的沈括,制造世界上最早天文钟"水运仪象台"的科学家苏颂,书画家米芾,抗金名将宗泽等。明清两代镇江名人有:官居华盖殿大学士、内阁首辅的杨一清,主持编修《大清一统志》《佩文韵府》《康熙字典》的张玉书。近现代以来有:著有《铁云藏龟》和《老残游记》的刘鹗,著有第一部全面系统的汉语语法专著《马氏文通》的马建忠,历史学家柳诒徵,飞机制造专家巴玉藻,世界语运动开创者之一的符恼武,金融家陈光甫,辛亥广州起义总指挥、被南京临时政府追授为上将军的赵声,辛亥革命著名将领李竟成、解朝东,"黄花岗七十二烈士"中有镇江籍5人,有爱国民主人士冷遹,诗人闻捷,桥梁专家茅以升。此外,丹阳市为三国吴大帝孙权和南朝齐高帝萧道成、梁武帝萧衍故里,近代有爱国人士马相伯、美术

图3-1 2011年初,文宗阁复建开放 (魏 兢)

家吕凤子，当代有语言学家、语文教育家吕叔湘；句容市有被誉为医药鼻祖的葛玄，晋朝道教理论家、炼丹术家和医学家葛洪，南朝道教思想家、医药学家陶弘景。（叶 卜）

【历代兵事】 镇江扼水陆交通要冲，地理形势险要，自古以来就是军事重镇。春秋时吴楚争霸，发生朱方之战。东晋隆安五年（401年），孙恩领导的农民起义军在镇江大战蒜山。宋高宗建炎四年（1130年），韩世忠率水兵8000名在江面截击金兀术的10余万大军，金兵被围困在黄天荡48天。元世祖至元十二年（1275年），南下元军在瓜洲、西津渡打败宋军，南宋抵抗力量受挫。清顺治十六年（1659年），郑成功北伐直抵焦山，与清军在城下大战，后郑成功据守镇江城38天，因南京战事失利退出镇江。清道光二十二年（1842年）六月，英国侵略军侵入镇江，遭镇江军民誓死抵抗，英军虽破城，但伤亡惨重。恩格斯在《英军对华的新远征》中对镇江人民给予高度评价。清咸丰三年（1853年）二月，太平天国军队攻占镇江，进行了4年9个月的镇江保卫战。清宣统三年（1911年），驻镇新军起义，光复镇江。民国26年（1937年）12月，日本侵略军攻占镇江，镇江城蒙受巨大损失。民国27年（1938年）5～6月间，新四军先遣支队和一支队、二支队进入苏南，6月17日在韦岗伏击日军车队，打响新四军苏南抗战第一枪，随后创建以茅山为中心的苏南抗日根据地，领导苏南人民进行7年多的顽强抗战，直至取得胜利。1949年4月21日，中国人民解放军发动渡江战役，22日晚驻镇江城内国民党军队不战而逃，23日镇江获得解放。（叶 卜）

【市树】 市树：广玉兰。1985年3月，市一届人大第三次会议决定广玉兰为市树。广玉兰属于木兰科木兰属，长绿乔木，叶长10～20厘米。花大白色，清香，直径20～30厘米，通常6瓣，5～7月为花期。种子外皮红色，9～10月果熟。树冠呈卵状圆锥形，小枝和芽均有锈色绒毛，树形优美，是优良环保庭院树和观赏树。（叶 卜）

【市花】 市花：杜鹃花。1985年2月，市一届人大常委会第十二次会议决定腊梅为市花。1994年11月，市三届人大常委会第十三次会议重新决定杜鹃花为市花。杜鹃花别名映山红、山石榴，杜鹃花科杜鹃花属。杜鹃花多为灌木或小乔木，因生态环境不同，有各自的生活习性和形状，喜阴凉、湿润，耐寒。杜鹃花分落叶和常绿两大类。落叶类叶小，常绿类叶片硕大。花的颜色有红、紫、黄、白、粉、蓝等。（叶 卜）

国民经济和社会发展

【概况】 2011年，镇江市实现地区生产总值2310.40亿元（统计公报数，下同），比上年增长12.3%。其中，第一产业增加值100.41亿元，增长5.5%；第二产业增加值1274.23亿元，增长12.7%；第三产业增加值935.76亿元，增长12.6%。人均地区生产总值（按常住人口计算）73947元，增长11.2%，折合11736美元。

全年研究与试验发展经费支出51.04亿元，比上年增长29.9%，占地区生产总值的比重2.2%，提高0.2个百分点；科技进步贡献率55.8%，提高0.8个百分点。全年完成新兴产业投入407.9亿元，增长100.7%；新兴产业实现销售收入1635.2亿元，增长54.5%。三次产业比例由上年4.1∶56.4∶39.5调整为4.3∶55.2∶40.5。单位地区生产总值能耗为0.75吨标准煤/万元，下降3.7%。

财政总收入占地区生产总值比重23.0%，提高3.8个百分点。全年实现财政总收入531.27亿元，比上年增长39.3%。实现财政一般预算收入181.90亿元，增长31.7%，其中税收收入完成145.82亿元，增长31.5%。财政总支出425.14亿元，比上年增长42.6%。

截至年底，全市从业人员190.48万人，比上年增加1.17万人。三次产业从业人员结构调整至13.4∶50.5∶36.2。全年新增城镇就业9.8万人、转移农村劳动力3.6万人。连续72个月保持“零就业”家庭动态为零，年末城镇登记失业率为2.33%。

居民消费价格总指数为105.0%，比上年上涨5.0%，自7月份起当月涨幅开始回落。在八大类消费品价格中：食品类、烟酒类、衣着类、家庭设备用品、医疗保健和个人用品、交通和通信、娱乐教育文化用品及服务、居住类分别上涨12.0%、4.3%、1.8%、5.2%、1.2%、1.3%、0.1%、3.7%。（统计局）

【农业】 2011年，镇江市实现农林牧渔业总产值152.63亿元，比上年增长6.0%。其中，农业总产值79.92亿元，增长5.4%；林业总产值5.94亿元，增长4.9%；畜牧业总产值22.62亿元，增长3.1%；渔业总产值21.88亿元，增长5.5%；农林牧渔服务业总产值22.27亿元，增长11.7%。粮食总产量121.89万吨，增加2.33万吨。肉类总产量8.25万吨，增长19.8%；禽蛋产量2.53万吨，增长14.1%；水产品产量8.81万吨，增长3.0%。

拥有高效农业面积66.67千公顷，设施农业面积19.17千公顷，高效渔业面积12.3千公顷；省级现代农业产业园区5家，市级以上农业产业化龙头企业118家。有农村“三大合作”组织1962家，入社农户29.98万户。（统计局）

【工业】 2011年，镇江市有规模以上工业企业1968家，其中大中型工业企业212家。规模以上工业企业完成总产值5202.96亿元，比上年增长30.1%。按轻重工业分，轻工业、重工业完成总产值968.73亿元和4234.23亿元，分别增长18.6%和33.0%。在列入统计的48个主要工业产品中，有31个产品产量增长。

全年规模以上工业企业实现销售收入、利税和利润总额5016.05亿元、463.92亿元和298.05亿元，分别增长29.9%、34.6%和37.9%。工业经济效益综合指数289.3，提高30.5。规模以上工业企业研究与发展经费支出43.36亿元，增长27.0%。规模以上工业企业单位产值能耗0.21吨标准煤/万元，下降18.2%。

“五大”主导产业（造纸、新材料、特种金属、绿色化工、装备制造）实现销售收入、利税总额4277.5亿元和382.5亿元，分别增长30.3%和34.5%，新增销售超千亿产业1个、销售超百亿企业1家；销售收入超50亿元企业13家、利润超5亿元企业110家。（统计局）

【固定资产投资】 2011年，镇江市固定资产投资完成1223.45亿元，比上年增长22.2%。按三次产业分：第一产业投资3.07亿元，下降38.7%；第二产业投资751.59亿元，增长20.3%；第三产业投资498.79亿元，增长25.7%。按注册类型分，国有固定资产投资完成339.59亿元，增长24.8%；民营固定资产投资完成674.41亿元，增长20.0%；外资固定资产投资完成209.45亿元，增长16.8%。在固定资产投资中，城市基础设施投资完成168.41亿元，增长26.5%；文化产业固定资产投资完成60.54亿元，增长68.2%；房地产开发投资完成137.98亿元，增长20.1%。

全年商品房施工面积1599.91万平方米，比上年增长35.5%，其中住宅1219.49万平方米，增长32.4%；商品房竣工面积377.52万平方米，增长

77.4%，其中住宅264.95万平方米，增长47.3%。全年商品房销售面积334.57万平方米，下降10.7%，其中住宅285.18万平方米，下降5.2%；商品房销售额205.26亿元，增长0.7%，其中住宅162.31亿元，增长4.8%。（统计局）

【国内贸易】 2011年，镇江市实现社会消费品零售总额658.07亿元，比上年增长17.6%。按城乡分，城镇市场实现零售额623.3亿元，增长17.4%；农村市场实现零售额34.78亿元，增长21.6%。按消费品分：食品类零售额51.97亿元，增长48.8%；服装鞋帽针纺织类零售额39.58亿元，增长36.0%；日用品类零售额11.08亿元，增长34.0%；金银珠宝类零售额8.96亿元，增长66.8%；家具类零售额2.32亿元，增长25.2%；通讯器材类零售额5.76亿元，增长55.9%；家用电器和音像器材类零售额25.49亿元，增长18.5%；汽车类零售额68.47亿元，增长14%；石油及制品类零售额45.64亿元，增长38.5%。年末拥有各类亿元以上商品交易市场20个，全年成交额372.2亿元，增长67.6%，其中200亿元以上市场1个。在亿元以上商品交易市场中，综合市场6个，专业市场14个。（统计局）

【开放型经济】 2011年，镇江市完成进出口总额100.75亿美元，比上年增长23.6%。其中，进口总额44.56亿美元，增长31.0%；出口总额56.19亿美元，增长18.3%。全年新批工商注册外资及港澳台资企业125家，新批千万美元以上外资及港澳台资项目69个。协议利用外资及港澳台资22.03亿美元，下降11.2%。实际利用外资及港澳台资18.08亿美元，增长12.0%。

对外经济合作稳步推进。年末全市拥有境外投资企业67家，中方实际投资3.13亿美元，其中当年新批18家，中方实际投资2778万美元。年末境外及港澳台劳务人员4233人，其中当年新派境外及港澳台劳务人员1302人。全年新签对外及对港澳台承包劳务合作合同额5.59亿美元，比上年增长15%；实现营业额2.59亿美元，下降7%。年末拥有服务外包企业272家，增加72家；年末拥有服务外包企业从业人员3.77万人。（统计局）

【金融】 2011年年末，镇江市金融机构各项本外币存款余额2474.45亿元，比年初增加230.49亿元。年末金融机构各项本币、外币贷款余额1835.5亿元，比年初增加221.09亿元。全年新开业11家农村小额贷款公司，新增4家证券营业部、8家创投机构。年末拥有各类保险机构51家，比上年增加3家。其中财产险22家、人寿险24家、中介代理机构5家。全年保费收入57.92亿元，增长7.2%。保险赔款支出11.86亿元，增长23.3%。（统计局）

【科技】 2011年，镇江市第八次蝉联“全国科技进步先进市”称号，成功争创国家创新型试点城市。江苏大学“水泵及系统工程技术研究中心”被科技部批准为国家工程技术研究中心。全市拥有16家企业院士工作站和10家公共服务平台。拥有省级以上高新技术企业243家、高新技术产品1520项。专利申请量15316件，比上年增加4910件。高新技术产业产值占规模以上工业产值的比重42.5%，提高2.9个百分点。年末全市拥有中国驰名商标21件，省著名商标224件，分别比上年增加6件、65件。全市拥有产品质量检验机构4家，国家检测中心2家。（统计局）

【城市建设】 2011年，镇江市南徐新城行政中心投入使用，档案馆、科技馆建成交付，商务A区、职工文体中心和体育会展中心等主体工程竣工，金山湖景区调水控水工程完成，官塘片区开发启动。市区新改扩建禹山路、运河路、京岘山南路以及金山水城路网等道路24条，新增停车泊位1万个。改造街巷道路50条、2万平方米，整治积水区26处，改造老小区27万平方米，改造、修缮直管公房2万平方米，拆迁、改造空斗墙房屋1万平方米；创成国家节水型城市，省人居环境奖创建工作通过省级调研。数字镇江地理空间框架建设项目获批，成为国家级数字城市推广建设市。市区建成区面积114.1平方公里，比上年增加5.5平方公里。（统计局）

【环境保护】 2011年，镇江市通过国家环保模范城市复核，丹阳市、扬中市和句容市通过国家级技术评估。全市生态镇占比87.8%、生态村占比65%。获国家森林城市创建立项。全年环境空气质量良好以上天数占比92.9%，林木覆盖率23.9%，城镇绿化覆盖率41.8%。市区9条河流整治达标，新建污水管网126公里，基本实现污水处理设施全覆盖。市区建成在线监控网络，实现重点污染源数字化监管。全市化学需氧量、二氧化硫、氨氮和氮氧化物分别比上年削减2.2%、2.5%、2%和0.5%。（统计局）

【民生保障、社会管理】 2011年，镇江市城镇居民人均可支配收入26637元，比上年增长14.7%；农村居民人均纯收入12825元，增长17.9%。城乡居民收入由上年2.14∶1调整至2.08∶1。城镇居民人均生活消费支出15513元，增长16.4%。农村居民人均生活消费支出9136元，增长16.4%。城乡居民恩格尔系数为38.0%，下降1.6个百分点。

年末城镇职工养老、医疗、失业参保人数为74.66万人、80.54万人、44.13万人，分别增加5.75、5.09、0.86万人；保险覆盖面分别为98.3%、98.4%、97.3%。新型农村养老保险参保人数37.8万人，覆盖率97.9%。

全年新开工建设保障性住房100.6

图3－2　2011年初，金山湖建设工程完成　（朱茂其）

万平方米、18113套(间)。新增经济适用住房和限价商品房共3020套,筹建廉租住房2.3万平方米、500套。完成棚户区(危旧房)改造项目20个、总面积52万平方米。募集慈善资金4081万元,支出救助资金2818万元,救助3.79万人次。福利彩票销售收入3.63亿元,增长55.7%,其中筹集福彩公益金1.1亿元。
(统计局)

政治文明建设

【概况】 2011年,镇江市深化干部人事制度改革,全市镇党委书记通过差额选拔产生的比例达20%。推进市委党务公开,制定出台《中共镇江市委党务公开实施办法(试行)》和《中共镇江市委党务公开目录》。2011年确定为法治城市创建工作推进年,制定《法治镇江建设"十二五"工作规划》。市人大常委会组织全体市人大代表对13个垂直管理部门效能建设情况进行评议,解决70多个方面300余条问题。市政府办理人大代表建议260件、政协提案456件,满意和基本满意率达100%。开展法治政府建设,制定邀请公民列席市政府常务会议实施办法,市政府常务会议视频在网上播出。行政权力网上公开透明运行近15万件,"12345"服务热线受理市民来电近20万次。全年行政机关负责人行政诉讼出庭率达96%。开展预算执行、民生资金和重大项目等绩效审计。推进公务用车专项治理。"中国镇江"政府门户网站绩效评估列全国地级市第11位。无纸化办公走在全省政府机关前列。市政协围绕推进现代服务业跨越发展,提出规划布局再优化、发展特色再强化、载体建设再深化、政策扶持再细化、组织考核再硬化等建议;围绕传统产业转型升级开展专题议政,提出通过科技创新、创优品牌、做大规模、吸引人才、政策激励等措施,进一步加快转型升级的步伐;"优先发展公共交通""加快菜市场建设""解决谏壁地区区域供水问题""推进保障性住房建设"等一批涉及民生的提案,得到解决或推进。在市政协六届四次会议上,市各民主党派、工商联提交集体提案61件、个人提案281件,就"实施人才强市战略,推动产业转型升级""加强社会管理,促进社会和谐稳定"等课题建言献策。全年民主党派成员有9名被市公安局聘请担任警风警纪监督员。
(叶 卜)

【市人大代表评议垂直管理部门效能建设】 2011年4月至11月,市人大常委会组织全体市人大代表对全市13个垂直管理部门效能建设情况进行评议,343名市人大代表参加,对各部门效能建设情况进行测评。全市13个垂直管理部门效能建设综合满意度平均为86.02分,达到"满意"水平。从测评的五个方面来看,满意度均达到85分以上,其中,"融入地方发展程度"86.79分,"依法行政"86.31分,"服务成效"85.86分,"廉洁自律"85.65分,"工作创新力度"85.46分。镇江市地税局、镇江市国税局、镇江供电公司分列满意度测评前三位。9月29日,市六届人大常委会第三十四次会议听取和审议关于评议垂直管理部门效能建设情况的报告,形成评议意见:推动整体跨越,加大创新力度,建立长效机制。11月30日,市六届人大常委会第三十六次会议专题审议关于垂直管理部门效能建设评议意见整改落实情况的书面报告。通过评议,共解决70多个方面300余条问题。
(陈 杰)

【推进党务公开】 2011年,全市党务公开工作落实"目录—检查考核—效果评价—问责"机制,对市委本级党务公开进行探索和实践。2011年,镇江市被确定为中央党的地方组织党务公开工作联系点。11月14~15日,中央党务公开工作领导小组办公室、中央纪委党风廉政建设室到镇江专题调研全市党务公开工作。

推进市委党务公开,制定出台《中共镇江市委党务公开实施办法(试行)》和《中共镇江市委党务公开目录》,构建市委统一领导、纪委牵头协调,11个市委工作部门整体联动的工作格局。针对市委重大决策部署和干部选拔任用两大核心,设置6大类38项重点公开内容,将公开工作贯穿于党内重要事务酝酿、决策、实施等过程。开通镇江市委党务公开网站,实行市委常委会录播,利用行政中心电子显示屏进行党务信息公开,制定系统流程和制度规定,保证党务公开规范运行。2011年12月1日,镇江市委党务公开网站(网址:http://swdwgk.zhenjiang.gov.cn)开通,当月网站点击率2.2万人次,回复在线提问87条。

12月29日,市委召开镇江市深化党务公开工作会议,会议采取电视和网络现场同步面向社会直播。会议总结全市党务公开工作开展7年来的情况,要求全市各级党组织和党员干部围绕选人用人、加强党内监督、推进党风廉政建设、加强基层组织建设、改善民生等方面,推进党务公开工作,实现党务公开和群众愿望的良性互动,以群众满意度检验党务公开实效,继续保持镇江市党务公开工作走在全国前列。

在全市开展党务公开示范点创建活动,下发《关于在全市开展创建"党务公开示范点"活动的实施意见》,明确创建工作要求和申报条件,对全市168家申报单位进行检查验收,评出7个层面党组织党务公开示范点31个。
(王 勤)

【推进政务信息公开】 2011年,镇江市公开政府文件类信息25880条,全年印发政府公报6期发布信息54条。市档案馆、市图书馆、市行政服务中心、市民间艺术博物馆4个公共查阅点全年接受市民查询6950人次。依申请公开157件,全部予以答复。内容主要涉及拆迁安置、土地征用等方面,其中公开并告知检索途径141件、不属于本机关公开范围9件、信息不存在3件、申请内容不明确4件。政府信息公开行政复议2件;政府信息公开行政诉讼案件27件,其中被告胜诉案件7件,原告撤诉案件20件。先后出台《镇江市澄清虚假或不完整信息工作实施细则》《镇江市主动公开政府信息移送管理暂行办法》《镇江市政府信息公开工作考核办法》《镇江市政府信息公开工作过错责任追究实施细则》《镇江市政府信息公开行政复议暂行办法》《镇江市政府信息发布协调制度》《镇江市政府信息公开工作社会评议制度》等7个文件。制定出台《关于构建全市政府信息公开机制实施办法(试行)的通知》(镇政办发〔2011〕264号),在全省率先创新建立政府信息公开刚性机制。邀请市民代表列席市政府常务会议、将政府常务会议视频在网上播出以及对政府信息在本市媒体实行免费公开等,成为全省信息公开的开创之举。4月初举办全市政府信息公开专业人员培训班,对各辖市(区)、市各部门办公室主任和相关工作人员进行政府信息公开业务培训,120人参加。制定出台《镇江市政府信息公开工作考核实施细则(试行)》。

全年各地、各部门进行各类新闻发布12189场次,其中举行新闻发布会38场次、新闻通气会77场次、记者见面会143场次,进行网络发布8551次,组织记者集体采访168批次,组织访谈94次,发新闻通稿3073篇,其他新闻发布45场次。

全年行政权力网上公开透明运行完成办件数894892件,比上年增加741015件,增长481.56%。在全省率先探索开展水、电、气等服务类项目网上运行,加快行政权力网上运行向乡镇延伸等试点应用项目。6月举办全市行政权力网上公开透明运行工作培训班,邀请省政府办公厅领导和有关专家讲课,对法制监督员、电子监察员、系统管理员和业务操作员等"四员"进行技能培训,180人参加。上半年按照考核标准,重点对全市各地、各部门普遍进行一次工作大检查,下半年专门召开全市行政权力网上公开透明运行工作会,年底对各辖市(区)、各部门行政权力网上公开透明运行情况进行考核。扬中市、丹徒区被省政府列入全省试点县(市、区)。（吴 琼）

【法治镇江建设】 2011年,中共镇江市委调整依法治市领导小组及其办公室成员,健全完善各项工作制度和机制,将2011年确定为法治城市创建工作推进年,制定《法治镇江建设"十二五"工作规划》。组织开展领导干部述法考评和执法评议工作,会同市委组织部、市纪委开展2010年度县处级领导班子及其成员述职述廉述法考评,对各辖市(区)委、67个市各部委办进行考核。各辖市(区)亦同步开展述法考评活动。开展第二轮基层执法站所执法评议工作,开展"万人评议机关"活动,有20个市级行政执法机关在网上接受群众评议。5月26日,市涉法涉诉联合接访中心在市信访中心正式挂牌成立。5月上旬,组织全市执法案卷评查活动,抽查780件公安、检察、法院各类办案卷宗,对存在问题下发情况通报;9月下旬,就侵财性案件赃款赃物组织专题执法督查巡视。2011年,镇江市政府被评为"五五"普法全国先进单位,丹阳市、句容市获"五五"普法全国先进县(市、区)称号。将法治镇(街道)创建活动纳入"法治镇江"建设的总体框架,及时总结推广丹阳市行政执法与司法服务对接新模式。（张 威）

【干部人事制度改革】 2011年,中共镇江市委组织部在换届工作中运用差额选拔干部方式,全市镇党委书记通过差额选拔产生的比例达到20%,110名新进班子或新提拔的镇党委委员、16名辖市(区)委新提拔和新提名的人选全部通过差额选拔产生,首次运用差额方式产生润州区委书记人选。差额选拔换届新提名人选的做法入选中共中央组织部《市县党委换届干部人事制度改革100例》和《领导参阅》《党建研究参考资料》《组工通讯》等刊物专题介绍。

实施"155"年轻干部成才计划,即要求5年内每个辖市(区)党政领导班子中各有1名35岁左右的干部,每个辖市(区)各有2名30岁左右担任镇(街道、开发区)党政正职的干部,每个镇(街道、开发区)党政领导班子中各有1名30岁左右的干部,市级机关部门35岁以下的处级干部达到40名左右,全市县处级后备干部中35岁以下的达到20%以上。采用无领导小组讨论方式选拔领导干部,从市级机关、事业单位公开选拔12名优秀年轻干部到镇(街道、省级工业园区)任职;采用市县联动方式公开选拔12名副处职、53名副科职干部;推进经济责任审计和"三责联审"(用人责任审查、编制责任审核、经济责任审计)工作,对3名领导干部进行"三责联审",对8名领导干部进行经济责任审计,69名县处级干部填写个人有关事项报告表;在部分辖市(区)和市级机关探索推进扩大干部工作信息公开试点工作,在职位公布、民主推荐、组织考察、党委会票决等环节实现信息公开。（孙丽君）

【工资协商和民主管理】 2011年,在全市各类企业中开展工资集体协商质效提升行动,市委办、市政府办联合下发《关于深入推进企业工资集体协商、促进实施居民收入倍增计划的意见》,该文件被省总工会转发全省各级工会借鉴。截至年底,全市生产经营正常的建会企业95%建立工资集体协商制度,其中共商薪酬制度、促进高技能高业绩高薪酬活动开展面达75%,全年签订工资集体协商合同2213份,签订区域、行业集体合同353份;分别在扬中市、丹徒区探索试点集体合同草案预审指导制度和工资协商代理制。工资分配逐步向高技能职工、关键岗位和一线技工工种倾斜,一线技术工种职工平均收入总量普遍高于一般职工10%~20%。全市召开共决劳动规章专题推进会11场,986家企业先后主动依法修改企业劳动规章条款3559条。在全省率先建立劳动规章法律效力评估服务制度,并覆盖全市,市总工会对101家企业规章进行集中会审,企业整改完成率达95%,推动企业依法开展民主管理的倒逼机制基本建立。（吴剑瑛）

【基层民主建设】 2011年,全市基层民主建设工作强化自治,提高社区民主管理水平。第九届村委会和第四届居委会换届选举于2010年年底基本结束后,对部分村(居)延期换届的原因进行逐个了解,并督促其中2个村因主观原因没有换届的进行换届,确保换届选举工作合法有序、平稳推进,并对换届选举中涌现的67个先进集体进行表彰。换届选举结束后,及时规范村(居)委会民主决策、民主管理、民主监督的制度和要求,社区党群议事会、工作联席会、社情民意建言会、社区事务评议会等会议制度逐步建立;全市村民监督委员会普遍建立;社区党组织、社区居委会、社区事务工作站以及社区社会治安综合治理办公室年终接受社区党员、居民评议等制度普遍落实;建立网上居委会,扩大社区居民参与度。

努力改变社区行政化倾向。推进社区服务扁平化管理,建立职业化、专业化社区管理队伍,在拆迁安置社区进行中心社区建设和管理模式的试点,镇江新区平昌新城中心社区基本建成。在全市基本社区推行"一委一居一站一办一网"的管理模式,对居(村)委会和社区工作站的职能、人员配备作出新规定,确保社区(村)有2~3名专施民主自治的工作人员,促进基本社区去行政化和回归民主自治理念。（殷建容）

精神文明建设

【概况】 2011年,全市开展争创全国文明城市活动。全年开展十大行业倡文明、百个社区传文明、千家单位促文明、万户家庭赛文明的"十百千万"系列创建活动。全市拥有各类规范性志愿服务组织70多个、志愿者服务队600多支,注册志愿者11.2万人。建成市志愿者培训学校和市志愿者展示馆,镇江市志愿者教育培训模式被中央文明办推广。镇江市图书馆"文心讲堂"入选第三批江苏省优质服务品牌。开展"不给别人添麻烦""负责任地做产品""健康成长我做主"等三大主题活动。面向普通市民招募组建文明城市创建市民督查团成员211名,全年市民督查团开展300多次督查行动。组织新闻宣传与社会公益宣传,各类新闻媒体对文明城市创建的宣传报道1185篇,编印、制作、发放90万份创建宣传手册和各类文明标识,编印《文明城市创建工作简报》73期,督查专报13期,先后发布户外大型公益广告160块。创新工作机制。建立健全协调、督查、点评、迎检机制,加强长效创建机制建设,形成共创共享的文明创建合力。连续第四年开展"大爱镇江"主题活动。组织开展"万束鲜花送楷模"活动。向社会各界公开征集2011年度"大爱镇江"活动项目,汇编《2011年"大爱镇江"活动项目手册》;向社会各界公开征集"大爱镇江"主题曲,有5首作品入选"大爱镇江"主题歌曲。组织"大爱之星"进机关、进行业、进企业、进学校、进社区"五进"活动,宣传"大爱之星"先进事迹,扩大"大爱之星"影响力。组织开展第四届"大爱之星"评选,有21万名市民参与投票,评选产生25个"大爱之星"个人和群体,举办"道德的星空"第四届"大爱镇江"新闻人物颁奖典礼。举办道德传承·大爱镇江——全国道德模范与身边好人(镇江站)现场交流活动。组织第三届全国、全省道德模范推荐评选活动,1人当选为全国道德模范,3人当选为省道德模范。年底,镇江市获得全国文明城市提名资格。

开展未成年人思想道德建设工作。召开全市进一步加强和改进未成年人思想道德建设工作会议,全国第一家专题童谣体验馆和道德童谣总社在镇江市成立,镇江又有一首作品获第二届全国优秀童谣奖。成立新的市未成年人成长指导中心,建成符合标准的乡村学校少年宫80所。组织开展首届美德少年评选,举办镇江市2012少儿春节文艺联欢晚会,组织开展做一个有道德的人、我们的节日、七彩的夏日、缤纷的冬日、心理健康万场宣讲等主题系列活动。镇江市被中央文明办授予第三届全国未成年人思想道德建设工作先进城市称号,润州区获全国成年人思想道德建设工作先进单位称号。在第三届全国文明城市测评工作中,镇江市获省级未成年人思想道德建设测评同类城市第一名,全国未成年人思想道德建设测评第九名。

(陈志耕)

【8家单位当选全国精神文明建设先进单位】 2011年12月,第三批全国文明城市(区)、文明村镇、文明单位名单公布,镇江市丹徒区世业镇、扬中市八桥镇红光村、丹阳市新桥镇群楼村、句容市华阳镇下甸村当选为第三批全国文明村镇;镇江市京口区四牌楼街道江滨新村第一社区、镇江市第一人民医院、镇江市自来水公司、镇江出入境检验检疫局(机关)当选为第三批全国文明单位。

(周陪袁)

【举办道德传承·大爱镇江——全国道德模范与身边好人(镇江站)现场交流活动】 2011年6月8日在市民大厅举行,活动由中共镇江市委宣传部、镇江市文明办、镇江市文广集团举办。活动主题为道德传承·大爱镇江。活动以中华民族传统的核心价值观"仁、义、礼、智、信"为篇章,以镇江"大爱之城"的"大爱"为主线串联五大篇章,既有镇江地域特色,又体现弘扬中华传统美德的现实意义。活动选取镇江黄丝带群体、的哥李巧生、好支书张雅琴、农业科技专家赵亚夫等作为重点典型人物展示。活动特邀凤凰卫视节目主持人陈晓楠、德艺双馨的艺术家和艺人参与。中央、省文明办领导和市委书记许津荣及市四套班子分管领导出席。

(陈志耕)

图3-3 2011年6月7日,全国道德模范与身边好人现场交流活动在镇江举行

(宣传部)

【第三届全国、全省道德模范名单】 2011年3月,经镇江市、江苏省先后审定推荐,张雅琴(生前为丹阳市新桥镇金桥村党总支书记)为全国敬业奉献类道德模范,并当选为省道德模范;景荣春(生前为江苏科技大学教授)为省敬业奉献类道德模范,施玉亮(生前为南门浴场经营者)为省见义勇为类道德模范;句容盛业管件制品有限公司董事长杜盛钢获省诚实守信类道德模范提名奖。

(陈志耕)

【举办第四届"大爱镇江"新闻人物颁奖典礼】 2012年1月1日晚在市艺术剧院举行。颁奖典礼由市精神文明指导委员会主办,市委宣传部、市文明办、镇江文广集团承办。见义勇为的范文清、"微型妈妈"宋正凤、背妻丈夫李永生、"镇江的海伦·凯勒"王千金、义救临汾白血病教师的志愿者张晓春,以及镇江义购莴苣网络助农群体代表在台上讲述故事。中央电视台节目主持人张越、启明与"大爱之星"进行互动访谈并点评。市委常委、宣传部部长张洪水宣布第四届"大爱之星"称号的个人和群体名单(参见第328页)。市领导许津荣、刘捍东、郭礼荣、李国忠、张甫雄为"大爱之星"个人和群体颁奖。典礼结束前,歌星毛阿敏演唱歌曲《幸福》和《天之大》。在行政中心市民大厅分会场,市各文明行业、文明单位代表及市各志愿者团队代表300余人同步收看"大爱之星"颁奖典礼。新浪网微博、中央文明网也同步直播颁奖盛况,主会场设置微博墙,实时发布观众的微博信息。

(陈志耕)

【镇江市道德童谣体验馆开馆】 2011年4月6日,镇江市道德童谣体验馆建成开馆,同时镇江市道德童谣总社在镇江成立。镇江市道德童谣体验馆位于镇江实验学校图书馆一楼,占地面积375平方米,总投资45万元。工程硬件部分为形象标识设计与制作,由江苏鼎峰信息技术有限公司负责施工。其中有走廊、门厅过道、弧形大厅、陈列室、拼图馆、闯关馆、跳棋馆、创编室的墙面彩塑、彩胶地板、顶面设计、吉祥物游戏说明、太阳娃形象等设计。软件部分为触摸屏和童谣馆软件开发,由南京周桥文化发展有限公司开发安装。童谣馆软件包括陈列馆、拼图馆、闯关馆、创编馆等软件设计安装。体验馆先后接待中央和江苏、内蒙古等专家、领导参观,并向河南、新疆、青海、西藏等地和新加坡的教育代表团开放,接待镇江市润州、京口、丹徒、句容等地学校学生约2万名。

(未成年人处)

【召开全市进一步加强和改进未成年人思想道德建设工作会议】 2011年1月7日,由市委、市政府召开,市委常委、宣传部部长张洪水主持,市委副书记张庆生出席并讲话,王萍、卢章平、宋敬伟等市领导以及相关单位负责人共120余人参加。这是继2004年以来的第二次全市未成年人工作会议。会议总结多年来未成年人思想道德建设工作经验，表彰先进集体和先进个人，部署今后一个时期的工作任务。会议出台《中共镇江市委 镇江市人民政府关于进一步加强和改进未成年人思想道德建设的意见》《中共镇江市委 镇江市人民政府关于印发〈镇江市未成年人思想道德建设新提升行动计划（2011～2013年）〉的通知》，对2011～2013年未成年人思想道德建设工作作部署，提出具体的行动计划，并出台了支持未成年人思想道德建设工作发展的政策性文件。 （未成年人处）

【童谣《葵花朵朵向太阳》获奖】 2011年3月，镇江市退休教师卢刚创作的童谣《葵花朵朵向太阳》获"第二届全国优秀童谣评选优秀奖"，并经谱曲和制作成传唱视频，在中央文明网、央视网、中国未成年人网进行展播。童谣全文："什么红？党旗红。什么黄？镰刀锤头闪金光。什么红？领巾红。什么黄？星星火炬指方向。什么红？心儿红。什么黄？葵花朵朵向太阳。" （未成年人处）

【评选"美德少年"】 2011年3月，镇江市文明办组织开展镇江市首届美德少年评选工作，评出十佳美德少年和十佳美德少年提名，并推荐出10名首届江苏省美德少年候选人。10月，在省文明办组织开展的首届"江苏省百名美德少年"和首届省"十大美德少年标兵"评选活动中，善良、富有爱心的聋哑女孩施颖荣（镇江市特教中心学生）获首届省"十大美德少年标兵"称号，并与"绽放在苦寒中的清新小花"徐爱（江苏省大港中学学生）、持之以恒六年照顾残疾同学的陈欣（丹阳市云阳学校学生）、建立"爱心账户"的潘成阳（丹阳市实验小学学生）、"12年弱小肩膀撑起一个家"的朱梦成（句容市实验高级中学高中学生）、身残志坚的阳光女孩夏扬墨（省丹徒中等专业学校学生）、心怀善树的"公益小明星"张云帆（镇江市第一中学学生）一起获得首届"江苏省百名美德少年"称号。 （未成年人处）

【《希望周刊》创刊】 2011年1月6日，市文明办、镇江报业传媒集团联合创办《希望周刊》，由报业集团小记者活动中心承办。《希望周刊》以中小学生为主要读者群，每周一期，2011年全年刊发53期，常态发行6.2万份。刊物主要反映全市未成年人道德教育工作状态。

（未成年人处）

生态文明建设

【概况】 2011年，生态市建设投入加大，镇江市财政投入资金2.75亿元，重点强化生态资源保护、环境基础设施建设、环境保护能力建设、绿色细胞工程创建、节能减排、工业污染防治等。通过财政投入和政策引导，拓宽社会融资、企业自筹、银行贷款等多种筹资渠道。2011年，全社会环境保护投资占地区生产总值的比重达3.63%。

镇江生态市建设取得重要进展。丹阳市、句容市、扬中市通过国家生态县建设省级考核和国家级技术评估，丹徒区通过省级考核。镇江市通过国家生态市建设省级考核，并按省级考核整改意见落实整改工作。镇江市和句容市通过国家环境保护模范城市复核。全市有36个涉农镇（街道）通过国家生态镇省级考核（其中18个获得国家命名），占涉农镇（街道）总数的87.8%。全市建成市级以上生态村246个，其中4个国家级生态村通过省级考核，2个获得国家命名。

农村环境整治。2011年，全市建设县级以上农村环境综合整治示范村72个，投入资金7600.2万元，建设县级以上农村生活污水处理站76个，形成处理生活污水能力4498吨。丹阳市珥陵镇完成2010度国家下达的农村环境连片整治任务并通过省级考核。

生态市宣传教育氛围浓厚。至2011年年底，全市建成省、市绿色学校415所，中小学环境教育普及率100%。开展绿色商场、超市创建，完成17个菜市场升级改造，新建标准化菜市场9个。

（颜正清）

【镇江市通过国家生态市建设省级考核】 2011年6月14～16日，江苏省环境保护厅对镇江市进行国家生态市建设省级考核。考核组认为，镇江市生态市建设工作取得进展：发展生态经济，产业结构逐步优化；强化执法监管，环境质量得到提升；推进综合整治，农村环境明显改善；注重修复重建，生态效益更加凸显。镇江市创建工作基本条件和各项指标总体达到国家生态市建设标准，同意通过省级考核。 （颜正清）

【黑臭河流整治】 2011年，镇江市政府对市区9条河流实行"河长制"管理。九条河流为：古运河、运粮河、周家河、光明河、大港河、丁岗团结河、丁卯团结河、虹桥港、玉带河。截至9月底，市区河流整治累计清淤110万立方米，完成排口整治256个，清理种养杂物21.7万平方米，治理污染企业118家，建设雨污分流管网118公里，建成区内205家工业企业和餐饮单位实现雨污分流。年底，9条河流全部达标验收。 （刘 玲）

【饮用水源地专项整治】 2011年，市环境保护部门进行饮用水源地专项整治工作，完成征润洲水源地2010年环境状况评估工作和丹阳市江心洲水源地保护区划分方案，并由市政府报送省政府审批。推动区域供水，新铺设区域供水管道743.34公里，供水总面积450平方公里，供水普及率98.03%。全市集中式饮用水源地从2005年的75个减少到2011年年底的13个。 （刘 玲）

【"青山绿水"工程与"南山北水"建设】 2011年，镇江市继续实施"青山绿水"工程，整治主城区11座山体和3条通江河道，象山、花山、狮子山、虎头山整治工程完成，古运河中段整治景观绿化工程展开。持续开展"南山北水"建设。2011年，开工建设绿化工程37项、绿地面积335公顷。截至年底，完成南徐新城文化公园、京沪高铁广场、虎头山整治、338省道改造绿化工程和9条黑臭河流整治等11项工程。2008年以来累计建设城市绿化工程项目140项，园林绿化面积1400公顷，建成南山西入口、金山湖景区、滨江风光带、市民公园、文化公园、京沪高铁广场、丁卯科技园绿地、镇江新区人民公园等一批重点绿化项目，近四年新增公园绿地200公顷。推进道路绿化建设，建成金港大道、338省道等道路绿化项目；实施河道绿化，近四年新增道路、河道绿地365公顷；推行"绿色图章"制度，建成一批园林式单位、园林式居住区，新增居住区、单位绿地115公顷。2011年，绿化覆盖率和人均公园绿地面积分别达42.15%和16平方米。2011年继续开展北部滨水区及城区水环境建设工程，金山湖景区建成并对外开放，引航道水利枢纽及管理区主体工程、焦南闸、运粮河闸站完成，内江清淤一期工程、滨江风光带东西段、北固湾广场等工程完工，基本实现"调活一水，呈现两湖，串联三山，确保万里长江最具特色和活力的城市滨水区雏形初现"的目标。

（颜正清）

【生态功能区保护与建设】 2011年，镇江环境保护部门编制《镇江市重要生态功能保护区区域规划》，设立47个重要生态功能保护区，全市受保护地区占国土面积的比重从原来的20.32%提高到22.4%，制订并实施严格的保护方案。继续开展长江渔业资源增殖放流活动，聘请中科院水生所定期开展豚类保护区水生资源科学考察活动；启动句容赤山湖省级湿地公园建设，实施大规模退渔还湖工程，争取绿色江苏专项资金，开展北部滨水区湿地恢复建设工程；加强对南山和宝华山国家森林公园的保护，开展长江防护林、林业血防林、饮用水源地清水涵养林等重点工程建设，南山、茅山、宝华山生态公益林面积达1360多公顷。开展矿山生态修复，完成废弃矿山整治项目40个，关停采矿企业221家，153个重点采石宕口得到整治修复。 （何坤兴）

【加快实施产业转型升级】 2008年以来，镇江市加快淘汰落后产能，关闭小化工生产企业175家、小电镀企业37家、采矿企业221家、宕口431个，淘汰发电企业小火电68.7万千瓦，强制水泥企业完善粉尘、烟尘治理设施，淘汰落后水泥产能165万吨。2011年，《镇江市实施转型升级工程的意见》《现代服务业两年跨越发展指导意见》出台，推进新能源、新材料、电子信息、航空制造、海洋工程等"5+X"新兴产业快速发展，全市高新技术产业总产值比上年增长39.8%，服务业增加值超过910亿元，占地区生产总值比重超过40%。 （王达生）

【发展生态旅游业】 至2011年年底，镇江市A级以上旅游景区达33家，建成全国农业旅游示范点7家、四星级乡村旅游点4家，全市8家四星级及以上旅游饭店达市级绿色饭店标准，有5家饭店被评定为绿色饭店，1家饭店通过ISO 14000质量体系认证。 （曲新华）

【区域性生态环境治理】 2011年，丹阳市对电镀企业整治情况进行全面督查，拆除158个电镀车间、关闭11家电镀企业。句容市立足生态兴市、绿色发展，在157个建设项目中否决10个污染重的项目，环评和"三同时"执行率100%。扬中市创成22个生态村，勤丰村获得环境保护部国家级生态村命名，生态村占比达89%。丹徒区开展"十里长山"环境综合整治工程，依法对15家污染企业实行整改或关停，对11座工业企业烟囱和部分石灰窑实施爆破。京口区对烧烤点整治、建筑工地噪声查处、医疗固废管理等开展专项督查。润州区继续对韦岗地区大气整治单位项目验收进行跟踪调查，确保完成整改项目。镇江新区按照国家级生态工业园区创建要求，加快静脉产业园区建设，推动环境基础设施建设。 （颜正清）

图3-4　2011年对九条黑臭河流整治，取得效果　（丁伟民）

【生态农业建设】 至2011年年底，全市各项生态农业重点工程基本完成，新增造林面积3666.67公顷，其中成片造林3000公顷，林木覆盖率23.9%；建成7个特色农业示范基地、15个"三品"（无公害农产品、绿色食品和有机食品）示范基地、4个循环农业示范基地、2个立体种养示范基地、3个林业产业基地；新增"三品基地"面积7666.67公顷，累计达12.82万公顷，占耕地面积75.4%；化肥使用总量62340吨，化肥施用强度246.7公斤/公顷，其中化学氮肥使用总量34250吨，根据国家生态市考核有关指标，比2005年减少19.4%；农药用量2996吨，比2005年削减29.85%；新建发酵床养猪示范点30家，创建省、市级生态健康养殖示范场41家，全市完成畜禽养殖场治理638家，规模化畜禽养殖场粪便综合利用率97%；新建农村生活污水处理工程20处，实施秸秆还田面积14.67万公顷，秸秆综合利用率达95%。 （马　梁）

【绿色矿山建设】 2011年，镇江市国土资源局组织江苏句容台泥水泥有限公司矽锅顶水泥灰岩矿、江苏镇江韦岗铁矿有限公司韦岗铁矿两家矿山企业申报第二批国家级绿色矿山试点单位。经省国土资源厅推荐、国土资源部评估，上述两家企业被确定为第二批国家级绿色矿山试点单位。 （肖广新）

【地质灾害防治和山体环境保护】 2011年，镇江市国土资源管理部门推行汛期地质灾害专职监测制度，落实专职监测员354人，覆盖地灾隐患点109处。汛期前，对全市地质灾害隐患点筛选和排查，查出全市109处地质灾害隐患点，其中15处隐患点被列为省级重点监测点。实施地质灾害治理项目5项（主城区特大型滑坡地质灾害群治理项目、焦山、京口区京砚山、润州区王家湾、外国语学校）、废弃矿山整治项目4项（镇江新区圌山、丹徒十里长山南坡、丹徒十里长山东古、句容仑山湖），总涉及金额1.35亿元。 （严华万）

组织机构及领导人名单

中共镇江市委员会

书　　记　许津荣（女）
副书记　刘捍东
　　　　杨省世（　~2011-01）
　　　　张庆生（　~2011-08）
　　　　李国忠（2011-08~　）
常　　委　黄宝荣（　~2011-07）
　　　　李茂川
　　　　杨　建（　~2011-02）
　　　　陈照煌（　~2011-05）
　　　　魏红军
　　　　秦景安（2011-05~　）
　　　　张洪水
　　　　孙　健（2011-05~　）
　　　　王树均
　　　　李小平（2011-08~　）
　　　　李雪峰（2011-07~　）

秘 书 长　李国忠
副秘书长　陈林海　杭祝鸿　朱开宝
　　　　　褚　祎(女)　何培树
　　　　　杜官彪　施正中

办公室

主　　任　朱开宝(兼)
副 主 任　杜晓镇　翟胜勇　赵　军
　　　　　翟春辉
副调研员　吴同舟(女)　陈　明
　　　　　张　平

组织部

部　　长　魏红军
副 部 长　陈　晨　岳卫平　孙沛然
　　　　　徐冀锋　吴　彤(女)
部务委员　李明洪(　~2011－08)
　　　　　艾晓晖(2011－08~　)
副调研员　张锦红　于　坤(女)
新经济社会组织党工委书记　徐冀锋(兼)
新经济社会组织党工委副书记　朱　彤
企业高级经营管理人才评价推荐中心主任
　　　　　陈平才(2011－07~　)
党员电化教育中心主任
　　　　　陈平才(　~2011－07)

宣传部

部　　长　张洪水
副 部 长　赵　珏
　　　　　周国建(　~2011－08)
　　　　　王红卫
　　　　　顾小俊(2011－05~　)
　　　　　董和建
部务委员　杨苏镇　曾文兵
调 研 员　宋成玺
　　　　　周国建(2011－08~　)
副调研员　孙长宏
对外宣传办公室主任　朱广宝
互联网信息办公室主任
　　　　　包建国(2011－08~　)

精神文明建设指导委员会办公室

主　　任　赵　珏(兼)
副 主 任　李　洪　刘玉祥

统一战线工作部

部　　长　宦祥宝
副 部 长　张永志　魏跃明　徐礼宾
副调研员　张钢星

政法委员会

书　　记　黄宝荣(　~2011－08)
　　　　　李雪峰(2011－08~　)
副 书 记　夏新平(兼)　陈林海
　　　　　马建生(2011－05~　)
政治部主任　周国平

社会治安综合治理委员会办公室

主　　任　陈林海(兼)
副 主 任　陈顺平
　　　　　孙和平(2011－12~　)
　　　　　龚祺祯(女)(　~2011－12)

依法治市办公室

副 主 任　陈顺平

研究室

主　　任　施正中(兼)
副 主 任　屈振国(兼,　~2011－08)
　　　　　胡敖成　吴　杨
调 研 员　霍爱平(女)
副调研员　袁云萍(女)
　　　　　许志民(2011－03~　)

农村工作领导小组办公室

主　　任　何培树(兼)
副 主 任　屈振国(　~2011－08)
　　　　　卢小扣(　~2011－12)
　　　　　郭丹平　朱凯生
调 研 员　卢小扣(2011－12~　)
副调研员　石铁流

台湾工作办公室
(市政府台湾事务办公室)

主　　任　褚　祎(女)
副 主 任　黄志中(　~2011－03)
　　　　　张　明
市政府台湾事务办公室副主任
　　　　　洪　涛(2011－03~　)

机构编制委员会办公室

主　　任　陈孝信
副 主 任　李明洪(2011－08~　)
　　　　　吕永生

市级机关工作委员会

书　　记　张建国
副 书 记　朱建禾(2011－05~　)
　　　　　邓扣平(　~2011－08)
　　　　　侯军生　周国年
纪工委书记　任曼青(女)
调 研 员　邓扣平(2011－08~　)
副调研员　王嘉年
　　　　　许国庆(女,　~2011－03)
　　　　　朱永敖(　~2011－09)

老干部局

局　　长　岳卫平
副 局 长　李　明(2011－08~　)
　　　　　张国平(　~2011－08)
　　　　　陈建云
　　　　　王瑞卿
调 研 员　石燕宁(女,　~2011－06)

信访局

局　　长　华兴龙(　~2011－03)
　　　　　吴海平(2011－03~　)
副 局 长　吴海平(　~2011－03)
　　　　　段洪波　李　丹　蒋祥林
党组书记　华兴龙(　~2011－03)
　　　　　吴海平(2011－03~　)

保密委员会办公室
(市国家保密工作局)

主　　任(局长)　冷剑桦(女)

机要局(国家密码管理局)

局　　长　谈国兴

史志办公室
(市委党史工作办公室)

主　　任　胡　振
副 主 任　张国平(2011－08~　)
　　　　　杨国祥　傅雪元
　　　　　刘爱玲(女,　~2011－03)
　　　　　陈恒明(　~2011－12)
党组书记　胡　振
党组副书记　张国平(2011－08~　)
副调研员　刘爱玲(女,2011－03~　)
　　　　　孙爱军(女)
　　　　　陈恒明(2011－12~　)
　　　　　杨正宏

党校(行政学院)

校　　长　张庆生(兼,　~2011－10)
　　　　　李国忠(兼,2011－10~　)
行政学院院长　陈照煌(兼,　~2011－05)
常务副校长　王　华(　~2011－03)
　　　　　陈　晨(2011－03~　)
副 校 长　张宜英(女)　张欣平
　　　　　张水娟(女)
教 育 长　徐　光
党委书记　王　华(　~2011－03)
　　　　　陈　晨(2011－03~　)
党委副书记　张宜英(女,2011－08~　)
纪委书记　王会明
副调研员　宋卫东　丁朋荣

档案局

局　　长　王　欣
副 局 长　汪　好
　　　　　王　平(2011－03~　)
党组书记　王　欣
党组副书记　汪　好
调 研 员　高浩良(　~2011－04)
副调研员　徐晓生

文化广电产业集团(广播电视台)

总 经 理　张　兵
副总经理　徐　力　陈　炜　江忠顺
　　　　　陆艳华(女)　汤文彪

党委书记　张　兵
党委副书记　徐　力
纪委书记　徐　力
助理调研员　周宜一(女)

市广播电视发展中心

主　　任　孟腹警(2011－03～　)

报业集团

社　　长　周国建(　～2011－08)
　　　　　王红卫(2011－08～　)
副 社 长　孙肖苏　朱纪平　柳昌焰
董 事 长　周国建(　～2011－08)
　　　　　王红卫(2011－08～　)
总 编 辑　孙肖苏
副总编辑　顾洪恩(　～2011－12)
　　　　　杨苏宜　张翀煜(女)
　　　　　谭坚强(2011－08～　)
党委书记　周国建(　～2011－08)
　　　　　王红卫(2011－08～　)
党委副书记　孙肖苏　朱纪平
纪委书记　郑卫星
助理调研员　林少麟(　～2011－11)
　　　　　　刘乃生(　～2011－06)
　　　　　　顾洪恩(2011－12～　)

镇江市人民代表大会常务委员会

主　　任　许津荣(女)
副 主 任　张甫雄　李壮云　陈　苏
　　　　　卢章平　王守和
　　　　　帅巧芳(女,2011－02～　)
秘 书 长　蔡文俊(　～2011－08)
代秘书长　任振棣(2011－08～　)
副秘书长　任振棣　温小卫　潘法强
　　　　　许勤梅(女)
党组书记　张甫雄
党组副书记　李壮云

办公室

主　　任　任振棣(兼)
副 主 任　周玉琴(女)　尹克己
　　　　　张　俊(　～2011－08)
　　　　　徐　强

信访处

处　　长　吴圣涛
副调研员　张安明　蓝纯龙

研究室

主　　任　温小卫(兼)
副 主 任　纪　东
　　　　　徐　策

内务司法委员会

主　　任　胡荣明
副 主 任　赵　宁

财政经济委员会

主　　任　殷宪广
副 主 任　周义平

农业经济委员会

主　　任　李谊忠
副 主 任　郑宇飞

环境资源城乡建设委员会

主　　任　张定岐
副 主 任　滕道远　贺留中
副调研员　王春福

教科文卫委员会

主　　任　李照金
副 主 任　张志耕

民族宗教侨务台湾事务委员会

主　　任　秦党人
副 主 任　罗福春

人事代表联络委员会

主　　任　周以蓉(女)
副 主 任　于士和　周建华(女)

镇江市人民政府

市　　长　刘捍东
副 市 长　陈照煌(　～2011－06)
　　　　　秦景安(2011－06～　)
　　　　　陈建设　陈　杰
　　　　　王　萍(女)
　　　　　冯士超　曹当凌　夏新平
　　　　　李小平(　～2011－09)
　　　　　王常生
　　　　　李廷祥(挂职,2011－04～　)
　　　　　丁　憬(2011－12～　)
秘 书 长　孙晓南
副秘书长　顾大福　沈宝来
　　　　　王　飚(兼)　赵志新
　　　　　华兴龙(兼,　～2011－03)
　　　　　林　枫　朱金生　卜晓放
　　　　　朱仲蔚(兼)　张伟清
　　　　　陈鹏飞　桂祈亮
党组书记　刘捍东
党组副书记　陈照煌(　～2011－06)
　　　　　　秦景安(2011－06～　)

办公室

主　　任　顾大福(兼)
副 主 任　蒋建新(　～2011－12)
　　　　　徐海亮
　　　　　吕　舟(　～2011－03)
　　　　　严竹波　朱晓华(兼)
　　　　　张　军(2011－03～　)
党组书记　孙晓南
党组副书记　顾大福
纪检组长　连维义
调 研 员　周凤霞(女)　赵荣庆
　　　　　华兴龙(2011－03～　)
　　　　　朱应华(女)
　　　　　蒋建新(2011－12～　)
副调研员　廖秀珍(女)
　　　　　陆永喜(　～2011－03)
　　　　　赵权升　陈　明
　　　　　龚国祥(2011－03～　)
　　　　　矫健巍(2011－03～　)
副 处 级　许志民(　～2011－03)
金融工作办公室主任
　　　　　田为华(挂职,　～2011－08)
　　　　　严竹波(兼,2011－08～　)
研究室主任　卜晓放(兼,　～2011－08)
　　　　　　张伟清(兼,2011－08～　)
研究室副主任　万峻松　张卫平

发展和改革委员会

主　　任　尹名年
副 主 任　吴志优(　～2011－03)
　　　　　殷国兴　许军炯
　　　　　谈沁磊
　　　　　夏卫军(2011－03～　)
党组书记　尹名年
党组副书记　殷国兴(2011－03～　)
纪检组长　陈金瑞(　～2011－12)
　　　　　何　明(2011－12～　)
调 研 员　赵顺凌
　　　　　吴志优(2011－03～　)
　　　　　高　明
副调研员　戎全兵
　　　　　陈金瑞(2011－12～　)
　　　　　巫宇声(　～2011－01)
　　　　　吕仁卿

经济和信息化委员会（2011年3月经济和信息化委员会党组改建为党委）

主　　任　朱云峰
副 主 任　于建武
　　　　　贾云平(　～2011－03)
　　　　　顾伟刚　徐志伟
　　　　　周　毅　陈凤翔
　　　　　殷智才(　～2011－11)
　　　　　聂旭东
专职委员　陈建平(　～2011－03)
党委书记　朱云峰
党委副书记　顾伟刚
纪委书记　邹海莉(女)
调 研 员　贾云平(2011－03～　)
　　　　　朱炳国

陈建平(2011－03～　)
副调研员　杨爱华
李明霞(2011－12～　)
刘建宁
王洪富　陶跃俊(女)
朱建中　沈玉明　马元兴
朱庆庆(2011－03～　)
中小企业局局长
朱云峰(兼,2011－03～　)
中小企业局副局长　朱治臣

教育局
(市委教育工作委员会)

局　　长　刘国荣
副 局 长　方俊洪(　～2011－08)
陈国栋　蔡晓海　陈国俊
刘元良　曹阳根
潘晓芙(女,兼)
党委书记　刘国荣
党委副书记　方俊洪(　～2011－08)
黄法祥
纪委书记　李玉扬
教育工作委员会书记　刘国荣(兼)
教育工作委员会副书记
方俊洪(兼,　～2011－08)
黄法祥(2011－08～　)
教育工作委员会纪工委书记
李玉扬(兼)
调 研 员　方俊洪(2011－08～　)
副调研员　姚　平　睢开华(女)
笪　翔　薛安明
副 处 级　邢淳镇

科学技术局
(知识产权局)

局　　长　柏晓宏
副 局 长　潘国建　陆介平　葛玉连
朱晓阳　肖敬东
党组书记　柏晓宏
党组副书记　潘国建
纪检组长　唐圣洋(　～2011－12)
知识产权局局长　柏晓宏(兼)
知识产权局副局长　陆介平(兼)
副调研员　唐圣洋(2011－12～　)
吴国源

公安局

局　　长　夏新平
副 局 长　高晓光　褚先明　张卫东
梁　坚　张为人　石重光
丁浩北(2010－12～　)
党委书记　夏新平
党委副书记　高晓光
纪委书记　胡新群
政治部主任　王新辉
调 研 员　隋　明　马玉根　陈金友
汤锁洪(2010－12～　)
副调研员　左敦传
秦德明(2010－12～　)
桂耀武(2011－12～　)
张耘田(2011－03～　)
夏志祥　李念勤　张海泉
陶文章(2011－12～　)
援疆副处职干部
季成宾(2011－07～　)
副 处 级　曲乃仁
许祥荣(　～2011－03)
仇卫民　刘爱萍　朱国庆
王公渠　范志敏
班同霞(女)　夏成强
陈立平
指挥中心主任　钱建平
指挥中心政委　张爱祥
治安警察支队队长　陶苏闽
治安警察支队政委　杨国平
刑警支队支队长　顾传先
刑警支队政委　顾西蒙
经侦支队支队长　高建新
经侦支队政委　张耘田(　～2011－03)
交巡警支队支队长　张　勇
交巡警支队政委　季成宾
水警支队支队长　张柏林
水警支队政委　颜景林
国保支队支队长
陶文章(　～2011－12)
国保支队政委　朱继军
维护稳定工作领导小组办公室主任
高晓光(兼)
维护稳定工作领导小组办公室副主任
赵立源　邱新芳

监察局

局　　长　杨志伟
副 局 长　徐洪兴
王永京(2011－08～　)
邵宁乙　季　平(兼)

民政局

局　　长　汤才顺
副 局 长　尹卫民(2011－06～　)
戴江澄(　～2011－06)
吴　当　陈平清
谭金生
党委书记　汤才顺(　～2011－12)
党委副书记　尹卫民(2011－05～　)
纪委书记　李　俊(　～2011－12)
顾　言(2011－12～　)
调 研 员　张梅梅(女,　～2011－11)
树世萍(女)
副调研员　顾　言(　～2011－12)
潘志坚(2011－12～　)
李　俊(2011－12～　)
陆松林(　～2011－10)

司法局

局　　长　殷　敏(女)
副 局 长　马建生(　～2011－05)
徐建锋(2011－05～　)
史雪峰　张俊昌
张汉涛(　～2011－12)
刘　芳(女)
党组书记　殷　敏(女)
党组副书记　马建生(　～2011－05)
徐建锋(2011－05～　)
史雪峰
纪检组长　周国达
副调研员　殷金顺
张汉涛(2011－12～　)
黄品涛

财政局

局　　长　王荣正
副 局 长　朱国芳(女)　彭家明
戴　坚
王　捷(2011－03～　)
总会计师　严明礼(2011－03～　)
党组书记　王荣正
党组副书记　朱国芳(女)
纪检组长　尹盐生
调 研 员　宋晓霞(女)
副调研员　沈维良　陈定华

国有资产监督管理委员会

主　　任　尤　廉
副 主 任　唐洪生(兼)
于文丰(2011－08～　)
夏敏章　徐志刚　谭浩俊
王　林
党委书记　尤　廉
党委副书记　栾卫东(　～2011－08)
唐洪生(兼)
于文丰(2011－08～　)
纪委书记　栾卫东(兼,　～2011－08)
唐承军(2011－08～　)
调 研 员　栾卫东(2011－08～　)
副调研员　张宝山(2011－12～　)
朱国建
陈荣祥(2011－03～　)

人力资源和社会保障局

局　　长　秦双林
副 局 长　顾　笈(　～2011－03)
程天龙(　～2011－08)
马　进　蒋更俊
戴江澄(2011－06～　)
封汉桥(　～2011－08)
黎　平　魏弘扬　蒋建中
陈新中(　～2011－05)
党委书记　秦双林
党委副书记　顾　笈(　～2011－03)
程天龙(　～2011－08)

纪委书记　杨春华
调 研 员　顾　笈(2011－03～　)
　　　　　程天龙(2011－08～　)
副调研员　袁玉林　黄亚平
　　　　　贾全新(2011－12～　)
　　　　　封汉桥(2011－08～　)
　　　　　张久成　吴志龙　张　群
　　　　　周恩泽
　　　　　封汉桥(2011－08～　)
人才服务中心主任　朱建忠
人才服务中心党总支书记
　　　　　顾中朝(　～2011－03)
　　　　　翟　海(2011－03～　)
人才服务中心副调研员
　　　　　顾中朝(2011－03～　)

环境保护局

局　　长　刘晓东
副 局 长　姚继承　梁晨辉　贾云亮
　　　　　李鼎如
　　　　　马云明(2011－03～　)
党委书记　刘晓东
党委副书记　姚继承
纪委书记　唐国义
调 研 员　孙纪英(女，　～2011－11)
　　　　　郁长生(　～2011－07)
副调研员　易北江　曲新华(女)
　　　　　高　平　明守跃
　　　　　孙前进(2011－03～　)
环境监察支队支队长　贾龙华

住房和城乡建设局

局　　长　鄂金书
副 局 长　徐罗照(　～2011－12)
　　　　　祝瑞洪　陈纪华　强南山
　　　　　荆天翔　宇文家胜　张百和
　　　　　施仁新
总工程师　王宝海(2011－03～　)
党委书记　鄂金书
党委副书记　徐罗照(　～2011－12)
　　　　　孙　杰
纪委书记　丁建武
调 研 员　褚桂馨　龚建平
副调研员　胡　军
　　　　　庄信宽(2010－12～　)
　　　　　符永华(　～2011－09)
　　　　　王晓红(女)　朱苏镇
　　　　　单立春　阮钢钢　潘海涛
　　　　　张宏伟(2011－03～　)

规划局

局　　长　王根生
副 局 长　沙振镇(　～2011－12)
　　　　　朱富坤　史健洁(女)
总规划师　段志旺(2011－03～　)
党委书记　王根生
党委副书记　沙振镇(　～2011－12)
纪委书记　胡德义
调 研 员　高久珍(　～2011－06)
　　　　　吕金虎
副调研员　王国生
　　　　　姜春明(2011－12～　)
规划监察支队支队长
　　　　　陈新生(　～2011－03)
　　　　　王国生(2011－03～　)
副 处 级　陈新生(2011－03～　)

城市管理局
(城市管理行政执法局)

局　　长　郭必东
副 局 长　刘　端(女，　～2011－08)
　　　　　荆国霖(2011－12～　)
　　　　　黄祝山　杨晓勤(女)
　　　　　许祥荣(2011－03～　)
　　　　　邓世安(兼)
党委书记　郭必东
党委副书记　刘　端(女，　～2011－08)
纪委书记　张国富
调 研 员　刘　端(女，2011－08～　)
副调研员　汤达敏
　　　　　徐金和(　～2011－10)
　　　　　张春发　张茂桃　徐金和
　　　　　陶德明
　　　　　匡玉玉(　～2011－01)
城市管理行政执法支队支队长
　　　　　黄祝山(兼，　～2011－03)
　　　　　许祥荣(兼，2011－03～　)

园林管理局
(南山风景名胜区管理委员会)

局　　长　徐　平
副 局 长　王建国　陈　凯　余　雷
党委书记　徐建国
党委副书记　王建国
纪委书记　谢　键
调 研 员　闻锁芝(　～2011－01)
副调研员　孙永康

南山风景名胜区管理委员会

主　　任　徐　平
副 主 任　戴宏才　郭礼洪
　　　　　陈　凯(兼)　朱国夫
党工委书记　徐建国
党工委副书记　戴宏才
纪工委书记　谢　键
副 处 级　徐菊生

交通运输局

局　　长　周　社(　～2011－08)
　　　　　丁　锋(2011－08～　)
副 局 长　丁　锋(　～2011－08)
　　　　　戴永胜　郜大浩　袁　琦
　　　　　李　坚
总工程师　陈峰林(2011－03～　)
党委书记　周　社(　～2011－08)
　　　　　丁　锋(2011－08～　)
党委副书记　丁　锋(　～2011－08)
　　　　　方德龙
纪委书记　张正祐
调 研 员　周　社(2011－08～　)
　　　　　陈德兴
副调研员　孙建敏　金　龙
　　　　　杨宏斌(2011－12～　)
　　　　　蒋伟骏
铁路办主任　丁　锋

农业委员会
(农业机械管理局、农业资源开发局)

主　　任　潘早云
副 主 任　滕玉林
　　　　　郭荣贵(　～2011－12)
　　　　　荆国芳　王敏敏　孙德举
　　　　　周惠瑜
党组书记　潘早云
党组副书记　滕玉林
纪检组长　陈　俊
农业机械管理局局长　滕玉林
农业机械管理局副局长
　　　　　郭东歌　王达保
农业资源开发局局长　潘早云
农业资源开发局副局长
　　　　　丁洪坤　戚方平　李　林
调 研 员　王德友
　　　　　郭荣贵(2011－12～　)
副调研员　唐建伟　田　峰
　　　　　刘和平(2010－12～　)
　　　　　胡厚汉(　～2011－04)
　　　　　袁继强　陈生荣　刘捷铃(女)

水利局

局　　长　王梅芳
副 局 长　吴青龙　张岱峰　张益民
　　　　　田　谷(2011－03～　)
党委书记　王梅芳
党委副书记　吴青龙(2011－03～　)
纪委书记　赵慕萱(女，　～2011－12)
　　　　　周苏平(2011－12～　)
调 研 员　马万顺
　　　　　赵慕萱(女，2011－12～　)
副调研员　薛　政　马云新
　　　　　朱银顺(　～2011－04)
　　　　　祝步远
　　　　　谭　芸(2011－03～　)

商务局
(中国国际贸易促进委员会镇江市委员会)

局　　长　刘吉顺
副 局 长　周祝全
　　　　　黄秉东(　～2011－08)
　　　　　张志军
　　　　　黄志中(2011－03～　)

李金方
党委书记 刘吉顺
党委副书记 周祝全
纪委书记 顾克新(~2011-12)
郭维超(2011-12~)
调 研 员 袁聿森
副调研员 吉建霞(女)
黄秉东(2011-08~)
顾克新(2011-12~)
程 跃
中国国际贸易促进委员会镇江市委员会
会长 刘吉顺
中国国际贸易促进委员会镇江市委员会
副会长 徐加荣

文化广电新闻出版局 (市文物局)

局 长 戈 矛
副 局 长 邬建国(~2011-03)
赵 峰
马建中(2010-12~)
余爱国 董有成 孙小梅(女)
党委书记 戈 矛
党委副书记 邬建国(~2011-03)
赵 峰(2011-03~)
纪委书记 殷国平
调 研 员 陈 杰(~2011-02)
邬建国(2011-03~)
副调研员 顾雄林 王玉国 刘晓鸣
王建一 程亚平
文化行政执法支队支队长
董有成(兼,2011-08~)
镇江博物馆馆长
杨正宏(2011-08~)

卫生局

局 长 林 枫
副 局 长 许黎明(~2011-03)
伏庆鸣 苏 枫(女)
孔汉良(2011-03~)
蒋鹏程(兼,2011-03~)
党委书记 林 枫
党委副书记 许黎明(2011-03~)
纪委书记 金长安
调 研 员 尹瑞林(2011-03~)
副调研员 孔汉良(~2011-03)
樊德高 倪晓琴(女)

医疗保险结算中心

主 任 李一平
党支部书记 李一平(2011-03~)
助理调研员 葛艺群
周伟明(2011-08~)

食品药品监督管理局

局 长 史国平
副 局 长 张纪成 陈 黎
党组书记 史国平
党组副书记 张纪成
纪检组长 王加军
副调研员 谢 刚(2010-12~)

人口和计划生育委员会

主 任 杜秀芹(女)
副 主 任 许豪勤(女)
李建华(女,兼, ~2011-03)
李文福
郭 军(2010-12~)
党组书记 袁 平(女)
纪检组长 包舒平(女)

审计局

局 长 孙广平
副 局 长 张炳良(~2011-12)
蒋建军 孙浩琦 乔文兵
党组书记 孙广平
党组副书记 张炳良(~2011-12)
纪检组长 杜友义
调 研 员 黄 可
副调研员 陈宏贵(~2011-02)
章先明 陈俊如(女)

体育局

局 长 徐萍(女)
副 局 长 何广涛(~2011-12)
曹双林(~2011-03)
李 彬
尤卫东(2011-03~)
党组书记 徐 萍(女)
党组副书记 何广涛(~2011-12)
纪检组长 王友照(~2011-12)
调 研 员 何广涛(2011-12~)
曹双林(2011-03~)
副调研员 于 波 王锡炳
毕延中(~2011-11)
王友照(2011-12~)
彭钦彦(女)

安全生产监督管理局

局 长 丁羽如
副 局 长 李瑞林 唐洪云 张 勤
钱圣林(挂职,2011-08~)
党组书记 丁羽如
党组副书记 李瑞林
纪检组长 朱 丹
调 研 员 赵兴根
副调研员 许见远 姜宪光
安全生产监察支队支队长 徐 军

统计局

局 长 张建华(~2011-03)
周文娟(女,2011-03~)
副 局 长 周文娟(女, ~2011-03)
潘荣军 施章传 史 强
党组书记 张建华(~2011-03)
周文娟(女,2011-03~)
调 研 员 张建华(2011-03~)
副调研员 吕联泰

旅游局

局 长 卢道富
副 局 长 王协祖 赵春寅 蔡晓伟
党委书记 王协祖
纪委书记 张学斌
副调研员 沈庆平(~2010-12)
王 健(2010-12~)
刘祖平(2011-03~)

物价局

局 长 武白苹(女)
副 局 长 田先华 凌继宁
臧腊坤(~2011-12)
殷建国
党组书记 武白苹(女)
党组副书记 田先华(2010-08~)
纪检组长 臧鹏刚
调 研 员 朱晓法
副调研员 乔华章(2010-12~)
臧腊坤(2011-12~)
徐晓苏 蔡 华
朱广云(女,2011-03~)
物价检查分局局长 霍 鹏

粮食局

局 长 吕振亚(~2011-08)
韩迎农(2011-08~)
副 局 长 姚爱生 孙国忠 何益华
党委书记 吕振亚(~2011-08)
韩迎农(2011-08~)
党委副书记 陈和胜
纪委书记 陈和胜
调 研 员 吕振亚(2011-08~)
陆应祥
吴伯安(~2011-10)
副调研员 殷国文 桑锁明
黎永康(~2011-07)
吴林宝

民族宗教事务局

局 长 夏和生
副 局 长 张大华 孙正林
党组书记 夏和生
调 研 员 王曙明 王 珏
副调研员 胡贵留

口岸和港口管理局

局 长 高国成
副 局 长 周 宁 孙锡礼 巫天明
党组书记 高国成
党组副书记 周 宁
纪检组长 肖军荣

调 研 员 徐瑞芝（ ~2011－09）
张 立（ ~2010－12）
副调研员 严傲良 倪成才 赵承中
韩荣霞（2011－12~ ）

市级机关事务管理局

局 长 经颜明
副 局 长 金晓萍（女） 周万宝
赵洪春（ ~2011－12）
张剑斌
党组书记 经颜明
党组副书记 金晓萍（女）
纪检组长 高善国
调 研 员 龚志才 孔宪忠
副调研员 徐 刚
赵洪春（2011－12~ ）
陆应海

民防局（人民防空办公室）

局 长 朱冬生
副 局 长 江明跃
周锦程（2011－12~ ）
权秀阳 方乐平 吕建峰
党组书记 朱冬生
党组副书记 江明跃
纪检组长 吴解平
副调研员 蒋晓龙 范广庭 朱向前

政府外事办公室（政府港澳事务办公室）

主 任 薛 峰
副 主 任 张国云 刘志强 张忠华
党组书记 薛 峰
党组副书记 张国云
纪检组长 王晓明
副调研员 杨方明 郭桂凤（女）

政府侨务办公室

主 任 许宝庆
副 主 任 王金华 周晓保 崔海柱
党组书记 许宝庆
副调研员 吕鸿生（ ~2010－12）
彭五全 曾龙祥

政府法制办公室

主 任 金国使（ ~2011－03）
曹丽虹（女，2011－03~ ）
副 主 任 孙 放（ ~2011－12）
薛国荣 钱家宝
刘立军（2010－12~ ）
党组书记 金国使（ ~2011－03）
薛国荣（2011－08~ ）
调 研 员 金国使（2011－03~ ）
孙 放（2011－12~ ）

仲裁委员会秘书处

秘 书 长 金国使（兼， ~2011－03）
副秘书长 李少华

地震局

局 长 冷国桂
副 局 长 赵伯廷 曹 惠
党组书记 冷国桂
副调研员 宦亚平

市委市政府接待办公室

主 任 杜官彪（兼）
副 主 任 沈 红（女）
党组书记 杜官彪（兼）
副调研员 朱纪斌

供销合作总社

理事会主任 韩迎农（ ~2011－08）
理事会副主任 屈振国（2011－08~ ）
梁 勇（ ~2011－08）
孙 彤 吴士富
党委书记 韩迎农（ ~2011－08）
屈振国（2011－08~ ）
纪委书记 迟永普
监事会主任 迟永普
调 研 员 梁 勇（2011－08~ ）
副调研员 施 源

镇江新区［党工委、人大工委、管理委员会（经济开发总公司）、政协工委］

党工委书记 李小平
党工委副书记 罗洪明 王桂宏
王祥义 孙家政
党工委委员 桂祈亮
丁夕平（2011－06~ ）
刘祥生 经山河
仲新福（ ~2011－12）
邵 兵 沈 沉 路月中
王德家 贺宏福 王友春
张宁晖 杨菊兰（女）
王 涛
丰 富（2011－05~ ）
纪工委书记 王桂宏（兼）
主 任 罗洪明
副 主 任 桂祈亮
丁夕平（2011－06~ ）
刘祥生 经山河
仲新福（ ~2011－12）
邵 兵 沈 沉 路月中
王友春
人大工委主任 王桂宏（兼）
人大工委副主任 戴荣林
政协工委主任 陈发祥
副调研员 仲新福（2011－12~ ）
副 处 级 张红庆 安 江 王东晓
李春凤（女）
张春华（2011－08~ ）
曹卫华（2011－08~ ）
朱林华（2011－08~ ）

行政服务中心

主 任 戚亚新
副 主 任 顾开宁（ ~2011－08）
张 俊（2011－08~ ）
张 敏
党组书记 顾开宁（ ~2011－08）
戚亚新（2011－08~ ）
党组副书记 戚亚新（ ~2011－08）
纪检组长 闻 风
副调研员 赵金良 王连二

企业改革指导办公室

党委书记 于文丰（ ~2011－12）
凌仁泉（2011－12~ ）
主 任 凌仁泉（ ~2011－12）
冯学云（2011－12~ ）
副 主 任 冯学云（ ~2011－12）
助理调研员 沈兆明 陈晓妹（女）
张寿祖
刘永安（ ~2011－05）

行业老干部管理服务办公室

党委书记 陆 俊
主 任 李 明（ ~2011－08）
卞纪发（2011－12~ ）
副 主 任 唐承军（ ~2011－08）
卞纪发（ ~2011－12）
调 研 员 周建平 刘来根 汤永德
施国俊
章程贵（ ~2011－07）
邬书棋（ ~2011－07）

农业科学研究所

所 长 庄义庆
副 所 长 潘跃平 李国平
姚克兵（2011－03~ ）
党委书记 潘跃平
党委副书记 庄义庆
纪委书记 李国平
调 研 员 储国良

城市水利管理处

主 任 朱拥军
党总支书记 朱拥军

水利投资公司

董 事 长 吴青龙
总 经 理 李明俊
党总支书记 吴青龙（ ~2011－03）
李明俊（2011－03~ ）

拆迁管理办公室

主 任 周小平
党总支书记 戴卫东

城市干道工程建设办公室

主　　任　邓　峰
党支部书记　邓　峰

城市建设投资集团有限公司

董 事 长　祝瑞洪
总 经 理　祝瑞洪
副总经理　杨贵亮　何新荣　马士良
　　　　　曹　俊(2011－03～　)
党委书记　祝瑞洪
党委副书记　杨贵亮　庞　迅
纪委书记　于德道(2010－03～　)
助理调研员　项　智　严永生　尚亚波

给排水管理处

处　　长　胡　坚
党委书记　胡　坚

燃气管理办公室

主　　任　胡继生(　～2011－03)
　　　　　杨茂盛(2011－03～　)
助理调研员　胡继生(2011－03～　)

房产登记管理中心

主　　任　杨茂盛(2011－12～　)

规划设计研究院

院　　长　王荣飞
党总支书记　殷　强

地方海事局

局　　长　赵永富
党总支书记　何继培

运输管理处

处　　长　管小牧
党总支书记　孙家涛

公路管理处

处　　长　石小武
党委书记　陈德兴(　～2011－08)

航道管理处

处　　长　符　明
党委书记　张　庆
助理调研员
　　　　　丁　竟(女，　～2011－03)

交通工程建设管理处

处　　长　戴光明
党支部书记　戴光明

交通投资建设发展公司

董 事 长　周　社(　～2011－08)
　　　　　丁　锋(2011－08～　)
总 经 理　李　坚
党总支书记　李　坚
总工程师(副处级)　戴嘉平

住房公积金管理中心

主　　任　王　捷(　～2011－08)
　　　　　张跃明(2011－08～　)

财政干部培训中心

主　　任　吕小建

劳动就业管理中心

主　　任　胡　强
党总支书记　胡　强

社会保险基金征缴管理中心

主　　任　朱殿月
党总支书记　朱殿月

政协镇江市委员会

主　　席　郭礼荣
副 主 席　赵腊根　宋余庆　赵庆荣
　　　　　许能斌　宦祥宝
　　　　　宋敬伟(女)　徐　平
　　　　　孙志安
秘 书 长　陈惠祥(　～2011－10)
代理秘书长　蒋　勃(2011－10～　)
副秘书长　蒋　勃(2011－10～　)
　　　　　姜　辉　陈泰龙
　　　　　谈德成(兼)　吕纯贵
　　　　　王建宏(兼)　李柏椴(兼)
　　　　　沈红亮(兼)　孙中良(兼)
　　　　　宗加伟(兼)　钱伯安(兼)
　　　　　季　平(兼)　任一鸣(兼)
党组书记　郭礼荣
党组副书记　张庆生(2011－08～　)
　　　　　赵腊根

办公室

主　　任　陈泰龙(兼)
副 主 任　陈　红(女)
副调研员　马党生(女)

研究室

主　　任　谈德成

提案委员会

主　　任　杨晓英(女)
副 主 任　张友林

经济科技委员会

主　　任　蒋平权
副 主 任　林泰富

农业经济委员会

主　　任　文雁才
副 主 任　朱志江

教卫文体委员会

主　　任　王　华(2011－04～　)
　　　　　尹瑞林(　～2011－04)
副 主 任　孙振亚(　～2011－04)
　　　　　陈　青(女,2011－10～　)

文史资料委员会

主　　任　赵康琪
副 主 任　朱竞林

社会法制委员会
(民族宗教委员会)

主　　任　吴登昌
副 主 任　汪　勉

港澳台侨委员会
(外事委员会)

主　　任　王骏康
副 主 任　许小琦

城乡建设人口资源环境委员会

主　　任　张荣军
副 主 任　孔　萍(女)

政协委员工作办公室

主　　任　蒋　勃(　～2011－10)
　　　　　吕纯贵(2011－10～　)
副 主 任　霍　双(女)

中共镇江市纪律检查委员会

书　　记　杨　建(　～2011－05)
　　　　　孙　健(2011－05～　)
副 书 记　杨志伟(　～2011－08)
　　　　　高庆国　胡培红(女)
　　　　　蔡　敏(2011－08～　)
常　　委　徐洪兴　张凤华　李国平
　　　　　谢继步(　～2011－08)
　　　　　王永京(2011－08～　)
　　　　　吴晓彤(2011－08～　)
秘 书 长　胡培红(女)
办公室主任　宋飞雄
监察综合室主任　陈　晖
法规研究室主任　周　巍
宣传教育室主任　曹文栋(2011－08～　)
信访室主任　何　明(　～2011－12)
案件审理室主任　马振兵
执法监察室主任　司马东良
干部管理室主任　蔡迎曙(女)
第一纪检监察室主任　庄　旭
第二纪检监察室主任　翟新跃
党风廉政室主任　吴晓彤
纠正部门和行业不正之风办公室主任
　　　　　许　明

案件监督管理室主任
李　锋(　~2011－12)
行政效能监察室主任　李桂芳
调 研 员　茆新毅
顾开宁(2011－08~　)
副调研员　李　锋(2011－12~　)
副处级纪监员
杨传军　杨敏之　孙华杰
肖家林　张锡苏(女)
蒋小平　张国华
袁永芬(女)　朱万银
周苏平(　~2011－12)
沈剑威
魏春林(2010－12~　)
杨龙宝(2011－08~　)

镇江市中级人民法院

院　　长　帅巧芳(女,　~2011－01)
茅仲华(2011－01~　)
副 院 长　眭瑞华　章纯钢
郑　清(女)　姚　强
党组书记　帅巧芳(女,　~2011－01)
茅仲华(2011－01~　)
党组副书记　眭瑞华　章纯钢
纪检组长　李明胜
政治部主任　刘茂顺
调 研 员　顾其荣(　~2011－10)
副调研员　褚冬平　史玉林
副处级审判员
汤　流　史培勤　张榕宁
吴绍祥　宁　杰
张　蕾(女)　单锦鹿
陈　玉(女)　吴德福
副 处 级　张子敏
镇江经济开发区法院院长　高国华
执行局局长　戴小南

镇江市人民检察院

检 察 长　蒋伟亮
副检察长　俞波涛
孙云国(　~2011－03)
董新建(女)　查迅宇
朱　毅(2010－08~　)
党组书记　蒋伟亮
党组副书记　俞波涛
纪检组长　徐　军
政治部主任　侯建伟(女)
专职委员　赵国兴
调 研 员　殷建兵
孙云国(2011－03~　)
郭夕培
副调研员　司马兆二　吴连宝
张　斌(2011－12~　)
副处级检察员
刘才荣(　~2011－12)
王海燕(女)　余巧生
马江宁(　~2011－07)
戴以平　胡志勇　管　俊
张冬喜　陈汉兵　陈云南
孙复龙　邢　华(女)
黄　进　王肖塘
反贪污贿赂局局长
景双彬(2010－12~　)
反渎职侵权局局长　王　云(女)
镇江经济开发区检察院检察长　朱国忠
湾山地区检察院检察长
张　斌(　~2011－12)

镇江军分区

司 令 员　曹　寅
政治委员　王树均
副司令员　管晓阳(兼参谋长)
姜海岩
政治部主任　李江苏
后勤部部长　白连生(　~2011－04)
庄金勤(2011－04~　)
党委第一书记　许津荣(女)
党委书记　王树均
党委副书记　曹　寅
纪委书记　李江苏
纪委副书记　白连生(　~2011－04)
庄金勤(2011－04~　)

民主党派、工商联

中国国民党革命委员会镇江市委员会

主任委员　宋余庆
副主任委员　王　萍(女)　王加友
朱富坤　沈红亮(驻会)

中国民主同盟镇江市委员会

主任委员　陈昆山
副主任委员　佘其瑞(女)　李鼎如
任一鸣(驻会)
王瑞楠(2011－12~　)

中国民主建国会镇江市委员会

主任委员　强南山
副主任委员　孙中良(驻会)　夏　军
张尤嘉(2010－03　)

中国民主促进会镇江市委员会

主任委员　徐　平
副主任委员　李柏椴(驻会)
李耀明　邹家生
于庆芳(女,　~2011－12)
陈建红(2011－12~　)

中国农工民主党镇江市委员会

主任委员　赵庆荣
副主任委员　郑金旭　王建宏(驻会)
李建华(女,　~2011－12)
蒯开明
蒋鹏程(2011－12~　)
副调研员　陈根生(　~2011－04)

中国致公党镇江市委员会

主任委员　卢章平
副主任委员　谢志荣　宗加伟(驻会)

九三学社镇江市委员会

主任委员　王贵成
副主任委员　陈沛华(女)
颜　斌(　~2011－12)
钱伯安(驻会)
施卫东(2011－12~　)
祝中昊(2011－12~　)

工商业联合会

主　　席　孙志安
副 主 席　张永志　季　平　蔡永祥
朱保卫　唐铁军
朱国平(兼)
鄂秀萍(女,兼)
苏启善(兼)
徐　翔(兼)
周东海(兼)
应　军(兼)
叶有伟(兼)
耿忠毅(兼)
党组书记　张永志

人民团体

总工会

主　　席　陈　苏
副 主 席　时秋香(女)　姜　勇
卫锁宏
蒋新民
党组书记　陈　苏
党组副书记　时秋香(女)
纪检组长　杨维勤
副调研员　吴　科
王愉夫(　~2011－02)
郑飞星(　~2011－04)
副 处 级　范立明(2011－03~　)
陈志贵(2011－03~　)

共青团镇江市委员会

书　　记　黄万荣(　~2011－08)
蒋　敏(女,2011－08~　)
副 书 记　贺建国
蒋　敏(女,　~2011－08)
王为华
党组书记　黄万荣(　~2011－08)
蒋　敏(女,2011－08~　)

妇女联合会

主　　席　胡云霞(女)
副 主 席　徐伟珍(女)　朱绮云(女)
　　　　　郑迎伟(女)　马金芳(女,兼)
党组书记　胡云霞(女)
党组副书记　徐伟珍(女)
妇儿工委办主任　张国华(2011－03～　)

归国华侨联合会

副 主 席　王永新　张俊昌(兼)
　　　　　支　芸(女,兼)
党组书记　魏跃明(兼)
调 研 员　徐晓元

科学技术协会

主　　席　赵振祥
副 主 席　马鹤利(　～2011－03)
　　　　　余其瑞(女)　张志明
　　　　　邵锦亚(女)　朱炳国(兼)
　　　　　陈国栋(兼)　葛玉连(兼)
　　　　　孙广平(兼)　庄义庆(兼)
　　　　　李照金(兼)　袁寿其(兼)
　　　　　王自力(兼)　薛　玉(兼)
党组书记　赵振祥
副调研员　王亚东

哲学社会科学界联合会

主　　席　潘文瑜
副 主 席　唐明觉　邵利明
　　　　　唐永泽(兼)　孙秀法(兼)
　　　　　唐成海(兼)　姜　辉(兼)
　　　　　顾大福(兼)　郭廉福(兼)
　　　　　尹卫东(兼)　董德福(兼)
　　　　　王　华(兼)　张卫平(兼)
党组书记　潘文瑜

文学艺术界联合会

主　　席　王红卫(兼)
副 主 席　蒋　宁(女)　蒋光年
　　　　　丁伟民　王　川(兼)
　　　　　余爱国(兼)
党组书记　蒋　宁(女)
调 研 员　陈春鸣

台湾同胞联谊会

会　　长　刘贤忠

残疾人联合会

理 事 长　印　明
副理事长　赵　斌　史寿胜
　　　　　孙　权(2010－12～　)
党组书记　印　明
调 研 员　王联东

红十字会

会　　长　王　萍(女,兼)
副 会 长　蒋宗宁　许能斌(兼)
　　　　　褚先明(兼)　李照金(兼)
　　　　　陈国栋(兼)　戴江澄(兼)
　　　　　夏敏章(兼)　侯军生(兼)
　　　　　朱金生(兼)　潘法强(兼)
　　　　　卜晓放(兼)　蒋　敏(女,兼)
　　　　　赵　珏(兼)　王荣正(兼)
　　　　　林　枫(兼)

辖市(区)

丹阳市

市委书记　李茂川
市委副书记　裔玉乾
　　　　　聂刚健(　～2011－06)
　　　　　沈岳方(2011－06～　)
　　　　　李忠法(援藏,2010－04～　)
市委常委　张仁海(　～2011－06)
　　　　　许　文　刘正泰
　　　　　谢继步(2011－05～　)
　　　　　周爱仙(女)　李　刚
　　　　　任剑平　蒋明辉
　　　　　宋卫东
　　　　　王东良(2011－06～　)
　　　　　薛军民(援藏,2010－06～　)
人大常委会主任　冷书成
人大常委会副主任
　　　　　聂刚健(2011－05～　)
　　　　　陈步荣　金国平
　　　　　韩效平　刘云珍(女)
　　　　　巫宇声(2011－01～　)
市　　长　裔玉乾
副 市 长　张仁海(　～2011－06)
　　　　　许　文(2011－05～　)
　　　　　马耿良　张红娣(女)
　　　　　王金祥　沈留海
　　　　　张刘苟(　～2011－05)
　　　　　赵立群
政协主席　王　健(女)
政协副主席　徐三保
　　　　　张仁海(2011－05～　)
　　　　　荆国南　刘友群(女)
　　　　　徐　翔　钱留梅(女)
　　　　　杨志峰
　　　　　张鸿宾(2011－01～　)
纪委书记　许　文(　～2011－05)
　　　　　谢继步(2011－05～)
法院院长　卜士凡(2011－01～　)
检察院检察长　李　军(2011－01～　)

句容市

市委书记　童国祥
市委副书记　尹卫东
　　　　　孙昌桂(女,　～2011－06)
　　　　　商　震(2011－06～　)
市委常委　黄万荣(2011－05～　)
　　　　　朱建禾(　～2011－05)
　　　　　王永京(　～2011－05)
　　　　　章壮钧
　　　　　张德军(　～2011－05)
　　　　　张宇轩　王吉武
　　　　　梁汉林
　　　　　马家胜(2011－05～　)
　　　　　吕朝霞(女,2011－05～　)
　　　　　徐胜宝(2011－06～　)
人大常委会主任　童国祥
人大常委会副主任
　　　　　杨庆荣　易立富
　　　　　吴小香(女)
　　　　　戴家俊(2011－01～　)
市　　长　尹卫东
副 市 长　商　震(　～2011－05)
　　　　　黄万荣(2011－05～　)
　　　　　高庆华
　　　　　周春芳　王　琴(女)
　　　　　石继纲　彭良豪
　　　　　李祖健(2011－01～　)
　　　　　陈善乐(2011－06～　)
政协主席　王远根
政协副主席　孙昌桂(女,2011－05～　)
　　　　　黄　培　王　林
　　　　　谢荣洲　倪定胜
　　　　　王道银(女)
纪委书记　马家胜(2011－05～　)
　　　　　王永京(　～2011－05)
法院院长　陈　敏(2011－01～　)
检察院检察长　毛康林

扬中市

市委书记　凌　苏
市委副书记　孙乾贵　冯锦跃
市委常委　姚敬源(2011－05～　)
　　　　　施健华　沈大银
　　　　　顾小俊(　～2011－05)
　　　　　唐崇林
　　　　　陈新中(2011－05～　)
　　　　　王继兰(女)
　　　　　蔡　敏(　～2011－05)
　　　　　黄宝红(　～2011－05)
　　　　　王成明
　　　　　杨富森(2011－05～　)
　　　　　卜兴荣(援藏,2010－06～　)
人大常委会主任　赵根林
人大常委会副主任
　　　　　施祝生(　～2011－01)
　　　　　陈来娣(女)
　　　　　戴少华(2011－01～　)
　　　　　蒋金龙
　　　　　陆国平(2011－01～　)
市　　长　孙乾贵
副 市 长　施健华　唐崇林
　　　　　谢庚龙　蔡　萍(女)
　　　　　鄂有阳(　～2011－09)
　　　　　张刘苟(2011－01～　)

于德祥（2011－01～　）
政协主席　戴正春
政协副主席　王子龙　吴昌荣　常　云
汤树良　张万龙
纪委书记　顾小俊（　～2011－05）
姚敬源（2011－05～　）
法院院长　余新优
检察院检察长　倪艳平（女）

丹徒区

区委书记　丁　憬（　～2011－12）
区委副书记　陈　琳（女）　陈可可
区委常委　许志涛（　～2011－06）
张国金（　～2011－06）
尹卫民（　～2011－06）
李幸福　张映桥　韩宏亮
叶向东　凌荣春
陶学军（　～2011－05）
赵志功（2011－08～　）
赵玉华（2011－06～　）
徐申锋（2011－06～　）
人大常委会主任　张锦荣
人大常委会副主任
许志涛（2011－05～　）
冷安康　丁国方
戴登庆　王卫方（女）
区　　长　陈　琳（女）
副 区 长　张映桥　徐新祥　殷利民
杨伟民　赵志强　田志虹
贺　文（2011－01～　）
陈发荣（援疆）
政协主席　毕增立（女）
政协副主席　张国金（2011－05～　）
黄河图
殷红林（　～2011－10）
郭祥明　江　灿　冷顺康
纪委书记　许志涛（　～2011－06）
李幸福（2011－06～　）
法院院长　施吉祥
检察院检察长　高春荣

京口区

区委书记　胡宗元
区委副书记　郭　建　孙国平
区委常委　徐建锋（　～2011－05）
姚敬源（　～2011－05）
倪兆顺（　～2011－06）
何光荣（　～2011－07）
张德军（2011－05～　）
马国进　张玉平
郦锡梅（2011－05～　）
周奇恒（2011－05～　）
余国根（援疆）
人大常委会主任　胡宗元
人大常委会副主任
戴善民　徐　军
严柳生　郑苏真（女）

区　　长　郭　建
副 区 长　徐建锋（　～2011－05）
蒋嵩峰
宋武平（2011－01～　）
张德军（2011－05～　）
陈跃生　宋平生　陈德福
朱定明（2011－06～　）
政协主席　贾国祥
政协副主席　倪兆顺（2011－01～　）
朱长龙　谢志荣　姜厚荣
陆春生　沈成钧
纪委书记　姚敬源（　～2011－05）
周奇恒（2011－05～　）
法院院长　尉利亚
检察院检察长　柳建华

润州区

区委书记　庄兆林（　～2011－05）
王冬生（2011－06～　）
区委副书记　王冬生（　～2011－06）
胡小青（2011－06～　）
王明龙（　～2011－06）
范永放（2011－06～　）
区委常委　缪杏沛（　～2011－06）
戴非平　毛　健
蔡文龙（2011－06～　）
彭忠东
胡新春（　～2011－05）
聂美红（2011－05～　）
李　明（2011－05～　）
人大常委会主任　王惠亮
人大常委会副主任
朱贵玉
缪杏沛（2011－01～　）
夏雨林　罗秀龙　易丽娟（女）
叶志发（2011－01～　）
区　　长　王冬生（　～2011－06）
胡小青（2011－06～　）
副 区 长　戴非平　高亚明
蔡文龙（　～2011－06）
许向阳（女）　刘凯成
陆金火　周必松
郭继军（2011－06～　）
贺建国（挂职）
政协主席　姚元龙
政协副主席　王明龙（2011－06～　）
周建华　徐邦义　蒋卫东
祝中昊　蔡　飞
纪委书记　范永放
聂美红（2011－05～　）
法院院长　吴　猛
检察院检察长　鲁　宽（2011－01～　）

部省属单位

国家安全局

局　　长　朱仲蔚

副 局 长　张　强
张建荣（　～2011－12）
徐向阳
周光弟（2011－12～　）
纪委书记　戴以力（　～2011－12）
施　云（2011－12～　）
调 研 员　张建荣（2011－12～　）
戴以力（2011－12～　）

国家税务局

局　　长　高逸民
副 局 长　张宁忠　刘卫忠　郭瑞龙
总经济师　朱智宏
党组书记　高逸民
纪检组长　杨长春

地方税务局

局　　长　夏照明
副 局 长　施竞平　李　峻　郦梅生
总经济师　高　凌
党组书记　夏照明
纪检组长　邵　云

工商行政管理局

局　　长　刘海东（　～2011－11）
副 局 长　黄春年
邓世安（　～2011－11）
邓国平　祝明良　张云星
党组书记　刘海东（　～2011－11）
党组副书记　邓世安（　～2011－11）
黄春年（2011－11～　）
纪检组长　李　健

质量技术监督局

局　　长　蒋乃平
副 局 长　陈　琥　赵常男　王伟群
王　熙（2011－09～　）
党组书记　蒋乃平
纪检组长　潘东生

国土资源局

局　　长　雷志强
副 局 长　吕国奇　郑永红（女）
袁华荣　黄　毅
党委书记　雷志强
党委副书记　吕国奇
纪委书记　张朝晖

土地收购储备中心

主　　任　何玉博

国家统计局镇江调查队

队　　长　周文娟（女，　～2011－07）
潘荣军（2011－07～　）
副 队 长　罗凌俊　韩志明
党组书记　张建华（　～2011－07）
潘荣军（2011－07～　）

党组副书记　周文娟(女，　~2011－07)
纪检组长　蔡建刚

出入境检验检疫局

局　　长　陶卫忠(　~2011－11)
　　　　　祝　林(2011－11~　)
副 局 长　张甫华
　　　　　朱金连(　~2011－11)
　　　　　吴小华
　　　　　程　昕(2011－11~　)
党组书记　陶卫忠(　~2011－11)
　　　　　祝　林(2011－11~　)
纪检组长　程　昕(女，　~2011－11)
　　　　　余存俊(2011－11~　)

海　关

关　　长　葛燕峰
副 关 长　张晓东　贡立新　张士民
　　　　　朱　华(2011－06~　)
　　　　　李　建(　~2011－06)
　　　　　吴琪琳(　~2011－06)
党组书记　葛燕峰

海关缉私分局

局　　长　张晓东
政　　委　宋　平(2011－06~　)
副 局 长　宋　平(　~2011－06)
　　　　　毛帮富(2011－06~　)

海事局

局　　长　徐旭峰
副 局 长　茆德胜　沈锁荣
党委书记　蒋永龙
党委副书记　郭学军
纪委书记　郭学军

烟草专卖局
(省烟草公司镇江市公司)

局　　长(经理)
　　　　　胡龙海(　~2011－12)
　　　　　李成军(2011－12~　)
副 局 长　张其富(　~2011－12)
副 经 理　张建农
党组书记　胡龙海(　~2011－12)
　　　　　李成军(2011－12~　)
纪检组长　张其富(　~2011－12)
　　　　　吴洁宝(2011－12~　)

盐务管理局
(省苏盐连锁有限公司镇江分公司)

局　　长(总经理)
　　　　　赵斯勤(　~2011－03)
　　　　　祁昌贵(2011－01~　)
副 局 长(副总经理)
　　　　　祁昌贵(　~2011－01)
　　　　　詹长君(2011－03~　)
　　　　　张惠明
　　　　　李功正
党委书记　詹长君(2011－03~　)
党委副书记　赵斯勤(　~2011－03)
　　　　　　张惠明
　　　　　　祁昌贵(2011－01~　)
纪委书记　张惠明
工会主席　张惠明

供电公司

总 经 理　沈恩达
副总经理　郦明先　芮松华　傅六林
　　　　　高昇宇　王惠明
总工程师　崔恒志(　~2011－02)
　　　　　张印月(2011－02~　)
总会计师　朱　洪
党委书记　郦明先
党委副书记　沈恩达
纪委书记　陆克奇
工会主席　刘宽心

邮政局

局　　长　邢　军
副 局 长　丁震宇
　　　　　朱明华(2011－03~　)
　　　　　朱宏波(2011－03~　)
党委书记　邢　军
工会主席　丁震宇(　~2011－03)
　　　　　朱宏波(2011－03~　)

中国电信股份有限公司镇江分公司

总 经 理　姚　岳
副总经理　刘文龙　张　忠　吕笃公
　　　　　贺　军(2011－05~　)
　　　　　翁坚莉(女，　~2011－05)
总工程师　刘文龙
党委书记　姚　岳
纪委书记　刘文龙
工会主席　翁坚莉(女，　~2011－05)
　　　　　张　忠(2011－05~　)

中国移动江苏有限公司镇江分公司

总 经 理　杨　斌
副总经理　徐　宁(2011－09~　)
　　　　　陈　兵
　　　　　卢新奇(　~2011－09)
党委书记　杨　斌
纪委书记　陈　兵
工会主席　卢新奇(　~2011－09)
　　　　　徐　宁(2011－09~　)

中国联通镇江分公司

总 经 理　陈莹莹
副总经理　马志荣(　~2010－11)
　　　　　金　凯　承　春
　　　　　殷海云(女)
党委书记　陈莹莹
党委副书记　马志荣(　~2010－11)
　　　　　　殷海云(2011－11~　)
　　　　　　高立群(2011－04~　)

省广电信息网络股份有限公司
镇江分公司

总 经 理　袁剑峰
副总经理　陈　剑　包信家
党委书记　袁剑峰
纪委书记　张旭峰(2011－10~　)

气象局

局　　长　尹连荣
副 局 长　朱筱英(女)
党组书记　尹连荣
纪检组长　曹纪平

银行、保险

人民银行镇江市中心支行

行　　长　邱跃民(女，　~2011－05)
　　　　　缪　斌(2011－05~　)
副 行 长　顾　强(　~2011－06)
　　　　　崔　萌(2011－06~　)
　　　　　赵晓春(　~2011－06)
　　　　　钱仁汉(2011－06~　)
　　　　　李　军　孙　雯(女)
党委书记　邱跃民(女，　~2011－05)
　　　　　缪　斌(2011－05~　)
党委副书记　崔　萌(2011－06~　)
纪委书记　周宜强
工会主任　马　成

银行业监督管理委员会镇江监管分局

局　　长　张宗政
副 局 长　薛润生　贺平泉
党委书记　张宗政
纪委书记　陈家龙

农业发展银行镇江市分行

行　　长　徐素荣
副 行 长　钱五龙(　~2011－04)
　　　　　周　鸣
　　　　　王　华(2011－04~　)
　　　　　顾祥军(2011－04~　)
党委书记　徐素荣
纪委书记　钱五龙(　~2011－04)

工商银行股份有限公司镇江分行

行　　长　张清水
副 行 长　郑福鹏　庄　钧　汪　航
　　　　　张万生
党委书记　张清水
党委副书记　郑福鹏(2011－12~　)
纪委书记　郑福鹏(2011－12~　)
纪委书记　张万生(　~2011－05)
工会主任　张万生(　~2011－05)

农业银行股份有限公司镇江分行

行　　长　宋国云
副 行 长　王亚娟(女,2011－07～　)
　　　　　李剑锋(　～2011－05)
　　　　　荆玉萍
　　　　　朱文姝(女)
　　　　　张国富(～2011－08)
党委书记　宋国云
纪委书记　李剑锋(　～2011－07)
　　　　　杨　松(2011－07～　)

中国银行股份有限公司镇江分行

行　　长　孙庆阳
副 行 长　陆　鸿(　～2011－09)
　　　　　刘瑞成　刘　沁
党委书记　孙庆阳
纪委书记　尹国瑞

建设银行股份有限公司镇江分行

行　　长　刘　彤(　～2011－12)
副 行 长　朱士富(　～2010－07)
　　　　　李云霞
　　　　　钟一平
党委书记　刘　彤(　～2011－12)
　　　　　朱　成(2011－12～　)
纪委书记　朱士富(　～2010－07)
　　　　　李云霞(2010－07～　)

交通银行股份有限公司镇江分行

行　　长　葛晓祥
副 行 长　张国民　曹云杰
　　　　　罗来珍(女)
党委书记　葛晓祥
纪委书记　张国民

镇江农村商业银行股份有限公司

董 事 长　王国力(2011－02～　)
行　　长　潘跃生(2011－02～　)
监 事 长　顾宜方(2011－02～　)
副董事长　吴忠信(2011－02～　)
副 行 长　魏宏明(2011－02～　)
　　　　　蒋元林(2011－02～　)
　　　　　骆建宏(2011－02～　)
　　　　　蔡金宝(2011－02～　)
党委书记　潘跃生(2011－02～　)
党委副书记　王国力(2011－02～　)
　　　　　　顾宜方(2011－02～　)
纪委书记　张　婷(女,2011－02～　)

江苏银行镇江分行

行　　长　眭建群
副 行 长　邹荣清　殷才驹
　　　　　耿心伟(　～2011－08)
总 稽 核　赵长亮(　～2011－07)
党委书记　眭建群
纪委书记　赵长亮(　～2011－07)
　　　　　许再湘(女,2011－08～　)

人民财产保险股份有限公司镇江市分公司

总 经 理　戎　军(　～2011－02)
　　　　　彭　军(2011－02～　)
副总经理　王海波　王爱国　陈　德
党委书记　戎　军(　～2011－02)
　　　　　彭　军(2011－02～　)
纪委书记　王海波

人寿保险股份有限公司镇江市分公司

总 经 理　黄　俊(　～2011－05)
　　　　　周　鸿(2011－05～　)
副总经理　康　勇(　～2011－01)
党委书记　黄　俊(　～2011－05)
　　　　　周　鸿(2011－05～　)
党委副书记　康　勇(　～2011－01)
纪委书记　康　勇(　～2011－01)

太平洋财产保险股份有限公司镇江中心支公司

总 经 理　杨宁国
副总经理　陆　忠　陈国华
　　　　　孙学理(2010－12～　)
　　　　　殷利忠(2010－12～　)
党委书记　杨宁国

太平洋人寿保险股份有限公司镇江中心支公司

总 经 理　韩建玲(女)
副总经理　刘文军(　～2011－08)
党委书记　韩建玲(女)

学校、医院

江苏大学

校　　长　袁寿其
副 校 长　许化溪　宋余庆
　　　　　李萍萍(女,　～2011－03)
　　　　　程晓农　姚冠新　田立新
　　　　　陈　龙　冯振卿
　　　　　施卫东(2011.9～　)
党委书记　范　明
党委副书记　曹友清　姚冠新
纪委书记　曹友清

江苏科技大学

校　　长　王自力
副 校 长　张庆奎　姚寿广　葛世伦
　　　　　景旭文　郭锡杰　许俊华
　　　　　王加友　戴跃伟
党委书记　王建华
党委副书记　王自力　张庆奎
纪委书记　夏纪林(女)

镇江市高等专科学校

校　　长　韩光范(2011－03～　)
副 校 长　潘天华　夏光荣
　　　　　戴光辉
党委书记　杨国祥(　～2011－03)
　　　　　刘国荣(2011－03～　)
党委副书记　徐　铭
纪委书记　徐　铭

江苏农林职业技术学院

院　　长　黄　焱(　～2011－09)
　　　　　俞卫东(2011－09～　)
副 院 长　俞禄生　李振陆
　　　　　苏小冬(女)
党委书记　朱洪生
党委副书记　黄　焱(　～2011－09)
　　　　　　王润贤
　　　　　　俞卫东(2011－09～　)
纪委书记　王润贤

江苏省交通技师学院

院　　长　王宗荣
党委书记　刘　云
党委副书记　张永春
纪委书记　张永春

镇江市高级技工学校(技师学院)

校　　长　王社宁(　～2011－01)
　　　　　冷耀明(2011－01～　)
党总支书记　黄亚平

镇江中学

校　　长　徐　杰
副 校 长　于　健　张尤嘉　龚保庆
　　　　　陶圣建(2011－10～　)
党委书记　徐　杰
党委副书记　钱　进
纪委书记　钱　进

镇江第一中学

校　　长　张玉坤
副 校 长　周晓宇　王　健　赵竹林
　　　　　郭晓峰　王瑞楠
　　　　　邹建平(2011－10～　)
党委书记　张玉坤
党委副书记　王明春(女)　周晓宇
纪委书记　王明春(女)

江苏康复医疗集团

院　　长　朱　夫
副 院 长　周伟明(　～2011－12)
　　　　　周　云　许文林　蒋鹏程
　　　　　姚恒祝　钱　炜
党委书记　朱　夫
党委副书记　周伟明(　～2011－12)
　　　　　　吴家平(2011－12～　)
　　　　　　凌能侃(　～2011－12)
纪委书记　贺春金

(市委组织部　镇江军分区)

中共镇江市委员会

责任编校：倪红阳

综　述

【概况】 2011年，中共镇江市委围绕“转型升级、强市富民”这一大局，贯彻省委提出的落实“六个注重”、实施“八大”工程意见，坚持自加压力、奋勇争先，突出转型升级、强市富民，注重创新思路、克难奋进，取得现代化建设的良好开局。在中国城市科学发展评价报告中，镇江综合排名列第16位。

突出“人才引领”。2011年，人才工作迈入全省“第一方阵”。新增国家“千人计划”8人，总数达到12人，列全省第四。有40个人才（团队）入选省“双创”计划，列全省第三，其中镇江新区16人，居全省开发区之首。镇江市“331”人才计划实施三年共引进196个人才（团队），带动引进海内外高层次人才874人，其中博士421人，引进高新技术企业98家，申请发明专利472项。承办“千人计划”工程与新材料专业委员会首次年会，促成“千人计划”新材料研究院落户京口。

坚持“创新驱动”。第八次蝉联全国科技进步先进市，成为国家创新型试点城市。全市科技进步贡献率55%，列全省第四。高新技术产业产值突破2200亿元，实现两年翻番，占规模以上工业产值比重提高到43%，居全省第二。全社会研发投入占GDP（地区生产总值）比重2.2%，对上争取科技拨款近3亿元。新增11家省级以上研发和检测机构、2家省级公共技术服务平台，新建孵化器面积超50万平方米。百亿元GDP发明专利申请量和专利授权量分列全省第三、第四。新增创投企业8家。

加快“绿色增长”。2011年，全市新兴产业完成投资407亿元，比上年翻一番，实现销售1640亿元，增长54.6%。央企投资镇江的39个项目中新兴产业类占75%。绿色化工成为继装备制造业之后第2个千亿级产业。新增1家百亿企业、3家上市公司。服务业增加值占GDP（地区生产总值）比重40.8%。旅游业总收入增长22%，“国家智慧旅游服务中心”加快建设；软件业营业收入增长55.3%，服务外包执行额增长103.8%；惠龙港物流基地交易额超200亿元。农业增加值突破100亿元，增幅全省第一，粮食生产实现“八连增”，全年吸引“三资”投农51亿元，新增省级现代农业园区4家、高效农业2.2万公顷、设施农业1.33万公顷，亩均效益超万元的0.73万公顷，新增合作组织入社农户10万户。国家环保模范城市通过环保部复核，丹阳、句容、扬中生态县创建通过国家评估，87.8%的镇通过国家级生态镇省级考核。万元GDP能耗下降3.7%，主要污染物减排完成省下达任务。

实现“和谐共享”。全市公共财政民生类支出108亿元，增长32%。城市居民人均可支配收入26200元，增长13.5%；农民人均纯收入12825元，增长15.5%。全市私个注册资本总量突破2500亿元，万人拥有私个注册资本居全省第三，新扶持创业12700人、带动就业63800人，企业最低工资标准从每月960元提高到1140元。实施被征地农民参加社会保险，将未参保城镇集体企业退休人员纳入基本养老保险；企业退休人员月养老金提高11%，居民医保政策内住院报销比例提高8个百分点。“3+X”团队服务模式综合满意率达到92.1%。新建各类保障性住房100.6万平方米、18113套（间），超过前三年总和。高标准建设菜市场21个，建成“菜篮子”平价商店35家，新增蔬菜基地0.067万公顷，发放低收入群体物价补贴1710万元。新改建农村公路251公里，新建公交站场20个。文化发展绩效考核评价综合指数列全省第三，被中宣部评为“全国文化体制改革先进地区”。全市各类矛盾纠纷调解成功率96.4%，八类案件破案率提高7.4%，公众安全感93%，居苏南首位。第六次创成全国双拥模范城。

加强党的建设。市、县、镇党委换届圆满成功。开展“创先争优”活动，全市近20万党员、90个单位主要负责人、9400多个基层党组织公开承诺，各项工作真抓、真改、真变。开展“学习张雅琴当好带头人”活动。开展建党90周年纪念活动，推进党风廉政建设，建立市委党务公开网站，带头深化党务公开。

（胡　瑾）

【部分中央、省领导视察镇江】 2011年1月12日，江苏省委书记罗志军在市领导许津荣、刘捍东、李茂川陪同下，专程到丹阳市看望慰问张雅琴的爱人陆荣华，并对学习张雅琴同志精神提出明确要求。罗志军要求全省大力宣传和学习张雅琴同志的先进事迹，并强调这对江苏深入开展创先争优活动，坚持“两个率先”，在新的起点上开创江苏科学发展新局面，有重要意义。

1月16日，代省长李学勇到镇江考察。李学勇一行先后考察四个企业、一所学校、一个村庄、一栋环卫公寓，听取市领导的汇报，参观镇江科技城的建设。从产业升级，到科技创新，再到民生建设、城乡统筹，镇江市委、市政府对镇江未来定位是“产业发达城市”“创业创新城市”“山水花园城市”和“幸福和谐城市”，切中镇江城市的灵魂，能“走出一条符合镇江特色的强市富民路”。

2月6日，中共中央政治局委员、中央书记处书记、中央组织部部长李源潮到镇江烈士陵园缅怀先烈祭英灵。省委常委、组织部长石泰峰，市领导许津荣、刘捍东等陪同参加活动。在烈士陵园，李源潮提笔写下：百年激荡英雄出，将军热血今有无。舍生取义入青史，回眸遗愿成宏图。

4月17～21日，原中共中央政治局常委、国务院副总理李岚清在全国人大财经委副主任委员梁保华，省领导罗志军、张连珍、李云峰、史和平，市领导许津荣、刘捍东等陪同下，先后到博物馆、金山湖景区、焦山、市规划展示馆、米芾书法公园等地参观视察。

5月14日，国家旅游局长邵琪伟到镇江考察。副省长张卫国，省政府副秘书长张吉生，省旅游局长王咏红，市领导许津荣、李国忠、冯士超、徐平等陪同参观考察。邵琪伟一行先后参观考察“三山一湖”、西津渡、滨江旅游带和丹阳眼镜城。

6月6～7日，全国人大常委会副委员长、农工民主党中央主席桑国卫到镇江视察。桑国卫一行先后到金山、南山、焦山风景区和镇江博物馆、西津渡历史文化街区、句容茅山等地参观考察，对镇江市旅游、文化等方面的资源进行深入了解，对镇江近几年经济社会发展成就给予充分肯定。市领导许津荣、李国忠、李壮云、卢章平、赵庆荣、徐平等陪同。

6月23日，省长李学勇到镇江调研考察。李学勇一行重点调研镇江高新技术产业发展、基层社区建设和医疗体制改革等方面工作。省长助理、省科技厅党组书记徐南平，市领导许津荣、刘捍东、秦景安、陈建设、王萍等陪同调研。

9月9日，江苏省委书记罗志军，省委常委、常务副省长、省委秘书长李云峰慰问镇江市教育战线的部分教师代表以及已故全国力学优秀教师、市劳动模范江苏科技大学景荣春教授家属。

10月10日，中宣部副部长、中央外宣办主任、国务院新闻办主任、国家互联网信息办主任王晨一行到镇江调研互联网宣传管理工作。省委书记罗志军，省委常委、宣传部部长杨新力，省通信管理局局长苏少林，市领导许津荣、刘捍东、张洪水、王萍、夏新平陪同调研。王晨对具有镇江特色的互联网管理工作予以充分肯定，希望镇江总结好经验，为全国互联网管理工作提供有益借鉴。

10月19～20日，全国人大常委会副委员长、民革中央主席周铁农到镇江考察。周铁农考察金山湖景区、金山风景区、西津渡历史古街区、江苏大学以及江苏省农博园。周铁农与省委副书记、组织部部长石泰峰，省政协副主席、省委统战部部长罗一民进行会谈。省市领导张艳、许津荣、李国忠、张甫雄、宋余庆参加活动。周铁农还参加由民革中央与江苏省政府共同在句容举办的“培育创业人才、推进现代农业”研讨会。

11月3日，全国人大常委会原副委员长顾秀莲到镇江考察。顾秀莲先后考察扬中市的荣德新能源科技有限公司和江苏天源华威电气集团有限公司。顾秀莲希望扬中市委、市政府要对资本流向加以引导和研究，把民营资本引导到国家和社会的重大项目发展上，投向高科技行业的发展上。同时，要加大资金投入和人才引进力度，围绕扬中整岛产业特色创成品牌、打响品牌。

11月28日，中共中央政治局委员、中央书记处书记、中宣部部长刘云山到镇江考察互联网建设管理工作。刘云山一行先后到镇江市互联网协会、四牌楼街道江一社区、市规划局和市公安局，对镇江市互联网建设、管理、运用工作进行全面考察和深入了解。刘云山高度评价镇江在互联网建设管理工作上取得的成绩，认为有许多好的做法和经验，值得在全国推广学习，要求镇江在互联网建设管理工作上率先探索，在全国互联网建设管理工作中起示范作用。 （胡 瑾）

【部分外省市党政代表团到镇江访问】 2011年4月10日，由青海省海南藏族自治州州委书记杜捷带队的海南州党政代表团到镇江考察。海南州党政代表团先后考察镇江市规划展示馆、市民广场、市民大厅等，对镇江市的快速发展和取得的成就给予高度称赞。考察结束后，市领导许津荣、刘捍东等会见杜捷一行。前不久，海南州有5名干部来镇江挂职，支援镇江建设。海南州有矿产、动植物、光能及风能等资源优势，镇江有光伏产业等方面的优势，两地可以通过优势互补、优势叠加及干部交流，推进两地的经济联姻、企业联姻，并加强各方面的交流合作。特别是两地旅游资源都很丰富，可以携手发展。

6月22日，江苏省委常委、苏州市委书记蒋宏坤率苏州市党政代表团，到镇江考察古城保护、生态建设、文化传承等方面工作。蒋宏坤一行参观金山湖景区、西津渡古街区、北固湾和丹阳天地石刻园。苏州考察团被镇江悠久的历史文化底蕴和人文保护情怀所感染，对镇江城市发展与自然生态协调处置的科学谋划和决策表示称赞。

8月16日，由省委常委、南京市委书记杨卫泽，市长季建业带队的南京市党政代表团到镇江实地考察历史文化保护和人才开发情况。杨卫泽一行考察金山湖景区、西津渡古街区、丹阳恒神碳纤维材料有限公司以及鱼跃医疗设备股份公司。南京市党政代表团对镇江在注重历史文化保护、推动经济结构调整和企业转型升级方面所做的工作及成效给予高度评价。

11月18日，由泰州市委书记张雷、市长徐郭平率领的泰州市党政代表团到镇江参观考察。泰州市党政代表团先后参观焦山风景区、北固湾、西津渡、金山湖以及文宗阁。参观过程中，张雷、徐郭平等对镇江市委市政府不遗余力地打造山水花园城市十分钦佩和赞赏，表示镇江依托自然挖掘历史文化的独特做法十分值得泰州学习和借鉴。 （胡 瑾）

【镇江市党政代表团赴新疆农四师推进对口支援工作】 2011年8月2～9日，市领导许津荣、张庆生率镇江市党政代表团赴新疆农四师推进对口支援工作。镇江党政代表团一行先后考察农四师六十六团镇江对口支援前方指挥组指导建设的现代农业示范基地、金山花苑项目工程以及六十四团工业园区和地处陇海兰新铁路最西端的霍尔果斯口岸等。在新疆期间，农四师党委书记、政委张勇，农四师党委副书记、师长李立平等有关领导，师长助理、镇江前方指挥组组长余国根和指挥组成员参加相关活动。随行的恒顺、索普、大全、沃得、环太集团等企业负责人组成考察小组，对相关援建项目和意向合作项目作进一步考察。

镇江市自实施对口支援农四师工作以来，已开工援建项目14个，累计完成投资近2亿元，援助资金5000多万元。镇江援疆工作取得了项目开工个数、项目建设速度、到位援疆资金、与四师开展对口交流活动四个“全省第一”的好成绩。 （胡 瑾）

【市委办公室工作】 2011年，市委办完成市领导讲话稿、署名文章、新闻稿件以及其他文字材料340余篇，成稿文字量约560万字，其中在国家、省级发表领导署名文章35篇；《江苏通讯》用稿9篇，连续保持全省第一。全年共编发《镇江信息》和增刊320余期；被省委办公厅《快报（专刊）》录用13篇，录用量居全省第一；办理省委书记信箱来信65件、人民网网民给省委书记留言11条。被省委办公厅《江苏督查专报》等刊物录用篇数位居全省第一；《创新》杂志保持“全国十佳党刊”品牌，继续推行栏目主持人负责制，开展定期评刊，全年出刊12期。

办公室连续三年被评为市级机关作

风建设和目标管理十佳单位；在万人评议机关作风中连续五年名列市级机关第一；蝉联三年一评的市级文明机关；被市委表彰为全市先进基层党组织；被市级机关工委评为市级机关先进党委；被市委组织部等五部门评为“党员进万家”结对帮扶工作先进集体。完成市委五届十二次全会等各类重要会议100余场次，接待中央、省领导视察以及各地考察团共70余批次，做好李岚清书法篆刻艺术作品展和《诗话镇江》发行式等重大活动的组织、服务工作。（胡　瑾）

【政策研究工作】 2011年，市委调查研究工作成果多，《调查快报》印发162期。

全局性战略性问题研究。（1）改善民生系列调研，了解农民低保、失地农民生活、社区卫生、老年公寓等情况，探讨推进改善民生工作的对策举措，形成《镇江市农村居民低保工作情况调查》《镇江新区拆迁农民生活状况调查》《润州区社区卫生服务中心建设情况调查》《句容市新农保情况调查》《镇江市老年公寓情况调查》等报告。（2）苏锡常“率先基本实现现代化”专题调研，形成《全球视野战略思考》《苏州模式昆山样本》《新的思路新的举措》报告3篇。（3）中小企业系列调研，及时掌握本市中小企业生产经营动态，反映企业在当前全球经济动荡加剧、宏观发展环境趋紧的新背景下对党委政府指导服务经济工作的期盼，共同寻求破解发展难题的途径。走访中小企业近30家，发表《新形式下中小企业发展有“三期盼”》《镇江市中小企业系列调研综合报告》等调研报告6篇。（4）节约集约用地系列调研，发表《“十层厂房”启示录》《镇江新区开展企业用地清理调查》《丹徒区砖瓦窑整治情况调查》等系列调研文稿4篇。

决策信息服务。执行辖市（区）经济运行旬报制度，编辑反映25个主要经济发展指标、保增长促跨越的亮点特色、大项目推进情况等三项基本内容的《经济旬报》，全年共编36期。执行省辖市发展动态月报制度，对省辖市经济社会发展，特别是重大项目、重点投入、城市建设、高层活动、创新举措等最新情况及时收集汇总，共50期。编写无锡“居民收入倍增”十项行动纲要（摘要）。及时解读《个体工商户条例》内容并提出贯彻建议。全市企业上市进展情况调研方面，形成《镇江市企业上市进展情况调研》等调研报告。

重点企业项目建设、转型升级情况调研。形成《镇江市企事业上市进展情况调研》《关于东方电热率先登陆创业板的调查与思考》等系列调研报告。新兴产业系列发展方面形成《飞达与中冶 兆伏与中节能合作的启示》《企业人才引进中出现的新问题应予以关注》《来自吉贝尔药业的报道》等调研报告。同时，重点调研航空航天产业在镇江市发展状况、制约矛盾、目标前景，形成《丹阳市航空航天产业发展调查（上）》《丹阳市航空航天产业发展调查（下）》调研报告。以及光伏产业发展现状，形成《江苏兆伏新能源有限公司董事长陈玉龙谈企业转型》《光伏产业进入平价整合时期》专题调查报告。（袁剑峰）

【保密工作】 2011年，镇江市无泄密事件发生。市保密局组织开展一系列保密宣传教育活动。2月，组织新行政中心的300多名后勤服务人员进行专题保密培训，现场签订保密责任书。8月，与市政府办公室共同举办电子政务内网保密安全培训，邀请省保密局专家作专题授课，共150多人参训。9月，市、辖市（区）保密分管领导和保密系统全体干部共28人到南京国展中心参观《全国窃密泄密案例警示教育展》。10月，制定下发《镇江市“六五”保密宣传教育规划》。11月，组织全市军工企业保密办主任20多人赴扬州曙光集团和扬州宝科电子有限公司进行日常保密管理工作业务培训。11月，在市行政中心举办江苏省防窃密技术巡回演示，共举办4场演示，市、辖市（区）党政机关、军工企业、国家涉密载体定点印刷企业的领导和涉密人员共计1500人参加。

3月底至4月底，组织全市各级机关单位对密码电报、涉密文件信息资料、保密电话和计算机网络进行专项保密检查。10月，与市经信委、市委机要局、市公安局、市安全局联合对全市党委部门的计算机信息安全情况进行专项检查。3月，市保密局结合新行政中心的搬迁，重建市电子政务内网违规外联监控中心，配备专业的会议桌椅、大屏幕电视、自动化的投影系统和监控系统。5月，在市行政中心互联网出口处安装互联网出口监测系统，加大对互联网的监控力度。9月，开展“送保密进军营”活动，为驻镇部队工兵团进行计算机保密技术授课辅导，并赠送保密书籍，密切军地之间保密工作的联系和交流。11月，镇江市保密局上报的《定密责任人制度研究》论文在江苏省“新《保密法》贯彻落实课题调研”活动论文评比中获三等奖。（李新锋）

中共镇江市第六次代表大会

【中共镇江市第六次代表大会召开】 2011年8月26～29日在一泉礼堂召开。党代会代表449名，其中各级领导干部301名，占67%；各类专业技术人员92名，占20.5%；各行各业作出突出贡献的先模人物44名，占9.8%；解放军、武警部队指战员12名，占2.7%。妇女104名，占23.2%。45岁（含45岁）以下的代表243名，占54.1%。大专以上文化441名，占98.2%。少数民族党员5名，占1.1%。大会总结市第五次党代会以来取得的成绩和经验，客观分析存在的问题和面临的形势，对今后五年率先基本实现现代化作出全面部署。许津荣代表中共镇江市第五届委员会作了题为《加快转型升级，推进跨越发展，为率先基本实现现代化而不懈奋斗》的报告。孙健代表中共镇江市纪律检查委员会作《深入推进党风廉政建设和反腐败工作为全面加快现代化建设进程提供有力保证》工作报告。选举产生中共镇江市第六届委员会委员51名；候补委员9名；市纪律检查委员会委员35名；出席中共江苏省第十二次代表大会的代表40名。（胡　瑾）

【中共镇江市第六届委员会委员、候补委员当选名单】

委员51人（按姓氏笔画排序）：

丁　锋	丁　憬	王冬生	王建华
王荣正	王树均	王梅芳	王常生
尤　廉	尹卫东	冯士超	朱云峰
朱开宝	刘捍东	许津荣	孙　健
孙晓南	孙乾贵	李小平	李茂川
李国忠	李雪峰	张洪水	陈　苏
陈　杰	陈　晨	陈　琳	陈建设
范　明	茅仲华	罗洪明	岳卫平
柏晓宏	胡小青	胡云霞	胡宗元
胡培红	宦祥宝	秦双林	秦景安
夏新平	郭　建	凌　苏	曹当凌
鄂金书	蒋　敏	蒋伟亮	童国祥
雷志强	裔玉乾	魏红军	

候补委员9人（按得票多少排序）：

林　枫	王根生	徐　萍	刘吉顺
潘早云	夏照明	唐洪生	刘国荣
沈留海			

（胡　瑾）

【中共镇江市第六届委员会书记、副书记、常务委员会委员当选名单】

书　记：许津荣

副书记：刘捍东　李国忠

常务委员会委员：

许津荣　刘捍东　李国忠　李茂川
魏红军　秦景安　张洪水　孙　健
王树均　李小平　李雪峰

（胡　瑾）

【中共镇江市第六届纪律检查委员会书记、副书记、常务委员会委员当选名单】

书　记：孙　健

副书记：高庆国　胡培红　蔡　敏

常务委员会委员：

孙　健　高庆国　胡培红　蔡　敏
徐洪兴　张凤华　李国平　王永京
吴晓彤

（胡　瑾）

【中共镇江市第六届纪律检查委员会委员当选名单】

（共35名，按姓氏笔画排序）

丁羽如　马振兵　马家胜　王永京
王红卫　司马东良　刘晓东　孙　健
孙广平　李幸福　李国平　吴晓彤
吴海平　张凤华　张建国　陈林海
邵宁乙　武白苹　周文娟　周奇恒
胡培红　俞波涛　施正中　姚敬源
聂美红　徐洪兴　徐冀锋　殷　敏
郭必东　高庆国　高国成　高晓光
章纯钢　谢继步　蔡　敏

（胡　瑾）

【镇江市出席省第十二次党代会代表当选名单】

（共40名，按姓氏笔画排序）

丁　憬　王冬生　王建华　孔　啸
白云霞　朱　夫　刘捍东　刘腊梅
江里程　许仲林　许津荣　孙　健
孙炳健　杨菊兰　李小平　李茂川
李国忠　邹云娣　张凤霞　张洪水
林　枫　范　明　周文娟　柏晓宏
胡云霞　胡宗元　赵亚夫　钱云宝
徐　翔　唐洪生　凌　苏　曹　慧
曹克明　鄂金书　傅德利　童国祥
雷志强　臧　红　潘早云　魏红军

（胡　瑾）

重要会议和决策

【市委、市政府“八大工程”实施意见】

1.《关于实施转型升级工程的意见》

2011年8月24日，由市委、市政府颁发。文件明确镇江实施转型升级工程主攻方向：坚持先进制造业与现代服务业“双轮驱动”，发展新兴产业与改造提升传统产业“两手并重”，推进信息化与工业化“两化融合”，加快构建以新兴产业为引领、服务经济为主体、先进制造业为支撑、现代农业为基础的现代产业体系。三次产业向互动发展、协调发展方向转型提升，形成“三二一”产业结构。新兴产业向规模发展、前沿发展方向转型提升，实现爆发式增长，成为战略性主导产业。传统产业向高端发展、品牌发展方向转型提升，提高产业层次，打造特色品牌，增强核心竞争力。现代服务业向提速发展、多元发展方向转型提升，成为全市经济的重要力量。

实施六大行动：(1)新兴产业爆发增长行动。加速规模扩张；推进集聚发展。(2)现代服务业跨越发展行动。壮大生产服务业规模；提升生活服务业层次；优化服务业发展空间。(3)制造业整体升级行动。深入推进“千百亿工程”；实施“千企升级”计划；拓展完善重点产业链；提高园区承载能力；铁腕淘汰落后产能。(4)创新能力全面提升行动。加快创新平台建设；开展关键技术攻关；鼓励企业创新发展；加强品牌质量建设。(5)信息技术深度融合行动。打造“镇江信息港”；深度推进两化融合；提高基础设施建设水平。(6)经济发展低碳绿色行动。大力发展循环经济；加快节能项目建设；倡导全民绿色生活。

2.《关于实施科技创新工程的意见》

2011年8月24日，由市委、市政府颁发。主要目标：到2015年，力争实现全社会研发投入、研发人员数量在2010年的基础上“翻一番”，高新技术产业增加值、发明专利授权总量、创业投资规模、民营科技企业总数“翻两番”，科技进步贡献率达到65%以上，高新技术企业数420家，高新技术产业产值占规模以上工业产值比重50%，全社会研发投入占GDP比重3%，百亿元GDP专利授权数400件，为率先基本实现现代化提供科技支撑。重点任务：(1)加快重大技术突破，抢占竞争制高点。明确主攻方向；狠抓关键环节；提高组织程度。(2)全面提升企业自主创新能力，夯实转型发展基础。大力培育创新型领军企业；增强企业自主研发能力。(3)大力提升产业创新能力，推动经济转型升级。提升产业技术水平；提升产业结构层次；加快高新技术产业向高端环节攀升。(4)加强民生领域科技创新，提升科学发展水平。实施社会科技提升行动；实施现代农业科技支撑行动；开展节能减排科技促进行动。(5)加快建设区域创新核心区，培育创新发展增长极。加快建设镇江科技新城；加快建设区域创新核心区；加快建设科技孵化器。(6)加快创新资源集聚，释放创新创业活力。形成产学研合作密集区；建设产学研合作载体；推进产学研机制创新；突出发挥驻镇高校作用。(7)加强知识产权工作，提升保障创新能力。加大知识产权产出力度；大力实施品牌带动战略。

3.《关于实施农业现代化工程的意见》

2011年8月24日，由市委、市政府颁发。主要目标：到2015年，全市农民人均纯收入实现倍增，达到23000元，年递增15%以上；农业增加值实现翻番，达到160亿元；农业科技进步贡献率达到70%；高效农业面积比重达到60%以上，其中设施农业面积比重超过25%，主要农作物综合机械化水平达到90%以上；农产品加工产值与农业总产值之比达到3∶1；林木覆盖率达25%；建成省级现代农业产业园10个以上；农户参加各类合作经济组织比重提高到85%以上；城镇化率达68%。通过努力，把镇江建设成为全省乃至全国现代农业的先进区、农业基本现代化的先行区和城乡发展一体化的先导区。工作重点：(1)加快提升农业产业竞争力。大力发展现代高效农业，加快建设现代农业产业园区，做大做强龙头企业和农业品牌。(2)加快提升农业科技支撑力。构建农业科技创新载体，增强农业科技创新能力，加强农技推广服务体系建设。(3)加快提升农业基础设施保障力。加强水利建设，加强高标准农田建设；推进现代设施农业建设，加快农业机械化进程。(4)加快提升农业可持续发展能力。发展循环农业，构建生态体系，推广普及农业标准化技术，加强农产品质量安全监管。(5)加快提升农业信息化水平。实施农业信息化全覆盖工程，加快物联网技术的应用推广，提高信息化技术服务水平。(6)加快提升拓展现代农业功能。大力发展农业休闲旅游产业，整合发展农业现代物流，积极发展农业博览经济。(7)加快提升农村人才队伍层次。加快培育现代农民，加强农村带头人队伍建设，健全镇村农业服务体系。(8)加快提升城乡一体化发展速度。明确城乡一体化发展目标，促进新市民充分就业，加快社会保障接轨，积极推进土地使用制度改革。

4.《关于实施文化建设工程的意见》

2011年8月24日，由市委、市政府颁发。工作目标：到2015年，全市城乡基层文化设施实现100%覆盖，50%的县(市、区)进入全国文化先进县行列，“文化嘉年华”等文化活动形成品牌。文化产业营业收入、增加值分别达到800亿元、300亿元，GDP占比提高到8%，年均增幅分别达到20%、31%和15%。推进8大系列工程、30件实事。(1)思想文化引领工程。加强市民思想道德建设；彰显镇江城市精神；推进学习型城市建设；开展和谐创建活动；深化"大爱镇江"建设。(2)文化设施建设工程。优化城市文化设施建设；加强基层文化设施建设。(3)文化品牌塑造工程。放大历史文化品牌；彰显山水文化品牌；打造宗教文化品牌；塑造创意文化品牌；做强餐饮文化品牌。(4)文化艺术繁荣工程。打造精品力作；丰富群众文化；净化文化市场。(5)文化产业推进工程。实施重大项目带动战略；坚持科技创新战略；加快文旅结合；扶持特色文化产业发展；多元发展文化演艺业；做大现代传媒业；规范休闲娱乐业。(6)文化遗产保护工程。加大物质文化遗产保护力度；加大"非遗"保护力度；(7)文化人才培养工程。打造高端人才队伍；引进紧缺人才；提升现有人才素质。(8)文化体制创新工程。加快政府职能转变；推进文化产业集团发展；深化文化事业单位改革。

5.《关于实施民生幸福工程的意见》

2011年8月24日，由市委、市政府颁发。主要目标：既注重物质基础，又注重主观感受，构建一套具有中等城市特色的民生幸福指标体系。到2015年，努力实现生活富裕、保障充分、环境良好、心情舒畅四大类目标。实施八大行动。(1)收入倍增行动。提高职工收入；增加农民收入；拓展财产性收入；改善较低收入。(2)教育提升行动。学前教育优质普惠；义务教育优质均衡；各类教育优质创新。(3)住房保障行动。5年内，新增保障性住房1000万平方米。其中，各类危旧房搬迁改造19500户、157万平方米；新增廉租住房1500套、经济适用住房9000套、公共租赁住房23000套，基本实现"居者有其屋"目标。市区各类住宅小区物业管理覆盖率达100%。(4)就业服务行动。推进城乡统筹就业；抓好重点群体就业；促进创业带动就业。(5)社会保障行动。社会保障范围全覆盖；社会保险统筹上台阶；社会救助体系更完善。(6)全民健康行动。提升医疗卫生服务水平；打造15分钟健康服务圈；倡导健康生活方式。(7)养老服务行动。加快建设养老服务设施；完善社区养老服务网络；建设老年医疗康复体系。(8)幸福感觉行动。建设宜居城市；强化社会诚信；增进邻里亲情；创建和谐社区；强化治安防控；打造"阳光政务"。

6.《关于实施社会管理创新工程的意见》

2011年8月24日，由市委、市政府颁发。实施社会管理创新工程提出"八大行动"意见。(1)社会矛盾纠纷排查化解行动。突出源头防范；突出调处能力建设；建立多元化调处机制。(2)流动人口服务管理行动。健全组织领导机制；完善信息采集机制；创新服务管理方式；强化管控教育机制。(3)特殊人群帮教管理行动。(4)公共安全体系建设行动。完善治安防控体系；加大打击整治力度；加强公共安全监管；完善应急管理体系。(5)虚拟社会综合管理行动。健全虚拟社会综合管理工作格局；构建虚拟社会防控网络；推进互联网依法公开管理；加强社会管理信息化建设。(6)基层建设和服务管理行动。建强基层组织；完善基层服务体制；壮大基层力量；提升社区服务能力。(7)社会组织培育管理行动。加强非公有制经济组织服务管理；完善社会组织服务管理；促进社会组织健康发展。(8)公民素质全面提升行动。

7.《关于实施生态文明工程的意见》

2011年8月24日，由市委、市政府颁发。建设目标：到2015年，基本构建起绿色的经济体系、健康的环境体系、宜居的生活体系、和谐的文化体系和高效的制度体系，创成国家生态园林城市，努力创成国家人居环境奖，全社会生态文明意识普遍增强。重点任务。(1)构建生态经济体系。优化三次产业结构；加快发展循环经济；全面推进节能减排。(2)持续优化生态环境。加强主体功能区环境管理；保护重要生态功能区；实施生态绿化工程；保护修复农村生态。(3)加大污染防治力度。加强水环境整治；加强大气污染治理；加强噪声污染治理；加强固废污染防治；加强重金属污染防治；保障辐射环境安全。(4)打造生态宜居环境。加强山水环境建设；加强城乡环境管理。(5)加强生态文化建设。

8.《关于实施党建创新工程的意见》

2011年8月24日，由市委颁发。实施党建创新工程提出"八大行动"意见。(1)人才优先发展行动。把人才投入等人才发展主要指标纳入科学发展考核评价指标体系，完善党政领导科技与人才工作目标责任制；深入推进实施人才重点工程；大力优化人才发展环境。(2)思想理论武装行动。着力用党的创新理论武装党员干部；扎实推进学习型党组织、学习型领导班子建设；大力普及马克思主义中国化最新成果。(3)党内民主建设行动。以权力公开透明运行为重点，深化拓展党务公开工作，将公开贯穿于党内重要事务酝酿、决策、实施的全过程；探索党内基层民主多种实现形式，普遍推行村、社区党组织领导班子成员公推直选，逐步实现基层党组织公推直选全覆盖。(4)深化干部人事制度改革行动。完善初始提名机制；健全体现科学发展观要求的领导班子和领导干部考核评价办法，完善"社交圈、生活圈"考察，实施发展实绩民意修正，健全评价结果反馈和通报制度；健全干部选拔任用机制；优化配强领导班子；积极构建干部监督管理长效机制。(5)提升干部队伍能力素质行动。大力度推动干部解放思想；大规模教育培训干部；大幅度改善干部队伍来源结构。(6)创新基层组织建设行动。扎实推进基层党组织设置和工作方式创新；大力推进城乡党建一体化；大力建设服务型党员队伍；积极构建创先争优的经常性机制。(7)弘扬优良作风行动。深入开展领导干部下基层活动；解决作风建设突出问题。(8)加强反腐倡廉建设行动。加强党风廉政教育；强化对权力运行的监督制约；坚决查办违纪违法案件。 (胡　瑾)

【《关于加快水利改革发展推进水利现代化的实施意见》】 2011年4月12日，由市委、市政府颁发。具体任务：基本建成标准较高、协调配套的防洪减灾工程体系，功能齐全、长效管护的农村水利工程体系，优化配置、高效利用的水资源保障体系，有效控制、河湖健康的水生态保护体系，依法治水、管理规范的水工程管理服务体系，综合配套、保障有力的政策法规支撑体系。到"十二五"期末，城市防洪减灾能力显著提高，长江沿江、太湖湖西、秦淮河三大水系的流域骨干工程防洪标准，区域骨干河流排涝标准，以及镇江市区和丹阳、句容、扬中城区防洪标准等全面达到规划目标；城乡水资源利用效率明显提高，全市有效灌溉面积占耕地面积比例达到90%以上，节水灌溉面积达到80%以上，灌溉水利用系数提高到0.60以上，中沟以上建筑物配套率100%，小沟级90%以上，城市水域面积率达到8%，全市年用水总量控制在35亿立方米以内，单位地区生产总值用水量降到120立方米每万元以下；水生态修复能力明显提升，水功能区水质达标率提高到80%以上，集中式饮用水水源地水质达标率达到100%；水利发展体制机制得到改善，严格的水资源管理制度基本建立，水利工程良性运行机制基本形成，水利投入稳定增长机制进一步完善，有利于水资源节约和合理配置的水价形成机制基本建立。具体措施包括：(1)加强长江河势控制和江港洲堤达标建设。(2)加强重点河道整治和水库除险加固。(3)推进城市水利建设。(4)大兴农田水利建设。(5)加强农村泵站更新改造。(6)加强水资源配置和水生态保护工程建设。(7)全面落实最严格的水资源管理制度。(8)强化河湖水域长效管理。(9)增强防汛防旱应急处置能力。(10)切实加大投入。(11)大力创新体制机制。(12)加强基层管理服务体系建设。(13)切实加强组织领导。 （胡 瑾）

【《建设国家创新型城市试点工作实施方案》】 2011年9月15日，市委、市政府颁发。总体目标：通过开展国家创新型城市试点，到2015年，基本建立适应市场经济体制和科技自身发展规律、具有镇江特色的自主创新体系；在重点新兴产业领域形成一批拥有自主知识产权的创新型企业与名牌产品；拥有3～5个在全省乃至全国有影响的特色高新技术产业；按科技部确定的国家创新型城市建设监测评价指标和江苏省创新型城市建设评价考核指标体系，主要指标达到国家和省创新型城市的先进位次。更高奋斗目标：到2015年，努力实现全社会研发投入、研发人员数量、高新技术产业增加值等分别达120亿元、40500人、1500亿元，发明专利授权总量、创业投资规模、民营科技企业总数等分别达4000件、100亿元、1500家，为率先基本实现现代化提供强大支撑。2011～2015年五年间的主要工作任务：(1)大力发展高新技术产业。推进一批重大技术的研发和突破；组织实施“高新技术产业′双提升计划”；组织实施现代服务业跨越计划；加快高新技术改造提升传统产业。(2)强化企业技术创新主体地位。突出培育创新型领军企业；增强企业自主研发能力；引导企业加大研发投入。(3)切实加强农业和社会发展领域的科技创新。加强农业科技创新；充分发挥科技对改善民生的促进作用。(4)强化创新创业载体建设。高水平建设镇江科技新城；加快建设区域创新核心区；加快建设特色产业基地；推进科技孵化器建设。(5)突出集成和统筹集聚国内外创新资源。建设产学研合作密集区；提升产学研合作载体；加快推进产学研机制创新；切实加强国际科技合作。(6)加快构筑创新创业人才高地。大力引进高端创新创业人才；大力培养创新创业人才；营造更优人才发展环境。(7)全面实施知识产权战略。增强知识产权创造能力；提高知识产权运用水平；加大知识产权保护力度。(8)探索完善激励自主创新的政策。完善财政加大科技投入的政策；加快发展创业风险投资和科技金融。(9)优化创新型城市建设环境。大力推进机制创新；拓展创新发展内涵；加快“智慧镇江”建设；完善创新中介服务体系；大力弘扬创新文化。2011～2012两年内的十项重点工作。(1)做好“苏南国家自主创新示范区”相关工作。(2)加快建设一批创新载体。(3)加速推进一批高新技术产业化重大项目。(4)加快“智慧镇江”建设。(5)大力推进一批科技惠民工程。(6)引进一批领军人才(团队)。(7)建设区域性科技创新中心。(8)建成一批标志性基础设施和文化创意载体。(9)加快发展现代商贸服务业。(10)创成全国文明城市和生态市。 （胡 瑾）

【《关于实施农民收入五年倍增计划的意见》】 2011年10月20日，由市委、市政府颁发。实施农民收入五年倍增计划，确保到2015年全市农民人均纯收入在2010年的基础上翻一番，达到23000元。十条意见是：一、促进农民就业，夯实农民增收基础。二、推动农民创业，拓宽农民增收渠道。三、加快农业转型，拓展一产增收空间。四、推进城乡统筹，提高农民各类保障。五、深化土地改革，激发农民增收活力。六、鼓励合作经营，增加农民股份收入。七、加大帮扶力度，促进低收入农户致富。八、培育新型农民，增强农民增收技能。九、增加财政投入，全力支持农民增收。十、强化组织领导，形成农民增收合力。 （胡 瑾）

【市委六届二次全委会议】 2011年12月27日，中国共产党镇江市第六届委员会第二次全体会议在一泉礼堂召开。全会总结2011年工作，研究部署2012年工作。市委书记许津荣代表市委常委会作了题为《坚定信心，稳中求进，全面加快现代化建设进程》的报告。

2012年工作的总体要求是：继续坚持“人才引领、创新驱动、绿色增长、和谐共享”，全面落实“六个注重”，深入实施“八项工程”，在加快转型中保持经济社会又好又快发展，

2012年工作的奋斗目标是：地区生产总值增长12%；固定资产投资增长22%；地方一般预算收入增长25%；社会消费品零售总额增长17.5%；实际利用外资增长10%，进出口总额增长12%；服务业增加值占GDP比重43%；研发支出占GDP比重2.4%；高新技术产业产值占比45%；城市化水平达到64%；单位GDP能耗、主要污染物排放削减率完成省下达任务；城市居民人均可支配收入增长14%，农民人均纯收入增长16%。 （胡 瑾）

组织工作

【概况】 2011年，镇江市组织工作以创先争优为载体，以改革创新为动力，全面抓好选干部配班子、建队伍聚人才、抓基层打基础工作，为加快转型升级、推动跨越发展提供坚强的组织保证和人才支撑。

组织辖市(区)委换届工作，63名新一届辖市(区)委领导班子成员全部高票当选。指导乡镇完成党委换届任务，40个乡镇共选举产生党委委员373名，乡镇党委严肃换届纪律情况问卷调查知晓率、换届风气民主测评满意率均为100%，辖市(区)党委严肃换届纪律情况问卷调查知晓率、换届风气民主测评满意率分别为100%和99.2%，市本级党委严肃换届纪律情况问卷调查知晓率、换届风气民主测评满意率分别为97.5%和99.8%，《镇江市严肃换届纪律工作成果汇编》在中央组织部展出。

落实村级“四有一责”建设行动计划，抓好“双强”型村党组织书记建设，配备“双强”村干部1769名，“双强”村党组织书记479名，配备率达78.6%。加强党建文化建设，按照“一社区一品牌”要求，实现社区党建文化全覆盖。推进非公企业党组织组建工作，新建党组织企业数3674个，全市非公企业党组织组建率达到80%，发展新镇江青年入党积极分子1786人。启动党建工作信息化综合服务平台建设，实施远程教育“双创双增双提高”活动，完成演播室改造、“镇江远教网”改版等工作。

做大做响“331计划”品牌，形成人才集聚效应。全年共有251个人才(团队)申报，78名人才通过评审获得资助，资助总额达到8220万元，带动引进高层次人才269人，其中博士149人，两院院士4人。新入选国家“千人计划”4人，新引进4人，列全省第四；新入选省“双创计划”37人，列全省第三，高端人才数量居全省前列。选派2名企业负责人分别赴英国牛津大学和美国斯坦福大学学习深造，分5批推荐100名高层次人才参加清华大学、北京大学、人民大学和全省高层次人才专题研修班，新增12人入选首批“省产业教授”，25人入选首批“省科技企业家”，推荐新一批32名高校专家教授到辖市(区)任职。

制定《关于加快培养选拔年轻干部

的实施意见》，提出实施“155”年轻干部成才计划。首次采用无领导小组讨论方式选拔领导干部，从市级机关、事业单位公开选拔12名优秀年轻干部到镇（街道、省级工业园区）任职，从辖市（区）调任12名优秀年轻干部补充进市级机关。采用市县联动方式公开选拔12名副处职、53名副科职干部。提前一年完成“一村一社区一名大学生”工作，推进大学生村官培养选拔“四百工程”，即：重点培养选拔百名县、乡后备干部人才，百名村（社区）“两委”主要负责人，百名创业富民带头人，百名社会管理人才。开展市管后备干部与困难群众结对结亲活动，每名后备干部与1～2户困难群众结对结亲。

2011年，对3名领导干部进行“三责联审”，8名领导干部进行经济责任审计，69名县处级干部填写个人有关事项报告表。在部分辖市（区）和市级机关探索推进扩大干部工作信息公开试点工作。做好军转安置和援藏援疆干部人才管理服务工作，接收培训农四师派出党政干部、专业技术人才52名。严把出国（境）政审关口，办理县处级以上领导干部出国（境）审查85人次，赴台审查23人次，备案75人次。加强公务员队伍建设，公开考录公务员和参照管理事业单位人员337名，选派102名年轻公务员到基层进行为期1年的挂职锻炼。推进国有企业“四好”领导班子创建工作，实施省企业高级职业经理人任职资格培训与认证（镇江）班。 （缪立新）

【公开选拔12名年轻干部到基层任职】 2011年9月，市委组织部从市级机关、事业单位公开选拔12名优秀年轻干部到镇（街道、省级工业园区）任职，其中6名任镇长（主任），6名任党（工）委副书记。邀请省委组织部公选办、省委党校等单位的专家组成命题专家组，首次采用无领导小组讨论方式进行面试，同时加入适岗分析环节，根据候选人的教育背景、专业基础、技术职称、技能专长、工作业绩等，看其履行岗位职责的能力水平是否真正达到，根据候选人的学习能力、素质缺陷、性格气质等，看其上岗后应对工作挑战、弥补自身不足的可能性及职业发展空间大小等，做到好中选优，优中选强，强中选适。 （综干处）

【市县联动公开选拔年轻干部65名】 2011年12月，面向镇江市各类党政机关、企事业单位公开选拔副县（处）级领导干部人选12名、副乡（科）级领导干部人选53名。

公开选拔共采取报名与资格审查、笔试、履职评价、面试、民主推荐、差额考察、差额酝酿、差额票决、公示等环节。市公选办负责组织笔试和面试，其他程序由各地自行组织。做到“四个注重”，在制度设计上注重方案的科学性；在考试环节上注重考官的权威性；在操作过程上注重工作的创新性；在考察环节注重全面考量、综合比选。 （青年干部处）

【实施大学生村官培养选拔“四百工程”】 2011年，镇江市将大学生村官培养选拔工作的重心由日常的选聘、管理向培养选拔转移，实施大学生村官培养选拔“四百工程”。

建立8个不同类型的创业富民实践培训基地，分类举办社会管理型、创业富民型、为民服务型等培训班；县级重点开展大学生村官适岗培训和乡科级后备干部人才培训，市级重点培训县处级后备人才、“两委”主要负责人、创业富民带头人和社会管理工作人才。建立起110人的县、乡后备干部人才库，16人担任村（社区）“两委”主要负责人，13人进入乡镇（街道）党政领导班子，406人担任村（社区）党组织副书记。 （朱海生）

【《党建之窗》被评为“全国城市十佳党刊”】 2011年10月，《党建之窗》在全国城市党刊研究会第20届年会上被评选为“全国城市十佳党刊”。《党建之窗》创刊于1984年，是由中共镇江市委组织部、镇江市党的建设学会联合主办的内部资料性刊物。《党建之窗》在坚持为党内刊物的“喉舌”“阵地”功能外，突出“组工资讯传递平台，党员干部知识学堂”的作用。 （刘春安）

【老干部工作】 2011年，全市离休干部总数1832人，平均年龄84.2岁，市直离休干部平均年龄83.3岁。全市离休干部年龄最大的102周岁，年龄最小的75周岁。市直离休干部年龄最大的99周岁，最小的75周岁。市直离休干部90岁以上92人，80～89岁791人，80岁以下103人。市直机关离休干部90岁以上28人，80～89岁213人，80岁以下31人；事业离休干部90岁以上30人，80～89岁214人，80岁以下27人；企业离休干部90岁以上34人，80～89岁364人，80岁以下45人。

2011年，镇江市老干部局向老干部传达文件12次，组织阅文83个工作日，参加人数达400多人次，编印6期《老干部时政学习资料选编》。多次召开情况通报会，向地市级老干部通报镇江市经济建设、城市建设、农业和农村工作等情况。举办四期离退休干部“余热生辉、共建和谐”双月教育讲座，分别邀请省委和市委党校教授，为干部作《中国共产党的九十年》《社会政策和社会管理创新》等专题讲座。召开镇江市“五好”离退休干部党支部和“四好”离退休干部党员表彰会，授予市政协机关老干部党支部等16个离退休干部党支部“全市先进离退休干部党支部”荣誉称号；授予朱春方等25名离退休干部“全市离退休干部先进个人”荣誉称号。10月份举办离退休干部党支部书记培训班，为全市100名离退休干部党支部书记作“胡锦涛七一讲话辅导”“镇江市跨越发展和经济转

表4－1

2011年镇江市离休干部分布表

单位：人

地区	离休干部总人数	参加革命工作时期				享受待遇情况							
		红军时期	抗战前期	抗战后期	解放战争时期	副省长级医疗待遇	享受地（厅）级待遇	享受副地（厅）级待遇	享受地（厅）级医疗乘车待遇	享受副司局级医疗待遇	享受县（处）级待遇	享受副县（处）级待遇	享受科级及以下待遇
镇江市	1832	3	143	315	1371	7	4	100	122	264	17	643	675
市直单位	986	3	90	166	727	7	4	70	95	113	17	401	279
丹徒区	165	–	10	35	120	–	–	8	1	36	–	50	70
京口区	69	–	4	16	49	–	–	5	1	15	–	28	20
润州区	39	–	–	4	35	–	–	1	3	–	–	15	20
镇江新区	21	–	3	4	14	–	–	–	–	7	–	5	9
丹阳市	290	–	13	48	229	–	–	9	13	43	–	62	163
句容市	175	–	16	26	133	–	–	5	2	36	–	58	74
扬中市	87	–	7	16	64	–	–	2	7	14	–	24	40

（陈 红）

型研究及现状”“国际国内经济形势”辅导培训。完善有特殊生活困难离休干部帮扶工作机制，对46名离休干部及遗属实施帮扶。提高离休干部的人均医药费统筹标准，较上年增加5000元，达到每人每年27500元。为全市1832名离休干部提高护理费标准和增发一个月生活补贴，同时下发《关于调整离休干部护理费标准的通知》等8个有关提高离退休干部待遇的文件。在20个社区建立105支专业家庭医生团队，定期上门为离休干部提供医疗保健服务，为每位离休干部建立健康档案。依托市“老来乐”养老服务信息平台，与80名离休干部签订协议建立试点老干部居家养老服务体系。下发《关于利用社区资源做好离退休干部服务工作的意见》，为离退休干部提供“四就近”服务工作提供政策保障依据。建立老干部看病就医“绿色通道”机制，方便老干部看病就医。举办庆祝建党90周年系列活动，在《镇江日报》开设“我入党的那一天”专题栏目，刊登20位离休干部入党回忆史。举办老干部“爱党、颂党、跟党走”书画摄影集邮展，展出书画作品165幅，摄影70幅，邮品640枚，开展“铭记历史丰碑、教育青年一代”征文活动，编印老干部回忆录。参加全国老干部“与党同呼吸、共命运、心连心”征文活动，有17篇获奖受到中组部表彰。参加全省争做“四好”离退休干部党员网上签名承诺活动，全市有5300余名离退休干部党员进行网上签名。利用《镇江日报》《老干部时政学习资料选编》、镇江老干部网站等载体，宣传全市“五好”离退休干部党支部和“四好”离退休干部党员的先进事迹，重点宣传在支援四川绵竹灾后重建中受到省委、省政府表彰的退休干部赵亚夫和受到中国老区建设促进会表彰的退休干部戚中立等先进事迹。 （陈　红）

【市级机关党的工作】 2011年，市级机关有机关基层党组织90个，其中机关党委35个，党总支21个，党支部34个；党员8118名，其中预备党员198名，女党员1930名，占党员总数23.8%，少数民族党员90名；有大专以上学历党员6313名，占党员总数77.8%；35岁以下党员1170名，占党员总数14.4%；离退休党员2062名。

组织社会各界5000人评议81个机关部门、1800名企事业单位评议人员评议38个重点处室的活动。对考核序列和评议人员数量权重作重大调整，年底首次启动万人评议市级机关活动。4月，举行机关工作人员集体宣誓活动，市四套班子领导及80个市级机关单位的2000多名工作人员向党和人民作出创先争优、为民服务的庄重承诺。

制定和修改《市级机关党组织目标管理实施细则》，年底依据《细则》对市级机关各党组织实施考核。在学习贯彻《中国共产党党和国家机关基层组织工作条例》（以下简称《条例》）工作中，组织由机关党组织书记或副书记、组织委员、各辖市（区）机关工委书记近200人参加的全市党务干部培训暨《条例》专题学习培训会，邀请朱开宝、朱云峰作机关党建工作经验交流，特别邀请省委省级机关工委副巡视员杨庆国同志对《条例》及省《实施办法》作专题辅导。开展调研活动，撰写的《深入贯彻条例创新工作机制推进机关党建科学化》一文，先后在连云港召开的全国第23届城市机关党建交流会和南京经济区18城市机关党建交流会上交流。

采取典型引路的方法放大市级机关已有的省、市、县级廉政文化示范点的示范效应，共培植廉政文化先进单位7个，廉政文化示范点163个，其中省级7个，市级67个，县级89个。牵头全市的廉政文化“进机关”活动，在廉政文化“六走进”中被市纪委评为优秀组织奖。落实党务公开六项制度，落实“三重一大”决策事项的公开，建设党务公开网页，建立新闻发言人制度，发挥机关党组织在推进本单位党务公开工作中的积极作用。

组织市级机关各部门迎新年长跑、党员干部祭扫革命先烈、植树造林、健康饮食讲座等活动；举办38个代表队近200名运动员及辖市（区）的7个代表队参加的“公仆杯”乒乓球邀请赛；组织市级机关代表队参加市第二届“金山湖国际龙舟大赛”，在总决赛中荣获第三名。

履行联席会议成员单位职责，在市级机关党组织中做好脱贫攻坚“四争”活动的指导协调工作。104个部门（单位）帮扶50个村2011年累计走访332次，落实帮扶项目121个，帮扶资金1231.376万元，帮助低收入户944户2203人，帮扶资金219.8405万元。

组织市级机关党员干部开展“每周奉献一小时活动”，在镇江创建全国文明城市期间，1000多名机关志愿者全天候在28条主干道清扫保洁、文明劝导。组织“献爱心送温暖”和“慈善一日捐”捐款活动，筹集善款795.6万元。

（阮振坤）

宣传工作

【概况】 2011年，镇江市宣传工作开展“读《苦难辉煌》、建美好镇江”“在新起点开创富民强市和基本现代化建设新局面”活动，形成156篇高质量理论成果。组织《从怎么看到怎么办——2011理论热点面对面》读书征文活动，举办党的十七届六中全会精神、省第十二次党代会精神报告会，提升全市党员干部服务跨越的本领。出台《学习型党组织、学习型领导班子建设百分考核细则》，选树十大学习型党组织示范点，举办学习型党组织示范点建设现场推进会。全年举办“领导干部新知识讲座”11期，“市民大讲堂”11讲。开展“建党90周年”“辛亥革命100周年”庆祝活动。在媒体上开展“红色记忆，辉煌历程”新闻行动，在网络上开展“红色足迹、辉煌传奇”和“短信红镇江，手机传文明”红段子大赛，在“七一”前夕，举办“红心向党、放歌镇江”万人演唱会。新命名镇江消防博物馆等18家单位为市级爱国主义教育基地，组织“走基层、转作风、改文风”活动，采写报道300余篇。

关注“十二五”开局，开展“亮剑目标、给力承诺”宣传，市直89个部门主要负责人走进直播间，向社会作出承诺。典型宣传影响广泛，5月，中央重要媒体集中宣传张雅琴事迹，6月，中宣部和省委联合在人民大会堂举办张雅琴事迹报告会。《光明日报》等中央媒体对景荣春先进事迹进行多次采访和报道，景荣春作为全国教育系统先进典型在全国进行宣传。2011年中央级媒体用稿145篇，新华社内参用稿7篇、《人民日报》头版用稿1篇，《光明日报》头版头条用稿1篇，《新华每日电讯》头版头条实现“零突破”，《新华日报》头版头条用稿9篇，位列全省第一，央视《焦点访谈》3次聚焦镇江，《新闻联播》《江苏新时空》发稿量明显增长。

面向全国公开征集市文化产业发展中长期规划。举办长江草莓音乐节，在昆山和杭州举办文化产业项目信息发布会，举办镇江市第三届文化产业招商项目集中签约仪式，签约项目16个，总投资117.8亿元。2011年文化产业增加值比江苏省提前一年实现占地区生产总值5%的目标。举办文化嘉年华、欢乐家园文化惠民活动，以“唱响红色经典”“文化惠民，欢乐城乡”为主题，开展文化惠民活动22项300多场。举办“HI－FI西津渡”镇江音乐季和第二届小戏小品大赛，组织特色鲜明的广场文化活动。实施农村电影放映“2131”工程，全年播放7457场。制作完成52集动画片《水漫金山》和人文纪录片《北固山》。举办“中国瘗鹤铭奖”书法艺术大展，打造全国一流书法艺术赛事。优化文化发展环境，公益性文化事业单位内部“三项制度”改革初见成效，镇江市被中宣部等四部门评为“全国文化体制改革先进地区”。设立“重点文化产业项目建设奖”，规范文化产业“月报、季督查、年考核”制度，制定《镇江市文化建设工程实施意见》。

建成市档案馆、科技馆、全国首家地级市道德童谣总社和全国首家道德童谣体验馆。开展未成年人心理健康万场宣讲和“七彩的夏日”活动，参加全国第二届优秀童谣评选工作，一首童谣获全国优秀奖。未成年人思想道德建设工作测评位列全国第九，镇江被中央文明委评为全国未成年人思想道德建设工作先进城市。国家八部委在镇江举办“关爱农民工志愿服务活动”启动仪式，开展第三届“大爱之星”与百姓面对面交流活动，评选产生25名第四届“大爱之星”。举办“万束鲜花送楷模”、全国道德模范与身边好人（江苏镇江）现场交流活动，开展第三届全国、全省道德模范推荐评选活动，张雅琴获全国敬业奉献类道德模范称号。强化用网管网，网络活动有声有色。以“聚焦渣土车管理”等为主题，开展13期版主沙龙。举办第四届网民节，开展“首届网络创业培训会”等活动，举办网民节颁奖典礼，2011年“网络发言人”平台收到各类意见、建议10000多条，在线回复率98.5%，问题办结率95.6%。推进“网上居委会”建设，镇江市158个社区“网上居委会”工作平台全部开通。2011年共编发网上主要舆情250多期1300多条，不定期编发舆情快报和专报30多期。发出舆情通报1000多次，协调处置负面舆情200多件，重大舆情30多件。镇江互联网运用管理“三抓、三促、三少”的经验得到上级肯定，中共中央政治局委员、中央书记处书记、中央宣传部部长刘云山到镇江实地调研，省委、省政府专门发文在全省推广镇江经验。国家互联网信息办公室、公安部、工信部在镇江召开加强互联网属地管理镇江现场经验交流会。（武卫华）

【学习型党组织、领导班子建设】 2011年，学习型党组织、学习型领导班子建设向纵深推进，注重领导干部的学习引领作用及学习典型的示范带动作用。通过“新知识讲座”专题学、会议传达及时学、走上讲台引领学、课题调研深入学、交流参观互动学、推荐书目自主学等多种方式深化领导干部学习。在全市推出市公安局、交通局等10个学习型党组织示范点，通过广泛征求意见，探索学习型党组织建设科学考评体系建设，制定《镇江市学习型党组织、学习型领导班子建设百分考核细则》，落实领导班子、领导干部述学制度。（王香莲）

【开展“读党史 感党恩 跟党走”主题教育活动】 2011年3月，全市组织“读党史”学习活动，市委书记许津荣以《读苦难辉煌 建美好镇江》一文，向全市领导干部荐读《苦难辉煌》，市委宣传部向基层党员荐读《中国共产党党史知识》，发挥党史的资政育人作用；组织“感党恩”教育活动，党员干部通过学习，撰写心得体会文章，谈感受、强党性、提境界、感党恩。开展赴爱国主义教育基地学习考察，接受传统教育；组织“跟党走”实践活动，开展“寻找身边的优秀党员”典型宣教活动，依托典型带动广大党员干部创先争优。（王香莲）

【领导干部新知识讲座】 2011年，领导干部新知识讲座坚持“围绕中心，服务大局”的宗旨，立足“新”，着眼“高端”“前沿”“精彩”，瞄准新思想、新观念、新发展，创新“菜单”选学模式，采用领导点题与部门荐题相结合的方式，邀请到单霁翔、尚重生、刘哲昕、张广春、乔晓春等名家做城市建设与文化遗产保护、加强和创新社会管理、领导干部的法治思维、经济责任审计、人口发展中的热点问题等专题报告。《领导干部新知识讲座》第三辑出版发行。（王香莲）

【理论宣讲活动】 2011年，镇江市启动理论宣讲志愿者工程，镇江市注册志愿者322名，组织百名理论志愿者，开展百场理论宣讲活动，做到党的创新理论前进一步，理论大众宣传就跟进一步，向基层扎根一步。组织学习胡锦涛同志“七一”讲话精神、“贯彻六个注重、实施八项工程、推进两个率先”、学习贯彻党的十七届六中全会精神、贯彻省委第十二次党代会精神四场大型报告会。（王香莲）

【党员干部冬训】 镇江市党员干部冬训工作于2011年12月启动，围绕“四个新镇江”建设、文化建设创新工程、农业现代化工程、党建工作创新工程四个专题组织开展。宣传、组织、涉农部门、街道社区等在党委统一领导下，明确职责，密切配合，形成合力，在坚持会训结合、以训为主，点面结合、统分结合的同时，探索新的培训方式，提高冬训的组织化程度，让冬训成为提高基层党员干部队伍思想政治素质和科学发展本领，增强基层党组织的创造力凝聚力战斗力的平台。（王香莲）

【推出张雅琴、景荣春等全国重大典型】 张雅琴是丹阳市新桥镇金桥村原党总支书记，自2000年担任党支部书记以来，团结带领支部一班人，引导党员群众创业致富，10年间把一个贫困村、上访村建设成远近闻名的富裕村、和谐村。2011年5月，中央主要媒体集中宣传张雅琴事迹，6月中宣部和省委联合在人民大会堂举办张雅琴事迹报告会，张雅琴事迹省内巡回宣讲报告会也分别在南京、淮安、连云港、南通等地举行。宣传江科大教授景荣春的先进事迹，《光明日报》等中央媒体对景荣春教授的先进事迹进行多次采访和报道，景荣春教授作为全国教育系统先进典型在全国进行宣传，教育部组织报告团在全国巡回演讲。（曹永忠）

【提升宣传水平】 2011年，镇江新闻媒体做好传统报道与新兴媒体的融合，“党报在线”，报网互动，关注社会热点、回应社会关切，起到舆论引导作用。电视、电台与0511网建立合作关系，请社会征集新闻线索、请人民评判节目质量，节目上网、投诉受理、回答质疑等体现“开门办台”的自信。组织“走基层、转作风、改文风”活动。从9月开始，动员新闻媒体调查研究，新闻记者树立群众意识、群众观点，运用群众语言采写人民群众喜闻乐见的作品。共发表贴近群众、关注基层的报道300余篇。（高小琪）

【镇江成为全国文化体制改革先进地区】 2011年5月，镇江市被中宣部、国家文化部、国家广电总署、新闻出版总署联合评定为全国文化体制改革工作先进地区，全国12个省72个地级市获此殊荣。2010年以来，制定市直相关单位和辖市（区）文化体制改革工作路线图、时间表和任务书，以“文化嘉年华”为核心，举办“长江迷笛音乐节”“HI-FE西津渡”“欢乐家园”“文心讲堂”等文化惠民活动，《诗话镇江》《血色沉香》《三国龙凤呈祥》等一批作品走向全国。2010年，组织送戏下乡278场，送书下乡86433册，送电影下乡8637场次，观看人数172.77万人次。实现全市村镇、社区文化站室、农家书屋全覆盖，全市万人拥有公共文化设施面积列全省第四。体制改革催生产业活力，带动镇江市文化产业的快速发展。2010年全市新增文化产业投资36.65亿元，增长102.63%；实现营业收入311.54亿元，增长28.95%；实现增加值76.49亿元，增长30.8%。（朱巍巍）

【第三届文化产业招商】 2011年11月

9～10日，镇江市在昆山、杭州举行文化产业招商项目信息发布会，发布文化产业项目34个项目，涵盖未来5年文化产业发展的所有重点，来自台湾、香港、上海、杭州、苏州等地的近300名客商参加发布会。12月29日，投资总额118亿元的16个文化产业项目在镇江正式签约，涉及文化旅游、影视娱乐、网络文化、动漫软件、出版物发行、版权产权、包装装潢印刷等多个门类。2011年，镇江重建文宗阁、北固楼、云台阁、南山琴房，接续城市历史文脉。推进全市52个总投资314亿元的重点文化产业项目，建成米芾书法公园一期、睿泰总部基地、亿兆软件园等14个文化产业项目。全年新增文化产业投资65亿元、增长70%，文化产业增加值占地区生产总值比重突破5%。 （朱巍巍）

【镇江文化发展绩效考核评价综合指数列全省第三】 2011年10月，在省委宣传部和省统计局组织的文化发展绩效综合考核中，镇江市综合指数为85.68，位居全省第三，较2008年提升两个位次。其中文化发展指数为36.59（位列全省第三），政府投入指数为8.21（位列全省第九），文化服务指数为25.11（位列全省第四），文化消费指数为15.77（位列全省第八）。2010年，镇江市文化产业营业收入311.54亿元，增长29%；实现增加值76.49亿元，增长30.8%；实现“县有两馆（图书馆、文化馆）、镇有一站（文化站）、村有一室（文化室）”的基层文化设施建设目标。全市53个乡镇（街道）文化站、600个行政村和226个社区文化活动室全部建成，农家书屋在全市所有行政村实现全覆盖。 （朱巍巍）

【“红心向党，放歌镇江”万人演唱会】 2011年6月30日，镇江市在新行政中心南广场举行《红心向党 放歌镇江》万人演唱活动。演唱会共有11个方阵，参演人数近万人。活动以各界群众为主体，围绕“没有共产党就没有新中国”的主题，借助音、诗、歌这一艺术形式，着力体现群众性、区域性和时代性，激发广大市民的爱国主义思想以及对社会的使命感、责任感和荣誉感，推进镇江发展新跨越。 （戴 静）

【全国加强互联网属地管理镇江现场经验交流会召开】 2011年12月9～10日，由中央外宣办、国家互联网信息办主办的全国加强互联网属地管理现场经验交流会在镇江召开，国家互联网信息办，公安部，工信部以及各省、市、自治区宣传部，公安厅（局），通信管理局等部门相关领导约200名代表参加会议。会议要求学习和借鉴镇江经验，搞好互联网属地管理，推动社会主义文化大发展大繁荣。中宣部副部长、中央外宣办主任、国务院新闻办主任、国家互联网信息办主任王晨，省委书记罗志军，省委常委、宣传部部长杨新力等领导到会并作重要讲话，工业和信息化部副部长杨学山，公安部副部长、国家互联网信息办兼职副主任张新枫，市领导许津荣、刘捍东等出席会议。镇江“网络发言人”“网上居委会”“网上派出所”“版主沙龙”等工作得到与会代表的肯定。 （束剑竑）

【编制《镇江市互联网发展状况研究报告》】 2011年3月，由镇江市委宣传部、镇江市互联网协会共同编制的《镇江市互联网发展状况研究报告》（白皮书）正式印发，该报告对2010年镇江网民规模、镇江市互联网资源概况、镇江市网民结构特征、镇江市网民上网方式、镇江市网络应用情况等方面进行全面统计和分析。白皮书显示：从普及率到应用的多项指标，镇江市均高于全省平均水平，已跻身中国互联网最发达地区。

（束剑竑）

【举办第四届网民节】 2011年10～12月，镇江市举办第四届网民节。开展全市网商大会、“团一份爱心、助微型妈妈”公益行动等12项网上网下活动，吸引近10万名网民参加。12月29日在镇江影剧院举行“荣耀2011·网络奥斯卡”镇江第四届网民节颁奖晚会，评选出“十佳网帖”“十大温情图片”“十佳文明版主”“十佳文明网民”等2011年镇江网络年度风云榜，并为获奖网民颁奖。

（丁广辉）

【镇江网友“帮奶奶卖莴苣”感动全国】 2011年4月，在全国出现卖菜难的大形势下，镇江网络一则“替奶奶卖莴苣”的帖子牵动广大网友的心，发帖人诉说70多岁的奶奶在江心洲的一亩多莴苣有可能烂在田里。4月23日，50多名网友率先行动，赴江心洲抢购莴苣。24日，由200多名网友，近40辆车辆组成的车队开往江心洲，发起大规模助农行动。该事件被全国各大媒体报道，掀起蝴蝶效应，镇江市委、市政府及社会各界均行动起来，主动尽责，形成一场全市性轰轰烈烈的爱心助农大风暴。4月30日，距离网上发帖仅10天时间，江心洲莴苣全部销售一空。该事件推动镇江形成“政府推动、网络发动、各界行动”的工作模式。

（束剑竑）

【党校教育】 2011年，镇江市委党校举办干部教育培训6期，共培训356人。包括第27、28期县处班和第7、8期中青班209人。增强培训针对性，开展干部培训需求调研，把握学员需求，形成教学实施方案和教学计划。加大理论教育和党性教育分量，有重点地开设相关课程，引导学员转变观念，开阔视野。主班次学员对教学内容、教学服务、工作指导的满意率100%。强化理论灌输、开展现场教学和案例式教学、开展课题调研和论坛讨论活动。探索建立符合不同学员特点教学新模式：对县处班培训，采用理论教育、主题教育、能力培养和党性教育“四位一体”教学；对中青班，采用理论教育、拓展训练、主题教育、军事训练、党性教育与分析、公共行政与依法行政、领导水平与领导素养“七位一体”教学；公务员任职培训，采用镇江经济社会发展、公共管理与素质提升“三位一体”教学。分批组织骨干教师和优秀年轻教师到中央党校、国家行政学院、北京大学、复旦大学等知名院校进修培训。选派3位教师带课题到基层挂职锻炼，提高理论联系实际能力，改善师资结构，强化党校培训引领作用。邀请市委书记许津荣为第27期县处班和第7期中青班全体学员作《改进加强新形势下群众工作》专题辅导报告。加强对干部重大市情教育，邀请市长刘捍东，市委副书记张庆生，市委常委、宣传部长张洪水，市委常委、镇江新区党工委书记李小平等领导和相关部门负责同志授课。组织学员开展学习型专题调研活动，形成4集44篇调研报告，其中10余篇先后在市《调查报告》《参阅材料》及《镇江日报》刊登。2011年承担4期新疆农四师干部教育培训任务，培训干部93人，内容涉及经济建设、社区管理、宗教文化等方面。选派优秀教师赴新疆农四师开展6场次市场经济理论和知识培训，培训学员达2000多人。承担山东、安徽、浙江及省内等地党校和上海浦东干部学院委托办班任务。

2011年，市委党校共形成各级各类科研成果86项，其中省级以上刊物发表论文45项，市级报刊杂志发表论文20项；省级以上出版社正式出版著作4部、编著1部，比上年增长100%。同时，设立校本级课题34项，获得市级以上立项课题10项，其中省级6项、市级4项。有3项课题在省委党校第五届科研协作会议上被评定为重点项目，2项成果被鉴定为优秀，在全省地市级党校中名列第4位。与市发改委合作开展《镇江建设山水花园城市指标体系研究》和《镇江现代化指标体系研究》两项重点研究专题。根据把镇江建设成为花园城市目标定位,与中央党校报刊社合作开展“山水花园城市建设”和“新市镇建设”两个重点课题研究,并通过中央党校和省、市专家组评审。与上海社科院合作开展《苏南与上海旅游资源整合开发与对策研究》,被省政府内参全文采用。与中央党校《学习时报》社合作开展镇江市新农村建设课题研究,在市级机关设立农村工作合作研究部门16个,在辖市(区)乡镇和街道设立调研基地72个,开展调研活动65次。针对镇江市农村科技开发现状,组织开展专题研究,形成《推进农村科技开发重点研究》课题报告。利用党校的信息资源优势,编辑发行《镇江党政干部论坛》《决策参考》《信息快车》和学员研究文集。

拥有中央党校和省委党校在职研究生5个班近400名学员,专业涉及经济学、世界经济学、国民经济、社会学等方面。与南京农业大学合作开办大学生村官硕士研究生班,有学员47人。被省委党校评为“优秀教学点”,授予招生组织奖。与南京大学等8所高校建立合作办学关系,在校生1200多名。被江苏省教育厅评为“江苏省成人教育优秀校外教学点”。被外经贸大学和华东师范大学分别评为“招生先进单位”,授予招生进步奖;被哈尔滨工业大学、外经贸大学分别评为“学习支持先进学习中心”,授予环节管理奖、招生专项奖。承接各类社会办班150多个,培训人才15000多人次。 (张文斌)

纪检监察

【概况】 2011年,镇江市各级纪检监察机关加强对转变经济发展方式、市县乡三级党委换届和对口援疆等工作的监督检查,督查推进文明城市、生态城市、创业型城市创建工作,组织开展对菜市场建设、保障性安居工程和交通畅通工程等各项惠民工程的专项督查,对涉及行政许可审批的87项前置性中介服务进行集中清理,控减涉企收费的做法被评为全省减轻企业负担工作创新奖。建立电子监察中心、“12345”政府便民服务热线、行政服务中心“三位一体”的监察平台,受理投诉49件,办结率100%。坚持机关作风建设日常考核,抽查行政案例2326件,对决策失误、工作失职、监管不力造成不良后果的31名党员干部实行问责追究。

2011年,全市纪检监察机关接收信访举报654件(次),查处违纪违法案件283件,给予党政纪处分272人,其中县处级干部5人,乡科级干部22人。在全省率先建立查办案件重要环节监控机制,确保严格按程序和规定办案。把问责案件纳入审理范畴,制定《对交办案件和实施问责进行审理的暂行办法》,编制模拟案卷,保证办案质量。发挥典型案例的治本功能,通过警示教育,建章立制,起到源头预防腐败的作用。

建立反腐倡廉教育长效机制,出台《镇江市加强领导干部反腐倡廉教育的意见》,探索建立网上廉政教育平台,拍摄制作《活在百姓心中的好村官》——张雅琴先进事迹廉政教育片在全国发行,与江苏大学联合成立市反腐倡廉建设研究中心,建成省级廉政文化示范点7个,列全省第二;健全权力运行监控机制,推进行政权力网上公开透明运行,全年上网运行权力事项89万件;建立政府采购商品价格信息库,加强监测管理,2011年比市场价节约2100多万元;完善重点工程、重大项目、重要领域审计监督制度,审计发现案件线索13个。组织开展反腐倡廉重要制度执行情况抽查,保证制度执行的刚性。

解决征地拆迁、食品药品安全、环境保护、安全生产等方面存在的突出问题。推进工程建设领域项目信息公开和诚信体系建设,在全市开展10个行政执法部门和8大民生行业民主评议活动,排查和整改问题1129个。开展市级机关20个部门通过互联网面向社会公开述职述廉。全面推广村干部“勤廉指数”测评工作,基本实现农村基层党务村务公开、村务监督组织建设和农村集体资金资产资源信息化监管“三个全覆盖”。坚持用群众工作统揽信访举报工作,建立群众合理诉求表达、信访举报督查快办、矛盾纠纷排查化解等五项机制,全年信访总量同比下降20.5%,赴省纪委上访下降28.6%。

完成市县乡三级纪委换届工作,建立健全纪委常委会班子学习调研、议事决策、联系群众、党务公开和廉洁自律等五项制度。认真学习贯彻省、市党代会精神,集中三个月在全市纪检监察系统开展“服务发展、执纪为民”主题教育活动。全面落实加强基层纪检监察组织建设四个指导性文件(《关于进一步加强农村基层纪检监察组织建设的意见》《关于进一步加强省级以上开发区纪检监察组织建设的意见》《关于进一步加强省属企业和省属金融机构纪检监察组织建设的意见》和《关于在非公有制企业开展党的纪律监督试点工作的意见》),探索非公有制企业纪检组织建设的有效途径,健全纪检监察组织网络,扩大党的纪律监督工作的覆盖面。 (王 勤)

【镇江市反腐倡廉建设研究中心成立】 2011年12月30日,镇江市反腐倡廉建设研究中心在江苏大学正式挂牌成立。该中心立足江苏大学,面向全市,借助江苏大学雄厚的理论人才和资源优势,开展反腐倡廉理论研究,参与全市反腐倡廉相关法规及规章制度的研究起草,为全市反腐倡廉建设提供决策服务。研究中心实行双主任制,分别由校、地双方领导担任主任,日常办公地点设在江苏大学文法学院。 (王 勤)

【构建“三位一体”服务监察平台】 2011年,在充分发挥电子监察中心、“12345”政府便民服务热线、行政服务中心各自作用的同时,实现三者之间的互联互通,建成电子监察中心、“12345”政府便民服务热线、行政服务中心“三位一体”服务监察平台。电子监察中心能够对“12345”政府便民服务热线受理的投诉、派送的电子工单和部门办理情况进行监察和督查督办;服务对象通过“12345”政府便民服务热线可以查询到行政服务中心所有审批事项的受理条件和事项办理的实时情况。“三位一体”服务监察平台建成以来,“12345”政府便民服务热线群众满意率99.9%;市行政服务中心委托第三方回访办事人,满意率98%以上。 (王 勤)

【启动政风行风热线“四位一体”联动工作】 2011年,镇江市创新政风行风热线播出方式,全面实施政风行风热线“四位一体”全媒体联动,制定下发《政风行风热线“四位一体”全媒体联动工作实施意见》。按照选题联动、播出联动、督办联动要求,全面启动电视、报纸政行风热线专题(栏)节目,拓展政风行风热线覆盖范围,畅通群众反映问题、表达合理诉求的渠道,实现全媒体联动、全天候受理、全方位覆盖、全过程督办。2011年累计受理各类咨询投诉1822件,办结1768件,回复率100%,办结率97%以上,部门上线直、重播共82期,上线率100%。镇江市“政风行风热线”被评为全省广播电视“十大优秀专栏”。

(王 勤)

【开展十大行政执法部门和八大民生行业民主评议政风行风活动】 2011年6月,在镇江市公安(含交警)、国土、环保、住建、交通、国税、地税、工商、质监、安监等10个执法部门开展政风行风民主评议。聘请由社会各阶层、各界人士组成的评议员 260 人，发放问卷 3 万余份，在镇江纠风网开通网络评议专栏，组织市本级、辖市区、乡镇（街道）三级现场评议 87 场，现场评议代表60%以上由基层群众组成。组织 30 名市级行风监督员，采取听汇报、查案例、明查与暗访相结合的方式，对参评单位进行验收式评议。10 月，在自来水、供电、燃气、通信、有线电视、银行、保险、公交等 8 个与人民群众居住、出行和家庭生活密切相关的公共服务行业开展民主评议行风活动。以“服务优质、经营规范、管理严格、群众满意”为标准，对 8 大行业所属部门和单位行风建设状况进行综合评议，解决各相关部门行业风气中存在的突出问题，加强和规范行业管理，纠正损害人民群众利益的不正之风。（王　勤）

统战工作

【概况】 2011 年，镇江市委统战部紧贴全市中心工作，引导统一战线成员为“加快转型升级、推进跨越发展”献计出力。组织市各民主党派、工商联和无党派人士围绕“实施人才强市战略、推动产业转型升级”“加强社会管理促进社会和谐稳定”等课题，广泛调研，献计献策；鼓励党外人大代表、政协委员参政议政，提出各类提案议案 100 余条；办好《党派建言》内刊，上报建设性意见建议 30 余条。贯彻落实中发〔2010〕16 号文件精神，加强新形势下工商联工作，召开全市社区商会建设现场推进会。帮助非公企业解决有关难题，设立互助担保资金为中小企业发展和个人创业提供资金支持，编撰印制《镇江市行业发展报告》，促进非公企业加快转型升级。加强对市侨联和台联的指导工作，协调指导市侨、台联开展侨企、台企大走访活动，为企业发展提供帮助。协助召开镇江市台湾同胞第七次代表大会，选举产生镇江市台湾同胞联谊会第七届理事会及其领导班子。坚持以乡情亲情友情为纽带，加强与海外重要商团和港澳台知名人士及重要社团的联系和交流，宣传镇江、推介镇江。

推进多党合作事业深入发展。2011 年，召开民主协商会、“双月”座谈会、情况通报会 12 次，听取民主党派、工商联和无党派人士意见建议。开展践行社会主义核心价值体系学教活动，举办“身边的典型”先进事迹报告会，7 位民主党派成员作先进事迹报告，制作 26 块反映统一战线新气象展板在现场展出，在《镇江日报》刊登统一战线代表人物风采展，组织民主党派负责人赴福建古田会议旧址考察接受革命传统教育，举办“同心”书画展，引导统一战线广大成员与中国共产党同心同行。协助市委制定下发镇江市党派换届工作文件，市委常委会议就民主党派换届工作，进行专题研究。召开民主党派换届工作协商座谈会，协助民主党派完成换届工作。全年各民主党派发展新成员 152 人。截至 2011 年底，全市共有民主党派成员 2677 名。

推进“民族团结进步创建”活动，加大对民族村建设的扶持力度，推进社区民族工作，协助召开全市第四次民族团结进步表彰大会。会同镇江市宗教局联合开展“乱建寺庙和露天宗教造像”专项治理活动，规范宗教场所和宗教活动管理。推进创建“和谐寺观教堂”活动，召开镇江市创建和谐寺观教堂经验交流会，探索宗教服务镇江跨越发展的新举措。金山江天禅寺、茅山道院获“全国创建和谐寺观教堂先进集体”称号，茅山道院被评为“全国第一批宗教爱国主义教育基地”。

2011 年，4 名党外干部通过差额选任走上领导岗位。截至 2011 年底，镇江市有 70 名党外县处级领导干部，其中 4 名党外干部担任政府部门的行政正职。对党外人大代表和党外政协委员履行岗位职责和参政议政情况进行专题调研，为 2012 年全市人大、政协换届人事安排工作做好准备，制定《2011～2015 年镇江市党外代表人士教育培训实施意见》。

开展统战系统社会管理创新工作，研究制定《关于统战系统社会管理创新工作的实施意见》。召开镇江市各民主党派、工商联、无党派人士庆祝建党九十周年座谈会，组织民族宗教界举办书画展、玄门讲经和国情教育讲座。全年被中央和省录用信息 70 多条，在《镇江日报》推出专版、专题 8 个，被市以上新闻媒体录用稿件 120 余篇。2011 年，市委统战部先后获全省统战信息工作三等奖、镇江市“跨越发展有功单位”“市级文明机关”“全市民族团结进步模范集体”“五五普法先进单位”等称号。（韦丹启）

【开展“同心工程”实验区建设】 2011 年 5 月，市委统战部在茅山老区句容市茅山镇袁相村设立镇江市统一战线“同心工程”实验区，动员组织统一战线各党派、各团体、各阶层和各界人士采取捐赠资金、实施项目、技能培训、示范带动等多种方式，帮助当地农民群众脱贫致富。落实水利设施、路网建设资金 100 多万元，拓宽袁相村主干道 3.8 公里；引进林地养鸡技术，采取“公司＋合作社＋农户”模式，促成 10 万只乌骨鸡生态养殖项目进村落户；组织统一战线成员开展送医、送药、送技术、送文化下乡等社会服务活动，赠送电脑，建立“同心”网站，捐献医疗设备，援建村卫生室，组织大型义诊活动，为 42 名重病患者建立医疗档案，与 15 名贫困学生开展结对助学，与 38 户特困家庭开展结对帮扶活动，全年共捐赠扶贫资金 21.6 万元。“同心工程”实验区建设已申报全国统战工作实践创新成果。（韦丹启）

【创新社会管理　实施“八项工程”】 2011 年，镇江市委统战部制定《关于统战系统社会管理创新工作的实施意见》，决定在全市统战系统实施“八项工程”：“同行”工程——发挥民主党派参与社会管理工作的独特作用，“和融”工程——加强对少数民族群众的服务和管理，“引导”工程——积极促进宗教与社会管理创新相适应，“光彩”工程——激发以非公经济为主体的新社会阶层承担社会管理责任的热情，“金桥”工程——汇聚海内外同胞支持社会管理创新的力量，“强基”工程——完善基层统战工作社会管理服务体系，“同心”工程——打造统一战线社会管理创新的品牌，“人物”工程——保障统战干部和党外干部队伍建设可持续发展。（韦丹启）

【协助民主党派完成换届工作】 2011 年，市委统战部分析新一代民主党派代表人物的结构和特点，协助市委制定下发镇江市党派换届工作文件，成立市委换届工作领导小组、统战部协助小组和各民主党派监督小组，保证换届工作有序推进。强化对民主党派换届的政策阐释，制作印发《换届纪律宣传手册》，营造风清气正、团结鼓劲的良好换届氛围。11 月 16 日～12 月 22 日，镇江市民革、民盟、民建、民进、农工党、致公党和九三学社分别召开换届大会，完成换届工作。（韦丹启）

【举办“身边的典型”事迹报告会】 2011 年 6 月 23 日，市委统战部召开“身边的典型”——市各民主党派树立和践行社会主义核心价值体系先进事迹报告会，镇江市各民主党派市委委员、基层组织负责人和部分民主党派成员共 300 多人参加报告会，7 位民主党派代表作先进事迹报告，从不同角度、不同侧面诠释镇江民主党派成员爱岗、敬业、奉献的精神，反映近年来各民主党派自身建设的显著成效，展现践行活动开展以来所取得的重要成果。报告会反响强烈，身边统一战线成员的先进事迹，激励全市统一战线为镇江经济社会跨越发展作出新

贡献。（韦丹启）

台湾工作

【概况】 2011年，镇江市新批台资项目13个，利用台资2.88亿美元，平均项目投资规模1815万美元，超出苏南平均水平近700万美元，实际到位台资9000万美元；增资项目11个，增资总额0.54亿美元。全年累计批准台资项目1351个，协议台资68.954亿美元，实际到位台资38亿美元。指导台资企业实施转型升级，镇江奇美公司、丹阳海昌眼镜、丹徒领先电子等16家台资企业扩大投资规模，调整产业结构，由传统产业向高科技产业实现转型。镇江奇美公司率先成立新材料研究院，实现台商投资"制造在镇江"向"创新在镇江"的新突破。镇江奇美塑化科技有限公司、三斯达（江苏）环保科技有限公司、江苏荣化能源科技有限公司等3家企业成为当年新批落户的台资新兴产业。

组织招商引资活动。4月，邀请台湾上层人士、知名台资企业及全国21家台协会长共150多人，举办新能源、新材料、电子信息及文化产业等6项专题招商活动，获取各类项目信息20多个，达成物联网应用智慧电网、智慧医疗的合作及现代农业等多项合作意向；11月，邀请岛内外150多名从事或有转型文化产业意向的台商，参加镇江市"昆山文化产业项目招商信息发布会"，有30家到会台企对镇江市发布的信息表示兴趣，达成3个意向投资项目。

创新载体建设。推进丹阳天地石刻园申报海峡两岸交流基地进入待批程序，配合镇江新区申报海峡两岸新材料产业合作区，完成项目申报工作，等待审批命名。推进句容市、丹徒区申报全省台湾农业示范园工作进入审批程序。服务台企台商，开展对台资企业走访和专题调研活动，共走访台企221家，梳理汇总台商意见、建议48条，形成《当前我市台资企业面临的问题和困难及对策建议》调研报告，组织台协开展新政规讲座和对接交流活动6场次，协调处理台商、台企投诉、求助案件181起。全市组织赴台考察、交流团组67个235人次，其中处级以上27人次。邀请接待中国国民党副主席江丙坤、台湾海基会副董事长高孔廉等重要团组26个893人次到镇江参观考察。实施镇台两地人才合作培训，与台湾电电公会建立镇台两地人才培训常态化运行机制，全年培训120多人，赴台深度培训19人。11月与镇江民间文化艺术馆举办中国传说——2011海峡两岸白蛇传文化研讨会。邀请台湾中天、三立电视台等台湾主流媒体的五批记者到镇江采访，推进宣传入岛；与文广集团合作，拍摄并制作《镇江台协十五年》专题宣传片光盘1000多份，在各类媒体、杂志、网站刊登宣传报道156篇次。（章邦勇）

表4-2　2011年台湾主要团组考察访问镇江情况表

到访月日	团组及领队	参观访问内容
1月8日	台北市妇女团管家倩一行10人	参观金山、焦山景区
4月25日	台湾大学黄光国教授一行45人	参观金山景区
4月29日	台湾王显文率王氏宗亲团一行46人	到镇江祭祖并考察投资环境
4月29日	台湾海基会副董事长高孔廉率大陆访问团一行15人	出席台协换届暨成立十五周年庆典
8月20日	台湾新北市中和区区长邱垂益一行37人	参访京口、润州社区
9月23日	中国国民党副主席江炳坤一行80人	参观镇江西津渡、博物馆
11月18日	台湾中国文化大学金荣华教授等一行4人	出席海峡两岸"白蛇传"研讨会
12月4日	台湾世贸中心林国阳等一行7人	考察镇江投资环境

（章邦勇）

【市台资企业协会举办换届暨成立十五周年庆典活动】 2011年4月28～29日，市台办与市台资企业协会联合举办"镇江市台资企业协会换届暨成立十五周年庆典"系列活动。来自台湾知名行业公会以及全国各地台协会100名台商、镇江市150名台协会员、国台办、省台办、市委、市人大、市政府、市政协领导和市经信委、商务局等30多个相关部门领导共500人出席换届庆典并参加活动。在庆典仪式上，全国台企联总会会长郭山辉、市委副书记张庆生、台湾海基会副董事长高孔廉、省台办主任陈尧先后致辞。庆典仪式播放《镇江台协15年》专题片，观看以台商在镇江投资创业、经营发展和生活为素材，为镇江台协会成立15周年创作的音诗画特别节目"爱我中华、爱我镇江"专题文艺演出。共组织开展镇江投资环境推介会、台商专场座谈会、市台协会员大会、台协第四至第五届换届仪式、庆祝台协会成立十五周年庆典暨文艺演出、台资企业协会欢迎晚宴、参观游览镇江风景名胜、考察投资环境和推进洽谈合作项目等八场主题活动。（章邦勇）

【国台办领导考察丹阳天地石刻园】 2011年10月22日，国台办副主任叶克冬一行到丹阳天地石刻园，就该园申报海峡两岸交流示范基地事宜进行调研。市委常委、丹阳市委书记李茂川和省台办副主任石细云、市台办主任褚祎等陪同。叶克冬实地考察天地石刻园施工现场，并详细了解项目建设进展情况，希望相关部门把天地石刻园的石雕艺术品保护好，加紧完成展馆建设，确保天地石刻园如期对外开放。天地石刻园所展示的8000多件石刻艺术品，均由台商吴杰森捐赠，石雕藏品年代上至西汉、下至民国，主要有宗教石刻、陵墓石刻和建筑石刻等。（章邦勇）

【台湾新北市社区管理参访团到镇江市参访交流】 2011年8月20日，以中国国民党中央委员、台湾新北市中和区区长邱垂益为团长的社区管理参访团一行37人来镇江市参访交流。市台办组织召开镇江与台湾新北社区管理交流座谈会。润州区和平路街道三茅宫第一社区党委书记朱一国介绍社区的组织架构、职能和管理等方面的作法。台湾新北市议员邱烽尧对当地区公所的组织设置、里长、邻长的关系以及义工、志愿者队伍建设等问题做介绍。台湾社区管理参访团还参观金山湖景区、西津渡古街、镇江历史博物馆等地。（章邦勇）

【举办"2011海峡两岸白蛇传文化研讨会"】 2011年，由江苏省非物质文化遗产保护中心、江苏省民间文艺家协会、镇江市文化广电新闻出版局、镇江市人民政府台湾事务办公室主办，镇江民间文化艺术馆承办的"中国传说——2011海峡两岸白蛇传文化研讨会"系列活动在镇江市举办，副市长王萍出席活动并致辞。开幕式上，省文联副主席杨企鹏授予镇江民间文化艺术馆"江苏省白蛇传研究中心"铜牌。活动分为三部分：中国传说——2011海峡两岸白蛇传文化研讨会、《白蛇传传说带给我们什么样的情结》专题讲座、"白蛇情缘"综艺晚会。（章邦勇）

机构编制

【概况】 2011年，全市机构编制部门推进丹阳市司徒镇行政管理体制改革工作,试点方案于2011年12月29日获得省委、省政府的批复;按照结合实际、从紧控制的原则,对市公安局主要职责、机构设置、编制职数等进行了重新明确,于2011年11月正式出台;推进事业单位调整整合,对市文广新局、住建局、国资委等部门所属的28家事业单位调整整合,撤销事业单位建制10家,收回事业编制121名;研究制定医药卫生体制改革的政策文件及配套措施,探索加强医疗集团与社区卫生服务机构、农村乡镇卫生院与村卫生室一体化管理的办法;会同有关部门开展职业教育类学校的布局调整工作,将原各行业管理办公室所属的三所技工学校整合组建为东方技工学校,将住建部门所属的市建设学校划转给市人社局,与市技师学院实现教育资源互补,发挥职业教育资源的最大功效;在政府各工作部门完成"三定"规定执行情况自评、辖市区完成政府机构改革方案总体执行情况自评的基础上,对6个辖市(区)和市政府6个工作部门进行抽查评估;对20名党政领导干部开展机构编制责任审核,每月对近250家机关事业单位1.1万工资统发人员的信息审核工作;做好事业单位的设立、变更、注销登记和年度检验工作,全年共办理事业单位设立登记9家,变更登记133家,注销登记6家,办理事业单位年检392家;2011年4月,镇江市编办、市事业单位登记管理局出台《镇江市事业单位印章收缴、销毁管理办法》,对镇江市事业单位印章收缴和销毁的适用范围、程序做出规定,维护事业单位的合法权益。倡导机构编制调研,在全省机构编制管理研究会表彰的2011年47篇优秀论文中,镇江市有7篇入选,为全省最多,将2009年以来全市编办系统形成的40余篇有一定份量和质量的调研成果汇编成册,为市、县两级领导提供参考。2011年6月,镇江市编办表演的音舞快板《机构编制之歌》在全省机构编制系统庆祝建党90周年文艺汇演中获唯一的一等奖。2012年1月10日在北京召开的全国编办主任会议暨全国机构编制工作先进集体和先进工作者表彰大会上,镇江编办被中央编办、国家人社部联合授予"全国机构编制工作先进集体"荣誉称号。 (吴业辉)

【江苏省编外用工管理工作座谈会在镇江召开】 2011年3月16日,江苏省编外用工管理工作座谈会在扬中召开。各市编办介绍本地区现有编外用工的现状和特点,分析编外用工管理中碰到的问题和困难,就加强编外用工的规范管理提出意见建议,扬中市编办就规范管理编外用工的主要做法作了交流发言。 (吴业辉)

【事业单位清理规范工作正式启动】 2011年9月23日,镇江市编办组织召开全市事业单位清理规范工作会议。全面掌握事业单位机构编制执行情况,解决事业单位机构设置不规范、编制管理不严格等问题,规范机构编制管理,优化资源配置。

清理规范的对象是全市各级各类事业单位,主要内容是清理规范事业单位机构设置和人员编制。其中,5种类型的事业单位要撤销:(1)上级决定撤销的;(2)承担的特定工作任务已完成或履行职责的法定依据已消失的;(3)无正当理由,批准设立一年以上未正式组建或未开展工作的;(4)两年以上无正式在编工作人员,由其他单位人员或编外人员开展工作的;(5)未按机构编制管理规定擅自设立的。3种类型的事业单位要整合:(1)职责相近、重复设置、设置不合理的;(2)设置过于分散、编制规模过小以及不具备法人条件长期未进行事业单位法人登记的;(3)因举办单位撤并或职责调整,需相应进行合并调整的。对撤销的事业单位,收回全部编制;对整合的事业单位和职责任务萎缩以及大量空编两年以上的事业单位,在保证其正常运转、满足发展需要的前提下,收回其部分空余编制。 (吴业辉)

【举办事业单位法人培训】 2011年9月26日,镇江市举办新一期的事业单位法定代表人培训班,市直200余家事业单位法人参加培训。结合事业单位工作性质和当前社会关注的问题设计培训内容,完善培训方案,确保培训工作落到实处,取得实效。邀请江苏大学工商管理学院郭龙建教授就事业单位文化着陆这一课题做专题授课,编印《机构编制重要法规文件汇编》。 (吴业辉)

信访工作

【概况】 2011年,全市共受理群众来信4133件,其中有效来信2948件,办结率为93.5%。市人民来访接待中心接待来访群众2264批11254人次,比上年批次下降18.2%,人次下降13.8%。群众信访反映的主要诉求有:房屋拆迁、土地征用、劳动社保、环境污染、企业改制、教育卫生等民生类信访问题。

完善市处理信访突出问题及群体性事件联席会议制度。9月,调整市联席会议召集人及成员单位,在原先信访工作九个专项小组的基础上增设涉农问题专项小组,由市农委牵头负责。全年市联席会议办公室交办52件信访问题,办结率为100%。市委办和政府办共交办重点信访事项296件,办结率为85%;全年排查不稳定因素3100余件次,95%以上的信访矛盾得到化解。推进信访大格局建设。3月,市人民来访接待中心全面建成并投入使用。5月,市涉法涉诉联合接访中心在市人民来访接待中心挂牌。市国资委、人社局、国土局、环保局、住建局、公安局、检察院、法院、人大、纪委等10个部门和5个辖市(区)派员进驻市人民来访接待中心。加大热点问题调研力度。8月,市信访局联合市住建局、规划局等部门,对全市信访矛盾较为突出的拆迁回迁安置问题进行调研。开展信访工作"四无"(无进京重访、无进京集访和去省重复集访、无历史遗留信访案件、无因信访问题引发的有影响事件)乡镇(街道、开发区)创建活动,全市有79.3%的乡镇(街道、开发区)达到"四无"标准。

全市信访系统有16人先后受到江苏省信访局表彰;4月,丹阳市信访局、京口区信访局获省人力资源和社会保障厅、省信访局联合颁发的"全省信访系统先进集体"称号;句容市信访局、丹徒区信访获省信访工作领导小组授予的全省信访系统优秀集体称号;8月,市信访工作领导小组下发《关于表彰全市信访工作先进集体和先进个人的决定》(镇信组〔2011〕5号),表彰丹阳市云阳镇等45个镇江市信访工作先进集体,40名镇江市信访工作先进个人,以及20名信访工作"双十佳"人员(十佳人民来访接待员,十佳信访矛盾调解员)。9月,市人大常委会授予市信访局原局长华兴龙"镇江市人民奖章获得者"称号。

2011年,全市信访工作实现"信访形势总体平稳可控,信访积案明显减少,信访秩序继续向好"的工作目标。市信访局被市委、市政府表彰为2010年"跨越发展有功单位""2008～2010年度文明机关",被市社会治安综合治理委员会表彰为"2010年度社会治安综合治理先进集体"。12月,中央督导组对全市在领导干部接访、信访积案化解、体制机制创新等方面所取得的工作成绩给予肯定。 (谢华明)

【开展党政领导干部接访下访活动】 2011年,市委、市政府主要领导带头执行接访下访制度,定期接待群众来访,阅批人民来信,浏览政府网站,解答群众诉求,及时批示信访呈报和重要信访信息。

9 月，市委办公室、市政府办公室印发《镇江市领导干部接待群众来访深入基层下访工作办法》。要求各辖市（区）、镇江新区主要领导每周至少安排一天时间接待群众来访；市级机关主要领导每月至少安排一天时间接待群众来访；辖市（区）、镇江新区领导干部及市级机关领导干部带案下访、重点约访原则上每年不少于 4 次。活动开展以来，全市党政领导共接待群众 896 次 2200 批次，其中市领导接待 33 次 613 批次，经过领导接待，91.3% 的信访问题得到推进和化解。（谢华明）

【开展“信访积案化解攻坚年”活动】 2011 年，镇江市对信访积案，逐案明确县处级领导包案，落实“五个一”（一名包案领导、一个工作班子、一套化解方案、一份会议纪要、一套稳控措施）的推进机制，直至“案结事了”。市纪委、信访局组成信访联合督查组每月进行一次督查通报。从 6 月开始，全市信访系统开展“信访干部与信访群众一助一牵手行动”，与 67 名困难信访群众实施结对帮扶，推动问题化解，2011 年国家信访局交办的 8 件信访积案全部化解；省联席办交办的 34 件一类信访积案，已办结 31 件，办结率为 91.2%；二类信访积案 29 件，办结率为 72.4%。全年多方筹集信访救助资金，共救助帮扶 57 名困难信访群众。全市上半年自排交办 37 件信访积案，化解率 91.9%，下半年排查交办 27 件信访积案，已化解 23 件。（谢华明）

【开展“制度创新年”活动】 2011 年，镇江市信访局基层基础工作实行“四个规范”，即规范接访中心建设，加大部门联合接访力度，及时解决群众诉求；规范初信初访办理，实行接访首问负责制，细化接谈处理、交办跟踪、督办反馈等工作环节，确保群众诉求及时处理；规范信访督查督办制度，出台《镇江市信访工作责任追究暂行办法》，强化跟踪督办；规范基层基础工作，结合社会管理创新和用群众工作统揽信访工作的新要求，对各地创新工作经验进行总结、推广和规范。2011 年，全市信访系统总结推广京口区的信访代理制、网上居委会、社区网格化管理，丹徒区的“零上访村（居委会）”活动和镇江新区的省、市、区、镇四级远程视频接访系统等创新做法。（谢华明）

史志工作

【概况】 2011 年，镇江市史志办按照镇江市史志事业“十二五”规划，落实《中共中央关于加强和改进新形势下党史工作的意见》和国务院《地方志工作条例》，推进史志各项编研工作。

出版《中国共产党镇江历史》第二卷（1949～1978），开展征集市级老领导口述史资料工作，为党史三卷本编撰做准备。推进二轮修志工作，完成分纂稿 37 卷，修订并上报市志总纂篇目。加大对辖市（区）业务指导力度，组织召开《丹阳市志（1986～2005）》终审评审会议，完成《扬中市志（1986～2006）》总纂篇目的审核和意见反馈。完成《江苏省志·市县概况》和《汶川特大地震江苏援建志》镇江市部分志稿编写、审稿及上报工作。编撰出版《镇江年鉴（2011 总第 20 卷）》，召开《镇江年鉴》创刊 20 周年纪念会，总结经验，表彰先进。开展史志工作进社区、进广场、进学校、进军营、进乡镇、进企业活动，扩大史志宣传面。编发 6 期《镇江大事记》，记录全市大事要事及发展动态，供市领导和各部门参阅。完善镇江市史志办公室网站的维护和更新工作，提高资源共享程度。2011 年，《镇江年鉴（2010）》获得第五届全国年鉴编校质量检查评比特等奖。市史志办被市委、市政府授予 2008～2010 年度文明机关称号，机关党支部获 2010 年度市级机关先进党支部称号。（缪　丹）

图 4-1　市长刘捍东（右二）接待信访群众　（谢华明）

【《中国共产党镇江历史》第二卷（1949～1978）出版】 《中国共产党镇江历史》第二卷（1949～1978）历经四年的编纂，于 2011 年 6 月由中共党史出版社出版。全书 30.5 万字，分“建立和巩固人民政权及向社会主义过渡实现”“在全面开展社会主义建设道路上艰辛探索”“‘文化大革命’十年内乱”“国民经济和各项事业在徘徊中前进”等 4 编 20 章，采用章节体，分编、章、节、目，以记述为主，史论结合，集中反映中共镇江地委在镇江解放以来至党的十一届三中全会召开的近 30 年间，在中国共产党领导下，把党和国家的大政方针与镇江的具体实际相结合，带领镇江人民进行社会主义革命和社会主义建设，不断探索社会主义建设道路的奋斗历程，实事求是地研究和总结在探索社会主义道路过程中的经验和教训。这是镇江市史志办继《中国共产党镇江史（第一卷 1919～1949）》正式出版后，推出的第二本中共镇江地方史著作。6 月 27 日，市委举行该书首发座谈会。（缪　丹）

【召开《镇江市志（1983～2005）》总纂篇目评审会】 2011 年 9 月 28 日，江苏省地方志办公室在镇江组织召开《镇江市志（1983～2005）》总纂篇目评审会。市史志办主任胡振介绍《镇江市志（1983～2005）》总纂篇目的设计情况及编纂工作进展情况。评审组认为，《镇江市志（1983～2005）》总纂篇目在继承前志的基础上有所创新，门类齐全，分类科学，领属得当，内容完整，语言规范，突出改革开放主旋律，时代和地方特色鲜明，是一部较为成熟的篇目。同时评审组对《镇江市志（1983～2005）》总纂篇目统一规范、补充完善、合并调整等方面提出

意见和建议。（缪　丹）

【《清乾隆丹阳县志》整理校注出版】 2011年10月，由政协丹阳市委员会和丹阳市史志办公室承编，中共镇江市委常委、丹阳市委书记李茂川、丹阳市市长裔玉乾作序的《清乾隆丹阳县志》整理校注版本，由凤凰出版社（原江苏古籍出版社）出版。

此次整理校注出版发行的《清乾隆丹阳县志》，以1750年的《乾隆丹阳县志》共22卷为底本，立足以旧修旧并有所创新，依据现代志书出版规定，采用断句、标点、繁体改简体、附加注释、横排印刷，还专门刊载附录，增加人物简介、地名索引、文物图照、历史纪元表以及南朝齐梁萧氏大事年表等，方便当代读者阅读理解。全志共73.8万字，收录历史文物图照120余张，资料翔实，内容丰富，信息量大，全面记述清乾隆盛世及其以前丹阳县境建置沿革、自然环境、山川水流、县城状况、学校寺庙、人口田赋、物产礼典、职官名宦、文武人物、古迹陵墓、文化社会、风土人情等历史与现状。

（缪　丹）

【开展纪念中国共产党成立90周年和辛亥革命100周年活动】 2011年是中国共产党成立90周年和辛亥革命100周年。6月27日，镇江市史志办与市委宣传部、组织部、党校、社科联联合召开庆祝建党90周年座谈会，6月28日与党史学会、新四军研究会共同主办纪念中国共产党成立90周年学术研讨会。4～6月，组织并参与纪念建党90周年、辛亥革命100周年征文活动，市史志办主任胡振撰写的《精神——党凝心聚力的大政方略》获一等奖。6月，出版《镇江革命遗址》和《记忆——镇江历史上的今天》。4～7月，与文广集团联合摄制记录镇江第一个共产党员、无产阶级革命战士嵇直一生的电视纪念片《嵇直》。4～10月，与文广集团等联合摄制历史文献纪录片《诗心剑胆——辛亥革命先驱赵伯先》《铸剑为犁》等。5～7月，在新闻广播名牌节目《新闻早报》中开办《话镇江，说党史》栏目，介绍有关镇江的党史知识和革命历史故事。9月19日，在《镇江日报》上发表纪念中国工农红军第十四军军长兼政委李超时牺牲80周年文章《永远的楷模》。（缪　丹）

【《镇江年鉴》创刊20周年】 2011年是《镇江年鉴》创刊20周年。1992年4月，镇江市人民政府发布文件决定创办《镇江年鉴》，至2011年连续出版20部，总字数2274万字，累计发行5.12万册。在中国版协主办的五年一度的全国年鉴编纂出版质量评比中，《镇江年鉴》1994年获综合二等奖，1999年获综合一等奖，2004年获综合一等奖和中国年鉴奖，2009年获最高奖综合特等奖；在中国地方志系统举办的两次全国年鉴评奖中，《镇江年鉴》2004年、2010年均获最高奖综合特等奖；在江苏省地方志系统2006年和2010年举办的年鉴奖评比中，《镇江年鉴》均获得综合特等奖，并受到省政府办公厅的表彰。

11月22日，镇江市召开《镇江年鉴》创刊20周年纪念会。市史志办主任胡振作年鉴创刊20年工作报告。市政府秘书长孙晓南对全市年鉴工作提出要求。大会向连续10年以上的《镇江年鉴》工作者颁发荣誉证书，表彰《〈镇江年鉴〉(2011)》46个优秀条目（图表）。全市各部门年鉴工作分管领导、撰稿负责人、《镇江年鉴》历任主编、《镇江年鉴》特约编辑及各辖市（区）史志办代表130多人出席会议。会上还发放市史志办编印的《〈镇江年鉴〉编纂实用手册》。

（缪　丹）

【开展史志工作"六进"活动】 2011年4月至10月，镇江市史志办组织开展新一轮史志工作"进社区、进广场、进学校、进军营、进乡镇"活动，并在原有"五进"的基础上，增加了"进企业"的活动项目。将市史志办近年来编纂的《中国共产党镇江史第一卷》《中国共产党镇江历史第二卷》《镇江市志》《镇江年鉴》《京江画卷》《记忆——镇江历史上的今天》《镇江革命遗址》《京江烽火》《嵇直》《诗心剑胆——辛亥革命先驱赵伯先》《铸剑为犁》等20余种党史、地方志研究成果送进了京口区江东社区、梦溪广场、丹徒区石马中学、镇江船艇学院教练大队、句容茅山风景区管委会和江苏宝利来斯橡胶有限公司，累计赠书千余册，光盘60余张。（缪　丹）

档案工作

【概况】 2011年，总建筑面积13100平方米的镇江市档案新馆基本建成，其中库区3600平方米，对外开放区2800平方米，功能区划合理，配备现代化设施设备，实现网络数字化管理。内装、设备、家俱基本到位，弱电、空调、消防、安保等系统设施完善。句容市档案新馆基本完工，准备交付使用。市及辖市均完成档案新馆建设。档案事业列入镇江市国民经济和社会发展"十二五"发展规划。镇江市档案馆、丹阳市档案馆分别于6月10日、9月30日通过国家一级综合档案馆测评，京口区档案馆于7月19日通过国家二级档案馆测评，新区档案馆成为省档案管理四星级单位，扬中市成为江苏省首批全国新农村建设档案工作示范县。

市档案局对行政中心搬迁前各单位的特殊载体档案进行调查摸底，督查全市林权改革档案接收进馆事项。对援川指挥组255卷1917件档案进行整理，并接收进馆。全市共有22家机构改革撤并单位的档案进馆或签订代保管协议。全市档案系统共接收各类档案35000余卷（件）。2011年，市档案馆接待查档1858人次，调阅档案资料17606卷（件）。全市档案系统2011年共接待查档近17000人次，调阅档案、资料36000多卷（件），鉴定档案1183卷，划控档案9986卷，同时利用软件划控文件级档案目录，开放223318条，在触摸屏上提供查询、利用。

市档案馆征集重大活动照片档案5000多张，书画作品集、画册、党史等资料200多册。特别是征集到市政协文史办保存的大量珍贵名人手稿。编写《中国共产党在镇江》和50万字的《镇江市档案馆指南·再编》。细化《江苏档案精品集·镇江卷》编纂工作的目标任务，挑选珍贵民国档案报送省档案文化精品评选。为"大爱镇江"主题展，征集实物100多件、照片近1000张，对起草的展览效果进行修改完善并布展。丹阳市档案馆、扬中市档案馆、丹徒区档案馆、京口区档案馆4家单位被市委宣传部命名为市级爱国主义教育基地。

与镇江援疆指挥部进行对接，利用网络对援疆档案工作进行远程指导，提供档案管理软件和"档案整理跟我学"幻灯片。对大港四期等重点建设项目档案进行指导，完成全市重大建设项目档案的登记备案。全市5个乡镇成为省级档案工作管理示范镇，10个行政村成为省级档案工作管理示范村；共有60多个行政村达档案工作星级单位。对全市42家进馆单位实施年检，印发《镇江市机关档案数字化规程》。举办两期企业档案工作培训班，与国资委联合下发《关于加强市属企业档案工作的意见》，开展对全市部分国有企业的档案工作调研。镇江海事局等6家单位达到省五星级，20多家单位达省三星级和四星级，对60余家达等级满五年单位进行复查。

2011年，市馆档案全文扫描超150万页。已扫描档案全部进行准确挂接，实现内网计算机全文查阅。镇江档案信息网新增"网上查档"菜单，提供目录级档案和现行文件的查阅。建立调出档案入库情况登记表，开展消防安全培训，修订《库房管理制度》《消防安全管理细则》《档案保管制度》《档案保密制度》《鉴定销毁制度》《突发事件应急预案》。建立网络与信息安全工作规章制度和网站信息发布审批工作程序，对重要数据定期备份，通过省档案安全保密工作检查。制定档案馆搬迁工作方案，清点馆藏档案，对未规范整理的档案进行整改。对各全宗各门类档案进行排架长度、存放位置统计，对存在的问题及时修正。

市档案局馆荣获 2008 ~ 2010 年度“镇江市文明机关”称号。开展档案宣传，编印 4 期《镇江档案》，《人民日报》《新华日报》《镇江日报》《京江晚报》、镇江电视台等媒体多次报道档案工作。出台《镇江市档案法制宣传教育第六个五年规划》，建立法制宣传网络机制。176 人参加档案人员上岗培训班。通过县处级干部公推公选，产生 1 名档案局副局长；招录 1 名新公务员；提拔 1 名中层干部；1 人获省人社厅和省档案局联合表彰的先进个人称号；全市 5 人晋升档案高级职称。（吉星昇）

表 4－3 **2011 年镇江市档案资料馆藏及利用情况一览表**

单位	馆藏总数（卷、件、张、册、盘）		开放档案（卷、册）	查档接待		编研（种/万字）	展览（个/参观人次）
	档案	资料		人次	卷次		
镇江市档案馆	156210 卷 27537 件	20536	139431	1858	17606	2/86	2/500
丹阳市档案馆	100613 卷 84408 件	20000	60836	3814	5103	2/60	3/350
扬中市档案馆	136746 卷 9311 件	9012	7605	4326	8017	4/8	2/3950
句容市档案馆	65337 卷 826 件	9100	9585	2837	3450	1/36	-
丹徒区档案馆	59758 卷 3067 件	4615	9609	5253	4148	1/3	1/60
京口区档案馆	30060 卷 45215 件	3979	338	2606	2803	-	2/200
润州区档案馆	13318 卷 8664 件	1850	324	1575	1575	1/56	-
城建档案馆	127264 卷	8640	-	757	1295	5/6	-
新区档案馆	6746 卷 60808 件	526	418	567	946	12/100	-
合计	696052 卷 239836 件	75258	228146	23593	44943	28/355	10/5060

（吉星昇）

【镇江市档案馆晋升国家一级综合档案馆】 2011 年 6 月 9 日至 10 日，国家档案局馆室司司长孙钢率专家测评组专程到镇对镇江市档案馆晋升国家一级馆进行测评，测评组通过听取汇报、实地查看和审核材料后，对镇江市档案工作给予高度认可，测评组认为镇江市委、市政府高度重视档案工作，推进新馆建设，档案馆基础业务扎实，信息化建设成效显著，在档案宣传、教育、服务民生等方面发挥重要作用。（吉星昇）

【全市档案馆达标定级成果丰硕】 2011 年，镇江市档案馆、丹阳市档案馆通过国家一级档案馆测评，京口区档案馆通过国家二级档案馆测评。档案系统完成文明城市创建必须的达标任务，为创建国家文明城市提供应有保障。

各馆改善档案保管条件，规范管理，形成牢固的档案安全体系；加大档案征集接收力度，形成门类多样、载体丰富、结构合理的馆藏资源体系；开发信息资源，建设数字化档案馆，提升服务能力，形成高效便捷的档案利用体系。（吉星昇）

【市档案馆征集到珍贵地契、票据】 2011 年，镇江市档案馆征集到两批共 67 张清中晚期至民国的民间文契档案，其中同治年间 1 份，光绪年间 8 份，民国年间 58 份。契约按内容分为卖地文契、卖房文契、借路文契、过继文契等等，契约跨度时间长，契约之间体现一定的关联性，反映家族衍化的过程，对研究清中晚期至民国期间的镇江地区的历史文化、民间交易及民间纠纷、宗族制度等有一定参考价值。（吉星昇）

【市档案局科研项目获省二等奖】 2011 年，镇江市档案局与江苏大学科技信息研究所合作的科研项目《电子文件中心在档案馆“五位一体”建设中的运行模式及评价体系研究》顺利结题，获江苏省档案局科技成果二等奖。项目论文《我国电子文件中心研究综述》《电子文件中心建设冷思考》《苏南模式与安徽模式电子文件中心的比较研究》，分别刊登在省部级以上刊物《档案学通讯》《兰台世界》《档案管理》上。（吉星昇）

综　述

【概况】 2011年，镇江市人大常委会围绕转型升级、跨越发展，积极发挥人大职能作用。审议关于落实市六届人大四次会议审议意见，修改完善"十二五"规划纲要的报告，参与财政、科技、卫生等专项规划的论证评审。审议2010年财政总决算和同级审计情况，作出关于批准2010年市本级财政决算的决定；审议2011年上半年计划和预算执行情况及1至10月计划和预算执行、创业型城市建设、民生工作等情况，作出关于批准调整2011年财政预算的决定；听取2012年财政预算初步安排的汇报。听取现代服务业发展情况的汇报，调研和视察创业型城市建设情况，对新兴产业发展、重大项目建设、开发园区和特色产业基地建设等工作开展调研，参与专项资金使用绩效的评审，督办"抓产业集聚，促经济增长""整合岸线资源，促进特种船舶及海工配套产业加快发展"等建议。审议法制宣传教育工作，通过相应决议，推进"五五"普法规划的顺利完成及"六五"普法规划的制定和实施。视察法院、检察院、公安工作，听取检察机关反渎职侵权工作情况的汇报。调研审判管理、刑事审判监督等工作及《中华人民共和国律师法》《江苏省涉案财产价格鉴证条例》实施情况。对8件规范性文件进行备案审查。组织全体市人大代表对13个垂直管理部门效能建设情况进行评议。对16名"十一五"期间为镇江发展作出突出贡献者，决定授予"镇江市人民奖章获得者"称号。

加大监督力度。听取2011年城乡建设重点工程实施情况的汇报，检查《中华人民共和国城乡规划法》实施情况，审议生态市创建进展情况，调研和视察市区黑臭河流整治情况，专项督查丹徒化肥厂等环境污染严重企业，督办"进一步加快城乡公交一体化步伐，化解客运市场运行矛盾""依法整治南郊风景区"等建议。审议新市镇、新园区、新农村建设情况，听取基本农田保护、民族村脱贫致富奔小康等情况的汇报，调研农业社会化服务体系建设情况和《中华人民共和国农民专业合作社法》《江苏省农民专业合作社条例》实施情况，督办"尽快制定和出台《镇江市副食品生产基地建设的意见》"的议案和"切实加强农田水利基本建设"等建议。继续推动安置房和保障性住房建设，坚持双月督查一次，主任会议半年听取一次进展情况汇报；督办"加快推进乡镇区域供水"议案和"必须有效控制高资化工园区水污染，保证市民饮用水安全"重要建议；调研城乡新型社会救助体系建设情况，督办"加强农村社会保障体系建设"议案和"高度重视人口老龄化，进一步完善养老保障体系"重要建议；检查《中华人民共和国职业病防治法》实施情况，调研《中华人民共和国防震减灾法》《中华人民共和国残疾人保障法》实施情况，视察文化事业发展、体育会展中心建设工作，督办"加快镇江市社区卫生服务中心建设步伐"议案和"强化政府主导责任、保障学前教育健康发展"重要建议。对交通工作评议意见、《中华人民共和国食品安全法》执法检查意见以及人民调解工作和大调解机制建设、"被拆迁村级集体经济组织资产保值增值"议案办理等审议意见落实情况进行跟踪督查。加强信访工作，共办信301件，接访496批、1302人次，受理群众投诉、咨询电话415件次，督办重点信访件43件。

开展代表工作。组织学习新修改的《中华人民共和国全国人民代表大会和地方各级人民代表大会代表法》，邀请代表500多人次列席常委会和参加人大活动。加强"一个载体、两项制度"建设，推动辖市（区）、镇、街道、园区人大依托"代表之家"等载体，组织代表3220名接待选民14536人次，收集选民意见6994条，形成建议831件；组织代表1092名向选民述职。首次把建议办理情况纳入机关目标管理考核内容，并对承诺两年内办成的建议实行"回头看"。市六届人大四次会议期间代表提出建议267件，办成108件，占40.45%，比本届一次会议提高约10%；闭会期间代表提出书面建议6件，办成2件；2010年承诺两年内办成的74件代表建议，办成50件。

加强自身建设。参加庆祝建党90周年系列活动，开展创先争优活动，举办《中华人民共和国城乡规划法》《中华人民共和国职业病防治法》等专题讲座。首次对全市人大系统优秀调研成果进行评选和表彰。明确专人负责，相关委员会共同参与，推进常委会决议决定、审议意见、执法检查意见的落实。

开展市县乡三级人大换届选举工作，组织学习有关文件精神和法律法规，深入到辖市（区）及镇、街道进行调研，作出关于人大换届选举的决定，成立选举工作办公室，指导辖市（区）、镇人大做好选区划分、代表名额分配、选民登记等阶段性工作。（陈　杰）

重要会议和工作

【市六届人大五次会议】 2012年1月10～13日举行。此次大会应到代表348人，实到代表334人，组成7个代表团、21个代表小组。市政府组成人员和其他方面负责人、地市职离退休老干部代表列席会议,17 名公民旁听会议。会议举行 3 次全体会议、3 次主席团会议。

会议听取和审议市长刘捍东所作的《政府工作报告》《关于镇江市 2011 年国民经济和社会发展计划执行情况及 2012 年计划(草案)的报告》(书面)、《关于镇江市 2011 年财政总预算执行情况和 2012 年财政总预算(草案)的报告》(书面),市人大常委会常务副主任张甫雄所作的《镇江市人民代表大会常务委员会工作报告》,市中级人民法院院长茅仲华所作的《镇江市中级人民法院工作报告》,市人民检察院检察长蒋伟亮所作的《镇江市人民检察院工作报告》,通过以上各项报告并作出相应决议。市环保局作《关于镇江市 2011 年环境保护工作情况和 2012 年主要工作计划的报告》(书面)。6 个辖市(区)代表团围绕"大力发展新兴产业,为率先实现现代化提供坚实支撑""加快统筹城乡发展,实现居民收入倍增""推进创新驱动,创造率先、领先新优势""加快一体化步伐,提升城乡现代化水平""整体城市化,率先现代化""加快推进城市化建设,加强城市现代化管理"等六个方面,对政府工作报告进行专题审议。市委书记、市人大常委会主任许津荣在会议闭幕时讲话,要求各级人大及其常委会和全体代表要心系大局、率先作为,以民为本、务实作为,继往开来、创新作为,推进"十二五"发展和现代化建设,以优异成绩迎接党的十八大胜利召开。

会议增补鄂金书为市六届人大常委会副主任,补选任振棣为市六届人大常委会秘书长,补选汤才顺、李照金、徐罗照为市六届人大常委会委员。

会议收到代表 10 人以上联名提出的议案 87 件。潘跃生等 10 位代表提出的《关于加大农村水利投入,推进水利现代化建设的议案》,交由市人大常委会审议决定。其余 86 件议案作建议处理。会议收到代表提出的建议 74 件。陈国年等 10 位代表提出的《关于推进"健康镇江 2015 行动"的建议》、卜美琴等 10 位代表提出的《关于尽快制定城市污水排水管理办法的建议》、王冬生等 24 位代表提出的《关于全面综合整治韦岗地区环境污染的建议》、史良雨等 10 位代表提出的《关于进一步加强市区道路规划、建设和管理,提高交通通行能力的建议》、汤槿等 10 位代表提出的《关于加强农村现代流通体系建设的建议》等 5 件建议作为重要建议交由市人大常委会主任会议处理。 (陈 杰)

【市人大常委会会议】 2011 年 3 月～2012 年 1 月,市六届人大常委会共举行 11 次会议。审议工作报告 18 个、代表议案 1 件,作出决议 2 项、决定 18 项,任免职务 59 人次。

2011 年 3 月 30 日上午,召开市六届人大常委会第 28 次会议。审议关于"尽快出台《镇江市副食品生产基地建设的意见》"议案的处理意见,作出相应决议。审议关于市人大常委会评议垂直管理部门效能建设的实施方案,作出相应决定。审议市发改委受市政府委托提交关于落实市人大审议意见、修改完善市国民经济和社会发展第十二个五年规划纲要的书面报告。通过有关人事任免。市人大常委会党组书记、常务副主任张甫雄主持会议。市人大常委会副主任李壮云、卢章平、王守和、帅巧芳,秘书长蔡文俊出席会议。市长刘捍东、市政府秘书长孙晓南,市中级法院院长茅仲华,市检察院检察长蒋伟亮列席会议。

2011 年 4 月 29 日上午,召开市六届人大常委会第 29 次会议。通过关于任命李廷祥为镇江市副市长的决定。市人大常委会党组书记、常务副主任张甫雄主持会议。市人大常委会副主任李壮云、陈苏、卢章平、王守和、帅巧芳,秘书长蔡文俊出席会议。市长刘捍东、秘书长孙晓南,市中级法院副院长眭瑞华列席会议。

2011 年 5 月 31 日上午,召开市六届人大常委会第 30 次会议。审议市人大常委会执法检查组关于检查《中华人民共和国城乡规划法》实施情况的报告。审议市政府关于镇江市与匈牙利科斯克罗市缔结友好城市关系的情况报告,作出相应决定。通过有关人事任免。市人大常委会党组书记、常务副主任张甫雄主持会议。市人大常委会副主任李壮云、陈苏、卢章平、王守和、帅巧芳,秘书长蔡文俊出席会议。副市长陈杰,市中级法院院长茅仲华,市检察院副检察长董新建列席会议。

2011 年 6 月 28 日上午,召开市六届人大常委会第 31 次会议。通过关于任命秦景安为镇江市副市长的决定、关于接受陈照煌辞去镇江市副市长职务请求的决定和关于接受黄万荣辞去镇江市人大常委会委员职务请求的决定。市人大常委会党组书记、常务副主任张甫雄主持会议。市人大常委会副主任李壮云、陈苏、卢章平、王守和、帅巧芳,秘书长蔡文俊出席会议。市长刘捍东,市中级法院院长茅仲华,市检察院检察长蒋伟亮列席会议。

2011 年 7 月 25～26 日,召开市六届人大常委会第 32 次会议。市委书记、市人大常委会主任许津荣讲话,就强化人大工作、服务转型升级提出要求:提高认识,营造转型升级的社会氛围;依法履职,推动转型升级取得更大发展;提升能力,保证转型升级达到人民满意的效果。会议听取常务副市长秦景安受市长刘捍东委托所作的上半年经济社会发展情况的通报。审议市政府关于 2011 年上半年国民经济和社会发展计划及财政预算执行情况的报告、关于 2010 年财政总决算和同级审计情况的报告,通过关于批准镇江市 2010 年市本级财政决算的决定。审议市政府关于法制宣传教育工作情况的报告,通过关于在全市公民中深入开展法制宣传教育第六个五年规划的决议。审议关于授予荣誉称号的议案,通过关于授予王伟耀等荣誉称号的决定。市人大常委会党组书记、常务副主任张甫雄,市人大常委会副主任李壮云分别主持会议。市人大常委会副主任陈苏、卢章平、王守和、帅巧芳,秘书长蔡文俊出席会议。常务副市长秦景安、副市长曹当凌,市中级法院院长茅仲华,市检察院副检察长俞波涛列席会议。

2011 年 8 月 24 日下午,召开市六届人大常委会第 33 次会议。通过关于接受蔡文俊辞去镇江市人大常委会秘书长职务请求的决定、关于任振棣代理镇江市人大常委会秘书长的决定和其他人事任免。市人大常委会党组书记、常务副主任张甫雄主持会议。市人大常委会副主任李壮云、陈苏、卢章平、王守和、帅巧芳出席会议。市长刘捍东,市中级法院院长茅仲华,市检察院检察长蒋伟亮列席会议。

2011 年 9 月 29 日,召开市六届人大常委会第 34 次会议。审议市政府关于新市镇、新园区、新农村建设情况的报告,关于生态市创建进展情况的报告。审议关于评议垂直管理部门效能建设情况的报告。通过关于接受李小平辞去镇江市副市长职务请求的决定。市人大常委会党组书记、常务副主任张甫雄,市人大常委会副主任李壮云分别主持会议。市人大常委会副主任陈苏、卢章平、王守和、帅巧芳,代秘书长任振棣出席会议。常务副市长秦景安、副市长曹当凌,市检察院检察长蒋伟亮,市中级法院副院长姚强列席会议。

2011 年 10 月 28 日,召开市六届人大常委会第 35 次会议。审议关于全市市县乡三级人大换届选举问题决定草案的议案,通过关于全市市县乡三级人民代表大会换届选举问题的决定。市人大常委会党组书记、常务副主任张甫雄主持会议。市人大常委会副主任李壮云、陈苏、卢章平、王守和、帅巧芳,代秘书长任振棣出席会议。常务副市长秦景安,

图 5－1 2011 年 11 月 2 日，全市市县乡三级人大换届选举工作会议召开
（陈 杰）

市中级法院院长茅仲华，市检察院检察长蒋伟亮列席会议。

2011 年 11 月 29～30 日，召开市六届人大常委会第 36 次会议。市委书记、市人大常委会主任许津荣讲话，就做好人大和全市工作，要求咬定目标抓落实，创新思路抓落实，凝心聚力抓落实。市人大常委会党组书记、常务副主任张甫雄讲话，要求做好市县乡三级人大换届选举工作，精心筹备市六届人大五次会议，及早谋划新一年人大工作。会议审议市政府关于 2011 年 1 至 10 月市本级财政预算执行情况及预算调整意见的报告、2011 年 1 至 10 月国民经济和社会发展计划执行情况的报告、2011 年 1 至 10 月创业型城市建设情况的报告、2011 年 1 至 10 月民生工作情况的报告、关于“尽快出台《镇江市副食品生产基地建设的意见》”议案办理情况的报告、关于市六届人大四次会议代表建议办理情况的报告，通过关于批准调整 2011 年财政预算的决定。审议市人大常委会执法检查组所作关于检查《中华人民共和国职业病防治法》实施情况的报告。审议 2010 年财政同级审计中发现问题整改情况的书面报告和评议垂直管理部门效能建设意见建议整改落实情况的书面报告。讨论市六届人大五次会议筹备工作意见，通过关于召开镇江市第六届人民代表大会第五次会议的决定。通过关于任命丁憬为镇江市副市长的决定和其他人事任免。市人大常委会党组书记、常务副主任张甫雄，市人大常委会副主任李壮云、王守和分别主持会议。市人大常委会副主任陈苏、卢章平、帅巧芳，代秘书长任振棣出席会议。市长刘捍东、常务副市长秦景安、副市长曹当凌、秘书长孙晓南，市中级法院院长茅仲华、副院长眭瑞华，市检察院检察长蒋伟亮列席会议。

2012 年 1 月 6 日上午，召开市六届人大常委会第 37 次会议。讨论市人大常委会工作报告（讨论稿），市六届人大五次会议主席团和秘书长、计划和预算审查委员会、主席团常务主席、副秘书长等建议名单和选举办法（草案），分别提请市六届人大五次会议审议和通过。讨论通过关于补选的市第六届人民代表大会代表的资格审查报告、关于“尽快出台《镇江市副食品生产基地建设的意见》”议案办理情况的报告、市六届人大五次会议列席人员名单。通过关于接受李谊忠等辞去镇江市人大常委会委员职务请求的决定和其他人事任免。市人大常委会内务司法、财政经济、农业经济、环境资源城乡建设、教育科学文化卫生、民族宗教侨务台湾事务、人事代表联络委员会和新区工作委员会分别书面报告 2011 年度工作。市人大常委会党组书记、常务副主任张甫雄主持会议。市人大常委会副主任李壮云、陈苏、卢章平、王守和、帅巧芳，代秘书长任振棣出席会议。市政府常务副市长秦景安，市中级法院院长茅仲华，市检察院副检察长俞波涛列席会议。

2012 年 1 月 13 日上午，召开市六届人大常委会第 38 次会议。市委书记、市人大常委会主任许津荣就做好 2012 年人大工作讲话，要求更加有力有效地推动现代化建设，切实加强人大队伍建设。会议审议通过市人大常委会 2012 年工作要点和历次常委会会议、主任会议主要议程、重要活动初步安排。通过关于接受李壮云辞去镇江市人大常委会副主任职务请求的决定、关于接受夏新平辞去镇江市副市长职务请求的决定和其他人事任免。市人大常委会党组书记、常务副主任张甫雄主持会议。市人大常委会副主任陈苏、卢章平、王守和、帅巧芳、鄂金书，秘书长任振棣出席会议。市长刘捍东，秘书长孙晓南，市中级法院院长茅仲华，市检察院检察长蒋伟亮列席会议。（陈 杰）

【市人大常委会主任会议】 2011 年 2 月～12 月，市六届人大常委会举行 11 次主任会议。

2011 年 2 月 22 日上午召开第 41 次主任会议。讨论市六届人大四次会议议案、重要建议的处理意见，关于市人大常委会评议垂直管理部门效能建设的实施方案。市人大常委会党组书记、常务副主任张甫雄主持会议。市人大常委会副主任李壮云、陈苏、卢章平、王守和、帅巧芳，秘书长蔡文俊出席会议。

2011 年 3 月 23 日下午召开第 42 次主任会议。听取市政府关于 2011 年城乡建设重点工程实施情况的汇报，讨论《中华人民共和国城乡规划法》执法检查方案、关于推进创业型城市建设和市区黑臭河流整治工作的总体方案。市人大常委会党组书记、常务副主任张甫雄主持会议。市人大常委会副主任李壮云、陈苏、卢章平、王守和、帅巧芳，秘书长蔡文俊出席会议。

2011 年 4 月 26 日上午召开第 43 次主任会议。听取市政府关于民族村脱贫致富奔小康情况的汇报，讨论《中华人民共和国城乡规划法》执法检查情况的报告。市人大常委会党组书记、常务副主任张甫雄主持会议。市人大常委会副主任李壮云、陈苏、卢章平、王守和、帅巧芳，秘书长蔡文俊出席会议。

2011 年 5 月 23 日下午召开第 44 次主任会议。听取市政府关于拆迁安置房和保障性住房建设情况的汇报，关于将市国有土地涉及保障性住房建设和旧城改造项目计划增补纳入 2011 年国民经济和社会发展年度计划的汇报。听取关于授予荣誉称号工作情况的汇报，讨论关于授予荣誉称号的建议名单。市人大常委会党组书记、常务副主任张甫雄主持会议。市人大常委会副主任李壮云、陈苏、卢章平、王守和、帅巧芳，秘书长蔡文俊出席会议。

2011 年 6 月 27 日下午召开第 45 次主任会议。听取市政府关于基本农田保护情况的汇报；听取关于视察调研拟授予荣誉称号者有关情况的汇报；讨论确定关于授予荣誉称号的建议名单，讨论通过市垂直管理部门行政效能满意度调查实施方案。市人大常委会党组书记、常务副主任张甫雄主持会议。市人大常委会副主任李壮云、陈苏、卢章平、王守和、帅巧芳，秘书长蔡文俊出席会议。

2011年7月21日上午召开第46次主任会议。会议听取市政府关于"必须有效控制高资化工园区水污染，保证市民饮用水安全"重要建议办理情况的汇报。市人大常委会党组书记、常务副主任张甫雄主持会议。市人大常委会副主任李壮云、陈苏、卢章平、王守和、帅巧芳，秘书长蔡文俊出席会议。

2011年8月23日上午召开第47次主任会议。听取市政府关于"高度重视人口老龄化，进一步完善养老保障体系"重要建议办理情况的汇报；听取市六届人大四次会议代表建议办理情况的报告，讨论关于召开授予荣誉称号大会的方案、关于视察"三新"建设情况的方案。市人大常委会党组书记、常务副主任张甫雄主持会议。市人大常委会副主任李壮云、陈苏、卢章平、王守和、帅巧芳，秘书长蔡文俊出席会议。

2011年9月28日上午召开第48次主任会议。听取市政府关于"进一步加快城乡公交一体化步伐，化解客运市场运行矛盾"重要建议办理情况的汇报，听取市检察院关于反渎职侵权工作情况的汇报，讨论关于评议垂直管理部门效能建设情况的调查分析报告、《中华人民共和国职业病防治法》执法检查方案。市人大常委会党组书记、常务副主任张甫雄主持会议。市人大常委会副主任李壮云、陈苏、卢章平、帅巧芳，代秘书长任振棣出席会议。

2011年10月27日上午召开第49次主任会议。听取市政府关于"强化政府主导责任、保障学前教育健康发展"重要建议办理情况的汇报，讨论通过关于评选和表彰2010～2011年度市人大代表活动先进小组、优秀市人大代表、优秀议案和建议的方案。市人大常委会党组书记、常务副主任张甫雄主持会议。市人大常委会副主任李壮云、陈苏、卢章平、帅巧芳，代秘书长任振棣出席会议。

2011年11月22日召开第50次主任会议。讨论关于镇江市七届人大代表名额分配方案和县级人民代表大会代表名额具体分配方案，并向市人大常委会第36次会议报告备案。听取市政府关于现代服务业发展情况的汇报、关于安置房和保障性住房建设情况的汇报，讨论《中华人民共和国职业病防治法》执法检查报告、市六届人大五次会议筹备工作意见。市人大常委会党组书记、常务副主任张甫雄主持会议。市人大常委会副主任李壮云、陈苏、卢章平、王守和、帅巧芳，代秘书长任振棣出席会议。

2011年12月30日上午召开第51次主任会议。听取市政府关于全市2011年财政预算执行及2012年财政预算安排情况的汇报，讨论市人大常委会工作报告（初稿）和2012年工作要点（初稿）、市六届人大五次会议代表资格审查情况、市六届人大五次会议主席团和秘书长等建议名单及选举办法（草案）、市六届人大五次会议日程安排。市人大常委会党组书记、常务副主任张甫雄主持会议。市人大常委会副主任李壮云、陈苏、卢章平、王守和、帅巧芳，代秘书长任振棣出席会议。（陈　杰）

【开展《城乡规划法》执法检查】 2011年3～4月，市人大常委会成立执法检查组，对《中华人民共和国城乡规划法》（以下简称《城乡规划法》）贯彻实施情况开展执法检查。4月20日，执法检查组听取《城乡规划法》法律讲座和市政府关于《城乡规划法》实施情况的汇报。21日，由市人大常委会党组书记、常务副主任张甫雄和市人大常委会副主任李壮云带队，分两路实地检查京沪高铁镇江站场、市职工文体中心、句容东部房家坝片区、句容碧桂园住宅小区、句容黄梅新村安置小区、镇江新区平昌新城等现场，分别听取句容市政府和镇江新区管委会关于贯彻实施《城乡规划法》情况的汇报。检查情况反映，全市各级认真学习、宣传、贯彻实施《城乡规划法》，围绕落实科学发展观，统筹城乡发展目标，创新规划理念和规划管理机制，科学编制规划，严格实施规划管理，积极发挥规划作用，促进城乡经济社会全面协调可持续发展。5月31日，市人大常委会第30次会议听取和审议执法检查组关于检查《城乡规划法》实施情况的报告，要求把规划工作摆上重要议事日程，科学制定规划，强化规划对城乡建设和发展的先导和统筹作用，增强规划执行的刚性；加快完善丹徒、镇江新区和官塘新城的规划，做好全市规划和辖市（区）规划的衔接、城区规划和农村规划的统筹，并对经济产业布局和基础设施布局作出战略安排；加强老城区规划改造力度，加快解决T字路、断头路、停车难、露天菜市场以及"平改坡"等问题；坚持违法建设零补偿，严厉打击未批突击建房等违法行为；采取原地回迁、房屋置换等方式解决好西荷花塘、山巷广场等地块中的拆迁遗留问题。（陈　杰）

【开展《职业病防治法》执法检查】 2011年10月，市人大常委会成立执法检查组，对《中华人民共和国职业病防治法》（以下简称《职业病防治法》）贯彻实施情况进行检查。10月18日，执法检查组听取市政府关于《职业病防治法》实施情况的汇报，并由市人大常委会副主任卢章平带队，前往镇江新区、句容实地检查《职业病防治法》贯彻落实情况，检查重点是劳动过程中的防护和管理，职业病诊断、防治与职业病病人保障，职业病危害事故和有关违法行为查处等。检查情况反映，镇江市坚持"预防为主、防治结合"方针，开展宣传培训和专项整

图5－2　2011年10月18日，市人大常委会组织《职业病防治法》执法检查（陈　杰）

治，推进职业卫生监督管理，遏制职业病高发势头，保持职业病防治形势总体平稳，保障大多数劳动者的健康及相关权益。11月29～30日，市人大常委会第36次会议听取和审议执法检查组关于检查《职业病防治法》实施情况的报告，要求相关部门密切配合，严格按照《职业病防治法》要求，加大执法力度，重点加强对民营企业、中小型企业职业病防治的监管；全面开展职工健康教育和防治知识的宣传，不断提高各行各业职工的自我防护意识和防治能力；加大财政对职业病防治的投入，重点解决职业病防治监测和诊治专项经费，制定特殊人群职业病诊疗救助政策。（陈 杰）

议案和重要建议

【督办关于尽快出台《镇江市副食品生产基地建设的意见》的议案】 2011年3月30日，市人大常委会第28次会议对史良雨等30位代表提出的“关于尽快出台《镇江市副食品生产基地建设的意见》的议案”进行审议并作出决议。11月30日，市人大常委会第36次会议审议市政府关于议案办理情况的报告。市人大常委会持续跟踪督办，市政府及相关部门认真办理，取得积极成效。市政府出台政策，加大扶持，推进副食品生产基地建设，市级财政安排市区的菜地建设、设施投入、菜农风险补贴等资金达5000万元，是2010年的6.66倍，截至2011年10月底，全市新增蔬菜面积1349公顷，市区常年菜地面积达约2000公顷，蔬菜自给率超过50%，对保供给、控菜价起到积极作用。（陈 杰）

【关于加大农村水利投入，推进水利现代化建设的议案】 围绕贯彻2011年中央一号文件精神，实现2013年水利现代化目标，2012年1月召开的市六届人大五次会议期间，代表建议：落实好水利投入的政策规定，将可用财力的2%～4%专项用于水利建设，提取10%的土地收益用于农田水利建设；加强相关基金的征收管理，尽快出台征收水利建设基金文件，加大征管力度，建立征收情况通报制度，确保足额征收；加大工程管理经费保障，对水利工程维修养护资金的来源作出规定，明确水利工程管理单位基本运行经费来源渠道并实现逐年增长；加大建设资金配套力度，确保农村水利工程配套资金及时足额到位。（陈 杰）

【关于推进“健康镇江2015行动”的建议】 2012年1月召开的市六届人大五次会议期间，代表建议：提高认识，启动“健康镇江”建设，以文件形式下发实施“健康镇江2015行动方案”，加大“健康镇江”建设推进力度；强化保障，建立长效工作机制，加强组织领导，加大投入力度，加强督查考核；深入发动，打造全民参与的社会氛围；深化公共卫生服务，深入开展健身行动，优化城乡生态环境，打造健康消费环境，构建良好民生环境，提升健康产业环境。（陈 杰）

【关于尽快制定城市污水排水管理办法的建议】 2012年1月召开的市六届人大五次会议期间，代表建议：市政府制定出台相应行政管理措施，规范镇江市污水排水管理工作；国家、省出台相应法规后，及时制定出台镇江市污水排水管理的相应规范性文件。（陈 杰）

【关于全面综合整治韦岗地区环境污染的建议】 镇江西部的韦岗地区一直以来都是镇江市建材工业基地，然而工业的发展已对该地区环境造成较为严重的影响，该地居民对环境污染投诉不断。2012年1月召开的市六届人大五次会议期间，代表建议：由市委、市政府牵头成立韦岗地区环境污染综合整治领导小组，统筹协调句容、丹徒、润州3个辖市（区）的环境污染整治；相关部门发挥法律法规、技术、信息等方面的优势，监督引导企业开展清洁生产；调动企业实施可持续发展的积极性，制定和完善自身的污染控制举措，做到“谁污染、谁治理”；加强宣传教育，提高居民的环境保护意识。（陈 杰）

【关于加强市区道路规划、建设和管理，提高交通通行能力的建议】 私家车急剧增长和城市道路规划建设不合理，导致市区很多路段上下班时段交通拥堵现象严重，特别是大市口、天桥、梦溪广场、青年广场等路段交通拥堵现象尤其突出，群众反映十分强烈。2012年1月召开的市六届人大五次会议期间，代表建议：加强老城区特别是交通拥堵路段停车场或停车楼的建设；城市道路规划要有前瞻性，在新老城区之间建立快速畅通的交通干道，统筹规划好全市大交通建设的格局；加强城市建房的容积率管理，尽量降低个别地区人口密集度过高的现象；加强道路交通管理，优化交通信号设置，采用智能化设施管理交通，同时要制定积极有效的交通高峰时段应急处置方案，最大限度地解决交通拥堵现象。（陈 杰）

【关于加强农村现代流通体系建设的建议】 现阶段镇江市农村流通服务网络建设比较滞后，连锁配送经营不够健全，工业品与农副产品双向流通不畅，农民买难、卖难问题仍然突出。2012年1月召开的市六届人大五次会议期间，代表建议：加强农村商品流通总体规划建设，加快完善镇江市农村商贸流通体系建设规划，并结合社会主义新农村建设，做好新农村现代流通体系规划；加大农村流通基础设施建设支持力度，鼓励和引导社会资金投资农村流通领域；发挥供销合作社在农村现代流通中的作用，重点抓好农副产品现代流通网络、农业生产资料现代经营服务网络、农村日用消费品现代经营网络、再生资源回收利用网络“四大网络”建设；构建多元化农村商品流通服务体系，鼓励大型企业、农村专业合作社创新流通方式，引导、鼓励农产品流通企业与农产品生产地建立长期产销联盟，加强农村信息服务体系建设，加强农村市场预测、预警分析，加强农村流通人才队伍建设。（陈 杰）

综　述

【概况】 2011 年,全市地区国民生产总值总量突破 2310.44 亿元,人均地区国民生产总值超过 11736 美元,年均分别增长 12.3% 和 11.2%。地方财政一般预算收入 181.9 亿元,增长 31.7%,全社会固定资产投资 1227 亿元,增长 22.2%,社会消费品零售总额 658.07 亿元,增长 17.6%。

2011 年,全市人才工作迈入全省"第一方阵"。新增国家"千人计划"8 人,总数达到 12 人,列全省第四位。又有 40 个人才(团队)入选省"双创"计划,列全省第三位。市"331"人才计划实施三年引进 196 个人才(团队),带动引进海内外高层次人才 874 人。丹阳集聚航空领域 14 位院士,成立全国首家航天航空产业院士工作站。

镇江市第八次蝉联全国科技进步先进市,成为国家创新型试点城市。全市科技进步贡献率 55.8%,列全省第四位。高新技术产业产值实现两年翻番,突破 2200 亿元,居全省第二位。百亿元地区国民生产总值发明专利申请量和专利授权量分列全省第三位、第四位。新增科技贷款增长 18%。新增创投企业 8 家。江苏大学水泵及系统工程技术研究中心成为全市首家国家级研发机构。

镇江经济走上结构优化、能耗下降、环境改善的绿色发展之路。新兴产业完成投资 407.9 亿元,比 2010 年翻一番,实现销售 1635.2 亿元。五大主导产业实现销售 4277.5 亿元、增长 30.3%,绿色化工成为装备制造业之后第 2 个千亿级产业。新增 1 家百亿企业、3 家上市公司。服务业增加值占地区国民生产总值比重 41.1%。旅游业总收入 345.63 亿元,增长 21%;软件业营业收入增长 55.3%;服务外包执行额增长 103.8%;惠龙港物流基地交易额超 200 亿元;万达、九润等城市综合体建成营业。农业增加值突破 100 亿元,粮食生产实现"八连增"。全市林木覆盖率 23.9%、城镇绿化覆盖率 41.8%。万元地区国民生产总值能耗下降 3.7%,主要污染物减排完成省下达任务。

2011 年,全市公共财政民生类支出 108 亿元,增长 32%。城市居民人均可支配收入 26637 元,增长 14.7%;农民人均纯收入 12825 元,增长 17.9%。企业最低工资标准从每月 960 元提高到 1140 元。企业退休人员月养老金提高 11%,居民医保政策内住院报销比例提高 8 个百分点。国家学前教育体制改革试点进展顺利,创成国家中等职业教育改革发展示范学校 2 所。医疗体制改革三年任务两年完成,落实医院与社区卫生机构分工协作机制,"3 + X"团队服务模式综合满意率达到 92.1%。新建各类保障性住房 100.6 万平方米、18113 套(间),超过前三年总和。市区安置房竣工面积 150 万平方米。高标准建设菜市场 21 个,建成"菜篮子"平价商店 35 家,新增蔬菜基地 666.67 公顷。新老年活动中心、残疾人综合服务中心、救助管理站暨流浪未成年人救助保护中心等一批民生工程建成启用。全市城乡建设总投入 570 亿元。新行政中心、京沪高铁站投入使用,档案馆、科技馆建成交付,体育会展中心、职工文体中心、二人医、商务 A 区主体竣工。全面完成金山湖景区调水控水工程。交通建设投资 99 亿元,泰州大桥主桥合龙,338 省道市区段等重点工程建成。新改建农村公路 251 公里,新建公交站场 20 个。推进法治镇江、平安镇江建设,各类矛盾纠纷调解成功率 91.03%,八类案件破案率提高 7.4%,公众安全感 93%,居苏南首位。第六次创成全国双拥模范城。

(钱　智)

重要会议和政务

【市政府全体(扩大)会议】 2011 年 4 月 6 日在行政中心会议中心召开全体(扩大)会议。会议提出镇江要与苏南其他城市同步迈入基本现代化,在全力推进经济发展的同时,必须以新的理念来认识和推进社会建设。必须从源头上、基础上、根本上加强社会建设,做到社会建设与经济建设同规划、同部署、同落实、同考核。要更加注重综合配套、公共服务和生活质量,以城市品质的提升来集聚优质发展资源。对全市社会建设的目标任务和重点工作,要坚持项目化推进,明确具体的"路线图""时间表",各地、各部门要明确相关人员,承担起社会建设的领导责任。

2011 年 9 月 6 日在行政中心会议中心召开全体(扩大)会议。会议主要任务是研究现代化发展规律,探索具有镇江特色的基本现代化之路;准确把握当前形势,增强现代化建设的紧迫感;全力完成年度各项任务,确保 2015 年与苏南其他地区同步迈入基本现代化,形成具有鲜明镇江特点的发展模式和实践样本。

(钱　智)

【《关于实施十大民生工程的意见》】 2011 年 3 月,市政府以 1 号文件印发。文件以改善民生为重点的社会建设,建立健全民生工作的普惠机制、保障机制和长效机制,制定以下具体意见:

1. 富民优先工程。提高居民收入,

鼓励创业富民，促进就业。2. 全民保障工程。提升社会保障统筹水平，强化价格总水平调控，完善困难群体保障制度，提升养老服务水平。3. 住有所居工程。完善低收入家庭住房保障体系，切实改善居住条件。4. 教育提升工程。推进区域教育现代化建设，提升义务教育优质均衡水平，推动学前教育优质多元发展，加快职业教育优质创新步伐。5. 医疗健康工程。创新社区卫生服务模式，深化公立医院改革，启动"健康镇江2015行动"。6. 菜篮子工程。加强蔬菜基地建设，健全市场流通体系，加强产品质量监管。7. 生态宜居工程。深化国家生态市创建，绿化美化家园，开展扬尘污染防治。8. 交通畅通工程。优先发展公共交通，切实强化交通管理，加强停车场规划建设。9. 文化共享工程。开展公益文化活动，加快公共文化设施建设。10. 社会管理工程。狠抓平安镇江建设，化解社会矛盾，加快和谐社区建设。（王　磊）

【《关于完善镇江市城乡居民社会养老保险制度的意见》】 市政府2011年12月28日印发。1. 城乡居民社会养老保险按照"保基本、广覆盖、有弹性、可持续"的原则，筹资和待遇标准与经济发展及各方面承受能力相适应；个人、集体、政府合理分担责任，权利与义务相对应；政府主导与个人自愿相结合，引导城乡居民普遍参保；对参保人员实行属地化管理。2. 整合新型农村社会养老保险和城镇居民社会养老保险，实施城乡居民社会养老保险，实行社会统筹与个人账户相结合，与家庭养老、社会救助、社会福利等其他社会保障政策措施相配套，保障城乡居民老年基本生活。3. 城乡居民社会养老保险的参保范围是：具有本市户籍，年满16周岁（不含在校学生）未满60周岁、非应当参加职工基本养老保险的城乡居民。4. 城乡居民养老保险基金主要由个人缴费和政府补贴构成，鼓励其他经济组织、社会组织、个人为参保人缴费提供资助。5. 政府为每位参保人建立终身记录的养老保险个人账户。6. 参加城乡居民养老保险的人员，年满60周岁，可按月领取养老金。7. 按原政策规定符合领取老年居民养老补贴的对象，改领取基础养老金，基础养老金低于原老年居民养老补贴标准的按高标准执行。8. 城乡居民养老保险按年缴费。9. 建立健全城乡居民养老保险基金财务会计制度。（王　磊）

【"12345"政府服务热线】 2011年，"12345"服务热线接听来电197131次，由前台和政府督查室直接办理161735件，前台一次解决率82.04%。三方通话在线解决1513件，派送电子工单33883件，各网络单位办结办复率97.07%，群众满意率99.95%。热线与热点部门在大市口广场组织两场活动，现场受理和解决市民的投诉。组织7次热点部门与市民互动活动，电台同步进行转播。省内先后有淮安、徐州、泰州、常州、扬州等城市到镇江市考察、学习"12345"服务热线建设情况。热线话务班被评为省级巾帼示范岗，新浪网以较大篇幅介绍热线的建设情况。（邰星华）

【政务督查】 2011年，督查室开展近百次督查活动，在协调解决市区河流整治、违章占压燃气管网设施、独生子女费发放、污染企业治理、基本药物制度实施、"12345"疑难问题协调、人大建议、政协提案办理等工作中发挥作用。（刘卫华）

【建议、提案办理】 2011年，市政府系统承办人大代表建议260件，占总数的97%；承办政协提案456件，占总数的97%。均在规定时限内全部办理完毕，且答复代表和委员。代表委员的满意和基本满意率为100%。市政府办公室按照《关于进一步加强督促检查切实抓好工作落实的意见》和《关于建立政务工作"大督查机制"的实施意见》，把建议办理工作纳入政务工作大督查和政情民情沟通机制。制定《镇江市人大代表建议和政协提案办理工作考核办法》，将办理情况纳入《镇江市市级机关作风建设和目标管理工作考核细则》。（高　呈）

表6-1　**2011年镇江市人民政府常务会议情况一览表**

序号	文　号	主要内容	日期
1	常务会议纪要27号	1. 讨论《关于实施十大民生工程的意见》等文件；2. 听取《镇江市市区菜市场改造建设方案》汇报；3. 听取《镇江市市区公交站场规划建设方案》汇报；4. 研究市区垃圾中转站建设事宜	03-03
2	常务会议纪要28号	1. 讨论《关于加快全市创业投资发展的若干意见》等文件；2. 分析一季度经济工作情况，讨论二季度工作安排；3. 听取关于实施"云神工程"情况汇报；4. 讨论市政府全体（扩大）会议报告；5. 听取全国、全省医改会议精神及2011年全市医改重点工作情况汇报	04-02
3	常务会议纪要29号	1. 讨论《镇江市基层医疗卫生机构综合改革实施意见》等文件；2. 听取2011年度辖市区政府教育工作督导考核情况汇报；3. 审议《镇江市电网"十二五"发展规划》；4. 讨论《镇江市政府规范性文件制定程序规定》；5. 研究部署当前工作	06-20
4	常务会议纪要30号	1. 讨论《关于邀请公民列席市政府常务会议实施办法（试行）》等文件；2. 听取全市"十二五"污染减排工作情况汇报；3. 通报《关于同意于建武同志担任云神科技股份有限公司董事长的复函》	07-18
5	常务会议纪要31号	1. 讨论《镇江市人民政府重大行政决策程序规定》等文件；2. 听取全市安全生产情况汇报；3. 部署全国文明城市和国家环保模范城市迎接国家检查工作；4. 研究市卫生学校与市旅游学校合并事宜；5. 研究原机关东西大院资产移交事宜	08-15
6	常务会议纪要32号	1. 听取"云神工程"实施情况汇报；2. 听取市政府规范性文件清理情况汇报；3. 研究镇江国投创业投资有限公司创立事宜；4. 听取全市转型升级工程授牌情况汇报；5. 听取生态市创建工作情况汇报；6. 讨论《镇江市国有土地上房屋征收与补偿办法》；7. 研究新一轮村庄环境整治工作；8. 研究年底前重点工作	10-31
7	常务会议纪要33号	1. 讨论建立镇江市基本实现现代化指标体系等事项；2. 讨论《镇江市国有建设用地批后监管暂行办法》等文件；3. 听取全市安全生产工作汇报；4. 听取全市校车安全管理工作汇报；5. 研究残疾人免费乘坐公交车事宜；6. 听取全市法治政府和依法行政工作情况汇报；7. 讨论政府工作报告（讨论稿）	12-19

（钱　智）

【市委书记、市长信箱办理】 2011年，市委书记、市长信箱办理来信3179件，办结率99.7%。其中，书记信箱承办来信1909件，市长信箱承办来信1270件。所有来信办理满意率稳定保持在92%以上。（邰星华）

【应急管理】 2011年，全市建立应急协调机制，市政府下发《关于建立应急协调机制的实施意见》和《关于进一步完善全市政务系统应急协调机制的实施办法（试行）》，建立四项配套制度：突发信息报告制度、应急资源信息库维护制度、应急预案演练制度、应对工作总结评估制度。应急协调机制的建立和实施标志着全市应急管理工作开始进入规范化管理的轨道。围绕常发、高发等几类突发事件，市政府下发《镇江市2011年综合应急演练计划》，开展综合应急演练，其中有12月6日举办的内河水上搜救综合应急演练活动。2011年，成功应对和处置抢购碘盐、"7·4"重大交通事故等突发事件。（吴丰成）

【政务接待工作】 2011年，市接待办完成长三角市长论坛、互联网属地管理镇江现场会、第八届镇江中外绿色人居论坛以及市第六次党代会等会议多项保障工作，全年完成接待任务432批。其中，接待党和国家领导人10批，省部级领导74批，厅局级领导60批，地市级领导59批，各类会议保障17个。

2011年2月，根据市委、市政府决定，市接待办将一泉宾馆整体移交给市水利局管理。（张建平）

【机关事务管理工作】 2011年，镇江市市级机关事务管理工作：一是完善管理体制机制。新行政中心迁址工作完成，市级机关53家单位完成搬迁任务。根据行政中心运行特点和实际情况，依据内设机构，实行管办分离，设置财务核算中心、房屋设备维管中心、生活服务中心、文印服务中心、安防监控中心、综合服务中心和票务服务中心等七个中心；建立和完善《行政中心管理规定》等一系列的制度规定；运用电子监控系统、消防报警系统、电子巡更系统等现代化管理技术和手段，提升科学化管理水平。二是完成进驻单位资产交接工作。印发《关于进驻新行政中心单位国有资产处置办法的通知》，做好进驻行政中心53家单位资产交接工作，完成4.6万平方米办公用房和638台空调等资产清查、交接和分配处置。同时，跟踪管理市级机关办公设施设备等固定资产，及时办理有关资产登记工作，防止国有资产流失。三是做好日常服务保障。做好机关53个部门财务经费报销等工作；保障各类会议300余场；车辆保障服务3000余台次，安全行驶28万公里；做好医疗保健工作，完成门诊3.2万人次；做好幼教工作，在校幼儿568名；坚持例行巡查，上门维修服务1000余次。四是加强行政中心秩序管理。健全完善行政中心安保方案，制定行政中心出入管理规定等各项管理制度，严格车辆、人员出入管理；做好市级机关综合治理和平安创建工作，定期组织机关办公区日常安全用电、消防设施、饮食卫生等方面的巡查、检查和督查，及时整改隐患；做好上访群众的疏导、劝导等工作。五是节约型机关建设强化。组织开展以"绿色办公，低碳生活"为主题的节能宣传活动，举办全省公共机构节能图片展等；落实能耗统计，完善基础台账；落实《市公共机构节能实施意见》和行动方案；落实机关用电、用水的日巡夜查制度，杜绝"长明灯""长流水"等浪费现象；开展全市公务用车清理工作，查处违规车辆；严格车辆编制审批，控制公务用车增量，降低财政经费支出。（胡福乾）

政府法制

【概况】 2011年，全市制定各类政府规范性文件62件，办理国务院和省政府征求意见稿22件。其中，为规范政府规范性文件制定程序，制定出台《镇江市政府规范性文件制定程序规定》；为加强对食品安全的监管，规范政府投资行为，降低个人医疗保险划入比例，审核出台《镇江市食品安全事故处置和责任追究暂行办法》《镇江市政府投资项目管理暂行办法》，修订《镇江市社会医疗保险办法》等政府规范性文件。为做好政府规范性文件实施效果评估工作，保障规范性文件合法性、时效性、严肃性，制定出台《镇江市政府规范性文件实施效果评估暂行办法》，组织市人大代表、政协委员和专家学者对《镇江市城市房屋拆迁管理办法》《镇江市发展散装水泥管理办法》的实施情况进行评估，对《镇江市社会医疗保险办法》修订稿进行公开听证。实施市政府规范性文件有效期制度，组织对市政府历年来186件规范性文件进行清理。召开全市规范性文件备案审查专家点评会，对《丹阳市国有土地房屋征收与补偿暂行办法》和《镇江市城市道路临时占用、挖掘管理规定》进行点评。全年市政府规范性文件报备率、及时率、规范率均达100%。

全市各级政府收到行政复议申请139件，受理113件。其中市政府收到51件，受理38件，审结32件。案件主要涉及劳动、城管、公安、住建、国土、拆迁、环保等部门和部分辖市（区）政府。全年办理行政诉讼案件249件，全市行政负责人出庭应诉率达96.06%，比上年增长6%。

结合机构改革后行政主体变化情况，对全市行政执法主体、规范性文件制定主体和行政强制实施主体进行清理，确认全市行政执法主体151个、规范性文件制定主体60个、行政强制实施主体35个。对辖市（区）和市级机关部门140份行政处罚和许可案卷进行随机抽查与评查，对296件重大行政处罚决定进行审查。

2011年，句容市、丹徒区法制办被省政府法制办命名为县级政府法制工作规范化建设示范单位。

制定出台《镇江市人民政府领导干部学法制度》和《镇江市2011年政府常务会议学法计划》，市委办、市政府办转发市纪委、市委组织部、市法制办联合印发的《镇江市县处级领导干部任前法律法规知识考试办法》，对拟提拔任用的县处职领导干部进行网络在线学习和集中考试。创新培训考试模式，委托第三方对1200余名行政执法人员和270余名行政复议应诉人员进行集中培训考试。组织全市13000余名机关工作人员参加全省《行政强制法》知识竞赛活动，并作为全省十强，由市法制办组队，市公安局、住建局、地税局、镇江工商局派员参加全省电视总决赛获三等奖。出台《镇江市政府法制信息工作考核办法》，全省第一家在"中国江苏"和"中国镇江"门户网站开设"法治政府建设专题"网页。全年编发《市政府公报》6期、《镇江政府法制》简报7期。句容市法制办被评为全省政府法制信息工作先进集体，2名工作人员被评为全省先进个人。（姚宏敏　崔扬高）

【推进法治政府建设】 2011年，市委、市政府明确法治政府建设的总体目标、框架体系和措施步骤。全面完成年度各项目标任务。

1. 加强组织领导。市政府在全省第一家出台《关于进一步加快法治政府建设的实施意见》。在全省范围首次召开全市法治政府建设推进大会，对法治政府建设工作进行全面动员与部署。2. 完善配套制度建设。市全面推进依法行政工作领导小组办公室印发《关于进一步加强法治政府配套制度建设的通知》，对

64项配套制度进行梳理归类。3.构建考核指标体系。在全省率先制定《镇江市法治政府建设考核评价办法》及《考核细则》《镇江市法治政府建设日常考核评价办法》，提出日常考核、年终目标任务考核、社会评议三位一体的考核模式，明确三个方面的“一票否决”情形：行政负责人出庭应诉率在2011年达不到90%，2012年达不到95%的，一票否决；拒不执行市政府行政复议决定或行政复议意见书的，一票否决；不执行依法撤销的规范性文件决定的，一票否决。将考核指标纳入各级政府机关作风建设和目标管理考核范围。4.创新项目管理方式。印发《关于申领法治政府建设创新项目的通知》，明确八个方面创新项目，由各单位主动申领实施，确认后纳入年终考核加分范围。5.严格考核评价。按照考核新模式，于12月底前对各辖市（区）政府和市级机关各部门法治政府建设情况实行定性、定量考核相结合，严格考核结果运用。6.深入调研指导。在全市建立调研工作联系制度，每季度召开一次辖市（区）法制办主任工作例会，每半年召开一次市级机关部门法规处长工作例会，对各地、各部门法治政府建设情况加以指导和推进。

（姚宏敏　崔扬高）

【推行说理式行政许可文书工作】 2011年，市全面推进依法行政工作领导小组办公室在市烟草局、交通运输局、食药监局、镇江工商局试点基础上，制定下发《镇江市说理式行政许可文书制作规范》，制作说理式行政许可文书样本，组织召开全市推行说理式行政许可文书推进会，在全市有行政许可权的单位推行使用说理式行政许可文书，重点对不予受理决定书和不予许可决定书进行强化说理，提升行政执法人员素质和水平。

（姚宏敏　崔扬高）

【行政复议委员会试点工作】 2011年，镇江市被定为全省第二批行政复议委员会四个试点城市之一。市政府制订《镇江市人民政府行政复议委员会初期试点工作实施方案》，明确市政府为负责受理、审理市本级行政复议案件、指导监督全市行政复议工作、研究全市行政复议制度建设重大问题、审议重大疑难案件的议决机构。市政府行政复议委员会办公室设在市法制办，具体负责行政复议案件受理、调查、审理及制度建设的相关工作。市政府行政复议委员会设主任委员1名，由市长担任；常务副主任委员1名，由常务副市长担任；副主任委员2名，由市政府秘书长、市法制办主任担任；委员15名，其中常任委员8名，非常任委员7名。丹阳市、句容市、丹徒区顺利开展试点工作。辖市（区）13个行政复议受案点下移工作全部设置到位。（姚宏敏　崔扬高）

行政服务

【概况】 2011年，镇江市行政服务中心（简称“中心”）开展“当服务明星，做创业保姆”主题活动，设立大项目VIP服务室，为哈电通用、西飞国际、华通动力、招商地产龙港置业、喜来登大酒店等20个市级重点投资和重大工程项目提前介入服务，帮助编报审批流程，提供专业的咨询和代办服务。主动对接创业型商户，提供上门服务、集中服务等方式。为100家中小企业提供上门服务，协调解决报批过程中遇到的难题；为万达广场、九润广场、常发广场等7个商业综合体300余家商户提供协调、咨询，一次性办理证照服务。7月20日，组织13个窗口50多人为万达广场的86家商户集中办照服务，办理相关证照177份，确保8月12日如期开业。承担“两场”（菜市场、公交站场）、“两房”（安置房、保障房）服务协调工作，在中心建立绿色通道，牵头组织相关职能部门对21个菜市场和多个公交站场、“两房”建设项目进行联审会办、即来即办、先办后补等。质监窗口双休日“预约服务”制度在中心得到推广和实施。地税局窗口推出预约错时服务，保证窗口快速通畅地办件、出件。2011年，中心还探索网上行政服务标准化工作的研究，承担网上行政服务规范的国标起草工作。（陈晓荣）

图6-1　召开2011年全市法治政府建设工作推进会　（法制办）

【推行行政服务标准化试点】 2011年初，中心“省级服务标准化试点”立项申报获省质监局批准，在全省地级市中率先推行行政服务标准化试点，标准化内容涵盖窗口管理、业务建设、后勤保障、党的建设等方面工作。中心成立标准化建设领导小组，开展标准化培训和“服务标准化金点子征集”活动，同时用“标准化演示视频”评比方式将窗口服务方式固化下来，推动窗口服务礼仪、应急处理等方面更加标准，实现从制度化管理向标准化管理的新跨越。此项试点活动为期两年，期末由省质监部门考核验收。

（陈晓荣）

【启动网上行政服务规范国家标准起草工作】 2011年，中心探索网上行政服务标准化工作的研究，承担网上行政服务规范国家标准起草工作，力求在网上申报、在线服务、远程服务等关键环节上实现质的突破，开启镇江市网上行政服务的新起点，打造全国网上行政服务的示范大厅，更好地体现政府治理模式创新和服务群众的集约功能，此项工作将在2013年前完成。（陈晓荣）

表 6－2

2011 年镇江市行政服务中心各窗口办件情况一览表

单位：件

部门名称	即办件		承诺件		联办件	上报件		汇总				办件情况			
	受理	办结	受理	已办结		受理	办结	受理	不予受理	办结	不予许可	在办	超时	暂停	办结率(%)
国税车购办	30865	30865	0	0	0	0	0	30865	0	30865	0	0	0	0	100
发改委	0	0	225	223	0	0	0	225	0	223	0	0	0	4	99.11
国土局	0	0	1966	1994	0	0	0	1966	0	1994	0	30	0	4	100
京口国土	0	0	1987	1976	0	0	0	1987	0	1976	0	73	1	0	99.45
润州国土	0	0	2190	2162	0	0	0	2190	0	2162	0	72	0	0	98.72
规划局	248	248	279	274	23	0	0	527	0	522	82	3	0	25	99.05
住建局	2213	2213	1501	1494	0	251	252	3965	0	3959	6	15	2	0	99.85
公安局	40762	40762	5222	5223	825	0	0	45984	0	45985	1	0	0	0	100
消防支队	0	0	431	407	0	0	0	431	0	407	0	46	0	10	94.43
京口、润州区消防大队	0	0	246	228	0	0	0	246	0	228	0	31	0	0	92.68
环保局	137	137	274	275	0	0	0	411	0	412	1	0	0	0	100
京口环保局	0	0	62	62	0	0	0	62	0	62	0	0	0	0	100
润州环保局	0	0	101	101	0	0	0	101	0	101	0	0	0	0	100
民防局	86	86	84	84	0	0	0	170	0	170	0	0	0	0	100
社保中心	159	159	0	0	0	0	0	159	0	159	0	0	0	0	100
气象局	62	62	220	229	0	0	0	282	0	291	0	0	0	22	100
民政局	0	0	52	55	0	0	0	52	0	55	0	0	1	0	100
城管局	89	89	2613	2454	636	0	0	2702	0	2543	19	3	0	181	94.12
商务局	1865	1865	946	946	0	0	0	2811	0	2811	0	0	5	0	100
经信委	248	248	165	166	0	0	0	413	0	414	1	0	0	0	100
自来水公司	0	0	680	720	0	0	0	680	0	720	0	2	0	0	100
工商外资	0	0	285	283	0	0	0	285	0	283	0	3	0	0	99.3
工商内资	256	256	3354	3344	0	0	0	3610	0	3600	0	19	6	0	99.72
润州工商	0	0	826	826	0	0	0	826	0	826	0	4	1	2	100
京口工商	0	0	789	794	0	0	0	789	0	794	0	0	0	0	100
文广新局	9	9	43	43	0	51	57	110	0	116	2	0	0	0	100
交通运输局	5950	5950	2889	2930	1	0	0	8839	0	8880	0	2	2	0	100
安监局	0	0	339	350	0	0	0	339	0	350	0	0	0	0	100
财政局	1197	1197	0	0	356	0	0	1197	0	1197	0	0	0	0	100
城建档案处	284	284	280	280	0	0	0	564	0	564	0	0	0	0	100
地震局	0	0	69	69	0	0	0	69	0	69	0	0	0	0	100
国税局	7669	7669	0	0	356	0	0	7673	0	7673	0	0	0	0	100
地税局	10016	10016	0	0	356	0	0	10016	0	10016	0	0	0	0	100
华润燃气	0	0	86	86	184	0	0	86	0	86	0	4	2	0	100
农委	4150	4150	229	229	0	131	131	4510	0	4510	0	0	1	0	100
卫生局	0	0	842	782	0	0	0	842	0	782	0	60	0	0	92.87
市卫生监督所	0	0	71	71	0	0	0	71	0	71	0	0	0	0	100
京口卫生监督所	0	0	239	239	0	0	0	239	0	239	0	0	1	0	100
润州卫生监督所	0	0	163	163	0	0	0	163	0	163	0	0	0	0	100
食药监局	0	0	542	551	0	0	0	542	0	551	0	9	0	0	100
园林局	0	0	288	288	15	0	0	288	0	288	0	0	0	0	100
质监局	0	0	7378	7379	0	0	0	7378	0	7379	0	2	0	0	100
人行镇江支行	116	116	0	0	356	0	0	116	0	116	0	0	0	0	100
安全局	0	0	76	76	0	0	0	76	0	76	0	0	0	0	100
口港局	0	0	51	51	0	0	0	51	0	51	0	0	0	0	100
人社局	1	1	95	95	0	0	0	96	0	95	0	0	0	0	98.96
水利局	0	0	19	19	0	0	0	19	0	19	0	0	0	0	100
合　计	106382	106382	38197	38021	3108	433	440	145023	0	144853	112	378	22	248	99.88

说明：办结率包含统计时受理的办件，也包含统计时未办结但并未超过承诺办理时间的办件；办结件含上年结转。（陈晓荣）

外事及港澳事务

【概况】 2011 年，外事系统邀请接待外宾 174 批 1253 人次，比上年增长 20%，其中，副部级以上贵宾及党宾团 2 批 37 人次，外国记者 3 批 6 人次，外国驻华使领馆官员 12 批 188 人次。办理全市因公出访团组 430 批 1083 人次，增长 17%；办理邀请外国人来华签证函电 573 批 741 人次，增长 55%；代办因私签证 473 批 1382 人次，增长 13%；处理境内外涉外事（案）件 3 起。外交部签发镇江市 APEC 商务旅行卡 35 张。引进中国云计算运营服务基地、中美合资江苏华健检验检测第三方服务平台、中国智慧医疗数据库支撑平台和日本汽车零部件产业园等 4 个项目，其中 3 个项目总投资 6 亿美元和 7.5 亿元人民币，1 个项

表 6-3

2011 年重要外宾到镇江访问情况表

到访月日	团　　组	访问目的	主要访问点
03-04	南非驻沪总领事馆商务领事和土耳其总理府投资促进局官员一行5人	举办"投资南非和土耳其情况说明会"	-
03-17	孟加拉国驻华大使孟什·法亚兹·艾哈麦德为团长的驻华使节及夫人代表团40人	参加第八届中国扬中河豚美食节暨驻华使节与夫人才艺大赛	梓阳书画院、宜禾职业装博览馆
03-30	日本驻沪总领事泉裕泰一行2人	出席凯尔必(中国)投资有限公司开业典礼	镇江新区
05-09	芬兰驻沪总领事贺睦宁一行7人	洽谈中芬合作建设丹阳数字生态城项目	丹阳
05-25	韩国驻沪第一副总领事朴镇雄一行4人	考察眼镜产业	(丹阳)中国眼镜城、万新光学
05-27	26 国驻沪总领事馆官员一行95人	参观考察	镇江博物馆、醋文化博物馆、(句容)江苏农博园
09-23	瑞典驻沪总领事姚汉森	考察在镇江瑞典企业	镇江新区
10-20	阿尔及利亚民族解放阵线党中央委员、议会党团副主席阿卜杜勒瓦西德·安南为团长的党干部考察团12人	考察经济社会发展情况和党建工作	金东纸业公司、光大垃圾焚烧发电厂
10-30	阿联酋驻华大使欧麦尔·艾哈迈德·白伊塔尔、驻沪总领事努拉·穆罕默德·朱玛一行3人	出席中阿合作50万吨CPC特种碳材项目签约仪式	扬中大全集团
11-04	芬兰驻沪副总领事海沛彦一行5人	参加中芬"智谷地产"合作项目洽谈仪式	丹徒
12-03	老挝中央委员、计划和投资部部长宋迪·隆迪为团长的2011年度第五批干部考察团25人	考察经济社会发展情况和党建工作	四牌楼街道江滨新村、恒顺集团
12-27	德国驻沪总领事芮悟峰一行3人	考察在镇江德资企业	西津渡、扬中

(奚向红)

表 6-4

2011 年外国友好城市主要团组到镇江访问情况表

到访月日	团　　组	访问目的	主要访问点
04-02	德国曼海姆市前第一副市长罗伯特·艾格尔、REM博物馆馆长阿尔费雷德·维克佐雷克一行3人	出席曼海姆REM博物馆与镇江博物馆缔结友好馆签字仪式	镇江博物馆
06-15	美国坦佩市交流学生4人	参加镇江·坦佩中学生暑期交流活动	-
08-01	第22次日本仓敷市少男少女友好之翼访华团21人	开展青少年友好交流活动	市少年宫、行政中心、博物馆
08-12	市长拉斯洛为团长的匈牙利科斯克罗斯市代表团7人	参加2011镇江市国际友城交流周活动,与镇江市正式缔结友好城市关系	镇江新区、江苏大学、米山人家社区
08-12	德国曼海姆市前第一副市长罗伯特·艾格尔一行2人	参加2011镇江市国际友城交流周活动,签署国际合作项目	镇江新区、江苏大学、米山人家社区
09-18	日本仓敷市第32次日中友好访华团、书法交流团35人	参加镇江·仓敷第13届友好书法交流展	市图书馆
10-29	日本津市观光协会会长、前市长松田直久一行3人	洽谈两市旅游业交流合作事宜	市旅游局、润州区政府
11-01	美国亚利桑那州坦佩市市长休·豪曼一行3人	洽谈两市友好交流合作、亚利桑那州立大学与江苏大学缔结友好学校事项	镇江新区、西津渡、博物馆
11-20	市长前叶泰幸为团长的日本津市政府代表团5人	洽谈两市友好交流合作事项	市体育中心工程、梅樱园南山基地、西津渡、润扬大桥
12-07	区厅长姜仁吉为团长的韩国釜山江西区友好代表团9人	洽谈两市友好交流合作事项	镇江新区、大港港口

(奚向红)

表 6-5

2011 年外国其他团组到镇江访问情况表

到访月日	团　　组	访问目的	主要访问点
03-29	韩国全罗北道对外疏通局局长全钟琇为团长的全罗北道政府代表团7人	邀请镇江组团赴全罗北道(道府)全州市出席中日韩国际友城大会	-
04-18	美国红筹公司总裁戴维一行5人	举办企业赴美上市信息交流会	丹阳
05-09	芬兰赫尔辛基男声合唱团51人	举办演唱会(庆祝中芬合作建设数字生态城项目落户丹阳)	丹阳市广播电视集团
05-17	美国亚利桑那大学副校长普罗克特一行5人	考察合作办学事宜	-
06-08	丰田汽车(中国)投资有限公司项目主管东和田率汽车零部件企业家一行44人	考察丹阳日本汽车零部件产业园	丹阳产业园区、大亚轮毂、天地石刻园
07-05	朝鲜外文出版社总社长崔景国一行5人	与中彩印务签署"东白印刷合营会社"合作项目	丹阳
07-08	澳大利亚墨尔本坎培门理工学院国际部总监布伯桥一行3人	洽谈合作办学项目	镇江高专、技师学院
07-23	美国ECOMPEX公司总裁姜胡彬一行3人	洽谈在镇江建立SOA项目基地项目	镇江新区科技新城

续表 6－5

到访月日	团　　组	访问目的	主要访问点
08－02	马来西亚金狮集团董事长锺廷森一行3人	洽谈官塘百盛城市综合体项目	官塘新城规划区
08－06	日本音乐家吉冈茂美为团长的七夕代表团27人	参加2011“情缘七夕”中日友好广场晚会演出	镇江沃得广场、丹徒槐荫村
08－12	市长谢雅诺维奇为团长的俄罗斯斯塔夫罗波尔市代表团2人	参加2011镇江市国际友城交流周活动，签署国际合作项目	镇江新区、江苏大学、米山人家社区
08－12	市长雅格布斯为团长的荷兰海尔蒙德市代表团6人	参加2011镇江市国际友城交流周活动，签署国际合作项目	镇江新区、江苏大学、米山人家社区
08－12	美国西北理工大学校长、全球教育联盟主席谢佐齐为团长的教育联盟代表团6人	参加2011镇江市国际友城交流周活动，签署国际合作项目	镇江新区、江苏大学、米山人家社区
08－18	芬兰国家广播记者2人	采访丹阳芬兰数字生态城	丹阳
09－28	美国内布拉斯加州副州长瑞克一行4人	考察在镇江美资企业	（丹阳）江苏沃得集团
10－30	奥里希最高行政长官托伊考夫为团长的德国奥里希艺术代表团7人	参加“奥里希·扬中友好交流音乐演奏会”	扬中市实验小学、外国语中学、省扬高中、长鸣乐器厂、宜禾博览馆
11－06	日本东京电视台2人	采访丹阳日本汽车零部件产业园	丹阳
11－16	日本《笔合》记者越田升一行2人	采访镇江醋业	恒顺集团、宴春酒楼、句容生态农业

（奚向红）

目注册资本9000万元人民币。引进领军型人才团队3个、35名人才，其中入选国家千人计划1名。举办镇江·仓敷第13次友好书法交流展，展出100件中日书法作品。乌克兰籍专家卡强·鲍维尔·尤力耶维获“江苏友谊奖”。市外办获“镇江市跨越发展有功单位”称号。（奚向红）

【镇江市与匈牙利科斯克罗市缔结友好城市关系】 经全国友协批复、镇江市人大审议通过，2011年8月12日，镇江市与匈牙利科斯克罗市在“2011镇江市国际友城交流大会”上正式签署《友好城市关系协议书》。至此，镇江市本级国际友城增至11对（全市增至13对），填补东欧友城空白。科斯克罗市位于匈牙利南部，面积102.23平方公里，人口约2.5万人，是匈牙利著名诗人裴多菲故乡。该市是匈牙利巴克斯·科斯昆州第六大城市，距离首都布达佩斯110公里，有著名葡萄酒产地和温泉城，以及科斯昆国家森林公园，主要工业门类有旅游、食品加工、机械加工等。（奚向红）

【2011镇江市国际友城交流周活动】 2011年8月10～15日，举办以“让高校成为城市创新的源泉”为主题的“2011镇江市国际友城交流周”活动。匈牙利科斯克罗市、荷兰海尔蒙德市、俄罗斯斯塔夫罗波尔市、德国曼海姆市等四市政府及企业家代表团，全球教育联盟代表团（美国、韩国、新加坡高校代表），以及匈牙利、德国、美国驻沪领馆官员26人，镇江市领导、市友协会长，辖市（区）分管领导，外事、商务、科技、教育、文化等部门，江苏大学、江苏科技大学等驻镇江高校负责人出席活动。12日，在碧榆园国际会议中心举行“2011镇江市国际友城交流大会”。镇江市分别与科斯克罗市签署《建立友好城市关系协议书》，与海尔蒙德市、斯塔夫罗波尔市签署《友好关系备忘录》；与会五市一方共同签署《“城市创新”国际交流与合作项目协议书》；在南徐新城文化公园内种植5棵镇江市树广玉兰。各市代表团分组参加探访“创业镇江”、畅游“生态镇江”、感受“智慧镇江”、品味“文化镇江”和体验“幸福镇江”考察交流活动。（奚向红）

【“情缘七夕”中日友好广场活动】 2011年8月6日（农历七夕），以“祈福”为主题，2011“情缘七夕”中日友好广场晚会活动在沃得广场举办。日本音乐家吉冈茂美、服装设计师时广真吾一行27名日本艺术家（友人），与镇江文艺工作者联袂演出。日本艺术家表演日本唯一自行发明的乐器“大正琴”、七夕童谣、《情系七夕——牛郎与织女》的经典爱情故事；中日演员合唱《星空物语》（专为镇江七夕传说而作的日语原创歌曲）。市外办、文广新局、镇江新区党工委负责人，在镇江日资企业日本籍人士，以及近万名镇江市民参加广场活动。这是镇江市举办的第五届七夕节纪念活动。（奚向红）

【设立涉外医院为外国籍人士提供医疗服务】 2011年，镇江常驻外国籍人士逾千人，到镇江访问和旅游的外国人数日趋增长。为解决外国人语言不通、就医不便等问题，市外办协同市卫生局出台《关于做好外籍人员在镇就医服务工作的通知》文件，指定江苏大学附属医院、市第一人民医院、市第三人民医院、市第四人民医院和镇江新区人民医院等5所医院为首批涉外医疗定点医院，为外国人就医提供预约帮助、合理分诊和导医导诊服务。规定在接诊危重症或重大传染疾病等外籍人员时，除按规范进行医疗救治和传染病疫情报告外，须将有关信息及时上报市外办和市卫生局。（奚向红）

【《白发狂夫》日文版在日本出版发行】 2011年9月，日本ENTIT出版社翻译出版镇江作家王川长篇小说《白发狂夫》日文版，日本大阪府日中友协副会长藤尾昭担任出品人，资深翻译家福井耕一翻译，分成上下两册精装本出版。为突出作者的作家和画家双重身份，出版社请王川题写日文书名，并选用本人画作为封面和封底。该作品中文版和日文版还分别赠送给中日两国大学，作为汉语和日语的辅助教材。《白发狂夫》是王川代表作，1991年由人民文学出版社出版，1994年获“人民文学奖”，2009年被列入“阅读中国——新中国成立以来长篇小说500部”再版。（奚向红）

侨　务

【概况】 镇江市是江苏省重点侨乡之一，全市有华侨华人、港澳同胞3.6万多人，分布在世界50多个国家和地区，主要集中在日本、东南亚等国家和地区；有归侨侨眷6.1万人，其中归侨191人，主要分布在农村；有留学人员3000多人，主要分布在美、加、澳、新西兰等国家。

2011年，侨务部门以“为侨服务年”活动为主题，接待拜访海外侨胞500余人次，向海外寄发镇江情况介绍、项目资料、慰问函、贺卡、邮件12000多件。海

表6-6 **2011年镇江市侨办邀请接待海外和中国港澳台地区重点访问团组及客商情况表**

到访月日	团　　组	访问内容
01-12	澳大利亚悉尼议员伯格蔓博士一行6人	人才交流
01-13	澳大利亚中华情联谊总会会长张宪舫一行3人	交流考察
01-23	日本江苏同乡会许士超一行2人	交流考察
01-27	荷兰中国友好协会主席顾坚明一行2人	交流考察
02-15	新加坡吉宝发展公司董事长、江西侨商会会长高克成一行3人	交流考察
03-15	马伯乐苏州酒业有限公司总经理许其林一行2人	考察投资环境
03-24	美国林家俊博士一行5人	项目交流
03-26	香港世界华人协会会长程万琦一行7人	考察交流项目
04-11	泰国江浙沪总商会会董郑炳克一行3人	考察投资环境
04-19	德兰集团沙勇董事长一行4人	推进德客城项目
04-26	参加清华海外校友江苏行——相约丹阳活动一行40人	丹阳考察洽谈
05-13	加拿大中国工商业协会会长朱德修一行5人	与水投公司谈游艇项目
05-19	江苏大自然投资担保有限公司董事长曾所罗一行3人	投资考察
06-07	美国富麦集团董事局主席玛丽亚一行6人	考察投资环境
06-09	美国百人会理事曾宪章一行2人	考察新区和润州区企业
06-25	参加海外华侨华人高层次人才江苏行活动一行30人	扬中考察对接
07-05	艾塔斯科技董事长王渤渤、总经理林光源一行2人	协调关系
07-08	德兰集团董事长沙勇一行4人	推进德客城项目
07-13	美国成朴丰祥集团董事长马郅一行2人	推进创投基金项目
08-07	新加坡南洋理工大学王阳一行3人	科技新城考察，洽谈项目
08-09	荷兰荷中友协胡福义先生一行2人	友好交流
08-15	美国成朴丰祥集团董事长马郅一行3人	推进创投基金项目
09-06	美国政府采购团一行6人	交流考察
09-06	美国富麦集团董事局主席玛丽亚一行6人	洽谈医疗器械项目
10-19	德兰集团董事长沙勇一行3人	与交投公司洽谈推进德客城项目
10-28	美国成朴丰祥资本集团董事长马郅一行5人	投资签约
10-28	北京FAB精彩集团董事长张鸿成一行6人	交流考察
10-20	美国硅谷美华科技商会荣誉会长杨俊龙、美国侨报阙维杭一行	考察科技新城
11-08	美国南加州大学教授金雁博士一行10人	洽谈LED项目和污水处理项目
11-09	苏州斯太雷公司一行5人	考察镇江新区，洽谈LED项目
11-11	加拿大中国专业人士协会前会长沈浩一行8人	参加镇江科技新城情况说明会，参观考察科技新城
11-30	美国中国旅美科技协会硅谷分会会长范羌一行3人	考察新区洽谈专利配方复合车外壳材料、高强度粘结剂等项目
12-15	英国雷丁大学仿生学研究中心高级研究员黄晓华博士1人	考察镇江科技新城

（张伯华）

外联络对象增加到12000多人，工作面拓展到110个国家和地区。全年慰问、救济、帮扶、定补困难归侨侨眷和重点侨界人士249户（人），慰问、救济、帮扶、定补经费30.36万元，全市归侨受补面达62%。全年受理来信来访96件（次），办结率98%以上。引导华侨捐赠，全年接受海外华侨华人捐赠15宗，计291.25万元。推进11个团队（项目）申报“331”计划第四批，其中8个团队（项目）获得1140万元资助。市侨办被镇江市委、市政府授予“2011年度跨越发展有功单位”称号，被省侨办评为“2010～2011全省侨务工作先进单位”，扬中市侨办、丹徒区侨办被省侨办评为“2010～2011年度全省侨务工作先进单位”，5人被评为“2010～2011年度全省侨务工作先进个人”。（张霖汉）

【镇江市侨界举行“华侨华人与中国共产党”专题讲座】 2011年6月24日，为纪念中国共产党诞辰90周年，由市人大民宗侨委、市侨办、市政协港澳侨台委、市侨联、致公党镇江市委和市留学生亲属协会共同发起的，“华侨华人与中国共产党”专题讲座在市民大厅三楼市政协会议厅举行，100余名侨界代表参加讲座活动。（张霖汉）

【国侨办副主任任启亮调研镇江侨务工作】 2011年11月11日，国侨办副主任、中国侨商投资企业协会常务副会长任启亮一行到镇江调研侨务经济科技工作。任启亮一行参观考察侨资企业——金东纸业，听取企业负责人经营情况介绍，勉励企业多为镇江经济建设和社会发展作贡献。任启亮一行还考察丁卯科技新城，参观奥雷光电、物泰信息和奥博洋信息等3家海归企业。任启亮肯定镇江海外专业人才创新创业的扶持政策和具体做法，希望创新创业企业立足镇江，发挥所长，成为带动地方新兴产业发展和推动经济转型升级的重要力量。

（张霖汉）

【江苏省首家“侨爱新村”在句容挂牌】 2011年10月20日，江苏省首家“侨爱新村”竣工暨揭牌仪式在句容白兔镇太平村举行，省侨办副主任季俊秋、镇江市“五侨”部门负责人、句容市领导及太平村村民代表100多人参加仪式。

4月，市侨办争取国、省侨办支持，促成香港慈善家李钜能向太平村捐赠20万元建设村文化卫生中心，同时省侨办与太平村签署共建“侨爱新村”协议。中心主要设置图书阅览室、教育培训室、文体娱乐室和卫生室、诊断室、理疗室，以丰富村民精神文化生活，提高卫生服务水平。这是省侨办实施国侨办“侨爱工程——万侨助万村活动”计划，在全省设立的首家“侨爱新村”。（张霖汉）

【镇江市设立首支海归领衔创投基金】 2011年10月28日，市侨办牵线引进的镇江市首支海归领衔创投基金——国投成祥创投基金正式签约。国投成祥创投基金，由丰祥国际资本集团公司和镇江国投公司等合作设立，总规模10亿元人民币。丰祥国际资本集团公司涵盖基金管理、投资银行及直接投资等业务。

（张霖汉）

政协镇江市委员会

责任编校：赵茂龙

综　述

【概况】 2011年，镇江市政协把握团结民主两大主题，围绕中心，服务大局，履行职能，发挥作用，各项工作都取得新的成效。

围绕全市大局，为推进跨越发展议政建言。为促进现代服务业发展，组织委员深入10多个物流、商贸企业开展调研，六届十七次常委会议围绕推进现代服务业跨越发展进行讨论，规划布局再优化、发展特色再强化、载体建设再深化、政策扶持再细化、组织考核再硬化等建议，被吸纳进镇江市现代服务业发展规划及相关扶持政策中。主席会议围绕传统产业转型升级、高层次人才工作等开展专题议政，促进转型升级。组织委员到企业了解情况，向市委、市政府报送《关于加快我市企业"走出去"步伐的建议》。六届十九次常委会议以"打造山水花园城市、建设宜居之城"为主题举办论坛。政协委员、职能部门领导和专家学者撰写40多篇调研报告和建议材料，选择其中15人作大会发言和书面发言。围绕改善城市环境、促进生态市建设，主席会议成员对市区黑臭河整治情况进行专项视察，历史文化名城专家咨询组对官塘新城能源规划和景观规划进行论证。广大委员关注农村"三新"建设，主席会议围绕积极稳步推进新市镇建设、加快农田水利建设等专题开展讨论。全年报送《参政议政专报》24期，市委、市政府领导高度重视，多次作出批示，有的以市委文件转发各辖市（区）和有关部门，促进政协建言的转化运用，加快相关问题的推进落实。

坚持履职为民，为促进社会和谐贡献力量。"促进全民创业"是市政协连续几年开展的主题活动，2011年5月，主席会议成员视察镇江科技园和信息科技企业等创业孵化基地；9月再次召开全民创业先进典型座谈会，推选10名新涌现的先进人物在会上发言，营造全民创业的浓厚氛围。住宅小区物业管理涉及千家万户，主席会议专题研究，对推进物业管理健康发展、实现住宅小区物业全覆盖提出建议。2011年市政府出台相关实施意见，通过有关部门的大力推进，物业管理全覆盖工作取得明显成效。主席会议围绕"实现居民收入倍增计划，提高居民收入水平""发展学前教育""建设健康镇江"等进行专题讨论，打造惠及百姓的"民生工程"。针对群众工作中出现的新情况开展专题调研，形成《关于创新社会管理、做好群众工作的几点建议》。坚持把提案工作作为"民心工程"来抓，加大对重点提案的督办力度，不断增强提案办理成效，截至11月底，六届四次会议以来立案的469件提案全部办复。"优先发展公共交通""加快菜市场建设""解决谏壁地区区域供水问题""推进保障性住房建设""完善农村养老服务体系""加大对贫困残障儿童家庭救助力度"等涉及民生的提案，通过党政各部门的办理，得到较好解决和推进。全年向市委、市政府及有关部门报送《社情民意信息》50多期，市区中山路小学临时搬迁、尽快解决丹徒区邮寄不便等问题得到较好解决。

突出团结民主，为凝聚发展合力营造氛围。发挥委员主体作用，开展"我为创建文明城市作贡献"主题活动，以界别为特色的小组活动有效开展，全年各小组开展学习讨论、视察调研等活动80余次。开展本届政协第二次委员述职活动，强化对委员履行职责的考核，加强特邀监督员工作，有70多位市政协委员担任特邀监督员。组织委员深入台资企业调研，与有关部门沟通协商，促进企业相关问题的解决，并加强与海外人士的联络联谊。截至9月底，全市乡镇、街道都建立政协联络委员会。强化与辖市（区）政协的联动，就全市性的课题开展联合调研，召开辖市（区）政协主席座谈会，就贯彻市委《关于加强人民政协政治协商制度建设的意见》进行专题研讨。完善政协专委会工作机制，增强专委会工作的活力和成效。开展"创先争优"活动和建党90周年系列活动。举办纪念辛亥革命100周年座谈会，编辑出版《辛亥革命与镇江》。加强与各新闻媒体的合作，办好《政协时空》和《委员专访》栏目。（卢小芳）

重要会议和工作

【镇江市政协六届五次会议】 2012年1月9～11日召开。会议应到委员349名，实到委员328名。会议分组学习中共镇江市委书记许津荣在市政协六届五次会议开幕式上的讲话，审议通过市政协主席郭礼荣所作的常务委员会工作报告和副主席宋敬伟所作的提案工作情况报告。全体与会人员列席市六届人大五次会议，听取和讨论《政府工作报告》和其他有关报告。围绕市委书记许津荣讲话和《政府工作报告》，委员们重点就镇江在当前宏观形势下如何加快提升企业科技创新水平、加强公共文化服务体系建设、优化城市交通环境等专题，展开联组讨论，就镇江经济和社会发展中的重大问题，与市委、市政府分管领导面对面开展交流互动。大会收到网上和书面提案377件，立案372件，其中：市各民主党派、工商联、台联、侨联和文艺界别、共青团青联界别集体提案50件，委员个人和联名提案322件；按类别分为经济建设方面232件，科教文卫体方面79件，政治法律、劳动人事方面50件，政协、统战方面3件，其他方面8件。会议期间，提案委员会召开两次全体会议讨论提案工作，并根据职责分工和归口办理原则，确定立案提案的承办单位。对5件未立案提案，主动与有关委员协商并征得同意，2件作为社情民意信息，1件作为委员来信转有关方面处理，2件本人撤回。会议增选张庆生、夏新平为市政协副主席，选举蒋勃为秘书长，增选王祥义、戈矛为市政协常委。会议审议通过六届常务委员会工作报告的决议、六届常务委员会关于提案工作情况报告的决议和政协镇江市委员会第六届委员会第五次会议决议。市各部委办局负责人和在镇江的全国政协委员及省政协委员列席大会。 （卢小芳）

【常委会议】 2011年，镇江市政协共召开6次常委会议。

1月10日召开市政协六届十五次常委会议。会议听取市政协秘书长陈惠祥关于市政协常委会工作报告和提案工作报告起草情况的说明和市政协六届四次会议筹备情况的说明。审议通过常委会工作报告、提案工作报告；审议通过关于召开市政协六届四次会议的决定；审议并原则通过市政协六届四次会议的议程和日程（草案）等有关事项；审议通过由市政协副主席赵腊根兼任市政协六届四次会议秘书长。市政协主席郭礼荣在会议结束时讲话。

1月20日召开市政协六届十六次常委会议，市政协主席郭礼荣主持会议。会议听取市政协副秘书长陈泰龙关于《政协镇江市第六届委员会常务委员会工作报告》的决议、《政协镇江市第六届委员会常务委员会关于六届二次会议以来提案工作情况的报告》的决议、《政协镇江市第六届委员会第三次会议决议》（草案）起草情况的说明，听取提案委员会主任杨晓英关于提案审查情况的汇报，决定将上述三个决议草案和提案审查报告提交六届四次会议审议。

4月28日召开市政协六届十七次常委会议，讨论通过市政协《关于推进我市现代服务业跨越发展的建议》，通过有关人事事项。市政协主席郭礼荣主持第一次全体会议，市长刘捍东以《合力发展现代服务业》为题作演讲，市政协副主席赵腊根作《关于推进我市现代服务业跨越发展的建议》说明，并主持第二次全体会议。会议决定：王华任市政协教卫文体委员会主任，免去尹瑞林市政协教卫文体委员会主任职务，免去孙振亚市政协教卫文体委员会副主任职务。

7月7日召开市政协六届十八次常委会议，会议听取市长刘捍东关于2011年全市上半年经济社会发展和下半年主要工作安排的情况通报，组织常委们就完成市委、市政府年度既定工作目标献计献策，就全市各级政协组织和委员在完成全市2011年工作目标任务中争做贡献提出要求。市政协主席郭礼荣就市政协上半年工作情况和下半年工作讲话。市政协副主席赵腊根主持会议。

10月27日召开市政协十九次常委会议。上午，围绕“打造山水花园城市、建设宜居之城”举办专题论坛。市委书记许津荣在会上纵论山水花园城市建设。市政协主席郭礼荣、副主席赵腊根分别主持论坛。市规划局局长王根生，市国土资源局局长雷志强，市水利局局长王梅芳，市政协副主席、市园林局局长徐平，市政协副秘书长、民盟市委会副主委任一鸣，市交通局副局长、交投公司总经理李坚先后作大会发言，提出许多积极的意见和建议。与会常委围绕市委书记许津荣的讲话精神，就如何“打造山水花园城市、建设宜居之城”进行热烈讨论。下午，副市长陈杰通报市政协六届四次会议提案办理情况，通过有关人事事项，市政协主席郭礼荣讲话。会议接受陈惠祥辞去政协镇江市委员会秘书长职务的请求；任命蒋勃为市政协副秘书长，免去其市政协委员工作办公室主任职务，鉴于秘书长空缺，决定蒋勃代理秘书长；任命吕纯贵为市政协委员工作办公室主任；任命陈青为市政协教卫文体委员会副主任。

12月29日下午，市政协召开六届二十次常委会议，决定市政协六届五次会议2012年1月9日召开。会议首先听取关于市政协常务委员会工作报告、提案工作报告起草情况和市政协六届五次会议筹备情况的说明，听取有关增补委员人选的说明。会议审议通过常委会工作报告、提案工作报告，审议通过关于召开市政协六届五次会议的决定，审议并原则通过六届五次会议的议程（草案）和日程（草案）等有关事项，增补张庆生、夏新平、王祥义为市政协委员。

（卢小芳）

【主席会议】 2011年，镇江市政协召开十一次主席会议，就经济和社会事业发展的重大问题专题议政，邀请市委、市政府有关领导及相关部门负责人到会通报情况，听取意见。

1月10日召开市政协六届三十四次主席会议，审议《市政协常务委员会工作报告（讨论稿）》和《市政协常务委员会关于提案工作情况的报告（讨论稿）》，讨论召开市政协六届四次会议等有关事项，讨论召开六届十五次常委会议有关事项。

2月18日召开市政协六届三十五次主席会议，讨论通过《镇江市政协2011年工作要点》和《镇江市政协2011年工作主要工作安排》。

3月31日召开市政协六届三十六次主席会议，就推进新市镇建设咨政建言。市委副书记张庆生、副市长曹当凌到会听取意见并讲话。市人社、规划、农委、农办、公安、国土等部门负责人出席会议。

4月21日召开市政协六届三十七次主席会议，就推进物业管理咨政建言。副市长陈杰出席会议并讲话。市规划、财政、城管、公安、民政、园林等部门和京口区、润州区政府，镇江新区管委会负责人到会听取意见。

5月26日召开市政协六届三十八次主席会议，就“努力实现收入倍增计划，不断提高居民收入水平”咨政建言。副市长冯士超出席会议并讲话。市人社、发改委、民政、财政、农委、总工会等部门有关负责人到会听取意见。

6月16日召开市政协六届三十九次主席会议，就“发展学前教育”咨政建言。副市长王萍出席会议并讲话。市委编办、发改委、教育、财政、人社、国土、住建、规划、工商等部门和京口区、润州区、丹徒区教育局有关负责人参加会议。

7月29日召开市政协六届四十次主席会议，围绕推进传统产业的转型升级进行专题讨论。副市长冯士超出席会议并讲话。市经信委、发改委、国资委、科技局等部门负责人参加会议。

8月18日召开市政协六届四十一次主席会议，专题听取市委组织部关于镇江市高层次人才队伍建设情况通报。市委常委、组织部部长魏红军到会作情况通报。市经信委、科技、财政、人社、发改委、外办等部门负责人参加会议。

9月19日召开市政协六届四十二次主席会议，围绕全市农田水利建设进行专题讨论。副市长曹当凌出席会议并讲话。市发改委、财政、国土、农委、水利、农办等部门负责人出席会议。

10月18日召开市政协六届四十三次主席会议，会议围绕创新社会管理、做好群众工作进行专题讨论。副市长王萍到会听取意见。市公安、民政、司法、人社、住建、法院、信访、总工会等部门负责人出席会议。

12月8日召开市政协六届四十四次主席会议，围绕建设“健康镇江”进行专题咨政建言。副市长王萍到会听取意见。市卫生、教育、财政、人社、环保、住建、食品药品监督管理、体育等部门负责人参加会议。

12 月 29 日召开市政协六届四十五次主席会议，讨论审议召开市政协六届五次会议等有关事项，讨论通过市政协常委会工作报告、市政协常委会提案工作报告。市政协主席郭礼荣主持会议。（卢小芳）

【召开纪念辛亥革命 100 周年座谈会】 2011 年，10 月 10 日，镇江市政协举行纪念辛亥革命 100 周年座谈会暨《辛亥革命与镇江》首发式。市政协主席郭礼荣出席座谈会并讲话。市政协副主席、市委统战部部长宦祥宝主持座谈会。《辛亥革命与镇江》全书 34 万多字，由市政协文史委编撰，江苏大学出版社出版。市委书记许津荣为此书作序，市政协主席郭礼荣为编委会主任。在编撰此书过程中，市政协文史委组织全市各方面专家学者，对镇江与辛亥革命有关史料重新进行挖掘、整理、核实。该书内容丰富，图文并茂，全方位、多角度再现镇江在辛亥革命中的历史画面，具有较高的文献价值和较强的可读性。市教育局、江苏大学图书馆、江苏科技大学图书馆、镇江高专图书馆、镇江博物馆、镇江市图书馆等 8 家单位和赵声后裔代表接受赠书。市政协副主席、民革市委主委宋余庆代表市各民主党派、工商联和人民团体发言。赵声之孙、太原理工大学教授赵彭生在会上发言。（卢小芳）

【开展"我为创建文明城市作贡献"活动】 2011 年 5 月 12 日下午，市政协召开"我为创建文明城市作贡献"主题活动动员大会。一场以政协委员为主体，合力推进文明城市创建的实践活动拉开大幕。1 个多月来，24 个政协委员小组按照市政协主席郭礼荣在动员大会上提出的"立足本职作贡献，走进社区争作为，重点视察促推进"的要求，积极投入文明城市创建，对整治农贸市场环境、学校周边环境和建筑工地环境进行现场督查，组织省、市政协委员志愿者走进社区开展文明共建活动，多形式开展主题活动，同心协力推进文明城市创建。《人民政协报》以《为了让美丽的镇江迈向更高文明——每个委员动起来了》为题，在头版头条作报道。（卢小芳）

表 7－1
2011 年镇江市政协专项视察一览表

时　间	视察内容
3 月 24 日	视察镇江市检察工作
4 月 14 日	赴润州区调研政协工作
5 月 19 日	视察创业型城市建设和黑臭河流整治工作
5 月 25 日	视察优化校园周边环境
6 月 3 日	视察建筑工地环境整治工作
6 月 8 日	政协委员志愿者走进社区
6 月 21 日	视察物价工作
7 月 21 日	视察供电工作
8 月 23 日	视察国税工作
12 月 13 日	视察法院工作
12 月 19 日	视察公安工作
12 月 21 日	视察工会工作

（卢小芳）

【社情民意】 2011 年，镇江市政协办公室共收到各方面反映的社情民意信息 86 条。向市委、市政府编发、报送《社情民意》简报 14 期，向党政部门直接转送 9 件。编辑《社情民意》简报中，市领导有批示的 7 期。《社情民意》简报所反映的意见和建议，由市有关部门向市政协办公室或者向反映该社情民意的政协委员进行办理情况和意见的沟通与答复，其中关于"中山路小学实施'校安工程'期间，急需租用江大中山校区一年""尽快解决丹徒新城邮寄信函不方便""将市区公交线路延伸到丹徒新城工业园区"等民生问题得到较好的解决。通过省政协报送的有关加强学前教育的社情民意信息，副省长曹卫星作出批示。

（卢小芳）

【提案工作】 2011 年，镇江市政协全体委员和政协各参加单位，围绕党和国家的大政方针，紧贴市委、市政府的中心工作，关注社会热点、难点问题，共提交提案 475 件，经审查立案 469 件。其中，市各民主党派、工商联，有关人民团体和和委员活动小组集体提案 73 件，委员个人和联名提案 396 件。根据职责分工、归口办理原则，立案提案分别送交 63 个承办单位研究办理，截至 2011 年 11 月全部办复。从办理情况看，提案所提问题已经解决或所提建议已被采纳的 217 件；列入计划逐步解决的 235 件。从反馈的 469 件提案办理征询意见表看，提案人对办理结果表示同意的 416 件，表示理解的 52 件，表示不同意的 1 件。其中"优先发展公共交通""加快菜市场建设""解决谏壁地区区域供水问题""推进保障性住房建设""完善农村养老服务体系""加大对贫困残障儿童家庭救助力度"等涉及民生的提案，通过党政各部门的认真办理，得到较好的解决和推进。（卢小芳）

【开展"交投杯"委员专访活动】 "交投杯"政协委员专访活动从 2010 年 3 月起，历时两年，分两批对 50 名镇江市政协委员进行专访。截至 12 月 31 日，《镇江日报》"委员专访活动"报道 2011 年第二批的 25 名政协委员，《政协杂志》也同步刊登。具体如下：

1 月 14 日《用大智慧，追求农业科技创新之路——记市政协委员、镇江农科所所长庄义庆》/吴森

1 月 28 日《责任在肩振翅飞翔——记市政协委员、大全集团总裁徐翔》》/叶锦春

2 月 11 日《宛如寻常一首歌——记市政协委员、江苏科技大学副校长郭锡杰》/尤恒

2 月 25 日《不断开始的传奇——记市政协委员、大力神科技集团董事长曹

图 7－1　2011 年 10 月 10 日，市政协举行纪念辛亥革命 100 周年座谈会暨《辛亥革命与镇江》首发式（徐炳辉）

晓国》/陈春鸣、蔡永祥

3月11日《把镇江乒乓的金牌擦得更亮——钱正风》/时文洁

4月1日《传送爱心服务社会——记市政协委员、市基督教两会会长尹素华》/刘飞

4月8日《一名永不停歇的"勘探队员"——记市政协委员、华东石油局钻井工程公司高级工程师赵炬肃》/徐翱

4月22日《他赢得了女病人的尊敬——记市政协委员、江大附院妇产科主任胡兴》/闻诗

5月13日《拳拳满腔赤子情——记市政协委员、市勘察测绘研究院院长李明》/唐金波

5月27日《用心书写茅山盛世华章——记市政协常委,省、市道教协会会长杨世华》/刘飞

6月10日《留得梅香满庭——记镇江市政协委员,丹阳市政协副主席、工商联主席钱留梅》/蔡永祥

6月24日《做一名快乐的律师——记市政协委员、江苏王学剑律师事务所主任王学剑》/柳筱苹

7月8日《杰出的医者——记市政协常委、市第一人民医院主任医师李建华》/方范

7月23日《展示凝固的音乐——记市政协委员、国家一级注册建筑师严斌》/陈泰龙

8月5日《冠军梦·一个人——记市政协委员、市体育运动学校副校长叶刚》/马温

8月19日《一个女法官的人文情怀——记市政协委员、市中级人民法院民一庭庭长张蕾》/尤恒

9月2日《"把你的小手交给我"——记市政协委员、市特教中心教师叶小燕》/景昇玮

9月16日《三份责任一肩挑——记市政协委员、镇江江大科茂信息系统有限责任公司董事长盛平》/滕建锋

9月30日《一个文化人的炽热情怀——记市政协委员、文广新局创研中心研究员吴林森》/张晓波

10月14日《"健康卫士"的社会良心——记市政协委员、市疾控中心急传科科长袁兆虎》/梁和峰

10月28日《"数字镇江"的实践者——记市政协委员、市勘察测绘研究院院长李明》/唐晓波

11月11日《可以弱小,但绝不能落后——记市政协委员、市金山空调制冷工程有限公司总经理徐道梧》/马温

11月25日《一辈子做渔民的好朋友——记市政协委员、市水产技术指导站站长向保明》/孙悦萌、孙薇

图7-2 2011年9月27日,市政协召开全民创业先进典型座谈会 (徐炳辉)

12月9日《三代传承正则绣一生情牵丝串起——记市政协委员、正则绣第三代传人吕存》/陆渭南

12月23日《乐桑者——记市政协委员、中国农业科学院蚕业研究所研究员潘一乐》/王川

【各辖市(区)乡镇联络委员会成立】 2011年9月28日,随着镇江新区所辖镇(街道)政协联络委员会集中挂牌,标志着全市乡镇街道联络委员会全部建立。各辖市(区)委和镇江新区工委相继出台文件,召开会议,加强调研,实施推动,创新工作方法,加大实施力度。扬中市利用镇(区)党委换届选举的有利契机,率先在油坊镇和开发区配备正科职政协联络委员会主任。京口区区委常委会议专题研究决定,在镇、街道设立政协联络委员会,正科级建制,工作经费纳入同级财政预算,由镇、街道符合条件的党委副书记兼任其主任,并增加1名全额拨款事业编制的工作人员,负责政协联络委员会的具体工作。2011年8月11日,市政协召开第八次辖市(区)主席会议,专题交流《关于加强人民政协政治协商制度建设的意见》贯彻落实情况,并就加强全市政治协商制度进行研讨;交流各辖市(区)政协乡镇联络委员会建立情况。截至9月底,全市乡镇街道政协联络委员会均建设到位。 (卢小芳)

【全民创业先进典型座谈会】 2011年9月27日,镇江市政协召开全民创业先进典型座谈会。参加座谈会的丹阳市雷兰斯汽车零部件有限公司总经理朱云霞等10名创业者,是近两年来在全市涌现出的创业新典型。他们在发言中介绍各自创业历程和人生感悟,并对创业工作提出建议。市政协主席郭礼荣就促进全民创业、推进创业型城市建设提出意见。市委常委、常务副市长秦景安到会。市政协副主席赵腊根主持座谈会。参加座谈会的还有市经信委、科技局、财政局、人社局、商务局、工商局、地税局、总工会、团市委、妇联等部门负责人。会后,《镇江日报》整版刊登10位创业典型的事迹,镇江电视台广泛宣传,树立创业新典型,营造促进全民创业的浓厚氛围。

(卢小芳)

重点建议

【关于推进新市镇建设的建议】 2011年3月31日,镇江市政协六届三十六次主席会议就积极稳步推进新市镇建设进行专题议政,提出建议:1. 深化认识,稳步推进新市镇建设。进一步认准方向,稳步推进,坚持以人为本,深化和完善村庄土地整理和"万顷良田建设工程"。2. 规划先行,科学编制新市镇建设规划。坚持先规划后建设,抓紧编制功能片区、新社区详细规划,并逐步实现镇区、社区和园区全覆盖,同时控制性详规的编制要突出生态环境保护,结合地域文化及空间构成等要素,力求一镇一策。3. 产业提速,实现新市镇长远繁荣。(1)推进土地流转,为产业发展腾出空间。(2)加快园区开发,为产业发展搭建平台。(3)突出本地特色,加速重点产业发展。4. 完善政策,发挥引导促进作用。(1)加大现有政策落实力度,对涉及奖补资金要兑现到位,以取信于民。(2)

结合当前形势,制定更具操作性的实施细则,重点在多措施解决用地矛盾和多渠道化解资金瓶颈方面加以完善和突破。5.以人为本,构建农民转市民保障体系。探索农村养老保险与城镇职工养老保险接轨,加快新型农村合作医疗与居民医疗保险衔接,同时公共服务要完善、户籍管理要改革。6.创新举措,加强新市镇(社区)管理。(1)社区在筹建时,要尽可能以原有村组为单位,并将原村、组农民集居一起。(2)探索建立新市镇管理体制,引进市场主体参与市镇管理和服务。(3)加强农民安置区基层组织建设,做到"有人管事、有章理事"。此建议于2011年3月31日市政协六届三十六次主席会议通过。 (卢小芳)

【关于推进镇江市物业管理工作的建议】 2011年4月21日,镇江市政协召开六届三十七次主席会议,围绕进一步推进物业管理进行专题研究,提出建议:1.突破难点,全力推进"物业全覆盖"。2.严控源头,夯实物业长效管理基础。3.加大监管,推动物业管理行业健康发展。4.理顺体制,增强物业管理服务合力。此建议于2011年4月21日市政协六届三十七次主席会议通过。

(卢小芳)

【关于推进镇江市现代服务业跨越发展的建议】 2011年4月28日,镇江市政协六届十七次常委会议就推进镇江市现代服务业跨越发展节能型专题议政,提出建议:1.规划布局再优化。完善规划布局,抓紧编制镇江市服务业"十二五"发展规划和专项规划。2.发展特色再强化。注重特色发展、错位竞争,选择现代物流业、高端商贸业、文化旅游业、软件与信息服务业(含服务外包业)等4个行业作为优先培植和发展的重中之重。3.载体建设再深化。着力建设在全国、全省有影响的,功能特色鲜明、集聚效应显著的服务业集聚区。4.政策扶持再细化。不折不扣地落实已出台的政策,加强政策落实情况的督查,适时制定和完善政策。5.组织考核再硬化。完善组织协调机制,强化统计考核工作,凝聚发展合力,在大力发展现代制造业的同时加快发展现代服务业,突出重点,强化落实。此建议于2011年4月28日市政协六届十七次常委会议通过。 (卢小芳)

【关于推进实施居民收入倍增计划的建议】 2011年5月26日,镇江市政协召开六届三十八次主席会议,围绕努力实现收入倍增计划、不断提高居民收入水平进行专题议政,提出建议:1.把推进转型升级、促进跨越发展作为实现倍增计划的有力支撑。2.把促进充分就业、鼓励自主创业作为实现倍增计划的必要前提。3.把增加职工薪酬、优化收入结构作为实现倍增计划的基础工程。4.把完善保障体系、提高保障水平作为实现倍增计划的重要内容。5.把强化行政推动、强化部门责任作为实现倍增计划的重要保证。此建议于2011年5月26日市政协六届三十八次主席会议通过。

(卢小芳)

【关于加快全市学前教育发展的建议】 2011年6月16日,镇江市政协召开六届三十九次主席会议,围绕进一步做好学前教育工作进行专题议政,提出建议:1.提高认识,营造学前教育发展良好氛围。2.完善政策,构建学前教育经费保障体系。3.提升内涵,打造质高量足教师队伍。4.规范管理,建好住宅小区配套幼儿园。5.扩大优质资源,促进幼教事业均衡发展。6.强化考核,推行教育督导和责任问责。此建议于2011年6月16日市政协六届三十九次主席会议通过。

(卢小芳)

【关于加快镇江市传统产业转型升级的建议】 2011年7月29日,镇江市政协举行六届四十次主席会议进行专题咨政建言,提出建议:1.通过优扶劣汰推进传统产业转型升级。2.通过科技创新支撑传统产业转型升级。3.通过创优品牌,做大规模加速传统产业转型升级。4.通过引培人才引领传统产业转型升级。5.通过政策激励支持传统产业转型升级。此建议于2011年7月29日市政协六届四十次主席会议通过。 (卢小芳)

【关于加强镇江市人才工作的建议】 2011年8月18日,镇江市政协召开六届四十一次主席会议,专题研究镇江市人才工作,提出建议:1.人才资源要优先开发。(1)用好现有人才,使各类人才在镇江"英雄有用武之地"。(2)留住人才,每年镇江的高校都有大批毕业学生,把他们留在镇江施展聪明才智,对镇江的长远发展至关重要。(3)引进人才,进一步依托"331计划",按照"五+X"的产业发展定位,引进能够带动重大关键技术突破和新兴产业发展的领军人才。2.人才结构要优先调整。从发展地方经济的角度来讲,主要是培养吸纳急需的实用型人才,培养和引进战略性新兴产业、现代服务业和传统产业领域的人才。3.人才投入要优先保证。建议市及各辖市(区)将人才工作专项资金纳入财政年度预算,确保达到省下达要求。4.人才环境要优先提升。建议建立市"331计划"创新创业服务中心,协调公安、教育、卫生、工商等部门,专门出台服务优惠政策,打开领军人才服务绿色通道。5.人才制度要优先创新。建议镇江市参照兄弟市做法,将市和辖市(区)人才办调整为常设机构,明确相应职级、编制和职数。同时在乡镇一级设立人才工作办公室,进一步配强配优人才工作队伍。此建议于2011年8月18日市政协六届四十一次主席会议通过。 (卢小芳)

【关于大兴农田水利建设提前实现水利现代化的建议】 2011年9月19日,镇江市六届四十二次主席会议围绕大兴农田水利建设专题议政,提出建议:1.提高认识,进一步加强农田水利组织领导。抓紧制定出台镇江市加快农田水利基本建设的意见,提出"十二五"时期搞好农田水利建设新目标和年度计划安排,进一步把任务量化到部门、细化到项目、实化到岗位。2.科学规划,进一步加快农田水利体系建设。(1)全面加快镇江市中小型灌排设施更新改造。(2)全面推进小型农田水利工程建设。(3)大力发展高效节水灌溉。(4)大力推进水源工程建设。3.落实政策,完善农田水利投入机制。(1)争取中央、省级财政的支持。(2)加大各级政府投入,新增财力要加大用于农田水利建设的比例。(3)整合农田水利建设资金。(4)积极探索农田水利建设市场化运作,鼓励企业、个人及社会团体投资公益性或准公益性水利工程项目。4.注重治本,深化农田水利改革。(1)加大农田水利改革发展力度,合力治水。(2)加强农田水利基层队伍建设,科学治水。(3)加快农田水利法制建设进程,依法治水。此建议于2011年9月19日市政协六届四十二次主席会议通过。 (卢小芳)

民主党派·工商联

责任编校:倪红阳

综　述

【概况】 2011年,全市各民主党派、工商联履行参政议政、民主监督职能,就"实施人才强市战略,推动产业转型升级""加强社会管理,促进社会和谐稳定"等课题开展调研,建言献策。在市政协六届四次会议上,市各民主党派、工商联提交集体提案61件、个人提案281件,并分别作《做大镇江文化产业,争当苏南文化强市》《健康镇江,让生活更美好》《关于加快推进我市开发园区转型升级的建议》《关于加强我市高技能人才队伍建设的建议》《深化公立医院改革,大力促进卫生事业健康发展》《大力发展高端服务业,加速镇江经济转型升级》等大会发言。全年有9名民主党派成员被市公安局聘请担任警风警纪监督员。

市各民主党派以党派换届为契机,全面加强自身建设。参加中共镇江市委统战部组织召开的市各民主党派、工商联和无党派人士纪念中国共产党建党90周年座谈会,组织民主党派成员参加"身边的典型"——市各民主党派树立和践行社会主义核心价值体系先进事迹报告会。11月16日~12月22日,完成换届工作。截至2011年底,全市有民主党派成员2677人,总支9个,基层委员会8个,支部(社)139个。

市各民主党派开展社会服务活动,受益人员达万余人次。参加"同心工程"("同心工程"是中共中央统战部及各民主党派、工商联,以"同心同德、同心同向、同心同行"为宗旨,齐心协力帮助解决边远山区、贫穷少数民族地区社会发展及民族民生等突出问题的一项工程)活动。民革市委办好中山学校,成立民革资产管理小组,加强资产管理工作。民盟市委实施的"镇江民盟烛光行动",针对未成年犯帮教教材做专题调研,全年赴江苏省未成年犯管教所开展进监帮教活动3次。民建市委参与镇江市统一战线"同心工程"实验区建设,承担编制实验区总体规划。民进市委做好"思源工程——生育关怀"品牌公益项目,对镇江市独生子女死亡或伤残的困难家庭进行慰问和帮扶。农工党市委开展"农工党健康服务行"活动,组织成员赴茅山镇袁相村等地开展大型义诊活动。致公党市委将"致福工程"与"同心工程"、民族村扶持、农民创业培训紧密结合,建成"致福工程"茅山镇培训点。九三学社市委开展"百名专家进乡村活动""纪念国际科学和平周"主题活动,先后组织30余人次的专家到乡村开展科技咨询、科技服务与送医下乡活动。

市工商联贯彻落实《中共中央国务院关于加强和改进新形势下工商联工作的意见》精神,完成镇江市政府授权工商联为有关社会团体业务主管单位的各项扭转对接工作;起草《镇江市关于加强和改进新形势下工商联工作的意见(征求意见稿)》;部署全市工商联组织换届工作,对各辖市(区)工商联换届进行指导;联合市委统战部召开全市社区商会暨基层商会建设推进会,推动基层工商联组织建设。截至2011年底,全市共有基层商会76家,其中社区商会37家。

(韦丹启)

表8-1　**2011年镇江市各民主党派组织、成员、参政情况一览表**

党派名称	组织情况(个)				成员情况(人)			参政情况(人)									
								人大代表				政协委员					
	市委会	总支部	基层委员会	支部支(社)	总数	高级职称	新成员	县(市)区	市	省	全国	县(市)区	市	省	全国	任实职数处以上	市特邀约人次数
民　革	1	2	–	13	251	131	16	2	4	–	–	15	15	2	1	3	15
民　盟	1	–	3	36	734	462	27	7	2	1	–	22	27	2	–	3	15
民　建	1	3	1	22	344	70	35	4	4	1	–	44	15	2	–	1	11
民　进	1	1	–	17	299	111	12	3	2	–	–	17	23	1	–	1	10
农工党	1	1	2	23	496	260	26	3	5	1	–	30	18	3	–	4	37
致公党	1	2	–	9	167	61	17	2	4	–	–	15	11	1	–	1	23
九三学社	1	–	2	19	386	278	19	5	2	–	–	26	14	2	–	–	6
合　计	7	9	8	139	2677	1373	152	26	23	3	–	169	123	13	1	13	117

说明:统计时间截至2011年12月31日。

(韦丹启)

图 8－1　2011 年 5 月，市委统战部组织民主党派成员到袁相村实验区考察
（韦丹启）

民革镇江市委员会

【概况】 2011 年，民革镇江市委围绕政治交接开展"思想建设年"活动。举办纪念辛亥革命 100 周年活动 5 次；开展纪念中国共产党建党 90 周年活动，16 名成员参加以"党（中国共产党）在我心中"为主题的征文活动，7 人次在"身边的典型"系列活动中被宣传。

参政议政。在全国政协十一届四次会议上，主委宋余庆提交《关于提高城乡居民工资性收入的提案》《关于将粮食安全上升为国家战略的提案》《关于坚持公益性原则，全面修复和发展我国农田水利的提案》《关于加大电子信息产品研究投入，推进我国新兴战略产业发展的提案》《关于进一步加强中共对地方民主党派工作领导的提案》《关于将全国重点大学全部纳入 211 建设学校的提案》等 6 件提案。在市政协六届四次会议上，民革市委提交集体提案 3 件，主委宋余庆作《做大镇江文化产业，争当苏南文化强市》大会发言。各级人大代表和政协委员，提交个人议案、提案和建议 53 件，附议 13 件。参加中共镇江市委召开的双月座谈会、情况通报会等 6 次，提出《大胆实践，积极探索镇江民营企业人才队伍建设》《创新社会管理要在不同层面上同时进行》等建议。

对台工作。4 月，民革中央副主席兼联络部部长郑建邦到镇江进行祖国统一工作情况调研。对台工作委员会与五个涉台单位共同举办台情报告会 1 次；共同开展全市台企大调研，走访 36 家台企，收集 46 条意见。

自身建设。12 月 21～22 日，召开民革镇江市第九届代表大会，选举产生民革镇江市第九届委员会。全年发展新成员 16 人。截至 2011 年底，市民革成员有 251 人，其中高级职称 131 人，平均年龄 50.3 岁。2011 年，市民革成员 1 人被评为"民革全国参政议政工作先进个人"，1 人被评为"民革全国机关工作先进个人"，2 人被评为"民革全省参政议政先进个人"，在民革中央开展的"学习践行社会主义核心价值体系"征文活动中，1 人获三等奖，2 人获优秀奖。主委宋余庆在"辛亥革命与民族振兴"高峰论坛上作《辛亥革命与中国民主政治建设》交流发言。10 月 10 日，举办纪念辛亥革命 100 周年暨中山学校创办 30 周年专题座谈会。

社会服务。2011 年，镇江中山学校成人教育录取 492 人、网络教育录取 65 人、自考学生超过 100 人，在校生超 2000 人。学校获"江苏省高校成人教育优秀校外教学点""江苏科技大学优秀函授站""常州大学优秀函授站"等称号。成立民革资产管理小组，加强资产管理工作。组织企业家联谊活动 3 次，促成企业家赴新疆和田参加"民革全国企业家会议"等招商活动。全市民革成员献爱心，捐助善款 28650 元。投入"同心工程"活动，为三户贫困家庭送温暖；以企业家联谊会为载体，召开动员和推进会 3 次。（陈　梅）

【召开民革镇江市第九次代表大会】 2011 年 12 月 21～22 日召开。大会审议并通过民革镇江市第八届委员会工作报告，选举产生民革镇江市第九届委员会组成人员 15 名和出席民革江苏省第十一次代表大会代表 7 名。九届一次委员会议选举宋余庆为主任委员，王萍、王加友、朱富坤、沈红亮（驻会）为副主任委员，沈红亮任秘书长。

民革镇江市第八届委员会任期内，召开主委办公会议 26 次，市委（含扩大）会议 20 次。发展党员 78 人，其中有高级职称的 30 人，与民革有渊源关系的 39 人，厅级干部 3 人，处级干部 6 人，3 人当选民革省委委员（其中 1 人为民革省委副主委）；41 人当选各级人大代表和政协委员，其中全国政协委员 1 人，省政协委员 2 人，市级常委 6 人，区级常委 4 人。各级政协委员、人大代表共提出提案、建议 250 多件。在各级媒体上刊载发表文章，省级以上 317 篇次，中央级 59 篇次。下属镇江中山学校购置占地 0.38 公顷校舍，先后成立江苏大学、江苏科技大学、常州大学、江苏农林职业教育学院等高校成人教育函授站，连续获得江苏省社会教育培训工作先进单位、江苏省高校成人教育优秀校外教学点等称号。成员爱心捐款 80 多万元。80 多人因工作出色或学术研究成果受到行业系统的表彰，40 多位成员在国家级或省级专业刊物上发表论文 400 多篇。（陈　梅）

【提出将粮食安全上升为国家战略的建议】 2011 年，主委宋余庆在全国政协十一届四次会议上提出五点意见：(1) 深化地方储备粮体系改革，落实粮食安全责任。(2) 实施规模农业、现代农业战略。(3) 加大农村基础设施投入，提高粮食生产能力。(4) 完善粮食补贴支持政策，提高农民种粮收益。逐步增加直接补贴的资金总规模，进一步完善粮食直补、农资综合直补等各项对种粮农民的补贴制度，强化对粮食补贴资金的监督检查，防止截留、挤占挪用补贴资金。(5) 严格保护农民粮食耕地，做好农田保护工作。坚持和完善耕地保护责任目标考核制度，明确责任，加大对基本农田建设的投入和保护力度，提升土地节约集约利用水平，加大土地执法监察力度，依法保护耕地。（陈　梅）

【提出打造镇江文化产业的建议】 民革镇江市委在 2011 年市政协六届四次全会上，为进一步推动镇江市文化产业的发展，提出四点建议：(1) 科学规划，把文化古城的保护与开发结合起来，明确文化产业发展的主要方向、长远思路、主要原则。(2) 创新体制，把一切文化资源的潜力挖掘出来。在文化产业发展中为政府职能找准定位,推动文化产业市场的竞争力,打造具有城市标志性的航母型产业项目。(3)民资优先,把本土企业的经济活力激发出来。在招商引资时优先把本土民营文化企业纳入视野,完善民营文化企业的培育机制,对部分民营骨干企业专项扶持。(4)多元投入,把民众的基本文化需求保障起来。通过财政投入完善城乡文化基础设施,资助民间文化团体的组织活动,鼓励各种资金投入到满足民众基本需求的文化产业中来。　(陈　梅)

【举办纪念辛亥革命100周年系列活动】2011年,民革市委以纪念辛亥革命100周年为契机,安排"五个一"的系列活动,即"一个培训、一次谒陵、一场讲座、一个庆典、一场展览"。开展以学习民革党史和统战知识为主题的新党员培训,组织老领导和骨干成员敬谒中山陵,邀请民革省委领导作辛亥革命史讲座,结合镇江中山学校建校30周年召开辛亥革命百年座谈会,举办孙中山先生的生平和事迹图片展览等五个系列活动。

(陈　梅)

民盟镇江市委员会

【概况】 2011年,民盟镇江市委开展"树立和践行社会主义核心价值体系"学教活动,组织盟员收看中央统战部举办的"树立和践行社会主义核心价值体系先进人物事迹报告会"。学习盟员教授景荣春先进事迹,组织景荣春先进事迹报告团赴南京作报告。1名成员被评为民盟江苏省参政议政先进工作个人。

参政议政。在镇江市政协六届四次全会上,民盟镇江市委提交《加强我市城乡水利建设》《做大做强镇江旅游观光农业》《综合治理我市城市交通拥堵堵问题》等集体提案11件,《加强镇江旅游宣传和推介力度》《加快城市公交交通事业建设步伐》等个人(联名)提案76件;主委陈昆山作《健康镇江,让生活更美好》大会发言。在江苏省十一届人大四次会议期间,市民盟副主委李鼎如等10人代表镇江联名提交《关于对湖泊及其他重要水体进行立法保护,禁止建设"水上餐厅和水上休闲娱乐场所"》的议案。市民盟开展"一支部一调研、一盟员一建议"活动,征得各类调研文章、社情民意、信息等50篇并将部分来稿转化为政协集体提案。民盟镇江市委原主委赵杰文获"镇江市人民奖章"。

自身建设。2011年12月14~15日,召开民盟镇江市第十二次代表大会,选举产生民盟镇江市第十二届委员会。全年共发展新成员27人,截至2011年底,市民盟有成员734人,其中女性成员291人;成员中大学本科以上学历占80%,研究生学历占11.7%;副高以上职称占62.8%,正高职称占9.5%;基层盟组织36个。在纪念中国民主同盟成立70周年活动中,3人受到民盟中央表彰;受民盟江苏省委表彰的先进集体有4个,先进个人为9名。2011年,市民盟举办30余人参加的基层盟务骨干培训。

社会服务。2011年,市民盟组织农林专家赴全市统战系统"同心工程"帮扶实验基地——句容袁相村,开展农业人才培养、养殖培训等智力帮困、科技支农工作,开展结对帮扶活动,并在经济上资助该村4户贫困户。市民盟年初与江苏省未成年犯管教所就2011年帮教工作、省未成年犯管教所所属暨南学校办学体制问题、"镇江民盟烛光行动"活动计划和三方联合针对未成年犯特点编写的教材等进行交流,全年开展进监帮教活动3次。　(张苏明)

【召开民盟镇江市第十二次代表大会】2011年12月14~15日召开,全市教育、文化、医卫、科技等界别99名代表出席会议。大会选举产生民盟镇江市第十二届委员会,陈昆山当选为主委,佘其瑞、李鼎如、任一鸣、王瑞楠当选为副主委,任一鸣兼任秘书长。大会推举出席民盟江苏省第十一次代表大会代表共8名。

民盟镇江市第十一届委员会任期内,累计发展新成员125名。成员中大学本科以上学历占80%,其中研究生学历占11.7%;副高以上职称占62.8%,其中正高职称占9.5%。积极参政议政,五年累计报送集体提案49件,"两会"期间提交各类建议、提案400余件,有12件提案被市政协评为优秀提案。开展富有特色、卓有成效的社会服务活动。联手江苏省未成年犯管教所,开展监所帮教活动,五年来,向省未成年犯管教所选派专家、教授40人(次),举办各类讲座40场,现场听课人数近7000人(次),收看讲座录像人数2万多人(次)。组建镇江民盟家庭教育报告团,在市区中学开展送家庭教育到学校活动,举办4场主题为"关注孩子心灵成长 培养孩子良好习惯"的报告会,听取报告的家长近2000人;组建镇江民盟科普教育报告团,组织盟员专家、教授赴各中小学举办科普讲座共5场,听取讲座的学生逾千人,讲座内容涉及纳米技术、汽车、计算机应用、科学与艺术等。

(张苏明)

【提出加强镇江市城乡水利建设的建议】 2011年,在市政协六届四次全会上民盟镇江市委对城乡水利建设提出建议:(1)加强城市排水管网建设。有关部门对全市下水管网进行一次调研,为易造成拥堵的地下管网扩容,以消除隐患;(2)加强农村堤坝和水网建设,提高防洪抗洪的能力。提高全市各地江堤防御百年一遇洪水的能力,加强内河建设,疏通河道,活水长流;(3)减少地下水的利用。充分利用雨水、地表水。有关部门要采取措施禁止或减少水空调的使用(水空调,就是抽取地下水降温,造成地下水的极大浪费)。(4)水污分流,利用潮汐,科学治水。坚决执行水污分流,污水集中处理,集中排放。　(张苏明)

【提出完善镇江地下空间利用规划的建议】 2011年,在市政协六届四次全会上民盟镇江市委就镇江城市地下空间开发利用的发展战略和综合性利用不够提出建议:(1)提高认识,科学、系统完善已编制的《镇江市城市地下空间开发利用规划》。具体布局规划地下交通系统、市政设施、地下综合体、地下仓储设施以及居住层地下空间的开发利用等方面;(2)统一管理体制,形成城市地下空间开发利用管理的整体合力。建立统一的管理体制,协调地下空间的开发利用,提高地下设施的安全性;(3)加强管理,促进城市地下空间的综合利用。凡新建行政办公楼、企业工厂、住宅小区、商场市场、教育文化设施、商业宾馆等都必须按国家规定建造防空地下室和规范的地下停车库(场);(4)加快镇江市地下空间地理信息系统平台建立。城市的地下管线种类不断增多,建议将镇江市地下空间地理信息系统平台开发利用列入议事日程,早日建设,在不涉及机密条件下向社会开放。　(张苏明)

民建镇江市委员会

【概况】 2011年,民建镇江市委开展政治交接学习教育活动,引导成员坚持与中国共产党在思想上同心同德、目标上同心同向、行动上同心同行。在民建江苏省委开展的纪念中国共产党成立90周年征文活动中,3名成员获优秀作品奖,民建镇江市委获优秀组织奖。

参政议政。2011年,在镇江市政协六届四次全会上,民建市委提交集体提案《关于解决高效设施农业项目用地矛盾的建议》《关于我市老龄化事业发展的建议》《对镇江市中等职业教育发展问题的思考》《关于进一步完善村级集体资产保值增值的建议》《以沿江公路拓宽为契机，打造“物流业”和“汽贸业”新商圈的建议》《加强老旧小区改造的建议》《推进我市开发园区转型升级的建议》等7件集体提案，个人提案24件。主委强南山作《关于加快推进我市开发园区转型升级的建议》大会发言。

组织宣传。2011年12月1～2日，召开民建镇江市第十一次代表大会，选举产生民建镇江市第十一届委员会。全年发展新成员35名，全部为大专以上学历。截至2011年底，全市成员总数344人，平均年龄52.2岁。重组老年一、二支部，新建镇江新区一、二两个支部，完成丹阳市基层委员会、丹徒总支、京口总支及主要支部的换届调整工作。全市有基层组织22个。2011年获民建江苏省委新闻宣传工作三等奖；获2010年度镇江统战信息工作集体二等奖、2010年度镇江统战宣传工作集体二等奖。

社会服务。与市人口计生委、市计生协会联合开展“思源工程——生育关怀”行动，对镇江市独生子女死亡或伤残的困难家庭开展慰问和帮扶，组织“生育关怀丹阳一日行”活动，签订“亲情牵手协议书”。3名成员被省人口计生委、民建省委、省计生协会表彰为“思源工程——生育关怀行动”先进个人。围绕镇江市统一战线服务茅山老区句容袁相村“同心工程”的有关要求，牵头实施“同心工程”袁相实验区规划编制工作。在中国共产党建党90周年之际，走访看望“同心工程”袁相实验区4户结对困难家庭，并发放慰问金。（赵　红）

【召开民建镇江市第十一次代表大会】2011年12月1～2日召开。大会听取并审议通过强南山代表民建镇江市第十届委员会的工作报告《践行“同心”思想，为推进镇江“率先基本实现现代化”而奋斗》。选举产生中国民主建国会镇江市第十一届委员会，选举强南山为主委，孙中良、夏军、张尤嘉为副主委，孙中良兼任秘书长。

民建镇江市第十届委员会任期内，发展新会员99名。至2011年11月，镇江民建共有会员344人，平均年龄52.4岁；大专以上学历占80.8%，女会员占30.5%，非公有制经济代表人士占31.4%。五年来，各专委会提交市政协大会发言5篇、集体提案25件，民建会员中的市政协委员个人提案近100件。与市人口计生委、市计生协会联合开展“思源工程——生育关怀”行动，共帮扶68户计生困难家庭，发放爱心款6万余元。（赵　红）

【提出推进镇江市开发园区转型升级的建议】2011年1月，在市政协六届四次全委会上民建镇江市委针对镇江市开发园区综合实力偏弱，贡献份额不高；受行政区划限制，资源整合乏力，对项目跨行政区域集聚缺乏利益导向政策，规划布局不尽合理以及集约开发水平不高、科技创新能力不强等问题提出四点建议：(1)强化转型意识，提升发展理念，从注重发展工业向先进制造业、高新技术产业和现代服务业协同发展转型；(2)统筹园区规划，明确产业定位，从注重项目引进向培育特色产业、实施特色化发展战略转型；(3)建设创新载体，培育创新主体，从注重成本优势向注意科技创新、体制创新转型；(4)强化政策引导，调整考核指标，从单兵作战向联合编队、整合各方资源和综合环境优势转型。（赵　红）

民进镇江市委员会

【概况】2011年，民进镇江市委开展树立和践行社会主义核心价值体系活动，下发中央统战部“身边的榜样”宣讲光盘到基层支部。1名成员在镇江市委统战部组织召开的“身边的典型”报告会上作《在参政议政中实现我的人生价值》演讲。

参政议政。在镇江市政协六届四次全会期间，民进镇江市委员会提交集体提案9件、个人提案63件，主委徐平作《关于加强我市高技能人才队伍建设的建议》大会发言。“致力创新发展，大力推进宁镇扬经济社会一体化协作”“探索医疗纠纷解决的法制化途径”中标民进江苏省委2011年度调研课题。“关于义务教育阶段、幼儿园教育和家庭教育在养成教育方面的情况调研”2011年被民进江苏省委转化为集体提案。

组织宣传。2011年11月24～25日，召开民进镇江市第六次代表大会，选举产生民进镇江市第六届委员会。7月参加在南通召开的民进全省宣传、信息工作会议。8月选派2名支部主委参加在江苏省社会主义学院举办的民进江苏省委2011年基层组织骨干培训班。10月举办民进镇江市委新会员培训班。2011年发展新会员12名，平均年龄37岁，教育文化界8人，占发展总数66.7%；具有高级职称4人，占总数33.3%；大学以上文化8人，占总数66.7%。2011年，信息工作获镇江市2010年度统战信息工作先进集体一等奖，宣传工作获2010年度统战宣传工作先进集体三等奖。

参与“同心工程”。6月召开民进市委委员会议，传达贯彻镇江市统一战线“同心工程”实验区建设座谈会精神。多次赴结对单位句容市袁相村开展帮扶活动，给结对贫困家庭送去慰问金，组织苗木专家辅导苗木培植技术，基层各支部推选一名“爱心特使”与贫困学子一对一帮扶。（尹红敏）

【召开民进镇江市第六次代表大会】2011年11月24～25日召开。大会审议并通过民进镇江市第五届委员会工作报告，选举产生民进镇江市第六届委员会和出席民进江苏省第九次代表大会代表。会议选举徐平为主委，李柏椵、李耀明、邹家生、陈建红为副主委，李柏椵兼任秘书长。15名市委委员涵盖教育、文化、新闻出版、医卫、政府机关等界别；平均年龄48岁；担任处级以上领导职务2人，博导2人，3人具有博士学位。4名副主委均兼任基层支部主委。

民进镇江市第五届委员会任期内，下属总支1个，支部17个，共有会员299人，会员平均年龄55岁。有省政协委员1人，市政协委员23人，市人大代表2人。提交集体提案37件，个人提案287件，其中4件被市政协评为优秀提案。发展成员64名，平均年龄40岁。获得2008年度镇江市统战宣传工作三等奖，2009年度统战宣传工作二等奖，2010年度统战信息工作一等奖、统战宣传工作三等奖。2008年，会员以缴纳特殊会费形式向汶川地震灾区捐款2万余元。2010年在京口区特殊教育中心举行“关爱残障儿童成长活动基地”揭牌仪式并捐款1.2万元。（尹红敏）

【提出加强镇江市高技能人才队伍建设的建议】2011年1月，在市政协六届四次全会上民进镇江市委就加强全市高技能人才队伍建设提出建议：(1)高起点规划高技能人才培养机制。建议各级党委把高技能人才队伍建设纳入人才队伍建设的总体规划和经济、社会发展规划，并列入党委、政府的重要议事日程和考核目标。(2)尽快落实有关高技能人才工作的经费保障。足额落实高技能人才工作专项经费，确保高技能人才工作各项目标任务的完成。在教育附加费中不低于20%用于职业教育，其中不少于20%用于技工教育。建议尽快落实此项资金，用于高技能人才培养和高技能公共实训基地建设,企业技能岗位的职工5年内得到至少一次技能提升培训,满足产业结构优化升级和企业发展需求。(3)引导企业承担培养高技能人才的主要责任。政府相关部门应研究探索职工教育经费征收监管机制,拟对不承担和不开展职工技能培训任务的单位,全额征收职工教育经费;对开展职工培训教育达到一定要求的单位,政府免提取职工教育经费,以鼓励企业开展职工技能培训。(4)加快市区职教资源的科学合理整合步伐。建议优化职教资源配置,规避专业的重复设置,实现规模化办学,与市场接轨,培养出更多适应经济发展需求的高技能人才。(5)高标准建设高技能人才公共实训基地。建议按照"市场导向、功能互补、资源共享、省内一流"的原则,建设面向全社会开放、设备先进、设施一流、师资优质的高技能公共实训基地,使之能够成为企业职工、下岗失业人员、农村劳动力、进城务工人员、退伍军人、大中专毕业生以及职业院校教师等进行职业技能操作训练、技能提升的学习平台。 (尹红敏)

农工党镇江市委员会

【概况】 2011年,农工党镇江市委按照农工党江苏省委和镇江市委统战部部署,推进社会主义核心价值体系"学与行"活动,组织各基层组织负责人、党员骨干观看《身边的榜样》——先进人物事迹报告会录像,农工党员陆鸣冈参加镇江市委统战部"身边的典型"先进事迹报告会,作题为《为了人民代表的责任》演讲。

参政议政。在市政协六届四次会议上,主委赵庆荣作《深化公立医院改革大力促进卫生事业健康发展》的大会发言,共提出集体提案5件,农工党界别政协委员提出个人提案30余件。参加中共镇江市委举行的双月座谈会,形成《实施人才强市战略,推动产业转型升级》《加强和创新社会管理,促进社会和谐和稳定》《加快医学卫生人才的引进与开发,有序推进医学卫生人才辈出增长》等发言材料。组织镇江市政协农工界、医卫界政协委员20余人赴江滨医院调研,详细了解镇江市集团化公立医院改革实效;组织农工界政协委员参加政协医保方案改革专题调研会。

组织建设。2011年12月,农工党镇江市第九次代表大会召开,大会选举产生农工党镇江市第九届委员会。3月,市委会发文表彰11个支部委员会(支部)为优秀基层支部,9个支部委员会为先进支部委员会,108名农工党员为优秀党员。7月新成立润州区支部,8月新建扬中市直属小组。2011年,完成工卫支部、二院支部、四院支部、中医院支部的换届选举工作。发展新成员26人,平均年龄38岁,大学本科18人,硕士以上研究生5人,具有中级以上职称22人。

社会服务。开展"农工党健康服务行"活动。7月,市委会组织十多名医疗专家赴市委统战部"同心工程"实验区句容市茅山镇袁相村,为村民免费检查治疗,并携带价值3000余元药品,免费发放给群众。9月,组织一院支部十多名专家赴丹徒区宝堰镇,为当地村民义诊。开展社会帮扶工作。与句容市茅山镇袁相村结成帮扶对子,助其共建村卫生室,提供医技培训、药品、资源多方位服务。 (周 萍)

【召开农工党镇江市第九次代表大会】 2011年12月8~9日召开。大会审议并通过农工党镇江市第八届委员会工作报告,选举产生农工党镇江市第九届委员会。赵庆荣当选为主委,郑金旭、王建宏、蒯开明、蒋鹏程当选为副主委,梁新歌为秘书长。

农工党镇江市第八届委员会任期内,召开主委办公会议19次,市委(含扩大)会议14次。发展成员120人,其中研究生以上学历22人,高级职称19人,并建立30多名中青年骨干党员组成的后备干部队伍,6人次参加省级组织举办的各类学习班、培训班,36人次参加市级组织举办的各类学习班、培训班。五年来,参加双月座谈会、情况通报会、重要人事安排协商会等40余次,提出建设性意见120多条。紧贴社会矛盾聚集的热点和难点问题,提出解决办法,报送社情民意信息360多条,其中有20多条被市级以上采用。召开专题调研工作会议10余次,组织考察调研活动100余次,撰写调研报告20余篇,其中转化为省政协大会发言1篇、市政协大会发言5篇,共提交人大议案、政协集体提案和个人提案200多件。组织专家和党员300多人次、40多场次送医到农村和基层的服务活动,送药近万元,发放预防保健宣传品近千份,为万余名群众免费义诊、提供健康咨询。与"同心工程"实验区句容市茅山镇袁相村结成帮扶对子,资助三户农村贫困户,共建村卫生室等服务。五年来,市农工党成员投身社会服务事业,受到各级各类表彰共计600多人次。支援地震灾区,缴纳特殊党费2万余元;在"三鹿奶粉重大安全事故"中,投身到婴幼儿救治工作中;在甲型流感H1N1疫情中,党员骨干放弃休息,一直坚持在防控第一线。 (周 萍)

【提出深化公立医院改革的建议】 在市政协六届四次全会上农工党镇江市委员会就深化公立医院改革提出建议:(1)改革政府财政投入方向,强化公益性。"十二五"期间,应当改变投入不足的状况,必须逐年加大政府对医保的投入,弥补基金筹资总量不足的缺陷。(2)改变公立医院补偿方式,进入市场化。"十二五"期间,要加强公立医院市场化机制的运行,公立医院要主动对接市场,形成良性的医疗竞争氛围,通过提供优质价廉的医疗服务获得经济收入。(3)转换公立医院管理体制,去除行政化。实行管办分开,建立和完善医院法人治理结构是公立医院改革的重点之一。建议市政府出台专门的配套政策,坚持人才实用化。放权给医院,为医院的发展提供更加宽松的政策环境。(4)强化政府的监管职能,实现科学化。"十二五"期间,要加快镇江市医疗信息化建设步伐,理顺管理体制,充分发挥医保的监管和调控作用,制订科学的医保基金配置方案。 (周 萍)

致公党镇江市委员会

【概况】 2011年,致公党镇江市委开展学习"身边的榜样"教育活动。围绕中国共产党建党90周年和辛亥革命100周年,邀请老党员举办讲座,组织参观孙中山纪念馆等多种形式的学习交流活动。5月举办新党员培训班。

参政议政。2011年,在各级人大、政协会议上提交集体和个人提案、议案36件。4件提案被江苏省政协十届四次会议采纳,《关于完善公立医院补偿机制的建议》被全国政协十一届四次会议采纳。2件集体提案和2件个人提案被确定为镇江市政协重点督办提案。

组织建设。2011年11月召开致公党镇江市第六次代表大会,选举产生致公党镇江市第六届委员会。全年发展成员17名,平均年龄38.6岁,本科以上学历有14人。现有成员167人,市、区人大代表6人、省(市、区)政协委员27人。10月,致公党丹阳支部成立。对基层组织进行优化重组,形成2个总支和10个支部的组织网络;丹徒支部被致公党江苏省委评为"星级支部"。

海外联系工作。6月,配合省政府"万名海外高层次人才引进"计划的实施，致公党镇江市委参与致公党江苏省委开展的海外留学人员江苏考察联谊活动，成功举办镇江洽谈会。引进以博士孙安领衔的人才团队，开发研究第五代清洁核能技术，在京口归博园落户。10月，成立致公党镇江市委留学归国人员联谊会。

社会服务工作。致公党镇江市委参与到中共镇江市委统战部在句容袁巷村的"同心工程"实验区建设中，将"致福工程"与"同心工程"、民族村扶持、农民创业培训紧密结合，建成"致福工程"茅山镇培训点。2011年，镇江市建成8个"致福工程"培训点，共开班197期，培训农民学员4170人次。2011年，"致福工程"丹阳迈村培训点纳入省财政扶持项目；同年10月，"致福工程"句容茅山镇培训点建成。（张 明）

【召开致公党镇江市第六次代表大会】2011年11月16～17日召开。与会73名成员代表审议并通过《中国致公党镇江市第五届委员会工作报告》，选举卢章平为主委，谢志荣、宗加伟为副主委，宗加伟兼任秘书长。

致公党镇江市第五届委员会任期内，积极参政议政。《加强农田水利设施建设，促进农业增产增效》调研报告被评为江苏省优秀调研报告，列为全国政协、省政协大会发言。2件集体提案和3件个人提案获镇江市政协优秀提案，2人获致公党江苏省委"全省参政议政工作先进个人"称号；2009年，致公党镇江市委获致公党江苏省委"全省参政议政工作一等奖。五年中，1人获致公党中央"基层组织建设年"先进个人称号，1个支部获致公党江苏省委"星级支部"荣誉。（张 明）

【提出完善公立医院补偿机制的建议】2011年在市政协六届四次全会上，致公党镇江市委就公立医院补偿机制改革提出建议：(1)提高对公立医院的直接补偿。每年各级财政部门应把对公立医院的补偿款纳入财政预算，并按不少于地区生产总值增长的速度而增长。(2)改革投入方式，提高财政补偿的绩效。政府对公立医院的投入，不仅要维持医院的正常运转，更主要的是让医院恢复"公益性"，激励医院更好地为病人服务。对中医药诊疗进行有倾向性的补偿。(3)把公立医院补偿机制改革与监管机制、医院内部运行机制等改革有机结合起来。鼓励社会资本以合作、托管、改制等形式参与公立医院的改革发展。医院在推动绩效工资制度时把社会满意度列入医务人员收入待遇的考核内容；在人事上采用能进能退的全员聘用制，在收入分配上采用工作量和工作效果双向考量的激励机制。（张 明）

九三学社镇江市委员会

【概况】 2011年，九三学社镇江市委对有关社会主义核心价值体系的重大理论实践问题进行讨论，两次组织社员共100余人赴无锡王选纪念馆，参观学习王选的先进事迹。九三学社江苏大学委员会主委施卫东在中共镇江市委统战部举行"身边的典型"——市各民主党派树立和践行社会主义核心价值体系先进事迹报告会上作题为《潜心流体研究 演绎精彩人生》的演讲。

参政议政。在镇江市政协六届四次全会上提交集体提案6件，个人提案18件，主委王贵成作《大力发展高端服务业 加速镇江经济转型升级》的大会发言；6篇调研文章被社省委《江苏九三论坛》录用，上报参政议政招标课题9件，其中《企业技术创新投入与技术创新收益相关性问题研究》《关于我省现代服务业与先进制造业融合发展的策略建议》2件课题中标。

组织宣传。2011年12月召开九三学社镇江市第七次代表大会，选举产生九三学社镇江市第七届委员会。2011年发展新成员19人，平均年龄36.8岁，具有博士学历3人，硕士学历6人，高级职称8人。调整、成立九三学社句容小组、京口支社、润州支社。组织推荐8人次参加九三学社江苏省委举办的中青年骨干培训班、民主党派骨干培训班、基层宣传骨干培训班和基层负责人培训班，为培养后备干部队伍搭建平台。编印社讯《镇江九三》4期，发行1200余份。注重对外宣传工作，向媒体投稿，被省级媒体录用4篇、市级媒体录用7篇。

社会服务。跟进社省委开展"百名专家进乡村活动""纪念国际科学和平周"主题活动，组织专家30余人次到乡村开展科技咨询、科技服务与送医下乡活动；响应镇江市委统战部打造统一战线"同心工程"品牌号召，多次组织具有丰富农林种植知识的专家成员前往茅山老区袁相村，商谈开展苗木种植合作事宜和开展结对帮扶活动。（赵俊华）

【召开九三学社镇江市第七次代表大会】 2011年12月6～7日召开，全市85名代表出席会议。九三学社镇江市委主委王贵成作题为《坚持民主与科学 履行参政党职能 为镇江率先基本实现现代化做出新贡献》的工作报告。选举产生九三学社镇江市第七届委员会和出席九三学社江苏省第七次代表大会代表。王贵成当选为主委，陈沛华（女）、钱伯安、施卫东、祝中昊当选为副主委，钱伯安兼任秘书长。

九三学社镇江市第六届委员会任期内，围绕"制度建设年""基层组织建设年""基层活力建设年""参政议政能力建设年"等开展活动，在组织建设、参政议政和服务社会等方面取得新进展。5年发展新社员67人，具有高级职称31人，平均年龄为38.7岁。新组建丹徒、京口和润州支社，成立丹阳基层委员会，完成全市2个委员会、16个支社、2个直属小组的换届工作。开展每年提交3份调研报告、6件集体提案、20件个人提案和100条信息的"3621计划"，5年中，形成16篇专题调研报告，提交市政协大会发言5篇、集体提案32件、个人提案111件，其中2件集体提案、4件个人提案分获优秀集体提案和优秀个人提案。开展"百名专家进乡村行动"系列活动，先后开展"百名专家进乡村行动"启动仪式暨蚕桑养殖知识讲座、九三学社专家工作站授牌仪式。先后邀请中国科学院土壤研究所、省林业科学研究院、省农业科学院蔬菜研究所、南京农业大学的专家教授90余人次开展农业科技培训、现场指导、规划设计等社会服务活动；围绕"国际科学与和平周"的主题，先后组织社内医学专家为失地村民义诊、医疗服务进乡村、"关爱民生健康、义诊服务进社区""关注公益救济，走进敬老院"等活动；"5·12"汶川大地震发生后，广大社员捐款捐物，参与"灾后重建伸援手，募集善款献爱心"等活动。（赵俊华）

【提出发展镇江高端服务业的建议】在2011年市政协六届四次全会上，九三学社镇江市委提出加速镇江市高端服务业发展，促进经济转型升级的建议：(1)准确定位，构建镇江市高端服务业新体系。坚持与产业基础相融合的原则，以产业资源支撑高端服务业，以高端服务业提升、改进产业结构和形态；坚持与城市功能相匹配的原则，发展旅游产业、物流产业、商贸产业；坚持培育与引进并重的原则，培育新兴战略产业研发基地，培育和提升特色产业集群；坚持集约化发展的原则，对高端服务业的发展进行统筹安排。(2)发挥优势，开创高端服务业发展新局面。发挥镇江市临江近海、交通便利、长江深水岸线长和造船业、运输业发达及大港码头作用，构筑以综合交通体系为主、以港口物流、专业市场和产业集群物流、城乡配送物流为重点，构建现代物流产业体系；将独特的历史传说融入到镇江各景点开发中，创造出独特的旅游项目；以特色旅游优势发展餐饮业，将具有特色的地方小吃与旅游业发展有机融合，促进现代餐饮业的发展；发挥驻镇高校的作用，强化对科技中介服务业的扶持，打造功能齐全、特色鲜明、高效规范、服务精良的科技中介服务集聚区。(3)政策引导，保障高端服务业的新发展。制定镇江市科学、系统的高端服务业发展规划，完善高端服务业发展的相关政策，降低高端服务业准入门槛，放宽高端服务业企业经营范围限制；采取多种途径探索发展高端服务业，鼓励国际高端服务企业在镇江市设立地区总部和分支机构；重视和加强人才队伍培训，培养各类高端服务业经营管理人才，在海外或经济中心城市设立高端人才工作室。 (赵俊华)

镇江市工商业联合会

【概况】 2011年，镇江市工商业联合会促进非公有制经济健康发展和非公有制经济人士健康成长，为推动镇江市跨越发展、构建和谐社会做出贡献。

参政议政。在市政协六届四次全会上，镇江市工商联提交集体提案共11件，副主席季平作《保持投资强度，给力跨越发展》的大会发言。集体提案《关于在产业转型升级中加强金融支持的建议》被市政协定为2011年度重点督办提案。参加双月座谈会、政协常委会，从小微企业融资担保、乱收费、乱罚款、部门服务水平、机关执行力等方面开展调查研究，形成报告和建议。连续三年建言完善融资担保体系，《成立应急互助基金》的调研报告被市委研究室《调查快报》刊用。

组织建设。全年新发展会员500家，新增行业商会1家，新增基层商会14家。2011年底，共有会员9500户，行业商会54家，基层商会76家。重视企业家队伍建设。9月，会同市委组织部、市委党校等有关部门首次组织40多名青年企业家赴井冈山干部学院考察学习，加强党性教育；对全市45岁以下青年企业家进行多方面调查摸底，形成数据库，于11月成立镇江市青年民营企业家商会；沃得集团王伟耀、镇江船厂郭琰获“镇江市人民奖章”。重视自身建设，创新管理方式。通过集体学习、召开座谈会、发放调查问卷等方式，学习贯彻中共中央、国务院《关于加强和改进新形势下工商联工作的意见》，和中共江苏省委、江苏省人民政府《关于贯彻〈中共中央、国务院关于加强和改进新形势下工商联工作的意见〉的实施意见》，参加创业型城市创建，获全市创业型城市建设工作先进集体称号；召开全市社区商会现场会，推进基层商会建设；编印《镇江市行业发展报告》，强化行业组织建设，推动行业健康发展。

社会服务。组织党员对帮扶对象上党东方村慰问，与村领导商讨致富方法，使被帮扶农户人均纯收入达到3500元；参与市委统战部开展的“同心工程”活动，组织企业家赴茅山老区袁巷村进行实地考察，确定由企业家投资1000万元，在当地建立53.3公顷的生态乌骨鸡养殖示范基地；信裕贸易公司董事长王润东，主动捐款1万元和20床冬被用于帮助袁相村贫困家庭；钢铁业商会主动与30名贫困学生结对，开展“送温暖、献爱心”助学活动，资助学生150多人次，捐款12.5万元。 (奚 莹)

【提出在产业转型升级中加强金融支持的建议】 在2011年市政协六届四次会议上，镇江市工商业联合会就在产业转型升级中最大限度发挥金融的支持作用提出建议：(1)完善信用担保机制，缓解中小企业融资难。要建立以政策性担保为主、商业性担保与互助性担保为补充的信用担保体系，引导商业性金融机构按市场化原则参与新兴产业向主导产业发展的信贷支持活动。(2)招引各类金融机构，加强金融服务载体建设。镇江市陆续引进浦发、招商、大新、民生等商业银行，为企业提供融资服务，但与跨越发展的需求相比，金融业的支撑作用还要进一步加强。(3)高度重视风险(创业)投资，加快推动产业升级。要学习借鉴周边省市的成功经验，通过采取设立风险投资引导基金等一系列措施，吸引国内外成熟的风险投资机构进入镇江，鼓励民间资本进入风险投资领域，加强风险投资机构与创新、创业型企业的对接，吸引高层次创新创业人才聚集，实现创新型经济的爆发式发展。(4)加快上市推进工作，提高企业融资能力。一方面要加快企业上市步伐，制定完善鼓励企业上市的实施意见和扶持政策，鼓励和引导企业通过国内创业板、中小板、主板和海外证券市场上市；另一方面要提高企业直接融资能力，鼓励和支持企业通过发行债券等方式直接融资，要推广先进地区“中小企业集合债”等融资模式，缓解企业融资难的问题。 (奚 莹)

【提出发展生产性服务业的建议】 在2011年市政协六届四次会议上，镇江市工商联就促进现代服务业发展提出建议：(1)加大对生产性服务业的政策扶持。要加大对生产性服务企业在财税、金融方面的扶持，完善生产性服务业发展的产业指导目录和有关规划，使扶持政策向物联网、信息服务、科技服务、商务服务等重点生产性服务行业、区域、项目倾斜，让有限的政策资源发挥更大的政策效应。(2)加快生产性服务业集聚区的建设。要加快现代服务业集聚区建设，增强对生产性服务业及项目企业的承载力和吸引力。加快推进现代物流、软件及服务外包、文化产业、高端商贸等服务业集聚区建设。(3)引导与推进企业主辅分离。要重点抓好龙头和骨干企业的分离发展服务业工作，重点是金融业、现代物流业、科技服务业、信息服务业、中介服务业等扩大生产性需求的关键环节，做大做强生产性服务业。(4)加强对生产性服务业人才的培养。要建立完善的人才培养机制，形成多层次的人才培训体系和科学的人力资源开发利用体系。 (奚 莹)

【《镇江市行业发展报告》编撰工作完成】 2011年1月，镇江市工商联选取9家行业商会编写行业调研报告，汇编成《镇江市行业发展报告》。行业范围涉及眼镜、锯片、酒类、轴承、防寒服、餐饮业、物流业、钢铁贸易、汽车零部件等，系统分析行业现状、面临的机遇与挑战，提出应对措施，指明发展方向。 (奚 莹)

【镇江市青年民营企业家商会成立】 2011年11月23日成立。商会选举高庆文担任会长，商会设秘书处，拥有会员100家，行业涉及房地产、金融、建筑、装饰、餐饮、商贸等几十种。商会本着社会性、开放性、互助性、公益性原则，建立政企沟通机制、加强行业自律、建立产学研联盟、开展经贸交流考察活动、选树优秀青年民营企业家楷模、开展社会公益活动等。 (奚 莹)

镇江市总工会

【概况】 2011年，镇江市市直有15个行(产)业工委(会)，全市有独立基层工会4592家，会员97万人。

2011年，市总工会发布《镇江市劳动关系和谐企业创建评价规范》，被列入省地方标准发布计划，建立劳动规章法律效力评估服务制度；从全市各条战线评选出53名省劳模、199名市劳模。市交投公司获全国五一劳动奖状，徐长林、解加平、夏照明等3名先进个人获全国五一劳动奖章。7万多平方米的职工文体中心主体工程竣工；为纪念中国共产党成立90周年，成功举办"红歌嘹亮颂党恩"演唱比赛，100支队伍、1万余名职工参加；全市职工参加互助互济的有20多万人次；全年市总工会获全国、省、市各类荣誉计37项。

2011年，在城际交通综合枢纽工程、保障性安居工程建设等31个重点工程开展建功立业劳动竞赛，百人以上企业劳动竞赛开展率达90%，涌现出2个全国工人先锋号。市总工会被表彰为全省劳动竞赛先进组织单位。开展"十万职工大练兵，百个工种万名职工大比武"活动，新创建33家职工"上新岗、创新业"示范基地，带动就业2068人。

2011年，全市1264名职工享受互助互济给付和慰问金316万元，45名困难职工获2000元到5000元不等的慈善医疗救助，271名职工领取特困证。元旦、春节期间，各级工会走访慰问困难职工、工会干部、劳动模范、离退休人员41350人，发放慰问金975.5万元。

2011年，京口、润州建成环卫职工俱乐部并投入使用，新建百个市级"职工书屋"，市总工会女职工学校被评为全国女职工培训示范学校。开展"十大行业倡文明、十万职工当先锋"主题竞赛活动，评比表彰50名"文明职工"、50个"五一文明班组(科室)"。开展企业职工文化"六个一"创建活动，百人以上单位创建活动开展面达30%，建成60个企业文化建设示范点。市总工会职工艺术团赴一线慰问演出19场，开展送电影下基层300场次。

2011年，市总工会与市委组织部联合开展"双争四统筹"活动(即争创先进基层党组织、模范职工之家，争当优秀党务工作者、优秀基层工会干部，组织统筹覆盖、人员统筹配置、活动统筹开展、保障统筹落实)，新增独立基层工会352家，新发展会员8.3万人，新成立扬中、润州开发区总工会。开展以"比基层工会活力，赛工会凝聚力；比服务职工水平，赛职工满意率；比工会工作影响，赛行政支持度"为主要内容的竞赛活动，选出3个全国模范职工之家、11个省模范职工之家、4名全国优秀工会工作者和12名省优秀工会工作者。全年各类媒体报道市工会工作509篇次，其中重点报道125篇。 (吴剑瑛)

【开展"十万职工大练兵，百个工种、万名职工大比武"活动】 2011年，在全市举办肉制品制作、管道安装、燃气具维修、港口超重机械、船体放样、船舶驾驶、养老护理、中式烹饪等11个市级一类工种技能竞赛，全市各级举办150多个工种的技能竞赛，参加岗位练兵、技能竞赛职工达12.5万多人次。完善《镇江市技师带徒技能等级考核认定办法》，全年产生市级技术能手41名、技师39名、高级工338名。 (吴剑瑛)

【创建劳动关系和谐企业】 2011年，市委召开贯彻党代会精神、创建和谐劳动关系推进会，专题部署创建工作。市政府制定发布《关于推进劳动关系和谐企业创建标准化的实施意见》，镇江市被中国标准化委员会确定为国家级劳动关系和谐企业创建评价规范服务业标准化示范区。开展工会工作"八项升级计划"，深化劳动关系和谐企业创建。全市创建企业从2006年的800多家上升到2498家，建会企业创建活动参与率达95.3%，百人以上建会企业和谐企业达标率达71.7%。全年新产生市级劳动关系和谐企业94家、省以上模范劳动关系和谐企业9家。全市创建企业劳动合同签订率达98.6%，职代会建制率达96.08%，社会保险缴纳率达98.3%。2011年，会同市质监局联合发布《镇江市劳动关系和谐企业创建评价规范》，创建评价规范内容包括劳动就业、工资分配、社会保险、民主管理、社会责任等9个评价项目、50个评价要素。同年省质监局正式认定《劳动关系和谐企业创建评价规范》为江苏省地方标准，并向全省发布。年底，国家标准委正式认定镇江市劳动关系和谐企业创建工作为国家级劳动关系和谐企业创建与评价服务业标准化试点。 (吴剑瑛)

共青团镇江市委员会

【概况】 2011年，全市共有团员青年149535人，全年申请入党团员人数5312人，经推优入党1235人。全市基层团委186个，团总支189个，团支部4597个。

2011年，推进镇江青年科技创业示范基地建设。深化"万人创业普训"工作，全年培训创业青年5000余人。与中国银行镇江分行合作，面向青商会会员和创业青年，共同发行"镇江中行青商卡"

和"镇江中行青年创业速贷通卡",发放贷款4400万元。举办"创业谋发展·村官大作为"镇江市第二届大学生村官创业大赛,全市30多个项目参赛,发放奖金6.3万元,一批优秀创业项目涌现。选送大学生村官刘锦参加省农村青年创业项目大赛,获三等奖。联合市贸促会、市国际商会,举办全市首届国际商务人才大赛,吸引650余名各高校和企业的选手参赛,选拔出一批国际商务人才。

开展建党90周年系列活动。以"我是党的好娃娃"为主题,开展"红领巾寻访镇江红色足迹"小记者采访、"红色故事大家讲"比赛、"我与共产党员大朋友手拉手"等系列活动。获江苏省少先队辅导员风采展示活动团体一等奖。组织开展"争做生态环保小卫士·永葆青山绿水美镇江""美化家园"等主题实践活动,20名青年分获市十大杰出青年和杰出青年提名奖,6名青年获评省级好青年。举办"山水美城·幸福青春"镇江市首届大型青年集体婚礼。

全年新建非公企业团组织600家。全市36个镇、16个街道、6个开发区(园区、风景区管委会)团组织,配置专职团干部195名、体制外团干部200名。全年争创12家省级青年文明号。沪宁高速路政一大队、扬中市测绘院2家单位获国家级青年文明号称号。

开展"不让毒品进校园"——镇江禁毒志愿宣传活动,2011年,团市委被市委、市政府评为"2006~2010年度全市社会治安综合治理工作先进集体"。在金山网开辟专门网络版块,建立"新镇江青年"网络互助联盟,为外来务工青年提供网络维权服务,被团省委评为"创新创优成果奖二等奖""江苏共青团运用新媒体引导青年创新案例二等奖"。2011年,市希望工程办公室募集善款98.28万元,通过"1+1"结对资助、大学圆梦行动、一般性捐助等方式,资助大学新生257人次,中、小学生434人次,发放助学金95.38万元。

举办全市"新镇江青年"团组织负责人培训班。全市共建"新镇江青年"团组织127家,吸纳"新镇江青年"团员数26205名,覆盖35周岁以下外来青年68767人。

建成镇江市志愿者展示馆。选送殷俊作为第三批中国青年援外志愿者赴圭亚那开展援外服务。全面实施"青春呵护蒲公英——共青团关爱农民工子女志愿服务行动",动员283个爱心集体结对有农民工子女就学的81所学校,327个年级或班集体,帮扶2.4万余名外来创业务工人员子女。命名20家、4大类"镇江共青团关爱农民工子女志愿服务基地"。开展"农民工子女圆梦大行动",全市近千名农民工子女受惠。开展"为奉献者奉献"重阳敬老志愿服务活动。持续开展"生命志愿者"活动,全年有两名青年成功捐献骨髓。团市委"志愿服务信息化管理的探索与创新"项目和"青春呵护蒲公英——共青团关爱农民工子女志愿服务行动"项目被团省委、省志愿者协会确定为江苏省第三批百优志愿服务项目。"团哥青姐"志愿群体被评为镇江市第四届"大爱之星"。

(贡党辉)

【召开纪念五四运动92周年大会】 2011年5月4日,市领导与全市各界青年代表1000余人出席镇江市纪念五四运动92周年大会暨"青春建功新镇江·创先争优促跨越"青春故事会。市委常委、组织部部长魏红军出席大会并讲话。大会表彰第九届镇江市十大杰出青年及"十杰"提名奖,以及市"五四红旗团委"、"五四红旗团支部(总支)"、"优秀团干部"、"优秀团员"。在"青春建功新镇江、创先争优促跨越"青春故事会上,4名市第九届十大杰出青年代表,以及创业青年代表、基层团干部代表介绍自己的奋斗过程、成长经历和创业心得。

(贡党辉)

【市青年联合会第六届委员会全体会议】 2011年12月13~14日召开,全市268名各族各界、各行各业的青年代表出席。大会主席团常务主席蒋敏作题为《激扬青春,勇担重任,为镇江率先基本实现现代化而努力奋斗》的报告。团省委书记万闻华,市委常委、组织部部长魏红军出席大会并讲话。市人大、市政府、市政协领导出席大会,市委书记许津荣向大会发来贺信。市青联第六届常务委员会第一次会议选举产生市青联第六届委员会新的领导集体,蒋敏当选为市青年联合会第六届委员会主席。(贡党辉)

【召开市青年商会第二次会员大会】 2011年11月30日,市各行业的青年企业家91人,参加市青年商会第二次会员大会。会议选举产生新一届青年商会领导机构,肯帝亚木业有限公司董事长郦海星当选为会长。聘请市委常委、组织部部长魏红军和副市长冯士超担任名誉会长。市委常委、组织部部长魏红军在大会上致辞。(贡党辉)

镇江市妇女联合会

【概况】 2011年,市妇联推进"巾帼科技创新联盟""巾帼创业就业援助"和"巾帼家庭服务创牌"三大行动。新建各类巾帼示范基地52个,举办培训班1256期,培训38796人。为453名创业妇女申请贷款4128万元,带动就业5379人。推进SYB导师行动,牵手50名女企业家与300名女大学生结对。推广"好苏嫂"项目,新建门店6个。

以"万户家庭齐努力,全民共创文明城"为主题,深化"百千万文明家庭"创建活动。召开文明家庭表彰大会,推进"低碳家庭·时尚生活"主题活动,举办首届社区家庭文化艺术节,开展"巾帼志愿服务"活动,出台《巾帼志愿服务意见》和《巾帼志愿者管理办法》,建立四级巾帼志愿服务组织网络,培树扬中市"巾帼义工52活动"、丹徒区"爱心妈妈"、润州区"叨叨团"等一批巾帼志愿服务团队和项目。

开展以"春的绚丽"为主题的系列纪念活动。围绕纪念建党90周年,以"讲党性、颂党恩、比作为"为主题,举办"党是太阳我是花"少儿文艺演出、唱红歌、党史知识竞赛等活动。举行"春的绚丽"纪念"三八"国际劳动妇女节101周年大会暨首届社区家庭文化艺术节。举办女性周末讲坛12场,创办《镇江女性》杂志,启动"儿童每天课外阅读一小时"行动,新建11个爱心书屋。推进"科学家教进万家"主题活动,举办"关注孩子的心灵成长"家庭教育巡回公益报告会132场。

完善维权代言人接待日、市妇联全员接访信访工作制度,创建10个市级"维护妇女权益示范岗",举办"反家暴联动快车进社区"活动。完成"十一五"妇女儿童发展规划终期评估。编制出台《"十二五"妇女儿童发展规划》。落实妇女儿童发展新8件实事。承接全国"受人口流动影响的儿童保护"项目和省妇联"恒爱行动"项目,举行"助学快车"集中发放仪式,打造"单亲母亲互助联盟""爱心超市""大手拉小手、爱心齐步走"等一批"妇"字号爱心帮扶新品牌。

(冯新春)

【开展"十行百星"巾帼职业技能大赛】 2011年,市妇联联合市卫生、人社、教育、税务等部门开展为期一年的"十行百星"巾帼职业技能大赛,举办培训及预赛168场,参与妇女21620名。(冯新春)

【完成"十一五"妇女儿童发展规划终期评估工作】 2011年,市妇联成立终期评估领导小组,召开专题会议,对照"十一五"妇女儿童发展规划的目标任务,立足地区实际和部门职责,组织开展目标任务分解、年度统计监测、评估督查考核等工作，突出妇女儿童发展中的重点难点问题，组织实施两纲两规。通过“十一五”规划终期评估，全市涉及两个规划的30项主要定量指标、20项定性指标达到省《规划》的目标要求，在妇女儿童与教育、卫生健康、法律保护、环境发展等领域位居全省前列，较“十五”期间有明显提升。 （冯新春）

【启动“巾帼志愿服务行动”】 2011年，出台《巾帼志愿服务工作意见》和《巾帼志愿者管理办法》，建立四级巾帼志愿服务组织网络。市妇联成立市巾帼志愿服务指导中心，辖市（区）妇联、市级机关妇工委建立8支巾帼志愿服务总队，乡镇（街道）、市级机关各单位建立巾帼志愿服务分队，社区（村）按照“3＋X”队伍建设模式，组建各类巾帼志愿特色服务小队，全市有巾帼志愿者4万余人。各地依托各类巾帼志愿者队伍，开展爱心结对、心理疏导、科学家教咨询、空巢老人陪护、法律援助、群众文体活动展演等精彩纷呈的志愿服务活动，弘扬“奉献、友爱、互助、进步”的志愿精神。

（冯新春）

【实施“受人口流动影响”儿童保护项目】 2011年，承接国务院妇儿工委办公室与联合国儿基会合作的2011～2015周期“受人口流动影响的儿童保护”项目，通过项目在受流动影响明显的丹阳市、丹徒区试点推广，完善16周岁以下流动儿童登记管理制度，协同公安、教育、卫生等部门建立联动工作机制，利用电子信息平台，搜集与更新流动、留守儿童信息，并提供教育、计划免疫、文体公益等相关服务，为流动儿童健康成长营造良好的环境。 （冯新春）

镇江市科学技术协会

【概况】 2011年，市科协有直属学会（协会、研究会）54个，会员30893人，其中具有高级职称资格的有2173人。企业科协36个，高校科协3个，全民科学素质教育基地25家，全民科学素质工作领导小组成员单位27家。

2011年，市科协贯彻落实中国科协“八大”精神，组织实施全民科学素质行动计划；开展建言献策项目研究，推进思想库建设，推动学会共建，开展优秀科技论文（专著）评选。出台《关于镇江市全民科学素质行动计划纲要（2011～2015年）实施意见》，组织实施《镇江市2011年度全民科学素质行动计划》。举办市首届科普文艺作品创作、优秀科普文艺节目汇演活动。组织以“坚持科学发展，倡导低碳生活”为主题的2011年全国科技活动周暨镇江市第二十三届科普宣传周活动。开展2011年全国科普日和中国科协会员日活动。组织实施镇江市“科普惠农兴村计划”和新一轮“百千万科技兴农富民工程”。市科协与市卫生局、市农委签订《共建学会协议》，充分发挥优势，实现人才优势和部门优势的集成。扬中市科协“1GHZ宽带数字荧光示波器”等18个项目列入江苏省“金桥工程”立项项目。其中京口区科协的“抗干扰高可靠性煤矿安全监控系统关键技术开发与产为化”等3个项目为省科协“金桥工程”重点项目。2011年，市科协选择36名专家作为大学生村官创业导师，辅导的创业项目达39个，吸纳就业2354人。丹阳、扬中两市成功创建2011～2015年全国科普示范市。句容、丹徒、京口、润州成功创建2011～2013年江苏省科普示范县（市、区）。利用科普宣传车开展多种主题的全民科学素质教育活动。举办海峡两岸休闲农业与乡村旅游研讨会。参与对口援建新疆生产建设兵团农四师。 （陆 煊 罗 悦）

【围绕“十二五”开展建言献策项目研究】 2011年，市科协制定和下发《市科协建言献策课题项目管理办法》，规范对“建言献策”课题的管理。全年建言献策课题征集突出以市委、市政府的中心工作和实施“十二五”规划为导向，坚持以新兴产业发展、创新型经济、科技创新、社会事业和三农问题为重点，确定《营造产业人才集聚的对策研究》《省级以上研发机构在镇江设立分支机构的现状及对策研究》等14个课题项目。经专家评审，有9个项目分获一、二、三等奖。其中有《市粮食生产高产高效栽培模式的研究》《物联网技术与城市智能交通路线规划》等项目。 （陆 煊 罗 悦）

【专家库建设】 2011年经市科协各部门、市科协所属学会、企事业科协、相关部门推荐，确定61人组成市科协专家库，由市科协颁发聘书。专家库涵盖理、工、农、医、管理等各类专家，其中包括市著名农业专家赵亚夫、日本农山渔村文化协会专家博士张安明、英国牛津大学高级研究员博士夏志道等3名特邀专家。2011年，专家库成员参与优秀科技论文评选、建言献策研究项目评审、“科普惠农兴村计划”项目评审、科普作品的创作和科普图书的编撰、开展科普讲座等活动59人次。 （陆 煊 罗 悦）

【开展优秀科技论文（专著）评选】 2011年首次将参选论文分为理论学术研究类和实际技术应用类分开评审，使评选更为科学和公平。647篇论文（其中专著18本）参评，涉及60多个二级学科，分理、工、农、医、综合等6个评审组进行评审。评出特等奖4篇、一等奖60篇、二等奖95篇、三等奖135篇，其中14本专著获二等奖以上。

（陆 煊 罗 悦）

【开展民间国际科技交流】 2011年，市科协开展第十九届海峡两岸都市交通学术研讨会论文征集工作。组织大全集团、环太硅科技等多家企业科技人员参加江苏省光伏产业新技术和项目发展交流会。在丹阳市成功举办海峡两岸休闲农业与乡村旅游研讨会。与江苏大学图书馆共同开展外国专利技术的推广应用工作，有13家企业建立外国专利技术信息库。组织日本教授江苏大学系列讲学及交流合作活动，申报中国科协“海智计划”项目，申请成立中国科协江苏（镇江）海智工作基地。 （陆 煊 罗 悦）

【入选海智计划实施项目】 2011年7月，《“引入海外智力，建设高水平大学”——日本教授江苏大学系列讲学及交流合作活动》（编号11042）被列入中国科协“海外智力为国服务行动计划”（以下简称“海智计划”）2011年度实施项目。该项目主要通过中日双方专家学者、学生之间的互访、举办系列讲座及开设短期课程，在学科建设教学科研以及共同申报国际合作项目等方面，开展合作研究。2006年以来，市科协共组织申报10个项目，8个项目被列入“海智计划”项目。 （陆 煊 罗 悦）

【“十二五”全民科学素质行动计划纲要启动】 2011年8月23日，市政府下发《关于镇江市全民科学素质行动计划纲要（2011～2015年）实施意见》，明确5个重点人群科学素质提高的目标、举措和保障措施，标志着市“十二五”第一个全民科学素质百项行动正式开始启动。行动计划由未成年人科学素质行动、农民科学素质行动、城镇劳动人口科学素质行动、领导干部和公务员科学素质行动、社区居民科学素质行动、科学教育与培训基础工程建设行动、科普资源开发与共享工程建设行动、大众传媒科技传播能力工程建设行动、科普基础设施工程建设行动、行政法规、队伍建设与监测评估工作、全民科学素质教育基地行动等11大类105项行动计划构成。在行动计划中突出节能减排、低碳生活和关注民生等重点，倡导大联合、大协作的行动举措。其中《镇江市2011年度全民科学素质行动计划》2月1日下达并组织实施，年底，所属各辖市（区）全部出台实施意见。（陆 煊 罗 悦）

【举办市首届科普文艺作品创作汇演活动】 2011年，市首届科普文艺作品创作及优秀科普文艺节目汇演由市科协、文明办、教育局、文广新局、文联5家单位联合举办。活动共征集到反映低碳生活、健康生活、环境保护和培养文明生活习惯、培养创造发明意识和提高科学素质的相声、小品、情景剧等新创作品34个。22个作品被评为创作一、二、三等奖及优秀奖；23个节目被评为表演一、二、三等奖及优秀奖。其中8个科普文艺作品参加江苏省第二届科普剧评选，获创作表演一、二等奖各1个，三等奖2个。镇江市科协被组委会评为省辖市中唯一的优秀组织奖。5月15日，《情系蝴蝶兰》《低碳志愿者》《小小牙刷有科学》《机器人是我好朋友》《桌下的那片天》等16个节目参加科普宣传周活动暨首届科普文艺节目汇演。5月22日，举办市首届科普文艺作品创作和节目表演活动颁奖仪式暨优秀科普文艺节目展演活动，同时邀请江苏省优秀科普剧到镇江巡演，共280多人参加。（陆 煊 罗 悦）

【举行第23届科普宣传周活动】 2011年5月15～21日，市科协举办以"坚持科学发展，倡导低碳生活"为主题的2011年全国科技活动周暨市第23届科普宣传周。教育部门组织各中小学校以举办科普展览、发放科普资料、组织手工制作、撰写科技论文、举行科普讲座、进行科技竞赛等形式开展科普宣传教育活动；市农委向农民发放农业转基因生物安全知识卡片5000多份，举办测土配方施肥等实用技术培训班，开展送科技入户活动；市经信委、市民防局开展"低碳生活"、预防核辐射主题宣传活动；市食药监局开展"食品药品安全进社区"活动；市质监局开展"化妆品真假鉴别"和"国内名酒和国外洋酒真假鉴别"知识宣传活动；丹阳市举行科普文艺节目汇演，电视台进行全程录像，并在电视台安排两次播放。句容市郭庄镇采用"一封信"的形式，宣传低碳生活，促进低碳生活习惯的养成；扬中市邀请专家为领导干部公务员举办"创新与修养"讲座；丹徒区农委、人社局和科协联合组织开展实用技术培训班和现场会，举办稻米系列品种优质高产栽培技术讲座；京口、润州、镇江新区举办广场综合科普活动。气象科普大篷车开到丹阳全州、句容白兔和京口恒美嘉园社区，通过参观气象设施、气象科普影视、气象展板和气象知识资料，向公众进行宣传普及气象知识。（陆 煊 罗 悦）

【举办2011年全国科普日活动】 2011年9月20日，全市全国科普日活动启动仪式在扬中市外国语小学举行。市科协向扬中市外国语小学赠送500多册科普图书，举行"低碳经济与低碳生活"科普讲座。科普日期间，市科协开展10场科普讲座、举行科普巡回展览、开展技术服务、举办实用技术培训班等，向公众开放科普教育基地和全民科学素质教育基地。（陆 煊 罗 悦）

【镇江科技馆布展】 2011年5月，镇江市科技馆布展工程全面展开。科技馆总面积8000平方米，布展面积5000平方米，分6个主题展馆，共80多项展品、展项。序厅重点反映镇江古代、近代科技人物以及展现现代院士风采的院士墙。六大主题展区，分别是丛林探趣厅、智慧脚印厅、低碳生活展厅、信息时代展厅、机电之光展厅和健康之路展厅。（陆 煊 罗 悦）

【启动"珍爱生命之水——2011年青少年科学调查体验活动"】 2011年5月14日，市科协在金山湖举行"珍爱生命之水——2011年青少年科学调查体验活动"启动仪式，镇江六所中小学的60名学生代表和教师代表参加启动仪式。仪式上，金山湖工作人员从水与城市建设、水与环境、水的保护和治理以及水文化等多方面向学生介绍镇江金山湖的建设、水环境的修复和镇江的湿地保护等情况。让学生参与一系列水的小实验，体验学习有关水的知识。确定市蒋乔小学、市中华路小学、市江滨实验小学、市实验小学、丹阳市珥陵中心小学、丹阳市华南实验学校6所学校参加"珍爱生命之水——2011年青少年科学调查体验活动"省级试点。（陆 煊 罗 悦）

【全国无线电比赛获奖】 2011年，在中国科协、国家体委、国家教育部联合举办的青少年三模一电竞赛活动中，市红旗小学代表队李铠圻、侯仁语获对讲机通信儿童男子组冠军，顾真源、孙寅获该项目第三名。李铠圻还最终获儿童男子组个人全能银牌。红旗小学获2011年全国青少年无线电通信竞标赛优秀基层单位称号。红旗小学老师邱鹏被赛事组委会授予"优秀辅导教师"的称号。（陆 煊 罗 悦）

【第22届江苏省青少年科技创新大赛（镇江赛区）评选结束】 2011年，由省科协、省教育厅、省知识产权局、省青少年科技基金会共同举办的第22届江苏省青少年科技创新大赛中，全市共有115所学校1900多名中小学生参加，获省级优秀组织奖1家，省级个人一等奖11项、二等奖13项、三等奖25项；市级个人特等奖40项、一等奖130项、二等奖638项，优秀指导教师44名，优秀组织学校13所。（陆 煊 罗 悦）

【实施"科普惠农兴村计划"】 2011年，市科协继续组织开展镇江市"科普惠农兴村计划"项目评比表彰活动。邀请有

图9－1 开展第23届科普宣传周活动 （科 协）

关专家组成员组成评审小组，按照公开、公平、公正的原则，对申报项目进行评审，评选出10个农村专业技术协会和农村科普示范基地、8名农村科普带头人为镇江市2011年度"科普惠农兴村计划"先进单位和先进个人，分别给予2万元和5000元的奖补资金支持。2011年申报镇江市"科普惠农兴村计划"的先进集体和先进个人共推广新技术、新品种136项，推广基地面积2053公顷，举办各类实用技术培训班352期，培训农民28060人次，项目直接带动农户2960多户，辐射到5650多个农户，直接带动农户人均增收2500多元。 （陆 煊 罗 悦）

【对口援建新疆生产建设兵团农四师】 2011年，市科协受镇江对口援建新疆生产建设兵团农四师前方指挥组的委托，承办新疆生产建设兵团农四师设施农业致富带头人(28人)培训班和新疆生产建设兵团农四师农牧团场连队书记(40人)培训班。培训班成员在镇江学习考察高效农业发展概况、大棚设施安装及蔬菜栽培技术、草菇周年高效栽培技术、葡萄避雨栽培技术、应时鲜果优良品种的引种及栽培技术、高档花卉栽培技术、家禽生态养殖技术、农产品品牌培育等内容。 （陆 煊 罗 悦）

【市首家特殊教育科学教育基地正式挂牌】 2011年12月2日，在国际助残日来临之际，市科协在市特教中心举行"市特殊教育科学教育基地"挂牌仪式。市科协向市特教中心赠送遥控飞机、遥控汽车和四驱车等科技模型。来自特教中心的聋哑残疾儿童表演舞蹈"感恩的心"和诗朗诵"毛主席诗词——《沁园春·雪》"，并放飞自己动手制作的飞机模型和火箭模型。在特教中心设立特殊教育科学教育基地是市科协全面贯彻落实"全民科学素质行动计划纲要"的一项新举措，也是全省首次在特殊教育领域专门设立特殊教育科学教育基地。 （陆 煊 罗 悦）

镇江市哲学社会科学界联合会

【概况】 2011年，社科联共有53个社科类团体会员和2个民办非企业单位，其中有1个4A级社团。学会与江苏大学联合建立2个专业研究所(中心)。办有会刊21个，网站5个。市社科联在全国大中城市第22次工作会议上被评为"全国先进社科联"。在江苏省社科系统2011年"创优评先"活动中获"社科工作组织奖"；被市委、市政府评为"五五"普法先进单位。唐明觉同志被评为"全国先进社科工作者"。

开展市社科应用研究课题立项工作，制定下发镇江市社科应用研究成果课题指南。收到申报成果73项，立项55项，其中40项资助。组织省社科规划课题申报，其中《地方网络媒体建设和管理创新研究》《典型宣传与社会主义核心价值体系建设研究》《城市化进程中提升新市民素质对策研究》等3项课题获江苏省哲学社会科学规办公室立项资助，《镇江创业文化研究》《镇江吴文化研究》获省应用研究课题立项资助。组织参加省第11届哲学社会科学优秀成果评奖，江苏大学赵喜仓著作《江苏区域经济发展研究》、江苏大学梅强著作《医疗保险模式研究》、中共镇江市委党校决策咨询报告《在全面达小康进程中切实改善农村人居环境——镇江引导农村集中居住的创新实践与探索》等3项成果获省政府二等奖，另有14项成果获三等奖。

2011年，社科联重点承担市创业办的课题《镇江创业文化研究》、市人大的《关于我市农业社会化服务体系建设的调查和思考》、省委宣传部的《幸福江苏·镇江篇》组稿等研究工作。

3月编印《镇江市文明城市创建理论与实践》文集，社科联与市文明办召开文明城市创建理论与实践研讨会。参加省社科联学术大会学会专场征文，组织学术论文41篇，获一等奖、二等奖各1篇，优秀论文奖4篇；镇江市社科联与南京市、扬州市社科联、社科院共同举办的"宁镇扬"同城化论坛于12月16～17日在扬州举行，论坛以"发展、机遇、展望"为主题，征集论文25篇，编印出版论文集。

市国际税收研究会通过4星评审；市写作学会成立《红楼梦》读书会；市《三国演义》学会筹备"镇江《三国演义》资料中心"；市历史文化名城研究会、市财会学会、市诗词协会、市教育学会、市写作学会等完成换届工作。党建学会的《党建之窗》被全国城市党刊研究会评选为"全国十佳党刊"。 （薛玉刚）

【第八届社科普及月】 2011年9月，市社科联以"传播生态文明理念，共建美好镇江"为主题举办第八届社科普及月。主要内容有与广播电台合作的"社科知识空中讲堂""市民大讲堂"；与国际冠城联合举办以中学生为主要对象的"冠城国学堂"和《弟子规》国际书法名家作品展；支持新区法院建成开放的法文化公园——镜园法文化中心；社科普及基地大港街道与大港街道诗书画协会联合推出"忆先驱，颂盛世"诗、书、画、摄影展；图书馆学会举办大运河申遗图片展和纪念建党90周年红领巾读书征文活动、人口学会开展纪念《公开信》发表暨家庭人口文化宣传月活动、扬中市社科联开设"江花红胜火"扬中党史记事专栏、市纪检监察学会开展镇江市中小学廉洁文化书画作品展、市国际税收研究会组织税收宣传万里行活动、税务学会开展弘扬中华文明和谐税收专项宣传活动、市反邪教协会开展反邪教宣传进校园活动等。其中8个科普项目获省社科联表彰，数量列全省第一。 （薛玉刚）

【社科界纪念中国共产党建立90周年】 2011年"七一"前夕，社科联组织相关学会和部门开展纪念中国共产党建党90周年和辛亥革命100周年征文活动，征集论文48篇，其中3篇被江苏省委宣传部录用；与市委宣传部、市委组织部、市委党校、市史志办联合召开社科理论界建党90周年座谈会，探讨总结镇江党的建设的辉煌历程和历史经验，为新时期改革发展提供精神动力和发展借鉴。市委召开《中国共产党镇江历史》第二卷(1949～1978)首发座谈会；市党史学会、新四军暨茅山抗日根据地研究会共同主办"纪念中国共产党成立90周年学术研讨会"，组织撰写纪念中国工农红军第十四军军长兼政委李超时牺牲80周年文章《永远的楷模》，在《镇江日报》上发表；市档案学会开展纪念征文活动，市纪检监察学会向省学会上报纪念征文8篇。 （薛玉刚）

【镇江市女性周末讲坛】 "镇江市女性周末讲坛"由市妇联、市妇女学研究会主办；于2010年5月正式启动，邀请专家学者就女性就业创业、法律法规、道德修养、现代礼仪、健康保健等内容作专题讲座，至年底，全市已成功举办女性周末讲坛20场，3000余人直接受益。 （卞莹莹）

【镇江市反腐倡廉建设研究中心成立】 2011年12月30日，由镇江市纪律检查委员会、市监察局、江苏大学联合组建的"镇江市反腐倡廉建设研究中心"(以下简称"中心")在江苏大学正式挂牌成立。中心立足江大，面向全市，借助江大雄厚的理论人才和资源优势，开展反腐倡廉理论研究，参与全市反腐倡廉相关法规及规章制度的研究起草，为全市反腐倡廉建设提供决策服务。中心实行双主任制，分别由校地双方领导担任主任，日常办公地点设在江苏大学文法学院。中心每年将结合反腐倡廉建设实际，发布课题研究指南和目录，面向全市进行招标，着力形成一批在全省乃至全国有价值、有影响的学术研究成果。

（朱紫阳）

【江浙沪工商行政管理学会第八届论坛年会在镇江举办】 2011年8月2～5日，江浙沪工商行政管理学会第八届论坛年会在镇江市金陵润扬酒店举行，来自江苏、浙江、上海的工商学会秘书长和部分论文作者50余人参加会议，入选论文31篇，现场交流论文12篇。本次年会由江苏省工商行政管理学会主办，镇江工商局、工商学会协办。论坛围绕“网络商品交易及服务行为监管”“联合监管执法创新”等主题，全面展开交流研讨。从选题的原因、现实及历史背景、观点的特色、亮点等内容，采用理论分析与实例论证相结合的方式，展示江浙沪三地理论研究的最新成果。（周健生）

【知青健康关爱基地建立】 20世纪五六十年代，镇江市有数万名知识青年上山下乡，目前都已进入老年阶段，受艰苦环境和繁重劳动的影响，更有少数知青由于伤残和疾病，生活非常困难，成为特困对象。2011年8月，镇江市知青文化研究会和镇江市东吴医院联合创建“镇江市知青健康关爱基地”。基地实施五项健康关爱项目：1. 由知青研究会统一组织，每年对会员和困难老知青进行免费体检；2. 建立知青个人健康档案，实施跟踪关爱；3. 实施健康关爱补贴，对享受医疗保险的研究会会员和困难知青，在个人医疗进入付费阶段予以适当的补贴；4. 为查出的共性疾病，请有关专家进行分析解读，并开出健康处方，举办健康讲座和户内外健康活动有机结合的多项活动；5. 对因伤残和疾病导致生活非常困难的知青，在关爱基地条件许可的情况下，予以适当的帮扶救助。至年底，关爱基地为近500名会员和近百名非会员知青进行免费健康体检，并为6名知青补贴医药费近2000元。

（花有文）

【市国际税收研究会成立五个分支机构】 镇江市国际税收研究会根据《社会团体登记管理条例》要求，遵照研究会章程规定，经镇江市民政局批准，于2011年成立丹阳、句容、扬中、丹徒、市直五个分会（非法人单位）。成立分支机构在市级学术社团中是第一家。

（顾忠卫）

镇江市文学艺术界联合会

【概况】 2011年，镇江市文联作为省文联的团体会员，现有17个团体会员，包括9个文艺家协会、6个辖市（区）文联、2个行业文联，另有1个乡镇文联。市文联有市级会员2000余人。

2011年11月，市文联党组书记、副主席蒋宁代表全市2500多名文艺工作者参加在北京召开的中国文联第九次全国代表大会。在庆祝中国共产党成立90周年系列文艺活动中“青山绿水新镇江”创作工程取得成果。会同各协会和相关部门举办第二届小戏小品大赛、第四届“春之声”音乐会、“流光溢彩的瞬间”2009、2010年度摄影创作汇报展、“新京江画派”首届中国画展等。2011年，继续做好重大赛事信息发布、省以上展赛创作攻关、重点创作经费扶持工作，使得一批文艺家创作的作品在全国和省以上各类展赛中获奖。举办2011·镇江风文艺家风采系列展示活动。举办“祝福镇江”大型文化惠民暨“书写经典·传承文明”书画邀请展活动，举办“欢乐元宵”民俗文化系列活动。市文联支持“康盛剧社”编排现代京剧《杜鹃山》选场，申报参加全国比赛，获第四届CCTV全国戏迷票友大赛团体赛金奖。2011年，组织文艺新秀参加读书班、业务讲座，组织中青年文艺家赴上海、南京观看展览，赴安徽、苏州等地进行创作采风和观摩等活动，对7位新秀实行一对一帮助培养；推荐4名青年作家参加省青年作家创作培训班的学习，扶持4位青年作家出版散文集《采藤张花集》，支持16位文艺家在镇江和全省各地举办个展、联展和个人演唱会，推荐8人参加省第四次青年作家创作会议，1人获“江苏省德艺双馨优秀中青年文艺工作者”称号。年底，各文艺家协会国家级会员从2008年年底的95人次增加到142人次，增长率达50%。润州区文联正式成立，四牌楼街道建成全市第一个街道文联，丹阳、扬中、丹徒三地文联完成换届工作。2月市检察院文联正式成立。《金山》文学期刊办刊水平进一步提升。市文联和句容市文联获2011年度江苏省市、县、市（区）文联工作优秀成果奖。

（洪 琦）

【全市首家街道文联成立】 2011年9月8日，京口区四牌楼街道成立全市首家街道文联——四牌楼街道文联，下设舞蹈、音乐、戏曲、书画、摄影5个文艺家协会，首批会员100多人。（洪 琦）

【市文联召开四届十五次全委会】 2011年4月14日，市文联四届十五次全委会在碧榆园召开。市委常委、宣传部部长张洪水出席会议并讲话。会议提出，2012年是毛泽东同志发表《在延安文艺座谈会上的讲话》70周年，是迎接党的十八大召开的喜庆年。市文联将以“百花扎根沃土、艺术奉献人民”为主题，组织两次大型创作采风活动。

（洪 琦）

镇江市台湾同胞联谊会

【概况】 2011年，全市有镇江籍台胞124人。市台联加强联谊，服务、团结广大台湾乡亲，落实老台胞和困难台胞政策性生活待遇，看望慰问老台胞和生病台胞，全年发放老台胞生活补助费2.74万元，困难台胞生活补助费2.05万元。全年提出集体提案3件，个人提案8件。

（刘 迅）

【关于加强中小学近远期规划的建议】 2011年，市台联针对由于人口结构老龄化引起学生生源数量变化的现象，建议加强中小学近远期规划：1. 做好统计和预测。教育部门要加强与人口统计部门的联系，准确掌握青少年人口的数量和变化。同时，要充分预留外来人口子女就学的空间。2. 规划网点布局。要加强与规划、建设部门的联系，按照人口数量的变化、城市生活区的规划、城市家庭迁移可能产生的变动，适当规划、调整教育网点，确定每一所学校近远期的功能和作用。3. 办好学校。学生数量的减少为提高教育水平提供便利。要全方位的改善办学条件，促进教学设备现代化、班级管理小班化。4. 加强教师的培训。学生数量的减少，使得教师数量相对多起来，也就有机会组织教师，通过脱产、半脱产的方式，加强师资培训，提高教学水平。在严格控制教师总量的同时，逐年安排新进教师，以防止断层现象。5. 重视做好流动人口子女教育。对于生源不足的老城区中小学校，应按照规划及时改造，吸纳流动适龄儿童入学，以充分利用现有教育资源，改善流动人口子女教育条件。（刘 迅）

【召开第七次台湾同胞代表大会】 市台联于2011年11月30日召开第七次台胞代表大会，大会审议和通过市台湾同胞联谊会第六届理事会工作报告，选举产生市台湾同胞联谊会第七届理事会及其领导班子，刘贤忠当选为会长，理事会聘请吴登来、赵学松为名誉会长。

市台湾同胞联谊会第六届理事会任期内，围绕市委、市政府的中心工作和广大市民关心的热点、难点问题，共提出省政协提案5件，市政协集体提案14件，个人提案43件。内容涉及规划、城建、城管、经济、环保、旅游、交通、食品卫生等方面，其中优秀提案“提升乡镇医疗水平，缓解农民看病难”被市卫生局在实施农民健康工程中采纳，并被市政协写入提案工作报告中；“加强对农民特别是返乡农民工培训”被评为优秀提案；“关于加强镇台两地农业交流合作的建议”的提案作为大会发言。组织台籍政协委员参加“我为十二五规划献一策”活动，有3件建议、提案获得鼓励奖。（刘　迅）

镇江市归国华侨联合会

【概况】 2011年，全市旅居海外的华侨、华人、港澳同胞有36600多人。全市范围内有归侨、侨眷61800多人，其中归侨193人。全市海外留学人员3000多人，主要分布在美、加、澳、新西兰、德、日等国家。

金东纸业（江苏）股份有限公司、镇江荣德新能源科技有限公司、江苏环太集团有限公司、江苏金陵融锦饭店有限公司、丹阳龙江钢铁有限公司、金海宏业（镇江）石化有限公司、镇江惠龙长江港务有限公司、江苏建华管桩有限公司、句容时代置业有限公司、江苏奥雷光电有限公司、镇江百盛商城有限公司等11家侨资企业获“江苏省第二届优秀侨资企业”。丹阳博昱科技有限公司路志坚、镇江唐桥微电子有限公司孙翼获江苏省侨联、江苏省科技厅授予“江苏侨界贡献奖”荣誉称号；将华侨华人等社会各界捐赠的8000件上自汉唐、下至民国石刻的汇集丹阳市“天地石刻园”，向省侨联申报为镇江首家“江苏华侨华人文化交流基地”。

在全省侨联系统首创社区侨联联络员工作制度，润州区金山街道党工委在金山街道聘请全区首批4名侨情联络员、京口区侨联与健康路街道党工委聘请全区首批12名侨情联络员，成立京口区健康路街道健康社区侨联。丹阳市侨联顺利换届。丹徒区上党镇成立社区侨务中心，高资镇西斛村成立侨务社区活动中心。

与市侨办共同建立“华侨之家”。成立市侨联法律顾问委员会，并在镇江汇泉律师事务所设立市侨联法律咨询服务中心；市司法局副局长、市侨联副主席张俊昌，市侨联经济联络处处长印钢林被江苏省高级人民法院聘为首批全省侨联系统涉侨民商事特邀调解员，市侨联被评为2011年度全省侨联维护侨益工作先进单位。

全市各级侨联开展“送温暖、暖侨心”活动，走访慰问市直归侨侨眷、结对帮扶对象和侨界重点人士80多户，发放慰问金、慰问品2万多元。句容市朝阳兴学会向句容市崇明小学捐赠价值3万元图书。参加中国侨联在京、粤、闽、苏、浙6省市开展的新侨专题调研，亲情中华春节晚会全家福照片的征集活动，获优秀作品奖。参与市统战系统“同心工程”——袁相村实验区建设。

牵头并组织辖市（区）侨联组织，对各开发（经济）区侨资侨属企业、新区科技新城、京口区博士创业园进行调研，发放问卷调查表300份，完成《优化投资环境促进侨资企业的发展》调研报告；组织侨界人大代表、政协委员，围绕全市跨越发展、转型升级、强市富民大局，提出《加速现代服务业发展、促产业转型升级》《加强菜篮子工程建设、提高人民生活水平》等提案。（印钢林）

【海外联谊】 2011年，全市侨联系统邀请和接待美国、英国、法国、泰国、马来西亚、新西兰等国家的客人和海外专业人士16批70多人次，到镇江考察、观光、捐赠、投资。邀请中国侨商联合会副会长、天津百富勤投资发展公司执行董事朱立人等8名侨商到镇江考察投资环境。邀请乔治亚州立大学法学博士、美籍华人张帆做客江苏大学名人讲座，作《美国的法律职业与法律教育》学术报告及学术交流，并聘请张帆为市侨联法律顾问委员会海外法律顾问。为医学博士、英国KENT大学研究员、英籍华人史小菊到镇江市“牙龈卟啉菌疫苗、特异性抗体、诊断试剂盒”创业提供政策和资讯服务；向法籍华人陈旭、美籍华人张宏伟介绍市“331”工程和科技新城、创业园区优惠政策。（印钢林）

【关于加速现代服务业发展的建议】 2011年，按照全市《十二五规划》的目标，要把现代服务业发展作为产业结构优化升级的战略重点，加快“十二五”现代服务业发展，提出建议：1. 快速推进现代服务业集聚区建设，加强规划，形成错位发展之势。2. 培育龙头骨干，促进现代服务业企业做大做强。3. 倾力实施项目推动战略，增强全市服务业国际化水平和品牌竞争力。结合镇江市现代服务业规划，以增强国际化水平和品牌竞争力为目的，大力实施项目推动战略。建议将2011、2012两年定为现代服务业项目推进年，通过出台土地、税收、规划、金融等相关优惠政策，进行重点培育和扶持。（印钢林）

镇江市残疾人联合会

【概况】 2011年，残疾人社会保障和社会服务体系建设中的“生活关爱工程”，被市政府列入“十大民生实事”。第21个全国助残日围绕“保障残疾人民生、维护残疾人权益”主题，开展走访、慰问、捐赠、专场招聘、揭牌等活动。全市各类残疾人18.77万人，占全市总人口的6.34%。

2011年，全面落实助明、助行、助听等康复项目，对贫困精神病人免费服药经费标准从1元/天提高到1.8元/天，每年每人补贴体检费140元。全年白内障复明1183人，新增聋儿康复23人，脑瘫儿系统康复14人，成人肢体康复580人，智残儿训练63人，精神病监护13693人，贫困残疾人接受救助1598人，辅助器具供应服务2031人，培训康复管理人员80人，业务人员148人，协调员223人；全年审核发放残疾证3100人，为新区审核办理残疾证500多人。在全国第四届残疾人职业技能大赛中，全市选送的7名选手获1枚金牌、3枚银牌、3枚铜牌，取得全国地级市中总分排名第一的好成绩。

2011年，本级公办托养中心被正式列为十大民生工程，丹阳、句容两市通过购买和调剂房产，完成立项报批。扬中市已批准立项，并征地1公顷，拟筹资2500万元，新建1万平方米的托养机构。在2010年乡镇街道已建16个托养机构正常健康运行的基础上，2011年又新建15个机构，重点服务智障及精神残疾人586人。

2011年4月，集残疾人康复中心、残疾人就业管理中心、残疾人用品用具展示中心、残疾人文体中心、残疾人培训中心为一体的市残疾人综合服务中心正式建成投入使用，中心占地1.33公顷，建筑面积1.03万平方米，并为省承办4期辅具康复培训。

2011年，市残联工作被省政府残工委评价为“有成效、有创新、有特色、有亮点”。被市政府评为“创业型城市建设先进集体”，被省地税局、省残联表彰为“残疾人保障金征管工作二等奖”，全国残疾人职业技能大赛江苏省筹备办公室表彰为“特殊贡献单位”，被省政府残工委表彰为“创建”全国白内障无障碍省“先进集体”，被省残联评为“2011年度全省残疾人工作先进单位”。（孙 萍）

【生活保障】 2011年，残疾人生活保障被省、市政府列为“关爱工程”，出台普惠加特惠的新政策。对贫困残疾人采取政府补贴保费，城镇残疾人参加居民医疗保险8097人，养老保险6361人，接受社会救助3211人，农村参加新农合30861人，社会养老保险25364人，接受救助13740人，比例为98%以上。向低保家庭中重度残疾人发放重残补贴金，全市符合条件的残疾人共计1562（其中城镇377人，农村1185人）。特殊困难残疾人参照不低于当地低保标准的60%发放生活救助金，全市符合条件的残疾人计666人（其中城镇52人，农村614人），全部领取生活救助金计129万元。各辖市（区）全面落实，对生活不能自理的残疾人发放护理补贴，将省定残疾等级一级扩大到二级，句容市将残疾人家庭人均收入在低保标准200%以内的贫困家庭纳入补贴发放范围，京口区统一城乡补贴标准，并提高到每年每人1500元。润州区残联与市120急救中心、江苏大学临床医学院志愿者合作成立“康乃馨”惠民服务社，为困难残疾人提供居家护理服务。（孙 萍）

【创业就业】 2011年，全市残联系统举办各级各类培训班30余个，培训残疾人926人；举办12场残疾人就业援助专场招聘会，新增残疾人就业971名。

2011年扶助残疾人创业622人，成功创业180人。出台《镇江市区残疾人创业扶持办法（试行）》，对京口、润州、新区范围内自主创业的残疾人一次性提供1000元资金补贴，惠及20名残疾人。创办市首家残疾人培训促进就业基地——惠驰汽车美容中心。句容创建的残疾人创业孵化基地帮助9名残疾人，并为其办理为期3年的零房租。丹徒区江心洲嘉益残疾人创业基地揭牌成立。京口区的润泽创业基地被评为第一批省级创业示范基地。（孙 萍）

【残疾人体育】 2011年举办的全国第八届残运会镇江市选手创历届最佳成绩。句容胡鹏力举200公斤杠铃获男子75公斤举重比赛金牌，江苏省脑瘫足球队丹阳选手徐国俊七战进八球，使全队勇夺全国冠军；句容选手许娟和丹阳选手郭瑾分获盲人门球和田径五项全能第四、第六名。胡鹏、徐国俊被团市委授予“镇江市新长征突击手”称号，同时被评为“镇江市残疾人自强模范”。（孙 萍）

镇江市红十字会

【概况】 2011年，镇江市有基层红十字会222个、冠名医疗机构10个、团体会员单位253个，会员总数13.2万人，拥有志愿者11500余人，登记注册志愿者1400余人，批复成立“镇江欧尚超市有限公司学府店红十字会”。全市红十字会系统募集救灾救助款195万余元，其中市本级78万余元。用于救助贫困家庭和困难群众的款物185万余元，救助贫困家庭1300余户、困难群众5278人。登记遗体捐献20余例，累计登记224例，实现捐献19例。市政府已批复同意建立遗体捐献“公德林园”。（贾建芬）

【建会百年庆祝活动】 2011年12月16日，镇江市红十字会建会100周年庆祝大会在碧榆园举行。江苏省红十字会常务副会长潘宗白等出席会议。副市长、市红十字会会长王萍讲话。会上介绍镇江市红十字会百年情况。表彰市红十字工作先进集体46个、先进个人26名、市红十字人道救助奉献奖2名、红十字人道救助爱心奖10名和2011年度优秀红十字志愿服务团队13个、优秀红十字志愿服务项目9个和优秀红十字志愿者35名，并向获奖代表颁奖。大会宣读成立“镇江市红十字医疗应急救援队”的决定并授旗。会议期间举办主题为“百年沧桑，尽显辉煌”的镇江市红十字事业百年回顾展。（贾建芬）

【社会救助】 2011年，在“红十字博爱送万家”活动中，筹集65.33万元款物，其中救助款20万元，物资45.33万元。救助230个困难家庭、3300多名困难群众。全市红十字会系统支出救助款物120余万元，有5200余人次受益。开展“爱心一元捐”活动，救助150名困难学生。云南盈江和日本先后发生地震，募集善款1.82万元，其中云南盈江灾区1.2万元、日本灾区0.62万元。句容市红十字会开展重大病救助活动，发放救助金19.13万元，物资价值3.8万余元，161人次受益。扬中市红十字会启用“5·8”募捐救助金，救助重症及白血病患者、困难学生、孤寡老人等，发放11.83万元救助金。丹徒区红十字会开展“博爱一日捐”、“爱心一元捐”活动，募集善款25万余元，救助300人次。（贾建芬）

【“红十字老区行”送温暖慰问活动】 2011年6月，为纪念中国共产党建党90周年，市红十字会与句容市、丹徒区红十字会联合开展“红十字老区行”送温暖慰问活动，走访慰问茅山老区的40位贫困老革命、老党员、老劳模，并送去价值2.8万元的物资和慰问金。丹阳市红十字会举行“老区行”活动，慰问贫困家庭老党员，发放大米45袋，食用油150桶。扬中市红十字会深入特教中心和三茅镇部分困难户家庭进行走访慰问，送去78床被套、68瓶食用油和20袋大米。（贾建芬）

【造血干细胞捐献】 2011年，全市采集造血干细胞血样704人份，实现造血干细胞捐献3例，其中1例为全省首例涉外捐献。至年末累计采样11070人份、累计捐献24例。4月承办“与爱同行”——2011江苏省造血干细胞捐献志愿者联谊会暨大型广场宣传活动，来自全省各地70位已成功实现捐献志愿者代表共同参加。造血干细胞捐献工作获江苏省红十字会2011年度考核优秀奖。（贾建芬）

【“黄丝带”网络志愿者服务群体】 2011年，镇江市红十字会开展“黄丝带中考助学”项目活动，发放呼吁书300余份，募集善款10万余元，救助59名贫困学子，其中44位学子领到3000元或2000元不等的助学金，15位贫困学子得到爱心家庭一对一的帮助。全年开展关爱“城市美容师”“捡你丢弃垃圾，化我爱心资金”“真诚奉献爱心，携手呵护生命”环保放生，“同在蓝天下，共植一片树”等活动。镇江市红十字“黄丝带”网络志愿者服务群体被评为首批江苏省优秀志愿服务组织。（贾建芬）

人民武装

【概况】 2011年1月17日，镇江军分区党委召开十二届三次全体（扩大）会议，传达贯彻南京军区、江苏省军区党委扩大会议精神，总结全年部队和民兵预备役建设情况，部署2011年工作任务。7月31日，镇江市委在国防园召开市委常委议军暨人民武装部党委第一书记述职会，市委常委、人大、政协主要领导，市政府有关领导，军分区党委常委，听取句容市、京口区人民武装部党委第一书记口头述职和其他人民武装部党委第一书记的书面述职。9月15日，镇江军分区党委召开十二届四次全会，推选产生出席江苏省军区党代会代表。《廉政规定》学习和廉洁征兵教育集训的做法被江苏省军区纪委转发。开展"争创先进政治机关、争当优秀政治干部"活动，镇江军分区政治部被南京军区表彰为"先进政治机关"，镇江军分区政治部干部倪新明被江苏省军区评为优秀政治机关干部，润州区人民武装部政工科科长王吉喜被江苏省军区评为优秀基层政治干部。

围绕"一个主体，两个优先"政策要求，深化征兵工作改革，推进征兵工作创新。男兵首次实行网上报名预征，女兵征集通过网上系统进行筛选，先后完成士官征集、男兵征集和女兵征集任务。

做好民兵整组工作。推进日常战备综合整治，在丹阳市组织召开日常战备、基层武装机构和国防动员委员会成员办公室规范化建设观摩会，镇江军分区本级和所属各人民武装部改造任务就绪。全市4个乡镇（街道）基层武装部被江苏省政府、江苏省军区表彰为基层武装机构规范化建设先进单位。突出首长机关训练，完成江苏省军区对镇江军分区首长机关的训练考核和党委班子岗位练兵考核验收。组织镇江军分区首长机关参加江苏省军区"苏防－2011"演习。分层次组织专职人民武装干部和民兵营（连）长集训，开展为期一个月的"精确指挥、精准射击、精熟操作"比武竞赛，润州区、丹徒区、丹阳市人民武装部获团体前3名。着眼强化职能作用，组织两级国防动员委员会各办公室成员集训。开展民兵应急救援分队专业训练，民兵应急救援分队履行使命任务能力提高，参加镇江新区圌山山林灭火、润州七里甸小商品市场火灾扑救行动。句容市民兵应急分队在节日战备拉动检验中受到江苏省军区检查组肯定。完成士官直招和新兵征集任务，京口区征兵办被江苏省表彰为征兵工作先进单位。江苏省国防动员委员会和江苏省军区先后转发镇江市组织国防动员委员会成员单位集训、应急分队"三精"比武竞赛和抗洪抢险新装备训练的做法。7月起，开展民兵抗洪抢险分队新装备训练。

开展人民武装部主官教育管理活动。京口区、润州区、丹徒区人民武装部被江苏省军区分别表彰为先进旅团党委、基层建设先进单位和先进旅团单位。围绕提高政治理论水平、熟悉信息化知识、胜任本级指挥等六个方面，开展党委班子岗位练兵活动。

发挥桥梁纽带作用，协调地方开展第六次争创全国双拥模范城（简称"六创"，下同）系列活动。组织驻镇部队开展"百个连队帮创优美村、百支医疗队服务到基层、百名团以上干部结对帮贫困、百台机械参与大工程、百座营区文明当标杆"活动。加大涉军维权工作力度，军地联合开展的"服务大局、法律拥军"系列做法和经验，在南京军区推进省军区系统涉军维权工作座谈会上作介绍。

开展新闻宣传、对台宣传和政治工作研究。1月31日，《中国国防报》头版头条报道京口区开展群众性拥军活动事迹。6月6日，《解放军报》头版头条以《科技资源共享，重点建设融合——镇江军地围绕主题主线推进双拥工作创新发展》为题，加编者按报道镇江军地围绕主题主线创新双拥工作的典型经验。解放军总政治部《政治工作通讯》刊登镇江军地合力维护军事设施安全的做法。南京军区《政工简报》登载句容市推进全民国防教育的经验。扬中市采取政企合作新模式安置退役士兵做法被中央电视台《新闻联播》报道。镇江军分区被江苏省军区分别评为"新闻宣传先进单位""对台宣传先进单位"和"政治工作信息研究先进单位"。

组织担负一线教学组训任务的7名"四会"（会讲解、会教学、会示范、会做思想工作）教练员开展教案编写、课件制作、试讲试教等内容的集中培训，并遴选2名干部参加江苏省军区组织的"四会"教练员比武竞赛。5月16日～6月25日，组织全区142名现役官兵开展信息化知识网上学习竞答活动。

（刘晓平　肖　军）

【市委常委议军会】 2011年7月31日，镇江市委在市国防园召开常委议军会，军地双方领导共商国防和军队建设大计。会前，与会代表参观驻镇某部新装备、观摩训练演示。会上，军分区司令员曹寅汇报全市军事斗争开展情况。市领导就加强全市国防动员建设和双拥共建提出意见和建议，要求提升民兵预备役建设，发挥军政军民团结的政治优势，推进国防建设和双拥工作再上新台阶。

（刘晓平）

【国防动员委员会集训】 2011年5月

23～27日，镇江军分区在市国防园组织国防动员委员会办公室成员集训，镇江市和各辖市(区)两级国防动员委员会领导、办公室主任和联络员共70人参加，通过聘请专家授课辅导、开展信息化建设专题研讨、组织法律法规知识考核、观摩规范化建设现场、参观军民融合式发展成果等形式，提高国防意识，强化职能作用，规范工作秩序。 (刘晓平 郝罡番)

【两级首长机关“三实”课目训练考核】 2011年2月23～24日，镇江军分区组织两级首长机关“实弹、实爆、实投”课目训练考核，全区干部完成手枪、冲锋枪操作使用、实弹射击和手榴弹投掷训练、实投4个训练课目，镇江军分区、人民武装部两级首长机关参训率95%，4个训练课目考核成绩合格率100%，优良率84%。 (管仲全 刘晓平)

【两级首长机关强化训练与考核】 2011年8月22～26日，镇江军分区组织军分区、人民武装部两级首长机关按纲施训强化训练与考核，集训采取专家辅导、网上练习、战术作业、考核竞赛的方法，组织开展信息化知识理论、作战计算和战术标图等业务基础训练考核以及体能测试，开展“重要目标防卫”室内战术作业，提升两级首长机关业务技能和谋略水平，促进军事训练落实。 (刘晓平 管仲全)

【民兵应急分队干部骨干“三精”比武竞赛】 2010年6月起，镇江军分区在市国防园集中组织7个建制民兵应急连，共210名干部骨干参加的“精准射击、精熟操作、精确指挥”训练比武竞赛，为期一个月。通过采取先择优选拔、后建制合成，先逐课目普训、后抓重点精练等方法，提高全市民兵应急分队实战水平和干部骨干遂行多样化军事任务的组织指挥能力。 (管仲全 刘晓平)

【海军预编兵员点验】 2011年9月5～6日，南京军区海军东海舰队二十二支队组织对镇江市海军预编兵员点验，其中对句容市、扬中市预编兵员通过采取现场呼点、查验证件、召开座谈会等形式了解全市预编兵员构成情况。该点验检验了全市海军预编兵员快速动员集结能力，达到预期点验效果。

(陈廷震 刘晓平)

武装警察

【概况】 2011年，武警镇江支队实现“两个确保”(确保部队内部安全稳定，确保中心任务圆满完成)。该支队被武警总部评为连续22年实现“三无”(无执勤事故、无行政责任事故、无案件)单位。召开中国共产党武警镇江支队第四次代表大会。推进当代革命军人核心价值观培育工作，开展“三观”(婚恋观、苦累观、价值观)、“四爱”(爱驻地、爱中队、爱岗位、爱战友)等教育活动。加强读书、影视、操场、网络、广播、军歌、体育、板报橱窗、驻地红色文化、特色文化“十种文化”建设，开展“树队魂、立队训、唱队歌”等活动。组织干部到茅山新四军纪念馆、烈士陵园重温誓词，到镇江监狱接受法纪警示。完善《干部绩效奖实施办法》，将干部工作绩效、遵章守纪与成长进步、福利待遇相挂钩，全年有26名干部因工作成绩突出被增发绩效奖。

坚持按纲施训、依法治训、科学组训，推行“网上教、网上训、网上考、网上管”，以教、考、比相结合，先后分三批组织勤训轮换和反恐集训。开展“创破纪录”和“十大训练标兵”评选活动，培训各类训练骨干112人，受考人员1200人次，16名官兵因比武竞赛成绩突出受到表彰和奖励。在参加武警江苏总队体系融合训练中，获得“最有创意奖”。教导队教员樊播被总部抽调，赴罗马尼亚执教并担任教练组组长。集中开展专勤专训，先后三次组成联合工作组，对8处执勤目标、9个执勤点落实“三个一遍”(到目标单位走访一遍，对执勤设施检查鉴定一遍，对执勤形势分析一遍)；开展哨所鉴定和哨兵技能考核活动，共排查整治执勤隐患50余处。全年担负各类临时勤务147起，完成126起临时押解勤务、城市武装巡逻、新区圌山山林火灾扑救、“世界通”在镇江审判、市第六次党代会执勤和“文明城市”创建等任务，该支队连续28年执勤无事故。

修订完善应急保障预案，建立以支队保障力量为主体、基层中队保障力量为基础、地方社会化保障力量为辅助的三级应急保障体系。10月，组织一次带实战背景的野外综合演练，提高后勤综合保障能力。加快推进营房工程建设，机关办公大楼主楼封顶，内部装修、弱电、外部景观施工设计完成；实施一中队营房扩建、句容中队营房出新工程；启动扬中中队搬迁工程。 (吴 培)

图10－1 2011年7月，镇江市民兵抗洪抢险分队组织防汛勘察 (史新元)

【中共武警镇江支队召开第四次代表大会】 2011年9月6～7日召开。武警江苏总队政治部副主任时昌安出席大会开幕式，支队59名代表出席大会，审议通过刘军强代表支队第三届党委所作工作报告《紧紧扣住主题主线 忠实履行职责使命 努力为开创支队现代化建设新局面而奋斗》以及丁树俊代表支队纪律检查委员会所作工作报告《强根固本筑防线 防惩并举正风气 扎实推进支队党风廉政建设全面发展》。选举产生由9名委员组成的中共武警镇江支队第四届委员会以及由9名委员组成的武警镇江支队纪律检查委员会。夏新平、刘军强、郝向武分别当选为武警镇江支队第四届党委第一书记、书记、副书记，丁树俊、李吉权分别当选为武警镇江支队纪律检查委员会书记、副书记。 (吴 培)

【扑灭山林大火】 2011年3月13日，镇江新区圌山发生重大火灾，过火面积13.3公顷，火势顺风蔓延，情况危急。21时35分，武警镇江支队接到镇江市公安局指挥中心通报后，启动应急预案，第一时间开设指挥所，召开作战会议。支队长、参谋长率领60名官兵奔赴一线，转战6个火场，徒步穿行丛林10余公里，奋战2个多小时，共扑灭明火11处、清除余火0.67公顷，其余火势得到有效控制，于23时48分完成任务撤离现场。 (吴 培)

【派员赴罗马尼亚执教】 2011年9月7日，武警镇江支队教导队教员樊璠作为教练组组长被武警总部抽调赴罗马尼亚宪兵部队进行考察及搏击教学任务。教学工作于9月8日在罗马尼亚宪兵总署高级训练学校正式展开，9月30日结束，共23天。受训学员由罗马尼亚宪兵军官、士官组成，共68人。该教员在语言交流难度大的情况下，利用多媒体课件对训练内容、计划、方法、标准，近身格斗技巧要领，人体要害攻击部位，训练伤防护和如何进行科学热身，加强身体柔韧性与灵活性训练等基础理论进行系统教学。经考核，受训学员全部达到及格以上成绩。9月30日，组织学员进行训练成果汇报，罗马尼亚内务部、宪兵总署领导、我国驻罗使馆武官处人员及19个国家的驻罗武官参加观摩活动。 (吴 培)

军事院校和医院

【镇江船艇学院】 2011年，镇江船艇学院完成以教学训练为中心的各项工作，学院建设进入新时期。推动创新理论“三进入”(进入教材、进入课堂、进入学员头脑)工作。弘扬“江海精神”，推动当代革命军人核心价值观培育特色化、具体化，组织烈士陵园宣誓和“知党恩、报党情、跟党走”演讲等主题活动，开展向优秀青年干部姚冰彬、优秀文职人员吴天一、优秀士官张剑锋学习活动，用好百里拉练、千里长航“两线”红色资源，学院主题教育经验做法被解放军总后勤部推广。举办第24届运动会、“嘹亮军歌献给党”广场歌会等活动，自编自导的舞蹈《军校燃梦》获江苏省社会舞蹈大赛金奖。全年在中央电视台、《解放军报》等发表新闻报道41篇，在《中国军事教育》、全军政工网等期刊媒体上发表政工研究和经验材料109篇。

围绕新的训练规划任务，组织修订新一轮人才培养方案。按实战标准和岗位需求培养人才，优化核心教学内容体系，课堂教学成效明显，完善实践性教学体系，全年共有30余名学员在军事建模、全国大学生英语竞赛等活动中获奖。落实新教员岗前培训制度，开展全员岗位练兵、中高职教员教学能力比武、青年教员授课竞赛、教练员实践性教学能力考核等活动，1名教员获解放军总后勤部“教学标兵”称号。组织科研项目研究工作，3项课题获“十一五”军交运输学术研究优秀成果奖，2项课题列入全军军事科研“十二五”规划项目，出版11部学术专著，全年发表学术论文369篇，其中核心期刊160篇，被SCI(科学引文索引)、EI(工程索引)收录41篇。

改造船艇指挥教学训练中心，新建集食堂、超市、浴室、学员活动中心和其他服务设施于一体的学员综合服务楼，新建法律心理服务站，整修水兵楼。加强营院综合整治，新增绿地面积3000余平方米，建成3600余平方米的临时停车场。推进后勤改革，营区各食堂和营院保洁、保安社会化托管，规范职工管理和临时用工制度。开展资源节约活动，实现基层水电消耗分户计量。推广使用公务卡和军人保障卡。开展卫生防病和健康军营创建活动。

强化应急分队训练，开展消防讲座和演练，通过解放军总后勤部防范重大安全问题联合对检验收。组织保密专项检查，邀请国安部门开展技术检测和风险评估。举办隐蔽斗争专题讲座、预防犯罪警示教育图片展。加大对新进人员和外来务工人员政审力度，做到“有进必查、先审后用”。注重重要时期、重要部位和重点人员以及行船行车安全防范，实现第17个安全无事故年。

先后协调院领导10余人次参加驻地部队首长联席会、议军会和军政座谈会等，收集整理并转交2012年军地互办20件实事的意见。配合镇江市“六创”双拥模范城，先后派出500余人次参加镇江创建全国文明城市万人清洁大行动，600余人次协助维护交通秩序。组织官兵到上党镇、象山镇、谏壁镇开展免费送医送药下乡、捐助贫困失学儿童、慰问“三老”(孤寡老人、老军烈属、老伤残军人)等活动，共计投入4万余元。为大中专院校和中小学开展军训和国防教育1万余人次，接待地方各类单位开展“军营一日”等活动200余人次。先后派出600余人次参加镇江市纪念建党90周年大型红歌会、升旗仪式、元旦长跑等活动，仪仗队、军乐队、威风锣鼓队等文化队伍为地方各类单位义务演出10余场次。1个单位被镇江市表彰为双拥“六创”十大标兵单位，1人被镇江市评为“大爱之星”，5人受到镇江市政府表彰。 (张 伟)

【中国人民解放军第359医院】 2011年，中国人民解放军第359医院全年门急诊21万人次，收治8400余人次，手术6020人次，医疗毛收入1.24亿元。

坚持“以人为本、病人至上、质量第一、效率优先”的建院治院理念。注重医务人员在职培养，定期邀请外院专家到院授课，选送技术骨干外出进修。继续推进科主任、护士长竞聘上岗，提高聘用人员工资待遇，启用事业编制指标。加大学科建设力度，发挥骨科全军肢体伤残治疗中心和军区口腔牙病防治中心的带头作用。引进伽玛刀和生物治疗技术；结合临床抓科研，开展经椎间孔入路腰椎后路椎间融合术、种植牙等40余种新技术新项目，1项骨科课题被列入全军临床高新技术重点项目；加强学术研究和教学工作，全年在核心期刊上发表论文100余篇，该院升格为安徽医科大学临床医院；提升医疗护理质量，开展医院质量管理年活动，组织部分科主任、护士长参观兄弟医院质量管理经验；推行危重病人专家巡视和院长代表制度，加强医疗服务质量实时监控。开展“医疗安全整顿月”“病历书写竞赛”“处方点评”“缺陷病历展评”等活动，每周组织一次核心制度落实情况检查，落实奖惩措施。强化科学绩效管理，改革核算方式，加快床位周转，提高工作效率，平均住院日同比减少0.86天；推行科主任、护士长负责制，控制医疗欠费，追回多年欠款141万元。严格财务管理，坚持以收定支、总额控制，行政消耗性开支比上年减少80余万元。加快基础设施建设，完成配电所增容，实施骨科、妇科门诊装修和中央空调、自来水管网改造。高压氧舱舱体吊装完毕，装修8000平方米的医疗附属楼。投入60万元升级改造信息系统，完善门诊工作站，推进数字化医院建设。加大医疗设备投入，添置伽玛刀、高压氧、C型臂、进口彩超等诊疗设备总价2500多万元。

卫勤保障能力增强。定期组织召开党委机关研究部署军事训练和卫勤保障工作专题会议。投入30万元添置战备物资器材，修订各类保障方案预案。开展以精准专业技能为重点的岗位练兵活动，组织1000余人次卫生技术人员战伤救治技能训练和“三基”(基本技能、基本知识、基本理论)训练考核。定期开展野战医疗队训练演练，完成多起重大车祸伤员抢救任务。坚持“姓军为兵”服务方向，推出12条服务新措施，开辟军人保障卡、师职干部保障卡“一卡通”业务和老干部抢救绿色通道，优化军人就诊流程。组织6个批次、50余人次的医疗队，深入干休所和部队训练场巡回医疗，投入20余万元帮助9个基层挂钩帮带医疗卫生队（所）改善硬件条件和设施。派出第二批专家组对口援建新疆巴里坤县医院，赠送价值20余万元医疗设备；开展人工关节置换手术，填补当地县医院一项手术空白。举办军区显微外科、牙病防治培训班，培训基层部队卫生技术骨干200余人。医院全年累计贴补军免费用1170万元。

深化“坚定理想信念，忠实履行使命”主题教育，医院主题教育向聘用人员拓展延伸的做法在《人民前线》报头版头条刊载。骨科扶残助残先进事迹先后在中央人民广播电台《新闻和报纸摘要》《国防时空》，央视七套《军事报道》集中宣传报道。围绕纪念建党90周年，组织党史军史教育和知识竞赛，开展“嘹亮军歌献给党”歌咏比赛。抓好医德医风专项整治，邀请军区法学专家到院开展预防医疗纠纷专题讲座咨询。组织“三好一满意”（服务好、质量好、医德好、患者满意）主题实践活动。参加镇江“六创”双拥模范城和“文明城市”创建活动。为“三老”（孤寡老人、老军烈属、老伤残军人）减免医疗费用，先后组织7批126名医疗专家组深入乡镇、社区义诊，该院被江苏省表彰为精神文明建设先进单位、镇江市精神文明建设先进单位、镇江市“3+X”志愿者服务优秀团队、“3+X”志愿者服务先进单位。深化党委机关“一学四练”（学理论、练指挥、练智能、练技能、练体能）岗位练兵活动，围绕岗位实践和作战需要学理论、练技能，在上级组织的参谋人员比武中取得第一名，团单位首长机关考核中取得第三名。 （汤　琪　刘满生）

人民防空

【概况】 2011年，镇江市加强民防（人防）组织指挥训练。按照民防（人防）训练纲目和考核标准，区分指挥机构、民防（人防）机关、指挥保障人员和民防专业队伍四个层次，分期分批组织指挥机构演练。开展人防综合资源数据库基础数据采集，对全市包括175个人防工程、48个固定警报点在内的重点人防设施，完成1500余项图片、影像、地理坐标等基础数据的采集工作。完成防空警报控制系统改造升级，对全市125个固定警报点的集中控制系统完成升级改造，并在“9·18”防空警报试鸣中通过使用测试，各项指标均达标。成立《镇江市“十二五”人防工程建设规划》编制组，并于2011年7月印发该规划，在全省13个省辖市中率先出台。与镇江市新一轮城市化建设发展机遇结合，在“万顷良田”“苏宁广场”“南徐商务办公A、B区”和“大市口B地块”等项目中推进人防工程建设，竣工人防工程面积比上年增长87.3%，市区人均人防工程使用面积0.97平方米，全面超额完成省定目标。人防工程开发利用率90%，为社会提供就业岗位近15000个，各项平战结合指标均达到年度目标。受理人防工程审批事项148件，行政许可项目集中到位率、审批职能归并率、审批权限授权率、审批人员到位率均为100%，提前办结率在98%以上。在2011年度全省民防目标考核中，镇江市人防局被江苏省民防局评为完成年度目标任务一等奖单位。3月12日，镇江市举办“民防杯”2011大型公益植树活动，并同步启动“国际民防日”主题宣传活动。5月18日，江苏省军区司令员孙心良检查指导镇江民防工作，观看镇江市民防机动指挥车功能演示，现场察看地下指挥所和民防指挥通信系统，并听取镇江市的民防（人防）工作情况汇报。9月28日，大市口地下人防通道工程暨国际名店街开业典礼在镇江市民广场举行。

4月8日，镇江市民防工作获省人民防空会议表彰。丹阳市、扬中市和5名军地领导被省国动委表彰为“省人民防空先进城市”和“关心人防建设的好领导”；扬中市人民防空办公室、镇江市民防局副调研员蒋晓龙、丹阳市民防局局长商传贵获省人力资源和社会保障厅、省民防局联合授予的“全省民防系统先进集体”和“全省民防系统先进工作者”称号（享受市级劳动模范和先进工作者待遇）；镇江市另有3个单位和14名同志被省民防局和省军区司令部联合表彰为“省人民防空先进单位”和“省人民防空先进个人”。 （刘　坚）

【“9·18”防空袭紧急疏散演练】 2011年9月18日上午11时，镇江市区和各辖市（区）的所有防空警报同时鸣响。镇江市民防局组织开展城市人口紧急疏散等防空袭综合演练活动。香江花城社区和阳光世纪花园社区的350名居民，按照预案在社区民防骨干和志愿者的带领下，参加防空袭紧急疏散、伤员救护、消防和应急器材的使用等课目的演练。镇江市民防局组织相关技术人员对全市警报控制系统进行升级改造，安装调试全市固定警报点的超短波控制发射台、接收台、中央控制站以及社区民防多媒体警报终端。 （刘　坚）

【民防应急机动指挥系统接受国家人防办检查】 2011年8月11日，镇江市民防应急指挥系统赴南京接受检查，国家人防办、江苏省民防局对镇江市民防应急机动指挥系统的机动指挥所开设、通信手段的运用、网上汇报演示、紧急野外拉动、通信设备的完好率、车辆的保养和地面指挥中心与应急机动指挥通信系统之间互联互通等进行检查，以上各项均通过上级检查。 （刘　坚）

【镇江市民防指挥信息保障中心参加抗震救灾演练】 2011年9月2日，江苏省某预备役师在南京市省消防训练基地举行军事科目汇报演练。由镇江市民防指挥信息保障中心组成的应急救援专业分队，列编为镇江市某预备役团序列，参加抗震救灾等课目的演练。为参加该次演练，镇江市民防指挥信息保障中心组织人员、车辆进行一个月的训练准备。演练过程中，镇江市民防指挥信息保障中心进行机动指挥所开设、撤收与转移，灾情警报鸣放、现场音视频信号采集，各类信号传输等课目展示。 （刘　坚）

【举办江苏省第五届国家紧急救助员培训】 2011年12月6日，由江苏省城市应急协会和镇江市民防局共同主办，江苏民防职业培训学校承办的江苏省第五届国家紧急救助员培训在镇江市旅游学校举行开班典礼。参加该次培训的人员近80名，全部来自镇江市和各辖市（区）民防局（人防办）机关、基层单位以及街道和社区等多个部门。通过7天的教学培训，参训人员系统学习防灾救援基础理论知识，参加常用救援器材的实践操作训练，所有参训人员均熟练掌握相关的基础理论和紧急救护技能，并通过“国家紧急救助员”职业资格认证的考核测试。 （刘　坚）

双拥共建

【概况】 2011年，镇江市军地各级围绕“六创”目标，完成各项争创任务。镇江市委、市政府、军分区下发《2011年双拥工作意见》，明确第六次争创全国双拥模范城的各项目标任务。春节和建军节，市委、市政府分别召开镇江市双拥六创推进暨军政座谈会和镇江市双拥六创第二次推进会，并在10月召开临检布置会。在本轮创建中，全市在省以上新闻媒体共采用双拥稿件745篇，位列全省第一，其中2011年用稿150多篇。6月6日，《解放军报》头版头条加编者按刊登《镇江军地围绕主题主线开展双拥工作创新》；出版发行全市第一部双拥书刊《镇江双拥亮点报告》；拍摄双拥专题片《腾飞之歌》；印制《更高、更优、更响》大型双拥画册，并制作成64块双拥展牌，先后3次组织展览。在市区主要路口、繁华路段及地名牌、公交站台新设立永久高炮式、大型双拥宣传广告牌和双拥标语，在《镇江日报》开辟双拥专栏、刊登双拥标语，在电视台滚动播出双拥口号，并利用市区100多个电子屏幕宣传双拥。多次召开驻镇江部队政治部(处)主任双拥座谈会和辖市(区)双拥例会。转业干部继续保持90%以上进公务员队伍；随军家属安置继续实行行政调配和货币安置相结合的政策，共安置45名随军家属。针对2011年全市民办学校改为公办学校，教育部门重新划分学区，将最好的学校安排给军人子女入学。实行优抚对象抚恤补助标准城乡一体化。退役士兵安置率100%，退役士兵职业技能免费培训率90%以上。2011年，部队共派出官兵500多人次为地方大中专院校和中学生军训2万多人次。开展"'五百行动'奉献月"活动。在镇江市接受全国文明城市省检、国检期间，驻镇部队轮番上阵，清除卫生死角、整治市区环境。

3月15日，全国双拥办副主任、总政群工办主任汤奋少将在南京军区政治部副秘书长徐建国大校、江苏省军区政治部主任吕先景大校的陪同下到镇江调研双拥工作，现场察看镇江市国防园、听取镇江军地领导和双拥部门汇报，汤奋副主任用"九个有"对镇江双拥予以评价。9月4日，南京军区副政治委员吴刚率军区机关有关部门到镇江调研军民融合式发展的情况。

全年军地互办20件实事。镇江新区、句容市、市交通运输局、供电公司、自来水公司等单位出资600多万元、减免相关费用800多万元，为73016部队、73018部队、73855部队、海军4822工厂、山西省军区镇江干休所等部队改造供电、供水系统。市民防局、交通运输局、住建局、科技局、公路处出资300多万元为多支部队新建和完善综合训练中心、指挥中心、模拟训练平台、战备通道等。江苏大学、江苏科技大学、镇江高专为共建部队官兵进行等级计算机培训、设立科技拥军奖励基金、赠送电脑；市委宣传部、江苏大学、江苏科技大学、镇江高专、市人社局、市委党校先后为驻镇部队举办10多期科技、信息、经济等各类知识讲座和培训班。丹阳市、扬中市、丹徒区、京口区、润州区、市国资委、市民防局、市城管局、市园林局出资100多万元为多个部队新建和完善电脑室、电教室、图书室和文化活动中心。

2011年3月，驻镇部队开展"'五百行动'奉献月"活动。100多个连队整体联动共出动官兵2万多人次，为近百个镇村(社区)清扫道路8500余米、清理河道3600余米、清理垃圾600余吨、植树17000余株。驻镇各部队医疗队到共建单位、驻地社区和帮扶对象家中送医送药，为近万名患者免费义诊，并赠送价值15万元的药品。百名团以上干部分别向结对的100多名有困难的重点优抚对象赠送10余万元的慰问金、慰问品，为贫困学生赠送5万余元的助学金、学习用品。驻镇部队、武警、消防出动官兵近千人扑灭圌山风景区山林大火。73016部队派出30余台工程机械、50多名官兵历时40天，搬运12万立方米土石方，完成镇江技师学院新校区场地的平整任务。73860部队出动车辆200多台次帮助市区中小学运送教材，协助市行政中心和中山路小学搬迁。（吴　琼）

【慈善拥军在全国首开先河】 2011年7月，镇江市慈善总会在全国首先出台《镇江市现役义务兵特困家庭慈善援助办法》。援助对象为：家中直系亲属患重大疾病、发生重大意外、家庭遭遇重大自然灾害的低收入家庭的外地镇江籍义务兵和驻镇部队义务兵，市慈善总会从慈善捐助款中拿出3000元~5000元对其家庭实施慈善援助。援助方式为：相关部门根据实际情况不定期进行慈善拥军援助活动，随有即办。9月29日，镇江市慈善总会举行慈善拥军援助仪式，首批23名义务兵领到8.7万元的救助金。截至年底共有26名义务兵享受9.6万元的慈善援助。（吴　琼）

【法律拥军工作被南京军区推广】 2011年，全市法院系统坚持"维军权、解军难、稳军心"的理念，市、县两级"维护国防利益和军人军属合法权益合议庭"实现全覆盖。全市法院系统的民事审判第一厅分别与全市29个独立的团以上部队建立联系人制度。开通"法律拥军热线"、设立"维权信箱"，建立完善一组(法律拥军工作组)、一庭(法律拥军合议庭)、一站(法律拥军工作站)、一中心(法律拥军维权中心)等"四位一体"平台。市、辖市法院分别设立"军人军属优待立案"窗口，为涉军案件加盖"涉军"字样的印章，确保快捷。近3年，共协调解决68起镇江籍军人军属涉法纠纷，有19件涉军案件撤诉。4月初，镇江军分区和市中级法院联合出台《镇江市关于维护国防利益和军人军属合法权益工作的实施意见》。7月中旬，市中级法院专门在73016部队挂牌成立"法律工作站"，下旬在全市开展"服务大局、法律拥军"专题宣传周活动，南京军区法院、江苏省高院领导到现场进行指导。9月8日，南京军区在江西召开的五省一市涉军维权交流会上，镇江市作为江苏唯一城市就法律拥军的经验作介绍。（吴　琼）

【镇江市2011年双拥十件大事】 经市双拥领导小组评定，并在《镇江日报》公布，镇江市2011年双拥十件大事为：(1)10月31日，镇江市通过新一轮全国双拥模范城考核验收。(2)1月26日，市政府办副主任蒋建新作为江苏唯一、全国3位拥军模范代表，应邀出席全国双拥晚会，受到胡锦涛等中央政治局常委的集体接见。(3)3月，驻镇部队开展支持镇江跨越发展"'五百行动'奉献月"活动。(4)3月15日，全国双拥办副主任汤奋一行到镇江调研。(5)3月28日，南京军区授予73016部队"红一连""世博安保先锋连"称号。(6)6月6日，《解放军报》头版头条加编者按宣传《镇江军地围绕主题主线开展双拥工作创新》。(7)7月15日，《镇江双拥亮点报告》由江苏大学出版社正式出版发行。(8)9月8日，镇江作为江苏唯一城市在南京军区五省一市涉军维权工作会上介绍经验。(9)9月28日，市慈善总会给首批23名家庭困难的义务兵发放3000元~5000元不等的慈善救助金。(10)2011年，退役士兵自谋职业补助金和优抚对象抚恤补助标准全面实现城乡一体化。（吴　琼）

【《镇江双拥亮点报告》出版】 2011年7月15日，作为镇江双拥政策工具书、成果展示书、文史资料书的《镇江双拥亮点报告》由江苏大学出版社正式出版发行。全书219页，收录1993~2011年19年的双拥文件、资料和文章72篇。书的正文分5个部分，分别是：亮在思路上、亮在力度上、亮在实事上、亮在成果上、群星璀璨。该书由镇江市双拥办负责编撰。（吴　琼）

综 述

【概况】 2011年，镇江市各级政法机关围绕跨越发展大局，履行第一责任，服务第一要务，推进社会矛盾化解、社会管理创新、公正廉洁执法三项重点工作，推进平安镇江建设和法治镇江建设，从源头上解决影响社会和谐稳定的问题，从整体上提升政法工作水平，维护社会和谐稳定，促进社会公平正义，保障人民群众安居乐业。

强化大局意识，全力服务跨越发展。贯彻省、市党代会精神，服务全市“转型升级，跨越发展，率先基本实现现代化”发展目标，履行自身职能，为全市经济社会发展提供有力的司法保障和良好的法律服务。公安机关开展罪案侦破，推进系列专项整治活动，打造群众放心的治安高地，确保公众生活平安有序。检察机关履行法律监督职能，依法快捕快诉，预防职务犯罪惩防体系建设显现成效。市中级法院针对群众关心的拆迁等热点问题，充分调研，出台一系列文件，保障人民群众合法权益。

推进矛盾化解，维护社会和谐稳定。2011年，全市政法各部门创新思路，狠抓源头预防，减少影响社会和谐稳定的各类隐患，最大限度增加和谐因素。一是推进矛盾纠纷排查调处。全市各类矛盾纠纷调解率99.3%，调解成功率97.1%。二是深化治安防控体系建设。开展“打黑除恶”“春夏攻势暨涉车犯罪专项整治”“亮剑”等严打整治专项行动。全市破获各类刑事案件8697起，八类案件破案率同比增长7.4%。市区“飞抢”案件继续保持全省同类城市最低。三是维护社会政治稳定。加强国家安全人民防线工作、民族宗教和反恐工作，开展“无邪教地区”创建活动，成功瓦解境外组织的非法活动。全年未发生影响社会稳定的重大政治事件、严重暴力恐怖事件、大规模群体性事件和重大个人极端事件。

强化法治镇江建设，维护社会公平正义。围绕贯彻全省政法工作会议精神，以依法行政、公正司法和法制宣传教育为重点，以创建法治城市、法治县(市、区)为抓手，高起点谋划，高层次推进，为全市经济社会发展创造公正有序的法治环境。一是法制宣传成效显著。省委、省政府授予镇江市“五五”普法先进城市称号。镇江市被评为“五五”普法全国先进单位，丹阳市、句容市获“五五”普法全国先进县(市、区)。二是特色工作亮点纷呈。网络普法、“两法对接”“135基层民主法治议事工程”等创新工作获省委政法委肯定。三是重点工作推进有力。开展涉法涉诉进京访案件化解工作。中央政法委及省委政法委共交办镇江市涉法涉诉进京访案件112件，成功化解积案27件，占案件总数37%。2011年，镇江市成立涉法涉诉接待中心，畅通信访渠道。开展案件评查、执法监督巡视，推进阳光执法。

强化理想信念教育，提高队伍建设水平。抓好“三解三促”活动。根据省委、省政府安排，抓好“了解民情民意，破解发展难题，化解社会矛盾；促进干群关系融洽，促进基层发展稳定，促进机关作风转变”的“三解三促”活动。政法系统各部门领导干部39人全部驻村入户，召开座谈会119次，接待群众1526人次，解决困难问题123件，形成调研报告44篇。抓好主题实践活动和创先争优活动。以“发扬传统、坚定信念、执法为民”为主题，组织各项实践活动，突出理想信念教育，提高队伍思想素质。以纪念建党90周年活动为契机，集中表彰50个先进基层党组织、60位优秀党务工作者和100名优秀党员干警。 （张 威）

【政法工作服务大局成效显著】 2011年，镇江市政法各部门履行职能，扎实创新，为全市经济社会发展提供有力的司法保障和良好的法律服务。公安机关整顿规范市场经济秩序，推进系列专项整治活动，全年侦破经济案件206起，挽回经济损失8900万元。检察机关加强职务犯罪惩防体系建设，着力延伸法律监督触角，立案侦查贪污贿赂案件63件79人，其中大案率100%；渎职侵权犯罪案件16件17人，为国家挽回直接经济损失1995万余元。市中级法院出台《关于为我市重点民生工程建设提供司法保障的实施意见》，两级法院全年审结各类民商事案件40632件，各类行政案件315件，执结各类执行案件16638件，执结标的额24.16亿元。全市法律服务人员代理案件13200件，办理公证25258件，出具司法鉴定文书3954件，办理法律援助案件2613件。 （张 威）

社会治安综合治理和平安建设

【概况】 2011年，镇江市深化社会管理创新工程及综合试点工作，街道、社区两级分别建立社区服务中心和社区事务工作站，推广“一委一居一站一办”的管理体制，全市300万常住人口、40万流动人口实现“无差别”服务管理，暂住人口登记发证率99%，私房出租户责任书签订率100%。扩大互联网虚拟社会监管、综合治理进“两新”组织等新举措影响，完善社区“网格化”服务管理、小区楼片长制度等新机制。特殊群体管控工作成效突出，全市在校生犯罪比例低于万分之一，新接受刑释解教人员839人、在册社区服刑人员1869人无一重新犯罪。技防镇（街道）建成率、规范化运行率和重点单位技防到位率均为100%，技防村（社区）建成率近90%，推进老小区技防改造和技防入户工程，推广老小区技防租赁模式，新小区技防设施一步到位，基本实现技防设施"全覆盖"。建立市、辖市（区）、镇（街道）专职巡防队伍，开展以"红袖标"工程为载体的各类群防群治活动，开展军警民联防、党员干部义务巡防等特色活动，提升社会面动态治安局势驾驭能力。所有镇（街道）全部建立资源共享、集中办公的政法综治工作中心，"一站式"服务大厅建成率近90%，内外部标识和规章制度全部统一。开展村（社区）综治办规范化建设和分级评定活动，全市命名优秀（一级）综治办25家，创成良好（二级）和合格（三级）综治办比率超过50%。各级综治办均实现人员、场所、制度、经费"四到位"，增强综治干部、社区（驻村）民警和保安辅警队伍。基层公安派出所、人民法庭全部达到省级规范化建设标准，省、市两级"优秀司法所"创成率超过35%。根据省统计部门电话调查显示，镇江市人民群众对社会治安的满意度为93%，连续两年保持高于全省平均、领跑苏南地区的良好态势，全市呈现政通人和、安居乐业的和谐氛围。在镇江市第六次党代会上，市委明确提出"社会建设和管理要走在全省前列"的总体要求，市委、市政府印发《关于实施社会管理创新工程的意见》，要求推进社会矛盾纠纷排查化解、流动人口服务管理等"八大行动"，明确目标任务、量化指标体系、细化措施责任，研究确定扬中市作为省、市两级"社会管理创新综合试点县（市、区）"，确定丹阳市皇塘镇、句容市华阳镇、丹徒区谷阳镇、京口区四牌楼街道、润州区和平路街道、镇江新区丁卯街道等6个镇（街道）为市级"社会管理创新综合试点镇（街道）"，确定互联网服务管理、闲散青少年群体排查管控等专项工作作为试点领域。互联网服务管理工作得到中宣部和省委主要领导多次肯定，中宣部在镇江市召开现场会，推广"镇江模式"。2011年，全市各级调解组织受理纠纷2.1万件，调解成功2.03万件，成功率保持在97%以上。组织开展打黑除恶、涉车犯罪专项整治、"打四黑除四害""清网行动"等一系列严打整治专项行动，摧毁黑社会性质组织2个，恶势力团伙89个。2011年，全市破获各类刑事案件8697起。全市道路交通四项指标数与上年相比，除死亡人数略有上升外，事故起数、受伤人数、直接经济损失均为下降。火灾总体形势较为平稳，连续第八年未发生重特大火灾事故，危险物品单位治安防范达标率继续保持100%。全市未发生有影响的重大公共安全责任事故。 （张　威）

【创新社会管理和推进平安镇江建设】2011年，镇江市综治办被评为"2006～2010年全省社会治安综合治理先进集体"。在创新社会管理和推进平安建设方面狠抓以下工作：一是推进机构改革。市综治委更名为镇江市社会管理综合治理委员会。同时明确目标，充实成员单位，调整相关职能。年内出台《关于实施社会管理创新工程的意见》。二是创新特色亮点。在虚拟社会管理上创新，在全国率先推出"网络发言人"制度，开展党务公开在线咨询等活动，取得较好成效。中共中央政治局委员、中央书记处书记、中宣部部长刘云山，省委书记罗志军等领导先后到镇江调研，肯定做法，要求总结推广。在服务管理模式上创新，推进以"网格化"管理和"楼片长"制度为核心的服务管理新模式。在综治组织进"两新"（新兴经济组织、新型社会组织）上创新，在"两新"相对密集、人员集中的丹阳市，探索综治组织进"两新"工作，发挥"两新"组织参与社会管理、维护社会稳定的重要作用。三是抓好基层基础。在所有镇（街道）政法综治工作中心完成标识统一工作，全部实行集中办公，"一站式"服务接待大厅建成率近90%。形成《关于深化平安镇江建设的意见》。以扬中市为试点，探索基层党建工作。 （张　威）

【系列平安创建活动取得丰硕成果】2011年，镇江市"平安家庭"参创率超过80%，达标率接近60%，创成市级以上"示范社区（村）"57个、"示范户（家庭）"114户、先进集体23个，54家金融机构、433个金融网点全部通过省、市两级验收，创成省级"平安金融创建活动先进集体"8个。年内新命名市级"平安校园"39所、"平安企业"6家，创成省级"平安校园"31所、"平安企业"3家；新创成省级"平安医院"4家，所有三级医院和80%的二级医院达到"平安医院"建设标准；"平安交通示范点"覆盖率达到70%，"平安港口""平安旅游景区""平安宗教场所"等系列创建活动达标率100%。 （张　威）

【推进"大调解"工作】　2011年，镇江市推进辖市（区）、镇（街道）两级调处中心规范化建设，以完善组织、健全制度、创新机制、发展队伍、规范管理等为重点，开展调处中心规范化创建活动。加强调处能力建设，依托"大调解"机制，建立部门定期联络和会商制度，规范公调、诉调等"五大对接"工作流程。在劳动人事、道路交通、婚姻家庭等领域成立行业性调处组织，统一规范格式文本，加强专业调处力量。完善矛盾纠纷调处绩效考核体系，激发和调动基层工作主动性、积极性。2011年，全市各级调解组织调解纠纷2.1万件，调解成功率97.1%，大量不稳定、不和谐因素被防范在最基层、预防在第一线。 （张　威）

公　安

【概况】　2011年，镇江市公安系统探索社会管理创新，在打击犯罪、治安防控、社会管理、队伍建设等方面实现新突破。中共中央政治局委员、中央书记处书记、中宣部部长刘云山，公安部副部长张新枫先后到市公安局视察，分别对镇江公安在互联网属地管理和公安信息化建设中的一系列创新举措给予充分肯定。完成"世界通"案件侦办、宣判全过程的维稳安保工作，得到公安部、公安厅和市委、市政府充分肯定，专案组被公安部记集体一等功。狠抓公安打防主业不放松，现行命案破案、打黑除恶工作绩效位居全省前列。坚持把健全"大巡防"机制作为驾驭社会治安局势的有力抓手，"关城门""打飞抢"的经典战例得到省公安厅厅长孙文德首肯。推进"新镇江青年"团建工作，并被评为"2008～2010年度全省预防青少年违法犯罪工作先进集体"。镇江新区公安分局"代理家长"项目，荣获"江苏省十佳青年志愿者服务项目"称号。在全省公安机关执法质量考评中，市公安局连续四年获得优秀，队伍违法违纪率继续处于全省最低行列，被评为2011省级廉政文化示范点。以纪念建党90周年为契机，开展"在警营建功、为党旗添彩"主题教育实践活动，优秀警队、先进典型不断涌现，全年有80个集体、991名民警受到记功、嘉奖等表彰。市公安局被市委、市政府评为全市服务发展有功单位。

（施有才　杨　帆）

【维护全市社会稳定大局】　2011年，镇江市公安局坚持把维护社会稳定作为全年公安工作主线，强化各项措施落实。将健全"大巡防"机制作为驾驭社会治安局势的有力抓手，加大信息导巡、科技助巡、整体布巡和考核促巡力度，推进社区防控、街面巡防、视频巡逻、卡口堵控、区域协作“五防联动”，完善“关城门”预案和所队联勤堵控协作机制，严密全市治安防线。全年抓获现行违法犯罪人员1713名。以“覆盖城乡、全面设防”为目标，推进技防村、技防社区、技防单位建设等系列科技创安活动，全市技防入户率、技防覆盖率达到预定目标。完成包括全国“两会”、金山湖龙舟大奖赛、周杰伦群星演唱会、“长江草莓音乐节”等在内的大型安保任务110场(次)，均做到安全无事故。（施有才　杨　帆）

【推进社会管理创新】 2011年，镇江市公安局根据市委、市政府要求，先后参与起草包括加强流动人口服务管理、增强群众对社会治安的满意度等内容在内的调研文章及实施方案，并被纳入全市社会管理创新工程建设规划予以实施。建立健全实有人口动态管理机制，开展警用地理信息系统“人房图关联应用”建设，全市有346万余条实有人口和实有房屋信息实现关联，人房关联度达到90%以上。开展人口管控会战，社会化采集点自行采集录入信息20.4万条，比对抓获违法犯罪嫌疑人38名。推进“新镇江青年”团建工作，建成“新镇江青年”团组织127家，吸纳管理外来务工青年6.8万余人，市公安局荣获“2008～2010年度全省预防青少年违法犯罪工作先进集体”。开展“大走访”开门评警活动，全市4000余名公安民警以不同形式走进城乡社区，走访千家万户，敞开大门访民意，敞开心扉听民声，在传递党和政府温暖的同时，自觉接受群众评议。活动中，全市公安机关走访单位7091家次、家庭户37644户次，征求各类意见建议2071条，整改具体问题1132件，化解各类矛盾纠纷8840起，向困难群众慰问捐款合计120余万元。围绕出入境、治安、户籍、交通、消防等方面，推出一批网上办事服务项目，实现网上受理、审批、查询、反馈“一站式”服务。注重自主创新，设计并建成电动车信息管理系统，有效拓展电动车上牌数量。

（施有才　杨　帆）

【做好公安打防主业】 2011年，镇江市公安机关狠抓命案必破、打黑除恶等攻坚任务，快侦快破京口“4·7”持刀入室抢劫案、丹阳“5·15”故意杀人案等影响较大的案件，破获刑事案件8697起，19起现行命案全部告破，绩效位居全省第一。推进打黑除恶斗争，侦办黑社会性质组织2个，摧毁包括备受市民关注的“1·25”第一楼街凤舞九天1880酒吧被打砸案在内的恶势力团伙89个，工作绩效居全省前列。加大对盗窃、“两抢”、诈骗等侵财类案件的防范宣传和打击力度，高强度开展“亮剑”“打黑除害”等专项行动。在全国公安机关开展的“清网行动”中，全市网上在册逃犯归案629名，“清网”率达95.2%。结合社会治安“春季攻势”，开展为期半年的涉车犯罪专项治理行动，着力解决涉及群众切身利益的电动自行车、电瓶被盗等案件。（施有才　杨　帆）

【创建网络服务管理品牌】 2011年，镇江市公安局立足互动引导，科学用网管网，运用信息技术开展安全防范宣传，推进“平安祝福进万家”、手机短信“红段子”工程建设。有针对性地结交条件好、素质优、影响力大的活跃网民，并和本地知名网站站长、版主和精英网民结为工作和朋友关系，通过不间断地开展互动交流活动，使其成为协助公安机关管网用网的重要力量。组建镇江网上“啄木鸟”巡防团，推进网络群防群治工作。年内，中共中央政治局委员、中央书记处书记、中宣部部长刘云山，公安部副部长张新枫先后到镇江市公安局视察，并分别对镇江公安在互联网属地管理和公安信息化建设中的一系列创新举措给予充分肯定。12月8日至10日，召开全国“加强互联网属地管理工作镇江现场经验交流会”，市公安局举办2场次经验交流观摩会，接待全国各地党委宣传部、互联网信息办、通信管理、公安等部门负责人及新闻媒体记者300余人次。

（施有才　杨　帆）

【打造规范廉洁警队】 2012年，镇江市公安局以提高执法监督效能为目标，推进执法监督、涉案财物、同步录音录像等管理系统的建设应用，全面改善执法窗口服务硬件设施与软环境，广大民警尤其是基层一线民警的执法能力大幅提升。组织全警参加省基本级执法资格考试，并以理想的成绩全部通过。在全省公安机关执法质量考评中，连续四年获得优秀等级。组织政工干部、警衔晋升、所队长、实战技能等培训班22期，受训民警1860人次。严密监控措施，在行政执法、行政审批等26个重要权力领域中实施权力节点监控，基本实现对公安机关重要、敏感权力监控的全覆盖。以纠正和治理不正之风和执法中存在的突出问题为主要内容，从严主动查处违法违纪案件1起3人，队伍违法违纪率继续处于全省最低行列，市公安局被评为2011年省级廉政文化示范点。推动监管场所规范化管理，实现安全无事故的目标，整体绩效在全省靠前，句容市看守所被公安部评为“全国公安监管部门执法规范化建设示范单位”。

（施有才　杨　帆）

【狠抓公安队伍建设】 2011年，镇江市公安局坚持政治建警不动摇，紧贴基层和实战需求，强化教育措施，组织全员轮训，深化民警岗位练兵，完善《思想政治工作规范》《思想政治工作绩效考评办法》等一系列规章制度，做到思想建设与能力培养双促进。以实施“文化育警”工程为契机，丰富政治建警方法，在省委政法委举办的“永远跟党走”歌咏比赛

图11－1　2011年11月，中共中央政治局委员、中央书记处书记、中宣部部长刘云山(前排右二)到镇江市公安局视察公安网络管理工作　（施有才　杨　帆）

和市委举办的“红歌嘹亮颂党恩”演唱比赛中获奖。深化干部人事制度改革，完成对3558名民警的执法勤务机构警员职务序列套改工作，通过竞争上岗调整和提拔92名科职领导干部，通过公推公选选拔8名副处级空缺职位后续干部，任人唯贤、任人为廉，浓厚干事创业氛围。做好后勤保障工作，按照建设节约型公安机关的要求，按时保质推进重大项目建设。年内，交巡警支队新址、消防指挥中心工程竣工，民警培训基地建设开工并进展迅速。以纪念建党90周年为契机，开展“在警营建功、为党旗添彩”主题教育实践活动，涌现出胡雪林、张宝华、金怡、吴尚德等一批先进人物。立足民意，成功借助网络、报刊等平台，举办第二届十大“马天民式”爱民警察颁奖活动。丹徒公安分局5名民警牺牲在“亮剑”行动征途中，用生命书写人民警察的光荣，以实际行动践行“忠诚、奉献、务实、创新”的江苏公安精神。2011年，市公安局被市委、市政府评为全市服务发展有功单位。 （施有才 杨 帆）

【安全监管全面压降事故】 2011年，镇江市公安机关狠抓道路交通管理，围绕保安全、保畅通，结合文明城市创建，加大道路交通管理力度，提升事故预防水平。先后组织青年志愿者7万余人次上路参与交通执勤，提高市民遵章守纪的自觉性。加快城市疏堵保畅力度，在有灯控设置的41个三岔路口及28个四岔路口采取“右转弯不控制”的交通管理措施，在市区7条主干道的89个道路豁口实行高峰时段“禁左”管理，有效提升市区道路通行效率。开展“护学行动”，会同市文明办、教育局联合组织文明交通“1+6”（一名学生带动爸爸、妈妈、爷爷、奶奶、外公、外婆）活动，动员广大群众自觉做一名文明交通参与者，确保涉校涉生交通安全。狠抓消防安全管理，开展消防安全整治和“清剿火患”战役专项行动，立足城市大改造、大发展实际，集中精力对高层公共建筑、大市口区域多产权多使用权商业建筑、商场市场等火灾高发地区开展隐患排查整治。全市火灾形势总体平稳，死亡人数和伤人数稳中有降，连续8年未发生重特大火灾事故。打响新一轮危险物品单位治安防范达标攻坚战，以歌舞、游艺、大型集市贸易市场等人员密集场所和涉危单位为重点，开展安全隐患排查整治行动，破获各类涉危案件976起，全市涉危单位未发生重大安全事故，在全省治爆缉枪专项行动阶段性考核中，镇江市名列第一位。 （施有才 杨 帆）

【道路交通管理】 2011年，镇江市发生各类道路交通事故392起、死亡248人、受伤296人，直接经济损失158.97万元。与上年相比，除死亡人数略有上升外，事故起数、受伤人数、直接经济损失均为下降。

从引发事故的人员方面分析：机动车驾驶人引发事故336起、致218人死亡，分别占事故起数和死亡人数的85.71%、87.90%；非机动车驾驶人引发事故56起，致30人死亡，分别占事故起数和死亡人数的14.29%、12.10%。

从肇事车辆方面分析：货运车辆、客车（含私家车）、摩托车、电动自行车依然是事故的突出主体。驾驶货运车辆发生道路交通事故59起，死亡48人，分别占机动车事故总数和死亡总数的17.56%、22.02%。客车（含私家车）发生道路交通事故137起，死亡97人，分别占机动车事故总数和死亡总数的40.77%、44.50%。摩托车发生道路交通事故83起，死亡44人，分别占机动车事故总数和死亡总数的24.83%、20.18%。电动自行车发生道路交通事

表11-1

2011年镇江市暂住人口管理统计表

	合计	性别		暂住时间			来自地区						居住处所					
		男	女	一个月以下	一个月至一年	一年以上	省内		省外		港澳台	国外	旅店	居民家中	单位内部	工地现场	租赁房屋	其他
							市	县	市	县								
务工	212094	143972	68122	8875	102122	101097	44283	48544	31769	85098	1179	1221	1735	14807	77832	48580	65855	3285
务农	9403	5309	4094	473	1737	7193	1014	5188	1116	2085	0	0	10	651	2559	193	5369	621
经商	32373	24118	8255	2485	15964	13924	7211	8161	5913	6259	2377	2452	3118	2968	5729	2769	16292	1497
服务	69942	37908	32034	8030	43151	18761	7445	15757	11523	35217	0	0	176	3307	21805	4421	37577	2656
因公出差	16013	12377	3636	11424	4028	561	2831	3499	3803	3135	1295	1450	12281	33	3693	0	6	0
借读培训	34940	20346	14594	3003	9750	22187	14119	8379	5653	6658	0	131	728	1256	30373	0	2515	68
治病疗养	840	493	347	638	173	29	254	348	105	133	0	0	45	381	274	0	120	20
保姆	2647	707	1940	64	1478	1105	507	1264	264	612	0	0	0	1653	421	0	487	86
投靠亲友	3763	1741	2022	446	2071	1246	945	1267	733	818	0	0	130	3045	5	0	454	129
探亲访友	4635	2262	2373	3303	1112	220	669	1239	416	1249	602	460	204	3199	341	0	182	709
旅游观光	11751	6471	5280	7604	3750	397	864	777	1190	877	3911	4132	10230	1197	310	0	14	0
其他	9630	6096	3534	334	3001	6295	2032	3066	2025	2151	217	139	861	655	1015	1964	2769	2366
合计	408031	261800	146231	46679	188337	173015	82174	97489	64510	144292	9581	9985	29518	33152	144357	57927	131640	11437

（施有才 杨 帆）

表11-2

2011年镇江市汽车拥有量及驾驶员数量统计表

名称	单位	合计	丹阳市	句容市	扬中市	市区直辖	丹徒区	京口区	润州区	镇江新区
民用汽车	辆	205866	59124	19021	24321	52	19726	39564	28426	15632
载客汽车	辆	212564	64858	16750	27151	43	17776	40480	28612	16894
私人汽车	辆	190568	60060	16078	24573	47	16377	33229	25469	14735
小型汽车	辆	221766	68944	17916	28030	42	18739	40952	30084	17059
驾驶员	名	707266	196866	112442	77814	14239	57729	148171	70309	29696

（施有才 杨 帆）

故40起，死亡12人，分别占非机动车事故起数和死亡人数的71.43%、40%。

从事故发生的道路分析：一是城市道路交通事故多于国省县乡道。城市道路发生交通事故173起，国省道发生道路交通事故91起，县乡道发生道路交通事故128起。二是国省道交通事故死亡人数多于城市道路、县乡道。各辖市（区）国省道发生交通事故致106人死亡，城市道路发生交通事故致44人死亡，县乡道发生交通事故致98人死亡，分别占死亡总数的42.74%、17.74%、39.52%。312国道发生道路交通事故27起，致18人死亡，分别占国省道事故起数和死亡人数的29.67%、16.98%。104国道发生道路交通事故6起，致13人死亡，分别占国省道事故起数和死亡人数的6.60%、12.26%。 （施有才 杨 帆）

【消防安全工作】 2011年，镇江市公安消防部队推进消防安全大排查、大整治、大宣传、大培训、大练兵的“五大活动”“清剿火患”战役和打造消防铁军等中心工作，强化综合保障和部队教育管理，完成建党90周年等重大消防安保任务和全年各项工作目标。镇江市灭火救援应急中心暨新消防指挥中心建成并投入使用。完成镇江新区北山路消防站，丹阳延陵镇和司徒镇、句容宝华镇镇政府专职消防站建设任务。改造出新丁卯消防站。投入2000余万元新购进口55米举高消防车等各类消防车10辆。市公安消防支队被评为镇江市安全生产先进集体。润州区消防大队荣获2011年润州区安全生产工作优秀奖和服务大项目建设先进集体。镇江新区消防大队被新区管委会评为2011年安全生产先进集体和跨越发展先进集体。丹阳市消防大队被丹阳市政府评为2011年“四个文明”建设先进集体，并荣获丹阳市“地方作风效能建设民主评议第一名”。句容市消防大队被市政府荣记集体三等功。全市有33人被评为优秀警官，2名官兵荣立个人三等功。

2011年3月9日，市政府在碧榆园召开全市消防工作会议，部署全年消防工作任务，副市长、市公安局局长夏新平代表市政府与各辖市（区）政府签订年度消防工作目标责任书。8月，市政府下发《关于印发镇江市“十二五”消防事业发展规划的通知》，明确“十二五”时期消防工作的指导思想、总体目标和工作任务。9月，市政府批准成立由副市长、市公安局局长夏新平任主任，市政府副秘书长赵志新、市公安局副局长张为人任副主任，住建、文广新等有关职能部门领导为成员的镇江市消防安全委员会，并于9月26日召开第一次全体（扩大）会议。12月30日，镇江市消防协会成立并召开第一届第一次会员代表大会，选举产生第一届理事会成员和常务理事会、协会领导成员和法定代表人，讨论研究协会办事机构、分支机构设立事项和工作任务，副市长、市公安局局长夏新平当选协会会长，省消防总队副总队长蒋正林、省消防协会秘书长季俊贤出席会议并讲话。贯彻《江苏省消防条例》《全民消防宣传教育纲要》，开展消防宣传教育。11月1日，市政府在万达广场举行“119”消防安全月启动仪式，拉开全社会消防安全宣传帷幕。活动期间，全市组织集中消防宣传活动129次，发放宣传资料8万余份，发送消防短信12万余条，普及消防宣传教育9万余人。

市公安消防支队推进消防安全“五大”活动和高层公共建筑“打违除患”、商场市场、多产权多使用权建筑消防安全专项整治等行动。10月25日，市政府下发《关于开展“清剿火患”战役的实施意见》，决定从10月25日至2012年2月28日，在全市范围内开展“清剿火患”战役。各级公安消防机构落实火灾隐患清查率，一般隐患整改率，重大火灾隐患政府挂牌督办率，社会单位、农村、社区排查率“四个百分百”的工作目标，对全市47个片区、2351个网格进行排查整治。全年检查单位38026家，发现隐患106844处，督促整改104781处，查处消防违法行为1647起，责令“三停”（停止施工、停止使用、停产停业）571家，临时查封2232家，拘留142人。全市火灾形势持续平稳，市公安消防支队被省公安厅消防局评为“2011年度消防监督执法工作先进集体”。

提升综合应急处置能力。年初，市政府成立以市公安消防支队为骨干，以安全生产、交通、卫生、农委、水利、环保、市政、电力、通信等专业队伍为补充的镇江市综合应急救援支队。按照“一专多能、一队多用”的原则，承担突发事件应急救援任务。市公安消防支队以打造公安消防铁军为抓手，突出抓好灭火救援攻坚组、专业队和特勤队伍等“拳头”力量建设。开展全员练兵，抓好“六熟悉”（熟悉责任区内的交通道路和水源情况，熟悉责任区内重点单位的分类、数量及分布情况，熟悉责任区内主要灾害事故的对策及基本程序，熟悉重点单位建筑物使用及重点部位情况，熟悉重点单位内部消防设施情况，熟悉重点单位的消防组织及灭火抢险任务分工情况）工作，全年开展“六熟悉”1800余次，修订灭火救援预案800余份。抓好高层、地下、人员密集场所等实战演练和石油化工单位测试演练，组织各级演练153次，举办比武竞赛2次，提升部队攻坚处突能力。2011年，全市参与处置火灾、各类抢险救援和社会救助等接警出动2142次，出动警力4210车次、19859人次，其中参加火灾扑救764次、抢险救援412次、社会救助70次、公务执勤20次、其他876次，抢救人员226人，疏散人员431人，抢救财产价值4242万元。 （陈 侃）

【火灾情况】 2011年，全市发生火灾189起，死4人，伤2人，直接财产损失709.54万元。与上年相比，火灾起数、直接财产损失数分别上升2.72%，301.16%，死亡人数持平，伤人数减少3人。火灾总体形势较为平稳。

从火灾分布区域看，城市市区火灾起数、直接财产损失数居所有区域之首。市区发生火灾48起，死1人，伤1人，直接财产损失399.04万元，分别占总数的25.4%、25%、50%、56.24%。火灾的原因主要是电气线路故障和生产作业引发。从火灾发生场所看，居民住宅、宿舍仍居首位，全年发生城乡居（村）民住宅火灾56起，死3人，伤2人，直接财产损失107.99万元，分别占总数的29.63%、75%、100%、15.22%。从发生火灾行业看，制造业火灾较为突出，全年发生制造业火灾65起，直接财产损失112.61万元，分别占所有行业类别火灾总数的61.9%、21.17%。因电气故障、生产作业导致制造业火灾47起，占该类型火灾的72.31%。从火灾发生原因看，电气火灾居首，用火不慎是引发伤、亡人火灾的主要原因。因违反电气安装使用规定和电器故障等引发的电气火灾69起，造成直接财产损失174.69万元，火灾起数、直接财产损失分别占总数的36.51%、24.62%，居各类原因之首。从伤、亡人火灾主要原因看，因生活用火不慎造成2人死亡，2人受伤。学校、商场市场、娱乐场所、交通枢纽、宾馆饭店等人员密集场所发生火灾16起，未发生较大以上火灾。 （陈 侃）

检 察

【概况】 2011年，镇江市两级检察院有44个集体和32名个人受到省级以上表彰，有15个集体和26名个人受到市委、市政府的表彰。句容市检察院荣获“全国先进基层检察院”和“全国检察机关司法警察编队管理示范单位”称号，丹阳市、扬中市和润州区检察院被授予“全国巾帼示范岗”称号，市检察院和丹阳市、句容市、扬中市检察院控申举报接待室被最高人民检察院授予“全国文明接待室”称号，市检察院连续第三年被评为“全市跨越发展有功单位”。1 名干警荣获“全国政法系统优秀党员干警”称号，1 名干警被评为“江苏十佳女检察官”，1 名干警被省委政法委评为“全省打黑除恶工作先进个人”。

全年审查批准逮捕各类刑事犯罪嫌疑人 1775 人，提起公诉 3422 人。丹阳市检察院依法批捕起诉谢任伟等 12 人组织、领导、参加黑社会性质组织案，扬中市检察院从快办理葛玉秀等 23 人黑恶势力犯罪案，京口区检察院从快批捕起诉引起社会广泛关注的“1·25”凤舞九天酒吧聚众持械打砸案。贯彻宽严相济刑事司法政策，开展刑事和解、附条件不起诉等工作，不批准逮捕 510 人，不起诉 47 人。开展涉检信访积案和重信重访化解专项活动，推进案件评查、检调对接、办案风险评估处置等工作，全年受理群众来信来访 1542 件，接待群众 1427 人次，对 1311 件案件进行办案风险评估，妥善处理和成功调解各类涉检信访案件、轻微刑事案件、民事申诉案件 880 件，在全省检察机关率先完成中央政法委交办的息诉罢访任务。市检察院及时启动重特大案件同步介入、审查机制，对高检院和公安部挂牌督办的“世界通”特大网络传销案开展全程维稳工作，确保案件顺利办结。

全年立案侦查贪污贿赂犯罪案件 63 件 79 人，立案侦查渎职侵权犯罪案件 14 件 18 人。其中处级以上干部 7 人，案值达 100 万元以上特大案件 3 件 4 人。通过办案为国家挽回直接经济损失 900 余万元。相继立案查处江苏煤炭地质勘探五队原队长张海峰（正处级）等 4 人受贿案，镇江中船设备有限公司副总经理张玉林（副处级）等 6 人受贿窝串案，丹阳市国家税务局稽查局原局长王菊明等 4 人百万余元贿赂案等。根据省院的指定管辖，市检察院办理了南京大学原副校长徐世良百万元受贿案和扬州市委原常委、组织部长蔡爱华受贿案。开展预防职务犯罪工作，召开镇江市第六次预防职务犯罪领导小组会议，部署预防工作。结合办案，全年发出预防检察建议 63 份，撰写预防调查 18 篇、犯罪分析 90 篇，开展警示教育 217 次、预防咨询 62 次、行贿档案查询 6186 次，对有行贿犯罪记录的 27 家单位和 10 名个人作出处置，促进社会诚信体系建设。

依法监督公安机关立案 68 件 150 人，纠正不当立案 65 件 101 人；对侦查工作中的违法情况提出书面纠正意见 228 件次；纠正漏捕 281 人，纠正漏诉 202 人。依法提出刑事抗诉 13 件，提出、提请民行抗诉 20 件，发出再审检察建议 23 件。开展民事行政督促起诉、支持起诉工作，发出督促、支持起诉意见书 907 件，帮助当事人挽回经济损失 4700 余万元。对辖区内监管场所各类违法违规情况提出纠正意见或检察建议 169 件次，提出不予提请呈报减刑、假释、暂予监外执行 189 人，均被采纳。受理在押人员控告、申诉等案件 58 件，为在押人员追回各类合法财物价值 20 余万元。

（康 珺）

【保障全市经济社会发展大局】 2011 年，镇江市检察院出台《关于服务和保障“十二五”规划纲要顺利实施的意见》，从增强服务和保障的责任感与使命感、提高服务和保障的能力与水平等六个方面提出服务和保障全市“十二五”规划纲要实施的 22 条意见，服务和保障镇江经济转型升级。两级检察院落实上述意见要求，把执法办案与服务发展有机结合，打击扰乱经济秩序、严重影响阻碍经济发展的各类犯罪，开展打击侵犯知识产权和制售假冒伪劣商品专项行动，办理各类妨碍经济发展的刑事犯罪案件 160 件 265 人，其中侵犯知识产权犯罪案件 38 件 60 人，保障和促进全市经济社会又好又快发展。（康 珺）

【制定镇江检察工作 2011～2015 年发展规划】 市检察院制定出台《镇江检察工作 2011～2015 年发展规划》，明确“十二五”时期镇江检察工作的指导思想，确立当前和今后一段时期全市检察工作争创“四个全省一流”的奋斗目标：服务发展大局、维护和谐稳定的能力全省一流，强化法律监督、深化改革创新的效果全省一流，队伍整体素质、公正廉洁执法的水平全省一流，信息综合管理、检务保障工作的力度全省一流。为落实上述目标，《规划》推出 40 条细化的工作措施，指导全市检察机关牢固树立服务和保障理念，增强服务能力和保障水平，为“十二五”时期镇江经济社会又好又快发展提供更加有力的司法保障。（康 珺）

【查办和预防职务犯罪连出精品】 镇江市检察院查办的江苏大学原基建处调研员胡建华等人贿赂窝串案被评为 2011 年度全省检察机关反贪部门“十大精品案件”之一，扬中市检察院查办的方礼文滥用职权、受贿案被评为 2011 年度全省检察机关反渎部门“十大精品案件”之一，市检察院撰写的《镇江市安全生产监督管理职务犯罪类案分析》被评为 2011 年度全省检察机关“十佳案例分析”、全国检察机关“优秀案例分析”，丹阳市检察院向丹阳市民政局提出的检察建议被评为全省检察机关优秀检察建议。（康 珺）

【开展社会风险排查研判】 镇江市两级检察院结合执法办案，排查研判各类影响和谐稳定的风险隐患，及时提出有针对性的预防、遏制对策，为党委、政府提供决策参考。2011 年向党委、政府报送风险研判报告 86 份，获得领导批示 55 次，推动有关部门开展专项整治 5 次。其中市检察院呈报的《2010 年度镇江市职务犯罪发生情况、发展趋势和预防对策综合报告》被市委、市政府向全市各部门转发，2 篇风险排查研判报告获全省检察机关风险排查研判优秀调研成果奖。市检察院创新设立《检情动态》内刊，及时将全市检察机关重要工作情况和办理的重大案件汇编呈报市领导参阅，获市委书记许津荣批示肯定。全年编辑报送 49 期、400 余条重要涉检动态信息。（康 珺）

【加强对特殊人群的社会管理】 2011 年，镇江市检察机关推行涉罪外来人员管护教育制度，依托 7 个涉罪外来人员管护帮教基地，对 31 名符合取保候审条件的外来涉罪人员纳入帮教基地管护帮教。完善社区矫正监督工作机制，全市检察机关依托设在重点乡镇、社区的 8 个社区矫正检察机构，对 1894 名缓刑、假释、管制、暂予监外执行人员进行矫正监督，避免脱管、漏管现象发生。加强对青少年的特殊保护和犯罪预防，开通“知心姐姐”维权热线电话，加强检校合作，推行附条件不起诉制度，实施污点限制公开制度等。开展特困刑事被害人救助工作，至年底，全市检察机关对 64 名因遭受犯罪侵害而致家庭贫困的刑事被害人发放救助金 16 万余元。（康 珺）

【加强和改进群众工作】 2011 年，镇江市检察院出台《关于进一步加强和改进新形势下群众工作的意见》，以提升联系群众、引导群众、依靠群众、服务群众、接受群众监督等五大能力为主线，加强对群众工作的组织领导。6 月，全市检察机关开展“检察工作和检察干警双下乡”活动，组织 300 余名干警深入农村、社区，开展检察宣传、法律咨询和受理举报、接待来访等活动，化解基层社会矛盾，引导群众理性表达诉求。9 月，全市两级检察院检察长深入农村开展驻点调研，全市检察机关开展领导干部下基层“三解三促”活动：了解民情民意，破解

图 11－2　2011 年 9 月，镇江市检察院检察长蒋伟亮深入丹阳固村村开展“三解三促”活动　（王　斌）

发展难题，化解社会矛盾；促进干群关系融洽，促进基层发展稳定，促进机关作风转变。市检察院检察长蒋伟亮根据驻点调研情况撰写的《加强和改进新时期农村工作》的调研报告，受到市委书记许津荣和省检察院检察长徐安的高度评价，分别被市委和省院向全市各个部门和全省检察机关转发。两级检察院还依托乡镇检察室、检察工作站，组织 300 余名检察人员深入农村、社区，开展法制宣传，化解社会矛盾纠纷，加强法律监督，密切检察机关同人民群众的联系。

（康　珺）

【推进反渎职侵权工作】　2011 年，镇江市检察机关贯彻中办发〔2010〕37 号文件精神，加强和改进反渎职侵权工作。市检察院先后向市委常委会第 5 次会议、市六届人大常委会第 48 次主任会议专题汇报全市反渎职侵权工作情况。市委、市政府在全省率先下发《关于加强惩治和预防渎职侵权违法犯罪工作的决定》，为加强反渎工作提供有力支持。加大反渎宣传力度，在各省辖市检察院中独家举办以“责任重于泰山”为主题的惩治和预防渎职侵权犯罪展览，市四套班子领导均到现场视察指导，全市有 2 万多名公务人员和行政执法人员，以及人大代表、政协委员观看展览，在全市公务人员和行政执法人员中起到良好的警示教育效果，营造反渎工作人人关注、各界参与的浓厚氛围。加大渎职侵权案件查处力度，全年全市检察机关立案查办渎职侵权犯罪案件 14 件 18 人，办案人数创历年来新高。　（康　珺）

【完善检察工作创新机制】　2011 年，镇江市检察院出台《关于在全市检察机关深入开展检察工作创新活动的意见》，明确开展检察工作创新活动的目的、方向和相关工作机制，引入竞争机制，推出创新奖招标制。全年两级检察院有 29 个创新项目被市检察院立项推进。一部分特色鲜明、实践性强的创新项目在检察实践中取得明显成效，其中社区服刑人员异地托管、反贪情报信息分析研判、知识产权司法保护联动机制等 7 个创新项目在年终评审中分获特别创新奖和一、二、三等奖；开展反贪情报信息工作的创新做法，在 4 月召开的全国检察机关侦查信息化建设现场会上作经验介绍，受到最高人民检察院好评。　（康　珺）

【提高队伍素质】　2011 年，镇江市检察院开展主题教育实践活动，加强思想政治建设和检察文化建设，开展“春训”“优秀公诉人”评选等教育培训、岗位练兵活动 50 次，参训人数 7980 人次。提升干警的履职能力和业务素质，检察干警司法考试通过率和执法规范考试成绩均名列全省检察机关首位，在全省检察机关民事行政业务技能大赛中获团体二等奖，两名干警在全省首届优秀青年公诉人业务竞赛暨公诉人团体论辩赛活动中分获“优秀青年公诉人”和“优秀风采”奖。调整优化干部结构，市检察院开展部分中层干部竞争上岗工作，走上中层正、副职岗位 12 人。提请市人大常委会任命 3 名检察委员会委员和 7 名检察员，提拔 2 名市检察院年轻干部担任基层检察院检察长，选拔 1 名基层检察院干部担任市检察院业务部门负责人，各基层院有 6 名干部走上院领导岗位。

（康　珺）

【成立湾山地区检察院驻省句东劳教所检察室】　2011 年 2 月 23 日，湾山地区检察院在省句东劳教所举行驻所检察室成立揭牌仪式。镇江市检察院党组书记、检察长蒋伟亮，省司法厅劳教局局长池凤云，省检察院监所处处长汪跃等领导出席揭牌仪式。该检察室的成立，标志着全省派驻监管场所检察室的空白点彻底消除，镇江市劳教检察工作朝着常态化、制度化、规范化方向迈出重要一步。　（康　珺）

【成立首个知识产权保护中心】　2011 年 12 月 1 日，镇江市首个知识产权保护中心——镇江新区知识产权保护中心成立仪式在镇江市经济开发区人民检察院举行。市检察院党组副书记、副检察长俞波涛，新区党工委副书记、政法委书记王祥义，南京大学法学院院长、博士生导师李友根等出席揭牌仪式。该中心的成立，为镇江市检察机关借助高校丰富的知识产权法学资源、强化知识产权法律监督、开展知识产权法律保护服务提供了重要平台，标志着镇江市检察机关知识产权保护工作向制度化、规范化、法制化方向迈出关键性一步。　（康　珺）

审　判

【概况】　2011 年，镇江市法院系统以“审判质效提升年”“涉诉矛盾纠纷集中化解工作深化年”“机关作风改进年”为载体，履行审判职责，发挥审判职能。全市法院受理案件 69384 件，结案 67259 件，比上年分别上升 20.10% 和 21.82%。其中，镇江市中级人民法院受理案件 8525 件，结案 8369 件，比上年分别下降 2.33% 和 2.39%。全市法院有 62 个集体和 88 名个人受到市级以上表彰。润州区法院被最高人民法院授予“全国法院党建工作先进集体”称号，开发区法院被评为全国法院“立案信访窗口”先进集体，市中级法院行政庭被省委政法委命名为首批省级“公正司法示范点”。扬中法院朱沪生被评为全国政法系统优秀党员干警。市中级法院院长茅仲华被评为全国优秀法官和全国审判业务专家。

全年受理刑事一审案件 2263 件，审结 2223 件，比上年分别上升 7.2% 和 6.67%，判处人犯 3347 人。坚持严打方针不动摇，开展“打黑除恶”、打击毒品犯罪等专项活动。市中级法院、京口法院审理境内外广为关注的“世界通”组织、领导传销活动案。依法审理利用邪教组织破坏法律实施犯罪案件。审结涉黑案件4件37人,毒品案件84件101人,故意杀人、抢劫、盗窃等严重侵犯人身权、财产权犯罪案件1143件1770人。从严惩处破坏社会主义市场经济秩序犯罪,审结诈骗、走私、生产销售假冒伪劣商品等经济犯罪案件99件149人。加大职务犯罪惩治力度,审结贪污贿赂及渎职犯罪案件60件66人。贯彻宽严相济刑事政策,做到宽严依法、宽严有度,对符合法定条件的1375名被告人依法适用缓刑。

全年受理民商事一审案件42420件,审结40632件,比上年分别上升34.82%和37.00%。其中,审结婚姻家庭、劳动争议、人身损害赔偿及民间借贷纠纷案件22537件;审结各类合同纠纷案件17438件,解决争议标的33.28亿元。依法保障和促进企业改革,妥善审理企业改制和破产案件,审结企业破产案件23件,盘活企业资产6989.23万元,协助主管部门安置职工1018人。加强对知识产权的司法保护,促进科技创新,审结知识产权案件386件。

全年受理行政一审案件321件,审结315件,比上年分别下降13.48%和13.46%,对5件具体行政行为依法予以撤销或确认违法。依法履行审判监督职责,审结二审、再审案件2122件,其中改判、发回重审146件,占审结一审案件数的0.34%。

全年受理执行案件16865件,执结16638件,比上年分别上升6.51%和9.69%;执结标的24.16亿元,执行标的额到位率比上年上升18.44个百分点。开展争创“无执行积案先进法院”、涉民生案件专项执行等活动,加大集中清理执行积案工作力度,全市法院纳入清理范围的2156件执行积案全部清理完毕。建立执行快速反应机制,完善执行威慑联动机制和基层协助执行网络,采取悬赏执行、公开拍卖财产、限制高消费、限制出境、执行救助等措施,最大限度保障权利人合法权益。

全市法院民商事案件调解、撤诉率76.74%,比上年上升13.09个百分点。行政诉讼经协调和解,原告自愿撤诉率55.87%,比上年上升9.06个百分点。在全市法院立案窗口和人民法庭全部设立调解工作室,聘请专职人民调解员24人,特邀调解员123人。加强诉前调解,全市有18342起矛盾纠纷进入诉前调解,调解成功15657件,成功率85.36%。发挥人民陪审员作用,全市184名人民陪审员年内参与审理案件8159件。

(张传军)

【依法促进全市经济转型升级】 2011年,镇江市中级法院在调研基础上,制定《关于为我市实施“十二五”规划纲要、又好又快推进“两个率先”提供有力司法保障的实施意见》《关于为我市实施转型升级和科技创新工程加快创新型城市建设提供司法保障的实施意见》,依法服务全市经济发展。开发区法院成立全省首家小微企业案件合议庭,协助新区党工委妥善解决了镇江中电数码有限公司等三家破产企业429名职工的安置问题,市委书记许津荣批示中要求全市信访、执法和维稳系统学习他们的做法和经验。句容法院召开“促进银企沟通,保障企业发展”座谈会。丹徒法院出台十条具体措施,助推中小企业健康发展。润州法院主动依法服务辖区经济发展,由于成效显著,润州区委作出决定在全区开展向润州法院学习的活动。

(张传军)

【保障民生工程建设】 2011年,镇江市中级法院专程听取市领导的意见和要求,深入相关主管部门和建设单位调研,出台《关于贯彻执行〈国有土地上房屋征收与补偿条例〉的指导意见》《关于为我市重点民生工程建设提供司法保障的实施意见》等规范性文件。在市区重点民生工程建设单位设立联系点,发放联系卡,明确联系人,协助有关部门合力化解矛盾纠纷460多起,保障民生工程建设顺利推进。 (张传军)

【主动服务全市首个房屋征收项目】 2011年,镇江市中级法院会同句容法院主动上门为全市首个国有土地上房屋征收项目(句容城市综合体建设项目)提供法律指导和服务,协助化解征迁矛盾,促使该项目所涉及的170户被征迁户全部达成拆迁协议,未发生一起涉诉纠纷,促进了该项目的顺利启动和实施,收到良好社会效果。 (张传军)

【推进诚信镇江建设】 2011年,镇江市中级法院出台《关于充分发挥司法职能作用,努力提升“诚信镇江”品牌的实施方案》。加强与工商、住建、金融、税务等部门信息系统共享对接,有效规制当事人失信行为。针对全市网吧侵权被大规模起诉现象,向全市百余家网吧发出信函,敦促合法诚信经营。加大司法制裁违约失信行为力度,发挥司法“惩失信、护守信、促诚信”的社会引导功能,营造诚信社会氛围。 (张传军)

【开展“双争”活动】 2011年,镇江市两级法院开展“争创无涉诉信访审判庭、争当无涉诉信访法官”的“双争”活动,推进涉诉信访矛盾纠纷集中化解工作。活动列入重点清理的279件涉诉信访案件全部化解。全市法院涉诉矛盾纠纷化解工作在全省综合排名第二位。市中级法院被评为全省法院涉诉矛盾化解工作先进集体,并在全省法院总结表彰大会上作经验交流。 (张传军)

【举办“服务大局,法律拥军”主题宣传周活动】 2011年7月,镇江市中级法院联合镇江军分区政治部举办“服务大局,法律拥军”主题宣传周活动。活动集

图11－3 2011年7月,镇江市“服务大局 法律拥军”主题宣传周活动启动仪式

(张传军)

中开展八项具体工作:全市法院同时开通“法律拥军”专线电话,在驻镇江部队官兵中选聘29名“特邀调解员”,组织法官开展法律咨询活动,举办法律知识专题讲座,邀请官兵观摩涉军案件公开庭,展出涉军维权工作图版,组织官兵参加“法院开放日”活动,组织法官开展“军营一日行”活动。活动的顺利开展受到军地领导充分肯定,市中级法院被评为全市“双拥六创”标兵单位。 (张传军)

【举行“六比六看”竞赛活动】 2011年,镇江市两级法院在创先争优活动中开展“六比六看”竞赛活动。“六比六看”为:比思想,看谁争创意识强;比工作,看谁办案质效优;比服务,看谁群众满意度高;比作风,看谁行为规范好;比作为,看谁进档升位快;比廉洁,看谁执行规定严。通过“六比六看”竞赛活动,浓厚创先争优氛围,推动全市法院工作科学发展。年内,全市法院有62个集体和88名个人受到市级以上表彰。

(张传军)

【加强司法能力建设】 2011年,镇江市两级法院坚持理论学习和业务学习并重,学历教育和岗位培训并举,完善学习制度,丰富学习内容,创新学习方法,打造学习型法院、学习型法官。全年组织和参加培训班49期,培训法官1280人次。市中级法院邀请知名教授、司法解释起草专家为全市法院干警授课。丹徒法院建立专家智库,聘请应松年、周光权等10位知名学者担任特邀专家顾问,为审判工作提供智力支持。参加全国法院学术讨论会,获得全国二等奖等三个奖项。 (张传军)

【润州区法院被评为全国法院党建工作先进集体】 2011年6月,润州区法院被最高人民法院评为全国法院党建工作先进集体。近年来,润州区法院结合审判实践,探索法院党建工作新方法、新途径,打响以“展现党员主体意识、争做执法服务先锋”为主要内容的“红色课堂”党建品牌,党建工作起步早、力度大、措施实、成效好。中共润州区委在该院召开党建工作现场会,区委组织部也专门下文推广该院党建品牌创建经验。2011年5月13日,该院作为全国四家基层法院代表之一,在全国法院党的建设理论研讨暨经验交流会上,结合该院的“红色课堂”党建品牌作了经验交流。5月28日,中共润州区委组织部和区法院联合成功举办了“基层法院党建工作创新发展交流研讨会”,最高院、省高院有关领导出席会议。“红色课堂”党建品牌得到最高院宣教部领导充分肯定。

(张传军)

【经济开发区法院被评为全国法院“立案信访窗口”先进集体】 2011年,镇江市经济开发区法院在被江苏省高级人民法院评为全省法院诉讼服务中心建设先进集体和全省法院诉讼服务中心示范单位的基础上,被最高人民法院评为全国法院“立案信访窗口”先进集体。经济开发区法院为加强立案信访工作,专门建设1000平方米的诉讼服务中心大厅,实行导诉、立案、交费、查询和调解一站式服务。附设人民调解工作室、诉调对接办公室和信访接待室,开展诉讼指导、法律咨询、法官约见和诉前调解等工作,提供便民打印、便民眼镜、便民笔墨、便民雨伞、便民茶水等服务,在等候区域还设有小型阅览室。该院为做好涉诉信访化解工作,安排法官接待来访人员并实行层级接待制,院长、庭长敞门接待,及时、有效化解信访矛盾。为方便诉讼,当事人在诉讼服务中心可以直接查询案件的诉讼材料。 (张传军)

【开展反规避执行专项活动】 最高人民法院决定在2011年开展为期一年的反规避执行专项活动。6月19日,最高人民法院出台《关于依法制裁规避执行行为的若干意见》,以有效制裁规避执行行为。10月27日,江苏省高级人民法院在全国法院率先出台《关于认定和处理规避执行行为若干问题的规定》,规定下列七种行为属于“规避执行”情形:1.被执行人将财产无偿、低价或者通过虚假交易方式转移至他人名下的行为;2.被执行人与案外人串通、虚设债务的行为;3. 被执行人以明显低于市场价格或明显不符合交易习惯将房产长期出租的行为;4. 被执行人与关联企业进行不正当关联交易转移财产的行为;5. 被执行人恶意签订夫妻财产协议,将财产转移配偶一方的行为;6. 被执行人与案外人为规避执行进行的诉讼、仲裁行为;7. 其他规避执行的行为。镇江两级法院在反规避执行专项活动中,通过依法追加被执行人、追回被非法转移的财产、制裁相关人员,有力威慑和打击了规避执行行为,有效维护了权利人的合法权益,取得较好效果。 (张传军)

【句容法院建立网格化诉讼服务体系】 2011年,句容法院探索基层矛盾纠纷化解机制,先后在该市各乡镇(管委会)、交巡警中队设立19个基层诉讼服务站,与该市人社局等20多家行政机关、10多家驻句部队开展和谐共建活动,合力化解矛盾纠纷。形成以诉讼服务中心为依托,横向覆盖各乡镇,纵向深入各部门、各行业的“网格化”诉讼服务工作体系,效果明显。 (张传军)

司法行政

【概况】 2011年,镇江市司法行政系统开展“发扬传统、坚定信念、执法为民”“创先争优”“争创群众满意的窗口服务单位”等活动,实现司法行政工作“十二五”的良好开局。镇江市人民政府获中央宣传部、司法部表彰的“2006~2010年全国法制宣传教育先进单位”称号。镇江市被省委省政府授予“五五”普法先进城市荣誉称号,市法制宣传教育领导小组办公室被评为全省先进单位,市安置帮教工作领导小组被评为全省先进集体。市司法行政系统被评为全市廉政文化进机关先进系统。市司法局获省司法厅“全省双促双助”法律服务活动优秀组织奖,被市委市政府表彰为全市“五五”普法先进单位、“2006~2010年度社会治安综合治理先进单位”,被市委、市政府命名为“2008~2010年度文明机关”。司法局机关党委被市委政法委表彰为“全市政法系统先进基层党组织”,机关党委和工会被市级机关工委评为先进党委和先进工会。

矛盾纠纷调解。推进辖市(区)、镇(街道)两级调处中心规范化建设,开展“争当人民调解能手”活动,提升调解质效。与市中级法院建立定期联络和会商制度,在全市基层法院及其派出法庭规范诉调对接工作流程,统一使用格式文本。在市劳动人事争议仲裁院和市交巡警支队成立劳动人事争议和道路交通事故损害赔偿人民调解委员会,在医患纠纷、劳动争议、道路交通事故等专业性调解组织内设立巡回法庭。全市各级调解组织发挥维护稳定第一道防线的作用,2011年组织开展矛盾纠纷排查8695次;受理纠纷21077件,同比增长40.24%;调解纠纷20924件,调解率99.30%;调解成功20318件,调解成功率97.10%。劝阻群体性上访294批7372人次,防止民间纠纷引起自杀46件,防止“民转刑”91件,防纠纷激化314件。

社区矫正和安置帮教。开展社区矫正“规范化建设推进年”活动,举行社区矫正特色工作展评,建立社区矫正志愿服务机制。丹阳市成立全市首家辖市(区)矫正协会。全系统完成社区矫正管理教育中心建设任务。2011年,全市接收社区服刑人员1460人,顺利解矫

1385 人。年底，全市在册社区服刑人员 1869 人，无重新犯罪。全市新接收刑释解教人员 839 人，安置 806 人，安置率 96%，帮教率 100%，无重新犯罪。

法制宣传。组织"六五"普法调研，出台《关于在全市公民中开展法制宣传教育的第六个五年规划》，召开全市"五五"普法总结表彰暨"六五"普法动员部署大会，开展"社会主义法治文化建设年"活动，打造跃进河法治风光带、古城法治文化公园、米山法治文化社区等一批法治文化项目，会同市教育局在全市中小学校开展青少年法治故事、法治漫画征集评选。会同工会部门开展企业普法活动，开展"法律进社区"活动。

法律服务。深化法律助航专项活动，出台《关于进一步深化法律助航专项活动的实施意见》，整合律师、公证、法律援助等法律服务资源，深化企业、拓展园区、突出"三农"的法律服务。成立首家民营经济协会法律服务中心。公证业在全省率先出台《业务操作指引》，服务大招标中心和城市拆迁改造，《人民日报》《法制日报》先后报道推广。司法鉴定业开展规范质量年活动，两家机构获省级资质认定。2011 年，全市律师担任法律顾问 5665 家，办理法律事务 13200 件；公证机构办证 25258 件；司法鉴定机构出具鉴定文书 3954 份。

法律援助。开展"法律援助质量建设年"活动，印发《法律援助质量监督考评办法》等制度，建立案件质量监控体系，提升办案质量。出台《关于进一步加强全市法律援助窗口建设的意见》，开展法律援助机构规范化建设和"人民群众满意的窗口单位"争创活动。市法律援助中心迁入新址，镇江市、丹阳市、丹徒区法律援助中心被省司法厅命名为"江苏省法律援助机构示范窗口"。开展"法律援助惠民月"活动，举办"法律援助环省行镇江站"活动，建立法律援助律师专业分类名录，推行点援制和预约服务，加强"12348"法律援助平台建设。2011 年，全市办理法律援助案件 2613 件，《王以华工伤赔偿案》被评为江苏省法律援助十大优秀案例，中央电视台法治频道播出镇江市法律援助案例——《小唐的困惑》。（王　勇）

【人大代表调研律师工作】 2011 年 12 月 6 日下午，镇江市人大常委会副主任陈苏带领部分市人大代表，专题调研《中华人民共和国律师法》落实情况。调研组先后走访恒强、金荣恒顺、汇典三家律师事务所和市律师协会，听取市司法局党组书记、局长，市律师协会会长殷敏的律师工作有关情况汇报。殷敏从发挥律师工作的专业优势，为地方经济社会发展作贡献和着眼律师事业的长远发展，加强律师队伍建设两个方面汇报全市律师工作近年来所采取的具体举措，并就加强和改进全市律师工作，着重在改善全市律师的执业环境、切实解决经费保障和实现律师业可持续发展等三方面提出建议。（王　勇）

【法律援助论文全国获奖】 由司法部主办的 2010～2011 年度全国法律援助理论研讨会在福建省武夷山市召开。会议通报表彰了 2010～2011 年度法律援助获奖论文 100 篇。由扬中市司法局法律援助中心王秀萍撰写的《试析法律援助之对立申请》荣获三等奖。（王　勇）

【法律援助案例获全国百优】 镇江市法律援助中心办理的"袁利国道路交通事故赔偿案"，被司法部评为全国"百优"法律援助案例。此次入选"百优"案例江苏省仅有 6 例，"袁利国道路交通事故赔偿案"位居前列。全国"百优"法律援助案例评选活动，旨在进一步扩大法律援助的社会知晓率。镇江共上报 7 件案件，"王以华工伤赔偿案"被评为全省十大法律援助优秀案例，"袁利国道路交通事故赔偿案"是全市法律援助工作首次获得部级荣誉。（王　勇）

【汇典律师事务所获全国优秀称号】 2011 年 12 月 25 日～28 日，第八次全国律师代表大会在北京召开。会上表彰了一批全国优秀律师事务所和优秀律师，其中镇江市的汇典律师事务所被授予"2008～2010 年度全国优秀律师事务所"荣誉称号。全省 6 家律师事务所获此殊荣。（王　勇）

【中央电视台连续三年报道镇江市司法行政工作】 2011 年 9 月 9 日，中央电视台法治频道《道德观察》栏目以《重生》为题播出镇江市社区矫正工作相关做法，这是中央电视台自 2009 年报道镇江市法律援助工作、2010 年报道镇江市律师参与社会矛盾化解工作之后，连续第三年报道镇江市司法行政参与社会管理工作，在全国树立了良好的工作品牌。（王　勇）

【司法鉴定文书全省获奖】 2011 年，镇江市司法鉴定机构开展"司法鉴定规范质量年"活动。在省司法厅举办的全省优秀司法鉴定文书评选活动中，来自全省法医临床、法医病理、法医精神病和文书鉴定四类司法鉴定机构报送鉴定文书 219 份。镇江市 5 家鉴定机构参赛，分别荣获法医临床鉴定一等奖，法医病理鉴定二等奖、三等奖、优秀奖，法医精神病鉴定优秀奖。（王　勇）

【实施法律服务"绿丝带"行动】 2011 年 6 月，镇江市司法局启动法律服务"绿丝带"行动。"绿丝"谐音为律师，绿色象征和谐，"绿丝带"行动就是在法律服务业与基层社区之间搭建面对面的服务平台。绿丝带行动启动后至年底，组织志愿服务律师深入市区 60 个社区，实行"定时＋即时"的运作模式，实现律师服务社区的实体化和常态化；律师志愿者解答群众法律咨询 3200 人次，开办法制

图 11－4　2011 年 11 月，召开镇江市法律服务"绿丝带"行动推进会　（王　勇）

讲座45场，举办模拟法庭6场，参与社区矛盾纠纷调解168件，协助起草、修改、审核社区居民公约、规章制度和各类合同和协议37份，受到基层群众的广泛赞誉。

11月29日，市委书记许津荣作出重要批示："这是普法工作、法律服务直接走进群众的好形式，是社会管理创新的好做法，希望在实践中不断总结提高，注重实际效果，逐步长效化。"30日，市长刘捍东作出重要批示："法律服务到基层、进社区，很好。希望继续探索和完善，并不断扩大范围，为打造和谐社区、诚信社会、法治社会多作贡献！"

（王　勇）

【三名律师获省表彰】 江苏省律师协会于2011年开展"江苏省优秀女律师"和"江苏省优秀青年律师"评选活动。经过推荐、评审、公示等规定程序，全省有20名女律师和20名青年律师被授予相应荣誉称号，其中镇江的南昆仑律师事务所王小清和汇典律师事务所李卫被授予"江苏省优秀青年律师"荣誉称号，正威律师事务所金文被授予"江苏省优秀女律师"荣誉称号。（王　勇）

【举办第二届体育文化节】 2011年12月2～5日，镇江市司法局举办全市司法行政系统第二届"展风采、聚合力"体育文化节。体育活动设乒乓球、扑克牌、拔河三个项目，有9个代表队194名选手参加角逐。活动产生冠军、亚军、季军28名，集体奖2项共10个。活动期间，市县两级司法局领导带头参与，广大机关干部踊跃报名，展示了司法行政系统的良好风貌。（王　勇）

【举办"与法同行和谐镇江"书画展】 2011年12月4日，镇江市"与法同行和谐镇江"书画展在市民大厅举行。书画展得到全市普法骨干、法律工作者及各界法律工作支持者的热烈响应，市人大常委会副主任张甫雄、市政协副主席赵腊根分别为书画展题字。参展的130幅作品，将法治理念、法治精神渗透于书法、绘画作品，启迪法律思想，推进法治镇江、和谐镇江建设。市委常委、政法委书记李雪峰，市人大常委会副主任陈苏，市政协副主席许能斌出席书画展开幕式，（王　勇）

【新疆建设兵团农四师司法局到镇江考察】 2011年10月19～21日，镇江市司法局的对口援建单位——新疆建设兵团农四师司法局到镇江考察。考察团一行六人先后参观市法律援助中心、镇江公证处以及部分基层司法所。在召开的对口援疆工作座谈会上，重点交流人民调解、社区矫正和信息化建设等工作，为做好对口援建工作打下良好基础。

（王　勇）

【组织2011年度国家司法考试】 9月17日、18日，市司法局组织2011年度全国司法考试镇江考区考试工作。镇江考区网上报名942人，有723人通过现场确认。参加考试618人，有112人通过，通过率18.12%。省司法厅副厅长许同禄巡视了镇江考区。（王　勇）

【司法所建设成效显著】 2011年，镇江市开展优秀司法所创建活动，取得明显成效：一是改善办公用房。全市有15家司法所增加办公用房面积共1300平方米，增长26.4%。二是加强人员编制。全市有23个司法所增加工作人员共37人，增长29.4%。每个司法所达到6名以上工作人员的标准。句容市司法局明确司法所为市司法局的派出机构，实行市司法局和镇人民政府双重管理，以市司法局管理为主的管理体制。三是提升所容所貌。所容所貌整洁美观，各类标牌标识统一规范，业务用房功能设置规范合理。四是增加经费投入。全市申报的28家司法所，投入创建经费211.5万元。（王　勇）

【镇江市公证处】 2011年，镇江市公证处办证12200件，办理涉外及涉港、澳、台公证文书5000件，提供法律咨询8000多人次，帮助当事人起草、修改和完善合同文本和法律文书2000件，避免直接经济损失8000万元，未出现错、假、伪证，受到当事人的一致好评。市公证处被评为全市司法行政系统先进集体。

（王　勇）

【江苏省司法警官高等职业学校】 2011年，江苏省司法警官高等职业学校教职工总数184人，其中民警157人，工人27人；专任教师111人；副高级以上职称教师16人，其中教授1人；新增省"333高层次人才培养工程"培养对象1人。学校现有全日制五年制高职生2611人。学校实际招生460人，录取均分超出省控线20个百分点，新生质量在全省42所同类型高职院校中继续保持领先位置。毕业生考取全省监狱劳教单位公务员315人，占毕业生总数的48.4%。有50多家企业到校举办就业招聘会，毕业生就业率达99.54%。11月，学校在省教育厅组织的全省高职院校"教学、学生、后勤"三项规范管理专项督查中受到专家组成员的一致好评。学校荣获省公务员局颁发的"江苏省行政机关公务员培训工作优秀组织奖"，被评为江苏省监狱系统"先进单位"和"全国青少年普法教育先进单位"。

推进教育教学改革，有8门课程被遴选为校级精品课程，有1门课程被评为江苏联合职业技术学院优秀精品课程。滚动修改人才培养方案和课程标准，举办教师技能比武和学生技能大赛，尝试诚信考场、教考分离改革。年内，学生通过三级心理咨询师考试18人，通过计算机等级考试"一级B"498人、"高级工"86人。改善教学训练条件，投入700多万元，新增校外实训基地3个，新建"TSSE安防工程师培训基地"以及心理咨询、法律援助、计算机网络技术培训等4个面向社会服务的校内实验实训中心，完成网络综合实验室、搏击训练场、校园围墙险段加固等建设工程。学校"十二五"发展规划重大工程项目"警务技能训练中心"，通过省发改委立项，预算6400万元，建筑面积16220平方米。

彰显警务化管理特色，出台《警务化管理实施细则》，实施《共青团推优工作办法》和《发展学生党员工作办法》，举办班主任"师徒结对"仪式和心理教育培训班，组织庆祝建党90周年系列活动，有150名学生参加镇江市文明城市创建活动，有138名学生参加全省政法运动会开幕式。年内，学生获得国家励志奖学金34人、助学金200人，受到省市表彰的团支部4个、团员团干部8人，有387名学生被学校确立为入党积极分子推荐对象。

落实省司法厅和监狱管理局提出的"突出培训重点、推进全员培训"的要求，完善"分层分类"教育培训体系，举办新警上岗、警衔晋升、党支部书记和科监区长轮训等培训班13期，培训民警2400余人次。做好监狱劳教单位自办班培训指导工作，完成32个单位检查考核任务，协助25个单位培训民警1030人次。推进省际联合培训，承办苏沪浙鲁赣皖六省市监狱系统科监区长联合培训班1期、协办5期，派送参训民警660人次，促进了全国监狱系统优质培训资源的共享和民警队伍建设的互利共赢。

加强行政效能建设，组织新一轮科级领导干部竞争上岗活动，轮岗交流13人、新提拔科级干部17人。有7名教师坚持在职读研、读博，有1名教师首次获得教授任职资格。建立校级科研人才库，选拔4名校级科研带头人。全年兑现科研奖80余万元，主持省部级、省局级以上科研项目12个、校级课题32项，其中国家社科基金青年项目1项。年内编写出版专业教材5本；在省级以上刊物发表论文47篇，其中核心期刊4篇；有关学术论文获奖7项，其中第六届"长三角"监狱学高峰论坛一等奖1项。

（高汝成）

【镇江监狱】 2011年，镇江监狱科学地编制"十二五"发展规划，推进安防一体化、执法规范化、警务效能三大建设，被司法部评为"全国监狱劳教人民警察执法大培训、岗位大练兵活动先进单位"，被江苏省司法厅评为"勤廉示范单位"，在"争当全国司法行政系统排头兵"活动中被记集体二等功，被江苏省监狱管理局评为"2011年度全省监狱系统先进单位"，监狱党委被江苏省监狱管理局评为"先进基层党组织"，民警滕婉芬当选省第12次党代会代表。

执法工作。监狱开展规范化管理年活动，加强执法岗位标准化建设，贯彻江苏省监狱管理局编发的《执法管理标准化工作手册》，组织拍摄民警执法工作教学片，分层开展执法培训，民警执法质量显著提升。落实宽严相济政策，加强对罪犯计分考核工作的源头管理，用足用好罪犯减刑假释比例，完善联查审计制度，实现提请罪犯减刑、假释零差错，全年未发生罪犯涉法诉求。加强罪犯生活卫生管理、食堂管理，严格执行罪犯实物量标准，实施医疗和手术分级管理，规范监管病房建设，开展季节性的卫生防疫工作，降低罪犯因病死亡率，杜绝狱内传染性疾病暴发流行。

教育改造。监狱践行"本质改造"理念，提升教育改造工作实效。规范教育管理模式，教学内容紧扣罪犯改造实际，采取多媒体教学、小组讨论、情景互动等多种形式，调动罪犯学习兴趣；采取示范课活动、优质课评选、专题研讨会等多种形式，提高专、兼职教员的教学水平。强化本质改造教育，开展"六五"普法、学习《刑法修正案（八）》等主题教育活动，深化教育效果。开展亲情主题帮教活动，邀请罪犯家属进监参观、帮教，与罪犯亲属签订《家庭帮教协议书》。争取社会资源的支持，邀请癌症康复中心专家、知名书画艺术家等到监狱开展帮教活动。深化心理健康指导中心规范化建设，完善心理矫治工作制度，开展团体咨询、个别咨询、心理治疗、主动干预矫治等活动，心理健康指导中心工作在省监狱管理局规范化建设验收中获优秀等次。深化罪犯服刑指导中心规范化建设，规范新犯入监教育和管理，分别组织认罪伏法、监规纪律、劳动改造等专项教育，引导他们尽快适应监狱改造生活。深化罪犯回归指导中心规范化建设，制定监狱教育系列制度、管理流程和教学计划，加强刑释人员衔接管理，配合地方做好刑释人员的安置帮教工作，巩固教育改造成果。

队伍建设。开展"发扬传统、坚定信念、执法为民"和"群众满意的窗口服务单位"等系列主题实践活动，开展警示教育月活动，举办预防职务犯罪讲座，加强反腐倡廉教育。组织新一轮科级干部竞争上岗工作，调优科监区班子，优化警力组合。开展党支部、党总支改选工作，选优配强支部领导班子，发挥支部的战斗堡垒作用，《江苏法制报》整版报道了镇江监狱的党建工作。坚持党建带团建，抓实青年民警成长成才工作，开展"警师带徒"活动，组织擒敌技能、岗位技能集训。加强警察文化建设，组织新龙杯卡拉OK大赛，并在"江苏省监狱系统勤政廉政文艺汇演"中荣获二等奖。

（杨景旭）

仲 裁

【概况】 2011年，镇江仲裁委员会以提高案件质量为工作着力点，围绕"公正效率"指导办案实践，加强内部管理，仲裁工作呈现平稳发展态势。全年办理仲裁案件226件，涉案标的额1.86亿元，涉案类型包括建设工程施工合同纠纷、保险合同纠纷、租赁合同纠纷、商品房买卖合同纠纷、房屋拆迁纠纷、居间合同纠纷、股权转让纠纷等，在及时化解民商事纠纷、维护社会稳定、促进本地经济和社会发展等方面发挥了积极作用。仲裁委加大仲裁办案力度。一是强化案件审限管理，加快案件审理节奏。二是注重发挥专家咨询委员会的作用，对复杂案件及时组织专家论证会，提高处理案件的准确度和公正性。三是规范办案流程：抓组庭环节，科学配置独任仲裁员和首席仲裁员；抓案件管理，各业务部按月制作仲裁案件统计报表；抓仲裁员管理，提高调解结案率和自动履行率；四是推行"裁前预告"制度。全年没有出现被法院撤销及不予执行的案件。（朱 明）

【加大金融领域推行仲裁力度】 2011年3月，镇江仲裁委员会与镇江市银行业协会联合印发《关于重视运用仲裁方式解决借款合同纠纷的通知》。会同镇江银监分局、镇江市银行业协会、市中级法院联合召开各商业银行法律、保全和风险管理部门负责人参加的"运用仲裁方式解决合同纠纷"座谈会，座谈讨论仲裁在解决金融争议中的特点和优势。围绕在融资担保中发挥仲裁的服务保障作用，仲裁委与市经信委联合举办专题讲座，邀请南京大学法学院教授张理专题辅导融资担保法律实务，镇江市50多家融资性担保公司负责人参加专题讲座，并互动交流如何通过仲裁防范融资担保的经营风险。为在全市农村小额贷款中更好地发挥仲裁的服务保障作用，仲裁委召开农村小额贷款仲裁座谈会，全市48家农村小额贷款公司负责人参加，通过座谈加深对镇江仲裁的了解和认识。

（朱 明）

【加大相关领域宣传仲裁的力度】 2011年，镇江市仲裁委员会针对近几年快速发展的汽车销售市场，主动与镇江工商行政管理局联系，举办全市汽车销售、维修合同（仲裁）管理专题培训班。会同市国土局联合举办仲裁在土地出让纠纷中的应用专题培训，来自全市国土资源系统的120人参加培训。与市物业管理协会联合召开座谈会，和物业公司互动交流物业管理中发挥仲裁的服务和保障作用。就运用仲裁方式解决土地出让和道路交通事故损害赔偿争议问题，分别向市国土和交警部门发出仲裁建议函。对市房地产企业开展仲裁调研和检查，听取房地产企业土地受让、商品房销售争议介绍，实地了解房地产仲裁案件办理情况，宣传和指导运用仲裁手段解决房地产企业经营中的土地受让等问题。（朱 明）

【加大社会参与仲裁力度】 2011年4月，镇江仲裁委员会与市律师协会、市两级法院民事审判庭联合组织建筑房地产案件专题研讨会，宣传仲裁在处理解决建设工程及商品房买卖合同纠纷中的作用和成效，争取律师和法院对仲裁工作的支持。6月，仲裁委在各辖市（区）国土、建设部门开展调研，规范仲裁合同文本，推进仲裁工作。在丹阳等地组织现场开庭办案，扩大镇江仲裁的社会影响。句容市政府法制办、工商联联合印发《关于认真贯彻仲裁法，运用仲裁方式解决经济纠纷的意见》。

加强仲裁联络员队伍建设。2011年，仲裁委在市政府重合同守信用企业和建筑房地产企业新聘113名仲裁联络员，并分期组织仲裁业务培训。仲裁委为在国有、民营、房地产、台资企业推广仲裁，分别走访国资委、工商联、住建局、台协、浙商协会等部门和组织，借用主管部门召开行业会议的平台宣传仲裁。仲裁委为做好示范合同文本的规范工作，分别会同工商部门做好汽车销售维修合同、驾驶培训合同、装修合同仲裁条款规范，会同房地产交易处做好房屋网上销售合同仲裁条款规范，会同招投标办做好建设工程合同仲裁条款规范，会同科技局技术市场处做好技术转让合同仲裁条款规范，会同国资委产权处做好产权转让合同仲裁条款规范等。 （朱 明）

【5400万元股权30日仲裁归属】 2011年8月，申请人汤某到镇江仲裁委员会申请仲裁。汤某称其与某投资公司签订《借款协议》，约定其借款5400万元给该投资公司，借款期限为30日，某投资公司同时以其在另一发展有限公司持有的全部股权向汤某提供担保。现借款到期该投资公司不能还款，故请求裁决用该投资公司持有的另一公司的股权抵偿该债务。

仲裁委立案后组成仲裁庭，通过异地的财产保全，迅速开庭，公正审理，30日作出终局裁决，使纠纷圆满解决。该投资公司自动履行裁决结果。该案在保护汤某合法利益的同时，将质量、效率、效果贯穿在办案的整个过程，最终实现了“案结事了”。 （朱 明）

典型案例

【江苏煤炭地质勘探五队原队长张海峰受贿案】 2011年4月14日，镇江市润州区人民检察院以涉嫌受贿罪对江苏煤炭地质勘探五队原队长张海峰（正处级）立案侦查，8月9日向润州区人民法院提起公诉。经审理查明：2007年9月～2011年1月期间，被告人张海峰利用其担任江苏煤炭地质勘探五队队长的职务便利，为他人谋取利益，先后非法收受林巧宝、倪小兵、陈春银等7人贿赂人民币33万元、购物卡2.2万元及价值11758.83元人民币的浪琴手表一块，总计价值人民币363758.83元。被告人张海峰具有自首情节。2011年9月20日，镇江市润州区人民法院一审以被告人张海峰犯受贿罪，判处有期徒刑8年，并处没收财产6万元。 （康 珺）

【丹阳市国家税务局稽查局原局长王菊明受贿案】 2011年4月26日，丹阳市人民检察院以涉嫌受贿罪，对丹阳市国家税务局稽查局原局长王菊明立案侦查，5月9日经镇江市人民检察院决定逮捕，9月13日向丹阳市人民法院提起公诉。经审理查明：2002年5月～2008年4月，被告人王菊明担任丹阳市国家税务局稽查局局长期间，利用职务之便，多次非法收受姚纪荣、冯玉平、陈国平等14人贿赂的钱财折合人民币105.7万元，为他人谋取利益。2011年10月26日，丹阳市人民法院一审以被告人王菊明犯受贿罪，判处有期徒刑13年，并处没收财产人民币20万元。 （康 珺）

【句容市房产业发展服务中心交易发证科原科长王兴江玩忽职守、受贿案】 2011年5月28日，句容市人民检察院以涉嫌玩忽职守罪、受贿罪对句容市房产业发展服务中心交易发证科原科长王兴江立案侦查，6月10日经镇江市人民检察院决定逮捕，10月25日向句容市人民法院提起公诉。经审理查明：（一）玩忽职守部分：2010年2月10日，时任句容市房产业发展服务中心交易发证科副科长的被告人王兴江，在对申请人句容市黄梅镇丽颖包装厂法定代表人周颖丹提交的关于丽颖包装厂内5栋自建房（建筑面积1547.66平方米）房产初始登记申报材料进行初审时，未对违规办理的《江苏省村镇工程建设许可证》进行审查，在周颖丹未提供《建设工程规划许可证》的情况下，向交易发证科科长任恒清提交通过初审进行复审的初审意见，致使句容市房产业交易服务中心对不符合发证条件的申请人周颖丹发放了房屋所有权证，导致拆迁工作人员对周颖丹的房屋按照合法建筑的补偿标准进行补偿，造成国家经济损失290余万元。（二）受贿部分：2007年年初～2011年4月间，被告人王兴江在先后担任句容市房产业发展服务中心交易发证科副科长、科长期间，利用审批、发放房产证的职务便利，非法收受倪克勤、王建范、梅学伟等人贿赂39起，合计人民币4.93万元。2011年12月9日，句容市人民法院一审判决：被告人王兴江犯受贿罪判处有期徒刑3年6个月；犯玩忽职守罪，免予刑事处罚。 （康 珺）

【“世界通”组织、领导传销活动案】 2005年起，被告人施永兵在深圳市招募软件研发人员，研发一款带有广告接收功能的即时通讯软件，命名为Link－World软件。为销售Link－World软件卡（又名激动365注册卡）、发展代理商，2007年1月，被告人施永兵出资在香港注册成立世界通公司，由其担任公司总裁，后于同年11月在深圳市成立世界通公司深圳代表处，2008年4月在海口市成立海南世纪通网络信息科技有限公司，2009年3月以其妻高某名义在长春市成立世界通长春公司，2009年6月在深圳市成立了索喏琪公司。2007年3月、7月、11月和2008年11月，被告人施永兵先后招募被告人王程、邵军锋、强科信、傅衍平等人加入世界通公司，协助其管理。世界通公司成立后，为招募Link－World软件代理商，被告人施永兵等人在公司网站等宣传中，谎称Link－World软件是具有高倍压缩功能、由美国投资公司加盟开发的高科技产品，并以点广告赚钱是引入广告发布商共同承担经营成本等作虚假宣传。实际上，世界通公司发送的广告均为无主广告或免费试播广告，未取得任何广告收入，广告回馈款源于后加入代理商购买软件卡的款项。被告人施永兵为发展代理商，设计了“协同分销代理制”的营销模式。该模式将代理商从低到高分为零售、三级、二级、一级、县级、市级代理商6个级别，同时规定必须至少一次性购买5张Link－World软件卡，交纳人民币4496元才能成为公司的代理商。代理商根据直接发展下线代理商的数量及售卡总量晋升级别，并可获得发展代理商所购软件卡金额的6%～42%不等的提成，从而刺激代理商不断发展下线，以引诱和继续发展他人参加。2007年11月～2009年6月间，被告人施永兵、强科信、傅衍平、邵军锋、王程等人在全国20多个省、市、自治区发展各级代理商13.5万余人，销售Link－World软件卡480余万张，其中现金购卡金额计人民币9.9亿余元。

镇江市京口区法院经审理认为，被告人施永兵、强科信、傅衍平、邵军锋、王程组织、领导以推销商品的经营活动为名，要求参加者以购买商品获得加入资格，并按照一定顺序组成层级，直接或间接以发展人员的数量作为计酬、返利依据，引诱参加者继续发展他人参加，骗取财物，扰乱经济社会秩序的传销活动，其行为均已构成组织、领导传销活动罪，且系情节严重。被告人施永兵在共同犯罪中起主要作用，是主犯；被告人强科信、傅衍平、邵军锋、王程在共同犯罪中起次要作用，是从犯，依法应当减轻处罚。被告人施永兵到案后有检举、揭发他人犯罪行为，经查证属实，有立功表现，可以从轻处罚；其在案发后配合公安机关退出大部分赃款，亦可酌情从轻处罚。遂于2011年3月28日作出一审判决：施永兵等五名被告人分别以组织、领导传销活动罪被判处9年～2年有期徒刑，并处罚金。一审宣判后，施永兵等五名被告人不服一审判决，向镇江市中级法院提起上诉。镇江市中级法院经审理后依法驳回上诉，维持原判。 （张传军）

发展规划管理

【概况】 2011年,镇江市固定资产投资完成1227亿元,比上年增长22.2%,增幅列全省第三、苏南第一。2011年年底,市发改委被省政府授予2006~2010年实施妇女儿童发展规划先进集体称号。

有效投入、项目和城市建设、争取要素资源稳步增长。按照“提升投资质量,促进转型升级”的思路,重点突出对投资质量、投资支撑、投资效益的考核,将服务业投资、新兴产业投资等指标纳入评估考核体系。投资质量大幅提高,2011年设备抵扣税24亿元,增幅75.1%,比全省平均水平高29个百分点。为解决项目建设中土地、资金问题,做好大项目用地指标争取工作,共申请到281公顷计划外用地指标。发挥金融服务作用,争取发展企业债券43亿元,镇江市企业债券融资总额达151亿元。坚持组织项目与银行对接活动,全市项目融资总量172亿元。加快创业投资发展,设立2亿元创业投资引导基金,全市创业投资企业和注册资金实现倍增,居全省第四位。2011年出台一系列配套政策。新增3家境内外上市企业。镇江市共有境内上市企业10家,境外上市企业6家,累计募集资金82亿元。协调社会事业同步发展,加快城市公共事业项目、基层医疗卫生服务体系建设、养老服务体系建设试点、中等职业教育学校建设。

推动服务业和新兴产业高速发展,加快产业转型升级。新兴产业完成投资实现倍增,共获国家新兴产业资金7670万元,列全省第一位。服务业增加值占地区国民生产总值比重提高1.5个百分点,服务业税收突破百亿元。加快新兴产业特色基地和服务业集聚区培育,共发布100个新兴产业示范项目,总投资661.5亿元,实现投资82.6亿元。加快特色产业基地建设,授予丹阳市航空航天、京口区航空铝材、句容市光电子、扬中市智能电网和扬中市光伏新能源等5家企业市级特色产业基地称号。镇江市共有7家省级特色产业基地,基地数量列全省第4位,在全省率先实现基地辖市(区)全覆盖。印发《关于提升省级现代服务业集聚区发展水平的通知》,惠龙钢铁物流基地等5个省级服务业集聚区全年实现营业收入近300亿元,增长超过30%。为丹阳永兴粮油现代物流中心、镇江科创园科技投融资平台等12个项目争取国家、省扶持资金4030万元,金融类服务业专项资金占全省1/4。组织开展全市各类服务业专题招商活动19场次,推进项目104个,总投资达到790亿元以上。成功举办2011中国镇江(上海)现代服务业合作恳谈会及系列专题活动,集中签约24个现代服务业重大项目;组织镇江市服务业集聚区和重点企业参加苏港服务业招商活动,引进招商局金山创意产业园、中金国际新金融试验区等服务业重大产业项目。

市发改委做好全市规划和计划编制工作,完成40个重点专项规划编制。注重年度计划的宏观性、导向性和政策性,发挥目标考核的导向作用。对新落户项目优惠政策实施全过程管理,建立部门联动机制,对招引项目分阶段兑现优惠政策,对每个新落户项目在享受市级优惠政策前签订三方合约。有“江苏睿泰总部基地项目”“亿兆软件园”“颐高服务业新兴产业项目”“京口区大学生创业科技园”等4个项目正式签约,“苏宁广场”等3个项目有序推进。会同各部门制订“山水花园城市”行动计划,牵头研究提出镇江市基本实现现代化指标体系。在南徐新城、北部滨水区、官塘新城等“青山绿水”建设中实行项目审批绿色通道。成功创建国家创新型试点城市和节水型城市。加快现代化综合交通体系建设,镇江新区临时起降点项目获省发改委批准。连淮扬镇铁路“项目建议书”由铁道部上报国家发改委。338省道镇江段获省发改委初步设计批复。推进镇江市太湖水环境治理,争取专项资金1.73亿元。做好重大项目稽查,共稽查政府投资项目60个,总投资约170亿元,省级太湖四期项目28个。加强农业基础设施建设,以现代农业、农业基础设施等项目为重点,争取国家农林水利44个项目扶持资金1.13亿元。做好全市“十二五”能源规划编制,推进句容华电2台百万千瓦超临界燃煤机组项目、谏壁电厂第二台百万千瓦机组等一批能源重大项目建设。 (邵 教)

【上市企业成功募集资金】 2011年,镇江市有3家企业实现挂牌上市。其中,东方电热科技股份有限公司于5月18日在深圳创业板上市,募集资金5.95亿元,该公司是中国最大的空调辅助电加热器制造商、最大的冷藏陈列柜除霜电加热器制造商;江苏齐航装备股份有限公司于7月4日在伦敦证券交易所挂牌上市,募集资金3800万元;江苏洪昌科技股份有限公司于8月26日在天津股权交易所挂牌上市,募集资金3000万元。至2011年底,全市共有16家公司上市挂牌,累计募集资金近82亿元。其中,境内上市10家,募集资金55亿元;境外上市6家,募集资金27亿元。

(张斌成)

【金融业实现持续快速发展】 2011年,镇江市出台《关于加快全市创业(风险)

投资发展的若干意见》《镇江市新兴产业创业投资引导基金管理办法》《镇江市加快创业投资发展三年行动计划》等一系列政策，并设立2亿元创业投资引导基金，通过阶段性参股等形式扶持创业投资企业的设立和发展。截至2011年年底，全市备案创投企业16家，注册资金20.5亿元，创投企业数量和注册资金同2010年相比实现双倍增，列全省第四位。推进企业债券发行工作，截至2011年年底，镇江市共发行企业债券157.3亿元，位列全省第二。（赵 磊）

【能源发展平稳健康】 2011年，市发改委以提高全市能源保障能力，实现能源与经济、社会、环境的协调发展为目标，编制《镇江市能源发展"十二五"规划》及《镇江市区热电联产规划》。句容华电项目（总投资78.9亿元，建设2台国产超超临界燃煤机组）取得国家发改委核准，谏壁电厂第一台百万千瓦机组项目投运发电。神华高资煤炭中转储备基地项目列入全省6个煤炭中转储备基地。光伏项目取得突破性进展，全市5个项目16.58兆瓦光伏电站项目获批，总投资3.9亿元。编制能源工作手册。汇编相关政策、各项能源规划以及应急预案。牵头做好油气管道保护工作。就镇江新区松林山滑坡以及殡仪馆建设危及输油管道进行多次协调，及时化解相关危险和矛盾。推进于2007年关停的东吴热电厂和镇江金河纸业热电站总计1.2万千瓦发电机组以及焦化集团1.2万千瓦机组容量指标的转让事宜，解决相关企业职工安置等方面的资金困难。（孙嘉磊）

【促进农民增收】 2011年，全市实现农业增加值100.41亿元，增长5.5%；农民人均纯收入12825元，比上年增长17.9%，增幅创十年来新高，这得益于农民工资性收入的快速增长和农民家庭经营性收入的提高。2011年，镇江市发改委会同市农委、水利等部门积极组织申报动物防疫体系、生猪和奶牛标准化、新增千亿斤粮食和农田水利等共44个项目，争取到中央和省专项资金11281万元，占项目投资总额的54.28%。（唐艺荣）

【服务业对经济贡献度进一步加大】 2011年，全市实现服务业增加值952亿元，服务业占地区生产总值的41.2%，占比较上年提高1.1个百分点，占比居全省第五位；服务业规模固定资产投资完成499亿元，增长25.7%，增幅高于全社会投资增幅3.5个百分点，增幅居苏南第一位；社会消费品零售总额完成658亿元，增长17.6%，增幅居全省第三位；服务业税收完成113亿元，增长27.4%，服务业税收占全部税收比重41.8%，较上年提高0.4个百分点，增幅居沿江八市第二位；服务业实际利用外资完成7.34亿美元，占全部实际利用外资的40.6%，占比较上年提高10.3个百分点。（陈长之）

【各项规划工作稳步推进】 2011年3月20日，市政府以镇政发〔2011〕13号文印发实施《镇江市国民经济和社会发展第十二个五年规划纲要》。市政府陆续批准实施工业、服务业、科技、卫生等40个"十二五"专项规划，全市总体规划、辖市（区）规划和部门专项规划共同形成全市"十二五"发展规划体系，绘就下一个五年经济社会发展蓝图。按照市政府要求，镇江市发改委将全市总体规划、辖市（区）规划和部门专项规划汇编成册，并以正式刊号发行，有效提升"十二五"规划影响力，为规划的顺利实施营造良好氛围。（钱志俊）

【固定资产投资和重点项目建设取得明显成效】 2011年，全市固定资产投资在2010年高速增长的基础上继续保持平稳较快增长态势，全年完成1227亿元，增长22.2%，增幅位居苏南首位，为全市经济社会转型升级和跨越发展提供坚实保障。新兴产业和服务业投资增长较快。新兴产业投资预计完成408亿元，增长100.9%，比全部投资增幅高77.9个百分点；占全部投资比重为33.2%，比2010年高13个百分点。服务业投资预计完成510亿元，增长28.5%，比全部投资增幅高5.5个百分点；占全部投资比重为41.5%，比2010年高1.9个百分点。全年完成固定资产设备抵扣24亿元（尚有28亿元留存2012年抵扣），增长75.1%，增幅高于全省平均29个百分点。120个重点项目全年完成投资523.9亿元，完成年度计划目标的104.1%，占全部固定资产投资比重为42.6%，超出全省平均水平约16个百分点，完成情况为近5年最好。其中，新兴产业项目和现代服务业项目个数和当年完成投资分别占全部重点项目的56.7%和49.5%，体现重点项目对转型升级的示范带动作用。镇江市被评为全省重大项目工作先进单位，市政府分管领导代表市政府作交流发言。（石子刚）

【100个新兴产业示范项目发布】 2011年，镇江市发改委在全市范围内遴选发布年度第一批60个新兴产业示范项目，总投资476.2亿元，全年计划完成投资179.3亿元。第二批40个新兴产业示范项目，项目总投资175.7亿元，全年计划完成投资55.7亿元。这两批项目重点突出高附加值、高增长、低污染、低消耗的"两高两低"原则，并优先考虑新开工项目，具有较高成长性中小项目，主要涉及新能源、新材料、电子信息、航空产业、海洋工程等五大新兴产业。为加快项目推进，各地、各部门将把各级产业发展优惠政策措施进一步落实到位，优先支持示范项目实施单位加快企业工程中心建设，提高自主创新能力；优先支持新兴产业项目申请国家和省资金支持；优先支持以重点新兴产业项目为依托申报省级特色产业基地，引导新兴产业项目向省级特色产业基地集中，形成产业集聚；优先支持项目用地，符合条件的争取省土地"点供"，并积极落实国家及省有关工业用地出让优惠政策。市各有关部门提早介入新兴项目前期准备工作，及时把握项目报批和建设进度，强化服务，协助企业落实相关建设条件，加快项目实施。（潘大春）

国有资产监督管理

【概况】 2011年，镇江市列入统计的地方国有出资企业全年完成营业收入288.13亿元，比上年增长1.03倍；实现利税39亿元，增长3.85倍，利润总额26.66亿元，增长19.98倍。市国资委直接出资的16户企业完成营业收入246.77亿元，增长1.3倍；利税总额25.53亿元，增长3.09倍；利润总额16.68亿元，增长15.68倍。各项主要经济指标增幅名列全省国资系统前茅，是近几年来增长最快、增幅最高的时期。

项目投入不断加大。市国资委组织实施的14个重点项目，总投资达195亿元，其中大港四期、东方技校等7个项目列入市级重点项目。索普醋酸三期工程投入运行。恒顺香醋二期扩产项目进展顺利，土建工程完成。航天华创复合管道、华通重工搬迁扩产、国投商务广场等项目进展顺利，年内完成桩基建设。东方技校迁建项目主体工程基本竣工。鹏欣国际广场、国贸中心广场等重大城市综合体项目拆迁进展顺利，设计方案基本形成。各建设投资公司全年融资491.6亿元，实施城市基础设施项目296个。体育会展中心、338省道镇江段、古运河中段整治等重大投资性项目进展顺利。建设安置房261万平方米，竣工交付246.1万平方米。投资结构明显优化,全年实施新兴产业项目68个,完成投入90.2亿元。

服务企业继续深入。针对企业资金短缺的矛盾,及时出台措施,强化财务风险管控;强化银企协进,发挥国投融资功能,帮助企业争取资金支持。组织企业开展管理创新工程,实施大宗原辅材料招标采购,压缩两项资金占用,降低管理费用,实现降本增效。

技术创新快速推进。全年技术创新投入11.8亿元,创建省级以上研发机构8个,恒顺生物技术中心晋升为国家级技术中心。新增27项专利,创历史之最。大东"幸运鸟"、恒顺"恒顺"商标被评为中国驰名商标,路桥公司获中国土木工程最高荣誉詹天佑奖。9家市属企业与院所组建技术创新联盟。全年实施环保项目17个,完成环保投入1.2亿元,获国家扶持资金700万元。全年有42名高级人才成为省、市重点学科和技术带头人,引进各类人才365名。

产业结构不断优化。发挥国有资本的引领功能,投资组建国投创业等投资、贷款、担保公司7家,运作资金规模达46.5亿元。利用存量资产优化资源配置,推动镇江宾馆、恒顺老厂区、色织总厂地块的商业项目开发。推进船港物流码头、国际集装箱码头等现代物流项目,培育新的产业增长点。

企业改革继续深化。华龙管业等十大企业改革攻坚工程如期完成。筹集改革专项资金1.08亿元,完成职工分流688人,撤销留守清算组31家,保障11564名职工相关费用的支付。推进汽车制造厂搬迁,彻底解决积压8年之久的遗留问题,确保运河路拓宽改造工程的实施。对改制企业进行履约专项检查,对17户企业及时督查整改,维护职工权益。国家、省和市联席办交办的11件信访积案全部化解结案,妥善处理职工上访1700多人次,初信初访办结率达95%以上。

打造以循环经济和绿色关爱为核心的绿色和谐工程,引导企业节能降耗、循环利用、集约生产。实施"蓝色星光"工程,组建东方职教集团,评选十大杰出职工,建立企业首席技师制度,加强技能人才培育。 (唐 为)

表12-1 **2011年镇江市国有及国有控股企业基本情况表**

地 区	企业户数(家)		国有资产总量(万元)	在职职工(人)	年人均工资(元)
	合计	其中:大中型			
市 直	65	23	6905621.66	17512	38521.95
丹阳市	5	4	763149.77	1676	26583.88
句容市	38	3	856659.16	1983	15304.21
扬中市	2	2	5451.07	512	20568.95
丹徒区	40	5	349513.27	1699	17423.97
京口区	2	0	3873.38	15	49489.6
润州区	7	2	15882.76	352	42123.81
镇江新区	13	1	1759999.13	256	66045.35
合 计	172	40	10660150.20	24005	34247.5

(周子岚)

【央企招商取得新突破】 2011年,市国资委组织央企招商活动30余次,促成国机集团大型成套木工机械、中央研究院华东分院等13个项目落户,投资总额达到370亿元。累计落户央企项目39个,投资总额1332.42亿元,其中新兴产业项目占75%以上。在39个项目中,已开工项目25个,投资总额868.82亿元,占总投资的65.2%。 (唐 为)

【财务总监委派工作启动】 《镇江市市属国有企业财务总监管理暂行办法》于2011年11月28日公布。该办法对财务总监的任职资格、职责与权力、管理、考核与奖惩等方面作出规定。财务总监对企业财务活动和经营管理进行监督,在企业的重大资金支出、融资担保等重大事项上实行与董事长或总经理联签制

表12-2 **2011年镇江市国有及国有控股企业经济效益指标表** 单位:万元

分 类	营业收入		利润总额		上缴税金		净资产收益率(%)	
	全 市	市 直	全 市	市 直	全 市	市 直	全 市	市 直
工业企业(21户)	1193297.81	1155128.29	81043.86	62720.41	63251.44	61129.94	13.08	10.24
投资公司(22户)	953270.42	218615.77	134911.87	83176.84	27057.29	13289.45	1.42	1.29
贸易及餐饮(19户)	158573.51	143362.01	-343.45	-238.48	2346.82	1837.43	-9.92	-8.89
房地产业(18户)	115091.16	5328.35	35206.28	-621.14	15063.24	956.06	4.32	-1.01
服务及其他(92户)	461025.48	317795.79	15735.12	16642.71	15753.51	14078.49	4.05	6.75
合 计(172户)	2881258.38	1840230.21	266553.68	161680.34	123472.30	91291.37	2.23	1.98

(周子岚)

表12-3 **2011年镇江市国有及国有控股企业资产负债结构表** 单位:万元

分 类	资产总计		负债合计		净资产		国有资本金	
	全 市	市 直	全 市	市 直	全 市	市 直	全 市	市 直
工业企业(21户)	2020466.93	1952069.36	1533322.67	1507176.3	487144.26	444893.06	125327.79	111371.74
投资公司(22户)	18649008.61	11389359.61	9435013.19	5027276.17	9213995.42	6362083.45	895451.55	276605.8
贸易及餐饮(19户)	81339.47	48120.8	74127.78	41903.96	7211.7	6216.84	16814.69	14802.05
房地产业(18户)	1620889.07	194285.85	807155.92	131314.9	813733.15	62970.95	112577.5	64454.57
服务及其他(92户)	1429672.25	645187.08	1117414.86	443701.64	312257.39	201485.44	162643.78	95291.7
合 计(172户)	23801376.33	14229022.70	12967034.42	7151372.97	10834341.92	7077649.74	1312815.51	562525.86

(周子岚)

表 12－4　**2011 年镇江市国有资产监管企业经济效益指标表**　单位：元

企业名称	资产总计	净资产	营业收入	利润总额	上缴税金	工业增加值
江苏省镇江市市直监管单位汇总	135999198570.78	68870804457.37	24677700000	1668379233.44	885436240.39	3494293202.49
江苏索普(集团)有限公司	9977594632.13	1300296890.80	6868330000	37610276.26	135994569.81	788157994.54
镇江大东纸业有限公司	914842195.59	403047883.16	679490000	－31732886.08	4806573.29	49243808.47
镇江港口有限责任公司	687951079.05	368077128.79	827460000	－3468431.75	342649.70	－724584.24
镇江市城市建设投资集团有限公司	50826727774.81	25964308756.56	2598560000	428318546.45	74451204.46	525137078.84
镇江市诚信担保有限责任公司	151653715.90	102569317.11	14260000	5561611.04	0.00	3433890.99
镇江市国有资产投资经营公司	7503114889.28	5599629085.80	73700000	43959648.35	0.00	－19090237.05
镇江飞驰汽车集团有限责任公司	66923937.50	－15190195.31	54040000	579722.38	2113632.68	6790686.97
镇江市交通投资建设发展公司	32250874046.20	17264849680.26	1001590000	101964.56	495800.46	－3877575.52
镇江华润燃气有限公司	885971422.71	514691660.32	742240000	147819739.98	63483840.95	246089185.17
江苏省镇江市路桥工程总公司	959838421.85	57074132.81	1633000000	18153835.41	38073748.51	98369305.43
江苏恒顺集团有限公司	4814518314.20	352494221.46	1979860000	14804269.40	91977476.84	180275612.36
镇江市水利投资公司	22853409861.17	14926082100.92	3070500000	396000329.79	57829075.56	445500682.32
江苏捷诚车载电子信息工程有限公司	830052884.41	247071921.01	571070000	23010386.52	14142837.77	100418037.79
镇江船山石灰石矿有限公司	2363668589.68	1456856512.08	1951720000	563720427.17	355382319.40	891653334.49
江苏华通动力重工有限公司	335483216.21	138848790.73	493500000	5830512.13	9722587.51	49092337.72
江苏太白集团有限公司	576573590.09	190096570.87	2118380000	18109281.83	36619923.45	133823644.21

（周子岚）

度。对企业国有资产营运和财务活动情况，财务总监分别进行年度报告和专题报告。财务总监实行定期轮换制度，每届任期为三年。市国资委对财务总监进行履职考核，考核结果与财务总监的薪酬、奖惩、续聘及解聘等挂钩。（唐　为）

【调整国有出资企业经营者薪酬分配】 2011 年，市国资委对国有出资企业经营者薪酬分配做出重大调整，在考虑企业资产规模的同时，把职工收入水平作为确定经营者薪酬的重要指标，以企业在岗职工平均工资和全市企业在岗职工平均工资为基数，结合企业资产规模和经营难度确定调节系数，核定企业经营者基本年薪。在下达企业经营目标责任状时，把企业职工收入增长作为绩效考核的重要指标，要求所有出资企业当年职工工资增长水平必须超过 10% 以上，督促企业经营者真正把提高职工收入水平摆上经营管理的重要位置。（唐　为）

【镇江国投创业投资有限公司成立】 该公司于 2011 年 10 月 28 日挂牌成立，市国资委运用政府扶持基金，以国投公司为载体发起设立。公司注册资本 2 亿元，分别由国投公司和市属国有企业共同出资，并争取国家和省级专项资金的扶持，将公司的资本增加到 3 亿元以上。国投创业为镇江市首家“母子型基金”，即从母基金中安排种子资金，吸引积聚国内外投资基金共同经营，扶持政策鼓励发展的创新创业型企业以及拟上市企业。国投创业发起设立的三只子基金，总规模达 30 亿元。（唐　为）

【东方职教集团挂牌成立】 2011 年 10 月 29 日成立。该集团以镇江市东方技校为载体，联合徐州师大、西南交大、浙江财大等院校和中国物流协会职业培训中心等专业培训机构，以及索普集团、恒顺集团等企业共 38 家成员，组成职业教育协作体。该集团按照“平等互利，合作共赢，资源共享，诚信创新”的原则，在教学教师、教学装备、实训基地、教学成果、合作办学、继续教育、学生就业等方面实行资源共享，通过信息传递、观摩交流、资源利用等方式进行牵手合作，改变闭门办学的模式，采用开放式办学，利用社会资源提升学校教学能力。（唐　为）

【哈电通用风能项目一期建成投产】 2011 年 12 月 25 日，哈电通用风能（江苏）有限公司一期高标准总装厂房在镇江市润州工业园区竣工并投入使用。该项目总投资 3.65 亿元，项目建成后，预计 3 年内可实现销售 50 亿元，5 年内销售冲刺百亿元。（唐　为）

【镇江市路桥工程总公司项目获詹天佑奖】 2011 年，镇江市路桥工程总公司参与承建的江苏宁常高速公路工程，获 2011 年中国土木工程詹天佑奖。这是继宁淮高速之后，该公司连续两次获此殊荣。（唐　为）

【恒顺利用醋糟生物肥培植新的增长点】 2011 年，企业全年醋糟有机肥产量达 6 万吨，产品被广泛用于农业、林业、园林、绿化、花卉、苗木等行业。醋糟有机肥生产中实现化学需氧量零排放，完全省却饲料生产环节中的大量能耗。恒顺集团退城进区后，加大对生产废弃物醋糟的循环利用力度，就近兴建醋糟肥料加工厂，将“产、学、研”成果向醋糟处理领域转化。由恒顺承担的“利用酿造食品糟渣生产农用微生物肥项目”作为江苏省循环经济试点项目，获国家发改委的 580 万元资金扶持。（参见第 153 页）（唐　为）

【恒顺技术中心升级为国家级技术中心】 2011 年，江苏恒顺集团有限公司技术中心获国家发改委批准，成为中国调味品行业内第一家国家级的企业技术中心。它标志着有“镇江名片”之称的百年恒顺的综合研发能力迈上国家顶级水平。中心成立后，恒顺将在项目安排、资金扶持、要素保障等诸多方面得到国家、省及镇江市的支持。近 3 年来，恒顺的科技研发投入占销售额比重均在 5% 以上，企业拥有传统酿造食醋工艺现代化等 3 项核心技术，承担制定三个食醋国家标准。（参见第 153 页）（唐　为）

国土资源管理

【概况】 2011 年，全市国土资源管理工作在保发展、保红线、保民生等各个方面都取得明显成效。全年共报批建设用地2800公顷，比上年增长16.3%，争取农转用计划933公顷，其中点供和单独选址计划505.8公顷，盘活存量建设用地1333公顷，落实城乡建设用地增减挂钩用地218.3公顷，从省内调剂占补平衡指标203.3公顷，有效保障重点工程和产业项目用地。

强化耕地保护。加强土地开发复垦整理，全年新增耕地536.3公顷，比上年超出52%。加强农村土地整治工作，抓好万顷良田建设工程试点，镇江新区、句容后白、丹阳云阳等试点项目推进迅速。开展城乡建设用地增减挂钩清理检查、农村土地整治清理检查，通过国土资源部、江苏省国土资源厅验收。

注重基础业务建设。《镇江市土地利用总体规划（2006～2020年）》《镇江市矿产资源总体规划》《基础测绘“十二五”规划》等三大基础工作规划全面实施。“数字镇江”地理空间框架建设推广项目、镇江市城市地质调查、“一张图”工程等三大信息化工程推进有力。“双保工程”（即保经济发展、保耕地红线工程）2011年行动、“两整一改革”（即整治干部队伍廉洁从政存在的突出问题，整治土地和矿业权交易市场存在的突出问题，深入推进国土资源管理制度改革）专项行动、创先争优活动等三大专项行动成效显著。

不断完善征地补偿机制，进一步调整《镇江市征地补偿安置和被征地农民基本生活保障办法》，提高征地补偿标准；出台《关于加强征地管理工作的通知》，加强权力节点监控，建立督察制度。参与房地产调控，保障性安居工程住房用地应保尽保，承担的安置房建设任务投入8.03亿元，南徐新城、官塘新城等重点城建项目土地征收工作任务全部完成。地质灾害防治部署早、力度大，成功处置地质灾害23处，完成山体整治项目40个，争取国家和省级资金1280万元。丹阳市被评为全国地质灾害群测群防“十有县”。

提高资源利用效率，全市市场出让土地1400公顷，成交总金额224亿元。其中市区出让经营性土地274.4公顷、降低12.8%，成交总金额达127.9亿元、增长38.14%。在全市范围内开展工业企业闲置、低效用地清理工作，认定闲置土地133宗，年内处置到位108宗，面积486.7公顷。清理闲置土地486.7公顷。

加大矿产资源管理，对全市21家矿山企业开展储量动态监测，加强地热资源的勘探利用，在全省率先完成2个国家级绿色矿山试点项目，为矿山企业争取专项资金2925万元。

创新土地执法监察措施，市国土资源局、监察局联合对5个乡镇开展驻点执法清查。土地矿产卫片执法检查工作有序推进，通过南京督察局组织的预警督察。（严华万）

【国土资源部部长徐绍史视察镇江国土工作】 2011年6月，国土资源部党组书记、部长、国家土地总督察徐绍史到镇江视察，在“万顷良田”建设试点工程丁岗片区复垦现场和平昌新城居民安置点，详细了解土地承包经营权流转、农民收益保障等情况，对镇江市“万顷良田”建设过程中好的做法给予肯定。在丹徒区谷阳中心国土资源所和基层同志进行交流，对镇江市基层国土所建设的各项工作给予肯定。（严华万）

【镇江城市地质调查项目启动】 2011年8月启动，该项目是以服务镇江现代化城市建设和保护山林城市环境为目标，密切关注城市化、工业化过程中人类活动与地质环境的相互作用，运用现代技术方法开展多学科、多目标、多用途的综合城市三维地质调查，项目工作分为专题研究、信息系统建设和综合研究三个层次。该项目由江苏省国土资源厅与镇江市人民政府共同管理，由镇江市国土资源局和江苏省地质调查研究院承担完成，预计2014年完成。（严华万）

【数字镇江地理空间框架建设项目启动】 2011年7月，数字镇江地理空间框架建设推广项目立项通过国家批准，镇江成为全省第一个国家级数字城市推广建设市。9月，由镇江市人民政府、江苏省测绘局合作开展的该项目省、市合作共建签约仪式在镇江举行，标志着数字镇江建设项目正式启动。数字镇江是物质城市在数字网络空间的再现和反映，是以空间信息为核心的城市信息体系。为城市规划、城市管理、智能交通、环境保护、社区治安、疫情监控、应急管理等提供空间信息支撑。该项目是数字镇江建设的核心内容，为数字镇江提供统一的、权威的地理空间信息公共平台，为各部门的分散数据建立统一的标准，实现城市信息资源的整合和共享，避免重复建设，同时有效地解决现在存在的多套地理坐标和各种地图出现差别的问题，使镇江城市信息化在高起点上健康发展。该建设项目包括空间数据库、数字镇江市地理信息公共平台和应用示范系统三大部分。该项目建设从2011年9月开始，至2013年4月完成。市国土资源局作为项目建设牵头单位，负责工程组织、实施、质量、保密和安全等工程管理工作，以及建设成果的保管、运行、维护、更新和升级。江苏省测绘工程院作为指定的项目技术支持单位，负责工程技术设计、数据整合、公共平台建设以及行业应用系统设计研发等工作。（肖广新）

【“天地图·镇江”项目启动】 2011年10月，江苏省第一个“天地图”市级接点“天地图·镇江”建设方案在南京省测绘局通过省专家评审，省内其他城市的“天地图”项目开展将以镇江模式进行

图12－1 国土资源部部长徐绍史（左二）视察镇江基层国土所 （国土局）

推进。“天地图”是中国自主的互联网地图服务网站，是中国区域内数据资源最全的地理信息服务网站，为公众提供权威、可信、统一的地理信息服务。“天地图·镇江”作为市级节点，是江苏省省级节点的信息基地之一。（严华万）

【“一张图”工程完成建设任务】 镇江市“一张图”工程自2010年8月开始建设，至2011年年底，数据库建设和各类业务系统开发工作全面完成，建设用地审批系统、供地系统、土地储备系统、执法监察系统与土地登记发证系统在市区试运行。“一张图”工程建设是加强国土资源动态监管的科技管理创新举措，是实现国土资源动态监管的关键性工作，以精细化的全国第二次土地调查底图为控制资料，要求采用统一的坐标系统，是国土资源精细化管理的总要工程。（肖广新）

【高压打击非法开采矿产资源】 2011年，市国土局持续加大巡查督查力度，实行24小时动态巡查机制，对全市在采和已关闭宕口进行30余次市级动态巡查，投资20万元对全市16个易遭偷盗采的废弃宕口进行实地地形测量，为司法机关判刑量刑提供盗采资源量认定的有力依据。2011年，全市打击盗采38起，查扣盗采设备45台，罚款170余万元。（肖广新）

【合山综合整治项目稳步推进】 合山位于东吴路以东、象山路以南、焦山路以西，该项目2010年经国土资源部、财政部批准立项，占地面积14.6公顷，整治内容包括滑坡治理、环境绿化、民房及企业拆迁等，滑坡防治等级为二级，拆迁面积约5万平方米，项目总投资约4亿元。项目工程地质勘察、设计方案通过省国土资源厅审批。镇江市向中央财政申请2010年度特大型地质灾害防治补助资金860万元。至2011年年底共投入资金2.6亿元，完成总投资量的65%。对西侧小山坡进行削坡减载治理，土方量完成70%，主山体抗滑桩工程全部完成。（肖广新）

工商行政管理

【概况】 2011年，全市工商系统以创建四大红盾示范岗、开展40件为民办实事为突破口加强市场监管，促进经济发展。从实施拓展登记、开展分类帮扶、提供高效服务着手，促进市场主体快速发展。

图12－2 镇江工商开展含荧光剂爆米花桶市场检查（工商局）

完善行政准入，全面推广说理式行政许可文书，提高准入许可的法治化程度和便民效应。完善外资登记模式，将登记权下放至县区局，优化开放型经济发展环境。主动对接政企需求，全程跟踪服务重点大项目。为保障万达、九润等城市综合体顺利落户，市、区两级注册窗口主动介入，采取集中办理、集中发照、分段限时审批等措施，做好贴心服务。推行无障碍创业服务，除采取定点帮扶、专人对接、上门服务等形式外，使用QQ、微博等网络工具，加强与投资创业主体的双向互动；民营经济协会微小企业融资服务、京口大学生创业示范园建设、句容农民网上创业、扬中供销员创业等特色工作取得良好成绩。截至年底，全市共有私营企业52879户，从业人员84.14万人，注册资本2198.49亿元，分别比上年增长15%、9%、29%；个体工商户160961户，从业人员32.96万人，从业资金331.16亿元，分别增长4%、10%、20%；外商投资企业2291户（其中分支机构455户），投资总额246.18亿美元，注册资本139.36亿美元，投资总额与注册资本分别增长4%、2%。（黄 莉）

【品牌建设上档升级】 2011年，各级工商部门着重在商标战略的创新实施上下工夫，全市新申请注册商标2449件，完成年度目标的102.4%。高知名度商标创单次认定数量历史之最，新增驰名商标6件，分别为江苏沃得机电集团的“WODE及图”商标、东方电热科技公司的“坦克及图”商标、镇江大东纸业的“HOOPOE及图”商标、恒顺醋业的“恒顺”商标、江苏华久辐条制造公司的“89及图”商标。全市驰名商标总数21件，其中丹阳9件，扬中5件，镇江新区3件，丹徒区2件，句容1件，京口区1件。建立闲置商标交易平台，帮助30余家企业实现网上商标交易40余件。实施企业字号与商标名称一体化工程，引导87家企业实现字号与商标一体化。加速品牌国际化进程，主动为企业商标国际注册提供“一站式套餐”服务，引导51家企业完成国际注册252件。借助国际注册，丹阳海昌眼镜成为全球第二大隐形眼镜生产厂家，沃得公司实现企业收购迅速占领北美市场。加强商标保护，建立重点商标保护名录，“海昌”等4件商标列入省级保护名录，“丹绿”等8件商标列入市级保护名录；推进打击侵犯知识产权和制售假冒伪劣商品专项行动，整治重点区域1670处，捣毁制假售假窝点15个，立案查处案件235件，案值1109.6万元。（黄 莉）

【服务城乡统筹成效明显】 2011年，全市工商系统不断优化农村流通、消费环境，打好富农增收组合拳。发展农村经济组织，新设农民专业合作社426户，全市总数1759户；新设合作联社8户，扩大农村合作规模。新增农产品商标120件，累计1728件。句容工商天王分局抓住地区优势，在农字商标上找到商标发展的突破口，其经验做法在全市推广。加强农资市场长效监管，为全市970户农资经营户建立清册，统一规范经营管理、服务承诺、投诉处理等制度，创建省级农资经营示范店5家、市级23家、县级111家。开展农资市场整治，抽检农资商品120批次，查处农资违法案件19件，农村市场环境进一步优化。（黄 莉）

【监管与执法水平增强】 2011年，全市工商系统共查处经济违法案件914件。加大商业贿赂整治，重点对建筑、医药、旅游等行业进行查处，立案12件。加强网络交易违法行为整治，检查经营性网站和网络交易平台6980个（次）。开展不良文化广告整治，规范户外广告登记1704件，比上年增长42.24%；监测媒体广告52.25万条，广告违法率下降1.71%。由工商、交通牵头开展的高速公路沿线广告清理整顿工作被省政府表彰，获二等奖。严厉打击非法传销，取缔传销窝点34个，移送司法机关案件8起。（黄　莉）

【食品安全监管】 2011年，全市工商系统开展“铸牢红盾防线，维护食品安全”集中执法行动，重点围绕频繁曝光的染色馒头、瘦肉精猪肉、塑化剂等问题，加大整治力度，共检查食品经营户1.89万户（次），核发食品流通许可证1.28万份，办理食品类案件159件，案值105.8万元，为消费者挽回经济损失59万元。加强食品安全分类监管，探索推广索证索票和进货台账两项制度信息化工作，至年底，全市共有604户商家加入食品安全远程监管系统，开具票证通1450张，登记食品信息9.6万条。（黄　莉）

【消费维权网络体系日趋健全】 2011年，镇江工商局进一步畅通申诉举报渠道，12315申诉举报中心增配接线员和接线座席，热线首次接通率80%；增强维权效能，开展消费申诉电话回访，每月进行点评整改，全市电话回访率50%以上，消费者满意度94.7%。加强基层消费维权站点建设，在全省率先制定《消费维权服务站实施考核办法》，全市共建立消费者协会分会51个、消费者申诉举报站及12315联络站783个、企业维权服务站372个，实现乡镇、街道设立消协分会100%全覆盖和行政村、社区设立消费者投诉站、12315联络站100%全覆盖目标，并达到10%的样板率。深化消费诉调对接机制，实行法官定期坐班接诉、消费案件双向流转；探索推广行政约谈制度，全年针对快递、汽贸、移动等行业企业开展约谈20余次，提供行政指导意见百余条；与电视台联合开办《老戴维权》栏目，调解疑难消费纠纷382例；与海事部门设立全市首个12315水上维权站点，将维权触角延伸到渔民。开展12315进网络活动，设立网络维权服务站，网民点击率10万人次。（黄　莉）

【全省工商首个食品安全执法支队成立】 2011年12月，镇江工商局成立食品安全执法支队。该支队为镇江工商局直属机构，主要职责包括：承担全市流通环节食品安全案件的查处、指导工作，负责协调处理跨区域食品安全类案件的查处、协办；配合做好全市流通环节食品安全突发事件处置工作；配合有关部门开展食品安全专项整治工作。（黄　莉）

【首批市级农资经营示范店评选】 2011年，镇江工商局、市农委及放心消费办联合在全市范围内组织开展首批农资经营示范店创建活动。此次活动自2月开始，至12月结束。重点围绕主体资格合法、经营行为规范、经营环境良好、经营制度健全、经营规模较大等12条创建标准开展。经过筛选，30家农资经营者入围。通过公示及审核验收，“镇江市镇研种业有限公司”“丹阳市珥陵农业服务公司”等23家农资经营单位通过考核，被命名为镇江市农资经营示范店。（黄　莉）

图12-3　2011年，镇江工商设立全市首个水上消费维权流动投诉站（工商局）

【镇江市再添两家国家级广告资质企业】 2011年，镇江市飞天广告有限公司、丹阳日报社广告公司分别被中国广告协会认定为中国二级广告企业和中国三级广告企业。自2004年以来，全市获国家级广告资质认证的企业共10家，其中，京口区5家，润州区2家，丹阳市3家。中国广告企业资质是中国传媒与广告行业的最高奖项和至高荣誉，不仅是对企业经济实力和经营能力的肯定，同时也是对企业与客户建立长期战略性合作伙伴关系的保障。（黄　莉）

【发放全市首张电子营业执照】 2011年12月5日，My0511镇江网友之家在工商部门成功申请电子营业执照，成为全市首家取得电子营业执照的网站。电子营业执照，属于市场主体的网络“身份证”，企业可通过安装一个类似银行U盾的物件，链接到工商部门网页，下载电子营业执照副本，并挂在网站的醒目位置，供网上交易的消费者进行查询，是消费者维权以及识别网站诚信度、保障网上交易安全的重要标志之一。（黄　莉）

【万人拥有私个注册资本位居全省第三】 至2011年11月25日，全市新增私营个体注册资本547.69亿元，完成全年500亿目标任务的109.54%，提前一个月完成全年目标。各辖市（区）也全部完成发展目标。全市私个经济注册资本总量2544.49亿元，增幅继续位居全省首位。全市每万人拥有私个注册资本9.40亿元，高于全省平均4.25亿元，居全省第三；分别比扬州、常州、徐州、泰州高出4.76亿元、3.28亿元、7.60亿元、6.17亿元。（黄　莉）

物价管理

【概况】 2011年，全市居民消费价格总水平长时间持续高位运行，价格宏观调控任务繁重。市物价局坚持“稳增长、转方式、控物价、惠民生、促和谐”的工作主线，创新价费管理方式方法，多项工作得到省物价局的肯定和推广，在全省价格系统绩效考核中位列第一。

强化价格宏观调控。针对居民消费价格水平持续高位运行的态势，采取多种措施加强宏观调控。一是制定镇江市2011年价格调控目标责任制实施意见，将价格调控具体任务分解到相关部门，明确生产、储备、流通、救助、督查等环节责任。二是建立价格调控联席会议制度，物价、商务、财政等14个部门定期分析价格形势，制定保障供应、稳定市场的措施。三是恢复价格调节基金，运用价格调节基金保民生、稳价格。市物价局、财政局出台《镇江市价格调节基金使用管理办法》，市本级建立价格调节基金1000万元，丹阳、句容、扬中也相继恢复价格调节基金。四是建设蔬菜类平价商店。年内先后有35家店营业，百万人次得到实惠。五是清理涉及集贸市场收费，规范管理方对经营户的收费行为，对49家集贸市场的摊位费实行备案管理。六是强化民生价格监测预警。民生价格申报点由原来的18个增加到143个，定点定时监测大型商贸企业主要主副食品的价格等情况。七是适时发放价格动态补贴。根据居民消费价格指数情况及时协调民政、财政部门启动价格动态补贴发放机制，全年发放物价补贴2016.1万元，补贴5.5万人次。

治理热点价格。一是加强教育收费监管。从严、从紧核定高中阶段的择校比例和幼儿园收费标准；制定《镇江市中小学学生食堂伙食费管理暂行办法》，降低伙食成本，保证饭菜质量。二是加强涉房价费监管。辅导房地产企业明码标价，使商品房销售明码标价率达到100%；制定加强保障房价格管理意见，规范政策保障性住房价格管理。三是加强市场价格监管。以打击价格欺诈为主题，分阶段整治商场、超市、汽车4S店、行业协会等相关价格行为，叫停家装行业协会指导价，查处54起价格违法案件，曝光15起价格欺诈行为。

实施价格便民惠民措施。出台公厕免费政策，推动全市公厕全部免费开放。开展"惠农价费万户行"活动，将涉农价费汇编成册，走村入户，向农民、农业合作组织等免费发放。在通过传统媒体发布民生价格信息的同时，在My0511网站设立《一网知物价　惠民千万家》发布栏目。商品房价格和药品价格逐步纳入民生价格信息发布范围。建立存量房价格数据库，简化存量房交易，堵塞税收漏洞。严控涉及新兴产业企业收费，对第二批40家单位列入收费准入制度保护范围。梳理汇总100项经营服务性收费项目和标准，做好实行目录管理的前期准备。

开展"树新风、强服务、比作为、创一流"主题活动，提高全体干部队伍素质。文明机关创建活动常抓不懈，蝉联镇江市"文明机关"称号。梳理部门行政权力，清理规范性文件，依法行政工作得到新提升。《镇江市"菜篮子"价格情况分析及对策建议》《让"看得见的手"和"看不见的手"相得益彰》等多篇调研文章在《价格理论与实践》《江苏价格》和市委《调查快报》等刊物上刊登。

（佘殿福）

【稳房价】　2011年，市物价局采取多项措施稳房价。加强政策保障性住房价格管理，出台《关于加强全市保障性住房价格管理的意见》，明确核定保障性住房价格，须经过价格认证机构或成本监审机构成本审核。2011年，市物价局共对181.28万平方米的拆迁安置房回购价格和3884.89平方米的经济适用房销售价格进行核定，保障政府土地收益，维护群众的利益。（综　合）

【控菜价】　2011年，市物价局采取多项措施控制菜价。年初，镇江市区蔬菜价格高位运行，为准确掌握主要蔬菜成本价，价格部门在全市布点对条颗青菜、大白菜、西红柿、黄瓜、茄子、水萝卜等6种蔬菜进行调查。调查显示，6种蔬菜种植成本和单位成本比上年分别上升20.5%、17.6%。蔬菜成本调查为准确判断蔬菜市场价格和零售环节利润率提供依据，成为合理定位平价商店蔬菜价格的重要参考。针对蔬菜销售环节中最后1公里价格翻番的现象，市物价、商务、工商联合对集贸市场摊位费实施备案管理，规定新建、改造、扩建的菜市场须在正式经营前办理好备案手续。

（综　合）

【居民消费价格指数运行情况】　2011年延续上年末居民消费价格指数高位运行的趋势，镇江市居民消费价格总水平继续保持高位运行态势，逐步攀高，数月刷新近两年来的纪录，6月达到全年最高值，创下近三年来的最高纪录。7、8、9月，虽较6月有所回落，但较其他月份仍偏高。在蔬菜价格整体低迷的情况下，自10月起，全市居民消费价格指数明显回落。1～12月，全市居民消费价格总水平累计上涨5.0%，与全省、全国平均水平相比，分别低0.3和0.4个百分点。

（佘殿福）

【加强中小学学生食堂伙食费管理】　2011年6月，市物价局、教育局制定《镇江市中小学学生食堂伙食费管理暂行办法》，规范中小学学生食堂的价格行为。规定学生食堂须保本经营，不以营利为目的；细化伙食费成本支出范围；食堂盈余须控制在3%以内；饭菜价格实行备案管理，禁止擅自变动；建立困难学生伙食费救助机制；严禁侵占学生利益。10月26日，在全市范围内推广"统一采购、集中配送"的润州模式。镇江加强中小学学生食堂伙食费管理的做法引起中央和省多家媒体关注，《人民日报》以《镇江中小学生吃上"标配午餐"》为题作报道，《新华日报》《扬子晚报》、江苏卫视等省内8家媒体也都作重点报道。省物价局多次肯定镇江的做法，并在全省推广。（佘殿福　黄　伟）

【开展平价商店建设】　自2011年3月起，市物价局实施平价商店建设。平价商店是通过与价格部门签订协议，在价格异动时承担稳价惠民责任，并享受政府给予的优惠政策和补贴的商店，分为平价直销店、超市平价区、平价集贸市场三种形式。平价商店每天须有20个品种的蔬菜以低于市场平均零售价15%的价格销售，超市平价区每天还须有不少于5个品种的蔬菜销价低于1元/500克。镇江市制定《关于推进平价商店建设稳定菜篮子价格的实施意见》和平价商店采报价管理办法，开发平价商店网上采报价系统。政府优惠政策吸引经营者积极开设平价商店。8月30日，全市第一批28家农产品（蔬菜类）平价商店

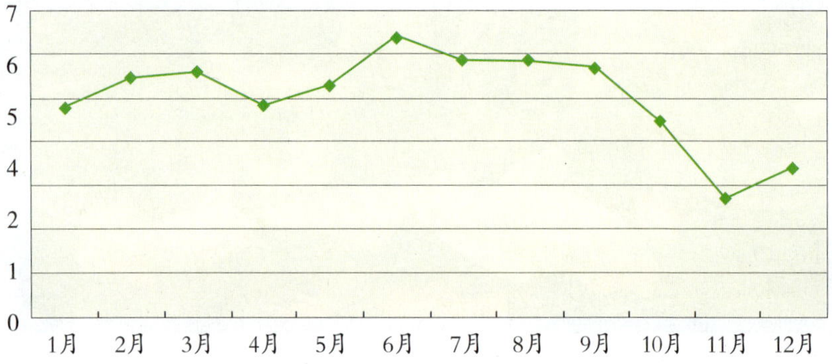

图12-4　　2011年镇江市居民消费价格指数运行图　　（佘殿福）

挂牌运营,至年底增加到35家。列入监测目录的20个蔬菜品种,35家店日销售量约3万公斤,受惠群众日均10万人次左右。平价商店的运营在一定程度上缓解"买菜贵"压力。

(佘殿福 郑 丹)

【营造放心消费价格环境】 2011年,全市以营造放心消费价格环境为主题分阶段专项整治各类市场价格行为。3月份检查主要商场、超市价格行为,曝光54起价格欺诈或明码标价不规范等价格违法行为,对大润发超市(中山桥店)、国美电器(中山桥店)各处6万元罚款。提醒食品与副食品、餐饮、电信等行业协会,不得制定行业指导价、不得统一提价、不得串通价格等。对全市20余家混凝土公司实施价格政策提醒,避免混凝土行业价格串通行为发生。叫停镇江市装饰装潢行业协会制定和发布的行业指导价。三季度对商贸零售企业自包装和定包装商品的净含量进行检查,对存在"短斤少两"现象的沃尔玛超市处3万元罚款。四季度检查市区汽车销售价格行为,并召开汽车销售明码标价现场会,规范汽车销售过程中的价格行为,同时取消出库费。在每个专项检查结束后,及时召开"以案说法"活动,对相关行业经营者分析相关价格违法行为的具体表现和法律后果,提高经营者的价格自律意识。 (佘殿福 蒋 炎)

【平息食盐抢购风波】 日本地震引发核辐射后,食盐能够减轻核辐射伤害等谣言在东部沿海省份流行,全国许多地方出现食盐抢购风潮。2011年3月16日,镇江出现食盐抢购现象,食盐供应一度中断,个别经营者趁机涨价。为迅速遏制食盐抢购现象,市物价局采取多项措施:一是及时向市政府汇报,以市政府名义发布食盐货源充足信息,引导群众不信谣、不抢购;二是以市政府名义要求盐业公司向超市等可控大户供货,确保市场供应不断;三是要求商场、超市限量销售,每人次限购一袋;四是成立多个检查组检查经营者执行食盐价格政策情况,查处囤积居奇、趁机涨价、哄抬价格等违法行为。由于上述措施及时、得力,两天后全市食盐供应恢复正常,价格稳定,食盐抢购风波得以平息。(参见第185页) (佘殿福 蒋 炎)

【民生价格信息发布】 2011年3月15日,镇江市物价局在My0511网站设立《一网知物价 惠民千万家》栏目,每周发布一次镇江市民生价格信息。在该网站设立民生价格信息栏目不仅拓宽民生价格信息发布渠道,而且打破报纸篇幅的限制,使民生价格信息的大量发布成为可能。该栏目设立后,发布的民生价格信息的种类范围由最初的市区大型超市和农贸市场的主要主副食品,逐步扩展到主要楼盘的商品房和主要药店的药品。该栏目与群众的日常生活关系密切,深受群众欢迎,开通后一直保持较高的点击率。截至12月31日下午4时,该栏目浏览量近170万人次,创下该网站相同时间内访问量最高纪录。镇江市部分大、中院校、厂矿企业及敬老院等单位把该栏目发布的主副食品的价格作为考核食堂采购价格的重要参考依据。年终,My0511网站开展镇江市"十大网络民生事件"评选,该栏目取得第一名。由于该栏目取得较好的社会影响,在镇江市第四届网民节上,镇江市物价局被评为镇江年度十大网络致敬单位。

(佘殿福 赵 飞)

【市区基层医疗卫生机构设立一般诊疗费项目】 自2011年7月1日起,镇江市区(京口、润州、丹徒、镇江新区)范围内已实施基本药物零差率销售的基层医疗卫生机构实施一般诊疗费项目。主要内容为:将挂号费、门诊诊查费、注射费(含静脉输液费)和药事服务费等项目打包收费,每人次10元;换药、针灸、理疗、推拿、血透等服务按疗程只收取一次一般诊疗费;禁止已合并到一般诊疗费里的原收费项目另行收费或变相收费,其他医疗服务项目按原有价格标准执行;一般诊疗费纳入基本医疗保障基金支付范围;实施价格救济措施,对城市低保人员等特定对象免收一般诊疗费。一般诊疗费制度对不同的患者影响不同,实施后在一定程度上引起热议,但总体上利大于弊,对缓解基层医疗卫生机构经费不足有明显的作用。

(佘殿福 陈迎春)

【开展"惠农价费服务万户行"活动】 自2011年10月起,市物价部门实施价费惠农服务活动。主要内容有三:一是开展涉农价费政策宣传;二是加强和完善农产品和农业生产资料价格监测工作,调查特色农产品成本收益,助推特色农业发展;三是沟通协调相关单位,推动农产品产销对接。为配合活动开展,市物价局对与农民生产、生活密切相关的生猪检验和屠宰、水利工程供水、抗旱排涝等28个收费项目及标准进行梳理汇编成《镇江市涉农价费手册》,并印制1万份,通过"三进"(进乡镇、进农村、进农户)形式向农民、农业合作组织等免费发放。 (佘殿福 郑 丹)

【存量房交易计税基准价格数据库的建立及运用】 2011年,市物价、地税等5部门出台《关于加强存量房交易税收征管工作的意见》,对市区六大片区296家住宅小区存量房交易价格进行调查、统计、认定,建成存量房交易计税基准价格数据库,实现存量房交易纳税一体化和现代化。该数据库的运用改变存量房交易由中介机构进行价格评估的模式,简化手续,降低费用,保障当事人的权益;规范交易行为,杜绝以前交易中存在的高价成交、低价评估的"阴阳合同"现象,减少税收流失。存量房年交易总量比上年下降约34.76%,但由于该数据库的运用,存量房交易纳税总额却上升32.28%。 (佘殿福 祁 伟)

【《公交化道路客运票价管理暂行办法》】 2011年10月,市物价局、交通运输局联合出台《公交化道路客运票价管理暂行办法》,规范公交化道路客运价格行为。该暂行办法体现三个特点:票价惠民,车型运价参照普通客车车型运价下浮10%执行;促进企业发展,设立最低票价2元/人次;明确有政府补贴的客运班线实行政府定价。该暂行办法的出台填补省道路运价管理政策空白。

(佘殿福 王有志)

质量技术监督管理

【概况】 2011年,镇江质监系统围绕"加快转型升级,推进跨越发展"的总体要求,主动贴近和融入地方经济发展主战场,切实当好经济社会发展的助推器和质量监控仪。镇江市计量所连续三次获全国文明单位称号。

两个国家质检中心在筹建中。一是投资总额4.5亿元的国家中低压配电设备质检中心。该中心占地4公顷,是全省质监系统单体投入规模最大、技术难度最高、对新能源装备制造业发展支撑最好的一个项目。中心一期工作量完成90%,近3万平方米的土建工程、220千伏试验变电站设备安装工程、低压试验系统设备安装工程接近尾声,具备国家质检总局验收条件。二是国家流量计型式评价实验室。该项目占地2.67公顷,总投资近5000万元。完成技术方案、建设规划方案认证,场地平整结束,进入招标开工阶段。

市质监局帮助7家企业提出10项国家标准提案,使技术标准战略的实施由政府大力推动向企业参与转变。指导全市30余家企业参与2011年标准化创新项目培育。指导5家企业申报“太阳能硅片线切割废料浆回收”等5项循环经济标准化试点。指导帮助370项工业产品采用国际标准和国外先进标准;帮助28家企业建立、完善标准体系,创建“标准化良好行为”企业。启动建立“金山翠芽茶”国家级示范区、“万顷良田工程无公害农产品产业园”等6个镇江市农业标准化示范区,9项江苏省地方标准和5项市级地方标准获立项,4个国家级示范区和6个省级示范区通过省质监局验收。句容在全国率先启动、创建农业标准化综合示范市(县)。镇江服务业标准化工作走在全国前列。研制国家标准《乡镇基本公共服务规范》,申报的《行政服务中心网上行政服务规范》国家标准得到批准立项,立项启动“劳动关系和谐企业”全国服务标准化试点。

市质监局组织金东纸业、大全集团等企业建立管理合作联盟,以优秀企业联盟合作的形式,组织指导80多家企业申报江苏名牌产品,6家单位获江苏省质量奖,江苏吟春碧芽股份有限公司是2011年唯一获省质量奖的农业企业。丹阳眼镜获江苏省首批区域名牌。免费为全市123家集贸市场7872台衡器和410家农村社区卫生服务站、计生指导站、社会福利机构等1745台(件)医用计量器具进行检定。组织开展“质量月”系列活动,与镇江电视台联办“辖市(区)长话质量”专题片和“质量促发展”系列报道;联合市委宣传部举办“市民质量大讲堂”。

全面实施气瓶安全信息化管理。全市有各类气瓶43.2万只,安装条码42.5万只。开展“电梯维保质量提升年”活动,组织电梯维保技能比武竞赛和应急演练。推进安全使用管理标准化与分类监管工作,全市累计推进3379家企业开展安全使用管理标准化工作,达标2757家。对3302家企业实施分类管理,明确监管重点,为实施有效监管奠定基础。推进3086家特种设备使用单位开展隐患自查自纠,重大隐患整改率100%。深入开展食品分等分级分类监管,实施监管、执法、检测“三位一体”综合监管模式。完成乳制品企业的重新许可核查工作。开展“瘦肉精”“地沟油”、酒类等专项整治,开展严厉打击食品非法添加和滥用食品添加剂专项行动,未发现非法添加塑化剂等非食用物质的违法犯罪行为。按照省质监局统一部署,在市、县质监局质检机构增挂“食品安全监控中心”牌子,稽查支队(大队)增挂“举报投诉中心”和“食品稽查大(中)队”牌子。组织开展农资、汽配、服装鞋帽、工程电器、眼镜等数十项产品专项执法打假行动,出动稽查人员6397人次,检查生产销售单位2488家,查办案件264件,涉案货值1700余万元,其中大要案件14件,移送司法机关9件。丹阳汽摩配件成功创建省级优质产品生产示范区,扬中工程电器优质产品生产示范区高分通过省质监局考核验收。镇江质监局建立与社会(企业)共建以“联系点、联络员、联系制度”为主要内容的“三联”工作机制,进一步畅通与社会(企业)沟通互动的渠道。 (戴 韵)

【产品质量水平稳步提高】 2011年,省级产品质量监督抽查镇江市70类产品885批次,合格868批次,平均合格率98.1%,比上年上升2.9%;抽查镇江市食品生产企业食品,合格率97.1%。国家监督抽查合格率86.3%。加工环节食品质量监督抽查合格率保持稳定上升势头。 (戴 韵)

【句容市率先启动创建农业标准化综合示范市(县)】 2011年6月2日启动,句容市计划通过三年示范市的建设,全面普及推广农业标准,围绕应时鲜果生产、稻米生产等五大产业,使示范区执行标准覆盖率达到85%,建立起种植、加工、销售、物流、农业旅游等的农业综合标准体系;健全农业标准示范体系,建设5个国家级示范区、5个省级示范区、15个市级农业标准化示范区;加强实施标准监督检验,规范农业投入品的使用,严格按标准规定施肥用药,使示范区内农产品质量安全合格率95%以上;提高农业综合标准化水平,从果园建设、种植管理、采摘服务等方面进行标准化管理;提升农业标准化成效,全市标准化生产覆盖面积达到80%,示范区内农产品质量安全合格率95%以上,标准化农产商品化率60%以上;年农药用量平均下降10%。示范区农户平均年增收10%以上。 (戴 韵)

【江苏省配电设备产品质量监督检验中心通过验收】 2011年9月,位于扬中市的江苏省配电设备产品质量监督检验中心通过省质监局考核验收,具备44种产品105个项目(参数)的检验能力,覆盖电缆桥架、母线槽等16种产品78个参数的检验资质,为镇江的工程电器产业发展提供有力的技术支撑。 (戴 韵)

【丹阳国家级食用菌标准化示范区通过验收】 2011年9月17日,丹阳市承担实施的“国家级食用菌标准化示范区”项目通过省质监局组织的考核验收。2008年3月,丹阳市食用菌生产被国家标准化管理委员会列入为第六批全国农业标准化示范区项目,该项目由丹阳质监局、丹阳市农委和江南食用菌生物科技有限公司共同参加建设。三年来,示范区先后制定草菇、杏鲍菇、秀珍菇等4项省级农业地方标准,以及食用菌、药用菌5项相关企业标准,完成对5200多人次食用菌标准化生产的培训,示范核心区各类食用菌产量1.25万吨,销售收入1.28亿元。 (戴 韵)

【句容国家级大棚草莓标准化示范区通过验收】 2011年5月12日,句容市政府承担的“国家级大棚草莓标准化示范区”项目通过省质监局组织的验收。自2009年立项以来,无公害大棚草莓标准化示范区达533.3公顷,占全市大棚草莓种植面积的80%以上。示范区内每亩增产鲜果300公斤左右,总产量增加3000万公斤。每亩增收3000元左右,共增加农民收入3000万元,示范区内农户平均年收入增长28%。示范区鲜果标准化率达98%,质量合格率和产品商品化率均达100%。 (戴 韵)

【气瓶安全条码管理工作经验在全省推广】 2011年,镇江质监局投资110万元对全市42.5万只燃气瓶集中开展安全专项整治,免费为所有气瓶安装条码实施“身份证”式管理,报废“螺丝瓶”和检验判废钢瓶8.2万只,确保人民群众放心使用瓶装液化气。在全省率先完成气瓶安全条码管理工作。省质监局在镇江召开气瓶条码工作现场交流会,在全省推广“镇江模式”。 (戴 韵)

【行政权力实现100%网上运行】 2011年,镇江质监局推进行政权力网上公开透明运行工作,完成行政权力清理、电子政务大厅、权力运行系统、网上监察和法制监督系统建设,做到应上网运行的行政权力事项全部在网上运行。行政权力网上公开透明运行工作通过省质监局考核验收。 (戴 韵)

食品药品监督管理

【概况】 至2011年12月底,全市有餐饮单位6871家。市食品药品监督管理局履行餐饮服务环节食品、保健食品、化妆品安全监管新职能。全市餐饮保化安全监管在探索中前行,在创新中发展。先后制定出台《餐饮单位节点式监管办法》《餐饮保化监管工作督查办法》《餐饮服务信誉等级风险度量化分级管理办法》等16项制度，其中《餐饮单位节点式监管办法》《餐饮保化监管工作督查办法》在全省属于首创。以市政府名义明确市、区两级餐饮安全监管部门责权范围，落实餐饮安全各级地方政府负总责的责任。相继举办餐饮服务单位负责人、从业人员培训班178期，培训人员18527人次。公布24小时投诉举报电话88985110。组织开展餐饮服务环节食品安全事故应急演练。2011年审批餐饮行政许可729件；立案查处餐饮保健食品、化妆品类违法违规案件413起，罚没收入88.9万元，完成餐饮食品抽检3479批次；相继开展餐饮食品添加剂、火锅底料、酒类、学校食堂、地沟油等48项专项整治工作。做好中共中央政治局委员李源潮、刘云山及外国驻华大使到镇江视察、长三角市长联席会议、"两会""2011年长江草莓音乐节""第八届扬中江鲜节"等58次重大活动餐饮安全保障，实现重大活动餐饮安全保障零事故的目标。全面推行量化分级管理，学校食堂量化分级管理实现全覆盖，餐饮单位量化分级管理覆盖率97.4%。加强保健食品化妆品监管，建立辖区保健食品化妆品生产经营企业监管档案527家；指导保健食品化妆品生产企业申请批准文号、扩项等工作；对恒顺生物工程有限公司和江大源生态等4家保健食品生产企业、2家化妆品生产企业实施全面检查；开展"DNA色素细胞转移霜""圣首牌荞芪胶囊"等72个品种保健食品清查，完成48批次保健食品化妆品监督与评价性抽样；配合省食药监局开展化妆品生产企业资料审查和现场审核工作，化妆品生产批发企业监督检查覆盖率100%。

强化药械全过程监管，加强药品、药包材注册现场核查和"两证"换证的后续监管，开展中药生产企业专项监督检查；两家企业顺利通过药品GMP(药品生产质量管理规范)复认证和GMP证书有效期延续现场检查；推进新版GMP的实施与宣传贯彻；强化特殊药品管理，全年没有发生一起特药流弊事件；全市共上报药品不良反应监测报告2735份，报告百万人口数和新的严重的报告比例数位居全省第三。实施流通领域药品分类监管；深入推进抗菌药物联合整治，检查药品经营企业1188家(次)、抗菌药品品种2000余个，处理违规企业38家，罚没款金额达2.65万元；加强全市点击率前50位主流媒体网站发布虚假信息的监督检查；江苏大学附属医院在全省首家通过省级"规范药房"验收，全市5家三甲医院、13家二级医院全部通过省、市食药监局《江苏省药品使用质量管理规范》监督检查；作为省政府50件为民办实事之一，镇江新区创成省级药品"两网"(药品群众监督网、现代供应网)示范区，实现全市创建率100%；扬中、丹阳市创建国家级药品安全示范县有序推进，目标实现率89%。加强医疗器械质量监管，核发一类产品注册证50张，完成18家次生产许可证现场检查和32个二类产品注册的质量体系考核工作，办理产品出口销售证明书12张；5家医疗器械生产企业通过GMP检查验收。加大高风险医疗器械生产企业检查频率，重点单位检查覆盖率达400%、一般企业超过100%；海昌隐形眼镜有限公司成为全省第一家通过医疗器械GMP现场检查的企业；医疗器械不良事件监测百万人口报告数处于全省领先位置。加强基本药物生产、配送、使用环节监管，基药生产和批发企业全面实施电子监管，建立药品集中招标采购监管联动机制。严厉打击非药品冒充药品、利用互联网络等媒体发布虚假广告、邮购药品等违法行为，联合公安等部门先后查处"某药店销售通心络假药案""朱某利用互联网非法销售药品案"等一批影响较大的违法犯罪案件。全市立案378件，涉案物品标值58.73万元，罚没款199.5万元，依法移送公安机关案件2件；监测药品、保健食品、化妆品、医疗器械虚假违法广告1460条次，向工商部门移送并提请查处的违法广告62品次，提请省局实施暂停销售措施的药品3个。药品快速检测车投入使用，查获假药达美康。

遴选出年度投资1000万元以上的16个重点项目实施领导干部挂钩帮扶，引导企业走科技兴药、人才强基、产业集聚、特色发展和品牌战略之路。丹阳市推进医疗器械特色园、生物医药产业园、救援装备特色园、中草药科技示范园等"四大园区"建设；扬中市华康公司药品物流配送等项目进展顺利；丹徒区引进各类药械企业，中兴药业、恒新药业基本落户该区。

2011年，市食药监局建局10周年。

(黄良俊)

【市、区餐饮监管事权划分】 2011年11月，市政府出台文件，就市、区两级餐饮服务食品安全监管事权作出划分。市食药监局负责镇江新区内所有餐饮服务单位的监管。在酒店类监管方面，市食药监局负责监管四星级以上(包含)酒店；现有在京口、润州辖区内，由镇江市食药监局发证，尚在有效期的四星级以下的餐饮单位到期换证时，按属地原则，分别到所属辖区食药监局办理，换证后由所属京口、润州区食药监局负责监管；其他酒店按辖区分别由京口、润州区食药监局负责监管。市食药监局负责驻镇大专院校、市属中学、职校食堂的监管。其他学校食堂按辖区分别由京口、润州区食药监局负责监管。市食药监局负责市级机关食堂的监管。其他机关、企事业单位、建筑工地食堂按辖区分别由京口、润州区食药监局负责监管。中央厨房由市食药监局负责监管。其他类餐饮服务按属地管理原则监管。文件还要求：市、区两级监管部门每年都对监管档案进行梳理，如发现被监管单位在实际发展过程中规模发生变化，及时对照上述标准，办理监管交接手续。 (黄良俊)

【推行药品流通分级监管责任制】 针对江苏省食品药品监管体制由省以下垂直管理改为属地管理的情况，2011年2月起，市食药监局在全市推行药品流通分级监管责任制。责任制包含《药品经营企业日常监管责任制》《GSP认证分级责任制》《重大事项双向报告制》等，进一步明确市县两级食品药品监管部门在药品日常监管、GSP认证及证后跟踪检查、药品流通安全事故应急等工作中的具体职责，突出"属地监管""市级监督指导"和"上下联动"的原则。

(黄良俊)

【医疗器械"春雨行动"】 自2011年4月起，市食药监局开展为期8个月的医疗机构使用医疗器械"春雨行动"。"春雨行动"两大任务是监督医疗机构使用医疗器械的质量及来源的合法性，建立健全医疗机构医疗器械不良事件监测网络。全年对江大附院、一院、二院等7家市直医疗机构和2家区医院进行监督检查，累计检查近年购买及在用的螺旋CT机、X射线机、DSA、核磁共振系统等大型医疗设备150余台，并对各医院的植入类介入类器材、义齿等10余个品种的贵重医用耗材进行监督检查。监督检查中未发现违法行为。 (黄良俊)

安全生产监督管理

【概况】 2011年，全市发生各类事故677起、死亡317人，比上年分别下降6.9%、0.7%，全市未发生重特大事故，工矿商贸领域未发生较大以上安全责任事故，实现事故起数与死亡人数连续十年"双下降"的目标。

全面推动企业落实安全生产主体责任。加大学习和宣传贯彻力度。市安监局多次组织召开专题学习会，促进安全生产与经济建设同步发展。先后制定《关于进一步加强企业安全生产主体责任的实施意见》《镇江市各级人民政府及其有关部门和单位安全生产工作职责暂行规定》《关于进一步规范企业安全生产行为的通知》等实施意见，进一步细化任务、明确目标、落实责任。研究制订"企业主体责任落实年"主题活动方案，开展"宣传培训、安全承诺、标准化创建、安全生产述职、隐患排查治理、网格化管理"等16项有针对性的活动。

全面提升安全生产管理水平。重点行业、领域安全监管和专项整治力度加大。1.非煤矿山企业安全监管水平不断提升。2.冶金和船舶修造行业的专项整治力度不断加大。3.危化行业安全管理更加规范。4.烟花爆竹经营安全管理制度更加完善。5.建筑施工领域事故多发势头有效遏制。6.消防专项治理工作扎实开展。7.封闭水域安全管理制度初步建立。深化隐患排查治理，全年全市共排查交通运输等重点行业(领域)相关企业21371家次，查出一般隐患20978条，整改率97.8%；非煤矿山等工矿企业13234家次，一般隐患12450条，其中整改12307条，整改率99%。镇江市挂牌督办的10个市级隐患中完成整改办理7个，其余3家隐患单位按照确定的整改期限和整改要求抓紧整改，并全部做到责任落实、措施落实、经费落实、时间落实、预案落实。完善应急救援体系建设，建立全市安全生产应急指挥中心，完善应急救援组织管理网络，建立协调联系机制，并设立危险源监控系统；开展10个安全生产应急预案的编修工作；加强应急督查，重点对辖市(区)工矿商贸安全生产应急预案和各专项应急预案开展检查；组织应急演练。结合"安全生产月应急预案演练周"活动计划，组织高层建筑消防应急预案拉动演练，危化企业应急救援的桌面推演，与海事部门联合开展大型水上安全应急综合演练。各辖市(区)和重点企业根据自身实际，也组织相应的应急演练。开展职业健康监管工作，落实企业职业危害防治主体责任，开展粉尘与高毒两大危害专项治理等重点工作。强化安全生产执法工作，全年各级安监执法部门开展执法行动2953起，其中查处违反建设项目安全设施规定的12起，重大隐患瞒报或不按规定期限及时上报的21起，不按规定进行安全培训或无证上岗的188起。

全面加强安全生产基础建设。组织以"安全责任、重在落实"为主题的安全生产月活动，营造良好的安全生产氛围。制作40块生产安全事故展板、免费发放1万册《警钟长鸣——镇江市生产安全事故案例100则》，组织编印中小学生安全知识读本，并将安全知识纳入正常的教学和中考范围。推进安全生产标准化创建。全市有六个行业近100家企业通过外部评审，5家企业达到国家一级、10余家企业达到省二级、80余家达到市三级安全生产标准化的要求。加强基层安全监管队伍建设。与市委组织部联合举办二期乡镇(街道)安监干部安全管理专题培训班，全市共154名基层安监干部参加培训。加强安全生产信息化建设。初步建立起安全生产信息平台。建立行政许可审批服务飞信平台、微博和公共邮箱，构建行政许可提醒业务和网上政策即时咨询问答回复平台；完善局域网功能，实现安全生产工作信息数据和资源网络共享，实现全市特种作业人员安全培训考试网络化管理。

完成上级布置的重点工作。安全生产大检查期间，全市共检查企业13675家次，查出一般隐患9606条，整改率96%，限期整改401条。开展"打非"专项行动。全年全市共出动执法人员4043人次，检查企业8242家，责令停产整顿企业71家，关闭非法生产企业25家，实施经济处罚65万多元。在全市范围内开展高速铁路沿线环境安全大检查活动，排查出一批影响高铁运营的安全隐患，其中属于市相关部门负责的隐患整改到位。同时，将属于铁路部门整改职责的22项安全隐患，以及高速铁路建设遗留的44项公铁交汇处交通安全设施设置问题汇总后致函上海铁路局。

(章　群)

【镇江市两级安监部门建立约谈机制】2011年8月16日，镇江市两级安监局对2008～2010年以来全市发生安全生产事故的单位主要负责人就整改落实情况进行约谈。

根据市安监局"企业主体责任落实年"主题活动要求，由市和辖市(区)两级安监部门会同监察局、公安局、检察院集体约谈事故发生单位主要负责人，征询事故发生单位对事故调查的建议和意见；听取事故整改措施落实情况介绍；指导帮助事故单位分析发生事故原因、总结事故教训、改进安全管理工作方法；对今后的安全生产工作提出建议从而推动、督促、指导"企业主体责任落实年"主题活动全面有效开展。参与约谈的部门在约谈中强调，企业一定要落实安全生产监管的主体责任，积极实施安全生产标准化建设，将各项安全管理工作落到实处；同时要求负有安全生产监管职责的有关部门加强对企业安全生产工作的指导，把与企业沟通作为一项常态化工作。

(章　群)

【省安委会考核镇江市安全生产工作】2011年12月14～15日，省安监局党组副书记、煤监局副局长于宗立，率领由省安监局、江苏海事局、省经信委等部门组成的省安委会安全生产目标责任管理考核组，对镇江市2011年度安全生产目标责任完成情况进行全面考核。

考核组分别听取镇江市、丹阳市和京口区2011年安全生产工作汇报，查阅相关台账资料，实地检查镇江市京口区谏壁镇、丹阳市司徒镇安全生产工作和镇安监站建设情况，以及部分企业、超市的安全生产监管工作情况。考核组人员还就重大危险源的监管、应急救援、重点行业的监管、乡镇安监队伍建设和职工教育培训等情况与被考核单位和人员进行深入交流。考核组对镇江市安全生产目标责任完成情况给予肯定。

(章　群)

审　计

【概况】 2011年，全市审计机关共完成审计和审计调查项目314个；查出违规金额25.16亿元、损失浪费金额5.5亿元、管理不规范金额45.29亿元；应上缴财政18.29亿元、减少财政拨款或补贴3亿元、归还原渠道2.35亿元、调账处理1.39亿元；提出审计建议694条，被采纳590条；提交报告和信息767篇，被各级批示、采用832篇(次)；审计公告64次；移送相关部门处理事项30件，其中立案7件。

财政预算执行审计。一是在内容上更加关注预算执行中的绩效问题。在实施审计中，对涉及的每个预算执行单位均选择一定的项目或资金进行绩效情况调查，通过调查，综合判断、评价政策执行、资金使用、资源节约等方面绩效情况。二是在分析上更加立足宏观。在预算执行审计实施中，不仅重视常规问题的分析，还从财政收入结构、支出进度、土地出让收入占比、政府性专项资金管理等方面进行剖析，并提出建设性意见。三是在处理上落实到位。通过督办，查出问题、提出的意见和建议都基本予以落实，全年收缴入库15.79亿元，创下历史新高。

固定资产投资审计实现全程监督。2011年在完善固定资产投资跟踪审计的同时，向拆迁资金、工程绩效、招投标管理等多方面拓展，基本覆盖项目建设

表 12-5　**2011 年镇江市国家审计机关审计情况统计表**　单位:万元

名称		审计单位个数	查出主要问题			应交财政资金	已交财政资金	应归还原渠道资金	应减少财政拨款资金	应调账金额	提交审计工作报告信息(篇)	
			违规金额	管理不规范金额	损失浪费						提交审计工作报告信息(篇)	其中:采用(篇次)
按区划分	合计	314	251610	452906	55523	182979	182979	23536	30134	13945	767	832
	市局	56	115429	64669	704	79582	79582	20018	12502	6728	218	281
	(市)区局	258	136181	388237	54819	103397	103397	3518	17632	7217	549	551
按类划分	预算执行	18	179166	155859	19900	157871	157871	19646	-	3559	38	52
	财政决算	10	25864	18142	-	23166	23166	284	-	2837	26	36
	专项资金	56	-	67185	778	-	-	-	-	-	190	221
	行政事业	96	12504	184586	34077	1111	1111	503	-	3816	156	186
	固定资产	121	32025	19775	768	779	779	-	30134	3207	320	291
	企业	13	2051	7359	-	52	52	3103	-	526	37	46
	合计	314	251610	452906	55523	182979	182979	23536	30134	13945	767	832

(姜爱贵)

的全过程。丹阳市审计局提请市政府通过《丹阳市政府投资建设项目审计监督办法》等5份文件,把握住对所有政府投资建设项目审计扎口管理和审计的主动权;句容市审计局、丹徒区审计局、京口区审计局对拆迁资金和安置房工程的审计,不仅节约政府投资,也促进拆迁管理的规范化、制度化。

民生资金审计和审计调查取得显著成效。2011 年,先后组织实施新农合基金、新农保基金、养老保险基金、住房公积金、残疾人保障金、政策性农业保险资金等项目审计和审计调查,并结合审计和审计调查结果,从政策层面撰写调研报告,推动相关政策的落实和执行。扬中市审计局通过审计,促成市政府印发农业发展基金管理办法、向残疾人发放重残补贴和护理补贴的实施办法等文件。润州区审计局与区纪委、财政等部门组成督查组对近 3 年慈善资金使用情况进行跟踪检查,对 3 家挪用、4 家滞留资金的单位进行通报和处理。镇江新区审计局围绕万顷良田建设、低效土地清理等重点工作开展审计调查,为领导决策提供参考依据。

2011 年 9 月恢复镇江新区审计局。

(唐喜全)

【地方政府性债务审计】　2011 年上半年,市审计局按照审计署和省审计厅的统一布置,开展地方政府性债务交叉审计。全市共抽调审计人员 84 名,组成 7 个审计组,在对扬州市地方政府性债务进行审计的同时,对镇江所辖各市(区)地方政府性债务进行交叉审计。审计的重点是债务发生的起始年、1997 年、1998 年、2002 年以及 2007 年至 2010 年地方政府(含政府部门和机构)举借、担保形成的债务,经费补助事业单位、公用事业单位、政府融资平台公司和其他相关单位举借而确定由政府财政资金偿还的债务,以及政府可能需要承担救助责任的债务。审计中按照"逐笔审计""见账见人见物"等工作要求,查清地方政府债务规模、结构及增减变化情况,分析地方政府性债务风险及未来偿债能力,反映地方政府通过举债融资对支持地方经济社会发展等方面发挥的积极作用以及在清理化解历史债务、规范债务管理等方面采取的措施,揭示突出问题和存在的风险隐患,并对债务的成因进行深度分析,提出积极稳妥推进地方政府投融资体系改革等建议。在审计中,市审计局积极探索创新计算机审计方法,研制开发简便实用的《地方政府性债务审计辅助汇总工具》,被全省审计机关推广使用。

(曹　敏)

【市直预算执行审计】　2011 年,市审计局对市财政局、镇江新区和市地税局组织和参与组织 2010 年度市级预算执行和其他财政收支情况审计,立足于从宏观层面上指出财政部门在预算管理方面存在的监管缺位问题,从制度层面深入剖析原因,提高审计建议的针对性。审计范围由传统的一般性预算资金审计向完整的政府性财政资金审计转变,继续加强对财政资金分配、使用和管理情况的监督由注重评价财政财务收支的真实、合法方面,转变到重点评价财政资金的效益上。

(曹　敏)

【经济责任审计】　2011 年,全市审计机关完成经济责任审计项目 67 个,其中市本级 10 个,辖市(区)57 个,共查出违规金额 1.21 亿元,管理不规范金额 3.56 亿元。市审计局对市卫生局、市民宗局、市残联、市轻工化工物资行业管理办公室、市机械电子冶金建材行业管理办公室、市纺织建筑煤炭行业管理办公室等 6 名部门领导干部进行离任经济责任审计;对市给排水管理处主要领导进行任中经济责任审计等。2011 年 2 月出台《镇江市审计局关于修订任期经济责任审计报告格式的意见》,进一步规范经济责任审计行为。2011 年 5 月,市审计局和市内审协会在市公安局召开现场观摩会,促进全市内管干部经济责任审计工作的开展。2011 年 9 月,市审计局联合纪委和组织部,对市直 2010 年度经济责任审计结果整改落实情况首次进行督查,从督查情况看,整改落实情况较好。2011 年 10 月,市审计局与市委宣传部联合举办题为《经济责任审计与国家治理》县处级以上领导干部新知识讲座,全市 400 多名县处级以上领导干部参加。

(王继承)

【政府投资项目审计】　2011 年,市审计局对政府投资的金港大道、沿江高等级公路、国防园、健康路西延(东段)等建设项目的竣工决算和 338 省道拓宽改造镇江地区段下穿京沪铁路立交工程预算进行审计。通过审计节省建设资金 12619.25 万元,其中:核减征地拆迁补偿费 3021.8 万元,核减工程结算款 4383.16 万元。向市纪检部门移送截留、冒领拆迁资金等案件线索 13 条,落实处理 1 件,追回多领拆迁款 18 万元。针对建设管理单位在项目管理上存在的建设程序执行不力、管理弱化等问题,提出 22 条建议和意见,有效促进工程项目管理。

(王　冰)

【"新农合"基金跟踪审计调查】　2010 年 7 月～2011 年 5 月,市审计局对丹阳、扬中近两年新农合基金的筹集、管理、使用和相关政策落实情况开展跟踪审计调查,向市委、市政府提交《从政策层面看镇江市农村基本医疗保障体系建设》的

表 12－6 **2011 年镇江市内部审计情况表** 单位：万元

名 称	审计单位(个)							查出的损失浪费金额	促进增收节支金额
	合计	财政财务收支审计	经济效益审计	经济责任审计	基本建设审计	专项资金审计	其他		
合 计	7564	1385	515	839	3462	413	950	8077	7863
市本级	5981	910	476	640	3308	307	340	7100	5289
(市)区	1583	475	39	199	154	106	610	977	2574

（姜爱贵）

调研报告。报告针对各辖市(区)因新农合筹资标准不一、补偿方案不一、补偿支出控制尺度不一、管理模式不一等，造成参合农民受益程度和待遇上的不公平现象，提出建立市级统筹机制，弥合政策执行中的差异，加快建设城乡一体的基本医疗保障体系，让全市农民共享医疗普惠的思路。市委、市政府以《参阅材料》的形式全文印发，引起相关部门和市新闻媒体的关注。相关部门共同研究、制定《关于推进医疗保险市级统筹的意见》。该意见的出台，标志着全市农民将与城镇居民一样，同等缴费、同等受益。

（田茂松）

【2008～2010 年政策性农业保险审计调查】 2011 年 7 月，市审计局对全市 2008～2010 年政策性农业保险资金管理和使用绩效情况进行审计调查。重点是市财政局、市农业保险试点工作领导小组办公室等单位，并抽查丹阳、句容两市政策性农业保险的开展情况。审计调查中发现由于农业保险政策宣传没有完全到位，多数农户不愿意缴纳种植业保费，行政村代替农户缴保费的情况较为普遍，保险理赔款冲抵村集体代垫款、受灾农户多数没有从农业保险中受益等问题。对此，市审计局提出建立健全农业保险无赔款优待制度等建议。

（宋道清）

【国外贷援款项目公证审计】 2011 年，市审计局分别对世行贷款江苏供水及环境综合整治、世行贷款中国农村卫生发展 2 个国外贷援款项目进行公证审计。世行贷款江苏供水及环境综合整治项目重点审计市自来水公司 2010 年度项目管理和执行情况及其他与项目执行有关的经济活动，并实地考察丹阳市自来水有限公司项目进度与贷款协定执行情况。世行贷款中国农村卫生发展项目重点审计丹阳市农村卫生发展项目领导小组办公室 2010 年项目实施与进展情况，并延伸审计 8 个卫生院、15 个社区卫生服务站。通过审计，查出少结转已完工程投资成本 7000 多万元、不当采购行为、建设情况未按要求张榜公布和拍照存档、部分土建工程未按设计施工、培训费和考察费手续不完善等问题，促进外资运用规范化。

（殷翠玲）

【建设工程招标投标管理绩效审计】 2011 年，市审计局通过深入招标投标工作场所，现场模拟招投标流程，查出前期审批手续不全的项目 598 个，少计收入 193 万元和多计费用 326 万元等问题。审计报告受到纪委的重视，召开由财政、税务等部门参加的审计整改会议。被审计单位及其主管部门，对审计查出问题进行整改：注销不合规行为的下属企业 1 个，其收费收入 300 万元上缴财政；保证金利息 107.19 万元全额收缴财政。

（殷翠玲）

【丹徒区社会保险基金审计】 2011 年 4 月，市审计局对丹徒区 2008～2010 年社会保险基金和社会保险经办机构进行审计。重点是企业职工基本养老保险基金、失业保险基金、工伤保险基金、生育保险基金。查出的主要问题是：超范围列支养老保险基金 685.81 万元；养老保险基金"个人账户"余额 3.256 亿元长期空账运行；基本养老保险费欠缴 6248 万元，一定程度上影响养老保险基金的正常运转；缴费基数申报欠准确，少缴、漏缴现象依然存在；财政部门未按各项基金单设财政专户，仅分账而未分户，存在各基金相互调剂使用的现象；2009～2010 年基金没有计算利息；未实行基金预算管理制度；扩大失业保险基金支出范围试点政策执行中存在资金没有单独建账的情况；档案管理欠规范等。

（宋道清）

【普通高中债务审计】 2011 年 10 月，市审计局及各辖市(区)审计局与教育和财政部门分别组成联合工作组，结合上半年地方政府性债务的审计结果，对全市有债务的普通高中进行审计调查，重点对全市所属的公办普通高中债务发生的起始年、1997 年、1998 年、2002 年、2007 年、2008 年、2009 年和 2010 年 8 个年度的债务情况进行调查。摸清全市普通高中的债务规模、构成，债务产生发展情况，债务规模分年度变化情况，债务余额结构情况。对普通高中债务偿债能力进行分析。揭示少数辖市(区)普通高中继续违规集资、违规贷款、超标准建设造成负债增加等问题。

（陈富强 周文华）

【住房公积金联网审计】 2011 年，市审计局在住房公积金审计项目中，建立住房公积金联网审计平台，填补市审计作业方式的一项空白，通过运用计算机审计，查出公积金管理中心被骗贷 909 万

图 12－5 2011 年 4 月，市审计局对金港大道绩效审计 （审计局）

元、重复和超限额发放贷款823万元以及第二次贷款未执行相应利率政策等问题。 （田茂松）

【内部审计】 2011年，市审计协会引导市直内部审计机构紧密联系本单位的中心工作，开展基本建设审计、经济责任审计、经济效益审计、内部控制和风险导向审计、财务收支审计。共完成各类审计项目5981项，查出损失浪费金额7100万元，促进增收节支5289万元，审计建议被采纳1281条，在加强单位内部管理，提高经济效益等方面发挥积极的作用。 （陆才喜）

统 计

【概况】 2011年，全市组织实施30余项统计年定报制度，涉及近4000家直报单位，40多个管理部门，完成近10万个经济社会指标的统计；建立《经济社会预警预判统计信息查询系统》；注重指标内涵的适时解读，获市主要领导批示26篇；在全省率先出台《镇江市“十二五”时期统计事业发展规划》；全年对7个镇（街道）、4个部门、120家单位开展统计监审、统计督查和统计执法检查。2011年，市统计局获全国R&D（研发经费支出）资源清查先进单位、第六次全国人口普查全省先进单位等荣誉。 （陈正群）

【统计调查】 2011年，市统计局全年共组织实施30余项统计年定报制度；开展各类省级专项统计调查10余项，市级委托统计调查8项（不含县级），尤其是文明城市创建、综治和平安建设、公众对环境的满意度等专项调查，各级统计部门组织实施的调查结果获各方面的认可，维护统计调查的权威。保障性安居工程统计调查重点推进，R&D季度报表制度初步建立，服务业网上直报取得进展。 （陈正群）

【人口普查】 2011年，市统计局完成人口普查光电数据编审，修改数万条光电扫描错误，实现数据差错率全省最低，与摸底、快速汇总数据的整体衔接。5月9日在《镇江日报》发布镇江市第六次人口普查公报，组织撰写10余篇“短、平、快”信息简报、分析调研。完成人口普查小区地图电子化、人口普查户主姓名底册建筑物处理等工作。开展百岁老人调查并形成专题分析材料。部署人口普查数据的加工、开发、编辑出版工作，着手编印全市第六次人口普查数据概要、工作纪实、普查年鉴等资料。评比表彰全市27家人口普查先进集体、875名先进个人。 （陈正群）

【预警预判】 2011年，市统计局着重做好对重点工作、重点项目、重点企业和重点地区统计跟踪与统计监测。预警预判的信息化水平明显提高，建立《经济社会预警预判统计信息查询系统》，将人代会计划、政府工作目标以及市重点工作任务等10个方面的内容融为一体，提高统计预警预判的全面性、科学性、及时性，运行效果不断彰显。预警预判的针对性明显增强，统计数据更加注重发展走势的预先告知、更加注重指标内涵的适时解读。 （陈正群）

【分析研究】 2011年，全市统计分析研究量质齐升：在数量上，全年市统计局编撰统计分析突破100篇，人均超过5篇，统计信息230篇，人均10篇。在序时上，有月度、季度、年度统计信息产品。在形式上，有进度、专题分析和课题研究，在体裁上有“十一五”“建党90周年”、经济转型升级等系列分析和专题调研报告。全年报送各类领导参阅件25篇，统计分析内容、观点更多地被市重要会议、材料引用，获市主要领导批示26篇。《高举旗帜跟党走 沧桑巨变话镇江》获全市建党90周年征文一等奖并被省委宣传部采用。《中国信息报》、国家统计局网登载宣传市统计局文章2篇。 （陈正群）

【新闻宣传】 2011年，市统计局制定《镇江市统计局新闻宣传管理暂行办法》，畅通统计信息发布主渠道，首度召开经济形势新闻通气会，开创与市主要新闻媒体互动的新局面。举办全省统计工作务虚会、南京都市圈统计网络年会等。全年向市委、市政府报送统计政务信息150余篇，被采用近100篇，采用量居市直各部门第二位；全年向省统计局报送统计工作动态250余篇，被采用220余篇，采用量居各省辖市第二位。向全市党代表、人大代表、政协委员和社会各界人士制作印发1万份统计宣传折页和一封公开信，推进统计公开透明。 （陈正群）

【统计改革】 2011年，全市统计改革创新迈出新步伐。市统计局在全省率先出台《镇江市“十二五”时期统计事业发展规划》。以企业一套表为核心的统计“四大工程”取得实质性进展，基本单位名录库建设走上正轨，对全市“三上”（规模以上工业、限额以上批发零售和住宿餐饮业、资质以上建筑业和房地产业）单位开展全面核查，实现原始记录与编办、民政、工商、税务、质监等部门有机衔接，当年新增法人单位3380家，产业单位118家。成功实施企业一套表试点工作，涉及企业900余家，涉及调查表23种，上报调查表近7000张，实现调查单位网上直报率、调查表上报率双100%的试点预期目标。 （陈正群）

【“双基”建设】 2011年，市统计局修订《关于进一步加强统计基层基础工作的意见》《镇（街道）统计站建设标准》《“三上”企业统计规范化管理办法》，评比表彰“统计规范化建设十佳统计站”“统计规范化建设十佳企业”。出台《统计法制宣传教育第六个五年规划》和《2011年统计法制宣传培训计划》，全年对7个镇（街道）、4个部门、120家“三上”单位开展统计监审、统计督查和统计执法检查，立案查处统计违法案件2起。组织实施统计业务大练兵活动。加大统计从业资格认定工作组织力度，近800人参加全国统计从业资格考试，参考人数创近两年来新高。 （陈正群）

【统计行风】 2011年，市统计局修订健全党建工作、廉政工作、行风建设、日常管理、业务管理、依法行政等98项统计规章制度，并汇编成册下发全市统计系统；签订目标责任抓考核，对上与省统计局签订行风承诺书、与市创先争优办签订目标承诺书，对内与各处室签订年度目标责任书，对下与辖市（区）签订统计行风建设承诺书；接受评议监督抓整改，聘请12名行风监督员，走进统计话行风，广泛征求发信函，向社会各界邮寄1万张统计行风测评表；依托学教活动抓激励，开展大项目巡礼、“颂党恩、讲清廉、作表率”征文、“颂党恩、讲诚信、争先进”读书演讲、红色之旅以及学习张雅琴、杨善洲等系列活动。 （陈正群）

人力资源和社会保障

责任编校：蔡树梅

综 述

【概况】 2011年，镇江市人力资源和社会保障部门坚持"民生为主、人才优先"工作主线，推进统筹城乡就业、社会保障体系建设、人力资源开发、人事制度改革、和谐劳动关系建设，整体工作水平进入全省第一方阵。

全市推进全民创业带动充分就业，参与创业112.4万人，新增自主创业3.89万人，带动就业19.5万人。在全国创业型城市建设中期评估中，镇江市位列第九，其中组织领导和服务体系两项指标考核满分，列第一。

坚持"以人为本"普惠民生，构建统筹城乡多层次社会保障体系，推进城镇居民与农村居民、本地人口与外来人口社会保障"两个全覆盖"，解决城镇未参保集体企业退休人员、被征地农民等特殊人群社会保障问题。推进养老保险省级统筹以及医疗、失业、工伤、生育等社会保险市级统筹管理和市域范围内医保就医结算"一卡通"，社会保险信息系统"金保工程"一期工程切换上线，社保经办管理服务实现"五统一"（政策、标准、管理、考核、数据），社会保险"五险合一"夯实了基础。

坚持"人才优先"服务发展，加快人才向产业集聚。实施新一轮引进培育创新创业领军人才"331"计划，引进领军团队71个、领军人才263名，新增国家"千人计划"8人，列全省第四。完善"产业＋项目＋人才"引才模式，举办第四届发展新兴产业项目与人才对接洽谈会、第三届引进高层次高技能人才交流会和"百家企业高校行""百名博士镇江行"等招才引智活动，全市全年引进本科以上10500人，其中硕士研究生以上1350人，引进国外专家85人，执行引智项目20个。深化企业内高技能人才评价改革，推进镇江技师学院异地迁建工程，打造高品质的高技能人才公共实训基地，全市新培养高技能人才9405名，新增技师、高级技师1610名。

开展"百企倡和谐"主题活动，推进农民工劳动合同签订"春暖行动"和"小企业劳动合同制度覆盖行动"，全市创建和谐企业1045户，达标率64%。开展市区人力资源社会保障综合检查服务，增强企业依法用工和职工依法维权意识，排查和化解劳资矛盾。打造"亲民调解、人文仲裁"的仲裁文化，市劳动争议仲裁院建成全省首批示范仲裁院。

开展"带头创先争优、争做人民满意的公务员"活动，推进事业单位岗位设置管理，创新事业单位分类公开招聘工作，实施事业单位绩效工资改革，组织职称评价、人事考试、机关事业单位人员培训，军队转业干部安置实现部队、用人单位和军转干部"三满意"。

2011年，镇江市人力资源社会保障部门坚持上下联动，严格目标管理，加强窗口建设，开展服务竞赛，促进队伍融合，人力资源服务进千企、一对一创业结对帮扶、加强窗口建设提升服务效能等工作形成一批亮点，创先争优、网络发言人、党务公开、法制宣传等工作在全市产生一定影响。 （江 华）

【网络发言人工作】 2011年，镇江市人社局适应信息网络化发展趋势，依托信息中心"12333"中心平台，实行网络发言人制度。全年处理网上民意信息6000多件，工作日日均处理网上来信来帖20多件，回复率100%，回访满意率95%以上，做到"反映即受理、受理即跟踪、件件有反馈、事事有落实"，成为政务公开、为民服务的重要载体。市委书记许津荣视察时称赞人社局网络发言人工作"快速反应、首问负责、影响广泛"。12月9日，在镇江召开的全国"加强互联网属地管理镇江现场经验交流会"上，市人社局作为会议参观场所，向参会代表介绍经验做法。 （江 华）

就业创业

【概况】 2011年，全市创业型城市建设跻身全国前列，建立3000多个创业项目库，开展创业意识教育20.4万人次，SYB（Start Your Business，即"创办你的企业"）培训1.22万人次，培训后成功创业率60.2%，IYB（Improve Your Business，即"改善你的企业"）、GBO（Green Business Options，即"绿色商业选择"）和创业实用技术培训5263人次；建成1500多平方米的市创业指导服务中心，新建创业孵化基地178个、实训基地15个、实验基地15个，总面积608万平方米；全市参与创业活动112.4万人次，创业活动参与率36.25%，新增创业3.89万人，带动就业19.5万人。全市新增城镇就业9.8万人、转移农村劳动力3.6万人，城镇登记失业率控制在2.35%以内，镇江籍普通高校毕业生年终就业率95%，1500多名城乡困难人员实现再就业，连续72个月保持"零就业"家庭动态为零。

全年举办90场毕业生专场招聘会，组织3500家企业提供1.2万多个就业岗位。推出服务高校毕业生就业创业十大举措：拓宽就业渠道创造就业机会；推进镇江市大学生创业示范区建设；打造"创富在镇江"创业项目推介品牌；实施大学生创业引领计划；规范大学生创业载体建设;深化大学生创业结对帮扶工作;组织大学生创业实训工作;推进高校毕业生就业见习工作;搭建创业企业与人才对接平台;开展高校毕业生就业优质服务年活动。全年镇江籍普通院校毕业生19631人,落实就业18649人,年终就业率95%;登记未就业高校毕业生1887人,免费培训6540人,免费测评719人次,推荐就业1603人,安置困难家庭毕业生17人。全市大学生就业见习基地193家,其中国家级1家、省级54家、市县级138家,全年有2961名高校毕业生参加就业见习。

贯彻农村公共就业服务四项制度,开展"就业创业春风行动2011"系列活动及"镇连(镇江与连云港)对口交流、实现互利双赢"主题劳务合作活动,把就业岗位、技能培训、创业就业服务、创业就业政策送到农民家门口。全年组织开展各类针对农村劳动力转移就业的招聘会84场,为进城农民工免费职业介绍5.3万人次,新增转移农村劳动力3.6万人,被征地农民就业率99.5%,返乡农民工基本实现就近就地创业就业。开展"就业援助月"活动,将就业援助制度由城市向农村延伸,建立农村"零转移"家庭、低收入家庭未转移就业劳动力和被征地农民申报登记制度,将享受农村最低生活保障人员、残疾人和"零就业家庭"纳入就业困难人员救助范围。实施政府购买公益岗位安置工程,对城乡就业困难人员实施岗位援助,帮助1500多名困难人员实现再就业。

推进统筹城乡公共就业服务,加大人力资源服务机构监督管理,建立考核和绩效管理制度,开展公共人力资源市场星级评估和人力资源服务机构信用评价,实施外来劳动力需求监测制度。开展省级充分就业示范社区创建工作,完善社区基层平台就业创业服务功能。

(江　华)

【国家级创业型城市创建】 2011年,镇江市坚持以文化引领创业,推进创业型城市建设。全市参与创业活动112.4万人次,创业活动参与率36.25%,比上年提高6.15个百分点。创业实体实现爆发式增长,全市新增私营企业8378户、新发展个体工商户30606户、净增私营个体注册资本547.69亿元,每万人拥有注册资本9.4亿元,高于全省平均3.9亿元,私个经济占全市经济的58%,发展速度和质量列全省前列。全市新增自主创业者3.89万人,带动就业19.5万人,民营经济增加值1378亿元,增长13.4%。全国创业型城市建设中期评估,镇江市综合排名列全国第九,其中组织领导和服务体系两项指标考核满分,列全国第一。

(江　华)

【基层人力资源社会保障综合服务平台建设】 2011年,镇江市人力资源社会保障部门加快构建基层综合服务平台公共服务体系,规范机构建设,统一规划、统一标准,统一建设,并组织开展星级评估;规范队伍建设,每个镇(街道)服务中心按每6000名左右服务对象配1名工作人员标准,社区(村)服务站至少配备1名专职人员标准,根据省人社厅统一部署面向大学毕业生招录基层公益性岗位工作人员,全市公开招聘村级协理员625名,做到所有辖市(区)每个村(居)委会均有1名人社协理员;规范场所建设,镇(街道)服务中心面积不少于80平方米,设立专门的服务场所、职业指导室和培训教室,社区(村)服务站面积不少于50平方米,统一设置"一站式"服务窗口,配备计算机及服务器、网络等配套设备和设施;规范服务功能建设,将劳动就业、创业服务、社会保障等人力资源社会保障综合服务功能向基层延伸,向群众身边拓展,明确基层平台十大工作职能;规范管理制度,建立健全基层平台工作制度,统一规章制度,统一服务流程,优化管理办法,规范服务行为;规范考核激励,制定基层平台规范化、标准化考核办法和考核标准,加强基层平台工作综合检查考核。全市所有乡镇(街道)和社区(村)均设立人力资源社会保障工作机构,基层平台专兼职工作人员1190名。

(江　华)

社会保障

【概况】 2011年,全市基本养老保险、新型农村养老保险(城乡居民养老保险)分别参保74.5万人、37.8万人,各类社会医疗保险参保263万人(其中基本医疗保险参保164.03万,市区参保72.82万人),失业、工伤、生育保险分别参保44.2万人、55.1万人和37.5万人,城乡基本社会保险覆盖率位于全省第二。

提高社会保险统筹层次,在实行养老保险省级统筹的基础上,加快推进医疗、失业、工伤、生育四大保险的市级统筹,推进丹徒区社会保险进入市区统筹,做到在市区范围内统一政策制度,实现"同人同城同保障同待遇"。社会保险经办机构具体经办业务和管理基金实行垂直管理,人社行政部门、财政部门和审计部门负责对基金进行监督。7月1日起,丹徒区纳入市区统筹管理范围,市区企业养老保险、基本医疗保险、工伤保险、生育保险四险基金收入总量、增幅、参保人数、覆盖率等指标实现收支平衡及基金安全运行。

(江　华)

【开辟特殊人群参保"绿色通道"】 2011年,镇江市组织对全市特殊群体和困难群体社会保障状况进行摸底调查,推进被征地农民、未参保集体企业退休人员、僧侣、出租车司机、保洁员、保安等几类群体参加社会保险。出台《城镇未参保集体企业退休人员参加社会保险办法》,通过个人补缴和集体补助相结合的办法,将未参保城镇集体企业退休人员整体纳入基本养老保险范围,市区4716名城镇集体企业退休人员参加基本养老保险。出台《关于市区被征地农民参加社会保险的意见》,采取市、区两级政府补贴和个人出资缴纳相结合的办法,将符合条件的被征地农民纳入社会保险范围,市、区两级政府预算补贴23亿多元,申请并通过审核符合条件被征地农民2.89万人。推进僧侣、出租车司机、保安、保洁员等特殊人群参加养老等社会保险工作,全市参加城镇职工基本养老保险寺庙僧侣82名、出租车司机59名、保安634名、保洁员785名。专门设立困难人员续保补缴专项补贴资金,重点对"4050"(处于劳动年龄段中,女40岁以上、男50岁以上)和"双失双下""低保""零就业家庭""单亲""残疾""特困"等七类人员接续补缴基本养老保险给予缴费额7%～25%的财政补贴,减轻困难人员续保缴费的压力。全市8000多名中断参保人员接续养老保险,续保缴费3100多万元。

(江　华)

【"金保工程"一期上线运行】 2011年,镇江市推进"金保工程"(人力资源社会保障系统电子政务工程)建设,自2010年3月29日启动至2011年10月28日一期工程建成上线运行,成为全省第二个采用核心平台三版标准开发的人力资源社会保障信息系统。该系统的建成,将劳动就业、社会保障、人才服务、人事管理、劳动关系等工作融为一体,形成人力资源社会保障各项业务一体化应用、管理、运行的综合信息系统,实现业务、财务一体化,具备业务经办、公共服务、基金监督、宏观决策四大功能,上线后运行良好,与医院、药店、各社保经办机构、银行等系统联结通畅。

(江　华)

【建立社会保险防冒领工作机制】 2011年,镇江市人社局、财政局、民政局联合印发《关于加强社会保险待遇防冒领工作的通知》,7月起,对全市社会保险待遇领取建立常态化资格认证制度、参保人员信息共享机制、专项奖惩及举报奖励和考核激励制度。全年对全市10.2万名事业和企业离退休人员养老金领取资格进行认证，对8925名养老保险待遇领取人员进行核查，发现违规冒领社保待遇145人，涉及金额31.6万元，追回冒领资金23.1万元。 （江 华）

【完善医保政策体系】 2011年，镇江市人社局贯彻《中华人民共和国社会保险法》，推进城乡统筹和市级统筹、居民医保与新农合全面并轨。财政补助标准提高到每人每年200元，职工医保、居民医保统筹基金最高支付限额达到当地职工年平均工资、居民年可支配收入的8倍以上。提高医疗救助水平，救助资金由财政按人均8元标准安排，并做好与慈善助医的衔接。一般诊疗费纳入基本医疗保险基金报销范围（职工医保基金全部按规定支付；居民医保基金支付70%，个人支付30%）。依法修订《镇江市社会医疗保险办法》，依法对缴费年限不足补交方式、医保基金清偿、基金支付范围、与其他保险衔接、违规违法行为处理等方面政策进行调整。探索社保与商保合作新模式，引入商保参与社保服务，实施“健康导护”工程。通过谈判确定市区医疗保险费用预算分配，团购定点单位医疗机构医疗保险用药，新增药品价格比省基本药物中标价格平均下降6%。6月1日起，执行新版《自购药品目录》，共计290种药品，其中西药98种、中成药192种（参见《镇江年鉴》2011版第384页）。完善总额预付、按人头、按病种等支付方式改革，开展医保定点资格动态评定工作，全年市区医保定点医疗单位新增13家。实施异地就医直接结算，对长住上海、南京人员实行异地联网结算。 （王 翔）

【实施医疗保险市级统筹】 2011年，镇江市政府出台《关于推进医疗保险市级统筹的意见》，推进市级统筹各项工作。2011年年底，实现全市医疗保险市级统筹，2012年，实现全市区域范围内的异地就医“一卡通”。统一政策标准，全市执行统一的“两基本一救助”（统账结合基本医疗保险、居民基本医疗保险、医疗救助）的社会医疗保险制度政策；统一待遇水平，全市统一执行“三个目录”（药品目录、诊疗项目目录、医疗服务设施目录），按各项规定标准、支付范围和管理办法统一执行；统一经办管理，按照《中华人民共和国社会保险法》和市级统筹的要求，理顺医保管理体制，对各项基本医疗保险实行一体化管理，建立健全业务、财务、安全和风险管理制度；统一定点管理，全市执行统一的定点医疗机构和定点零售药店的资格准入条件、申报流程、变更程序、考核标准和违规处罚等办法，统一定点医疗服务协议文本、服务协议管理标准、医疗费用结算模式；统一信息系统，结合“五险合一”和“金保工程”建设，建立全市统一的医疗保险信息系统和覆盖全市的网络平台，根据人社部颁布的数据标准和社会保障卡标准，实现基于“市民卡”全市范围内异地就医结算的目标；统一建立调剂金制度，全市统一按规定提取医疗保险风险金和调剂金，暂纳入各地财政专户管理，实行单独建账，专款专用。（王 翔）

【《镇江市社会医疗保险办法》修订出台】 2011年，镇江市对《镇江市社会医疗保险办法》（镇政发〔2007〕117号）作部分修改，并重新公布。此次修订，首次举行听证会，9位代表出席。

该办法明确人社部门的法定职能，规定“市人力资源和社会保障部门为市社会保险行政部门，负责本市社会医疗保险的统一管理”，将所有“市医保部门”均改为“市社会保险行政部门”。

增加缴费年限不足的补交方式，规定“未达到国家规定的缴费年限的退休人员，可以缴费至国家规定年限；也可以由用人单位和职工个人分别按照用人单位和职工个人的缴费比例（个人单独参保的由个人按用人单位和职工个人缴费比例之和）一次性缴足所缺年限的基本医疗保险费（以个人身份参保或与退休前所在单位不存续劳动关系期间的应由个人补缴），方可享受退休人员的基本医疗保险待遇”。

调整医保基金清偿的相关规定，规定“用人单位因依法破产、撤销、解散或者其他原因终止的，依照国家有关法律、法规的规定，在资产清算时，优先清偿其欠缴的基本医疗保险费及利息、滞纳金、罚款。在资产清算期间，应继续缴纳基本医疗保险费。”

调整基本医疗保险基金不予支付的范围，规定“应当从工伤保险基金中支付的；应当由第三人负担的；应当由公共卫生负担的；在境外就医”四种情形下的医疗费用不纳入基本医疗保险基金支付范围。保留“参保人员自行到非定点医疗机构就诊、在非定点零售药店购药的，不享受本办法规定的医疗保险待遇，但有危及生命体征须就近抢救的除外”的规定；增加“医疗费用依法应当由第三人负担，第三人不支付或者无法确定第三人的，由基本医疗保险基金先行支付。基本医疗保险基金先行支付后，有权向第三人追偿。具体按国家、省有关规定执行”的规定。

明确与其他社会保险衔接办法，规定“患有国家规定的甲类传染病、部分精神疾病（精神分裂症：偏执型、青春型、紧张型、单纯型；偏执性精神障碍；心境障碍：躁狂发作、双相情感障碍，属于公共卫生项目的除外）、实施计划生育手术后遗症（经县以上计生部门会同有关部门鉴定确认）及见义勇为负伤（经政府有关部门认定）的参保人员，符合本办法规定的医疗费用由社会统筹基金支付”。

明确对各参与方违规违法行为的处理规定，规定“用人单位和参保人员、医疗机构和药品经营单位等医疗保险服务机构及其工作人员违反本办法规定的，由市社会保险行政部门和其他有关部门依照《中华人民共和国社会保险法》的

图13－1 2011年9月20日，人社局召开全市社会保险推进会 （姚 强）

相关规定给予行政处罚”。

个人账户划入比例未作调整，增加“在职人员在参保年度内发生缴费基数变动的，当年个人账户划入资金于年末进行清算，并于下一年年初一次性划入全年额度时予以统一结算调整”的规定。（王 翔）

【失业人员免费参加职工医保】 2011年，镇江市根据《中华人民共和国社会保险法》及《江苏省失业保险规定》，7月1日起，失业人员在领取失业保险金期间，参加职工基本医疗保险，享受基本医疗保险待遇。失业人员应当缴纳的基本医疗保险费从失业保险基金中支付，个人不缴纳基本医疗保险费。（王 翔）

【开展“保护您的肾脏”第三轮退休人员免费健康体检】 根据镇江市人社局《关于开展退休人员免费健康体检工作的通知》，2011年起开展以“保护您的肾脏”为主题的第三轮退休人员免费健康体检。体检项目包括肾脏B超、肾功能、血常规、尿常规、心电图、血糖、血脂（甘油三酯、胆固醇）及内科、外科物理检查等，体检费用为每人80元的定额标准。2011年第一批体检对象为市区（京口、润州、镇江新区）参加统账基本医疗保险、年满70周岁（1941年12月31日前出生）的退休人员，市区14469名退休人员参加。70周岁以下（1941年12月31日后出生）退休人员安排在2012年进行体检。（王 翔）

【调整居民医保基金最高补偿】 2011年3月1日起，镇江市居民基本医疗保险基金同一年度累计最高补偿金额由15万元调整为20万元。调整后，居民医保参保人员（不含在校学生、居民子女）发生的医疗费用，在定点社区卫生服务机构或本人的定点医院发生的门诊费用，由居民医保基金补偿40%；在定点医疗机构因患慢性肾衰竭、癌症特殊病种进行肾透析、治疗癌症的门诊费用补偿50%；在定点社区卫生服务机构所发生的住院费用，分次结算，其中，300元以上10000元（含10000元）以下的部分补偿70%，10000元以上30000元（含30000元）以下的部分补偿80%，30000元以上的部分补偿90%。居民医保在县、乡两级政策范围内住院费用支付比例达70%。建立居民医保医疗费用二次补偿机制，当年度居民医保基金结余率超过15%或累计结余超过4个月平均支付水平的统筹地区，年底时开展二次补偿工作。2011年，市区居民医保基金当年超支1900万元，参保居民政策范围内报销待遇补偿比达71.2%，位居全省前列。（江 华）

人力资源

【概况】 2011年，全市劳动力资源209.77万人，占总人口的66.9%，从业人员190.26万人。全市城镇非私营单位在岗职工377411人（国有单位143489人，城镇集体18947人，其他单位214975人，企业276683人，事业70975人，机关29753人）。全市人才资源总量39.8万人，比上年增长8.1%。其中，高层次人才1.99万人，占人才总量5%，每万人拥有人才1279人。

全市新选拔享受国务院政府特殊津贴专家2人。在全市范围内开展“百名专家服务发展、服务民生”活动，发挥专家人才引领发展、推动转型、强市富民的积极作用。承办全省高层次专业技术人才工作座谈会，全省13个省辖市人力资源和社会保障局承担专家、博士后和留学回国人员工作处室的近30名主要负责同志参加会议。全年累计为120多名专家和各类优秀人才发放国务院政府特殊津贴、办理补充“三金”和“优秀人才一卡通”。全市新培养高技能人才9405人，其中新增技师、高级技师1610人，一线技术职工队伍中高技能人才7.28万人，拥有技师、高级技师10451人，高技能人才占技能劳动者25.7%。健全高技能人才培养体系，加大高技能人才专项经费扶持力度，为全市68家企业3682名职工发放专项补助经费118万元，为66名省、市两级有突出贡献技师和技术能手发放政府津贴奖励计12万元。全市5所技工学校招生5004人，应届毕业生就业率100%。

全市入围江苏省高层次创新创业人才引进计划37人、入选省“企业博士集聚计划”26人、获省第八批“六大人才高峰”项目资助7个、入选省博士后科研资助计划项目2个。全市引进外国专家85人，执行引智项目20项，“稻鸭共作”引智示范基地再次被国家外专局授予“国家级引进国外智力成果示范推广基地”称号，并成为唯一入选江苏省引智对口援疆项目。

全市开展各类职业技能培训7.87

表13－1 **2011年镇江市城镇职工地区分布情况表** 单位：人

全市	市区					丹阳市	句容市	扬中市
		丹徒区	京口区	润州区	镇江新区			
377411	185484	39014	61705	53620	31145	84290	62875	44762

（江 华）

表13－2 **2011年镇江市城镇职工行业分布情况表** 单位：人

序号	行业	人数	序号	行业	人数
1	农、林、牧、渔业	1461	11	房地产业	4830
2	采矿业	2036	12	租赁和商务服务业	3026
3	制造业	190695	13	科学研究、技术服务和地质勘查业	7102
4	电力、燃气及水的生产和供应业	7731	14	水利、环境和公共设施管理业	7740
5	建筑业	22688	15	居民服务和其他服务业	321
6	交通运输、仓储和邮政业	14722	16	教育	34216
7	信息传输、计算机服务和软件业	2691	17	卫生、社会保障和社会福利业	18845
8	批发和零售业	13294	18	文化、体育和娱乐业	2271
9	住宿和餐饮业	3959	19	公共管理和社会组织	28821
10	金融业	10962			

（江 华）

万人次，其中农村劳动力培训4.08万人次，城乡劳动者职业技能培训3.03万人次。全年共为4509名农村劳动者发放技能鉴定获证补贴343.46万元。在职公务员和事业单位管理人员能力建设培训14000余人次。专业技术人员公需科目继续教育培训2.8万人次，培训企业中高层经营管理人员800余人次，各类市场化培训4200人次。全市新增专业技术人员12338人，通过评审或考试取得高级专业技术资格1150人，中级专业技术资格3200余人，初级专业技术资格7900余人。全市完成职业技能鉴定4.9万人次，发放国家级职业资格证书3.9万份，新增技师、高级技师1610人。 （江 华）

【实施新一轮创新创业领军人才集聚计划】 2011年，镇江市实施新一轮（第四批）引进培育创新创业领军人才"331"计划，即力争5年内引进培育30名国家层面创新创业领军人才、300个创新创业领军人才团队和1000名海外创新创业领军人才。第四批"331计划"共引进78个领军人才（团队），其中拥有海外经历的57人（含外籍27人），占总人数的70%，引进博士149人、硕士120人，有4名院士参与团队项目研发，带动引进高层次人才269人。市本级以及辖市（区）两级财政资助8220万元。在人才（团队）带来的项目中，60%以上达到国际先进水平。市"331计划"分4批共引进资助203个人才（团队），带动引进海内外高层次创新创业人才848名。 （江 华）

和谐劳动关系构建

【概况】 2011年，镇江市坚持统筹协调劳动关系利益，倡导企业诚信用工和劳动者诚信劳动。开展"尊重劳动、共创和谐"百家和谐企业联名倡议活动，推进农民工劳动合同签订"春暖行动"和"小企业劳动合同制度覆盖行动"，全市劳动合同备案29.5万人，各类企业劳动合同签订率98.5%。全市创建和谐企业1045户，达标率64%，创建参与率95.8%。全市审查工资专项合同2420份，市区最低工资标准由每月960元提高到1140元。全市仲裁机构受理各类劳动争议3771件，处理结案3658件，结案率97%，调解结案率83%。开展人力资源社会保障综合检查服务，全市检查用人单位6147个，立案查处违法案件2116件，督促用人单位补签劳动合同3.84万份，责令补发工资2792.7万元，督促参保2.26万人，补缴社保费5295.58万元。 （江 华）

【创建2家首批省级劳动争议示范仲裁院】 2011年，在全省创建示范仲裁院活动中，镇江市劳动争议仲裁院以实体化建设为基础，对照创建标准，培育独特文化，加强功能建设，达成组织机构实、人员编制实、经费保障实、办案场所实"四个实"，实施仲裁院改扩建工程，形成包括接待大厅、会议室等在内的"一厅、两室、六庭、八房、一窗口"的总体建设格局，办案条件达到省内一流标准。制定仲裁院办公、办案流程规范，细化完善12项内部管理规章制度，推进仲裁工作规范化建设，镇江市仲裁院和丹阳市仲裁院成功创建省级示范仲裁院。 （江 华）

【开展劳动监察质量年活动】 2011年，镇江市制定《全市劳动保障监察质量年活动工作方案》《全市劳动保障监察信息数据库建设三年规划》等11项指导性文件，实施分工负责、定点挂钩指导各辖市工作制度，定期通报活动开展情况，全年共编印简报32期，通过召开研讨会、推进会、督办会等形式，攻克薄弱环节，人均主动监察用人单位数、二级网络联通率、书面审查率、入库用人单位增长率、入库用人单位信息采集率等省厅考核的各项指标全面完成。 （江 华）

【网格联动千户企业大检查】 2011年3月，以贯彻落实《劳动合同法》《社会保险法》为主要内容，打造劳动保障监察流动服务"第一窗口"品牌，从市、区两级劳动监察机构和社保征缴机构抽调42人，组成6个检查服务组，对市区企业开展"拉网式"检查服务行动。全年综合检查服务企业1081个，对143568名职工的劳动合同、社会保险、工资支付进行全面检查，下达《劳动保障监察建议书》《限期整改指令书》1538份，扩面补参保2820人，补缴社会保险基金2586万元，督促补签劳动合同904份，补发拖欠克扣工资385.68万元，各类问题按期整改率100%。 （江 华）

【工资集体协商"百千万"专项行动】 2011年，镇江市结合推进民生幸福工程建设——居民收入倍增计划，在全市开展以提高企业职工工资收入为主题的工资协商"百企示范、千企提升、万企覆盖"的"百千万"专项行动，即在全市确定100户不同类型的工资协商示范企业，确定1000户以上工资协商质量重点提升单位，开展万户企业工资集体协商覆盖行动，把典型示范与面上质量提高相结合，推进工资集体协商制度的"全覆盖"，全市工资集体合同审查率99%，企业工资集体协商动态建制率97%，为全省最高。 （江 华）

人事制度改革

【概况】 2011年，镇江市率先在全省开展"带头创先争优、人人争做人民满意公务员"主题教育活动，创新公务员调转任"阳光"择优竞争机制，加强公务员培训，提高公务员管理水平，全年招录公务员319人，完成11个单位20个职位的公务员调、转任工作。推进事业单位人事制度改革，完成核准1658个事业单位的岗位设置方案，核准率91%；创新事业单位分类公开招聘工作，组织事业单位公开招聘38次，招聘单位253家，提供岗位1103个，实际录用675人。安置军转干部123人，接受安置随调家属7人。

全年新增专业技术人员1.05万人，专业技术人员知识更新工程培训2.7万人次，公需科目继续教育培训2.8万人次，公务员和事业单位管理人员培训1.4万人次，东西部公务员对口培训41人次，非公经济组织专业技术人员申报职称2600人。建设标准考场50个，全年完成各类人事考试2万人次、4万多科次。 （江 华）

【实施事业单位分类公开招聘制度】 2011年，镇江市探索事业单位公开招聘新机制，按照行业、岗位和岗位层次分类组织实施事业单位公开招聘工作。按不同行业的不同特点进行分类，针对教育、卫生等大系统招聘人员数量大、专业性强等实际情况，实行在人社部门监督下自主考试考核的形式。按不同岗位不同职位进行分类，结合事业单位岗位设置，将公开招聘的职位分为ABC三类，A类为管理职位、B类为专业技术职位、C类为特殊专业技术职位和工勤职位。按同一岗位不同层次进行分类，允许高层次人才及竞聘县、乡基层事业单位工作的中级职称人员等直接进入面试考核，对特殊专业、紧缺专业人才即使一人报名、一人入围，只要符合岗位要求就可以聘用。按不同职位的不同要求进行分类考试。A类职位参照公务员考录模式组织，考试由笔试公共科目和结构化面试两部分组成；B类由公共科目笔试、专业科目测试和结构化面试三部分组成；C类由面试和专业技能测试两部分组成，分类考试，科学选人。 （江 华）

综 述

【概况】 2011年，全市农业农村工作围绕农民增收，统筹城乡，重点发展现代农业，继续保持粮食增产、农业增效、农民增收、农村繁荣发展的良好态势，呈现出十大特点：一是农民收入持续快速增长。全市农民人均纯收入12825元，比上年增长17.9%，增幅为苏南第一。其中，工资性收入7622元，增长15.5%；家庭经营性收入3860元，增长18.1%；财产性收入354元，增长42.3%；转移性收入989元，增长30.1%。二是农业增加值突破百亿大关。总量达100.78亿元，比2010年净增19.25亿元，增幅23.6%，为历史之最、全省第一。同时，粮食生产实现8年连续增长，全市粮食播种面积175040.公顷，实现粮食总产121.89万吨，增长1.95%，创近8年来的新高。三是高效设施农业扩面增效。全年新增亩均效益万元以上设施农业面积8266.67公顷，新增设施农业面积占耕地比重为3.46%，列全省第一。设施农业总面积19146.67公顷，占耕地面积的11.27%；高效农业总面积66666.67公顷，由2010年占耕地面积33.35%提高到2011年的39.22%。四是加快农业园区建设。新增4家省级现代农业产业园区，总数达5家，在全省率先实现农业园区辖市（区）（农业面积很小且是城郊合一的京口区、润州区除外）全覆盖。市级以上农业园区面积16666.67公顷，新增9424.67公顷。五是“三资”（工商资本、民间资本、外资）投入农业成效明显。全年吸引“三资”投入农业超50亿元，增长18%。其中工商资本投资额34.5亿元，民间资本投资额11.94亿元。六是“三新”（新市镇、新社区、新园区）建设向纵深发展。全市农民集中居住点当年开竣工面积超600万平方米，全年“三新”建设总投资超200亿元。七是农业现代化建设全面启动。市委、市政府出台《关于实施农业现代化工程的意见》，明确到2015年，率先基本实现农业农村现代化，并对进一步加大市县两级财政投入农业力度提出更高要求。八是村级“四有一责”（有持续稳定的集体收入、有功能齐全的活动阵地、有群众拥护的双强带头人、有先进适用的信息网络，有强化村党组织领导责任）建设扎实开展。市及各辖市（区）都进行专门部署，成立工作机构，出台配套文件，明确责任主体，组织专项督查。九是水利现代化建设步伐加快。市委、市政府出台《关于加快水利改革发展的实施意见》，明确提出镇江市到2013年率先基本实现水利现代化，比江苏省政府要求的苏南城市基本实现水利现代化时间提前2年。十是农村配套改革力度加大。全年新增工商局注册农民专业合作组织入社农户55590户，入社农户总户数达164435户，占农户总数之比由上年的18.71%提高到28.26%；农业合作组织总数1962家，新增353家，增幅为21.94%；全年新增农业适度规模经营亩面积超1.68万公顷；土地制度、金融制度等项改革继续深化；农村集体“三资”信息化管理实现村组全覆盖。 （石铁流）

【镇江农科所】 2011年，全所共承担各类项目96个，其中新增项目43个，获项目经费1300多万元，连续三年争取经费超千万元。项目经费总数及人均经费仍列全省农科所前列。

全市共有30多个稻、麦、油新品系参加省、国家各类中间试验，参试和展示品种数均超历年。镇稻11号获得农业部超级稻认定，镇麦08178有望成为继镇麦168之后，江苏淮南麦区的第二个强筋红皮小麦品种。自主选育出草莓新品种“容美”通过省级鉴定，并申请品种权保护。春甘2号通过国家和省级鉴定，羽衣甘蓝品种瑞羽6号、11号通过江苏省农委鉴定，选育的3个西洋南瓜品种和3个青花菜品种参加省级鉴定试验。探索高GABA（指γ氨基丁酸）含量茶叶产品和高活性黑蒜的开发技术和分析方法，研制出全国首个用于草莓生产全程生物防治的专利制剂——SB177菌剂。

全年开展各类培训、指导200多次，累计培训农民1万多人次，新增应时鲜果示范面积130公顷，培养农民专家50人。年推广镇稻系列水稻品种30公顷，累计推广镇麦品种50公顷。实施水稻植保专业化服务2000公顷，果树植保专业化服务600公顷。新挂牌万山红遍园区1200公顷，使万山红遍园区的总面积达到2000公顷，新增贴牌销售面积120公顷，新增销售3600万元，总销售达7800万元。选派多批次科技人员外出研修、学术交流。2011年，先后有2人获省农业丰收奖、1人获省农业技术推广奖、1人获镇江市人民奖章。2011年，市农科所获农牧渔业丰收奖，1项成果获省农业科技推广三等奖，2项成果获市科技进步奖二等奖，1项获市科技推广一等奖，1项科研成果获市级鉴定。制定省、市地方标准12项，“镇稻10号”在第六届全国粳稻米大会上被评为优质食味米。2011年，全所共发表论文、专著86篇，其中专著2部、学报级论文31篇。申报品种保护、专利30个，获发明专利授权6个，审定、鉴定品种6个，申请农药产品登记6个，获准登记1个。1项发明专利——短短小芽孢杆菌TW及防治稻瘟病的活菌制剂成功转让，获科研合

图 14－1　　镇江农科所自主选育的粳稻品种镇稻 14 号　　（农科所）

作资金 180 多万元；全年实现科技开发收入 9470 万元，纯利润 950 万元。

（王敬根）

【高效农业规模化】 2011 年，镇江市组织实施省、市现代农业产业园区创建和农业竞争立项项目建设，推进现代高效农业发展。全年新增高效种植业面积 2.358 万公顷（其中设施农业 1.432 万公顷）、高效渔业面积 2000 公顷，累计总面积分别达到 11.035 万公顷（其中设施农业 1.913 万公顷）、1.195 万公顷，分别增长 16.14%（其中设施农业 8.42%）、13.8%。全市县级以上规模养殖企业（场、大户）2780 家，生猪、肉禽、蛋禽、奶牛规模养殖比重分别达到 77.35%、93.60%、82.78%、95.26%。

（马　梁）

【新增省级现代农业产业园区 4 家】 2011 年，镇江市出台《关于加快现代农业产业园区发展的意见》《镇江市新市镇新社区新园区建设专项引导资金管理办法》，吸引 1.5 亿元社会资金投入现代农业园区建设。全市新增省级现代农业产业园区 4 家，总数达到 5 家，在全省率先实现省级园区县级市全覆盖，5 家省级现代农业产业园区分别为：丹阳现代园艺产业园区、句容现代农业产业园区、扬中现代渔业产业园区、丹徒现代茶业产业园区、镇江新区现代农业产业园区。

（马　梁）

【市农业重点项目立项】 2011 年，按照镇江市农委、镇江市财政局《关于下发 2011 年度市农业产业园区重点项目招标指南的通知》精神，经有关部门和专家现场考察验收、领导小组集体研究，12 家企业中标并享受政府财政资金补助，补助总额 720 万元。12 家企业分别是：镇江市福农园艺有限公司、丹阳市长青农业发展有限公司、丹阳司徒香草现代农业园区发展有限公司、江苏江南生物科技有限公司、丹阳市延陵镇大吕润民蔬菜专业合作社、句容市春峰苗木专业合作社、句容市茅山茶场、句容市后白永安花木专业合作社、江苏恒艺农林科技有限公司、句容市绿一方园艺中心、句容市天王华安彩叶苗木专业合作社、扬中市江滨特种水产品养殖专业合作社。总规划面积为 520.63 公顷，总投资逾 1.34 亿元。

（马　梁）

【农业招商】 2011 年，镇江市举办专题农业招商活动，组织企业参加第九届中国国际农产品交易会、第十三届江苏国际农业合作洽谈会、第九届江苏名特优农产品（上海）交易会、中国安徽（合肥）农业产业化交易会、无锡第六届农博会、第六届跨国零售集团采购会等六次展销活动，共签订贸易合作项目 5 个，贸易额 2000 万美元；技术合作项目 1 个。全年吸引"三资"投入农业 51.4 亿元，较上年增长 18%。2011 年 5 月 20～23 日，镇江市开展中国镇江农业项目深圳发布会，邀请香港、台湾、广东等地客商 250 余名，集中签约 33 个项目，总投资 44.55 亿元，其中外资 3.15 亿美元。总投资在 3000 万元或 1000 万美元以上的农业大项目有 32 个，占项目总数的 96.97%。场外签约项目 14 个，总投资 10.03 亿元，其中外资 1000 万美元。2011 年，各辖市（区）也积极开展丰富多彩的招商活动，丹阳市赴台湾开展农业考察和推介活动，拜访客商 30 人，签约项目 5 个，投资额 10 亿元。

（马　梁）

【全市有农业龙头企业 185 家】 截至 2011 年年底，镇江市经国家、省、市认定的农业产业化龙头企业共计 185 家，其中年产值 500 万元以上的农业龙头企业 158 家；国家级 4 家、省级 21 家、市级 93 家、县级 67 家。2011 年，25 家省级以上农业龙头企业实现销售收入 178.60 亿元，增加 8.29%，净利润 9.14 亿元，创造税收 8.45 亿元，出口创汇 3.19 亿美元，带动农户 70.66 万户。

（马　梁）

【农产品质量建设】 2011 年，全市新增无公害农产品 188 个、绿色食品 16 个，有机农产品保持认证 16 个，"三品"总数累计达到 488 个，其中无公害农产品 323 个、绿色食品 34 个、有机农产品 131 个。启动 2011 年镇江市农产品质量放心年行动，开展蔬菜例行监督抽检、投入品专项整治、生鲜乳及奶牛饲料质量安全监管普查等一系列专项整治活动，全年检查农资市场及企业 3638 家，查处违法案件 29 起，实行日常抽查和重点抽检相结合，共对全市各大农贸市场抽检蔬菜样品 15152 个，合格率 99.99%；水产品抽检 73 批次，合格率 98.6%；生猪"瘦肉精"抽检 42265 批次，合格率 100%；对抽检不合格的产品及时采取措施，整顿市场，保证农产品质量安全。

（姚彩媛）

【农业合作组织总数 1962 家】 2011 年，镇江市通过拓宽涵盖范围、规范运作、提升合作层次、发展服务型合作社等措施，引导和推动农民专业合作、社区股份合作、土地股份合作"三大合作"组织的健康发展。全年新增"三大合作"经济组织 353 家，总数达到 1962 家（含农民专业合作协会），其中：农民专业合作组织新增 298 家，总数 1529 家（含农民专业合作协会）；土地股份合作组织新增 54 家，总数 347 家；社区股份合作组织新增 1 家，总数 86 家；全年新增工商局注册的合作组织入社农户 55590 户，入社农户总户数 164435 户；新增农业适度规模经营面积 1.68 万公顷，总面积 7.81 万公顷。

（马　梁）

【农业保险实现新提升】 2011 年，镇江市农业保险保费总收入 5953.05 万元，其中种植业保费收入 5019.76 万元，能繁母猪保费收入 148.27 万元，高效设施农业保费收入 785.02 万元。全市农业保险工作呈现三个特点：一是服务网络加强。依托各镇（含园区、涉农街道）农经职能机构建立“三农”（农村、农民、农业）保险服务站，在村（含农村居委会、社区）设立“三农”保险服务点，全面提升镇江市农业保险工作水平。二是高效农业保险实现新的跨越。高效农业保险保费收入净增 488.71 万元。三是农业保险工作进一步规范。下发《关于进一步加快推进 2011 年全市农业保险工作的通知》，规范保险统一条款，规范开展承保工作，规范理赔操作流程，规范资金管理和使用，规范管理费的提取、管理和使用。 （朱春明）

【农村集体“三资”信息化管理全覆盖】 2011 年 4 月，全市开展农村集体“三资”（资产、资金、资源）信息化管理工作，截至年底，覆盖全市范围内的各辖市（区）58 个镇（街道）596 个村（社区）以及丹阳、镇江新区等地的 6092 个村民小组。农村集体“三资”信息化管理工作全面摸清村级集体经济情况，清理多年沉积的债权债务关系，核销无效债权债务，提高镇村两级农村财务和集体资产管理人员的素质和管理水平。

（李善军）

农业综合开发

【概况】 2011 年，全市农业综合开发项目立项治理面积 6128.8 公顷，总投资 39517.2 万元（增长 57.67%），财政资金 10044 万元（增长 13.79%），其中：中央财政资金 3641 万元、省级财政资金 4515.65 万元、市级财政配套资金 444.2 万元、县级财政配套资金 1443.15 万元，自筹资金 29473.2 万元。

2011 年，全市立项的土地治理项目总投资 6853.24 万元，财政资金 6198 万元，其中中央财政资金 3099 万元、省级配套资金 2117.4 万元、市级配套资金 308.7 万元、县级配套资金 672.9 万元，自筹资金 655.24 万元。共改造中低产田 3799.8 公顷，高标准农田建设示范项目 666.7 公顷，土地治理与农民合作组织试点项目 166.7 公顷。项目计划完成土方 15.05 万立方米、新建渠系建筑物 4823 座（其中新建中沟级以上建筑物 202 座），修建排灌站 51 座，修建机耕路 99.76 公里，开挖疏浚渠道公里 11.31 公里，衬砌渠道 150.5 公里，购置农机具 12 台（套），绿化造林 93.3 公顷，技术培训 11942 人次，示范推广 3620 公顷。通过综合治理，新增灌溉面积 733.3 公顷、改善灌溉面积 2653.3 公顷，新增除涝面积 280 公顷、改善除涝面积 2733.3 公顷，新增节水灌溉面积 2373.3 公顷，年节约水量 361.1 万立方米，增加农田林网防护面积 1586.7 公顷，新增农机总动力 0.1 万千瓦，扩大良种种植面积 1260 公顷，扶持农技服务站 12 个，完善农产品质量检测体系 2 个，新增粮食生产能力 600.5 万公斤，新增油料生产能力 9.2 万公斤，新增蔬菜生产能力 328 万公斤，新增其他农产品生产能力 551.5 万公斤，新增种植业总产值 4525 万元，项目区农民收入增加总额 2343 万元。

（范云中　洪刚俊）

表 14－1　**2011 年镇江市农业综合开发项目情况表**　单位：万元、公顷

项目名称	总投资	财政资金						自筹	建设面积	备注（建设地点）
		小计	中央	地方配套						
				小计	其中：省级	其中：市级	其中：县级			
土地治理项目	6853.24	6198	3099	3099	2117.4	308.7	672.9	655.24	4633.2	–
高标准农田建设示范项目	1320	1200	600	600	450	–	150	120	666.7	丹阳市皇塘镇
一般土地治理项目	462	420	210	210	157.5	–	52.5	42	333.3	丹阳市延陵镇
一般土地治理项目	462	420	210	210	157.5	–	52.5	42	333.3	丹阳市访仙镇
一般土地治理项目	462	420	210	210	157.5	–	52.5	42	333.3	丹阳市导墅镇
一般土地治理项目	646.8	588	294	294	249.9	–	44.1	58.8	466.7	句容市后白镇
一般土地治理项目	390.86	336	168	168	142.8	–	25.2	54.86	266.7	句容市天王镇
土地治理与农民合作组织试点项目	92.4	84	42	42	35.7	–	6.3	8.4	66.7	句容市白兔镇
一般土地治理项目	739.2	672	336	336	252	–	84	67.2	533.3	扬中市新坝镇
一般土地治理项目	753.38	672	336	336	168	100.8	67.2	81.38	533.3	丹徒区谷阳镇
一般土地治理项目	462	420	210	210	105	63	42	42	333.3	丹徒区宝堰镇
一般土地治理项目	462	420	210	210	105	63	42	42	333.3	丹徒区高桥镇
一般土地治理项目	462	420	210	210	105	63	42	42	333.3	丹徒区荣炳盐资源管理区
土地治理与农民合作组织试点项目	138.6	126	63	63	31.5	18.9	12.6	12.6	100	丹徒区上党镇
丘陵山区农业综合开发高效农业基地项目	9495	2995	–	2995	2150	125	720	6500	1495.6	–
丹阳市埤城镇特色蔬菜基地	313	150	–	150	100	–	50	163	75.3	丹阳市埤城镇
丹阳市钱庄特色蔬菜基地	420	120	–	120	80	–	40	300	66.7	丹阳市埤城镇
丹阳市经山勤丰园艺花木种植园	412	120	–	120	80	–	40	292	46.7	丹阳市经济开发区
丹阳市华都花卉苗木基地	401	120	–	120	80	–	40	281	40	丹阳市司徒镇
丹阳市佳绿生态园苗木基地	408	120	–	120	80	–	40	288	40	丹阳市延陵镇
丹阳市后巷镇管山村千亩高效花木基地二期扩建项目	249	120	–	120	80	–	40	129	66.7	丹阳市后巷镇
句容市岩藤农业博览园	1165	338	–	338	260	–	78	827	173.3	句容市后白镇
句容市后白良种场花卉苗木基地	353	104	–	104	80	–	24	249	66.7	句容市后白镇
句容市茅山红色旅游观光农业基地	208	104	–	104	80	–	24	104	66.7	句容市茅山风景区

续表 14－1

项目名称	总投资	财政资金						自筹	建设面积	备注（建设地点）
		小计	中央	地方配套						
				小计	其中：省级	其中：市级	其中：县级			
句容市赤山湖昌海花卉苗木园	619	221	–	221	170	–	51	398	133.3	句容市赤山湖管委会
句容市红易杨农业生态园基地	351	104	–	104	80	–	24	247	66.7	句容市天王镇
句容市下蜀茶场高效茶园基地	347	104	–	104	80	–	24	243	66.7	句容市下蜀镇
句容市茅山茶场高效茶林基地	607	182	–	182	140	–	42	425	100	句容市茅山管委会镇
句容市马里生态园种草养鹅基地	361	104	–	104	80	–	24	257	66.7	句容市白兔镇
句容市双顶农业生态观光园	348	104	–	104	80	–	24	244	66.7	句容市天王镇
句容市万山红遍绿化苗木基地	433	130	–	130	100	–	30	303	66.7	句容市茅山管委会镇
丹徒区茗茂生态农业园	700	210	–	210	140	35	35	490	86.7	丹徒区上党镇
丹徒区十里长山生态农业园	1200	360	–	360	240	60	60	840	133.3	丹徒区新城管委会
丹徒区鼎钰特色蔬菜基地	600	180	–	180	120	30	30	420	66.7	丹徒区宝堰镇
产业化经营财政补助项目	1547.96	440	220	220	159.25	10.5	50.25	1107.96	–	–
镇江市丹阳市年产280吨有机蔬菜种植基地扩建项目	204	70	35	35	26.25	–	8.75	134	–	丹阳市永福蔬菜专业合作社
镇江市丹阳市200万只特色禽蛋生产基地扩建项目	128.38	60	30	30	22.5	–	7.5	68.38	–	丹阳市云阳镇田园圣树专业合作社
镇江市句容市50吨标准化茶叶加工新建项目	221.66	60	30	30	22.5	–	7.5	161.66	–	句容市蓝天茶叶专业合作社
镇江市句容市48.67公顷应时鲜果种植基地扩建项目	245.02	60	30	30	25.5	–	4.5	185.02	–	句容市创新果业专业合作社
镇江市扬中市年产50吨中华鳖生态养殖基地扩建项目	328.9	60	30	30	22.5	–	7.5	268.9	–	扬中市浩诚特种水产养殖专业合作社
镇江市扬中市年产30吨青虾及种苗繁育基地扩建项目	275	60	30	30	22.5	–	7.5	215	–	扬中市环岛江鲜养殖专业合作社
镇江市丹徒区66.67公顷优质茶叶种植基地扩建项目	145	70	35	35	17.5	10.5	7	75	–	丹徒区坞庄茶叶专业合作社
产业化经营贷款贴息项目	21621	411	322	89	89	0	0	21210	–	–
镇江市京口区2万吨果蔬保鲜流通设施新建固定资产贷款贴息项目	2100	100	100	–	–	–	–	2000	–	镇江市恒伟物流有限公司
镇江市丹徒区5000吨醋菜加工原料收购流动资金贷款贴息项目	3960	80	80	–	–	–	–	3880	–	恒丰镇江食品有限公司
镇江市丹徒区3000吨食用菌工厂化生产扩建流动资金贷款贴息项目	1674	24	–	24	24	–	–	1650	–	丹徒区正东生态农业发展中心
镇江市丹阳市5万吨专用粉加工原料收购流动资金贷款贴息项目	5710	80	80	–	–	–	–	5630	–	丹阳市同乐面粉有限公司
镇江市丹阳市10万吨小麦粉加工原料收购流动资金贷款贴息项目	3262	62	62	–	–	–	–	3200	–	丹阳市永兴面粉有限公司
镇江市丹阳市3万吨食用菌种植原料收购流动资金贷款贴息项目	2995	45	–	45	45	–	–	2950	–	江苏江南生物科技有限公司
镇江市句容市5万吨面粉加工原料收购流动资金贷款贴息项目	1920	20	–	20	20	–	–	1900	–	句容市恒祥面粉有限公司
合 计	39517.2	10044	3641	6403	4515.7	444.2	1443.2	29473.2	6128.8	–

（范云中 洪刚俊）

种植业

【概况】 2011年，全市种植粮食17.50万公顷，比上年减少1.3%；粮食平均单产6964公斤/公顷，增长3.3%；实现粮食总产121.89万吨，增长1.95%。

播种夏粮7.23万公顷，减少0.9%；单产4800公斤/公顷，增长3.4%；总产34.7万吨，增长2.41%。其中，小麦总产量34.239万吨，增长2.57%。

播种秋粮10.27万公顷，减少1.5%；单产8490公斤/公顷，增长3.3%；总产87.194万吨，增长1.77%。其中：种植水稻9.052万公顷，略有减少；单产9060公斤/公顷，增长2.9%；总产81.99万吨，增长1.55%。

全年种植油菜2.706万公顷，减少4.25%；油菜子单产1615公斤/公顷，减少21.94%；总产4.37万吨，减少25.27%。

茶园面积4467.1公顷，增长0.6%；茶叶总产1182吨，减少12.12%；实现产值2.31亿元，增长14.4%。果园面积9142公顷，增长21.79%；果品总产5.99万吨，增长22.71%；实现产值3.2亿元，增长28%。花卉苗木面积4733.3公顷，增长16.4%；实现产值4亿元，增长25%。桑园面积543公顷，减少44.5%；

饲养蚕种7000张，生产蚕茧263.6吨，蚕茧总产值626万元。（马　梁）

【粮农获直补资金近2亿元】 2011年，镇江市共发放种粮农民直接补贴资金19805.47万元，较上年增加10.43%。其中：良种补贴资金3747.39万元，水稻直补资金2819.16万元，农资综合直补资金13238.92万元，受益农户93.02万户。（马　梁）

【“镇稻10号”被评为全国优质食味米】 2011年3月9～10日，第六届全国粳稻米大会在长春召开，由镇江农科所培育的优质高产早熟晚粳稻新品种“镇稻10号”在大会上被评为优质食味米。该品种2009年获镇江市科技进步一等奖，2010年获镇江市农业科技推广一等奖，得到江苏省科技厅新品种项目资助，是江苏省重大成果转化专项目标品种之一。“镇稻10号”品种出米率比同类稻每百公斤高出5公斤，收购价每50公斤高出15元，两项相加，每50公斤“镇稻10号”水稻可增收30元。（马　梁）

【金山翠芽茶品牌价值升至6.62亿元】 2011年4月11日，由中国国际茶文化研究会、中国茶叶流通协会、中国茶叶学会举办的2011中国茶叶大会在浙江新昌举行。中国茶叶区域公用品牌价值评估课题组发布2011中国茶叶区域公用品牌价值，镇江市的金山翠芽茶品牌价值达到6.62亿元，比2010年度首度发布时品牌价值增加50%。在全国200多个茶叶区域公用品牌中，金山翠芽茶跻身前40强，位次前移5位，也是此次发布的江苏省第二大茶叶品牌。（马　梁）

【茅山建成省首个出口蔬菜花卉种子基地】 2011年8月27日，位于茅山的镇江瑞繁农艺有限公司种子基地通过省专家组检查验收，成为江苏第一家出口蔬菜、花卉种子示范基地。镇江瑞繁农艺有限公司瞄准国际市场，主攻种子培育，主要从事蔬菜、花卉等园艺类作物繁育制种出口，新品种引进、筛选及种质资源收集与保存利用、甘蓝类蔬菜新品种选育创新等工作，是镇江市唯一一家从事进出口蔬菜、花卉种苗的科研创新型企业。每年出口种子100多吨，为当地农民创收1000多万元。（马　梁）

【镇江在第九届“中茶杯”全国名优茶评比中获佳绩】 在2011第九届“中茶杯”全国名优茶评比中，镇江市选送的茶样中有29只获奖，其中句容市下蜀茶场生产的金翠牌金山翠芽茶等14只茶叶获得特等奖，占全国特等奖总数的16.9%，镇江市五峰茶场生产的彭公牌金山翠芽茶等15只茶叶获得一等奖。（李传德）

表14－2 2011年镇江市参加“中茶杯”全国名优茶评比获奖一览表

奖　项	获奖单位	品　牌	茶　样
特等奖(14只)	江苏茗苑茶叶科技开发有限公司	容宝牌	茗苑曲毫
	江苏吟春碧芽股份有限公司	吟春碧芽牌	吟春碧芽
	丹阳市后巷镇建林茶场	丁建林牌	金山翠芽
	句容市下蜀茶场	金翠牌	金山翠芽
	句容市苏南茶业有限公司	苏南牌	玉雪白茶
	句容市林场	句林牌	宝华玉笋茶
	句容市赵庄林苗场	句曲牌	金山翠芽
	句容市方山茶场	翠竹牌	金山翠芽
	句容市张庙茶场	华阳牌	茅山长青
	镇江市丹徒区富农茶叶专业合作社	茗海雪燕牌	金山翠芽
	镇江市丹徒区坞庄茶叶专业合作社	上丹牌	上党白茶
	句容市方山茶场	翠竹牌	茅山长青
	江苏茗苑茶叶科技开发有限公司	容宝牌	茅山长青
	镇江市五州山茶场	五洲牌	金山翠芽
一等奖(15只)	丹阳市鑫品茶业有限公司	鑫品牌	丹峰仙茗茶
	镇江市五峰茶场	彭公牌	金山翠芽茶
	镇江山水湾生态农业开发有限公司	山水映竹牌	山水映竹茶
	句容市赵庄林苗场	清谷香牌	清谷香
	句容市苏南茶业有限公司	苏南牌	茅山长青
	句容市龙山茶场	容华牌	茅山长青
	句容市赵庄林苗场	句曲牌	茅山长青
	镇江市丹徒区上党镇曹付茶场	曹付牌	三山香茗
	句容市茅峰茶场	茅君牌	茅山长青
	镇江市五州山茶场	五洲牌	白茶
	镇江市五峰茶场	五峰迎春牌	五峰迎春茶
	镇江市丹徒区谷阳茶场	金谷阳牌	金谷阳春
	镇江市丹徒区春沁茶叶专业合作社	墅山牌	金山翠芽
	句容市茅山茶场	金茅牌	茅山长青
	丹阳市鑫品茶业有限公司	鑫品牌	丹毫红茶

（李传德）

【丹阳、句容被确定为国家标准粮田建设项目县】 2011年11月，根据国家发改委、农业部、水利部文件精神，丹阳、句容被确定为国家标准粮田建设项目县。其中丹阳市2011～2012年投资1300万元在云阳镇、珥陵镇建设防渗渠42.72公里，新建排灌站1座，改建排灌站1座、闸门80座、涵洞154座、机耕桥180座，新建机耕路1500平方米、水泥路8000平方米，沟渠疏浚土方1.9立方米，建设高产稳产田1733公顷。句容市2011～2012年投资1000万元在郭庄镇、后白镇建设防渗渠14.6公里、排灌站7座、闸门10座、涵洞8座、机耕桥20座、小沟建筑物500座，新建机耕路6.8公里，沟渠疏浚土方6万立方米，田间植树1.5万株，建设高产稳产田1333公顷。（马　梁）

【农作物病虫草害防治】 2011年，全市开展农作物病虫草害防治62万公顷次，挽回水稻损失33.16万吨，占水稻总产37.5%，挽回小麦损失3.87万吨，挽回油菜损失0.37万吨，分别占总产10.3%和9.1%，有效控制病虫危害，为粮食八连增和农民增收作出贡献。推进病虫草害防治专业化，全年新增工商部门注册的植保专业防治组织66个。专业防治服务队达到787个，专业化服务从业人员1.1万人，拥有专业化防治机动、电动防控机械1.01万台，全年共投入专业化统防统治经费70万元，全市水稻面积的51.62%开展植保专业化防治，其中省部级高产创建万亩方实现全覆盖，全程承包防治面积达9200公顷。加大对加拿大一枝黄花等外来生物的防除，春秋两季共防除面积253.07公顷，约占发生面积的92.5%，有效控制加拿大一枝黄花等外来生物的扩展蔓延。（马　梁）

【18个产品被评为2011年镇江市名牌农产品】 根据《镇江市名牌农产品评选认定办法》规定的评选认定范围和程序，经过企业（协会）自愿申报、辖市

表 14－3　**2011 年镇江市名牌农产品名单**

生产企业	产　品	品　牌
镇江丹和醋业有限公司	镇江香醋、镇江陈醋	丹玉
丹阳市天禾生态农业科技发展有限公司	无公害蔬菜、有机蔬菜	天呵
江苏希旺农业科技有限公司	蔬菜	旦旺
丹阳市杏虎农业科技有限公司	无公害绿茶	溢心香
丹阳市龙庆茶文化研究中心	龙庆牌、凤美剑毫茶	龙庆
句容市茅山茶场	绿茶	金芽
句容茅宝葛业有限公司	葛根茶、葛根粉	茅宝
句容市龙山茶场	绿茶	容华
句容市茅峰茶场	绿茶	茅君
句容市虎耳山无花果专业合作社	无花果	龙山湖
扬中市浩诚特种水产养殖专业合作社	浩诚中华鳖	浩诚
扬中市大庆鸡场	鸡蛋	雪蓝
扬中市创新秧草专业合作社	金花菜	江之鲜
镇江市丹徒区富农茶叶专业合作社	绿茶	茗海雪燕
镇江市丹徒区苏润葡萄种植园	葡萄	苏润
镇江市丹徒区南山溪园茶叶专业合作社	美人谷春茶	美人谷
镇江市京口区京新果蔬农民专业合作社	西瓜	开心乐园
镇江丰和生态农业开发有限公司	蔬菜	丰润天禾

（马　梁）

（区）农委系统推荐、镇江市名牌农产品评审专家组公开评审并向社会公示，18 个农产品获 2010 年镇江市名牌农产品称号，有效期为 2011 年 11 月至 2014 年 11 月。（马　梁）

养殖业

【概况】 2011 年，全市畜牧生产发展有所回升，生猪、山羊出栏量、家禽生产量都有较大增加。实现五肉产量 8.24 万吨，比上年增长 19.59%。出栏肉猪 55.77 万头，增长 1.51%，其中三元杂交猪 23.87 万头，占 42.8%。出栏家禽 4253.64 万羽，增长 170.22%。出栏山羊 8.86 万只，增长 61.1%。奶牛存栏 6191 头，增长 7.04%；实现牛奶总产 2.08 万吨，降低 23.8%。

渔业生产稳步发展，2011 年，镇江市水产养殖面积 2.12 万公顷，其中特种水产品养殖面积 1.28 万公顷；实现水产品总产 8.82 万吨，实现渔业总产值 25.13 亿元、增加值 14.75 亿元。新增渔业专业合作社 3 家，全市渔业专业合作社总数 164 家。（马　梁）

【长江渔业资源增殖放流活动】 2011 年 4 月 23 日，以“增殖放流，给力生态”为主题的镇江市长江渔业资源增殖放流活动在丹徒区龙门港惠龙码头举行。共放流长江鱼类十大品种约 24 万尾，其中“青、草、鲢、鳙”四大家鱼约 20 万尾，鳜鱼、细鳞斜颌鲴、黄颡鱼、鮰鱼、河豚等特种水产品鱼种约 4 万尾。自 2003 年开始，连续 9 年组织增殖放流活动，累计放流中华鲟 300 尾、胭脂鱼 1000 尾、河豚 170.93 万尾、其他各类鱼苗 3000 万尾，投入资金 507.53 万元，对改善长江渔业生态环境、促进长江渔业持续发展起到积极作用。（马　梁）

【重大动物疫病防控】 2011 年，镇江市突出加强重大动物疫病强制免疫工作，组织实施春、夏、秋季集中防疫三大行动，全年免疫生猪口蹄疫 120 万头次、牛口蹄疫 1.88 万头次、羊口蹄疫 6.36 万只次、高致病性猪蓝耳病 108 万头、猪瘟 110 万头、家禽禽流感 3336 万只，免疫密度常年保持 100%，有效控制疫病的发生和传播。加强养殖企业防疫监管，签订免疫责任状，规范养殖生产档案，在禽流感、牛 A 型口蹄疫、甲流感防控工作中，严格监管养殖和运输环节，采取奶牛暂停调运、疫情监测和封闭管理等措施，严控疫情。开展农业血防综合治理，推进国家农业血防项目实施，共普查易感牲畜 3630 头次，继续保持零阳性，组织林业血防林工程造林 200 公顷。

（马　梁）

林　业

【概况】 2011 年，镇江市继续推进绿色镇江和山水花园城市建设，加快绿化造林步伐，加强森林资源保护和合理利用，森林覆盖率提高。全市共完成造林面积 3666.7 公顷，其中成片造林 3000 公顷，完成四旁植树 350 万株，完成 101 个村庄绿化示范村建设，句容市和润州区通过省林业局村庄绿化整体推进县验收。2011 年 11 月 4 日，镇江市创建国家森林城市启动仪式在古运河畔举行，标志着全市国家森林城市的创建工作拉开序幕。

加强森林防火基础设施建设，健全和完善市护林防火指挥中心、指挥通讯塔、省级防火物资储备库，全市 6 个有防火任务的辖市（区）都建立较高标准的防火物质储备库，共有风力灭火机 650 台、油锯 182 台、水枪 1172 支、灭火弹 25000 余枚、割灌机 35 台，2、3 号工具 2136 把，全市的防火物资储备超过省防火办规定的灭火物资储备标准。2011 年全市共发生一般森林火灾 15 起，过火面积 46.62 公顷，受害面积 1.67 公顷，损失林木幼林 0.14 万株。办理林地征占用手续 13 起，征占用林地面积 45.85 公顷。完成松材线虫病清理防治面积 2384.93 公顷，清理病死松树 50627 株，完成防治率 100%。（马　梁）

【集体林权制度改革完成】 2011 年 3 月 21～25 日，省集体林权制度改革领导小组对镇江市集体林改工作进行全面检查验收，镇江市集体林权制度改革工作以高分通过省检查组验收。集体林权制度改革是江苏省重点推进的 50 项改革内容之一。根据镇江市二类资源调查数据和省林业厅的认定，镇江市森林覆盖面积为 7.97 万公顷，其中需参加林改的集体林面积 4.65 万公顷，涉及全市各辖市（区）50 余万农户。截至年底，全市完成主体改革集体林地面积 4.65 万公顷，林权发证面积 2.8 万公顷，均股均利林地面积 1.60 万公顷，发放股权证书 93334 份。（马　梁）

农业机械

【概况】 2011 年，镇江市农机总动力达 133.67 万千瓦（剔除脱粒机）。全年净增步进式水稻插秧机 350 台，乘坐式插秧机 684 台，大中型拖拉机 305 台，秸秆还田及综合利用机械 643 台（套），高效植保机械 1235 台；新增高性能联合收割机 30 台，果蔬保鲜设备 21 台，杀虫灯 5512 台，茶叶防霜扇 151 台，茶叶加工机械 73 台，增氧机 627 台，投饵机 535 台，开沟机 267 台，秸秆打捆机 26 台。全市

表 14－4　**2011 年镇江市农业机械化发展情况一览表**

项　目(单位)	2010 年	2011 年	净增
农机总动力(万千瓦)	142.76	133.67	-9.09
大中型拖拉机(台)	3064	3369	305
小型拖拉机(万台)	2	2	0
联合收割机(台)	1958	1949	-9
其中高性能联合收割机(台)	1593	1589	-4
步进式插秧机(台)	1840	2190	350
乘坐式插秧机(台)	334	1018	684
油菜(玉米)种植机械(台)	136	175	39
油菜(玉米)收获机械(台)	367	512	145
农作物秸秆还田机械(台)	5123	5732	609
秸秆机械化全量还田面积(万公顷)	14.2	14.33	0.13
高效植保机械(台)	8303	9538	1235
高效设施及特色农业装备(台)	8713	11500	2787
粮食烘干机械(台)	40	42	2
水稻种植总面积(万公顷)	0.627	0.6276	0.0006
水稻机插秧总面积(万公顷)	3.853	5.027	1.174
水稻机直播总面积(万公顷)	3.003	1.793	-1.21
水稻机插率(%)	41	53.4	12.4
水稻机械化种植水平(%)	73	73	0
油菜(玉米)机播面积(万公顷)	0.224	0.817	0.593
油菜(玉米)机收面积(万公顷)	0.227	0.928	0.701
三麦机收水平(%)	98	98	0
农机作业总收入(亿元)	12.57	12.25	-0.32
跨区作业收入(亿元)	1.21	1.17	-0.04
联合收割机跨区作业数量(台次)	2160	2120	-40
跨区作业面积(万亩)	163	158	-5
农机合作社新增(个)	118	151	33
农机职业技能培训与鉴定(人)	1660	1650	-10
农机维修网点新发证数及换证率(个/%)	24/100	3/100	3/100

(刁野军)

综合机械化水平达到 79%,水稻种植机械化水平达到 73%,其中水稻机插秧面积 5.03 万公顷,秸秆还田率 65%,秸秆综合利用率 96%。全市农机服务总收入 12.25 亿元,其中跨区作业收入超 1.17 亿元。(刁野军)

【农机购置政策补贴再创新高】 2011 年,全市各级财政用于农机化投入继续大幅增长,共落实农机购置补贴资金 6948.11 万元,净增加 1050 万元,是历史上投入最多的一年,其中中央及省级财政资金 4935 万元,市级财政 461.26 万元,县、区财政 1551.85 万元。共补贴农机具 12649 台(套),其中:大中型拖拉机 341 台,秸秆还田机 716 台,步进式插秧机 337 台,乘坐式插秧机 680 台,植保机 2985 台,秸秆造粒设备 8 台。(刁野军)

【农业机械化水平不断提高】 2011 年,镇江市水稻机械化种植水平达 73%。其中:机插面积 5.03 万公顷,机插率 53.4%,增长 30%,初步形成具有镇江特色的"杜绝人工抛撒,控制机械直播,力推机械插秧"的水稻种植机械化发展思路;新增加插秧机 1034 台(其中乘坐式插秧机 684 台,占全省 20%),高速插秧机保有量 1018 台,全省排名第二,扬中、丹徒机插水平较上年增长 15% 以上;机插秧面积由上年的 3.72 万公顷增加到 5.027 万公顷。(刁野军)

【农作物秸秆机械化还田及综合利用】 2011 年,全市秸秆综合利用以机械化还田为主,工业化造粒为辅,能源化利用和生物化处理为补充的多元化秸秆利用相结合的方式展开,取得显著成效。全市秸秆综合利用率达 96%。一是稳步推进秸秆机械化还田。发挥秸秆机械化还田示范县作用,引导农机专业户和农机专业合作组织,有序、有效推进秸秆机械化还田,秸秆还田面积达 14.33 万公顷次,秸秆还田率达 65%。二是重点推进秸秆工业化造粒。全市组建秸秆颗粒化利用公司 1 家,秸秆造粒加工点 26 家,秸秆造粒设备 55 台(套),销售秸秆颗粒 4375 吨。三是鼓励推进秸秆多元化利用。秸秆沼气化利用、秸秆造肥、堆沤及腐熟还田、果园覆草、秸秆土著菌养猪等多种形式。(刁野军)

【农机化质量监督与安全监管】 2011 年,镇江市新创建平安农机示范县(市)1 个、平安农机示范乡镇 4 个、平安农机合作社 5 个、规范化监理所 1 个。全市共检验拖拉机 6938 台、联合收割机 1070 台。4500 余名农机驾驶人进行安全学习,治理无牌无证拖拉机 131 台,排查事故隐患 605 起,整改率 100%。签订农机安全生产责任状 4500 份,各项事故指标控制在省控目标范围内,未发生重特大农机责任事故,农机安全形势平稳。(刁野军)

【农机新技术培训全省领先】 2011 年,镇江市共举办各类农机人员培训班 287 期,培训各类农机操作人员 17211 人次,完成率和绝对人数居全省第一。农机职业技能鉴定 1650 人次(插秧机操作工 764 人、拖拉机驾驶员 187 人、农业机械操作工 178 人)。(刁野军)

水 利

责任编校：毛向阳

综 述

【概况】 2011年，镇江水利建设重点项目共完成投资6.35亿元（不含农村水利及市县自办项目），其中列入省水利重点工程建设目标考核的项目为中小河流治理、区域治理、水土保持、小型水库除险加固等，省水利厅下达镇江1.28亿元投资任务，实际完成投资1.30亿元。《镇江市“十二五”水利发展规划》完成编制工作。镇江市被省政府列为全省水利现代化试点市，扬中市被省政府列为全省水利现代化试点县。2011年，市委、市政府明确提出全市水利现代化建设目标。丹阳、扬中、句容、丹徒等4个辖市（区）水利现代化规划编制工作全面启动。做好重点水利项目前期工作。列入全国重点地区中小河流整治规划的句容市南河、中河、句容河上段及丹徒区胜利河等4条河道整治工程初步设计全部完成。年度区域治理句容市赤山湖防洪滞洪工程可行性研究报告获省水利厅批复，初步设计完成；扬中河段夹江马家港至思议港段整治工程及镇扬河段和畅洲左汊口门控制加固工程可行性研究报告获省水利厅批复，初步设计完成。镇江市镇扬河段左汊大窝塘护岸工程和丹徒区江心总站除险加固工程通过省水利厅2011年度区域治理竞争立项，计划2012年组织实施。运粮河水利血防综合整治工程可行性研究报告完成并上报省水利厅。开展今后几年水利重点工程项目储备工作，其中谏壁节制闸拆除重建工程初步设计报告完成设计招标，水文水利计算及规模论证阶段成果完成；丹阳市香草河整治初步设计和句容市便民支河水利血防项目可行性研究报告编制工作基本完成。

严格按规程要求，抓好工程验收。长江2009年应急护岸及长山提水站除险加固工程通过工程竣工验收，湖西引排谏壁抽水站运河侧引河整治工程现场审计完成，工程基本具备竣工验收条件。

（陆智国）

【秦淮河流域二干河整治工程】 工程由句容市二干河综合整治三期工程建设处承建，投资总额2824万元，主要建设内容包括：堤防达标5.1公里，堤身灌浆3.4公里，修建防汛道路6.5公里，拆建、新建涵洞3座，拆建泵站3座等。2010年8月10日开工建设。2011年年底基本完成建设任务。

（陆智国）

【句容市赤山湖内湖防洪滞洪整治工程】 赤山湖位于句容河南侧句容市境内，是秦淮河上游滞洪削峰、蓄水抗旱的重要湖泊。经过数年历次围垦养殖，赤山湖围湖5500平方米，滞洪水面只有2300平方米，严重影响抗旱灌溉水源及区域环境。句容市政府按照《秦淮河流域防洪规划》实施赤山湖退渔还湖，并组织编制《赤山湖退渔还湖防洪综合整治工程总体可研报告》，提出将已围占的内湖退出4平方公里、保留1.5平方公里，今后再增加白水荡退湖2.5平方公里，使滞洪区达到规划面积8.8平方公里。该工程分期建设，一期实施内湖退渔还湖、二期实施内湖防洪滞洪、三期实施外堤加固及环河清淤、四期实施白水荡滞洪区建设。一期工程于2011年6月完成。2011年11月启动实施二期工程——赤山湖退渔还湖内湖防洪滞洪工程。主要工程内容包括：加固内湖堤防4.41公里；新建东、西分洪闸，闸孔净宽8.0米；西分洪闸结合新建设计流量5.0立方米/秒，补水泵站1座。

（陆智国）

【丹阳市大吴塘水库除险加固工程】 大吴塘水库位于丹阳市司徒镇西北部前岗村，大运河水系，集水面积28.7平方公里，总库容850.1×104立方米，是一座集防洪、灌溉、养殖为一体的小（一）型水库，工程等别为Ⅳ等。此次除险加固主要建设内容：坝体加固处理，迎水坡护坡改建，背水坡整坡及增设排水设施，低涵加固，高涵拆除，溢洪道加固，增设必要的管理设施。大吴塘水库除险加固工程于2011年6月1日开工，工程概算投资760万元。截至2011年12月底，大坝除险加固单位工程完成60%；管理房完成50%；溢洪闸完成主体及上下游连接段建筑物砼浇筑。

（陆智国）

【丹徒区西湾水库除险加固工程】 西湾水库位于丹徒新城境内，属太湖水系。工程的主要功能为防洪和灌溉。西湾水库属小（一）型水库，工程等别为Ⅳ等。西湾水库自建成运行以来，未进行过系统的维修加固，涵洞、大坝、溢洪道等建筑物带病运行多年，损坏严重，缺少必要管理设施。工程主要建设任务为坝体加固及防渗处理，迎水坡护坡整修加固，背水坡整坡及增设排水设施；涵洞拆建；溢洪道加固；增设必要的管理设施。工程概算总投资328万元，其中省级补助197万元，市、区配套131万元。工程于2011年2月23日开工，2011年11月20日完工。

（陆智国）

【丹徒区马迹水库除险加固工程】 马迹水库位于丹徒区辛丰镇境内，属太湖水系。工程的主要功能为防洪、灌溉。属小（一）型水库，工程等别为Ⅳ等。工程加固内容为坝体加固及防渗处理，迎水坡护坡整修加固，背水坡整坡及增设排水设施；涵洞拆建；溢洪道加固；拓疏撇洪沟；增设必要的管理设施。工程概

算投资397万元，全部为中央补助。工程于2011年2月15日正式开工，2011年12月30日完工。（陆智国）

农村水利

【概况】 2011年，镇江市农村水利工作积极参与到新农村、新五件实事、“三新”建设以及生态市创建等活动中，完成各类土方1509万立方米（占年度计划任务的107%），新建、改建各类建筑物1325座（占年度计划任务的110%），新建改造塘坝365座（占年度计划任务的122%），修建防渗渠道235公里（占年度计划任务的113%），完成圩堤加固30公里84万立方米，治理水土流失面积15.8平方公里。（陆智国）

【农村河道疏浚及管护】 2011年，全市各地结合生态市创建、村庄环境整治等特色活动，抓好农村河道疏浚整治工作。2011年，全市完成疏浚县乡河道48条，疏浚土方293万立方米（占计划任务的113%），完成疏浚整治村庄河塘618个，疏浚土方398万立方米（占年度计划任务的110%），年度河道疏浚计划任务全部完成。（陆智国）

【小型农田水利建设】 2011年，镇江市实施中央财政小型农田水利建设重点县项目2个（丹阳市和扬中市）、专项工程3个（句容市、丹徒区和润州区），5个项目总投资达1.02亿元。项目建设全部实行项目法人责任制、招投标制、建设监理制、施工合同制、项目公示制、绩效考评制度以及农民义务监督员制。其中，丹阳市在江苏省检查考核中名列前10位；扬中市的农民义务监督员制度被列为全省典型。2011年9月，句容、丹徒进入全国农田水利建设重点县行列，实现全市所有涉农辖市（区）全国农田水利建设重点县的全覆盖。

（陆智国）

【农村小型泵站更新改造规划】 全市在编制《农村小型泵站更新改造规划》的基础上，2011年4月制定《镇江市2011～2015年农村小型泵站更新改造工程实施意见》，意见对泵站更新改造的建设管理标准、补助奖励政策、工作措施要求等提出要求，明确从2011～2015年，市财政每年安排专门经费150万元左右，奖励农村小型泵站更新改造工程考核结果合格以上的辖市（区），确保2015年前将全市建设年代在1980年以前、老化失修较为严重的小型泵站更新改造一遍。（陆智国）

【水土保持监督执法】 2011年，镇江市各级水利行政主管部门加大水土保持监督执法力度。句容市省级水土保持监督能力建设重点县通过验收，对神华集团国华镇江港高资港区煤炭储备基地工程、镇江丰源置业长山九渚园房地产工程等项目的水土保持方案进行审批，逐步规范审批开发建设项目水土保持方案，监督开发建设项目落实水土保持各项制度，控制新增人为水土流失。

（陆智国）

图15－1　　整治后的农村池塘　　（陆智国）

城市水利

【概况】 2011年，镇江市城市水利城建任务共计21项，年度计划投资20亿元，实际完成投资量28.44亿元，超额完成42.2%。古运河中段综合整治进入全面建设阶段，进一步加大古运河道路和景观工程的推进力度，较好地完成年度节点目标。（陆智国）

【融资工作】 2011年，市水利投资公司积极配合城市建设，一方面继续与各大国有银行、商业银行合作，在金融紧缩的不利形势下，全年新增贷款13.82亿元，其中以金山文化园旧城改造及基础设施项目向农行申请贷款8亿元。同时，加快还款进度，全年共还款19.65亿元，2011年融资余额净减少5.83亿元。为确保资金链不断，水投公司采取措施，包括利用子公司等其他平台贷款1.35亿元，向合作单位借入合作资金3.9亿元，申报发行二期企业债券等。大东片区地块招商工作取得突破性进展，2011年5月上市，交易金额近30亿元。

（陆智国）

【金山湖片区路网】 2011年，金山湖片区的金水路、引航道路、菱苇路、环湖路东延、湖滨一路、金山湖路、湖滨二路等7条道路相继开工，总长约8.7公里，开工长度4.35公里。截至2011年底，金水路完成沥青摊铺；引航道路进行水稳施工；菱苇路完成行车道；环湖路东延完成雨污水管道施工；湖滨一路开始路床施工；湖滨二路完成路床施工；金山湖路开始深搅桩施工。（陆智国）

【公交站点建设】 2011年，金泉、金山湖、大东、京江4个公交枢纽站点建设被确定为全市新增的重点民生保障工程，总投资1600万元。截至2011年底，金泉、金山湖、大东三个公交始末站基本完工，京江公交枢纽基础建设结束。

（陆智国）

【安置房建设】 2011年，滨江花城8幢高层的建设目标为完成平均主体11层。市水投公司在施工过程中，克服地质条件复杂，基坑土方开挖坍塌等不利影响，科学组织，抢抓进度。截至12月底，6幢高层主体封顶，超额完成90%以上，为完成后续的安置工作创造有利条件。滨江花城菜市场为2011年新增的重点民生保障工程，建筑总面积7000多平方米，总投资1900万元，于2011年5月27日开工建设。截至12月底，主体建筑全面竣工，并完成菜市场室内装修以及室外场坪和停车场。金泉三期安置房工程，规划建设小高层住宅楼2幢，高层住宅楼18幢，建筑总面积16.5万平方米，人防和地下车库25900平方米，于2011年9月30日开始桩基施工。截至12月底，完成打桩1000余根（总数为3080余根）。（陆智国）

【拆迁及安置工作】 2011年，北部滨水区确定的拆迁目标为10万平方米，安置目标为8万平方米。全年实际完成拆迁994户计16.5万平方米，超额完成65%，完成大东片区边角地拆迁扫尾、安置房三期及一泉村边角地拆迁工作，推进金山文化园二期拆迁等。先后进行金山文化园小户型、征润洲村以及大东边角地等零星项目的安置工作，合计完成800余户、1360余套房屋，约12.5万平方米的回迁安置任务，超额完成56.25%。截至2011年底，由市水投公司承担安置房建设任务的项目均如期安置。（陆智国）

【金山创意产业园项目】 是北部滨水区建设重大项目，2011年12月28日开工建设。该项目位于征润洲岛西北侧，总占地80公顷，总投资超过100亿元，建设目标为3～5年内建成"百家企业，千亿产值，万名人才"省级以上现代产业示范基地，对镇江市加快转型升级、推动跨越发展、全面加快现代化建设进程起到引领作用。（陆智国）

【古运河中段风光带工程】 该工程西起塔山路，东至经十二路，全长4.24公里，其中景观绿地面积48.4公顷，河道水体面积16.42公顷，总体布局为"一场两带四园六桥六埠"。截至2011年12月底，完成工程量1.22亿元，千秋桥等景观桥梁、许浑纪念馆等配套建筑，一半以上完成主体结构；运河广场所有基础和牌楼主体结构完成。绿化工程中，累计完成土方外运30万立方米，绿化场地平整20万平方米，种植各类乔灌木、竹子3万余株，铺植草坪近5万平方米。"景观运河、生态运河、人文运河"的形象初步展现。（陆智国）

【运河广场】 运河广场于2010年12月施工，广场是整个镇江古运河的门户空间和重要活动场所，此段运河水面宽60米、长450米，总面积20000平方米，由西段的运河主题文化广场和东段的虹桥揽古两区组成。运河主题文化活动广场，由上、下两个场地组成，场地面积总计4000平方米，以全长120米、高9米的"运河之母"高浮雕及系列瀑布水景观为对景和核心，主要景点有"大运千秋"牌楼、"八夏"神兽柱、"慈爱万民"文化壁雕、"运河之母"高浮雕及系列瀑布水景观。虹桥揽古区，横跨四明河东西两岸，以许浑别墅、石淙精舍等历史景观和古园林为原型，通过开挖池塘、筑山叠石营造出的郊野地园林和独具镇江文化特质的休闲场所。截至2011年底，完成千秋桥、虹桥和丁卯桥三座桥的施工，许浑纪念馆、饭店、商店和管理用房主体施工结束，滨水大道石材栏杆安装完成，运河广场铺装和牌楼施工完成，绿化铺装完成，"运河之母"大型雕像制作完成。（陆智国）

防汛防旱工作

【概况】 2011年，市防汛防旱指挥部（简称防指）开展水利工程汛前汛后检查，对各地检查出的险工隐患进行汇总，分级处理，并抓好防汛应急工程建设，提高防汛抗旱能力。全市各地针对暴露出来的河塘库淤塞问题，进行大面积、拉网式的河道库塘清障工作。全市切实加大长江河道采砂管理力度，从突击性整治转向常态化管理，非法采砂活动得到有效遏制，维持长江河势稳定。全面落实防汛防旱工作责任制，建立健全各级防汛防旱指挥部领导班子，全市317公里长江江港洲堤防、64条骨干河道、在册101座中小型水库、大中型水闸泵站和重点塘坝等水利工程的防汛行政责任人和技术责任人汛前全部落实到位，并在市政府门户网站公布。强化防汛物资储存和抢险队伍建设。各级防汛防旱指挥部办公室（简称防办）及相关水利管理单位从5月1日起24小时值班。强降雨和防御9号强台风期间，市防办严格执行防汛会商制度，安排由各级领导带班的加强班。（陆智国）

【抗旱】 2011年1～5月，因干旱少雨，全市一度出现气象中旱、局部地区重旱旱情，主要位于丹阳市、句容市、丹徒区和镇江新区。面对旱情，市防汛防旱指挥部加强组织领导，启动Ⅲ级抗旱预案。市气象部门先后2次择机实施火箭人工增雨作业。谏壁抽水站共提水3.05亿立方米、谏壁闸引水0.38亿立方米。丹阳市九曲河枢纽引水0.4亿立方米。句容市长江提水站三级提水补给北山水库800万立方米，确保句容市城区的自来水供给；赤山闸翻水站翻水800万立方米。镇江新区通过姚桥闸、丰乐桥闸、沙腰河闸每潮必引，累计引水2500万立方米。全市共有477座泵站开机，902台（套）机动设备投入抗旱，总动力达3.19万千瓦，抗旱用电565万千瓦时，用油111吨，抗旱浇灌面积12.2万公顷次，临时解决4.31万人、0.52万头牲畜饮水困难。（陆智国）

【防汛】 2011年汛期，全市经历三次强降雨过程，分别为6月17日、6月24日和7月11日，水库蓄水量迅速上涨，最多时有32座水库溢洪。市防办及时会同气象、水文部门进行防汛会商，市防汛防旱指挥部印发《关于做好当前防汛排涝工作的通知》。市防办组织3个工作组，对全市所有小水库进行逐一现场检查，现场指导防汛工作，要求各地对存在安全隐患的水库降低水位运行，能够处理的隐患进行应急处理，确保水库运行安全。（陆智国）

【防台风】 2011年第9号强台风"梅花"袭击镇江，市防汛防旱指挥部启动镇江市防台Ⅲ级应急响应预案。市防指派出3个工作组，对各辖市的防台工作情况进行现场检查指导。通过各种新闻媒介向社会公布防台信息，加强公众防范，及时对广告牌等进行加固或拆除，组织扬中挂耳圩和一些老房屋中居住人员撤离。全市超汛控水位的水库全部降至汛控水位以下运行，北山、句容、大吴塘等水库进行水位预降。9号超强台风未对镇江市遭成灾害影响，但全市广大干群经历一次防台风实战演练，提升各级防台风能力。（陆智国）

水政水资源管理

【概况】 2011年，市水利局制定《关于镇江市水利局法治政府建设考核目标任务分解的实施意见》，制定并完善法治政府建设各项配套规章制度。2011年底推出说理式行政许可文书示范文本。制作印刷2011年《镇江水利》特刊，制作"世界水日""中国水周"专题宣传片；召开"镇江市纪念'世界水日'用水户座谈会"，并为8家市级节水型载体建设单位举行授牌仪式。组织开展全省长江河道采砂管理"久安"行动，严厉打击长江非法采砂。2011年，镇江市水政监察支队获省水利厅和江苏海事局颁发的"长江河道采砂管理工作先进集体"称号，市水利局依法行政工作受到省水利厅的通报表彰。部署开展全市水利规费征管稽查专项工作和省水利厅河道管理范围内建设项目监管检查。组织开展全市水利系统行政执法案卷评查。全年共举办三期水利法律法规培训，行政执法人员法律知识培训时间达到不少于15天的要求。按时完成"六五"普法规划的制定工作，同时制定依法行政年度计划和年度普法、法治宣传计划，"六五"普法顺利启动。

（陆智国）

【水利行政服务】 2011年，市水利局继续协助市重点工程建设，派员多次赴水利部，争取中石油落户扬中的水利许可工作，并通过长江水利委员会组织的专家咨询会审查；市水利局多次和武汉长江水利委员会及省水利厅沟通，句容电厂补正许可事项、共青团农场新宇国际项目、扬中华润集团、龙源港机、二重集团、中盐集团内港池码头等建设项目得到长江水利委员会和省水利厅的支持。截至年底，市水利局共办理17项市级行政许可事项，均在承诺的期限内完成，办理过程中没有任何违规行为。（陆智国）

【水源地保护】 2011年，镇江市贯彻江苏省人大常委会《关于加强饮用水源地保护的决定》，根据省水利厅的统一安排，对现有水源地按照"一地一策"的要求，制订达标建设方案，增加饮用水源地的水质监测频次。加强集中式饮用水源地的管理工作，禁止在集中式饮用水源地内围网养殖、乱建乱停、违法设置排污口等行为。开展城市备用水源地建设，省水利厅于2010年核准金山湖作为镇江市城市应急备用水源地。2011年，镇江市加快建设和保护力度，其中湖面扩大工程、江南桥闸站工程完成，引换水工程也基本完成，形成0.9平方公里湖面，蓄水量329万立方米，供水量216万立方米，基本满足城区8天生活用水量。

（陆智国）

【水库资源保护】 2011年，按照市政府出台的《镇江市加强水库水资源与周边环境保护的暂行规定》和镇江市发改委、水利、规划、建设、国土资源、农林、环保等部门印发的《镇江市水库水资源与周边环境保护规划的编制工作意见》，根据《镇江市水库水资源与周边环境保护规划编制大纲》，市水利局开展规划的编制工作，对今后进一步加强全市水库水功能区的保护和管理提供依据。从2011年7月起在全市范围内开展水资源专项执法检查活动，市水利局抓好饮用水源地入河排污口的监督管理工作，禁止在集中式饮用水源地内围网养殖、乱建乱停、违法设置排污口等行为。（陆智国）

图15－2　北固湾临水栈道　（水　利）

【节水载体建设】 2011年，根据省发改委、省水利厅下达镇江市节水型社会建设目标任务要求，市水利局与市发改委、住建局联合将目标任务分解到各辖市（区），要求各地将各类载体创建作为节水工作的重点，制定节水行动方案，开展水平衡测试。为做好载体建设工作，市水利局组织人员对辖区（市）进行节水工作指导。全市5家企业完成水平衡测试工作，句容市创建节水型社会工作基本实现规划目标，通过省级专家组验收。

（陆智国）

【水库后期扶持】 2011年，按照国务院《关于完善大中型水库移民后期扶持政策的意见》和省政府《关于大中型水库移民后期扶持政策的实施意见》等有关文件的精神和要求，镇江市中型水库移民后期扶持政策实施工作顺利推进。镇江市及句容、丹徒成立水库移民后期扶持办公室，配备人员专职或兼职管理，岗位职责明确到人。及时准确上报后期扶持工作月报和每月工作情况等信息。积极、妥善处理移民信访事宜，全市累计接待来访人员250余次450余人，处理来电来信1000余次。水库移民档案资料收集完整、准确，整理归档完整，输入微机信息系统。移民人口每年按半年度进行一次动态核定，按时、准确发放直补资金。按规范要求编制上报后期扶持项目、库区项目规划。及时批复实施年度实施计划，调整率未超过3%，后期扶持项目完成率98%，库区项目完成率75%，资金总兑付率77%。项目实施按规定审查、批准、实施，经常开展监督、检查，项目质量优良率90%，未出现验收不合格和返工现象。（陆智国）

综 述

【概况】 2011年，全市工业经济围绕产业转型升级主线，推进新兴产业爆发式增长、传统产业改造提升、现代服务业跨越发展“三大计划”。2011年，镇江市拥有规模以上工业企业（按调整后统计口径）2173家。从地区分布来看，丹阳市712家，句容市459家，扬中市295家，丹徒区324家，京口区63家，润州区95家，镇江新区225家；从体制结构来看，国有企业34家，集体企业53家，股份合作制企业8家，私营企业1300家，三资企业581家，其他企业197家。

规模总量跃上新台阶。全市规模以上工业实现增加值1260亿元，比上年增长14.3%，高于全省平均水平0.5个百分点；实现销售5040亿元，增长29.9%；实现利税468.3亿元，增长34.6%；实现利润301.6亿元，增长37.9%。其中实现利税和利润总额的增幅均居全省第五位。全市五大主导产业销售突破4278亿元，占全市规模以上工业的85.3%，比上年底提高0.3个百分点。其中，绿色化工业实现产业新突破，实现销售1000.2亿元，成为全市继装备制造业之后的第二个“千亿产业”。

重点企业支撑作用提升。全年全市销售前50位工业企业（集团）实现销售2297.2亿元，占全市规模以上工业的45.8%，比上年增长30.5%；有31家企业销售增幅超过全市平均，其中，大力神科技、新韩通船舶、呈飞电子等7家企业销售增长100%以上；其中新增年销售超百亿元企业（集团）1家，累计7家；新增年销售超50亿元企业（集团）5家，累计14家；新增年销售超10亿元企业24家，累计82家；新增年销售超亿元企业128家，累计767家。

发展后劲有新增强。2011年，全社会工业投资完成721.6亿元，比上年增长29.7%；其中规模工业投资完成721.6亿元，增长20.6%。全市技改投资完成824.3亿元，增长26.4%；其中规模技改投资完成513.7亿元，增长25.2%。技术设备投入进一步放大，全市固定资产购置设备退税金额24.1亿元，增长75%。

节能水平有新提升，全年全市单位地区生产总值能耗下降3.7%。强化源头控制，在全省率先创新开展投资项目节能竣工验收制度，对未组织、未通过节能竣工验收的项目，实行不接电、不接水的硬性措施。组织实施十大节能预警调控措施，加速推进86个重点节能项目，节能15.1万吨标准煤；推进墙材革新和散装水泥工作，新墙材占墙材总量比重达到91%，水泥散装率达到90%。出台《关于加强节能评估审查从源头上强化能耗控制的通知》，规定不论产业类别、不论投资大小、不论耗能多少，所有一产、二产、三产投资项目，都必须进行节能评估审查，确保从项目引进落户之初就实行节能控制。在5月17日全省节能工作会议上，镇江市被江苏省政府授予“十一五”全省节能工作先进集体，鹤林水泥、金东纸业和鸿泰钢铁等3家企业也获该奖。9月18日，中央及省级主流媒体聚焦全市节能工作，媒体记者参观金东纸业展览厅，现场观摩3号纸机生产线的节能原理与效率。

江苏鱼跃医疗设备有限公司董事长吴光明获2010江苏省工业营销十大风云人物，成为全市首个获该荣誉的企业家。南自通华电气集团的《走行业和专业化销售之路》案例和镇江奇美化工有限公司副总经理苏耀宗分别入围“双十”提名奖名单。 （凡 浩 欧旭丹）

表16－1

2011年镇江市工业总产值前50家企业表

序号	企业名称	所属地区	序号	企业名称	所属地区
1	镇江奇美化工有限公司	镇江新区	12	镇江鼎胜铝业股份有限公司	京口区
2	金东纸业（江苏）股份有限公司	镇江新区	13	丹阳龙江钢铁有限公司	丹阳市
3	江苏沃得机电集团有限公司	丹阳市	14	镇江江南化工有限公司	镇江新区
4	大全集团有限公司	扬中市	15	镇江荣德新能源科技有限公司	扬中市
5	江苏飞达控股集团有限公司	丹阳市	16	中储粮镇江粮油有限公司	京口区
6	江苏天工集团有限公司	丹阳市	17	中国国电集团公司谏壁发电厂	京口区
7	大亚科技集团有限公司	丹阳市	18	江苏利华铜业有限公司	丹阳市
8	江苏索普（集团）有限公司	京口区	19	江苏镇江发电有限公司	丹徒区
9	大力神科技集团	丹阳市	20	江苏鸿泰钢铁有限公司	京口区
10	金海宏业（镇江）石化有限公司	丹徒区	21	江苏中电输配电设备有限公司	扬中市
11	镇江联成化学工业有限公司	镇江新区	22	江苏环太集团有限公司	扬中市

续表 16－1

序号	企业名称	所属地区	序号	企业名称	所属地区
23	精功镇江汽车制造有限公司	丹徒区	37	江苏新韩通船舶重工有限公司	扬中市
24	江苏南自通华电气集团有限公司	扬中市	38	镇江韦岗铁矿有限公司	润州区
25	江苏呈飞电子有限公司	丹阳市	39	江苏丰裕工具有限公司	丹阳市
26	江苏鑫海铜业有限公司	丹阳市	40	道达尔润滑油(中国)有限公司	镇江新区
27	江苏长丰科技集团	丹阳市	41	丹阳新华美塑料有限公司	丹阳市
28	江苏晶谷米机有限公司	丹阳市	42	扬中市龙源港机制造有限公司	扬中市
29	巨宝精密加工(江苏)有限公司	句容市	43	江苏苏润高碳材股份有限公司	丹徒区
30	华鹏集团有限公司	扬中市	44	江苏鹤林水泥有限公司	丹徒区
31	江苏省镇江船厂(集团)有限公司	润州区	45	丹阳市申阳电梯部件有限公司	丹阳市
32	江苏建华管桩有限公司	句容市	46	镇江市大港通达铜材有限公司	镇江新区
33	沃得重工(中国)有限公司	丹徒区	47	镇江万发化纤有限责任公司	丹徒区
34	罗地亚(镇江)化学品有限公司	镇江新区	48	镇江南帝化工有限公司	镇江新区
35	江苏银佳企业集团有限公司	扬中市	49	中化镇江焦化有限公司	丹徒区
36	句容宁武高新技术发展有限公司	句容市	50	句容台泥水泥有限公司	句容市

（统计局）

表 16－2

2011 年镇江市工业企业产品销售收入前 50 家企业表

序号	企业名称	所属地区	序号	企业名称	所属地区
1	镇江奇美化工有限公司	镇江新区	26	江苏鑫海铜业有限公司	丹阳市
2	金东纸业(江苏)股份有限公司	镇江新区	27	江苏长丰科技集团	丹阳市
3	江苏沃得机电集团有限公司	丹阳市	28	江苏晶谷米机有限公司	丹阳市
4	大全集团有限公司	扬中市	29	巨宝精密加工(江苏)有限公司	句容市
5	江苏飞达控股集团有限公司	丹阳市	30	江苏建华管桩有限公司	句容市
6	江苏天工集团有限公司	丹阳市	31	华鹏集团有限公司	扬中市
7	大亚科技集团有限公司	丹阳市	32	江苏省镇江船厂(集团)有限公司	润州区
8	江苏索普(集团)有限公司	京口区	33	沃得重工(中国)有限公司	丹徒区
9	大力神科技集团	丹阳市	34	罗地亚(镇江)化学品有限公司	镇江新区
10	镇江联成化学工业有限公司	镇江新区	35	镇江韦岗铁矿有限公司	润州区
11	镇江鼎胜铝业股份有限公司	京口区	36	句容宁武高新技术发展有限公司	句容市
12	金海宏业(镇江)石化有限公司	丹徒区	37	江苏新韩通船舶重工有限公司	扬中市
13	丹阳龙江钢铁有限公司	丹阳市	38	道达尔润滑油(中国)有限公司	镇江新区
14	镇江江南化工有限公司	镇江新区	39	江苏银佳企业集团有限公司	扬中市
15	中储粮镇江粮油有限公司	京口区	40	江苏丰裕工具有限公司	丹阳市
16	中国国电集团公司谏壁发电厂	京口区	41	丹阳新华美塑料有限公司	丹阳市
17	镇江荣德新能源科技有限公司	扬中市	42	扬中市龙源港机制造有限公司	扬中市
18	江苏利华铜业有限公司	丹阳市	43	江苏苏润高碳材股份有限公司	丹徒区
19	江苏镇江发电有限公司	丹徒区	44	丹阳市申阳电梯部件有限公司	丹阳市
20	江苏中电输配电设备有限公司	扬中市	45	江苏鹤林水泥有限公司	丹徒区
21	江苏鸿泰钢铁有限公司	京口区	46	镇江市大港通达铜材有限公司	镇江新区
22	江苏环太集团有限公司	扬中市	47	镇江万发化纤有限责任公司	丹徒区
23	精功镇江汽车制造有限公司	丹徒区	48	镇江南帝化工有限公司	镇江新区
24	江苏南自通华电气集团有限公司	扬中市	49	句容台泥水泥有限公司	句容市
25	江苏呈飞电子有限公司	丹阳市	50	镇江强凌电子有限公司	润州区

（统计局）

表 16－3

2011 年镇江市工业企业利税总额前 50 家企业表

序号	企业名称	所属地区	序号	企业名称	所属地区
1	金东纸业(江苏)股份有限公司	镇江新区	14	镇江江南化工有限公司	镇江新区
2	大全集团有限公司	扬中市	15	江苏南自通华电气集团有限公司	扬中市
3	镇江奇美化工有限公司	镇江新区	16	中国国电集团公司谏壁发电厂	京口区
4	江苏沃得机电集团有限公司	丹阳市	17	镇江联成化学工业有限公司	镇江新区
5	江苏飞达控股集团有限公司	丹阳市	18	句容台泥水泥有限公司	句容市
6	江苏天工集团有限公司	丹阳市	19	江苏省镇江船厂(集团)有限公司	润州区
7	大亚科技集团有限公司	丹阳市	20	沃得重工(中国)有限公司	丹徒区
8	江苏镇江发电有限公司	丹徒区	21	江苏中电输配电设备有限公司	扬中市
9	金海宏业(镇江)石化有限公司	丹徒区	22	镇江鼎胜铝业股份有限公司	京口区
10	江苏鹤林水泥有限公司	丹徒区	23	江苏建华管桩有限公司	句容市
11	镇江荣德新能源科技有限公司	扬中市	24	江苏银佳企业集团有限公司	扬中市
12	江苏环太集团有限公司	扬中市	25	江苏晶谷米机有限公司	丹阳市
13	江苏索普(集团)有限公司	京口区	26	大力神科技集团	丹阳市

续表 16－3

序号	企业名称	所属地区	序号	企业名称	所属地区
27	丹阳龙江钢铁有限公司	丹阳市	39	江苏鱼跃医疗设备股份有限公司	丹阳市
28	罗地亚(镇江)化学品有限公司	镇江新区	40	镇江中船设备有限公司	润州区
29	江苏呈飞电子有限公司	丹阳市	41	优利德(江苏)化工有限公司	镇江新区
30	华鹏集团有限公司	扬中市	42	镇江华润燃气有限公司	润州区
31	精功镇江汽车制造有限公司	丹徒区	43	海昌隐形眼镜有限公司	丹阳市
32	江苏肯帝亚木业有限公司	丹阳市	44	江苏蓝波船舶制造有限公司	润州区
33	道达尔润滑油(中国)有限公司	镇江新区	45	巴斯夫造纸化学品(江苏)有限公司	镇江新区
34	中储粮镇江粮油有限公司	京口区	46	扬中市龙源港机制造有限公司	扬中市
35	巨宝精密加工(江苏)有限公司	句容市	47	江苏利华铜业有限公司	丹阳市
36	镇江南帝化工有限公司	镇江新区	48	江苏联合水泥有限公司	润州区
37	镇江美驰轻型车系统(第二)有限公司	镇江新区	49	镇江中船瓦锡兰螺旋桨有限公司	润州区
38	江苏长丰科技集团	丹阳市	50	江苏真绩机械制造有限公司	丹徒区

(统计局)

表 16－4

2011 年镇江市工业企业利润总额前 50 家企业表

序号	企业名称	所属地区	序号	企业名称	所属地区
1	金东纸业(江苏)股份有限公司	镇江新区	26	江苏晶谷米机有限公司	丹阳市
2	镇江奇美化工有限公司	镇江新区	27	大亚科技集团有限公司	丹阳市
3	大全集团有限公司	扬中市	28	江苏中电输配电设备有限公司	扬中市
4	江苏沃得机电集团有限公司	丹阳市	29	江苏肯帝亚木业有限公司	丹阳市
5	江苏天工集团有限公司	丹阳市	30	镇江南帝化工有限公司	镇江新区
6	江苏飞达控股集团有限公司	丹阳市	31	精功镇江汽车制造有限公司	丹徒区
7	金海宏业(镇江)石化有限公司	丹徒区	32	镇江美驰轻型车系统(第二)有限公司	镇江新区
8	江苏镇江发电有限公司	丹徒区	33	江苏呈飞电子有限公司	丹阳市
9	镇江江南化工有限公司	镇江新区	34	镇江华润燃气有限公司	润州区
10	江苏鹤林水泥有限公司	丹徒区	35	江苏鱼跃医疗设备股份有限公司	丹阳市
11	江苏环太集团有限公司	扬中市	36	扬中市龙源港机制造有限公司	扬中市
12	镇江联成化学工业有限公司	镇江新区	37	优利德(江苏)化工有限公司	镇江新区
13	江苏南自通华电气集团有限公司	扬中市	38	海昌隐形眼镜有限公司	丹阳市
14	句容台泥水泥有限公司	句容市	39	大赛璐安全系统(江苏)有限公司	丹阳市
15	镇江荣德新能源科技有限公司	扬中市	40	江苏长丰科技集团	丹阳市
16	江苏索普(集团)有限公司	京口区	41	华鹏集团有限公司	扬中市
17	江苏省镇江船厂(集团)有限公司	润州区	42	道达尔润滑油(中国)有限公司	镇江新区
18	中国国电集团公司谏壁发电厂	京口区	43	巨宝精密加工(江苏)有限公司	句容市
19	江苏建华管桩有限公司	句容市	44	中储粮镇江粮油有限公司	京口区
20	大力神科技集团	丹阳市	45	丹阳新华美塑料有限公司	丹阳市
21	江苏银佳企业集团有限公司	扬中市	46	镇江中船瓦锡兰螺旋桨有限公司	润州区
22	罗地亚(镇江)化学品有限公司	镇江新区	47	镇江市东方电热科技股份有限公司	镇江新区
23	沃得重工(中国)有限公司	丹徒区	48	江苏联合水泥有限公司	润州区
24	镇江鼎胜铝业股份有限公司	京口区	49	无锡市东泰精细化工有限责任公司镇江分公司	镇江新区
25	丹阳龙江钢铁有限公司	丹阳市	50	阿雷蒙紧固件(镇江)有限公司	镇江新区

(统计局)

表 16－5

2011 年镇江市工业企业资产总额前 50 家企业表

序号	企业名称	所属地区	序号	企业名称	所属地区
1	金东纸业(江苏)股份有限公司	镇江新区	16	江苏恒顺集团有限公司	丹徒区
2	江苏沃得机电集团有限公司	丹阳市	17	沃得重工(中国)有限公司	丹徒区
3	大全集团有限公司	扬中市	18	江苏省镇江船厂(集团)有限公司	润州区
4	大亚科技集团有限公司	丹阳市	19	巨宝精密加工(江苏)有限公司	句容市
5	江苏索普(集团)有限公司	京口区	20	江苏星宝钢结构有限公司	镇江新区
6	镇江奇美化工有限公司	镇江新区	21	江苏中电输配电设备有限公司	扬中市
7	中国国电集团公司谏壁发电厂	京口区	22	江苏船山集团有限责任公司	润州区
8	江苏飞达控股集团有限公司	丹阳市	23	金海宏业(镇江)石化有限公司	丹徒区
9	镇江荣德新能源科技有限公司	扬中市	24	镇江中船设备有限公司	润州区
10	江苏天工集团有限公司	丹阳市	25	镇江联成化学工业有限公司	镇江新区
11	江苏镇江发电有限公司	丹徒区	26	江苏新韩通船舶重工有限公司	扬中市
12	江苏宏达新材料股份有限公司	扬中市	27	大力神科技集团	丹阳市
13	江苏环太集团有限公司	扬中市	28	江苏恒神纤维材料有限公司	丹阳市
14	镇江鼎胜铝业股份有限公司	京口区	29	扬中市龙源港机制造有限公司	扬中市
15	句容台泥水泥有限公司	句容市	30	罗地亚(镇江)化学品有限公司	镇江新区

续表 16－5

序号	企业名称	所属地区	序号	企业名称	所属地区
31	江苏沃得起重机有限公司	丹徒区	41	江苏苏润高碳材股份有限公司	丹徒区
32	江苏长丰科技集团	丹阳市	42	江苏银佳企业集团有限公司	扬中市
33	江苏晶谷米机有限公司	丹阳市	43	江苏利华铜业有限公司	丹阳市
34	江苏鹤林水泥有限公司	丹徒区	44	中储粮镇江粮油有限公司	京口区
35	江苏宏达新材料股份有限公司长江分公司	镇江新区	45	镇江市东方电热科技股份有限公司	镇江新区
36	华鹏集团有限公司	扬中市	46	无锡格林艾普化工股份有限公司镇江分公司	镇江新区
37	丹阳龙江钢铁有限公司	丹阳市	47	江苏建华管桩有限公司	句容市
38	江苏恒顺达生物能源有限公司	镇江新区	48	凯迩必液压工业(镇江)有限公司	镇江新区
39	江苏南自通华电气集团有限公司	扬中市	49	中化镇江焦化有限公司	丹徒区
40	丹阳市江南面粉有限公司	丹阳市	50	江苏鱼跃医疗设备股份有限公司	丹阳市

（统计局）

【镇江市产业转型升级工程实施意见】 2011年，镇江市下发《镇江市产业转型升级工程实施意见》，提出主攻“四个转升”（三次产业向互动发展、协调发展方向转型提升，新兴产业向规模发展、前沿发展方向转型提升，传统产业向高端发展、品牌发展方向转型提升，现代服务业向提速发展、多元发展方向转型提升）、实施“六大行动”（新兴产业爆发增长、现代服务业跨越发展、制造业整体升级、创新能力全面提升、信息技术深度融合、经济发展低碳绿色）的目标和措施，为加快产业转型升级奠定基础。（欧旭丹）

【鹤林水泥完成全市首个“碳交易”】 2011年7月，全市首个“碳交易”——鹤林水泥的15兆瓦低温余热发电站项目因减排获得的排放权完成全部交易程序。超过10万吨二氧化碳当量以11.5美元/吨的单价进入国际“碳市场”，获得100余万美元的收益。15兆瓦低温余热发电项目采用国际纯低温余热发电技术，不增加其他一次能源和资源的投入，年可实现余热发电1亿余千瓦小时，折算可减少燃烧3万余吨的标准煤，具有利废、环保、节能三重效果，是一种典型的循环经济项目。（欧旭丹）

【7家企业被评为江苏省企业创新先进单位】 2011年7月6日，江苏省召开全省企业创新大会，镇江市的大全集团、中电电气、天工集团、索普集团、鱼跃医疗、稳润光电和惠龙港物流等7家企业获省政府表彰，被授予江苏省企业创新先进单位称号。（欧旭丹）

【89个项目被列入2011年省重点技术创新项目计划】 2011年，大全集团有限公司风电全功率交流器研发等89个项目被列入2011年江苏省重点技术创新项目计划。其中，重点新产品新技术开发项目84个，技术中心建设项目3个，品牌产品质量攻关项目2个。以上项目总投资36亿元，研发总投入9亿元。其中，沃得精机闭式四点多连杆高速精密压力机等13个项目被列为省重点跟踪项目。（欧旭丹）

【94个项目被认定为2011年市重点技术创新项目计划】 2011年，镇江市经信委组织编制《2011年镇江市重点技术创新项目计划》，江苏丹毛纺织增光精纺面料研发等94个项目列入计划。其中，新产品新技术开发项目83个，技术中心建设项目9个，品牌产品质量攻关项目2个，83个项目总投资16.26亿元，研发总投入6.76亿元。（欧旭丹）

【4家省级企业技术中心获评优秀】 在2011年全省企业技术中心综合评价中，镇江中船设备有限公司、江苏恒顺集团有限公司、镇江金钛软件有限公司、华鹏集团有限公司4家单位被评为优秀。这4家企业技术中心成为行业自主创新的标杆，在推动以企业为主体的技术创新体系的进程中发挥出先锋队和主力军的作用。（欧旭丹）

【3家企业获省服装(家纺)自主品牌30强企业称号】 2011年9月6日，由宜禾股份有限公司冠名的“宜禾之夜”第十三届江苏国际服装节颁奖典礼暨招待会在南京举办，会上发布2011江苏服装(家纺)自主品牌30强，这是江苏省首次发布纺织服装业的自主品牌榜单。宜禾股份有限公司、江苏堂皇集团有限公司、江苏圣罗兰寝品有限公司3家企业入选，宜禾董事长马金芳代表30强企业在会上发言。（欧旭丹）

【恒顺国家级企业技术中心获批】 2011年11月11日，江苏恒顺集团有限公司企业技术中心被国家发改委批准为国家企业技术中心，这是中国调味品行业第一个国家级企业技术中心，也是继大全、大亚之后，镇江市获准成立的又一家国家企业技术中心。它标志着有“镇江名片”之称的百年恒顺的综合研发能力迈上国家顶级水平。近三年来，恒顺的科技研发投入占销售额比重均在5%以上，企业拥有传统酿造食醋工艺现代化等3项核心技术，承担制定三个食醋国家标准。（欧旭丹）

【27项质量管理成果获奖】 2011年，金东纸业“锅炉烟气回用QC小组”、江苏移动镇江分公司“以人为本QC小组”、江苏索普集团“醋酸厂醋酸车间QC小组”、国电谏壁电厂“燃料生产部机械二班QC小组”等27个优秀质量管理小组活动成果被江苏省质量管理协会、江苏省总工会、江苏省妇联、江苏省科协联合评为2011年全省优秀质量管理小组活动成果。中化镇江焦化有限公司维修车间焦炉维修班被命名为2011年省质量信得过班组，镇江供电公司被命名为2011年省质量管理小组活动优秀企业。（欧旭丹）

【入选江苏省重点物流企业】 2011年，镇江市恒伟物流有限公司和镇江金山物流中心经推荐、专家评审、征求意见、社会公示等程序，被评选为第六批江苏省重点物流企业。全市共有江苏省重点物流企业5家，重点物流基地2家。（欧旭丹）

新兴产业

【概况】 2011年，全市新兴产业增势强劲，对优化全市产业结构起推进作用。全年五大新兴产业实现销售1635.2亿元，增长54.5%，高于全市工业销售增幅24.6个百分点，占全市规模以上工业比重的32.6%，比上年底提高5个百分点。从区域发展来看，丹阳市294.4亿元，增长75.9%；句容市151.1亿元，增长57.6%；扬中市392.4亿元，增长60.7%；丹徒区171.2亿元，增长51.5%；京口区143.2亿元，增长

48.1%；润州区130.7亿元，增长48.8%；镇江新区352.16亿元，增长46.1%。从产业发展来看：航空制造产业实现销售165.3亿元，增长107.7%；利税11.3亿元，增长79.5%；利润7.5亿元，增长68%。新能源产业实现销售367.2亿元，增长67.5%；利税45.5亿元，增长43.5%；利润29.8亿元，增长49.3%。海洋工程产业实现销售172.9亿元，增长53.7%；利税20亿元，增长29.6%；利润14亿元，增长21.7%。电子信息产业实现销售456.3亿元，增长52.3%；利税45亿元，增长44.5%；利润30.7亿元，增长45.8%。新材料产业实现销售473.6亿元，增长36.2%；利税43.4亿元，增长18%；利润30.2亿元，增长16.3%。

2011年，全市累计完成新兴产业投资407.91亿元，比2010年增长100.7%，完成投资占全市投资比33.3%，比上年提高13.2个百分点，增速超过全市投资增速78.5个百分点。其中：航空产业和新能源产业分别完成投资24.45亿元和75.16亿元，分别比上年增长4.4倍和4.1倍。从重点项目看，大全集团智能电气、风电变流器项目，中电集团高压、超高压变压器和特种变压器项目，荣德新能源新上太阳能单晶硅拉棒切片项目，大力神科技集团年产20万吨双金属合金材料和年产60万吨冷轧硅钢片项目，恒神纤维材料有限公司碳纤维二期项目等一批重点项目进展顺利。

镇江市新兴产业的特色板块初步形成。如新能源产业领域的薄膜太阳能、晶硅太阳能形成较为完整的产业链发展体系；新材料产业领域形成新型金属材料、新型化工材料、新型碳材料三大特色板块；在电子信息领域的电子信息产品制造、软件和信息服务等方面的竞争优势更加明显；航空制造、海洋工程产业迅速起步，打好人才、技术、投入等方面基础。 （凡 浩 欧旭丹）

【五大新兴产业行业协会成立】 2011年1月28日，镇江市新能源、新材料、电子信息、航空制造、海洋工程五大新兴产业行业协会举行成立大会。五大新兴产业行业协会按照市场化运作原则，当好政府的参谋和助手，发挥桥梁纽带和“提供服务、反映诉求、规范行业、促进发展”的作用，促进新兴产业爆发式增长。

（欧旭丹）

【全市新兴产业专题培训班】 2011年，10月26～27日，镇江市委组织部、市经信委在市委党校联合举办全市新兴产业专题培训班。培训班邀请江苏省社科院党委书记、院长刘志彪教授等省内外知名专家教授，分“国内外发展战略性新兴产业的分析”“镇江航空航天产业发展路线图”“转型升级与镇江市新兴产业的发展”“江苏软件产业的昨天、今天和明天”“镇江市海洋工程产业发展思考”等五个专题进行授课，各辖市（区）发改经信部门、全市各镇（街道）主要领导、分管领导，市有关部门负责同志，以及全市新兴产业重点企业主要负责人参加培训。 （欧旭丹）

【镇江市海洋工程行业协会举办船舶工业专题讲座】 2011年11月14日，镇江市海洋工程行业协会、江苏造船工程学会船舶经济与管理专业委员会联合在江苏科技大学学术报告厅举办船舶工业专题讲座。助推船舶工业转型升级，实现海洋工程战略性新兴产业的爆发式增长。参与编制国家《船舶工业十二五规划》和《海洋工程十二五规划》的中国船舶工业行业协会秘书长王锦连和中国船舶工业经济研究中心首席研究员包张静分别作题为“我国船舶工业由大作强的行动纲领——学习船舶工业十二五规划、海洋工程装备制造中长期规划十二五规划”和“国际船舶市场形势与对策研究”的专题报告。 （欧旭丹）

【江苏环太集团有限公司】 该公司成立于2004年1月，主要经营单、多晶硅铸造，单、多晶硅片切割，硅材料清洗，硅片加工废切割液（碳化硅、聚乙二醇）回收等，是国内首家专业制造太阳能硅片的企业，国家高新技术企业，江苏省科技成长型企业，镇江市、扬中市三十强企业，江苏省文明单位，AAA级资信企业，江苏（镇江）太阳能光伏产业园重点依托企业。公司自主研发的大面积超薄型156×156×0.18毫米单、多晶硅片获江苏省高新技术产品、国家重点新产品和江苏名牌产品称号。该公司拥有博士后科研工作站、江苏省太阳能级硅材料工程技术研究中心，开展前瞻性、战略性、关键性技术的研究开发。2011年，该公司实现销售34.05亿元，利税6.1亿元。

（欧旭丹）

【江苏天辰硅材料有限公司】 该公司成立于2008年，注册资本2480万元，是国内有机硅橡胶行业中的知名企业，也是国内首家集高温硫化硅橡胶、室温硫化硅橡胶、加成型硫化液态硅橡胶三大有机硅橡胶产业为一体的专业新材料生产商。公司主导产品甲基乙烯基高温硫化硅橡胶混炼胶年产量在15000吨以上，室温硫化硅橡胶8000吨/年，加成型硫化液态硅橡胶4000吨/年。产品国内市场占有率10%左右，系列产品均获得UL、TUV、SGS、FDA、LFGB等产品认证，被应用于光伏组件封装、电子、医疗、输配电、食品等国民经济的各个领域。2011年，该公司实现销售5.67亿元，利税5000余万元。 （欧旭丹）

【镇江荣德新能源有限公司】 由德懿香港有限公司和江苏环太肥料有限公司合资，成立于2010年，投资总额1.80亿美元，从事太阳能单晶拉棒切片、多晶铸锭切片、太阳能光电系列产品、太阳能硅电池及其器件的研发、生产和销售。2011年营业收入9.08亿元，纳税总额2.33亿元，净利润2.71亿元；从业人数2000人。 （吴苏凌）

【镇江环太硅科技有限公司】 由照耀香港有限公司和江苏环太肥料有限公司合资，成立于2004年，投资总额1.46亿美元，从事太阳能单晶拉棒切片、多晶铸锭切片、太阳能光电系列产品、太阳能硅电池及其器件的研发、生产和销售。2011年营业收入23.33亿元，纳税总额2.31亿元，利润总额5.27亿元，净利润4.49亿元。从业人数809人，其中外籍人员1人，新增就业349人。 （吴苏凌）

【高照太阳能科技有限公司】 由大旺硅科技投资（香港）有限公司投资，成立于2004年，投资总额2018万美元。2011年营业收入3.05亿元，纳税总额0.43亿元，净利润0.41亿元；从业人数317人，其中外籍人员1人，新增就业254人。 （吴苏凌）

【普莱克斯（镇江）工业气体有限公司】 由普莱克斯（中国）投资有限公司投资成立于2007年，投资总额9600万美元。生产、销售氧（压缩的）、氮（压缩的）、氧（液化的）、氮（液化的）、氩（液化的）、压缩空气等产品和管道、储罐等工业气体相关设备配件，从事与工业气体相关的研究开发和技术转让，提供相关的技术咨询服务。2011年营业收入2.57亿元，纳税总额0.17亿元，净利润0.23亿元；从业人数47人，新增就业27人。

（吴苏凌）

电力工业

【中国国电集团公司谏壁发电厂】 2011年，中国国电集团公司谏壁发电厂

表 16－6 **2011 年镇江市电力工业主要经济指标一览表** 单位:万元

项　　目	电力、热力的生产和供应业
单位数(家)	9
从业人员平均人数(人)	4848
工业销售产值	941438
产品销售收入	955534
利润总额	101308
利税总额	159850

(统计局)

注重企业经营发展方式转变,克服煤价持续高位运行的困难,加快推进企业转型发展,实现利税 2.53 亿元。5 月 21 日,该厂首台 100 万千瓦机组(即 13 号机组)投入商业运营。截至年底,全厂机组容量 298 万千瓦。该企业获中国国电集团公司五星级企业、"十一五"全省污染减排先进企业、2011 年度江苏省电力迎峰度夏工作有功单位、江苏省"五五"普法工作先进单位、镇江市"五四红旗团委"等称号。10、12 号机组获全国火电 30 万千瓦级机组竞赛优胜机组三等奖。

安全生产。结合百万机组投产新情况,强化隐患排查治理,加大设备消缺维护和技术改造力度。截至 2011 年 12 月,8 号机组连续运行超 400 天,12 号机组连续运行超 320 天,均创该台机组连续运行时间最长纪录。针对 13 号机组投运后新系统、新设备带来的潜在安全风险,该厂专门制定 13 号机组安全稳定运行措施,并逐一落实。该机组高负荷连续运行 110 天,及时停机处理锅炉水冷壁的首次泄漏问题,消除氢系统大量漏氢的重大安全隐患。

9 号机组大修后厂综合用电率降低 0.72 个百分点,供电煤耗降低 8 克/千瓦小时。7 号机组中修后厂综合用电率降低 0.3 个百分点。改造 9 号炉的低氮燃烧器,氮氧化物平均排放浓度可保持在每标准立方米 250 毫克左右。五期脱硫系统基本解决 GGH 堵塞、烟道漏烟气的问题,脱硫系统效率和可靠性提高。对 9、7 号炉制粉系统实施抽热炉烟技术,提高掺烧褐煤及生活污泥的制粉出力。提前谋划百万机组大比例掺烧工作,全年褐煤掺烧量超过 280 万吨。2011 年,粉煤灰、脱硫石膏、炉底渣综合利用总量近 150 万吨,综合利用率保持 100%。

该厂抓住煤炭采购、运输、使用、存储各个环节,提高掺烧掺配比例,利用有限时段,继续实施商业储煤,合计降低煤炭成本 1.56 亿元。主动加强煤企及煤炭运输相关单位的合作与沟通,在确保性价比优的煤炭采购的同时,压降海运滞期费用。13 号机组投运之后,替代交易电量 11.5 亿千瓦小时,实现边际效益 4100 万元,其中首次争取来煤加工电量 3.5 亿千瓦小时。超前启动上网电价疏导工作,7～10 号机组顺价到位,达到全省标杆电价。组合发挥不同的融资手段作用,筹措资金,并争取最低融资成本,保证第二台 100 万千瓦机组扩建工程、煤炭采购所需的大量资金,确保生产经营、基本建设的稳定运行。全年综合资金成本率 5.57%,节约融资成本 1300 多万元。出台"市中长期供热规划",超前布局企业周边 15 公里半径的热力供应市场。2011 年,对外供热超 100 万吨,比上年增加 33 万吨。并根据煤炭价格涨幅,推进实施煤热价格联动,供热效益在全厂利润占比重 36%。 (谢松山)

【2×100 万千瓦扩建工程】 2011 年,2×100 万千瓦机组扩建工程按照国电集团公司标准,洁净化施工,执行施工验收管理制度,保证 13 号机组工程的施工、调试、整组启动等各项目验评优良率 100%。为保证 13 号机组整组启动运行,解决 500 千伏升压站沿线居民的拆迁问题,确保 500 千伏升压站和出线整体线路受电成功。国电谏壁发电厂首台 100 万千瓦机组于 2011 年 5 月 21 日通过 168 小时考核试运行,高标准投产。

在完备第二台 100 万千瓦机组核准所需的有关支撑性材料的同时,落实"压小"替代容量,第二台 100 万千瓦机组核准工作取得进展。6 月,新建的 5 万吨码头岸上工程开工建设,9 月水上工程开工。 (谢松山)

【江苏省电力公司镇江供电公司】 2011 年,全市全社会用电量 184.09 亿千瓦小时,比上年增长 12.10%;完成供、售电量 164.01 亿千瓦小时和 150.56 亿千瓦小时,增长 12.15% 和 12.2%;全市最高用电负荷 289.59 万千瓦,最高日用电量 5566 万千瓦小时,增长 14.6% 和 4.96%。全市拥有 35 千伏及以上变电站 144 座,其中 500 千伏 1 座、220 千伏 23 座、110 千伏 68 座、35 千伏 52 座;变压器 262 台,主变容量 1538.975 万千伏安;输电线路 377 条,35 千伏及以上输电线路长度 4097 公里,其中 500 千伏 380 公里、220 千伏 1204 公里、110 千伏 1331 公里、35 千伏 1182 公里。2011 年,该公司连续安全生产 2468 天,连续七年获得江苏省电力公司安全生产单位称号。截至 2011 年年底,该公司电力客户 145 万余户,全年累计申请业扩报装容量 3507.795 兆伏安,比上年增长 61.9%,增幅位列全省第一。

镇江供电公司制定下发《镇江供电公司特殊跨越输电线路运行管理办法》,实施京沪高铁、城铁等重要客户供用电安全风险防范、评估和专项检查,排查整治供用电方面存在的问题和缺陷 32 项。编制迎峰度夏有序用电方案,在全省提出"采用调整企业生产班次,优化非连续性生产企业有序用电方案"的建议,利用负荷终端控制等方式实施错避峰用电,电网经受住高负荷和"梅花"台风等考验。该公司被江苏省经信委表彰为 2011 年度电力迎峰度夏工作有功单位。

该公司加快推进电网发展,镇江电网"十二五"发展规划通过专家评审和镇江市政府常务会议综合评审,纳入地方总体规划。完成镇江地区 2013～2017 年 110 千伏电网规划滚动修订报告。完成固定资产投资 14.05 亿元,建成投运 220 千伏永胜变等 9 项重点工程,投产 110 千伏及以上变电容量 188.15 万千伏安,输电线路 321.8 公里。实施配网、农网项目,治理"低电压""卡脖子"等问题,低电压报修量比上年下降 27.3%。完成 24.64 万户的用电信息采集系统建设任务,建成投运 40 个电动汽车充电桩。接纳光伏发电、垃圾发电、生物质能发电容量 58.68 兆瓦,实现新型清洁能源并网运行"零突破"。

该公司第三度蝉联全国文明单位称号,获国家电网公司首批文明单位称号,获江苏省电力公司文明单位标兵、"四好"领导班子、安全生产先进单位、党风廉政建设先进单位等称号,连续三年被评为镇江市跨越发展有功单位,获镇江市先进基层党组织称号,获镇江市垂直行业效能建设测评第三名,获全市行风测评第一名。 (佟鹏飞)

【销售电价调整】 2011 年 11 月 30 日,根据国家发改委相关要求,江苏省物价局下发《关于调整电价有关问题的通知》(苏价工〔2011〕358 号),提高大工业用电基本电价 2 元/千伏安·月,提高大工业用电电度电价 3.4 分/千瓦时;对大工业用电、一般工商业及其他用电征收的可再生能源电价附加上调至 0.8 分/千瓦时;除居民电价及执行居民电价水

平的其他非居民用户的电价暂不调整以外,其他用电价格上调3.8分/千瓦时。 (佟鹏飞)

【省地县一体化调度管理系统上线运行】 2011年8月12日,全省首家省地县一体化调度管理系统(OMS)在镇江供电公司完成上线单轨运行,实现对镇江地调、配调和所辖县调统一的调度管理。该系统立足省、地、县(配)一体化建设,将原27套分散系统整合为1套。系统运用多级调度流程统一协调、多视图设备分级管理等新技术,全面实现省、地、县(配)三级调度运行管理应用功能和流程的标准化、统一化、规范化管理。 (佟鹏飞)

【镇江市输变电工程通过环境评价】 2011年,镇江市10项输变电工程全部获得江苏省环境保护厅的环境影响评估批复。这10项工程分别为:220千伏镇江东部电网加强工程、220千伏官塘变移址改造工程、220千伏临港输变电工程、220千伏北湖输变电工程、220千伏华上线环入容东线路工程、220千伏雩横变扩建工程、110千伏句容变电站改造工程、110千伏崇明变增容改造工程、110千伏扬中变增容改造工程、110千伏临港输变电工程。另外,2011年7月15日,500千伏上党开关站扩建主变工程通过环保部竣工环保验收。 (佟鹏飞)

【220千伏丹上4Y59、丹华2927线路送电成功】 2011年1月19日,总投资921万元的220千伏丹上4Y59、丹华2927线路启动投运成功。该线路于2010年5月20日开工,线路全长2公里。该工程的投运有效缓解电力供应压力,确保2011年迎峰度夏期间的电力供应,为镇江市丹徒地区经济社会发展提供电力支撑。 (佟鹏飞)

【220千伏京沪高铁丹阳牵引站启动投运】 2011年2月20日,220千伏京沪高铁丹阳牵引站启动投运。220千伏京沪高铁丹阳牵引站是江苏省内第三个启动完毕的牵引站,是京沪高铁全线最重要的牵引站点之一,该次投运为京沪高铁下阶段的调试和试运行创造条件。 (佟鹏飞)

【220千伏永胜输变电工程投运】 2011年11月6日,220千伏永胜输变电工程投运。220千伏永胜变电站位于扬中市八桥镇,是扬中市境内第二座220千伏变电站,该站的投运从根本上解决扬中市220千伏普庆变电站负荷重载问题,为扬中地区提供更充足电力保障。该工程总投资49898万元,本期建设两台24万千伏安主变,220千伏出线4回、110千伏出线8回。 (佟鹏飞)

【新竹220千伏变电站2号主变启动投运】 2011年12月9日,新竹220千伏变电站2号主变一次性投运成功。为改善大港经济开发区及周边乡镇的供用电紧张矛盾,缓解供用电压力,镇江供电公司于2011年7月开始进行新竹220千伏变电站扩建工作,用近五个月时间完成运行准备、施工建设、设备验收。该工程的投运为大港经济开发区及周边乡镇迎峰度冬供用电提供保障。 (佟鹏飞)

【镇江供电公司开展迎峰度夏有序用电演习】 2011年5月18日,镇江供电公司联合江苏省经信委、江苏省电力公司、镇江市经信委和105户电力用户,开展迎峰度夏有序用电演习,模拟在用电高峰期间突发应急情况下紧急限制负荷。各用户接到限负荷指令后,开展限负荷作业,在30分钟内完成21.35万千瓦限负荷指标。该演习对《2011年镇江市有序用电方案》进行检验,增强市县公司营销、调度、电力用户之间协作和配合能力。 (佟鹏飞)

【镇江供电公司保障性住房电力配套设施建设】 截至2011年年底,镇江供电公司共受理保障房小区建设申请46个,送电13个小区。为加快电力配套设施建设进度,该公司建立保障房特殊、日常和跟踪服务机制,提供"无假日、全天候、走出去"的"保姆式"服务。公司受理的保障性住房项目全部根据交付日期倒排工作计划和时间节点,没有发生一起因供电原因影响整体交付进度事件。 (佟鹏飞)

【镇江供电公司启动"福农卡"惠民工程】 2011年9月5日,镇江供电公司与镇江邮政局联合推出镇江地区"福农卡",该卡具有全国联网、通存通兑、支付结算、POS机消费等基础金融服务功能。前期整合电费预存代扣业务、新农保等代发代缴业务;后期深化"三农"服务功能,增加代发涉农补贴、农资销售、农业保险等涉农社会服务,满足农村地区金融服务需求。此外,"福农卡"有代扣电费业务;可持卡支付结算,商户刷卡消费;委托代交电费;可通过ATM自助机办理"福农卡"取款、查询、改密;全省邮政36000个网点,通存通取;可开通网上银行、电话银行业务;优先参加邮政与供电公司不定期举办的各类优惠、抽奖活动;每年代扣电费三次以上,免费一次上门电力线路检测等功能,为镇江地区农村居民客户提供便捷服务。 (佟鹏飞)

【镇江供电公司科技创新成果】 2011年,镇江供电公司扩大内桥接线的微机控制备用电源自动投入的方法等19项专利获国家知识产权局授权,变电站在线监测及辅助设备监控系统项目获江苏省电力公司科技进步一等奖,屏蔽线技术在10千伏架空绝缘导线防雷击断线中的应用科技项目通过国家电网公司验收,调度数据网业务应用实时监测、预警系统的开发、220千伏主变压器保护特殊配置的研究和应用、备用电源快速切换装置研发与应用三个科技项目通过江苏省电力公司验收。在江苏省电力公司、江苏省电机工程学会联合举办的第五届江苏省电机工程青年科技论坛征文活动中,镇江供电公司共有17篇论文获奖,其中二等奖2篇,三等奖15篇,并获论坛优秀组织一等奖。 (佟鹏飞)

【江苏省电力建设第三工程公司】 2011年,江苏省电力建设第三工程公司施工产值创新高,总计完成施工产值27.72亿元;投产机组容量创新高,总计移交投产机组容量444.35万千瓦;工程创优成果显著,获3项国家优质工程(500千伏江阴东变电站工程、马鞍山电厂工程、吕四港电厂工程);开拓新兴市场领域,以EPC(设计、采购、施工)总承包的模式承建10千伏白洋湖电动汽车换电站工程;承建高标准、高要求、高技术含量、具备世界水平的国家电网公司常州电气设备检测中心工程。

全年有3个QC(质量控制)成果取得省部级以上奖项,该公司自主创造的"以提升竞争力为目标的全面创新管理"成果获中国电力企业联合会企业现代化管理创新成果一等奖。

随着国家电力体制改革的深入,2011年9月29日,经国务院批准,该公司行政隶属关系由国家电网公司划归中国能源建设集团有限公司管理。

(沈 聪)

【镇江华东电力设备制造厂】 2011年,镇江华东电力设备制造厂实现产值2.78亿元,实现利税1417万元,全员劳动生产率72万元/人·年,固定资产5524万元,超额完成企业年度奋斗目标。该厂实行目标管理,开展科技创新工作,核电站主蒸汽管消声器、绝缘浇注母线、变压器换位导线产品的型式试验通过检查,石子煤真空清理系统被列为江苏省第三批高新技术产品。该厂以

ISO 9001 质量管理体系为标准建立内部管理模式，在 2002 年完成 ISO 9001：2000 质量管理体系转版工作的基础上，2011 年 9 月通过 ISO 9000：2000 质量体系的复查，继续获得使用质量证书和标志。2011 年又通过江苏省质量技术监督局 ISO 10012：2003 测量管理体系认证。（孔繁寅）

冶金建材工业

【镇江焦化煤气集团有限公司】 2011 年，镇江焦化煤气集团有限公司实现销售收入 37.5 亿元、利税 2.65 亿元，完成年度计划指标。

在宏观经济环境紧缩调控、国内生产制造行业不景气、生产经营困难的情况下，该集团采取应对措施，继续保持稳定发展势头。江苏苏润高碳材股份有限公司（中化镇江焦化有限公司）在国内焦化行业萧条的情况下，调整产品结构，扩大国际市场，通过错位发展，差异竞争，化解焦炭市场急剧萎缩带来的危机，生产经营在逆境中保持稳定。全年出口各类产品 44 万多吨，创汇 2.31 亿美元，分别比上年增长 17.33% 和 31.25%。江苏苏菱铝用阳极有限公司开展技术改造，拓展国内外市场，实现达产达效，控亏扭亏的目标。全年生产各类阳极 11 万多吨，超过设计产能，全年实现销售收入 4 亿多元。江苏苏润物流有限公司拓展新码头建成后业务，推进对外开放工作。2011 年 8 月 28 日，全长 189 米、载重量近 5 万吨的外轮靠泊新码头。至年底完成 8 艘外轮、计 11.6 万吨的外贸装卸业务；全年物流公司共完成 913 条、吞吐量 130.59 万吨的码头装卸量。镇江金钟机械有限公司和江苏贝雷钢桥有限公司在市场急剧变化、订单大幅下降情况下，采取开拓市场、降本增效等应对措施，经营业务逐步趋向稳定。全年实现销售收入 6000 多万元、利税 600 多万元。镇江苏润能源贸易有限公司开拓新兴市场，扩大碳素用焦、燃料用焦和石油延迟粉的经营，销售收入超亿元。镇江丽景国际饭店与镇江宾馆合作经营，强化"服务出效益"的理念，建立激励机制，超计划完成年度经营目标。

2011 年 10 月 30 日，镇江焦化煤气集团有限公司与阿联酋国有投资发展公司、控股全球最大铝厂的穆巴达拉投资公司签约并合资建设 50 万吨特种碳材项目，该项目为节能降耗重大技术集成项目。2011 年 3 月，建成投运 5 万吨物流码头。在高资形成 300 万吨的码头吞吐量。在满足高资板块企业和 50 万吨 CPC 特种碳材项目物流需求的基础上，拓展为社会服务功能，形成大物流平台。

阴极炭块产品开发通过国内外大型铝厂的工业性试验和日本 NDK 株式会社的鉴定，与日本三菱公司、日本电极和香港卓然公司商洽成立合资公司。苏润高碳材股份有限公司的石墨化焦 4 号炉侧装电极技改工作取得成果，炉窑的运行寿命和安全性提高，吨焦耗电量降低 25%。特种焦化焦被评为国家级重点新产品，特种阳极碳材、高纯石墨碳材等产品被评为省高新技术产品。（杨敬仁）

表 16－7 2011 年镇江市冶金建材工业主要经济指标一览表 单位：万元

行业	单位数（家）	从业人员平均人数（人）	工业销售产值	产品销售收入	利润总额	利税总额
采矿业	26	6252	567943	561351	18610	41079
非金属矿物制品业	154	32744	2660741	2655610	234149	340330
黑色金属冶炼及压延加工业	34	11781	1870317	1938876	70081	103780
有色金属冶炼及压延加工业	55	7498	1236562	1193304	48286	83173
金属制品业	213	29986	2275140	2250669	101818	177588
合计	482	88261	8610703	8599810	472944	745950

（统计局）

【中化镇江焦化有限公司】 由江苏苏润高碳材股份有限公司和 SINOCHEM INTERNATIONAL（OVERSESA） PTE 有限公司合资，成立于 2004 年，投资总额 2960 万美元。2011 年营业收入 14.22 亿元，纳税总额 0.47 亿元，净利润 0.85 亿元；从业人数 790 人，新增就业 112 人。（吴苏凌）

【句容台泥有限公司】 由香港京阳实业有限公司和江苏台泥投资有限公司合资，成立于 1993 年，投资总额 4.45 亿美元。2011 年营业收入 10.07 亿元，纳税总额 0.33 亿元，净利润 0.22 亿元；从业人数 507 人，其中外籍人员 7 人，新增就业 105 人。（吴苏凌）

【丹阳龙江钢铁有限公司】 由台资总投资 2999 万美元成立于 2001 年。2011 年营业收入 25.99 亿元，纳税总额 0.69 亿元，净利润 1.10 亿元；从业人数 1600 人，其中新增就业 100 人。（吴苏凌）

化学医药工业

【江苏索普（集团）有限公司】 2011 年，江苏索普（集团）有限公司完成工业总产值 52.91 亿元，工业增加值 9.08 亿元，实现销售收入 56.26 亿元，利税 1.67 亿元，利润 3761 万元。主要产品中，全年共生产醋酸 101.84 万吨，醋酸乙酯 27.66 万吨，甲醇 52.21 万吨，烧碱 11.13 万吨，ADC 发泡剂 4.63 万吨，硫酸 31.88 万吨。

2011 年 7 月 11 日，镇江市政府批准该公司的"十二五"发展规划。该规划明确定位：索普化工基地完善以醋酸为核心、上下游一体化的产业链和以氯碱为源头的产业链；高桥化工园区建设新型清洁煤化工产业链；连云港索普化工园区建设酒精、橡胶硫化促进剂精细化工产业链。

项目建设取得进展。60 万吨/年醋酸三期项目建成投产。该项目于 2007 年完成备案立项，2010 年 2 月 28 日正式开工，2011 年 4 月 21 日实现一次性投料开车成功，正式投产。该公司醋酸产能达到 140 万吨，居世界第三。2011 年 11 月 1 日，3 万吨/年合成气加氢制乙醇项目正式开工建设，该项目开创乙醇生产的新工艺，是全球首套工业化示范项目，也是该公司重点推进的技术创新项目。确定工艺路线和关键设备的选材，主要设备完成招标、订货，项目设计正在进

表 16－8 2011 年镇江市化学医药工业主要经济指标一览表 单位：万元

行业	单位数（家）	从业人员平均人数（人）	工业销售产值	产品销售收入	利润总额	利税总额
石油加工、炼焦及核燃料加工业	9	1990	929268	990552	77580	108276
化学原料及化学制品制造业	201	42735	9370231	9080282	606825	877985
医药制造业	22	3435	176374	166074	10229	19586
化学纤维制造业	5	1931	192760	194484	7738	16870
橡胶制品业	15	2575	134808	132562	8665	15027
塑料制品业	64	8527	540794	536418	25342	45463
合计	316	61193	11344235	11100372	736379	1083207

（统计局）

行，各项技术方案也在逐步完善。

（孙汉武）

【江苏太白集团有限公司】 2011 年，江苏太白集团有限公司生产金红石钛白粉 4.85 万吨，销售金红石钛白粉 5.26 万吨，实现销售收入 9.2 亿元，利税 5500 万元。该公司继续秉承“尊重、平等、信任、合作、共享”的发展理念，对外拓展营销，实现产销平衡；对内加强管理，通过设备管理、过程控制、工艺改进、技术改造，推进产品质量和成本提高。该公司环保投入 1000 万元，改造板框系统，新建备用曝气装置，保障完全达标排放。

该公司继续推行五年收入倍增计划，全年职工人均收入 4 万元，比上年增长 16.3%。该公司被授予江苏省模范劳动关系和谐企业称号。2011 年 12 月 20 日，江苏太白集团完成所有手续，回归国有独资。（朱阳光）

【镇江奇美化工有限公司】 由美国詹特拉投资有限责任公司独资，成立于 1996 年，2010 年吸收合并奇美油仓、奇美工程塑料、国亨化学、国亨油仓、国亨塑胶。2011 年营业收入 100.64 亿元，纳税总额 4.38 亿元，净利润 8.76 亿元；从业人数 835 人，其中外籍人员 23 人，新增就业 117 人。（吴苏凌）

【道达尔润滑油（中国）有限公司】 由道达尔（中国）投资有限责任公司独资，成立于 1998 年，投资总额 1440 万美元，从事生产、加工、销售润滑油，基础油进口贸易、润滑油及同类产品的进出口、批发及相关配套服务。2011 年营业收入 10.33 亿元，纳税总额 2.18 亿元，净利润 1.14 亿元；从业人数 226 人，其中外籍人员 1 人，新增就业 53 人。（吴苏凌）

【镇江联成化学工业有限公司】 由盟普投资有限公司和中山联成化学工业有限公司合资，成立于 2002 年，投资总额 2 亿美元。2011 年营业收入 27.06 亿元，纳税总额 1.54 亿元，净利润 1.70 亿元；从业人数 348 人，其中外籍人员 6 人，新增就业 44 人。（吴苏凌）

【金海宏业（镇江）石化有限公司】 由金海宏业石化有限公司独资，成立于 2002 年，投资总额 7760 万美元。2011 年营业收入 53.67 亿元，纳税总额 1.18 亿元，净利润 2.21 亿元；从业人数 230 人，新增就业 10 人。（吴苏凌）

【优利德（江苏）化工有限公司】 由韩国 UNID 株式会社独资，成立于 2002 年，投资总额 3850 万美元，生产、加工、销售以螯合树脂、氯化钾为原料的用于造纸纺织染料化肥等产品的催化剂、食品添加剂、表面活性剂、水处理剂、胶粘剂、碳酸钾等精细化工产品。2011 年营业收入 6.52 亿元，纳税总额 0.70 亿元，净利润 0.64 亿元；从业人数 137 人，其中外籍人员 4 人，新增就业 21 人。

（吴苏凌）

【罗地亚（镇江）化学品有限公司】 由法国罗地亚投资有限公司投资，成立于 2005 年，投资总额 1.26 亿美元。2011 年营业收入 8.65 亿元，纳税总额 0.34 亿元，净利润 0.92 亿元；从业人数 180 人，其中外籍人员 1 人，新增就业 80 人。

（吴苏凌）

【壳牌（镇江）沥青有限公司】 由壳牌沥青中国控股有限公司投资，成立于 2001 年，投资总额 2415 万美元。2011 年营业收入 2.17 亿元，纳税总额 0.29 亿元，净利润 764.9 万元，从业人数 37 人。（吴苏凌）

【句容宁武新材料发展有限公司】 由香港 EVER WAX 有限公司投资，成立于 2008 年，投资总额 3293 万美元，从事聚氨脂系列的生产、销售。从事沥系列、油田化学剂、聚氨脂系列产品的批发、零售及进出口业务。2011 年营业收入 13.2 亿元，纳税总额 0.18 亿元，净利润 0.47 亿元，从业人数 150 人。（吴苏凌）

【镇江南帝化工有限公司】 由英泰美国有限公司投资，成立于 2001 年，投资总额 1.12 亿美元。2011 年营业收入 7.03 亿元，纳税总额 0.17 亿元，净利润 0.13 亿元；从业人数 160 人，其中外籍人员 11 人，新增就业 6 人。（吴苏凌）

【江苏吉贝尔药业有限公司】 由镇江中天投资咨询有限公司和美国飞达矿物化学有限公司合资，成立于 2001 年，投资总额 1000 万美元。2011 年营业收入 2.34 亿元，纳税总额 0.43 亿元，净利润 0.54 亿元；从业人数 440 人，新增就业 10 人。（吴苏凌）

机械工业

【中电电气集团有限公司】 2011 年，中电电气集团有限公司实现销售近百亿元。两大支柱产业变压器和太阳能光伏均实现持续增长。在国内率先开发出非晶合金三相三柱变压器技术，并首先采用非晶合金油变生产流水线。光伏产业在全球低迷的市场环境下，建成从硅料、拉棒到电池、组件和光伏应用系统的完整产业链，全球最大单体光伏屋顶发电项目——南京南站光伏屋顶发电项目，在 2011 年年底并网。

2011 年，中电电气集团再次进入中国民营企业 500 强，排名第 183 位。同时排名江苏省民营企业百强 43 位，并被江苏省经信委授予江苏省百亿规模企业称号，并在 3 月被科技部、国务院国资委、中华全国总工会认定为国家第三批创新型企业。

2011 年 5 月 14 日，中电电气与仪征市政府签订 10 亿瓦太阳能电池项目合作协议。7 月 14 日，中电光伏美国总部在旧金山市成立。7 月，中电电气承建的南京南站光伏屋顶工程建成，总装机容量 10.67 兆瓦，为全球最大的单体光伏建筑一体化项目。（汪 澜）

【二重集团（镇江）重型装备厂有限责任公司】 二重集团（镇江）重型装备厂有限责任公司成立于 2008 年 9 月 19 日，位于丹徒经济开发区内，占地面积约 200 公顷，注册资金 73150 万元，预计总投资 80 亿元～85 亿元，是从事大型先进核电、超大超重型石化容器、冶金轧机、大型起重机等重大技术装备研发、设计、制造、销售、安装、维修的国有特大型骨干企业。

二重镇江基地项目由重装码头和陆地工厂两大部分组成，根据“一次规划、分期建设、滚动发展”的原则，分三期实施。一期工程陆域部分于 2011 年开始试生产，主要应用于核电石化容器和大型成台套设备的加工制造，投产后将使我国重大技术装备基本上能满足国内经

表 16－9 **2011 年镇江市机械工业主要经济指标一览表** 单位：万元

行 业	单位数（家）	从业人员平均人数（人）	工业销售产值	产品销售收入	利润总额	利税总额
通用设备制造业	172	29038	2882538	2826980	147824	244048
专用设备制造业	70	14725	1138543	1107740	74606	118756
电气机械及器材制造业	252	69561	8872690	8739191	550177	852898
合 计	494	113324	12893771	12673911	772607	1215702

（统计局）

济发展的需求，实现我国重大技术装备的自主化、本地化、产业化、市场化。水域部分万吨级长江码头基本完工，建成后将具备年吞吐量130多万吨的中转运输能力，成为特大、超限重型装备制造基地和重大件江海联运的现代物流中心。二期工程主要生产AP1000核电站核岛主要设备及关键零部件、煤气化装置和露天煤矿设备等，项目取得立项批复。

（单文剑）

【凯迩必液压工业（镇江）有限公司】 由凯迩必（中国）投资有限公司独资，成立于2004年，投资总额1.29亿美元。2011年营业收入5.88亿元，纳税总额0.89亿元，净利润4.39亿元；从业人数450人，其中外籍人员11人，新增就业200人。

（吴苏凌）

【凯迩必机械工业（镇江）有限公司】 凯迩必机械工业（镇江）有限公司由KYB株式会社独资，成立于2002年，投资总额5240万美元。2011年营业收入6.50亿元，纳税总额0.79亿元，净亏损159万元；从业人数561人，其中外籍人员10人，新增就业14人。（吴苏凌）

【阿雷蒙紧固件（镇江）有限公司】 由法国A RAYMOND SCS & CIE公司独资，成立于2001年，投资总额1744万美元。销售汽车用紧固件、电器产品紧固件、塑料零件、金属制品，与上述自产产品同类商品的进出口批发及技术进出口业务。2011年营业收入3.50亿元，纳税总额0.80亿元，净利润0.85亿元；从业人数313人，其中外籍人员5人，新增就业46人。（吴苏凌）

【镇江西门子母线有限公司】 由镇江市电气设备厂和西门子（中国）有限公司合资，成立于1998年，投资总额900万美元。2011年营业收入8.54亿元，纳税总额0.63亿元，净利润0.97亿元；从业人数451人，其中外籍人员2人，新增就业131人。（吴苏凌）

【特耐斯（镇江）电碳有限公司】 由日本特耐斯株式会社投资，成立于1999年，投资总额900万美元，碳刷、碳素制品、电机附属制品、模具及加工机械、粉末冶金的设计生产加工组装。2011年营业收入1.14亿元，纳税总额0.31亿元，净利润0.40亿元；从业人数199人，其中外籍人员2人，新增就业27人。（吴苏凌）

【江苏华通动力重工有限公司】 2011年，江苏华通动力重工有限公司实现销售收入3.8亿元，利税2395万元。

营销创新，外销攀升。在国内工程机械总体运营呈现大起大落、路机产品销售高开低走的局面下，该公司细分国内市场，开拓国际热点市场，两个市场一起抓。新增包括西藏在内的七个销售办事处，累计达二十五个办事处，完善网络建设和售后服务体系；进出口公司新组建工程贸易处，目标放在南亚、北非和南美国际市场，拜访海外承包工程客户，先后签订8台摊铺机合同销往委内瑞拉、中标斯里兰卡国家公路局项目，合同总值近四千万元，创该公司产品出口历史之最。在内销比上年下降20%的情况下，外销增长95%以上。

管理创新，降本增效。该公司为扭转拌和机械产品毛利率下滑、影响整体效益提升的被动局面，对原拌和一厂、二厂进行组织机构调整，将人员、场地、设备等资源合理配置，实行矩阵式管理和属地管理原则，将综合管理纳入组合后的丁卯拌和厂区；强化成本管理，推行倒逼成本法，从用户使用、外协加工、配套供应和厂内制作四个环节，落实产品质量改进和提升，对发货产品在厂内先进行预安装，外出安装调试服务的进度和质量逐步提高，拌和机械产品的成本下降10%左右。

技术创新，持续提升。该公司多次召开五年产品研发方向研讨会，确立“跟随战略”。年内，相继试制出HM2100A型路面铣刨机、沥青碎石同步封层车和湿式桥平地机等新产品，推向国内外市场。（王晓云）

【镇江大全赛雪龙牵引电气有限公司】 由大全集团有限公司和赛雪龙牵引电气有限公司合资，成立于2007年，投资总额736万美元，设计、加工、制造轨道交通用开关设备（柜）、箱式变电站、整流器及其电气元器件。2011年营业收入2.57亿元，纳税总额0.40亿元，净利润0.59亿元；从业人数89人，其中外籍人员1人，新增就业16人。（吴苏凌）

【现代重工（中国）电气有限公司】 由现代重工（中国）投资有限公司投资，成立于2004年，投资总额6000万美元。2011年营业收入7.18亿元，纳税总额0.40亿元，净利润0.32亿元；从业人数771人，其中外籍人员12人，新增就业15人。（吴苏凌）

【镇江默勒电器有限公司】 由江苏大全长江电器股份有限公司和动力技术国际有限公司合资，成立于2005年，投资总额1325万美元。2011年营业收入6.16亿元，纳税总额0.38亿元，净利润0.27亿元；从业人数710人，其中外籍人员3人。（吴苏凌）

【江苏希格赛斯电气有限公司】 由镇江市电力设备厂和美国SUCCESS公司合资，成立于2005年，投资总额550万美元。2011年营业收入9.21亿元，纳税总额0.19亿元，净利润0.12亿元；从业人数586人，新增就业16人。（吴苏凌）

【江苏省机械工业供销储运总公司】 2011年，江苏省机械工业供销储运总公司加大市场开拓力度，形成钢材贸易、装饰市场和装饰材料经营三大主业，全年销售收入3.49亿元，利润306万元。该公司的控股子公司鸿鑫钢铁贸易有限公司主营武汉钢铁集团热轧薄卷板、冷轧、镀锌。2011年，该公司与武汉钢铁集团确立销售联盟，是武汉钢铁集团华东区一级代理商。金桥墙纸布艺市场经营稳定，知名度提升。2011年8月成立苏垦装饰材料公司，主要从事建筑材料、装潢材料的销售，金属材料的批发和零售，室内外装修装潢工程的设计、施工。

（李　璟）

船舶汽车工业

【镇江中船设备有限公司】 2011年，镇江中船设备有限公司完成柴油机对外交验701台，比上年增长16.3%；工业总产值12.55亿元，下降2.7%；主营业务收

表16－10 **2011年镇江市船舶汽车工业主要经济指标一览表** 单位：万元

项　目	船舶、汽车等交通运输设备制造业
单位数（家）	209
从业人员平均人数（人）	49018
工业销售产值	4740657
产品销售收入	4654471
利润总额	261964
利税总额	398880

（统计局）

入11.85亿元，增长8.7%；实现利税1.7亿元，下降4.5%；利润0.97亿元，增长12.9%。年末，公司有职工1092人；在岗职工921人；专业技术人员202人，其中高级职称40人，中级职称44人，高级技师7人，技师19人。

该公司与沪东重机有限公司、上海中船三井造船柴油机有限公司、安庆中船柴油机有限公司及广州中船柴油机建立五方经营协调机制，共享市场信息，同步防范风险，继续保持中速机国内市场占有率25%左右。该公司自主承接低速机订单3台，逐步打开低速机市场。6月与MAN Alpha签订动力集成打包合作协议，11月与江南造船集团公司签订专用运输船主推进系统动力打包合同。该公司将备件与整机生产同计划、同安排、同考核，全年备件销售突破6000万元，比上年增长20%。

该公司提倡"管理型生产"理念，推行生产管理信息化，全年柴油机生产突破700台。推行5S和HSE体系管理，提升安全管理水平。开展安全生产警示日（"9·16"）活动。

该公司共对外交验柴油机701台（其中低速机2台），成为首家年产突破700台的柴油机生产厂家。新接订单突破500台，月均产量基本稳定在55台以上，并创造65台的单月生产新纪录。全年产销总量均比2010年有不同程度增长，实现"十二五"规划第一年的奋斗目标。柴油机备件销售突破6000万元。

该公司首台自行装配的低速机6S42MC－ZJ3#在新基地装试分厂实现大合龙，这标志其已具备自行装配低速柴油机的能力。该公司L27/38大功率船用中速柴油机的开发及产业化项目获2010年度镇江市科技进步二等奖。镇江中船现代发电设备有限公司技术中心被认定为市级企业技术中心。4月8日，该公司所属投资公司镇江中船瓦锡兰螺旋桨有限公司参与的国家"863计划"项目——螺旋桨用重型七轴五联动车铣复合机床项目科技成果鉴定会在镇江举行。该项目在高精度重型机床方面具有自主知识产权，其技术指标和功能超过同类进口机床的水平。

（刘文远　朱文霞）

【镇江中船设备有限公司所属参股投资公司】 2011年，镇江中船设备有限公司所属参股投资公司生产经营情况：镇江中船日立造船机械有限公司完成工业总产值0.85亿元，增长3.7%；主营业务收入0.82亿元，增长3.7%；实现利润784万元，增长4.7%。

镇江中船现代发电设备有限公司完成工业总产值2.3亿元，增长26.0%；主营业务收入2.26亿元，增长25.1%；实现利润1353万元，与上年持平。

正茂集团公司完成工业总产值4.94亿元，上升8.3%；主营业务收入4.68亿元，下降1.3%；实现利润1102万元，下降78.0%。

镇江中船瓦锡兰螺旋桨有限公司完成工业总产值4.8亿元，下降5.5%；主营业务收入5.9亿元，与上年持平；实现利润1.1亿元，下降44.5%。

南京中船绿洲镇江船舶辅机厂完成工业总产值1.8亿元，下降6.1%；主营业务收入1.8亿元，下降4.8%；实现利润1116万元，增长34.5%。

（刘文远　朱文霞）

【镇江中船瓦锡兰螺旋桨公司可调距螺旋桨项目开工】 2011年6月29日，镇江中船瓦锡兰螺旋桨公司举行可调距螺旋桨项目开业典礼。该项目投资1200万欧元，新建车间占地总面积8400平方米，主要生产设备从荷兰Drunen工厂搬迁至镇江。这标志着该公司成为中国首家生产液压传动可调螺旋桨的厂家。项目达产后将形成220套/年的生产能力，新增销售6亿元，新增利税1.5亿元。

（刘文远　朱文霞）

【镇江飞驰汽车集团有限责任公司】 2011年2月27日，镇江飞驰汽车集团有限责任公司与合作伙伴签约成功，合资共同成立镇江飞驰商务车有限公司，主营高档商务车的改装。新成立的公司计划以高档面包车为基型车进行高端商务和个性化的改装。经过改装的商务车，车内有指挥系统、隔断系统，还有卫星电视、卫生间、淋浴间、化妆间等，满足个性化需求。

项目建设积极推进。镇江飞驰汽车集团有限责任公司新厂址选在谏壁丁家村，完成土地协议的签署工作。

（季向阳）

【镇江美驰轻型车系统（第二）有限公司】 由法国美驰轻型车系统公司投资，成立于2000年，投资总额2000万美元。2011年营业收入8.10亿元，纳税总额0.25亿元，净利润0.73亿元；从业人数316人，其中外籍人员1人。（吴苏凌）

【大赛璐安全系统（江苏）有限公司】 由大赛璐（中国）投资有限公司投资，成立于2004年，投资总额5304万美元，研究开发、生产及销售汽车安全气囊用气体发生器及其零部件及配料。2011年营业收入7.76亿元，纳税总额0.60亿元，净利润0.97亿元；从业人数744人，其中外籍人员8人，新增就业133人。

（吴苏凌）

【汉高（江苏）汽车零部件有限公司】 由丹阳市华东工程塑料有限公司和德国汉高股份两合公司合资，成立于2006年，投资总额633.5万美元。2011年营业收入1.42亿元，纳税总额0.22亿元，净利润0.29亿元；从业人数110人，新增就业10人。（吴苏凌）

【华东泰克西汽车铸造有限公司】 由东华汽车实业有限公司和意大利泰克西股份有限公司合资，成立于1998年，投资总额1.03亿美元。2011年营业收入5.16亿元，纳税总额0.16亿元，净利润0.24亿元；从业人数566人，其中外籍人员1人。（吴苏凌）

电子工业

【巨宝精密加工（江苏）有限公司】 由巨宝精密加工中国控股有限公司独资，成立于2003年，投资总额5.4亿美元。从事新型合金材料（镁/铝合金）及相关制品生产和精密加工；TFT－LCD/PDP/OLED/FED（含SED）等平板显示屏，显示屏材料及相关零件生产；新型电子元器件生产；金属制品模具制造生产；非金属制品模具的制造生产。2011年营业收入13.54亿元，纳税总额0.73亿元，净利润0.47亿元；从业人数9559人，其中外籍人员44人，新增就业2276人。

（吴苏凌）

表16－11　**2011年镇江市电子工业主要经济指标一览表**　单位：万元

行　业	单位数（家）	从业人员平均人数（人）	工业销售产值	产品销售收入	利润总额	利税总额
通信设备、计算机及其他电子设备制造业	103	31513	1973245	1928511	101235	162714
仪器仪表及文化、办公用机械制造业	56	27609	2409928	2267998	153641	222759
合　计	159	59122	4383173	4196509	254876	385473

（统计局）

表 16－12　**2011 年镇江市轻工业主要经济指标一览表**　单位:万元

行　业	单位数(家)	从业人员平均人数(人)	工业销售产值	产品销售收入	利润总额	利税总额
农副食品加工业	30	3678	993501	983175	31424	53075
食品制造业	11	3119	152466	150463	7859	15354
饮料制造业	4	371	77809	75205	5395	9717
皮革、毛皮、羽毛(绒)及其制品业	52	8447	350791	354513	8385	19614
木材加工及木、竹、藤、棕、草制品业	9	15355	1261476	1306252	43841	103533
家具制造业	5	720	48609	48609	2390	4902
造纸及纸制品业	43	14426	2229974	2217404	174607	220551
印刷业和记录媒介的复制	19	2388	123112	123523	6937	11899
文教体育用品制造业	34	6791	324544	323780	12479	26842
工艺品及其他制造业	45	6903	365013	359304	13186	28161
废弃资源和废旧材料回收加工业	4	524	56398	54657	741	2131
合　计	256	62722	5983693	5996885	307244	495779

(统计局)

轻工业

【江苏恒顺集团有限公司】 2011 年,恒顺集团实现销售 18.1 亿元。其中,主营调味品业务实现销售 6.77 亿元,比上年增长 25.28%;实现利税 9811.4 万元,比上年上升 35%。

企业创新成果显著。恒顺技术中心成为中国调味品行业第一个国家级企业技术中心。"恒顺"商标被国家工商行政管理总局认定为中国驰名商标。"恒顺"品牌被授予 2010 江苏品牌紫金奖·风云品牌,也是唯一获全省大奖的镇江品牌。恒顺"六年陈"镇江香醋获 2011' 中国(国际)调味品及食品配料博览会金奖。恒顺旗舰店进驻淘宝网,网上打酱油、买醋成为现实。

循环经济发展增添新成果。醋糟循环利用及产业化项目被科技部列入星火计划项目;醋糟农用微生物肥开发项目被列入国家资源节约和环境保护项目,并获得江苏省最高的项目扶持资金。"镇江香醋"在韩国的成功维权被中华商标协会列入年度最具影响力的十件商标大事,"镇江香醋"商标在日本注册。

中国镇江醋文化博物馆通过国家AAAA 级旅游景区的验收,成为全省近 400 家 AAAA 级旅游景区中第一个工业旅游类景区。该馆的镇馆之宝——"九龙坛"被上海大世界基尼斯总部认定为"天下第一醋坛",提升中国镇江醋文化博物馆知名度,成为镇江旅游业的新亮点。　(杨升婷)

【金东纸业(江苏)股份有限公司】 由金光纸业(中国)投资有限公司和镇江金达工贸有限公司合资,成立于 1997 年,投资总额 23.69 亿美元。2011 年营业收入 99.75 亿元,纳税总额 84.01 亿元,净利润 13.43 亿元;从业人数 5475 人,其中外籍人员 80 人,新增就业 221 人。　(吴苏凌)

图 16－1　中国镇江醋文化博物馆一角　(丁伟民)

【镇江大东纸业有限公司】 2011 年,镇江大东纸业有限公司共生产机制纸和加工纸 98431 吨,自发电 5940 万千瓦小时,工业总产值 58699.5 万元,实现销售收入 67555 万元。同时,在技术改造、科技进步、企业管理等方面都取得成绩。该公司投资 3000 多万元,改造抄宽 1880 毫米的 5 号纸机,安装成功,投入生产;工业废水循环及回收利用项目获得江苏省财政厅、江苏省水利厅验收通过;该公司"HOOPOE 及图"商标被国家工商总局认定为"中国驰名商标";挂面包装纸及生产方法和计算机直接制版衬纸生产方法两项发明专利申报成功。被江苏省科技厅、江苏省国资委等部门联合授予"创新型企业"称号。　(杨镇兴)

【海昌隐形眼镜有限公司】 由海昌国际投资,成立于 1995 年,投资总额 2597 万美元。2011 年营业收入 5.80 亿元,纳税总额 0.60 亿元,净利润 1.43 亿元;从业人数 833 人,其中外籍人员 13 人,新增就业 327 人。　(吴苏凌)

交通运输综述

【概况】 2011年,镇江市完成交通投资99亿元,比上年增长8.9%。全市公路总里程达7015公里,增长1.1%。公路网密度182公里/百平方公里,增长1.2%。其中,高速公路151.8公里,一级公路703.5公里,二级公路786.9公里,三级公路884公里,四级公路4488公里。镇江市内河航道总里程597.19公里,其中四级航道18.46公里,五级航道24.28公里,六级航道46.21公里,七级航道22.35公里,等外航道485.89公里,通航船闸1座,内河港口1个,码头泊位143个,码头总延长7909米。

镇江市交通基础设施建设稳步推进。铁路:2011年完成投资47.2亿元。京沪高铁建成通车,宁杭高铁线下工程贯通。公路:完成投资48亿元。泰州大桥主桥合龙,镇江接线进入路面施工。338省道市区段(金润大道)、238省道新区段、241省道丹阳段、122省道句容对接南京段等项目建成通车。其中,338省道市区段(金润大道)成为全省干线公路建设新样板。新开工扬中三桥、上隍路、官塘桥路、官塘新城路网等项目。农村公路改造升级251.2公里,危桥改造30座。航道:苏南运河镇江段累计完成投资2.63亿元,占年度计划2.5亿元的105%。苏南运河"四改三"(即四级航道升改成三级航道)工程启动,建成15.6公里,新开工7.2公里。内河港口完成投资1亿元,丹阳港区吕城粮食码头建成,陵口公用码头开工建设。场站:镇江南徐汽车客运站与京沪高铁同步建成运营,市区客运站形成"一主一辅两集散"(即镇江汽车客运站主枢纽站,南门客运站辅助站,南徐站、运河路站集散换乘站)格局。句容综合客运枢纽开工建设。行政中心公交站建成交付;运河路菜场、南山路过渡菜场元旦前建成并通过验收。

全市农村交通事业快速发展。全年建成城乡客运一体化标准候车亭180个。全市开通城乡客运一体化线路46条,车辆475辆,覆盖44个乡镇(总乡镇46个,含四区),城乡客运一体化覆盖率95%;开通镇村公交线路86条,车辆182辆,镇村公交通达率74%,提前三年在全省率先完成"十二五"通达目标。其中丹阳市和句容市城乡客运一体化覆盖率100%。句容市城乡客运规划通过省级验收,付诸实施。市区及各辖市规划基本编制完成。提出加快推进镇江市城乡客运一体化的工作意见,制定市区范围内城乡公交线路布设及经营分工方案,拟定市区至周边乡镇客运班车公交化改造实施方案。完成市区至世业、黄墟、辛丰、丁大姚线公交化改造。句容市在全省率先实现村村通公交,"句容模式"被称为苏中地区镇村公交的典型,交通部、省政府分别召开现场会推广;扬中购置110辆公交车投入运营,基本完成八桥、三茅等六个乡镇镇村公交通达任务,实现全岛城乡客运一体化,在全省现场会上作经验交流。

2011年,全市有客车3824辆,客运班线公司化经营率75%;货车19141辆,货运户均车辆数增长4.6%,危险货物运输车等特种车占44%。有货运船舶523艘,共232249载重吨。有客运站点30个,新增省、市际客运线路3条,总计443条。2011年,全市累计完成公路旅客运输量1.82亿人次、周转量119.04亿人公里,分别比上年增长19.3%、

图17-1 2011年12月1日,338省道镇江段竣工通车 (交通局)

21.5%；公路货运量1.12亿吨，货运周转量61.3亿吨公里，分别增长17.7%、22.7%；水路货物运输量完成818万吨，周转量完成22.3亿吨公里，分别增长10.2%、20.5%。全市内河港口（不含长江港口）完成货物吞吐量1530万吨。引导金山物流、四通物流完善园区建设，对宝华物流、长江物流、金山物流、四通物流等4家获省交通运输厅投资补助项目的建设效果、资金管理使用情况以及对区域经济和社会发展的贡献率进行评估。扬中按照"国有控股、民营参股"原则对原有两家农村客运经营主体进行整合，成立由扬中城投公司出资51%、江天集团扬中分公司和扬中交通汽车运输有限公司共同出资49%的中扬公共交通运输有限公司，注册资本3000万元。句容按照参股方式，整合长短途客运资源，长途班线由江天集团经营，城乡线路由句容华通公司经营。（唐刘君）

【泰州大桥主桥合龙】 2011年9月28日，世界首创的2×1080米特大跨径三塔两跨悬索桥——泰州大桥跨江主桥合龙。泰州大桥全长62公里，由北接线、跨江主桥、夹江桥和南接线四部分组成，总投资93.7亿元，建设工期为5年半，2007年12月26日正式开工建设。泰州大桥具有四大技术创新点和八大技术难点，创造五项世界第一。其中，2×1080米特大跨径三塔两跨悬索桥为世界第一，200米高纵向人字形、横向门式框架型钢塔为世界第一，中塔水中沉井基础入土深度为世界第一，W形主缆架设长度为世界第一，两跨悬索桥钢箱梁同步对称吊装为世界第一。截至2011年9月，泰州大桥工程累计完成投资73.72亿元，约占总投资的78.68%，其中当年完成投资11.2亿元。（李海军）

【扬中三桥开工】 2011年10月8日，扬中三桥奠基进入建设阶段。扬中三桥位于扬中一桥下游3公里处，是231省道镇江延伸段的重要组成部分，起自镇江新区金港大道与大姚线相交处，跨过长江夹江，对接扬中长江路，由北接线、夹江大桥和南接线三部分组成，全长6.036公里，其中夹江大桥长2.503公里，全线采用一级公路兼顾城市快速路标准建设，双向六车道，设计车速为每小时100公里。项目概算投资9.36亿元，预计2013年下半年竣工通车。该大桥设计单位为江苏省交通规划设计院，施工单位为中交第三航务工程局。（李海军）

【官塘新城开发有序展开】 官塘新城地处镇江主城正南，东至沪宁城际铁路，西邻南山，南至312国道，北接主城核心区，开发面积14平方公里，由镇江市交投公司负责开发和建设。截至2011年12月，《官塘新城市政综合规划》中给水、排水、通信、环卫、道路网、供电、燃气计7个专项规划完成，综合防灾专项规划通过专家评审，景观、能源、低碳以及历史文化保护开发等规划已上报；官塘路网中的周湾路、环山路工程开工建设；四明河整治工程全部完成；与北京远洋地产合作开发的香奈河畔住宅项目已经开工、与上海复星集团签订总投资35亿元的《复星四季科技城》合作协议；推进的大项目有马来西亚金狮集团百盛商业综合体、万达广场、苏宁产业园、外交部培训中心等。（张晓俊）

图17－2　2011年9月28日，泰州大桥合龙　（交通局）

【金润大道竣工通车】 金润大道西起镇南立交，东至新区丁岗，全长21.78公里，其中镇南立交至松林山段约14公里属老路拓宽改造，松林山至丁岗段约8公里为改线新建段。金润大道总投资约18亿元，由市交投公司负责筹资建设，采用一级公路结合城市主干道标准，双向六车道，道路总宽80米，其中路基宽50米，道路两侧还各有15米绿化带，设计行车时速为100公里/小时。该工程2009年9月29日开工，2011年12月竣工通车。（张晓俊）

【南徐汽车客运站投入运营】 该站位于312国道和檀山东路交叉口西北角，京沪高铁镇江南站西侧约200米处，结合公交站、出租车停靠站等交通设施，通过一体化设计，与高铁站形成一个紧凑的有机整体。南徐汽车客运站主要功能是为京沪高速铁路旅客中转服务，同时兼顾本地旅客出行和过境班车配客。2011年7月1日，该汽车站与高铁站同步投入运营，服务时间为6:00至21:00，安排有镇江至扬州、江都、仪征、扬中、句容等市际、县际班线近200个班次进站经营。至此，镇江市区客运站形成"一主一辅两集散"格局。（朱　彤）

【122省道句容段快速化改造工程建成通车】 该工程于2010年5月开工建设，2011年12月建成通车。项目起于南京与句容市交界处新塘村，终于句容市外三环，全长6.686公里，采用双向十车道和双向六车道两种技术标准，设计车速80公里/小时，沥青混凝土路面。其中南京交界处至外五环段，路线长5.12公里，按双向十车道，快慢集散设计，路基宽度60米；外五环至北三环段，路线长1.57公里，按双向六车道城市主干道兼一级公路标准设计，路基宽度44米。工程同步实施雨水、给水、燃气、弱电等管线工程，总投资4.6亿元。该工程设计单位为上海林同炎李国豪土建工程咨询有限公司，施工单位为中交第三航务工程局。（夏　敏）

【谏壁镇莺歌桥建成通车】 2011年1月20日，谏壁镇莺歌桥改造工程建成通车。莺歌桥位于县道京丁线（X101），原修建于1977年，因桥面损坏，影响周边单位和群众的正常通行。在京口区政府、市交通运输局、市水利局等有关部门的配合下，市公路管理处具体承担建设任务。新桥梁采用7×20米桥跨结构形式，全长140米、宽40米。该工程投入资金1995万元。（蒋　慧）

铁路运输

【概况】 2011年,镇江市铁路部门围绕京沪高速铁路开通等各项重点工作,以安全稳定为前提,加强运输经营,提高服务质量。全年完成运输收入9.4亿元,比上年增加1.8亿元,增长23.6%。
(侯晓强)

【京沪高速铁路建成通车】 2011年6月30日,京沪高速铁路建成通车。京沪高速铁路镇江段长74.74公里,经过句容市、丹阳市、丹徒区、润州区的10个镇。镇江市辖区内有镇江南站、丹阳北站2个京沪高铁站。2个京沪高速铁路站日均发送旅客1200人。京沪高速铁路列车从镇江到北京最快4小时21分,比普通列车缩短13.5小时左右。

镇江南站位于丹徒区谷阳镇诈输村,设2个站台,共有6条轨道,采用无柱式钢结构雨棚设计。站房建筑面积5993平方米,分为两层。地面一层为站厅层,供旅客购票和候车。二层为站台层,停靠列车上行14趟,主要方向有北京、天津、郑州、青岛、徐州;下行20趟,主要方向有上海、杭州、金华、福州。(注:根据铁道部《关于公布京沪高速铁路车站站名的通知》,从2011年6月1日起,位于既有京沪线上的镇江南站改名为镇江东站,机构性质和隶属关系不变,仍为常州直属站所属车间。位于镇江市丹徒区的京沪高速铁路站被命名为镇江南站。)

丹阳北站位于云阳镇颜巷村塘西自然村南,距丹阳市行政中心约6公里,站房建筑面积6000平方米,设2个站台,共有4条轨道。停靠列车上行7趟,主要方向有北京、天津、郑州;下行8趟,主要方向有上海、温州。

京沪高速铁路是《中长期铁路网规划》中投资规模最大、技术含量最高的一项工程,也是中国第一条具有世界先进水平的高速铁路。正线全长约1318公里,设计时速350公里,初期运营时速300公里。
(侯晓强)

表17-2 镇瑞线(镇江东—瑞山)情况介绍表

铁路局名	站名	本线里程(公里)		起重能力	营业办理限制
		镇江东	瑞山		
上海	镇江东	-	23	36吨叉车	不办理散堆装货物发到
	上隍	8	15	36吨	不办理怕湿货物发到
	瑞山	23	-	-	不办理煤、焦炭发到

(侯晓强)

【铁路生产力布局调整改革】 2011年,铁路沪宁线经历两次生产力布局调整改革,均涉及到镇江辖区内有关车站。

3月28日,原由常州直属站管辖的沪宁高速铁路(含与沪宁既有线共站的车站)镇江、丹徒、丹阳等3个车站划归苏州直属站管理。原铁路镇江南站(现镇江东站)、六摆渡站、高资站、下蜀站、陵口站、吕城站仍隶属于常州直属站。沪宁高速铁路宝华山站仍隶属于南京直属站。

10月21日,上海铁路局镇江直属站成立,按运输站段管理,同步成立镇江直属站党委、纪委、工会、团委。镇江直属站管辖沪宁线既有下蜀、高资、六摆渡、镇江东、陵口、吕城站等6个车站,沪宁高速铁路宝华山、镇江、丹徒、丹阳站等4个车站(含高速铁路与普速铁路共站的车站),京沪高速铁路镇江南站、丹阳北站等2个车站。其中沪宁高速铁路宝华山站由南京直属站管辖划交镇江直属站管辖。
(侯晓强)

【镇瑞线开办货运营业】 镇瑞线原为地方铁路,2002年与原国有铁路镇江南站西货场土地进行资产置换,转为国有铁路。2004年,该线新建上隍站,并作为原镇江南站的新货场投入运营。为发挥镇瑞线的货物运输能力,2011年4月10日起开办货运营业。
(侯晓强)

表17-1 2011年镇江市铁路主要运输任务和技术指标完成情况表

项目	单位	实绩	比上年增长(%)
旅客发送量	万人	688.2	13.1
货物发送量	万吨	339.8	70.8
运输收入	万元	93962.5	23.6
日均装车	车	151.0	64.1
日均卸车	车	81.0	5.2
货车静载重	吨/车	61.7	4.0
货车停留时间	时/次	14.0	-26.3

(侯晓强)

公路运输

【概况】 2011年,镇江市国省干线公路累计完成投资20.1亿元,占年度计划的261%。其中:续建项目S241大泊至珥陵段、S238镇江市区段、S338镇江段87公里建成通车,占计划通车里程的133.1%;S122丹阳段和句容段、S238扬中段、S338丹阳段、G104句容段按序时进度推进。同时,开展"十二五"储备项目S340句容段、S231镇江段、S265镇江段、S002句容段、S338官塘新城段、S266下茅线、G312镇江市区段及S358镇江段前期工作。

全市干线公路MQI路况综合指数值92.02,PCI(路面破损指数)优良率达94.07%,RQI(路面平整度指数)优良率达95.27%。完成33公里养护大中修工程,对全市123座干线公路桥梁的外观、缺损和"病害"进行检查评定,完成扬中大桥等5座桥梁维修加固。全市MQI(县道路况综合技术指数)达86.53,优良率达81.89%,乡、村道好路率达79.01%。进一步理顺农路管养关系,推动辖市(区)政府将管养工作纳入乡镇检查考核范畴。抓好丹徒区世业镇"省级示范乡镇"创建工作。

在全省首家推出《公路应急处置手册》,完成句容养护应急处置基地的建设。完成丹阳超限检测站、句容养护应急处置基地等新的管养节点信息化专网延伸建设,建成扬中超限检测站不停车超限检测系统。完成473公里电子地图数据更新工作,新建和改造16个交通量观测站点。在G104句容段养护大中修等项目中,推广应用玻纤高聚物抗裂贴、橡胶沥青应力吸收层、沥青路面抗车辙处治等新技术、新材料。完成"镇江市农村公路管理办法"课题调研;开展超限车辆综合治理,实现全市平均超限率控制在2%以下,查处率在8%以上;组织开展高速公路、G104、G312沿线广告设施整治活动,获全省评比一等奖。

由镇江市公路管理处与北京交通大学共同承担的"系杆拱桥安全监测与评估方法研究"科研课题,5月26日通过省交通运输厅组织的专家鉴定。鉴定委员会认为总体水平达到国内领先。系杆拱桥是一种集拱与梁的优点于一身的桥型,具有经济合理、外形美观、工期较短等特点,在百米宽的京杭大运河上非常适用。

首届“江苏绿色汽修论坛”在镇江举办。镇江作为江苏省“绿色汽修”试点市，在3月1日召开的论坛大会上进行了经验介绍。来自交通运输部、省交通运输厅、中国汽车维修行业协会的有关领导参加本次论坛。专家赞许江苏推进汽车维修行业节能减排、低碳环保的做法和镇江倡导的“能修则修、以修为主”的维修理念。截至2011年年底，全市80多家一、二类汽车维修企业参与绿色汽修创建工作。 (蒋 慧 朱 彤)

【S238大港新区段建成通车】 S238大港新区段（通港路—扬中大桥）2011年12月建成通车。该路段西起通港路镇大公路交叉口，终于扬中大桥西侧桥头，总长12.596公里，路基宽度60米，按一级公路技术标准建设，设计时速80公里/小时，双向六车道，设置中央分隔带、侧分带、非机动车道、人行道。该工程的建设单位为镇江市交通运输局新区分局，投入资金3.7亿元。 (蒋 慧)

【S241大泊至珥陵段建成通车】 S241丹阳段（大泊—珥陵）2011年12月建成通车。该路段起于老312国道与122国道交叉处，终于丹阳与金坛交界处，总长30.563公里。从起点至新312国道采用一级公路兼顾城市道路功能断面，路基宽度为50米，双向六车道，两侧设5米绿化带，设计时速为80公里/小时；312国道至金坛交界处采用一级公路断面，路基宽度为28.5米，双向四车道，两侧设15米绿化带，设计时速为100公里/小时。该工程的建设单位为丹阳市交通运输局，投入资金7.5亿元。 (蒋 慧)

【首次实施公路工程竣工环境保护验收】 2011年6月，镇江市环境保护局组织召开238省道金港大道段拓宽改造项目竣工环境保护验收会，这是镇江第一次组织实施竣工环境保护验收的公路工程项目。根据国务院《建设项目环境保护管理条例》规定，竣工环境保护验收属于基本建设程序。验收组同意该项目通过竣工环境保护验收。 (蒋 慧)

【宁句城际公交正式通车】 2011年1月18日，宁句城际公交通车仪式在句容市公交公司举行。宁句线城际公交化改造工作是句容市贯彻推进南京都市圈全面合作的举措，宁句两地城际公交企业各投放4辆12米长的大型豪华公交车型，日发班次16班，沿途停靠站点15个，票价起步2元，最高8元。所有参运车辆全部实行公司化经营，按照“站点、票价、发班、车型标识、服务标准、经营模式六统一”标准运行。 (朱 彤)

内河水路运输

【概况】 2011年，江苏省谏壁船闸管理所共征收过闸费4382万元，完成全年计划的113%，比上年增长4.2%。干线航道通航保证率达90%，航闸通航保证率95%，优良闸次率99%，航标正常率99%。办结行政许可项目6起，在服务中继续推行六级以上干线航道临跨过河设施许可前的两级机构联合勘察制和无偿业务咨询服务。收取航道赔（补）偿费59.5万元。稽查船舶2000多艘，丈量复核计费基数1000多艘。推进苏南运河整治工程建设，完成辛丰镇—沪宁铁路桥段（辛丰泰山湾段）、陵口镇—吕城西战备河段的整治任务，于7月通过交工验收。下半年新开工建设九曲河口—缪马村段、镇大公路桥—辛丰镇段共7.245公里航道整治工程。完成江口段、辛丰集镇段的施工图设计和征地拆迁等前期工作。

江苏省谏壁船闸管理所以100%的优良闸次率安全开放闸次22916次，船舶通过量12320万吨，货物通过量7542.64万吨，全市辖区内航、闸安全运行无事故。加大对谏壁船闸上游口门枯水期船舶运行调度的管理、协调、监控工作。加大对危险品船舶过闸、待闸的运行控制管理工作。加强对航道基础保障设备的管养，对船舶实施等级修理维护，保证航行的安全。加强27米航政艇建造过程中的监控和管理。

镇江地方海事部门先后组织开展危险品水路运输专项整治、船舶运输超载专项整治、水上“打非”专项行动、高速铁路外部环境大检查和船舶标志标识整治等活动。全系统上航28065人次，出艇13227艘次，巡航时间1.59万小时，巡航里程10.48万公里，检查船舶28.37万艘次，查处、纠正违章船舶4.73万艘次，排除航道堵塞险情14起，检查危险品码头42次。组织实施涉水施工维护41次，维护时间1101天。接处警208起，处理小事故14起，组织应急搜救行动64起，成功救助遇险船舶93艘、遇险人员204人，挽回直接经济损失4501.44万元，搜救成功率为100%。全市水上交通安全连续24个月实现“四零”目标，即零死亡、零沉船、零污染、零堵航事件。 (袁 焰 郑 伟)

【成立苏南运河镇江段“四改三”整治工程指挥部】 2011年10月27日，镇江市政府成立苏南运河镇江段航道“四改三”整治工程指挥部，副市长陈建设为指挥，市交通局局长丁锋、副局长部大浩任副指挥，相关部门为成员。市政府召开苏南运河镇江段航道“四改三”整治工程推进会，会议明确航道整治建设目标任务，要求各地、各部门合力攻坚。 (袁 焰)

【举行2011镇江市内河搜救综合演习】 2011年12月6日，由镇江市地方海事局负责组织实施的“闪电行动”——2011镇江市内河搜救综合演习取得成功。此次演习由镇江市政府和江苏省交通运输厅联合举办，由镇江市交通运输局和江苏省地方海事局共同承办。全市有31家单位参演，共投入各类参演船艇39艘、直升机1架、消防车1辆、环境监测车1辆、120救护车2辆。 (郑 伟)

【镇江建造并检验全国最大自航式双扒杆起重船】 2011年11月，镇江市船舶检验局为全国最大自航式双扒杆起重船——“东海工7号”颁发证书。该船由江苏柏伦宝船业有限公司承建，由镇江市船舶检验局承担检验任务。该船钢板用量相当于9万吨级散货船。标志着镇江市建造和检验大型特种船舶能力和水平实现历史性突破。 (郑 伟)

【组建镇江市水上执法支队】 2011年11月23日，镇江市水上执法支队正式组建并挂牌，挂靠于镇江市地方海事局，行使水上交通运输统一执法职能。具体承担水路营业运输以及超越经营范围的检查处理和超过航道等级限制使用航道、占用通航水域过驳作业的检查处理及原地方海事执法职能。 (郑 伟)

城市公共交通

【概况】 2011年，镇江市公共交通总公司完成客运收入1.2亿元、客运量9662.23万人次。全年车次执行率95.15%、首末班准点率99.35%。该公司有职工2180人，资产总值2.49亿元，下辖7个营运公司、1个修理厂、1个驾驶员培训中心、5座停车场和2座附属加油站；营运线路81条（含专线），其中新辟公交线路11条，优化调整公交线路8条，线路总长1316公里。日客运量30多万人次，现有公交车辆891台，其中新购车辆128台。完成为民办实事项目：

表 17－3 **2011 年镇江市新开通和优化公交线路一览表**

	线路名称	开通日期	基本走向
新开通线路	D4 路	03－12	焦山风景区—火车站
	51 路	03－12	丁卯开发区—火车站
	5 条行政中心公交专线	03－12	(略)
	D5 路	06－30	谏壁—镇江南站(京沪高铁枢纽站)
	K202 路	06－30	公交江大枢纽站—镇江南站
	60 路	07－23	火车站—公交平昌枢纽站(新茂苑)
	131 路	09－28	丹徒工业园区循环线;镇江南站—镇江南站
	91 路	09－30	丹徒新城夜班专线更名
	K216 路	12－15	世业洲—迎江桥
	K203 路	12－25	辛丰西站—迎江桥
	K206 路	12－25	黄墟镇—城铁镇江站
	线路名称	开通日期	基本走向
优化线路	113 路	03－12	优化至北府路、九华山北路运行
	18 路	03－12	优化至九华山北路、北府路运行
	100 路	06－30	优化 100 路从瑞山路、千禧路、长山路、312 国道、枣林路至镇江南站
	K208 路	06－30	优化从学府路、正东路、解放路运行至镇江南站
	39 路	06－30	优化从檀山路、五州山路、枣林路运行至镇江南站
	16 路	06－30	优化从林隐路运行至南门汽车客运站
	15 路	10－28	起点站调整至二人医
	9 路	12－20	优化从纬五路、经八路运行至谏壁

(王兴岳)

推进公交城乡一体化进程,先后开通世业洲、辛丰、黄墟、三山等乡镇公交线路;配合市民卡、智能公交的运用,对所有公交营运车辆的 POS 机(车载收费机)进行全面更换升级,相关业务系统改造和数据迁移;加大场站基础建设,确立 21 个场站建设。该公司被江苏省物价局授予“2010～2011 年度江苏省价格诚信单位”称号、被中国城市公共交通协会授予“2010～2011 年度中国公交行业优秀统计工作单位”称号。

全市有出租车公司 8 家,1253 辆出租车,从业人员 3100 人左右,年客运总量 3515 万人次左右。4 月,镇江市出租车爱心车队被江苏省公安交巡警总队聘为江苏省文明交通义务宣传员。

(王兴岳　王天顺)

邮　政

【概况】 2011 年,镇江邮政局着力提升服务能力和企业效益。全市累计实现邮政业务收入 2.8 亿元,比上年增长 16.82%。

为全市政府机关和企事业单位制作数据库商函 1021.85 万件,发行邮政贺卡 215.28 万张。为各大商业银行制作、邮寄银企账单 29.39 万件、保险账单 3.59 万件。新增短信用户 5.82 万户,有效在线户数达 14.82 万户。做好党报党刊征订发行工作,征订发行党报党刊 6.2 万份。举办《中国古代书法—草书》、《明清家具·坐具》和《辛亥革命一百周年》等邮票首发式;为企事业单位制作发行个性化邮册 1 万余册。

加大基础设施投入,改善邮政硬件服务条件。新建营业网点 1 处,新增自动取款机 25 台,累计达到 103 台。改造营业网点 26 个,建设 VIP 理财专区(柜)61 个。成立市内专递部,完善银企账单投递工作,银企账单妥投率达 99% 以上。建成直营店 85 个、加盟店 259 个、便民店 126 个;开通代缴费、代售交通票、分销商品销售、邮政业务代办等功能,加盟平台共实现交易 15 万笔、交易金额 1691.9 万元。开展网络远程培训 1350 人次和职业技能鉴定培训 980 人次。

强化服务管理,规范财务行为。全市邮政服务综合满意度 91.61 分,符合江苏省邮政公司要求。全年未发生邮件安全责任事故。公安机关、银监部门对全市邮政储蓄机构的评估总分达 97.71 分,在全省邮政行业排名第三。全年完成建设审计项目 77 个。“致富邮路”被评为镇江市优质服务品牌,解加平获全国五一劳动奖章。中央《创先争优活动简报》以“‘投递富裕’的贴心人”为题,刊载了“致富邮路”解加平的先进事迹。

(高向阳)

【举行《中国古代书法——草书》邮票首发式】 2011 年 4 月 15 日上午,《中国古代书法——草书》特种邮票首发式暨第 27 届亚洲国际邮展镇江“巡邮”活动在镇江焦山公园举行。亚洲国际邮展执委会副秘书长徐国伟、江苏省集邮公司经理蒋苏萍以及有关部门的领导应邀参加首发式和“巡邮”活动。在进行《中国古代书法——草书》特种邮票揭幕后,揭晓镇江市“集邮文化使者”,并为“来自亚洲邮展的祝福”专用邮箱和第 27 届亚洲国际邮展巡展活动个性化邮票揭幕,开展珍邮拍卖、集邮展览、书法表演免费赠送、现场抽奖等活动,向来宾免费发放“来自亚洲邮展的祝福”明信片。现场还设置草书邮票、巡展邮品销售区和盖戳区,满足集邮爱好者的集藏需求。现场销售邮品 10 万余元。 (高向阳)

【组建个性化投递队伍】 2011 年 4 月,镇江邮政局组建主要负责镇江主城区的银企账单和给据邮件的投递、回收工作,根据企事业单位和城市住宅社区的投递特点以及银企账单的时限频次要求,采取与企事业单位和用户相适应的投递作业班次,并组织晚间直投、周六周日清投等多种投递方式,提高银企账单和给据邮件妥投率。 (高向阳)

【“致富邮路”被评为镇江市优质服务品牌】 2009 年,镇江邮政局创建以解加平为代表的“致富邮路”。省邮政公司总经理顾汶曾专程到“致富邮路”看望慰问解加平,称赞他是“为客户创造价值的同时为企业创造价值的典范”。两年多来,镇江邮政局成功复制解加平式“致富邮路”20 条。为 150 多个农户提供致富服务,产生经济效益近千万元。解加平被省委宣传部确定为全省宣传典型,中央《创先争优活动简报》以《“投递富裕”的贴心人》为题,刊载“致富邮路”解加平的先进事迹。2011 年 12 月 5 日,“致富邮路”被评为镇江市优质服务品牌。 (高向阳)

综　述

【概况】　2011年，镇江市信息产业保持快速发展态势，电子制造业平稳较快增长，软件和信息服务业实现跨越发展。全年信息产业实现销售收入635.8亿元，比上年增长31%。其中软件和信息服务业（含软件业）实现销售收入280.1亿元，增长38%；电子制造业实现销售收入355.7亿元，增长26.1%。

（王爱华）

【无线电管理】　2011年底，全市有各类无线电发射设备272.9万部，其中注册台站设备16278部。江苏省无线电管理局镇江管理处开展执法检查24次，纠正违规11起；实施监听监测2960小时，查清不明信号12个，排除干扰2起。

5月上旬，镇江无线电管理处在市森林防火指挥部的配合下，对全市防火通信网的无线电通信设备进行全面检查和测试，共测试各类通信设备123部，对少数性能老化的设备提出维修和报废建议，同时对防火期间临时增加的28部设备完善设台手续。

在为期3天的高考中，镇江无管处3个监测组对市区3个考点进行全方位监测和监听，无线电监测车在各个考点巡回监测，对可能出现作弊信号的各个重点频段进行监控、扫描、分析、排除，完成2011年镇江考区高考无线电保障任务。

（赵慕民）

【为沪宁高铁列车按时开通提供无线电支持】　2011年，市经信委先后派出监测队伍15批、42人次，沿铁路镇江段组织巡回测查，累计行程1100多公里，判定干扰原因，安排技术人员登上高速试验列车观测，确定影响点的位置。对境内3处主要影响区域进行反复测试鉴定，先后消除6个对高铁通信有显著影响的无线电辐射源，为2011年7月1日沪宁高铁按时开通运行提供无线电保障。

（赵慕民）

信息化应用

【概况】　2011年，全市信息化工作围绕加快经济发展方式转变、促进转型升级为目标，形成一批信息化带动型企业，推进一批信息技术应用项目，开展市民卡工程建设，政府、社会、经济、农村等各领域信息化全面发展，全市信息化应用继续保持良好的发展势头。

12月7日，“中国镇江”政府门户网站在中国社会科学院信息化研究中心与国脉互联政府网站评测研究中心联合主办的评测结果中，总得分86.8分，列地市级网站第6名。

（陶迪明）

【出台信息化“十二五”规划纲要】　2011年，市政府正式发布《镇江市国民经济和社会发展信息化“十二五”规划纲要》。规划以“智慧镇江”为目标统筹信息化建设工作，坚持走“两化融合”（信息化和工业化融合）道路，明确深度推进“两化融合”，转变经济发展方式，加强信息资源整合，提高政府运行效率，重点实施信息惠民，增强社会服务能力，深化涉农技术应用，建设信息化新农村，合理建设基础设施，构建信息高速公路，完善信息安全体系，保障社会和谐稳定等六大主要任务。到“十二五”期末，镇江市信息化水平总指数达到85，总体水平将位于全国中等城市前列。

（陶迪明）

【信息化与工业化融合】　2011年，镇江市出台《关于加快推进信息化与工业化深度融合的意见》《镇江市信息化和工业化融合示范区认定暂行办法》《镇江市信息化和工业化融合示范（试点）企业认定暂行办法》等文件，镇江中船设备有限公司、大亚科技集团有限公司、江苏鱼跃医疗设备股份有限公司、江苏丹毛纺织股份有限公司等4家企业被认定为省级“两化融合”示范企业，累计6家；中电电气（江苏）股份有限公司等28家企业被认定为省级“两化融合”试点企业，累计56家；镇江新区经济开发区被认定为省级“两化融合”示范区，有6个项目被认定为省级“两化融合”示范项目。

（陶迪明）

【大全集团和清华大学签订信息化合作协议】　2011年4月28日，大全集团和清华大学签订信息化战略合作协议。根据协议，双方将就车间制造执行管理、基于WBS（工作分解结构）的项目管理及计划管理系统等七个方面进行深入合作。2002年清华大学和大全集团开始携手开展相关信息化项目合作，9年来，大大促进大全集团行业领先的信息化体系建设，为大全集团快速发展提供强力支撑，并共同申报2项国家863项目、3项省科技支撑项目。双方合作完成的智能母线全生命周期管理系统结合物联网技术，实现母线的智能化管理，该技术处于世界领先水平。

（陶迪明）

【市民卡工程】　2011年，镇江市民卡核心支撑平台完成建设并投入使用，与公安、公交、园林、电信等单位对接，开通市民卡手机通、公交等应用；10月份开始，市直工资统发人员1.6万人通过市民卡发放工资；启动大规模发卡数据采集工作；完成4个服务分中心和相关服务站点建设;制定《市民卡服务流程》。

（陶迪明）

【镇江市入选国家三网融合试点城市】 2011年12月30日,国务院办公厅以国办函〔2011〕164号发出《关于印发三网融合第二阶段试点地区(城市)名单的通知》。《通知》明确,在省(区、市)人民政府自愿申报的基础上,按照试点地区(城市)应具备的条件,经国务院同意,镇江市被确定为三网融合第二阶段试点地区(城市)。（朱华龙 欧旭丹）

【光纤宽带和第三代移动通信网络建设】 2011年,镇江市出台《关于加快推进镇江市光纤宽带和第三代移动通信网络建设的意见》。计划用两年时间,投资15亿元,实现第三代移动通信网络全覆盖和“无线+宽带+信息”全覆盖。到2012年底,城区宽带接入网络线路的光纤化率达到90%,光纤到楼、光纤到户的比例均达到99%,光纤到镇村的比例达到100%。全市电信运营商互联网出口带宽达到600吉比特。城区宽带用户接入能力平均达到30兆,镇村达到12兆。第三代移动通信通信网络实现95%的镇村覆盖率,全市100%的自然村通互联网宽带。（朱华龙 欧旭丹）

【农村信息化工作】 2011年,镇江新农村致福网平台全年累计发布信息1000多条,编辑发送“农信通”短信1870条,为新农村建设提供最新科技资讯。丹阳市皇塘镇、云阳镇迈村,扬中市三茅街道被列为江苏省农村信息化应用示范基地。（陶迪明）

【电子口岸】 2011年,镇江电子口岸开发并上线“国际航行船舶进口岸”“船舶电讯检疫”“危险货物港口作业申请书”等应用项目,取代“人工跑、手工做”的旧模式,真正实现口岸“一站式”服务,用户反映良好。镇江电子口岸平台全年实现1300余条业务网上申报、受理与办理,镇江口岸的通关效率大大提高。

（陶迪明）

【国家智慧旅游服务中心】 2011年5月,国家旅游局同意在镇江建设国家智慧旅游服务中心。镇江市已完成服务中心的基础架构,制订全国智慧旅游公共支撑体系、“中国智慧旅游云平台”和《镇江市智慧旅游行动方案》等一系列建设方案,推进国家二维码数据中心、中国智慧旅游门户网站、中国智慧旅游呼叫中心、智能停车诱导系统、旅游地理信息系统等项目,在全市范围内分步实施智慧旅游各个示范应用项目,完成国家智慧旅游展示馆的建设。举办首届中国旅游融合化发展论坛暨第三届中国旅游信息化发展论坛,并在论坛上作经验交流,新华网、新民网、中国日报网等数十家媒体专题报道。（王爱华）

【镇江市成为全省首个国家级数字城市推广市】 2011年,数字镇江地理空间框架建设推广项目立项通过国家批准,镇江市成为全省第一个国家级数字城市推广市。数字镇江地理空间框架建设以满足镇江市城市管理和政府决策需求为出发点和落脚点,以镇江市大比例尺地形数据为基础,利用信息技术手段把城市的自然资源、经济社会等各种信息集合在一张数字地图中,形成统一的、权威的城市地理空间信息公共平台,推动全市信息化进程,提高政府决策、管理效率,提高百姓生活质量。（陶迪明）

【“领航杯·2011年江苏省信息化教学能手”比赛】 2011年11月29日~12月1日,由江苏省教育管理中心、江苏省电化教育馆主办,镇江市教育局协办,镇江市电化教育馆、润州区教育局承办为期3天的“领航杯·2011年江苏省信息化教学能手”比赛在镇江举行。来自全省各地的幼儿教师及中小学教师交流66节语文、生物、地理等学科课程,润州区老师孙秋获地理赛课全省一等奖。

（陶迪明）

软件业

【概况】 2011年,全市通过开展专题招商、小分队招商、网络招商等,促进软件企业快速发展。全年软件产业实现销售160.3亿元,增长55.6%,总量位列全省第四。其中,信息系统集成服务收入、信息技术咨询服务收入、数据处理和运营服务收入等均比上年增长60%以上。软件产业实现利润总额15.89亿元,增长47.7%;上缴税金总额5.43亿元,增长49.8%;全市新增软件类企业101家,累计达311家;新增通过省级认定的软件企业22家,累计达97家;新增软件产品82个,新增载体面积52.3万平方米。形成以大全集团、南自通华、华鹏集团、中电电气等企业为主体的电力电器、工程电气领域的嵌入式软件产业;以省船舶与海洋工程软件研发中心、亿华系统集成、金舟软件、现代造船等企业为主体的船舶制造行业应用软件产业;以恒宝股份、惠通集团、隆智半导体、唐桥微电子等企业为主体的集成电路产业;以用友镇江智慧健康研究院、瑞蚨通软件为主体的智慧健康产业;以睿泰信息、名通信息、虹之谷动漫为主体的网络动漫产业。2011年,恒宝股份、兆伏新能源、金钛软件、亿华系统集成等4家企业被列入江苏省规划布局内重点软件企业,兆伏新能源被认定为省级软件企业技术中心,金钛软件、亿华系统集成被列入省软件和信息服务业“十百千亿企业培育对象”。（王爱华）

【软件产业招商总投资超57亿元】 2011年,全市围绕构建现代信息服务业产业体系,面向软件和信息服务业发达地区,开展中国智慧旅游产业谷招商、成都软件业招商等多项内容丰富、形式多样的招商推介活动,走访和邀请知名客商200多人,达成落户或合作意向的项目22个,总投资超过57亿元。依托“云神工程”、智慧旅游等重点项目,浪潮集团、神州数码等公司有明确落户镇江的意愿,部分正在办理注册手续。

（王爱华）

【金钛软件成为镇江市首家通过CMMI4认证软件企业】 2011年,镇江金钛软件有限公司通过CMMI4(定量管理)正式评估,成为全市首家达到这一标准的软件企业。CMMI是软件能力成熟度集成模型的简称,由美国卡内基梅隆大学软件工程研究所研究出的、一种用于评价软件承包商能力并帮助改善软件质量的方法。CMMI是国际上流行和实用的一种软件能力成熟度衡量标准,得到国际软件产业界的认可,成为当今企业从事规模软件生产不可缺少的一项过程改进方法,分为5个等级,其中5级是最高等级,金钛软件通过的是4级认证,在全市近千家软件公司中拔得头筹。

（欧旭丹）

【云计算产业发展高峰论坛在镇江举办】 2011年6月9日,2011中国云计算产业发展高峰论坛暨云计算专业委员会成立大会在镇江明都饭店举办。国家工信部、中国工程院、北京大学、中国电子信息产业发展研究院、中国计算机行业协会、中国信息化产业推进联盟、国家信息化专家咨询委员会等单位负责人和有关专家学者,国际、国内知名IT企业负责人出席会议。与会专家学者和IT精英就云计算发展战略、建设标准、应用模式等方面进行广泛深入研讨。会议宣布成立云计算专业委员会,倡议并成立“中国云计算基地(中心)联盟”。中国工程院院士倪光南、中国电信江苏公司总经理高同庆、浪潮集团技术总监胡雷钧、用友集团高级副总裁杨祉雄、高效能服务器及海量存储国家重点实验室主任王恩东、北京市云计算重点实验室主任曾宇、赛迪顾问公司总裁李峻等专家学者作精彩演讲，副市长冯士超作《实施“云神工程”引领产业繁荣》专题报告。 （王爱华）

【镇江市智慧旅游产业谷招商在沪举办】 2011年5月31日，镇江市在上海举行智慧旅游产业谷招商活动，活动吸引IBM（中国）有限公司、中国惠普、甲骨文（中国）软件系统有限公司、携程旅行网等IT精英和重点旅游客商。以智慧旅游为主题的产业招商，在全国尚属首次。招商活动向全国发布镇江确定的智慧旅游的目标定位、产业规划、技术系统、后勤服务等信息。 （陶迪明）

【两物联网项目获400万国家资金扶持】 2011年，镇江市金钛软件有限公司的可编程物联网智能网关技术研发和江苏通华机电成套有限公司的物联网与智能磁保持微型断路器融合技术研究2个项目，获国家工信部下达2011年国家物联网发展专项资金项目400万元的资金支持。镇江市物联网产业具备一定基础，涉及物联网领域的企业40多家，产业涵盖信息感知、信息存储与处理、信息传输等三个层面，涉及船舶制造、通信设备、电子测量仪器、电子信息机电产品等多个领域，初步形成智能电网、智能农业、智能物流、智能传感器制造、智能船舶装备等特色产业。 （王爱华）

【云神科技股份有限公司成立】 2011年9月9日，云神科技股份有限公司正式成立，注册资本1亿元（首批到位2000万元），由镇江市政府出资55%、镇江新区管委会出资45%。云神公司的核心“云神云计算中心”是一个开放性服务平台，一期第一阶段投资1.5亿元，建设面积约2900平方米。承担镇江市政府信息资源整合和商业运营服务两方面的职能，力争5年内成为国内一流的商业数据中心，能独立为国际、国内各大中型企业提供综合数据服务与解决方案。公司将借助虚拟化等云计算相关技术打造中国智慧旅游云服务平台，为全国智慧旅游提供计算、存储、通信、信息安全等信息基础服务。 （王爱华）

【软件技术创新】 2011年，镇江物泰信息在物联网、云计算、数据中心三大技术领域拥有完整的核心技术、成熟领先的行业整体解决方案，技术处于国际最前沿；凌空网络是“无线传感自主网络技术规范”公共服务领域的国家标准唯一起草人，其感动芯技术的研发、生产、应用和标准制定在全国均处于领先地位；尚阳数字自主研发的超短投射率特殊广角镜头、图像处理系统和影片转换流程化应用软件，打破国际垄断；绿扬电子实现模拟示波器的最强阵容、数字存储示波器的最高水平、数字荧光示波器的最前沿开发；名通信息建设一个面向全国的行业电子商务平台，形成一套具有核心竞争力的网络营销及电子商务模式。 （王爱华）

信息产品制造

【概况】 2011年，全市电子信息产品制造业保持较快增长，规模以上电子信息产品制造企业数243个，实现销售收入355.7亿元，增长26.1%。全市电子信息产品门类基本齐全，涵盖通信设备工业、广播电视设备工业、电子计算机工业、家电制造工业、电子测量仪器工业、电子工业专用设备工业、电子元件工业、电子器件工业、电子信息机电产品工业、电子信息专用材料工业等十大类。 （王爱华）

【中煤电子产品通过国家安监局抽检】 2011年5月，镇江中煤电子有限公司23个产品顺利通过国家、省安全生产监督管理总局产品现场抽样检查。该公司是一家集科技研发、生产、销售为一体的省级高新技术企业，主要研发生产“煤矿安全监控系统”“瓦斯抽放系统”“煤矿井下人员定位系统”等产品。该公司3年投入951万元，开发各类新产品，在国内同行业中第一个成功开发磁抗干扰技术，2008年8月该项目被列入省级科技成果转化项目，并获得省政府700万元资助，实现成果转化项目24项。 （欧旭丹）

【高清激光彩打机拥有完整自主知识产权】 2011年12月28日，艾塔斯科技（镇江）有限公司开工典礼暨新品发布会在镇江科技新城研发大楼举行，国内首款拥有完整自主知识产权的高清激光彩色打印机同时亮相。在新品发布会上，公司推出两款产品，S2005N彩色打印机和SR2010N双色打印机。其中双色红头文件打印机是新品发布会上最大的亮点之一。新一代机型S2406N完成工程雏形机的开发，进入产品化阶段。艾塔斯科技（镇江）有限公司是专业从事彩色激光打印机、多功能一体机的研发、设计、制造与销售的高新技术企业，是除美、日、韩之外唯一拥有完整知识产权且完全自主开发的公司。 （欧旭丹）

通信服务业

【概况】 截至2011年年底，全市电信业务总量26.05亿元，比上年增长7.8%。年末拥有本地固定电话用户108.27万户，比上年减少4.93万户；拥有移动电话用户313.1万户，比上年增加51万户；百户家庭电话拥有量409.1部；固定宽带互联网用户数56.1万户，固定宽带互联网接入率为54.47%，移动互联网用户数为268.07万户，每万人国际互联网用户1033人。 （综　合）

【电信公司】 2011年，电信镇江分公司开展宽带提速行动，用户平均速率4兆以上，用户结构有效优化，初步建成覆盖完善的光纤宽带网络和第三代移动通信网络。助推电信江苏公司与镇江市政府共同签署《“十二五”信息化战略合作框架协议》，量身定制平安镇江、警务翼通、市民卡等众多信息化解决方案，提高行业信息化水平；启动智慧城市群建设，社区管理迈入智能化时代；协助建设国内领先的云计算基地、智慧旅游等，推动镇江信息化总体水平再上新台阶。镇江电信通过优化服务流程，提升服务响应速度，实施营业厅卖场化改造，拓展社会渠道销售服务网点，优化网上营业厅、掌上营业厅、短信营业厅等电子销售服务渠道，用户综合满意度不断提升，开发推广基于手机客户端的本地民生信息化应用，扩充服务内容，创新服务方式，方便百姓生活；把握农村信息化需求，开展“第三代移动通信下乡”活动。以高速宽带和智能机推动校园信息化。强化网络安全监测，协助政府进一步整治淫秽色情和低俗信息，净化网络环境。 （姚　彬）

【《“十二五”信息化战略合作框架协议》签署】 2011年9月15日，镇江市政府与电信江苏公司举行《“十二五”信息化战略合作框架协议》签约仪式。根据《协议》，“十二五”期间，双方将围绕镇江市加快转变经济发展方式、率先实现基本现代化战略目标，全面对接《镇江市国民经济和社会发展第十二个五年规划》和《镇江市“十二五”信息化规划》，构建普遍覆盖、便捷高效的信息网络体系，推进信息技术在各领域的广泛应用。

到2015年，镇江市城区普遍具备50兆带宽提供能力，乡村普遍具备12兆带宽提供能力；互联网宽带接入普及率达到80%，电信宽带用户平均带宽达到20兆。中国电信在镇江市的信息产值达到15亿元以上，带动信息消费90多亿元。（姚　彬）

【推进信息通信基础设施建设】　截至2011年底，电信镇江分公司承建的光缆网络覆盖率在城市中心小区、商务楼宇、行政村均达100%，第三代无线网络覆盖率城区99.89%、农村集镇99.18%，在全省率先实现全覆盖。FTTH（光纤到户）覆盖536个小区近40万用户，开通时长和障碍率均显著下降。通过建设信息网络基础设施建设共建共享平台完善光纤宽带和第三代无线网络建设中的共建共享机制，避免重复建设，降低建设成本。基站铁塔共享33座，通信管线共享112公里，共建铁塔5座，共建基站11个，共建通信管线52公里，共建小区通信配套设施31个，累计节省投资约1873万元。累计建成WIFI（无线宽带）热点超过500个，AP（无线接入点）总数近3000个，投资总额近8000万元。完成全市第三代无线网络信号的深度覆盖，实现全境高速移动状态下的宽带无线上网，第三代无线网络和WIFI无需拨号、自动漫游、统一收费等融合运营，在全省率先完成“城市光网”“宽带无线城市”的基础网络建设，为镇江“宽带、泛在、融合、安全”精品化的信息通信基础网络打好基础。（姚　彬）

【移动镇江分公司】　2011年，移动镇江分公司深入开展网络优化工作，全年累计开通第二代移动通信基站288个，时分双攻基站335个，新建室内分布系统97个，网络覆盖率99.7%，网络质量持续保持优秀。全年未因网络调整引发一起规模性网络故障投诉。

该公司不断拓展业务范围，向用户提供主要包括：手机导航、手机冲浪、交通秘书、音乐随身听等新业务，并为政府、交通、旅游、医疗、商贸等各行业提供一揽子信息化解决方案。公司与镇江江天集团合作推广“手机汽车票”项目，实现汽车票手机订购、汽车班时班次查询、票量数据查询等功能模块，进一步实现交通信息化、智能化。4月2日，镇江市互联网协会第一届理事会举行第二次会议，该公司总经理杨斌被推举为理事长。8月31日，公司开发的“社区全科医生工作站”亮相江苏省全民健康生活方式日宣传活动现场，省卫生厅副厅长陈华评价该工作站“改变传统社区医生的工作模式，是社区医生的诊疗好助手”。公司与镇江市委组织部合作推广电子党务系统集成项目。项目涵盖党建工作的各项内容，包含党员信息平台、党员服务平台等一系列围绕党组织生活的信息化应用。项目覆盖全市20万党员。11月28日下午，中共中央政治局委员、中共中央书记处书记、中央宣传部部长刘云山到该公司视察镇江市互联网协会及镇江市互联网管理工作，听取镇江市互联网管理工作汇报，并与部分镇江本地网络版主代表进行交流。公司与镇江市政府签署共建无线城市战略合作协议。双方承诺将不断巩固战略合作关系，努力优化无线城市建设与发展环境，共创互利双赢、共同繁荣的良好局面。“十二五”期间，公司将在镇江投入建设资金超过19亿元，采购镇江市企业设备、产品和软件超过2亿元，为镇江市信息产业创造2000个就业岗位。12月9～10日，全国网络文化建设和管理现场会在镇江召开，公司协办此次会议，受到中央及省市领导好评。

图18－1　2011年12月9日，参加全国加强互联网属地管理镇江现场经验交流会的代表们参观网上居委会（季　翔）

2011年，移动镇江分公司和句容、扬中分公司获得省文明行业称号，新增市级青年文明号11个，113人次受市级以上表彰。在市“民主评议行风”活动中移动镇江分公司再次获得通信行业第一名。（张婷婷）

【镇江智慧旅游】　2011年5月起，移动镇江分公司与市经信委、市旅游局紧密合作，全面开展智慧旅游项目建设，具体含智慧旅游资讯触摸屏、客源分析系统、智慧旅游门户网站等多个重要项目，在2011长江草莓音乐节期间进行展示和应用。

智慧旅游资讯触摸屏集合镇江景点、旅游线路、旅游资讯、介绍，可为旅游者提供食、住、行、游、购、娱全方位信息查询和优惠券下载。截至12月底，在全市景区、星级酒店、交通站点等40多个单位布放60台。客源统计分析系统可对于进入景区、热点区域的游客进行实时统计，得到较为准确的景区游客人数、来源地、停留时段等数据。（张婷婷）

【联通镇江市分公司】　2011年，该公司第三代移动通信业务发展迅猛，宽带业务快速增长，第二代移动通信和固话业务稳定发展，业务收入比上年增长9%。

2011年，该公司完成春节、“两会”、五一、汛期及国庆节等重要时段通信保障工作，开展新建W网入网测试优化、精品网络优化行动（包含镇江全区核心城区优化、过境高速公路、国道持续优化、校园集中网络优化工作等），重点完成京沪高铁、沪宁城际铁路优化工作，G网移动网络主要性能指标明显提升，随机接入成功率提升至99.78%，掉话指标下降至0.40%，切换成功率提升至99.02%。以第三代移动通信精品网络和宽带调整网络为重点，构建领先的信息通信基础设施，截至2011年底，光缆线路总长7034千米，主干电缆86500对千米，互联网端口总数36.24万个。

7月，公司与江苏大学工商管理学院共建共青团中央青年就业创业见习基地，为大学生提供实习基地。

在2011年镇江市公共服务行业民主评议活动中，公司取得全市通信行业排名第二，获2007～2009年度江苏省精神文

明建设工作先进单位称号。 （成 玺）

广电网络

【概况】 2011 年，镇江有线数字电视播出公益性开机画面 78 天；做好市人大、市政协“两会”及市委、市政府举办的“红歌会”等重大活动电视现场直播；江苏有线镇江分公司继续对城市的特困人群实行公益性服务。基础业务、增值业务、拓展业务大步发展，互动电视、有线宽带、数据专线和高清互动业务纷纷抢滩前沿市场。中标公安道路监控专线项目和消防支队项目，延伸发展新区社区监控、智能专线项目。2011 年，镇江数字电视互动率 26.7%，列全省第 2 名。公司与优山美地、海德公园和天正置业小区签订合作建设高清互动和互动电视小区的协议，3D 电视频道开通。2011 年初，镇江市数字电视引入《苏教版中小学教育频道》，从小学一年级到高中三年级同步课程教育，形式寓教于乐，名师解析难题。自 7 月初开始，历经 3 个月，江苏有线镇江分公司完成机房搬迁。

公司出台《工单处理过渡办法》《服务信息传递处理程序》及《客户投诉处理与督办管理办法》等 3 个文件。通过对公司业务全流程的疏理，制定近 60 个多类别多层次数字电视服务环节的要求标准和执行措施。将服务质量指标纳入考核，实施用户满意度调查。监督数字电视的日常服务环节，找出薄弱点和不足，提升服务水平。公司组织党员干部走进市民广场、街道社区，先后在镇江沃得广场等 10 个广场及小区，为市民介绍数字电视使用知识。在 2011 年省广电网络光缆维护技能比武中，公司在 13 支参赛队伍中取得综合第三名。

（冯 涛）

图 18－2 江苏有线镇江综合楼异地拆迁项目签字仪式 （广 电）

【中标公安 320 道路监控项目】 2011 年，江苏有线镇江分公司中标公安 320 道路监控项目，该项目是公司自成立以来的第一个大数据专线项目，总共 165 条专线，涵盖整个镇江市区和大港新区。该项目采用一次性签合同，分批实施的办法，开通 40 多条专线。江苏有线镇江分公司施工质量好，市公安局先追加 40 多条专线，后再次追加 123 个项目共 127 个点给江苏有线镇江分公司。

（冯 涛）

【江苏有线镇江综合楼异地安置】 2011 年 6 月 10 日，江苏有线与镇江市国资委、镇江市国有资产投资经营公司三方达成江苏有线镇江综合楼异地迁建的合作意向，在南徐新城按照等值安置、异地回迁的原则新建江苏有线镇江综合楼，计划于 2013 年 6 月竣工。（冯 涛）

【推进科技创新】 2011 年，由江苏有线基于云计算技术研发的电视“云媒体服务”开始试运行，2012 年在镇江全面推广。镇江的数字电视用户只需在家中按一按电视遥控器，就可实现上网、朗读报刊、在线购物送货到家、城乡居民健康档案、社区卫生信息化项目在内的惠民高科技全媒体电视服务。 （冯 涛）

【“交换式数字电视”项目获省一等奖】 2011 年，江苏有线镇江分公司研发的“交换式数字电视”项目获省公司科技创新项目一等奖，并获得省文化产业引导资金 200 万元。该项目是通过有线电视双向交互网络和互动机顶盒设备，实现用户点播哪个频道，前端机房就传送这套节目给用户收看，而没有用户点播的频道就不能进行传送的功能。可以用有限的物理频道提供更多的节目给用户。随着发展，该设备可传送几十套高清、几百套标清节目，满足人民群众多样化的文化需求。 （冯 涛）

【3D 电视频道进入镇江普通家庭】 2011 年 12 月 28 日，3D 电视频道进入镇江普通家庭。3D 电视试验频道由央视牵头，联合多家电视台开办，初期每天首播节目量 4.5 小时，每天播出 13.5 个小时的节目，内容包括体育、动漫、专题、综艺类节目以及大型的实况转播。（冯 涛）

综 述

【概况】 2011年,镇江市住房和城乡建设工作积极应对国家宏观调控,城乡建设加快推进。市区完成城建项目50项,完成投资450亿元,完成拆迁320万平方米。南徐新城展现新形象。行政中心、高铁站场投入使用;市民公园、文化公园对外开放;档案馆、科技馆建成交付;体育会展中心、职工文体中心、第二人民医院、商务A区主体竣工;商务B区启动建设;五州山路、檀山东路(南段)等高铁站场周边道路全面建成,新城路网框架基本形成;行政办公区、文化体育会展中心区、居民住宅区三大区域基本建成。

基础设施建设取得新突破。控源截污工程取得阶段性成果,基本实现建成区内污水主管网全覆盖的目标,标志着市区基础设施水平有突破性提升;道路建设全面推进,禹山路、运河路、京岘山南路以及金山水城路网等12项、总长17公里道路竣工;完成南水桥改造;铺设各类城市燃气管网200公里,新建和移位调压站3座,建成并投入使用加气站1座;水源地保护初见成效;金山水厂改扩建工程竣工,保证夏季高峰供水;社会建设工程不断完善,市区建成4个菜市场和18个公交首末站场,新增停车泊位1万个。

人居环境建设取得新成效。改造街巷道路50条、2万平方米,整治积水区26处,改造老小区27万平方米,改造、修缮直管公房2万平方米,改造空斗墙房屋1万平方米;镇江市获国家节水型城市称号,江苏省人居环境奖创建工作通过省级调研,西津渡景区晋升为国家AAAA级景区。

城乡统筹走上新起点。城市公共服务设施加快向村镇延伸覆盖,谏壁地区实现区域供水,区域供水普及率98.67%;建成太湖流域乡镇污水处理厂19个;全市16个村分别获省级"康居示范村""村庄环境整治示范村"称号;"三新"(新市镇、新社区、新园区)建设完成投资200亿元,农民集中居住点开竣工面积超560万平方米;村庄环境整治工作全面启动,对首批87个村庄进行环境整治,为全面推进村庄环境整治起到示范作用。

2011年,全市新建各类保障性住房100.6万平方米、18113套(间),建设总量超前3年全市保障性住房之和,提前超额完成省、市政府下达的目标任务。其中,开工建设公共租赁住房51.2万平方米、11573套(间);新增经济适用住房和限价商品房各3020套;筹建廉租住房2.3万平方米、500套;完成棚户区(危旧房)改造项目20个、总面积52万平方米。完成新一轮提标扩面工作,使市区306名原属于"夹心层"的对象受益,市区基本实现"应保尽保"。市区拆迁安置房建设进度加快,全年开工建设191万平方米、18770套,竣工交付150万平方米、15500套,近2万户群众迁入新居。

行业监管水平不断攀升。以质量、安全、规范、诚信为重点,强化机制创新、制度落实,进一步提升行业监管的能力和水平。房地产市场监管调控成效显现。严格落实国务院、江苏省关于房地产市场调控的各项措施,切实加强对商品房销售行为的监管和市场预测预警,投资投机性需求得到遏制。市区完成房地产开发投资83.08亿元,比上年上升57.9%;住宅新开工面积134.8万平方米,下降46.4%。新建商品住房均价下降16.6%,达到预期控制目标。严把综合配套验收关,确保群众拿到合格的商品房。建筑市场秩序进一步规范。全市建筑业完成总产值402亿元,增长18.6%。建立建筑业企业诚信体系数据

表19-1 **2011年镇江市拆迁完成情况一览表** 单位:万平方米

区 域	实施面积	完成面积	完成率(%)
市区			
京口区	48	35.9	74.8
润州区	95	75.9	79.9
丹徒区	18.2	17.6	96.7
镇江新区	197.4	179.2	90.8
南山风景区	15.4	11.4	74.0
小计	374	320	85.6
辖市			
丹阳市	194.4	80.7	41.5
句容市	86.4	44.6	51.6
扬中市	28.2	14.8	52.5
小计	309.0	140.1	45.3
总 计	683.0	460.1	67.4

(薛伟忠)

库,以现代化手段实施市场监管。从施工源头抓管理,施工图设计审查和抗震设防工作走在全省前列。市区工程发包率、招标率、应公开招标率连续8年保持100%。白蚁防治工作步入标准化、数字化阶段。强化民生工程和政府重点工程的安全质量监管。13项工程获省优质工程"扬子杯"奖,53项工程获市优质工程"金山杯"奖。物业管理实现全覆盖。全力推进物业管理重心下移工作,创新管理模式,建立健全六项机制,分类实施物业管理,市、区、街道三级物业管理服务网络全部建成。市区599个、3055万平方米各类住宅小区全部实现基础性物业管理服务标准,市区住宅小区物业管理实现全覆盖的目标。房屋征收工作稳步推进。镇江市落实《国有土地上房屋征收与补偿条例》,出台《镇江市国有土地上房屋征收与补偿办法》,研究制定相关实施细则及配套文件,镇江市人民政府房屋征收办公室挂牌运作。按照征收的模式,实施房屋征收0.39万平方米。继续强化拆迁社会稳定风险评估工作,从源头上预防和减少不稳定因素。

改革创新不断深入。市城投集团公司巩固直接间接融资,到位44.2亿元;重点加大土地运作,回笼资金30.8亿元;加强房地产市场销售,回笼资金1.9亿元;此外,通过代建项目、借款及补贴周转资金12.2亿元,期初资金14.1亿元,全年共运作资金103.2亿元,融资净余额维持年初水平,略有增长,基本维持资金的安全运作,保障全年城乡建设的正常运行。全年科技总投入650万元,21个项目被确立为省、市级科研项目,10个项目通过市级以上鉴定验收,1项获市科技进步二等奖,争取各级经费补贴1925万元。大力推进低能耗绿色建筑,镇江(大港)新区商贸区成功申报省级绿色建筑示范区。全市84万平方米新建公共建筑按65%节能标准设计,新建成品住宅29.5万平方米。推动全市建筑能耗监测中心建设,实施机关办公建筑和大型公建用能管理。完成5.3万平方米既有机关办公建筑和大型公共建筑节能改造。 (贾泽栋)

【房屋征收工作稳步推进】 2011年,根据国务院《国有土地上房屋征收与补偿条例》,镇江市制定出台《关于贯彻落实〈国有土地上房屋征收与补偿条例〉的通知》《镇江市国有土地上房屋征收与补偿办法》及《镇江市市区房屋征收补偿最低标准》等相关配套文件。镇江市拆迁管理办公室增挂"镇江市人民政府房屋征收办公室"牌子,作为市人民政府房屋征收部门,负责本行政区域国有土地上房屋征收和补偿工作,并按照征收的模式,启动实施广电中心消防通道和铁路三线西货场三号地块项目。强化房屋征收社会稳定风险评估工作,落实矛盾纠纷排查化解机制,全年未发生重大群体性事件和恶性事故,总体保持平稳可控的良好态势。 (薛伟忠)

【创建成为国家节水型城市】 2007年,市委、市政府提出创建国家节水型城市的战略目标,坚持把创建作为改善城市水环境、优化城市形象、促进经济发展、完善城市功能、改善人居环境的重要举措。先后出台供水、排水、污水处理、节水等政策性文件,加大供排水基础设施建设力度,加强用水价格调控,集中开展节水器具改造、污水再生回用、雨水收集利用,创建节水型企业(单位)、小区等措施,城市用水效率明显提升、城市节水效果显著、城市水环境面貌有较大的改观。2010年12月22日,镇江市通过国家发改委和住建部组成的专家组考核,2011年5月26日被国家发改委和住建部授予第五批国家节水型城市称号。 (张 宁)

【空斗墙改造及直管公房改造】 空斗墙房屋是指以空斗墙体为主要承重结构的房屋,大多建造于20世纪70年代。2011年,市住建局结合旧城拆迁改造及公共基础设施配套建设,完成1.05万平方米空斗墙楼房拆迁安置工作,涉及空斗墙楼房住户300户。镇江市区现存直管公房7763户,建筑面积29.02万平方米,危旧房(危房和严重损坏房)11.37万平方米,占总面积的39.18%。市住建局全年投入资金600万元,完成直管公房、危旧房改造工程共计107处1.8万平方米,消除518户1295人的住房安全隐患。 (鲍习文)

【自来水】 2011年,市自来水公司完成售水量10030.04万立方米,比上年增长9.33%。水质全部达到国家新的卫生标准。水费回收率99.3%,建安工程量2.6亿元;管损率16.72%,管网水水质、水压综合合格率均为100%。金山水厂扩建工程2011年8月初完成手动供水系统的联动调试。

对金西水厂部分设备进行更新改造,完成金西水厂远程加氯自控、软件升级、污泵自控改造等项目,完成金西水厂两根管道移位和金西水厂一泵房6千伏双回路供电线杆的整改工作。结合城市道路建设共对42条管道进行新建或改建,投资5626.29万元铺设管道总长84.43公里。市自来水公司投资5245万元,铺设区域供水管道长度约110.37公里。辛丰镇10个行政村约1万居民用户和谷阳镇4个行政村约3000户改造结束;高资镇(除水台村、石马村及部分自然村)改造进行扫尾工作;10月10日,谏壁地区并网供水,3万余人受益;韦岗和丹徒长山片区的发展工作在进行中。到2011年12月,供水主管网覆盖到京口区、润州区、镇江新区和丹徒区(不含世业、高桥)各个乡镇及句容市下蜀镇,供水总面积达到450平方公里,约150745户居民受益,区域供水普及率达到98.66%。

积极做好水源地保护扫尾工作,完成内引河扩容工程的竣工验收和工程决算送审,完善取水口下游一级保护区的绿化工程和围栏施工,配合完成上游沙库码头的搬迁,水源地保护工程基本完成。

2011年,市自来水公司获全国文明单位称号,获江苏省劳动保障诚信示范企业等荣誉称号。公司被列为江苏省高技能人才培训示范基地;公司客服中心被评为"五一巾帼标兵岗"。 (蒋克俭)

【天然气】 2011年,镇江华润燃气有限公司投入资金8000余万元,组织实施600多项燃气工程项目建设,重点实施338省道燃气高压管道迁移改造,焦山路、青龙山路、扬子江路、南纬七路、经十五路等道路工程燃气管网配套100多项,万顷良田安置区、金山水城等小区配套、零星配套250多项,江南化工、超越化学、明都大酒店、万达广场、九润国际

表19-2 **2011年镇江市城乡居民用电情况统计表**

	城乡居民生活用电			城市居民客户数		农村居民客户数	
	用电量(亿千瓦时)	增长率(%)	占比(%)	数量(万个)	占比(%)	数量(万个)	占比(%)
全 市	16.77	0.74	100	47.26	100	69.19	100
市 区	7.42	-1.18	44.22	29.54	62.51	17.5	25.29
丹 阳	4.96	2.79	29.58	9.28	19.64	25.46	36.8
句 容	2.61	3.76	15.6	5.7	12.06	17.61	25.45
扬 中	1.78	-1.02	10.6	2.74	5.79	8.62	12.46

(佟鹏飞)

等工商业团伙客户配套安装200多项，累计敷设高、中、低压管道200多公里。组织实施辛丰高中压站、句容高中压站、五里村中中压站移位等场站建设项目，建成加气站1座。推进句容市燃气管网建设和小区配套，组织实施华阳西路、宁杭路、紫熙路等道路管网工程，并实施国际花园、教师公寓、黄梅新村等27个小区配套项目。全年发展民用户32118户、商业用户205户、工业用户18户，全市有各类燃气客户19万余户；销售天然气2亿多立方米，24小时维修及时率100%，民用户灶前压力合格率100%，全年未发生重大安全责任事故，保证广大燃气客户安全、正常用气。（姜佩娟）

城市建设重点工程

【概况】 2011年，镇江市区计划实施城建项目128项，总投资986.02亿元，年度投资556.82亿元，年中经调整，当年完成67项，年度投资550.02亿元，涉及城乡基础设施、产业配套基础设施、民生建设、生态建设、功能建设等5个方面。到2011年底，完成50项，完成率75%；完成投入450亿元，占年度计划投资的81.8%，完成拆迁320万平方米。在国家宏观经济形势趋紧的情况下，项目完成比例位居全省前列。（张 涛）

【镇江市体育会展中心完成主体施工】 该中心地处南徐新城中部蛋山地块，总用地面积50.66公顷，总建筑面积177350.44平方米，总投资16.57亿。工程于2009年6月28日开工，2011年完成综合训练馆、体育会展馆、体育场各子项目钢结构和钢筋混凝土结构主体施工。其中，综合训练馆基本完成钢结构顶盖和局部幕墙施工，通风空调、内装饰工程进场施工；体育会展馆完成钢结构和钢结构预应力工程施工，幕墙工程基本完成钢骨架施工。（鄂丽琴）

【京沪高铁镇江南站站场及周边路网】 京沪高铁镇江站场位于南徐新城区，具体位置为312国道以北，五州山路以南，檀山东路以东，站前路以西，项目总占地约45.3公顷。其中集散广场28500平方米、休闲广场8500平方米、公交停车场22000平方米、社会停车场44000平方米、综合服务用房约12000平方米，区域内配套道路为五州山路（东段、西段）、站前路、檀山东路等，工程总投资约3.5亿元（不含征地拆迁）。项目由市城市干道工程建设办公室代建，2010年10月1日进场施工，2011年6月30日竣工并投入使用。（鄂丽琴）

【文化公园】 位于南徐新城行政中心南侧，占地约6.8公顷，分为园区土建工程、公园路工程以及绿化景观工程，由市城市干道工程建设办公室代建，工程总投资15518万元，其中建安工程投资约3600万元，2010年8月开工建设，2011年9月底建成开放。（鄂丽琴）

【市档案馆】 位于南徐新城规划展示馆东南侧，占地约0.8公顷，总建筑面积10808平方米，总投资约7505.5万元，由市城市干道工程建设办公室代建，2010年10月开工建设，2011年4月主体结束，7月底工程完工，9月底完成工程的所有设备安装调试，具备使用条件。（鄂丽琴）

【金山水厂扩建工程】 该项目是世界银行贷款江苏省供水和环境综合治理项目的子项目，设计供水规模20万立方米/日，项目概算总投资30477万元，2008年底立项，2009年完成图纸设计和征地拆迁并开始工程建设。2011年6月开始试生产调试，2011年8月实现手动供水，至2011年底供水约862万立方米，主体工程基本完成，共完成投资约2.4亿元。（张 宁）

【南水桥改造工程】 南水桥位于梦溪路与运河路交叉口，横跨古运河。改造工程主要是拆除20世纪70年代所建的双曲拱桥，新建桥梁长55米，宽16米，路幅分配为：两侧各0.5米绿化、15米车行道，两侧慢车道由5米拓宽为6米，同时安装6盏路灯，在桥南侧的三岔路口新设置红绿灯。该项目由镇江市规划设计研究院设计，建设单位是镇江市街景改造整治出新工程办公室，监理单位为镇江建科工程监理有限公司，施工单位为中交二航局第三工程有限公司。工程自2011年4月21日开工，7月底结束，历时100天。（黄东生）

城乡规划

【概况】 2011年是镇江"加快转型升级、推进跨越发展"的关键之年，市规划局围绕"山水花园城市"建设目标，统筹推进城乡建设各项事业快速发展，为镇江在转型发展中走出一条富有特色的新城市化之路作出贡献。

加大编制力度，提升规划水平。紧扣全市重大项目和目标任务，重点完成《镇江城乡统筹规划研究》《镇江市绿线规划》《"十二五"中心城区建设用地控制性详细规划》《征润洲保护利用及控制性详细规划》《镇江市城市空间特色规划》《中心城区社区布局规划》《中心城区菜场布局规划》《山水花园城市特色风貌区城市设计导则》《高速公路两侧户外广告整治规划》《中心城区1∶1000路网优化设计》《官塘新城道路网总体规划》《官塘新城绿色交通系统规划》。按照"高度重视、综合协调、提前谋划、提升水平"的指导思想，共完成各类设计项目近900项，其中规划设计项目500余项，市政设计项目280余项，建筑设计项目120余项。

创新网络管理模式，在全市政府部门率先组建网络办，畅通渠道，提高网上咨询的答复工作水平，做到回复率100%，满意率98%以上，信访接待量较2009年下降70%左右，受到中央、省、市领导的肯定。依法推行信息公开，组织恒顺翠谷、南山华庭、黄山雅居等项目的协调会、座谈会和听证会。

建立民生工程和重大基础设施项目建设规划行政审批"绿色通道"，实行全过程、点对点并联审批制，有效缩短审批时间。全年规划完成审批安置房146万平方米、1.3万多户；对城区9个新建菜市场的建设，从规划选址、方案评审、规划许可到跟踪管理，实现全程规划服务；规划报建社区用房、邻里中心约1万平方米、物业用房11处约7000平方米、公厕15个约600平方米。

全年审查各类综合管线项目51个，办理市政管线建设工程项目12个，审查规划方案140项，核发选址意见书48份，建设用地规划许可证141份，建设工程规划许可证902份，建筑面积约439.26万平方米，规划核实504份，建筑面积约374.91万平方米，完成放、验线477项，竣工测绘364项，对全市153个建设项目实施全程跟踪管理，有效保障规划建设方案的准确实施。

科学编制和完善新农村建设规划。市政府出台《镇江市村民个人住房建设规划管理办法（暂行）》《镇江市村镇规划管理规定》。编制完成句容茅山镇总体规划修改、扬中新坝镇修建性详细规划、丹徒宝堰赵甲村等7个村庄建设与环境整治试点村规划，完成87个村庄环境整治规划的测绘、建档、编制等工作，以点带面，共同推进城乡一体化建设工作。

完成韦岗片区80平方公里、镇江新区100平方公里1∶1000地形图，主城区200平方公里地形图及时更新；完成镇江主城区 120 平方公里、镇江新区 150 平方公里范围三维虚拟建模。对 1:500、1:1000 数据进行整理，及时提交数据库数据，保证规划管理系统数据的现势性。完成各类勘察项目 95 项，共编写桩基施工等勘察说明 91 份、施工图审查回复意见 77 份、投标报价书 35 份。接收、审核建设工程竣工档案 791 项工程、招投标档案 198 个项目、规划管理类档案 400 个项目，推广应用“镇江市村镇建设档案管理信息系统”。对建设项目选址、用地、规划设计条件等相关工作统一管理，建立用地数据库和相关台账。

2011 年，全局投入科技资金超过 340 万元。1 个项目获国家测绘科技进步三等奖、1 个项目获江苏省测绘科技进步二等奖、1 个项目获市级科技进步奖，20 多个规划、勘测项目获省、市一、二、三等设计奖。还有 20 多篇论文在国家级、省级刊物上发表。汇编形成《为城市和市民规划》《我心中 2012 年的镇江规划》两本论文集。（刘　俊）

【援疆规划设计成果获奖】 2011 年，市规划局承担对口援建新疆生产建设兵团农四师的规划和设计工作。援疆项目组四次赴疆，开展调研、现场踏勘工作，完成农四师所要求的 6 个团场保障性住房设计并全部开工建设。6 月，新疆生产建设兵团开展全兵团保障性住房居住区规划设计评选活动，市规划设计研究院承担的 6 个保障房设计项目有 1 个团场项目获一等奖，3 个团场项目获二等奖，获奖数量名列前茅。按照建设兵团的要求，对新疆生产建设兵团拟设置的“可克达拉市城市发展战略规划”进行编制研究，该研究成果经过多次讨论，6 月中旬提交规划成果。（马　强）

【《城市规划方案三维辅助决策系统》】 2011 年，市勘测院完成的《城市规划方案三维辅助决策系统》是实施规划管理的智能化软件，可以方便动态监测和辅助城市规划与城市管理工作，通过模拟真实的地形地貌和建筑场景，可以将平面设计方案以三维立体模型的方式从任意角度、任意位置来审视方案效果，并通过方案场景的替换、模型位置的移动、建筑物高度的变化、日照分析、信息查询、规划指标计算、环境适应性分析等手段功能，呈现详细的规划方案及相关联的属性信息和规划指标信息，为决策者提供直观、可靠的辅助决策依据。该项目于 2011 年 8 月获省测绘科技进步二等奖，9 月获国家测绘优秀工程三等奖。截至 9 月，建成覆盖镇江市核心区约 300 平方公里区域的虚拟城市三维景观。（于正中）

【网络发言人工作】 2011 年 12 月 9～10 日，全国网络文化建设和管理现场经验交流会在镇江召开。来自全国网络文化建设和管理部门的代表实地参观考察市规划局网络发言人工作。规划局网络发言人工作突出架设“两座桥”：即政府与市民的连心桥，规划与网民的沟通桥。将“镇江论坛”“书记信箱”“市长信箱”“监督投诉”“建言献策”“在线访谈”以及“12345”政府服务热线、信访等打造“八合一”综合服务平台。2009 年市规划局实施网络发言人制度以来，信访接待量下降 70%。现场会之前，中央领导人刘云山、王晨，省委书记罗志军等视察规划局网络发言人工作并给予高度评价。（刘　俊）

村镇建设

【概况】 2011 年，全市村镇建设工作围绕市委、市政府提出的“三农”（农村、农民、农业）工作转型升级的要求，统筹城乡建设，以省、市级村庄环境整治试点和省、市级康居示范村创建为切入口，推进“三新”（新市镇、新社区、新园区）建设和村镇建设，积极稳妥引导农民集中居住点建设；以有效治理村庄生活污水为目标，加大农村生活污水和太湖流域污水的治理力度。全市共完成 9 个省级村庄环境整治试点、8 个市级村庄环境整治试点，创建 3 个省级康居示范村、6 个市级康居示范村，完成 7 个村的村庄生活污水治理和 6 个村的太湖流域污水治理。“三新”建设成效明显，新开工建设农民集中居住点 57 个，投资近 80 亿元，开工面积 490.18 万平方米，竣工面积 452.24 万平方米，农民房屋拆迁面积 527.13 万平方米。（岳伟民）

【康居示范村创建】 2011 年，丹阳市后巷镇飞达村、扬中市三茅街道滨江村、丹徒区高桥镇四方桥村通过省级康居示范村的考核验收，丹阳市埤城镇常麓村、丹阳市新桥镇江滨村、扬中市西来桥镇西来村、扬中市八桥镇万福村、丹徒区世业镇东大坝村、丹徒区兴隆村通过市康居示范村的考核验收。（岳伟民）

【村庄环境整治】 镇江市村庄环境整治工作自 2011 年 10 月底启动，11 月 1 日召开全市村庄环境整治工作动员大会，明确镇江市村庄环境整治工作 3 年全部整治完毕，其中：京口区、润州区 2012 年底完成整治任务，丹阳市、扬中市、镇江新区 2013 年完成，句容市、丹徒区 2014 年完成。全市首批 87 个村庄 2012 年春节前完成环境整治任务，有 64 个村庄基本达到整治标准。（岳伟民）

房地产开发

【概况】 2011 年，镇江市房地产业不断促进产业结构更新换代，力求在现代服务业产业体系里更好地为生产服务、为生活服务。

商品房开发基本保持平稳。截至 2011 年 12 月，市区共有房地产开发企业 243 家，其中一级资质企业 2 家、二级资质企业 134 家、三级资质企业 107 家。2011 年，镇江市区房地产开发完成投资 830800 万元，房屋施工面积 10085823 平方米，其中住宅 7106538 平方米；新开发面积 2407272 平方米，其中住宅 1347835 平方米；房屋竣工面积 2418456 平方米，其中住宅 1681024 平方米。市区全年商

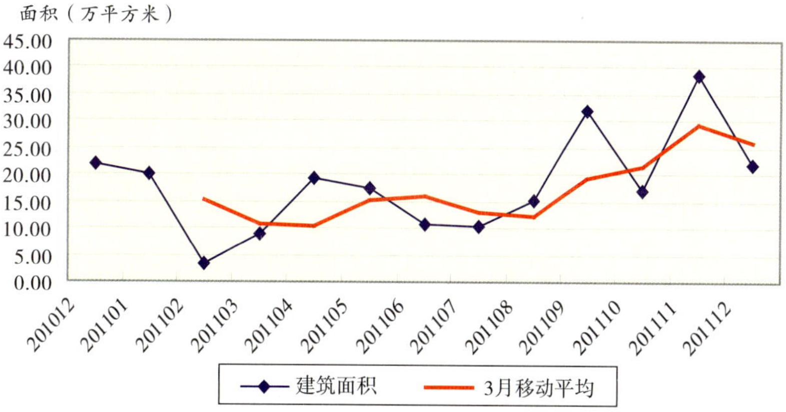

图19-1　2010年12月~2011年12月镇江市区商品住宅月度新增供应情况走势

（成　琳）

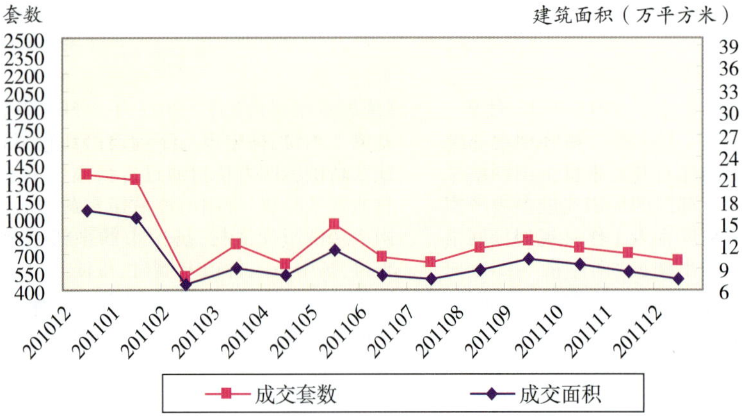

图19-2　2010年12月~2011年12月镇江市区新建商品住房月度成交走势

（成　琳）

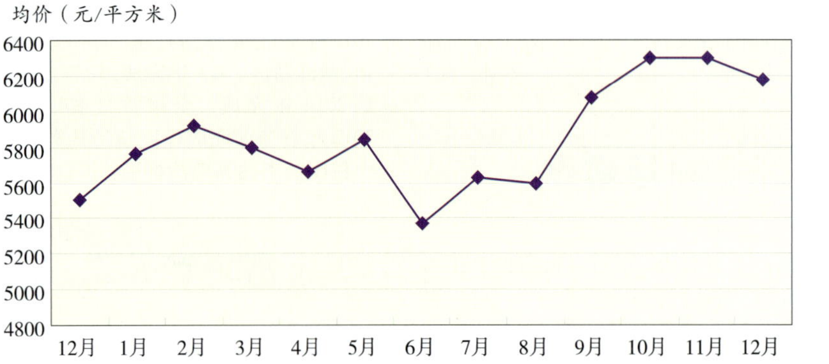

图19-3 2010年12月～2011年12月镇江市区商品住房（不含别墅）月度算术均价走势

（成　琳）

品房累计批准预售面积 275.85 万平方米，较上年增长 24.22%；商品房累计合同销售 142.51 万平方米，下降 25.31%；商品房平均成交价 5326 元/平方米，下降 6.69%，其中商品住房的平均成交价格为 4234 元/平方米，下降 16.5%。

保障性住房超额完成任务。结合省下达的年度保障性安居工程建设目标，科学确定保障性安居工程建设任务，统筹安排资金规模，优先确保土地供应，做到早谋划、早启动、早推进、早落实，完成率 103.7%。

物业管理实现全覆盖。根据市政府《关于市区住宅小区物业管理全覆盖实施意见》，积极探索市区物业管理的新思路、新方法，加强组织协调，强化督查指导，圆满完成物业管理全覆盖目标。

（贾泽栋　成　琳）

【保障性住房建设超额完成任务】 2011 年，江苏省政府下达镇江市各类保障性住房建设的目标任务是 17500 套（间），其中：公共租赁房 11000 套（间）、廉租房 500 套、经济适用房 3000 套、限价商品房 3000 套，危旧房改造 40 万平方米。全市全年累计开工建设各类保障性住房 18113 套（间），完成率 103.7%。分别为：公共租赁住房新开工 11573 套（间），完成率 105.21%；廉租住房新开工 500 套，完成率 100%；经济适用住房新开工 3020 套，完成率 100.67%；限价商品住房新开工 3020 套，完成率 100.67%；危旧房改造完成 3254 户、47.17 万平方米，完成率 117.93%。

（陈频智）

【住房保障应保尽保】 镇江市相继建立廉租住房、公共租赁住房、经济适用住房管理办法以及保障性住房资金管理办法，构建镇江市完整的住房保障体系。2011 年 9 月，镇江市进一步提高住房保障覆盖面，出台提高市区住房保障标准的文件，将低收入标准家庭人均月可支配收入调整为 1000 元（含）以下，最低收入和低收入住房困难家庭租赁补贴标准分别提高到每人每月每平方米 12 元和 10 元，家庭人均保障面积为 18 平方米。廉租住房保障做到应保尽保，随时申请，动态退出。截至 2011 年 12 月底，全市租赁补贴 2188 户，其中低保 1029 户、低收入 1159 户；全市廉租住房累计配租 1014 户，退出 12 户，实际配租 1002 户，其中，市区实际配租 687 户；公共租赁租房配租 5483 人；经济适用住房主要解决拆迁中的住房困难户，解决 4621 户。

（陈频智）

【物业管理全覆盖】 2011 年，市区落实物业管理的住宅小区 599 个、3055 万平方米，覆盖率 100%。其中：新建小区 193 个、1455 万平方米，覆盖率 100%；保障房小区 34 个、333 万平方米，覆盖率 100%；老旧小区 113 个、360 万平方米，及未封闭的分散片区 259 个、907 万平方米，覆盖率 100%。为实现市区物业管理全覆盖，2011 年市级财政投入资金共 440 万，京口、润州区分别投入 135 万资金，丹徒区财政补贴工作经费 80 万元，奖励经费 20 万元，镇江新区 5 年内对街道老小区物业管理所有投入给予 40% 的补贴，即给予老小区每月每平方米 0.15 元的补贴。市区建立“以块为主，属地管理”“责、权、利”相统一的区级管理网络，在推进物业管理全覆盖过程中发挥有效作用。市住建局将物业管理的企业资质审批、招投标、维修基金使用审核、行政执法权等相关职能下放到区，各辖区建立区、街道、社区三级物业服务中心网络，即：辖区物业管理中心（2 个），街道园区物业服务中心（18 个），社区物业服务站（106 个），构建起高效的物业管理平台。

（蒋　宁）

【房地产开发优秀企业评选】 2011 年，镇江城投集团公司、丹阳市天怡集团等开发企业被江苏省住建厅和省房地产协会评为省 50 强企业，江苏申华置业获由

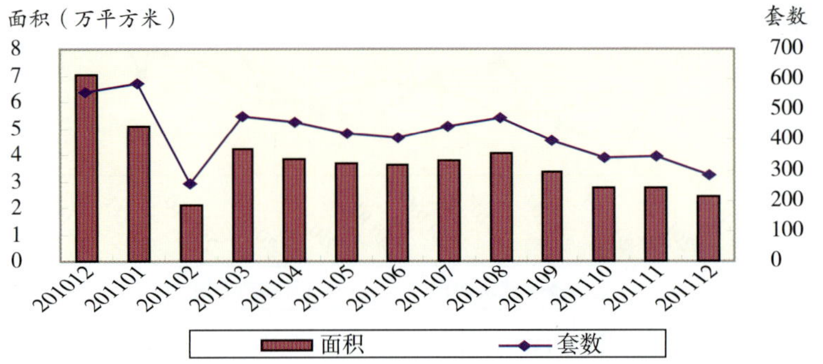

图19-4　2010年12月~2011年12月镇江市区二手住房成交走势　（成　琳）

中国房地产协会、住建部住宅产业化促进中心联合颁发的2010年度广厦奖，镇江市科苑华庭项目被授予江苏省住宅建设示范基地称号，镇江城投集团被中国房地产协会评为中国房地产诚信企业。

（李留芳）

建筑业

【概况】 截至2011年底，镇江市共有建筑业资质企业684家。按资质类型分：总承包企业246家，占总企业数的35.96%，其中：一级21家、二级68家、三级157家；专业承包企业378家，占总企业数的55.26%，其中：一级20家、二级80家、三级278家；劳务分包企业60家，占总企业数的8.8%。

2011年，全市完成建筑业企业总产值410亿元，比上年上升19.6%；建筑业总产值402亿元，上升18.6%，增幅在全省居于前列，其中，省内完成产值306亿元，占总产值76.12%；省外完成产值96亿元，占总产值23.88%。全市企业在手施工面积2008万平方米，新开工面积1006万平方米，竣工面积803万平方米。建筑业劳动生产率平均人数19.97万人，增长1.5%，其中，技经人员2.1万人，增长1.1%。劳动生产率20.13万元/人，增长2.8%。

在行业管理中，注重挖掘优秀企业在转型发展中好的做法和经验。镇江建工集团加快施工结构转型，重点向高层建筑、重钢结构、网架施工、粮食筒仓、水泥厂工程等多领域拓展，同时开拓海外市场。镇江安装集团涉足光电新能源项目、高效农业等高科技项目。镇江蓝舶科技公司在专和精上做文章，桥梁和船舶防腐工程在业内领先。江苏山水建设集团以施工带动设计、监理协同发展，注重发挥园林绿化特长，打好专业牌，并打入安徽、重庆、贵州、湖北等外省市场。句容广兴集团创办广兴创业园区，集团以建筑业为主，房产开发、门窗生产、新型建材、设备租赁、劳务输出为一体综合发展。江苏合发集团注重打造优质工程，实施品牌企业战略。住建部《建筑》杂志分三期介绍镇江二建、蓝舶科技和江苏合发转型发展的做法。加强资质管理。严格控制三级企业特别是三级房地产建筑总承包企业的新办数量，鼓励企业资质升级，引导和培育市场前景好的专业承包企业，加强资质年检和动态核查，依法注销110余家不合格企业，使镇江市企业的资质结构得到优化。对照特级企业新标准，将镇江建工集团作为镇江市首家特级资质企业培育对象进行积极指导。做好协调服务。企业到外地发展时，帮助企业与当地主管部门建立沟通联系。与江苏科技大学、江苏大学等驻镇高校建立良好的合作关系，帮助镇江市的大企业在员工培训、紧缺人才定

表19－3　**2011年度镇江市获江苏省“扬子杯”优质工程奖一览表**

序号	工程名称	施工单位	参建单位	监理单位	项目经理
1	大缸径中速机建设项目	镇江建工建设集团有限公司	－	镇江环球建设监理有限责任公司	班俊杰
2	镇江市规划展示馆	镇江索普建筑安装工程有限责任公司	宜兴市工业设备安装有限公司	镇江方圆建设监理咨询有限公司	陈国兴
3	江苏大学附属医院门急诊楼改扩建	南通四建集团有限公司	－	镇江江大工程建设监理有限责任公司	陶　华
4	镇江华地国际购物中心	华仁建设集团有限公司	苏州金螳螂建筑装饰股份有限公司	镇江方圆建设监理咨询有限公司	徐　波
5	江苏省苏南人力资源市场	江苏天宇建设工程有限公司	－	镇江市工程勘测设计研究院	姚长江
6	丹阳市政府体育中心、档案馆	江苏云阳集团有限公司	－		王仲霖
7	镇江市海事业务中心综合楼	镇江索普建筑安装工程有限责任公司	宜兴市工业设备安装有限公司	镇江江大工程建设监理有限责任公司	陈洪祥
8	恒顺尚都住宅地块1号楼、3号楼	浙江海天建设集团有限公司	－	镇江江大工程建设监理有限责任公司	赵文彬
9	扬中市206工程	江苏旭阳建设投资集团有限公司	－		郭道平
10	恒顺商业广场	镇江四建建设有限公司	－	镇江江大工程建设监理有限责任公司	侯兴华
11	扬中市卫生监督大楼	扬中市新城建筑安装工程有限公司	－	江苏省宇翔工程项目管理有限公司	邢伟权
12	京口区检察院侦查办案指挥中心及专业技术用房	镇江第二建筑工程有限公司	江苏华泰装饰工程有限公司	镇江江大工程建设监理有限责任公司	朱贤进
13	煤矿井下瓦斯抽放钻机系统项目顶管车间	江苏五星建设集团有限公司	－	镇江建科工程监理有限公司	张武春

驻镇部省属企业(4项)

序号	工程名称	建设(施工)单位	参建单位	监理单位	项目经理
1	宿淮高速公路淮安南互通连线清浦大桥	江苏省交通工程集团有限公司	－	－	刘国承
2	S238省道镇江市区段改扩建镇大路段A2标京杭运河大桥	镇江市干线公路建设指挥部	江苏省交通工程集团有限公司	江苏润通交通工程监理咨询有限公司	鞠金虎
3	南通港洋口港区人工岛	中交二航局第三工程有限公司	－	上海东华建设监理有限公司	钱华伟
4	220千伏南徐变电站	江苏省电力建设第三工程公司	江苏精享裕建工有限公司	江苏省宏源电力建设监理有限公司	赵　浩

（贯泽栋）

向培养、科研开发等方面牵线搭桥。与邮储银行镇江分行、招商银行镇江分行等银行加强深入接触，就建筑企业融资、担保等事宜进行沟通协调，为企业与银行建立银企合作的机会。（魏俊超）

【建筑业诚信体系建设】 2011年，江苏省住建厅将镇江和常州、盐城一起列为江苏省建筑业企业诚信管理试点城市，试点工作全面展开。加强同相关软件公司的沟通和联系，研发出建筑业企业信用管理信息系统。注重对建筑业企业的技术培训。召开镇江市建筑业企业信用管理系统应用动员培训会，为市区近200家企业的具体操作人员授课讲解。帮助企业及时发现问题、解决问题，建好系统企业库和人才库。下发《关于镇江市建筑业企业资质申报与江苏省建筑业企业信用管理平台相挂接的通知》，要求新办企业必须将所有人员信息扫描入库后方能参加资质评审，堵死企业弄虚作假骗资质的通道。至2011年底，镇江市建筑业企业信用管理系统上传企业信息226家，录入技经人员2256名，工程项目1947个，初步建立起涵盖镇江市区的建筑业企业库、人才库和项目库，为下一步开展建筑业企业信用评价工作打下基础。（魏俊超）

【镇江二建】 镇江第二建筑工程有限公司是国家房屋建筑工程施工总承包一级资质企业，具有近60年工程施工管理经验和国际工程总承包业绩。2011年公司施工总产值10.19亿元，比上年增长45%，获省优"扬子杯"工程奖1项；获市"金山杯"优质工程奖2项；获市级建筑业新技术应用示范工程奖1项。获省工程建设优秀质量管理小组成果一等奖1个，并获全国工程建设质量管理小组二等奖；获市级"文明工地"称号和省级"文明工地"称号各1个。2011年工程交验一次合格率100%。（杨 萍）

【江苏华泰装饰工程有限公司】 公司是集国内外建筑装饰装修工程承包、海外劳务派遣、进出口贸易等一体的大型建筑装饰企业，1986～2011年，连续跻身全国装饰企业百强之列。2011年，公司累计完成施工产值3.2亿元，工程竣工项目交验合格率100%、优良品率75%。获2011～2012年度全国建筑工程装饰奖第一批入选工程1项、省装饰优质工程奖5项（其中，公共建筑装饰类3项、设计类2项）、江苏省"扬子杯"优质工程奖1项、市"金山杯"优质工程奖1项、市"北固杯"优质建筑装饰工程奖7项，QC小组成果三等奖3项，获江苏省优秀装饰企业、江苏省信用管理示范建筑业企业、江苏省建筑业企业安全生产先进单位、镇江市建筑业最佳企业、镇江市优秀装饰企业等荣誉。（曹为忠 陈 杰）

【江苏镇江安装集团有限公司】 是一家从事安装、建筑、市政工程总承包及制造、商贸、投资、服务于一体的综合性企业集团。2011年完成总产值9亿元（其中建安业施工总产值6亿元，制造业销售产值3亿元），实现利税总额约4000万元。2011年有3项工程获江苏省"苏安杯"奖。（赵映杰）

城市管理

【概况】 2011年，市城管局有序推进重点项目建设，采用BOT模式（建设—经营—转让）总投资4.13亿元、日处理生活垃圾1000吨的生活垃圾焚烧发电厂建成并投入运行。配套固废处置场建设项目确定新址。投资约600万元的城东垃圾填埋场渗沥液处理站提标改造项目通过环保验收，投入运行。投资300多万元完成城东垃圾填埋场二期堆体加高工程，新增库容约50万立方米。投资近1100万元新购置垃圾密闭运输车辆22辆、电动三轮车31辆。投资460万元开工建设七里桥和左湖垃圾转运站，续建宗泽路垃圾转运站和尚海茗苑收集站，改造金星垃圾转运站。

推进建成区道路保洁一体化工作，对建成区范围内非城管部门清扫保洁的346万平方米道路（广场）清扫保洁权和126万平方米道路绿化带保洁权实行一体化、市场化、专业化运作。2010年确定在江科大社区、光华雅居等小区实行垃圾分类试点，2011年又确定在润州花园一期、我家山水等小区实行垃圾分类试点，丹徒区世业镇被江苏省住建厅确定为农村生活垃圾分类省级示范点。推进环卫科技创新步伐，投资130万元建立专业的环卫终端监管调度管理系统，实现环卫工作的高效监控和精细化管理。

改善市容环境，参与高速公路户外广告整治工作。在市区26条道路设置公益广告。句容市华阳南路、扬中市扬子路创成省级市容管理示范路，丹阳市东门外大街、扬中市江洲西路和镇江新区吉祥街东段创成市级市容管理示范路。京口、润州、镇江新区投入210万元创成24个市级无乱贴乱画社区。京口、润州区投入70万元对山门口街、北府路、庄泉路等路段临街店牌店招进行整治，使临街容貌得到明显改变。设置调整市区疏导点75处、809个摊位，设置邮政报刊亭69个，其中新增设"慈善报刊亭"17个。

利用社会资金4000多万元完成万达广场、长江路一期公共绿地等24处夜景灯光建设项目。投资70万元对全市100处夜景灯光控制终端进行升级改造，新增纳入夜景灯光控制系统单位15家，对夜景灯光控制中心与路灯控制实行并网，实现"两网合一"。投资25万元对交通银行镇江分行、金山水岸、金汇大厦、紫金大厦等22处自建楼宇夜景灯光进行维护和修理。

图19－5 镇江市生活垃圾焚烧发电厂厂区一景 （戴 勇）

强化扬尘治理,实行渣土车净车出场和密闭运输。2011 年市区 70 多个处置工地,围挡作业率 100%,冲洗设备或设施配备率 95%,密闭运输完好率 85%;对 10 条主干道、20 条次干道和 4 条商业大街强化占道管控,促进城区主干道城市容貌的提升;组织市容专项整治 68 次,修复破损广告牌、店牌店招 424 块,清理乱贴乱画 258756 处、乱钉乱挂 13467 处,围墙出新 23376 平方米。全年共拆除违建 1500 起、9.7 万多平方米。公安直属分局全年共接处警 4100 多起,出动警力 8560 多人次,治安案件 3 起,拘留 3 人、警告 2 人。

提升效能建设,全年各被考评单位城市长效管理投入 2.3 亿元,解决重点问题 326 个。数字化城管平台受理投诉件 2500 起,承办市政府"12345"服务热线案件完成率和群众满意率均为 100%。承办人大建议满意率 100%。全年共受理各类办件 2521 件,即办件办结率 100%,承诺件提前办结率 95% 以上。出台市容、环卫、市政、执法等方面的行业管理标准,建立城市管理网格化责任制。成立局行政执法指挥调度中心,并投资 40 万元建立行政执法"智能扁平化"勤务模式,增强实时监控、动态监管和及时处置突发事件的快速反应能力。

对"垃圾焚烧垃圾发电项目"等负面网络舆情打造"百姓城管"品牌,有效解决市民投诉和反映的问题。2011 年 11 月 24 日《新华日报》头版报道市城管局在应对网络舆情中的经验和做法。2009 年市城管局网络论坛开通以来,共回复来帖 1575 件,回复率 100%。市城管局被市委宣传部、市政府办公室评为全市网络发言人工作十佳单位。全年共发表新闻稿 440 篇次。承办全省城管系统文化年活动有奖征文比赛,共收到调研类论文和报告文学 220 多篇,镇江市有 9 人次获奖。 (戴劲松)

【市政建设和管理扎实推进】 2011 年,市城管局共承接城建重点工程及各类配套工程总量达 2.68 亿元。完成南门大街、广东山庄片区老小区整治工程,完成梦溪园巷 30 号 1 幢、物价局前广场、中营街 53 号、马家山 18 号、岗子下 198 号等街巷道路改造。禹山北路被评为江苏省优质养护片,临江路被评为镇江市"金山杯"优质工程奖。强化新河桥、平政桥、虎踞桥等市区 20 座桥梁管养,首次在道路维修过程中引进"拆移便携组合式全封闭工地施工围挡警示广告栏",并投资 32 万元在全市道路挖掘施工中推广使用。2011 年全市路灯总数 49125 盏,路灯运行线路 1800 公里,总功率 9872 千瓦,主干道平均亮灯率 99.44%,次干道和街巷平均亮灯率 99.26%。安装三遥控制节点 370 个,路灯智能化监控率 100%。 (戴劲松)

【建成区道路一体化保洁】 2011 年,市城管局在全面摸排调研建成区道路保洁现状的基础上,制订《镇江市实施方案》。为落实方案要求,市政府办公室形成《关于实施建成区道路一体化保洁相关问题协调会纪要》(2011 年第 45 号),完成非城管部门管理的 344 万平方米道路、126 万平方米道路绿化隔离带和 2 万平方米火车站北广场的清扫保洁移交工作。通过公开招投标,移交道路和火车站北广场清扫保洁权由 3 家资质高、实力强的保洁单位负责,绿化隔离带按属地由辖区环卫所进行卫生保洁。建成区道路、绿化、广场的保洁质量大幅度提高,实现建成区道路清扫保洁"管理主体统一化、作业队伍专业化、具体运作市场化"的目标,确保建成区每条道路天天干干净净。 (戴劲松)

【创新设立城市长效管理"广玉兰"奖】 2011 年,根据市城市管理协调委员会《关于设立镇江市城市长效管理"广玉兰"奖的试行办法》,每年评定"广玉兰"奖项目,奖励标准为 3 万元/个。共设 5 个分类奖项:最佳文明工地奖、最优市容示范奖、最好菜市场周边环境奖、最美农村环境奖、最响"民管"品牌奖。2011 年,16 个项目被评为首届城市长效管理"广玉兰"奖,即财富广场、大港益华广场、滨江旅游风光带(北固半岛)工程、云开甲第花园和苏宁广场获最佳文明工地奖;镇江市综合交通客运枢纽、西津古渡、南山莲花洞景区、花山古城健康主题公园和建成区道路一体化保洁获最优市容示范奖;丁卯中心菜市场和金星菜市场获最好菜市场周边环境奖;镇江新区大路镇西戴村和丹徒区谷阳镇槐荫村获最美农村环境奖;丹徒"守护生态"城管志愿者和"城管加民管"共建和谐正东获最响"民管"品牌奖。 (戴劲松)

【城市主干道实行路段长巡查负责制】 市城管局从 2011 年 5 月 20 日起在城市主要干道、窗口单位实行路段长巡查负责制。该项措施将主城区主干道分为 54 个路段,由市、区城管局领导班子成员担任对应路段(窗口单位)的"路段长",针对市容市政、环境卫生、工地管理等方面问题进行巡查,各"路段长"每天上路巡查一次以上,并及时通报情况,确保各项管理达标。 (戴劲松)

综　述

【概况】 2011 年，镇江市环保部门强化环境监管，提升环境质量，维护人民群众的环境利益。全市生态市建设取得重大进展，重点工业污染源治理、黑臭河流整治、重金属行业整治等专项整治初显成效，影响群众生活、危害群众健康的重点难点环境问题正在加快解决，蓝天工程、污染减排、太湖流域水污染治理等“十二五”重点环保工作全面展开，全年各项任务顺利完成。环境质量保持在一个稳定的水平，部分环境指标进一步改善，其中：镇江市区环境空气质量良好以上天数达到 93.2%，比上年提高 2.5 个百分点，是近三年来环境空气质量最好的一年。镇江市区征润州取水口、丹阳市黄港取水口、句容市北山水库取水口和扬中市二墩港取水口水质均符合国家水质标准要求，太湖流域考核断面水质达标率为 83.3%，与 2010 年持平。镇江市区区域噪声平均等效声级为 54.1 分贝，质量等级为较好。　（颜正清）

【镇江市通过国家环保模范城市复核】 2011 年 11 月，镇江市经环保部确认并完成社会公示后，被重新授予“国家环境保护模范城市”荣誉称号。镇江市 2004 年创成国家环保模范城市，根据环保部有关规定，创成 5 年以上的环保模范城市须通过环保部复核检查，方能继续保持这一称号。8 月 15 日～17 日，以环保部华东督察中心主任高振宁为组长的国家环保模范城市现场复核工作组，现场检查镇江市创建国家环保模范城市工作。复核工作组听取市政府关于创建国家环保模范城市工作和创模考核指标完成情况的汇报，查阅创模工作档案、技术资料，审核创建指标基础数据，实地察看市容市貌、城市绿化、水环境综合整治、市区河道整治、生态修复、城市生活污水处理厂、生活垃圾填埋场、垃圾焚烧发电厂、危险废物处置中心及污泥无害化焚烧处置现场等环境基础设施建设及运行情况，检查饮用水源地水质保护、国控断面水质与大气自动监测站点和机动车排气环保检测场站建设以及医院等单位的污染防治状况，调查工业企业环境信访处理情况，并进行民意问卷随机抽样调查，现场查看点位计 120 余处。经综合评议，复核专家组认为，镇江市创模档案资料基本齐全，数据比较真实可靠，各项指标基本达到考核要求，一致同意镇江市通过创建国家环保模范城市工作现场检查。句容市也同时通过国家环保模范城市复核。　（汤　立　吴锦利）

【集中整治突出和重点环境问题】 截至 2011 年 12 月底，镇江市列入省环保厅向社会公布的 36 个突出环境问题全部得到整治。其中 2 个热点难点问题各地均制定整治方案，落实整治措施；32 家重点整治企业，基本完成整治任务。镇江市又梳理出 5 个工业园区、10 类热点难点环境问题、252 个重点整治企业，作为镇江的突出环境问题，一并列入集中整治范围。市和辖市（区）两级环保部门先后开展 6 次“环监”执法行动，检查企业 169 家，立案处罚 30 件，重点环境问题整治取得阶段性成效。

（叶佳周　刘　玲）

【提升队伍建设水平】 2011 年，镇江市环保部门在基层党组织中开展党建品牌创建、党员示范岗创建、党员先锋工程、党员进万家等主题实践活动。抓好入党积极分子培训工作，开展党员过“政治生日”活动，完善必谈必访制度，主动关心激励党员干部。开展“学习张雅琴，争当带头人”主题教育活动，及时交流反馈学习情况和心得，《镇江日报》《京江晚报》均报道市环保局的学习情况。全局全年 4 次印发相关廉政理论学习资料，组织网上学习 6 次，并认真开展第二轮“恪尽职守、廉洁从政”主题教育活动；落实廉政教育制度，坚持开展警示教育活动，组织各类警示教育活动 8 次，观看警示教育宣传片 12 部。建立廉政文化图书室和电教室，邀请有关领导和专家进行廉政教育讲座和案例分析。在 2010 年惩防体系制度建设基本完成的基础上，2011 年着重完善拒腐变防的教育机制、权力运行监控机制、源头治理预防机制、纠风治乱长效机制、从严治腐惩戒机制。

（彭景志）

环境管理

【概况】 2011 年，镇江市在水环境保护上，环委会下发《镇江市水功能区达标考核奖惩办法》，对市区 9 条黑臭河流实施河长制度；在大气污染防治上，市政府成立大气污染防治联席会议，“蓝天工程”全面启动；在噪声污染整治上，加强建筑施工噪声控制，对噪声扰民现象及时依法查处；在固体废物管理上，完善重点产废单位网上申报系统，强化对危险废物全过程的监督管理。　（吴锦利）

【促进经济转型升级】 2011 年，镇江市环保部门审批环评（环境影响评价，下同）文件 1782 件，涉及投资 128 亿元，其中否决项目 7 个，建议另行选址项目 40 多个，对 91 家单位的 98 个项目下发《环境违法行为限期改正通知书》，责令限期办理环保竣工验收手续。按照《镇江市环境保护局行政服务承诺书》中的各项承诺,以"最好、最优"为标准,提高审批效率,市级审批权限内的审批项目,登记表1个工作日、环评报告表3个工作日、环评报告书7个工作日内完成审批,报上级环保部门审批项目的排污总量审核和环评预审意见,在1个工作日内完成,核发排污许可证在1个工作日内完成,危险废物经营许可审批和转移危险废物审批市属权限在1个工作日内完成。做到审批事项全省最少,即办件比例全省最高,承诺件办理时限全省最低。建立项目审批"绿色通道",实行一门受理、首问负责、一次性告知。对重大招商引资项目,做到提前介入,超前服务,靠前指导。在二重、苏润高碳材、船厂扩建、索普集团、鼎胜铝业、中船重件码头等项目推进工作中,做出令投资者满意的服务。 (鲁　春)

【重点开发区环境影响评价完成】 2011年,镇江市环保局编制完成丹阳化工集中区、丹阳高新技术产业集中区、索普化工基地、新民洲港区、扬中新材料工业集中区、扬中港区、扬中八桥船舶工业集中区的环境影响评价,编制完成镇江港总体规划、镇江市土地利用总体规划的环境影响评价。 (胡纪全)

【推进企业环境行为信息公开化】 2011年,镇江市参加企业环境行为信息公开化评级企业1023家,经审定有绿色企业54家,蓝色企业780家,黄色企业99家,红色企业77家,黑色企业13家。参加长三角地区评级的企业31家,其中绿色环境标志企业8家、蓝色企业19家、黄色企业3家、红色企业1家。 (曹念东)

【安全处置工业固废和危险固废】 2011年,镇江市的企业工体废弃物在线申报重点企业拓展到120家。市环保局联合市卫生、质检、工商、公安等部门开展全市医疗废物处置情况检查,加强全市医疗废物处置监管,开展全市电子废物产生、收集、处置情况专项调查,确保全市工业固废、危险废物100%安全处置。 (顾晓明)

污染控制

【概况】 2011年,镇江市政府编制《镇江市"十二五"主要污染物总量减排规划》,召开全市污染减排工作大会,市政府与各辖市(区)政府、相关部门签订《"十二五"主要污染物总量削减目标责任书》,减排任务层层分解,减排责任层层落实。2011年,全市实施减排项目计87个,其中水污染物减排项目45个、大气污染物减排项目42个,测算全年化学需氧量、氨氮分别削减4231吨、360吨,二氧化硫、氮氧化物分别削减16000吨、5200吨。化学需氧量、氨氮、二氧化硫完成省环保厅下达的年度减排任务,火电行业氮氧化物减排工程按省政府要求年底前具备开工条件。 (汤　立　袁桂珍)

【蓝天工程逐步实施】 2011年,镇江市实现全市机动车环保检测全覆盖,市区综合性能检测尾气A类检测站已经运营。全年发放标志132486张,其中绿标123628张、黄标8858张。全面启动油气回收综合治理,制订油气回收治理实施方案,市政府下达限期治理文件,全市改造加油站41座,改造油库1座,改造油罐车27辆。强化建筑工地管理,市区工地实施围挡作业,工程场内主要道路和出入口硬化,配备冲洗设备,实现重点工程、重大工地硬化冲洗全覆盖。 (汤　立)

【启动新一轮太湖流域水污染治理】 2011年,镇江市环保部门编制镇江市2011年太湖水污染治理重点项目名单,对入湖主要河流及支流开展多次调查监测,查找污染成因,梳理出沿河排污企业、畜禽养殖企业等污染源。市政府以交办单形式向丹阳市、丹徒区政府交办整治任务。至2011年年底,年度太湖水污染防治目标责任书中各项重点工程全部启动。其中,在建25项,在建率为25.5%;完成70项,完成率71.4%,小流域5项工程完成3项,丹金溧漕河等入太湖河流沿岸一公里范围内列为禁养区,禁养区范围内的畜禽养殖场正在逐步拆除。 (汤　立)

【工业园区整治】 2011年,镇江新区责成化工园区企业按照"一厂一管"的要求进行排水管网改造,防止超标废水排入管网;园区污水处理厂对处理工艺进行改造。丹徒经济开发区5家企业实行停产整治,建设应急污水管网,污水处理厂深度处理工艺改造基本完成,园区企业污水全部接管。索普化工基地制定5年周边居民全部搬迁的方案,启动周边居民拆迁工作。 (刘　玲)

【整治铅酸蓄电池企业】 2011年,镇江市整治铅酸蓄电池企业,在25家铅酸蓄电池企业中,取缔关闭6家,停产整治或限期治理15家,建设中的4家企业全部落实了建设项目环保"三同时"(建设项目中防治污染的措施,必须与主体工程同时设计、同时施工、同时投产使用)要求。7月1日,镇江市环保部门召开专题新闻发布会,向社会通报涉铅企业环保专项整治情况。 (吴锦利)

【秸秆禁烧工作】 2011年,镇江市政府下发秸秆禁烧工作方案和督察工作方案。市环保局成立12个督察小组,加大对各辖市(区)秸秆禁烧工作的督察。各辖市(区)实行县包镇、镇包村、村包组,田块落实禁烧责任人的"三包一落实"制度。全年基本未发生大面积秸秆焚烧现象。 (叶佳周)

环境质量

【概况】 2011年,镇江市的空气环境质量良好以上天数比例达到94.9%,长江干流水质保持在优良状态,集中式饮用水源地水质达标率100%。环境质量总体上保持在一个稳定的水平,部分环境指标进一步改善。 (胡纪全　邹云娣)

【空气环境质量】 2011年,镇江市的空气环境质量良好以上天数比例在94.9%。镇江市区二氧化硫年平均浓度为0.023毫克/标立方米,二氧化氮年平均浓度为0.037毫克/标立方米,可吸入颗粒物年平均浓度为0.093毫克/标立方米,均优于国家二级标准。丹阳市、句容市、扬中市的空气环境质量,也均优于国家二级标准。国家空气环境质量二级标准为二氧化硫年平均浓度0.06、二氧化氮年平均浓度0.08、可吸入颗粒物年平均浓度0.10毫克/标立方米。 (邹云娣)

【酸雨发生频率】 2011年,镇江全市降水pH值在3.82~7.62之间,酸雨发生率为22.1%,较上年上升1.6%。镇江市区、丹阳市、句容市、扬中市酸雨发生率分别为13.2%、24.5%、36.4%、18.5%。 (邹云娣)

【城市饮用水源水质达标】 2011年,市区金山水厂和金西水厂2座集中式供水厂共用的1个取水口,是镇江市的主要饮用水源地。丹阳市和扬中市的城市(镇)集中式饮用水亦取自长江,句容市集中式饮用水主要取自北山水库。全市各主要饮用水源地水质均满足Ⅲ类水标

准。市区、丹阳市、句容市、扬中市饮用水源水质达标率均为100%。 （邹云娣）

【长江流域总体水质】 2011年，镇江市长江外江段水质类别保持在Ⅰ～Ⅱ类，总体水质为优。长江内江水质类别为Ⅱ类，水质为优。市区的古运河总体水质为轻度污染，主要污染指标为氨氮。运粮河水质为轻度污染，主要污染指标为氨氮、高锰酸盐指数。团结河、捆山河水质为良好。扬中市的扬中河渠、长江夹江水质为优。 （邹云娣）

【太湖流域水质】 2011年，大运河总体水质状况为良好。丹徒区的通济河和丹阳市的丹金溧漕河水质为轻度污染，主要污染指标为氨氮。战备河水质为轻度污染，主要污染指标为石油类。九曲河、鹤溪河、简渎河水质均为良好。句容市的句容河水质为优。 （邹云娣）

【声环境质量】 2011年，镇江市区的区域环境噪声平均等效声级为54.1dB(A)（昼间），声环境质量为较好。各类功能区环境噪声昼、夜等效声级均达标，达标率为100%。交通干线噪声平均等效声级为68.0dB(A)（昼间），评价等级为好，满足交通干线噪声标准。丹阳、句容、扬中市区域环境噪声平均等效声级分别为52.0dB(A)、50.9dB(A)、54.5dB(A)（昼间）；声环境质量均为较好；各类功能区环境噪声昼、夜等效声级均达标，达标率均为100%；交通干线噪声平均等效声级分别为65.6dB(A)、61.3dB(A)、66.8dB(A)（昼间），评价等级均为好，均满足交通干线噪声标准。 （邹云娣）

【工业固体废物全部安全处置】 2011年，镇江市的工业固体废物产生量为756.37万吨，其中一般工业固废产生量752.44万吨，危险废物产生量3.93万吨。一般工业固废综合利用量738.50万吨，处置量13.93万吨，工业固废处置利用率100%，危险废物处置利用率100%。 （顾晓明）

【辐射环境保持安全】 2011年，镇江市的电离辐射污染源主要有放射性同位素及射线装置应用项目。截至年底，涉源单位37家，放射源290枚；射线装置单位139家。2011年，全市原野γ辐射空气吸收剂量率平均值为53.1 nGy/h，环境空气中氡浓度为4.5Bq/m³，饮用水中总α和总β的含量分别为78mBq/L、110 mBq/L，土壤放射性核素238U、232Th、226Ra、40K、90Sr、137Cs平均含量分别为47.7、51.1、34.2、685、0.18、1.10 Bq/kg，电磁辐射环境质量监测点电场强度范围为0.15～0.47 V/m。全市的辐射环境质量属天然本底水平，饮用水、环境土壤中天然放射性核素浓度及环境γ辐射水平和电磁辐射水平均在江苏省天然本底水平范围内。 （庞春霞）

环境监测与科研

【概况】 2011年，镇江市环保部门发布空气质量日报和预报364期，水质质量周报56期，市区空气自动站有效数据捕获率达99%、水质自动站高于80%。开展环境空气中灰霾天气研究，完成镇江市国控大气自动站PM2.5（大气中直径小于或等于2.5微米的颗粒物，也称为可入肺颗粒物）监测仪器的安装，形成PM2.5的监测能力。环境监测中心站开展"监测能手大比武"，该站业务室被市委组织部命名为新一轮"党员示范岗"。 （邹云娣）

【环境科研成果丰富】 2011年，镇江市环保部门组织的两项环境问题科学研究获得项目专项基金。其中，国家环保公益性行业科研专项"农村人居环境综合整治关键技术集成与配套政策研究"中的子课题"平原地区集约化农村人居环境综合整治关键技术集成与示范研究"，获国家环保部专项基金资助。"高效可见光响应碳氮基光催化材料的设计及其降解水环境有机污染物应用研究"课题获镇江市科技支撑计划——社会发展项目基金资助。发表具有全国先进水平的论文5篇。其中，《可见光照射下钒酸银钴光催化降解亚甲基蓝的研究》被EI（《工程索引》）收录，在国外《先进材料与结构》期刊上发表；《复合菌群的构建及其对石油污染土壤修复的研究》和《ZnO纳米粒子光催化降解失效农药草甘膦的研究》两篇论文，在国家核心期刊上发表；《镇江市循环经济发展的探索与实践》和《镇江市静脉产业发展现状与对策研究》两篇论文，在省级期刊上发表。高效生活污水处理装置、农村生活污水处理装置、雨水井防阻塞处理装置、雨水井格栅清理装置等4项发明获国家知识产权局实用新型专利授权。 （赵硕伟）

【保障全市辐射环境安全】 2011年，镇江市环保部门在日本福岛核电站发生核泄漏事故后，立即启动辐射环境应急监测，对全市辐射环境空气吸收剂量率等开展连续监测，同时完成全市范围内的全省辐射同步监测。制订《镇江市环保局关于口岸入境船舶、货物放射性物质超标的应急方案》，及时处理3起日本来镇船舶及集装箱放射性超标事件，监督并指导当事人实施妥善处置。 （邵 峰）

【加强应急预警监测系统】 2011年，镇江市环保部门编制《镇江市环境监测站应急监测预案》，完善预警体系和响应程序。结合预案开展应急监测演练，6月～7月参加国家、江苏省举行的环境应急监测演练，并在丹阳举行全市环境应急监测培训和比武活动。在夏秋两季秸秆焚烧期间，启动秸秆焚烧期间环境空气质量预警方案，24小时监控环境空气质量变化情况，发送秸秆焚烧预警快报9期。从7月份开始，开展金山湖蓝藻预警和应急监测工作，发送报告13期。 （邹云娣）

【开展污染源监测工作】 2011年，镇江市环保部门有序开展污染源监测工作。重金属监测：编制全市重金属监督监测方案，组织监督监测全市129家重金属企业的周边环境、污染物排放情况。扬尘专项监测：在市区例行降尘点基础上，增加4个施工场地监控点，2个道路监控点，开展季度监测，并编制扬尘专项监测报告。环境空气中挥发性有机物监测：编制市区环境空气中挥发性有机物监测方案，在市区国际化工园区、重点行业开展VOCs（挥发性有机化合物）的监测。土壤专项监测：编制市区土壤监测方案，在市区开展2×2公里网格布点监测，同时对市区主要蔬菜基地和农田开展有机氯的监测。 （王 岳）

旅 游

【概况】 2011年,镇江市旅游系统围绕"旅游强市"奋斗目标,突出抓好智慧旅游、宣传推介、项目建设、品牌创建等重点工作,把旅游业建成国民经济支柱产业和让人民群众满意的现代服务业。全市旅游产业呈现出稳步发展的良好态势。全年接待游客3165.84万人次,比上年增长18.6%;实现旅游总收入385.87亿元,比上年增长19.7%。其中,接待国内游客3100.83万人次,接待入境游客65.01万人次;入境创汇5.22亿美元,比上年增长11%。市旅游局被市委、市政府授予"跨越发展有功单位"称号,被市委评为"文明机关"。市旅游局机关党支部被市级机关工委评为"十佳党支部",市旅游局团委被团省委评为"江苏省五四红旗团委"。丹阳市等5家单位、赵春寅等8人被省旅游委员会评为江苏省旅游工作先进集体、先进个人。全市有16个单位、项目和个人受到省旅游局表彰。 (张仁君)

【"智慧旅游"建设成效显著】 2010年3月,镇江市在全国率先提出"智慧旅游"概念。2011年,市旅游局与市经信委、镇江新区、移动公司、电信公司等单位合作,抓好智慧旅游先行项目研发、推广和应用,取得明显成效。5月中旬,国家旅游局同意在镇江市建设"国家智慧旅游服务中心"。至年底的进展情况:(1)应用项目先行先试的基础性工作全面展开。确定60个智慧旅游先行项目,进展较好的有:升级版WIFI技术自助触摸屏有近百家的单位布放。旅游客情实时统计分析系统在金山、茅山、世业洲安装并使用。中国智慧旅游门户网站上线测试运行。智能停车诱导系统完成方案设计及工程测算。WIFI等无线城市技术覆盖涉旅场所的60%。二维码、会务通、智能电子导游等推广应用。(2)支撑体系的构建取得重大进展。完成总投资1.5亿元的中国智慧旅游云计算平台基础建设和设备调试。20多家相关企业入驻镇江科技新城的智慧旅游产业谷,其中有浙大中控推进建设智慧旅游云支撑体系、智能停车诱导系统,普立信建设国家二维码(物联网)数据中心,云方科技建设游戏平台等。(3)标准化建设启动。将专利申请、标准技术、规范服务与智慧旅游有机结合,边建设边规范推广。承接国家旅游局的课题项目"旅游客情实时统计分析系统",开发的"应用支撑软件"申请国家专利技术。上海畅中信息与江南大学联合申报"智慧旅游·会展移动终端与服务平台的开发及产业化",获得2011年度中国轻工业联合会科技进步二等奖。先行先试项目预留可与智慧旅游云平台对接的接口,"感动芯"技术获得国家专利。(4)产业拉动初见成效。中国惠普、中国电信、中国移动就"智慧旅游"与镇江市政府签订战略合作协议。先行先试项目覆盖镇江"吃、住、行、游、购、娱"旅游六要素的50多家涉旅单位,其中电子商务使用率由原来20%增加到50%以上。新浪、同程及国内知名IT公司与本地企业签署开发建设协议。 (张仁君)

【镇江旅游文化推介会在台北举办】 2011年11月9日,镇江旅游文化推介会在台北圆山饭店举办。这次推介会是继2009年镇江与台湾澎湖旅游合作之后的又一次重要活动,标志着镇江与台湾城市间旅游文化合作进入新阶段。市政协主席郭礼荣、副主席宋敬伟参加。来自台湾海峡两岸旅游观光协会、台北市观光传播局、中华动漫交流促进会、运达旅行社、东森电视等近80人应邀参会,参会的7家旅游观光协会、7家文化企业、31家旅行社共50多家涉旅企业70%是副总经理、副会长以上的负责人。市旅游局局长卢道富介绍镇江旅游文化发展情况。台湾海峡两岸观光旅游协会执行秘书长张锡聪、台湾苹果旅行社总经理李宏炫分别致辞。镇江市旅游协会与台北市观光协会签订《镇江市—台北市旅游合作协议书》。 (张仁君)

【编制完成旅游规划和标准】 2011年,镇江市旅游局编制完成《镇江市"十二五"旅游发展规划》。规划提出全市到2015年的目标:接待游客人次、旅游总收入、旅游增加值等主要经济指标比2010年翻一番;拥有A级旅游景区45家、旅游星级饭店80家、年营业收入超3000万元以上的旅行社6家,省级乡村旅游点25家,建成"智慧旅游城市"。《规划》实施"六大战略",即产业融合、转型升级、品质提升、文化创意、区域联动、营销创新战略;实施"八大工程",即规划引领、智慧旅游、转型升级、品牌带动、项目驱动、产业融合、旅游营销、质量提升工程。丹阳市、句容市、扬中市、丹徒区等地均编制完成该区域"十二五"旅游发展规划。市旅游局还完成《江苏省工业旅游区(点)设施与服务》标准编制,组织专题评审并报省质检局待批。指导镇江市恒顺醋文化博物馆、句容市神牛家具公司创建"江苏省工业旅游示范点试点单位"。组织有关单位和部门编制全国生态养生旅游示范区标准,提交省、国家旅游局审核。 (张仁君)

【国家旅游局局长邵琪伟到镇江考察】 2011年5月14日,国家旅游局局长邵琪

图 21－1　2011 年 5 月 14 日，国家旅游局局长邵琪伟（前排中）到镇江考察
（王瑞稼）

伟到镇江考察旅游发展情况。邵琪伟上午考察金山和西津渡景区，下午考察焦山景区，并在焦山召开座谈会。镇江市委书记许津荣简要介绍镇江旅游发展情况，邵琪伟就大旅游机制、长江旅游带等问题提出一些建设性意见。邵琪伟还考察了丹阳眼镜城。考察途中，邵琪伟听取镇江市金山 AAAAA 创建、智慧旅游和商务旅游、乡村旅游、养生旅游等工作的汇报，对镇江市所取得的成绩给予肯定。江苏省副省长张卫国、省政府副秘书长张吉生、省旅游局局长王咏红，镇江市委书记许津荣、市委秘书长李国忠、副市长冯士超、市政协副主席徐平等陪同考察。（张仁君）

【加快旅游景区项目建设】 2011 年，镇江市 73 个重点旅游项目投资 110 亿元。镇江市 4 个项目被列入全省重点旅游项目，7 个项目入围全省"十二五"重点旅游项目。全市景区项目建设进展顺利。市区："三山"改造项目接近尾声，金山文宗阁建成开放，北固山景区扩建北固楼、多景楼等景点，焦山景区基本完成改造；金山湖景区、西津渡二期项目建设加快推进；云台山综合整治工程、玉山大码头建设、银山门旅游商贸区、西津渡主题公园开发全面启动；具有旅游配套功能的城市综合体万达广场建成开业。各辖市（区）：丹阳市的天地石刻园建成并开始布展，嘉山景区年底完成三大殿工程，丹阳眼镜城二期年底完成主体工程；扬中市的太平禅寺佛教广场即将竣工，扬中江鲜城试营业，滨江湿地公园、朝阳湖湿地公园项目启动；句容市启动投资 1.5 亿元的茅山健康养生旅游示范区项目，包括环湖大道、二茅峰和三茅峰盘山公路景观、自行车运动养生道、道教健康养生主题酒店等；润州区推进"卡通奇境文化旅游创意体验园"和"韦岗温泉度假区"项目；丹徒区米芾书法公园完善附属设施，开心农场设立真人 CS、户外露营项目。

拓展旅游融资渠道，开展旅游招商。5 月 31 日赴上海参加 2011 中国镇江现代服务业合作恳谈会、中国智慧旅游产业谷招商发布会，发布 35 个旅游招商项目，签订总投资 8 亿元的管山温泉度假村、20 亿元的宝龙旅游综合体项目。2011 年争取各级旅游专项资金 800 万元。（张仁君）

【加大旅游宣传营销力度】 2011 年，镇江市加大旅游宣传营销力度。一是瞄准重要媒体形象宣传。集中财力在央视做旅游广告。从 4 月起央视的新闻频道、综合频道并机播出长达 7 个月的镇江旅游形象宣传广告，从 6 月起在央视英语频道播出长达 1 个月的《美好江苏》镇江篇。二是巧借重要节点深度宣传。抢抓京沪高铁通车重要契机，市旅游局自 6 月起组织小分队开展"京沪高铁""上海—武汉"等三条线路的宣传促销，国庆节期间来自京沪高铁沿线的北京、山东等地的游客明显增加。利用春、秋季节，举办"春风又绿江南岸"镇江旅游节、金山旅游文化节，子活动包括 4～5 月举办的中国首届"茅山情"红色旅游文化节。5 月举办第二届中国镇江金山湖国际龙舟大奖赛，吸引 17 支参赛龙舟队、6 万多名观众。5 月 19 日举办"首个中国旅游日"主题宣传活动、7 家景区门票优惠响应宣传活动。10 月举办金山旅游文化节暨长江草莓音乐节开幕式，吸引游客 14.5 万人次。辖市（区）举办茅山旅游文化节、宝华山泡山节、扬中河豚美食节等活动，取得较好的社会和经济效益。三是融合社会各界抱团宣传。3 月，扬中市突出江鲜美食举办第八届"中国扬中河豚美食节"，开展"寻访中国河豚岛"等系列活动，吸引游客 26 万人。4 月，丹徒区突出乡村旅游举办第四届江心洲野菜节，吸引游客 5 万多人。市文广集团先后举办"HIFI 西津渡"、长江草莓音乐节等活动，吸引数十万游客和市民。市城投集团"十一"期间举办西津渡美食节，现场举办东南亚风情表演和互动游乐活动，受到众多游客和市民的欢迎。（张仁君）

【旅游品牌建设成果丰硕】 2011 年，镇江市旅游品牌建设成果丰硕。一是旅游景区建设。加速推进"金山·焦山·北固山"旅游景区创建 AAAAA 级旅游景区，融入智慧旅游元素，完善旅游基础设施，全面提升综合质量。2011 年 10 月，该景区通过国家级暗访检查和资源评审，取得创建工作的阶段性成果。抓好恒顺醋文化旅游区创建 AAAA 级旅游景区，突出醋文化旅游、智慧旅游主题，增加互动、参与性项目，新建景区游客服务中心、停车场等设施，成功创成 AAAA 级景区。推进 AA、AAA 级旅游景区创建，新增 2 家 AA 级景区（赵伯先故居、古城公园），1 家景区（句容九龙山庄）创建 AAA 级景区通过省级初评。至年底，全市拥有国家 A 级以上旅游景区 33 家。二是旅游饭店建设。2011 年，全市新增旅游星级饭店 3 家、首批市级绿色饭店 11 家。至年底，全市拥有旅游星级饭店 53 家，其中五星级 1 家、四星级 8 家；拥有国家级绿色旅游饭店 5 家，其中金叶级 2 家、银叶级 3 家，1 家正在申报全国银叶级绿色旅游饭店。全市 11 家按照五星级标准改扩建的饭店项目进展顺利，其中 8 家成效明显：1 家（金陵润扬大桥酒店）进入五星级创建程序，2 家试营业（市区的万达喜来登酒店，丹阳的江苏水中仙国际酒店），3 家竣工（市区的皇冠假日酒店，句容的开元大酒店、碧桂园酒店），2 家开工建设（市区的帝宝花园酒店，扬中的旭阳大酒店）。三是旅行社建设。全市新增旅行社 3 家，全市拥有旅行社 87 家。注重培育规模旅行社，拥有营业收入超过亿元的旅行社 1 家（江苏省镇江中国旅行社），实现规模经营零的突破，努力冲刺全省 50 强；营业收入超过 3000 万元的旅行社 4 家。四是旅游特色品牌建设。全年新增 1 家省

级自驾车营地试点单位、1家省级工业旅游示范点试点单位。句容市获省内唯一的“全国休闲农业与乡村旅游示范县”，茅山景区居“中国百强旅游景区”第24位，句容戴庄村荣获市内唯一的“江苏最具魅力休闲乡村”。全市有国家级工农业旅游示范点8家，省级四星级乡村旅游点4家、三星级6家，辖市（区）级“农家乐”接待点180多家，旅游商品生产、销售企业80家。（张仁君）

【旅游市场建设规范有序】 2011年，镇江市加快旅游行业标准化建设，重点抓好四星级旅游饭店评定性复核、A级旅游景区复核、导游资格考试等工作，抓好旅游安全监管和市场检查，对部分重要景区、饭店、旅行社、车站等开展联合检查，发现问题及时整改。严守值班制度，及时处理突发事件。2011年受理旅游投诉19起，受理率、结案率100%，满意率95%以上，未发生一起重大安全责任事故。主动为旅游企业提供服务。针对参加星级饭店评定、A级景区创建的企业，提前介入指导帮扶，为企业节省成本和时间。创新举办“中旅杯”导游实战技能大赛、饭店管理培训班、导游考试培训班等，累计培训4000余人次。指导句容举办首届导游技能大赛。抓好导游挂靠管理，为1500多名导游建立电子档案，及时为旅行社和社会各界提供导游推荐服务。（张仁君）

【丹阳市申报国家级旅游产业创新发展实验市】 2011年，丹阳市申报国家级旅游产业创新发展实验市，提出以旅游产业创新发展为主题，力争到2015年实现接待游客1500万人次，旅游总收入300亿元。重点抓好六个方面：推动产业融合发展，推进精品景区建设，发展休闲度假产品，推进城旅一体发展，引导要素集聚发展，推动体制机制创新。这种旅游产业发展的新模式、新探索，在镇江还是首次，已经镇江市委、市政府同意，有望得到国家、省旅游局的支持。

（张仁君）

园 林

【概况】 2011年，镇江市园林系统以创建“山水花园城市”为目标，以“南山北水”“青山绿水”工程为突破口，坚持高起点规划、高标准建设、高效能管理，完成年初制定的目标和任务。

提升景区形象。以“提升景区品质、丰富游览内涵”为突破口，加大投入力度，打造精品亮点。推进“三山”综合改造工程：金山景区复建文宗阁并正式对外开放，改造御码头景观；焦山景区整治放生池、青螺居广场，新建鹤苑服务用房、桂雨轩等建筑；北固山景区改造凤凰池、名人墓园区，移建连沧观，复建古甘露渡码头、北固楼，甘露寺等古建筑修缮有序推进。加大南山保护性建设，建成青年大本营、亲子乐园、艺术剧院门前景观工程、南山公交首末站等项目工程，琴馆正式对外开放，南山招隐景区景观改造项目获“江苏省优秀风景园林示范项目”称号，首个安置点——康湾安置房完成地下车库施工，预计2012年上半年建成并交付使用。完善和优化景区基础设施：金山景区改造游客服务中心，建生态停车场，新建、改建厕所6座；焦山景区新建游客服务中心，公交枢纽站主体建筑封顶；北固山景区新建滨江茶楼、西餐厅等。

提高绿化品质。推进“山水花园城市”建设，完成文化公园、大港核心区生态湖一期工程、高铁广场和90公顷的338省道绿化等重点绿化建设项目。2011年新增绿地面积280公顷，其中新增公园绿地面积60公顷。实施“青山绿水”工程，黄鹤山、磨笄山征地拆迁基本完成。宝塔山滑坡治理工程基本结束，16.67公顷南山中幼林抚育及林相改造通过验收。提升管养品位，实施南徐大道、檀山路、长江路、学府路等绿化样板路工程，建成省级园林式居住区（单位）6家。提高园林技艺，在重庆举办的全国第八届园博会中，承建以展现“水漫金山”为意境的“印象金山”主题园；在宿迁举办的省第七届园博会中，建设以“曲水香洲”为主题的参展园，并荣获造园艺术一等奖。

增长园林经济。整合资源，挖潜增效，实现资源变资产，资产变资本，增强园林产业的实力和后劲。组建营销服务中心，强化景区营销力度。全年走访旅行社560多家，举办“缘牵雷峰白蛇情，情系镇江金山寺”杭州旅游等多场推介会，扩大镇江景区的知名度和影响力。先后开辟武汉、济南等8个城市的旅游直通车。开通新浪镇江园林网。全年客流量182.2万人次，比上年增长19.1%，“园林一卡通”销售突破6万张。成功引进富临南山、宴春金山店、凤凰居等项目在镇江落户，实现品牌企业与品牌景区的强强联手。利用行业优势瞄准市场，凭借“多、快、好、省”的特色占领市场，承接工程量1460万元，增长15%。

发展社区建设。围绕“以人为本、富民至上”的目标，强化和谐社区建设。完成体育会展中心以南地块、三里岗地块等的拆迁，计545户10万多平方米，安置75户6700平方米。开展周家河沿线卫生集中整治，协助建设五凤口地埋式排污系统，并顺利通过考核验收。强拆违章建设70起，面积3600平方米；制止21起，面积1180平方米，保持连续5年“违建零增长”的目标。落实安全责任，加大安全隐患排查整改力度，连续10年被评为镇江市安全生产先进单位。查处辖区内各类刑事、治安案件46起，化解各类矛盾纠纷391起，确保南山社区治安工作稳定有序。园林局被市委、市政府评为2006～2010年度社会治安综合治理先进集体。（谢疆平）

【“印象金山”参展重庆全国园博会】 2011年11月，第八届中国国际园林博览会在重庆举办。本届园博会由住房和城乡建设部、重庆市政府共同举办，主题是“园林，让城市更加美好”。这是中国园林绿化系统与花卉盆景赏石行业的一次盛会。镇江主题园“印象金山”位于园博会的江南园区内，占地总面积为1150平方米，建有邀月楼、碧螺绿岛、沙洲、白龙洞、平波桥等景点，园内以绿色植物铺装成大面积的水波纹形态，体现“水漫金山”的景观意境。该主题园由镇江市地景园林规划设计有限公司设计，苏州园林发展股份有限公司承建。（戴和生）

【古琴演艺馆工程竣工】 2011年4月底，镇江市南山文苑古琴演艺馆建成竣工。该馆由东南大学杜顺宝教授设计，苏州园林发展股份有限公司承建。该馆位于文苑西侧，占地1200余平方米，建筑面积436平方米，是一座由琴房、茶室以及配套服务用房等组成的仿古园林建筑院落，主体建筑“琴房”为两层，面积约238平方米，琴馆背山面水，竹林环抱，柴门竹篱，石栏庭院，雕梁画栋，三级跌落式溪流瀑布潺潺有声，太湖假山与涓涓溪流蜿蜒曲折。室内装修简洁典雅，人坐其中，听松风竹啸，琴声袅袅，如入仙境。这里将开展晋代著名琴家戴颙的“游弦”“广陵”“止息”等古琴名曲的古琴演奏表演活动，并成为广大古琴演奏家和古琴爱好者们雅集、研究、交流、观摩、欣赏古琴音乐文化的活动平台。

（戴和生）

【镇江主题园——“曲水香洲”获省园博会一等奖】 2001年9月，江苏省第七届园艺博览会在宿迁市举办，主题为“精彩园艺、休闲绿洲”。镇江参展的主题园“曲水香洲”位于花艺大道以西，骆马湖的缓坡地上，占地面积为8700平方米。镇江主题园区内有熏香台、观景台、浣花

图 21－2 2011 年 9 月，镇江市的“曲水香洲”获江苏省第七届园艺博览会一等奖（谢疆平）

溪、滑梯、寻芳径、疏林草地等。以杜鹃花为构图元素，将主题园区外的水引入园中，结合古琴式观景构架，配置彩叶香化植物，如香樟、广玉兰、香橼、熏衣草、紫苏、八宝景天、栀子、月季、樱花等，并运用雾森技术，表现镇江的园林景观特色。该主题园由镇江市地景园林规划设计有限公司设计，镇江市城市绿化工程养护处承建，荣获园艺博览会造园艺术一等奖。（戴和生）

【北固山绿地改造提档升级】 2011 年，镇江市改造北固山绿地，使其提档升级。北固山绿地位于北固山下，与长江路风光带和滨江旅游风光带相连，面积约 10 万平方米，是镇江市重要的城市公共绿地和市民喜爱的休闲活动场所，建成于 2004 年。本次升级改造的重点是利用长江岸线资源和北固山的三国文化资源，复建古甘露渡码头，扩建改造凤凰池景点，移建连沧观，并对绿地进行升级改造。改建后的凤凰池面积比原先扩大，新建入口牌坊、凤凰亭，池中三座小岛有石桥拱桥相连，具有浓郁的江南古典园林特色。古甘露渡码头占地 1000 平方米，三级平台，花岗岩石栏杆浑厚有力，码头入口处设两根石浮雕望柱，一块巨大的景观石横立在码头平台之上，彰显古渡的人文历史。移建后的连沧观面江临水，掩映在江边绿树之中。对枫杨广场 1200 平方米铺装进行改造，新建或改造游园道路 3000 平方米以及部分旅游服务设施，调整栽植大量高规格的园林花木和色叶观赏树，同时保留北固山的特色花卉海棠。（戴和生）

【北固楼风光重现北固山】 2010 年，镇江市政府顺应民意，决定以“三山”综合改造为契机重建北固楼。北固楼是一座历史名楼，因辛弃疾的“何处望神州，满眼风光北固楼”而名扬天下。重建后的北固楼位于北固山后峰山顶，为仿宋十字脊楼阁式建筑，占地面积 400 平方米，总建筑面积 421.85 平方米，为明二暗三式（檐 3 层），基础采用钢筋混凝土桩基，主体为木结构，采用缅甸进口柚木制作而成，屋脊高 20.5 米，檐高 14.34 米，屋顶采用琉璃瓦。底层带副阶，通过回廊可与周围建筑很好的结合和连通，内设有展厅，顶层四面设窗，朝北可眺望江景，面南可观层叠的院落，东西向更是满眼城市风光。从山下往山上看，北固楼气势恢宏。北固楼重建工程于 2010 年 10 月 10 日开工，2011 年 12 月竣工，工程总投资 1500 万元，由东南大学陈薇教授设计，浙江绍兴园林工程有限公司承建。（张丙举）

【金山景区 AAAAA 级游客服务中心启用】 2011 年，镇江市的金山景区 AAAAA 级游客服务中心，经过 4 个多月的紧张施工，于“五一”劳动节前全面竣工启用。金山景区游客服务中心位于金山大门西侧，按照国家 AAAAA 级旅游景区标准设计建造。该中心由原出租门面房改造装修而成，建筑面积 1230 平方米，总投资 400 余万元。建筑外观高低错落，风格独特，内部装修古典雅致而不失时尚。设有六大功能分区，分别为专柜区、接待区、展示厅、演示厅、导游接待中心和醋吧等。专柜区包括纪念品专卖区、精品陈列区、咨询服务处及文化宣传栏、宣传资料架等；接待区包括接待受理服务、投诉咨询服务、擦鞋服务、雨伞出租服务、动态信息宣传服务等；展示厅陈列布置金山全景电子沙盘和内容丰富图文并茂的展示牌等；演示厅可循环放映金山风景区的风光片和旅游动态信息；导游接待中心提供导游接待和旅游咨询服务；醋吧位于游客服务中心二楼，可为游客提供茗茶娱乐、休闲购物等服务。为配合游客服务中心的升级改造，景区还按 AAAAA 级标准改造 5200 平方米的停车场和厕所，按照强化功能、方便进出的要求，对停车场进行布局调整，铺设 2500 多平方米草坪砖、1800 平方米沥青路面，完善电子门禁和收费系统。新建紫薇花架、改造沿河驳岸，点缀太湖石假山，调整绿地 500 多平方米。停车场大门两边设置木雕花窗等园林小品。（戴和生）

【金山文宗阁落成对外开放】 2011 年 10 月 26 日，镇江市在金山文宗阁前举行落成典礼，市有关领导和著名清史专家阎崇年、全国阅读协会会长徐雁等参加庆典。金山文宗阁始建于清乾隆四十四年（1779 年），以收藏《四库全书》和《古今图书集成》而闻名天下。咸丰三年（1853）毁于战火。复建后的文宗阁遵循历史原貌，新址选址于距旧址以东不到 200 米的原金山景区办公室片区，四面环水。复建后的文宗阁为仿古的四合院建筑，由门楼、假山、御座房、藏书楼、回廊、御碑亭、花木、小桥等建筑和景点组成。占地面积 5500 平方米，总建筑面积 1286 平方米，其中主体建筑藏书楼明二暗三式歇山顶混凝土仿古建筑，面积为 673 平方米。

复建后的文宗阁，书阁的正面悬挂乾隆皇帝题写的“文宗阁”和“江山永秀”匾额。一楼正面的屏风上为清代镇江诗人张慰坤撰写的《金山文宗阁赋》。右侧展板上是对《四库全书》的综述，左侧展板则介绍文宗阁史略、庋藏图片目录及文宗阁先贤。二楼藏书处分为三个部分，其正面是收藏着故宫博物院监制的仿古版 1184 册大八开手工线装《四库全书》十余个大书柜，左侧摆放四个书架，按照古时书架形制复原，按经、史、子、集排列存放。右侧展柜中存放的是从国家图书馆复制而来的《文宗阁四库全书装函清册》，即藏书索引。还有展示文宗阁唯一遗存下的古书《日涉园集》影印件、收录《四库全书》目录的古书3本等。三楼则是学术研讨厅，为进行各类学术研讨而设置，发挥文宗阁的文化功能。该项目建筑由杭州园林设计院设计，装潢由中国美术学院设计，承建为青岛德才装饰公司。 （徐丹霞）

【金山御码头景观改造工程竣工】 2012年4月，金山御码头景观改造工程竣工。御码头景观改造工程是金山景区综合改造项目的重要组成部分，位于金山景区北部，改造总面积8500平方米，以一条文化景观轴为文化核心，临水码头、石牌坊、舞台、石桥、御碑、玉煦楼等景点依次分布在这条景观轴上。其中玉熙楼依山而建，二层翘檐，高8.4米，面积160平方米，通过36米长的曲折长廊与白龙洞浮玉亭相衔接。高8米的石牌坊临湖而建，精雕细刻，与玉熙楼相呼应。放生池沿岸周边点缀船舫、拦水拱桥、放生亭等园林小品，使御码头景区环境更显园林意趣，与原有的玉带桥、白龙洞、信矶、磐陀石等景点有机融合。临池可赏鱼乐，临湖可眺烟波，登楼可观长江，成为游人游览金山的又一处绝佳景观。该工程2011年6月开工，由杭州园林设计院设计，青岛德才装饰公司承建。 （徐丹霞）

【焦山景区AAAAA级游客服务中心投入使用】 2011年10月28日，镇江市的焦山景区AAAAA级游客服务中心装潢陈设一新并对游客开放使用。焦山游客服务中心位于象山景区广场新渡口，总建筑面积1000余平方米，为二层仿古重檐歇山顶建筑，一层大厅服务设施有总服务台、影视中心、智慧旅游电子触摸屏、导游服务站、母婴室、医务室、旅游购物商店、休闲桌椅、手机充电站等。二层为茶社，游客在此可一边候船休闲，一边欣赏焦山旅游风光片；也可临江远眺，一睹"浮玉自江中浮起"的焦山美景。该工程由杭州园林设计院有限公司设计，苏州园林发展股份有限公司承建。 （戴和生）

【南山八公洞景区中幼龄林抚育（试点）工程启动】 2011年11月24日，镇江市南山风景名胜区管理处启动南山八公洞景区中幼龄林抚育（试点）工程。该工程由镇江市农委根据江苏省林业局关于《江苏省中幼龄林抚育（试点）实施办法（试行）》的通知要求而进行的试点项目，由市林业技术指导站和南山风景名胜区管理处共同负责实施。范围从南山天桥至市林科所两侧山头（菊花山路沿线）林缘向内100米内，总面积约66.67公顷，预计于2012年3月完成。 （张炳文）

【大东滩绿地改造工程竣工】 2011年8月8日，镇江市的大东滩绿地改造工程竣工。大东滩绿地位于滨江路以东，江滨泵站以南，紧靠阳光世纪花园小区，占地8500平方米，原为临近大东沟的江边绿地，随着滨江路建设，绿地景观质量已不能满足城市和周边市民的需求，为了更好地为周边市民提供优美舒适的游憩和锻炼场所，打造滨江路景观带的新景观，由镇江市城市绿化养护处投资实施大东滩绿地景观改造工程。该工程包括新建公共厕所一座、园路580平方米，广场铺装2300平方米，停车场700平方米、管理用房814平方米，栽植乔灌木56种358株，种植地被4560平方米。该工程于2010年6月开工，由镇江市地景园林规划设计有限责任公司设计，镇江市江泰建筑安装有限公司承建，工程总投资517万元。 （陈燕林）

【黄鹤山举办"民防杯"植树活动】 2011年3月12日植树节，由镇江市委宣传部、市园林局（南山管委会）、市民防局与名城镇江网联合在南山黄鹤山景区举办"民防杯"镇江网友大型公益植树活动。活动结合民防设备秀、民防知识展等内容，以情景演练的方式，向市民宣传防空防灾知识，提高市民的民防意识与个人防护技能，形成"植树、护绿、兴绿，人人争做绿色文明使者"的良好氛围。1000余名市民与网友参加活动，栽植女贞、香樟、紫薇1000余株。 （张炳文）

【举办第二届南山帐篷大会】 2011年4月30日～5月2日，由镇江市委宣传部、镇江市园林局（南山管委会）、镇江市体育局主办的第二届南山帐篷大会在南山西入口举行。近千名网友带着300多顶帐篷驻扎南山疏林草地，200多名环保先锋和环保志愿者放飞1000多个象征环保、生态的绿色气球。在为期三天的帐篷大会中，举行"山谷里的居民"帐篷音乐会、"重温流金岁月"经典老电影草地展播、户外亲子运动会、少儿闲置创意市集、"旺狗兆财"宠物明星秀等活动。 （张炳文）

【举办金山第八届荷花展】 2011年6月30日～8月31日，镇江市一年一度的金山荷花展（第八届）在金山景区举办，吸引众多游客与市民观赏。金山风景区有荷花种植水面近13.33公顷，集中在荷花池、佛教广场、百花州、一泉景区。品种有白千叶、红千叶、天娇、满江红、白雪公主、庐山红莲、友谊牡丹莲、中日友谊莲等100多个。沿景区游览主干道布置200多缸荷花，在主景区还布置以荷花为主元素，配以大型盆景、南方植物等组成的荷花小品十余处和时令花卉数万盆。金山在碧绿的莲叶和鲜花的衬托下显得更加秀丽，花展期间还举办荷花摄影大赛。 （徐丹霞）

【"采月南山"中秋赏月晚会】 2011年9月13日（农历八月十六），由镇江市园林局主办的"采月南山"中秋赏月晚会在南山西入口拉开帷幕。来自社会各界的"见义勇为"代表、"大爱之星"代表、书画文艺界精英、文明志愿者、风景园林建设者、网民代表等近200人相聚南山。当晚草坪上点亮了支支烛光，在皎洁的月光下，南山的夜景如诗如画，悠扬的古琴和箫声从远处隐隐传来，与会者边品茗边欣赏具有浓郁传统文化色彩的节目。 （戴和生）

【举办第13届镇江焦山金秋桂花节】 2011年9月27日，第13届镇江焦山金秋桂花节媒体见面会暨《桂花树之恋》MV开拍仪式在焦山风景区举行。本届桂花节在象山公园、乾隆行宫、枫杨广场、鹤园等主要游览区布置了"鹤舞金秋""秋之果实""秋竹观星""龙腾秋月"等花卉小品，开展了桂花酒、桂花食品免费品尝活动。第13届桂花节还开展"网络游焦山之美"活动，20多家网络媒体记者齐聚焦山参与报道。曾经游览过焦山的游客和网友也可以通过新浪、搜狐、腾讯的微博发布自己的焦山之行或参加"我为焦山写经典"的创作大赛，评选后的获胜作品在名城镇江网站上集中展播。《桂花树之恋》MV是歌手景心妍的作品，讲述的是一个唯美的感情故事，外景全部在焦山拍摄。 （戴和生）

国内贸易

责任编校：倪红阳

综 述

【概况】 2011年，镇江市累计实现社会消费品零售总额658.1亿元，比上年增长17.6%；实现商贸业增加值278.5亿元，比上年增长18.54%。万达广场、九润广场相继开业，万千百货、华润苏果、乐购超市陆续入驻，原有大润发超市新开京口店，香逸渔港、宴春酒楼等新开金山分店；14个城市综合体项目完成年度投资近59亿元；全市亿元商品交易市场达20个，华东汽配灯具年成交额实现超百亿元；惠龙港跃身两百亿新台阶。家电以旧换新政策按期结束，累计拉动销售20.31亿元；“邻里之家”示范民生工程建设运行试点；全年建成7个省级社区商业示范区和1个国家级示范区；农村流通不断完善，全年“农超对接”农产品销售规模突破3000万元。镇江新区港南花苑社区获得全国商业示范社区称号。

骨干企业支撑作用进一步增强。2011年，镇江市亿元商品交易市场达20个，其中综合市场6个，专业市场14个。实现年成交额372.19亿元，增加150.1亿元，增长67.6%，惠龙钢铁在上年突破百亿大关的基础上跃上235亿元的新台阶；丹阳眼镜市场和华东汽配灯具成交额分别为80亿元和140亿元。全市限额以上商贸企业零售额为323.85亿元，增长32.1%，占社零总额的比重为49.2%。

居民消费水平不断提升。服务性消费领涨商贸业，全市住宿餐饮业实现零售额72.32亿元，增长20.4%，增幅高于批发零售业3.1个百分点。发展型、保健型消费成为热点，全年金银珠宝类实现销售额11.12亿元，增长77.1%，比上年同期提高53.9个百分点；家用电器和音像器材类共实现零售额25.49亿元，增长18.5%；汽车类零售额68.47亿元，增长14%；中西药品类实现零售额增长91.2%。

假日经济推动消费明显。“劳动节”“国庆节”黄金周市场重点零售企业累计分别实现销售1.12亿元和2.79亿元；第八届扬中河豚美食节拉动游客26万人次，比上年增长73.3%，宾馆入住率保持在95%以上；世业洲举办的“草莓音乐节”吸引各地音乐爱好者10万人。

多级商圈格局初步显现。2011年，万达广场和九润广场两大城市综合体建成开业，使城铁广场商业次中心和青年广场商贸副中心初步形成，镇江市零售行业由企业间的竞争转向商圈之间的竞争，万达等新商贸圈产生的是“黄金增量”，而不是“零和竞争”。常发、东方伟业基本具备开业条件，苏宁、万达、雨润、金鹰、颐高、欧尚、沃尔玛、乐购、红星家具等一批新型商业相继落户镇江，初步构筑起市城区商贸一主五副发展框架。

扩大内需政策拉动效果明显。2011年，全市实现销售五大类新家电26.78万余台，销售额9.79亿元；回收旧家电26.68万台，发放补贴0.71亿元。“家电以旧换新”政策实施以来，累计销售新家电56.2万余台，销售额20.31亿元；回收旧家电56.24万台，发放补贴1.52亿元。家电下乡全年实现销售283996台（件）、销售额70672万元、发放补贴7989万元，与上年同期相比分别增长75%、83%、83%。

物价因素导致食用消费全线上扬。2011年，对全市限额以上批发和零售业商品销售分类情况统计，限额以上企业吃、穿类商品实现零售额69.37亿元，增长38%，对社会消费品零售额增长的贡献率27.9%。其中食品、饮料、烟酒零售额51.97亿元，增长48%，食品类增长40.7%，粮油类增长23.8%，蔬菜类增长34.6%，干鲜果品类增长43.8%，服装鞋帽针纺织品类增长36%，日用品类增长34%。 （周军捷）

【采取措施应对蔬菜滞销】 2011年4月，大量应季蔬菜集中上市，镇江市江心洲等地莴苣等蔬菜出现滞销，价格持续走低。市商务局迅速采取应对措施，帮助菜农寻找销路，维护菜价稳定和市场平稳运行。一是开展农商合作，促进产销对接。组织镇江农副产品批发市场和大润发、沃尔玛等10家重点连锁超市赶赴江心洲进行产销对接，扩大地产蔬菜销售量。二是拓宽信息发布渠道。通过商务部城乡信息平台向全国发布镇江市蔬菜种植、销售、价格等信息，争取外来采购。三是帮助蔬菜生产大户与冷库建立联系，对上市的蔬菜进行储备，延长上市周期。 （吴苏凌）

【江苏省华茂贸易有限公司】 2011年，江苏省华茂贸易有限公司（简称江苏华茂）秉承诚信经营理念，坚持开拓创新、跨越发展，企业管理逐步向集团化发展。较改制之初企业年销售规模及人均年收入均提升2倍；企业经营模式由传统贸易型逐步向生产贸易型转变；投资设立镇江华茂酒业有限公司、镇江市华茂烟花爆竹有限公司、江苏润华贸易有限公司、镇江苏客隆饭店有限公司、江苏白玫化工有限公司、江苏华茂进出口有限公司等独立实体以及镇江旗舰五粮液专卖店、华茂康体会所等分支机构；十年来，企业按照改制文件的规定承担内退、协保、留职定补、离退休等各类职工的相关费用近3000万元，实现资产的保值、增值，保证在职职工年收入增幅超10%。

2011年，江苏华茂及其直属分、子公司主营食糖批发和分装销售、名酒批发、零售、烟花爆竹批发配送、化工产品进出口等业务，年销售3.1亿元，较上年增长40%。各种酒类销售200000升，再次赢得"全国酒类优秀营销商"称号，该企业被评为"江苏省酒类流通示范企业""镇江市创建诚信经营示范单位"，其下属镇江旗舰五粮液专卖店再度赢得全国"优秀五粮液专卖店"荣誉；实现食糖类批发2.3万吨，分装"苏果牌""和润华"牌食用糖9000吨，是华润苏果20强供应商；进出口业务实现首年创汇600多万美元；参股经营的江苏白玫化工有限公司，全年生产、销售元明粉62万吨，创利税7000万元；烟花爆竹批发配送覆盖市区100多家专营店。

（李　建）

【镇江酒类行业首次开展"创建诚信经营示范单位"活动】 2011年，镇江酒类行业首次组织全市酒类经营企业开展"创建诚信经营示范单位"活动。创建活动自2011年1月开始，历时10个月，经过对企业申报材料的审核和实际经营情况的考评，征求相关管理部门的意见后，由镇江市放心消费创建活动领导小组办公室、镇江市酒类管理办公室和镇江市酒类协会联合评选出镇江市天和酒业有限公司、镇江峰华饮品有限公司等18家单位为"创建诚信经营示范单位"。

（李学科）

放心消费创建

【概况】 2011年，镇江市放心消费创建通过省创建办阶段性测评，实现区域全面参创，参创率100%，行业参创逐年提升，企业创建逐步达标，全市企业参创率达62%，实现全市放心消费创建层次由点到线及面的有序提升。市场监管合力增强，消费安全得到保障。初步建成全市联网的汇集工商、质监、食品药品监管、农业、税务、海关、金融等多个部门的企业信用监管信息立体网络。对制假售假、商业欺诈等消费领域经济违法行为进行打击和遏制，全市未发生因商品或服务质量引发的重特大消费安全事故。产（商）品质量合格率进一步提高，省级产（商）品质量监督检测合格率95.25%，产品质量指数为98.63%，均高于全省平均水平；农产品省级抽检结果名列前茅，自2009年以来农产品合格率稳定在全省前三位。企业自律机制基本建立，行业管理规范。大中型超市、卖场、批发中心全面实施商品准入工程；经营食品、药品等重点企业和单位全部建立和落实企业自律制度，与百姓生活密切相关的行业放心消费创建活动参与率达95%以上，实现年度创建目标。放心消费创建成效明显。2011年，镇江市放心消费创建工作通过自测自评和省级阶段性测评考核验收，并以总分975分的成绩列全省第一方阵。全市21家区域、5家行业、35家企业申报2011年度省级放心消费先进（示范）单位，经过初评和复核，有14家区域、3家行业、27家企业通过考核验收，获2011年度省级放心消费创建示范（先进）单位称号。

（朱敦武）

【开展宣传提升工程】 2011年，为扩大创建活动的社会影响面和市民的知晓率，放心消费创建工作结合重大活动，组织开展形式多样、内容丰富的宣传活动。在《镇江日报》《京江晚报》、电台、电视台上开辟专栏，在政府门户网站发布信息；结合"3·15"现场咨询、电视晚会、摄影书法大赛、《中华人民共和国消费者权益保护法》知识竞赛、送法"五进"等系列活动，营造氛围；创新宣传手段，利用"4·8"法制宣传周、"5·17"世界电信日、"6·14"旅游安全宣传日等活动开展放心消费宣传。增加标识宣传密度，印制12万份省统一标识宣传画，在市区主干道沿街店面张贴放心消费提示语。利用暑期开展放心消费进校园活动，设计食品安全放心消费提示卡分发给中小学生，向市民发放2万只印有主体宣传口号的环保购物袋，制作700多件创建文化衫，分发给市区所有街巷保洁员。

（朱敦武）

【为民惠民实事工程】 2011年，创建"放心消费食堂"是镇江市为民惠民办实事工程之一。镇江市率先在全省出台《镇江市中小学学生食堂伙食费管理暂行办法》。《暂行办法》坚持服务学生为宗旨，以自主经营，区域内集中配送为主要经营模式，推进全市教育系统中小学学生食堂管理工作的创新。加强食堂财务管理，规范食堂经营服务，保障广大师生权益。学生食堂管理的"镇江模式"在全省推广，《人民日报》等多家新闻媒体作专题报道。省内多个市的教育系统专程到镇江学习创建"放心消费食堂"活动。

创建放心消费示范街工程，打造"放心消费创建示范街"，市区中山东路商业街开展"百城万店无假货"示范街创建，沿街经营户做到统一佩戴胸牌、统一张贴标识、统一规范台账。

建设农村家宴规范化管理工程，关注农村消费安全，把放心消费创建与服务社会主义新农村建设、农村食品安全工作紧密结合起来，加强农村家宴规范化管理。组织公安、卫生、工商等部门对农村家宴实行家宴申报登记、厨师持证上岗、现场检查、原材料采购登记、事故报告五项制度，保证农村群体聚餐的安全。

（朱敦武）

【延伸消费维权网络】 2011年，镇江市放心消费创建充分利用部门联动平台、在基层行政村、社区两站（"12315"联络站、消费者投诉站）开展消费维权，围绕百姓生产生活和实际需求开展系列创建活动。在银行收费、物管服务、预付式消费、网络购物、物流快递等领域开展消费维权，受理消费者投诉举报，解决新兴消费模式侵权问题，延伸维权网络。乡镇（街道）、（行政村）社区消费维权网络实现全覆盖，行业、大型企业维权网络覆盖率超过85%、参创单位网络覆盖率100%；消费者申投诉处理率100%，满意率90%以上，消费环境更加和谐；消费者对放心消费创建活动的知晓率、认同率90%以上，消费者满意率80%以上。

（朱敦武）

放心工程

【概况】 2011年，镇江市蔬菜种植面积3.51万公顷，上市蔬菜96.98万吨，实现产值21.75亿元，分别较上年增长2.8%、5.7%、9.6%。加强蔬菜基地建设，全市把万亩菜地建设重点放在丹徒区南片、沿江乡镇，以及镇江新区万顷良田二期工程项目区。蔬菜生产基地选择无污染、自然环境好、水资源良好、群众有种菜积极性、十年不被征用的农田。以方便菜农种植和运输、增强抵御自然灾害能力为原则，按要求做到路、沟、渠配套，能排能灌，道路畅通。扩大设施种植比重，新建钢管大棚280公顷、高架防虫网53.3公顷、连栋大棚7.3公顷。8月，召开全市地产"放心菜"进万家产销对接座谈会，市区20多家地产蔬菜生产基地、合作社、超市、集伙单位、配送供货商代表等参加会议。印发《市区蔬菜产需双方信息表》，注明生产基地种植面积、日上市量、供应品种、联系方式等，8家供需单位现场签订年销1.9万吨的蔬菜产销对接协议。组织"大篷车"进社区活动，分别于9月下旬和10月上旬，在"我家山水""阳光世纪"和"香江花城”社区举办地产农产品进社区的活动。两次活动共组织地产蔬菜1万公斤、水果1250公斤、鸡蛋100多公斤，屠宰企业加工的鲜猪肉500余公斤，实现销售6万余元。（邱洪潜）

【抓好“菜篮子”工程落实】 2011年，镇江市政府下发《关于实施十大民生工程的意见》，把“菜篮子”工程建设列为“十大民生工程”，在市区和各辖市各新建蔬菜生产基地667公顷，与各辖区政府签订蔬菜基地建设目标管理责任状。为确保“菜篮子”工程建设任务得到贯彻落实，4月，召开全市蔬菜基地建设现场推进会。会议在分析蔬菜产销形势的基础上，强化对蔬菜工作重要性认识，明确市区和辖市两个万亩菜地建设目标任务，全面落实财政补贴等各项政策措施。

（邱洪潜）

【拓宽运输“绿色通道”】 2011年，镇江市农委与市公安部门联合发出《关于发放市区“绿色通道”专用通行证有关事项的通知》。在对新增“绿色通道”专用通行证发放对象作出具体规定的基础上，明确“绿色通道”专用通行证发放程序、部门职责、交通管理等事项。根据城市交通和道路建设的实际情况，确定“绿色通道”专用通行证发放增长比例。在“绿色通道”专用证发放过程中，坚持原则标准，严格按照程序，认真履行职责，不断提高行政效能，为方便“菜篮子”产品运输、拓宽“绿色通道”创造条件。

（邱洪潜）

【强化蔬菜质量安全监管】 2011年，镇江市共检测蔬菜样品23568批次，市农产品检测中心定量检测320批次，合格率分别为99.8%、98.5%，比上年分别提高0.1个百分点和0.7百分点。为保障蔬菜质量安全，镇江市农委抓好四项工作：一是加大宣传力度，发放万余份《种菜卖菜十不准》《禁止和推荐的农药》等宣传资料。二是加强源头管理，做好生产基地管理工作，健全生产记录。督促辖区加强执法检查，查处违法经营使用高毒高残留农药的不法行为。三是健全基层检测体系，在完善老菜区检测体系的同时，加强新菜区检测点的建立，发放检测仪和速测液，健全基地检测记录。四是完善蔬菜农药残留例行监测工作方案，不断提高产地准出、市场准入和市级检测部门的三级检测水平。（邱洪潜）

【开展猪肉质量安全整治】 2011年，镇江市实施生猪产地检疫34万头，屠宰检疫45万头，检出病害猪肉产品14.5吨，检出率为0.08%，检疫不合格生猪及其产品无害化处理率达100%，查验外采猪肉5.2万头，处理不合格肉品460公斤。家禽交易市场继续实施检疫员驻场检疫制度，由驻场检疫员在家禽交易市场严格持证索证，规范开展检疫，坚持消毒工作，逐步建立家禽检疫长效管理机制，全年共检疫家禽190万余只。严格实施“瘦肉精”监管，在养殖环节共抽检生猪尿样4760份，生猪屠宰企业抽检生猪尿样5.6万份，未发现使用违禁药物和非法添加剂。开展兽药安全质量专项整治，全年共出动行政执法人员646人次，执法检查覆盖全市兽药生产企业4家，兽药经营企业68家，养殖场（户）512个，动物诊疗机构8家。（邱洪潜）

餐饮服务业

【概况】 2011年，镇江餐饮业以诚信经营、放心消费为主线，以“振兴镇江菜、打造镇江牌，进一步弘扬镇江饮食文化”为主题，以组织慈善公益活动，树立大爱行业形象为切入口，开展一系列宣传活动，提升镇江餐饮行业形象。镇江市餐饮业营业额95.2亿元，比上年增长31.6%；市区餐饮业营业额48亿元，比上年增长21%。在2011年爱心年夜饭捐赠活动中，35家餐饮企业会员单位参加，共捐赠年夜饭352份，爱心市民捐赠69份。在中山桥五星电器大卖场进行了集中捐赠，《京江晚报》头版头条登载了现场捐赠的图片。把食品卫生安全作为大事来抓，在餐饮协会自办的简报上发出《关于做好夏季食品卫生工作》的通知，要求会员单位对食品卫生工作常抓不懈，警钟长鸣。镇江碧榆园、丹阳水中仙餐饮有限公司通过中烹协专家组验收，获“中烹协”颁发的“中华餐饮名店”牌匾。百年老店宴春酒楼金山店于11月16日正式开业。12月28日，香逸渔港金山店开业。（何绍珍）

【开展行业团购食用油活动】 2011年，镇江市餐饮协会组织开展行业团购食用油活动，协会只服务，不推销。对食用油的市场进行调研，了解食用油市场的情况；多次召开会员单位座谈会，广泛听取会员单位对团购油的看法和意见；组织团购油志愿者和部分会员单位赴厂家考察。召开常务副会长扩大会议，在兼顾质量、价格、服务的基础上，确定上海海狮一级大豆油作为餐饮业团购油首选。省烹协对镇江团购油工作给予高度评价，称镇江“走在全省的最前面”。12月底召开专题会议，对参加团购的单位，发放“团购放心品牌食用油”牌匾。

（何绍珍）

【弘扬镇江饮食文化】 2011年，镇江市餐饮协会组织开展学习练兵，加强厨师基本功培训。在锦绣皇宫大酒店举行菜肴营养学暨“经典镇江菜”厨师讲座，邀请南京医科大学营养学博士莫宝庆老师讲授菜肴营养搭配原理；名厨委在“一品阁”组织餐饮业50多名厨师长进行镇江传统特色菜规范操作演示活动。由碧榆园、观海楼、锦绣皇宫、宴春酒楼、聚景缘、一品阁六家饭店的厨师长分别现场制作了拆烩鲢鱼头、镇江醋排、百花酒焖肉、鸡汁干丝、煎烧鲴鱼、白汁鲴鱼六道“精品传统特色菜”。（何绍珍）

【参加在泰州市举行的烹饪技艺等交流活动】 2011年12月，镇江市餐饮协会参加江苏沿江八城市烹饪技艺交流活动。南京、苏州、无锡、常州、镇江、扬州、南通和东道主泰州都派出厨师参加交流活动。各市在规定的位置布置带来交流的菜肴展台，八个城市的厨师代表在现场制作16道菜，达到学习交流的效果。协会还有选择地组织参加省内外各项学习和交流活动：7月协会组织部分会员单位老总共19人去广州参观“第九届酒店用品博览会”；12月11日，由中国烹饪协会名厨专业委员会、江苏省烹饪协会和江阴市顾山镇人民政府主办的“吃在北国”首届中国名宴展示暨私房菜烹饪技能大赛在江阴市顾山镇举行；镇江市观海楼制作展示的“金山江鲜宴”获特金奖，一品阁厨师李迎宾制作的“红扒羊角、金塔扣肉”获特金奖。（何绍珍）

烟草专卖

【概况】 2011年，镇江市烟草系统累计销售卷烟12.51万箱，比上年增长2.05%，其中重点品牌卷烟9.21万箱，占总销量的73.66%，增长22.5%。实现销售收入（不含税）29.45亿元，增长7.88%。实现利税8.54亿元，增长11.13%，其中利润5.31亿元，增长11.93%。单箱销售额23540元，增长5.71%。2011年，全系统三项费用与上年基本持平，三项费用率比上年下降0.32%。推广网上订货工作，网上订货客户占客户总数的97.76%，销售量为总销售量的98.24%。卷烟零售服务标准店逐步形成系统化的管理机制。加强对物流中心竣工决策审计、涉烟关联企业专项调查及相关合同的监管审核工作，共完成28项工程审计项目，送审金额717.5万元，核减146.6万元，核减率20.43%。推进创新工作，市烟草专卖局立项创新项目15个，其中两项报江苏省烟草专卖局立项，两项获实用新型专利。（宦　丽）

【专卖管理】 2011年，全系统以“端窝点，断源头，破网络，抓主犯”为重点，以“冬季会战”“闪电”系列市场专项整治行动为切入口，严格市场监管，规范市场秩序，确保市场净化率的巩固和提高。2011年，全系统共查处各类违法卷烟案件1020起，查获各类违法卷烟7.42万条，破获符合国标的网络案件4起，移送司法机关拘留判刑36人，罚没款237万元。有力打击涉烟违法活动，全面提升打假破网工作。在专卖管理中全面开展对标管理，对各单位的打假破网、查获违规卷烟数量等八项指标进行通报评比，确保全市专卖管理工作的推进力度和平衡性。贯彻行业新《烟草行业内部专卖管理监督工作规范》的各项要求，以信息化动态监管和日常化定期检查相结合方式提高监管成效，促进内管工作重心向基层延伸。推进专卖稽查示范中队建设，加强专卖基础工作。不断规范行政执法行为，加大法律法规培训考核力度，提升依法行政水平。2011年，市烟草专卖局被镇江市委、市政府评为2006～2010年全市法制宣传教育先进单位。（宦　丽）

粮　食

【概况】 2011年，镇江市国有粮食购销企业购销粮食总量149.4万吨；组织粮食企业参加苏、宿、盐、镇、通、泰粮食产销对口衔接洽谈会，签订落实粮食购销合同数量8.7万吨；强化粮食储备管理，制定市级储备食用油管理暂行办法，落实地方食用油脂储备任务，把握市级储备粮轮换节奏和数量，适时、有序、均衡地安排轮换吞吐；制定粳稻（米）保供稳价工作方案，锁定大米应急定点加工企业6家、面粉应急定点加工企业2家、粮油应急供应点55家，大米和面粉日加工能力达到1220吨、800吨。

推行粮食订单“一次收购，两次结算”的做法，创新服务方式，方便农民售粮；落实国家粮食最低收购价政策，全市收购小麦3.57亿公斤、油菜子0.1亿公斤、稻谷1.34亿公斤，促进农民增收9196万元；向种粮大户赠送“科学储粮丰产仓”30个。开展地方储备粮、粮油库存、粮食收购政策执行、加工销售企业面粉质量、节日粮油市场质量等专项检查202次，检查企业757家次；被评为全省粮食流通监督检查工作先进单位、全市放心消费创建活动先进单位。“全国百强军供站”创建工作全省领先。

实行国有粮食企业盈亏季度通报制度。全行业未发生重大安全事故。加强粮食行业协会建设，成立丹阳市粮食行业协会，召开行情分析、交流会。加强“放心粮油”工程、“粮食银行”工程建设；实行政务公开，推行行政权力网上运行，抓好信息公开工作；开展《粮食流通管理条例》及世界粮食日宣传、走进《行风热线》、“创先争优服务月”“争当粮食行业跨越发展排头兵”“创建镇江市示范粮库”“评选镇江市放心粮油示范店”“评比文明职工、文明班组（科室）、文明单位”等活动。面向社会公众作出创先争优公开承诺。（王志新）

【完成食用植物油库存检查工作】 2011年，开展食用植物油库存检查，完成市级自查、省级普查和国家级抽查工作，共对合并登记纳入检查范围的13家政策性油脂承储企业、71个储油罐进行检查，检查食用植物油库存数量18.98万吨，食用植物油库存检查工作得到国家检查组的肯定。（王志新）

【粮食产业发展】 2011年，镇江市粮食系统完成工业产值115亿元、销售收入105.2亿元、利税6.3亿元，产值、销售收入分别比上年增长50.21%、38.64%，利税比上年增长16.45%。丹阳市江南面粉集团、同乐实业公司入围2010年全国小麦粉加工50强企业。推进国有粮食购销企业扭亏增盈，实现利润827万元，比上年增长6.99%。推进粮食仓储物流建设，中储粮镇江粮油有限公司油脂油料产业园建设进展迅速，成为中储粮公司在长三角地区重要的油脂油料加工物流基地。（王志新）

【“五个一”工程建设】 2011年，镇江市推进粮食流通产业转型升级，协调发展。培植国企典型有成效，丹阳市西郊国家粮食储备库有效仓容总量由三年前的2.6万吨扩大到2011年的6.8万吨，完成销售收入1.5亿元、利税520万元。丹阳市粮食部门引进北大荒米业与富丽华有限公司合作，开工建设总投资13亿元的稻米加工产业园项目。丹阳市永兴伟业粮食物流产业园完成总投资近1亿元。新增市级名牌产品6个。（王志新）

【放心粮油工程建设】 2011年，全市新增“放心粮油销售店”18家，其中“放心粮油示范店”6家，完成2009～2011年三年创建150家“放心粮油示范店、销售店”目标；全市共创建市级示范店50家，国家级示范店3家，城市放心粮油市场占有率75%，农村市场占有率65%。市粮食行业协会在全国放心粮油工程建设会上作典型经验介绍。（王志新）

供销合作社

【概况】 2011年，镇江供销合作社系统销售收入328.81亿元，完成计划142.84%，比上年增长36.50%；消费品零售额64.75亿元，完成计划129.52%，增长24.53%；农资销售额10.29亿元，增长2.08%；再生资源收购额39.89亿元，增长43.37%；农副产品收购额28.40亿元，完成计划156.19%，增长45.55%；农副产品市场交易额5.05亿元，完成计划113.64%，增长109.22%；报表利润6845万元，完成计划130.95%，增长39.84%。全系统新建和改造升级为农服务社50家，建成12家建设标准高、带动作用强的为农服务中心。全系统193家农民专业合作社入社成员2.1万人，带动农户12.9万人，培训农产品经纪人1156人。镇江市农民（农产品）经纪人协会获中国农产品流通经纪人协会一等奖。（李　瑞）

【以农为本、项目兴社发展战略】 2011年，镇江市供销系统在建项目26个，包括农民专业合作社项目、产业化龙头企业项目、农业综合开发项目、“新网工程”项目，预算总投资75790万元，累计已投资29625万元。其中13个为农服务中心、丹阳的“吟春碧芽”现代茶园名优茶种植基地、扬中月星家居广场、丹阳、丹徒的烟花爆竹仓库等一批大项目竣工投产。申报国家级“新网工程”项目2个，省级“新网工程”项目6个，项目资金争取份额超过全省系统的8%。（李　瑞）

【防病治虫工作】 2011年，镇江市供销社系统农作物病虫害“统防统治”工作获“镇江市农业技术推广奖”。市政府拨付资金，购置250台高效喷雾器，器械累计807台，共成立“统防统治”专业合作社15家，全年防治面积达40万公顷。（李　瑞）

【专业合作社建设】 2011年，镇江市供销社系统对照《关于开展"五好"农民专业合作社示范社建设行动的实施意见》,建成农民专业合作社示范社44家,其中省级示范社20家,市级示范社12家,县级示范社12家,建成省级农民专业合作社联合社3家。江苏省赵亚夫农产品合作联社、丹阳江南草菇专业合作社入选全国总社"农民专业合作社示范社",镇江市丹徒区高冠秧草专业合作社入选全国总社农业产业化重点龙头企业。

(李　瑞)

【农产品经纪人培训】 2011年,市供销社系统农民经纪人培训工作继续列入"市政府十大民生工程",全省农产品经纪人创业兴业培训工程在镇江启动,江苏省、镇江市供销社联合举办首期农产品经纪人中级培训班。赵亚夫农产品专业合作联社理事长黄金利、江苏省联合惠农食用菌专业合作联社社长姜小红被中国农产品流通经纪人协会评为全国首届百强农产品经纪人。(李　瑞)

石　油

【中国石油化工股份有限公司江苏镇江石油分公司】 2011年,该公司实现成品油销售量38.8万吨,比上年增长6.4%,其中成品油零售量30.95万吨,增长14.63%。非油品业务全年实现营业额2478万元,新开易捷门店6个,打造旗舰店3个。新增加油站点1座、加气站1座,完成油气回收站改造17座,完成自助加油改造站点5座,建设统一形象的充值开票中心3个。

注重对客户的服务质量,开展IC卡营销业务普及,深入厂矿、政府、农田上门充值,深化与移动、联通等单位的充值卡业务,加油结算时间大为缩减,服务效率明显提升。2011年持卡消费比重达到40.09%。创建五星级站1座、四星级站3座、三星级站8座。(王　玥)

【中国石油天然气股份有限公司江苏镇江销售分公司】 2011年,中油镇江销售分公司资产总额3.65亿元,完成销售汽、柴油约18.07万吨,全年实现销售收入13.36亿元,市场占有率28.7%,缴纳各项税款1766.83万元。该公司拥有加油站62座,2.5万吨成品油码头1座、10万立方米的成油品储罐,陆路日发货能力1000吨,水路日发货能力8000吨。该公司非油品业务以轮胎、润滑油、便利店为三大支柱,全年实现非油销售1125.09万元。(高　山)

盐　业

【概况】 2011年,江苏省苏盐连锁有限公司镇江分公司(镇江市盐务管理局)全年购进各类盐产品35239.60吨,完成计划的120.68%,是上年的103.31%。其中食盐销售27363.75吨,完成计划的124.81%,为上年的103.73%;小包装销售17730.25吨,完成计划的133.31%,为上年的106.81%。实现营业收入11408.28万元,在镇江盐业发展史上首次突破亿元大关,完成计划指标的124%,为上年的127.74%;利润200.05万元,完成计划指标的116.31%,为上年的114.21%。(胡建兵)

【经营管理】 2011年,江苏省苏盐连锁有限公司镇江分公司提出将转型发展作为镇江盐业新一轮发展的关键突破口,制定"一手抓经营,一手促转型"的工作主线。立足全面放开,出台《加快改革创新管理推进连锁体系建设指导意见》,推行以门店为经营管理考核单元的新型经营模式。盐产品经营上,坚持"小田细耕、做精做优"的经营思路,不断调整优化小包装食盐品种结构。非盐经营上,主攻集采商品,采取全员"会战"方式,通过订货会、体验营销等形式,开拓非盐市场。在门店建设上,已建门店34个,其中区域中心店4个,覆盖性直营店12个,自营专卖店1个,加盟店17个。以门店为节点,按照"点、线、面"科学合理布局要求,将全市共划分为12个配送区域,由12个中心店、直营店分别负责。每百吨配送区域按照不少于45个终端客户进行建立,并按A、B、C三类进行分级管理,提升终端数量、客服水平、分销能力和客户维护能力。制定镇江盐业的改革方案,引入全员竞争上岗机制,对全部中层经营管理岗位实行竞标竞岗,深化内部改革,通过公推公选方式选拔三名普通员工担任店长助理。推动人才流动,做好干部员工上下交流挂职活动,1名中层正职从机关交流到基层门店担任店长,2名员工从后勤管理岗位交流到门店一线营销岗位,1名员工从基层交流到机关职能部门。在薪酬分配上,采取"级岗双线管理"形式,实行一岗一薪、岗变薪变的16级32档工资制,对客户经理推行"基薪+提成+奖励"薪酬分配制度,推动分配向一线和骨干人员倾斜。制定《员工薪酬结构及分配方案》和《绩效考核方案(试行)》,对全体员工进行全员绩效考核。新提拔2名正科级干部,新选任8名店长和店长助理,13名员工晋级,17名员工提档,同时根据业绩表现评选出3名金牌店长、7名金牌客户经理和6名优秀员。区域公司成立连锁经营规范化建设委员会,由区域公司领导班子成员和职能部门负责人组成。领导小组下设发展规划建设、信息管理建设、绩效考核与管理制度建设、门店运营建设四个工作小组,重点建立健全发展规划、门店体系、物流配送、人力资源、企业文化等10个方面的规范化

图22-1　2011年,镇江市组织"5·15"科学补碘宣传　(胡建兵)

建设工作。 （胡建兵）

【盐政执法】 2011年，镇江市对食盐质量的检测，重点是对食品加工、个体腌制户、宾馆、饭店、企事业机关食堂、卤菜加工点等，并同食品加工企业、腌制行业企业签订食盐安全承诺书，确保专盐专用，定期检查承诺落实情况，杜绝散盐和劣质盐流入食盐市场。规范固体废盐、副产盐市场管理，对辖区生产企业的固体废盐、副产盐的生产、储存、处置、销售实行全程监管，保障人民群众的食盐安全。2011年共查处盐业违法案件12起，查获私盐5.95吨，罚没款1132元；发放各类宣传资料2万余份，向市民赠送环保手提袋和围裙各5000余个。开展“元旦、春节保障食盐市场安全专项行动”“五一劳动节及端午节期间食盐市场专项执法行动”“食盐保安护考专项行动”“净化食盐市场保证中秋节、国庆节期间食盐安全联合执法行动”“行业用盐专项整治行动”“旺季食盐保安秋风行动”“夜市餐饮市场食盐安全检查”等活动，有效净化全市食盐市场。在“3·15”“5·15”宣传活动中，联合市卫生局、市疾控中心和京口、润州、丹徒区卫生监督所等单位，在镇江欧尚超市广场开展“科学补碘，持续消除碘缺乏病”等大型宣传活动。共有293家食盐零售户获镇江市首批“食盐放心店”称号。 （胡建兵）

图22－2 盐务管理部门检查门店建设情况 （胡建兵）

【平息食盐抢购风波】 2011年，由于受日本大地震致核泄漏影响，社会上出现海水受核辐射污染、加碘盐能抗核辐射等谣传，浙江、安徽、上海等地出现抢购加碘小包装食盐现象。3月16日下午到夜间影响江苏省。3月17日上午，市区各大中小超市、商场以及农村商店刚刚开门营业，货架上的食盐即被抢购一空，市区和各辖市的大型超市、卖场都排起购盐长龙。为尽快平息食盐抢购潮，镇江盐务管理局（盐业公司）连夜研究部署相关工作。迅速成立盐业公司保障食盐市场稳定供应领导小组，由公司主要负责人为第一责任人，班子其他成员分头奔赴各辖市（区）现场指挥督办。苏盐连锁公司副总经理蒋华连续三天在镇江指导公司制定应急处置措施，加强正面宣传，通过移动、联通、电信等移动手机平台以盐业公司名义向全市发出20多万条保证食盐稳定供应通知的短信，在《名城镇江网》和《镇江网友之家》网上，发布公告通知，镇江电视台新闻频道、民生频道连续几天滚动播报食盐供应充足的公告和正面深入报道。《镇江日报》《京江晚报》和镇江广播电台等新闻媒体都用较大篇幅进行宣传报道。公司领导和各辖市（区）分公司负责人多次接受记者采访，引导广大市民不要误听误传，迅速启动保障全市食盐市场应急预案，采取“定点、限量、保供”的应急措施。对镇江市区大润发、八佰伴、北京华联、万方、苏果等10家规模较大的大卖场、超市、连锁店进行定点供应，保证主渠道的食盐供应；由商务局统一协调，实行临时限购措施，要求各大商场、超市和商店在销售食盐时，按1袋/人限量供应；同时加强与食盐定点生产企业联系争取更多的盐源投放量；与交警等部门协调，对食盐运输车辆实行绿色通道，保障全市食盐的有序供应，维护好市场秩序。加强与公安部门的联系，向各大盐库和经营场所增派大量警力。同时加强市场监管，会同商务、物价、工商、卫生、质监、公安等部门，开展联合执法检查行动。加强信息工作，建立24小时值班和食盐库存日报制度，盐业公司和所辖各分公司以及相关部门明确专人24小时值班，昼夜保持手机处于开机状态，保障信息畅通。业务部门做好食盐销售库存统计工作，坚持两小时一报。3月18日，抢购食盐现象基本平息，市场秩序恢复正常。（参见第119页） （胡建兵）

对外及对港澳台经济贸易

责任编校：陈春鸣

综　述

【概况】 2011年，镇江市实际到位外资18.08亿美元，比上年增长12%。进出口总额100.73亿美元，增长23.5%。其中，出口56.2亿美元，增长18.3%；进口44.53亿美元，增长30.9%。签发出口货物一般原产地证21135份，签发优惠原产地证、国际商事证明书、集成设备电路ATA单证册、使领馆认证共3117份，涉及出口额15.27亿美元。服务外包合同额4亿美元，增长59.9%；外包执行额3.33亿美元，增长112.1%。其中，离岸外包合同额1.98亿美元，增长36.4%；离岸外包执行额1.75亿美元，增长103.6%。新批境外投资项目18个，下降25.1%；中方协议投资2778万美元，下降86%。新签外经合同额5.59亿美元，增长15%；实现营业额2.59亿美元，下降7%；当年新派出劳务1302人，下降40%，期末在外人数4233人。开发园区一般预算收入85.93亿元，增长65.47%；实到外资14.35亿美元，增长25.15%；进出口78.43亿美元，增长52.44%；出口39.24亿美元，增长64.36%；规模以上工业增加值888亿元，增长34.2%；全社会固定资产投入1070亿元，增长43.47%；业务总收入5399亿元，增长43.3%。

全年外资企业占全市定报企业25%，提供超过21万人就业，创造全市36.1%的工业总产值、37%的工业增加值、26%的税收、17.1%的固定资产投资。当年新批外商投资项目125个，合同注册外资20.64亿美元。外商投资企业设备进口3.04亿美元，增长262.7%。缴纳涉外税收67.14亿元，增长26.35%。当年新批及净增资3000万美元以上项目44个，增长4.8%。三次产业项目渐趋合理。新批一产项目9个，实到外资4450万美元，下降27.4%，占2.46%。二产项目79个，实到外资10.3亿美元，下降12%，占57%。二产项目中，爱励鼎胜、未来航空等新能源、新材料、航空等新兴产业项目36个，实到外资6.25亿美元，增长52%，占34.6%。三产项目36个，实到外资7.34亿美元，增长91.3%，其中沃得国际融资租赁、KYB中国投资、铭创城建等外资金融现代服务业项目，以及碧桂园、雨润、招商地产等商贸流通项目15个，实到外资6.59亿美元，增长160.8%，占36.5%。

全年全市有进出口实绩的企业1615家。其中，进出口超亿美元企业10家，出口超亿美元企业4家，进口超亿美元6家。全市进出口实绩前50位企业进出口增长25.3%，高于全市平均水平1.8个百分点。机电产品和高新技术产品出口占全市比重均比上年提高3.2个百分点。对欧、美、日三大主销市场出口平均增长12.8%，对印度、俄罗斯、巴西、南非出口增长34.1%，对澳洲、拉美、中东等新兴市场出口增长35%以上。金东等9个品牌入选江苏省2011～2013重点培育的国际知名品牌；丹阳成为国家级、省级汽车零部件出口基地，大赛璐等10家企业成为省级汽车零部件出口基地骨干企业。

全年全市国际服务贸易进出口14.49亿美元，同比增长2.08%。其中，出口7.58亿美元，下降5.05%；进口6.90亿美元，增长11.24%。以运输、旅游、工程承包为主的非转口贸易进出口增长14.58%，占全市服务贸易的15%，比上年提高1.5个百分点。以通信服务、信息服务、文化娱乐（影视动漫）为代表的现代服务业增幅223.5%，显示出发展潜力。占全市国际服务贸易80.7%的转口贸易进出口11.68亿美元，下降0.53%。

全市全年新增登记注册服务外包企业72家，累计达到727家，新增各类认证59个，累计达到233个。全市累计建成外包载体面积超过150万平方米，当年新增30万平方米。引进爱伦软件、天空电子商务、中欧数字出版等10家注册资本1000万元以上外包企业。江苏大学服务外包人才培训中心、京江软件园被认定为第二批江苏省国际服务外包人才培训基地。江苏科技大学成为首批省服务外包人才培养试点高校。甲骨文服务外包人才培训公司与江苏大学合作开展人才培训。

全市累计批准65家企业在28个国家和地区投资了90个境外项目，项目总投资7亿美元，中方协议投资总额3亿美元。当年新签1000万美元以上工程项目10个，二航三公司自主签约1.03亿美元的越南西贡国际集装箱码头项目，成为全市最大的境外承包工程项目。江苏省交通工程公司新签印度SB道路、印度4号国道2个5000万美元以上工程项目，并自主签约合同额3463万美元的斐济公路工程项目。

修编《镇江市开发园区产业发展规划》。继镇江开发区光电子产业园之后，当年新增丹阳再生木资源、句容激光显示光电产业、润州海洋工程装备、京口高性能铝材料、扬中高新能源、丹徒临港国际物流6个省商务厅批准的特色产业园，在江苏省率先实现每个省级以上开发园区有1个特色产业园区的目标。加快创建生态园区，5家获批创建生态工业园。江苏省132家省级以上开发区综合评价，镇江新区保持第一方阵，丹阳、扬中、京口3个开发园区列第二方阵，其余均在第三方阵。

争取进出口银行为9家企业授信20.63亿元，实际投放13.03亿元；出口信用保险融资3.1亿美元（折合人民币近20亿元）。（章存保）

对外及对港澳台贸易

【概况】 2011年镇江市完成进出口总额100.73亿美元，比上年增长23.5%，其中，出口56.19亿美元，增长18.3%，进口44.5亿美元，增长30.9%。全市进出口首次突破百亿大关。

全市前50家重点企业出口比上年增长24.8%，高于全市5.5个百分点。出口占比55.4%，下降0.9个百分点，显示中小企业出口增加，比重提高。全市出口超亿美元企业4家，与上年持平；超5000万美元企业12家，增加2家；超千万美元企业92家，增加9家。其中超亿元出口企业金东出口增长7.2%，苏润高碳材、镇江船厂、天工工具，增幅分别为45.7%、37.0%、39.3%。

全市内资企业进出口36.55亿美元，增长31.6%，高于全市8.1个百分点，占比36.4%，比2010年提高2.1个百分点。外资企业在全市外贸仍然占据主导地位，但占比下降。全市一般贸易进出口67.58亿美元，比上年增长24.1%，占全市贸易额的67.1%。加工贸易进出口28.57亿美元，增长11.7%，占全市贸易额的28.4%，所占比重比上年下降3个百分点。

全市出口前20类重点商品平均增长幅度高于全市2个百分点。其中有18类比上年增长，2类（化学品）负增长，11类增幅高于全市平均水平。全市机电产品进出口35.59亿美元，增长31.0%，高于全市6.5个百分点。其中出口23.40亿美元，增长21.1%；进口12.19亿美元，增长55.5%。对非洲、大洋洲、东盟、俄罗斯、沙特等新兴市场出口增长超40%，对印度出口增长34.6%。对主要市场欧盟、美国出口分别增长－1.7%、12.9%。欧盟市场受欧债危机和铜版纸“双反”影响明显。日本市场出口增长32.3%，下半年增幅持续扩大。出口亿元市场12个，比上年增加1个。

（刘　峰）

表23－1　**2011年镇江市进出口产品类别统计表**　单位：万美元

贸易类型	出口				进口				进出口			
	累计数	上年同期	比上年增长(%)	占全市(%)	累计数	上年同期	比上年增长(%)	占全市(%)	累计数	上年同期	比上年增长(%)	占全市(%)
机电产品	234046	193319	21.07	41.65	121872	78399	55.45	27.36	355917	271718	30.99	35.33
高新技术	32558	35607	-8.56	5.79	51984	23208	124.00	11.67	84543	58815	43.74	8.39
农副产品	6078	5234	16.14	1.08	12263	5838	110.04	2.75	18341	11072	65.65	1.82
纺织产品	47468	35355	34.26	8.45	2852	1054	170.47	0.64	50319	36409	38.20	5.00

（张梅梅）

表23－2　**2011年镇江市辖市（区）进出口完成情况表**　单位：万美元

辖市(区)	进出口		出口		进口	
	累计数	比上年增长(%)	累计数	比上年增长(%)	累计数	比上年增长(%)
丹阳市	234510	29.22	182458	22.6	52053	60.2
句容市	53334	19.72	38498	25.9	14843	5.9
扬中市	88626	37.14	35027	8.4	53600	65.5
丹徒区	60777	34.12	48701	28.8	12076	60.8
京口区	59530	18.68	54108	16.4	5422	47.0
润州区	86013	11.70	64747	24.2	21265	-14.6
镇江新区	418619	24.66	136044	19.7	282575	27.2
合　计	1007316	23.54	561941	18.3	445374	30.9

（张梅梅）

表23－3　**2011年镇江市进出口贸易方式统计表**　单位：万美元

贸易类型	出口				进口				进出口			
	累计数	上年同期	比上年增长(%)	占全市(%)	累计数	上年同期	比上年增长(%)	占全市(%)	累计数	上年同期	比上年增长(%)	占全市(%)
贸易方式	561941	475090	18.28	100	445374	340302	30.88	100	1007316	815392	23.54	100
一般贸易	376734	314378	19.83	67.04	299111	230050	30.02	67.16	675845	544428	24.14	67.09
加工贸易	185028	160184	15.51	32.93	100695	95565	5.37	22.61	285723	255749	11.72	28.36
来料加工装配贸易	90602	85671	5.76	16.12	54600	49874	9.48	12.26	145202	135544	7.13	14.41
进料加工贸易	94426	74513	26.72	16.80	46094	45691	0.88	10.35	140521	120204	16.90	13.95
其他贸易	180	528	-65.96	0.03	45568	14687	210.26	10.23	45748	15215	200.68	4.54
来料加工装配进口的设备	0	0		0	5	17	-70.57	0.00	5	17	-70.57	0.00
对外承包工程货物	20	25	-22.25	0.004	0	0		0	20	25	-22.25	0.00
租赁贸易	0	0		0	0	8	-100.00	0	0	8	-100.00	0

续表 23－3

贸易类型	出口				进口				进出口			
	累计数	上年同期	比上年增长(%)	占全市(%)	累计数	上年同期	比上年增长(%)	占全市(%)	累计数	上年同期	比上年增长(%)	占全市(%)
外商投资企业作为投资进口的设备、物品	0	0		0	30431	8391	262.69	6.83	30431	8391	262.69	3.02
保税仓库进出境货物	33	203	－83.78	0.006	10496	3105	238.06	2.36	10529	3308	218.32	1.05
保税区仓储转口货物	41	240	－82.74	0.007	3688	2135	72.74	0.83	3729	2375	57.03	0.37
其他	86	60	43.71	0.015	675	376	79.47	0.15	760	436	74.57	0.08
未命名	0	0		0	274	656	－58.28	0.06	274	656	－58.28	0.03

（张梅梅）

表 23－4

2011 年镇江市出口商品超亿美元国家（地区）一览表

单位：万美元

国别（地区）	累计数	上年同期	比上年增长(%)	占全市(%)
美国	87746	77751	12.85%	15.61
欧盟	83799	85217	－1.66%	14.91
日本	62896	47538	32.31%	11.19
东盟	56687	40185	41.06%	10.09
印度	33465	24864	34.59%	5.96
澳大利亚	26469	16077	64.64%	4.71
韩国	24549	24065	2.01%	4.37
中国香港	23203	23585	－1.62%	4.13
中国台湾	18190	21359	－14.84%	3.24
俄罗斯	18057	11648	55.03%	3.21
巴西	12249	11059	10.76%	2.18
土耳其	10575	9989	5.87%	1.88
合　计	457885	393337	16.41	81.48

（张梅梅）

表 23－5

2011 年镇江市出口额前五十位企业一览表

单位：万美元

序号	企业名称	累计数	上年同期	比上年增长(%)	占全市(%)
1	金东纸业（江苏）股份有限公司	85207	79462	7.23	15.16
2	江苏苏润高碳材股份有限公司	21106	14490	45.66	3.76
3	江苏省镇江船厂（集团）有限公司	19314	14096	37.02	3.44
4	江苏天工工具有限公司	16137	11585	39.29	2.87
5	镇江原源国际贸易有限公司	9524	5288	80.10	1.69
6	江苏泛华进出口有限公司	9417	8965	5.04	1.68
7	句容宁武新材料发展有限公司	6968	3572	95.06	1.24
8	镇江环太硅科技有限公司	6679	9253	－27.82	1.19
9	大赛璐安全系统（江苏）有限公司	6401	4227	51.42	1.14
10	江苏沃得植保机械有限公司	5587	4435	25.98	0.99
11	圣象集团有限公司	5214	1629	220.06	0.93
12	镇江爱迪进出口有限责任公司	5161	2851	81.03	0.92
13	帝高力装饰材料（江苏）有限公司	4532	2183	107.57	0.81
14	丹阳市荣华贸易有限责任公司	4527	2729	65.88	0.81
15	镇江鼎胜铝业股份有限公司	4477	5067	－11.64	0.80
16	江苏久正光电有限公司	4314	3357	28.50	0.77
17	镇江美驰轻型车系统（第二）有限公司	4226	4043	4.52	0.75
18	镇江东亚碳素焦化有限公司	4122	780	428.72	0.73
19	金顺重机（江苏）有限公司	3927	968	305.45	0.70
20	江苏肯帝亚木业有限公司	3883	3875	0.21	0.69
21	江苏福荣制衣有限公司	3726	3161	17.88	0.66
22	镇江华星国际贸易集团有限公司	3622	1897	90.96	0.64
23	都茂（江苏）机电科技有限公司	3402	6471	－47.42	0.61
24	镇江德利纺织制品有限公司	3379	2272	48.72	0.60
25	江苏惠通集团有限责任公司	3263	3529	－7.54	0.58
26	镇江一马先制衣有限公司	3261	1983	64.48	0.58
27	大亚车轮制造有限公司	3184	2579	23.46	0.57

续表 23－5

序号	企业名称	累计数	上年同期	比上年增长(%)	占全市(%)
28	华东泰克西汽车铸造有限公司	3151	2141	47.18	0.56
29	江苏汇天国际贸易有限责任公司	3116	2810	10.87	0.55
30	镇江市汉华进出口有限公司	3088	2851	8.33	0.55
31	江苏飞达钻头股份有限公司	3071	2664	15.25	0.55
32	镇江碳素制品有限公司	2922	787	271.20	0.52
33	镇江苏惠乳胶制品有限公司	2784	2866	-2.84	0.50
34	丹阳市海尚国际商务有限公司	2773	2357	17.64	0.49
35	罗地亚(镇江)化学品有限公司	2581	2668	-3.23	0.46
36	江苏希西维轴承有限公司	2370	1232	92.38	0.42
37	镇江强灵照明有限公司	2355	3671	-35.87	0.42
38	镇江高鹏药业有限公司	2352	1477	59.21	0.42
39	现代重工(中国)电气有限公司	2343	1477	58.64	0.42
40	华盟家饰工业有限公司	2336	1968	18.69	0.42
41	镇江华玉化工进出口有限公司	2256	1864	21.04	0.40
42	镇江市瑞琪机械进出口有限公司	2238	1621	38.03	0.40
43	江苏晶工工具有限公司	2231	1457	53.13	0.40
44	江苏鱼跃医疗设备股份有限公司	2215	1413	56.75	0.39
45	元鼎饰材实业(镇江)有限公司	2197	1853	18.58	0.39
46	镇江南帝化工有限公司	2145	1196	79.44	0.38
47	江苏丹毛纺织股份有限公司	2073	1167	77.70	0.37
48	柯诺(江苏)地板有限公司	2056	2265	-9.21	0.37
49	镇江联成化学工业有限公司	1980	1246	58.92	0.35
50	丹阳镇威汽配有限公司	1961	1532	28.06	0.35
合计	–	311154	249330	24.80	55.37

（张梅梅）

表 23－6

2011 年镇江市出口额前五十位商品一览表

单位：万美元

商品名称	累计数	上年同期	比上年增长(%)	占全市(%)
纸及纸板(未切成形的)	87357	80877	8.01	15.55
焦炭及半焦炭	38668	21589	79.11	6.88
机器、机械器具、电气、锅炉等	32950	22790	44.58	5.86
服装及着衣附件	30138	21535	39.95	5.36
手用或机用工具	28335	22163	27.84	5.04
车辆、航空器、船舶及有关运输设备	27384	19889	37.68	4.87
塑料及其制品	26667	19591	36.12	4.75
钢材	24984	16906	47.78	4.45
汽车零件	20231	15190	33.19	3.60
有机化学品	19475	29149	-33.19	3.47
纺织纱线、织物及制品	19422	15731	23.46	3.46
眼镜架及镜片	19066	15069	26.53	3.39
灯具、照明装置及类似品	13350	12488	6.90	2.38
木及木制品;木炭	12917	12706	1.66	2.30
杂项化学产品	11713	13952	-16.05	2.08
未锻造的铝及铝材	8663	8454	2.48	1.54
杂项制品	8648	7443	16.20	1.54
通断及保护电路装置及零件	8533	6466	31.97	1.52
自行车	8509	7299	16.58	1.51
鞋类	8394	7379	13.76	1.49
橡胶及其制品	7683	6055	26.89	1.37
光学、照像、电影等	7636	5819	31.22	1.36
二极管及类似半导体器件	5711	9175	-37.75	1.02
电动机及发电机	5570	4506	23.62	0.99
电视、收音机及无线电讯设备的零附件	4651	5092	-8.66	0.83
床垫、寝具及类似品	4507	3193	41.19	0.80

续表 23-6

商品名称	累计数	上年同期	比上年增长(%)	占全市(%)
摩托车及自行车的零件	4384	4021	9.02	0.78
锁、钥匙及杂项制品	4306	4307	-0.01	0.77
医疗仪器及器械、计量、检验等	3906	3890	0.42	0.70
旅行用品及箱包	3904	3292	18.58	0.69
钛白粉	3483	3063	13.71	0.62
玩具	3300	5455	-39.50	0.59
玻璃及其制品	3217	2434	32.20	0.57
锚链	2705	2530	6.91	0.48
花岗岩石材及制品	2531	1715	47.60	0.45
机动车辆用坐具、家具及其零件	2501	3342	-25.17	0.45
轴承	2478	1557	59.12	0.44
金属加工机床	2472	1982	24.71	0.44
静止式变流器	2444	2053	19.05	0.43
电线和电缆	2429	2234	8.71	0.43
电动机械等	2416	2022	19.48	0.43
氧化铝	2325	1742	33.49	0.41
玻璃制品	2105	1841	14.35	0.37
合成有机染料	1578	1225	28.82	0.28
无机化学品、贵金属等的化合物	1572	1310	20.00	0.28
娱乐用品、圣诞用品、运动用品等	1538	1098	40.05	0.27
美容化妆品及护肤品	1301	558	133.15	0.23
医药品	1159	1551	-25.25	0.21
未锻造的铜及铜材	938	978	-4.17	0.17
钢铁或铜制标准紧固件	854	736	15.94	0.15
合　计	551008	465442	18.38	98.05

（张梅梅）

【组织参加国际国内展会】 2011年，镇江市共组织企业参加广交会、华交会、日本大阪展、莫斯科建材展等70多场次国际国内展会，参展企业600多家次，参展摊位900多个。市级财政在市场开拓、信用保险、品牌建设、国际服务贸易、基地建设设项，出台扶持政策，增强企业开拓国际市场的信心。（刘　峰）

【品牌和基地建设】 2011年，镇江市共有15家企业进行品牌申报，最终9家企业的9个品牌成功入选。丹阳市经过中国机电进出口商会考评，被认定为中国汽车零部件出口基地，12月举行授牌仪式，同时省商务厅也批准丹阳市为省级汽车零部件出口基地。全市国家级出口基地达到3个，省级出口基地2个，出口基地企业增加10个。（刘　峰）

【美对中国木地板开征“双反”税对镇江市影响甚微】 2011年10月12日，美国商务部宣布对中国生产的多层木地板设定最终税率，初步计划征收至多83%的反倾销税以及至多27%的反补贴税。镇江市涉及被征“双反”税产品的企业仅有圣象集团和肯帝亚木业两家企业。且从1～8月出口数据情况看，圣象集团出口多层木地板135万美元，占其出口额的4.38%；肯帝亚木业出口多层木地板61万美元，占其出口额的2%。同时从两家企业了解到，其主营产品为强化木地板，多层木地板只占很小比例，此次开征“双反”税对企业影响很小。镇江市商务局保持对开征“双反”税的密切关注，及时组织企业应诉争取最低税率。引导圣象集团利用在美设立的分支机构规避征税，鼓励企业加大“走出去”步伐，尽快在主销市场设立分支机构。（吴苏凌）

【参加第110届广交会】 2011年10月举办的第110届广交会，镇江市展位299个，涉及广交会全部15大类商品的36个展区。意向总成交13217万美元，比上届增长2.4%，累计接待外商22356人次，增加3.1%。镇江市参加本届交易会主要呈现以下特点：一是新兴市场开拓加快。俄罗斯、波兰等东欧国家、南美、印巴、中东客户明显增加。二是参展商品层次提升。丹阳海狮汽配增加投入，应用台湾技术改造创新汽配产品，并在国内外注册商标和专利，提高企业在市场上的竞争能力。三是企业通过特色和专业化取得优势。顶新家居生产的储物用品由于产品具有特色和专业化，近年来市场增长较快。茂华女装通过加强产品的开发和服务的对接，业绩比上年同期增长100%。四是展位结构优化，促进转型升级。市商务局对展位结构进行优化以更好发挥广交会的导向作用。重点展位收到理想的参展效果：五金工具成交

图 23-1　2011年6月29日，中船瓦锡兰可调桨项目开业　（新　区）

4631万美元,增加4.5%;照明成交473万美元,增加6.1%;汽车配件成交665万美元,增加10.6%;医疗器械成交720万美元,增长16.3%;形成比较的是纺织服装成交1670万美元,下降9.5%。 (吴苏凌)

利用外资及港澳台资

【概况】 2011年,镇江市完成商务部确认实到外资18.08亿美元,比上年增长12%;新批外商投资项目125个,下降10.1%;完成合同注册外资20.64亿美元,下降11.23%;新批项目平均合同外资1170万美元,比上年提高63万美元。新批及净增资3000万美元以上项目44个,比上年增加2个。新批新能源、新材料、航空航天、电子信息等新兴产业项目31个,合同外资5.3亿美元,占全市比重的24%。其中,新批新能源项目6个,合同外资11961万美元;新批新材料项目14个,合同外资14550万美元;新批电子信息项目6个,合同外资3085万美元;新批航空航天项目5个,合同外资23445万美元。新批科学研究、商务租赁、金融投资等现代服务业项目24个,合同外资55056万美元,占全市25%,比上年提高了6.4个百分点。新批农业项目9个,合同外资16572万美元,占全市7.5%。新批外资并购项目7个,并购金额5503万美元。引进美国通用、爱励、爱普生、法国依视路、阿联酋穆巴达拉5家世界500强及知名跨国公司落户镇江。 (王新文)

表23-7 **2011年镇江市外商及港澳台商直接投资情况表** 单位:万美元

辖市(区)	实际到位外资			工商登记注册企业			
	完成数	增长比例(%)	完成计划(%)	合同注册外资		新注册企业数(个)	
				完成数	增长比例	完成数	增长比例(%)
丹阳市	26854	-1.92	64.24	41371	-3.40	36	24.14
句容市	44415	26.71	119.08	47812	88.03	14	-41.67
扬中市	19207	29.52	132.46	8548	-66.62	5	-50.00
丹徒区	13567	-8.98	84.27	20481	-13.79	20	25.00
京口区	18926	128.07	249.03	22576	198.81	7	16.67
润州区	4670	-30.31	69.70	3835	244.14	4	0.00
镇江新区	53120	-37.68	74.29	61784	-41.84	39	-20.41
合 计	180759	11.95%	101.78	206407	-11.23	125	-9.42

(王新文)

2011年镇江市实际到位外资及港澳台资
1000万美元以上企业一览表

表23-8

	企业名称	到位外资(万美元)
	京口区	16264.0708
1	镇江凯林热能有限公司	1300
2	爱励鼎胜铝业(镇江)有限公司	3255.0708
3	镇江盈盛房地产开发有限公司	9207
4	镇江强凌房地产开发有限公司	1200
5	镇江强凌酒店有限公司	1302
	镇江经济技术开发区	37367.9727
6	镇江中远置业有限公司	1172.617
7	光大光伏能源(镇江)有限公司	1890.247
8	赛锡科技(镇江)有限公司	2839.6
9	凯途必(中国)投资有限公司	3050
10	镇江先基置业有限公司	3000
11	江苏奥瑟亚新材料科技有限公司	2500
12	镇江联泰国际贸易有限公司	1000
13	镇江奇美化工有限公司	1344
14	金东纸业(江苏)股份有限公司	14733.998
15	镇江南帝化工有限公司	1800
16	镇江汉翔房地产有限公司	3020
17	江苏恒伟达机械设备有限公司	1017.5107
	润州区	3335.7576
18	哈电通用风能(江苏)有限公司	2037.9766
19	镇江钧浩新能源科技有限公司	1297.781
	丹徒区	5506.2649
20	沃得国际融资租赁有限公司	3006.2649
21	沃得重工(中国)有限公司	2500
	丹阳市	13836.2601
22	江苏万新光学有限公司	1464.6
23	金波光能(江苏)有限公司	1999.452
24	江苏正欣新材料研发有限公司	1000
25	丹阳明元房地产开发有限公司	2205
26	丹阳钱隆金属材料有限公司	1555.7858
27	江苏优立光学眼镜有限公司	3197.55

续表 23－8

	企业名称	到位外资(万美元)
28	大赛璐安全系统(江苏)有限公司	1413.8723
29	吉凯恩(丹阳)工业有限公司	1000
	扬中市	16764.8753
30	江苏美科硅能源有限公司	4482.8
31	镇江仁德新能源科技有限公司	2982.0753
32	镇江雨润中央购物广场有限公司	2500
33	江苏思瀚建材有限公司	1000
34	江苏铭创城市建设有限公司	3800
35	彤悦化工(扬中)有限公司	2000
	句容市	34495.6523
36	江苏金钿实业有限公司	1500
37	句容碧桂园房地产开发有限公司	23000
38	江苏建华新型墙材有限公司	1663.5115
39	江苏台泥投资有限公司	2000
40	江苏沃得宝华休闲度假开发有限公司	1332.1408
41	巨宝精密加工(江苏)有限公司	5000

(王新文)

国际服务外包

【概况】 2011 年,镇江市完成服务外包合同额 4 亿美元,比上年增长 59.9%;执行额 3.33 亿美元,增长 112.1%。其中离岸服务外包合同额 1.98 亿美元,增长 36.4%;离岸外包执行额 1.75 亿美元,增长 103.6%。截至 2011 年年底,在商务部《服务外包业务管理和统计系统》中登记的服务外包企业 272 家,其中当年新增 91 家,新引进注册资本 1000 万美元以上企业 13 家;当年企业新增各类认证 59 个,累计 233 个;累计通过 CMMI 三级及以上认证 55 个;全市建成各类服务外包载体面积 165 万平方米。

2011 年,江苏大学服务外包人才培训中心、镇江京江软件园被认定为省级国际服务外包人才培训基地,全市累计有省级国际服务外包人才培训基地 3 家,总数列全省第四位;江苏科技大学被认定为首批省服务外包人才培养试点高校。

【展会】 2011 年,镇江市商务局先后组织服务外包企业参加美国、墨西哥服务外包专题招商活动;组织各辖市(区)商务、省级服务外包示范区、省级服务外包人才培训基地、奥博洋、现代造船、物泰等 10 家重点企业参加第四届中国国际服务外包合作大会,并与国内外知名外包企业对接、洽谈;与省贸促会、加拿大国际服务外包协会合作,在镇江新区举办“智慧镇江 走进新区”第四届中国国际服务外包合作大会镇江恳谈会,邀请加拿大、日本以及国内知名外包企业高层到镇江实地参观、考察。

(殷利春)

表 23－9　**2011 年镇江市服务外包情况表**　单位:万美元

辖市(区)	服务外包执行总额		其中:离岸外包		登记企业数(家)		
					当年新增		累计数
	实绩	比上年增长(%)	实绩	比上年增长(%)	新增数	比上年增长(%)	
丹阳市	3632.91	149.9	2647.21	154.0	8	－38.5	24
句容市	2261.57	166.1	470.35	129.2	13	－13.3	31
扬中市	2981.45	124.9	1885.96	148.3	5	－54.5	19
丹徒区	2700.56	473.5	717.90	59.9	5	–	9
京口区	8668.89	82.6	3933.60	69.0	13	－31.6	62
润州区	3411.02	125.4	1638.72	76.7	15	－11.8	58
镇江新区	9641.89	80.9	6212.04	118.4	13	－18.8	69
合计	33298.29	112.1	17505.78	103.6	72	－20.9	272

辖市(区)	服务外包合同额				新引进注册资本 1000 万元以上企业数(家)		通过认证数(个)		
	总金额		其中:离岸外包				当年新增		累计数
	实绩	比上年增长(%)	实绩	比上年增长(%)	实绩	比上年增长(%)	新增数	比上年增长(%)	
丹阳市	3558.39	45.7	2324.33	27.0	0	–	4	－42.9	19
句容市	2453.98	65.9	825.30	54.5	1	–	6	－14.3	15
扬中市	3023.65	30.7	1867.09	45.0	1	–	9	0.0	20
丹徒区	2974.44	353.9	845.68	48.6	0	–	0	–	0
京口区	10699.33	45.5	4616.36	17.2	3	200.0	24	14.3	86
润州区	4989.56	79.4	1658.50	8.9	1	－66.7	4	－42.9	22
镇江新区	12265.90	52.7	7639.89	57.0	7	40.0	12	－52.0	71
合计	39965.24	59.9	19777.16	36.4	13	30.0	59	－22.4	233

注:表中空白处为上年同期无数据。

(殷利春)

对外经济技术合作

【概况】 2011 年,全市新签对外承包合同额 5 亿美元,增长 2.7%;实现营业额 2.60 亿美元,比上年下降 7.2%;新派劳务 1302 人,下降 40%,年末在外人数 4233 人。

在亚洲、非洲、欧洲传统市场继续巩固的基础上,拓展大洋洲市场。江苏省交通工程集团有限公司、江苏省建工集团有限公司等工程承包有权企业在外设立多个接单和施工服务机构,拓展海外工程市场。全年 1000 万美元以上的项目 10 个。其中有中交二航三公司承建越南西贡国际集装箱码头工程合同额 10250 万美元;菲律宾马列万斯电站码头工程合同额 7220 万美元。江苏省交通工程集团有限公司承建印度 SB 道路修复加固工程合同额 6136 万美元;印度 4 号国道 PS 段工程合同额 9774 万美元;斐济乡村公路工程合同额 3463 万美元。镇江第二建筑工程有限公司承建纳米比亚房屋工程合同额 1069 万美元。

全年 2 家企业获批对外承包工程经营资格(镇江四建建设有限公司、镇江路桥公司)。镇江外经企业发展到 17 家。为维护对外劳务经营活动中各方的合法权益和避免乱收费,上半年出台镇江市对外劳务国内职业中介企业收费自律公约。 (冷建蓉)

国际及港澳台贸易促进工作

【概况】 2011 年,镇江市签发出口货物一般原产地证 21135 份,优惠原产地证 890 份,涉及出口额 15.27 亿美元;签发国际商事证明书 1300 份;签发集成设备电路 ATA 单证册 27 份,使领馆认证 642 份;新注册企业 128 家,会员企业总数达到 1387 家。代办因私商务签证 10 件;全年受理涉外法律纠纷案件 3 起,涉案金额 46.21 万美元;商标注册代理取得突破,受理国际商标注册代理 2 件,涉及美、日、英、德、斯里兰卡等 10 多个国家;完成展览项目 42 个,落实摊位 246 个,参展企业 240 家,360 人次参展;举办业务培训 10 期,参加学习 500 人次。 (黄 蓓)

【信息咨询服务】 2011 年,镇江市贸促会建立了以贸促网站为主、《国际经贸资讯》等方式为辅的信息传递途径,全年在丹阳、句容、丹徒召开 6 次企业座谈会,与企业负责人一起分析国际市场的发展趋势,向企业宣传国家及地方对企业走出去的扶持政策。6 月举办"大法律"业务培训,重点向企业宣传贸促会法律仲裁调解、境外商标专利注册、海损理算,代办因私签证等新业务。联络镇江地区的货代公司,向企业推介宣传集成设备电路 ATA 单证册为临时进出口货物通关带来的便利。 (黄 蓓)

【展会】 2011 年,镇江市贸促会组织专人深入太阳能、照明等行业企业开展调研,先后组织江苏环太硅科技公司、镇江皓天日能等太阳能企业参加俄罗斯照明展、亚欧博览会等。首次组织软件企业(江苏亿华集成系统有限公司)参加荷兰国际海事展。直接参与举办境外展会,与波兰国际展览公司合作,联合江苏、浙江一些贸促机构,9 月在华沙举办中国出口商品展,12 月与泰国国际贸易投资商会合作,共同举办东盟(曼谷)中国商品展。 (黄 蓓)

表 23-10 **2011 年镇江市对外承包工程劳务合作情况表** 单位:万美元

序号	企业名称	项目名称	合同额	项目名称	营业额
1	江苏省交通工程集团有限公司	印度 SB 道路修复加固工程	6136		
2		印度 4 号国道 PS 段工程	9774		
3		斐济乡村公路工程	3463		485
4				印尼巴齐丹 2×315 码头工程	1228
5				安哥拉 319 公路	1100
6				越南胡志明-油移高速公路 1A 标	1460
7					
8	中交二航局第三工程有限公司	越南西贡国际集装箱码头	10250	越南西贡国际码头工程	230
9		菲律宾马列万斯电站码头	7220	菲律宾马列万斯电站码头工程	5060
10		越南 SP-SSA 国际集装箱码头	4010	越南 SP-SSA 国际集装箱码头	2795
11					
12	镇江第二建筑工程有限公司	尼日利亚奥巴加纳水泥生产线	5392	尼日利亚奥巴加纳水泥生产线	7814
13		纳米比亚新购物商场工程	2431	纳米比亚新购物商场工程	171
14		纳米比亚工艺中心项目	520	纳米比亚工艺中心项目	169
15		纳米比亚北部诊所项目	210	纳米比亚北部诊所项目	105
16	镇江建工建设集团有限公司			阿曼 4000 熟料线扩建工程	81
17				俄罗斯塞瑞博扬斯基水泥厂 5000t/d 水泥生产线	3237
18				越南新光 2500TPD 水泥项目	92
19				伊拉克水泥二线土建工程	740
20		马来西亚马口 5000TDP 水泥生产线	1449	马来西亚马口 5000TDP 水泥生产线	5
21		伊拉克苏莱曼利亚三线建筑工程	1446	伊拉克苏莱曼利亚三线建筑工程	7
22					
23	镇江国际经济技术合作有限公司			驻西班牙使馆项目	488
24		11.7 突尼斯使馆舍改造工程	490	11.7 突尼斯使馆舍改造工程	344
25		瑞士使馆新建项目	600	11.7 乌兹别克大使馆舍改造工程	68
26		芬兰使馆舍改造工程	688	芬兰使馆舍改造工程	52
27		奥地利使馆经商处改造工程	215	奥地利使馆经商处改造工程	25
28		波恩领事馆项目	488	波恩领事馆项目	51
29		比利时使馆改造工程	622	比利时使馆改造工程	65
30		加蓬使馆新建项目	530	加蓬使馆新建项目	48

(冷建蓉)

【对外联络】 2011年，镇江市贸促会拜访日本贸易振兴机构和意大利对外贸易委员会上海代表处，与这些机构签订合作协议书，在商务考察、境外体验旅游、国际展览、贸易代理等方面进行合作。邀请意大利对外贸易委员会上海代表处首席代表、环日本海经济交流协会投资顾问、欧中友好商会、日本国家旅游局专家、德国北威州投资促进署南京代表处首席代表、阿塞拜疆国家石油公司、奥地利大学太阳能专家、斯洛伐克汽配商会的客人到镇江考察，向他们宣传推介镇江的投资环境和合作项目，组织他们与镇江市金海宏业、江苏常诚汽车部件有限公司等企业进行投资合作洽谈。分别与波兰驻上海领事馆、德国曼海姆市有关机构，在镇江举办波兰和德国曼海姆市投资贸易说明会；与泰国国际贸易投资商会共同在镇江举办东盟市场分析说明会；组织企业参加在南京举办的江苏澳门周活动；组织镇江照明、纸巾生产企业参加江苏跨国采购会，与荷兰、哥伦比亚、菲律宾的企业进行业务洽谈。（黄　蓓）

境外及港澳台企业

【概况】 2011年，镇江市新批境外投资项目18个，比上年下降25%。中方协议投资额2900万美元，比上年下降86%。

抓住危机时期并购成本较低的机会，市五金工具、合金、木业等国际化程度较高的地方特色企业，在主要原料供应地或主要销售市场建立境外生产、营销和服务网络，巩固市场份额，带动出口增长。优势企业开展跨国股权收购，将购买境外技术、人才、设备、品牌、资源和开拓国外市场相结合，沃得、大力神、爱励等一批企业开展海外并购，形成示范效应。

市商务局对有“走出去”意向的重点企业，加大跟踪服务和调研分析力度，掌握企业经营状态，了解企业需求情况，开展针对性服务；组织土耳其镇江投资说明会和香港镇江投资说明会，组织有“走出去”意向的企业参加省商务厅举办的10多个国家和地区的投资推介活动，帮助企业直接掌握境外投资信息和有关国别政策和投资环境，为企业提供行业合作机会；举办两届外经沙龙，加强外经企业之间的交流与合作。

天工、大全、圣象、中彩印务、韦岗铁矿等资源型企业利用境外资源，在中国台湾、乌兰巴托、朝鲜、智利等地设立境外机构，带动镇江产业存量的调整。

（冷建蓉）

表23－11　**2011年镇江市新设境外及港澳台企业情况一览表**　单位：万美元

序号	境外及港澳台企业名称	中方企业名称	国别（地区）	经营范围	投资总额	中方协议投资	出资方式	性质	批准日期
1	金东贸易（香港）有限公司	金东纸业（江苏）股份有限公司	中国香港	商业代办及中介服务，贸易及管理顾问业务。	外方增资			贸易性	2011.3.17
2	Logitronix－Con KFT	江苏惠通集团有限责任公司	匈牙利	产品质量走访、订单洽谈				贸易性	2011.4.18
3	摩根泰勒服饰有限公司	镇江一马先制衣有限公司	美国	研发、生产、销售服饰、绣花工艺品、皮革制品等；以及进出口贸易。	200	200	现汇	贸易性	2011.4.27
4	TGK特殊钢销售公司	江苏天工工具有限公司	印度	特殊钢以及五金工具的销售	200	100	现汇	贸易性	2011.4.27
5	亚洲绿源有限公司	镇江索普化工新发展有限公司	巴哈马	清洁能源	2450	735	现汇	非贸易型	2011.5.3
6	香港电力技术有限公司	大全集团有限公司	中国香港	研发、生产、销售、开关柜、母线槽、汇线桥架、电器元件、工矿节能灯具等	30	30	现汇	贸易性	2011.5.19
7	垒石工具有限公司	丹阳市威旺工具制造有限公司	美国	研发、生产、销售金刚石锯片，磨轮，打孔钻及其它切割磨削工具，电动工具，手工具	72	50.4	现汇	贸易性	2011.5.30
8	图巴大全有限责任公司	大全集团有限公司	乌兰巴托	研发、生产、销售开关柜、母线槽、汇线桥架、电器元件、工矿节能灯具等投资和开采矿业，进出口贸易	80	40	现汇	贸易性	2011.5.30
9	大全欧洲公司	大全集团有限公司	德国	研发、生产、销售开关柜、母线槽、汇线桥架、电器元件、工矿节能灯具等和进出口贸易	20	20	现汇	贸易性	2011.5.30
10	丹阳市远东国际经济技术合作有限公司驻日办事处	丹阳市远东国际经济技术合作有限公司	日本	管理公司在日本技能生的事务					2011.6.23
11	江苏信立投资有限公司	信立投资（新加坡）有限公司	新加坡	光学镜片、器材销售及研发	608	608		贸易性	2011.11.16
12	圣象集团有限公司	圣象控股（欧洲）有限公司	德国	强化地板、实木复合地板、强化地板基材、壁纸、新兴家具板材等建筑装饰材料的经销，提供相关设计、策化、物流、售后服务和技术咨询服务	70	70		贸易型（增资）	2011.9.20
13	东方基业国际经济合作江苏有限公司	东方基业国际经济合作江苏有限公司日本关西代表处	日本	日本市场管理、客户联络、业务管理、客户关系管理与保持、在日研修生后期管理、经贸信息咨询服务等。					2011.10.26
14	江苏中彩印务有限公司	东白印刷合营有限公司	朝鲜	生产瓶盖等各种马口铁印刷、防伪印刷（烟盒）、塑料印刷等商标印刷，加工销售及进出口各种印刷材料	983	590	现汇	非贸易型	2011.10.8
15	镇江韦岗铁矿有限公司	智利萨帕塔矿业投资公司	智利	探矿、开矿；销售和进出口矿产品、矿山机械；矿山投资等	2800	280	现汇	非贸易型	2011.10.26
16	江苏天工工具有限公司	新正工股份有限公司	中国台湾	五金批发业、建材批发业、国际贸易业	689	172.25	现汇（增资）	贸易型	2011.12.27
17	镇江旺达鞋业有限公司	旺达国际有限公司	澳大利亚	鞋、皮革制品及相关原辅材料的进出口贸易	5	5	现汇	贸易型	2011.12.9
18	镇江三维国际经贸有限公司	镇江三维公司驻新加坡办事处	新加坡	对劳务人员进行管理，维护劳务人员的合法权益					2011.12.9

（冷建蓉）

口岸·港口

责任编校:陈春鸣

综 述

【概况】 2011年,镇江港围绕“区域枢纽港、现代物流港、特色产业港”的发展定位,以“亿吨强港”建设为主题,创新克难,务实奋进。

港口生产持续平稳增长。全港累计完成货物吞吐量11806.3万吨、外贸货物吞吐量1840.5万吨、集装箱吞吐量35.2万标箱,分别比上年增长11.0%、19.1%和16.7%。制定《进一步加强港口经营管理工作的实施意见》《镇江港港口经营人诚信考核办法(试行)》,规范港口经营行为。全年共办理核发“港口经营许可证”46件,其中换证33件,新领证港口企业4件,船舶港口服务企业7件,变更2件。配合上海组合港管委会办公室举办长三角港口管理部门合作联席会议,加快推进长三角港航一体化发展。

港口规划建设水平提升。2011年完成港口建设投资6.5亿元,新建码头泊位6个,其中万吨级以上泊位3个,新增港口通过能力560万吨。大港港区四期工程进入全面开工建设阶段,全年投入4亿元;中储粮码头工程、飞达板材码头工程、二重集团镇江基地内港池码头工程等项目建成;扬中夹江进港航道一期工程施工完毕。编制完成《镇江市“十二五”口岸和港口发展规划》。《镇江港高桥港区总体规划》上报交通运输部和省政府审查,《镇江港总体规划环境影响评价报告》获环保部审查通过。组织开展扬中龙源港机二期工程、扬中润华物流通用码头工程、神华集团高资煤炭物流基地码头工程、大港港和新型建材码头工程等项目的港口岸线审查,把好港口岸线使用的综合评估关,坚持港口开发与岸线保护并重、港口能力提高和功能拓展并重。推进码头结构加固改造工作,镇江奇美油仓有限公司2号泊位加固改造项目设计方案获省交通运输厅批复。

口岸开放程度不断提高。完成中储粮镇江公司码头对外开放,完成苏润物流码头对外开放市级预验收,现场指导新民洲港务有限公司、索普醋酸有限公司、二重集团等企业做好码头对外开放前期准备工作。口岸查验监管方式不断优化创新,全市有5家企业码头被评为爱民固边模范码头,奇美公司码头被省边防总队命名为“爱民固边模范港区”,镇江边检站被市政府命名为“爱民固边模范边检站”。

港口安全生产形势稳定。全年没有发生一起保安事件,没有发生重大安全生产事故,事故死亡为零。推进安全监控体系建设,通过多种方式排查出一般隐患1739条,及时落实整改1706条,整改率达98%。严格港口危险货物作业审批,建立完善港口应急预案体系和港口设施保安计划,安全监管覆盖率达100%。全年共受理港口危险货物作业船舶6133艘次,安全接卸各类危险货物615.6万吨,没有发现瞒报、漏报、错报现象。推进石油化工码头企业安全生产标准化建设,港龙石化等4家企业被列入全省首批试点企业。组织24家港口码头企业开展“平安港口”创建活动,创建达标率为90%。镇江口岸被省口岸办公室评为“2010年度江苏省文明口岸”。 (解志勇)

图24-1 2011年7月15日,镇江港总体规划环境影响报告获环保部审查通过 (步建明)

【镇江港总体规划环境影响报告获环保部审查通过】 2011年7月15日，国家环境保护部环境影响评价司在镇江组织召开《镇江港总体规划环境影响报告书》(以下简称《报告书》)审查会，经与会代表和专家认真讨论评议，该《报告书》通过审查。审查组认为该《报告书》基础资料丰富，评价内容全面，采用的预测和分析方法基本合理，提出的规划优化调整建议和不良环境影响的预防或减缓对策措施总体可行，评价结论总体可信。同时，审查组还就《报告书》中提出的规划实施可能对水环境、大气环境、声环境、固体废物、生态环境、社会经济等带来的影响及资源环境承载能力、环境风险评价等相关内容进行严格审查和评估，并提出优化调整建议以及避免或减缓不良环境影响的对策与措施。《报告书》由镇江市口岸和港口管理局组织编制，历时20个月。 （解志勇）

【镇江港大港港区四期工程初步设计获交通运输部批复】 2011年6月13日，镇江港大港港区四期工程通过交通运输部组织的初步设计审查批复。镇江港大港港区四期工程位于镇扬河段和畅洲洲尾汇流口下端丹徒直水道的南岸，在已建镇江港大港港区三期工程上游，该工程建设规模为2个5万吨级集装箱泊位以及相应配套设施，码头岸线长707米，设计年通过能力为60万标箱。大港港区四期工程工期为2年，工程概算为11亿元。工程设计单位为中交第三航务工程勘察设计院有限公司。 （解志勇）

【镇江港码头加固改造工程通过竣工验收】 2011年3月29日，交通运输部组织有关部门、单位和专家成立工程竣工验收委员会，对镇江港大港港区镇江港务集团4号、5号泊位码头结构加固改造工程进行竣工验收。验收委员会认为该工程已按批准的建设规模、标准和设计要求完成各项改造内容，工程质量优良，试运行情况良好，满足设计和使用要求，具备竣工验收条件，同意工程通过竣工验收。该工程是全国沿海港口码头改造试点工程实施较早并第一个通过竣工验收的工程。镇江港大港港区镇江港务集团4号、5号泊位码头结构加固改造工程为沿海港口码头改造试点工程之一，该工程将码头水工结构由原靠泊3万吨级散货船舶按靠泊7万吨级散货船舶进行加固改造，工程于2007年12月18日开工，2008年7月18日完工。设计单位为中交第三航务工程勘察设计院有限公司，施工单位为中交三航局第三工程有限公司，工程投资3279.53万元。 （谷 旗）

【新港国际7万吨级码头获交通运输部批准使用岸线】 2011年7月19日，交通运输部正式批复镇江港，同意利用新民洲港区深水岸线建设1万吨级、2万吨级和4万吨级通用泊位各1个(水工结构均按靠泊7万吨级船舶设计)，设计年通过能力300万吨；同意工程可行性研究报告推荐的总平面布置方案，按587米码头长度使用所对应的港口岸线，工程投资估算为6.79亿元。 （解志勇）

【中储粮镇江粮油有限公司码头通过省级开放验收】 2011年3月17日，江苏省口岸办组织省口岸检查组对中储粮镇江粮油公司码头对外开放进行验收，通过审查相关资料、查验码头现场配套设施和专家考核组的审核，通过对外开放省级验收。中储粮镇江粮油有限公司成立于2007年4月，总投资3800万元，一期工程建设5万吨级散杂货泊位1个，年设计吞吐能力328.4万吨，后方仓储满足50万吨油脂油料常年储备。中储粮系统是长三角地区油脂加工的重要基地和粮油物流中心，中储粮镇江粮油有限公司主要从事油脂油料和大豆仓储、中转、加工等进出口业务。 （解志勇）

【二重集团镇江基地码头初步设计获省交通运输厅批复】 2011年6月14日，镇江港高资港区二重集团镇江基地内港池码头工程初步设计获省交通运输厅批复。该工程位于长江下游镇扬河段世业洲右汊水道中段右岸高资河东侧。该工程建设规模为4个2000吨级通用泊位、1个1000吨级通用泊位及相关配套设施，设计年通过能力190万吨。省交通运输厅批复基本同意设计推荐的总平面布置方案，码头采用挖入式布置，泊位占用岸线长度710米，码头面高程为6.7米，码头前沿设计泥面高程为-3.8米，陆域设计高程6.5米；基本同意水工建筑物、装卸工艺、地基处理、道路堆场、航道、锚地及导助航设施等设计方案，建设工期为15个月，工程总概算为19916万元。工程设计单位：中交第二航务工程勘察设计院有限公司。 （解志勇）

【船港物流5万吨级码头获交通运输部批准使用岸线】 2011年10月26日，镇江港龙门港区船港物流码头工程使用港口岸线获交通运输部正式批复。同意利用龙门港区深水岸线建设1个5万吨级通用泊位(水工结构按靠泊7万吨级船舶设计)，设计年通过能力648万吨，同意工程可行性研究报告推荐的总平面布置方案，按355米码头长度使用所对应的港口岸线，工程投资估算为5.8亿元。该工程可行性研究报告由中交第二航务工程勘察设计院有限公司编写。 （解志勇）

【长三角港口管理部门合作联席会议在镇江召开】 2011年11月10日至11日，长三角港口管理部门合作联席会议及中国港航发展战略研讨会在镇江召开，上海组合港管理委员会办公室主任王明志出席会议。会议研究确定2012年上海组合港各港口、航运管理部门要开展的工作，进一步明确成员单位、组织架构、组织方式、会议机制等，两省一市(江苏省、浙江省、上海市)将在港口规划建设、市场监管、安全环保、信息共享和队伍建设方面加强合作。 （解志勇）

【扬中龙源港机码头二期工程岸线利用合理性评估通过专家评审】 2011年11月28日，扬中龙源港机制造有限公司二期码头工程岸线利用合理性评估通

图24-2 2011年11月10日，长三角港口管理部门合作联席会议在镇江召开 （陈 岗）

过省交通运输厅港口管理局专家评审。该公司二期码头工程位于镇江港扬中港区西来桥作业区，拟建设3万吨级重件滚装泊位和大件吊装泊位各1个、3万吨级多用途泊位1个，设计年通过能力259万吨（含集装箱1万标箱），码头泊位对应利用岸线876.8米，项目总投资11.8亿元。该项目建成后，龙源港机公司码头靠泊能力将由5000吨级提高至3万吨级。该工程报告由中交第二航务工程勘察设计院有限公司编写。（解志勇）

【镇江港国华煤炭基地码头工程可行性研究报告通过审查】 2011年12月7日，镇江港高资港区神华集团国华煤炭储备基地5万吨级码头工程可行性研究报告获省发展改革委员会审查通过。拟建码头工程位于镇江港高资港区便民河下游，建设规模为1个5万吨级卸船泊位（水工结构按7万吨级散货船设计），3个2000吨级驳船装船泊位（水工结构按5000吨级驳船设计），年设计货运量1000万吨，并配套建设圆形封闭煤场2座，煤场总容量50万吨，项目总投资9.6亿元，建设期为2年。推进国华煤炭储备基地建设，是镇江市落实省政府与神华集团签订的战略合作框架协议的举措。该工程报告由中交第三航务工程勘察设计院有限公司编写。（解志勇）

【镇江港停靠超级货轮】 2011年6月7日，巴拿马籍超级巨轮“好景号”停靠镇江港。该货轮船长246米，宽42米，吃水深13.3米，载重吨位达9.44万吨，甲板面积超过标准足球场，由宁波北仑港装载3.4万吨铁矿砂到镇江港卸货，系镇江港建港以来停靠的最大货轮。（解志勇）

【长江尹公洲航段刷新海轮靠泊新纪录】 2011年5月30日，中国香港籍船舶“荣思克·菩提”轮在长江引航中心镇江引航站高级引航员的引领下，安全靠泊镇江中储粮码头。该轮船长225米，载重吨74967吨，吃水10.5米，此次装载48000吨大豆到中储粮码头卸货。“荣思克·菩提”轮此次进江面临长江流域遭受干旱，与历史同期水位相比偏低，航道狭窄、航行条件复杂、船舶操纵困难等不利因素。“荣思克·菩提”轮成功靠泊，再次刷新尹公洲航段内营运重载海轮安全靠泊吨位新纪录，也再次打破镇江中储粮码头靠泊船舶最大载重吨记录。（解志勇）

【镇江直达黄埔港内贸干线班轮开通】 2011年9月10日，“宝安城69号”轮靠泊镇江港大港三期集装箱泊位，标志镇江港直达广州黄埔港内贸干线班轮正式开通。镇江港至黄埔港的内贸直达干线班轮五天一班，两船对开，定时定点开航，中间不停靠任何码头。（解志勇）

图24－3　2011年6月7日，镇江港迎来开埠后最大载重吨位外籍货船（马小聪）

【内河禁运危险化学品目录制订工作座谈会在镇江召开】 2011年9月5日至6日，内河禁运危险化学品目录制订工作座谈会在镇江召开，来自交通运输部、环境保护部、工业和信息化部、国家安监总局、中国石油和化工联合会等单位的内河禁运危险化学品目录制订工作组成员、特邀专家和企业代表共34人出席会议。会议期间，部际工作组成员及有关专家、代表现场勘察调研镇江奇美化工有限公司及码头，听取奇美化工、江阴澄星集团关于企业危险化学品运输情况的汇报。会议代表建议部分解禁内河剧毒化学品运输，以解决日益加剧的剧毒化学品运输需求与运输危险之间的矛盾。（解志勇）

港口生产经营和服务

【概况】 2011年，镇江港以加强市场监管、规范经营秩序为重点，抢抓货源组织，拓展物流功能，港口生产保持持续稳定增长态势。完成货物吞吐量1.18亿吨，比上年增长11.0%。港辖区公用码头累计完成货物吞吐量8719万吨，外贸吞吐量累计完成1608万吨，集装箱累计完成33万标箱，比上年增幅分别是27.2%、21.7%和28.7%。煤炭吞吐量累计完成3638万吨，比上年增加972万吨，增长36.5%，占全港吞吐量的30.8%。累计完成金属矿石4874万吨，比上年增长23.9%，其中铁矿石吞吐量4522万吨，比上年增加810万吨，增幅21.8%。完成集装箱吞吐量35.2万标箱，增长16.7%。（解志勇）

【镇江港务集团有限公司】 2011年，镇江港务集团完成货物吞吐量7140.2万吨，比上年增长30.2%；外贸量1478.4万吨，比上年增长18.1%；集装箱量33.23万标箱，比上年增长29%。月度集装箱量首次突破3万标箱，吞吐量规模在长江干线港口企业中由第四位上升到第二位。集团全年投资1.5亿元，改建场地30.7万平方米，购置5台25吨门机、71台自卸车、33台装载机等前沿作业机械和流动设备，实施大港港区13号泊位内档两条出口线、出运辅线建设以及大港河西板桩码头改造等重点技术改造项目，相继投入使用第5艘全回转拖轮、全港生产经营管理系统、集装箱海关智能卡口系统，加油站油卡联动系统等，集装箱电子数据交换业务应用实现全覆盖。大港分公司“职工书屋”被全国总工会授予“国家级书屋”称号，职工朱亚红获“全国五一巾帼标兵”称号。（王超军）

【镇江中远物流有限公司】 2011年，镇江中远物流有限公司坚持外拓市场，内强管理，狠抓企业转型发展、服务模式创新、优化部门架构设置、强化风险防控、安全管控，较好地完成各项经营目标。被江苏省报关协会评为“优秀报关企业”。（于广州）

【中国外运长江有限公司镇江分公司】 2011年，江苏中外运有限公司镇江分公司更名为中国外运长江有限公司镇江分公司。全年共代理海运集装箱21864标箱,海运大宗散杂货296万吨,船务代理自揽船465艘次,航空快件20270票,空运普货348吨,代理铁路货运8760吨,报关9538票,代理保险业务916万美元,实现营业收入14417万元。

(闵杏华)

【江苏远东物流有限公司镇江分公司】 2011年,江苏远东物流有限公司镇江分公司共完成进出口集装箱23500标准箱。其中代理进口集装箱15149标准箱,比上年增长32%;出口集装箱8351标准箱,比上年增长67%;内贸集装箱84标准箱;代理进口散货167672.69吨;出口散货12600吨;内贸纸浆21艘次71603吨。2011年,该公司新承揽赛锡科技(镇江)有限公司落户镇江的进口设备项目、丹阳中泰贸易公司的进口危险品业务、湖北潜龙矿业集团的进口钛矿业务、隆全锅炉上海港出口特种箱业务,并且与本地信誉良好的无船货代公司加大合作力度,确保南京总部驳船在镇江港的箱量增长。

(唐革研)

【中石化长江燃料有限公司镇江分公司】 中石化长江燃料有限公司镇江分公司是经国家经贸委批准专门从事长江水上成品油销售的专业性企业,担负为地方港口、运输船舶及个体船舶销售、供应燃润料油等多项业务,是国家计量合格单位、百家诚信单位,也是通过江苏省海事部门考核认定的首批长江水上服务区建设单位。

2011年,该公司经营销售总量132459吨,为镇江港区运输船舶服务逾万艘次。开辟的镇江、扬州和泰州三地的保税油业务业绩稳步上升,全年受供外轮82艘,涉及26个国家和地区。

2011年,该公司在加油站安装远程监控装置,对加油站超市进行全面升级改造,为临水作业员工购置充气式救生圈,对加油站泊位进行清淤等。硬件设备和软件服务"双管"齐下,为水上运输船舶和客户提供更便捷的服务。全年未发生重大安全责任事故。

(阙蕾)

【镇江中联理货有限公司】 2011年,镇江中联理货有限公司完成理货船舶4087艘次,件杂货理货量57.13万吨,集装箱船舶理货量18.62万标箱,集装箱装拆箱理货量2.95万标准箱。服务满意率、制单合格率均为100%。开通理货信息网上实时查询服务。

(刘洁)

港口运行和管理

【概况】 2011年,镇江港完成建设投资6.5亿元,新建码头泊位6个,其中万吨级以上泊位3个,新增港口通过能力560万吨。大港港区四期工程进入开工建设阶段,全年工程量投入达4亿元;中储粮码头工程、飞达板材码头工程、二重集团镇江基地内港池码头工程等项目建成;扬中夹江进港航道一期工程于11月份施工完毕。全市14个港口建设项目总体状况良好,个别项目存在违反基本建设程序的情况,已要求整改。

2011年,镇江港深入开展"安全生产年"活动,全年没有发生一起保安事件,没有发生重大安全生产事故,事故死亡为零。推进安全监控体系建设,提高隐患治理水平,对生产场所、作业岗位的危险源(点)、事故隐患和职业危害因素进行自下而上的排查、辨识和评价分级,建立事故隐患和职业危害动态管理体制、持续改进机制、系统评价机制。通过多种方式排查出一般隐患1739条,及时落实整改1706条,整改率达98%。严格港口危险货物作业许可,严格危险货物申报审批制度,全市沿江12家从事危险货物作业的港口经营人持证率达100%。全年共受理港口危险货物作业船舶6133艘次,安全接卸各类危险货物615.6万吨,没有发现瞒报、漏报、错报现象。推进石油化工码头企业安全生产标准化建设,港龙石化等4家企业被列入全省首批试点企业名单。全港有25人参加交通运输部组织的资质培训。

(解志勇)

【长江镇江航道管理处】 2011年,长江镇江航道管理处航标维护工作完成112950座天,为年计划的102%;航道维护尺度保证率100%;航标维护正常率1000‰;航道测量工作完成1367.1换算平方公里,为年计划的132%。全年恢复异、失常标志131座次,调标59座次;共维修保养航标600座次,做到辖区航标标位准确、结构牢固、颜色鲜明、灯光明亮。航道畅通全年安全无事故。继续加强数字航道建设,进一步挖掘长江下游黄金水道的通航能力。上报临河建筑项目行政审批文件12份;设置桥区航标24座;设置锚地界限标志32座;为沿江单位设置各类警示标志114座。落实措施,保证航道安全及施工设施的安全。在长江南京航道局三个文明考核中,成绩优秀。

(沈彦军)

【长江引航中心镇江引航站】 2011年,长江引航中心镇江引航站共引领中外籍船舶9884艘次(含移泊2332艘次),引航里程171.9万公里,引航总吨1.1亿吨,净吨6002.8万吨,分别增长17.6%、26.1%、23.2%、25.6%。其中镇江港5831艘次,引航总吨6535.5万吨,净吨3557.6万吨,分别比上年增长2%、14%、17%。全年引航申请受理率、船舶按时开航率达100%。2011年镇江引航站屡创引航记录,成功引领船长246.84米、载重吨9.4万吨巴拿马籍"好景号"轮顺利靠泊大港三期码头,创镇江港开埠以来最大吨位船舶记录。成功引领船长289米、载重吨15.03万吨的废钢船"正奕"轮抵达泰州伟业船厂,创泰州港最大吨位海轮记录。成功引领船长260米、载重吨11.8万吨"春和91"轮等6条新造船舶出江,创扬州港及尹公洲水域出江海轮船长最长、载重吨最大等多项纪录。全年共安全引领"三超船"(超长、超宽、超吃水)等特殊船舶1234艘次,保证船舶大进大出。全年实现安全

图24-4 2011年9月10日,镇江港开通直达广州集装箱干线班轮

(王超军)

零事故，服务零投诉。该站继续保持“江苏省口岸文明单位”“镇江市文明单位”称号。（马小聪）

【中国船级社镇江办事处】 2011年，中国船级社镇江办事处加强重点船舶、重点水域及春运等重点时期的安全质量工作，对承担的重点检验项目、高风险检验项目及时进行跟踪、指导。实施对镇江当地船公司赴欧、美、日本、新加坡等地船舶跟踪，确保审核、监控到位，促进船公司和船舶安全管理体系有效运行。全年未因ISM（国际船舶安全营运和防止污染管理规则）和ISPS（国际船舶和港口设施保安规则）审核出现问题而滞留。加强产品检验评审工作，对每个认可和日常检验申请进行认真评审，对各项检验全过程进行控制。对需要技术协调的工作成立项目组，统一协调、统一要求，力求一次性把工作做对做好，案卷一次性合格率达100%。全年安全检验无事故、无投诉、无滞留。全年检验业务收入2200万元，其中入级建造船舶检验收入68万元，入级营运船舶检验收入135万元，非入级建造船舶检验收入316万元，非入级营运船舶检验收入63万元，产品检验收入1552万元，其他检验收入66万元，超额完成年初制定的预算目标。（王 平）

检查、检验、检疫

【概况】 2011年，镇江口岸各查验单位完成中储粮镇江公司码头的对外开放，苏润物流码头对外开放市级预验收，指导新民洲港务有限公司、索普醋酸有限公司、二重集团等企业做好码头对外开放前期准备工作。批准临时停靠外轮16艘次，装卸外贸货物25.8万吨。（解志勇）

【镇江出入境检验检疫局】 2011年，镇江出入境检验检疫局获全国青年文明号、全国文明单位等国家、省、市级荣誉40多项，获得地方党政领导批示11次。全年检验检疫货物45564批，货值42.57亿美元，与上年同期相比分别增长4.50%和32.89%。检出不合格货物153批、3.22万美元。查验出入境人员30232人次，开展出入境人员健康检查7914人次，艾滋病监测7990人次，发现病例1848人次，预防接种3923人次。截获有害生物192种、3840种次，检疫船舶1540艘，检疫集装箱114873标箱。签发原产地证书24143份、金额11.5亿美元。为企业减免各类检验检疫收费批次6818批、金额87.45万元。推行出口工业产品分类风险管理系统，建立拓展出境验证机制、质量风险分析机制、质量诚信动态调整机制、出口商品商标权属审查制度和内部跟踪执法机制，提升执法监管有效性，全年立案31起。创新敏感产品监管，推进“数字动植检”建设，对出口木质包装标识加施企业的实行视频监管，提高效率。以科研发展助推质量提升。科研项目获得2011年度国家局立项1个，江苏局立项7个，镇江市科技项目1个，国家认监委立项行标1个。加强法治质检样板区建设，建立“综合业务职能部门+专业业务归口管理部门+首席检验检疫监管负责人”的“三位一体”的执法督查体系。两次完成进口奶牛隔离检疫任务，查获1艘船舶、3批集装箱放射性超标，发现从台湾进口的溅镀机设备存在多处安全隐患，国家质检总局发布警示通报。率先在全省系统推行重点企业分类帮扶服务措施，实施通关便利化、建设特色示范区。与舟山等局签订分港卸货合作备忘录服务港口发展，实施局领导重点企业联系制度，对镇江市培育百亿企业、重大投资项目、重点进出口企业实施“一企一策”和“一对一”服务，协助扬中市绿野秧草专业合作社完成检验检疫备案，并获得出口食品示范基地建设立项；在句容建成江苏首家出口种苗示范基地；与昆山、太仓三地联合建立统一的自行车产业集聚监管示范区，推进自行车产业集聚区建设。推进食品检测团队、工业品检测团队、机电检测团队、卫生检疫团队、动植物检验检疫团队、综合管理团队等6支科技团队建设，参加全省系统技能竞赛，4人获得二等奖，4人获得三等奖。（李千荣）

【江苏口岸首次进口乌拉圭奶牛】 辽宁辉山控股（集团）峡河牧业有限公司从乌拉圭购买的4000头荷斯坦奶牛乘坐“托伦斯”号货轮，2011年8月4日从乌拉圭蒙得维的亚港出发，历时一个多月，9月5日抵达镇江港大新圩锚地。后在丹阳奶牛隔离场进行为期45天的隔离检疫。镇江检验检疫局派检疫人员24小时驻场检疫，成功完成进境奶牛的隔离检疫。（李千荣）

【江苏首个出口种子示范基地建成】 2011年8月27日，镇江瑞繁农艺有限公司出口蔬菜、花卉种子示范基地的申请，通过江苏省农委、江苏检验检疫局专家组的考核验收，成为江苏首个出口种子示范基地。该示范基地是镇江检验检疫局、镇江市农委、句容市农委、镇江市农科所、镇江瑞繁农艺有限公司联合推动，集出口蔬菜和花卉种子种植为主、加工为辅的原料种植基地，总面积267公顷，主要种植洋葱、西兰花、甘蓝、波斯菊、牵牛花等蔬菜、花卉种子等数十个品种。是高效农业和外向型农业的结合体。（李千荣）

【江苏口岸首次截获西部苋杂草种子】 2011年7月，镇江检验检疫局工作人员对一船来自美国的进口玉米检验检疫时，截获到多种杂草种子，经有关专家鉴定，发现有苍耳属（非中国种）、三裂叶豚草、豚草、假高粱、刺蒺藜草、西部苋等多种检疫性杂草种子，其中西部苋杂草种子为江苏口岸首次截获。西部苋杂草是2011年6月新增的检疫性有害生物异株苋亚属杂草中的一种。异株苋亚属杂草可造成玉米、棉花、大豆等主要作物减产11%－74%。国家质检总局对此发布警示通报。（李千荣）

【镇江口岸从进口玉米中检出种衣剂大豆】 2011年12月8日，镇江检验检疫局港口检疫人员对来自美国的4.162万吨玉米表层检验检疫时，先后发现36粒绿色大豆，经检测确认为种衣剂大豆。这在全国属首次，国家质检总局对此发布警示通报。该事件的顺利处置有效地保护中国动植物生命安全和人体健康，树立中国检验检疫机构的威信。（李千荣）

【镇江口岸首次截获检疫性有害生物——南亚乳白蚁】 2011年11月8日，镇江检验检疫局港口检疫人员从马来西亚进口原木截获检疫性有害生物——南亚乳白蚁，这是镇江口岸首次截获到南亚乳白蚁检疫性有害生物。（李千荣）

【江苏口岸首次进口美国玉米】 2011年6月26日，一艘来自美国装载5.8万吨玉米的“莉莲”号货轮停靠镇江港中储粮镇江直属库码头，这是中储粮采购100万吨美国玉米的首船到货，它既是中储粮首次进口，也是江苏口岸首次进口的美国玉米。（李千荣）

【发现进口生焦出现重大短少】 2011年6月，镇江检验检疫局港口检验人员检验鉴定出一船美国进口生焦短少662吨，短重率接近2%，远超国际惯例中0.5%的索赔比例，创镇江港口岸发现短重比例历史新高。船方对短少结果予以签字确认，检验鉴定人员及时出具重量证书，帮助企业挽回损失70余万元。（李千荣）

【镇江海事局】 2011年，镇江海事局共实施船舶安全检查2030艘次，其中河船安检1664艘次，滞留船舶51艘次；海船安检280艘次，滞留26艘次；PSC（港口国检查）检查86艘次，滞留9

艘次;未发生经开航前检查的船舶被国外PSC(港口国检查)检查滞留的现象。办理船舶签证9.8万艘次、国际航行船舶进出口岸手续2329艘次、危险品船舶进出港审批6449艘次、船舶登记129艘;保障10万余艘次船舶安全进出镇江港,其中国际航行船舶2329艘次;安全接靠超大型船舶885艘,其中国际航线超大型船舶235艘;共接受船舶动态报告255145艘次,跟踪船舶73288艘次,提供助航服务1497艘次,实施交通组织12065艘次,重点船舶监控50804艘次;审批各类水上水下施工作业61起;接收修造船下水报备23次,试航船报备68次;组织实施维护8473艘次,有效处置险情和事故103起,施工水域保持安全无事故。

2011年,镇江海事局组建长江沿线暨江苏省首支水上搜救志愿者服务总队。辖区发生水上交通事故险情103起,比上年下降53.4%。全年共组织协调水上搜救行动103起,救助遇险人员1517人,遇险船舶185艘,人命救助成功率和船舶救助成功率分别为99.5%和94.1%,挽回经济损失1.3亿元。牵头做好"5·27"事故的调查处理和善后相关工作。

向政府报告扬中一桥、二桥隐患引起重视,防碰设施建设进入设计阶段。开展打击非法生产经营行为、船舶超载整治、涉沙船舶治理、查处违法船舶定线制行为等专项整治活动。全年发现超载船舶141艘次,处罚126艘次;查处违反船舶定线制2475艘次,处罚442艘次。推动扬中三桥等11个涉水工程项目通过通航安全评估、中储粮码头正式对外开放。扶持镇江船厂等船舶修造企业和惠龙港钢材集散中心等港口物流企业发展壮大。实施新造船舶下水全程跟踪监管服务,保障21艘新造船舶安全下水。完成历时两年半的泰州大桥扬中夹江桥建设维护保障任务,开展落成洲守护工程现场监管。做好扬中河豚美食节、长江珍贵鱼种放养仪式等重大活动的水上安全保障。 (局 办)

【镇江边防检查站】 2011年,镇江边防检查站以党建水平提升年、模范港区创建年、部队管理规范年、作风建设强化年、文化建设攻坚年、基层建设跨越年"六年同创"活动为载体,创新思路,务实工作,推进边检工作和部队全面建设。全年共检查出入境(港)船舶2318艘次、人员30164人次,监护船舶789艘次,监护时间45462小时,出动警力17513人次;签发各类证件20874份。连续22年被评为江苏省文明口岸先进单位。在镇江、谏壁、大港、扬中四个边检警务区和大港联检中心开通"办证专线"。1个港区、2个码头分别被江苏公安边防总队评为爱民固边模范码头(港区)。成立江苏首个社区双拥协会,与镇江市30余家企事业单位签订共建协议。发挥"国防教育基地"和"学军爱农基地"载体作用,14次组织官兵开展"外来务工子女警营欢乐行""大手拉小手,警营暖童心"等活动,23年如一日照顾新区敬老院老人,与镇江市28名空巢老人结对帮扶。筹集5.2万元设立"爱心帮扶基金",资助6个困难家庭和8名贫困学生。连续16年无偿献血24万余毫升,被市政府授予"无偿献血促进奖"。 (刘 慧)

【长江航运公安局镇江分局】 2011年,长江航运公安局镇江分局坚持打、防、管、控、治多措并举,治安防控体系建设深入推进。全年共接报警3340起,立刑事案件79起,破74起(其中重大案件12起),打击处理48人(其中逮捕3人、直诉44人、劳教1人);上网追逃24人,抓获26人;查处行政案件2199起,处罚2201人;处置群体性事件56起;查纠交通违章2651起。

加强基础工作,提升实战支撑能力。及时提出分局警备码头、水上110指挥中心和镇江、泰州派出所业务用房等建设项目。国投镇江港有限公司、泰州市高港区政府分别为镇江、泰州派出所业务用房建设无偿提供土地3600平方米和3300平方米。逐人逐单位督促指导民警操作应用"九大信息应用系统",于4月份正式启用OA(自动化办公)系统,文件、信息等均通过网上报送、接收。开展法制培训,提高执法水平。11月参加交通公安机关民警基本级执法资格考试,全部通过。强化侦查破案,严打物流犯罪。全年共上网追逃24人,抓获26人,特别是"清网行动"前2名网上在逃人员全部抓获归案,提前完成清网100%的目标任务。 (张世成)

海 关

【概况】 2011年,镇江海关共监管进出口货运量1738.4万吨,货值81.6亿美元,比上年分别增长14.2%和31.5%;监管进出境国际航行船舶2490艘次,进出境人员3万人次;监管进出口集装箱12万标箱,增长13.5%;征收入库税款55.02亿元人民币,增长31%;办理加工贸易电子化备案金额15.4亿美元,增长31.3%;办理减免税审批531份,货值4.2亿美元,减免税款3.5亿元人民币,分别增长153.7%和299.8%;办理企业注册登记备案410家;办理报关单4.3万份,增长9%。

推进"规范管理年"活动,位列南京关区年度基层考核第三。1人获"全国海关优秀共产党员"称号,2人获"南京海关关区优秀共产党员"称号。档案工作继续保持海关总署特级。被评为省级机关"五五"普法先进单位,1人被评为先进个人,在江苏省《行政强制法》知识竞赛中,1名关员代表南京海关参加竞赛,获得团体三等奖。 (李 琰)

【创新海关业务建设】 2011年,镇江海关完善大宗散货"船货一体化"监管模式,以建好"一套制度规范"、编好"一套风险手册"、管好"一套工作台账"、用好"一个监控中心"、开好"一个分析会议"的"五个一"工程推进监管工作,经验做法在关区推广。及时完成"三查合一"(企业稽查、减免税核查和保税中后期核查的归口管理)机构、人员和职能整合,出台多项工作规范和联系配合办法,提高后续监管水平。 (李 琰)

【镇江海关缉私分局】 2011年,镇江海关缉私分局共立刑事案件4起,案值1955万元,涉税225万元,抓获犯罪嫌疑人5人;立行政案件44起,案值3.06亿元,涉税160.9万元。另外,该局民警利用周末休息时间为进出口企业开展法律知识讲座,一方面向企业宣传海关政策和法律法规,指出企业在法律意识、经营管理等方面存在的薄弱环节,帮助企业规范进出口申报行为,另一方面认真听取企业对海关执法的意见和建议。

(李 琰)

财　政

【概况】 2011年，全市各级财政部门着力"抓收支、促转型、惠民生、推改革"，各项工作取得新突破，实现"十二五"良好开局。全市财政总收入、一般预算收入分别达531.3亿元和181.9亿元，一般预算收入增幅达31.7%，增幅分别高于全省、苏南平均5.5和9.3个百分点，列全省第五、苏南首位。一般预算收入中税收收入总量145.82亿元，增长31.5%，"税占比"80.16%，居全省第四位。一般预算收入占地区生产总值7.9%，较上年提高0.9个百分点，主要收入指标均实现"进档升位"。丹阳、镇江新区、句容一般预算收入分别迈上40亿元、30亿元、20亿元新台阶。

助推"转型升级"成效显著。财政部门发挥财税政策、资金杠杆和导向作用，创新财政扶持方式，设立首期2亿元"新兴产业创业投资引导基金"，引导和"撬动"各类金融、社会资本投资新兴产业。探索"拨改投"的财政扶持方式，促进财政投入向"基金滚动式"发展。增强"创新驱动"能力，全市财政科技支出比上年增长75%。创新"财银企"合作模式，建立科技型中小企业贷款风险基金，累计向22家科技成长企业发放融资担保贷款7983万元。安排3750万元，推动14家公共服务平台及重点科研院所落户镇江，支持市直当年引进"331"高层次创新创业人才75名。优化财税服务环境，落实各类风险补偿资金1500万元，为企业解决融资28.73亿元。用足用好各项小微企业税收优惠减免政策，取消、停征行政事业性收费项目51项，办理增值税退税等各类减免税超过25亿元，全年累计为企业申报省级以上专项283个，并帮助企业争取省级以上扶持资金13.6亿元。

民生保障力度持续加大。2011年，全市农业、社保、教育等"民生类"支出总量124.5亿元，比上年增长37.6%，高于一般预算支出平均增幅近7个百分点。落实教育优先战略，支持全市义务教育全面实现"零收费"，筹措资金确保义务教育绩效工资发放，投入2265万元用于中小学"校安工程"及发放各类助学金。推进城乡统筹，安排4200万元支持引河清淤、河道整治等农田水利设施建设，投入1.27亿元完成71座水库除

表25－1　**2011年镇江市财政收支情况表（按项目）**　单位：万元

项　目	金　额	比上年增长(%)	项　目	金　额	比上年增长(%)
财政总收入	5312693	39.26	财政总支出	4269571	40.74
一、一般预算收入	1819016	31.72	一、一般预算支出	2029009	27.56
（一）税收收入	1458167	31.53	#一般公共服务支出	274189	18.5
#增值税	236760	13.61	公共安全	144879	4.5
营业税	443873	26.27	教育	332776	23.3
企业所得税	204776	44.5	科学技术	70044	33.67
个人所得税	75694	37.23	文化体育与传媒	28693	27.24
城维税	110779	57.14	社会保障和就业	130246	47.08
契税	108481	22.6	医疗卫生	121979	58.32
耕地占用税	48509	45.48	节能环保	93819	20.75
（二）非税收入	360849	32.49	城乡社区事务	262121	40.66
#专项收入	56961	43.39	农林水事务	182419	37.15
行政事业性收费收入	98606	22.34	交通运输	63400	7.38
罚没收入	38126	－5.22	住房保障支出	52819	72.34
二、其他政府性基金收入	1826211	70.48	资源勘探电力信息等事务	129773	28.56
三、社保基金收入	514765	21.52	二、其他政府性基金支出	1747635	71.48
四、上划中央收入	1152701	22.73	三、社保基金支出	492927	16.28

（储娟华）

表25－2

2011年镇江市财政收支情况表(按地区)

单位:万元

地区	财政收入				财政支出			
	财政总收入		地方财政一般预算收入		财政总支出		地方财政一般预算支出	
	金额	比上年增长(%)	金额	比上年增长(%)	金额	比上年增长(%)	金额	比上年增长(%)
全市	5312693	39.26	1819016	31.72	4269571	40.74	2029009	27.56
市级	3265769	48.3	1006732	27.8	2660550	52.81	1061558	26.9
县级	2046924	26.91	812284	－1.97	1609021	24.47	967451	30.96
市本级	2335348	51.92	586980	26.47	2115822	53.52	759952	29.49
市直	1690168	59.96	276746	6.81	1718291	54.66	530917	18.29
镇江新区	645180	34.26	310234	51.33	397531	48.77	229035	65.92
京口	202012	23.45	116514	16.17	100224	28.41	71258	11.92
润州	264193	31.64	155166	37.17	97695	52.77	82338	32.43
丹徒	464216	54.44	148072	34.36	346809	57	148010	19.56
丹阳	1026069	28.17	411318	37.1	718741	23.59	436416	24.3
扬中	520847	20.51	195958	32.88	390227	23.18	221786	31.72
句容	500008	31.53	205008	40.61	500053	26.82	309249	31.76

(储娟华)

险加固,争取资金5134万元实施中低产田改造、良种推广等。发放粮食直补等惠农补贴1.98亿元。支持深化医疗卫生体制改革,安排1.42亿元推进公立医院改革、社区卫生机构及医疗服务补偿机制建设。支持就业再就业,整合1.32亿元支持大学生创业园、职业介绍平台建设。筑牢社保"安全网"根基,筹措资金支持再次扩大尊老金发放范围和居民医保等补助标准"提标",连续7年提高企业退休人员养老金标准,将居民医保和基本公共卫生财政补贴标准分别提高到228元和35元(含省补),安排4727.6万元向市属困难企业退休职工发放独生子女一次性奖励。加大物价上涨动态补贴力度,发放各类价格补贴1.26亿元。累计支付保障性住房资金超过2亿元。改善人居环境,筹措资金1.3亿元用于"青山绿水"工程及太湖水环境治理,落实资金7000万元支持老小区整治和环卫基础设施建设。支持推进社会管理创新,筹措资金2660万元支持"平安镇江"建设及综合治理等。

改革创新能力不断提升。推进政府专项资金"精细化"管理。2011年,市财政局出台《市级政府性专项资金管理暂行办法》,规范专项资金申报、立项和使用报批程序,将所有专项纳入"项目库"滚动管理。完善财政国库管理制度,加强预算执行管理,在全省率先将预算单位实际拨付资金全部纳入集中支付范围,市级办理国库集中支付总额159亿元。拓展绩效评价领域和范围,将评价范围延伸到涉及民生、重点工程等领域20个项目,涉及资金量25亿元。改进政府采购管理,制定《关于进一步加强政府采购管理工作的意见》,2011年,全市政府采购总额32.17亿元,节约资金3.94亿元,资金节约率10.9%。强化财政"大监督"职能,完成历时3年的"小金库"专项治理,初步建立预防"小金库"长效机制,规范和完善预算单位财务资产管理。加强非税收入收缴管理,将市直91家全额拨款事业单位预算外收入全部纳入预算管理,加强土地出让金收缴管理,市级累计入库土地出让金收入101亿元。应对防范财政风险,配合审计部门摸清全市地方政府性债务,建立投资公司财务信息联网监控系统,为投融资平台调度资金超过20亿元。落实厉行节约各项举措,压缩和控制"三公"支出,加强出国(境)经费先行审批,市级公用经费标准连续4年"零增长"。制定出台《新行政中心行政单位财务管理办法》等规章制度,强化预算单位资产、财务管理。加大预算公开力度,首次向人大代表公开市直300家行政事业单位的部门预算。

(万　晶)

【建立"社会综合治税"机制】 2011年,市财政局牵头建立全市"社会综合治税"管理机制,实现税源管理由税务部门单一治税到45家单位进行社会综合治税的转变。全市综合治税网络平台全面上线投入使用,财政、税务部门抓好涉税信息的采集、整理和征收反馈3个重点环节,建立信息处理工作流程和考核标准,形成完整的社会综合治税信息工作链。各协税单位发挥各自职能优势,掌握涉税信息,借助社会综合治税网络平台,建成一个"集中管理、相互依托、数据规范、信息共享"的综合信息库。11月底,全市综合治税网络平台全面上线投入使用后,全市72类、726项涉税数据进入平台统计,共收集整理涉税信息超过200万条,移送税务部门征收线索超过3万条,年内实现税收增收近1.2亿元。

(严明礼)

【清理财政账户】 2011年,市财政局对全市所有财政账户进行清理,将市财政局各业务处填列的账户开户明细信息与各商业银行提供的财政账户信息进行比对,清查"悬户、死户"的存续,对现有支出专户按"资金性质"进行归并,市本级72个账户经清理撤并为40个账户:其中国库业务户7个、收入过渡户14个、支出专户19个。规范选择代理银行,按贡献大小原则,对清理归并后的"新账户"按考核业绩(对地方经济贡献大小)排序确定开设银行;按照差额调整原则,对财政存款量与银行贡献大小有差异的银行通过定期存款逐步调整。全市各级财政原有账户925个,2011年撤并393个,保留532个,压减率42.5%,实现财政账户管理的精简、规范、高效,及"三统一"(统一核算、统一管理、统一调度)的目标。

(朱永芳)

【完善企业发展专项资金管理制度】 2011年,市财政局研究制定《镇江市新兴产业创业投资引导基金管理办法》《镇江市区域重点成长型企业发展资金试行股权投资管理办法》《镇江市开放型经济专项资金管理办法》《镇江市支持外经贸转型升级省级商务发展切块专项资金管理办法》等一系列管理制度,明确专项资金的使用方向、申报程序、补助形式,每一项专项资金都有与之相配套的管理制度,使专项资金的使用科学合理、具有操作性、发挥专项资金的引导带动作用。对中小企业发展专项资金的扶持方式进行有益尝试,对由政府主导的以提供公共服务为主要内容的非营利性中小企业服务平台项目、节能减排和淘汰落后产能项目、产学研项目的政府性扶持资金2000万元,采用财政直接补助的形式,对转型升级技术改造中由市财政直接补助的3400万元资金,全部调整为有偿使用,有偿使用期限为3年。

(徐伟忠)

【实施扩大消费新政策】 2011年,市财政局在贯彻落实"汽车摩托车下乡""家电以旧换新"等惠农惠民扩大消费政策的基础上,从2011年1月1日起,在全市推行家电下乡代审代垫新政策,新政策规定农民可从商家直接拿到财政补贴资金。全年发放家电下乡财政补贴资金7431万元,比上年增加3278万元,增长79%。截至年末,家电下乡累计销售478271台,销售金额11.49亿元,兑付补贴家电447745台,兑付资金13522.23万元,兑付率93.62%;累计发放汽车以旧换新补贴4240.9万元,享受补贴车辆2921辆;累计发放汽车下乡补贴834.97万元,享受补贴车辆2147辆;家电以旧换新累计销售各类家电503491台,销售金额18.13亿元,兑付补贴家电479758台,兑付资金13941.14万元,兑付率95.29%;摩托车下乡累计销售37597辆,销售金额1.83亿元,兑付补贴摩托车37109辆,兑付补贴资金2131.35万元,兑付率98.70%。

(谢 翔)

【助推全民创业就业】 2011年,市财政局推进创业就业工作。加强人力资源和社会保障基层平台建设,发挥基层平台"人头熟、反应快、贴得近"的特点,为创业就业提供数据支撑。加快与商业银行合作进程,加大小额担保贷款发放规模和力度,共发放800笔,金额为8068万元,比上年增长21.4%,带动就业4658人。通过信用论证、信用担保、财政贴息、政策奖励、个人价值实现等多重措施,使更多的"草根"阶层创成业、创大业。创新创业就业政策,在延续上年创业就业财政政策的基础上,出台大学生村官创业、大学生创业园等财政扶持政策。按照国际通行的"非盈利式"创投基金模式,探索"投、贷、股"等新投入模式,做大做强创业资金,为创业者持续创业提供源头活水。继续实施就业援助计划,推进职业介绍、职业培训等就业服务工作开展,拓展公益性岗位安置就业困难人群就业的作用,发挥失业保险金保生活、促就业、防失业的多重功能,推进人人就业目标的实现。2011年,镇江市创业型城市建设指标列全国第九位。

(孙明祥)

【落实涉农补贴】 2011年,市财政局落实各项财政涉农补贴政策,加强财政涉农资金的监管。水稻直补政策继续实行"三不变",即补贴标准不变,核定补贴面积不变,补贴资金负担政策不变,直补标准为每公顷300元,实际补贴面积939733.33公顷,兑付直补资金2819.2万元。农资综合补贴实行"核定面积不变、补贴标准提高",即每公顷1035元的补贴标准提高到1222.5元,综合直补面积1082933.33公顷,实际兑付补贴资金13238.9万元。水稻直补和农资综合补贴资金通过"中国农民补贴网"全部发放到种粮农民手中。全年发放水稻、玉米、棉花、小麦、油菜良种补贴3686.83万元,其中,水稻良种补贴面积933133.33公顷,补贴金额2113.14万元;玉米良种补贴64666.67公顷,补贴金额97.16万元;棉花良种补贴19800公顷,补贴金额44.56万元;秋播国家小麦79406.67公顷,补贴金额1119.17万元;秋播油菜208533.33公顷,补贴金额312.8万元。

(王 兰)

【首次实行会计人员网上培训】 2011年,市财政局在全市首次开展会计人员继续教育网上培训工作。市财政部门和各会计管理部门做好平台建设,为会计人员网上在线学习、考试等提供服务。在财政网站设立登录窗口,为学员开通400专线服务电话,安排16位专线服务人员在岗答疑解惑,印制4万册学习操作指南。网上完成学习任务后,申请集中机考。对当年取得初、中、高级会计专业技术资格或注册会计师、注册税务师资格、相关会计专业学历提升取得毕业证书人员享受抵免政策,2011年考试当场亮分,不及格者需继续完成学习任务。

(王国银)

【开展预算绩效目标管理试点工作】 2011年,市财政局制定《镇江市2011年度市级财政专项资金预算绩效目标管理办法》,要求部门、单位在申报专项资金时,设定绩效指标,以量化的形式确定所产生的经济效益、社会效益和环保效益等绩效目标,出具详细的可行性论证报告等。对未按时、按要求完成项目绩效目标编制、审核和复核工作的部门、单位,不得向市政府提交项目资金申请文件。规范绩效目标管理流程,年度市级政府性专项资金预算经市人大会议审议通过后,使用政府性专项资金的部门、单位编报项目预算绩效目标,编报的预算绩效目标经市财政局相关业务处室审核后,报市财政局绩效管理处复核,选择部分重点项目邀请相关专家评审,评审结果提交市财政局局长办公会研究,研究决定的项目预算绩效目标作为市财政局和业务主管部门联合行文,上报市政府申请使用政府性专项资金文件的必要组成部分。市财政局全年选择33个单位、部门的66个财政专项资金项目进行预算绩效目标管理试点,涉及财政专项资金7.89亿元,占年度专项资金总额60%以上。

(钱树平)

【住房公积金政策更加惠民】 2011年,市住房公积金管理中心支持中低收入家庭购买普通自住住房,出台上调住房公积金贷款最高额度、提高新就业人员购房支付能力、简化提取住房公积金归还商业银行住房贷款办理手续、放宽按月提取还贷办理条件等惠民便民新政策,让缴存职工用足、用好住房公积金。全年全市新增开户职工3.55万人,住房公积金总开户职工35.20万人,实际缴存住房公积金21.14亿元,比上年增长18.75%,住房公积金累计缴存总额122.02亿元,向4714户职工家庭发放住房公积金个人贷款,发放金额11.14亿元,全市累计发放住房公积金贷款92.18亿元,贷款余额47.44亿元。

(朱 贞)

国 税

【概况】 2011年,全市国税系统入库税收总额143.1亿元(含调库),比上年增收21.2亿元,增长17.3%。一般预算收入38.87亿元,比上年增收6.87亿元,增长21.5%,增幅高于全省平均(20.33%)1.17个百分点。办理出口退税25.5亿元,增长37.8%。

一、税种收入情况

1. 增值税直接入库83.6亿元,增长3.7%。

2. 消费税入库2.15亿元,增长15.5%。

3. 企业所得税入库38.3亿元,增长47.6%。

4. 个人所得税入库366万元,下降58.6%。

5. 车购税入库6.16亿元,增长12.6%。

6. 办理免抵调库12.88亿元,增长61.9%。

二、收入完成特点

收入高开低走,增幅逐月走低。如图25-1所示,全市上半年一般预算收入增幅明显高于下半年。分季度看,1~4季度,全市一般预算收入(含调库)增幅分别为32.1%、28.7%、19.2%、8.9%,呈逐步走低之势,前高后低特征明显。

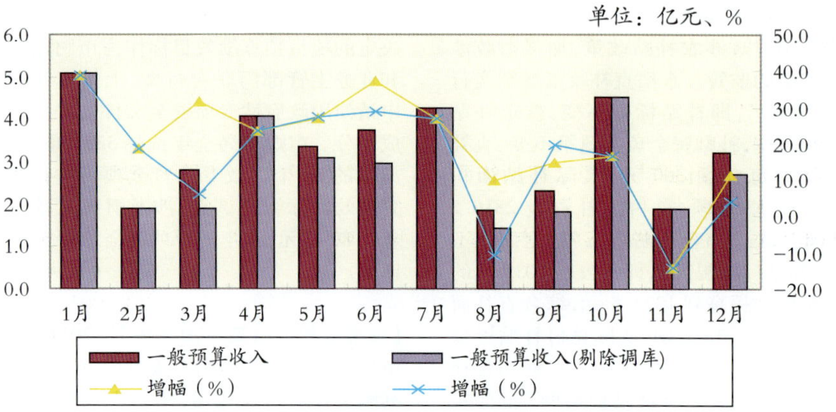

图25-1　2011年全市一般预算收入走势图

表25－3　**2011年镇江市重点行业入库税收情况表**　单位:亿元

行　　业	本期税收数	上年同期	增减率(%)
合　计	143.1	121.9	17.3
#批发零售业	21.2	21.1	0.6
电气机械及器材制造业	14.9	12.1	22.9
化学原料及化学制品制造业	14.4	11.8	21.6
交通运输设备制造业	12.4	10.1	22.8
电力、热力的生产和供应业	6.3	6.4	-1.2
非金属矿物制品业	9.8	5.1	91.1
金属制品业	6.2	4.5	39.9
通用设备制造业	5.6	4.3	29.4
造纸及纸制品业	3.0	4.2	-28.9
房地产业	4.2	3.8	11.3

共享税占比创新高，收入结构持续优化。2011年，全市完成共享级收入133.35亿元，占总收入93.2%，比上年提升0.4个百分点。分税种看，全年共享级企业所得税入库36.88亿元，增长49.7%，列全省第三。所得税占一般预算收入37.95%，比上年的30.79%提高7.16个百分点，收入结构进一步优化。

重点行业增多减少，水泥行业增幅最高。全市十大重点行业"八增二减"，造纸和发电行业比上年下降。全市入库税收超10亿元的行业4个，分别是：批发零售业、电气机械及器材制造业、化学原料及化学制品制造业、交通运输设备制造业。在增长的行业中，水泥及其制品业增幅最高，为91%，而批发零售业受批发业（主要是物回行业）下降4.9%的影响，增幅仅有0.6%。（见表25－3）

重点企业增幅较低，拉低全市收入增幅。全市列入国家税务总局监控的229户重点税源企业全年共入库税收71.8亿元，比上年增长9.47%，比全市平均增幅低近8个百分点。占全市总收入的50.2%，比上年同期的53.8%下降3.6个百分点，对全市收入的支撑作用有所下降。

单个企业看，全年入库税金超亿元的企业13户，比上年同期少1户。亿元企业中，新增3户，分别为：天工工具、荣德新能源、鹤林水泥（见表25－4）；减少4户，分别为：华耀再生资源、通达再生资源（两户均属物回行业）、金海宏业、中船设备。

分税种看，全市增值税（含调库）入库前5位的企业分别是：泰鑫物回（2.63亿元）、镇江发电（1.86亿元）、奇美化工（1.54亿元）、丹阳供电公司（1.15亿元）、天工工具（1.04亿元）；所得税入库前5位的分别是：奇美化工（3.91亿）元、金东纸业（1.85亿元）、镇江烟草公司（1.3亿元）、鹤林水泥（1.2亿元）、环太硅科技（1.01亿元）。

表25－4　**2011年镇江市入库税金超亿元企业情况表**　单位:万元

序号	纳税人名称	入库税收	其中:增值税	其中:所得税
1	镇江奇美化工有限公司	54554.12	15411.50	39142.61
2	江苏省烟草公司镇江市公司	31375.12	3701.99	13009.02
3	镇江市泰鑫废旧物资回收有限公司	26299.20	26283.31	15.90
4	金东纸业(江苏)股份有限公司	24311.04	5802.62	18508.42
5	江苏镇江发电有限公司	18598.49	18598.49	(地税征收)
6	江苏建华管桩有限公司	16146.02	8061.58	8084.44
7	江苏天工工具有限公司	13375.56	10439.46	2936.10
8	江苏鹤林水泥有限公司	12013.58	2.03	12011.55
9	镇江荣德新能源科技有限公司	11938.93	4923.91	7015.02
10	江苏省电力公司丹阳市供电公司	11517.97	11517.97	(汇总缴纳)
11	镇江环太硅科技有限公司	10889.78	782.00	10107.78
12	江苏省电力公司镇江供电公司	10431.11	10431.11	(汇总缴纳)
13	国电江苏谏壁发电有限公司	10089.33	10089.33	(汇总缴纳)

2011年镇江市一般预算收入税收分地区情况表

表25－5　单位:亿元

地区	一般预算收入		
	2011年	比2010年同期	
		增减额	±%
全市合计	38.88	27.47	21.5
市区小计	18.20	13.25	22.3
#丹徒区	3.85	3.12	25.4
县(市)小计	20.68	14.22	20.8
丹阳市	10.91	6.06	16.1
句容市	3.79	3.39	28.8
扬中市	5.98	4.76	24.9

兑现税收优惠，减免退税大幅增长。2011年，全系统办理各项减免退税43.3亿元，比上年增长28%。其中办理各类退税32.1亿元，比上年多退8.3亿元，增长34.9%。

强管增收效果显著，查补税款高幅增长。全市国税部门全年累计查补入库税款3.45亿元，比上年增长27%。查补入库税款占总收入2.41%，比上年的2.2%提高0.2个百分点。　（沈　婕）

【税收征管】　2011年，市国税局推进专业管理工作，组织编写《税收基础事项操作规范》，在试点完善的基础上做好全面推行准备。依托联动管理机制和《税收运行质量报告》载体，建立税收征管的督查推进机制，征管质量考核排名列全省第三。建立以税源管理联席会议、业务部门分工挂钩、机关基层协力合作、人机结合监控为主要内容的数据信息质量长效管理机制，提高征管数据信息质量。做好发票换版工作，推行普通发票网上开具，强化信息管税，开展普通发票税收风险的分析和应对，增加税收 2487 万元，调减留抵 1860 万元。科学制定风险规划，分析识别 6 类 36 个风险项目，优化形成 5 类 22 个风险特征指标，充实市级风险特征指标库。依托综合治税平台强化第三方信息的采集比对和内部数据信息的情报利用，整合发布任务类信息 6107 条，提高税收风险应对处理的实效性。对大企业实施集中管理，对中小企业实施分行业管理，对特殊政策事项、特殊行业风险和特定类型税源进行专业应对管理。全年征收非居民企业所得税 1.9 亿元，增长 42%，对一户企业成功实施反避税调查，调增应税所得额 5700 余万元。（沈　婕）

【税收执法】 2011 年，市国税局印发《基层税收风险防控指引》，推行《基层执法风险防控手册》，突出纳税评估、税务稽查、优惠政策落实和自由裁量权行使等 4 个重点，推进全系统基层对执法风险的防控。各级稽查部门推进项目化检查，突出大要案查处，发挥以查促管、以查促收、以查促进提高税法遵从的重要作用，在纳税人自查增收 1.54 亿元的基础上，对 332 户纳税人实施重点稽查，增加税收 5142 万元。（沈　婕）

【落实结构性减税政策】 2011 年，市国税局落实结构性减税政策，兑现税收优惠，全年固定资产进项抵扣税额 24.1 亿元，增长 75%，高出全省平均 39 个百分点。办理增值税即征即退 4.23 亿元，减免所得税 8.3 亿元，研发费加计扣除 3.23 亿元，调高起征点、小微企业减半计征所得税等政策性减税超 11 亿元，出口免抵调退税 39.5 亿元（其中调库 12.88 亿元），各类减税优惠合计超 65 亿元。（沈　婕）

地　税

【概况】 2011 年，市地税局组织各项收入 193.56 亿元，比上年增长 33%，其中税收收入 134.26 亿元，比上年增长 34.3%，一般预算收入（含两税收入）107.4 亿元，增长 33.9%；征收社会保险费 48.42 亿元，增长 26.4%，征收各项基金费 10.87 亿元，增长 51%。（浦陆燕）

【税源专业化管理改革完成】 2011 年，市地税局确立“三结合、三为主”改革思路，研究制定税源专业化改革的实施方案，明确“重点税源专人管，管事与管户相结合，以管户为主；一般税源团队管，管户与管事相结合，以管事为主；零散税源委托管，专业化和社会化相结合，以社会化管理为主”的改革思路，7 月完成税

表 25－6　**2011 年镇江市地方税主要税种收入统计表**　单位：万元

税　种	合　计	市　区	丹徒区	丹阳市	句容市	扬中市
营业税	513023	254337	37543	109726	68703	42714
比上年增收	111186	41639	7019	30349	22746	9433
增长（%）	27.7	19.6	23.0	38.2	49.5	28.3
城建税	110882	40355	12925	27098	9025	21479
比上年增收	40353	12526	6076	9464	3761	8526
增长（%）	57.2	45.0	88.7	53.7	71.4	65.8
企业所得税	143289	57862	23226	37712	14226	10263
比上年增收	35144	14488	1591	14082	3008	1975
增长（%）	32.5	33.4	7.4	59.6	26.8	23.8
房产税	39693	18604	4715	9797	2802	3775
比上年增收	11560	5234	2943	2224	790	369
增长（%）	41.1	39.2	166.1	29.4	39.3	10.8
土地使用税	57547	28829	7498	12330	4944	3946
比上年增收	18188	13517	3572	1021	－110	188
增长（%）	46.2	88.3	91.0	9.0	－2.2	5.0
个人所得税	189234	79154	8905	64049	15726	21400
比上年增收	51335	17868	1966	19177	4140	8184
增长（%）	37.2	29.2	28.3	42.7	35.7	61.9
土地增值税	91902	50652	7599	15285	12052	6314
比上年增收	28523	17781	1622	3526	2627	2967
增长（%）	45.0	54.1	27.1	30.0	27.9	88.6

（袁荣林）

表 25－7　**2011 年镇江市地方税分地区收入统计表**　单位：万元

项　目	合　计	市　区	丹徒区	丹阳市	句容市	扬中市
地税税收总额	1185720	547257	104988	283836	132692	116947
比上年增收	307769	129257	25070	81658	37951	33833
增长（%）	35.1	30.9	31.4	40.4	40.1	40.7
#市县级税收	1116570	510567	102678	266386	126491	110448
比上年增收	288949	119684	24154	77232	35639	32240
增长（%）	34.9	30.6	30.8	40.8	39.2	41.2
省级税收	69151	36690	2310	17450	6201	6500
比上年增收	18821	9573	916	4426	2313	1593
增长（%）	37.4	35.3	65.7	34.0	59.5	32.5

注：本表税收口径为工商税收，不含契税、耕地占用税。

（袁荣林）

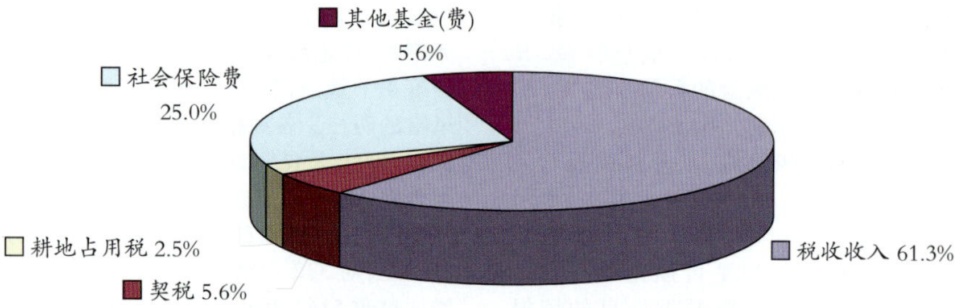

图25-2　　2011年镇江市地税各项收入比重示意图

源专业化管理的机构设置和流程设定改革。按照纳税规模，成立重点税源管理分局；按行业分类，成立建筑房地产、金融保险为主的专业化税源管理分局；突出以管事为主，打破以区域划分的征管格局，将中小企业统一划归到一般税源管理分局。（浦陆燕）

【二三产业分离】 2011 年，市地税局继续实施二三产业分离工作，全年新增分离企业 159 户，完成年度任务的 159%，实现地方税收 2.52 亿元，完成年度计划的 115%，取得三年目标两年完成的成绩。（浦陆燕）

【推进全民创业】 2011 年，市地税局与镇江市人力资源和社会保障局合作，开展以助推创业送政策为主题的创业政策进校园、创业政策进社区、创富在镇江、创业在身边、创业乐园等系列活动，落实各项税收政策，全年实现各类减免税 4 亿元，办理加计扣除各类所得税 3.2 亿元。（浦陆燕）

【个体零散税收实行委托代征】 2011 年，市地税局将市区范围内个体零散税收实行委托代征，全年市区入库个体零散税收 1.56 亿元，比 2010 年增长 67.88%，比 2009 年增长 126%，实现翻番目标。（浦陆燕）

【营业税门临起征点管理系统研发成功】 2011 年，市地税局提出营业税门临起征点管理系统业务需求和具体措施，以大集中系统为基础，加设代开普通发票申请模块；以起征点政策为前提，分门别类编写业务规范；以提升操作效率为目标，对系统功能进行升级改造。此项目得到省地税局的认可，并在全省地税系统推广应用。（浦陆燕）

【依法行政考核评价机制被推广】 2011 年，市地税局落实国家税务总局依法行政考核研讨会精神，探讨研究切合地税工作实际的《依法行政考核评价指标体系和考核办法》，获省地税局重点创新项目立项，牵头会同苏州、无锡、淮安、宿迁等地税部门开展课题研究。组织江苏大学、镇江市法制办、市地税局各业务处室和部分基层单位成立创新项目小组，经过前期论证、课题研究、指标设计、调查论证、出台制度、考核试点、总结完善等程序，按期完成创新项目。11 月，在全省地税系统法规工作座谈会上进行项目介绍和演示，11 月 23 日《中国税务报》介绍该局推进基层税务机关依法行政考核的具体做法。（浦陆燕）

【创新发票开具方式】 2011 年，市地税局在特定行业（例如：建筑业、房地产业）创新接受发票方开具发票模式。建筑施工企业一项业务发生后需开具发票的，发票开具方或代开单位登录建筑发票开具系统，将应开具的发票内容录入开票系统后，收款方不再打印发票，而是由发票入账方（付款方）打印，发票入账方（付款方）经税务机关授权后，登录地税部门开发的发票开具系统，输入本单位税务管理码或纳税人识别号后，就可以查到所有与其有业务关系施工企业开给本单位的发票信息，选择需要打印的发票后，用一张白纸打印发票入账。通过发票开具方式的创新，可以有效控制假发票，规范建筑业发票管理；节约纳税人的发票成本，降低纳税人的涉税风险；实现发票的闭环管理，增加税源。（浦陆燕）

【为纳税人维权】 2011 年，市地税局主动接受纳税人的合理诉求，注重维权案例的受理服务和跟踪总结，全年受理和总结典型案例 16 例。注重依法纳税、依法维权，4 月，联合江苏大学“星期六大学生维权志愿团”参加“骑车绕镇江，锦旗送模范”活动，表彰 2010 年度市区纳税 50 强；5 月 31 日组织召开全市 110 名大企业家、行业商会会长、工商界领导参加地方税情通报会；11 月 30 日召开地方税收维权服务恳谈会，通报地方税收工作情况，收集纳税人意见建议，扩大维权成果。4 月 26 日，市地税局作为全国唯一的地级市地税局，参加国家税务总局在广西南宁召开的全国纳税服务工作会议，《帮纳税人维权，为纳税人解难，让纳税人更有尊严》被纳入本次会议经验交流材料。（浦陆燕）

【“纳税人是诚实的”大学生电视辩论赛】 2011 年 4 月 10 日上午，市地税局联合江苏大学、江苏科技大学在镇江市少年宫举行“纳税人是诚实的”江苏镇江大学生电视辩论大赛。国家税务总局、省地税局和镇江市四套班子领导以及数十名专家、学者、特邀嘉宾参加观摩，全国多家报刊媒体及网络进行报道。该项目被国家税务总局评为 2011 年全国税收宣传月优秀项目。（浦陆燕）

图 25-3　2011 年 4 月 10 日，市地税局举行“纳税人是诚实的”江苏镇江大学生电视辩论大赛　（浦陆燕）

综 述

【概况】 2011年年末，全市银行业金融机构本外币各项存款余额2474.45亿元，比年初增加230.49亿元，增长10.27%。从存款结构看，单位存款余额1307.46亿元，增加110.97亿元，其中，保证金存款余额371.89亿元，增加82.85亿元；个人存款余额1123.31亿元，增加120.36亿元，其中，居民储蓄存款余额1115.64亿元，增加113.59亿元；财政性存款余额13.97亿元，增加3.54亿元；临时性存款余额7.46亿元，减少5.42亿元；委托存款余额7.82亿元，增加2.71亿元；其他存款余额14.43亿元，减少1.67亿元。从季度看，存款增速逐步放缓，一季度增加183.99亿元，二季度增加85.40亿元，三季度累计下降120.61亿元，10～11月份累计下降59.91亿元，12月份增加141.62亿元。

全市银行业金融机构拓展融资渠道，扩大社会融资规模。全市银行融资总量2604.26亿元，增加363.96亿元，增长16.25%，其中，金融机构本外币各项贷款余额1835.50亿元，增加221.09亿元；银行业金融机构三项或有资产（银行承兑汇票、信用证、保函）余额696.02亿元，增加131.64亿元；委托贷款余额72.74亿元，增加11.23亿元。全市有3家企业发行债务融资工具计9.30亿元，其中，短期融资券8亿元（大亚科技2亿元、镇江发电厂6亿元），中小企业集合票据（恒顺达生物能源）1.3亿元，实现集合票据零的突破。异地金融机构各项贷款余额近550亿元，增加近100亿元，增长22.20%。帮助涉外企业借入外债折合人民币近40亿元。各金融机构累计转出票据433亿元，小额贷款公司新增贷款19.85亿元。

全市金融机构本外币各项贷款主要特点：一是信贷总量回归常态，中小机构、县域占比持续上升。分机构看，中小银行信贷份额新增贷款134.09亿元，占全部新增贷款的60.65%，其中地方法人金融机构新增贷款43.93亿元，占全部贷款的19.86%。分区域看，县域资金支持持续增强，三辖市新增贷款113.88亿元，占全部新增贷款的51.51%。二是信贷投放在季度间的摆布更为平稳。一至四季度新增贷款分别为64.26亿元、73.02亿元、51.31亿元和32.51亿元，占全年新增贷款的比重分别为29.06%、33.03%、23.21%和14.70%。三是信贷结构调整优化，以政府项目为背景的基础设施建设类贷款下降11.77亿元。房地产贷款新增53.06亿元，增长17.93%，增速下降13.94个百分点。信贷资金更多流向实体经济，短期贷款比重明显上升，全年新增短期贷款158.43亿元，占新增实体贷款的66.01%，上升15.80个百分点。全年新增中小企业贷款172.32亿元，增长18.49%，高于全部贷款增幅4.80个百分点；制造业贷款比年初增加96.55亿元（不含票据融资），占新增实体贷款40.80%；涉农贷款增加165.18亿元，增长23.10%。四是外汇贷款小幅回落，全市金融机构外汇贷款余额7.63亿美元，下降0.48亿美元。

全市金融机构不良贷款余额和不良贷款率分别下降7.20亿元和0.61百分点，实现“双降”。受贷款上浮幅度增加、存贷款利差扩大以及金融机构加快经营转型步伐、拓展中间业务因素影响，金融机构利润快速增长，银行业机构实现利润49.42亿元，增长43.02%。

全市涉外收入83.3亿美元，比上年增长17.5%，其中，货物贸易项下收入52.9亿美元，增长17.8%；服务贸易项下收入7.6亿美元，下降5%；收益项下收入0.7亿美元，增长65.9%；经常转移项下收入0.8亿美元，增长2.7%；资本项下收入21.2亿美元，增长26.8%。全市涉外支出45.3亿美元，增长24.8%，其中，货物贸易项下支出29.4亿美元，增长15.7%；服务贸易项下支出6.9亿美元，增长9.9%；收益项下支出2.3亿美元，增长266%；经常转移项下支出0.03亿美元，下降11%；资本项下支出6.7亿美元，增长68.7%；国际收支顺差37.9亿美元，增长9.8%。

全市各外汇指定银行累计结汇63.5亿美元，增长14.4%，其中货物贸易项下结汇49.7亿美元，增长22%；服务贸易项下结汇0.5亿美元，下降23%；收益和经常转移项下结汇1.9亿美元，下降16.7%；资本项下结汇11.3亿美元，下降3%；全市各外汇指定银行累计售汇27.4亿美元，增长16.7%，其中货物贸易项下售汇18.1亿美元，增长32.4%；服务贸易项下售汇2.2亿美元，增长25.6%；收益和经常转移项下售汇1.1亿美元，增长129%；资本项下售汇5.9亿美元，下降21%；结售汇顺差36.1亿美元，增长12.7%。

2011年，全市农村合作金融机构全部翻牌成农村商业银行；新增小额贷款公司10家；新增保险分支机构2家；新增证券机构3家。 （施光群）

【货币信贷管理】 2011年，人民银行镇江市中心支行疏通货币信贷政策传导机制，促进政策预期调整。召开金融工作座谈会、季度金融形势分析会，分析稳健货币政策的内涵以及金融、信贷形势的走向，宣传合理信贷投放和扩大社会融资的理念。会同市委宣传部联合举办金融新闻宣传研讨会，联合银监部门、有关金融机构主要领导参加《镇江日报》“党报在线”专题访谈活动，召开2次新闻通气会，通过主要新闻媒体宣传解释稳健货币政策和中央银行防通胀、调结构的政策意图，宣传金融支持小微企业的相关政策及成效。通过简报信息、接受媒体采访等多种形式，向政府经济综合部门、企业、居民等社会各界作宣传，阐释货币政策的新动向，为执行好稳健货币政策营造良好的舆论环境。

差别化运用货币政策工具。适应货币政策的调整要求，综合运用各类货币政策工具，力促信贷平稳增长。一是落实差别准备金动态调整工具，要求辖内各法人金融机构制定年度信贷投放目标，确保辖内法人机构不被总行重点监控、不被实施差别存款准备金率。二是组织开展利率知识宣传活动，指导银行机构在“三农”（农业、农村、农民）、小微企业、民生金融领域信贷支持中，科学合理确定利率定价水平。三是落实“商业承兑汇票发展提速计划”，支持小面额、中小机构、中小企业票据（三小票）以及“三农”和商业票据的发展，引导信贷资源向民生领域倾斜。

针对性引导调整信贷结构。以行长联席会议和货币信贷工作会议等形式，向全市金融机构传达江苏省货币信贷工作会议精神，提出“拓渠道、保民生、防风险”的货币信贷工作目标，要求金融机构提高执行货币政策的主动性。深化“金融服务日”活动平台，召开金融机构房地产发展对接会、新兴产业示范项目银企对接会等，推介符合国家产业政策的重点项目，引导信贷资金向新兴产业等领域有效集聚，向小微企业等民生领域倾斜，以信贷结构调整促进经济转型升级。制订《镇江市直接债务融资引导办法》，引导全市银行业金融机构把握发展机遇，推广非金融企业直接债务融资工具。引导信用评级、增信机构、证券公司等机构介入直接债务融资业务，推动直接债务融资工具发展。全年发行直接债务融资工具9.3亿元，其中促成江苏省首单1.3亿元中小企业集合票据发行，实现镇江市中小企业集合票据零突破。启动中小企业金融优质服务竞赛、民生金融惠农、民生金融帮扶、民生金融创业等4项子工程，满足民生领域金融需求。

（施光群）

【银行业监督管理】 2011年，镇江银监分局加强与改进银行业监管，改善金融服务，维护辖区银行业安全稳健运行，促进地方经济转型跨越发展。

推进贷款新规有效落实，引导信贷资金支持实体经济。督促银行机构按照银监会“三个办法、一个指引”（《固定资产贷款管理暂行办法》《流动资金贷款管理暂行办法》《个人贷款管理暂行办法》和《项目融资指引》）要求，执行贷款“三查”（贷款前、中、后查）制度，强化信贷资金流向的跟踪检查，满足真实有效的信贷需求。截至2011年年末，辖内银行机构累计发放三类贷款（固定资产贷款、流动资金贷款、个人贷款）受托支付金额占累计发放以上三类贷款金额的77.29%。

实施差别化监管，加大小微企业信贷扶持力度。督促银行机构按照“四单”原则（单列信贷计划、单独配置人力资源与财务资源、单独客户认定与信贷评审、单独会计核算）加强小企业金融服务专营机构建设。截至2011年年末，全市银行机构成立小企业业务中心63个（其中，分行级中心10个，专营支行31个，科技支行2个，县域支行20个），小企业客户经理团队62个。组织辖内银行业继续开展“创业发展，银行相伴”主题系列活动，组织编印《小企业金融服务政策汇编》，与正东路街道办配合做好创业创新联盟的相关工作，督促银行机构支持京口区大学生创业园区发展。截至2011年年末，全市银行业小企业贷款余额558亿元，增加104.43亿元，增长23.02%，高于全部贷款增幅9.17个百分点。

坚持服务“三农”，满足涉农领域合理资金需求。督促各银行机构加大信贷机构调整力度，要求农村中小金融机构制定涉农贷款增量和各项贷款增量的合理配比，全市农村合作金融机构共为1.55万户涉农小企业和从事经营活动的农户提供贷款31亿元。组织涉农银行机构深入乡镇、村组、农户“送政策、送产品、送服务”，确保贷款向涉农领域倾斜。截至2011年年末，全市银行业涉农贷款余额880.16亿元，增加165.18亿元，增长23.10%，高于全部贷款增幅9.25个百分点。

深化机构改革，增强金融服务地方经济和社会事业的功能。2011年，镇江银监分局先后引进张家港农商行、吴江农商行、太仓农商行3家农商银行分别至辖内丹阳、句容和扬中市设立分支机构，并分别于2011年10月31日、11月29日、11月29日批准开业。加快推进新型农村金融机构试点工作，扬中恒丰村镇银行和丹徒蒙银村镇银行分别于2011年9月29日和12月16日批准开业，实现村镇银行县域全覆盖。推动辖内农合机构通过股份制改造组建农村商业银行，完成镇江本地4家农合机构的改制升级。鼓励和支持股份制银行机构有计划向县域延伸，批准5家支行设立（招商银行丹阳支行、华夏银行丹阳支行、浦发银行丹阳支行、民生银行大港支行、交通银行句容支行）、1家支行筹建（民生银行句容支行）。做好邮储银行二类支行改革工作，完成5个二类支行升格为一类支行、2个二类支行降格为代理营业所的改革任务。

重点领域风险管控改善。截至2011年年末，全市银行业不良贷款余额21.13亿元，减少7.2万元，不良贷款率1.15%，下降0.61个百分点。推进平台贷款“全覆盖”认定转化工作，截至2011年年末，全辖28户融资平台公司中，21户通过江苏银监局审核备案，通过率75%。强化土地储备贷款管理，防范房地产开发贷款风险，督促银行机构执行差别化个人房产政策，有效防控案件风险。以“深化银行业内控和案防制度执行年活动”为抓手，督促辖内银行机构加强合规文化建设，全年，辖内银行业实现安全运营无大要案件。规范银行代理保险业务行为，落实理财业务、服务收费等监管要求，防范信用卡、票据融资业务风险，关注和防范民间借贷向银行机构蔓延的风险。

依法科学监管，规范市场准入监管。制订下发《关于进一步加强和改进市场准入工作的意见》，完善市场准入事项年度计划报告制度。截至2011年年末，共审批行政许可事项211件。开展“数据质量年”、客户风险信息应用竞赛等活动，开展银行机构监管评级，分机构下发监管意见书，开展监管会谈，实施现场检查。制订下发《关于进一步加强和改进现场检查工作的意见》，建立问题整改台账，加强对查后存在问题的整改跟踪和后续整改评估工作。全年组织对平台贷款等18个项目实施现场检查，提出整改意见86条。组织开展丹阳“界牌模式”融资时间及成功经验、小企业经营和融资情况、小企业金融服务政策效应等专项调研。加强银政、银企信息交流和工作联动，指导镇江市银行业协会发挥在组建银团贷款、规范银行服务等方面的职能，督促银行机构加强舆情监测及应对，开展“送金融知识下乡”等活动。

（董振兴）

【金融稳定工作】 2011年，人民银行镇江市中心支行坚持监测和管理并重，金融稳定工作局面得到新拓展。

健全金融稳定工作协调机制。发挥人民银行在金融稳定协调工作中的牵头组织作用，召开2011年金融稳定工作协调小组会议和金融稳定情况通报会，制订执行金融投资者教育工作计划，建立处置非法集资工作领导小组成员单位联系人制度，保障全市防范和处置非法集资工作机制的有效运行。发挥金融稳定协调小组的联动作用，推进辖区金融生态县创建工作，构建金融生态建设长效机制。

加强金融稳定评估及风险监测预警。选取辖内丹阳农村商业银行、句容茅山村镇银行、扬中盛大小额贷款公司等作为试点单位，通过金融机构自我评估、问卷调查、高管会谈、专项调研、调阅资料等方式对机构经营的稳健性进行全面评估。将证券、保险纳入风险监测体系，制订《镇江市非银行机构风险事件应急预案》，关注辖内担保、典当、小额贷款公司、农村互助资金社、信托、租赁、财务公司等非银行机构经营状况和风险隐患。

做好银行机构的金融管理与服务工作。建立金融监管框架体系，规范新设银行业机构金融管理与服务，做好2家村镇银行、5家商业银行县域支行的开业管理工作。出台《镇江市金融业重大事项报告制度》，建立覆盖银证保的全市金融业重大事项报告工作机制，做好银行业金融机构执行人民银行政策情况的评价并预以通报。开展专项执法检查30次，重点对12家金融机构的外汇管理、金融统计、征信管理、支付结算、反洗钱等领域法律法规和制度情况开展执法检查，实施行政处罚50起，累罚金额257.2万元。

推进社会信用体系建设工作。开展征信系统数据质量专项整治活动，成功导入企业各类信息80万条，各类数据准确率99.5%。推进应收账款融资业务发展，举办2次推进会，升级应收账款融资网上服务平台，全市应收账款融资余额突破120亿元，累计支持中小企业超1500户，融资总量在全省位居前列，应收账款融资"镇江模式"分别在《中国金融》和《金融时报》宣传推广。开展农村青年信用示范户创建活动，搭建农户和农村合作组织信用信息系统。加强与海关、公安、法院等部门的沟通和协调，完善反洗钱工作协作机制，配合侦查机关开展一起反洗钱可疑交易立案调查，推进平安金融创建。 （施光群）

【金融服务】 2011年，人民银行镇江市中心支行坚持创新和创优并重，金融服务能力和水平有新提升。

加强金融统计研究工作，提升决策参考水平。开展执法检查和金融统计业务培训，提高统计数据质量。完成企业家问卷、城镇居民储蓄问卷、银行家问卷调查及金融运行情况等调查分析工作，编发金融统计旬报、月报。开展民间融资、政府融资平台及相关产业的特色研究工作，组织镇江市金融学会与江苏大学工商管理学院签订学术研究战略合作协议，为地方经济金融发展提供高质量的决策参考。

提升支付服务水平，规范辖区支付结算秩序，开展非现金支付结算工具推广。组织全辖金融机构联合推广支付密码，全市有2万余户存款人与银行签订使用支付密码协议，占有效账户的30%。指导新设银行开办华东三省一市汇票业务、加入电子商票系统。将辖内主要公共事业收费纳入集中代收付平台，开展非金融机构支付服务机构业务的许可及监管工作，加强银行卡安全管理，与公安部门联合实施打击银行卡犯罪专项行动，协调财政、教育、社会保障部门，推进中职学生资助卡。

强化国库资金风险控制，加强柜面资金进出管理，保障国库资金安全。推进国库直接支付业务常态化管理，完成五保户供养经费、年终补贴及春节慰问金、能繁母猪保险赔偿、物资局退休人员工资、中小学义务教育公用经费等6项直接支付业务，直接受益者4834户，受益金额1300.5万元。

深化人民币流通"满意工程"，提升货币发行服务水平，确保辖内现金合理供应，完成建党90周年等两套纪念币的发行任务。开展反假货币宣传月活动，做好日常假币收缴、鉴定服务，全辖共收缴假币4796张，金额42.23万元，为金融机构和群众办理货币真伪鉴定5次，处理假币纠纷2次。

完善科技服务功能，提升对中心工作的保障水平。开展业务系统的开发和升级工作，其中有2个业务系统在全省范围上线运行，1个业务系统正在全省范围试运行。抓住镇江市被人民银行总行确定为江苏省三个金融IC卡推广试点城市之一的契机，制定金融IC卡在全市的试点规划，促进金融IC卡在医保、公交、园林等多领域的应用。推进金融标准化建设，对622家商业银行分支机构、18家小额贷款公司的机构信息进行金融机构信息验证年审工作。建立人民银行牵头，公安、供电、通信运营商与银行、证券、保险联动的信息安全联席会议制度，加强金融业信息安全管理。

（施光群）

【外汇管理】 2011年，人民银行镇江市中心支行坚持改革和监管并重，外汇管理和服务理念发生新转变。

出台《关于外汇管理支持镇江市创新型城市建设促进经济转型发展的工作意见》，要求辖区外汇管理部门和金融机构为促进全市创新型经济发展作贡献。推进人民币跨境贸易结算，全市办理经常项下跨境人民币结算业务53.55亿元，通过境外金融机构借入人民币外债20笔、10.97亿元。组织进出口企业签署《货物贸易外汇收支业务办理确认书》1738份，构建贸易便利化和风险管理相结合的新型管理模式，98.2%的企业简化进口付汇手续，降低运行成本。

强化外汇管理非现场核查和国际收支统计申报管理，防范和化解跨境资金流动风险。把应对"热钱"流入作为工作着力点，依托总局数据综合利用平台，加大资本项目主体监测力度。加强对资本金结汇、企业外债、企业贸易信贷、银行短期外债指标和融资性担保余额指标等情况的非现场核查。利用外商投资企业年检数据，尝试对外商投资企业进行分类监管。加强和规范直接投资外汇业务管理、服务贸易外汇和个人结售汇管理，完善资本金结汇业务操作，全年发现涉嫌违规的案件或线索15起。全面推广国际收支网上申报，全市有1806家企业开通国际收支网上申报，实现出口企业全覆盖。开展国际收支统计申报非现场核查数据11.85万笔，金额124.7亿美元。开展对境内非居民收支、跨境贸易人民币结算、贸易融资以及转口贸易等申报数据进行重点核查，全市国际收支统计申报率100%，准确率99%。

打击外汇违法违规行为，维护外汇市场秩序。结合地方经济金融发展态势，加强对国际收支形势的监测和分析，探索非现场监管与现场检查相结合的工作机制，继续保持对"热钱"流入的高压打击态势。全年重点开展资本金结汇、银行外汇业务合规性等5项重点检查项目，对检查中发现的41个违规主体进行立案查处，涉案金额9930万美元，处以罚款243.2万元，结案率和收缴罚款均为100%。

以国际收支学会为平台，提升外汇分析研究水平，建立镇江市国际收支学会，有会员单位31家。加强涉外金融理论研究、外汇政策宣传和业务培训，深化外汇形势分析和非现场监管分析制度，完善外汇形势监测分析框架和内容，增强外汇管理工作的主动性和有效性。

（施光群）

【镇江市诚信担保有限责任公司】 2011年，镇江市诚信担保有限责任公司担保金额7.8亿元，担保责任余额5.6亿元，注册资本1亿元，总资产1.5亿元，净资产1.02亿元，实现资产的保值增值，全年实现零代偿。公司成立12年以来，累计担保金额34.6亿元，服务企业500多家，担保项目2000多个，对缓解中小企业资金压力，促进企业快速增长发挥积极作用。2011年，经公司担保的企业实现销售收入136亿元，利税13亿元，安排就业1.66万人。

2011年，面对宏观经济形势下行的压力，公司采取调整结构、规避风险的做法。对为房地产直接服务的建筑施工企业和配套的材料供应商，采取"新项目不开，老项目收缩"控制投资。重点支持汽车配件、桥架母线等制造业项目的新款开发、产品更新，以及光伏、外贸行业中货款回笼快、客户资信好的企业，帮助市场形势好、积极推进结构调整的中小企业争取到部分新增指标。

公司采取拓展合作银行、扩大合作范围的办法，多渠道做大业务。通过报批、增信等方式，增加授信额度，陆续与部分银行新建个贷、信用卡等合作关系，占公司全年总量的20%以上。公司创新担保方式，向融资租赁公司推荐租赁项目，探索合作可能。

按照国家银监会等七部委的文件精神，公司参加省、市经信委对担保机构的规范整顿，通过检查验收并取得《融资性担保公司经营许可证》。在由省人民银行、省经信委组织的全省担保机构信用评级评定中，取得A+等级，获江苏省信用再担保公司镇江分公司批准，由承办单位上升为主办单位。

（宋洪琪 车 宁）

银 行

【中国农业发展银行镇江市分行】 2011年年末，农发行镇江市分行各项贷款余额858563万元，比年初增加29600万元；1～12月份，累计投放各项贷款371114万元，增加90933万元；账面利润22189万元，增加5046.8万元，人均创利185万元；企事业单位存款日均余额121996万元，增加41633万元，人均日均存款1016.6万元；中间业务收入337万元，增加205万元；国际业务结算2825万美元，增加288万美元。

支持粮油购销储业务。以服务本地粮食购销企业为主，做好购销储信贷业务，确保地区粮食安全。在落实相关贷款条件前提下，按照省、市两级政府储备粮计划，支持地方储备增储及轮换业务。全年发放地方储备贷款30729万元，支持12.6万吨地方储备粮轮换。在落实风险防控措施前提下，根据信用等级评定结果，核定收购贷款额度，把好贷款准入关，支持购销企业自主收购。全年发放粮食自主收购贷款27125万元，支持企业收购粮食12.3万吨。采用调销、流转等形式，全年发放粮食调销贷款4928万元，加速区域性粮油购销渠道的流通。

支持新农村建设中长期项目。加强与地方政府和职能部门的对接，了解政府新农村建设的意图和发展规划，把握信贷支持重点，与各营业机构上下联动，加快项目营销节奏。全年发放中长期项目贷款7亿元，有效支持镇江新区城市建设投资有限公司农村土地整治、镇江市诚润置业有限公司农民集中住房建设、句容市职教中心改造扩建等中长期项目。12月末中长期贷款余额272619万元，增加21186万元，占贷款总量的31.8%。

推动粮棉油全产业链发展。以加速优质新客户营销为工作重点，组织对区域内资产规模大、发展前景好、经营能力强的优质企业和产业化龙头企业进行全面调查摸底，从基本情况、财务状况、信用情况、资金需求等方面掌握客户真实资料，建立客户资料库和项目库，择优支持粮油产业链发展。在维护好江南正强饲料有限公司、丹玉食品有限公司、大亚木地板、江苏花王园艺有限公司等优质客户同时，新增句容苏润米业、丹阳肯帝亚木业和莲湖面粉有限公司等新客户。截至12月末，累计发放商业性短期流动资金贷款221470万元，增加105710万元，增长91.3%，支持农业产业化龙头企业19个，业务范围涵盖面粉加工、板材加工、生物能源开发、高效园艺等10多个领域。

存款业务实现历史性突破。制定组织存款专项考核办法及奖励办法，每季度开展一次存款之星评选活动，营造工作氛围，多渠道挖掘存款来源，促进存款业务快速增长。

实现中间业务倍增。在与保险公司合作做好代理保险业务基础上，创新中间业务品种，在全省系统内率先开办咨询顾问业务，开展银团承销业务，发展银行结算、信用评估咨询、银行承兑汇票、国际业务等品种，实现中间业务多元化发展。

加强风险防控工作。落实贷前风险评价和贷后风险监测制度，开展库存检查、风险排查、企业经营审查和中长期贷款专项检查等措施，加大非现场检查力度，防范各类信贷风险。重点对合规风险和事实风险进行处置，截至12月末，完成句容福地特殊公司类贷款转化认定工作；完成6257万元不良贷款由可疑类迁徙至损失类贷款；通过政府财政代付、主管部门筹资和担保企业代偿等措施，收回不良贷款现金1982万元，完成年度清降任务的218.4%。

（刘文周）

【中国工商银行股份有限公司镇江分行】 2011年年末，镇江工行人民币各项存款余额322.56亿元，比上年增加28.72亿元，增长9.77%，其中对公存款170.98亿元，增加15.84亿元；个人存款（含保本）151.58亿元，增加12.88亿元。人民币各项贷款余额251.64亿元，增加19.82亿元，增长8.57%。实现账面拨备前利润9.73亿元，增长15.28%。

以特色业务争揽对公存款。5月初，与支付宝公司成功开展借记卡快捷支付项目合作，投产后，每天通过快捷支付项目入账的监管资金约10万笔、900多万元。通过竞标成为镇江市民卡唯一的主体合作银行，电子钱包等衍生业务在洽谈中。推进军人保障卡业务营销，2011年市场占有率达90%以上。成功营销江苏大学的非现金结算系统，成为全省系统内第二家成功营销高校非现金结算系统的分行。引入公积金贷款提前介入二手房贷款程序项目，为市民申请公积金贷款购买二手房提供便利，并作为政府为民办实事的项目之一进行推动，带动二手房监管资金的增加。

开办首笔设备融资租赁业务。12月16日，在工银金融租赁有限公司的支持下，成功为亨瑞德建材制品有限公司发放1200万元小企业设备融资租赁贷款，帮助企业解决因扩大生产规模、机器设备先期投入资金过多的矛盾。亨瑞德建材制品有限公司是一家外商投资企业，市场占有率10%。该项业务由亨瑞德建材制品有限公司作为承租人，将混凝土搅拌车和泵车设备转让给工银金融租赁有限公司，工银金融租赁有限公司（出租人）将机器设备返租给亨瑞德建材制品有限公司，由亨瑞德建材制品有限公司支付租金。

支持小微企业创佳绩。截至2011年年末，小企业贷款户数520户，比年初增加75户；贷款余额62.04亿元，增加11.54亿元。开展与乡镇、街办的结对服务，根据乡镇、街办提供的区内企业名单进行融资需求调查和金融服务。推进产业集群、专业市场营销，当年新增35户，贷款增量4.12亿元。拓展贸易融资业务，年末小企业贸易融资增加5.46亿元，增幅36.6%。发展小企业抵质押信贷业务，年末小企业抵质押率55.02%，连同国内保理业务实际抵质押率超过70%，并首次开办小企业设备融资租赁业务。监管小企业贷款资金用途及流向，当年小企业不良贷款率0.54%。

成功开发财政统发工资个人工资明细打印系统。镇江工行作为镇江市民卡的主体合作银行,从2011年10月起,每月以借记卡发放市级财政1.6万人、约4500万元工资。11月开发财政统发工资个人工资明细打印系统,满足客户查询需求。

加快县域支行业务发展。根据不同的县域经济发展情况,突出特色,一行一策。丹阳支行以眼镜产业、五金工具、汽车零部件产业等为重点发展方向;扬中支行以工程电器、光伏产业、钢材市场、长江岸线配套产品等为重点发展方向;句容支行以房地产板块、农林市场等为重点发展方向。加大扶持力度,倾斜费用配置,新增人员65%投入到县支行。对县支行发现和争取的好项目,市分行在有限的信贷规模中优先安排融资。根据支行所处区域经济发展水平、客户结构状况和机构设置情况等要素的不同,对丹阳支行全额转授小企业授信和信贷审批权限,调整扬中和句容支行小企业信贷业务审批权限,为县域支行业务快速发展提供支持。

稳步推进渠道建设,对全行11个支行的56个网点进行调研,提出"镇江分行渠道建设现状分析""镇江分行2011年渠道建设指导意见"。2011年,整合大港和谏壁支行,设立新区支行,对接新区;整合北门和运河支行,设立京口支行,对接京口区;整合城西和镇句支行,设立润州支行,对接润州区;新设丹徒支行,对接丹徒区。新设丹阳西门和皇塘支行、扬中八桥支行、句容南门和宝华支行、丹徒高资支行;迁址新建或扩建丹阳开发区支行、句容火车站支行、新区支行营业部及科技新城支行、市区黄山南路支行、九润支行和新城市花园支行;撤并小市口支行、四牌楼支行和万家支行。年末,网点总数达61家,新增5家;新增离行式自助银行3家;金库、凭证库、档案库三库项目获批,当年资金投入超过8000万元。

成功举办理财经理技能大赛。为全面提升理财经理营销技能和客户关系管理水平,11月26日,举办理财经理营销技能大赛。来自全辖9个支行的59名理财经理参加此次大赛,比赛分为业务知识测试、PPT演讲、情景演练三部分,参赛选手年龄最大的50岁,最小的23岁。营业部、中山支行、润州支行分别获团体前三名;李馨等6人分别获个人一、二、三等奖。大赛体现展现自我、学习他人、取长补短、共同进步的精神状态和团结友爱、互相尊重、遵守竞赛规则的精神风貌。　　(王煜庆　杨惠民)

【中国农业银行股份有限公司镇江分行】 2011年年末,镇江农行各项存款余额441.22亿元,比上年增加0.86亿元,其中储蓄存款余额238.93亿元,增加14.33亿元,全行存款总量、储蓄存款增量份额列同行业双第一,进入农总行"46112"(4是4家直辖市分行,6是5家直属分行加苏州分行,1是10家大营业部,1是10家省会城市行,2是20家城市分行)重点发展城市行序列和全省、全国农行第一方阵。

客户管理层次推进。全年发布新注册企业、重点推进项目营销信息4110条,新增AA级及以上法人客户51个、新拓展小企业143户、个人助业客户190户;新开日均余额非零账户4343户、增存12.48亿元;拓展资本金账户62户,开户率43.6%;贸易金融客户105户、增长78户,超额完成省行目标。年末个人贵宾客户7.43万户,新增1.25万户,完成全年目标202%。新增金融资产15.9亿元,提升4.18%,超全年目标1.68个百分点。构建三级核心客户群,169户重点客户和实施存贷联动监测的259个客户的综合存贷比分别达33.2%和34%。中标京口区、镇江新区财政招标;新增贷记卡客户3.5万户、有效特约商户375户;新增个人类、企业类电子银行客户64万户、9940户,分别完成省行目标106%和190%;新增第三方存管7201户、银期转账658户、现金管理262户,分别完成省行年度目标107%、143%、149%。

优化信贷投放,改善实体贷款结构。对接全市经济转型升级和城乡一体化建设机遇,加大高效实体贷款投放力度,新增实体贷款24亿元,支持"金山文化园"等一批有影响的重大项目和金东纸业、沃得集团、飞达集团、奇美化工、中电集团、中国建筑等重点企业,年末优良客户贷款199亿元,新增11.8亿元,分别占法人贷款总额和增量的97.3%和105.8%。优先发展小企业、贸易融资、个人贷款和农户贷款,人民币贸易融资贷款7.8亿元,新增7.2亿元,增加11倍多;小企业贷款11.8亿元,新增2.97亿元,增长33.7%,高于全行平均增幅25.3个百分点;个人贷款65.6亿元,新增9.5亿元,增长16.83%,高于法人贷款增幅9.8个百分点;省级以上龙头企业服务覆盖率86%,新增农户小额贷款2.02亿元,获批扶贫贴息贷款300万元,支持农村共青团青年创业278户贷款4552万元。针对信贷规模紧、保证金到期压力高的状况,对部分客户流动资金贷款分流为银票业务、对新增贷款投放配比表外业务、对到期银票争取续开,对贸易融资型客户推介内保外贷、融易通等产品,缓释规模不足压力,提升经营成效。年末或有资产78.48亿元,其中信用证14.88亿元,新增10.4亿元。注重对农村流通市场、新兴产业和现代服务业的项目储备,在手储备重大项目30个、流动资金客户72个,意向性融资分别达60亿元和28亿元。

制订《六大创新业务体系建设实施方案》,发展高附加值业务。发展"银团贷款、信托融资、短券发行、农银国际直投、融资租赁、账户资金托管"六大载体,上报审批牵头万达银团8亿元、参与二重与爱励鼎胜银团各5亿元,营销信托融资1.4亿元,举办"直接融资推介会",实现投行收入1.56亿元,中间业务收入贡献率32.6%。国际业务实现由结算量扩张向高价值单证业务为主的贸易结算业务、由结构性贸易融资为主向基础性贸易融资、由结售汇量扩张向结售汇单位收益和量的扩张并举"三大转变",实现外汇利润、中间业务收入、高价值单证量、贸易金融客户、单位结算收入、国内信用证业务量、跨境人民币结算量、人民币贸易融资额等九个翻番。办理国内信用证项下融资25.7亿元、海外代付1.7亿美元、跨境人民币出口代付2.75亿元、内保外贷6372万美元、跨境融易通4.9亿元、利付通5186万美元,风险参与7456万美元。创新上海民生银行开证、江苏银行受托代付、浦发银行委托代付等同业代理业务,实现国际类中间业务收入5673万美元,多增2975万美元,完成率全省第二。银行卡与电子银行体系呈现规模效应,主要电卡指标均居全省系统及全市同行业前列,信用卡首次实现新增发卡、中间业务收入、不良透支率同行业第一,其中贷记卡新增发卡3.8万张,增量份额59%,超过工行、中行、建行三行当年新增卡量总和,贷记卡总量由同行业第四上升至第二,市场份额从18%升至26%,实现卡收入3627万元,分别高出中行、建行1228万元和930万元,居同行业第一。抓汽车、商铺、商户等分期业务,实现卡分期1.6亿元;电子商务交易量与商户收入实现零突破,成功上线2户B2C(进行商品销售提供在线资金结算服务)商户,9户电子账单商户;在同行业率先推出"电子客票"业务;科技银行挂牌开业,为科技型中小企业授信1.6亿元;财富银行打造分行财富中心、支行理财中心、网点贵宾区"三大平台",推动个人高价值客户服务维护体系高效运转,销售偏股基金3.04亿元,销售对私、对公理财产品分别为107.5亿元和46亿元,年末保有量分别为12.7亿元和2.1亿元;支付结算银行重点实现结算和现金管理市场份额的新提升。

加强后台中心建设。建立集中授权中心，强化柜面重点业务风险控制，释放柜员交叉授权及运营主管授权量；实现网点凭证上传集中扫描、录入、保管，通过后督复核降低柜面差错；建成现金清分中心，"点准、识假"即可上缴集中整点清分；实现离行式自助银行集中配钞与维护，减轻网点压力；实现部分后台业务集中作业，减少柜面操作业务量；建成集中监管中心，对柜面业务集中统一监管。开展"日终碰箱"专项整治，定期清理销毁重要物品，持续监控处置非正常99999科目挂账、亿元以上大额差错、自办业务、代班人员等主要风险点，加大新提拔运营主管所在网点、三化以下网点、重点网点的监管力度，推广新版票据、支付密码、柜面联核查等新型支付结算管理，全年签约启用支付密码账户9314户，占基本账户63%，有效控制结算风险。

加强网点转型与服务建设。建立大堂经理识别、大堂副理引导分流、大堂各岗位立体化营销、个人客户经理全面维护的网点客户营销服务流程，增强大堂营销服务效率与效果；加大柜面业务分流力度，电子交易占比67%，比年初增加5.93个百分点；完成16家网点建设改造、新建离行式自助银行12家、完成所有管理机构一级LOGO（标志）更换，93家营业网点门牌更换，83家营业网点LED门楣安装；制定服务考核测评与处罚办法，促进规范化服务长效机制建设，在镇江银行业优质网点网民大评选中，润州支行营业部、京江支行青云门分理处分别获最优效率十强营业网点和最佳服务十强营业网点，润州支行营业部获市区银行业十佳营业网点称号。职工秦友国、叶志清分别被评为农总行劳模和全国金融工委金融服务能手，镇江分行被评为省级文明单位。（解志忠）

【中国银行股份有限公司镇江分行】 2011年年末，镇江中行本外币一般性存款余额315亿元，比上年增加22.48亿元，其中企业存款余额171.68亿元，增加11.49亿元；储蓄存款余额143.32亿元，增加10.99亿元。本外币各项贷款余额246.54亿元，增加6.26亿元，其中公司贷款余额183.41亿元，增加5.69亿元；零售贷款余额62.23亿元，增加0.57亿元。

善用海外资源实现银企双赢。立足中国银行国际化、多元化的优势平台，引入海外低成本资金，帮助企业解决因流动性紧缩带来的融资难题。全年联合中国银行卢森堡分行、米兰分行、首尔分行、纽约分行等多家海外行，叙做海外直贷业务12.66亿元，融资总量是本外币公司贷款全年新增量的2.22倍。

IT蓝图上线实现系统升级。6月6日，中国银行镇江分行核心银行系统全辖上线，即IT蓝图项目投产。作为中国银行总行统一安排、分步实施的大型系统升级工程，中国银行信息中心直接为全国34家一级分行、1万多家网点提供运行维护服务，实现全行核心系统的统一，完成数据集中，提高客户资金收付效率，实现由"以账户为中心"向"以客户为中心"的转变。

推进服务体系建设，保持同业服务领先。以"打造品牌，关爱员工，促进和谐，提升'三力'（软实力、核心竞争力和可持续发展能力）"为抓手，把服务全行发展战略，提升经营效益作为第一要务。加强企业文化建设，提高员工综合素质，创建和谐劳动关系，打造中行优质服务品牌。分行营业部连续两届获中国银行业文明规范服务千佳示范网点称号，分行被镇江银监分局和银行业协会评为创建服务创业型城市最佳银行一等奖，获劳动关系和谐模范企业（A类）称号。

践行企业社会责任。2011年，按照上级行统一部署，组织策划"心的呼唤"大型慈善活动，为贫困家庭的先天性心脏病患儿提供免费治疗，成功救助丹阳市一名儿童。为迎接建党90周年，联合市委宣传部、文广集团民生频道，开展"寻找老党员"新闻行动，逐个采访30名不同时期的老党员，并对接受采访的老党员集中进行慰问，对生活困难老党员进行一次性帮助。（宗　琳）

【中国建设银行股份有限公司镇江分行】 2011年年末，建设银行镇江分行一般性存款余额311.00亿元，比上年减少14.18亿元。其中企业存款余额170.55亿元，减少10.32亿元；储蓄存款余额140.45亿元，减少3.86亿元。各项贷款余额263.46亿元，比上年增加24.53亿元，其中公司类贷款208.97亿元，增加17.12亿元；个人类贷款54.49亿元，增加7.41亿元。全年拨备前利润8.80亿元，实现中间业务收入4.67亿元。

发挥特色优势，保持基础设施贷款的优势地位，巩固住房金融服务领导地位，重点支持小微企业、民生领域、涉农业务的发展，各项贷款新增份额、公司类贷款新增份额及余额份额、住房个贷新增份额均列同行业第一。全市三家国家级农业产业化龙头企业贷款余额达3.1亿元，审批通过句容宝华镇新市镇项目、扬中开发区农民集中区安置房项目、镇江市丁岗新市镇项目、句容黄梅新社区建设项目、丹徒新城"城中村"改造项目、扬中油坊镇油坊新设区建设项目等六户共计18亿元。

介入政府招商引资活动，争取新注册企业资金。全年净新增AA级（含）以上客户70户；新开立资本金及外债账户49户，当年累计到账资本金及外债全市占比31.8%；AUM（个人金融资产值）300万元以上高端客户增速20.3%；取得镇江新区、京口区两家区级财政国库集中支付业务和句容财政非税收入代收业务。

开展创新转型年活动，在系统内首发并购融资类理财产品、票据保理、BT（融资投资方式）工程保理等创新产品，全年累计营销新产品12项，实现中间业务收入近4000万元。成立个人业务委员会，对城区扁平化网点实行统一管理，推进网点二代转型，与专业培训机构合作开展驻点培训，打造标杆网点并复制推广，转型网点占35%。

加大小企业中心建设力度，小企业贷款投放新增11.76亿元。推出代付盈、融资保、支付盈、内保内贷、融信通、存汇盈等十项外汇业务新产品28笔，累计1.36亿美元，获总行2011年外汇业务百强行称号。企业高级网银存量和新增动户率分别比年初提高10、12个百分点，均列省分行系统第一。全年信用卡分期业务达8509万元，归集住房公积金资金12.62亿元、投放公积金个人住房贷款2.49亿元，公积金归集与贷款投放均居同行业首位。

开展"表外业务管理年"活动，做好信贷政策重检工作，提前退出三家有风险迹象房地产开发贷款8950万元；公开竞聘城区营业机构委派营业主管后备人员18人，实现会计条线员工100%跨机构轮岗；开展"柜面八个常见问题"和"遏制屡查屡犯问题，争创无差错网点"等专项治理活动和各类检查，提高管理效能。"金融机构安全评估"工作总评98.24分，达优秀标准。

组织深化银行业案防制度执行年活动和"防案件、防风险"专项治理活动，开展严防"员工参与民间高息借贷引发风险、柜面操作风险、信贷诈骗案件、违规使用公章和业务用章"的专项治理；开展"人人反思、人人参与、人人履职"案件防控专题活动，增强干部员工廉洁从业意识。

开展亮出身份、亮出承诺、亮出标准的"三亮"活动，在各营业网点设置"为民服务"承诺书和"为民服务"意见箱。以"创优质服务品牌、创客户满意窗口、创优秀服务标兵”为目标，开展第一届“明星网点”“服务明星”评比活动，树立典型示范带动全行为民服务意识。在2011年镇江市公共服务业评比中，列银行系统第二名，员工裴育获2011年度中国银行业文明规范服务“明星大堂经理”，市分行营业部获省银行业文明服务示范单位称号。 （吴丹青 梅 涛）

【交通银行股份有限公司镇江分行】 2011年年末，交通银行镇江分行存款余额182.21亿元，其中储蓄存款余额55.10亿元，对公存款余额127.11亿元，人民币贷款余额152.65亿元。经营利润4.80亿元，拨备后利润5.01亿元。

提升综合竞争力。市区支行实行中心支行和直属支行体制，设立三个中心支行和两个直属支行。句容支行开业，实现区域内县级支行全覆盖。定期召开业务分析会，提升经营管理精细化科学化水平。分行营业部、中山西路支行、中山东路支行分别被金山网评为镇江市银行业十佳营业网点、最优效率十强营业网点、最佳环境十强营业网点。

夯实客户基础。确立大型客户做特色、中型客户为基本客户群的发展策略，研究中型客户服务方案，挖掘和培育RAROC（经信用风险调整的资本收益率）较高的核心价值客户群。新增系统沉淀存款1.5亿元，新开对公达标户82户，对公有效户319户，新增“三个一百”客户（销售、利税、进出口前一百强）30户，新增“百分之一”客户（小企业客户）138户。开展潜力客户提升工程，挖掘存量客户潜能，截至年末，潜力沃德客户提升150户，潜力有效客户提升2100户。

服务地方经济发展。新增贷款主要投向镇江市重点项目、民生领域、先进制造业和新兴产业，其新增贷款7.56亿元，占新增贷款的47.3%。对接镇江市新兴产业增长需求，全年新兴产业投入7亿多元。加大对中小企业的支持力度，小企业贷款新增5.45亿元。被省银监局授予江苏省银行业金融机构小企业金融服务工作先进单位称号。

转型业务深入推进。发挥交通银行综合化、国际化优势，加强境内外分行联动，以内保外贷、租赁贷款、IPO（首次上市融资）、三方协议下跨境美元贷款、进口代付、国内信用证等为代表的创新业务取得较快发展。全年完成省行口径创新业务累计金额23亿元，利用境外资金为企业融资28亿元。实现贵金属销售2172万元，商户结算收入1840万元，新增家易通商户804户。获总行电子银行“十佳辖属分行”第一名，船院支行入围交通银行2011年电子银行百佳支行。打造“人工网点＋客户经理＋电子银行”的“三位一体”网点经营模式，全年建成离行式自助银行5家，新建离行单机点3家、联行自助区2家，新增各类自助设备25台，现金交易笔数增长29.54%，电子银行分流率突破70%，提前达成省行三年改革发展规划目标。船院支行入选总行综合性网点自助服务区功能转型试点网点。

资产质量持续上升。正常类贷款余额比年初增加15.82亿元，上升0.18%；不良贷款占0.98%，下降0.05%；个贷不良率0.14%，与年初持平。全年累计压缩存量不良贷款1.02亿元，压缩存量监察名单化解额3405万元。

坚持稳健合规经营。全年按照贷款新规走款比例达93.02%以上，制订《全面风险管理委员会工作条例》，实现风险管理全覆盖。华东审计部对分行内部控制综合评定为A级，获2012年度人民币收付业务免检资质，丹阳营业部被总行评为交通银行会计营运工作示范行。

（朱 超）

【中国邮政储蓄银行股份有限公司镇江市分行】 2011年年末，邮储银行镇江市分行金融业务总收入31597.74万元，其中基础金融业务收入20103.54万元，信贷业务收入7146.9万元，完成收入计划（7090万元）的100.8%；公司业务收入4589.84万元，完成收入计划（2970万元）的154.54%。储蓄存款余额115.5亿元，比上年增加24亿元，增长26.23%。活期存款余额27.3亿元，占23.64%。发行绿卡17.14万张，结存户数99.58万户，其中活动卡占62.98%，卡均余额1722元。发行信用卡2537张，卡片激活率43.58%，累计实现结算类收入19.49万元，增长252.44%，结存户数4676户。累计代理保险7.6亿元，增长6.54%。投放贷款10713笔，增加657笔，投放金额21.41亿元，增长67%。其中小企业贷款134笔，合计3.07亿元；个人贷款10579笔，合计18.34亿元；小额贷款5558笔，合计4.54亿元。公司业务单位存款余额167103.29万元，计划完成率119.36%，完成公司业务收入4591.63万元，收入计划完成率144.85%。其中利差收入2381.74万元，占51%；票据贴现业务收入2098.45万元，占45%。5月3日，邮储银行镇江市分行票据中心成立，隶属市分行公司业务部。年末，累计办理票据贴现465笔，涉及银票963张，计51.81亿元；办理转贴48笔，涉及银票554张，计48.34亿元。全年累计净收入2098.45万元，收益率20.73%，利润率16.85%。

基础金融业务发展坚持“效益优先、协调发展”，加强理财类业务发展，加大结算类业务宣传力度，多渠道宣传信贷业务，扩大贷款业务的知名度。发展小企业信贷业务，了解中小企业融资需求情况，向融资困难的企业提供贷款咨询和服务，为后续银企合作奠定基础。注重新业务开展，为小微企业提供金融服务支持，成功营销江苏宜和广电信息网络公司，其营业资金归集纳入分行现金管理平台。取得镇江市区、丹阳市、句容市非税代理资格，年末，非税代收总额1.5亿元。新农保项目累计代发1.05万户，代发金额1927.23万元；累计代缴户数10.85万户，代缴金额9132.75万元，沉淀财政新农保资金3.13亿元。

建立科学的风险管理机制，健全服务和营销体系。完成18个一类网点改造工作，落实5个二类支行的网点选址工作。共设125个邮政储蓄网点，布放自动柜员机（ATM）163台。每季度对所辖的邮政储蓄网点检查一次，全年开展常规检查400多次，覆盖面100%。

（童 韵）

【江苏银行股份有限公司镇江分行】 2011年年末，江苏银行镇江分行各项存款余额193.09亿元，比年初增加28.35亿元，增长17.21%。存款新增量占全市存款增长总量的12.65%。各项贷款余额125亿元，增加18.12亿元，增长16.95%，贷款新增量占全市贷款增长总量的7.53%。报表口径拨备前利润4亿元，增加8073万元，报表口径成本收入占比36.57%，下降1.08个百分点。不良贷款余额1.61亿元，不良贷款占比1.29%。考核口径中间业务收入7152.53万元，增加2225.77万元，增长45.18%。累计办理贴现业务81.32亿元，增加29.01亿元，当年累计贴现在镇江地区占比13.98%。

根据宏观经济形势变化和国家调控政策，以“资本占用少，综合收益高”的经营要求开展工作，以产业链融资方式调整优化信贷结构，拉动中小企业金融业务发展。挖掘存量客户潜力，增加优质客户，增加客户资金沉淀，拓宽资金来源，跟踪存款源头，营销低成本存款、稳定性存款、财政性存款、保证金存款等。

开展中间业务，多渠道增加非利息收入，截至2011年年末，国际业务中间业务收入990万元。参组江苏（索普）集团有限公司60万吨/年醋酸三期技术改造项目和钢铁行业现代物流模式及支撑技术与标准示范工程项目，项目融资总额4亿元。发展理财和企业网银业务，全年累计理财产品销售额15亿元，VIP客户数(10万元以上)16816户，资产总额45亿元。企业网银签约总户数1482户，网银交易量752亿元。

重视产品、服务和管理创新。确立“以市场为导向，以客户为中心”的理念，构建专业化、差别化的客户服务体系。以分层负责绩效考核、服务满意度专项调查整改、制度执行力专项审计举措，分层次提升服务管理水平。推出“商务多益通”贷款业务、“小快灵·快易贷”“基金宝”业务等，发放小额创业担保贷款，推进中小企业信用联盟体系建设。推动商业承兑汇票、国内信用证业务，推广“票据池融资”“现金宝”产品。推出远期结售汇、内保外贷、人民币出口海外代付等国际业务新产品。

改进和完善授信审查，加强风险监控及风险分类管理，强化统计分析管理。加大不良资产处置，做好表内不良贷款的核销工作，提高信贷资产质量。开展机构自查、条线检查和审计监督检查，提高防范操作风险和排查金融案件的意识，实现内控建设和案件防控工作的各项目标。（潘 辉）

【江苏镇江农村商业银行股份有限公司】 2011年2月26日，江苏镇江农村商业银行股份有限公司成立，建立股东大会、董事会、监事会和经营管理层“三会一层”的组织架构，下辖12个管理部门，1个营业部和26个支行。截至年末，各项存款余额62.88亿元，比年初增加11.44亿元，增长22.23%；各项贷款余额46.84亿元，净增11.33亿元，增长31.91%。

拓展市场，支持经济发展。利用网络报刊、广播电视等媒体进行专题宣传，参与市政府组织的金融业务咨询活动，加强与市钢铁行业协会、镇江浙江商会和部分企业之间的联系，增进对企业的了解与信任，促进存贷款业务在新增区域的发展。在省联社组织的“走千家、访万户、送服务、助‘三农’”的阶段性竞赛活动中，综合排名列全省第一。

履行信贷支农的社会责任，支持基础农业发展，发放小额农户贷款、专业大户贷款、农民专业合作社贷款以及产业化农业龙头企业贷款。截至年末，农户贷款5228户，余额7.02亿元；农业专业合作社贷款31户，余额880万元；“阳光信贷”（指银行将客户的贷款调查、授信、定价、操作流程和公开承诺服务等全过程置于社会公众和银行的有效监督下，让客户了解银行的办贷流程，同时使银行了解客户的经营状况，增强银客双方互信的一种全新贷款方式）授信户数4329户，新增833户，授信总额7.52亿元，新增1.56亿元；对456户中小企业授信39.07亿元；各支行对权限内小额贷款2612户进行授信，金额8217万元。年末，小企业贷款余额34.83亿元，比年初增加8.53亿元，超过贷款平均增幅7.66个百分点。

加入全国银行间拆借市场，开办住房、汽车按揭贷款，建立对账中心和现金清点中心。推行信贷资产的十级分类，为风险预警机制和信贷退出机制做好前期工作。对电子设备开展巡检和维护，保证设备安全运行。对钓鱼网站及时在行内外发出风险提示，提升客户风险防范水平。发挥操作风险控制中心监控的功能，编发操作风险简报，为及时发现风险，降低风险隐患提供保证。增加安保设备，对营业区域的监控实现全覆盖。（徐旭辉）

【华夏银行股份有限公司镇江分行】 2011年年末，华夏银行镇江分行一般性存款余额52.87亿元，贷款余额30.16亿元，利润9770.54万元。

针对信贷规模刚性调控的现实，发展中间业务、资金业务和票据转贴业务，拓宽收入来源渠道。全年营业收入1.7亿元，传统贷款业务收入与非贷款业务收入各占50%。成功办理1亿元的股权收益权质押信托项目、2亿元的保障性住房信托项目、1.1亿元的跨境人民币结算业务、16亿元的国内信用证业务、1.05亿元的地方债托管业务。确定一个营销部作为小微企业专营机构，专门从事小微企业信贷服务，全年小微企业贷款3.38亿元，净增2.67亿元，增速超过300%。

壮大公私客户群体，2011年年末，全行公司业务标准有效户275户，比上年净增40户；对公国际结算标准有效户57户；授信客户134户，新增41户；资产类个人贵宾客户数983户，净增492户；信用卡VIP客户5432户，净增2393户；净增个人网银客户2334户；全行个人有效客户5897户；个人金融资产总量超过14亿元。7月18日，第一家县域支行——丹阳支行正式对外营业，市区内万达广场和九润广场2个自助银行完成营业前的全部准备工作。

树立风清气正的优良行风，提升社会形象和声誉。分行获2010～2011年度镇江市消费者信得过单位、2011年度镇江市社会治安综合治理及平安和谐镇江建设活动先进单位称号；分行办公室被市公安局记安全保卫工作集体三等功；分行营业部获镇江市区银行业十佳营业网点、镇江市区银行业最佳服务网点、镇江市区银行业最优效率网点、镇江市区银行业最佳环境网点四项荣誉。（汤肖玥）

【上海浦东发展银行镇江支行】 2011年年末，浦发银行镇江支行各项存款余额39.25亿元，比年初新增1.13亿元，其中储蓄存款余额6.22亿元，新增2.05亿元。各项贷款余额44.09亿元，新增5.16亿元，其中个人类贷款余额2.96亿元。累计完成国际结算量3.82亿美元，计划完成率153%，账面利润11150万元，比上年增加5410万元；经济利润4564万元、人均经济利润84.34万元。年末对公有价值客户280户，新增64户；优质客户216户，新增47户；核心客户38户，新增32户；个人贵宾客户491户，新增149户；第三方存管总数1015户，新增98户；个人电子银行有效户新增4074户。累计销售各类理财产品6.27亿元，黄金业务交易量2亿元，在总行“挑战2011——百强网点”综合指标排名中列第68位。在镇江市总工会组织的2011年度市服务业工委“双服务”竞赛活动中被评为先进集体。

业务转型深入推进，向多元化信贷资产和优质客户贷款占较大比重的结构转变。新拓展信贷客户28户，退出13户，年末客户总量119户。加大重点业务、重点产品的推广营销，挖掘新的增长点，全年中间业务收入1840万元，计划完成率143%，其中非利息收入占6.01%。营销中紧贴客户融资需求，累计办理国内信用证代付业务24.54亿元，办理保理业务4000万元。在丹阳组织“浦发创富中小企业金融服务推介会”，取得较好效果。丹阳支行于2011年年底开业。年末全行中小企业表内外授信余额3.12亿元，其中贷款9984万元，新增1.74亿元，增幅55.81%，高于贷款平均增速。利用总行票据直贴政策，转出置换有效信贷规模5亿元，保证市场拓展和客户合作。加大同业存款营销力度，累计吸收同业存款6亿元，存放同业6.5亿元，同业代付7.8亿元。开办代客外汇买卖与远期结售汇业务，实现汇兑收益29万元。在南京分行组织的“给力2011”系列突破奖励活动中，获国内信用证转型跨越奖一等奖、中间业务收入转型跨越奖三等奖、理财产品销售转型跨越奖优秀奖。

风险控制和管理水平有效增强。召开案防专题工作会议，部署重点领域案防工作，提升新形势下的案防水平。针对不同类型的客户，要求授信审查人员提前介入，掌握客户的第一手资料，为决策和营销提供依据。重视贷后检查，每季度梳理出需要重点关注的企业，了解企业的规划和目标，有效判断企业高层的掌控和管理能力，发掘业务合作渠道。加强业务检查和分析，及时发现问题予以纠正并进行规范，增强一线柜员的风险防范意识，提高柜员的营销技能，挖掘运营服务效能和价值贡献。 （祝 越）

【中国民生银行股份有限公司镇江支行】 2011年年末，民生银行镇江支行各项存款余额48.56亿元，较年初增加13.33亿元，增长37.83%，其中，对公存款余额42.17亿元，增加9.52亿元，储蓄存款余额6.39亿元，增加3.81亿元。各项贷款余额39.80亿元，增加13.63亿元，增长52.09%。其中大公司贷款21.03亿元，增加4.77亿元，增长29.34%；中小企业贷款10.03亿元，增长4.35亿元，增长76.58%；个人贷款余额8.74亿元，增加4.51亿元，增长106.53%。贷款重点投向制造、租赁商务、批发零售、水利环境、土地储备、建筑、交通等行业。新增小企业贷款和"商贷通"个人经营性贷款2.4亿元和4.68亿元，增长46.82%和115.27%，新增小企业贷款和个人经营性贷款占当期全部贷款增量的51.94%，小企业贷款和个人经营性贷款占全部贷款的40.83%。

全年新增公司存款有效客户230户，其中中小客户129户，增加36户。搭建票据中心、贸金中心、产品中心，全年票据直贴量106亿元，增长21%。贸金业务平台搭建顺利，办理多笔保理代付、国内证代付业务，实现中间收入近500万元，拉动存款3亿元。产品中心坚持直接融资项目的持续推进，宏达新材6亿元短期融资券定稿，拟上注册专家会；镇江城投20亿元中期票据取得实质性突破，处于审核反馈阶段。

机构建设工作进展良好，4月欧尚超市自助单机投入使用，第一家同城支行镇江大港支行8月5日开业，第一家县域支行句容支行年底获批准，整个支行结构体系日趋完善。

（蔡文泽 周 昕）

【大新银行(中国)有限公司镇江分行】 2011年，大新银行镇江分行本着"争取上级支持、服务地方发展、提升业务规模"的指导思想，应对复杂多变的经济金融形势，主动营销和服务本地企业和个人客户，实现存、贷款业务较快发展，全年各项存款增幅67.58%、各项贷款增长45.39%、账面利润增长108.6%。

存款基础持续增强。根据自身的服务功能和经营特点，将单位存款作为重点，做好中、高端企事业客户的日常结算服务，运用本外币产品，实施香港与内地联动，推进存量客户稳存和新客户的发展工作，单位存款业务取得较快增长，单位存款余额及增量都位居系统内首位。自2010年9月份开办零售业务以来，通过优化服务环境、提高柜面服务品质、减少客户等候时间、拓展中高端零售客户等举措，个人存款实现年内翻番，在系统内各家分行中居第一。

信贷支持领域持续拓宽。2011年信贷工作面临制约和困难，分行结合外资银行的特点，通过采取提前储备信贷项目、邀请上级行信贷审批人员到镇江实地考察信贷企业、争取香港大新与内地联动、推动总行创新信贷产品等措施，争取有限的贷款规模和外汇头寸资源，实现信贷业务在困境中保持较快发展。

服务品质持续提升。坚持以"服务一流"为目标，建立和完善服务标准、服务评价、考核制度，开展全员业务技能培训，提高业务受理速度和处理效率，提升全行综合服务能力。全年未发生重大合规和风险事件，总行法律合规部给予良好评价。获2011年度镇江银行业营业网点网民大评选最佳环境十强营业网点称号，营运部施红丹获镇江市银行业窗口一线服务标兵称号，零售营业部李念洁被评为总行2011年度优秀员工。

（董娅玲 徐建辉）

【招商银行股份有限公司镇江分行】 2011年年末，招商银行镇江分行人民币自营存款余额23.68亿元，其中对公存款余额20.07亿元，储蓄存款余额3.61亿元；人民币一般性贷款余额22.56亿元，对公贷款19.69亿元，其中中小企业贷款7.12亿元，零售贷款余额2.87亿元；一卡通新增发卡5322张；新开金葵花卡177户；信用卡新增发卡2054张；理财产品销售近38亿元。2011年12月27日，第一家分支机构丹阳支行开业。截至年底，镇江学府路、万达广场两个24小时离行式自助银行筹建及验收完毕，2012年1月上旬开业。

抓促进产业发展主线，登门了解企业融资需求，为实体经济、高新科技、中小微企业提供资金支持。加大政府、银行、企业三方合作力度，完善银企对接平台，探索融资渠道，为企业发展提供优质金融服务，向符合国家产业政策，具有较好市场发展前景，经济效益好的中小微企业，尤其是科技型中小微企业提供授信支持，为小微企业开通便捷的绿色通道。截至年末，中小企业贷款金额7.12亿元，中小企业客户数占对公企业总数的70%以上。2011年6月完成5家公共事业费用(水费、电费、气煤费、电信通讯费、移动通讯费)代扣功能上线，推出和信用卡捆绑扣费的"高速公路不停车收费系统"(ETC)项目，便利车辆出行。

提升信贷管理水平，规范、细化、落实各项相关制度，提高贷后管理、信贷资产分类工作效能。建立健全风险预警机制和客户退出机制，将风险预警纳入经营部门季度考核项目。严格授信评级工作，细化信贷考核评价制度，细分客户风险等级，提升贷后检查针对性，有效防范各类隐患，保证资产质量。2011年镇江银行业优质营业网点网上评选活动中，分行营业部获十佳营业网点、最佳服务十强营业网点、最佳环境十强营业网点称号。被南京分行评为先进单位，行长周建明被招商银行总行评为全国招行系统模范个人。 （罗 勇）

【中信银行股份有限公司镇江分行】 2011年年末，中信银行镇江分行各项存款余额28.64亿元，比上年新增22.38亿元，其中对公存款余额26.58亿元，储蓄存款余额2.06亿元。各项贷款余额21.77亿元，全部为正常类贷款，实现税前利润3726万元。

各项业务协调发展。根据经济形势和市场环境的变化，调整经营策略，加强与战略客户、重点客户合作，拓展营销渠道，营销批量业务，负债业务保持平稳均衡增长，市场份额不断增加，业务品种逐步齐全，资产规模不断壮大。年末，对公结算账户434户，授信客户150户，授信总额237亿元。累计完成国际业务收付汇量4.3亿美元，东北商会联名卡项目实施，第三方存管、代理保险业务开办，全年累计销售各类理财产品2.66亿元。

依托"产品+方案"的经营模式，根据客户需求，先后创新开发出口项下海外代付、跨境人民币项下内保外贷、票证代付通、"自借统保"等产品，帮助企业拓宽融资渠道，降低融资成本，实现合作共赢。

打造特色服务品牌，为市民提供多元化、个性化、系列化、综合化的产品和服务。宣传"出国金融"、中信银行卡等品牌产品，独家代理出国金融服务，为近600名客户办理赴美签证收费、代传递业务，解决客户签证去南京的麻烦。与五星电器、中影东方影城等商户合作，开展刷卡惠民活动。发挥在供应链金融、投资银行、国际结算、资金资本业务、贵宾理财、出国金融等方面的特色优势，为全市企、事业单位和广大市民提供高品质的金融服务，支持中小企业和民营企业发展，全年新增小企业授信客户69户，贷款余额3.76亿元。

构建和谐企业文化，建立良性竞争机制和公平考核机制。年末，分行获2011年镇江市银行系统综合考评第一名，分行营业部被评为镇江市金融系统十佳营业网点。（陈成刚）

保 险

【概况】 2011年年末，全市有保险机构51家，其中保险公司46家，保险专业中介代理机构5家，全市辖保险专业网点284个，兼业代理网点390个。保险从业人员12000多人，其中正式员工2522人，保险营销员8740人，兼业代理人员780多人。全年保费收入57.92亿元，比上年增长7.2%，其中22家财产保险公司保费收入13.16亿元，增长15.7%，23家人寿保险公司保费收入44.75亿元，增长4.9%。全年承保各类风险8499亿元，全市有效参保人数897万人次。全年处理各类理赔案件12.8万件，赔付11.86亿元，其中财产险公司理赔6.7万件，赔付6.1亿元；人寿保险公司理赔6.1万件，赔付5.74亿元。

全市23家财产险公司向社会推出交强险、商业车险财险承保理赔信息自主查询活动，市保险行业协会在"3·15"期间通过媒体将查询的方式向社会公示，并组织专项检查，保证保户的保单准确、安全、可靠，理赔及时、公开、公正。稳妥处理各类投诉案件，维护保险人和被保险人权益。加强与市政府热线"12345"和交通台的联系，对于各类投诉和来访，协会本着积极、慎重、稳妥的态度，化解矛盾，维护消费者权利和行业信誉。全年协会共接受咨询投诉800余件，立案处理30余件。

2011年5月初，江苏省"平安金融"考核组检查镇江保险行业自2008年以来开展"平安金融"创建工作，市保险行业协会、中国人寿、太保财险、平安财险被评为全省2008～2010年"平安金融"创建先进单位。全行业通过省放心消费创建工作五年阶段性考核验收。市保险行业协会及中国人寿镇江分公司、人保财险镇江分公司、太保财险镇江中支公司、太保寿险镇江中支公司等四家公司被评为全省创建示范单位。

（褚和平）

表26－1　**2011年镇江市财产保险业务统计表**　单位：万元

单位		累计承保金额	累计保费收入																同比(%)	赔款支出		市场份额(%)
			企财险	家财险	工程险	总车辆	商业车辆险	交强险 汽车	交强险 摩托车	交强险 拖拉机	运输险	船舶险	责任险	保证险	人意险	健康险	其他险	累计		累计	简单赔付率(%)	
人保财险	市区	10445166	2123	－25	182	13681	10725	2880	76	－	637	442	263	12	380	1	327	18023	4.3	8709	48.3	－
	丹阳	4796536	1674	11	3	9496	7431	1852	213	－	128	－	619	－	522	－	1065	13518	11.5	7692	56.9	－
	句容	1975830	179	2	0	2099	1508	482	95	14	82	－	134	－	333	－	1018	3847	28.1	1965	51.1	－
	扬中	1837029	341	1	53	2011	1517	465	29	－	144	－	149	79	77	－	250	3105	16.1	1549	49.9	－
	合计	19054561	4317	－11	238	27287	21181	5679	413	14	991	442	1165	91	1312	1	2660	38493	9.7	19915	51.7	29.2
太保财险	市区	6985481	3873	11	70	5941	4634	1251	51	5	596	496	197	－4	942	57	－	12179	7.7	4320	35.5	－
	丹阳	1748666	462	9	－	4124	3246	790	84	4	3	0	46	－	385	12	－	5041	7	1909	37.9	－
	句容	235006	45	2	－	840	614	194	32	－	0	6	11	－	411	2	－	1317	5.6	492	37.4	－
	扬中	1781584	924	37	－	2702	2057	557	88	－	346	11	87	－	49	10	－	4166	18.8	1579	37.9	－
	合计	10750737	5304	59	70	13607	10551	2792	255	9	945	513	341	－4	1787	81	0	22703	9.3	8300	36.6	17.2
平安财险	市区	1654559	367	1	34	6512	4958	1525	28	1	139	16	59	－	81	38	43	7290	27.9	3079	42.2	－
	丹阳	1719661	675	26	18	3981	2965	919	97	0	41	－	39	－	117	28	1757	6682	42.4	2481	37.1	－
	句容	322738	221	6	－	1266	904	313	41	8	2	－	24	－	53	13	24	1609	15.2	478	29.7	－
	扬中	361669	131	2	－	1345	999	323	21	2	2	－	11	－	140	6	0	1637	34.3	885	54.1	－
	合计	4058627	1394	35	52	13104	9826	3080	187	11	184	16	133	0	391	85	1824	17218	32.4	6923	40.2	13.1
天安保险	市区	510701	167	17	－	1170	847	317	6	－	16	－	9	－3	70	18	－	1464	－6.5	715	48.8	－
	丹阳	415664	287	3	－	566	393	153	20	－	67	－	2	－1	71	1	－	996	－3.7	516	51.8	－
	句容	231145	18	－	－	691	451	177	63	－	－	－	22	－	58	7	－	796	35.1	372	46.7	－
	扬中	146331	62	－	－	218	157	51	4	6	11	－	－	－	34	3	－	328	－23.8	291	88.7	－
	合计	1303841	534	20	0	2645	1848	698	93	6	94	0	33	－4	233	29	0	3584	－1	1894	52.8	2.7
大众保险	市区	193824	47	5	－	597	488	104	4	1	15	－	2	－	21	－	1	688	－27.6	509	74.0	－
	丹阳	53744	11	－	－	244	188	48	5	3	－	－	－	－	2	－	1	258	－31	198	76.7	－
	句容	54279	57	－	－	127	92	30	5	0	－	－	－	－	3	－	－	187	167.1	53	28.3	－
	扬中	83549	20	－	－	290	212	70	4	4	3	－	7	－	7	－	－	327	－15.5	170	52.0	－
	合计	385396	135	5	0	1258	980	252	18	8	18	0	9	0	33	0	2	1460	－18.0	930	63.7	1.1
中华联合	市区	159332	46	8	2	995	733	256	6	－	－	13	1	－	38	6	－	1109	－27.6	1724	155.5	－
	丹阳	123466	35	1	－	828	618	194	15	1	－	－	3	－	34	6	－	907	－20.3	1132	124.8	－
	句容	57631	24	0	－	234	169	64	1	－	－	－	－	－	14	4	－	276	11.3	241	87.3	－
	扬中	68855	36	4	－	238	173	64	1	－	3	6	－	－	8	2	－	297	－6.6	203	68.4	－
	合计	409284	141	13	2	2295	1693	578	23	1	3	19	4	0	94	18	0	2589	－20	3300	127.5	2.0

续表 26－1

单位		累计承保金额	累计保费收入															同比(%)	赔款支出		市场份额(%)
			企财险	家财险	工程险	总车辆	商业车辆险	交强险			运输险	船舶险	责任险	保证险	人意险	健康险	其他险	累计		累计	简单赔付率(%)	
								汽车	摩托车	拖拉机												
永安保险	市区	562489	101	30	3	1730	1257	463	10	–	312	20	11	–1	182	–	–	2388	20	950	39.8	–
	丹阳	60502	6	–	–	186	133	51	2	–	14	–	–	–	7	–	–	213	–15.5	182	85.4	–
	句容	195692	11	–	–	722	534	176	12	–	2	–	19	–	50	–	–	804	95.2	218	27.1	–
	扬中	55885	1	–	–	284	212	70	2	–	–	–	5	–	15	–	–	305	24.5	155	50.8	–
	合计	874568	119	30	3	2922	2136	760	26	0	328	20	35	–1	254	0	0	3710	28	1505	40.6	2.8
安邦财险	市区	128814	–	–	–	1103	714	378	11	0	–	–	–	–	5	–	–	1108	–29.9	922	83.2	–
	丹阳	38764	–	–	–	369	227	131	10	1	–	–	–	–	–	–	–	369	–38.3	467	126.6	–
	句容	34919	–	–	–	221	155	63	1	2	–	–	9	–	–	–	–	230	16.8	110	47.8	–
	扬中	99825	2	–	1	780	517	258	4	1	9	–	–	–	–	–	–	792	0.5	774	97.7	–
	合计	302322	2	0	1	2473	1613	830	26	4	9	0	9	0	5	0	0	2499	–21.0	2273	91.0	1.9
太平财险	市区	926809	192	1	22	2975	2140	822	12	1	32	14	16	0	64	–	–	3316	23.4	1172	35.3	2.5
华安财险	市区	138906	4	0	0	1194	773	421	0	0	15	0	0	0	23	0	0	1236	521.1	156	12.6	0.9
都邦财险	市区	326737	498	–	–	1517	1242	259	16	–	3	4	56	3	8	3	–	2092	21.4	671	32.1	–
	丹阳	404252	199	–	29	301	192	101	8	–	–	–	11	2	30	5	–	577	–23.6	829	143.7	–
	合计	730989	697	0	29	1818	1434	360	24	0	3	4	67	5	38	8	0	2669	7.7	1500	56.2	2.0
阳光财险	市区	488057	123	5	–	2205	1839	358	8	–	4	16	22	–	20	–	–	2395	27.7	951	39.7	–
	丹阳	164107	11	–	–	483	245	221	12	5	–	–	–	–	5	–	–	499	–31.1	483	96.8	–
	句容	84239	5	1	–	444	337	99	8	–	–	–	–	–	4	–	–	454	–19.2	298	65.6	–
	扬中	126824	13	–	–	643	493	145	5	–	1	–	5	–	1	–	–	663	29.5	221	33.3	–
	合计	863227	152	6	0	3775	2914	823	33	5	5	16	27	0	30	0	0	4011	9.2	1953	48.7	3.0
大地财险	市区	358411	75	5	13	992	751	240	1	–	4	–	29	28	39	–	–	1185	37.3	617	52.1	–
	丹阳	296754	21	–	–	1807	1339	464	4	–	1	–	3	–	28	–	–	1860	17.7	764	41.1	–
	句容	93306	10	–	–	429	330	99	–	–	–	–	14	–	2	–	6	461	–9.3	248	53.8	–
	扬中	68951	–	–	–	196	144	52	–	–	10	–	7	–	–	–	–	213	–28.3	205	96.2	–
	合计	817422	106	5	13	3424	2564	855	5	0	15	0	53	28	69	0	6	3719	14.5	1834	49.3	2.8
中银保险	市区	1959479	404	354	28	966	724	209	27	6	27	0	12	294	706	19	310	3120	3.8	1780	57.1	–
	丹阳	199326	122	4	–	622	467	143	12	–	–	–	–	45	–	–	–	793	125.9	208	26.2	–
	合计	2158805	526	358	28	1588	1191	352	39	6	27	0	12	339	706	19	310	3913	16.5	1988	50.8	3.0
华泰财险	市区	91014	10	–	–	930	662	266	2	0	11	0	7	0	2	–	–	960	216.8	187	19.5	0.7
国寿财险	市区	920355	62	11	66	2065	1405	651	8	1	7	–	270	–	8	–	2	2491	32.2	972	39.0	
	丹阳	384829	73	9	–	1366	1025	324	17	–	–	–	13	–	3	–	0	1464	98.6	603	41.2	–
	句容	157125	9	7	–	939	705	225	9	–	–	–	0	–	9	–	–	964	0.6	639	66.3	–
	扬中	210894	39	9	43	880	649	223	8	–	5	–	11	–	3	–	23	1013	32.8	250	24.7	
	合计	1673203	183	36	109	5250	3784	1423	42	1	12	0	294	0	23	0	25	5932	36.6	2464	41.5	4.5
渤海财险	市区	80084	19	–	9	395	244	102	–	49	–	–	–	–	61	–	–	484	19.5	206	42.6	0.4
民安财险	市区	1072360	193	0	87	1590	1201	375	10	4	23	60	14	0	976	0	0	2943	44.5	728	24.7	2.2
安诚财险	市区	1070957	83	0	53	1786	1342	432	11	1	5	–	77	–	38	–	–	2042	–5.1	1568	76.8	1.6

续表 26－1

单位		累计承保金额	累计保费收入																同比(%)	赔款支出		市场份额(%)
			企财险	家财险	工程险	总车辆	商业车辆险	交强险			运输险	船舶险	责任险	保证险	人意险	健康险	其他险	累计		累计	简单赔付率(%)	
								汽车	摩托车	拖拉机												
长安责任	市区	645363	36	1	25	2195	1578	609	8	－	61	14	31	－	173	－	－	2536	23.8	835	32.9	－
	丹阳	95581	11	－	－	600	411	181	8	－	－	－	1	－	3	－	－	615	26.8	124	20.2	－
	合计	740944	47	1	25	2795	1989	790	16	0	61	14	32	0	176	0	0	3151	24.4	959	30.4	2.4
永诚财险	市区	915714	71	7	68	1142	781	351	10	－	1	－	44	－	6	－	90	1429	－19.1	929	65.0	1.1
紫金财险	市区	1375070	423	－	－	1811	1260	330	220	1	59	47	162	19	645	0	401	3567	237.2	515	14.4	2.7
合计	市区	31009682	8917	431	662	53492	40298	12599	525	70	1967	1142	1282	348	4488	142	1174	74045	15.8	32215	43.5	－
	丹阳	10501852	3587	63	50	24973	18880	5572	507	14	254	0	737	46	1207	52	2823	33792	14.3	17588	52.0	－
	句容	3441910	579	18	0	8012	5799	1922	267	24	86	6	233	0	937	26	1048	10945	19.1	5114	46.7	－
	扬中	4841396	1569	53	97	9587	7130	2278	166	13	534	17	282	79	334	21	273	12846	15.3	6282	48.9	－
	合计	49794840	14652	565	809	96064	72107	22371	1465	121	2841	1165	2534	473	6966	241	5318	131628	15.7	61199	46.5	100.0

（镇保协）

表 26－2

2011 年镇江市人寿保险业务统计表

单位：万元

单位		累计保费收入								同比(%)	累计给付金额			退保金额	承保人次	市场份额(%)
		合计	其中								理赔给付	其他给付	合计			
			首年新单	首年期缴	续收	团险	营销	银邮	其他业务							
中国人寿	市区	59024	29454	7719	29570	7228	28025	23769	1	16.5	1881	11921	13802	5875	1718516	－
	丹阳	62216	26480	9009	35736	772	38155	23289	－	－1.6	2415	11561	13976	9040	2050043	－
	句容	28925	14596	4211	14328	972	14817	13136	－	－2.3	1136	4762	5898	1920	2241407	－
	扬中	32322	14763	4307	17560	1038	19184	12101	－	7	2280	5948	8228	2819	1595223	－
	合计	182487	85293	25246	97194	10010	100181	72295	1	50.7	7712	34192	41904	19654	7605189	40.8
太保人寿	市区	14110	4612	3092	9498	868	10864	2378	－	9.6	572	1524	2096	1893	263579	－
	丹阳	6941	2672	1234	4269	516	4763	1662	－	28.3	189	571	760	576	56997	－
	句容	4461	1838	616	2623	324	3165	972	－	－46.8	152	425	577	253	49432	－
	扬中	6211	3719	1670	2492	303	3179	2729	－	3.3	180	350	530	309	66494	－
	合计	31723	12841	6612	18882	2011	21971	7741	0	－2.9	1093	2870	3963	3031	436502	7.1
平安人寿	市区	17996	5148	2711	12848	1765	15613	1855	－	3.7	559	1609	2168	1398	4553	－
	丹阳	24426	6754	3771	17672	－	21858	1827	－	14	780	2254	3034	1959	7779	－
	句容	9285	2973	1379	6312	－	7806	1213	－	－19.7	280	805	1085	698	768	－
	扬中	7800	2330	1135	5470	－	6765	805	－	3.8	243	698	941	605	2197	－
	合计	59507	17205	8996	42302	1765	52042	5700	0	2.9	1862	5366	7228	4660	15297	13.3
新华人寿	市区	12006	4321	1528	7685	244	5298	6464	－	19.1	143	982	1125	1933	12150	－
	丹阳	2288	612	605	1676	－	2288	－	－	42.4	50	32	82	50	5860	－
	句容	1074	244	244	830	－	1074	－	－	－4.5	30	30	60	40	3478	－
	扬中	1801	513	513	1288	－	1801	－	－	16.3	40	30	70	43	5144	－
	合计	17169	5690	2890	11479	244	10461	6464	0	19.6	263	1074	1337	2066	26632	3.8
泰康人寿	市区	14223	6633	1768	7590	95	6890	7238	－	－0.6	454	133	587	4103	7451	－
	丹阳	4845	3337	1049	1508	－	2641	2204	－	－41.9	11	－	11	106	2146	－
	句容	2529	1842	430	687	－	1123	1406	－	－24.9	26	－	26	57	1289	－
	扬中	2527	2325	356	202	－	573	1954	－	－6.3	8	－	8	8	1069	－
	合计	24124	14137	3603	9987	95	11227	12802	0	－16.0	499	133	632	4274	11955	5.4

续表 26 - 2

单位		累计保费收入								同比(%)	累计给付金额			退保金额	承保人次	市场份额(%)
		合计	其中								理赔给付	其他给付	合计			
			首年新单	首年期缴	续收	团险	营销	银邮	其他业务							
嘉禾人寿	市区	1164	428	179	736	0	681	483	–	-24.3	21	120	141	163	280	0.3
太平人寿	市区	6152	1690	956	4462	158	3097	2897	–	14.5	71	–	71	1985	2132	–
	丹阳	1397	370	370	1027	–	1397	–	–	36.2	1	–	1	85	689	–
	句容	612	76	76	536	–	612	–	–	-10.5	1	–	1	48	249	–
	扬中	–	–	–	–	–	–	–	–	–	–	–	0	–	–	–
	合计	8161	2136	1402	6025	158	5106	2897	0	15.2	73	0	73	2118	3070	1.8
民生人寿	市区	16709	13321	868	3388	27	1445	14978	259	49.3	62	63	125	2002	22202	–
	丹阳	294	23	23	271	–	294	–	–	1.7	5	9	14	22	2210	–
	句容	237	41	41	196	–	237	–	–	28.1	0	14	14	13	2118	–
	扬中	515	160	160	355	–	515	–	–	47.6	5	23	28	17	2965	–
	合计	17755	13545	1092	4210	27	2491	14978	259	47.8	72	109	181	2054	29495	4.0
合众人寿	市区	554	270	270	284	2	312	240	–	9.2	1	–	1	–	8128	–
	丹阳	129	9	9	120	–	129	–	–	-38.6	–	–	–	–	4485	–
	句容	291	34	34	257	–	291	–	–	-8.2	–	–	–	–	7014	–
	扬中	–	–	–	–	–	–	–	–	–	–	–	–	–	–	–
	合计	974	313	313	661	2	732	240	0	-1.0	1	0	1	0	19627	0.2
生命人寿	市区	8865	7059	3115	1806	–	1120	7745	–	46.2	17	8	25	1069	4437	–
	丹阳	656	416	370	240	–	656	–	–	199.5	16	0	16	1	350	–
	句容	1608	392	341	1216	–	1608	–	–	258.1	4	9	13	9	541	–
	扬中	624	383	434	241	–	624	–	–	34.8	17	2	19	20	588	–
	合计	11753	8250	4260	3503	0	4008	7745	0	63.4	54	19	73	1099	5916	2.6
中宏人寿	市区	1760	532	532	1228	0	1760	–	–	26.6	246	8	254	58	5789	0.4
海康人寿	市区	1545	530	430	1015	0	0	1545	–	11.2	7	69	76	253	295	0.3
华夏人寿	市区	2955	2232	233	723	66	565	2324	–	4.7	83	97	180	866	2943	–
	丹阳	1223	458	443	765	–	1223	–	–	-4	25	75	100	47	789	–
	句容	246	113	111	133	–	246	–	–	3.8	15	20	35	8	219	–
	扬中	102	102	100	–	–	102	–	–	–	–	5	5	–	119	–
	合计	4526	2905	887	1621	66	2136	2324	0	4.3	123	197	320	921	4070	1.0
国泰人寿	市区	1013	809	279	204	30	374	609	–	-26.6	22	15	37	417	642	0.2
正德人寿	市区	31384	30489	4	895	0	78	31306	–	55.9	0	15	15	7071	13693	7.0
长城人寿	市区	412	188	180	224	–	412	–	–	40.1	3	25	28	12	599	–
	丹阳	122	95	86	27	–	122	–	–	212.8	–	–	0	3	229	–
	句容	337	181	174	156	–	337	–	–	56.7	2	14	16	14	426	–
	合计	871	464	440	407	0	871	0	0	58.9	5	39	44	29	1254	0.2
阳光人寿	市区	6885	5124	575	1761	65	1294	5526	–	-43.2	62	–	62	2366	533	–
	丹阳	1097	539	539	558	–	1097	–	–	238.6	10	–	10	15	626	–
	句容	101	98	98	3	–	101	–	–	741.7	–	–	0	0	165	–
	扬中	811	479	479	332	–	811	–	–	246.6	–	–	0	23	733	–
	合计	8894	6240	1691	2654	65	3303	5526	0	-29.9	72	0	72	2404	2057	2.0

续表 26－2

单位		累计保费收入								同比(%)	累计给付金额			退保金额	承保人次	市场份额(%)
		合计	其中								理赔给付	其他给付	合计			
			首年新单	首年期缴	续收	团险	营销	银邮	其他业务							
华泰人寿	市区	2981	2115	625	866	0	1082	1899	–	－17.6	40	15	55	258	2841	0.7
信泰人寿	市区	4140	4140	512	0	0	2	4138	–	－19.9	–	–	0	–	1269	0.9
人民人寿	市区	12615	11450	251	1165	597	1213	10805	–	–	179	818	997	6176	14100	–
	丹阳	8001	8000	31	1	28	454	7519	–	–	–	–	0	–		
	句容	7697	7694	79	3	132	284	7281	–	–	–	–	0	–	–	–
	扬中	4779	4769	60	10	179	1109	3491	–	–	–	–	0	–		
	合计	33092	31913	421	1179	936	3060	29096	0	－15.8	179	818	997	6176	14100	7.4
信诚人寿	市区	1546	1454	619	92	0	308	1238	–	206.7	2	3	5	23	3260	0.3
人保健康	市区	891	891	31	0	508	0	383	–	–	–	–	–	81	35368	0.2
国华人寿	市区	64	64	0	0	0	0	64	–	–	–	–	2	38	0	–
合计	市区	218994	132954	26477	86040	11653	80433	127884	260	0.4	4425	17425	21850	38004	2124798	–
	丹阳	113635	49765	17539	63870	1316	75077	36501	0	9.9	3502	14502	18004	11904	2132203	–
	句容	57403	30122	7834	27280	1428	31701	24008	0	2.3	1646	6079	7725	3060	2307106	–
	扬中	57492	29543	9214	27950	1520	34663	21080	0	17.2	2773	7056	9829	3844	1674532	–
	合计	447524	242384	61064	205140	15917	221874	209473	260	4.9	12346	45062	57408	56812	8238639	100

（镇保协）

【中国人民财产保险股份有限公司镇江市分公司】 2011 年，公司实现保费收入 38493 万元，比上年增长 9.7%，实收保费 38700 元，增长 10.9%。车险保费收入 27282 万元，增长 8.5%；财产险保费收入 8592 万元，增长 9.9%；农险保费收入 2545 万元，增长 18.5%。全年共支付赔款 19915 万元，赔付率 51.7%。

公司通过强化队伍建设、提升运行效率、优选发展渠道、促进业务增长。抓车商、网销、电销业务，启动银保业务，组建银保专营团队，与银行全面合作。开拓农网渠道，利用开办政策性农业保险建成的服务网络，开办农村机动车辆保险、农机具保险、农村小额贷款保险，农村家庭财产险等商业保险业务实现增长。

推行标准化服务，由单纯的保险服务向全方位的贴心服务转化。5 月 18 日，启动满意在人保及客户节活动，8 月，落实客户服务标准化工作，建立内部客户评价制度，对界面服务人员进行监督和规范服务，把标准贯穿到服务的每一个细节。

制订《镇江市分公司 2011～2012 年企业文化提升实施方案》，走文化建司的道路。开展以学习型组织建设和员工幸福感为主题的活动，健全党、团组织，开展“百亿起点再奋进共创辉煌有你我”为主题的大讨论活动，将员工自己的个人价值观与公司的核心价值观结合起来，在本职岗位上努力工作完成自我价值的实现，走持续发展之路。（刘亚群）

【中国人寿保险股份有限公司镇江市分公司】 2011 年，公司实现保费总收入 18.25 亿元，比上年增长 50.7%，市场占有率 40.8%，列镇江寿险第一位，全年累计给付保险金额 3.42 亿元。

公司对外发展养老、医疗等各项保险，对内加强财务资源管控，将有限的资源用于业务发展、员工福利和促进公司可持续发展方面，实现财务收支平衡，经营效益显著。

提升客户服务时效，继续开展“国寿 1＋N”客户服务活动，提升国寿品牌形象和客户满意度。发展计生系列保险、建工险等政策性业务，履行社会责任，推进保险进学校、进农村、进社区，为服务和谐社会建设作出贡献。推进和谐企业建设，在总公司、省公司多项比赛中均获得优异成绩；公司先后获江苏省文明行业、江苏省平安金融创建活动先进集体、全国反洗钱工作先进集体等荣誉称号，多名员工获总公司、省公司先进个人等称号。（赵文静）

【中国太平洋财产保险股份有限公司镇江中心支公司】 2011 年，公司实现保费收入 22703 万元，比上年增长 9.3%，市场份额 17.2%，列镇江产险市场排名第二，赔付率 36.6%。车险、非车险占比 40.27%、59.73%，非车险实现保费收入 9096 万元，其中，人意险 1787 万元，货运险 945 万元，企财险 5304 万元，船舶险 512 万元，四大业务分别占镇江市场的 25.7%、33.3%、36.2%、44%，均列市场份额第一位。车险实现保费收入 13607 万元，市场份额 14.2%。

坚持追求有价值可持续增长，以综合成本管控为主攻方向，以客户需求为导向，做大非车险，做优车险，实现险种结构和品质结构的全面优化。新承保恒神纤维、大全太阳能、万达广场财产险、江滨医院医责险等项目。加大电销宣传力度,开展一季度"开门红"、二季度"双过百"等形式的劳动竞赛。全年电销保费收入 2808 万元,增长 388%,计划完成率 122%;银保业务保费收入 514 万元,增长 46%。加大交叉销售的拓展力度,与寿险沟通,遏制"飞单",实现保费收入 863 万元,增长 128%,计划完成率 144%。

诚实守信,优质高效抓服务,建立客户投诉和监督机制。创新服务手段,在金东纸业公司和全市建工系统人意险主承保项目上组织专门小组和专门人员进行全程服务,从承保、保费结算与分摊、赔款等均做到无缝衔接,得到代理单位认可。2006～2011 年连续六年被省、市消费者协会授予消费者信得过单位和诚信单位,2011 年被授予省级放心消费示范单位。

重视规范经营,强化核保和核赔管理,规范承保和理赔业务流程,细化风险管控细则,每个月度、季度上报风险管控情况。开展财务、业务、理赔数据真实性检查,强化应收保费管理。2011 年9 月,公司被省公安厅、省人行评为省平安金融创建先进集体。 (吴 敏)

【中国太平洋人寿保险股份有限公司镇江中心支公司】 2011 年,公司完成规模保费收入 3.17 亿元,其中个险完成新保期缴 5316 万元,银邮完成 7741 万元,团险完成 2011 万元。

公司坚持一切以客户满意为标准,提高理赔服务的时效性、准确性。全年为社会各类企业、个人共解决理赔案件 1903 多件,赔付金额 1093 万元,其中意外险赔付 222 万元;健康险赔付 185 万元;寿险赔付 448 万元。解决客户投诉 37 件,未发生重大恶性投诉和群诉。

公司参加市政府组织的反商业贿赂、反洗钱、平安金融创建、放心消费创建及与街道工委会共同维护治安等活动,热心公益事业,勇担社会责任。5 月,与镇江市计生委、计生协会等单位在丹徒新城人民广场举行"生育传承希望 关怀相伴和谐"大型广场活动,为 20 户计生贫困家庭赠送价值 120 万元家庭生育关怀保险,为 12 名计生贫困女孩赠送价值 5000 多元的学习用品和书籍。6 月,与京口区妇联等单位携手共进镇江市福利院,向孤寡、残疾儿童捐赠衣物及日常生活用品共计 100 多套,体现太平洋寿险镇江中支在追求可持续价值增长的同时,致力于社会公益活动。2011 年,公司获江苏省平安金融单位称号,被市保协、消协、健康路社区分别评为诚信服务先进单位、消费者信得过单位和社会治安综合治理和平安创建先进单位。 (谢 琳)

【中国平安财产保险股份有限公司镇江中心支公司】 2011 年,公司实现保费收入 17218 万元,比上年增长 32.4%,市场份额 13.1%。其中车险保费收入 13104 万元,占总保费 75.8%;非车险保费收入 4236 万元,占总保费 24.2%。

图 26－1 2011 年,太平洋寿险镇江中心支公司客户保单信息有奖查询活动 (谢 琳)

建立健全各项服务制度,系统规范门店服务人员的服务标准,树立合规、诚信经营的理念。按照各级监管部门、行业协会和行业自律的要求,主动向保监会报备各险种条款及费率规章,同时自查自纠,加强自律学习。正确处理各种投诉工作,设有"95511"客服投诉热线,提出"责任归属处理"原则,对投诉的整个过程进行全程监控。

开展以"服务不变、承诺升级"为主题的平安产险客服节活动,向社会展现专业价值平台,增强员工服务意识,锻炼服务技能,树立"专业经营,服务领先"意识,提高品牌影响力、服务竞争力。 (信 丁)

【中国平安人寿保险股份有限公司镇江中心支公司】 2011 年,公司经营区域覆盖镇江全市,设有营销服务部 19 个,员工队伍 1000 余人。实现保费收入 5.95 亿元,各类赔付案件 1943 件,赔付金额 7228 万元,被平安人寿总公司确定为全系统 60 家重点三级机构之一。

公司注重合规经营,通过品质管理办法规范代理人在展业过程中侵害客户利益的各种行为。强化业务人员品质管理,细化各种侵害客户行为的对应处罚措施,最大程度保护客户权益,保证客户知情权。

完善承保和理赔制度,加强展业行为管理,提高有效承保质量。优化流程,强化管理,为客户提供申请手续简便、赔付及时合理的理赔服务。客户发生保险事故通过全国服务热线电话"95511"、当地理赔部门报案电话或直接上门等方式向公司报案,公司实现全国通赔,即客户可在全国任何有平安机构的地方办理理赔手续,在理赔申请材料齐全的情况下,公司承诺对一般理赔申请在 10 个工作日内确定理赔结果。理赔审核作业实现全国集中,标准化程度以及公平、公正性更高,严格按照条款的约定和法律法规的规定处理案件。

客户服务不断创新,健全和完善售后服务体系,包括续期收费、保单保全、咨询投诉、保险理赔、大型服务活动、保户卡、急难援助、标准门店以及网上热线等服务项目。镇江地区设立市区、丹阳、扬中、句容 4 个服务网点,开通"一柜通"服务,便于客户在一个柜台前办完所有手续,向平安客户提供全国一致的标准化服务,开通 PA18 网上缴费功能。妥善解决客户投诉,维护客户利益塑造良好企业形象,建立完善的投诉处理系统(CCS),对信访投诉受处理的各个环节进行记录和管理。建立群体性信访投诉工作预防及处理机制,健全信访工作的分析排查和化解机制等多种途径，加强信访处理队伍建设。开展慈善公益活动，弘扬公益理念，开展与希望同行、励志计划、红十字公益等多项活动，弘扬中国平安传播健康、关爱客户、回报社会的公益理念。（狄建华）

【新华人寿保险股份有限公司镇江中心支公司】 2011年，公司实现保费收入17169万元，比上年增长19.6%。

强化服务意识，提高服务水平，为客户提供最快、最好的理赔服务，有效实现公司效益与价值的增长，形成具有高内含价值的可持续发展的业务模式，表现在新契约期缴业务快速发展、续期业务形成良好的滚动效应。全年支付各类赔款263万元，件数637件。

公司加强风险管控工作，完善治理结构、强化执行力、加强信息化建设，注重培育良好的合规文化，形成有利于风险管控的内部环境。

针对客户的不同需求，建立完善的产品体系，涵盖传统保障型产品和新型人身保险产品，形成独特的“增额文化”。以高度差异化的产品、诚信高效的理赔服务、与消费者持续不断的有效沟通，使新华保险品牌形象深入人心，品牌价值不断提升，成为国内保险业知名品牌。（骆 婷）

【华泰财产保险有限公司镇江中心支公司】 2011年，公司完成保费收入960万元，较上年增长217%，其中车险收入930万元，非车险收入30万元，车险满期赔付率61%。

加强队伍建设，引进优秀销售人才。加快业务发展，根据不同业务特性和市场情况，做好前期调研整理工作，制订调整适应市场要求、有效规避风险的销售政策。加强内部管理，承保权限、理赔权限集中管理，资金管理实行“收支两条线”制度，收入专户内资金上划总公司计财部，不用于其他任何支出。费用专户、业务支出专户的资金由总公司计财部统一拨付，严禁私自挪用其他账户资金。加强管理绩效考核，提升公司理赔服务水平。重视员工认同的价值观念，倡导开拓、创新、诚信、求实的企业精神和“我是华泰人、华泰是我家”爱岗敬业风尚，树立华泰人形象。（袁竹钧）

【都邦财产保险股份有限公司镇江中心支公司】 2011年，公司完成保费收入2669万元，比上年增长7.7%。其中，机动车险保费收入1818万元；企业财产险保费收入697万元；意健险保费收入46万元。

5月13日，都邦保险江苏分公司、镇江中心支公司、镇江市京口区人民法院联合召开诉调合作启动会，举行“镇江市京口区人民法院诉前调解工作室”挂牌仪式，实现公司与法院在诉前调解方面的合作共赢。参加江苏省保监局组织开展的平安金融单位创建活动，公司被评为江苏省平安金融创建先进单位。（彭萍娟）

图26-2 2011年3月15日，新华保险镇江支公司工作人员为镇江市聋哑学校的孩子送学习用品（骆 婷）

【天安保险股份有限公司镇江中心支公司】 2011年，公司完成保费收入3584万元，其中非车险保费收入960.85万元，占26.47%，险种结构和赔付状况良好。保费收入列镇江财险市场第9位，市场份额2.7%。

公司与农行、建行、交行、江苏银行、华夏银行开办银保业务合作渠道；与镇江雪佛兰、镇江正阳、镇江恒隆别克等10多家车行建立车行合作渠道。确立管理为一线服务、全员为客户服务的意识，规范小案快速理赔；提速四级机构赔案周转时效；跟踪诉讼案件进程；强化人伤案件的查勘核损及诉讼案件的诉前调解工作；定期召开大案分析例会。做到品质为先、效益为先。（任淑丽）

【中国人民健康保险股份有限公司镇江中心支公司】 2011年8月19日，中国人民健康保险股份有限公司镇江中心支公司开业。截至年底，公司完成总保费收入5080.26万元，完成年度起始计划的149.95%，预算目标的88.81%。其中团险业务收入4375.06万元，完成年度计划的109.92%；银保业务收入705.2万元，完成年度计划的39.17%。

公司坚持“健康保险+健康管理”经营模式，在健康管理、社会服务、业务开拓、运营管理等方面下工夫，提升专业化服务水平。新增扬中学生保险，保费收入505万元。开展“健康导护工程”，有针对性实施健康管理服务，将健康手册、宣传资料发放到每一位住院病人手中，有效减少不合理诊疗行为，保障社保基金安全。

强化人才队伍建设，秉持“以人为本”的管理理念，尊重员工的人性化需求和价值创造，对组织架构与绩效考核等关键模块进行优化设计，建立有操守、有坚持、能力突出、结构合理、协作高效的专业化员工队伍。（李双全）

【永安财产保险股份有限公司镇江中心支公司】 2011年，公司实现保费收入3710万元，完成年计划的103.40%，比上年增长28%；满期赔付率49.89%；当年结案率84.77%；综合成本率92.96%，实现利润259.46万元，完成年计划的164.12%。列镇江22家财险公司第8位，比上年上升3位。

加强应收保费管理，对应收保费数据进行全面清理，加大清理、追收、控制三个环节的工作力度，制订《应收保费管理规定》，实现全年保费零应收。完善考核体系，调动员工工作积极性。加强企业文化建设，增强企业的凝聚力和向心力。（冯 泉）

【民生人寿保险股份有限公司镇江中心支公司】 2011年，公司完成总保费收入1.78亿元，其中核心业务个险保费收入778万元；续期保费收入1713万元；银保趸交保费12323万元；期缴保费330万元；银保续期保费2325万元；团险业务27万元；联办代理首期新单87万元；

续期保费收入 172 万元。银保趸交和续期收展超额完成总公司下达的全年计划。全年受理理赔报案 224 件，支付理赔款 72 万元。

坚持“诚信”为立司之本，把“责任”当做企业核心竞争力。加强基础管理工作，结合实际情况，顺应业务发展要求，提高和改善内部管理，通过管理促发展。加强员工思想政治工作和企业制度建设，参加总公司、分公司举办的纪念《中华人民共和国反洗钱法》颁布 5 周年系列活动、人身保险个人保单信息有奖查询活动、以“防灾减灾、安全出行”为主题的第六届客服节等，践行“为民生服务”的企业使命。（顾芬花）

【中宏人寿保险有限公司江苏分公司镇江市营销服务部】 2011 年，镇江服务部完成保费收入 1759.22 万元，比上年增长 26.56%，保险金额 20608.4 万元，增长 39.15%，全年新增承保件数 1179 件、承保人次 5789 次，给付金额 254.34 万元，给付案件 1005 件，全年续保率 94%。

坚持诚信规范服务，做到每单必访，客户回访率 100%，继续保持全年行业零投诉。致力于打造高素质团队，养成终身学习的习惯，建设风清气正的职场文化，公司 160 名营销员全部实现持资格证和展业证上岗。一名内勤员工、一名营销员分别被评为镇江市保险业先进个人、优秀营销员，营业部被评为镇江市平安金融单位。（周禹岑）

【阳光产险镇江中心支公司】 2011 年，公司实现保费收入 4011 万元，其中车险 3775 万元，财产险 206 万元，意健险 30 万元，简单赔付率 48.7%，保费占镇江产险市场的 3%。

公司坚持发展渠道业务，拓展渠道规模，重点抓电销、车商和银保渠道，制定各项激励方案，提高后援服务质量。2011 年，这三项保费收入稳步提升。强化理赔管理，制订快赔闪赔工作方案，完善四级机构建设，提高业务产能。2011 年，三家四级机构完成保费收入 1804.35 万元。增强企业文化建设，组织开展系列业务竞赛活动，调动员工展业积极性，推进业务发展。（傅　蓉）

【中国人寿财产保险股份有限公司镇江市中心支公司】 2011 年，公司实现保费 5932 万元，比上年增长 36.6%，列镇江财产险市场第四位，市场份额 4.5%，增加 0.68 个百分点。

公司围绕“加快发展 赶超进位”的战略思路，把 2011 年确定为“提速增效年”，实现丹阳和扬中两家支公司保费首次超过千万元。通过星级服务网点建设和星级窗口服务人员评选，提高网点服务客户、服务社会的综合能力。开展“发力有为再创业、赶超进位竞风流”等系列活动，凝聚人心，向社会传递中国人寿“厚德载物”的企业文化，提高社会美誉度。（王映霞）

【紫金财产保险股份有限公司镇江中心支公司】 2011 年，公司实现保险费收入 3567 万元，比上年增长 237%。

树立发展意识，推进业务快速发展。成立大项目攻关小组，中远物流监管责任险、中储粮集团镇江公司财产一切险、镇江港务局一揽子保险、中远物流镇江公司一揽子保险、江苏钛白集团一揽子保险等大项目洽谈成功。沟通相关部门，促进四级机构筹建开业，成立直销业务三部，拓展丹阳地区车商业务。做好路救工作，加强与交警部门、医院等单位的业务合作与沟通，共计受理垫付案件 124 起，垫付金额 223.31 万元，名列全省受理案件第二位。公司垫付救助基金，关注社会民生问题经多家媒体报道，引起社会广泛关注。（王　跃）

证　券

【华泰证券股份有限公司镇江长江路证券营业部】 2011 年 2 月 18 日，华泰证券股份有限公司镇江营业部正式迁址长江路滨江银座，更名为华泰证券镇江长江路营业部。年末，营业部实现股票和基金交易量 319.9 亿元，佣金收入 3039.6 万元，累计股基份额 0.3991‰，新增客户 2495 户。

打造高端服务水平，对客户进行细分，科学分析客户特性和需求，开展有针对性服务。与镇江各大银行展开合作：4 月 23 日，与招商银行联合举办中高端客户联谊活动；5 月 31 日，与交通银行联合举办黄金知识讲座；5 月 28～29 日，与中国银行联合举办华泰证券——中银财富高尔夫邀请赛；7 月 18 日，启动与民生银行的全面合作；8 月 5 日，启动与建设银行的联合营销。构建全业务链体系，赢得可持续竞争优势，储备一批全业务链模式下的目标客户：江苏索普（600746）、恒顺醋业（600305）、大港股份（002077）等。（赵卞恺）

【申银万国证券股份有限公司镇江营业部】 2011 年，申银万国证券从坐商制转型至行商制，镇江营业部加大营销力度，客户资产近 20 亿元，现金余额 1.6 亿元。拓展经纪业务，加大新业务的开展，新业务在营业部业务占比增加，全年融资融券业务开户率 32%，融资融券余额比上年增加 3 倍。基金首发 1300 多万元，理财产品销售实现零突破。（陆晨阳）

【南京证券有限责任公司镇江营业部】 2011 年，南京证券镇江营业部内抓增值服务，外拓营销渠道，注重经济效益和社会效益相结合。实现“理财中心、服务中心、营销中心”的职能转变。全年完成交易量 234 亿元，手续费收入 2295 万元，实现利润 1468 万元，比上年均有一定下降，下降原因是新设券商进入后竞争加剧，市场平均佣金率下滑。（常　斌）

【光大证券股份有限公司丹阳中新路证券营业部】 2011 年，丹阳营业部股票基金权证交易量 282 亿元，市场占有率 0.33‰，新增开户 2837 户。

营业部设立客户理财服务部及投资顾问部，针对营业部核心客户的个性化要求，通过电话交流、当面指导、咨询报告、软件支持以及签约服务等手段，使投资者在有效规避市场风险的同时获得投资收益。每周一至周六定期在《丹阳日报》刊登理财专版，内容主要包括新股申购、股票基础知识、技术指标分析、公司总部的谈股论金交易技巧等知识的普及与教育。每周定期印制《金阳光理财》周刊配送至各合作银行网点，将公司的市场研究报告及个股分析与推荐传递给更多的投资者。每周六定期开办股民学校，讲解证券市场基础知识、投资理念、操盘技巧、新业务介绍以及风险揭示等，全年开课 40 余次，参加听课 5000 人次。每日将大势研判、新股申购等信息通过短信发送给营业部所有手机资讯投资者。设立专人针对 QQ 群、飞信客户进行咨询服务，将诚信服务、稳健经营作为营业部长足发展的经营理念。

做好新业务的推广及服务工作。2011 年，营业部将符合开立融资融券条件的投资者划分给全体员工进行专属服务，截至年底，开立融资融券账户 220 户，营业部授信额度 1.64 亿元，新增期货账户 100 户。加强营销团队的招募与管理，每个季度对招募人员集中进行专业知识的授课和培训，提高营销人员从业资格考试通过率。2011 年在南京分公司举行的劳动竞赛中，营业部营销团队获第一名。（李晓君）

综　述

【概况】 2011 年，镇江市 1367 家规模以上民营工业企业实现销售收入 2869.6 亿元，比上年增长 29.5%；实现利税 254.2 亿元，增长 41.1%；实现利润 154.1 亿元，增长 47.4%。天工集团进入镇江市百亿民营企业，大力神科技集团、龙江钢铁、鼎胜铝业等 3 家民营企业销售超 50 亿元，江南化工等 12 家企业销售收入超 30 亿元。

全市民营经济实现增加值 1363 亿元，增长 14.1%，占国民生产总值比重 59%，比上年提高 1 个百分点。民营经济税收收入 162.74 亿元，增长 32.6%，

表 27－1

2011 年镇江市个体工商户基本情况统计表

项　目	户数(户)		从业人数(人)		注册资本(万元)	
	总数	其中:市区	总数	其中:市区	总数	其中:市区
一、总计	161039	65775	329766	149576	3313033	1408021
城镇	105449	50365	211968	108414	1879631	873349
农村	55590	15410	117798	41162	1433402	534672
二、按行业分						
第一产业	10945	3551	19526	7947	485782	190287
农、林、牧、渔业	10945	3551	19526	7947	485782	190287
第二产业	19023	6016	63904	19938	480405	156803
工业	18409	5732	62251	18984	460490	147355
采矿业	52	18	344	64	995	383
制造业	18332	5709	61836	18912	459035	146909
电力、燃气及水的生产和供应业	25	5	71	8	460	63
建筑业	614	284	1653	954	19915	9448
第三产业	131071	56208	246336	121691	2346846	1060932
交通运输、仓储和邮政业	5060	681	5828	1046	58207	7998
信息传输、计算机服务和软件业	314	175	445	266	3001	1730
批发和零售业	102642	43858	191756	93102	2000051	906447
住宿和餐饮业	8006	3398	19456	10375	112745	51606
金融业	2	－	5	－	210	－
房地产业	349	267	642	543	3189	2102
租赁和商务服务业	1264	568	2264	1133	17698	8560
科学研究、技术服务和地质勘查业	39	23	81	55	370	204
水利、环境和公共设施管理业	16	9	43	34	256	66
居民服务和其他服务业	12497	6693	24002	14036	140083	78441
教育	28	17	43	30	191	106
卫生、社会保障和社会福利业	92	85	167	149	641	543
文化、体育和娱乐业	759	434	1601	922	10189	3129
其他	3	－	3	0	15	－
三、当年新增	22878	10918	50453	28214	629267	340114

（统计局）

表 27－2

2011年镇江市私营企业基本情况统计表

项目	户数(户)		从业人数(人)		注册资本(万元)	
	总数	其中:市区	总数	其中:市区	总数	其中:市区
一、总计	52878	24469	841367	316167	21911162	9547607
城镇	32154	19287	471102	234564	13594387	7894244
农村	20724	5182	370265	81603	8316775	1653363
二、按行业分						
第一产业	3690	974	47014	10961	1764107	540464
农、林、牧、渔业	3690	974	47014	10961	1764107	540464
第二产业	23991	6892	529852	144306	9676472	2221138
工业	21357	5407	474647	116504	8744283	1856655
采矿业	28	8	610	164	8091	2000
制造业	21280	5385	472864	116106	8664882	1851312
电力、燃气及水的生产和供应业	49	14	1173	234	71310	3344
建筑业	2634	1485	55205	27802	932188	364483
第三产业	25197	16603	264501	160900	10470583	6786005
交通运输、仓储和邮政业	1156	832	14243	9325	349974	241903
信息传输、计算机服务和软件业	973	618	7786	5539	225635	196912
批发和零售业	16988	11103	164167	100237	5952303	4363937
住宿和餐饮业	438	326	11977	6708	57619	17375
金融业	113	51	1153	580	516805	275975
房地产业	942	547	13078	7007	1535899	734228
租赁和商务服务业	2306	1513	21616	12428	1042533	519734
科学研究、技术服务和地质勘查业	862	547	13382	7045	529912	249165
水利、环境和公共设施管理业	115	45	2037	435	51865	9916
居民服务和其他服务业	1026	811	12542	9820	173222	151556
教育	32	27	395	256	9038	2453
卫生、社会保障和社会福利业	15	12	235	152	1575	1450
文化、体育和娱乐业	231	171	1890	1368	24204	21403
其他	–	–	–	–	–	–
三、当年新增	8851	4530	98015	44521	3731517	2111006

（统计局）

对税收增长的贡献率为76.9%。全社会民营投资完成674.4亿元,增长20%。民营企业完成出口21.9亿美元,增长50.6%。发展方式转变,自主品牌拥有量增加。2011年,全市拥有中国驰名商标21件,占全省总量的7.32%,全市省级以上品牌总量比2010年净增51件,其中中国驰名商标净增6件。在新能源领域中,大全集团、中电电气进入光伏行业第一方阵。在新材料领域,恒神碳纤维、精密合金、宁武化工、焦化集团等企业产品都填补国内空白。在电子信息、海洋工程、航空航天等领域,恒宝股份、镇江船厂、鼎胜铝业等民营企业成为主角。

截至2011年底,全市私营个体注册资本达2529.65亿元,新增573.9亿元;拥有私营企业、个体工商户21.38万户,新增3.17万户;每万人拥有私营个体注册资本8.07亿元,比上年增加1.88亿元,列全省第三。全市私营、个体经济吸纳从业人员117.1万人,新增从业人员9.69万人。私营个体户均税收4.44万元,增加0.61万元。创业为促进居民增收注入新的动力,对城镇居民收入、农村居民收入增长的贡献率分别达30%、30.4%。　（王　飞　欧旭丹）

【镇江浙江商会】 2011年6月,镇江浙江商会完成换届选举工作,产生新一届理事会,钱国华担任商会会长。商会坚持“为政府服务,为企业服务,切实维护会员合法权益”的宗旨,以营造浙商值得依靠、信赖,温馨的“家”为核心价值观。换届后新增会员60人。商会共有理事单位35家,会员单位近300家;商会设有会长1名、执行会长1名、常务副会长12名、副会长23名、秘书长1名。聘请省、市和有关部门的6名领导为名誉会长,65名领导为高级顾问。换届后,商会成立六个片区工作委员会和四个业务工作部。聘请在镇浙江籍人士为顾问,牵头组织本片区或行业有关方面的学习或培训,增强会员单位的法律、法规意识。协调区域和行业的经营活动,提供有关投资信息,组织企业的相关考察和交流。走访会员单位,了解企业需求,帮助解决在经营、生活中所遇到的困难。做好和镇江市有关部门沟通和协调,发挥职能部门保驾护航的权威作用。

邀请政策法规、产业方向、资本经营等方面的专家学者进行培训、辅导,提高发展速度和抗风险能力。2011年,组织会员单位参加《企业领导运营智慧》《探索苏浙企业发展之路》《三荒、两高、一低下的突围之路》《聚焦经济危机,企业在行动》等讲座、论坛活动。10月,邀请经济学家赵晓教授上课。赵晓教授对当前世界经济和国内经济作深刻剖析,对未来经济作宏观分析和阐述。常务副会长谢文彬出资组织2次大型专题讲座,邀请名师,破解难题。

2011年,镇江浙江商会成立十周年,拍摄名为《十年》的形象宣传片,从多层次、多角度反映在镇浙商十年来取得的成就;编撰出版《镇江浙商》杂志,内容囊括在镇浙商十年来发展历程,展示会员风采;制作一部30秒的浙商形象电视宣传片和30秒的电台宣传节目,在电视台、电台各频道和中山路两块大屏幕上连续滚动播出。

省人大常委会原副主任方之焯、镇江市副市长冯士超及镇江新区领导对江南化工、亿都家居、东海纸业等浙商企业进行视察调研。2011年11月,镇江市委、市政府在杭州举行“2011·中国镇江文化产业项目招商信息发布会”活动。镇江浙江商会作为协办单位,确保参会客商的人数和到会率，组织120余名客商参加信息发布会。2011年，镇江浙江商会与江苏大学关心下一代工作委员会联手，开展"结对助学"活动。31名会长认领受助学生，50名来自不同地区的贫困生得到资助，受助资金达25.4万元。

2011年，商会与镇江市农商行、镇江中行合作，为中小型企业贷款。商会多次与有关部门协调会员遭人殴打事件；协调解决七里甸小商品市场火灾受损的18户浙商赔偿问题；为解决房地产开发商在建设中遇到的规划问题、外线建设费用等难题，多次跑有关部门收集资料，形成书面文件，递交政府部门；年底提交"尽快解决快递行业运输难"的议案。（龚海平）

【江苏海清生物科技公司】 2011年，江苏海清生物科技公司注册资金8000万美元，规划年产20万吨的MES（脂肪酸甲酯磺酸盐）的生产项目于12月3日在镇江新区正式投产成功。MES是全球公认的新一代绿色、环保、高效和节能节水的表面活性剂。一期项目可实现年产10万吨MES的生产能力，二期全部建成后，将达到总产能年产20万吨，成为全球最大的MES生产制造企业。

（龚海平）

【浩博国际（中国）科技有限公司】 为配合中国大飞机及铁道部动车组、高铁项目发展需要，浩博国际（中国）科技有限公司于2009年新注册成立，位于镇江新区。公司注册资金4000万美元，总投资9850万美元。占地面积13.3万平方米，建筑面积25万平方米。公司产品涉及航空设备、轨道交通设备、机场设备等，是一家多领域的制造业集团公司。

（龚海平）

【镇江安徽商会】 2011年，镇江安徽商会秉承规范、务实、创新的办会宗旨，践行商会章程，根植会员企业，坚持为会员服务，营造在镇徽商值得依靠、信赖、温暖的"家"为核心目标，引导广大会员锐意进取、开拓创新，实现跨越发展，

2011年，该商会被镇江市首批确认为唯一一家地域联合性3A级社会团体。商会组织全体会员参加"徽商永远跟党走"唱红歌比赛，组织参赛会员分赴山东泰山，安徽大别山、黄山，福建厦门等地旅游观光，密切会员之间的联系，增强商会的向心力、凝聚力。

2011年，商会与中国银行、华夏银行、邮储银行接触合作，组织会员参加银行产品项目说明会，拓宽企业投资渠道，了解企业发展的主导方向和相关政策。组织联谊活动，邀请市政府有关部门、常州安徽商会、镇江浙江商会等在镇各地商会参加，通过互相交流、走访学习，借鉴经验、寻找商机。

商会副会长单位汇典律师事务所专门指定律师组成团队，帮助会员企业加强法律事务管理、减少失误、提高效益。组织会员企业参加各类讲座，邀请有关专家、律师分析经济形势、讲授商业合作技巧、管理团队模式、各种案例分析，不断提升企业管理水平。

2011年10月8日，商会启动帮助江苏大学特困生顺利完成学业行动，给予特困生每人每月300元生活费资助，首次捐款30万元资助江苏大学100名特困学生并提供勤工助学机会。会员张晓春志愿捐献骨髓给山西临汾中学患白血病女教师许香香，由于许香香无法凑齐手术费用，生命危在旦夕，商会倡议全体会员开展向许香香捐款活动，共捐款209509元，社会各界为许香香募得善款近31万元。（商会秘书处）

【江苏洪旭光电科技有限公司】 江苏洪旭光电科技有限公司成立于1997年，是集视光学产品的研发、生产、终端销售为一体的专业化视光学眼镜企业。公司总部在镇江市丹阳，在北京、成都、长沙、乌鲁木齐等处设立分公司，在全国三十多个省、市、自治区设立洪旭连锁专卖1000余家。2010年底，公司投资4000万元，引进5条进口自动生产线，建成公司新生产厂区。公司从韩国引进全自动真空镀膜设备2台、日本"新柯隆"镀膜设备1台和美国"科本"进口生产线，技术含量先进，形成较强的生产实力和研发潜力。2010年，在2009～2010年度中国眼镜风云榜颁奖典礼暨2010年中国眼镜流行趋势发布会上，该公司获"最佳企业形象推广"和"最具成长性的镜片民族品牌"两项大奖。2011年实现销售10400万元，利税总额2800万元，人均实现利税6万元，经济效益居全国同行业前列。（商会秘书处）

政策与管理

【概况】 2011年，镇江市委、市政府制定出台《关于加强国家级创业型城市建设工作的意见》，出台《2011年全市民营经济招商引资工作要点》《镇江市产业转型升级实施意见》《关于加快推进信息化与工业化深度融合的意见》等文件。帮助企业争取各类产业类扶持资金近2亿元；合理安排市级中小企业发展引导资金，加大对民营企业的奖励扶持力度。形成《全市工业企业用工需求情况报告》《镇江市小企业经营和融资情况调研分析》《全市中小企业产业集聚发展情况调查报告》《镇江市"十一五"中小企业科技创新成果报告》等各类调研报告。

2011年，全市5家省级中小企业公共技术服务平台，累计服务中小民营企业3040户次，88家民营企业分别被认定为省级科技型中小企业、高成长型中小企业（重点培育企业）、中小企业创新能力建设示范企业（重点培育企业）、中小企业信息化推进工程辅导站。组织70多家民营企业，近200件产品参加"江苏省企业创新成果展"，镇江惠龙长江港务有限公司等5家企业获"全省企业创新成果先进单位"称号。联合镇江移动公司召开中小企业信息化需求调查报告发布暨镇江移动企业云服务平台启动会，省中小企业信息化专家（句容）行活动圆满成功。

2011年，认定首批10家市级特色产业集聚示范区，丹阳兴新汽配产业集聚区入围第二批"江苏省中小企业产业集聚示范区"，句容光电产业集群、润州船舶产业集群晋级第二批"江苏省特色产业集群"。24个中小企业产业集聚区，汇聚中小民营企业5429家，全年实现营业收入2410亿元，增长31.6%。镇江市成功举办"全市产业配套项目发布会暨合作项目签约仪式"，编印《镇江市产品供需信息汇编》，发布293家企业368条产品供应和需求信息，涉及金额高达500亿元，集中签约项目21个，总采购金额达3亿元。2011年5～6月，以福建、广东、浙江为重点区域，开展招商选资引智，吸纳市外民资412亿元。在"中国镇江（厦门）新兴产业合作项目签约仪式"上，集中签约项目34个，总投资184.3亿元。

2011年，镇江市创新"金融服务日"活动，金融机构深入园区、社区、创业基地和产业集聚区，为企业提供"量身定做"的融资服务，举行"中小企业集合银团贷款"首批发放签约仪式，推出"镇江青商中行中小企业金融贵宾卡"和"镇江青年中行创业小额速贷通卡"。完成全市融资性担保机构的清理整顿工作，新发展融资性担保机构3家，共有20家担保机构取得经营资质，平均注册资本1.12亿元。2011年新增担保额近90亿元，比上年增长50%；服务企业1636家，比上年增长34%；在保责任余额60.6亿元，比上年增长35%。推动民营企业直接债务融资步伐，先后与民生银行、华夏银行推动中小企业集合票据的发行工作，发行镇江市首个中小企业集合票据，帮助江苏恒顺达生物能源有限公司融资

1.3 亿元。

2011 年,全市有 6 家服务单位和 7 家基地被评为省三星级平台和省级重点培育、示范基地,5 家单位申报第三批江苏省中小企业公共技术服务示范平台。建立全市小企业创业基地和中小企业公共服务平台两个项目库,评出市级创业基地和公共服务平台 31 家。全市拥有省级以上公共服务平台 11 家,比上年新增 6 家,服务企业 6582 次;省级以上小企业创业基地 18 家,比上年增加 1 家,入驻企业 2463 家。举办 2011 中国中小企业大巡诊镇江峰会、江苏省中小企业竞争力大讲堂走进镇江、江苏省第二期投融资(镇江)培训班等活动。指导丹徒新城工程机械、新区化工新材料等产业集聚区,句容开发区编制的新材料、智能电网、自行车及运动器材三个产业集群发展规划通过专家评审。先后举办六期企业家创新大讲堂和中小企业主管研修班等系列培训活动,累计培训 2000 多人次。

2011 年,镇江市经信委通过按月完成乡镇企业统计报表审核报送,民资招商和产业集群统计定轨运行。选排 80 家小微民营企业,进入全市小微企业规模培育库,实施要素优先保障,帮助开拓市场等扶持举措,确保加大增量产出。组织江苏鱼跃医疗设备股份有限公司等 50 多家民营企业参展第八届中国国际中小企业博览会暨中泰中小企业博览会、江苏产品万里行、江苏服装节等博览会,宣传企业,开拓市场。

(王　飞　欧旭丹)

【6 家企业入围全国民营企业 500 强】 2011 年,全市有 6 家企业入围全国民营企业 500 强,分别是:中电电气集团有限公司(第 183 名)、大亚科技集团有限公司(第 193 名)、大全集团有限公司(第 212 名)、江苏沃得机电集团有限公司(第 215 名)、江苏飞达集团(第 220 名)、江苏天工工具有限公司(第 247 名)。 (欧旭丹)

【举办中国镇江(厦门)新兴产业项目合作恳谈会】 2011 年 6 月,市政府在厦门举办 2011 中国镇江(厦门)新兴产业项目合作恳谈会。34 个项目现场集中签约,总投资 184.3 亿元,签约项目中,总投资 10 亿元以上项目 5 个;新兴产业合作项目 13 个,总投资 61.1 亿元;现代服务业合作项目 16 个,总投资 65.3 亿元。34 个项目中,合同项目 23 个,总投资 134.4 亿元,占签约项目投资总额的 73.3%。会上首次采用“赢在镇江”宣传片,广泛推介镇江优良的投资环境;发放《凤栖镇江——中国镇江 · 投资指南》,推介总投资 510.5 亿元的 87 个优质项目。 (欧旭丹)

【中国新闻社刊发专刊介绍镇江创业型城市建设】 2011 年 3 月,《中国新闻》出专刊撰文,称赞镇江市为后发先至的创业型城市,把握“创业时代”的挑战和机遇,出台“含金量极高”的创业政策文件,推动创新创业型城市建设工作。全刊共 2.6 万字,引用图片 30 余张,全面介绍镇江市创业型城市建设的特色做法和经验。 (欧旭丹)

【新增 2 个省级特色产业集群】 在 2011 年省经信委、中小企业局公布的第二批江苏省特色产业集群名单中,句容光电产业集群、润州船舶产业集群名列其中,两家集群是近几年培育形成的产业集群,实现句容市、润州区省级集群品牌零的突破,也使镇江市区拥有第一个省级集群品牌。加上第一批公布的丹阳眼镜、丹阳汽摩配件、扬中工程电器 3 个省特色产业集群,在已经认定的 50 家省级特色产业集群中,镇江共有 5 家。

(欧旭丹)

【7 家企业入围省高成长型中小企业】 在省经信委公布的 2011 年度江苏省高成长型中小企业名单中,镇江飞亚轴承有限责任公司、镇江大力液压马达有限责任公司、镇江华印电路板有限公司、江苏堂皇集团有限公司、江苏成城电气有限公司、江苏香江科技股份有限公司、句容市三圆制桶有限公司等 7 家企业入围。省高成长型中小企业的营业收入、利润总额、实交税金近几年年均增长率 20% 以上;企业近几年净资产年均收益率 6% 左右,企业资产负债率低于 70%。

(欧旭丹)

【6 家民企亮相第八届中博会】 2011 年 9 月 22 ~ 25 日,第八届中国国际中小企业博览会暨中泰中小企业博览会在广州举办,镇江市以电子产业为主的 6 家企业参展。欧亦公司的专利产品 T5 灯管、绿扬集团的高新技术产品数字示波器、纳赛诺公司亮相世博会的微型激光显示产品作为镇江市电子产业的杰出代表,引起省领导的兴趣。在医疗器械行业首家上市公司——鱼跃医疗公司展位,省领导亲身参与产品体验,勉励企业开发更多更好的产品惠及民众健康。

(欧旭丹)

【两家融资性担保机构新获免征营业税资格】 2011 年,根据国家工信部、国家税务总局《关于公布免征营业税中小企业信用担保机构名单有关问题的通知》精神,镇江新区中小企业投资担保有限公司和丹阳市阳光担保投资有限公司自 2011 年起获得三年免征营业税资格,加上 2010 年批准的镇江市诚信担保有限责任公司和扬中市投资担保有限公司,镇江市共有 4 家担保机构享受营业税免税政策。 (王　飞　欧旭丹)

【新增 6 家省级中小企业星级公共服务平台】 2011 年,在省经信委、中小企业局组织开展的全省中小企业公共服务平台星级认定工作中,镇江市有 6 家企业获省级中小企业三星级公共服务平台称号,分别是镇江市京江园软件有限公司、镇江市中小企业节能技术服务中心、镇江市青年人力资源有限公司、扬中市宏业信息咨询服务有限公司、丹阳市中小企业服务中心和句容市中小企业发展服务中心,全市累计有 11 家省级中小企业星级公共服务平台。 (欧旭丹)

【融资性担保机构规范整顿情况发布会暨银担签约仪式召开】 2011 年 7 月 7 日,召开镇江市融资性担保机构规范整顿情况发布会暨银担签约仪式。会议总结“十一五”以来全市融资性担保行业发展和机构规范整顿情况,分析当前形势,部署下一步重点工作,推动镇江市融资担保行业又好又快发展,全面提升融资担保服务经济发展、服务转型升级的能力和水平。6 家融资性担保机构与 6 家商业银行合作签约。 (欧旭丹)

【举办江苏省第二期中小企业投融资培训班】 2011 年 7 月 26 ~ 28 日,由省经信委(中小企业局)和省银监局主办,镇江市经信委和镇江银监分局协办,省中小企业融资服务网承办的中小企业投融资培训班在镇江市举办。建设银行、民生银行、华夏银行以及金茂创业投资管理公司、海通开元资本管理公司、上海盛宇投资管理公司和红杉资本中国基金等金融和理财专家,就各自特色融资产品、金融服务方案设计及企业国内外上市融资的政策、条件和上市的优劣等特点进行讲解。镇江、南京、扬州、泰州四个地区共 230 人参加培训。

(王　飞　欧旭丹)

【“中国中小企业大巡诊”首次登陆镇江】 2011 年 10 月 26 日,“2011 中国中小企业大巡诊镇江峰会”在镇江市碧榆园举行,全国人大财经委调研室副主任、清华大学职业经理训练中心教授许健,正略钧策董事长、著名管理咨询专家

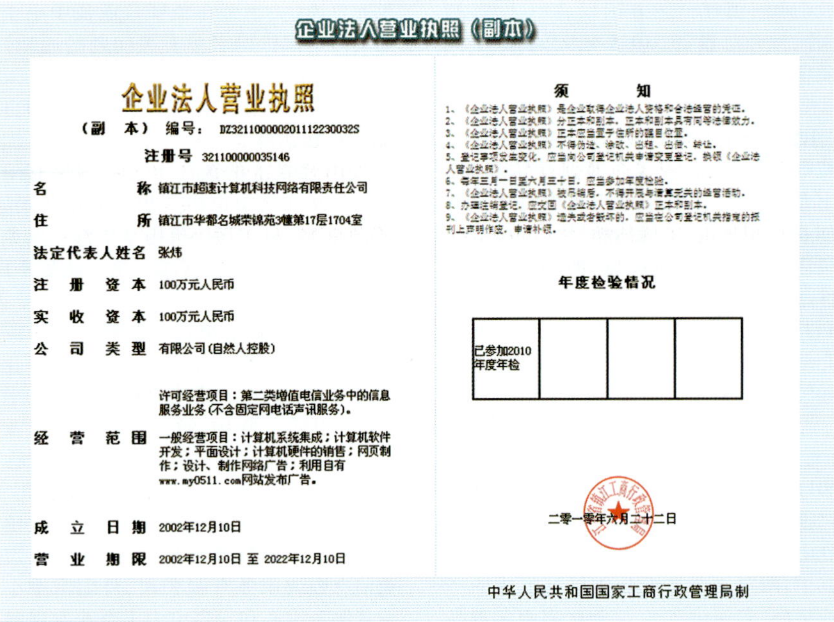
企业法人营业执照（副本）

企业法人营业执照

（副　本）　编号：DZ3211000002011122300325

注册号　321100000035146

名　　　称　镇江市超速计算机科技网络有限责任公司

住　　　所　镇江市华都名城荣锦苑3幢第17层1704室

法定代表人姓名　张炜

注 册 资 本　100万元人民币

实 收 资 本　100万元人民币

公 司 类 型　有限公司(自然人控股)

经 营 范 围　许可经营项目：第二类增值电信业务中的信息服务业务(不含固定网电话声讯服务)。
一般经营项目：计算机系统集成；计算机软件开发；平面设计；计算机硬件的销售；网页制作；设计、制作网络广告；利用自有www.my0511.com网站发布广告。

成 立 日 期　2002年12月10日

营 业 期 限　2002年12月10日 至 2022年12月10日

须　　知

1、《企业法人营业执照》是企业取得企业法人资格和合法经营的凭证。
2、《企业法人营业执照》分正本和副本，正本和副本具有同等法律效力。
3、《企业法人营业执照》正本应当置于住所的醒目位置。
4、《企业法人营业执照》不得伪造、涂改、出租、出借、转让。
5、登记事项发生变化，应当向公司登记机关申请变更登记，换领《企业法人营业执照》。
6、每年三月一日至六月三十日，应当参加年度检验。
7、《企业法人营业执照》被吊销后，不得开展与清算无关的经营活动。
8、办理注销登记，应交回《企业法人营业执照》正本和副本。
9、《企业法人营业执照》遗失或者毁坏的，应当在公司登记机关指定的报刊上声明作废，申请补领。

年度检验情况

已参加2010年度年检			

二零一零年六月二十二日

中华人民共和国国家工商行政管理局制

图 27－1　　全市首张电子营业执照　　（黄　莉）

赵民，金蝶软件有限公司高级咨询顾问嵇玮佳，盈世信息科技（北京）有限公司产品总监董承浩等国内经济界四位知名专家就当前经济金融形势与政策、中国式企业管理、企业信息化和自主创新等议题展开论述，为镇江市300余位中小企业主，200余名经济部门及服务单位分管负责人答疑解惑、提供经营决策参考和方向指引。（欧旭丹）

民营经济协会

【概况】 2011年，市民营经济协会被中国个体劳动者协会评为全国个私协会服务工作先进单位，被江苏省民政厅评为AAAAA级社会组织，成为全国私个协会系统首个被评定为AAAAA级的社会组织。举办“镇商论坛”2011专题报告会，引导民营企业开展科技创新活动。组织“中国民营企业管理师”高级培训班，培训企业负责人和高级管理人员230人。召开多种形式招聘会，帮助企业解决用工荒难题，全年共组织招聘活动10场次，参加企业1260余家，提供岗位1.5万个，现场签订用工意向5339个。开展结对帮扶回报社会活动，召集浙江、东北、安徽商会对口帮扶贫困大学生，共捐款61万元，帮扶大学生170人。
（黄　莉）

【服务小微企业融资】 2011年5月31日，市民营经济协会联合民生银行镇江支行，启动镇江市“银企双赢、创先争优”金融服务主题活动，向企业介绍小微金融产品，现场解答企业疑问。民生银行镇江支行与镇江亚太广场签署金融服务合作协议，与亚太广场30多户经营户实现直接对接。10月，市民营经济协会联合民生银行再次开展“金融服务走进温州商贸城”活动，现场为商户办理融资，受理商户贷款申报。（黄　莉）

【建立大学生创业就业实习基地】 2011年10月市民营经济协会根据江苏大学专业设置需求，在全市范围内选择50家规模大、有发展潜力、用工数量集中的民营企业作为大学毕业生创业就业实习基地。11月，组织30家基地企业走进大学校园，与江苏大学2008届大学生进行现场对接，帮助720名大学生解决毕业创业实习难题。（黄　莉）

【举办民营企业后备人才培训班】 2011年9月19日，市民营经济协会在市委党校举办首期民营企业后备人才培训班，50名民营企业后备人才参加培训。9月20～23日，组织全体学员赴中国井冈山干部学院接受教育培训，培训采取参观见习为主、课堂教学为辅的方式。带领学员们参观井冈山斗争全景画馆、朱毛旧居、茨坪旧址及博物馆、南昌八一起义纪念馆，重走“朱毛挑粮小道”，随行学院教授讲解评析。（黄　莉）

【成立工银商友俱乐部】 2011年1月18日，市民营经济协会牵头，成立工银商友俱乐部。主旨“以商会友，以友促商；架通桥梁，共谋发展”，每月举办一次会员沙龙，聚交更多商友，开展商业互助和合作交流。俱乐部会员凡申请办理“商友卡”，即可享受工行尊荣专属的服务，凭此卡签约并任选工银商友俱乐部专属个人汇款套餐，商户还能享受贵宾增值服务，可预约工行财富中心、贵宾理财中心作为生意洽谈、朋友聚会、小型沙龙的场地，免费享受私人会所的额外品质；还可参与、组织俱乐部的会员沙龙、专题讲座、养生保健、汽车试驾、培训教育、法律咨询等各种增值活动。（黄　莉）

图 27－2　　大学生创业实习基地授牌仪式　　（黄　莉）

【开展非公企业党建活动】 2011年，市民营经济协会在全市非公有制经济党组织开展以“党徽照耀光彩路”为主题的庆祝建党90周年系列活动，学党史，组织“党在我心中”征文比赛；唱红歌，举办红歌演唱会、青年职工技能竞赛。开展机关处室与非公企业挂钩创建活动，主动送法律、送服务上门，促进企业转型升级，全年共联系走访非公企业党组织100家，结对企业职工党员1000名。通过镇江市党员干部现代远程教育网和镇江民营经济网等媒介，宣传先进典型的先进事迹和经验做法。镇江市液压件厂有限公司党委等3个非公企业党组织、龚其源等3名非公企业党务工作者、张小祥等3名非公企业党员，受到省非公经济创先争优领导小组的表彰。

（黄　莉）

行业商会

【镇江市钢铁业商会】 2011年3月18日，镇江市钢铁业商会进行换届选举，选举出副会长、常执委单位，建立健全商会议事制度，确立日常工作由常务副会长会议研究决定，重大事项由会长办公会议或理事会决定。注重发挥“一处四部”（“一处”是秘书处，“四部”是投资发展部、对外联络部、财务监管部、行业管理部）的作用。每位副会长每年联系发展三家以上企业，2011年共发展会员30余家，商会会员总数超百家。

商会16家会员企业2010年4月共同投资2000万元成立江苏钢贸投资发展有限公司，通过集中采购、分散销售的运作模式，取得明显的经济效益。鼓励支持会员企业坚守“钢市”的同时，推进多方面多渠道投资经营，有多家企业创办桥梁钢结构制造、混凝土搅拌、物流、餐饮宾馆等一大批新的经济实体，为企业增加新的经济增长点。

与镇江市八大银行等金融单位召开联谊会、座谈会、合作恳谈会等，探求解决融资问题的方法和途径。组织会员赴浙江乌镇休闲游、西欧风情出境游等，开展文艺联欢会、银企联谊会、扑克牌大赛等活动，增强商会的凝聚力。

商会自2009年将关心茅山革命老区教育事业的发展作为履行社会责任的主渠道，在茅山春城中心小学设立“茅山助学基金”，累计捐款捐物35万元，电脑16台，资助贫困学生近200名。每年商会都会组织参加春城小学六一儿童节文艺汇演等活动，现场向遇到突发事件的学生家庭进行资助。商会还组织会员企业向汶川地震、玉树地震、白血病防治基金等先后捐款捐物超过150万元。

（奚　莹）

【镇江市锅盖面行业协会】 镇江锅盖面制作工艺独特、面条绵醇耐嚼、汤料味香鲜美，是镇江传统特色名小吃，也是镇江著名饮食文化“三怪”之一。镇江市锅盖面行业协会自2007年成立后，制定行业经营规范及产品质量标准；征集锅盖面广告词和广告标识，统一锅盖面的故事传说；2009年，成功申报省级非物质文化遗产，2月组织为锅盖面申请集体注册商标，10月组织会员单位赴天津参加第十届中国美食节暨第八届国际美食博览会，获得中国食品行业最高奖项“金鼎奖”。

协会成立后，镇江锅盖面行业获得了蓬勃发展，2010年组织对锅盖面企业进行星级评定时，有80%以上的面店有新房、新装修，不仅有堂口，还有包厢，灶台和器皿也更新换代。经营理念与时俱进，品种丰富，可选择性强；明码标价，按票排队；从调料到小菜增加自选。经营者素质提高。从事锅盖面行业的人员呈现年轻化、文化程度高、政治觉悟强等趋势，如万顺公锅盖面发展公司的总经理刘斌当选为京口区个私协会会长、市劳模和“镇江市十大创业明星”。连锁加盟发展迅猛。2010年以来，协会陆续成立八家锅盖面连锁加盟企业，分别为一品江南、万顺公、西津古渡、王家老太、方记、张嫂子、百年面道、邵顺兴餐饮文化有限公司，连锁加盟发展最快的企业达70多家，整个行业连锁企业达200多家。2011年注册成立万润锅盖面管理有限公司，业务范围包括锅盖面企业经营所需的主辅原材料（面条、汤料）的生产配送、锅盖面生产人员的培训上岗、连锁加盟网络信息收集等，解决锅盖面连锁加盟发展的“集中配送”问题。

（奚　莹）

【镇江市酒类协会】 镇江市酒类协会成立于2006年5月，现有会员近50家，其中年销售过亿元的企业近十家。

2011年初，协会在全行业开展创建诚信经营示范单位活动，向全市酒类行业发出诚信经营倡议，提出经营资质合格、使用随附单据、按章缴纳税费、社会形象良好、员工关系和谐、具有一定规模、没有不良记录等标准，与镇江市放心消费领导小组办公室、镇江市酒类管理办公室联合评选出18家诚信经营示范单位。完成近千家企业的备案登记，发放销售酒类流通随附单1200余本，可供企业实现使用随附单销售60000余批次。

2010年，协会协助镇江市整顿规范市场经济秩序管理办公室整顿酒类市场，建议从大超市、大宾馆、大饭店、大团体单位入手，检查酒类商品的源头和经销商使用酒类流通随附单的情况，加强对酒类流通的管理。

江苏省丹阳酒厂、华茂酒业公司、天和酒业公司、凤鸣酒业公司、赛达酒业公司、益加益酒业公司等单位被全国、江苏省同类行业评选为优秀酒类经销商和诚信经营单位，其中丹阳酒厂在2011年被国家评为全国食品安全示范单位，厂长许朝中被评为全国食品安全管理先进个人。

（奚　莹）

【镇江市工商业联合会装饰建材商会】 2011年，镇江市工商业联合会装饰建材商会吸纳年轻企业家加入商会领导班子，建立常务工作班子，完善商会规章制度和工作流程。5月18日，召开镇江市装饰建材企业家交流会，宣传商会职能，交流营销心得，搭建交流平台。会议分析镇江市装饰建材行业的现状及存在的问题，银建宝团队、冠军联盟团队、金牌联盟团队、一卡通团队等分别就自己的优势作了发言，会议还表决成立装饰建材专业委员会。5月26日，组织经营卫浴、橱柜的会员企业赴上海参加中国第十六届国际厨房、卫浴设施展览会，这次展览会总展览面积达12万平方米，有近3000多种品牌产品进场展示，代表世界装饰行业的最高水平，拓展会员企业的投资渠道，开创商会以会养会的新思路。

（奚　莹）

科技综述

【概况】 2011年,镇江市科技工作呈现六个亮点:一是创成国家创新型试点城市。5月24日,科技部正式函复省政府,同意将镇江市列为"国家创新型试点城市"。科技部、省科技厅把推进镇江市创新型城市建设作为部省会商优先议题,并将镇江纳入"苏南自主创新示范区"统筹规划与建设。二是第八次蝉联全国科技进步先进市称号,所辖县(市)区全部通过全国科技进步考核,其中丹阳市、扬中市、句容市获得"2009~2010年度全国科技进步考核先进县(市)区"。全年全市科技进步贡献率达55.8%,科技进步综合实力继续位居全省第五。三是高新技术产业再攀新高。2011年新申报高新技术企业共65家,其中16家得到认定,37家得到认定公示;共组织上报四批省高新技术产品,计294项,其中210个产品获得认定;全年实现高新技术产业产值2251亿元,占规模以上工业产值的比重达43.27%,位于全省前2位。四是对上争取科技资金超3亿元。全市共组织申报省级以上各类科技计划项目1800多项,获省级以上科技计划项目立项500多项,获得上级科技拨款支持超3亿元,全社会研究与投入支出占地区生产总值比重达2.2%,其中大中型企业研发经费支出占销售收入比重达1.84%,上级拨款超过市本级科技三项经费的4倍。其中航天三院与新区共同投资的航天海鹰(镇江)特种材料有限公司承担的"大飞机复合材料部件关键技术开发与产业化"项目得到1500万元的省拨资金资助;江苏中靖新能源科技有限公司承担的"高效制氢技术及氢能发电装置的开发与产业化"项目,获得1200万元的的省拨资金资助。五是创新创业载体建设取得新突破。江苏大学"水泵及系统工程技术研究中心"被科技部批准为国家工程技术研究中心,实现镇江市国家级研发机构零的突破,将获国家资助1500万元;成功引进和建设"航空产业创新平台""中国药品食品保健品检验检测平台""中美金太临床医学研究中心"等11家研发机构和检测机构,其中中国药品食品保健品检验检测平台建成后将为江苏省提供第三方检测认证;镇江航空产业产学研联合创新平台的建设,受到省科技厅的好评,获省科技厅800万元经费的支持;新增2家省级企业院士工作站和2家省级公共服务平台;全年新增孵化面积超50万平方米。六是知识产权工作有新成效。推进质押融资试点市建设,完成第一笔纯专利质押贷款,6个专利获得授信贷款1000万元。2011年完成专利申请15316件,其中发明专利申请3117件,专利授权7404件,发明专利授权597件;百亿元地区生产总值发明专利申请量和专利授权量继续位居全省前列。被省知识产权局推荐为"国家专利系统先进集体"。 (高 广)

科技管理

【概况】 2011年,全市科技管理工作以建设"国家创新型试点城市""八创全国科技进步先进市"为主线,以市科技进步目标考核为抓手,求真务实,扎实工作。市科技步目标管理和党政领导科技与人才工作目标考核工作深入开展,考核指

图28-1 2011年7月19日镇江国家创新型试点城市专家咨询会 (科技局)

标中增加“提升全社会研发投入水平、加大政府科技投入和人才投入”等内容，考核重点为科技与人才工作组织领导、技术创新与高新技术产业发展、创新创业人才队伍建设和创新性工作等四方面。完善科技统计运行机制。加强“八大工程”、基本现代化、创新型试点城市等重点指标监测，提高科技统计的效率和质量。市科技局被评为全国和全省R&D清查工作先进集体。组织实施国家、省、市各类科技计划项目1800多项，争取上级拨款经费超3亿元，全社会研究与发展经费支出51.04亿元，占地区生产总值的比例达2.20%。（王　强）

【科技与人才目标责任管理】 2011年年初，市政府下发《2011年科技进步目标管理工作任务书》；年中，组织对各地目标任务完成情况进行检查，发布通报，督促各地加快完成目标任务；年底，对辖市（区）、镇江新区及市直21个单位，50名领导干部（其中党政主要领导29位，行政分管领导21位）进行考核，评选出科技进步目标管理先进集体一等奖9个、二等奖7个，科技与人才工作优秀领导干部2名，党政领导科技与人才工作目标责任制考核先进个人16名。（王　强）

【镇江市2011年产学研工作意见】 2011年3月，市科技部门下发《镇江市2011年产学研工作意见》，意见明确做大、做强新材料、新能源、电子信息、航空制造、海洋工程和生物医药等“5+X”新兴产业，以加快推动区域科技创新平台和载体建设为重点，以转移、转化重大科技成果和引进领军人才及团队为抓手，上下联动，加强集成。全年由市科技局和辖市（区）有分有合组织全市性和区域性产学研活动27场次，签订产学研合作协议200项；推进省级重大创新载体建设；参与引进建设研发、检测机构10家；争创省级外资研发机构1~2家。（徐光陆）

【软科学计划管理】 2011年，科技部门组织申报省级软科学研究计划项目23项，立项13项，争取经费26万元，立项数和争取经费数在省辖市中名列前茅。市级软科学研究计划分指令性和指导性项目，其中指令性项目采取委托研究和面上研究两类进行组织，共受理申报项目42项，经评审，共立项19个项目，下达研究经费80万元；指导性项目共受理申报项目28项，下达项目23项。全年完成省、市软科学研究项目共23项，产生研究论文39篇，有11项研究成果被相关部门采用。（何锦润）

科技合作

【概况】 2011年，全市共开展20多场专题性产学研活动，推动31项产学研合作项目，新签产学研合作协议300多项。组织参加第三届中国江苏产学研合作成果展示洽谈会，125家企业和30余家创投公司、金融机构对接洽谈，达成融资意向44家，140家企业和40多所高校院所达成产学研合作意向34项。重点推进镇江航空产业产学研联合创新服务平台的建设，平台获得2011年省重大创新载体建设项目立项，积聚中国航天科工集团第三研究院、南京航空航天大学、西北工业大学、北京航空航天大学等一批航空航天领域的优势创新资源。鼓励企业引进国外高端技术并消化吸收再创新，组织申报国家、省国际科技合作项目，“1000t/a特种耐高低温硅树脂”等5个项目获得科技部国际科技合作专项项目、省科技厅国际科技合作项目支持，资助经费总计1383万元。引导、鼓励企业主动介入早期研发，出资联合高校院所，开展以应用为导向的重大基础性原始创新和前瞻性研究，“高性能多用途舰船用离心泵关键技术研究与产业化”等4个项目获得省产学研前瞻性联合研究项目支持，资助经费总计200万元。（徐光陆）

【镇江航空产业产学研联合创新服务平台】 该平台建设总投资2.449亿元，启动建设期为2011年至2012年。平台面向航空新材料和航空大型构件加工及部件组装产业的发展需求，在先进复合材料成型工艺技术、先进复合材料修理技术、通用飞机设计和制造技术等方面开展航空专业技术研究；建立材料性能测试分析中心、无损检测技术研究中心、焊接设备研发中心等服务园区的公共技术服务平台；设立企业孵化、知识产权保护、科技成果服务、投融资、人才服务、通用机业务等综合服务平台。该平台集产业技术研发、公共技术服务和产业培育综合服务于一体。（徐光陆）

【2个科技项目获科技部2011年度国际科技合作专项重点资助】 江苏宏达新材料股份有限公司承担的“1000t/a特种耐高低温硅树脂”项目、丹阳市精密合金厂有限公司承担的“大型复杂薄壁钛合金航空结构件工业化生产关键技术”项目得到科技部2011年度国际科技合作专项项目立项，共获得国家专项财政经费支持1333万元。“1000t/a特种耐高低温硅树脂”项目由江苏宏达新材料股份有限公司与乌克兰开展国际合作，解决特种耐高低温硅树脂量产中的关键技术与工业装备，项目打破国外在该领域的技术垄断，为我国航空航天和军工领域配套提供关键材料；“大型复杂薄壁钛合金航空结构件工业化生产关键技术”项目直接服务于国产大飞机项目。（徐光陆）

【组织参加第三届中国江苏产学研合作成果展示洽谈会】 2011年11月3日至5日，第三届中国江苏产学研合作成果展示洽谈会（下称“三洽会”）在南京国际博览中心举办，重点是推动科技与金融相结合。镇江国家大学科技园、丹阳新材料产业基地作为镇江市优秀创新载体代表参加“三洽会”创新载体建设成效展示。5个重点科技项目代表全

图28－2　2011年12月9日　北京交通大学长三角研究院落成典礼（科技局）

省产学研金合作的典型参会签约，分别是：镇江航空产业园科技发展有限公司、江苏丰科技集团与西北工业大学凝固技术国家重点实验室合作的“激光立体成形与修复再制造技术研发中心”，江苏索普（集团）有限公司、江苏银行镇江支行与中科院大连化物所合作的“3万吨/年煤经乙酸加氢制乙醇”项目，丹阳市精密合金厂有限公司、江苏丹昇创业投资有限公司与中科院金属所合作的“超纯净高性能镍基高温合金”项目，江苏航科复合材料科技有限公司、双良集团与中科院西安光机所合作的“T800碳纤维的产业化”项目，江苏天辰硅科技有限公司与江苏高科技投资集团有限公司合作的“双组份光伏组件用硅酮密封胶的产业化”项目。5个项目总投资13.34亿元，获得江苏银行镇江分行1亿元的授信，获得4家创投机构1.6亿元的股权融资资金。项目达产后年新增销售13.06亿元。其中，“激光立体成形与修复再制造技术研发中心”项目总投资6亿元，长丰集团是全市第一家将参与投融资与管理的民营企业。

（徐光陆）

【组织2011年度驻镇高校产学研项目合作奖】 2011年，科技部门共受理全市申报驻镇高校项目37项，项目领域涉及新材料、新能源、电子信息、海洋工程、节能环保、生物技术、装备制造、现代农业。“高性能铝基原位复合材料及其汽车轮毂产品的开发应用”“面向成套电气大型企业集团的数字化综合集成系统开发与应用示范”“油菜联合收获关键技术与装备”“高压防水母线槽的开发”“大型特种工程船自动化系统关键设备开发”等5个项目获得一等奖，每项奖励10万元；“农产品酿造糟渣农用资源化技术及产业化”等10个项目获得二等奖，每项奖励5万元。（徐光陆）

科技计划

【概况】 2011年，科技部门共组织实施市级以上科技项目1800多项，其中国家级、省级科技计划项目500多项，共获上级科技拨款超3亿元。获得立项的省级以上项目中，涉及新能源、新材料、电子信息、船舶与海洋工程、节能环保、生物医药等新兴产业领域项目272项，获拨款24620万元，占项目总数的65%，占拨款总数的78%。其中新能源项目35个、获拨款6788万元，新材料项目56个、拨款8259万元（其中航空制造材料2项、拨款2060万元），船舶与海洋工程项目63个、拨款4440万元，电子信息项目40个、拨款2389万元，节能环保项目30个、拨款1386万元，生物医药项目48个、拨款1358万元。镇江航空产业产学研联合创新平台、国家水泵及系统工程技术研究中心两个项目，分别获得2000万元和1500万元的经费支持，这是继镇江市2010年获得高性能合金材料研究院1000万元科技经费支持之后，获得拨款额度最高的单项科技计划项目。

（王　强）

【科技投入】 2011年，32个项目获省科技成果转化风险补偿专项贷款计7850万元。市科技局、国税局、地税局、人民银行等部门强化协作，采取加计扣除、高新技术企业减免税收等优惠政策，鼓励企业加大研发支出。全年高新技术企业享受所得税减免4.74亿元，全市经税务部门认定的企业研究开发费用加计扣除4.83亿元应纳税所得额，减免企业所得税7500万元。科技支行为全市21家科技型企业发放贷款余额9646万元，科技小额贷款公司共发放贷款总额2.5亿元，其中科技型企业贷款1.9亿元。市科技局与市财政局共同组织江苏银行镇江分行等7家商业银行申报2011年度江苏省科技贷款增长风险补偿奖励资金，新增科技贷款额度14.1亿元，获省财政奖励资金1391万元；全市新增科技贷款19.8亿元，获省财政奖励资金1878万元。

（王　强）

表28－1　**2011年镇江市省科技成果转化专项资金项目一览表**

序号	项目编号	项目名称	承担单位	省拨经费（万元）	地区或部门
1	BA2011008	大飞机复合材料部件关键技术开发与产业化	航天海鹰（镇江）特种材料有限公司	1500	镇江新区
2	BA2011111	高效制氢技术及氢能发电装置的开发与产业化	江苏中靖新能源科技有限公司	1200	丹徒区
3	BA2011112	MEMS近红外光谱仪及应用软件的开发及产业化	江苏惠通集团有限责任公司	600	京口区
4	BA2011113	千瓦级质子交换膜燃料电池发电机的开发与产业化	江苏冰城电材股份有限公司	800	丹阳市
5	BA2011114	基于传感网的农产品全产业链溯源支撑平台及RFID－SIM卡研发及产业化	恒宝股份有限公司	600	丹阳市
6	BA2011115	兆瓦级高性能光伏并网发电装置的研发与产业化	江苏兆伏新能源有限公司	1000	扬中市
7	BA2011116	3MW及以上海上风力发电全功率变流器研发及产业化	大全集团有限公司	1000	扬中市
8	BA2011117	高性能水性无毒金属防腐纳米涂层材料研发与产业化	江苏荣昌化工有限公司	800	扬中市

（丁文斌）

表28－2　**2011年镇江市新兴产业科技专项项目一览表**

序号	项目编号	项目名称	承担单位	拨款（万元）	地区或部门
1	CY2011001	大功率风力发电机组系列高端弹性支撑组件关键技术开发及产业化	镇江铁科橡塑制品有限公司	120	润州区
2	CY2011002	T800碳纤维的产业化	江苏航科复合材料科技有限公司	100	镇江新区
3	CY2011003	高精密电容器用铝带材关键技术开发与产业化	镇江鼎胜铝业股份有限公司	100	京口区
4	CY2011004	镍钴掺杂的高容量层状锰酸锂锂离子电池正极材料的研发及产业化	江苏科捷锂电池有限公司	80	京口区
5	CY2011005	太阳能电池用超精细复合耐磨切割钢丝研发及产业化	镇江耐丝新型材料有限公司	60	镇江新区
6	CY2011006	有线/无线灵活自组网的智能配电系统研发与产业化	江苏镇安电力设备有限公司	120	丹徒区
7	CY2011007	4MW电励磁风力发电机组开发及产业化	哈电通用风能（江苏）有限公司	100	润州区

续表 28－2

序号	项目编号	项目名称	承担单位	拨款（万元）	地区或部门
8	CY2011008	高效刻槽埋栅晶体硅太阳电池关键技术研发和产业化	中节能太阳能科技（镇江）有限公司	100	镇江新区
9	CY2011009	基于物联网技术的高危场所安全预警系统及实时三维建模轨迹跟踪定位设备的研发及产业化	江苏瑞蚨通软件科技有限公司	100	润州区
10	CY2011010	洁净核能源超导腔的研发与产业化	江苏安德信超导加速器科技有限公司	80	京口区
11	CY2011011	恒磁保持无弧交流接触器关键技术开发及产业化	镇江兴达恒诺电气有限公司	80	润州区
12	CY2011012	矿井无线传感网络定位与监控GIS系统关键技术的开发及产业化	镇江安扬安全设备科技有限公司	60	京口区
13	CY2011013	电动汽车快速智能充放电设备的研发与产业化	江苏嘉钰新能源技术有限公司	60	镇江新区
14	CY2011014	铝酸镁透明荧光陶瓷LED光源及其对流散热灯具开发及产业化	江苏扬子机电科技有限公司	60	镇江新区
15	CY2011015	高效节能型潜水电泵开发及产业化	镇江江大泵业科技有限公司	60	丹徒区
16	CY2011016	基于ZigBee监测控制技术的大功率光伏离并网发电监系统的研发和产业化	江苏兴航智控科技股份有限公司	30	镇江新区
17	CY2011017	高效节能电动汽车PTC电加热器研发及产业化	镇江东方电热科技股份有限公司	80	镇江新区
18	CY2011018	工业废气一体化脱硫脱硝技术开发及产业化	镇江金锐环保设备有限公司	60	丹徒区
19	CY2011019	特大型海洋工程打桩船的研发与制造	镇江市丹徒区新兴船舶修造有限公司	60	丹徒区
20	CY2011020	船舶生产数据管理系统开发及其产业化	江苏现代造船技术有限公司	70	京口区
21	CY2011021	金刚石工具激光焊接装备关键技术研究及产业化	江苏益林金刚石工具有限公司	30	镇江新区
22	CY2011022	基于船舶导航、岸基监控、海港管理等多元应用的全数字化厘米波雷达系统	镇江光宁航海电子科技有限公司	40	镇江新区
23	CY2011023	小分子类苯并三嗪类化合物的研发与产业化	镇江市蓝德特药业科技有限公司	60	丹徒区
24	CY2011024	系列糖化血红蛋白分析仪及配套试剂产品的产业化	江苏奥迪康医学科技有限公司	50	镇江新区
25	CY2011025	不粘、高导电性、自灭菌新型双极电凝镊研发与产业化	镇江恒生涓恩医疗器械有限公司	40	丹徒区
26	CY2011026	开发一类兼具减肥和戒毒、戒烟、戒酒作用的CB1受体抑制剂的化学一类新药	镇江市天健新特药研发有限公司	40	镇江新区
27	CY2011027	新型高效节能消防安全电梯的关键技术开发及产业化	江苏美佳电梯有限公司	50	润州区

（丁文斌）

【新增一批农业科技计划项目】 2011年，市科技部门组织申报国家农业科技成果转化资金项目5项，国家星火重点项目3项、星火一般项目5项；组织申报省农业科技支撑计划项目52项。镇江农科所承担的“粳稻新品种镇稻11号、14号的中试与示范”和江苏大学承担的“变量喷洒轻小型喷灌机组完善与中试”2项国家农转资金项目获批立项，获得科技部经费资助120万元；江苏大学流体中心申报的国家“863”计划项目“精确喷灌技术与产品”立项，获得经费资助760万元；扬中市方正天瑞电子科技有限公司承担的“农作物主要害虫物理防控技术集成应用与示范”项目被列入国家星火重点计划；省级农业科技支撑计划共立项19项，累计获得经费资助700万元，立项数和资助经费列省辖市第一位；市级农业科技支撑计划共受理申报项目57项，立项支持28项，安排经费400万元。新立项目中，由示范园区、科技型企业、专业合作社、农业高新技术企业承担的项目占85%以上。

（居秋生）

高新技术产业化

【概况】 2011年，全市高新技术产业完成产值2251.51亿元，比上年增长41.36%，占全市规模工业产值的43.27%。其中民营企业实现高新技术产业产值1280.50亿元，占全市高新技术产业产值的56.87%；三资企业实现高新技术产业产值832.24亿元，占全市高新技术产业产值的36.96%；国有企业实现高新技术产业产值138.77亿元，占全市高新技术产业产值的6.16%。2011年，全市高新技术产业实现销售收入2142.36亿元，增长42.12%，占全市规模工业销售收入的42.71%；完成利税200.48亿元，比上年增长45.89%，占全市规模工业利税的43.21%。

（崔　超）

表28－3　**2011年镇江市省科技支撑计划（工业）项目一览表**

序号	项目编号	项目名称	承担单位	省拨款（万元）
1	BE2011140	电动汽车用宽调速轴向磁场磁通切换永磁电机驱动系统研发	东南大学镇江工业技术研究院	60
2	BE2011141	火电厂大型系列烟气脱硫吸收塔循环泵关键技术开发与应用	江苏大学	60
3	BE2011142	航空发动机用镍基单晶高温合金涡轮叶片关键制造技术开发	江苏大学	60
4	BE2011143	基于SaaS的企业电能管理公共服务平台关键技术研发	江苏大学	60
5	BE2011144	高速EPON系统用偏振模色散自动补偿装置开发	江苏飞格光电有限公司	80
6	BE2011145	直流氧化锌压敏陶瓷基复合材料设计制造关键技术研究	江苏金雷凯光电科技有限责任公司	60
7	BE2011146	城市规划交通规划及景观设计全息智能虚拟仿真应用平台	江苏京安拓达软件科技有限公司	60
8	BE2011147	面向传感网的M2M通用平台模块开发	智迪电子科技镇江有限公司	80
9	BE2011148	大厚度海洋平台构件窄间隙MAG焊接关键技术研究	江苏科技大学	60

续表 28－3

序号	项目编号	项目名称	承担单位	省拨款(万元)
10	BE2011149	海洋工程船动力定位系统关键技术研究与其应用	江苏科技大学	60
11	BE2011150	感应电渣熔覆再制造高端辊类关键技术研发	江苏特力士特钢有限公司	80
12	BE2011151	铝酸镁荧光材料封装的 LED 光源模块及其灯具开发	江苏扬子机电科技有限公司	60
13	BE2011152	高温气冷堆核电压力容器用电气贯穿件的开发	镇江惠通元二接插件有限公司	60
14	BE2011153	液晶电视用大尺寸超薄节能无导光板 LED 背光源开发	镇江乐可视光电科技有限公司	60
15	BE2011154	高端大功率风机系列弹性支撑组件设计数据库的建立及产品开发	镇江铁科橡塑制品有限公司	80
16	BE2011155	高性能自动对焦智能系统	镇江中信科技开发有限公司	50
17	BE2011156	基于商务智能和数据集中管控的集团企业信息化管理服务平台的研发与应用示范	大全集团有限公司	80
18	BE2011506	面向智能电网应用的电力电器标准研究	镇江市生产力促进中心、大全集团有限公司	100
19	BE2011521	GB/T 16303－2009 船舶和海上技术_自由降落式救生艇降放装置国家标准	镇江船舶辅机厂	20
	合　计			1230

（崔　超）

表 28－4

2011 年镇江市省科技支撑计划(生物医药)项目一览表

序号	项目编号	项目名称	承担单位	省拨款(万元)
1	BE2011750	在养殖水体中净水及促生长双重功效的复合微生态制剂研发与推广示范	领绿生物镇江有限公司	20
2	BE2011754	创新型人源治疗性单抗 PAE27 的中试工艺开发和部分临床前研究	丹阳正源生物技术有限公司	20
3	BE2011755	新型抗血栓和脑缺血药物 ZJM－289 的研发	江苏云阳集团药业有限公司	20
	合　计			60

（崔　超）

表 28－5

2011 年镇江市科技部科技型中小企业技术创新基金项目一览表

序号	项目编号	项目名称	承担单位	国家拨款(万元)
1	11C26213201218	高浓度氨氮、高含盐废水资源化利用技术及成套装置	江苏江大环境工程有限责任公司	110
2	11C26213201427	核用低比转速立式导叶自吸泵	江苏长凯机械设备有限公司	80
3	11C26213201428	高性能复合 PTFE 喷口	江苏常新密封材料有限公司	50
4	11C26213201429	10G EPON 光器件及光模块	江苏飞格光电有限公司	50
5	11C26213201430	HF－YYLB－120/380 有源电力滤波无功补偿装置	江苏华峰电器控制设备有限公司	70
6	11C26213201431	面向 3G 的宽频带高增益型全向美化天线	江苏联海通信技术有限公司	50
7	11C26213201432	高效节能旋流喷动式污泥处理系统	江苏南自通华环境工程有限公司	80
8	11C26213201433	光伏组件用单组份硅酮密封胶	江苏天辰硅材料有限公司	50
9	11C26213201434	高瓦斯矿井用深孔钻车智能变频控制系统	江苏通华电力设备有限公司	80
10	11C26213201435	核级硅酮防火封堵材料	江苏欣安新材料技术有限公司	80
11	11C26213201436	面向冶金行业的不锈钢带连续酸洗设备	江苏兴隆防腐设备有限公司	60
12	11C26213201437	高效耐磨抗冲击性汽车发动机专用刀具	江苏扬碟钻石工具有限公司	80
13	11C26213201438	城市污泥双床交互循环式低温热解处理与资源化利用装置	江苏中容环保有限公司	90
14	11C26213201439	GQ－1000 型高速高精度切丝机	扬中市宏运机械制造有限公司	70
15	11C26213201440	具有雷达传感、定位传感、通信功能的脉冲超宽带无线收发器芯片产品的开发	镇江如意互通电气技术有限公司	50
16	11C26213201441	面向大型化肥企业的高效增产尿素合成塔塔盘	镇江市恒升达化工科技有限公司	50
17	11C26213201442	薄膜太阳能电池焊接合片全自动生产线	镇江市美华机电产品有限公司	60
18	11C26213201443	节能高效光伏组件接线盒连接系统	镇江市通灵电器有限责任公司	60
19	11C26213201444	船舶机舱监测报警系统	镇江市亿华系统集成有限公司	80
20	11C26213201445	恒磁保持无弧交流接触器	镇江兴达恒诺电气有限公司	50
21	11C26213201446	化工行业节能减排与生产优化系统	镇江雅迅软件有限责任公司	60
22	11C26213201447	大中型精密数控冷辗扩机床	镇江中浦冷辗科技有限公司	50
23	11C26113201463	核电核级隔膜截止阀	江苏星河集团有限公司	80
24	11C26213204548	WSVC 静止型动态无功补偿系统	江苏南自电效科技有限公司	90
25	11C26213204549	基于物联网的设施园艺生长环境智能测控系统	镇江江大科茂信息系统有限责任公司	90
26	11C26213204550	抗肿瘤中药五类新药乌骨藤皂苷胶囊	江苏天晟药业有限公司	90
27	11C26213204551	嵌入感动芯引擎的无线传感自组网络系统	镇江凌空网络技术有限公司	90

续表 28－5

序号	项目编号	项目名称	承担单位	国家拨款（万元）
28	11C26213204552	生物质(秸秆)发电通用型备料系统	江苏大唐机械有限公司	80
29	11C26213204553	太阳能电池板导电浆用超细球形铝粉	江苏天元金属粉末有限公司	60
30	11C26213204554	微波公共腔多路合路器	江苏华之光微波科技有限公司	90
31	11C26213204606	高性能磷酸亚铁锂动力电池正极材料	江苏中欧材料研究院有限公司	50
32	11C26213204607	基于嵌入式系统的船用雷达导航系统	镇江光宁航海电子科技有限公司	50
33	11C26213204608	基于数字化制造技术的汽车整车匹配主模型	江苏申模数字化制造技术有限公司	50
34	11C26213204611	AP1000 核电蒸汽发生器用镍基合金材料	丹阳市龙鑫合金有限公司	180
35	11C26213204615	大中型火电机组半干半湿法烟气脱硫除尘关键技术及装置	镇江市电站辅机厂有限公司	180
36	11C26243204627	江苏省京口软件外包公共技术服务平台	镇江京江软件园有限公司	70
37	11C26243204651	扬中电力电器企业技术创新平台	扬中市宏业信息咨询服务有限公司	70
38	11C26253204677	风险补助项目	镇江新区高新技术产业投资有限公司	22
	合　计			2802

（崔　超）

表 28－6

2011 年镇江市省级中小企业创新资金项目一览表

序号	项目编号	项目名称	承担单位	省拨款（万元）
1	BC2011181	基于 PSFC 的物联网 M2M 控制终端与平台开发	江苏宏瑞通信科技股份有限公司	25
2	BC2011182	基于 ZigBee 监测控制技术的大功率光伏离并网发电监系统的研发和产业化	江苏兴航智控科技股份有限公司	25
3	BC2011183	汽车尾气片式氧传感器	江苏博威汽车科技有限公司	25
4	BC2011184	交变强电场预荷电高风速复合式电收尘系统	镇江博远环境工程有限公司	25
5	BC2011185	农产品溯源社会化管理系统开发	江苏物泰信息科技有限公司	25
6	BC2011186	HL－2004/50 型二氧化碳封存成套设备开发	江苏汉龙环保科技有限公司	25
7	BC2011187	新一代企业智能客服平台研发	镇江诺尼基智能技术有限公司	25
8	BC2011188	医药中间体海洋生物多糖制备技术产业化	镇江维赛科技发展有限公司	25
9	BC2011189	海上风电输配电防水母线干线系统	江苏江城电气有限公司	25
10	BC2011190	人工消雾与降雨产品研发及产业化	句容天安奇科技有限公司	25
	合　计			250

（崔　超）

表 28－7

2011 年镇江市国家级火炬计划项目一览表

序号	项目编号	项目名称	承担单位
1	2011GH030442	高性能拉丝铝带	镇江龙源铝业有限公司
2	2011GH030508	煤经合成气制乙醇	江苏索普(集团)有限公司
3	2011GH040619	四点定位大转矩舵海洋平台维修供应船	江苏省镇江船厂有限责任公司
*4	2011GH050686	L32/40 船用中速柴油机国产化	镇江中船设备有限公司
5	2011GH030475	高效节能铜版纸	金东纸业(江苏)股份有限公司
6	2011GH060705	YJLX－800 铝屑熔化炉及前处理系统	镇江市裕久精机制造有限公司
7	2011GH030509	连续纤维增强热塑性复合材料	丹阳市华东工程塑料有限公司
8	2011GH040620	全自动连续动态逆流提取机组的研发及产业化	丹阳市华泰制药机械有限公司
9	2011GH030491	海底电缆用铜镍合金钢的研究及产业化	丹阳市协昌合金有限公司
10	2011GH030524	大型船舶用低合金高性能焊接材料	江苏立新合金实业总公司
11	2011GH040638	新能源汽车电驱动制动泵	江苏梅花机械有限公司
12	2011GH030485	双骨架(自浮/非自浮)输油橡胶管的产业化	江苏太平橡胶股份有限公司
13	2011GH030435	精密模具用高品质模具钢关键技术研发及产业化	江苏天工工具有限公司
14	2011GH030519	催化汽油全馏分加氢脱硫生产欧Ⅴ(国Ⅴ)标准清洁汽油技术	江苏佳誉信实业有限公司
15	2011GH030522	六轴货运电力机车辅助变压器高压线圈导线	江苏五洲电磁线有限公司
16	2011GH030526	破乳剂 PFA－8311	句容宁武高新技术发展有限公司
17	2011GH030521	SMC 电器箱壳体	镇江育达复合材料有限公司
*18	2011GH040572	屏蔽绝缘铜管母线及在线温度监测装置	江苏大全封闭母线有限公司
19	2011GH040567	GF 型核电站用仪表阀门产业化	江苏海纳机电集团有限公司
20	2011GH050677	35kV 树脂基防水母线干线系统	江苏江城电气有限公司
21	2011GH030457	双组份光伏组件用硅酮密封胶产业化	江苏天辰硅材料有限公司
22	2011GH040564	智能型户外高压交流分界真空断路器成套装置	江苏宜源诺成电气有限公司
23	2011GH050672	节能环保高效开、闭式水冷却集装装置产业化项目	镇江市清源科技工程有限公司
24	2011GH030478	高纯石墨碳材	江苏苏润高碳材股份有限公司
*25	2011GH530720	基于丹阳国家科技兴贸新材料特色产业集群特点开展科技专业化服务	丹阳市生产力促进中心
*26	2011GH530724	镇江特种船舶及海洋工程配套产业基地公共技术服务平台	镇江润州船舶配套科技创业园
*27	2011GH540726	镇江国家大学科技园“6＋3”大学生科技创业支撑平台	镇江市江大江科大大学科技园股份有限公司

注：* 为火炬计划重点项目

（崔　超）

表 28－8 **2011 年镇江市按新标准认定或公示的高新技术企业一览表**

序号	企业名称	所在地	备注
1	沃得重工(中国)有限公司	丹徒区	已认定
2	江苏申模数字化制造技术有限公司	丹徒区	已认定
3	镇江江大泵业科技有限公司	丹徒区	已认定
4	镇江安达煤矿专用设备有限公司	润州区	已认定
5	江苏广庆电子材料有限公司	润州区	已认定
6	镇江东方电热有限公司	镇江新区	已认定
7	镇江泛美汽车零部件有限公司	镇江新区	已认定
8	镇江科美机械制造有限公司	镇江新区	已认定
9	江苏嘉钰新能源技术有限公司	镇江新区	已认定
10	江苏永伟精密工具有限公司	镇江新区	已认定
11	镇江市通灵电器有限责任公司	扬中市	已认定
12	江苏金苇电气科技有限公司	扬中市	已认定
13	江苏德厚机电有限公司	句容市	已认定
14	江苏唐邦电子科技有限公司	句容市	已认定
15	江苏唯益换热器有限公司	丹阳市	已认定
16	江苏常城汽车部件有限公司	丹阳市	已认定
17	江苏同盛环保技术有限公司	镇江新区	已公示
18	江苏肯帝亚木业有限公司	丹阳市	已公示
19	大亚人造板集团有限公司	丹阳市	已公示
20	镇江市海通化工有限公司	丹徒区	已公示
21	镇江科大船苑计算机网络工程有限公司	京口区	已公示
22	江苏科海智能系统有限公司	京口区	已公示
23	镇江惠通元二接插件有限公司	京口区	已公示
24	镇江步云电子有限公司	京口区	已公示
25	镇江维斯特船用设备有限公司	镇江新区	已公示
26	镇江蓝箭电子有限公司	镇江新区	已公示
27	江苏双燕电器箱柜厂	镇江新区	已公示
28	江苏飞格光电有限公司	镇江新区	已公示
29	镇江雅迅软件有限责任公司	镇江新区	已公示
30	镇江华扬科技信息有限公司	镇江新区	已公示
31	镇江市丹高电器有限公司	镇江新区	已公示
32	江苏成城电气有限公司	扬中市	已公示
33	江苏省丹爱化工有限公司	扬中市	已公示
34	江苏江城电气有限公司	扬中市	已公示
35	镇江荣德新能源科技有限公司	扬中市	已公示
36	镇江市华银仪表电器有限公司	扬中市	已公示
37	扬中金祥乳胶制品有限公司	扬中市	已公示
38	江苏南自通华电气成套有限公司	扬中市	已公示
39	句容宁武新材料发展有限公司	句容市	已公示
40	江苏南瓷绝缘子有限公司	句容市	已公示
41	江苏天晟药业有限公司	句容市	已公示
42	镇江瑞繁农艺有限公司	句容市	已公示
43	江苏林泉汽车装饰件有限公司	丹阳市	已公示
44	江苏卡威专用汽车制造有限公司	丹阳市	已公示
45	丹阳市长江汽车部件有限公司	丹阳市	已公示
46	江苏天元金属粉末有限公司	丹阳市	已公示
47	天工爱和特钢有限公司	丹阳市	已公示
48	江苏新泉汽车饰件有限公司	丹阳市	已公示
49	光明沃得数控机床(江苏)有限公司	丹阳市	已公示
50	江苏顺发电热材料有限公司	丹阳市	已公示
51	丹阳兴隆车辆部件有限公司	丹阳市	已公示
52	江苏施诺照明有限公司	丹阳市	已公示
53	江苏花王园艺有限公司	丹阳市	已公示

（崔　超）

【省自主创新型企业】 2011 年，江苏恒顺醋业股份有限公司、江苏富林医疗设备有限公司、江苏苏润高碳材股份有限公司、正茂集团有限责任公司等 31 家企业被认定为江苏省第三批创新型企业。全市累计 119 家企业被认定为江苏省创新型企业。江苏奥博洋信息技术有限公司、江苏省丹爱化工有限公司等 172 家企业被认定为 2011 年江苏省民营科技企业。（崔　超）

【创新载体建设情况】 2011 年，镇江市丹徒环保创业服务中心被认定为国家级科技企业孵化器，镇江京口高新技术创业服务中心被认定为国家级高校毕业生创业实习基地，镇江新区中小企业创业服务中心和镇江市丹徒高新技术创业服务中心被认定为省级科技企业孵化器。

表 28－9

2011 年镇江市国家重点新产品项目一览表

序号	项目编号	项目名称	承担单位
1	2011TJC10142	特种焦化焦	中化镇江焦化有限公司
2	2011TJC10211	BME 高速配流摆线液压马达	镇江大力液压马达有限责任公司
3	2011TJC10024	金钛任务流目标管理软件智能版	镇江金钛软件有限公司
4	2011TJC10019	低过冷度铸轧技术生产高深冲性容器箔	镇江鼎胜铝业股份有限公司
5	2011TJC10260	空气触摸按键	江苏惠通集团有限责任公司
6	2011TJC10068	四五齿微型摆线全液压转向器	镇江液压件厂有限责任公司
7	2011TJC10090	LQWY 型高效节能节水长轴渣液泵	江苏国泉泵业制造有限公司
8	2011TJC10256	stick 包装系统	江苏仅一包装技术有限公司
9	2011TJC10154	百万千瓦级发电机用云母带	江苏冰城电材股份有限公司
10	2011TJC10055	HG3－550℃耐高温防腐蚀涂料	江苏荣昌化工有限公司
11	2011TJC10179	HTA 型电气化铁路隧道用预埋槽型滑道	江苏华威线路设备集团有限公司
12	2011TJC10138	自粘层单面涂漆换位导线	江苏句容联合铜材有限公司

（崔　超）

表 28－10

2011 年认定镇江市省级高新技术产品一览表

序号	认定证书编号	产品名称	企业名称
1	111101G0001N	节能环保型高效静电喷雾施药机	江苏同盛环保技术有限公司
2	111101G0002N	铝合金车轮热处理生产线设备	镇江市裕久精机制造有限公司
3	111101G0003N	思润城市土地运营综合信息管理系统	镇江雅迅软件有限责任公司
4	111101G0004W	HFC6 502－8P 船用发电机	镇江中船现代发电设备有限公司
5	111111G0005N	大功率节能型全回转拖船	江苏省镇江船厂有限责任公司
6	111111G0006N	近海航拖型全回转高效工作拖船	江苏省镇江船厂有限责任公司
7	111101G0007N	船舶机舱监测报警系统	镇江市亿华系统集成有限公司
8	111101G0008N	高平整覆铝加工型单面铜版纸	金东纸业(江苏)股份有限公司
9	111101G0009W	环氧脂肪酸甲酯	江苏恒顺达生物能源有限公司
10	111101G0010N	超薄型高转换率硅片	镇江市港南电子有限公司
11	111112G0011N	明润土层模块库软件	镇江明润信息科技有限公司
12	111101G0012N	NEM 内嵌电子模块防夹马达	镇江美驰轻型车系统(第二)有限公司
13	111111G0013N	4G 通信用高性能微波电缆组件	镇江市江滨电子有限公司
14	111102G0014W	FS－M 防火硅酮橡胶(双组份)	海龙核材科技(江苏)有限公司
15	111102G0015W	FS－H 高密度防火硅酮橡胶(双组份)	海龙核材科技(江苏)有限公司
16	111102G0016W	BS－1 生物屏蔽型液体硅酮(双组份))	海龙核材科技(江苏)有限公司
17	111102G0017N	N 型射频连接器	江苏正恺电子科技有限公司
18	111102G0018N	PV－ZK1006 型太阳能光伏接线盒	江苏正恺电子科技有限公司
19	111102G0019N	太阳能光伏连接器 PV－401 型	江苏正恺电子科技有限公司
20	111111G0020W	FB－308 儿童汽车安全座椅 ISOFIX 底座连接装置	江苏镇江佳峰儿童用品有限公司
21	111111G0021N	一种基于船舶功率管理系统的高稳定性主配电板	镇江康士伯船舶电气有限公司
22	111111G0022N	一种特殊材质的船用电力分电箱	镇江康士伯船舶电气有限公司
23	111101G0023W	节能型干式变压器	江苏宝亨新电气有限公司
24	111111G0024N	ZDY 型高可靠性煤矿用坑道钻机	镇江安达煤矿专用设备有限公司
25	111101G0025N	超硬复合耐磨切割钢丝	镇江耐丝新型材料有限公司
26	111112G0026N	W2329－7 履带式液压挖掘机	沃得重工(中国)有限公司
27	111182G0027N	节能型生物质电站燃料灰智能控制回收系统	镇江飞利达电站设备有限公司
28	111182G0028N	正负压一体化多功能泵输送系统	镇江市电站辅机厂
29	111182G0029N	DTJ－I 型双碱湿法高效烟气脱硫系统	镇江市电站辅机厂
30	111182G0030N	脱硫用百叶窗式烟气挡板门	镇江市电站辅机厂
31	111182G0031N	YM－J－II 氧化镁法烟气脱硫系统	镇江市电站辅机厂
32	111182G0032N	LV 密集型母线槽	江苏威腾母线有限公司
33	111182G0033N	BJGM 型半绝缘管母线	江苏威腾母线有限公司
34	111182G0034N	QJGM 型全绝缘管母线	江苏威腾母线有限公司
35	111182G0035N	EBG－12/1600－31.5 管型绝缘母线	向荣集团有限公司
36	111182G0036N	HTELQJ 型基于柔性陶瓷防腐技术的高强节能轻质钢制(不锈钢)电缆桥架	江苏华彤电气集团有限公司
37	111182G0037N	双组份光伏组件用硅酮密封胶	江苏天辰硅材料有限公司
38	111182G0038N	脱肟型单组份光伏组件用硅酮密封胶	江苏天辰硅材料有限公司
39	111182G0039N	双进油双电场原油高效脱盐脱水设备	镇江金门实业有限公司
40	111182G0040N	BGFM－12/4000－Z 多晶硅还原炉专用共箱母线	江苏华坤电气有限公司
41	111182G0041N	高强度高塑性建筑钢筋	江苏天舜金属材料集团有限公司
42	111182G0042N	QC－X 稀土镁硅铁合金	镇江市勤成铸造材料有限公司
43	111183G0043N	破乳剂 NJ－SP169	句容宁武高新技术发展有限公司
44	111183G0044N	破乳剂 NJ－TA1031	句容宁武高新技术发展有限公司

续表 28－10

序号	认定证书编号	产品名称	企业名称
45	111183G0045N	氧化苦参碱	江苏天晟药业有限公司
46	111183G0046N	葛根素	江苏天晟药业有限公司
47	111183G0047N	预应力混凝土抗拔桩	江苏建华管桩有限公司
48	111183G0048N	预应力混凝土支护桩	江苏建华管桩有限公司
49	111183G0049N	超低温（－196℃）奥氏体不锈钢管件	江苏华阳管业股份有限公司
50	111183G0050N	垂盆草颗粒	江苏苏南药业实业有限公司
51	111183G0051N	聚醚多元醇 NJ－380	句容宁武新材料发展有限公司
52	111183G0052N	聚醚多元醇 NJ－4502	句容宁武新材料发展有限公司
53	111183G0053N	聚醚多元醇 NJ－5602	句容宁武新材料发展有限公司
54	111181G0054N	stick 包装系统	江苏仅一包装技术有限公司
55	111181G0055N	软袋包装系统	江苏仅一包装技术有限公司
56	111181G0056N	自动封罐机	江苏仅一包装技术有限公司
57	111181G0057N	环保节能型电加热管	江苏顺发电热材料有限公司
58	111181G0058N	环保型、高弹性眼镜支架材料	江苏启迪合金有限公司
59	111181G0059N	海底电缆用铜镍合金钢	丹阳市协昌合金有限公司
60	111181G0060N	汽车用阴极镍合金钢	丹阳市协昌合金有限公司
61	111181G0061N	电流和功率因数双闭环控制的电机节电控制器	丹阳市利普机械配件有限公司
62	111181G0062N	PMC 光学树脂镜片	江苏明月光电科技有限公司
63	111181G0063N	超韧运动抗冲击树脂镜片	江苏明月光电科技有限公司
64	111101G0064N	节能型大吨位耐高温永磁起重设备	镇江市江南矿山机电设备有限公司
65	111112G0065N	ZN 型智能开关柜	江苏镇安电力设备有限公司
66	111112G0066N	ZGS11－FD 风力发电组合式变压器	江苏镇安电力设备有限公司
67	111112G0067N	PBQJ－Ⅲ 型防电磁脉冲桥架	江苏镇安电力设备有限公司
68	111101G0068N	裸露式电加热元件	镇江东方电热科技股份有限公司
69	111111G0069N	L16/24 TierⅡ中速柴油机	镇江中船设备有限公司
70	111111G0070N	L23/30H TierⅡ中速柴油机	镇江中船设备有限公司
71	111102G0071N	N 型射频连接器电缆组件	江苏正恺电子科技有限公司
72	111101G0072N	SKZ61250（32t）重型数控机床	江苏齐航数控机床有限责任公司
73	111101G0073N	C61250Z（20t）普通车床	江苏齐航数控机床有限责任公司
74	111101G0074N	CWZ61200（32t）重型普通车床	江苏齐航数控机床有限责任公司
75	111101G0075W	5VT 高强度涡轮增压发动机缸体	华东泰克西汽车铸造有限公司
76	111101G0076W	灰铸铁直列四缸 1.5 升发动机缸体	华东泰克西汽车铸造有限公司
77	111101G0077W	EA111 直列四缸薄壁增压发动机缸体	华东泰克西汽车铸造有限公司
78	111101G0078W	NSE L4 多砂芯薄壁缸体	华东泰克西汽车铸造有限公司
79	111101G0079W	α、β 系列直列四缸 DOHC CVVT 高性能发动机缸体	华东泰克西汽车铸造有限公司
80	111101G0080W	ε 系列小排量薄壁高性能发动机缸体	华东泰克西汽车铸造有限公司
81	111101G0081N	单晶硅太阳能电池	中节能太阳能科技（镇江）有限公司
82	111101G0082N	用导电胶带串联的单晶硅太阳能电池组件	中节能太阳能科技（镇江）有限公司
83	111182G0083N	XJFD－X 型通信机房智能节能新风净化系统设备	江苏香江科技股份有限公司
84	111182G0084N	SPX2－XJ06B 型通信系统用户外智能机柜	江苏香江科技股份有限公司
85	111182G0085N	SCB10－3300/35 型风力发电专用三相环氧树脂真空浇注干式变压器	向荣集团有限公司
86	111182G0086N	立体式高强度节材型钢制电缆桥架	镇江市华阳机电制造有限公司
87	111182G0087N	HY－1 高弹力螺旋电缆	镇江市华银仪表电器有限公司
88	111182G0088N	HYP－1 环保型 PVC 电缆料	镇江市华银仪表电器有限公司
89	111182G0089N	纳米改性聚氨酯子宫造影导管	扬中美迪硅胶医用制品有限公司
90	111183G0090N	乘用车用低比重表面型 SMC 材料	镇江育达复合材料有限公司
91	111183G0091N	草茎采集机	江苏山水建设集团有限公司
92	111183G0092N	废旧 HDPE 塑料制备大口径双壁波纹管	江苏圣通环境工程有限公司
93	111183G0093N	废旧 HDPE 改性复合材料制备实壁牵引管	江苏圣通环境工程有限公司
94	111183G0094N	红叶石楠 H204	江苏绿苑园林建设有限公司
95	111183G0095N	防膨胀钢桶	句容市三圆制桶有限公司
96	111181G0096N	智能化、信息化数字全科诊断集成系统	江苏鱼跃医疗设备股份有限公司
97	111181G0097N	电动吸引器（全自动）	江苏鱼跃医疗设备股份有限公司
98	111181G0098N	多应用高安全移动存储设备	恒宝股份有限公司
99	111181G0099N	支持多种金融 IC 卡标准的智能卡操作系统	恒宝股份有限公司
100	111181G0100N	支持多种 3G 移动通信标准的智能卡操作系统	恒宝股份有限公司
101	111111G0101N	BNF 型摆线转阀式扭矩放大器	镇江液压件厂有限责任公司
102	111111G0102N	BZZ 系列超低输入扭矩型全液压转向器	镇江液压件厂有限责任公司
103	111111G0103N	大流量负荷传感优先阀	镇江液压件厂有限责任公司
104	111102G0104N	船舶设计产品数据管理系统软件	江苏现代造船技术有限公司
105	111101G0105W	HFC6 50 船用发电机	镇江中船现代发电设备有限公司

续表 28－10

序号	认定证书编号	产品名称	企业名称
106	111112G0106N	BMH 系列大扭矩摆线液压马达	镇江大力液压马达有限责任公司
107	111111G0107W	大功率风力发电机组系列高端弹性支撑组件	镇江铁科橡塑制品有限公司
108	111111G0108W	2LTLZ45E 型沥青摊铺机	江苏华通动力重工有限公司
109	111111G0109W	SPS90 型多功能摊铺机	江苏华通动力重工有限公司
110	111111G0110W	WLT60B 型多功能摊铺机	江苏华通动力重工有限公司
111	111111G0111W	LXZY500B 型沥青路面铣刨机	江苏华通动力重工有限公司
112	111111G0112W	LJB1500 型沥青混合料搅拌设备	江苏华通动力重工有限公司
113	111111G0113W	LJB2000 型沥青混合料搅拌设备	江苏华通动力重工有限公司
114	111101G0114N	高性能 PTC 电加热器	镇江东方电热科技股份有限公司
115	111101G0115W	中性硼硅玻璃管制注射剂瓶	双峰格雷斯海姆医药包装(镇江)有限公司
116	111112G0116N	高纯石墨碳材	江苏苏润高碳材股份有限公司
117	111112G0117N	特种阳极碳材	江苏苏润高碳材股份有限公司
118	111111G0118N	L28/32H TierⅡ中速柴油机	镇江中船设备有限公司
119	111101G0119N	蜂胶流态化超临界 CO2 提取物	江苏江大源生态生物科技有限公司
120	111111G0120N	PQ35 自动温控调节式冷却风扇外壳	镇江先锋汽车零部件有限公司
121	111112G0121N	宽频带高增益型全向美化天线	江苏联海通信技术有限公司
122	111112G0122N	全铝振子宽频高增益壁挂天线	江苏联海通信技术有限公司
123	111101G0123W	汽车、摩托车节能环保 EFI 系统用碳换向器	特耐斯(镇江)电碳有限公司
124	111101G0124W	高效、长寿命汽车电机用碳刷	特耐斯(镇江)电碳有限公司
125	111112G0125N	可移动式 PEMFC 氢能发电机	江苏中靖新能源科技有限公司
126	111101G0126N	铝酸镁透明荧光陶瓷 LED 光源及对流散热灯具	江苏扬子机电科技有限公司
127	111101G0127N	XFHK－WZ－1 添加生物质资源化利用污泥处理设备	江苏欣法环保科技有限公司
128	111182G0128N	KY－ZDGC－Z 矿用一般型高压真空配电装置	江苏中电输配电设备有限公司
129	111182G0129N	TL－BOX026－ienp 节能高效光伏组件接线盒连接系统	镇江市通灵电器有限责任公司
130	111183G0130N	甘草酸单钾 M	江苏天晟药业有限公司
131	111183G0131N	甘草酸二铵	江苏天晟药业有限公司
132	111183G0132N	甘草酸单铵盐 S	江苏天晟药业有限公司
133	111183G0133W	基于豆粕深加工的风味肽调味产品	天宁香料(江苏)有限公司
134	111183G0134N	纳米缓释肉味香精	天宁香料(江苏)有限公司
135	111183G0135N	1.5MW 直驱永磁风力发电机定子线圈用电磁线	江苏五洲电磁线有限公司
136	111183G0136N	1.5MW 直驱永磁风力发电机定子线圈	江苏五洲电磁线有限公司
137	111183G0137N	镇稻 14 号	江苏丰源种业有限公司
138	111183G0138N	镇稻 15 号	江苏丰源种业有限公司
139	111183G0139N	额定电压 750V 耐 125℃等级低烟无卤阻燃铁路机车单芯电缆	江苏巨业电缆有限公司
140	111183G0140N	高速电气化铁路接触网用棒形瓷绝缘子	江苏南瓷绝缘子有限公司
141	111181G0141N	新型高密封性凹凸口防跳塞玻璃瓶	双峰格雷斯海姆医药玻璃(丹阳)有限公司
142	111181G0142N	一种大功率 LED 汽车近光灯	江苏洪昌科技股份有限公司
143	111181G0143N	LED 日间行车灯	江苏洪昌科技股份有限公司
144	111181G0144N	用于车用保险杠的改性纳米 CaCO3 复合材料	江苏洪昌科技股份有限公司
145	111181G0145N	磷酸铁锂正极材料	江苏元景锂能科技有限公司
146	111181G0146N	形状记忆防辐射双层机织产品	丹阳市丹盛纺织有限公司
147	111181G0147N	圣麻/莫代尔/棉赛洛精密纺混纺面料	丹阳市丹盛纺织有限公司
148	111101G0148N	3G 双频段无源互调测试仪	镇江新区澳华测控技术有限公司
149	111101G0149N	内燃机车发动机电子控制器	镇江恒驰科技有限公司
150	111101G0150N	ZN 系列配电网有源滤波装置	江苏德顺祥电气有限公司
151	111101G0151N	QGL 高效节能贯流泵	江苏国泉泵业制造有限公司
152	111101G0152N	WQ 污水污物潜水电泵	江苏国泉泵业制造有限公司
153	111102G0153N	RF4CE 空间 mouse 遥控器	江苏惠通集团有限责任公司
154	111102G0154N	IPK 无线触摸遥控器	江苏惠通集团有限责任公司
155	111102G0155N	无线 RF4CE、蓝牙－3D 眼镜	江苏惠通集团有限责任公司
156	111112G0156N	集成组合式农村生活污水处理装置	江苏江大环境工程有限责任公司
157	111112G0157N	高浓度有机废水的高效厌氧——耗氧组合处理装置	江苏江大环境工程有限责任公司
158	111102G0158N	BM1111/15/33 热磨机	镇江中福马机械有限公司
159	111101G0159N	化工行业节能减排与生产优化系统	镇江雅迅软件有限责任公司
160	111111G0160N	节能环保型大功率 FiFi2 全回转消防拖船	江苏省镇江船厂(集团)有限公司
161	111111G0161N	71m 大拖力海洋平台多用途支持船	江苏省镇江船厂(集团)有限公司
162	111111G0162N	大摩擦系数高强度复合材料斜楔摩擦板	镇江铁科橡塑制品有限公司
163	111101G0163N	HF－MCR－300/10.5 可控电抗器	江苏华峰电器控制设备有限公司
164	111112G0164N	后桥纵摆臂冲压滚针轴承	江苏钱潮轴承有限公司
165	111112G0165N	离合器薄壁球轴承	江苏钱潮轴承有限公司
166	111112G0166N	明润抛石船监测系统平台软件	镇江明润信息科技有限公司

续表 28－10

序号	认定证书编号	产品名称	企业名称
167	111101G0167N	汽车电机智能集成换向器	镇江泛沃汽车零部件有限公司
168	111101G0168N	Small Form－factor Pluggables 光模块	江苏飞格光电有限公司
169	111101G0169N	高速模拟(数字)双向传输激光器组件	江苏飞格光电有限公司
170	111101G0170N	阵列式 LD 近红外成分检测仪	江苏飞格光电有限公司
171	111101G0171N	SLD 超辐射激光器	江苏飞格光电有限公司
172	111101G0172N	DVI 高清视频光传输器	江苏飞格光电有限公司
173	111101G0173N	850nm14PIN 单模蝶形激光器	江苏飞格光电有限公司
174	111101G0174N	大功率、高效率总线电压变换模块	江苏兆能电子有限公司
175	111101G0175N	NT701 电子式互感器稳态校验系统	江苏凌创电气自动化股份有限公司
176	111101G0176N	NT702 电子式互感器稳态校验系统	江苏凌创电气自动化股份有限公司
177	111102G0177N	科大电子配件标牌制作系统软件	镇江科大船苑计算机网络工程有限公司
178	111102G0178N	科大高校后勤物流管理系统软件	镇江科大船苑计算机网络工程有限公司
179	111111G0179W	高低排量摆线式液压马达	怀特(中国)驱动产品有限公司
180	111112G0180N	酚醛(聚氨酯)保温板连续生产线	镇江奥力聚氨酯机械有限公司
181	111101G0181N	计算机直接制印版衬纸(CTP 衬纸)	镇江大东纸业有限公司
182	111102G0182N	现代商贸管理行业协同管理软件	镇江金软计算机科技有限责任公司
183	111101G0183N	微氮硅单晶片	镇江大成新能源有限公司
184	111102G0184N	高温气冷堆核电压力容器用电气贯穿件	镇江惠通元二接插件有限公司
185	111182G0185N	LFC3389 手持式多功能频率计	江苏绿扬电子仪器集团有限公司
186	111182G0186N	LDS42025 数字存储示波表	江苏绿扬电子仪器集团有限公司
187	111182G0187N	LDP60000 数字荧光示波器	江苏绿扬电子仪器集团有限公司
188	111182G0188N	高性能掺锗多晶硅片	镇江环太硅科技有限公司
189	111182G0189N	HG3－550℃耐高温防腐蚀涂料	江苏荣昌化工有限公司
190	111182G0190N	QLFM 型 1000MW 发电机组高压离相封闭母线	向荣集团有限公司
191	111182G0191N	电路板用特种高精度研磨带	扬中市江南砂布有限公司
192	111182G0192N	ZBWT－12 铁路电力远动高压/低压预装式变电站	江苏南自通华电气成套有限公司
193	111182G0193N	XTM 型 1E 级 K3 类核电配电箱	江苏南自通华电气成套有限公司
194	111182G0194N	加油站冷凝吸附法油气回收装置	江苏惠利特环保科技有限公司
195	111182G0195N	油库冷凝吸附法油气回收装置	江苏惠利特环保科技有限公司
196	111182G0196N	油库吸附法油气回收装置	江苏惠利特环保科技有限公司
197	111182G0197N	IB 密集型母线	镇江易拓电气有限公司
198	111183G0198W	天然植物萃取物应用香精	天宁香料(江苏)有限公司
199	111183G0199N	微型激光投影机 SMP－102	纳赛诺科技(句容)有限公司
200	111183G0200N	春甘 2 号甘蓝	镇江瑞繁农艺有限公司
201	111183G0201N	瑞绿一号西洋南瓜	镇江瑞繁农艺有限公司
202	111181G0202N	CAN 总线车身控制器	江苏新通达电器有限公司
203	111181G0203N	电子式汽车组合仪表	江苏新通达电器有限公司
204	111181G0204N	3－5MW 大功率风力发电机高压线圈	江苏冰城电材股份有限公司
205	111181G0205N	用伸缩性羊毛纱生产形态记忆增光精纺面料	江苏丹毛纺织股份有限公司
206	111181G0206N	可移动钟罩式全纤维电阻炉	江苏华东炉业有限公司
207	111181G0207N	太阳能电池板导电浆用超细球形铝粉	江苏天元金属粉末有限公司
208	111181G0208W	负离子地板	圣象实业(江苏)有限公司
209	111181G0209W	E0 地板	圣象实业(江苏)有限公司
210	111181G0210N	AP1000 核电蒸汽发生器用镍基合金	丹阳市龙鑫合金有限公司

(崔　超)

截至 2011 年底，全市共拥有镇江国家大学科技园、镇江京口高新技术创业服务中心等 5 家国家级科技企业孵化器，镇江学府科技创业园、镇江兴港科技创业园、镇江鑫鼎茂科技创业园等 14 家省级科技企业孵化器和 1 家省级科技企业加速器。2011 年，全市新建孵化器面积 52.72 万平方米，全市孵化器总面积达到 191.02 万平方米。(崔　超)

【产业联盟建设情况】 2011 年，市科技部门组织电力电器产业联盟承担"面向智能电网应用的电力电器标准研究"，并召开联盟企业工作交流会。围绕海洋工程装备新兴产业，成立市级特种船舶与海洋工程配套产业技术创新战略联盟。2011 年 12 月，江苏省航空材料和部件产业技术创新战略联盟获江苏省科技厅批复。至此，镇江已有 3 家省级技术创新战略联盟和 1 家市级技术创新战略联盟。(崔　超)

科技成果

【概况】 2011 年，全市科技成果鉴定 129 项。全年获省科学技术奖 20 项，其中企业技术创新奖 1 项，一等奖 1 项，二等奖 5 项，三等奖 13 项。受理市科技进步奖申报项目 116 项，评出获奖项目 67 项，其中一等奖 5 项，二等奖 16 项，三等奖 46 项；获奖项目中农业项目 7 项，工业项目 30 项，社会发展事业项目 30 项。(丁文斌)

【开展"2011 年度镇江市自主创新重大成果奖与杰出人才奖"评选】 经市委、市政府研究决定，授予镇江东方电热有限公司承担的"多晶硅生产过程氯氢化加热系统"、大全集团有限公司承担的"1.5－3MW 风电全功率变流器"为

2011 年度镇江市自主创新重大成果称号；授予江苏捷诚车载电子信息工程有限公司的王国俊、镇江恒驰科技有限公司的张育华为 2011 年度镇江市自主创新杰出人才称号。给予自主创新重大成果每项 20 万元奖励，给予自主创新杰出人才每人 10 万元奖励，并享受市劳动模范待遇。 （丁文斌）

表 28－11 **2011 年镇江市获江苏省科学技术奖项目一览表**

序号	奖励等级	项目名称	完成单位
1	企业技术创新奖	基于智能电力电器产业关键技术研发的科技创新体系建设	大全集团有限公司
2	一等奖	弧焊机器人装备关键技术研发与应用	江苏科技大学等
3	二等奖	MW 级高性能光伏并网发电装置的研发与产业化	江苏兆伏新能源有限公司等
4	二等奖	盐溶液输送装备的关键技术研究及产业化	江苏大学 镇江正汉泵业有限公司等
5	二等奖	汽车电动助力转向控制及系统集成技术研究与应用	江苏大学 江苏超力电器有限公司
6	二等奖	固液两相流双流道泵理论与关键技术研究及推广应用	江苏大学等
7	二等奖	7.55 万吨冰区加强型巴拿马散货船研制	江苏科技大学等
8	三等奖	废弃油脂制备生物柴油关键技术	江苏恒顺达生物能源有限公司
9	三等奖	特殊环境下风力发电专用智能化低压断路器的关键技术研发及产业化	江苏辉能电气有限公司等
10	三等奖	磷酸酯－环氧有机硅耐高温防腐蚀涂层材料	江苏荣昌化工有限公司
11	三等奖	棉型记忆休闲面料的制备	丹阳市丹祈鱼跃纺织有限公司等
12	三等奖	L27/38 高性能大功率中速柴油机开发及产业化	镇江中船设备有限公司
13	三等奖	高速配流摆线液压马达的关键技术开发与产业化	镇江大力液压马达有限责任公司 江苏大学
14	三等奖	永磁开关电器设计开发关键技术及应用	江苏中金电器设备有限公司等
15	三等奖	基于深度吸附处理、高效环保节能的油气回收集成技术及应用	江苏惠利特环保设备有限公司等
16	三等奖	满足美国 EPAⅢ排放法规的高性能通用小型汽油机关键技术	江苏大学
17	三等奖	汽车辅助制动装置设计理论与方法研究及其工程应用	江苏大学等
18	三等奖	黄海金马 1254 型大马力轮式拖拉机	江苏大学等
19	三等奖	30 万吨超大型矿砂船研发和产业化	江苏科技大学等
20	三等奖	基于基因组学和蛋白质组学整合分析及 RNA 干扰技术探讨大肠癌发生发展分子机制的实验研究	江苏大学附属医院等

（丁文斌）

表 28－12 **2011 年镇江市科技进步奖项目一览表**

序号	奖励等级	项目名称	完成单位
1	一等奖	航空航天用高品质钛合金薄板材及其精密成型技术	江苏呈飞精密合金股份有限公司、南京航空航天大学
2	一等奖	废弃油脂酸碱法制备生物柴油的关键技术	江苏恒顺达生物能源有限公司
3	一等奖	特殊环境下风力发电专用智能化低压断路器的关键技术开发及产业化	江苏辉能电气有限公司、西安交通大学
4	一等奖	几种色叶树种快速繁育技术创制与应用	江苏绿苑园林建设有限公司、江苏省林业科学研究院
5	一等奖	GITRL 调控机体 CD4＋T 细胞抗肿瘤免疫应答的实验和临床研究	江苏大学、江苏大学附属人民医院
6	二等奖	高效环保智能化热再生养护机械关键技术开发及产业化	江苏华通动力重工有限公司
7	二等奖	正负压一体化多功能泵输送系统	镇江市电站辅机厂有限公司
8	二等奖	双进油双电场原油高效脱盐脱水技术与设备	镇江金门实业有限公司、华东理工大学、中国化工集团山东昌邑石化有限公司
9	二等奖	HG3－550℃耐高温防腐蚀涂料	江苏荣昌化工有限公司
10	二等奖	多种燃料发动机综合电子控制单元	镇江恒驰科技有限公司
11	二等奖	“智慧会展 o 旅游”移动终端与服务平台	镇江凌空网络技术有限公司、江南大学
12	二等奖	高抗病毒病、优质西洋南瓜杂交新品种选育与推广	镇江市农业科学研究所、镇江瑞繁农艺有限公司
13	二等奖	水稻条纹叶枯病防控技术集成研究与推广	镇江市农业科学研究所、镇江市植保植检站
14	二等奖	超超临界大容量汽轮发电机转子槽楔铜合金研发与产业化	江苏科技大学、镇江四洋特种金属材料制造有限公司
15	二等奖	OX40－OX40L 表达及 CD40 基因多态性在冠脉不稳定斑块中的作用	江苏大学附属医院
16	二等奖	外源性一氧化碳对脓毒症凝血系统过度活化的抑制作用及分子机制	江苏大学附属医院
17	二等奖	氯膦酸二钠脂质体的制备及其在 SAP 多器官功能损害的保护作用	江苏大学附属医院
18	二等奖	铜绿假单胞菌耐药机制及其表位核酸疫苗的研究	镇江市第一人民医院、江苏大学
19	二等奖	髓系肿瘤中 GRAF 基因甲基化的临床研究	镇江市第一人民医院
20	二等奖	急性呼吸窘迫综合征早期诊断和治疗的研究	镇江市第一人民医院
21	二等奖	TaqMan－LNA 探针荧光定量 PCR 检测肠道病毒 71 型方法的建立及其应用	镇江市疾病预防控制中心

续表 28－12

序号	奖励等级	项目名称	完成单位
22	三等奖	BME 高速配流摆线液压马达	镇江大力液压马达有限责任公司
23	三等奖	节能型潜水排污泵关键技术研究及推广应用	镇江江大泵业科技有限公司、江苏大学
24	三等奖	GF 型核电站用仪表阀门	江苏海纳机电集团有限公司
25	三等奖	新型高效噪声主动控制系统	镇江嘉源电力设备有限公司、江苏大学
26	三等奖	基于数字化制造技术的汽车整车匹配主模型研制	江苏申模数字化制造技术有限公司、模具计算机辅助技术国家工程研究中心
27	三等奖	LDP60000 系列数字荧光示波器	江苏绿扬电子仪器集团有限公司
28	三等奖	高显色性、高光效 TOP LED 器件	江苏稳润光电有限公司
29	三等奖	船用防爆节能型电加热器	江苏裕兴电器有限公司
30	三等奖	煤焦化副产品综合利用为中心的化工集中区产业化循环链构建及示范工程	中化镇江焦化有限公司
31	三等奖	脱肟型单组份光伏组件用硅酮密封胶的研发与产业化	江苏天辰硅材料有限公司
32	三等奖	高铝锌合金环形铸件的铸模和铸造方法	镇江汇通金属成型有限公司、江苏大学
33	三等奖	LH－Ⅰ型钢轨修磨专用砂轮	镇江市砺河磨具有限公司
34	三等奖	碳酸钙复合纤维的制造方法及其应用	金东纸业(江苏)股份有限公司
35	三等奖	换位组合导线	江苏中容电气有限公司
36	三等奖	建筑用高强度高塑性钢筋	扬中市盛大实业有限公司、江苏天舜金属材料集团有限公司、江苏国建新材料有限公司
37	三等奖	智能型(可通信、数字化)用户分界户外高压真空断路器成套装置	江苏宜源诺成电气有限公司、江苏美联集团有限公司
38	三等奖	聚醚多元醇 NJ－380	句容宁武新材料发展有限公司
39	三等奖	生态型烧结彩砂关键技术研发及产业化	镇江市丹徒区迎宾彩砂厂
40	三等奖	针(芽)形名优绿茶清洁化安全生产连续化加工技术研究及关键设备	江苏吟春碧芽股份有限公司
41	三等奖	具有智能模块的新型永磁机构高压真空断路器开发与产业化	江苏科技大学、镇江市诚翔电器有限责任公司
42	三等奖	环保隔音材料	江苏科技大学
43	三等奖	无人机舱自动化及故障诊断系统	江苏科技大学
44	三等奖	镇江市海洋工程装备产业发展思路及对策研究	江苏科技大学、镇江市经济和信息化委员会
45	三等奖	镇江市森林资源规划设计调查	镇江市林业技术指导站
46	三等奖	优质晚粳稻超高产栽培集成技术的研究与示范	镇江市农业技术推广站、丹阳市农业技术推广中心、句容市作物栽培技术指导站
47	三等奖	无公害大棚草莓标准化栽培暨全程质量控制技术推广	镇江市草莓协会、句容市后白农场、句容市农业局
48	三等奖	镇江市征润州污水处理厂组合系统功能提升研究	镇江市水业总公司
49	三等奖	镇江市干线公路交叉口选型及优化设计	镇江市干线公路建设指挥部、镇江市交通规划设计院、江苏大学
50	三等奖	出国劳务人员艾滋病危险行为与“健康教育－责任管理－保证金”干预模式研究	镇江出入境检验检疫局、镇江市疾病预防控制中心
51	三等奖	室内环境中防蛀剂对二氯苯的生物标志物研究	镇江市环境监测中心站、江苏大学
52	三等奖	镇江市基础生态信息勘察与评价	镇江市勘察测绘研究院、中国地质大学
53	三等奖	老年病患异地就医医疗保险专业化服务	镇江江大科茂信息系统有限责任公司、江苏大学
54	三等奖	支气管哮喘患者基因多态性及临床表型的研究	江苏大学附属医院、江苏省人民医院、常州市第二人民医院
55	三等奖	参麦及丹参注射液对多器官功能损害保护作用及机制研究	江苏大学附属医院
56	三等奖	间充质干细胞移植治疗系统性红斑狼疮的临床研究	江苏大学附属医院
57	三等奖	抑郁症高场磁共振成像的基础及临床研究	江苏大学附属医院
58	三等奖	肿瘤相关基因及关键酶在实体瘤诊疗中的作用及机制	镇江市第一人民医院、浙江大学肿瘤研究所
59	三等奖	胃癌发生发展分子机制的实验研究	镇江市第一人民医院、扬中市人民医院
60	三等奖	前列腺癌相关基因转染及昆布多糖硫酸酯对前列腺癌抑制作用的研究	镇江市第一人民医院、镇江市第四人民医院、中国人民解放军第二军医大学
61	三等奖	牙龈卟啉菌外膜蛋白诊断试剂和通用疫苗的研究	镇江市第一人民医院
62	三等奖	中草药提取物治疗消化道肿瘤基因水平的研究	镇江市第一人民医院、复旦大学附属华山医院
63	三等奖	基因芯片在乙型肝炎诊治中应用的研究	镇江市第三人民医院
64	三等奖	妊娠高血压疾病 Treg 细胞变化与激素水平相关性研究	镇江市第四人民医院
65	三等奖	肾综合征出血热血管内皮细胞损伤与凝血功能异常的临床意义	丹阳市人民医院
66	三等奖	双草汤联合窄谱 UVB 治疗玫瑰糠疹疗效研究	扬中市人民医院
67	三等奖	在超声引导下用枯痔灵介入治疗卵巢子宫内膜异位囊肿的临床研究	句容市人民医院

（丁文斌）

表 28－13

2011年镇江市获省高层次创新创业人才引进计划资助一览表

序号	姓 名	申报单位	资助金额（万元）
1	蔡宗哲	江苏鱼跃医疗设备股份有限公司	100
2	常大勇	镇江固特丽生物科技有限公司	100
3	董 惠	江苏惠宇机械制造有限公司	100
4	韩宝瑜	江苏吟春碧芽股份有限公司	100
5	贺极苍	镇江仁健医疗设备有限公司	100
6	康龙云	江苏兆伏新能源有限公司	100
7	林均品	江苏省（丹阳）高性能合金材料研究院	100
8	林学春	江苏中科四象激光科技有限公司	100
9	孙 安	江苏安德信超导加速器科技有限公司	100
10	王浩静	江苏航科复合材料科技有限公司	100
11	杨 俭	江苏杰能交通科技有限公司	100
12	张波涛	大全集团有限公司	100
13	张 欣	镇江恒驰科技有限公司	100
14	郑涛	天奈（镇江）材料科技有限公司	100
15	钟庆东	江苏金雷凯光电科技有限责任公司	100
16	曹家珑	江苏兴航智控科技股份有限公司	50
17	陈 勇	江苏物泰信息科技有限公司	50
18	邓林忠	惠龙港国际钢铁物流股份有限公司	50
19	高 峰	江苏虹之谷动漫娱乐有限公司	50
20	高培良	镇江海腾光电科技有限公司	50
21	蒋维楠	大全集团有限公司	50
22	蒋毅敏	江苏兆能电子有限公司	50
23	雷牧云	江苏扬子机电科技有限公司	50
24	刘福春	江苏荣昌化工有限公司	50
25	毛巨林	江苏凌空投资有限公司	50
26	木士春	江苏正彤电子科技有限公司	50
27	盛恩善	句容宁武新材料发展有限公司	50
28	王 凡	镇江市电站辅机厂有限公司	50
29	吴文福	江苏天洋粮食机械有限公司	50
30	夏志杰	江苏爱伦软件有限公司	50
31	谢光远	江苏博威汽车科技有限公司	50
32	辛振祥	江苏华龙天晟橡胶制品股份有限公司	50
33	杨 波	纳赛诺科技（句容）有限公司	50
34	袁海卿	镇江威特药业有限责任公司	50
35	曾庆川	江苏中亚新材料股份有限公司	50
36	张 力	江苏中容环保有限公司	50

（丁文斌）

表 28－14

2011年镇江市列入企业博士集聚计划资助一览表

序号	姓 名	申报单位	资助金额（万元）
1	魏 渊	江苏吉贝尔药业有限公司	20
2	王 石	镇江诺尼基智能技术有限公司	20
3	刘福杰	江苏航科复合材料科技有限公司	20
4	程 璐	江苏航科复合材料科技有限公司	20
5	曹 辉	江大源生态生物科技有限公司	20
6	王利群	镇江东方生物工程设备技术有限责任公司	20
7	钱 钧	江苏文光车辆附件有限公司	20
8	项品峰	江苏顺发电热材料有限公司	20
9	陆建良	江苏吟春碧芽股份有限公司	20
10	高海平	江苏银佳企业集团有限公司	20
11	范江峰	扬中市江南砂布有限公司	20
12	仲伟静	镇江欧科生物技术有限公司	20
13	周金龙	金海新源电气江苏有限公司	20

续表 28－14

序号	姓　名	申报单位	资助金额(万元)
14	陆建钢	江苏和成化学材料有限公司	20
15	龚　斐	江苏三泰轻工科技有限公司	20
16	牛金海	江苏赛达医疗科技有限公司	20
17	潘卫清	江苏凯特光电科技有限公司	20
18	赵双群	江苏银宇模具材料有限公司	20
19	余泉茂	丹阳市博高新材料技术有限公司	20
20	汤　昕	江苏学府医疗科技有限公司	20
21	郭　鹏	镇江乐可视光电科技有限公司	20
22	杜道林	镇江维赛科技发展有限公司	20
23	张　啸	江苏京安拓达软件科技有限公司	20
24	杨旭东	江苏丹毛纺织股份有限公司	20
25	戴　罡	大全集团有限公司	20
26	秦海鸿	江苏南自通华电气集团有限公司	20

（丁文斌）

【技术市场】 2011年，全市认定登记技术合同1158项，成交总金额57238.12万元，比上年增长11.64%。平均每份技术合同成交金额49.43万元。技术开发合同成交金额44080.05万元，技术转让合同成交金额826.95万元，技术咨询合同成交金额522.86万元，技术服务合同成交金额11808.26万元。在成交合同中，涉及技术秘密、专利、计算机软件著作权等知识产权的技术合同计321项，成交金额5610.45万元。全市共有196项各级政府科技计划项目进入技术市场，技术合同成交金额达到28903万元，占全市技术合同成交总额的50.2%。（何卫东）

【院士工作站助镇江建成国内最大企业草菇种质资源库】 江南生物科技有限公司是一个集研发、生产、加工、销售、技术培训于一体的省级食用菌农业龙头企业，在公司的带领下，丹阳已成为全国最大的草菇生产基地。江南生物科技有限公司与吉林大学李玉院士合作，于2010年建立企业院士工作站。2011年，在李玉的指导下，由院士团队和企业技术人员组成小分队，赴广东、福建、上海等8个省市，新收集到草菇品种（菌株）52个，加上公司原有12个，建成存有64个草菇品种的资源库，这是国内最大的企业草菇种质资源库。为了用好品种资源，尽快培育出草菇新品种，院士团队派遣6名专家长期进驻企业，对收集的草菇菌种，扩繁筛选，选出商品性能好、生物学效率较高的优良菌株V26－1、V754、V753等10多号菌株，作为育种亲本备用。这些优良菌株已经带回吉林农业大学食用菌工程技术研究中心实验室进行基因图谱测序、单核菌丝培养和杂交配对，有望从中选育优质、高产、抗逆性强的草菇新品种，并在生产中大量推广应用。（张平平）

【大型仪器设备公共服务平台获省先进】 2011年6月30日，江苏省大型仪器共享服务平台2011年工作会议暨江苏省仪器平台2010年度先进表彰会在苏州举行，镇江市生产力促进中心作为镇江大型仪器设备区域协作网承建单位获得先进集体表彰，并作典型发言。这是市大型仪器设备公共服务平台自2009年开通以来首次受到省级表彰。（张平平）

【2011年省自然基金科技计划立项情况】 2011年，《云环境下服务逐渐趋优的合作式数据集成系统技术研究》《微电网多源频率支撑潜能挖掘及协同控制研究》等83个项目获省自然基金立项，获省项目经费812万元，立项数比上年增加144%，获项目经费数比上年增长127%，居全省第二。镇江市新立项的省自然基金项目中涉及新能源、新材料、电子信息、海洋工程、生物技术等新兴产业领域49项，占立项总数的59%。比如，南京大学镇江高新技术研究院获得立项的项目——《云计算环境中自适应服务提供技术研究》，主要开展面向云计算的流媒体处理系统的研究，计划发表SCI/EI论文8篇，申请国家发明专利2项，申请软件著作权1项。（张平平）

【省科技服务平台立项情况】 2011年获省科技服务平台项目立项5项，其中企业院士工作站2项，科技公共服务平台2项，国家工程技术中心（国家水泵及系统工程技术研究中心）配套1项，获省资金扶持800万元。其中，江苏省镇江软件外包科技公共服务中心获得资金200万元，中心提供软件及服务外包产业体系、IT及服务外包人才培训、软件科技信息咨询等服务，项目完成后将孵化外包企业80家，吸纳从业人员2000人，提供软件外包业务500项，实现产值1.2亿元，年服务收入6000万元；江苏省（丹徒辛丰）轴承产业公共技术服务中心获得资金100万元，中心将立足辛丰轴承之乡，向全省轴承企业提供新产品开发、成果推广、人才培训、信息咨询等多元化服务，项目建设期间每年研发新产品50项，技术转移转让5项，申请专利15项，服务企业100家，累计服务收入达到200万元以上。（张平平）

【省农业装备与智能化重点实验室建设情况】 该实验室由江苏大学、江苏沃得农业机械有限公司、常州东风农机集团有限公司共同建设。截至2011年，已申请专利63件，获得授权专利58件，其中授权发明专利11件；承担国家863重点项目、国家火炬计划项目等国家级项目9项，承担省、市级项目17项；获得省部级科技进步奖4项；发表论文145篇，其中SCI、EI、ISTP检索86篇；培养博士硕士研究生100多人。开发出新产品8项，DF25－40G2系列轮拖、DF204Y/254Y园艺型拖拉机、东风454G3拖拉机达到国内领先水平，DF25－40G2系列轮拖达到欧美国家技术标准。4LZ－6型全喂入轮式切纵流谷物联合收获机，采用“切流脱粒＋纵向轴流分离”技术，达到国际先进水平。（张平平）

【江苏省镇江现代焊接技术服务中心通过省级验收】 2011年11月5日，省科技厅在镇江组织相关专家对“江苏省镇江现代焊接技术中心”项目进行验收。专家组在审阅材料、听取汇报、现场考察的基础上,一致同意通过项目验收。该中心由江苏科技大学承担建设,中心投入1000多万元,建成研发服务场地4100平方米,新增总价值2000万元的等离子喷涂设备、CMT自动焊机等大型特色加工设备,电焊机新能测试仪、高温摩擦磨损试验机、大型ANSYS有限元软件等服务资源;建立公共服务平台网站;组建63人的现代焊接技术研发服务团队,已承担国家级、省级各类科技计划项目39项,获省部级奖5项,发表论文186篇,其中SCI、EI等收录46篇,授权发明专利10件、实用新型专利3件;服务收入累计超过600万元。 (张平平)

【江苏省茶业科技创新公共技术服务中心项目通过验收】 2011年12月12日,由江苏农林职业技术学院、南京农业大学、江苏省园艺技术推广站等单位共同承担的江苏省科技基础设施建设计划—科技公共服务平台"江苏省茶业科技创新公共服务中心"(BM2008144)项目验收会在江苏茶博园召开。验收专家组听取项目汇报,考察现场,审查相关资料,一致认为:该项目已建成硬件设施优良、人才团队结构合理、创新能力强、组织机构和管理制度健全、特色明显、公共服务手段多样、整体运行情况良好的省级公共服务平台。三年来,中心选育出茶树新品种2个;申请发明专利15件,其中授权发明专利1件;发表科研论文56篇;制订技术标准11项;引进新技术5项,推广新品种10余个,茶树无性系良种化率达28%;创制茶叶新产品4个。

(张平平)

【一项国家农业科技成果转化资金项目通过科技部验收】 该项目由江苏大学承担,获得科技部经费资助50万元。项目围绕镇江市制醋行业酿造糟渣低能耗生产工艺及关键技术进行产业化开发,通过集成快速发酵菌种、发酵配料和环境调控等方面的技术,优化产品配方与工艺,开发新产品3个,获得发明专利5项,软件著作权1件,形成制定企业标准和质量保证体系,建成有机基质、肥料和饲料生产线3条,销售产品近20万吨,应用推广面积达到3.14万公顷,增收节支效益6221.9万元。2011年4月8日,科技部农村司司长陈传宏到镇江出席验收会并祝贺项目取得预期成效。

(居秋生)

知识产权工作

【概况】 2011年,市知识产权局被人社部和国家知识产权局评为全国专利系统先进集体。知识产权产出作为重要的目标任务纳入《建设国家创新型城市试点工作实施方案》和《关于加强创新驱动加快技术创新型城市的实施方案》中,以地区生产总值和人口为基数,对专利授权数和发明专利申请数提出明确要求。制定《镇江市"十二五"知识产权发展规划》,推进知识产权战略的深入实施。下发《2011年度镇江市知识产权工作要点》,确定年度知识产权工作的目标、重点任务和措施。开展打击侵犯专利权和假冒专利行为专项行动,严厉打击假冒专利行为。全市累计开展专利执法检查145次,出动执法人员近800人次,发现专利标记不规范商品130多种,共立案查处假冒专利54件,立案调处专利侵权纠纷7件。中国(镇江)知识产权维权援助中心正式获国家知识产权局批复成立,开通12330维权援助热线,为企业和社会公众提供更加便捷的维权服务。"长三角城市知识产权协作机制研究"课题,获得长三角城市经济协调会立项支持。与国家、省知识产权局、省知识产权研究中心、驻镇高校、市发改委等单位合作,围绕专利运用、技术转移、质押融资、专利预警、知识产权战略联盟等知识产权工作的难点和热点,开展软科学研究,为镇江知识产权工作提供决策参考。启动知识产权战略推进计划申报。开展知识产权宣传和培训活动。发布年度知识产权发展与保护状况白皮书。

(何锦润)

【开展长三角城市知识产权协作机制研究】 2011年4月,长三角城市经济协调会市长联席会议在镇江召开,由市知识产权局牵头开展的《长三角城市知识产权协作机制研究》作为市长签约项目对外发布,获得立项支持,研究工作得到国家知识产权局的肯定。该课题以长三角22个城市为基础样本,进行城市知识产权现状分析,开展1000多家企业知识产权服务需求调查,探索城市间知识产权行政执法和维权援助协调机制,进行长三角地区重点领域专利预警以及促进新兴产业发展战略研究,围绕长三角地区重点高校、科研机构知识产权转化机制开展调研,对镇江市在长三角知识产权协作机制框架下的机遇和挑战作出分析,形成8万字的研究报告和对策建议,为政府决策提供参考。 (何锦润)

【中国(镇江)知识产权维权援助中心成立】 2011年2月9日,国家知识产权局下达《关于同意设立中国(镇江)知识产权维权援助中心的批复》,在原"镇江市知识产权维权援助中心"基础上,镇江市设立中国(镇江)知识产权维权援助中心,全市知识产权维权援助工作正式纳入国家知识产权局的重点建设体系中,出台《镇江市知识产权维权援助工作实施办法》,完成机构设置和人员配备,完善中心的工作机制和内部管理制度,并开通全国统一的"12330"知识产权维权援助和举报投诉热线,为市内遇到难以解决的知识产权事项或因经济困难不能支付知识产权纠纷处理、诉讼费用的本市公民与法人提供服务。 (何锦润)

【《"十二五"发展规划》出台】 2011年9月21日,由市知识产权局牵头组织,知识产权联席会议成员单位参与起草制定的《镇江市知识产权"十二五"发展规划》(以下简称《规划》),经市政府发文正式发布。该《规划》立足镇江发展实际,在《镇江市知识产权战略纲要》框架内,明确"十二五"期间知识产权面临的形势,提出具体的发展目标、重点任务、保障措施,为镇江市知识产权事业发展提供指导和支撑。 (何锦润)

【成立知识产权贯标工作指导委员会】 2011年4月7日,镇江市成立知识产权贯标工作指导委员会。指导委员会由江苏省、镇江市及镇江各辖市(区)知识产权局有关领导、江苏省专利信息中心、江苏省知识产权研究中心的负责人组成。指导委员会指导知识产权中介服务机构和企业实施《江苏省企业知识产权管理规范》,推进镇江市企业知识产权管理标准化建设,解决贯彻《江苏省企业知识产权管理规范》过程中出现的问题。

(方立东)

【启动"百企贯标"工作】 2011年,全市参加知识产权管理标准化示范创建的企业106家。镇江市将贯标分为个别贯标和集体贯标两种。个别贯标以满足企业个性化的需求为主,适用于大型企业和集团,由企业直接委托贯标咨询辅导机构开展知识产权工作各个环节的梳理、咨询和辅导。集体贯标适用于中小型企业,是在镇江市贯标工作指导委员会的指导下,由各个辖市(区)知识产权局牵头组织,选择贯标咨询辅导机构进行集中的咨询、辅导、培训,以达到知识产权管理标准化建设的共性要求。

(方立东)

【90余种专利新品参加全省企业创新成果展】 2011年7月,全省企业创新成果展在南京举行,镇江市90余种专利新品在展会上展出。这些专利新品来自全

市86家企业，涉及海洋工程、装备制造、电子信息、新材料等新兴产业。省长李学勇认为，镇江企业创新成果显著，发展目标明确，形势令人振奋。他强调，实现发展跨越、转型升级，必须坚持高端引领、创新驱动。他希望镇江进一步加快新兴产业发展步伐，努力在新能源、新材料、海洋工程、电子信息、装备制造等领域，产出更多"国际先进、国内一流、全省唯一"的专利新产品。 （方立东）

【镇江新区知识产权保护中心成立】 2011年12月1日，镇江新区知识产权保护中心正式成立。该中心是由镇江经济开发区检察院和南京大学法学院牵头，是江苏省首家依托检察系统成立的知识产权保护中心。其主要目的是构建镇江新区知识产权司法保护体系，以应对近年来急剧上升的知识产权案件。该中心将立足新区，辐射全市，为各类创新型企业提供知识产权法律咨询、诉前调解等服务，并在检察院系统开辟绿色通道，严厉打击侵犯知识产权和制售伪劣商品的犯罪行为。 （方立东）

【新兴产业知识产权战略联盟（联合体）成立】 2011年12月19日，镇江市新兴产业知识产权战略联盟（联合体）（以下简称"联盟"）正式成立。该联盟是由镇江市知识产权局牵头组织协调、江苏省知识产权研究中心发起的，旨在引导全市知识产权咨询、代理、辅导、研究、培训等服务机构与新兴产业企业结为战略联盟，加强新兴产业知识产权人才培养，防范知识产权风险，推动专利信息共享，提高企业知识产权管理水平，促进新兴产业知识产权运用能力的提高，并通过联盟内企业专利交叉许可和资源共享，实现战略性新兴产业重大关键技术知识产权创造，带动全市新兴产业的全面升级，增强以知识产权为核心的产业竞争力，逐步实现新兴产业的高端化。

（方立东）

防震减灾

【概况】 2011年，镇江市地震局围绕防震减灾体系建设，在地震监测预报、抗震设防要求管理、地震应急救援、防震减灾宣传、城市地震安全等方面取得新进展。

加强台站基础设施建设。6月全面完成"苏句容16井"所有观测项目数字化技术改造。加强茅山地区震情监视，7月为"苏丹徒18井"配备中国地震局最新研制的DVF－Ⅱ型临震电磁信息监测仪，能全天候24小时连续不断自动采集和存储数据，并应用先进地震分析预报软件对数据进行处理和分析，实现数字化、自动化观测和网络化传输。

处理有感地震和宏观异常现象。1月1日江苏盐城建湖发生M2.9级震群，1月12日南黄海海域发生M5.0级地震，1月19日安徽安庆发生M_S4.8级地震，3月11日日本发生9.0级特大地震并诱发大海啸，造成核泄漏，市地震局及时接受记者采访，介绍震情和镇江近期震情趋势，介绍如何防范核辐射等地震次生灾害的知识。及时处置6月2日、7月29日、11月11日长江镇江段江面出现黄色雾状物和丹阳市延陵镇麦溪前青墩村道路发生异常隆起以及丹阳市白龙寺井观测井水位持续下降等宏观异常现象。协助中国地震局台网中心和省地震局分析预报中心，完成对"苏丹徒18井"水位、气氡异常现场调查核实。全年完成异常调查报告2篇。

震情监视跟踪和会商工作。制定并实施《镇江市地震局2011年度震情监视和短临跟踪工作方案》，实行台站24小时全天候值班，测震仪运转率达99%以上。6月和9月召开年中、年度会商会，形成镇江市2012年度地震趋势会商意见。组织编写的《江苏省2012年度地震趋势研究报告》在全省评比中获第三名。全年市地震监测台网处理近震及地方震58个，速报地震2个。辖区内共发生3次小震，分别是6月8日句容M_L1.9级、7月5日句容与溧水交界M_L2.3级及8月30日丹徒M_L1.4级地震。全年共发送震情短信60批次，编发《台网月报表》12期、《震情通报》12期、《震情简报》4期。

建设工程抗震设防要求管理。将抗震设防要求管理纳入行政审批程序，对多项重大工程、生命线工程和可能发生严重次生灾害工程依法开展地震安全性评价工作，人员密集场所建设工程按高于一般工民建抗震设防要求进行设计和施工。配合市住建、教育等部门编制和启动中小学校舍安全工程三年规划。先后对全市2831栋、360.65万平方米校舍进行排查鉴定，并据排查鉴定结果制定工程总体规划和年度实施计划。建成丹阳市珥陵镇珥城社区全国综合减灾示范社区、丹阳市经济开发区华甸社区全国综合减灾示范社区同时也是全省首批地震安全示范社区、镇江新区"万倾良田"地震安全示范工程、丹阳界牌镇界西社区全省综合减灾示范社区。新建丹阳云阳镇万善园社区、丹徒永安新城家园、扬中三茅镇丰裕社区3个地震安全社区。

新增地震应急救援队伍和装备器材。5月依托预备役高炮二团为基本力量，组建第二支市级专业地震灾害紧急救援队。完成市地震局应急器材库和市12322防震减灾公益热线电话服务系统建设。5至7月，市地震局与市经信委联合开展全市地震系统无线电台站核查工作，进一步规范无线电台站设置、使用行为。

规划建设应急避难场所和防震减灾科普示范学校。与市住建部门共同推进市体育会展中心国家Ⅰ类标准地震应急避难场所建设。市及各辖市（区）新建成市行政中心人防工程、丹阳市市行政中心广场、句容房家坝生态公园、丹徒新城广场、句容玉清广场、句容体育馆、扬中第一中学等7个地震应急避难场所，全市共建成地震应急避难场所17个。新创建丹徒石马中心小学省级防震减灾科普示范学校，全市共创建省级防震减灾科普示范学校13所、宣传网点8个。

（黎建新）

【"市地震监测台网中心"建设完成】 2011年，市地震局先后投入1200万元率先建成全省首个功能较全，集"地震监测、应急指挥、科普宣传"三位于一体的"市地震监测台网中心"工程。11月完成市地震应急指挥中心弱电项目并顺利通过由省地震局等相关部门专家组成的验收组验收，完成网络与通信系统、周边绿化和道路等配套工程建设，完善"台网中心"指挥、应急、监控、监测、会商系统等辅助功能设施。中国地震局常务副局长刘玉辰视察镇江防震减灾工作时评价："镇江市地震监测台网中心工程，无论其功能还是规模，在全国地市级这个层面上都是一流的"。省地震局局长丁仁杰批示称赞："镇江市地震监测台网中心建设全省第一，已进入全国一流行列。"新疆、安徽、内蒙、青海等省（区）地震部门以及省内各市地震系统先后到台网中心参观考察。 （黎建新）

【全省防震减灾工作年度考核第二名】 2012年2月，省考评委从能力与基础建设、法制工作、地震监测预报、地震灾害预防、地震应急救援、防震减灾社会动员等六个方面，对全省13个省辖市防震减灾工作进行综合考核评分，镇江市获2011年度全省防震减灾工作年度考核（市级）第二名。 （黎建新）

气　象

【概况】 2011年，镇江市气象局共发布

《重要天气报告》39 期,《专题天气报告》32 期,《专项天气报告》40 期,《气象灾害评估报告》3 期,《气候评价》14 期,《灾情快报》4 期,《农用天气预报》37 期,《特色农业气象服务》21 期,各类气象预警信号 42 次。

公众气象服务:除通过电台、电视台、96121 信箱、手机短信、网站等方式向外发布外,还通过电子显示屏、农村大喇叭等向乡镇村、专业合作社、种粮大户、个体农户等发送,另外,与镇江交通台合办的节目"气象哆来咪"中,由预报员通过连线直播的方式发布,开办"镇江气象"的官方微博进行信息发布。

重大活动气象保障:针对内河搜救综合演习,共制作专题天气报告 23 期,每天向市委市政府、地方海事局等单位提供天气情况,尤其是针对演习当天的天气,除提供天气、风向风速、气温外,还增加云底高度等气象要素。在全市高层建筑消防应急拉动演练中,气象应急车第一时间赶到现场对风速风向、温湿度等展开监测并汇报给现场指挥部。针对"金山湖"国际龙舟赛、电视台飞机航拍、庆祝中国共产党成立 90 周年万人红歌会等活动,均进行天气保障。

人工影响天气:2011 年 1 ~ 6 月上旬,镇江市持续气象干旱,市领导作出批示,要求采取人工增雨和引长江水的抗旱措施。于 5 月初到 6 月上旬在句容、丹阳等地抓住有利条件,实施 6 次人工增雨作业,增雨效果明显。

为农服务两个体系建设。镇江市是全省唯一的拥有全国(丹徒)和全省(句容)两个气象为农服务示范县的地区。8 月 31 日,中国气象局党组副书记、副局长许小峰到句容视察时对镇江市积极落实中央一号文件、扎实推动两个体系建设、充分融入地方政府公共职能建设等方面所做的工作给予肯定。

在丹徒区谷阳茶场、槐荫村水稻田建设完成自动小气候观测站 2 套,在丹徒区宝堰镇、长山生态园,句容丁庄、白兔、戴庄建设完成气象灾害观测站 5 套,完成谷阳茶场、槐荫村、辛丰镇、江心、宝堰、长山等多个电子显示屏的建设,并在省内率先推出气象预警电视和物联网观测系统。 (居小虎)

水 文

【概况】 江苏省水文水资源勘测局镇江分局有在职职工 51 人,下辖国家防汛指挥系统镇江水情分中心、江苏省水环境监测中心镇江分中心以及湖西和句容 2 个水文水资源监测中心。全市建有水文(位)站 9 个、雨量站 11 个、地下水位站 11 处、水质监测断面 143 处,另还有几十处地方管理的汛期报汛站点。镇江分局常年担负着镇江市境内主要江河湖库的水位、流量、降水、蒸发、水质、泥沙及水土流失等信息的监测收集、分析评价工作,建立和管理全市水文数据库,进行暴雨洪水、长江潮位的分析预报,为政府防灾减灾决策提供水文技术支撑。开展全市江河湖库水功能区划分及地下水水量和水质监测并编发水功能区水质通报和水资源简(公)报。技术咨询服务领域逐年扩大,从测量、水文测验到排污口论证,水资源论证,防洪影响评价,节水规划,采砂论证,水平衡测试等。2011 年镇江分局获得水土保持方案编制乙级资质证书。镇江水环境监测分中心升级改造工程于 2011 年 4 月投入使用。 (傅太生)

【水文监测】 2011 年,全局完成水文监测站年数如下:降蒸 19 站年、水(潮)位 10 个站年、流量断面 4 处,浅层地下水逐日水位站 4 个站年、五日水位站 3 个站年、水温站 2 个站年,深层地下水十五日水位站 7 个站年、水温站 2 个站年。 (傅太生)

【水环境监测】 2011 年重点加强重要城市供水水源地、入河排污口和市界断面的水质监测工作。2011 年单月监测镇江市 125 个水功能区,共有监测站点 132 个;双月监测镇江市 37 个重点水功能区,共有监测站点 41 个。监测深、浅层地下水 6 口监测 4 次。对 10 个企业进行退水监测 3 次。每月两次对镇江市 5 个集中式饮用水水源地采样监测,监测项目 10 个,资料及时上报江苏省水环境监测中心。

全年共设地表水质监测站点 143 个、排污口站点 14 个、地下水 6 个,监测 50 个项目,取水样 1600 多个,获得水质数据 25000 多个。

全年编制《水功能区水质通报》12 期、《深层地下水动态监测季报》3 期,并完成《2011 年度镇江市水功能区水环境质量通报》《2011 年镇江市水资源公报》和《镇江市 2011 年深层地下水动态监测报告》的编制。 (傅太生)

【水文情报】 2011 年汛期共向水利部、省水文局、市防汛防旱办公室发送水情报文 2578 份,未发生报文迟报、漏报现象,至此,水情传输连续 10 年无错报。全年共编发水情简讯(含旱情分析)14 期、水情分析 6 次、水情报表 154 份,通过电话回答有关咨询 350 多次,水雨情短信覆盖面延伸到辖市(区)水利系统。 (傅太生)

【长江潮位预报】 从 2011 年 6 月中旬到 9 月上旬,运用预报方案对镇扬汽渡高潮潮位进行 24 潮次预报作业,合格率达 100%,预见期从 24 小时到 96 小时,预报误差小于 0.15 米的达 58.3%。 (傅太生)

综 述

【概况】 2011年是贯彻落实国家、省《中长期教育改革和发展规划纲要》的第一年，全市教育现代化建设取得新进展。市及辖市（区）相继召开教育工作会议，出台贯彻国家、省和市教育规划纲要的实施意见。围绕终身教育体系现代化建设，启动"五大工程"，即学前教育优质普惠发展，义务教育优质均衡发展，高中教育优质特色发展，职业教育优质创新发展，社会教育优质按需发展。扬中市作为"江苏省区域教育现代化建设提升工程"8个试点县（市、区）之一，开展前期调研，制订实施方案。润州区抢抓南徐新城建设机遇，定位"省内领先、镇江第一"，未来5年计划投资7.5亿元，配套新建28项教育重点工程。

镇江作为承担国家学前教育改革试点地区，加快体制机制改革创新，在省内率先提出实现学前教育"2015年免费1年，2020年免费3年"的发展政策。教育部、省教育厅先后在镇江召开专题调研会，多家中央、省级媒体联合采访报道镇江学前教育体制改革经验。

启动5年一周期的"教师素质提升百千万工程"，即选派100名左右的校长赴境内外名校培训或挂职，邀请1000名左右的专家到镇江讲学，选拔10000名左右的各级教育教学能手。按照年度计划，46名校长赴境外培训，11名高中校长赴南通挂职，5000多名教师参加国家级、省级各类培训，269名专家到镇江讲学，评选县级（辖市、区）骨干教师1800名。高中阶段教师硕士学位或研究生学历比例达15%。

全年新建小区配套幼儿园14所、乡镇中心幼儿园2所、农村幼儿园1所，分别创建省、市优质幼儿园5所和11所。义务教育迈向优质均衡，全市14所义务教育改制学校回归公办，实行划片招生。市直学校骨干教师流动比例超过15%，四星级高中招生计划的50%分配到各初中学校。创建市级现代化学校32所。江苏省镇江中学《物理科学与技术实验课程基地》项目入选首批高中课程基地建设项目，省丹中成为全省承担普通高中"创新人才培养基地"改革试点项目的14所学校之一。句容市创建成全省首批10个职业教育创新发展实验区之一，句容中等专业学校进入第二批国家中等职业教育改革发展示范校项目学校，丹徒中等专业学校机电技术应用专业列为2011年中央财政支持的国家实训基地项目，建成5个省级和10个市级品牌和特色专业。职校学生参加全省职业学校技能大赛，金牌总数和总分进入13个省辖市前六名。润州区积极创建全国社区教育实验区和数字化学习先行区，句容市建成省级社区教育实验区，全市新创建4个省级社区教育中心。

全市教育经费总投入44.40亿元，比上年增长15.92%。丹阳市后巷镇新建九年一贯制学校，改善乡镇义务教育办学条件，缓解外来务工随迁子女的入学压力。镇江新区、句容市在农民集中居住区建设中，分别配套新建现代化的平昌小学、天王中心小学。全市中小学"校安工程"开工面积占省定"三年规划"的97.3%，列全省第四位。

全市学前教育入园率98%，义务教育初中巩固率99.9%，高中阶段毛入学率104.61%，高等教育毛入学率46%，职校毕业生就业率98%，主要劳动年龄人口平均受教育年限超过9.5年。外来务工人员子女义务教育阶段100%在公办中小学就读，中小学贫困生帮扶面100%。

全市有学历教育学校265所。非学历教育机构中，有幼儿园190所，教职工4706人，在园幼儿64140人。老年大学5所，在籍学员6000人。各辖市（区）有5个建立社区学院，59个乡镇（街道）全部建立社区教育中心。90%的社区（行政村）建有居民学校。从事社区教育专职干部和教师284人，兼职教师2000余人。有148家经市及辖市（区）批准的民办教育培训机构，年培训30万人次。

（裴 伟）

【辖市（区）政府教育工作督导考核】 2011年，市委组织部、市教育局组成市督导组对辖市（区）政府2010年以来履行教育工作职责情况进行督导评估和考核。对照省委组织部、省教育厅、省政府教育督导团新修订的《江苏省县级人民政府教育工作督导考核标准》，经量化评分、综合评议，各地考核结果为：润州区93分，扬中市92分，京口区92分，句容市91分，镇江新区90分，丹徒区86分，丹阳市76分。根据省定评分规则，90分以上为优秀，80～89分为良好，60～79分为合格。

（赵 平）

【教育经费投入】 2011年，全市教育经费总投入444003万元，比上年增长15.92%。其中国家财政性教育经费总投入365791万元，增长23.18%；教育费附加、地方教育附加和地方教育基金共计67854万元，增长80.2%。民办学校中举办者投入739万元，增长293.09%。社会捐、集资办学经费收入5582万元，增长13.41%。事业收入61778万元，下降10.17%，其中学杂费收入46830万元，下降2.2%。其他收入10113万元，下降17.06%。

（焦叶飞）

【中小学校舍安全工程】 2011年，镇江市将中小学校舍安全工程列入市政府“十大民生工程”，强化责任，确保质量，加快推进校舍安全工程建设。截至年底，全市累计开工62.57万平方米，累计竣工36.14万平方米。开工面积占3年规划的119.6%，列全省第二；竣工面积占62.86%，列全省第五。全市拆除或封存D级危房82栋共计71084平方米，所有学校和校舍基本数据以及学校和校舍规划数据等基本信息的录入和县区级审核全部完成。校舍信息系统中校园照片、视频，单体建筑物照片、视频，实施项目信息的录入和县区级审核各项进展指标均居全省前列。 （田卫星）

【改革中小学食堂管理模式】 2011年，镇江市教育局、物价局印发《镇江市中小学学生食堂伙食费管理暂行办法》，明确学生食堂的公益性质。市教育部门对食堂管理作有益的探索和改革，形成食堂管理的“镇江模式”。实现管理“五统一”，即统一管理、统一采供、统一标准、统一财务、统一价格。通过集中管理、招标，降低成本，使得伙食费标准在质量稳步提高的同时，受到市场价格影响和冲击较小。对大宗食品采购实行准入机制，确保食品安全。自新模式实行以来，家长和学生对合作食堂的投诉大幅降低，学生满意率提高。在2011年度市餐饮服务单位食品安全量化分级管理信誉度A级单位评估中，市区23所学校食堂有2家通过A级食堂验收。11月20日，江苏卫视等8家省级媒体到镇江集中采访，给予高度评价。 （裴 伟）

基础教育

【概况】 2011年，全市有幼儿园192所，在园幼儿65136人，有幼儿教师3753人。完全中学5所，普通高中17所，专任教师3680人，学生4.57万人。九年一贯制学校16所。初级中学70所，专任教师6530人，学生6.71万人。普通小学129所，专任教师8297人，学生13.09万人。特殊教育学校5所，教职工166人，学生199人。 （裴 伟）

【普通高中教学质量提升】 2011年高考全市本二达线5103人，达线率32.88%，其中市区1070人，达线率35.57%；全市本一达线1820人，达线率11.73%，其中市区464人，达线率15.43%。

2011年，镇江市参加2012届高中生全国奥林匹克学科竞赛，146人次获省一等奖，其中22人次获全国一等奖。与2011届相比，获省一等奖的人次增加39人次，增长率36.4%。获全国一等奖人次增加17人次，增长340%。其中市区增加16人次，并有3名学生被北京大学、清华大学预录取。

8月11日，在全国青年奥林匹克知识大奖赛江苏赛区的总决赛上，镇江市代表队获冠军，市教育局获组织奖。 （裴 伟）

【义务教育改制学校恢复公办划片招生】 2011年，全市14所义务教育阶段改制学校中，除2所停办外，其他12所全部明确为公办。其中有7所学校于2010年恢复公办，并执行公办学校办学政策。2011年，镇江市外国语学校、镇江市索普实验学校、镇江市润欣学校、丹阳市实验中学、丹阳市华南实验学校5所学校执行公办办学政策，全部按教育局划定的施教区招生。 （裴 伟）

【市区初中教育集团组建】 2011年12月，市教育局以市外国语学校和江南学校为龙头，分别组建市区初中两大教育集团。外国语教育集团的核心学校是镇江市外国语学校，成员学校包括镇江市第二中学（初中部）、镇江市第四中学、镇江市第六中学和镇江市实验初级中学；江南教育集团的核心学校是镇江市江南学校，成员学校包括镇江市第三中学、江苏科技大学附属中学和镇江市索普实验学校。两大集团实行市教育局领导下的理事会负责制，采取合作式办学模式的成员学校实施集团发展规划，接受集团考评，创造性开展工作，切实推进区域义务教育的优质均衡发展。 （裴 伟）

【施颖被评为省“十大美德少年标兵”】 市特教中心高二聋哑学生施颖（女）身残志坚，曾代表江苏省参加第四届全国残疾人职业技能大赛，获美甲组铜奖。2011年在江苏省“百名美德少年”“十大美德少年标兵”评选表彰活动中，成为全市唯一获两项荣誉的学生。 （裴 伟）

【特殊教育】 2011年，全市适龄残障儿童少年总人数965人，其中在校残障学生总人数约为947人，在特殊教育学校就读的培智生290人，聋生165人；普通学校随班就读点62个，培智生458人，聋生18人，盲生16人，义务教育入学率98%以上。教职工161名，其中专任教师125名，基本满足特教工作需求。全市基本形成从学前—义务—高中的集聋、弱于一体的综合型特殊教育服务体系，构建市、辖市（区）、校特殊教育网络，形成“以随班就读为主体、以特教学校为骨干、以示范学校为龙头”的特殊教育发展格局。 （贡 青）

职业教育

【概况】 2011年，全市有中等职业学校19所，学生3.03万人。中等职业学校占地面积119.66万平方米，图书851802册。教职工2316人，其中专任教师1812人，聘请校外教师106人。2011年招生13857人，毕业生6649人，毕业生就业率99.08%。教育系统培训退役士兵987人，占全市培训总数的87.2%。重点推进校企合作办学、冠名办班、订单培养等，把校企合作作为专业设置、招生计划审批的前置条件，职业学校订单培养的专业占招生专业的80%以上。 （裴 伟）

【《加快职业教育改革发展的意见》】 2012年3月21日，市政府办公室印发《加快职业教育改革发展的意见》。《意见》提出要强化职业教育战略地位，明确加快职业教育改革发展的指导思想和“十二五”职业教育改革发展的目标任务。提出统筹调整职业学校布局，打破区域、部门、学校类型界限，稳步推进中等职业学校办学资源整合。公办中等职业学校调整到10所左右；推进镇江东方技工学校、镇江技师学院（含公共实训基地）等整合迁建。辖市（区）政府统筹安排教育、人社、农业、科技等部门的项目资金，用于当地职教中心开展农村职业教育和各类培训，同时统筹协调乡镇“农科教”培训资源，以职教中心、就业训练中心、乡镇社区教育中心为主体，大力实施“农村实用人才培训工程”和“农村劳动力转移培训工程”，重点做好返乡在乡农民工、退役士兵职业技能培训工作；适应地方现代高效农业发展，办好涉农专业，加快培养社会主义新农村建设需要的新型农民。市政府成立职业教育改革发展领导小组，研究加快职业教育改革创新的政策措施和工作安排，及时协调解决职业教育发展中的重要问题。 （裴 伟）

【句容被列入首批省职业教育创新发展实验区】 2011年5月，句容市成为江苏省教育厅从全省40个创建申请中遴选出来的首批10个江苏省职业教育创新发展实验区之一。成为江苏省职业教育创新发展实验区后，句容市按照《江苏省职业教育创新发展实验区建设方案》，把实验区建成职教发展的引领区和改革发展的实验区。 （王建明）

【镇江高职校高技能人才培养】 2011年6月27日，全国职业院校技能大赛在天津落幕，镇江高等职业技术学校选手摘得一金两银，其中数控专业学生朱冰鑫获工业产品设计项目金牌，机电一体化专业学生徐志鹏获机电一体化项目银牌，数控专业学生顾金林获数控车项目银牌。该校重视技能训练，将竞赛作为技能训练平台，通过参加大赛促进职业教育办学模式改革、课程教学改革、“双师型”教师队伍建设和实训基地建设。在2011年江苏省职业学校技能大赛中，该校选手取得16个一等奖、37个二等奖以及36个三等奖，总分名列全省第一。在省创新大赛上，获1个一等奖，1个二等奖和3个三等奖。4月25～27日，2011中芬(江苏)职业院校技能比赛在苏州工业园区职业技术学院举行，比赛由江苏省教育厅、芬兰国家教育委员会、芬兰技能比赛委员会联合主办。该校2名学生取得第三名。 （匡 霞）

【职业实训基地建设】 2011年，市教育局制订职业实训基地建设方案，组织论证。丹徒中等专业学校机电技术应用专业列为2011年中央财政支持的国家实训基地项目。句容中专校汽车专业、润州中专校电气运行与控制专业实训基地列入省级项目。镇江高职校被市政府认定为首批职业培训基地。 （郑学斌）

【品牌、特色专业建设】 2011年，市教育局制定“十二五”市级职业教育品牌、特色专业建设标准，开展评估认定工作。全市建成6个省级和12个市级品牌和特色专业。同时对部分中职合格专业进行评估认定。 （郑学斌）

【润州中专通过四星级评估验收】 2011年10月31日，江苏省教育评估院专家组对润州中等专业学校进行为期两天半的考察评估。经省高水平示范性中等职业学校答辩评审、省中等职业学校星级评估专家委员会审议，2012年1月13日，江苏省教育厅发文认定润州中等专业学校等11所学校为四星级中等职业学校，同时认定为江苏省高水平示范性中等职业学校。至此，镇江市教育部门主办的中等职业学校全部成为四星级学校。 （裴 伟）

高等教育

【概况】 2011年，全市有普通高校5所，其中省属院校3所，市属高校1所，民办高校1所，另有江苏大学京江学院、南京财经大学红山学院、江苏科技大学南徐学院。有本、专科学生80154人，有成人高校在校学生28256人。教职工9692人，其中专任教师5281人。江苏大学、江苏科技大学是省属本科院校，有博士生775人、硕士生7084人，本科生52289人，博士点48个，硕士点215个，博士后流动站8个，两院院士1人，国家级重点学科2个，国家重点工程研究中心1个，省级重点学科9个。

全市高校占地面积633.97万平方米，有图书779.54万册。 （裴 伟）

·江苏大学·

【概况】 2011年，江苏大学有教职工4800余人，专任教师2200余人，其中教授340余人，特聘两院院士7人，教育部长江学者特聘教授1人，国家杰出青年基金获得者2人，新世纪百千万人才工程国家级人选7人，“青年千人计划”1人，江苏省“333高层次人才培养工程”首席科学家1人，中青年科技领军人才12人，博士生指导教师190余人。学校有全日制在校生42000余人，其中研究生7200余人，外国留学生300余人。新增省实验教学示范中心2个。新增物联网工程、新能源科学与工程、能源经济、环保设备与工程、生物工程和卫生检验等6个新专业，本科专业83个。电气工程及其自动化、医学检验、测控技术及仪器、临床医学等4个省品牌特色专业通过验收。理科江苏本一开档线继续名列全省高校第7位。学校被批准为江苏5所自主招生试点高校之一。

（霍建伟 卞丽华）

【科研工作】 2011年，江苏大学科研总经费4.07亿元，较2010年增长35.7%；获省部级奖38项，其中一等奖3项；三大检索论文1530篇；出版学术专著56部；申请专利575件，授权专利302件，其中发明专利185件；申请国际发明专利9件；新增江苏省汽车车轮、潜水电泵等5个省级工程技术研究中心和江苏省中小企业汽摩产业、丹徒辛丰轴承产业等2个省级公共技术服务平台；通过军工质量管理体系综合评议及换版审核；学报自然版、《排灌机械工程学报》进入北大中文核心期刊，学报自然版被评为2011年度中国精品科技期刊；江苏大学镇江地区工程研究院、阜宁新能源装备技术研究院相继成立。学校获中国国际工业博览会铜奖、中国产学研合作促进奖和产学研合作创新成果奖。

（霍建伟 卞丽华）

【学生教育管理】 2011年，江苏大学获省高校学生教育管理创新一等奖；大学生科技创业实习基地被批准为国家级高校学生科技创业实习基地；在第12届全国大学生“挑战杯”竞赛中，获1个特等奖、1个一等奖、3个二等奖、1个三等奖，以总分第10名的成绩连续第三次捧得“优胜杯”。全面落实辅导员岗位聘任，学校被省教育厅增设为江苏省高校辅导员培训与研修基地。

（霍建伟 卞丽华）

·江苏科技大学·

【概况】 2011年，江苏科技大学有镇江3个校区和张家港校区，固定资产总值10.4亿元。有教职工2000余名，其中高级职称人员569名。在校研究生2600余人，普通本科生21900余人。中国人民解放军在学校设立后备军官选拔培养工作办公室，有近300名国防生在读。图书馆藏书170万册，电子图书50多万种。

学校设有14个学院，56个本科专业(含方向)，有2个一级学科博士学位授权点、6个二级学科博士学位授权点、12个一级学科硕士学位授权点、48个二级学科硕士学位授权点；有工程硕士、农业推广硕士、工商管理硕士、会计硕士等4个专业硕士学位培养类型。

学校主办《江苏科技大学学报(自然科学版)》《江苏科技大学学报(社会科学版)》《中国蚕业》《蚕业科学》等公开出版刊物。

学校与中国人民解放军海军政治部、中国船舶工业集团公司等单位建立全面合作关系；与俄罗斯、乌克兰、美国、法国、澳大利亚、印度、日本等国开展合作科研和合作办学；与江南造船集团公司等一批著名企业建立长期合作关系，成立有100多家单位参加的合作发展委员会。英国劳氏船级社、日本常石造船株式会社、中国船舶重工集团公司、广州广船国际股份有限公司、美特科技(苏州)有限公司等多家企业在学校设立各类奖助学金20多项，年奖助学总金额近1700万元。 （张 强）

【师资队伍建设】 2011年,江苏科技大学聘任"双聘院士"1名,海外特聘教授1名,柔性引进海内外优秀专家、学者14名,10人入选省"333高层次人才培养工程"培养对象,2人入选省高层次人才项目,高层次人才队伍建设进一步加强。引进博士34人,聘任5名"江苏省产业教授";加强教师培训工作,55名中青年教师到企业参加工程实训,31人攻读博士学位,38人出国进修,师资队伍素质不断提高。（张 强）

【获教育部高校科技进步一等奖】 2011年,江苏科技大学"船舶集成制造管理系统研发与应用"成果获教育部高等学校科学技术进步奖一等奖。该项目研究成果开创中国船舶类复杂产品集成制造管理软件的研发和产业化模式,打破国外软件在中国的技术壁垒。与国外同类技术相比具有本土优势和价格优势,与国内同类技术相比,本项目是专门针对船舶制造企业研发的,具有鲜明而独特的行业特色。（张 强）

【"中国英语学习者语音库"项目启动】 该项目是江苏科技大学与中国社科院语言研究所合作的亚洲二语语音库之中国地区项目,2011年在江科大外国语学院语音科学实验室启动。这是中国语音研究、二语语音研究领域与日、韩、印度等国家和中国港台地区一流研究机构的首次大规模合作。（张 强）

【教育部及省领导视察学校】 2011年4月25日,教育部副部长杜占元在省教育厅副厅长胡金波、张家港市委书记徐美健等陪同下,视察江苏科技大学张家港校区。杜占元对学校船舶工业人才培养模式和张家港校区发展的模式给予充分肯定。9月7日,江苏省副省长曹卫星到学校视察。曹卫星视察学校综合水池、船舶先进制造技术仿真实验室、船模馆,并听取校长关于学校办学情况的详细汇报。9月8日,省委书记罗志军和省委常委、常务副省长、省委秘书长李云峰到校对学校教师员工慰问,实地考察教育改革发展情况。罗志军一行先后看望教授景荣春的家属,参观综合水池实验室和船舶先进制造技术仿真实验室。罗志军对学校的建设情况表示肯定,希望学校把教学科研与江苏省推进沿海开发、发展战略性新兴产业更加紧密地结合起来,为江苏"两个率先"提供有力的人力与智力支撑。（张 强）

·镇江市高等专科学校·

【概况】 2011年,镇江高等专科学校有全日制在校生7000余人,各类成人教育学员3000多人。设有42个专业或专业方向。有教职工609名,其中教授、副教授等高级职称教师237名,中级职称248人。学校有享受国务院特殊津贴1人,省"333工程"培养对象5人,省"六大人才高峰"高层次人才团队2个,省、市有突出贡献中青年专家4人,省"青蓝工程"培养对象14人,市"169工程"培养对象18人。教育部、财政部重点资助建设项目2个、省级品牌专业1个、省级特色专业1个、省级精品课程6门、省级精品教材5部、省级教学成果奖6项。（刘 蓓）

【获大学生技能大赛江苏总决赛一等奖】 2011年,教育部高职高专经济类专业教学指导委员会、工业和信息化部人才交流中心、用友新道科技有限公司联合主办第五届"用友杯"全国大学生会计信息化技能大赛,镇江高等专科学校代表队在江苏总决赛中获一等奖。（刘 蓓）

【获华东区大学生CAD技能竞赛多项奖】 2011年6月,在东南大学九龙湖校区举行的第一届华东区大学生CAD技能竞赛中,镇江高等专科学校获工程图绘制项目竞赛二等奖一项、三维数字建模竞赛项目三等奖一项、工程图绘制项目竞赛三等奖一项,同时获"优秀指导教师"一项。此次大赛由全国CAD应用培训网络南京中心和江苏省工程图学学会联合主办,包括工程图绘制和三维数字建模两个竞赛项目,共有来自44所华东区高校的400多名学生参加比赛。（刘 蓓）

【学报编辑部获奖】 2011年,全国高职高专学报研究会三优评比结果揭晓,《镇江高专学报》入选第二届中国高职高专核心期刊,学报编辑部被评为高职高专学报优秀编辑部,有1人被评为优秀主管领导,2人被评为优秀编辑,1篇论文被评为高职高专优秀编辑学论文。1人被评为江苏科技期刊编辑"金马奖"优秀编辑,1篇论文获江苏期刊"明珠奖"优秀业务论文三等奖。（刘 蓓）

·江苏农林职业技术学院·

【概况】 2011年,江苏农林职业技术学院在校学生12744人。五年制高职实际录取618人。学院教职工697人,其中副高以上职称176人(教授、研究员26人),"双师"型教师比例71%以上。全院教师获国家级"教学名师"及省级"教学名师"各1人。

3月,学院主持的"园林技术专业教学资源库建设项目"从全国74所高职院校91个申报项目中脱颖而出,成为国家级专业教学资源库建设项目主持单位。

2011年,学院先后获省政府颁发的江苏省高等教育教学成果特等奖,并获全国涉林职业院校就业创业工作先进集体等荣誉。学院连续第三年被评为挂县强农富民工程先进集体。颜志明、王全智、杨士虎三名教师获全省挂县强农富民工程服务明星称号。（农 职）

【科研工作成果】 2011年,江苏农林职业技术学院获省级以上科研立项36项,争取项目经费1706万元,其中1项获国家自然科学基金立项;4项获省自然科学基金立项,居全省高职院校之首;4个技术标准获江苏省地方标准立项,列全省同类院校前茅。学院申报的《农科专业工学结合培养高职人才机制与模式的创新和实践》获江苏省高等教育教学成果特等奖。这是迄今学院在这一领域获得的最高奖项。（农 职）

【承办全国职业院校农业技能大赛】 2011年,全国职业院校技能大赛农业技能大赛于6月13～14日在江苏农林职业技术学院举行。学院6名选手分获高职组全部3个项目一等奖。大赛期间,教育部副部长鲁昕参加,提出挂牌成立全国农业职业院校教师培训中心、科研中心与产学研研发中心。赛后,农业部、教育部将学院作为全国农业技能大赛基地。（农 职）

【"培育创业人才 推进现代农业"研讨会】 2011年10月20～21日,由民革中央和江苏省政府主办的"培育创业人才 推进现代农业"研讨会在江苏农林职业技术学院召开。200多位与会人员围绕现代农业建设和农业职业教育及创业人才的培育等进行深入交流和探讨。学院向大会作"导创业于教学成论文于大地"的主题交流。全国人大常委会副委员长、民革中央主席周铁农出席研讨会并视察学院,为学院题词"培养创业人才,服务现代农业"。（农 职）

·金山职业技术学院·

【概况】 2011年,金山职业技术学院招生

712 人,毕业 802 人,有在校学生 2176 人。教职工 159 人,专任教师 95 人。培养 7 名讲师,有 1 人被评为江苏省优秀辅导员,2 人被评为江苏省优秀班主任。有 243 人次获国家及学院各等次奖助学金。有 242 名学生被各级团组织评为优秀团干部、优秀团员等,其中钱涵诗被评为江苏省优秀学生干部。柯倩倩等 52 名学生获国家奖学金和国家励志奖学金。 (戴禄胜)

【校企合作教学改革】 2011 年,金山职业技术学院创新人才培养模式,根据企业需求,将酒店管理、涉外旅游、机电一体化技术、数控技术及市场营销 5 个专业确定为校企合作、工学结合、联合培养试点改革专业,分别与明都集团、常发集团、绿点科技、辉能电气及勤善堂等企业签订校企合作联合培养人才协议,实行工学结合、顶岗实习的培养模式,学校与企业共同制定培养计划,学生学习、工作交替进行。学生毕业后,可直接进入企业相应岗位就业。 (戴禄胜)

【强化技能培训】 2011 年,金山职业技术学院通过多种渠道组织和引导各系主动与行业、与省市劳动部门合作,开展形式多样、内容丰富的技能训练、技能鉴定和技能大赛等活动,强化学生的技能操作和实践动手能力。2011 年,技能考证工作取得新突破,汽车中高级维修工通过率均在 90% 以上,英语应用能力 B 级考试总体通过率超过 70%,会计证考试通过率高于省平均通过率 7 个百分点,高级绘图员考试通过率 100%。 (戴禄胜)

教师队伍

【概况】 2011 年,全市小学有专任教师 8297 人;普通中学教师 10210 人,其中普通高中教师 3680 人,初中教师 6530 人。中等职业学校教师 1812 人,特殊教育教师 128 人,幼儿园教师 2997 人。继 2008 年之后,镇江市再次被评为省师资队伍建设先进市,成为全省唯一蝉联这项荣誉的地级市。 (裴 伟)

【40 名小学教师转岗到幼儿园任教】 2010 年,镇江市被国务院批准为国家学前教育体制改革试点城市。市委、市政府提出"三为主"的改革方针:以政府投入为主,以公办幼儿园为主,以公办幼儿教师为主。为加快解决公办幼儿教师不足的问题,2011 年全市在新招聘 74 名幼儿教师的基础上,遴选 40 名小学教师转岗到幼儿园任教,其中 29 名非幼师专业毕业的教师参加为期一年的脱产转岗培训。 (孙和平)

【选派教育干部赴南通挂职】 2011 年 11 月,市教育局选派 11 名教育干部赴南通进行两个多月的对口挂职学习。对口挂职单位为省南通中学、省启东中学、省海门中学、省栟茶高级中学等 9 所名校。挂职干部中有市教育局有关处室负责人及四星级高级中学的副校长等。 (裴 伟)

语言文字

【概况】 2011 年,全市各语委成员单位、辖市(区)继续巩固上下联动、左右协调的语言文字工作格局,以原有工作机制为基础,进一步建立健全工作机构和各项工作制度。加强市语委办公室自身建设,落实专职工作人员一名。市工商、城管等部门参与语言文字工作。开展经典诵读、汉字书写活动,营造规范用语用字社会氛围。推广普通话宣传周成为社会影响的品牌活动。13 所学校通过市级语言文字规范化示范校的验收,中山路小学被评为国家级语言文字规范化示范学校。创成国家级示范学校 1 所,省级示范校 4 所,市级示范校 121 所。启动"城市创优乡镇达标"语言文字规范化工作。开展普通话水平培训测试、方言采录等工作。 (裴 伟)

【规范汉字书写大赛】 2011 年,由市语委、市教育局等部门主办,市水利局协办的"金山湖杯"中小学师生硬笔书法大赛春节前向全市中小学师生征稿,参赛 1 万多人。比赛紧扣新建景点"金山湖"建设,文化影响力较大,主办单位将部分作品结集编印,并推荐部分优秀作品到报刊、网站发表。6 月,市语委开展首届全国大中小学生规范汉字书写大赛镇江市分赛区选拔赛,全市上百所学校、5 万多人次参赛,选送 287 件作品参加江苏赛区比赛。 (裴 伟)

【中华经典诵读活动】 2011 年,市语委等单位组织专家从李岚清手书《诗情画意咏镇江》中遴选近 30 首咏赞镇江的作品,安排市区中小学学生开展诵读活动。8 月 16 日由市语委、市文明办、市教育局、镇江文广集团联袂制作"京江明月中秋韵"经典诵读展演活动在镇江电视台民生频道开播,这件富有地域文化创意的活动被《江苏教育报》和省语委简报报道。9 月 8 日,由市语委、文明办、教育局等共同举办的第二届"京江明月中秋韵"中华经典诵读展演活动举行。展演活动分专业组(含播音员、主持人、影视剧表演者)、学生组、社会组(含教师、大学生)进行。陈国鹏、庞玉霞、杨一凡分获学生组、社会组、专业组一等奖。 (裴 伟)

【镇江地方口头文化采录】 2011 年 11 月 9 日,作为中国语言资源有声数据库建设的延伸,省语委地方口头文化语料拍摄工作由南京师范大学新闻传播学院组队到镇江市区采录。摄录工作第一站是邵顺兴锅盖面馆,在饮食业服务 40 多年的陈其福讲述"镇江三怪"之一锅盖面的名称由来、制作工艺演变以及锅盖的妙用。在西津渡街区,李德柱表演一组他幼年唱诵的镇江童谣,他还讲述镇江人迎、接、闹财神的春节民俗。在三山风景区,镇江方言发音人徐金龙介绍金山、焦山、北固山的历史渊源和特色等。2008 年 10 月,中国语言资源有声数据库建设试点工作在江苏启动,江苏库增设"地方口头文化库",分期分批录制地方戏曲、民歌、童谣、吟诵等片段,用方言讲述各地传统节日活动、民间习俗、谚语、建筑、旅游景点以及饮食、服装等日常生活情况。2011 年 4 月 6 日,"中国语言资源有声数据库(江苏库)展示网"开通。 (裴 伟)

【"城市创优乡镇达标"创建工作】 2011 年 12 月 9 日,市语委、文明办召开全市语言文字规范化"城市创优乡镇达标"创建工作会议,提出城市创优的目标为:到 2014 年,全市爱国主义教育基地、公共文化体育场馆、电台、电视台、公园、国家级和省级旅游区(点)、医疗机构、车站均建成语言文字规范化示范单位;城市主要街道、建筑物、市政公用设施以及户外广告、店招、店牌等用字规范,外来人口较为集中的城市社区普通话基本普及,建成一批语言文字规范化示范街区。语言文字规范化乡镇达标的目标为:到 2012 年,乡镇辖区内中小学校全部通过贯彻语言文字法情况专项督查,建成语言文字规范化达标校;到 2015 年,60% 以上的乡镇通过语言文字工作评估,建成语言文字规范化达标乡镇。 (裴 伟)

综 述

【概况】 2011年,镇江市通过举办重大文化活动,加强公共文化服务体系建设,推进文化惠民,规范文化市场,加大文化遗产保护和利用力度,在省委宣传部和省统计局对各省辖市文化发展绩效情况综合考核中,镇江市居全省第三位。

开展"文化嘉年华"和"欢乐家园"文化惠民两项重大文化活动,引进《井冈山》、"多彩贵州·黔印象"原生态民族歌舞晚会、中外精品芭蕾舞晚会等舞台艺术精品,举办群众文艺明星大赛、少儿故事大赛等动态的舞台艺术表演赛事和李岚清书法篆刻艺术作品展、镇江"新二十四景"中国画展等静态的文化艺术展览,继续举办"文心讲堂""文心艺术讲座""文博系列讲座",全年共举办各类文化惠民活动300余场,参与人次百万之多,为历年之最。组织送戏下乡300多场,送书下乡17万册,送电影下乡近8000场;新增有线数字电视用户1.9万户,入户率73.2%,数字电视用户49.85万户,数字化率68.1%。推进文献资源共享体建设,在全国首创公共图书馆与高校图书馆图书通借通还。

推进事业单位整合,将梦溪园、赛珍珠故居、陆小波故居等名人故居资源整合进镇江博物馆,镇江博物馆升格为副处级事业单位。城区运河故道等4个文化遗产点被列为大运河申报世界文化遗产保护内容;编辑出版《镇江非物质文化遗产图文集》;《蒋乔镇的民间故事》《马灯阵舞》入选全省第三批"非物质文化遗产"名录;开展"非物质文化遗产"进军营、进校园、进社区系列宣传和"我们的节日"系列民俗活动;组织"非物质文化遗产"项目对外交流,展示镇江民间文化风采。2011年4月,由李岚清亲笔题写馆名的镇江市美术馆挂牌。

推动文化产业成为国民经济支柱产业,2011年增加值占地区国民生产总值比重突破5%。组织6个项目参与中国镇江(杭州)文化产业招商会,完成签约项目1个,签约资金1.5亿元。新增一批文化娱乐场所,面积2.4万平方米,涉及文化产业投资总额2.2亿元;全市网吧单改连签约率98%,始终保持全省领先;在全市范围内组织开展"阳光娱乐场所"星级达标活动,基本实现全覆盖。推进"江苏文化科技产业园""句容郭庄国际数字出版基地"等重大项目实施。扶持江苏中彩印务等企业赴朝鲜等国家成功拓展经营项目。

承办江苏舞蹈"莲花奖"第四届少儿舞蹈暨第二届社会舞蹈比赛,镇江市获8金5银,获奖数位列全省第一;举办第二届小戏小品大赛;组织镇江市优秀画家创作镇江"新二十四景";28件美术、书法、摄影作品入选省文化厅主办的"庆祝建党90周年——五彩昆山水墨玉峰美术书法摄影大展",入选作品总数在全省名列前茅,市文广新局获组织奖;7件作品在江苏省优秀广播电视节目政府奖评比中获一等奖;完成广播剧《茅山小号手》剧本创作和录制播放;数字电影《社会妈妈》完成剧本创作。

面向领导干部、机关工作人员、文化行业经营者和广大市民进行法律法规培训宣传教育,组织纪念"建党90周年"、全国"两会"、纪念辛亥革命100周年等重大活动的宣传报道和安全播出工作;报刊审读、监听监看、广告监管、企业年检、网络发言等日常工作扎实开展。行政审批事项承诺时限全省最短,办结率、满意率均为100%。组建市文化行政综合执法支队,统一行使文化、广电、文物、新闻出版、版权等管理领域的行政执法职能。全面推进平安文化市场建设,深入开展"扫黄打非"斗争,开展印刷发行、网吧、卫星电视、荧屏广告、网络侵权等专项整治,市文广新局被江苏省新闻出版局列为2011~2012年全省新闻出版(版权)依法行政示范点。 (金 木)

【文化嘉年华活动】 2011年4月22日,由中共镇江市委宣传部、镇江市文化广电新闻出版局共同主办的2011年文化嘉年华活动启动。以"文化嘉年华,唱响红色经典"为主题,活动突出纪念建党90周年。4~7月开展红色经典剧目展演、红色讲坛——"文心讲堂"名家系列读书报告会、红旗飘飘——纪念建党90周年大型图片展、"江山多娇——镇江新景"中国画展系列活动、红色颂歌——纪念建党90周年系列群众文艺活动、红色浪潮经典回放——欢庆建党90周年主题活动和红色足迹——镇江首届百校学生茅山红色夏令营活动等七大主题67场文化活动。 (金 木)

【"欢乐家园"文化惠民活动】 2011年7月21日,活动开幕式在大市口广场举行,该活动由市委宣传部、市文化广电新闻出版局主办。以"文化惠民,欢乐城乡"为主题,实现乡镇(街道)、重点乡村全覆盖,内容包括"欢乐镇江"十团百场基层文艺巡演、"多彩贵州·黔印象"原生态民族歌舞晚会、中外精品芭蕾舞晚会、"文心讲堂""文心艺术讲座""文博系列讲座""白蛇情缘"综艺晚会等活动,7~12月先后举办20大项200余场文化活动,参与群众60万人次。 (金 木)

【"中国瘗鹤铭奖"书法艺术展】 2011年8月17日,由中国书法家协会、江苏省文化厅、省文联、镇江市政府共同主办,市文广新局与焦山碑刻博物馆具体承办的"中国瘗鹤铭奖"书法艺术展新闻发布会在镇江博物馆举行。活动收到全国及海外8个国家和地区的来稿12000余件。参赛者中年龄最大的87岁,最小的19岁。作品形式多样,书法真、草、隶、篆诸体皆备。经过中国书法家协会副主席言恭达等10余位专家的初评、终评,共评出"瘗鹤铭奖"10个、提名奖20个、入展作品394件,入展作品将在镇江、省美术馆和中国美术馆展出,并出版作品集。（金 木）

【全省文化局长座谈会】 2011年10月27日,江苏省文化局长座谈会在镇江召开。省委宣传部副部长、省文化厅党组书记、厅长章剑华参加会议并讲话。各省辖市文广新局、省文化厅直属单位、文化厅机关各处室主要负责人,部分县区文广新局代表,文化企业家、艺术家代表参加会议。会议传达学习党的十七届六中全会精神,交流学习省委十一届十二次全会的体会,交流研讨各地文化发展大计。会议下发《省文化厅关于贯彻落实党的十七届六中全会和省委十一届十二次全会精神的意见》(征求意见稿),章剑华对意见进行解读。（金 木）

【海峡两岸白蛇传文化研讨系列活动】 2011年11月18～19日,由江苏省非物质文化遗产保护中心、江苏省民间文艺家协会等单位主办,镇江民间文化艺术馆承办的中国传说——2011海峡两岸白蛇传文化研讨系列活动在镇江举办。此次系列活动包括三大内容:中国传说——2011海峡两岸白蛇传文化研讨会、《白蛇传传说带给我们什么样的情结》专题讲座、"白蛇情缘"综艺晚会。海峡两岸的10余位专家参与研讨,内地的专家主要从白蛇传传说作为国家级非物质文化遗产项目切入,对它的保护及传承工作提出自己的见解。台湾学者介绍近60年来台湾白蛇传研究工作概况,并阐述白蛇传在台湾社会中的流传、演变及保护状况。19日下午,专题讲座在镇江市图书馆"文心讲堂"举办,中国传媒大学教授刘晔原、台湾中国文化大学教授金荣华围绕《白蛇传传说带给我们什么样的情结》这一主题,分别发表演讲,并与现场观众进行互动。19日晚,"白蛇情缘"综艺晚会在镇江影剧院举办,演员们以京剧、扬州评话、苏州评弹、现代舞蹈等形式讲述《白蛇传》这一家喻户晓的民间故事。（金 木）

【"文心讲堂"被评为全省优质服务品牌】 2011年11月11日,镇江市图书馆"文心讲堂"被江苏省文明办评为全省第三批优质服务品牌,全省有16家单位获此殊荣。

2005年,江苏省文明办开展第一批优质服务品牌评比活动,要求参选行业所提供的服务项目和服务方法得到服务对象的普遍认可,在社会上有较高知名度和美誉度,具有推广价值。2011年全省各市推荐138个品牌参加第三批优质服务品牌活动评比。"文心讲堂"是2006年镇江市图书馆创建的公益文化服务品牌,自创办以来,举办各类讲座200余场,先后邀请王蒙、于丹、易中天、阎崇年、余秋雨等名人名家走进"文心讲堂",给镇江市民带来文化、教育、经济等领域的高层次讲座,现场听众超过12万人次,受到社会各界的追捧和欢迎,被镇江老百姓亲切地称为身边的"百家讲坛"。（金 木）

【两项目名列第三批省级非物质文化遗产名录】 2011年9月,省政府公布第三批省级非物质文化遗产名录,润州区《蒋乔镇的民间故事》、丹阳市《灯舞(马灯阵舞)》两个项目名列其中。至此,全市有7个项目列入国家级名录,29个项目列入省级名录,71个项目列入市级名录,208个项目列入县级名录,全市四级非物质文化遗产保护名录体系基本形成,一批珍贵的非物质文化遗产得到有效保护和传承利用。（金 木）

【公布第三批市级非物质文化遗产名录】 2011年1月28日,镇江市人民政府公布第三批市级非物质文化遗产名录,分别是《太极拳(孙氏太极拳)》《剪纸(字)》《烙铁画》《泥塑》《陵口萝卜干制作技艺》《宝堰米酒酿造技艺》《高资跳面制作技艺》《丹徒南乡服饰》等8个项目。（金 木）

文学艺术

【《白发狂夫》在日本出版发行】 2011年8月,镇江市作家王川的长篇小说《白发狂夫》日文版在日本出版发行。该书由日本ENTIT出版社翻译出版,资深翻译家福井耕一翻译。该书是王川的代表作,在20年前由人民文学出版社出版,曾获"人民文学奖"。（洪 琦）

【3人获省新故事创作"迎春花奖"】 2011年7月,第三届中国故事节全国红色故事会暨江苏省民间文艺"迎春花奖"(新故事)评审结果公布,全省16位作者获该奖项,其中镇江市作者占三席。获奖者及其作品分别是王晓的《茅山小号手》、万恺的《夜半埋伏》和晏玉洁的《插班生妞妞》。镇江市民间文艺家协会获优秀组织奖。（洪 琦）

【省第三届刻字艺术展在镇江举行】 2011年6月3日,江苏省第三届刻字艺术展在镇江博物馆举行。此展由江苏省书法家协会、镇江市文联主办,省书协刻字委员会、市书协、市书协刻字委员会、镇江博物馆承办,润州区书协等单位协办。收到全省各地刻字艺术作品500多件,经评议,150件作品入展。（洪 琦）

【第四届"春之声"音乐会】 2011年3月18日,音乐会在市青少年活动中心剧场举行,由市文联、市音乐家协会主办。演出汇集十多位镇江籍和镇江市的音乐家,有长期活跃在艺术舞台的余军、汪蕾等,还有获两届中国音乐"金钟奖"、二胡比赛优秀奖的蔡超,第六届江苏省青少年钢琴大赛少年组第一名的董世超等。（洪 琦）

【小品《如此智慧》获全国大奖】 2011年2月,由镇江康盛剧社社长吕国泰创作的小品《如此智慧》获全国首届戏剧文化奖小型剧本一等奖。由郭晓薇、林小玲、戴维权、韩健等表演的小品《如此智慧》还参加"首届戏剧文化奖颁奖典礼"的演出。该小品向人们强调诚实守信的重要性。（洪 琦）

【"青山绿水新镇江"文艺创作结硕果】 从2010年开始,在市委宣传部的领导下,市文联带领各文艺家协会启动为期两年的"青山绿水新镇江"文艺创作工程,先后与中国摄影家协会、江苏省文联等共同举办"西津渡杯·青山绿水新镇江"全国摄影展、"青山绿水新镇江"全国诗联大赛、"青山绿水新镇江"散文大赛和美术书法创作活动,全国20多个省、市的文艺家与镇江市文艺工作者一起,创作摄影作品12000多件、散文200多篇、诗联3000多首(幅)、书画100多幅。在此基础上,2011年市文联举办"青山绿水新镇江"摄影展获奖作品展、"青山绿水新镇江"诗书画展,并正式编辑出版《青山绿水新镇江》文艺作品集,作品集成为介绍和推荐镇江的重要宣传材料。（洪 琦）

【2011"新京江画派"首届中国画展】 2011年12月23日由市文联、市美协主办,在西津画院开幕。此次展览共收到投稿作品近200幅,经评审,142幅作品

入选，其中10位画家的作品获金奖。中国文联国内联络部副主任李培隽、副市长王萍、市政协副主席宋敬伟出席开幕式并为获奖作者颁奖。（洪 琦）

【王晓鸣书法作品展】 2011年12月10日由江苏省公务员书法家协会、镇江市文联、镇江市书法家协会主办，在江苏省美术馆举行。王晓鸣，女，镇江书法家，1998年在中国美术馆举行个人书法展，2002年书法作品入选全国第三届妇女书法展，2004年作品入选首届中日妇女书法联展。此次举办书法展是为诠释自己的书法理念——书者应当有自己的笔墨语言，而线条则是汉字的灵魂。（洪 琦）

【第二届小戏小品大赛】 2011年11月22日，镇江市第二届小戏小品大赛在镇江影剧院举办颁奖晚会。小锡剧《秋果飘香》等6部获奖作品进行汇报演出。大赛由市委宣传部、市文联、市文广新局主办，市艺术创研中心、市剧协、市文化馆和市艺术剧院承办。大赛于2011年2月启动，历时9个多月。在40多个应征参赛作品中，经过初选改稿、复赛选调，最终从17部入围作品选出9部进入决赛。小扬剧《住在九楼的老母鸡》、小品《该听谁的》获创作金奖，小锡剧《果香飘飘》、小品《守望》获表演金奖。（金 木 洪 琦）

【"官塘之春"山水花园城市摄影大赛】 2011年9月26日，由市委宣传部、市发改委、市文联主办，市摄影家协会、市交投公司协办的"官塘之春"山水花园城市摄影大赛在市行政中心举行颁奖仪式。大赛收到参赛作品1600多幅，集中反映镇江市山水花园城市建设的新风貌、新进展，富有时代精神和地域文化特色。经评选，120幅作品获奖。（洪 琦）

【著名作家范小青做客"文心讲堂"】 2011年6月17日，江苏省作家协会主席、党组书记，著名作家范小青应市文联、市文广新局和市作协之邀，作客"文心讲堂"，围绕"当前的社会与文学"主题，与镇江的作家和广大文学爱好者进行交流授课。市有关部门领导及200多位文学爱好者听取讲座。（洪 琦）

【镇江风·文艺家风采系列展示活动】 活动由市文联带领市各文艺家协会和辖市（区）文联共同举办，从2011年5月开始，历时半年，先后举办"红色经典"戏曲演唱会、书画摄影展览、红歌进军营、电影进社区、青年文学论坛、社会舞蹈大赛、田歌采风、民俗表演等，免费为群众提供80多场丰富多彩的文艺活动，受惠群众近10万人次。5月31日晚，庆祝中国共产党成立90周年——镇江风·文艺家风采系列展示活动开幕式暨"红色经典"戏曲演唱会在镇江影剧院举行。（洪 琦）

【"卉之风"江苏女书法家书法交流展】 2011年5月29日，"卉之风"江苏女书法家钱惠芬、阚爱萍、柳正梅、王岚书法作品展继苏州、常熟和淮安、响水巡展后在镇江市博物馆开展。此次展览共展出作品100余幅，展示江苏女书法家的风采。（洪 琦）

图30－1 镇江市第二届小戏小品大赛颁奖晚会 （金 木）

【孙炜个人画展在南京举行】 2011年5月18日，镇江市画家孙炜个人画展在南京文物公司十竹斋举行。孙炜近年在创作上形成自己的风格，此次展览是孙炜的首次个人画展，也是2011年镇江风·文艺家风采系列展示的重要活动之一，展出的近百幅作品中大部分是他近3年读研究生期间所创作的新作。（洪 琦）

【"欢乐元宵"民俗文化活动】 2011年2月17日，由市委宣传部、市文明办、市文联主办的"欢乐元宵"民俗文化活动在西津渡街区老码头文化园区举行，市领导张洪水、王萍、宋敬伟等为活动启灯。演出的扬剧、锡剧、越剧、京剧、南乡田歌等节目，吸引众多市民驻足观看。民间艺术家们为人们表演草编、泥塑、蛋雕、剪纸、烙铁画、糖画等民间绝活技艺，蒋乔镇文化站表演民间舞蹈节目《嶂山马灯》，市老年大学表演轻快欢乐的"打莲湘、腰鼓"，西津渡社区组织群众演员表演儿童游艺节目滚铁环、踢毽子、跳皮筋等。（洪 琦）

【"祝福镇江"文艺家迎新春文化惠民活动】 2011年1月22日，由市委宣传部、市文明办、市文联举办的"祝福镇江"文艺家迎新春文化惠民活动在西津渡广场举行。书法家为市民免费书写春联，民间文艺家的舞狮、舞龙、大头娃娃表演吸引众多群众观看。市民还可参观"书写经典、传承文化"书法展。（洪 琦）

群众文化

【概况】 2011年，镇江市通过"文化嘉年华""欢乐家园"等文化惠民平台组织开展群众文化活动，组织策划"唱支山歌给党听"歌咏比赛、"红歌、红舞献给党"广场演出、"红色记忆"首届青少年美术书法摄影大赛、"欢乐镇江"十团百场基层文艺巡演、军民闹元宵、2011年群众文艺明星大赛、2011年老年艺术节以及"文心大舞台""文心剧场"等公益文化活动；举办第23届少儿故事创作演讲大赛和镇江市少儿舞蹈新作品比赛暨社会舞蹈大赛；开展送文化下乡演出活动，先后赴丹徒新城管委会张巷村、西湾村等地演出共18场。市文化馆选派业务骨干赴全市各大企事业单位、学校、社区等开展文化辅导，辅导业余文艺爱好者万余人。抓好群众文艺创作，组织召开全市戏剧曲艺创作座谈会、音乐创作座谈会，广场舞蹈《穆童谣》获全国第九届民族运动会表演项目三等奖。少儿京剧《盗仙草》获江苏省第二届“白下杯”少儿京剧大赛最佳演唱奖。推荐歌曲《城市山林》参加江苏省市、县代表性优秀歌曲大赛获最高奖——优秀作品奖；市、县两级公共图书馆、博物馆、文化馆、美术馆、乡镇（街道）综合文化站全部实现免费开放。在免费开放的基础上，各级公共文化场馆举办讲座、培训、展览、参观等活动，发挥教育功能，受到社会各界的肯定。“欢乐家园”广场演出被评为镇江市优质服务品牌。（金　木）

【“欢乐镇江”十团百场基层文艺巡演】中共镇江市委宣传部、镇江市文化广电新闻出版局共同主办的“欢乐镇江”十团百场基层文艺巡演2011年7月21日启动，活动以各地文化馆（站）、业余文艺团队优秀文艺节目资源为基础，组织镇江市文化馆文心艺术团、丹阳市戏剧总团、扬中市“乡村行”艺术团等10个文艺团队，每个文艺团队各组织一台优秀文艺节目赴镇江市及兄弟辖市（区）街道社区、乡村进行巡演，覆盖全市所有乡镇街道，至8月29日巡演结束，共演出70余场次，观众近10万人次。（金　木）

【“文心艺术讲座”启动】2011年7月24日，市文广新局和市文化馆举办的“文心艺术讲座”在市文化馆文心剧场启动。讲座每月一期，分别邀请名人名家作各艺术门类的专业讲授。使广大群众免费享受专业文艺辅导和培训，提高艺术修养和艺术水平。首场讲座由中国吉他协会理事、镇江市实力派青年吉他演奏家王海栋主讲，围绕“吉他演奏艺术和流派”进行分析并演奏听众耳熟能详的乐曲。（金　木）

【8家文化馆被命名为国家二级以上文化馆】2011年12月，文化部公布全国第三次公共文化馆评估定级结果，镇江市8家文化馆全部被命名为国家二级以上文化馆，国家二级以上文化馆数位列全省第五。镇江市文化馆、丹阳市文化馆、扬中市文化馆、丹徒区文化馆、润州区文化馆等5家文化馆被命名为国家一级馆，句容市文化馆、京口区文化馆、镇江新区文化馆等3家文化馆被命名为国家二级馆。润州区文化馆由原来的国家二级馆晋升为国家一级馆。（金　木）

【“三扬”荟萃精品节目展演】2011年8月19日晚，扬剧、扬州评话和扬州清曲“三扬”荟萃精品节目展演在大市口广场举行。扬州市扬剧团团长、国家一级演员、中国戏剧梅花奖最高得主李政成，扬州曲艺团副团长、国家一级演员、中国曲艺牡丹奖获得者包伟等应邀参加演出，他们为镇江市民带来扬剧《风雪山神庙》和扬州清曲《故乡月》。镇江市扬剧表演艺术大师金运贵的关门弟子、国家级非物质文化遗产代表性传承人、国家一级演员姚恭林，镇江市著名扬剧表演艺术家、省级非物质文化遗产传承人金桂芬，以及镇江市评书艺术家、省级非物质文化遗产传承人黄俊章，市级非物质文化遗产传承人施德玉等分别演出扬剧《水调歌头》《蝶恋花——答李淑一》，以及扬州评话《白蛇传——上金山》和《一笔救灾款》等。此次活动由中共镇江市委宣传部、市文化广电新闻出版局主办，镇江民间文化艺术馆和康盛剧社承办。（金　木）

【省艺术人才培训中心镇江分中心挂牌】2011年9月20日，中心揭牌仪式在市文化馆举行。江苏省艺术人才培训中心是江苏省文联、江苏省艺术人才培训中心主办的省艺术培训连锁项目。镇江分中心依托镇江市文化馆的培训平台，汇集省内最权威的各艺术门类的艺术家、评论家和学者，提升镇江市艺术人才培训的层次和水平。（金　木）

【舞蹈“莲花奖”比赛镇江获奖数全省第一】2011年11月12日，由江苏省文联、镇江市人民政府主办的江苏舞蹈“莲花奖”第四届少儿舞蹈暨第二届社会舞蹈比赛在镇江影剧院举行。全省120多个作品参赛，56个节目进入决赛。11月16日，比赛结果揭晓，镇江市获8金5银，获奖数位列全省第一。（金　木）

【句容市、丹阳市皇塘镇入选“中国民间文化艺术之乡”】2011年12月，句容市以少儿故事、丹阳市皇塘镇以书画被文化部命名为“2011～2013年度中国民间文化艺术之乡”，全省共有33个县（市、区）、乡镇（街道）获此殊荣。“中国民间文化艺术之乡”是指运用民间文化资源或某一特定艺术形式，通过创新发展，成为当地群众喜闻乐见并广泛参与的群众文化活动形式和表现形式，并对当地群众文化生活及经济社会发展产生积极影响的县（市、区）、乡镇（街道）。自1987年开展创建以来，已经成为推动民间文化艺术事业繁荣发展、丰富活跃基层群众文化生活的重要公共文化品牌项目。（金　木）

【“红色浪潮经典回放”电影展】2011年5月27日，由中共镇江市委宣传部、市文化广电新闻出版局主办，镇江民间文化艺术馆承办的“红色浪潮经典回放”——欢庆建党90周年电影展启动仪式在西津渡鉴园广场举行。活动历时近一个月，每周五、周六、周日晚在京口、润州、新区等8个广场免费放映革命历史经典电影，整个活动期间共放映电影96场次。（金　木）

【文化拜年进福利院活动】2011年2月12日，市委宣传部、市文广新局和市新华书店联合开展文化拜年进福利院活动，向镇江市福利中心赠送适合老年人

图30－2　　李政成表演的扬剧《风雪山神庙》　　（金　木）

阅读和观看的医疗保健图书200册、电视连续剧、地方戏曲、太极拳教学碟片28套(520张),进一步丰富节日期间老年人的文化生活。（金 木）

文化产业

【概况】 2011年,镇江市各级文化行政管理部门贯彻落实市政府关于加快文化产业发展的各项方针政策,服务全市47个重点文化产业项目,提供政策咨询、业务指导等相关服务,申报省级文化产业引导资金,组织项目参加中国镇江(杭州)文化产业招商会,《镇江市城市综合体文化娱乐项目招商》签约,签约资金1.2亿元。研究制定《镇江市文化产业统计指标体系及统计办法》,完成相关文化产业统计工作,为促进全市文化产业健康发展提供数据支持。（金 木）

【十个项目获省级文化产业引导资金1040万元】 2011年9月27日,2011年度省级文化产业引导资金项目签约仪式在南京举行。镇江市有《中国米芾书法公园》《地面数字电视无线覆盖工程》等十个项目获省级文化产业引导资金1040万元。获资助的项目总数在全省13个省辖市中排名第四,比上年增长42.8%。获资助的项目涵盖文化艺术服务、广播影视、出版发行和版权服务、动漫和网络文化等领域;新兴文化产业尤其是文化与科技结合的项目,如动漫网游、数字出版、网络文化和创意平台等明显增多。（金 木）

【“新型绿色环保书刊商业印刷基地”基本建成】 2011年4月2日,江苏恒华传媒有限公司引进德国高速商业轮转胶印机项目签约仪式在碧榆园举行。这标志着镇江市2011年着力推进的52个重点项目之一的“新型绿色环保书刊商业印刷基地”项目取得实质性进展。该项目总投资4.7亿元,引进的德国高宝C215商业轮转印刷机不仅是江苏省第一台,而且填补国内印刷设备和技术的多项空白。项目全部投产后,将形成年用纸量5万吨、实现销售收入5亿元的生产能力,5年内将实现销售收入10亿元。至2011年底,江苏恒华传媒有限公司近6万平方米厂房建成,引进的国外先进印刷设备正在安装调试,预计2012年6月投产。江苏恒华传媒有限公司由镇江恒华彩印包装有限责任公司和江苏蓝和泰印务有限公司共同出资设立。（金 木）

【江苏中欧数字出版项目落户镇江】 2011年3月18日,江苏中欧网络科技有限公司的“基于欧虎系统的行业公共服务平台”这一数字出版项目落户镇江新区。

欧虎全图形化Web应用系统平台是上海欧虎网络科技有限公司汇集国内外优秀科技和管理人员,历时8年研发的基于云计算的欧虎支撑服务平台系统。该项研发拥有近百项著作权,获公安、教育、企业等各行业的认可。江苏中欧网络科技有限公司首期将与江苏省新闻出版局、镇江市文广新局合作开发印刷行业公共服务平台,包括印刷业务监管系统、印刷企业电子商务解决方案、印刷行业(企业)门户等,并计划以江苏为起点拓展到全国市场。（金 木）

【全市首个赴朝鲜投资项目签约】 2011年7月5日,江苏中彩印务有限公司和朝鲜外文出版社在丹阳举行合作成立“东白印刷合营会社”签约仪式。“东白印刷合营社”项目是镇江市首个赴朝鲜投资项目,总投资2亿元,中方以印刷设备、技术服务出资70%;朝方以土地、厂房出资30%,预计年产值9亿元。

朝鲜外文出版社,是朝鲜劳动党中央委员会的直属单位,是朝鲜民主主义人民共和国唯一的对外宣传综合出版基地。江苏中彩印务公司1994年创建以来,先后获中国印刷行业100强、中国行业十大影响力品牌等荣誉称号,在全国有5家分厂,年生产能力16亿元。（金 木）

【中影国际影城镇江九润店开业】 2011年11月11日,中影国际影城镇江九润店正式开业,镇江市青年广场商圈拥有第一家超五星级影院。影城由8个放映厅组成,可同时容纳1300余位观众进场观影。影城采用国际上最先进的数码视听设备。每天14:00以前实行不同程度的票价优惠,周二全天实行半价优惠。（金 木）

图书馆事业

【概况】 2011年,镇江市公共图书馆坚持以人为本,拓展服务空间,丰富服务内容,创新服务方式,提升服务水平,推进文献资源共享联合体建设,实现镇江市公共图书馆与高校图书馆图书通借通还,开展读者活动和社会教育,全市图书馆事业取得新发展。（综 合）

【镇江市图书馆】 2011年,市图书馆接待读者101万人次,比2010年增长26.3%。全年分编新书43000册,借阅图书79万册。

镇江市图书馆在润州区图书馆、丹徒区图书馆建立盲人阅览流通点,在市女子监狱设立图书流通点。邀请盲人读者走进图书馆,为他们提供盲人专用电脑和免费听书机,为残障读者提供送书上门服务。组织参加为句容市白兔镇华侨村建设图书阅览室、为句容花城小学捐书捐电脑、社会妈妈结对帮扶等多项社会公益活动,完成汇文图书馆信息管理系统的升级。“把第一采选权交给读者”“靠近我、点亮你”“文心公益系列活动”获省优质服务成果二等奖。11月3日,全市首个面向公众的“手机图书馆”在镇江市图书馆开通。

举办华东六省一市少儿图书馆年会。举办12场“文心讲堂”讲座,邀请汪国真、王立群、阎崇年等文化名人讲座。“文心讲堂”被授予江苏省优质服务品牌殊荣。开展红领巾读书征文活动,全市70多所中、小学4万多名学生参加活动。镇江市图书馆被省文化厅评为红领巾读书征文活动优秀组织奖。

举办大运河申遗图片展、《弟子规》国际书法名家作品邀请展、“十一五”古籍保护成果展、庆祝建党90周年——镇江优秀书法作品展、镇江市双拥六创成果展、“红色记忆”镇江市首届青少年美术书法展、我看上海世博会摄影大赛优秀作品展、镇江·仓敷第13次友好书法交流展等8场展览。

加强古籍保护,举办镇江市“十一五”古籍保护成果展,全面介绍从甲骨文以来中国的书籍在近3000年的发展历史,并重点表现“十一五”期间镇江市在古籍普查、古籍保护和古籍修复等工作方面取得的成就。完成国家古籍重点书目《中华古籍总目》江苏卷子部书目编辑;开展《文心雕龙》特色数据库的建库工作;市图书馆被江苏省古籍保护中心授予江苏省古籍保护工作先进单位称号,彭义被江苏省古籍保护中心评为江苏省“十一五”古籍保护工作先进个人。

徐苏出版地方文献专著《文宗书韵:文宗阁与四库全书》一部,任罡的《图书馆工作研究与案例》、郭绍全的《图书馆馆长的素质与管理艺术》专著同获江苏省第三届图书馆学情报学学术成果著作类三等奖;全馆在省级以上图书馆学术期刊发表论文9篇。（金 木）

【江苏大学图书馆】 2011年,江苏大学图书馆由校本部馆和梦溪、北固、中山校区借阅处及京江学院分馆、人文、外语、工商、艺术学院资料室组成，各校区和分馆间使用统一的集成管理系统并实行通借通还。该图书馆拥有丰富的馆藏资源，有中外文纸质图书264万多册，电子图书近100万册，中外文纸质报刊3600多种，电子报刊37000多种，全文数据库34个，二次文献数据库15个，包括各种知名的大型综合性数据库、各类权威的专业学会出版物全文数据库，同时自建“古籍数据库”“车辆工程特色文献数据库”“江大文库”等数据库。并与全国多家高校图书馆建立馆际互借和资源共建共享关系。为读者提供文献流通阅览、电子阅览、馆际互借、文献传递、信息咨询、读者培训、科技查新等多类型、多层次的服务。全年借还图书101余万册次；借还光盘12238张；阅览室全年接待读者152万人次；装订中外文期刊合订本3900余册；原文传递工作的影响进一步扩大，全年完成两本书刊和近275篇文章的传递工作；完成108个全省高校通用借书证的发放及管理工作，办理镇江市文献资源共享联合体通用借书证68张，借还图书1500余册。全年投入1123万元的文献资源建设经费。首次承担涉外专利的应用服务工作。获镇江市政府项目资助经费36万元。2011年获批《江苏省知识产权管理规范》咨询辅导机构资质和镇江市二星级中小企业公共服务平台。

举办建党90周年、辛亥革命100周年大型图书展、图片展，举行读书知识竞赛、“红色经典读书月”系列活动。延续品牌活动“书山的问候”——2011年新生大型咨询活动，宣传图书馆资源和服务，拉近读者与图书馆的距离。继续开展精品图书推荐导读，制作《江苏大学图书馆使用指南》，设立资源、服务资料宣传点，便于读者快捷获取各项信息服务。开启移动阅读服务，组织3次方正电子书和移动阅读平台的培训推广工作，有400多人次使用电子移动阅读，满足读者新型阅读方式的需求。 （江 图）

【江苏科技大学图书馆】 2011年，该馆购进中文图书74310册309万余元，外文图书434种603册，中文现刊1300种1969份，外文现刊123种，报纸139份，拥有电子数据库31个。到2011年底，该馆书刊文献总量为1562691册。全年共外借图书152909册次，归还图书158271册次，书刊阅览54496人次，电子文献阅览9864人次。

完成同方、万方系列数据库、维普中文期刊、读秀学术搜索平台等中外文数据库续订工作，新增订购国道外文数据库(30个学科)、超星名师讲坛数据库，中国艺术博物馆图片数据库、文献管理软件等新的数字资源，入藏光盘2115种、4088张。向镇江社会福利院捐赠期刊500余册。

组织实施2011年图书馆研究与开发项目的申报、评审工作，共选出4个研究课题并获立项资助。全馆全年发表论文46篇。研制完成镇江地区文献资源共享联合体，还书监控外挂系统。10多位业务骨干参加省图书馆学会、高校图工委组织的学术交流会及培训班。

（金 木）

表30－1 **2011年江苏科技大学图书馆数据库使用情况统计表**

数据库种类		使用量	
		下载次数	检索次数
中文科技期刊数据库		106924	209449
CNKI	中国期刊全文数据库	146950	90105
	中国重要报纸全文库	9995	100320
	中国重要会议全文库	28123	439155
	优秀硕士论文全文库	383902	899434
	工具书	－	13
	标准	－	14283
	优秀博士论文全文库	73301	454346
万方数据	中文文献	761176	1727177
	外文文献NSTL	－	40352
国道数据		5602	8449
读秀学术搜索		－	63573
ScienceDirect		44683	58293
Ei Village		－	11358
EBSCO host		3461	108316
SpringerLink(期刊)		－	3391
合 计		1564117	4228014

（金 木）

【镇江高专图书馆】 2011年该馆新增藏书35477册，对“CNKI中国学术期刊网络出版总库”进行升级，开通“镇江市高等专科学校知识服务平台”和部分数据库使用漫游账号，方便教师在校外开展教学科研工作，购买“电气、机械类”中国国家标准全文数据库和电子图书“读秀学术搜索”，举办“读秀”和“知网”的使用培训讲座。

在各书库设立英语、计算机等级考试、英语考研考博、廉政教育、爱国主义教育特色书架，方便读者使用；开设咨询导读台及网站留言，及时解答读者信息查询中遇到的疑难问题；加大新书宣传报道力度，每月出一期新书通报，并在图书馆网站主页上增设新书推荐栏目。完善镇江高专图书馆科研情报服务档案；参加镇江地区文献资源共享联合体的建设，开展建党90周年征文活动，收到征文93篇。 （金 木）

文博事业

【概况】 2011年，镇江市文博系统坚持“保护为主、抢救第一、合理利用、加强管理”的文物工作方针，划定第5至第7批市级文保单位的保护范围及建设控制地带，全年进行考古勘探发掘项目24个，出土文物标本500多件，参加省文物局组织的世界银行泰东河建设工程考古；完成梦溪园周边环境整治工程，修缮原英国领事馆办公楼和米芾墓。编辑出版《镇江市第三次全国文物普查重要新发现》，展示全市第三次全国文物普查成果。做好县级博物馆提升工作，完成冷遹纪念馆提升工程验收。

镇江博物馆实施观众进出口和展厅环境美化，添置一台电子触摸屏。重视社会教育工作，打造“博物馆里的中国日”“七彩的夏日”“走进博物馆，了解镇江城”“志愿者培训”4个社会教育专题活动品牌，相继举办“博物馆里过大年”、元宵节“探索博物馆，寻宝探奇”“红色的故事，永远的记忆”“我是文博小先锋”“说说宋代人的那些事”“让文物告诉现在——镇江近年来考古新发现”等一系列讲座活动，与江科大材料学院、金东志愿者团队形成相对固定的志愿者合作模式框架，开展送展览“进学校”“进社区”“进部队”活动，《镇江人民革命斗争史》《光辉的历程，伟大的成就——纪念建党90周年大型图片展》两个展览先后在中华路小学、边防检疫站、索普集团、武警总队镇江支队、镇江市公安局交通巡逻警察支队、谏壁镇江边防检查站、镇江新区大路镇政府等单位巡回展出。全年举办《天高任鸟飞——世界珍奇鸟类展》《李岚清书法篆刻艺术作品展》《“卉之风”女书法家作品展》等20个专题展览。举办《光辉的历程、伟大的成就——纪念建党90周年大型图片展》和《〈三国演义〉的思想内涵》等6场公益讲座。编辑出版《诗情画意写镇江》一书，该书获华东地区古籍优秀图书奖一等奖。在《东南文化》《收藏》《东方博物》等各级各类期刊发表论文20多篇。编辑出版馆藏文物系列丛书第3本——《镇江博物馆馆藏明清书画集萃》。《镇江出土吴国青铜器》获江苏省第十一届哲学社会科学优秀成果三等奖。《馆藏佛教文物精品展》获第二届江苏省博物馆精品陈列展览内容设计奖。修复保护完成宋代丝绸服饰1件；修复馆藏精品书画20幅，修复进库文物及库房文物72件，征集文物158件。先后投入近百万元，对老化、损坏的消防、安防设备及时进行更换、维修，增添监控探头，完善广播报警系统、录像查询系统和巡更检查系统，做到监控区域覆盖全馆区，确保文物的绝对安全。安防系统通过省公安厅和省文物局联合专家组的验收，全省博物馆只有四家单位通过安防系统验收，被省文物局和省公安厅联合表彰为江苏省2010～2011年度文物安全和打击文物违法犯罪先进集体。全年共接待国内外游客40余万人次。

茅山新四军纪念馆推进茅山爱国主义教育活动中心工程建设，初步建成乾元生态养殖基地项目。征集革命文物200余件，发表《访新四军交通员赵兴风》等党史文章5篇。对展厅内容进行维护，更新部分展览版面，更换灯光设施，使馆内陈列焕然一新。全年累计接待观众150余万人次。茅山新四军纪念馆被江苏省旅游委员会表彰为江苏省旅游工作先进集体。

2011年5月16日，由北京语言大学中国书法篆刻研究所和镇江焦山碑刻博物馆联合主办的“镇江焦山碑刻博物馆名碑名帖展”在北京语言大学学术厅举办，共展出焦山碑林39件（套）名碑拓片。焦山碑刻博物馆开工维修古炮台附属用房，完成《镇江焦山摩崖石刻保护》方案，征集碑刻8方，完成焦山碑林网站建设，全年接待国内外游客50万人次。

（金　木）

图30－3　镇江首届百校学生茅山红色夏令营开营　（金　木）

【镇江首届百校学生茅山红色夏令营】 2011年4月9日，由中共镇江市委宣传部、市文广新局主办，茅山新四军纪念馆和茅山风景区管委会承办的“追寻红色足迹践行崇高志向——茅宝杯镇江首届百校学生红色夏令营”活动在句容市茅山风景区游客中心广场举行开营仪式。此次夏令营活动为期5个月，主要内容有参观新四军纪念馆，瞻仰苏南抗战胜利纪念碑，领略“丰碑奇号”的神奇，欣赏红色文艺表演，寻访红色足迹，走访革命前辈，慰问烈士遗属，游览茅山风景区等。全市200余所大中小学校27万师生参加此次红色夏令营活动，接受革命传统教育。

（金　木）

【茅山爱国主义教育活动中心开工】 2011年4月28日，全市2011年文化产业重点项目之一——茅山爱国主义教育活动中心举行开工典礼。茅山爱国主义教育基地活动中心项目总投资5000万元，建筑总面积11653平方米，是集旅游、休闲、商务、会展、餐饮、住宿多功能于一体的一流的综合性服务中心，预计2012年完成主体工程建设。该项目的建成，将填补茅山风景区高规格、多功能接待场所的空白，使茅山风景区在长三角乃至全国的独特优势愈加明显。

（金　木）

【镇江博物馆与莱思—恩格浩博物馆签订友好备忘录】 2011年4月26日，备忘录签字仪式在镇江博物馆举行。莱思—恩格浩博物馆位于德国曼海姆市。友好备忘录达成的初步合作意向包括：馆际之间进行展览互换展出；加强科技信息、图书资料和出版物的交流；互相派遣专业技术人员和行政管理人员进行学习、交流；开展科研课题的合作研究，举办学术会议和学术活动。（金　木）

【组织考古工地公众开放日活动】 2011年6月11日，镇江博物馆在金家湾考古工地举办公众开放日活动，众多市民通过听讲解，读展板，看墓葬，对考古工作的法律法规、考古工作的流程、考古工作的意义有进一步的了解和认识，增强文物保护意识。金家湾墓地占地面积68453平方米，是古代镇江城外一处非常重要的墓葬集中分布区。（金　木）

【界山雪画展】 2011年9月21～26日，界山雪画展在镇江博物馆展出，展出界山雪的画作80余幅，包括山水写生稿、传统山水画、人物画、书法作品、瓷瓶画作品和城市题材系列画作等。界山雪是北京著名画家，也是近年来活跃在当代美术界的新水墨画的创新者。

（金　木）

【革命军事证章展览】 2011年10月1日，茅山新四军纪念馆举办的英雄业绩崇高荣誉——馆藏革命军事证章精品展开展，展览为期3个月。展出的证章和文献资料都是近十年来该馆从全国各地新四军老同志及其后代手中征集得来的。

展览分为序言、红星照耀、独立自由之光、为创建新中国而战和人民功臣的殊荣五大部分，分别展示土地革命时期、抗日战争时期、解放战争时期、社会主义建设时期的各种证章120余枚、各个时期代表性照片和文献资料。其中代表性的证章有：见证中共延安七大的段焕竞、李珊夫妇的七大代表证；有弘扬八路军、新四军为民族解放而浴血奋战的英雄奖章；有铭记人民解放军为创建新中国立下丰功伟绩的“人民英雄”奖章，淮海战役、渡江战役胜利纪念章；有见证新中国诞生的国庆纪念章；有弘扬革命英雄主义、国际主义、爱国主义精神的八一勋章、奖章，独立自由勋章、奖章，解放勋章、国旗勋章；有培养军事人才的军事院校证章等。（金 木）

历史文化名城研究与建设

【概况】 2011年，市历史文化名城研究会在历史文化保护与建设的学术研究、应用和开展咨询服务方面取得明显成绩。召开市历史文化名城研究会三届一次会员大会暨研究会成立十周年纪念大会，完成换届选举工作。举办文宗阁与《四库全书》学术研讨会，编印《镇江市历史文化名城研究论文集第十二辑》。（郭祥明）

【李岚清《诗情画意写镇江》获奖】 2011年4月17日，中共中央政治局原常委、国务院原副总理李岚清所著《诗情画意写镇江》一书在镇江博物馆举行首发式，李岚清书法篆刻艺术作品展也同时开展。该书两卷，书中精选的108首古诗词，都是历代文人墨客咏颂镇江的传世佳作；108幅古画大部分是京江画派的代表作。诗、书、画、印交相辉映。2011年11月10日，在上海举办的第十四届华东地区古籍优秀图书评奖会上，该书获一等奖。（吴 民）

【第十二次学术研讨会】 2011年3月12日，市历史文化名城研究会在一泉召开第十二次学术研讨会暨2011年年会。会长钱永波作《南山北江古运河是名城镇江特有的风采》的讲话。此次研讨会汇集论文共分6个部分53篇。分别是：综合研究、名城保护与建设研究、旅游、园林建设研究、文史研究、人物研究、附录。（郭祥明）

【市历史文化名城研究会成立十周年纪念大会】 2011年6月26日，市历史文化名城研究会三届一次会员大会暨研究会成立十周年纪念大会在碧榆园举行。全市160名专家学者出席大会。市委副书记、市长刘捍东发表《增添智慧城市中的历史文化元素》的讲话。江苏省炎黄研究会常务副会长吴镕与会。市历史文化名城研究会会长钱永波作《弘扬历史文化是时代赋予我们的责任》的工作报告。大会选举产生第三届研究会新的领导机构。李壮云当选新一届会长，刘云、邵孟大、范然、赵顺凌、王玉国、滕道远当选副会长。邵孟大兼任秘书长。换届后大会召开第四次会议，会长李壮云作《不负重托，继往开来，开创工作新局面》讲话。（邵孟大）

【完成镇江古人类化石综合研究课题】 2010年，市历史文化名城研究会、镇江博物馆申报“镇江古人类化石综合研究”课题，历时10个月，课题组归纳长江下游发现的旧石器时代化石地点的材料，对长江下游旧石器时代的遗址和化石地点进行综合比较与评估，对镇江古人类化石在长江下游旧石器时代遗址、化石中的地位进行评估，完成综合研究报告《镇江古人类化石在长江下游旧石器时代地位的评估》。并建议镇江古人类化石采用“镇江人”的命名。选用国内先进技术和设备，对镇江高资出土的化石进行形态学（体质人类学）观察和测年，确定高资出土化石时代数据，得出高资出土的两段（块）人类化石属于同一个成年个体，为现代智人，形成《镇江高资人类股骨化石研究（结题稿）》的研究报告。根据镇江古人类科普园展示遗址的需要，课题组进行地质与考古相结合的调查，进一步弄清楚莲花洞及周边洞穴的情况，完成《镇江南山莲花洞古人类遗址地质及考古调查报告》，为科普园遗址展示方案提供科学依据，2011年7月，形成《镇江莲花洞古人类遗址价值研究初探》一文，圆满完成此项课题。（王玉国）

【文宗阁·《四库全书》与镇江学术研讨会】 2011年10月26日，文宗阁开放日仪式暨文宗阁·《四库全书》与镇江学术研讨会在金山风景区举办。中国阅读协会会长、省政协常委、南京大学教授徐雁，市委原书记、人大常委会原主任钱永波，市人大常委会副主任、会长李壮云等7人发言，10位论文撰写者作学术性发言。这次学术研讨会共收到论文17篇，分四大类：《四库全书》文史考证、综论、史征、典籍英华，分别从文宗阁兴衰、复建意义，文宗阁暨《四库全书》择址金山寺的原因，探讨文宗阁沿革过程及未来发展趋势。（郭祥明）

【《中国历史文化名城镇江研究丛书》获奖】 该书由时任镇江市历史文化名城研究会会长钱永波主编，2004年9月由江苏人民出版社出版。全书190多万字，共10册：《千古江山》《六朝都会》《江河要津》《科技巨匠》《文选名篇》《文心司南》《诗苑英华》《民间风采》《金戈铁马》《释道胜境》。国内著名学者曹道衡、俞绍初、涂光社、赵福海及镇江专家学者50多人参与写作，历时一年半。丛书资料翔实、视角新颖、结构明晰、编排精当，知识性强；注重溯源、鉴别、筛选、钩沉、考证，颇具学术性；内容涵盖地学、历史、政治、军事、经济、文化、科技、宗教、艺术、民俗等领域，是一套全面把握镇江历史脉搏和文化发展过程、催人奋进的丛书。2005年10月，该书获镇江市第六次哲学社会科学优秀成果特别奖、社科成果一等奖。2011年在庆祝中华炎黄文化研究会建会20周年之际，该书被中华炎黄文化研究会评选为优秀成果，并于11月15～18日在北京图书馆展出。（邵孟大）

【为镇江城市建设和保护提供咨询服务】 2011年，市历史文化名城研究会在名城保护课题的选择上，参与市委、市政府确定的具有全局性、前瞻性和可实施性的重点工程；参与进一步提升城市精神工程的文化品位，并将之作为研究会咨询服务的重点。通过采取上门服务、联谊座谈等多种形式，市历史文化名城研究会与交通投资公司为官塘新城建设提供咨询服务。官塘桥是古代驿桥，这里有驿道和驿站。为查明文脉，研究会有关人员翻阅大量志书和史料，形成咨询服务设计，方案得到诸多专家的确认和建设单位的认同。对官塘桥文化广场建设，他们不仅提出规划意见，而且协助交通投资公司到北京拍回5件驿站的珍贵文物。与水利投资公司在许浑丁卯别墅等一些精神项目方面挖掘文化内涵，研究会及时介入深入调研，追根求源。提出许浑别墅布展方案，被规划设计单位采纳。古运河中段文化内涵十分丰富，在古运河中段整治过程中，市历史文化名城研究会派专人经常到现场察看，及时提出建议。（范 然）

赛珍珠研究与纪念活动

【概况】 2011年，赛珍珠课题研究有新的进展，有关赛珍珠内容的课题有3个：《赛珍珠文化产业可行性研究》（市社科联立项），《赛珍珠研究》（江苏大学申报），《世界文化名人赛珍珠在镇江国际化进程中的作用》（市社科联立项）。年度论文数量多创历史之最。理事扩大会收到论文（包括资料、附录）共41篇，在27篇论文中，高校师生撰写18篇，占

70%。学术论文质量有所提高。市赛珍珠研究会会员在有影响的学报或报刊上发表有一定质量的学术论文，裴伟撰写的《从绿林枭雄到草莽司令——王虎原型初探》发表于《江苏大学学报(社会科学版)》，引发学界关注和学术争鸣。周小英论文在《宿州学院学报》上发表。《扬子晚报》等媒体大幅刊登镇江市作者研究赛珍珠的文章。翻译赛珍珠著作《文学女孩——赛珍珠》《永远长不大的孩子》《改变了中国的人》和《正午时分》等，使不谙英文的研究人员更多接触赛珍珠其他著作。配合《赛珍珠思想当代价值》论文写作，赛珍珠纪念馆遴选180余篇相关的论文汇集8册资料；编成《赛珍珠资料摘录》一、二册，为研究者提供资料服务。加强《赛研信息》编辑工作。组织编撰学术著作《寻绎：赛珍珠的中国故乡》。耿炜、丁亚明、裴伟撰写的《文化人桥——赛珍珠》入选省百种优秀图书。

筹备赛珍珠诞辰120周年纪念活动。2012年值赛珍珠诞辰120周年。2011年3月，市外办至北京拜访全国人大外事委员会主任李肇星、中国人民对外友好协会会长陈昊苏以及中国人民外交学会副会长陈永龙，并走访外交部政研司、美大司、亚洲司，北京大学新闻与传播学院，以及中国国际广播电台英语环球广播中心，就举办纪念活动等工作向上述部门、领导作专门汇报。李肇星、陈昊苏、陈永龙等对镇江市过去开展的活动给予肯定，表示将继续关心支持。经过反复研究，活动名称拟为：赛珍珠诞辰120周年纪念活动。

不断开展对外交流。3月，接待英国传记作家希拉里·斯波林。5月，组织高校赛珍珠研究人员赴宿州、淮安等地进行考察。5月下旬，在"百名外国驻上海总领事馆、总领事镇江行"活动中，美国领事馆5名签证官提出参观赛珍珠纪念馆和赛珍珠故居的要求，市外办作特意安排。6月，请北京金存启到赛珍珠纪念馆，就赛珍珠所处时代镇江相关历史资料授课，与镇江市赛珍珠研究者进行交流。10月，至芜湖王莹纪念室交流布展经验，收集相关资料。11月，镇江市赛珍珠文化考察团访问美国赛珍珠国际基金会等。

在利用研究会网站和向新闻媒体投稿外，还应文广集团新闻频道约请，在《镇江史话》栏目开讲赛珍珠。研究会会员周小英、李臻、汤蓓先后讲10讲，使更多市民了解赛珍珠。

加强纪念馆内部管理。调整充实纪念馆工作人员，充实外语和电脑方面的志愿者。纪念馆达到未成年人道德教育示范基地的要求。利用赛珍珠纪念馆、故居、博爱广场，与市妇联、博物馆、老年书画协会以及润州区金山街道红光社区等单位共同组织义务写春联、元宵节亲子活动，纪念赛珍珠诞辰119周年暨"玫瑰新香"社会妈妈俱乐部等活动。

（纪　东　裴　伟）

【英国传记作家希拉里·斯波林到访】 2011年3月22日，英国剑桥大学研究员、《埋骨：赛珍珠在中国》作者希拉里·斯波林(Hilary Spurling)再次到镇江访问。近几年来，她致力撰写赛珍珠的传记。2011年1月，《埋骨：赛珍珠在中国》(张秀旭、靳晓莲译)中译本由重庆出版集团出版。8月，《埋骨：赛珍珠在中国》又获詹姆斯·泰特·布莱克纪念奖最佳传记奖。到访期间，斯波林与赛珍珠研究会有关学者进行学术交流，接受市赛珍珠研究会赠送的书画，还赴镇江市第二中学与该校赛珍珠国际班学生座谈，在江苏科技大学与在镇高校师生交流。（裴　伟）

【赛珍珠文化考察团赴美访问】 应美国赛珍珠国际基金会邀请，纽约时间2011年11月22日上午，镇江市赛珍珠文化考察团一行6人，抵达美国宾夕法尼亚州费城北郊的珀可思市的青山农场赛珍珠故居(赛珍珠国际基金会总部所在地)访问，受到赛珍珠国际基金会副总裁特瑞瑟和纪念馆馆长当娜的接待。故居现为美国国家级历史文化参观景点。纪念馆负责人从库房中取出1941年中国政府颁授赛珍珠的"领绶采玉勋章"展示。在访问期间，市赛珍珠研究会就镇江市筹备赛珍珠诞辰120周年纪念活动等事宜，与基金会进行会谈，并赠送市二中赛珍珠国际班2011届学生集体署名的感恩旗等。（裴　伟）

【考订京畿岭外国人公墓名称】 位于镇江市区京畿岭西下坡冰仓巷附近有一处近代外国人公墓遗址，镇江人多称"白人墓、洋鬼子墓、洋人公墓、西洋公墓"等。此公墓墓主中有英国内地会传教士戴德生夫妇，还有赛珍珠的5个亲人。经金存启通过查找文献、探访知情人等研究，公墓中文名称为"西侨公墓"，英文原意多称"新教墓地""基督墓地"，个别外文著作称"英国墓地"。金存启还寻觅到戴德生夫人墓地、戴德生葬礼等图片。金存启在青少年时期住在镇江城西，退休前供职于中国通用技术集团。他于2011年6月18日在赛珍珠纪念馆作讲座介绍考订成果。（裴　伟）

【上海宋庆龄基金会-赛珍珠公益基金启动】 2011年11月9日上午，启动仪式在上海宋庆龄基金会举行。上海宋庆龄基金会主席、国务院港澳办原主任鲁平等出席仪式。大会由东方卫视主持人曹可凡主持。上海宋庆龄基金会将与赛珍珠国际基金会共同设立公益基金，促进和推广宋庆龄和赛珍珠生前所关注的妇女儿童福利和中外文化交流事业，增进不同文化、不同价值观的相互沟通与理解；通过开展国际交流、文化教育等项目，建立东西方沟通的桥梁，促进世界和平与友谊。（裴　伟）

【赛珍珠研究学者刘龙去世】 2011年3月21日，江苏省镇江师范学校退休教师刘龙去世。刘龙，1940年生，江苏丹阳人。刘龙是最早研究赛氏家族在镇生活工作的学者，1972年在镇江市第二中学(前身为镇江崇实女子中学)执教后，即收集资料研究赛珍珠，1985年主编校史期间，采得赛氏在校留下教泽之史料，随编入史，嗣后撰写研究文章。1990年起，在《人民日报(海外版)》《人物》等报刊陆续发表。1990年参与筹备镇江市召开的"赛珍珠文学创作讨论会"，参加2002年、2005年、2008年在镇江召开的赛珍珠学术研讨会。曾前往美国青山农场赛珍珠故居考察交流。主要著作有主编《赛珍珠研究》(云南人民出版社，1992)，与王玉国合编《赛珍珠——写中国题材获诺贝尔奖的美国女作家》(黄山书社，1993)等。刘龙去世后，美国赛珍珠国际基金会总裁兼首席执行官珍妮特·明泽、国内著名学者王逢振、张子清、郭英剑等发唁电、唁函表示哀悼，并高度评价刘龙的学术研究。

（裴　伟　丁亚明）

【高校研究人员考察宿州、淮安】 2011年5月13～15日，市赛珍珠研究会组织江苏大学、高专的赛珍珠研究人员赴宿州、淮安等地考察。考察期间与宿州学院赛珍珠研究所成员举行学术交流，参观宿州赛珍珠故居、宿州学院赛珍珠纪念馆，体验赛珍珠笔下的淮北农村风情并与农民交谈。在淮安市参观赛珍珠幼年玩耍地——娃娃井以及赛珍珠一家初到清江浦的登岸处。（裴　伟）

综 述

【概况】 截至2011年12月，全市有1个出版社、7种报纸、14种期刊、44种连续性内部资料出版物、8个报刊社驻镇记者站、484家印刷企业、330家书报刊发行网点、150家音像制品经营单位。

印刷行业协会和出版物发行业协会分别召开理事会，选举和调整协会组织机构。2011年4月下旬邀请专家作"数字出版和发行知识"讲座，引导传统出版、印刷和发行企业转型升级，促进数字出版和发行以及相关产业发展壮大。5月组织人员参加省新闻出版局和省出版物发行协会组织的赴哈尔滨观摩第21届全国图书交易博览会；5月组织镇江恒华彩印包装有限公司、镇江浮玉彩印包装有限公司参加2011上海国际印刷包装产品交易会，并展示数十种精美的印刷包装产品。11月组织全市150多名印刷企业负责人参加上海第四届国际全印展。 （金 木）

【农家书屋管理】 2011年，镇江市文化广电新闻出版局完成年度省级财政资金农家书屋出版物更新工作，全市81个黄茅地区农家书屋更新出版物24000册。开展争创全省农家书屋法制文化建设示范区工作，各辖市（区）在多个"农家书屋"建起法律图书角，引导和组织群众开展学法用法活动。开展送卫生科普知识进农家活动。2011年9～12月，市文广新局、市疾控中心和市科协联合开展送卫生科普知识进农家活动，组织知名医疗专家、科技专家深入辖市（区）的8家农家书屋，为农民朋友举办8场卫生科普知识专题讲座，讲座内容为农民朋友喜闻乐见的卫生保健、种（养）植业等相关知识。

2011年11月29日～12月2日，市文广新局在凤凰岭饭店举办农家书屋管理员培训班。全市103名优秀农家书屋管理员代表参加培训，提高其业务和综合素质，使镇江市农家书屋管理水平得到显著提升。培训内容包括全省农家书屋发展现状介绍及展望、农家书屋管理实务等。除集中授课外，还组织参观考察优秀农家书屋，并请优秀管理员作经验介绍，交流心得体会。 （金 木）

出版管理

【概况】 2011年，镇江市文化广电新闻出版局加强对报纸、期刊、出版社，连续性内部资料出版单位和驻镇记者站的行业监管。扩大审读范围，将市委、市人大、市政协等部门和企事业单位的12份连续性内部资料出版物纳入审读。对审读员分工作适当调整，对重点报刊进行交叉审读，注重做好审读之后的效果跟踪工作。对《江苏声屏——镇江广播电视》开展一次集中审读。在5月举行的全省报刊管理工作会议暨报刊审读工作经验交流会上，镇江市文广新局新闻出版和版权处被评为全省优秀报刊审读单位，并在会上作经验交流。一名审读员和一篇审读报告分别被评为省优秀审读员和优秀报刊审读报告。全年共编印《镇江报刊审读与管理》22期。在报刊社开展"杜绝虚假报道，增强社会责任""全民阅读报刊行""走基层转作风改文风"等各项主题活动。举办全市连续性内部资料出版物编辑人员培训班，提高连续性内部资料出版物编辑人员的业务素质，提升连续性内部资料出版物的影响力。加大对报刊社驻镇记者站的监管，在常规年检的基础上，开展对驻镇报刊记者站专项治理。 （金 木）

【印刷业管理】 2011年，全市印刷业实现工业总产值59.14亿元，工业增加值17.17亿元，比上年分别增长27.4%、

表31－1

2011年镇江市公开发行报纸一览表

报纸名称	刊 号	刊 期	地 址	联系电话
镇江日报	CN32－0015	日报	镇江市中山东路4号	85010029
京江晚报	CN32－0064	日报	镇江市中山东路4号	85010029
江苏声屏——镇江广播电视	CN32－0082/04	周报	镇江市长江路33号	85222812
丹阳日报	CN32－0070	周六报	丹阳市开发区东方路报业大厦	86983009
江苏大学报	CN32－0809/G	半月报	镇江市学府路301号	88780023
江苏科技大学报	CN32－0821/(G)	旬报	镇江市梦溪路2号	84401042
镇江高等专科学校报	CN32－0838－(G)	20天	镇江市学府路61号	88962919

（金 木）

表 31－2

2011 年镇江市公开发行期刊一览表

期刊名称	国内统一连续出版物号	刊 期	地 址	联系电话
金山	CN32－1035/I	月刊	镇江市正东路 34 号	84402821
蚕业科学	CN32－1115/S	季刊	镇江市四摆渡中国农科院蚕业研究所	85616835
中国蚕业	CN32－1421/S	季刊	镇江市四摆渡中国农科院蚕业研究所	85616593
江苏船舶	CN32－1230－U	双月刊	镇江市正东路 37 号	84422493
农业装备技术	CN32－1646/S	双月刊	镇江市学府路 71 号	84403490
排灌机械	CN32－1171－TH	季刊	镇江市学府 301 号	88797778
江苏实用心电学杂志	CN32－1484/R	双月刊	镇江市解放路 438 号	85021159
江苏大学学报(自然科学版)	32－1450－N	双月刊	镇江市梦溪园巷 30 号	84446934
江苏大学学报(社科版)	32－1655－C	季刊	镇江市梦溪园巷 30 号	84446934
江苏大学学报(医学版)	32－1434－R	季刊	镇江市梦溪园巷 30 号	84446934
江苏大学学报(高教版)	32－1075－G	季刊	镇江市梦溪园巷 30 号	84446934
江苏科技大学学报(社科版)	32－1422－U	双月刊	镇江市梦溪路 2 号	84401105
江苏科技大学学报(自然科学版)	32－1608－C	季刊	镇江市梦溪路 2 号	84401105
镇江高专学报	CN32－1511/G4	季刊	镇江市学府路 61 号	88962117

（金　木）

表 31－3

2011 年镇江记者站一览表

记者站名称	地 址	联系电话
《江苏工人报》镇江记者站	镇江市梦溪路 5 号	84413010
《江苏法制报》社镇江记者站	镇江市学府路 3 号	84492776
《新华日报》社镇江记者站	镇江市正东路 32 号	88050968
《扬子晚报》镇江记者站	镇江市梦溪路 4 号 3－205 室	84491110
《江苏电力报》镇江记者站	镇江市电力路 182 号	84021202
《镇江日报》丹阳记者站	丹阳市行政中心	86565099
《镇江日报》扬中记者站	扬中市政府机关大院	88327790
《镇江日报》句容记者站	句容市华阳镇	87272273

（金　木）

18.3%。新增产值过亿元印刷企业 3 家，规模企业 18 家。

镇江市文化广电新闻出版局推进重大产业项目实施，着力扶持、推进江苏恒华传媒公司“新型绿色环保书刊商业印刷基地”、句容兴文包装公司“瓦楞纸箱印刷耐磨专利技术的研究”、江苏中彩印务公司“高档包装盒绿色印刷”等项目实施。“新型绿色环保书刊商业印刷基地”项目获省文化产业引导资金共 80 万元。扬中市印刷有限公司获国家绿色印刷认证。推进全市的新闻出版产业“走出去”。引导扶持江苏沪运制版有限公司在尼泊尔投资“凹印制版”印刷项目。扶持江苏中彩印务有限公司和江苏恒华传媒有限公司在四川泸州酒业集中区各征地设立分厂。

建立印刷企业日常监管情况登记制度，在市文广新局网站上公布举报电话，对“市长信箱”“镇江论坛”等网上举报，做到有报必查，一查到底，查处答复 5 起，并及时向举报人反馈查处情况。对印刷市场进行清理整顿，全市累计出动检查人员 3420 人次，检查印刷经营单位 1126 家次，收缴各类非法印刷品 9438 件，立案查处违法案件 4 起。（金　木）

【发行管理】 截至 2011 年底，全市共有出版物发行单位 480 家（其中出版物批发单位 15 家，零售单位 465 家）。全市出版物发行业实现销售额 3.22 亿元，比上年增长 11.4%。

2011 年 1 月，在全市出版物发行行业开展镇江市首届“双优诚信”书店评选活动。3 月，镇江市博世图书公司和句容市新华书店被评为省第三届“双优诚信”书店。12 月，市文明办和市文广新局联合发文，对镇江新华书店中山东路书城等 10 家出版物发行单位授予镇江市首届“双优诚信”书店称号。10 月 31 日在全市出版物发行单位开展公益助残活动，组织镇江市出版物发行业协会在市残联综合服务中心筹建一个专门供残疾人免费使用的图书阅览室，首批捐赠图书、音像制品 2000 余册（张），书架 12 张，为全市残疾人读书学习提供方便，受到残疾人工作部门和残疾人的称赞。2011 年 11 月 9 日，举办为期 4 天的出版物发行员职业资格培训班，有刚毕业的大学生、下岗失业人员和失地农民等 45 人通过鉴定考试，取得新闻出版总署、人力资源和社会保障部核发的出版物发行员职业资格证书。加强出版物发行市场巡查，全市累计出动检查人员 33012 人次，检查出版物经营单位 8356 家次，收缴各类非法出版物 85291 件，立案查处违法案件 2 起。（金　木）

【版权管理】 2011 年，市文广新局完成打击侵犯知识产权和制售假冒伪劣商品专项行动，开展“4·26 世界知识产权日”系列版权保护宣传活动，制作宣传展牌和宣传标语在市区重点地段进行宣传，同时通过报纸、电视及户外电子屏幕等方式倡导“保护版权，抵制盗版”的社会风尚。鼓励企事业和个人做好版权登记，全年版权登记数量达到 9 个。推进政府部门软件正版化，完成辖市（区）政府部门软件正版化，启动第二轮市级政府部门软件正版化工作，推进企业软件正版化。继续开展打击网络侵权盗版“剑网行动”，2011 年 3 月协助市公安部门完成对“小说书网”网站涉嫌侵犯盛大文学公司文学作品著作权案件的鉴定工作。

2011 年 1 月 11 日，联合市公安局治安支队对位于青云门和古楼岗的两处涉嫌非法音像制品的地下窝点进行突击检查，收缴盗版音像制品（DVD）共计 29929 张，其中淫秽色情音像制品 18433 张，3 名当事人受到刑事处罚。

2011 年 5 月 27 日，联合市中级人民法院举办文化市场版权保护知识讲座，部分网吧和歌舞娱乐场负责人听取讲座，这是镇江市首次在文化市场领域进行的版权保护知识讲座。镇江市中级人民法院知识产权庭主讲法官讲解著作权的基本知识，解读《最高人民法院关于做好涉及网吧著作权纠纷案件审判工作的通知》，指导经营业主妥善解决侵权纠纷，进一步加强影视、音乐作品的使用和

管理,采取积极措施避免著作权纠纷的发生。 （金 木）

【江苏大学出版社】 2011年,江苏大学出版社有限公司(简称江苏大学出版社)有员工44人,其中具有高级职称的专业人员7人,具有硕士学位的23人。向中国残疾人联合会、江苏省残疾人联合会、镇江市残疾人联合会和四川阿坝州理县教育局共捐赠图书680册,总码洋18136元。4月29日,江苏大学出版社与江苏大学杂志社、校工会联合成立“心桥”教职工书屋,首次捐赠生活类、科技类、教育类、文学类等共计700余册图书,给学校的教职工特别是退休教职工提供精神文化家园。 （常 钰）

【《灾难医学》获国家级图书奖】 2011年,江苏大学出版社首次参加全国原创图书工程奖评选活动,申报的《灾难医学》获全国100种原创科技学术类图书奖。这是迄今出版社获得的最高奖项,标志着出版社“国字头”工程零的突破。9月,《灾难医学》获江苏省出版资助项目资助,这是该出版社首个获资助项目。 （常 钰）

【《梦溪笔谈注》出版】 2011年3月,中国第一部全注本《梦溪笔谈》——《梦溪笔谈注》由江苏大学出版社出版。《梦溪笔谈注》对沈括《梦溪笔谈》《补笔谈》《续笔谈》609条原文全部做专门的、较广泛的注释。注者王骧,生于1915年,退休前为镇江师范专科学校中文系副教授,注释修订历时近26年。这是国内第一本《梦溪笔谈》全注本,全书含原文在内达100万字。1998年为宣传历史文化名城,市政协文史委内部印行《梦溪笔谈全注》,分上、下册。南京大学教授卞孝萱为《梦溪笔谈注》作序,序言评价这部作品有三个优点:一是注释明白,对古代名物、故实以及比较费解的词语,用通俗的语言进行注释,二是部分条目“注释”后的“按语”用以提示该条的学术价值或需要注意的问题。三是条目拟题分类,便于检索。书末收有附录《梦溪笔谈》条目分类索引,将609条分为34类,方便读者检索。 （常 钰）

镇江报业传媒集团

【概况】 2011年,镇江报业传媒集团发挥舆论主阵地作用,发展文化产业,提高队伍素质,加快传统媒体转型进程。一批新闻作品在省级以上作品评选中获奖,获奖数量及奖级均比上年有所增加和提高,有21件作品获省报纸好新闻奖,9件作品获中国地市报新闻奖(获奖作品见附表)。通讯《“镇江香醋”打赢民族品牌跨国保卫战,启示:“走出去”,商标要先行》获第十四届江苏新闻奖,填补镇江市十年来此奖项的空白。经营收入首次突破亿元。承办全省“增强主流媒体主流影响力”研讨会。集团获江苏省新闻出版(版权)系统先进集体等荣誉。

《镇江日报》《京江晚报》紧扣“转型升级、跨越发展”主题,通过专题、专版、专栏,深入解读市委、市政府关于“转型升级,强市富民”的总体要求、工作重点和政策措施,反映各地、各部门的新思路、新做法、新经验、新亮点,营造“转型升级、跨越发展”的浓厚氛围。

加强新闻策划,提高新闻质量。镇江报业传媒集团加强对建党90周年、市第六次党代会召开、文明城市创建、大项目建设、山水花园城市建设等报道,关注民生热点,及时反映舆情,舆论监督水平得到进一步提高。

培塑典型,弘扬社会主义核心价值理念,引领积极向上的时代风尚。镇江报业传媒集团抽调骨干记者,组织张雅琴先进事迹报告材料,将农村基层好支书张雅琴推向全国。加强新涌现出的先进典型宣传,报道出手相救被撞环卫工的江玉琴、跳入冰冷湖水中勇救落水男子的梁刚卫、抬车救人的三轮车师傅、接力营救高三女生的好市民等。连续报道镇江市骨髓捐献志愿者张晓春为山西临汾白血病患者筹集资金的感人事迹,在全国引起强烈反响。组织志愿者开展看望空巢老人、送年夜饭、关爱农民工子女以及志愿助残阳光行动等活动,开展“高桥暖鞋 · 暖心节”“我为南山西入口起大名”“银行业营业网点网民大评选”,以及“增华阁”青少年写作节等品牌活动,组建市民记者、金山拍客等队伍,彰显主流媒体的社会责任和人性温暖。推出《走基层》《我们在基层》等专栏,跟踪热点,关注民生,将更多的版面留给普通市民。

加大对外宣传力度,扩大镇江对外影响力。镇江报业传媒集团全年在新华社、《人民日报》《新华日报》等国内主要新闻媒体上发稿33篇,通讯《镇江:“创新驱动”的创新实践》《让民生工程惠及每个家庭》在《新华日报》头版头条发表。金山网、《镇江画报》《镇江手机报》等对宣传镇江发挥独特的作用。

镇江报业传媒集团加强广告策划,优化广告结构,通过举办房展、车展、家装博览会等专题展会,挖掘广告潜力。全年广告收入7000万元,国有资产保值增值率超过110%。加快镇江新闻国际旅行社有限公司和镇江网络传媒股份公司的发展。开展产业发展调研,积极参与市委、市政府组织的昆山、杭州文化产业招商。

内强素质,外树形象。以建设学习型党组织和学习型报业为目标,在党员和员工中,强化“创先争优”目标考核,持续开展“为党旗添新彩,为报业立新功”系列主题教育实践活动。加强“网络党校”建设,成为镇江市“百项基层党组织特色品牌”。深入开展“杜绝虚假报道,增强社会责任,加强新闻职业道德建设”等专项教育,提升报业形象。加强岗前培训和岗位继续教育,将双月“睿智讲堂”打造成业务学习品牌。 （邹永东）

【建党90周年报道】 作为2011年宣传报道的重头戏,镇江报业传媒集团加强组织策划,两报相继推出《庆祝建党90周年之老革命对话新党员实录》《我入党的那一天》《党旗飘飘》等专栏,将视角对准老红军、老领导、基层工作者,书写新时期共产党员的良好形象,加强社会主义核心价值观宣传,营造爱祖国、爱党、爱社会主义的舆论氛围。 （邹永东）

【文明城市创建宣传】 2011年,镇江报业传媒集团加大对文明城市创建的宣传,两报辟出“争创全国文明城”“七彩文明新镇江”“文明创建周周看”“文明创建我知道”“易误解的双方‘对对碰’”等一批专栏和系列报道,宣传文明城市创建知识,加强创建动态、亮点报道,对不文明现象进行曝光,为镇江市文明城市创建营造舆论氛围。

（邹永东）

【年终成就报道以小见大】 2011年岁末年初,镇江报业传媒集团加大年终专稿的报道力度,两报分别推出年终专稿“一群人,一些事,一座城——我们的2011”“2011年看民生”等系列报道,综合运用图片、言论、通讯、大事记等,通过20篇连续报道,真切反映镇江市一年来经济社会文化的发展变化和进步。

（邹永东）

【“走转改”活动】 2011年8月起,镇江报业传媒集团在全体采编人员中,广泛开展“走基层、转作风、改文风”活动,推出“走基层”“我们在基层”“咱老百姓”“记者走基层”等专版、专栏,将更多的版面留给普通市民,使“走转改”活动落到实处。 （邹永东）

表 31－4

2011 年镇江报业传媒集团新闻作品获奖一览表

获 2010 年度江苏省报纸优秀作品篇目

奖级	标题	类别	作者(编辑)
一等奖	奖励只有半页纸处罚条文一厚本(《镇江日报》)	消息	刘业林　沙艳秋
	“镇江香醋”打赢民族品牌跨国保卫战,启示:“走出去”,商标要先行(《镇江日报》)	通讯	姚秀峰　孙　喜
	“镇江香醋”打赢民族品牌跨国保卫战,启示:“走出去”商标要先行(《镇江日报》)	编辑奖	胡建伟
二等奖	民生银行全国首次试点中小企业贷款券在镇推出(《镇江日报》)	消息	林　兰
	社会实践“变味章”难倒社区干部(《京江晚报》)	消息	周本林
	连续 200 份保单背后的哭与笑(《京江晚报》)	通讯	吴　辉
	34 年闺蜜原是孪生姐妹 数载寻觅方知根在镇江——一对句容双胞胎姐妹的寻亲传奇(《镇江日报》)	通讯	许益明
	34 年闺密原是孪生姐妹 数载寻觅方知根在镇江——一对句容双胞胎姐妹的寻亲传奇(《镇江日报》)	编辑奖	马　坚
	免费文化大餐:“美味”背后有“苦涩”——公共文化场馆“游园热”后的冷思考(《镇江日报》)	通讯	司马珂　王丽青
	谨防以“发展”的名义瞎折腾(《镇江日报》)	评论	王景曙
	透视镇江公立医院改革系列报道(《镇江日报》)	系列报道	王景曙　司马珂　殷兰友　王丽青
	2010 年 6 月 21 日 1 版(《镇江日报》)	版面	吴　斌
三等奖	施玉亮见义勇为壮烈献身(《镇江日报》)	消息	张　杰　钱华明　许益明
	城镇化带来新住房新工作新生活 句容十万农民“洗脚进城”(《镇江日报》)	消息	滕庆海　汪宏桥
	这两广场为何都像停车场 市民:管理者别把管理目标搞颠倒(《镇江日报》)	消息	许益明
	小街社区“环境认养”受追捧(《京江晚报》)	消息	王爱敏
	“我只想做一名纯粹的共产党人”64 岁教授重症病床上宣誓入党(《京江晚报》)	消息	笪　伟
	4 天,“镇江造”钢桥在舟曲架成 白龙江两岸的救灾通道打通(《京江晚报》)	消息	徐贤礼
	网络村庄,让村子拆而不散(《京江晚报》)	通讯	石玉成　孙云霞　王鹏程
	十年后由谁来种田?(《京江晚报》)	通讯	滕庆海
	苍天有泪 好人走好(《京江晚报》)	通讯	张小翀
	追寻新生代农民工的镇江足迹(《京江晚报》)	系列	王鹏程　梁和峰
	提升新闻可信度刻不容缓——媒体公信力频遭质疑引出的思考(《镇江日报》)	论文	杨　咏
	保护历史地名,复活城市记忆(《镇江日报》)	副刊	何　菁
	保护历史地名,复活城市记忆(《镇江日报》)	副刊编辑奖	杨苏宜
	这一场穿越千年的缅怀(金山网站)	网络新闻	陈　洁　赵　伟

获第 25 届中国地市报新闻奖作品篇目

奖级	标题	类别	作者和编辑
一等奖	损失 3000 万元,改善东部空气质量 振邦关停“赚钱”车间(《镇江日报》)	消息	作者:李　媛　余宽平　编辑:吴　斌
二等奖	句容农民冬天种水稻不是梦是事实(《镇江日报》)	消息	作者:滕庆海　李根喜　王　峰　编辑:吴　斌
	“镇江香醋”打赢民族品牌跨国保卫战,启示:“走出去”商标要先行(《镇江日报》)	通讯	作者:姚秀峰　孙　喜　编辑:胡建伟
	34 年闺密原是孪生姐妹 数载寻觅方知根在镇江——一对句容双胞胎姐妹的寻亲传奇(《镇江日报》)	通讯	作者:许益明　编辑:马　坚
	透视镇江公立医院改革(《镇江日报》)	系列报道	作者:司马珂　殷兰友　王丽青　编辑:王景曙
	“我只想做一名纯粹的共产党人”64 岁教授重症病床上宣誓入党(《京江晚报》)	消息	作者:笪　伟　编辑:王坚平　陈　融
	连续 200 份保单背后的哭与笑(《京江晚报》)	通讯	作者:吴　辉　编辑:徐　毅　陈　融
三等奖	镇江市医院将试点“住院无陪护”(《镇江日报》)	通讯	作者:叶明旻　编辑:吴　斌
	浑身湿透的抢修师傅是谁?(《京江晚报》)	通讯	作者:童本宽　编辑:李明明　曹　珍

第 21 届中国新闻奖报纸副刊作品初评暨 2010 年度全国报纸副刊年赛获奖篇目

奖级	标题	作者和编辑
银奖	十五年的距离(《京江晚报》)	作者:贺　莺　编辑:戴　蓉
铜奖	《非诚勿扰》,与爱无关(《京江晚报》)	作者:戴　蓉　编辑:阿　泰
专栏	《微中看博》专栏(《京江晚报》)	编辑:王　莹
三等奖	2010 年 2 月 10 日 B8 版版面(《京江晚报》)	编辑:戴　蓉

续表 31－4

江苏省第21届报纸副刊好作品评选获奖篇目		
奖级	标　题	作者和编辑
一等奖	保护历史地名，复活城市记忆（《镇江日报》）	作者：何　菁　编辑：杨苏宜
二等奖	一生跌宕，只为一缕沉香（《镇江日报》）	作者：古　瑾　编辑：宇文家林
	镇江周刊8版版面（《镇江日报》）	编辑：古　瑾
	虎虎生威（《京江晚报》）	作者：王　川　编辑：戴　蓉
	《江花》版面（《京江晚报》）	编辑：贺　莺
三等奖	一个爱咬衣领的朋友（《镇江日报》）	作者：滕建锋　编辑：景异玮
	非诚勿扰（《京江晚报》）	作者：戴　蓉　编辑：阿　泰
	海得堡，因文化而经典（《京江晚报》）	作者：宋成玺　编辑：戴　蓉
	当我来到这个世界，就已经老（《京江晚报》）	作者：李明明　编辑：贺　莺

（邹永东）

【推出《党报在线》报网互动栏目】 2011年1月24日起，《镇江日报》推出报网互动栏目《党报在线》，半月一期，每期围绕当前市民关注的当地热点难点话题，邀请相关职能部门主要负责人走进网络直播室，与市民“面对面”交流。首期针对市区交通拥堵问题，市公安交巡警支队支队长张勇率队走进网络直播室，介绍治堵工作及设想，同时问计市民网友。在与网民互动中发挥着参政议政、服务民生的重要作用，受到中央宣传部副部长、国务院新闻办公室主任、国家互联网管理办公室主任王晨和市委书记许津荣的肯定。　（邹永东）

【《希望周刊》成为全市未成年人教育新平台】 2011年1月6日，由镇江报业传媒集团主办的《希望周刊》正式与读者见面，成为镇江市未成年人思想道德建设的重要舆论阵地。依托《希望周刊》这个平台，举办首届镇江小记者节，完善“增华阁”系列活动，在增华阁作文大赛参赛人数较上年大幅增加的基础上，扩大增华阁书画大赛的影响，开展首届增华阁教师论文评选和增华阁书画大赛。　（邹永东）

【《京江晚报》策划“出版5000期”特别报道】 2011年11月24日，《京江晚报》出版第5000期。经过策划，通过对创刊当日报道的人和事的回访，集中推出8个版面，增强与读者的互动，拉近与读者的距离，扩大《京江晚报》的影响力，反映镇江的城市变迁和社会进步。　（邹永东）

【“多媒体数字化综合信息服务平台”获省专项资金】 2011年，金山网站创新发展，推出记者微博、金山美团等互动栏目，开展数字化服务，推出的“多媒体数字化综合信息服务平台”项目获省文化产业引导资金100万元资助。

（邹永东）

【“高桥暖鞋·暖心节”活动】 2011年12月24～26日，《镇江日报》年末公益大行动开场——与丹徒区高桥镇党委、政府联合发起“高桥暖鞋·暖心节”活动，在大市口城市客厅举行，高桥规模型鞋企向市民展示并义卖雪地靴和裘皮服饰，所得款项全部捐赠给市慈善总会；派专人把数百双保暖鞋送到市社会福利中心以及市区部分孤老和孤儿中，让他们感受社会大家庭的温暖。　（邹永东）

广播电视

【概况】 2011年，镇江文广集团暨镇江广播电视台坚持“战略为魂，项目为体；业态创新，模式为王”的原则，履行公共媒体职责，凸显核心品牌竞争力，丰富产业业态，完善运作机制，全年实现经营创收3亿元。

围绕“两会”“加快转型升级、实现富民强市”“十二五”主题宣传、“文明城市创建”“大项目建设”“庆祝中国共产党成立90周年”“纪念辛亥革命100周年”等宣传重点，组织开展专题宣传，为镇江市新一轮跨越发展凝心聚力、鼓劲造势。集团所属广播获向江苏省电台发稿优秀单位称号、电视获江苏电视新闻繁荣奖，民生频道《看见大市口》获全国十大创新栏目称号。

集团所属媒体在强化自身特色定位的同时，强化受众体验，全力推进广播电视媒体的转型、升级。电视台推出《我们的第一次》镇江话大赛、《哈翻西津渡》城市情景剧、《烧饭我最赞——第二季》全民厨艺大赛等体验型节目。镇江电视台黄金时段市场收视份额稳定在35%左右，标志着镇江电视已步入优质媒体阶段。广播电台开展“快乐从这里出

图31－1　8月18日，2011镇江金山湖新丝路中国小姐大赛镇江赛区总决赛
（张桂安）

图 31－2　　第四届“大爱镇江”新闻人物颁奖典礼　　（宣传部）

发——2011 镇江广播节”活动，打造看得见的广播。镇江广播收听市场份额达63%。《镇江壹周》推出文化、美食等新设版面、栏目，推出《镇江壹周·爱心报》，打造爱心品牌。

产业发展，以文化为核心，强化文化与演艺、科技、金融的对接、叠加，延伸产业链条，放大产业效应，完善产业结构。一是强化文化与演艺、会展的结合，壮大演艺会展市场。集团演艺经营年收入2000 多万元，位居全省前列。举办“2011 城市‘春天里’生活体验节”“2011 城市慢生活体验节”“2011 长江草莓音乐节”“红心向党　放歌镇江”庆祝建党90 周年万人演唱会、“新丝路中国小姐模特大赛”等大型演出活动。培育会展业市场，开设“城市山林文化空间”，打造“中国（镇江）全国文物艺术品博览会”品牌。镇江市艺术剧院新院于 2011 年 12 月竣工投入使用，并开设镇江文广艺术培训中心。二是推动文化影视精品创作。完成 52 集动画片《水漫金山》的制作。大型多媒体舞蹈诗《诗画镇江》完成创作彩排，启动三集纪录片《北固山》摄制、影视剧《三剑》《有什么别有病》（轻喜剧）的创作。三是加大文化与科技的对接。组织实施城市智能公交、医疗服务进家庭项目建设。四是强化文化与金融的对接，成立文广世民小额贷款公司，畅通投融资渠道。五是加大文化与旅游的对接。整合镇江中国国际旅行社、镇江中国旅行社，开发创意旅游纪念品、工艺品。六是文化创意农业项目。中波发射基地文化创意农业（试点），推出朱雀牌系列农产品，开设“京口驿栈”商务会所及开发礼品酒。七是强化文化创意地产的概念，组织实施长江鹭岛音乐文化村项目。八是成立文广车友俱乐部。（姚福军）

【第三届“大爱镇江”新闻人物颁奖晚会】 2011 年 1 月 1 日晚，由镇江文广集团承办的第三届“大爱镇江”新闻人物颁奖晚会在市体育馆举行。

晚会主题为“唱响生命，守望幸福”，以在镇江街头巷尾抓拍到的普通市民照片构成的微笑墙为舞台布景。晚会通过现场访谈和纪录短片的形式，讲述一段段感人故事。他们中既有已经离我们而去的百姓贴心人和致富带头人张雅琴、当代知识分子的楷模景荣春、见义勇为好市民施玉亮、保护百姓安危的好警察王刚，也有像知恩报恩的退伍军人宋强这样在你我身边默默奉献的平凡普通的镇江人。随着一段段真诚、温情的讲述，一位位“大爱之星”人物或代表相继亮相。知名歌手韩红现场演唱《那片海》《多情的土地》。

市领导在晚会上为获镇江市第三届“大爱之星”称号的个人和群体颁奖。

（姚福军）

【《诗话镇江》获国家优秀大型纪录片奖】 2011 年，由国家广播电影电视总局举行的第二届全国优秀电视文化（文艺）栏目暨大型特别节目评选活动结果揭晓，镇江文广集团选送的 5 集人文纪录片《诗话镇江》获优秀大型纪录片奖。该片用全新的视角，以吟咏镇江的诗歌为脉络，展现镇江的自然、人文景观，向观众呈现一个诗化的镇江。2010 年，《诗话镇江》先后在央视十套《探索·发现》、英语频道和上海广播电视台人文艺术频道播出。2011 年年初，《诗话镇江》推出英文版，成为镇江推介自我、走向世界的载体。（姚福军）

【《行风热线》被评为江苏广播电视十大优秀专栏】 2011 年 1 月 19 日，第七届江苏广播电视十大优秀专栏评选揭晓，镇江文广集团选送的《行风热线》栏目（广播）被评为江苏广播电视十大优秀专栏。该节目于 2004 年 12 月 3 日开播，以“替百姓说话、为政府分忧”为宗旨，以“件件有着落、事事有回音”为目标，成为加强和改进机关作风建设，创建和谐社会的一个重要平台。（于　勇）

【江苏城市电视台协作体年会暨年度电视剧颁奖典礼】 2011 年 2 月 21 日，江苏城市电视台协作体第 25 届年会暨2010 年度江苏电视剧颁奖典礼在镇江举行，吸引省内多家媒体的关注。此次获奖的电视剧作品题材广泛，包括谍战剧、苦情剧、红色经典军旅剧、都市情感剧等。《内线》等 10 部电视剧获 2010 年度江苏观众最喜爱的十佳电视剧奖，新《水浒传》获江苏 2011 年度最值得期待电视剧奖，刘恺威和马苏分别凭借在《娘妻》和《大西南剿匪记》中出色表演获2010 年度江苏观众最喜爱的男女演员奖。

江苏城市电视台协作体由江苏省13 个地级以上城市电视台和 14 家县级市城市电视台联合成立。2005 年，由 13个地市级以上成员台联合组建的江苏城市联合电视传媒有限责任公司，成为中国电视行业第一城市联盟，在电视剧采购方面取得很大成功。（姚福军）

【2011 城市“春天里”生活体验节】 2011 年 4 月 23 日，由镇江文广集团主办的智慧走进生活——2011 城市“春天里”生活体验节在金山湖畔启动。为期4 天的体验节 7 大主题项目让广大市民在春意盎然的季节，选择最适合的“套餐”。镇江市城建规划展暨 2011 镇江春季房产文化节，设置镇江新区馆、城投馆、交投馆、水投馆，让百姓和投资者详细了解区域发展规划和路线图、时间表；聚焦“十二五”，全域新镇江——2011 镇江城市论坛，让市民聆听郎咸平、牛刀等专家的声音；镇江文广春天汽车博览会，传播汽车生活文化，让市民享受购车实惠；“我的理财，我做主”——镇江市民理财节、镇江首届“金牌口碑奖”评选暨餐饮文化节等活动同时进行。会展面积约 3 万平方米，参与人数逾 10 万，社会各界和媒体参与度、关注度高。

（姚福军）

【2011"HiFi 西津渡"国际音乐会】 2011年5月14日,2011"HiFi 西津渡"国际音乐会在镇江市西津渡街区文化广场开幕,大红袍乐队、逻辑失控乐队为观众带来极具穿透力和爆发力的摇滚音乐。"HiFi 西津渡"国际音乐会将时尚音乐与古老街区的文化元素有机融合,以丰富西津渡老码头景点的旅游文化内涵。活动持续到9月3日结束,在此期间的17个周末(周六)及节假日(端午)的19:30~21:30,共举办18场露天音乐会,每场演出有两支乐队献演。

(姚福军)

【承办金山湖国际龙舟大奖赛】 2011年5月28日,由镇江文广集团承办的2011"春风又绿江南岸"镇江旅游节开幕暨第二届中国镇江"文广集团杯"金山湖国际龙舟大奖赛落下帷幕,约有6万人前往争睹盛况。经过两小时的角逐,温州秀屿队折桂。

此届龙舟赛共有16支队参赛,其中市外8支,市内8支。比赛内容为公开组标准500米直道竞速,经过初赛和复赛,12支龙舟队参加决赛。竞赛中穿插水上花样表演,以及歌舞《美丽的金山》、模特活力装走秀等活动。

(姚福军)

【新疆农四师特色产品镇江展销馆开馆】 2011年6月3日在文广集团京口驿站举行开馆仪式。该展销馆集展览、仓储、接待、商务洽谈于一体,为新疆农四师各企业、团场特色产品提供免费布展,为商务洽谈提供便利服务。文广集团发挥传媒推广和社会资源优势,构建营销网络,多渠道、多方式拓展市场,将展销馆建设成为新疆农四师特色产品在长三角地区的宣传、展示、代理销售中心。

(姚福军)

【《镇江壹周·爱心报》】 2011年6月7日,在镇江市行政中心市民大厅举行的"全国道德模范与身边好人现场交流活动"现场,《镇江壹周·爱心报》举行首发式。首期爱心报集中报道2011年以来在"大爱镇江"精神感召下,镇江市发生和涌现出的道德模范、身边好人、志愿者团队、爱心集市等感人事迹和爱心故事。《镇江壹周·爱心报》每月1期,是由镇江市文明办、镇江市红十字会和镇江文广集团共同创办,全国首家免费发放。

(董康健)

【"大爱镇江爱心联盟"成立】 2011年7月30日,由镇江广播电视报社倡议、镇江市近30家爱心团体和商企加入的"大爱镇江爱心联盟"成立,"联盟"主办的首届"爱心集市"也在镇江市体育场同日开市。首届"爱心集市"以"助学"为主题,爱心商家捐赠的数十种日用商品在现场进行义卖,所筹集的资金全部用于扶助"黄丝带中考助学""0511爱心家园助学农民工子女""京口特教中心爱心艺术团"和"社会妈妈助学快车"等公益项目。

(董康健)

图31-3 7月30日,镇江市近30家爱心团体和商企加入的"大爱镇江爱心联盟"成立 (李 晖)

【2011长江草莓音乐节】 2011年10月2日至5日在镇江世业洲长江鹭岛音乐文化村举行。音乐节设草莓、长江·爱、高校、电子四个舞台。受邀参演的创作女歌手陈绮贞在现场演唱《旅行的意义》等多首深受乐迷喜爱的歌曲,蔡健雅、李健、戴爱玲、徐佳莹以及白目乐队等独立艺人也为长江草莓音乐节增色不少。来自全国各地的24支优秀校园乐队登录校园舞台,为长江草莓音乐节带来新鲜的摇滚血液。

"草莓生活馆"作为音乐节的特有内容,邀请到中国电影顶级录音师张阳、独立电台节目主持人张有待、资深音乐策划人黄燎原等,讲述他们的工作及生活理念,与观众分享他们最珍贵的创意生活体验。此次音乐节为观众规划露营区,20余万平方米的超大面积草坪、露营、音乐、啤酒,带给观众多元、精彩的音乐节体验。

(姚福军)

【江苏省书法院作品展巡展首展在镇江】 2011年10月29日,江苏省书法院首次作品展巡展(镇江站)在镇江文广大厦"城市山林"文化空间开展。此次展览共展出省书法院近百件作品,真草隶篆各种书体,呈现出省书法院书法家近期的创作高度。此次展览是"城市山林"文化空间的开门之作。展览从10月29日至11月8日,免费向公众展出。

(姚福军)

【《看见大市口》获全国十大创新栏目】 2011年11月,镇江文广集团民生频道《看见大市口》栏目被中国电视艺术家协会评为2011年全国电视十大创新栏目,这是镇江本土电视栏目首获此项殊荣。2010年5月20日,镇江市文广集团推出组建后的第一个电视频道——镇江民生频道。《看见大市口》是民生频道主打新闻栏目。以市民的视角审视新闻,以市民的立场解读新闻,以市民的语言讲述新闻,强调服务性,是市民和政府之间沟通的桥梁。

(姚福军)

【章回体山水舞韵——《诗画镇江》首演】 2011年12月9日,章回体山水舞韵——《诗画镇江》在镇江艺术剧院新址首演。《诗画镇江》在中国传统的折扇舞中拉开序幕,随后六个章回,通过诗词、实景、画面、灯光、舞蹈的组合、切换,诗意地诠释着城市的文化密码,传达一座山水名城的"诗画"魅力。不到两小时的演出,镇江3000年历史文化中具有"高度"和"典型"的佳诗丽词、文化盛举、骚客名人、美丽传说、风景名胜、市井生活，一一融入其中并巧妙呈现。《诗画镇江》是文广集团按照“镇江元素、中国地标”的要求，打造的一张城市名片和演艺旅游产品。（姚福军）

图书发行

【概况】 2011年，镇江新华书店拓展市场，扩大销售，深入开展创星级门店活动，门店服务质量和服务水平逐步提高，发行工作保持稳定、持续、健康发展的势头。全年完成销售9344.88万元，利润201.51万元，分别比上年增长23.16%、10.34%，人均创利1.73万元。被股份公司评为“三星级门店”。2011年9月被市文明办、市文广新局授予镇江市首届双优诚信单位称号。

至2011年，镇江新华书店以减免书款或发放助学金的形式，资助2804名贫困生，资助款共计20.4万元。镇江新华书店继续通过“希望工程”资助20名贫困学生，直到高中毕业。关心智障残疾学生，每年全国助残日前夕，书店领导专程到特教中心，向智障残疾学生捐赠近万元的图书。（王永萍）

【首届江苏书展镇江分场活动】 2011年4月22日～5月22日，首届江苏书展开展，由省委宣传部、省新闻出版局、凤凰出版传媒集团主办，江苏凤凰出版传媒股份有限公司及全省各市、县新华书店承办。作为承办单位之一的镇江新华书店，认真制订活动方案，开展丰富多彩的活动。一是组织首届江苏书展专题书展，4月22日～5月22日在中山东路书城举办江苏版、社科精品、女性读物、学生阅读、外语读物、文学精品专题书展。二是举办特价书市。三是开展校园人文行活动。四是开展名家江苏行活动。2011年4月24日，邀请中央电视台《百家讲坛》主讲人王立群走进镇江文心讲堂，举办专题讲座。五是开展优惠展销、文化惠民活动，4月23日世界读书日和5·1期间在中山东路书城实行图书全场八折销售及举办购书有奖活动。同时向福利院捐赠图书。六是开展庆祝建党90周年主题营销活动。4月22日～7月31日，在中山东路书城设立庆祝建党90周年主题专柜，展出相关图书、音像制品及纪念品。七是举办纪念建党90周年主题报告会。“七一”前后，邀请中央党校党史专家、教授谢春涛走进军营，举办3场专题讲座。八是与教育部门联合开展“学党史、唱赞歌、树美德”读书活动，征订发行相关书籍等4.58万册。这些文化活动，推动全市市民阅读活动的开展。（王永萍）

【校园人文行活动】 2011年，镇江新华书店将科普主题讲座引进校园，邀请科学家位梦华、林云芳，特级老师高付元、科普作家李其震、德国著名科普作家雷纳·科特走进镇江校园，举办17场科普知识讲座，给校园带来浓浓的学科学氛围，签售科普读物24.9万元；邀请儿童文学作家金波、饶雪莉、滕婧及马来西亚著名作家许友彬走进镇江11所小学，通过举办讲座、读书报告会等多种形式，与学生畅谈生活、学习、写作，帮助学生树立正确的人生观、价值观。（王永萍）

【扬中市交通旅游图再版发行】 2011年，扬中新华书店再次承担第五版扬中市交通旅游图的征集、编辑、出版发行任务，至12月底该项工作近尾声。扬中新华书店承担扬中交通旅游图出版发行工作10年，4次出版发行12万张。（朱雪萍）

【农家书屋建设】 2011年，镇江新华书店主动配合市委宣传部和文广新局推进农家书屋建设，在捐建6个农家书屋基础上，又为镇江、丹徒60多家农家书屋补配60多万元图书、音像制品，并逐一将图书和音像制品送到每一个农家书屋。丹阳新华书店在十几天时间里将4万多册图书、期刊、音像制品打包，并按照要求在5天内将844件图书送至122个农家书屋。（王永萍　王国民）

【新华书店丹徒新城门店开业】 2011年6月28日，镇江新华书店丹徒新城门店开业，门店坐落在丹徒新城龙山路玉兰小区南大门西侧，面积近500平方米，宽敞明亮的购书大厅里，大型超市式的图书布局，为读者营造方便、舒适、愉悦的现代化的购书环境。是一个以图书经营为主，集音像制品、电子出版物、文化用品经营为一体的综合型门店。（王永萍）

表31－5 **2011年全市新华书店经营情况一览表**

店名	销售总额（万元）	册数（万册）	利润总额（万元）	利税总额（万元）	劳动生产率（万元/人）	年末固定资产原值（万元）
镇江	8485.67	453	185.17	389.63	95.34	1597.63
丹徒	859.20	79.36	16.34	36.14	50.54	543.73
丹阳	5393.20	373.54	53.47	209.27	91.41	2302.35
句容	3176.42	267.31	18.27	125.19	58.82	3847.90
扬中	1955.93	217.32	99.89	168.12	52.86	814.06
合计	19870.42	1390.53	373.14	928.35	77.62	9105.67

（李明华）

卫 生

责任编校:毛向阳

综 述

【概况】 2011年,全市卫生系统深化医药卫生体制改革,全面落实国家、省政府和省卫生厅医改试点工作。扬中市实施整岛一体化方案,丹阳市调整布局,句容市成立医疗集团,整合资源,促进县域医疗服务体系发展。

2011年全市新农合参合率100%,居民医保(新农合)人均财政补助210元以上,全市新农合共补偿488.93万人次,其中住院补偿12.41万人次,县乡两级住院补偿71.88%,居全省前列;全市共转诊救治儿童先天性心脏病30例、白血病5例,补偿患儿医药费用131.4万元,补偿比例72.81%,切实减轻患儿家庭医药费用负担。新农合待遇位居全省前列。实现基本药物制度全覆盖,全市现有基层医疗卫生机构461个,其中城市社区卫生服务中心20个(民营1个)、社区卫生服务站60个、乡镇卫生院49个、村卫生室332个,全面实施国家基本药物制度,实行零差率销售。乡镇卫生院及社区卫生服务机构使用国家和省基本药物目录597种,村卫生室使用国家基本药物产品目录307种。全市基层医疗卫生机构药品价格平均降低40.76%,门急诊人次增长12.41%,门急诊均次费用平均下降20.34%,减轻群众负担2.18亿元。

2011年全市投入资金9962万元,为城乡居民免费提供10类41项公共卫生服务,农村妇女分娩补助、免费补服叶酸、两癌(宫颈癌、乳腺癌)检查等7项重大公共卫生项目全省领先。重大传染病总发病率比上年下降3.9%,传染病疫情报告与管理质量、结核病、艾滋病防治工作居全省前列。投入1762万元完成农村改厕24545户,超额完成省定任务,全市卫生户厕普及率97.82%,列全省第三位,无害化户厕普及率89.48%,列全省第四位,5个镇、97个村被命名为省、市级卫生镇、村。

优化行政许可,压缩承诺时限,实施"三个一"工程:即一次性告知、一个来回办结、一站式服务。开展卫生举报投诉的网上受理、卫生监督业务网上咨询、卫生许可绿色通道等多种形式的便民惠民服务举措,为行政相对人提供更加方便快捷更具指导性的优质服务,全年办结行政许可事项1213件,较上年增长329%。2011年,卫生行政服务处连续六次被评为服务优胜窗口、被市政府表彰为群众最满意窗口。

全市获国家自然资金课题立项10项,省立项8项,市社会发展项目立项52项;获省科技进步二等奖1项,获省卫生厅医学新技术引进奖一等奖2项、二等奖8项;获市科技进步奖一等奖1项、二等奖7项。

市一院内科综合楼进入内部装饰阶段、市二院新院建设工程即将完成内部装潢,市精神卫生中心工程主体结构完成,江大附院完成医疗用房改扩建任务,市中医院门诊综合楼、市中心血站采供血大楼正式投入使用。 (滕丽平)

【医药卫生体制改革】 2011年,市卫生系统完成基层医疗卫生机构综合改革。建立健全绩效考核机制。出台《镇江市基层医疗卫生机构绩效考核办法(试行)》及《镇江市基层医疗卫生机构和工作人员绩效考核办法》,制定并落实基层医疗卫生机构负责人任用及考核办法和工作人员绩效考核办法,实行绩效工资制度。深化人事制度改革。完成编制核定工作,社区卫生服务机构按照12人/万人口~18人/万人口、乡镇卫生院按照18人/万人口,全市基层医疗卫生机构共核定编制4513个,比原有编制增加228个,按照最高配置标准核编,减轻人员分流压力。落实岗位设置、竞聘上岗和全员聘用工作,所有上岗人员按岗聘用、合同管理。落实乡村医生扶持和补助政策。2011年底,市政府下发《关于进一步加强乡村医生队伍建设的实施意见》,明确村卫生室是乡镇卫生院的派出机构,与乡镇卫生院实行一体化管理,在准入政策上为村医入编提供机制保障。通过政府购买服务的方式将不少于40%的基本公共卫生服务任务交由村卫生室承担,并根据规定项目经费补助标准和考核结果及时拨付相应经费,落实乡村医生养老保障政策。

推进公立医院改革。加强医疗集团实体化运作。制订《2011年镇江市公立医院体制机制改革重点任务实施方案》,医疗集团成立儿科、产科、心血管三个临床诊疗中心和影像、临检、病理三个临床诊断中心,中心实施一体化管理,明确中心运行模式、专科发展规划、人员管理、绩效分配等,并进入实体化运作。推进县级医院综合改革。加强对三个辖市县级医院综合改革的指导,做好国家发改委和省卫生厅对县级医院综合改革的调研工作,以提高能力、加强协作、转变机制为重点,丹阳市建立专科特色医疗中心、句容市建立医疗集团、扬中市实施"整岛一体化"等医疗联合体,不断完善医疗资源的有效配置与整合。

医疗集团与城区基层医疗机构实现网络连接和数据实时传输,建立医防结合、双向转诊、远程会诊和预约服务数字社区工作平台,城区20个社区卫生机构安装信息系统,8个医生工作站配备移动信息设备。社区卫生服务机构门诊量占全市的55.09%,居全省第一位,门诊

图 32－1　卫生部副部长尹力到镇江视察卫生工作　（卫生局）

均次费用79.08元，比三级医院低62%，专家门诊预约率50%以上，社区卫生机构服务满意度提升4.37个百分点。建立以区为单位的社区卫生管理中心，全权委托医疗集团管理，实施派遣管理团队、专家坐诊、带教培训、信息互联等举措大力帮扶基层。2011年集团累计向社区派驻主治以上医师全日制坐诊1034人次，免费培训全科医师772名，投入资金1.9亿元用于改善社区卫生机构硬件设备，90%的社区卫生服务中心达到示范建设标准。润州工业园社区卫生服务中心被卫生部授予全国示范中心，宝塔路、大市口社区卫生服务中心被评为省级示范中心。　（蒋栋明）

【卫生机构、床位和人员】　2011年，全市有各级各类卫生机构868个，其中医院35所，卫生院58所，妇幼保健院（站、所）6个，疾病控制中心7个，卫生监督（检验）机构7个，其他卫生单位9个；其他部门诊所、医务室、卫生所和社区卫生服务站743个。

全市实有病床10940张，比上年增加1736张，其中医院病床8210张，增加1658张，占全市病床总数的75.05%。综合医院、中医院和卫生院分别有病床6146张、864张和1942张，分别占病床总数的56.18%、7.90%和17.75%。

全市有卫生人员18248人，增加947人，其中卫生技术人员14225人，增加1021人，占人员总数的77.95%，全市每千人拥有卫生技术人员4.54人。全市有执业（助理）医师5684人，注册护士5618人，每千人拥有执业（助理）医师和注册护士分别为1.81人和1.79人。隶属于卫生部门的413个卫生机构有卫生人员16150人，增加700人，占人员总数的88.50%。其中卫生技术人员、其他技术人员、管理人员和工勤人员分别为12702人、786人、838人、1293人，分别占人员总数的78.65%、5.19%、4.87%、8.01%。　（朱月兰）

【卫生收支情况】　财政拨款：2011年，镇江市医疗卫生机构共争取到财政拨款69160.05万元，比上年增加21346.63万元，增幅44.65%。其中医疗机构的财政补助46594.23万元，增加20980.81万元，增幅81.91%；卫生机构的财政拨款22565.82万元，增加365.82万元，增幅1.65%。筹集国债资金1395万元，用于基层卫生机构改善基础设施建设。

收入情况：2011年全年医疗机构实现收入418831.21万元，增加69829.73万元，增长20.01%。公立医院的业务收入284385.56万元，占收入的比重为93.36%，增加68431.84万元，增幅31.69%，其中，药品收入占业务收入的比重为41.24%，下降4.41个百分点。基层医院全年实现医疗收入76872.38万元，占收入的比重为67.31%，其中，药品收入占医疗收入的比重平均为57.41%。全市卫生机构实现事业收入21156.26万元，减少23636.03万元，降幅52.77%。

支出情况：2011年全市医疗机构形成支出414754.29万元，增加70737.71万元，增幅20.56%，支出增幅和收入增幅基本相当。公立医院支出302930.35万元，增加75804.14万元，增幅33.38%，其中，工资福利支出74833.24万元，商品和服务支出202796.09万元，对个人和家庭的补助支出8457.11万元。基层医院年度支出111823.95万元，其中，医疗卫生支出107411.44万元，其中医疗支出占比86.41%，公共卫生支出占比13.59%。卫生机构支出44733.64万元，增加2495.84万元，增幅5.91%。

工作量完成情况：全市医疗机构完成门急诊工作量1441.79万人次，增加193.64万人次，增长15.51%。实际出院人数25.77万人次，增加3.02万人次，增长13.27%。病床使用率80.45%，病床周转次数27.55次。

均次费用：公立医院门诊均次收费水平为146.56元，其中药品费69.96元。每床日平均收费751.3元，其中药品费280.73元。出院者平均医药费用7881.14元，其中药品费2944.86元。基层医院门诊均次收费91.82元，其中药品费57.79元。每床日平均收费340.87元，其中药品费123.47元。出院者平均医药费用2836.04元，其中药品费1027.27元。　（吕　娟）

疾病预防控制与卫生监督

【概况】　2011年，镇江市急性传染病防治、免疫规划、艾滋病防治、结核病防治、血吸虫、寄生虫、地方病防治等各项重点工作，在全省继续保持领先地位。以慢性病综合防控示范区创建为切入口，开展社区慢性病防治和健康管理，预防和控制慢性病发生和发展，减轻疾病负担，提高全市慢性病防治能力，提高居民期望寿命。全市卫生应急工作加强体系建设、注重建管机制完善，坚持卫生应急工作常态化。建成市级应急决策指挥中心，有效提高疫情和突发公共卫生事件的监测数据分析、预警、决策指挥能力，实现与其他应急救援机构的联动协作规范处置、科学应对突发公共卫生事件。在全省应急决策指挥中心建设的5个试点城市中，镇江市第一个完成建设任务。　（莫　骏）

【急性传染病防治与免疫规划工作】　2011年，镇江市甲、乙类传染病发病率下降13.17%，丙类传染病在全省平均发病率上升的情况下，镇江市较2010年下降10.71%，其中手足口病下降13.04%；全年传染病疫情报告与管理工作质量综合评分连续12个月均为100分，位居全省第一位；肠道门诊病原检索率26.50%，全人口检索率2.98‰，超过15%和1‰的标准要求；各类预警信息及时处置率 100%，填报及时率 100%，强化流感、甲流感疫情监测、报告与处置工作，霍乱外环境各类样本的检测达全年任务总数的 200% 以上；免疫规划疫苗累计接种率保持在 99.5% 以上，新建数字化预防接种门诊 8 个；麻疹病例规范报告处置、预防接种副反应、AFP（急性迟缓性麻痹病）病例等各项指标监测均达到或超过省要求，全面启动儿童预防接种和疫苗出入库信息实时网络报告系统，数据上传符合率处于全省领先。

（莫 骏）

【艾滋病防治工作】 2011 年，市疾控中心艾滋病确认实验室通过国家和省级验收。全市二级及以上医疗卫生单位建有艾滋病初筛实验室 26 个，快速检测点 2 个、自愿咨询检测门诊 25 个，设立国家级艾滋病监测点 5 个、省级监测点 5 个。建立健全艾滋病咨询检测、疫情监测网络，形成市（区）联动、干预网络不断完善、场所广泛覆盖、四类高危人群全面推进、志愿者及社会组织积极参与的良好工作局面。丹阳市的中央重点建设示范区工作成果不断巩固，重大专项艾滋病防治研究工作进展顺利。 （莫 骏）

【结核病防治工作】 2011 年，全市“三位一体”（即疾病预防控制机构、定点医疗机构和基层医疗卫生机构组成的结核病防治服务体系）结核病防治模式覆盖范围进一步扩大，继市区之后，句容实现治管分离。卫生部结核病“三位一体”防治体系建设现场会在镇江市召开。镇江市结核病实验室 100% 通过省结核病实验室验收，结核病防治“五率”（医疗机构病人报告率、结核病病人转诊率、结核病防治机构追踪到位率、结核病病人系统管理率和涂阳病人家属筛查率）高位达标，追踪到位率 99.8%；结核病管理信息系统专报网病案信息与病人登记本、病历的真实性一致性达 99%，处于全省领先水平。

（莫 骏）

【血吸虫、寄生虫、地方病防治工作】 2011 年，全市未发生一起急感疫情，保持 5 年无急感病例记录，市血防工作得到国家农业部、水利部、卫生部等部委组成的国家级血防检查组的一致好评。渔民血防查病工作模式得到认可，镇江水上作业人员血防工作向全国推广；建立宁、镇、扬、常、泰五市联防联控机制，实现查螺、灭螺、查治病、急感防控、健康教育、突发疫情处置“六同步”；做好归国劳务人员恶性疟病人的主动侦查，指导和配合定点医院成功治疗新发归国劳务人员恶性疟病例；碘缺乏病防治和碘盐监测工作稳步推进，镇江市达到持续消除碘缺乏病防治标准。 （莫 骏）

【慢性病防治管理机制完善】 2011 年，全市开展创建慢性病综合防控示范市基础工作，完成《镇江市 2010 年度居民健康状况调查报告》《2011 年度慢性病基线调查报告》《居民健康素养调查报告》《医疗卫生单位烟草监测调查报告》《青少年学生营养状况和饮食习惯调查报告》5 大报告，制定《镇江市慢性非传染性疾病登记报告工作规范（试行）》，在全市实施糖尿病、脑卒中、高血压等慢性病登记报告工作；各级医疗机构对 35 岁以上人群首诊测血压率大于等于 95%，医疗卫生机构开展肿瘤、死因登记报告覆盖率 100%；丹阳、扬中、丹徒、镇江新区等四个辖市（区）全面启动重性精神疾病管理治疗项目工作；落实社区慢性病防治相关信息月报制度，做好居民健康档案的建立、慢性病患者动态健康管理和疾病管理。扬中市成功申报全省首批省级慢性病综合防控示范市。

（莫 骏）

【卫生应急能力提升】 2011 年，镇江市突发公共卫生事件应急决策指挥中心建成，全年共处置各类预警信息 625 条，及时处置率 100%，填报及时率 100%。制定处置核辐射污染、化学恐怖袭击事件等 4 项卫生应急技术方案，使全市应急预案和技术方案总数达 120 个。高质量做好国家领导人到镇江及“春风又绿江南岸”“金山湖国赛龙舟大赛”“长江草莓音乐节”等 20 余次重大活动的卫生应急医疗保障工作。京口区成功创建省级卫生应急示范区。 （莫 骏）

【卫生监督管理】 2011 年，镇江市卫生局在监管的 292 家公共场所单位中开展公共场所量化分级管理、专项整治和专项抽检、卫生管理人员培训，使全市公共场所的软件资料、硬件设施得到明显改善。重点对医疗机构的医疗广告、处方管理、临床用血、手术分级、器官移植、医疗美容、母婴保健、社区服务等执业行为进行监督管理，开展对“坐堂医”、校园周边非法行医等专项检查 21 次，发表卫生监督信息 22 篇，医疗行为进一步规范，医疗市场不断净化。深化说理指导式卫生执法活动，对 60 户行政相对人实施约谈告诫，卫生监督执法效能不断提高。开展基层医疗服务监督哨点试点工作，通过省考核组的检查验收。

（杨 生）

爱国卫生

【概况】 2011 年，全市深入开展全民健康教育与健康促进活动，推动农村改厕，整治城乡环境卫生，推进病媒生物防制，“健康镇江 2015 行动”全面启动，卫生镇村创建力度不断加大，全市有 5 个镇、97 个村被命名为省、市级卫生镇、村。丹阳代表镇江市接受 2011 年江苏省组织的城乡环境卫生整洁行动督导，省督导组对镇江市城乡环境卫生整洁行动及重点爱国卫生给予较高评价，农村环境卫生长效管理经验被省爱卫办载入简报进行交流。2011 年，镇江市及三个辖市财政共投入 130 多万元用于水质卫生监测和仪器设备更新，农村饮用水卫生监督监测覆盖率 100%。 （施泉清）

【健康镇江 2015 行动】 2011 年，此卫生项目全面启动，以打造健康城市为目标、医未病之病为导向，在市电台、《京江晚报》开设《健康讲堂》和《健康镇江》栏目，在新浪、金山网开设“健康镇江”微博，建立“健康镇江”移动宣传短信平台，“健康镇江”专题门户网站投入运行，各辖市（区）专用健康教育宣传栏以社区、村为单位 100% 覆盖。建成市级无烟单位 88 家，全市 139 所医疗卫生机构全部建成无烟单位，受到国家督导组高度评价。建成一批健康促进学校、示范社区中心、示范街道、示范村、示范单位。扬中市建成“亿万农民健康促进行动示范市”。全市建立居民健康档案 219 万余份，建档率 89.64%；建立电子居民健康档案 206 万份，覆盖率 84.94%；建立慢性病档案 24 万份，规范化管理率 97.8%；基层医疗卫生单位 35 岁以上人群门诊首诊测血压 19 万人次，完成健康素养评估报告；省爱卫办评估报告显示，镇江市城乡居民健康素养综合水平达 22.01%，从两年前的全省第 8 位跃居第一。 （施泉清）

【农村改厕完成指标任务】 2011 年，全市投入改厕资金 1762 万元（含上级投入资金），完成农村改厕 24545 户，超额完成省下达镇江市 2 万户的目标任务，全市累计完成无害化卫生户厕 59.3 万户，无害化卫生户厕普及率 89.5%。通过改厕农村卫生状况大为改善，粪便无害化处理效果显著，传染病特别是肠道传染病和寄生虫病得到有效控制。

（施泉清）

基层卫生、妇幼卫生

【概况】 2011年,镇江市基层卫生和妇幼卫生工作按照"保基本、强基层、建机制"的总体要求,抓重点、攻难点、创亮点,各项工作取得显著成效。新农合保障水平稳步提高。人均筹资标准300元,其中各级财政补助标准达到人均210元,新农合县乡两级政策范围内住院费用补偿比71.88%,居全省前列。推进基层综合改革。市政府及各相关部门制定《镇江市基层医疗卫生机构综合改革实施意见》《关于进一步加强乡村医生队伍建设的实施意见》《关于建立健全基层医疗卫生机构补偿机制的实施意见》、设立一般诊疗费、一般诊疗费医保报销政策等"一主四配套"文件。基本药物制度实施,做到四个百分之百:即100%基层医疗卫生机构配备使用基本药物,100%基本医疗卫生机构药品零差率销售,100%在基层医疗卫生机构就诊的病人享受药品零差率政策,100%基层医疗卫生机构医务人员接受基本药物使用培训。基本公共卫生服务均等化水平显著提升。全市人均基本公共卫生服务经费各级财政补助标准按常住人口计算,辖区达到35元/人,辖市达到30元/人。建立基本公共卫生服务项目专家评价机制和第三方评价机制。制订《镇江市预防艾滋病、梅毒和乙肝母婴传播工作实施方案》,完成4项重大妇幼卫生服务项目工作任务。优化调整基层卫生服务体系。市政府下发《镇江市城市社区卫生服务机构布局规划(2010～2020年)》,在城市共设置21个中心和39个站。丹阳市将原24个乡镇卫生院撤并为12个卫生院,新建成4个城市社区卫生服务中心;句容市撤掉6个乡镇防保所,设立13个乡镇卫生院、1个城市社区卫生服务中心;全市原58个乡镇卫生院调整为49个;90%的基层医疗卫生机构房屋和硬件设施实现提档升级,达到示范机构建设标准。 (徐 庆)

【推行"3+X"家庭健康责任团队服务新模式】 2011年,镇江市全面推行"3+X"(3即由一个全科医生、一个护士、一个公共卫生人员组成,X是医疗单位工作人员或社会志愿者组成,主要为全市65岁以上老人、慢性病患者、0～7岁儿童和救助对象的重点人群提供医疗服务。)家庭健康责任团队服务工作。市区共组建224支服务队,共为33.2万户、90.27万社区居民签订建档协议,市区常住人口签约建档率75.2%,其中65岁以上老人、慢性病患者、0～7岁儿童和救助对象的重点人群的签约率均在95%以上。全市居民健康档案建档率89.64%,经国家城调队问卷调查,签约对象综合满意率92.12%。社区卫生服务机构门急诊总量占全市的55.1%,居全省第一位。 (徐 庆)

【完善基本公共卫生服务绩效考核机制】 2011年,市卫生局修订《镇江市基本公共卫生服务绩效考核标准》,突出对"3+X"家庭健康责任团队服务、健康档案建立和使用、健康素养等项目内容考核,将市级补助资金分配打破行政区划,根据基层医疗卫生机构提供的基本公卫的数量、质量和居民满意度统一调配使用,体现"多劳多得,优劳多得"。 (徐 庆)

【建立基本公卫专家评价机制】 2011年,镇江市基本公共卫生服务项目考核专家组成立,建立9个基本公共卫生服务项目专题小组,实行项目负责制,加强对全市基本公共卫生服务项目指导、考核和管理,提高基本公共卫生服务项目实施水平。 (徐 庆)

【完成重大妇幼卫生目标任务】 2011年,镇江市成立艾滋病、梅毒、乙肝母婴阻断工作领导小组和专家指导组,制订《镇江市艾滋病、梅毒、乙肝母婴阻断实施方案》,重新修订《镇江市农村孕产妇住院分娩补助管理方案》,将孕产妇住院分娩纳入新农合报销范围,实行按病种结算,并与农村孕产妇住院分娩补助相衔接。住院分娩年度任务完成率177.29%,农村妇女补服叶酸年度任务完成率157.53%。农村妇女宫颈癌、乳腺癌检查年度任务完成率119.18%,位居全省前列。孕产妇艾滋病、梅毒和乙肝的咨询和检测率均达到95%以上,表面抗原阳性孕产妇所生新生儿注射乙肝免疫球蛋白的比例为100%。(徐 庆)

【推进新农合(居民医保)支付方式改革】 2011年,镇江市对新农合定点医疗机构实行总额预算管理、按病种付费和按服务单元付费的复合式结算方式,提高新农合资金使用效率。选择30种临床路径明确的疾病实行按病种结算,开展按病种结算7340例,平均均次费用下降995元,降幅25.7%。 (徐 庆)

【妇幼卫生全行业监管】 2011年,全市开展爱婴医院复评和助产技术服务质量评价,在各地自查的基础上,抽查7所一、二级接产医院。对得分达不到要求的市第二人民医院、句容市后白卫生院及黄山医院责令进行为期三个月限期整改,保障妇幼卫生工作质量。制定下发《关于进一步加强出生医学证明管理的通知》,进一步规范出生医学证明监管,查处两起违规发放出生医学证明事件,对相关医院提出改进意见。组织开展母婴保健技术服务机构校验和换发证工作。2011年,孕产妇死亡率0;婴儿死亡率2.13‰,新生儿疾病筛查率99.41%、出生缺陷发生率4.43%。 (徐 庆)

医政管理

【概况】 2011年,镇江市推进公立医院重大体制机制综合改革和公立医院服务体系建设,推进医疗集团实体化运作。构建协调统一、层次分明、优势互补的集团运营管理体系,完善集团组织架构和管理机制,推进集团资源的有效配置与整合,行政管理、学科建设、服务标准、集团信息和社区管理等9项一体化管理进入实体化运作。加快建成服务便捷、价格低廉、人民满意的"分级分工、双向转诊"的一体化新型城乡医疗卫生服务体系。全市二级以上医院全面开展预约诊疗服务,建立全市统一的预约诊疗服务信息平台。改善医疗服务,提高医疗质量和技术水平,全年门急诊1441.79万人次,比上年增长15.51%,出院人数25.77万人次,增长13.27%,出院病人问卷调查满意率90.82%。 (朱朝阳)

【医疗服务】 2011年,在全市二级以上医院全面开展预约诊疗服务,制订《镇江市预约诊疗服务工作实施方案》,明确预约诊疗服务的范围、方式、措施以及管理等,重点建立社区与医院预约诊疗服务,预约服务由专家门诊逐步扩展到普通门诊,由临床诊疗扩展到护理输液。加快建立全市统一预约诊疗服务信息平台,加强医院开展预约诊疗服务工作的培训、教育和管理,加快推进医院诊疗流程的重建,不断优化就医流程,门诊"一站式"导医服务不断创新,全市二级以上医院全面实施门诊服务窗口和诊室弹性排班制、无假日门诊和全日制专家门诊,建立出院病人一周内电话随访制度。部分医院建立电子排队叫号系统和自助打印检验检查结果报告系统。

优质护理服务全面推进,制订《镇江市"优质护理服务示范工程"工作方案(2011年)》,对全市二级及以上医院、基层医疗卫生机构推广优质护理服务,实施目标管理,建立奖惩机制,市卫生局将优质护理服务开展情况纳入等级医院评审和重点专科考核内容,建立持续发展机制。2011 年,全市优质护理服务做到二级以上医院全覆盖,示范病区三级医院达 97%,二级医院达 93%,一级医院为 74%。在全省 69 所省级重点联系医院优质护理服务第三方满意度调查中,镇江市第一人民医院名列全省第一位,市中医院名列全省第十位。 (朱朝阳)

【医疗质量】 2011 年,全市卫生系统强化医务人员 14 项医疗核心制度的教育与培训,突出抓好首诊负责制、院内会诊、交接班、病房值班、重症和危重病人监护等制度的落实。在省卫生厅组织的医疗核心制度明察暗访中,镇江市第一人民医院和江苏大学附属医院位居小组前列。组织全市 19 所二级以上医院 460 名医务人员参加"三基"(基础理论、基本知识、基本技能)理论考试,考试合格率 78.04%,上升 4.58 个百分点,合格率在 85% 以上的医院有市一院、市四院、丹阳云阳医院和丹阳妇幼保健院。及格率 100% 的医院有市一院、市四院、丹阳云阳医院、扬中人民医院和市口腔医院。组织对全市 13 所二级以上医院进行质量检查,随机抽取 380 份住院病历和 1300 份门诊处方及部分内、外科运行病历,对病程录书写、三级医师查房、术前讨论等医疗核心制度的执行情况进行检查。住院病历中甲级病历 344 份,甲级率 90.5%,上升 2.6 个百分点,重度缺陷病历 28 份,占 7.3%,下降 2 个百分点。 (朱朝阳)

【卫生对口支援】 2011 年,全市卫生系统开展城市卫生对口支援城乡基层卫生工作,在三级医院对口支援县级医院和县级医院对口支援乡镇卫生院(社区卫生服务中心)工作基础上,重点加强对医疗集团所属各社区卫生服务机构的对口支援帮扶,达到集团所属每个社区卫生服务中心至少有 2 名以上集团医院医生在社区卫生服务中心全日制进行对口帮扶,丹阳、句容、扬中三个辖市的人民医院分别与省城的三所三级甲等医院建立对口支援关系,并做好省外卫生对口支援工作。江大附院、市一院、市二院和市四院共派出 20 余人次医务人员支援西藏、新疆、陕西卫生工作,同时江大附院、市一院、市疾控中心和丹阳市人民医院接受 60 余人次的西藏、新疆和青海的医务人员进修培训工作。市一院、市四院和丹阳市人民医院等 3 所医院被评为省卫生对口支援工作先进集体,江大附院范昕等 6 人获省卫生对口支援工作先进个人称号。 (朱朝阳)

【临床路径管理】 2011 年,全市卫生系统制订《镇江市医院临床路径管理实施方案》,成立临床路径管理工作领导小组和专家指导组,定期开展实施效果的评估与分析,建立相关材料档案,建立和完善奖罚制度。江大附院、市一院、句容人民医院和镇江新区人民医院对临床路径管理实施信息化管理,及时调整和修订部分临床路径表,进一步规范抗菌药物的使用。全市实施临床路径管理总病种数达 200 余种,有 21000 余例病例进入临床路径管理,入径率 62.4%,完成临床路径病例 18000 余例,完成率 85.7%。平均住院日、术前住院日、平均住院总费用均下降,患者的满意度提高。江大附院实施临床路径试点工作经验在江苏省临床路径试点工作总结大会上进行交流发言,并得到省卫生厅领导的高度评价,市卫生局为激励先进拨出专款 24 万元,奖励临床路径管理工作取得好成绩的科室。 (朱朝阳)

【提升血液安全管理】 2011 年,镇江市制定《镇江市采供血机构"十二五"发展规划》,加大对市中心血站的硬件投入,新建的采供血机构业务大楼于 11 月完成搬迁。市政府出台《关于加强公民无偿献血动员组织工作的通知》《关于调整全市无偿献血领导小组成员的通知》和《镇江市无偿献血表彰奖励办法》,加大无偿献血推进力度。利用"世界献血者日",开展形式多样的宣传活动,保证医疗机构临床用血的供应,全年用血量上升幅度得到有效遏制,与 2010 年相比,上升幅度由 17% 下降到 5%,促进有限的血液资源科学合理安全使用。2011 年,镇江市首次被评为全国无偿献血先进城市。 (朱朝阳)

【加强院内感染控制】 2011 年,市院感质控中心制定《镇江市医院感染检查考评标准》,对全市各级各类医疗机构进行院感防控督查及相关业务指导。各辖市成立两级医院感染管理质控中心,两大医疗集团负责对集团内各级医疗机构院感质量控制及业务指导,使医院感染管理质量控制覆盖全市各级各类医疗机构。组织对全市医院感染管理人员、护理管理人员以及重点科室医护人员进行相关知识的培训,2011 年培训 600 多人次,二级以上医院感染管理专职人员参加学习率 100%,考试合格率 100%。 (朱朝阳)

【医疗机构监管】 2011 年,镇江市重点加强对全市医疗机构的行业监督管理,依法规范医疗机构执业变更、校验等工作。对全市 117 所医疗机构进行校验,校验合格 112 所,暂缓校验 5 所,发出医疗机构整改通知书 11 份。建立健全医疗机构日常监管制度和医疗机构退出机制,保证医疗安全,维护医疗服务秩序。

【实施异地医疗费用联网结算】 2011 年,镇江市异地就医结算工作取得新突破。一是实现镇江参保人员在上海异地实时联网结报。在沪镇双向异地就医结报的基础上,镇江市区(含丹徒区)依托"金保工程"系统和网络,参保人员实现异地实时联网结报。全年在上海静安区医保报销 5356 人次,医疗费用为 1215.68 万元,医保基金支付 924.21 万元;上海市参保人员在镇江市报销登记 3614 人,审核医保费用 561 人,医疗费用 253.51 万元,医保基金支付 179.56 万元。二是拓展省内医药费异地联网结算的范围和层次。镇江与南京实行医药费异地联网结算,与泰州具备医药费异地联网结算能力,与扬州、常州的医药费异地联网结算正在推进中。2011 年镇江市共发生省内城市间异地联网结算医药费 2067 人次,医疗费用为 226.42 万元,医保基金支付 137.76 万元,这项工作走在全省前列。三是长驻外地离退休人员医药费邮寄报销全覆盖。自 5 月 1 日起实行长驻外地离退休参保人员,只要本人提出申请,都可以为其办理医药费邮寄报销业务,这项工作走在全国前列。镇江市医疗保险结算中心开展的"推进异地结算,创优医保服务"党建品牌入选"镇江市百项基层党组织创先争优经验做法"。 (周豪进)

【推进医保支付方式改革】 2011 年,镇江市在社会医疗保险结算办法中引入"住院自费费用占医疗总费用的比例"质量指标,对居民医疗保险费用结算形式由原来"实行分级管理方式"改为"不同的定点医疗机构实行不同的结算方式",进一步提高结算办法的科学性和合理性,减轻参保人员的医药费负担。镇江以"就诊人头"为核心,"总额预算、弹性决算和部分疾病按病种付费相结合"的多元化、复合式结算方式,受到国务院医改办、人社部、卫生部和省、市领导的肯定,在全国处于领先地位。2011 年 10 月 13 日,《现代快报》以"镇江医药分开模式,卫生部称效果不错"为标题作报道;国务院医改领导小组《简报》第 271 期以"镇江市医保支付方式改革:博弈博出共赢新天地"为标题作报道。 (吉 莹)

医疗集团

【江苏康复医疗集团】 2011年，集团按照现代医院管理制度的要求，推进体制机制改革，加快优化资源配置与整合，持续改进医疗服务质量，全面落实惠民便民措施，基本完成年度各项目标任务。出台《2011年江苏康复医疗集团实体化运行重点工作实施方案》及23项配套实施办法，集团逐渐进入实体化运行轨道。一是集团组织管理不断完善。制订《江苏康复医疗集团职能配置内设机构和人员编制方案》，明确集团管理层职能机构设置、人员配备以及岗位职责，不断完善集团党委会、院务会、党政联席会等会议决策制度，完善《江苏康复医疗集团绩效考核办法》及配套实施办法，制定《江苏康复医疗集团2011年度综合考核办法》，促进班子集体引领医院改革与发展能力的提升。二是专科横向整合初见成效。按照强化专科建设、提升整体医疗水平的目标，结合集团成员医院专科建设现状，在集团影像中心、临检中心基础上，成立集团心血管疾病诊疗中心、产科诊疗中心、儿科诊疗中心及病理诊断中心，发挥专科横向联合发展优势。三是信息系统建设全面推进。选择微软（中国）有限公司作为战略合作伙伴，制订集团信息化建设规划和实施方案，完成集团各医院电子病历等系统建设，在全省率先进行语音病历试点以及新电子病历书写系统、医嘱系统的试运行。四是集中采购优势显现。利用集中竞价优势，以集中采购、配供为手段，全年集团对4家成员医院8大类品种的物资及耗材进行集中招标，完成采购总金额1101.65万元，有效降低各类物资及医用耗材的价格与成本。五是医疗服务全面改善。统一集团窗口服务形象、服务规范及服务模式，对集团各医院窗口工作人员进行强化培训，各医院医疗服务全面改善。

集团各医院获国家自然科学基金立项5项、江苏省自然科学基金项目立项3项、六大人才高峰计划项目1项、省333课题1项、市级课题16项；获省医学科技进步奖1项、市科技进步奖8项；被命名省医学领军人才及创新团队（省市共建单位）1个，省医学重点人才（建设单位）2个、省“双创人才”1名；举办国家级继续教育项目1项、省级继续教育项目5项；全年发表统计源以上期刊论文214篇。

集团各医院全年共完成门急诊病人257.34万人次，比上年增长4.97%；住院病人7.28万人次，增幅13.39%；业务收入105407.74万元，增幅13.46%。费用控制初见成效。住院均次费用11420.46元，门诊均次费用143.81元。运行效率不断提高。医疗成本费用率平均下降3.52个百分点；集团百元业务收入人力成本下降0.9个百分点，百元医疗收入消耗一次性卫生材料下降0.36个百分点，百元化验收入消耗化验材料下降7.62个百分点。 （万祥波）

【江苏江滨医疗集团】 2011年，集团进一步完善管理体制机制建设，推进“便民、利民、惠民”工程，集团一体化管理运行进程稳步推进。一是制定一体化的管理制度。制定集团一体化管理的会议制度、绩效考核体系、医疗质量安全监督与管理、临床路径长效管理考核机制、优质护理服务标准等管理文件，推进医疗集团科学化、规范化、制度化管理，加大对医疗集团成员单位运营中的重大问题、重要人事任免、重大项目投资、大额资金使用等的管理力度。二是探索一体化的专科合作方式。根据医疗集团医院的功能定位，规划各医院的特色专科发展，建立一体化的特色专科合作方式，加强集团内特色专科的横向合作。拟与京口区政府共建京口区妇幼保健服务中心、谏壁镇卫生服务中心中医特色门诊和健康路卫生服务中心儿童保健门诊。三是建设一体化的信息管理平台。按照市卫生局的统一设计，朝着“医疗集团管理一体化、诊疗服务一体化”的目标，医疗集团各医院建设和完善以电子病历为核心的信息管理系统，医疗集团各社区卫生服务中心建设和完善以居民健康档案为核心的信息管理平台。四是推行一体化的便民惠民措施。制定统一规范的医疗服务流程，进一步完善医疗服务制度，为病人提供优质医疗服务。五是完善一体化的资源共享机制。集团进一步加强疑难病专家会诊中心、集团全科医生规范化培训中心、集团临床检验中心、医学影像中心和消毒供应中心的建设。

集团制定双向转诊工作制度，在集团医务处内成立双向转诊办公室，医疗集团各医院都为上转病人开通转诊绿色服务通道，实行“一免三优先”，即免挂号费、优先就诊、优先检查、优先住院。医疗集团各医院同时按照市卫生局有关文件要求，对所有出院病人信息下转到各社区卫生服务中心，方便社区医护人员走访。对高血压等10个病种的病人按相应指征下转到各社区卫生服务中心，在全市18个社区的1689位相关疾病的出院病人中有562名（其中江大附院536人、中医院9人、三医院10人、三五九医院7人）下转到社区继续治疗和康复训练，下转率31.7%。

集团各医院全年共完成门急诊人次270余万人次，出院病人5万余人次，基层医疗卫生服务机构就诊人次提升8%，医疗集团医院出院病人数比上年增长13%。 （陈远东）

综 述

【概况】 2011年,镇江市群众体育社会化和普及程度明显提升,体育后备人才培养输送有所突破,体育赛事规模和影响继续扩大,体育产业市场体系初步形成,新体育中心着手运营筹备,县级体育新"四个一"工程(1个塑胶跑道标准田径场、1个3000座体育馆、1个游泳馆或标准室内游泳池、1个3000平方米以上的全民健身中心)和场地设施建设继续提档升级。制定《镇江市全民健身实施计划(2011~2015年)》《镇江体育产业发展规划》和《镇江市加快发展体育产业的实施意见》。全年输送优秀体育后备人才17人,引进高水平运动员8人。1人获乒乓球世界杯团体冠军,1人获青年亚洲冠军,6人获5项全国冠军。承办2011年中国国际男子排球挑战赛等5项国际比赛(见《2011年镇江市承办国际体育赛事一览表》)、12项全国比赛(见《2011年镇江市承办全国体育赛事一览表》)、8项省级比赛,组织田径、游泳、足球、排球、篮球、乒乓球以及羽毛球等14项市级赛事。丹阳市承办全国羽毛球超级联赛江苏主场,句容市承办第七届全国城市运动会乒乓球预赛,扬中市承办全国青少年曲棍球锦标赛。成立镇江市体育产业发展有限公司,面向全国开展镇江市体育会展中心运营管理招投标、运营管理方案征集活动。体育彩票销售6.04亿元,增幅50.23%,市场份额占比位居全省第三位。

镇江市体育局获国家体育总局颁发的全民健身活动优秀组织奖,被江苏省委宣传部评为2011年度江苏省"三下乡"先进集体,被省体育局评为2011年体彩工作先进单位、承办全国以上体育竞赛最佳赛区和优秀赛区,被市委、市政府评为跨越发展有功单位。12月31日,依照《江苏省体育强市创建标准》和《江苏省体育强县(市)创建标准和评定办法》,镇江市被省体育局命名为江苏省体育强市,丹徒区被省体育局命名为江苏省体育强县(市)。 (刘 剑)

群众体育

【概况】 2011年,镇江市群众体育工作以提升公共体育服务水平为重点,加快建设和完善公共体育服务体系。为贯彻《中华人民共和国全民健身条例》,市县两级同步制定《全民健身实施计划(2011年~2015年)》,完善全民健身各项规定和长效服务管理措施。按照公益性、均等性、基本性、便民性原则,推进城乡公共体育健身设施提档升级与覆盖延伸,在全省率先开通"10分钟体育健身圈"网络服务平台。新增50块近10000平方米塑胶地面,全市城乡社区体育健身设施建设覆盖率100%,每万人拥有健身点5个以上。组织开展元旦万人健身长跑、"健身大拜年、体育进万家""全民健身你我同行""迎党庆、颂党恩"健身大展示、全民健身日南山徒步行、科学健身"进百家单位、强万人体魄"走进机关、九九重阳"游北湖、观新城、登南山"以及全市乡镇街道篮球赛等活动,继续开展"健身大家学"培训,推广新优项目。以市各体育协会、健身俱乐部为主体,组织开展"动起来,体育让城市更健康"假日健身系列活动。组织"让我们健走"活动,评选出市区十佳步行路线。通过全民健身活动的开展,扩大体育人口,使全市经常参加体育锻炼的人数达到36%以上。建立全民健身志愿服务长效化工作体系,完善指导员挂牌上岗、在岗培训、外出观摩、评优表彰等制度,新增社会体育指导员1500名,万人社会体育指导员数量达30名。完善《镇江市体育社团考核办法》和《镇江市体育社团竞赛奖励办法》。加强市国民体质监测中心建设,各辖市(区)建有相应的监测中心,乡镇、街道建有监测站,各辖市(区)体质监测人数均在3000人以上。 (刘 剑)

【举行庆祝建党90周年精品文体节目展】 2011年6月22日,镇江市举行"迎党庆、颂党恩、跟党走"百队、千场、万人文体表演精品节目展示活动。市老年体协、市老年大学、市社会体育指导员协会、市中老年体育指导中心、市社会体育指导员俱乐部的近2000人参加活动。集中展示的有啦啦操、海派秧歌、健身舞等12个精品节目。 (刘 剑)

【举行迎新年万人健身长跑活动】 2011年12月31日,镇江市迎新年万人健身长跑活动在市行政中心举行,市委副书记、秘书长李国忠主持长跑仪式,市长刘捍东致新年贺词,市委书记许津荣为起跑鸣枪。发令枪响后,市级机关的领导方阵率先出发。全市各级党政机关、企事业单位、学校以及社会团体的131家单位、186个方阵的1万多名市民从新行政中心出发,经南山路、九华山路、北府路,进入檀山路,终点设在市城投公司,全程约3000米。镇江市已连续8年组织迎新年万人健身长跑活动。 (刘 剑)

【举行万名老年人健步走活动】 2011年4月16日上午,江苏省老年人体育节镇江分会场启动仪式暨"迎党庆、颂党恩、跟党走"全市万名老年人健步走活动

图 33-1 2011 年 12 月 31 日,镇江市举行迎新年万人健身长跑活动 (刘 剑)

在长江路春江潮广场拉开序幕。来自市直单位、市中老年体育指导中心的近 3000 名老年人参加健步走活动。健步走路线从春江潮出发,沿长江路慢车道由东向西至秦淮人家酒楼,再转向征润州路方向,全程 2.5 公里。 (刘 剑)

【承办江苏省老年人体育节乒乓球比赛】 2011 年 4 月 25~27 日,2011 年江苏省老年人体育节"江苏银行杯"乒乓球比赛在镇江市体育馆举行。全省各地及省级机关等单位的 14 支男队、12 支女队的 165 名老年选手参赛。镇江有 18 名运动员参赛,获 1 个冠军、1 个亚军、2 个第 4 名和体育道德风尚奖。南京队夺得男子团体和男子甲组单打冠军,宿迁队夺得女子团体和女子乙组单打冠军,苏州队、泰州队、省级机关队选手分获男子乙组、男子丙组和女子甲组单打冠军。 (刘 剑)

【举行第二届武术套路段位赛】 2011 年 6 月 4 日,镇江市第二届武术套路段位赛在市综合训练馆举行。来自各辖市(区)武术组织、大专院校、武术俱乐部和武术传统学校,包括丹阳市武术协会、京口区武术协会、洪传陈式太极拳教学点、市运动学校等 21 支代表队的 237 名运动员比试武艺。参赛选手在长拳、南拳、刀术、剑术、棍术以及搏击等 18 个项目展开争夺。比赛分幼儿组、儿童组、少儿组、少年组、青少年组、青年组、中青年组、中老年组、老年组等 9 个组别。 (刘 剑)

【举行全民健身系列活动启动仪式】 2011 年 6 月 10 日,"2011 年镇江市全民健身系列活动启动仪式暨全市啦啦操比赛"在市体育馆举行。启动仪式结束后,全市啦啦操比赛拉开序幕,有 17 所学校的 18 支队伍共 292 名运动员参加比赛。中华路小学摘得小学组自由舞蹈啦啦操、花球舞蹈啦啦操规定动作、儿童一级规定动作等三个项目冠军,镇江新区姚桥中心小学获得小学组儿童三级规定动作项目冠军,镇江市卫生学校获得中学组花球舞蹈啦啦操规定动作、三级规定动作等两个项目冠军,镇江市信息中等专科学校获得中学组自由舞蹈啦啦操项目的冠军,江苏科技大学获得大学组花球舞蹈啦啦操规定动作、三级规定动作等两个项目冠军,江苏大学获得大学组自由舞蹈啦啦操项目冠军。 (刘 剑)

【举行"健身大拜年、体育进万家"全民健身志愿服务活动】 2011 年春节期间,镇江市体育局为营造文明健康的节日气氛,激发群众参与体育健身活动的热情,组织开展"健康大拜年、体育进万家"全民健身志愿服务活动。健身志愿者们深入街道、社区、村镇,开展健身指导、健身方法展示等全民健身服务活动,先后组织开展国民体质监测、冬泳健身、新春网球联谊赛、风筝放飞、登山穿越、体育舞蹈展示等 40 多项活动。

(刘 剑)

【举办健身球操社会体育指导员培训班】 2011 年 8 月 4~5 日,镇江市中老年体育指导中心、市社会体育指导员俱乐部为贯彻《中华人民共和国全民健身条例》,推进《全民健身实施计划》,构建亲民、便民、利民的全民健身服务体系,以及庆祝第三个全国全民健身日,在市体育综合训练馆举办第九套健身球操社会体育指导员培训班,来自各辖市(区)、市直单位以及健身站点的近 200 名社会体育指导员培养对象参加培训。通过培训,有 33 人获得二级社会体育指导员称号,有 23 人获得三级社会体育指导员称号。 (刘 剑)

【举行庆祝第三个全国全民健身日南山徒步大会】 2011 年 8 月 13 日,由镇江市体育局、市级机关工委、市园林局联合举办的"参与全民健身,乐享低碳生活"庆祝第三个全国全民健身日南山徒步大会在南山风景区举行,来自市级机关、体育协会以及户外运动俱乐部的 2000 余人徒步穿越南山。副市长王萍出席启动仪式并参加徒步活动。徒步活动全程 5 公里,由南山西入口出发,途经八公洞、文苑,终点为竹林寺。 (刘 剑)

【举办 2011 年"七彩的夏日"未成年人阳光体育暑期系列活动】 2011 年 7~8 月,镇江市委宣传部、市文明办、市体育局、市教育局联合举办以"快乐运动、健康成长"为主题的 2011 年"七彩的夏日"镇江市未成年人阳光体育暑期系列活动。系列活动期间,同学们亲身体验篮球嘉年华、游泳健身大家学、羽毛球夏令营、模型夏令营、乒乓球夏令营、跆拳道展示等一系列趣味活动,免费观看在镇江举办的全国女子篮球俱乐部联赛、中国国际男排挑战赛、国际女排对抗赛等"三大赛事"。此次活动,旨在帮助未成年人树立体育健身意识,掌握体育运动技能,养成体育健身习惯,提高身体素质,磨炼坚强意志,培养良好品德。

(刘 剑)

【推广第九套广播体操】 2011 年 9 月 27 日,由镇江市市级机关工委、市体育局组织的第九套广播体操培训班在市体育馆开班,来自市委办、市政法委、市级机关工委、市总工会、团市委、市妇联、市体育局等 89 个机关部门的近 300 名体育骨干参加为期 3 天的培训活动。从 1951 年推广第一套广播体操以来,至 2011 年已有 60 年的历史。广播体操成为全国普及面最广、人民群众最喜爱的运动方式之一。第九套广播体操于 2011 年 8 月 8 日正式公布,全套操由 8 节徒手体操组成,时间为 4 分 45 秒。它充分吸取前八套广播体操的优点,继承前八套广播体操的结构,具有规范性、科学性、普适性、健身性、针对性、时代性、前瞻性等特点。同时,动作设计上引入武术、踢毽、游泳、保龄球及现代舞等时尚运动的基本动作,突出"健康、欢乐、时代”风格，适合在大众中推广。

（刘 剑）

【举办 2011 年镇江市老年人体育节】 2011 年 3～11 月，镇江市为贯彻《中华人民共和国全民健身条例》，组织开展以“迎党庆、颂党恩，重在参与，快乐健身”为主题的老年人体育节系列活动。体育节先后举行老年人体育节启动仪式，“百队、千场、万人”文体表演展示活动，摄影、书画展活动，全市城乡万名老年人健步行活动，“全民健身日”健身大家学活动，体育项目推广与技能展示活动。体育节还承办江苏省老年人体育节乒乓球比赛。体育节开展丰富多彩的老年人体育活动，有利于增进老年人身心健康，提高老年人生活质量，为建设体育强市、构建和谐镇江营造良好氛围。（刘 剑）

【7 家游泳池和 9 名救生员获省体育局表彰】 2011 年 11 月 16 日，江苏省体育局表彰 2010～2011 年度江苏省先进游泳池（馆）和优秀救生员。镇江市 7 家游泳池和 9 名救生员受到表彰：镇江市中心业余体校游泳馆、镇江新区银山体育健身俱乐部游泳池、扬中市游泳馆、江苏大学游泳馆、句容市游泳馆、江苏科技大学游泳馆、丹徒区体育活动中心游泳池等 7 家单位被评为先进游泳池（馆），曾仕华、蒋伟、陆峰、纪小荣、孙元彤、姜微、倪宏生、李明、倪志明等 9 人被评为优秀救生员。（刘 剑）

【举行健身气功交流展示活动】 2011 年 11 月 25 日，“好体魄、好生活”镇江市健身气功交流展示活动在金山湖风景区举行，全市各辖市（区）和健身气功站点的 18 支代表队参加辖市（区）组和社会组的展示比赛。展示比赛项目包括国家体育总局推广的易筋经、五禽戏、六字诀、八段锦等四种健身气功功法。比赛结果：京口区获得辖市（区）组易筋经、五禽戏两个项目一等奖，丹阳市获得辖市（区）组八段锦项目一等奖；京口区第 43 站获得社会组易筋经项目一等奖，润州区金山公园站获得社会组五禽戏一等奖，润州区黄鹤山站、润州区金山公园站并列获得社会组八段锦一等奖，京口区第 37 站获得社会组六字诀一等奖。

（刘 剑）

【举行第五套健身秧歌比赛】 2011 年 9 月 14 日，由镇江市体育局主办、京口区文体局承办的“好体魄、好生活”2011 年镇江市第五套健身秧歌比赛在市体育场举行，各辖市（区）体育部门、各体育协会、俱乐部及健身站点的 18 支代表队的 252 人参加比赛。比赛分辖市（区）组（年龄在 45 岁以下）和社会组（年龄不限）两个组别进行。京口区、润州区、镇江新区代表队获得辖市（区）组前三名，京口区群芳健身俱乐部、扬中市代表队、丹阳市代表队获得社会组前三名。

（刘 剑）

竞技体育

【概况】 2011 年，镇江市竞技体育以“备战第 18 届省运会、创建体育强市”引领全年工作，制订《镇江市参加省第十八届运动会备战工作方案》《镇江市体育后备人才输送奖励暂行办法》和《镇江市运动员、教练员参加江苏省年度最高水平体育竞赛奖励暂行办法》，抓好省 18 届运动会的参赛队伍组建，引进高水平运动员 8 人，为 70 名运动员办理户口迁移手续，14 名运动员选调进省优秀运动队，40 名体育后备苗子在省队、省体校集训，镇江输送的运动员 1 人获乒乓球世界杯团体冠军、1 人获亚洲青年锦标赛冠军、4 人获 5 项全国冠军。全年选派 30 人次参加国家、省级教练员培训班，一名教练员被国家体育总局授予优秀教练员称号。选派 70 名二级裁判员参加省体育局一级裁判员的培训和考核，举办羽毛球、乒乓球、篮球、网球、信鸽六个项目的二级裁判员培训，审批二级裁判员 185 人、二级运动员 97 人。全年承办 2011 年中国国际男子排球挑战赛、2011 年中国国际女子排球对抗赛、2011 年全国男排大奖赛、2011 年全国女子篮球俱乐部联赛、2011 年中国围棋甲级联赛、2011 年全国啦啦操锦标赛、2011 年全国“肯德基”三人篮球赛（江苏赛区）等 8 项省级体育比赛、12 项全国比赛、5 项国际比赛，组织田径、游泳、足球、排球、篮球、乒乓球以及羽毛球等 14 项市级赛事，丹阳、句容、扬中、京口、润州被市体育局评为优秀赛区。丹阳、润州、京口、扬中获得 2011 年镇江市少儿体育竞赛优秀单位。市体育运动学校、市乒乓球运动学校在省体育局组织的 40 所国家高水平体育后备人才基地中期检查中，分别排序全省第一和第十五位。江滨实验小学、镇江新区实验小学、丹阳河阳学校被评为江苏省足球后备人才学校，丹阳市体校被评为省级单项（女足）体育训练基地。镇江棋院、镇江江滨实小、句容二中、朱方路小学等四所学校申报创建国家级青少年体育俱乐部。镇江中学、市外国语学校申报创建省级青少年体育俱乐部。与教育局联合制定《关于进一步推进学生阳光体育工作的意见》，男女排球（初中）与市第三中学、市外国语学校联办，男女排球（高中）与江苏省镇江中学联办，男子（乙组）足球与镇江新区实验学校联办，男子（丙组）足球与市江滨小学联办，羽毛球初中与市外国语学校联办。（刘 剑）

【范瑛获乒乓球团体世界杯冠军】 2012 年 11 月 6 日，2011 年乒乓球团体世界杯赛在德国马格德堡展开最后一日的角逐。女团决赛中，中国队以 3:0 战胜日本队，实现五连冠。首次入围世界杯团体阵容的镇江乒乓国手范瑛，与队友李晓霞、丁宁、郭焱、郭跃一道登上最高领奖台。至此，距邬娜 1997 年夺得曼彻斯特世乒赛混双冠军、秦志戬 1994 年夺得男团世界杯冠军和 2001 年夺得大阪世乒赛混双冠军后，镇江市诞生第三位乒乓球项目的世界冠军。范瑛由此也成为国乒第 103 位世界冠军。

（刘 剑）

【薛飞获全国田径锦标赛“双冠王”】 2011 年 9 月 13 日，2011 年全国田径锦标赛在安徽省合肥市落幕。镇江籍运动员薛飞先后夺得女子 1500 米和女子 5000 米两项冠军，成就了全国田径锦标赛的“双冠王”。2011 年全国田径锦标赛是伦敦奥运会的选拔赛，薛飞一直是全国女子 1500 米、5000 米项目的佼佼者。在 1500 米比赛中，薛飞以 4 分 10 秒 49 的成绩夺冠。在 5000 米比赛中，薛飞在比赛的最后 200 米实现超越，以 15 分 27 秒 46 的成绩夺得冠军。（刘 剑）

【陈启敏获亚洲青年击剑锦标赛“双冠军”】 2011 年 3 月 13 日，亚洲青年击剑锦标赛在泰国落幕。锦标赛有来自 20 多个国家和地区的 200 余名运动员参加，镇江籍运动员陈启敏夺得两项冠军。陈启敏在个人赛中以 15:9 的成绩战胜队友孙伟勇夺得冠军；在团体赛中与队友孙伟、张肖天协作，先后战胜日本、韩国等队，并在决赛中以 45:33 的成绩战胜中国香港队，获得团体冠军。（刘 剑）

【张潇获国际象棋全国冠军】 2011 年 2 月 14 日，第 19 届“李成智杯”全国国际象棋少儿冠军赛在北京落下帷幕。镇江小棋手张潇获得女子八岁组冠军。这次比赛有来自全国各地的 1000 多名小棋手参加。张潇在前七轮比赛中取得七连胜；在后面四轮比赛中，面对诸多强手，最终以 9 胜 1 和 1 负积 9.5 分的优异成绩，一举夺得女子八岁组第一名。

（刘 剑）

【袁雪涛在全国女子武术散打团体赛中夺冠】 2011年5月25～28日，全国女子武术散打锦标赛在徐州市举行。镇江籍运动员袁雪涛在55公斤级赛场上，夺得女子武术散打团体冠军及个人赛第三名。在个人赛中，袁雪涛先后战胜河北队的伊静、吉林体院的吴宏宇，夺得个人第三名。在随后的团体赛中，袁雪涛与队友以总分33分摘下团体赛冠军。（刘 剑）

【范瑛获斯洛文尼亚乒乓球公开赛女双亚军】 2011年1月23日凌晨，国际乒联巡回赛斯洛文尼亚乒乓球公开赛落幕，镇江籍乒乓国手范瑛和武扬配对打进决赛，最终负于世乒赛、亚运会、全国锦标赛的“世界第一女双”郭跃/李晓霞，位居亚军。（刘 剑）

【镇江选手获省游泳冠军赛4金3银4铜】 2011年5月14～17日，“奥篮杯”江苏省游泳冠军赛在盐城举行，来自全省13个辖市和大丰市共14个代表队的485名运动员参加比赛。镇江市派出15名运动员参赛，获得4金3银4铜。其中，王竟成获得少儿男子乙组100米、200米仰泳冠军，100米自由泳第二名；王紫嫣获得儿童女子乙组蝶泳全能冠军和400米自由泳第二名；钱泳昊获得儿童男子乙组仰泳全能冠军和200米混合泳第三名；盛曦获得少儿女子乙组200米蝶泳第二名、100米蝶泳第三名；汤澄、董希睿分别获得少儿男子乙组100米自由泳第三名和儿童男子乙组自由泳全能第三名。（刘 剑）

【承办省“小学校长杯”乒乓球联谊赛】 2011年5月6日，江苏省“地税杯”第六届“小学校长杯”乒乓球联谊赛在镇江市的句容市实验小学收拍。徐州、淮安、南通、无锡、苏州、镇江、泰州等地12所小学的37名校领导和教师参加比赛。无锡市花园实验小学书记张卫锋和句容市实验小学校长张双林分获校领导组单打冠亚军，无锡市花园实验小学的刘勇和徐州市少华街小学的吴弘奕分获教师组单打冠亚军，无锡市花园实验小学和徐州市少华街小学分获男女混合五盘对抗制团体比赛冠亚军。（刘 剑）

【镇江市举行联办拳击队签约仪式】 2011年3月28日，镇江市武术协会和镇江紫阳投资有限公司联办镇江市拳击队签约仪式在市体育局举行。全市首次尝试由体育单项协会与企业联办竞技体育项目。市武术协会与企业联姻共同联办体育项目，不仅符合社会主义市场经济下竞技体育发展的方向，符合体育社团向社会化、实体化和规范化发展的要求，也符合企业多元发展的内在需求。双方承诺履行职责和义务，加强沟通和协调，全力为镇江的拳击项目健康发展奠定坚实基础，使镇江体育精神与企业文化得到发扬光大，为镇江竞技体育在全省乃至全国取得更辉煌的成绩而共同努力。（刘 剑）

【举行镇江市区初中生田径比赛】 2011年4月8～9日，镇江市区初中生田径比赛在市体育场举行，来自市区18所初中的近200名运动员参加比赛。镇江实验学校、镇江新区大港中学、镇江市外国语学校分获团体总分前三名。有3人次达到国家二级田径运动员标准，3人次破大赛组别纪录。（刘 剑）

【镇江5名运动员被评为“奥运未来之星”】 2011年4月12日，江苏省公布首批100名“奥运未来之星”名单。全省首批公示的100名“奥运未来之星”名单，涵盖田径、足球、篮球、排球、游泳等30个大项。镇江市有5名运动员入围“奥运未来之星”，分别是：击剑运动员范海波、田径运动员何琴、射击运动员江婷、足球运动员潘丽琴、武术（套路）运动员王禹骁。（刘 剑）

【省击剑锦标赛镇江获3金】 2011年7月23日，“2011年江苏省击剑锦标赛”在南通如东结束。全省13个市的代表队的382名运动员参加比赛。镇江运动员获得3枚金牌：孙佳杰、印箭宇、李顺夺得男子重剑乙组团体冠军，薛雨燕、储钰、姚苏晏获得女子佩剑乙组团体冠军，小将凌梁获男子佩剑乙组个人冠军。（刘 剑）

【省青少年武术（套路）锦标赛镇江获6金3银】 2011年8月1日，“2011年江苏省青少年武术（套路）锦标赛”在徐州落幕。镇江队员获6金3银：刘佳伟获少年男子甲组棍术冠军、全能冠军、长拳亚军，龚成获少年男子甲组剑术亚军，蔡一凡获少年女子甲组剑术冠军，王逸蓬获少年女子乙组长拳冠军、枪术冠军、全能冠军、剑术亚军。（刘 剑）

【镇江市体育运动学校足球队获邀请赛冠军】 2011年10月2日，为期三天的“2011年上海友好城市青少年足球邀请赛”在上海杨浦区开赛。镇江市体育运动学校足球队与四川达州、上海杨浦、上海闸北、日本帆利共五支队伍参加比赛。市体育运动学校足球队先后以3∶1战胜四川达州队，3∶2战胜上海杨浦队，4∶1战胜日本帆利队，7∶2战胜上海闸北队，四战全胜夺得冠军。（刘 剑）

【镇江市体育运动学校获中期评估全省第一名】 2011年10月9日，江苏省体育局公布九月份对全省38个“国家高水平体育后备人才基地”进行中期检查的结果，镇江市体育运动学校与南通儿童体校、徐州体校、淮安体校并列全省第一名。（刘 剑）

【举办镇江市高中生田径比赛】 2011年10月21～22日，2011年镇江市高中生田径比赛在市体育场举行。来自市直及辖市（区）的20所普通高中、8所职业高中的329名选手参加15个项目的比赛。比赛分为普通高中组和职业高中组。省大港中学、省镇中、省丹中分别获得普通高中组前三名，镇江高职、丹阳职教、镇江旅游学校分别获得职业高中组前三名。（刘 剑）

【省田径锦标赛镇江获佳绩】 2011年11月8～11日，为期四天的2011年江苏省田径锦标赛（单项赛）在南通如皋举行。镇江市体育运动学校代表队9名选手参加比赛，获得5金、8银、4铜。龙霄囊括女子少年甲组1万米、2万米竞走两项第一名，张阳阳获得女子少年乙组1万米竞走第一名，曹玉民获得男子青年组1万米竞走第一名，郦晨昊获得男子少年乙组1万米竞走第一名。另外，还有5名选手分别获得8个第二名和4个第三名。（刘 剑）

【江苏省乒乓球教练员培训班在镇江举办】 2011年11月23日，“2011年江苏省乒乓球教练员培训班”在镇江市京城饭店举办。全省13个市的40余名乒乓球教练员参加培训。培训期间，还探讨交流做好乒乓球训练工作的经验体会。（刘 剑）

【省少儿乒乓球培训基地数量镇江位居首位】 2011年12月28日、29日，镇江市实验学校和句容市实验小学分别举行“江苏省少儿乒乓球培训基地”挂牌仪式。至此，全市有八叉巷小学、扬中市实验小学、镇江实验学校和句容市实验小学等4个省少儿乒乓球培训基地。截至2011年12月，江苏全省13个辖市有21个省少儿乒乓球培训基地，镇江的基地数量居全省首位。（刘 剑）

【表彰2011年度承办市级少儿体育竞赛优秀赛区】 2011年，镇江市开展少儿体育竞赛14项次，竞赛组织规范，资格

表 33－1 **2011 年镇江市承办国际体育赛事一览表**

级别	比赛名称	比赛时间	承办单位
国际级	2011 年金山湖国际龙舟大奖赛	5 月 25～30 日	镇江市
国际级	2011 年中国国际男子排球挑战赛	7 月 17～19 日	镇江市
国际级	2011 年中国国际女子排球对抗赛	7 月 30 日	镇江市
国际级	2011 年国际篮球对抗赛	10 月 16 日	丹阳市
国际级	2011 年 LTW 国际路亚钓鱼大奖赛	10 月 28～30 日	句容市

（刘　剑）

表 33－2 **2011 年镇江市承办全国体育赛事一览表**

级别	比赛名称	比赛时间	承办单位
国家级	2011 年中国羽毛球俱乐部超级联赛	3 月 5 日	丹阳市
国家级	2011 年全国象棋冠军赛	4 月 9～12 日	句容市
国家级	2011 年全国体育舞蹈邀请赛	4 月 23～24 日	镇江市
国家级	第七届全国城市运动会乒乓球预赛	5 月 21～27 日	句容市
国家级	2011 年全国男排大奖赛	5 月 26～29 日	镇江市
国家级	2011 年全国女子篮球俱乐部联赛	7 月 5～11 日	镇江市
国家级	2011 年中国围棋甲级联赛	7 月 13、14 日	镇江市
国家级	2011 年中华武术环球大赛华东区武术选拔赛	7 月 15～17 日	京口区
国家级	2011 年全国青年女子曲棍球锦标赛	7 月 20 日	扬中市
国家级	2011 年全国"肯德基"三人篮球赛(江苏赛区)	9～12 月	镇江市
国家级	2011 年全国啦啦操锦标赛	9 月 17～18 日	镇江市
国家级	2011 年全国象棋个人锦标赛	10 月 15～25 日	句容市

（刘　剑）

审查严格，竞赛规模扩大，竞赛水平提高。全市青少年业余体育训练取得长足发展。为表彰先进，丹阳市（少儿篮球赛）、句容市（少儿游泳赛）、扬中市（少儿羽毛球赛）、京口区（少儿排球赛）、润州区（少儿乒乓球赛）等五家单位，分别被市体育局评为 2011 年度承办镇江市少儿体育竞赛优秀赛区。此次评定，是根据市体育局《关于印发〈镇江市市级体育竞赛"最佳赛区"和"优秀赛区"评选办法〉的通知》（镇体〔2007〕14 号）精神进行的。（刘　剑）

体育产业

【概况】 2011 年，镇江市以贯彻省政府《关于加快发展体育产业的实施意见》为契机，推进体育产业发展。市体育会展中心运营采取所有权和经营权分离的模式，确定"自主经营、分项合作"的运营管理模式，出台《市体育会展中心运营管理方案报告》。成立镇江市体育产业发展有限公司，组织开展市体育会展中心运营管理招投标、运营管理方案征集等活动。制定下发《镇江体育产业发展规划》和《镇江市加快发展体育产业的实施意见》。市体育局与市统计局合作，开展全市体育产业统计调研摸底。为镇江市水利投资公司、世业洲旅游发展总公司、丹阳云阳镇申请省级扶持资金 230 万元。组织 2 家单位申报省级产业基地、5 家单位申报省级体育产业示范单位。全年培训游泳救生员和游泳教员 98 人，其中 51 人取得游泳救生员职业资格证书，26 人取得游泳教员职业资格证书，2 人取得游泳健身教练职业资格高级证书。完成并上报 2010 年体育事业和 2011 年体育服务业、文化体育产业等各项统计报表。扬中市投资 5.4 亿元的奥体中心开工建设，丹阳市新建全民健身活动中心，水晶山体育公园竣工使用。全市体育彩票销售突破 6 亿元，被省体育局评为 2011 年体彩工作先进单位。（刘　剑）

【三项体育产业项目获 230 万元资助】 2011 年 6 月 30 日，江苏省体育产业发展引导资金资助项目签约仪式在省体育局举行，镇江市三个体育产业项目上台签约，并获得省体育产业发展引导资金资助。获得资助签约的三个项目分别是：镇江市水利投资公司申报的金山湖体育休闲旅游度假基地项目，世业洲旅游发展总公司申报的世业洲运动旅游度假基地项目，丹阳云阳镇奥力美专业形体健身俱乐部申报的奥力美健身品牌连锁拓展项目。三个项目分别获得省体育产业发展引导资金 100 万元、80 万元、50 万元，计 230 万元。（刘　剑）

【组织市体育会展中心体育工艺咨询】 2011 年，镇江市为把体育会展中心建成现代一流的综合性大型场馆，市体育局多次组织建设办人员到广州、深圳、浙江、山东、成都以及南京、无锡、常州等地场馆实地考察，借鉴经验，吸取教训，确保建设的施工质量和设备使用价值。编制体育工艺设备专项招投标技术参数文件，把关智能化、专业照明、扩声、显示屏、水处理设备、塑胶跑道、草坪及运动地板、泳池池砖等体育专用设备技术招投标工作，确保场馆设施材料先进、实用、可靠和经济。聘请省体育局装备中心作为体育工艺咨询单位，成立由全国知名体育工艺专家组成的技术咨询组，参与建设，指导把关。外聘两名体育工艺工程师常驻现场，专门负责体育工艺方面的工作。（刘　剑）

【体育彩票销售额突破 6 亿元】 2011 年，镇江市继续创新体育彩票销售模式，建立健全彩票管理机构，壮大彩票工作队伍，加大营销宣传和培训力度，通过报纸、电视、电台、短信平台、邮政广告等媒介营造彩票销售市场氛围。2011 年，全市体彩销售总量 6.04 亿元，第一次突破 6 亿元大关，销售增幅达 50.23%，市场份额位居全省第三位，超额完成全年 4.6 亿元的目标任务。（刘　剑）

表 33－3 **2011 年镇江市电脑体育彩票中大奖一览表**

时　间	销售站点	玩　法	期　数	注　数	奖金(万元)
1 月 9 日	11804	七位数	11005	10	4880
6 月 29 日	11810	即开(闪耀宝石 9)	－	1	100
7 月 17 日	11615	七位数	11109	1	500
12 月 6 日	11010	七位数	11190	1	500
12 月 11 日	11560	七位数	11193	1	336
12 月 24 日	11538	超级大乐透	11151	1	1291

（刘　剑）

社会生活

责任编校：丁秋波

民政工作

【概况】 2011 年，镇江市突出“安民、惠民、为民”主题，保障和改善民生。做好社会救助工作。实施重残救助，重点推进低保边缘家庭中一户多残、依老养残残疾人生活救助工作，全市向 14573 名重残人员发放救助金 5116 万元；保障一户多残、依老养残对象 777 人，发放保障金 145.51 万元。开展临时救助，全市累计救助 7637 人次，支出救助金 339 万元。落实五保供养标准增长机制，全市五保平均供养标准均达到或超过当地上年度农民人均纯收入 40%，五保集中供养率达 71%，供养标准平均达到 4694 元/人，其中集中供养 5068 元/人，分散供养 3771 元/人。推进敬老院项目建设，全市有 7 所敬老院分别被列为民政部“霞光计划”和省“关爱工程”项目。拨出 10 万元福彩公益金，为全市 51 所敬老院食堂购置 62 台消毒柜。

重点优抚对象抚恤补助标准实行城乡一体化。以农村抗战老复员军人为例，2010 年补助金为 8241 元，2011 年实行城乡统一标准后调整为 15070 元，提高了 6829 元，增幅达 82.87%。将全市 47 名孤老优抚对象纳入五保供养或享受城市最低生活保障。全面完成“慰烈工程”，全市累计投入 790 万元，集中安葬烈士墓 423 座，原地维修 47 座，集中安葬率达 90%。

专项社会事务管理取得新进展。做好市辖区部分镇改街道办工作，在符合条件的县级政府驻地镇及城区范围内实施撤镇改设街道办。全市撤镇改设街道办 5 个，增设街道办 4 个。经过区划调整，全市 2011 年年底有 35 个乡镇、19 个街道办、504 个村、298 个居委会。完成《行政区划简册》（镇江篇）编制，出台《镇江市地名管理工作检查细则》，促进新生地名的标准化、规范化和科学化，全市初审地名 44 条，正式审批地名 99 条。镇江市区 30 条道路的 300 块道路牌更新设置和 15124 块门楼栋室牌新制安装全部到位。通过签订《界线界桩管护协议》，制订《扬镇线联合检查实施方案》，出台《镇江市平安边界创建标准》和《平安边界创建工作检查细则》。新的市救助站暨流浪未成年人保护中心 3 月 7 日投入使用，具备对流浪乞讨人员进行救助、服务、庇护、教育、心理矫治的功能。通过开展“寒风送温暖”“三伏送清凉”集中专项救助行动，救助流浪乞讨人员 200 人次，确保生活无着人员安全过冬过夏。截至年底，救助各类人员 746 人。其中，男性 639 人，女性 107 人；未成年人 39 人，老年人 43 人；实施医疗救助 162 人；护送返乡 52 人；疑难对象落实 25 人。句容市、扬中市救助站的建立，使全市救助保护工作实现全覆盖。截至年底，全市办理婚姻登记 35530 对，其中结婚 30131 对，离婚 5399 对。社会工作人才队伍逐步扩大。全年全市有 108 人参加全国社会工作专业资格考试，通过 21 人，通过率 19.4%，其中社会工作师（中级）14 人，助理社会工作师（初级）7 人，全市累计有 161 人获得社会工作专业资格。 （殷建容）

【做好防灾减灾应急管理工作】 2011 年 5 月 12 日是全国第 3 个“防灾减灾日”，10 月 12 日是第 22 个“国际减灾日”。镇江市围绕防灾减灾日主题，市县两级民政部门组织开展防灾减灾演练、排查隐患、广场咨询、图片展览、发放宣传资料等多种形式的活动。结合综合减灾示范社区创建等活动，加强全市基层灾害信息员队伍建设，健全组织网络和应急机制，增强全社会防灾减灾意识。经省民政厅认可，全市上报的 11 个社区为创建国家和省级综合减灾示范社区。市民政局储有 2000 条棉被和 2000 条毛毯，以备应急需要。 （殷建容）

【退役士兵安置推进城乡一体化】 2011 年，镇江市接收退役士兵总数 1242 人，其中城镇退役士兵 507 人，农村退役士兵 735 人。各地坚持以货币安置为主，实行“自主择业，经济补偿，技能培训，政策优惠、扶持就业”的安置制度，安置率 99.8%，自谋职业率 98% 以上，发放安置补助金 2949 万元，城镇退役士兵待安置生活补助费 150 万元。市区全面实行城乡一体化安置，丹阳、扬中两市达 70%，句容市出台一体化安置政策。退役士兵职业技能培训管理实现制度化，全市投入培训资金 850 万元，其中市区 320 多万元。1148 名退役士兵参加培训，绝对参训率（实际参加培训的人数/退役士兵总数）为 92%，应参训率｛实际参加培训的人数/（退役士兵总数－可以不参加培训的人数：即已经取得中、高级职称，大专以上学历或已参加工作的人员等）｝达 99%。其中参加中高级培训人数占培训人数的 60.4%，短期培训班全部结束，毕业学员全部就业。伤病残退役人员移交接收顺利。全年接收的 22 名退休干部和退休士官，其中有 8 名伤残人员，1 名精神分裂症患者。市民政局落实国家《伤病残退役人员的规定》，配合部队共同做好伤病残人员的移交工作，做到应收尽收，不仅完成当年计划任务，而且超计划接收往年滞留在部队的伤病残人员，在交接过程中严格按政策规定办理，不收取规定以外的任何费用。 （殷建容）

【发展社会福利事业】 2011年，镇江市各类社会福利机构新增床位1629张，其中民办养老机构1219张。建立福利儿童信息系统，改善和提高老年人、农村五保、城市“三无”人员、重残人员和孤残儿童等特殊群体生活水平。市社会福利服务中心投入210多万元，改建新的护残部、门诊部和精神科病房，总床位达160余张，其中新增100张，改善现有41名“三无”青壮年痴呆和71名精神病患者的生活和居住环境。全市新办福利企业9家，福利企业总数281家，安置有劳动能力残疾人10064人。 （殷建容）

【提高社区建设管理水平】 2011年5月和11月，镇江市民政局与市委组织部联合举办全市社区社会管理和建设专题培训班、提升基层社会管理能力专题培训班。全市428名社区党组织正副书记和正副主任参加培训。9月，专门对申报创建市级和谐示范社区的60名村（居）社区党组织书记、主任进行专题培训。9月，市政府在镇江新区召开全市和谐社区建设现场推进会，印发《镇江市城市和谐示范社区标准》和《镇江市农村和谐示范社区标准》，明确每年建成30个市级和谐示范社区的工作目标，通过5年的努力，在全市建成150个和谐示范社区，基本形成城乡社区“居民自治、管理有序、服务完善、文明祥和”的和谐局面。全市和谐示范社区创建活动初见成效。 （殷建容）

【加强社会组织培育管理】 2011年，镇江市注册登记的各类社会组织1520个，其中社会团体998个（市属社团340个），民办非企业单位522个（市属160个）。推进社会组织孵化基地建设，扶持发展行业协会、农村经济合作组织等公益类、服务类和基层社会组织，对部分新申办的社会组织实行无主管直接登记工作。丹阳建立建筑面积1000平方米的社会组织孵化基地。句容和镇江新区各建成1家孵化基地。推进政府转变职能，通过政府向社会组织购买服务，促进社会组织的良性发展。 （殷建容）

【出台民政事业发展“十二五”规划】 2011年8月9日，镇江市为持续推进“十二五”社会福利、社会事务、社区综合服务平台等民政基础设施建设，印发《镇江市民政事业发展“十二五”规划》（镇政办发〔2011〕199号）。《规划》明确“十二五”全市民政事业发展的指导思想、目标任务，确定全市22项民政基础设施重点建设项目；明确未来五年通过推进“四大服务体系建设”，即城乡社会救助与优抚安置服务体系、基层民主自治与社区服务体系、社会养老和社会福利服务体系、社会组织管理和社会工作服务体系，创新社会管理，打造民生幸福工程。 （殷建容）

【按时完成中央一次性生活补贴发放任务】 2011年，镇江市按时完成中央一次性生活补贴发放任务。对城乡低保对象、农村五保对象、享受国家抚恤补助的优抚对象以及新中国成立前入党的农村老党员和未享受离退休待遇的城镇老党员发放一次性生活补贴。补助标准分别为：城市低保对象每人150元，农村低保对象和农村五保对象每人100元，优抚对象和新中国成立前老党员每人180元。全市累计发放一次性生活补贴资金700.77万元。 （殷建容）

【城乡低保按时提标】 从2011年7月起，镇江市区城市低保标准提高到每人每月420元，农村低保标准提高到每人每月不低于300元。全市2011年12月有城市低保对象7362户、14987人，累计支出保障金3725.68万元，月人均补差214.7元。全市有农村低保对象14174户、28866人，累计支出保障金4701.84万元，月人均补差139.1元。 （殷建容）

【实施普惠性节日慰问】 2011年春节前，镇江市实施对低保、五保对象的普惠性节日慰问。慰问金额：市区范围内按照城市低保1人户400元、2人户600元、3人及以上户800元，农村五保300元/人，农村低保200元/人的标准；辖市按每人不低于100元的标准。全市发放慰问金1138.4万元，春节前全部发放到位。 （殷建容）

【调整和完善物价补贴机制】 2011年上半年，镇江市针对一、二季度CPI（居民消费价格指数）涨幅均超过5%的实际，按季度启动价格上涨动态补贴机制，累计为重点优抚对象、城乡低保对象、农村五保对象、城市“三无”和孤儿发放物价补贴803.55万元。7月，根据省民政厅等五部门要求，完善社会救助和保障标准与物价上涨挂钩联动机制，从下半年起，省辖市CPI达到或超过3%启动补贴机制，并实行按月发放物价补贴。同时执行梯度标准：即当月度CPI涨幅在3%～5%之间时，补贴标准为当地当月城乡低保标准的1/12；当CPI涨幅超过5%时，补贴标准在当月补贴基础上增加50%。截至年底，全市为5.5万人发放物价补贴1861.6万元。 （殷建容）

【发生罕见自然灾害】 2011年，镇江市的春夏之旱加上2010年秋冬两季形成四季连旱，为近60年少见。全市旱灾受灾人口22.3万人，农作物受灾面积8771.3公顷，其中绝收424公顷，直接经济损失2306.3万元，其中农业直接损失1996.3万元，造成饮水困难人口1.03万人。进入梅雨期后旱涝急转，全市先后遭受洪涝、风雹、山体滑坡等自然灾害的袭击，农作物受灾面积1367.7公顷，其中223.3公顷绝收；受灾人口4.9万人；倒塌或损坏房屋765间；直接经济损失3765.7万元，其中农业损失24158.88万元。各地先后下拨冬令、春荒及抗旱等省级救灾款224万元，并动用市级救灾资金购买救灾物资、下拨救灾款，确保受灾群众有饭吃、有衣穿、有房住、有干净的饮用水。 （殷建容）

【实施惠民殡葬】 2011年1月7日，镇江市民政局、财政局联合印发《关于免除城乡困难群众、重点优抚对象基本丧葬服务费的通知》（镇民发〔2011〕3号、镇财社〔2011〕7号），决定免除市区城乡困难群众、重点优抚对象等9类人员的基本丧葬服务费用，免费项目共5项，按每具1250元的标准给予减免，时间从2011年1月1日开始，截至年底，全市减免1072人次、146.17万元，其中市区减免301人次、37.6万元。2011年12月21日，市民政局、人社局、财政局联合印发《关于进一步扩大镇江市市区殡葬基本服务项目免费范围的通知》（镇民发〔2011〕185号、镇人社〔2011〕241号、镇财社〔2011〕278号），决定从2012年1月1日起，将惠民殡葬扩大到市区户籍且不享受国家一次性丧葬补贴待遇的城乡居民，从而使市区惠民殡葬政策得到全覆盖。 （殷建容）

【出台《镇江市优抚对象医疗保障办法》】 2011年6月10日，镇江市民政局、财政局、人社局、卫生局联合印发《镇江市优抚对象医疗保障办法》。新办法将优抚对象纳入社会医疗救助体系，明确优抚对象门诊补助标准（孤老、烈士遗属、因公牺牲军人遗属每人500元/年，病故军人遗属、七至十级残疾军人、在乡复员军人每人400元/年，带病回乡退伍军人、参战退役人员、参加核试验退役人员每人300元/年），住院报销的比例：在本市社会救助定点医疗机构（专科）所发生的基本医疗费用，优抚对象中的孤老（孤儿）基本医疗费用全额补足；烈属、因公牺牲军人遗属基本医疗费用自付比例不超过20%；病故军人遗属、1954年10月31日前入伍的七至十级残疾军人、享受定期定量生活补助的复员军人基本医疗费用自付比例不超过30%；1954年11月1日后入伍的七级至十级残疾军人、带病回乡退伍军人、参战退役人员和参加核试验退役人员基本医疗费用自付比例不超过40%｝和大病救助的要求，并首次对自费参加职工医疗保险的优抚对象给予补助，从而全方位地保障优抚对象的医疗待遇。（殷建容）

【福利彩票销售创历史新高】 2011年，镇江市福利彩票实现销售3.62亿元，超额完成省福利彩票中心下达的各项任务指标，销售总量比2010年净增1.29亿元，增长55.71%。其中，电脑彩票销售2.73亿元，增长57.43%；刮刮乐销售4406万元，增长21.59%；中福在线销售4474万，增长96.99%。销售总量、电脑彩票、刮刮乐销售、中福在线均为历史新高。市区、丹阳彩票销售均首次突破1亿元；丹阳进入全省十强县市，列第八名；扬中进入全省二十强县市。（殷建容）

【强化三级综合服务平台建设】 2011年，镇江市强化辖市（区）、镇（街道）和村（社区）三级综合服务平台建设，按照办公服务用房分别不低于3000、1500和500平方米（社区400平方米）的标准，完成20%的达标任务。按照“中心社区+基本社区”模式，完成主城区中心社区和基本社区二级服务平台建设定点规划。按照城市社区15分钟、农村社区3公里生活服务圈的定位，健全城市社区“6+X”（加强党务群团、民政救助、社会就业、卫生计生、综合调解、流动人口等6项综合服务功能+根据自身特点定位的服务功能）、农村社区“8+X”（“8”为“6”+政策咨询、农资农技）。镇江新区新茂苑社区服务中心就是其中较为完备的服务平台之一：占地总面积2.6公顷，建筑面积41167平方米，向服务区域的社区居民提供高品质、全面的社区商业服务模式，包括社会事务受理中心、大中型综合超市、餐饮网点、银行、邮政、通信、便捷旅店、美容美发、浴室、药店、便利店、文化用品、家政服务、文体活动中心、农贸市场及一个六轨制的幼儿园、一个邻里公园。（殷建容）

【中心城区社区全面推行网格化管理模式】 2011年，镇江市为解决社区规模过大、专职人员不足的问题，在全市中心城区（京口区、润州区、镇江新区、南山风景区管委会）社区全面推行网格化管理或建立楼、片长制。通过聘请志愿者担任网格长和楼长（全市有490名网格长、2010名网格长志愿者和1394名楼长“上岗”），实现街道、社区、网格、居民之间5分钟信息互通，应急处置5分钟“坐标”定位，做到“管理到门口、服务进家庭”的全方位、全过程、全天候的零距离服务，构筑起横向到边、纵向到底的社区管理服务新模式。（殷建容）

【出版政区和城区地名图】 2011年12月底，由市民政局和市国土资源局联合制作的《镇江市政区地名图》和《镇江市城区地名图》（以下简称“两图”）印刷出版，与1995年版本的老图相比，新版“两图”现势性强。“两图”的资料收集截止时间为2011年10月，市民政局负责所有图内标注地名的准确性，市国土资源局负责地图的编制和审核。图例分为界线、道路、行政区划、土地类别、景点等30个细目。地名分类按水系类、陆地地形类、行政区域类、居民点类、交通运输设施类、水利电力设施类、纪念地旅游景点类等11大类。地理底图来源分别是2007年版《镇江市政区图》和2008年版《镇江市城区图》。对一些规划中的道路、小区，“两图”分别预留空间，规划部分用虚线标出。（殷建容）

【首次开展社会组织评估工作】 2011年，镇江市首次开展社会组织评估工作。凡登记满一个年度，最近2年年检合格且未受行政处罚的全市社会组织（社会团体、民办非企业单位、基金会）均可参加评估。社会组织评估结果分为5个等级，依次为5A级、4A级、3A级、2A级、1A级。获得评估等级的社会组织在开展对外活动和宣传时，可以将评估等级证书作为信誉证明出示，社会组织评估等级有效期为3年。在有效期内，获得3A以上评估等级的社会组织，可以依照有关规定获得奖励，可以优先接受政府职能转移、购买服务，可以优先享受政府公益性捐赠税前扣除、非营利组织免税资格认定等有关政策以及获得评优评先资格。4A以上评估等级的社会组织在年度检查时，民政部门可以简化年度检查程序。2011年是镇江市首次开展社会组织评估工作，全市有9家社会组织参加申报，经网上公示和最终确认，其中有3个社团（镇江市醋业协会、镇江安徽商会、镇江市粮食行业协会）被评为3A级，4个社团（镇江市注册会计师协会、丹阳市建筑业协会、镇江市公路学会、镇江市国际税收研究会）被评为4A级，2个申报5A级社团（镇江市民营经济协会、镇江市地方税收纳税人权益维护协会）经初评后报省民政厅评估并获得通过。（殷建容）

图34-1 镇江新区新茂苑社区服务中心 （殷建容）

人口和计划生育工作

【概况】 2011年，镇江市出生政策符合率99.89%，人口自然增长率-0.17‰，新生儿出生缺陷发生率4.43‰。江苏省人民政府命名表彰丹阳市、扬中市、句容市、丹徒区为江苏省“十一五”人口协调发展先进县（市、区），京口区、润州区被江苏省人口计划生育领导小组评为江苏省“十一五”人口协调发展先进县（市、区）先进单位。

抓好重点工作。市计生委加强人口

工作与经济社会发展宏观研究和综合决策，编制下发《镇江市人口和计划生育发展"十二五"规划》，出台《镇江市"十二五"人口计生工作争创活动实施意见》等文件，明确"十二五"镇江人口计生发展总体目标和工作任务。健全完善"党委领导、政府负责、部门协调、公众参与"的人口计生工作机制。人口计生、卫生、药监、公安等七部门，联合开展出生人口性别比偏高问题专项整治行动，落实综合治理工作措施。

浓厚工作氛围。邀请北京大学教授乔晓春到镇授课，增强领导干部重视和做好人口工作的责任感、紧迫感。市和辖市(区)围绕"人口·家庭·健康·发展"主题，开展人口文化宣传月活动，倡导性别平等，关怀关爱女孩，树立婚育新风，创建文明家庭，科学文明进步婚育观念深入人心，形成全面做好人口计生工作的浓厚氛围。

受益计生群众。坚持惠民利民导向，全市独生子女死亡和伤残家庭的扶助标准分别提高到每人每月150元和120元。2011年，累积审核确认农村奖扶对象24913人，发放奖扶金1763.4万元，计生特扶对象2019人，发放特扶金308.9万元。人口公益金救助计生困难家庭310户，救助金额12万元。企业退休职工独生子女奖励政策逐步落实，市直持证退休企业职工一次性奖励全部发放到位。各级计生协会发挥群众工作优势，开展真情服务惠万家——生育关怀"四帮扶"(结对帮扶、项目帮扶、建立生产基地帮扶、慰问救助帮扶)活动，通过志愿者牵手结对、建立生产基地、打造关怀项目、筹措扶助资金等形式，使2500多户计生困难家庭受益。 (王玉明)

【做好孕前优生检查服务工作】 2011年，镇江市人口和计划生育委员会推进免费孕前优生检查城乡统筹全覆盖，确保目标人群孕前优生健康检查一个不漏、一项不缺，惠及每对新婚夫妇，服务每个家庭。丹阳市建立以家庭(社区)为中心，以村(居)初筛、乡镇筛查、辖市检查为主要模式的孕前优生指导服务机制。句容市将优生促进工程列入为民办实事项目，实施专项投入。京口区整合妇幼保健技术力量，联合实施优生筛查、婚前医学检查等服务，打造公共服务新平台。润州区依托婚姻登记处成立集"结婚登记、婚前咨询、优生检测、信息采集"于一体的综合服务平台。2011年，全市孕前优生健康检查覆盖率90%以上，累计为3万多对新婚夫妇提供孕前优生健康服务。 (王玉明)

【提高人口计生奖励扶助制度标准】 从2011年1月1日起，镇江市独生子女伤残死亡特别扶助的执行标准由原每人每月80元、100元分别提高到120元和150元。该政策自2007年实施以来，全市累计发放奖励扶助金607.1万元，得益符合条件的对象6021人。 (王玉明)

【开展"诚信计生行动"】 2011年4月，镇江市人口计生委面向基层开展计生工作，出台阳光计生、服务计生、健康计生、信息计生"四位一体"的诚信计生工作实施方案，在全市范围内开展"诚信计生行动"，推广"双向承诺、充分自愿、依法自治"的诚信计生工作模式，通过与育龄妇女签订《诚信计生双向承诺书》，依法约定政府和育龄妇女双方的权利、义务。2011年，全市80%的乡镇(街道)、行政村(居委会)基本实现诚信计生，形成基层计生工作村支书全面抓、村组干部协助抓、计生专(兼)职干部具体抓"三位一体"的诚信计生基层群众自治工作格局。 (王玉明)

【联合开展整治"两非"专项督查】 2011年11月24～25日，镇江市人口计生委、公安局、卫生局、药监局、军分区后勤部、妇女联合会等部门组成联合督查组，督查京口、句容两地整治"两非"(非医学需要胎儿性别鉴定和选择性别的人工终止妊娠)专项行动开展情况。督查组通过实地走访、召开座谈会、听取汇报、查看台账资料等方式实施督查。先后走访京口区人民医院、计划生育指导站，句容市妇幼保健院、健康人大药房、计划生育指导站，实地察看医疗卫生机构、计生服务机构、零售药店等单位对有关监管制度的落实情况。 (王玉明)

【打牢基层工作基础】 2011年，镇江市根据省人口计生委部署，启动人口计生信息化"村村通"建设工程，下发《关于做好人口和计划生育信息化村村通建设工作的通知》，明确建设实施步骤、技术方案、保障措施，推进"村村通"建设。截至2011年底，全市"村村通"覆盖面30%以上。2012年将实现全覆盖。以"人民满意基层站所""四优一满意"(环境优美、技术优良、服务优质、管理优秀，群众满意)、"星级世代服务室"创建为载体，开展国家、省优质服务示范站(室)创建，推进服务机构标准化建设。推进新农村新家庭——百镇、千村、万户示范创建。创建经验被《中国妇女报》《中国人口报》《江苏工人报》、江苏广播电台等6家媒体报道。高质量建成全员人口和流动人口信息数据库，实现部门间人口信息定期交换和通报，人口信息网络延伸至村(居)，综合信息平台村级应用90%以上。 (王玉明)

老龄工作

【概况】 2011年年底，镇江市有60岁以上老年人口53.5万人，占户籍人口总数的19.7%，其中80岁以上高龄老年人口8.3万人，占老年人口总数的15.5%，100岁以上老年人138人。2011年，全市围绕省委、市委关于实施"民生幸福工程"的决策部署，落实市委、市政府《关于加快我市老龄事业发展的意见》、省政府《关于加快构建社会养老服务体系的实施意见》及全省老龄工作会议精神，以努力提升老年人生活质量和幸福感为目标，加快推进老龄事业发展。

(陈正革　陈　信)

【加强养老服务体系建设】 2011年年初，镇江市委研究室会同市民政局调研全市养老服务体系建设情况，5月3日印发《关于加快我市养老服务体系建设的调查与建议》。为推进全市养老服务信息化建设，市民政局投入50万元，同步建立"尊老金信息管理系统""养老服务机构信息管理系统"和"死亡人口信息管理系统"，并于12月下旬举办信息系统专题业务培训，2012年1月起全面使用养老服务信息系统。

(陈正革　陈　信)

【推进社区居家养老服务中心建设】 2011年4月，镇江市政府印发《2011年全市重点工作目标任务分解的通知》，要求到年底全市城乡社区居家养老服务网络覆盖率分别达到80%和30%。为加快推进居家养老服务中心建设，确保按时完成年度目标任务，市民政局及时印发《关于下达2011年全市社区居家养老服务中心(站)建设任务的通知》。各地高度重视市政府下达的工作任务，层层分解责任，加大扶持力度，有序推进落实，取得明显成效。全市新建居家养老服务中心182家(包括省级示范点3家)，其中城市98家，农村84家，城乡社区居家养老服务网络覆盖率分别达到81.1%和35.3%，全面完成市政府下达的年度目标任务。 (陈正革　陈　信)

【做好尊老金的扩面提标工作】 2011年，丹阳市和扬中市扩大尊老金的发放范围，将发放范围从90岁以上扩大到80岁以上。句容市建立80岁以上老年人尊老金制度。至此，实现发放范围的全镇江市统一。丹徒、京口、润州、镇江新区和南山联合社区提高尊老金的发放标准，将80～89岁老年人的发放标准从每人每年200元提高到每人每月50元，90～99岁从每人每年600元提高到每人每月100元，百岁以上从每人每月300元提高到每人每月400元。扬中市90～99岁老年人尊老金发放标准也从每人每年600元提高到800元。全市有79749名高龄老人享受尊老金待遇，尊老金累计支出3330万元，其中市本级财政支出624万元。（陈正革　陈　信）

【完成新的市老年活动中心改建工程】2011年7月，镇江市政府召开专题会议，决定将原京口区五条街小学改建为市老年活动中心，市财政投入6000万元对京口区教育经费进行补偿，并要求在重阳节前对全市老年人开放。9月30日，新的市老年活动中心改建完工并正式对全市老年人开放。新的市老年活动中心占地0.79公顷，建筑面积5000平方米，具有文体活动和学习培训两大功能，共投入改建资金120多万元。

（陈正革　陈　信）

【做好重要建议的办理工作】2011年，镇江市六届人大四次会议交办的涉老建议共7件，经市六届人大四次会议主席团会议研究，决定合并为一件重要建议，名称为《关于高度重视人口老龄化，进一步完善养老保障体系的建议》。市民政局在完成答复意见初稿后，逐一上门征求意见，并对初稿进行修改和完善。5月18日，市民政局、市人大常委会人事代表联络委员会、市政府督查处联合开展正式答复工作，各涉老建议的牵头代表共同参加答复活动。人大代表对答复表示满意，并就推进老龄事业发展提出意见和建议。8月23日，市六届人大常委会召开第47次主任会议，市民政局局长汤才顺受市政府委托，作《关于高度重视人口老龄化，进一步完善养老保障体系的建议》办理情况的汇报，会议对市民政局重要建议办理工作表示充分肯定。

（陈正革　陈　信）

【开展老年文化体育活动】2011年，镇江市老龄办联合相关部门和老年社团，结合建党90周年，开展"庆祝建党90周年退休人员歌咏比赛演唱会""记住镇江——2011年社会主义新农村退休人员摄影活动""庆祝建党90周年镇江市老年书画作品展""纪念辛亥革命100周年老年书画作品展""游北湖、观新城、登南山、迎重阳联欢暨2011年镇江市老年人体育节闭幕式活动"。组织参加全省老年文艺汇演，两个参演节目分别获得一、二等奖。（陈正革　陈　信）

民族工作

【概况】镇江市是全省民族工作的重点城市之一，有三个民族村（句容市边城镇佴池民族村、丹徒区世业镇卫星民族村、润州工业园区大桥民族村），有三个省级民族工作示范社区（京口区江滨新村第一社区、千秋桥社区，润州区杨家门社区），还有镇江穆源民族学校、丹阳六中新疆班、镇江市民族团结促进会、穆源民族饭店和王家湾回民公墓。

2011年，镇江市贯彻开展民族团结进步创建活动，扶持民族村发展，规范殡葬服务，推进城市外来少数民族流动人口的服务和管理，保障少数民族群众的合法权益，支持民族地区发展，维护民族领域的团结稳定，开创镇江民族领域团结、和谐、稳定的良好局面。6月10日，丹阳六中为新疆班毕业学生举行毕业典礼，镇江市人大、政协等相关部门领导参加毕业典礼，新疆班76名毕业生全部被本科院校录取。9月17日，镇江穆源民族学校代表江苏省的参赛项目"穆童谣"荣获全国第九届少数民族传统体育运动会表演项目三等奖。10月16日上午，润州工业园区大桥民族村举行揭牌仪式。12月3日，老挝中央委员、计划和投资部部长宋迪·隆迪为团长的考察团一行25人，专程赴省级民族工作示范社区江滨新村第一社区考察。12月6日，丹阳六中新疆班向新疆阿勒泰清河县贫困孩子捐赠冬衣305公斤。12月25日，中国美术家协会会员、著名画家何雨春的中国彩墨画全国巡回展在丹阳市行政中心广场东侧齐梁文化会所开展。该画展以"和谐之美·五十六个民族"为主题，展出作品73幅。11月14日，江苏省召开第六次民族团结进步表彰大会暨全省民族工作会议，句容市人民政府和丹阳市第六中学被省委、省政府评为"全省民族团结进步模范集体"，朱开宝（回族）、贡杰（汉族）、怀民（蒙古族）三人被省委、省政府评为"全省民族团结进步模范个人"。（曹祥清）

【召开民族团结进步工作会议】2011年12月20日下午，镇江市民族团结进步工作会议在市行政中心召开。市民族宗教工作领导小组各成员单位、受表彰的模范集体代表和模范个人等200人参加会议。会议总结五年来民族工作取得的成绩，部署今后一个时期的民族工作，表彰丹阳市第六中学等20个"全市民族团结进步模范集体"和杨志峰等30名"全市民族团结进步模范个人"。市委副书记、秘书长李国忠出席会议并讲话。

（曹祥清）

【人大主任会议专题听取汇报】2011年4月26日，镇江市第六届人大常委会召开第43次主任会议，专题听取民族村脱贫致富奔小康工作的情况汇报。市民宗局局长夏和生就民族村基地加农户帮助少数民族聚居地方发展生产、提高生活等四个方面汇报情况。市人大副主任张甫雄对民族村脱贫致富奔小康工作提出要求：一是继续转变观念，提高各级干部对做好民族工作重要性的认识，把民族村的经济社会发展融入全市经济社会发展的大局。二是探索民族村和社会事业发展新模式。三是注重民族团结进步，注重民族和谐相处。（曹祥清）

【国家民委副主任吴仕民视察句容茅山道院】2011年9月24日上午，国家民委副主任吴仕民在省民委副主任王在郑、句容市委书记童国祥等的陪同下视察句容茅山道院。吴主任对茅山道院帮扶困难少数民族群众脱贫致富、带动当地经济发展、配合景区创建国家5A级旅游区等相关工作给予肯定，并希望早日把茅山风景区建设成为国内一流、世界知名的旅游区。（唐玉川）

【行政服务中心设民宗局窗口】2011年5月24日，镇江市行政服务中心大厅设民宗局服务窗口，服务少数民族宗教界人士。窗口服务项目有少数民族权益保障政策咨询，民族成分变更审核，设立其他固定宗教活动处所的审批，在宗教活动场所内改建或者新建建筑物、设立商业服务网点、举办陈列展览、拍摄电影电视片的审批等事项。（曹祥清）

【开展民族团结示范创建活动】2011年，镇江市民族工作以民族团结示范创建活动为主线，宣传全市民族团结进步涌现出的典型。在创建省级"民族团结示范社团"中，镇江市民族团结促进会被省民委首批命名为"江苏省民族团结示范社团"，扬中市三茅镇惠众牛肉拉面馆被省民委首批命名为"江苏省清真示范拉面店"，丹徒区世业镇卫星民族村被省民委命名为"江苏省民族团结和谐示范小康村"。（曹祥清）

【京口区千秋桥民族工作示范社区开创网上居委会社区普法新天地】2011年，省民族工作示范社区千秋桥社区在

《网上居委会》开辟《普法之窗》《普法课堂》《法制文苑》《在线咨询》等专栏，宣传发布法律法规专题18个、“六五”普法专题活动15个，拓展和创新普法宣传工作的途径。社区坚持每天专人登录《网上居委会》，及时回复相关法律咨询，定期发布和居民密切相关的法律知识，传达普法工作的最新动态。（曹祥清）

【穆源民族学校少先队荣获“全国少先队先进集体”称号】 2011年10月16日，穆源民族学校少先队在全国“创先争优”活动评比中，荣获“全国少先队先进集体”称号。该校是镇江市唯一获此殊荣的学校。2011年，穆源民族学校开展的“争当四好少年”“寻访共和国英模”“红领巾娃娃党校”等主题活动各具特色，受到社会赞誉。（曹祥清）

【援藏援疆工作走在全省前列】 2011年，镇江市的援藏援疆工作走在全省前列。援藏工作获得拉萨市“2011年度实施农业推进工作”第一名，打造的“达孜工业园”成为首家自治区级工业园区。援疆工作以加快农四师建设进程和实现长治久安为导向，较好完成全年各项目标任务，全年累计援建住房面积58万平方米，超过农四师近10年建设的总和；帮助当地企业解决技术难题，推动两地企业开展项目合作，获得江苏省援疆工程建设项目年度考核第一名。

（曹祥清）

宗教工作

【概况】 2011年，镇江市的宗教工作贯彻《中华人民共和国宗教事务条例》，推进依法管理宗教事务，开展宗教教职人员认定备案和宗教活动场所财务监督管理两个专项工作。在宗教界开展纪念建党90周年“同心同行”爱国主义教育活动，深化教职人员年度考核工作。和谐寺观教堂创建达标率位居全省前列。5月17日，召开佛教教职人员认定备案工作会议，部署全市佛教教职人员认定备案工作。11月24日，圣诞平安夜感恩聚会在市宣德堂举行，600余名基督教信徒在刚刚落成的位于丹徒新城的市基督教宣德堂欢度圣诞平安夜。攻坚克难，解决一批宗教领域突出难题，促进全市宗教关系和谐，为镇江转型升级、跨越发展作出积极贡献。（丁开明）

【山巷清真寺举行大修竣工庆典】 2011年5月27日，全国模范清真寺、省级文物保护单位——山巷清真寺举行维修竣工庆典，来自镇江全市的300多名穆斯林群众在清真寺聚会，诵经祈福。山巷清真寺于2010年9月动工维修，历时8个月，修缮总价150万余元。按照“不改变文物原状”的原则，对屋面、梁柱、门窗等进行重点修缮。（丁开明）

【焦山定慧寺举行茗山法师圆寂十周年纪念法会】 2011年6月1日，镇江市佛教界在焦山定慧寺举行传供法会，纪念已故中国佛教协会副会长、江苏省佛教协会会长、焦山定慧寺住持茗山法师圆寂十周年。新加坡佛教总会秘书长、菩提阁方丈果峻大和尚，省市佛教界人士及信众代表300余人参加法会活动。

（丁开明）

【茅山道院成为全国宗教界首批爱国主义教育基地】 2011年6月24日，全国第一批宗教界爱国主义教育基地授牌揭牌仪式在镇江市句容境内的茅山道院举行。国家宗教局局长王作安、副局长张乐斌，江苏省副省长徐鸣，全国性宗教团体负责人，中央宣传部、中央统战部及各省、自治区、直辖市政府宗教工作部门负责人出席。全国37处在新民主主义革命时期至新中国成立初期，宗教制度改革期间具有突出爱国主义事迹的宗教活动场所，被国家宗教局命名为宗教界爱国主义教育基地，涉及佛教、道教、伊斯兰教、天主教和基督教。（丁开明）

【召开创建和谐寺观教堂经验交流会】 2011年11月1日，镇江市民宗局与市委统战部联合召开创建和谐寺观教堂经验交流会。会议回顾近年来全市开展创建和谐宗教活动场所取得的成绩，总结经验和存在问题，推广典型经验。辖市（区）委统战部部长、民宗局局长、市各宗教团体及29处重点宗教场所负责人出席会议。丹阳、句容市委统战部、民宗局，市伊斯兰教协会、基督教两会，金山江天禅寺、茅山道院负责人作经验交流。

（丁开明）

【心澄法师当选江苏省佛教协会会长】 2011年11月14～15日，省佛教协会第五次代表会议在南京召开，来自全省13个市164名佛教界代表参加会议。会议选举产生江苏省佛教协会第五届理事会、常务理事会及新的领导班子。中国佛教协会常务理事、副会长，江苏省佛协副会长兼秘书长，镇江佛协会长、焦山定慧寺方丈、金山江天禅寺方丈心澄法师当选为省佛教协会会长，秋爽法师等16人当选为省佛教协会副会长。

（丁开明）

【丹阳市天主教爱国会换届】 2011年11月25日，丹阳市天主教爱国会换届工作会议在丹阳市天主堂举行。会议听取和审议第四届天主教爱国会的工作报告，选举产生天主教爱国会第五届委员会委员，并选举徐云光为新一届爱国会主任。省宗教局有关负责人、镇江市民宗局副局长孙正林等到会祝贺。

（丁开明）

关心下一代工作

【概况】 2011年，镇江市关工委开展“老少携手学党史颂党恩跟党走”主题教育活动、“未成年人零犯罪社区（村）”创建活动、镇江高校关工委第11次“百名教授老区行”活动，引导农村青年学科技创业致富，加强基层关工委和校外教育辅导站建设，关爱青少年中的特殊群体，成效显著。

2011年12月27日，镇江市关工委、文明办在碧榆园举行纪念镇江市关工委成立20周年暨全市城乡社区校外教育辅导站工作表彰大会，各高校负责人和受表彰的先进集体、先进个人代表等200余人参加会议。省关工委常务副主任王霞林和镇江市委书记、市人大常委会主任许津荣出席会议并讲话。市关工委主任唐成海作题为《在新的起点上开创镇江关心下一代工作新局面》的工作报告。市委常委、宣传部部长张洪水宣读市文明办、关工委的表彰决定，表彰丹阳市关工委等17个全市校外辅导站先进集体、句容市白兔镇茅庄村校外辅导站等34个优秀辅导站和陈文浩等57名辅导站工作先进个人。会前放映市关工委、文明办摄制的电视专题宣传片《岁月见证深情——纪念镇江市关工委成立20周年》。会后观看由市关工委、教育局主办的市小杜鹃少儿京剧团创办10周年汇报演出。（莫仲钧）

【开展“老少携手学党史颂党恩跟党走”主题教育活动】 2011年是中国共产党建党90周年。1月，镇江市关工委根据市委办转发的2011年市关工委工作要点，部署开展纪念建党90周年主题教育活动，印发《关于开展好“老少携手学党史颂党恩跟党走”主题教育活动的通知》。4月22日召开主题教育活动推进会。各地开展生动丰富、特色鲜明的教育活动，主要有“知党爱党跟党走”党史宣传、“颂歌献给党”和“红色童谣颂党恩”诗歌童谣创作吟唱、“光辉的旗帜”读书征文、“党史120问”知识竞赛、“党的光辉照我心”征文演讲、“红歌唱90”老少歌咏比赛、“不给别人添麻烦”“健康成长我做主”和采访革命老前辈和革命遗址实践体验10大活动。全市组织1281名报告员宣讲761场，听讲青少年30.72万人次，动员27.292万名中小学生和社会青年参加读书征文活动，并组织图片展览、演讲比赛、文艺演出1054场，参加青少年41.77万人次。

（莫仲钧）

【开展“未成年人零犯罪社区（村）”创建活动】 2011年，镇江市各级关工委将“未成年零犯罪社区（村）”创建活动作为预防和减少青少年违法犯罪的重要措施，开展法制教育、捐资助学、培训助业、净化文化环境等活动，取得明显效果。全市组织法制教育报告员1062名，作报告1543场，听讲青少年39.46万人次；组织“五老”（老干部、老战士、老专家、老教师、老劳模）帮教小组693个，成员3635名，结对帮教青少年2559人，转化率76.9%。加强网吧的义务监督，市关工委于5月同市文明办召开加强网吧义务监督管理工作会议，并联合市文明办、文广新局于6月出台《关于进一步加强“五老”义务监督网吧工作的意见》。全市现有“五老”网吧义务监督员1271名，监督注册网吧375家，劝阻未成年人进入网吧。各地关工委筹集资金405.43万元，帮扶家庭经济困难的留守、流动儿童和特殊家庭子女，杜绝未成年人弱势群体出现辍学和失管现象，为预防未成年人违法犯罪构筑一道防护墙。全市801个社区（村）实现未成年人零犯罪的757个，占比94.5%。 （莫仲钧）

【引导农村青年学科技创业致富】 2011年，镇江市各级关工委立足育人、项目推进，发挥老科技工作者的独特优势，指导、帮助青年农民学习科技、创业致富。农委系统关工委开展推进农村青年科技致富工程活动。市农委关工委在丹徒区谷阳镇东湖村建立无公害蔬菜种植示范基地。各辖市（区）农委关工委积极行动，润州、扬中启动“创业之星”和“创业示范基地”活动；丹阳市构建市、镇两级科技指导组织网络，建立蒋墅江南食用菌等示范基地，并依托示范基地建立科技培训“星火学校”；句容市关工委创新思路，发挥老科技工作者的作用，围绕立足高端经济项目开发、立足高品位示范基地建设、立足高素质创业人才培养，深化科技服务，做出扎实业绩。11月18日，省关工委向全省各市、县（市、区）关工委和省农业系统关工委转发句容市关工委《围绕“三个立足”，深化科技服务》的经验材料。 （莫仲钧）

【加强校外教育辅导站建设】 2011年，镇江市的校外教育辅导站建设，贯彻2010年下半年印发的《关于村、社区校外教育中心辅导站建设的目标》，围绕“硬件提档，队伍优化，活动上水平”三个要求，召开第四次市关心下一代工作联席会议，组织各方力量加强辅导站建设。举办第3期辅导站工作研讨班，研讨新一轮办站中出现问题的解决途径和方法。全市在2010年实现校外教育中心辅导站对村、社区全覆盖的基础上有新发展：已建各类辅导站1567个，参加校外辅导站工作的“五老”8087名，全年辅导学生7.8万人次；有一大批在校大学生志愿者参与辅导活动，辅导学生4.12万人次。各地在提高办站质量和水平的实践中，完善和发展“结对共建”“校站联办”和“实验性辅导站”等具有创新特点的做法和经验。市关工委在各辖市（区）选定一个实验型辅导站，加上市关工委自办的一个，全市有实验型辅导站8个。6月20～22日，省关工委会同省文明办在镇江举办有200余人参加的全省城乡社区校外教育辅导站工作培训班，市关工委主任唐成海作专题发言，向全省推介全市建设辅导站的成功经验，并组织参训人员参观市关工委青少年校外活动实验中心、京口区江滨新村第一社区校外教育中心辅导站、丹阳市青少年校外活动中心和开发区福源村校外教育中心辅导站活动现场。

（莫仲钧）

【加强基层关工委建设】 2011年，镇江市根据省关工委要求，开展基层工作年活动。3～7月，市关工委组织各辖市（区）关工委调研全市镇（街道）、社区（村）关工委常务副主任配备情况，形成调查报告，提出加强基层关工委建设的要求和措施。句容市分管领导要求几个镇迅速解决镇关工委常务副主任兼职过多和活动经费不足的问题。润州区和扬中市提高劳务补贴标准，保护“五老”工作积极性。市民营经济关工委加大民营企业关工委建设力度，在省定规模以上企业单独建立关工委，较小企业建立联合关工委，形成完整的组织网络。全市1069家规模企业已建1063家，组建率99%。为了扩大工作覆盖面，利用行业系统有利条件开展关心下一代工作，继2010年建立农委系统关工委后，2011年又建立市政法委系统关工委。开展创建“五有五好”村（社区）活动，夯实关心下一代工作基础。丹阳市创建“五有五好”先进村256个，占村总数95%；建成“五有五好”标兵村50个，占村总数18%。丹徒区通过抓“双创”（创建“五好关工委”和“关工先进村”）活动，加强村级关工委班子，自然村建立关工委分会或关工小组，并在每个村民小组配备联络员。各级关工委在“双创”活动中，注重培训关工委干部，推进基层工作健康发展。 （莫仲钧）

【关爱青少年中的特殊群体】 2011年，镇江市各级关工委对青少年情感上关心、思想上开导、行动上纠偏，采取多种方法帮助他们生活上解困、学习上解难。5月，句容市关工委健康教育组开展“心系特教生，义诊进校园”活动，组织医生全面体检市特殊教育学校67名聋哑学生，并向该校赠送3000多元常规药品。上半年，镇江新区关工委与奇美化工沟通，促使该企业实施“爱心奖学工程”，出资54300元奖励区内133名三好学生。丹徒区各镇、村关工委筹资35万余元资助贫困生。市民营经济关工委开展“民企关工委进校园”活动，组织协调安徽、浙江、东北商会与江大关工委、学生工作处和“时雨社”对接，对江大180名贫困生捐款资助近60万元，并与200名学生长期结对资助，从而带动全市460余名民企老总与1089名学生结对，资助至毕业。60家民企老总出资120万元设立助学基金，每年资助寒门学子继续学业。 （莫仲钧）

【镇江高校关工委第11次“百名教授老区行”活动】 2011年12月10日，由镇江市关工委、老区开发促进会、总工会主办，句容市委、市政府协办，江苏大学、江苏科技大学、镇江高专、江苏农林职业技术学院关工委承办的第11次“百名教授老区行”系列活动，在句容市天王镇举行。4所高校关工委组织180余名老教授、老专家、老同志参加法律、农业科技、新农村建设、乡村旅游等咨询、义诊、修理家电等服务活动。在启动仪式上，4所高校关工委领导将总额3万元的扶贫助学款发放给天王镇100名特困生代表，并将各校捐赠的2000册科技、人文类图书和部分医疗用品、衣服发放给镇校外教育中心辅导站和有关部门及现场群众。市关工委、市老促会向江大、江科大关工委“茅山革命老区优质农产品销售服务点”授牌。4所高校同天王镇有关部门和单位洽谈结对帮扶工作（江大与天王中心小学、江科大与镇科协、高专与镇工业科、农林学院与镇农技站结对）。市委常委、组织部部长魏红军在启动仪式上讲话，并和市关工委名誉主任宋亚欣等一起到“三下乡”活动现场看望老教授、老专家。（莫仲钧）

慈善工作

【概况】 2011年，镇江市慈善机构新增慈善资金收入4081万元；支出救助资金2818万元，救助贫困对象50683人次。市慈善总会本级新增慈善资金收入2042.1万元，支出救助资金1159.23万元，救助贫困对象30327人次。全市慈善资金总规模97823万元，其中合同认捐75657万元，账面实有积存资金22166万元。市慈善总会本级慈善资金总规模17599万元，包括合同认捐9535万元，账面积存资金8100万元。资金收入、救助支出、救助人次均比上年明显增长。“慈善助医阳光工程”继2009年获中华慈善总会“突出贡献奖”之后，2011年又获得省政府颁发的首届“江苏慈善奖·最具影响力项目”。（朱秋所）

【“慈善助医阳光工程”获省奖】 2011年，镇江市的“慈善助医阳光工程”，继2009年获中华慈善总会“突出贡献奖”之后，又获得省政府颁发的首届“江苏慈善奖·最具影响力项目”。“慈善助医阳光工程”具体包括四个救助办法，即贫困对象基本医疗慈善救助办法、青少年儿童白血病慈善救助办法、贫困家庭儿童大病慈善救助办法、贫困家庭成人大病慈善救助办法。2011年，慈善助医救助市区贫困患者1.97万人次，救助支出335.56万元。特别是救助7名青少年儿童白血病患者的干细胞移植手术，其中3人分别获30万元以上救助。受助对象身体状况稳定，趋向康复。接轨省儿童大病慈善救助，全年上报救助对象114人次，获救助资金12.53万元，及时转发救助对象。四季度与市残联共同实施“慈善健行”和“慈善复明”行动，为市区和茅山老区贫困下肢残障对象，安装进口钛合金材质假肢92例，支出慈善资金34.8万元。使受助者提升生活质量，有的恢复了劳动能力。为市区贫困老年白内障患者施行复明手术104例，支出慈善资金26万元。许多贫困老人经手术后重见光明。援助市福利院仁济医院DR型X光机一台，支出52.8万元。面向市区企业实施“慈暖流行动”，45名身患重病或遭遇意外事故的特困职工每人得到2000元～5000元不等数额的救助，市慈善资金支出12.6万元。（朱秋所）

图34－2 2011年3月，镇江市慈善总会召开贫困家庭成人大病慈善救助办法实施新闻发布会（朱秋所）

【慈善宣传】 2011年，镇江市慈善总会重视宣传效果。年初，与市委宣传部联合召开慈善工作宣传报道座谈会，各媒体拿出重要版面和时段，开设慈善宣传专栏，增加重点报道、深度报道和典型报道。全年在市级以上新闻媒体刊用各类慈善新闻稿件202篇，其中《大众慈善》《江苏慈善》12篇，《镇江日报》《京江晚报》98篇，电台、电视台92篇。新闻报道中头版头条或整版报道25篇。市宣传部门和新闻单位也是慈善工作的模范实践者，牵头和组织了一系列慈善活动。在一日捐的宣传中，市委宣传部批转宣传报道方案，《镇江日报》《京江晚报》以《大爱镇江年年热潮涌》《人间有情、大爱无疆》《涓涓细流汇成爱的海洋》作整版报道。七月、八月掀起纪念慈善助医三周年宣传活动热潮，《镇江日报》和《京江晚报》分别撰写刊发6篇慈善助医大型纪实报道文章；电视台制作和播放19分钟的慈善助医专题电视片；慈善总会印制400套慈善助医宣传张贴画发至基层社区，对慈善助医重点受助对象组织回访活动，激发全社会的慈善热情。10月31日下午，市委宣传部、市慈善总会、市文广集团、镇江报业传媒集团，联合举行“与爱同行”慈善爱心互动会暨“江苏慈善周”镇江系列活动启动仪式。慈善周开展的宣传活动有“新年第一缕慈善阳光”慰问活动、爱心书画捐赠、“苏宁慈善粮油大篷车”“慈善爱心小课堂”等，产生较好的社会效应。（朱秋所）

【慈善一日捐】 2011年，镇江市慈善总会贯彻《江苏省慈善事业促进条例》，慈善募捐更加有序。在市区第六次开展“慈善一日捐”活动中，机关各部门和事业单位募集1356.22万元，其中市本级募集531.7万元。市级机关2000名公务员结合履职宣誓，集中进行慈善一日捐，展示带头支持慈善事业的大爱情怀。骨干企事业单位认捐慈善资金的机制更加巩固，市慈善总会对市区慈善认捐单位进行全面走访，通报慈善工作情况，感谢认捐单位的支持。主动了解和关心认捐单位生产经营活动，邀请认捐单位负责人参加重要慈善活动，宣传认捐单位对慈善的突出贡献。15家认捐单位全年实捐慈善资金615万元，实捐到位率继续保持100%。辖市（区）慈善认捐取得明显成效。（朱秋所）

【扩大救助成效】 2011年，镇江市慈善总会规范和完善慈善救助办法，拓宽救助项目，增加救助人次和支出金额，简便运作程序，扩大救助成效。助学力度加大，资助贫困大学生363名，每人分别给予助学5000元和以后每年2000元；资助高中、职高贫困生和智障生459名，每人每年助学金1000元；资助贫困生822名，支出慈善助学金159万元，是助学人数最多、金额最大的一年。慈善救助孤儿生活费按月发放。对市区在校和散居的52名孤儿，按照每人每月600元的标准按月发放，发放救助金37.44万元，使孤儿生活保障落到实处。援助市特教中心建立“慈爱工艺坊”，支出30万元；援助市残疾人康复中心聋哑儿童进口语音助训设备一台，支出24.2万元；援助京口特教中心建立慈爱特教音乐室，支出10.56万元。为慈善敬老对象提供免费家政服务4352人次，支出慈善资金57.22万元。“慈善温暖行动”市区有1831户低保和低收入家庭因重病和意外事故受到3000元和2000元的救助。市、区两级慈善资金共支出现金389.3万元。全年临时性应急救助328人次，支出79.43万元。拨付重点认捐单位困难职工定向救助资金100万元。实施《镇江市义务兵特困家庭慈善援助办法》，对镇江籍入伍和镇江驻军义务兵家庭成员因重病或遭遇重大自然灾害的，每户给予3000元~5000元的援助。全年救助义务兵特困家庭26户，支出慈善资金9.6万元，为创建“双拥六连冠”作出应有贡献。

（朱秋所）

【自身建设】 2011年，镇江市慈善总会为加强自身建设，提高社会公信度。慈善总会严格慈善资金收支管理，主动接受社会监督。一月份按时进行上年度慈善资金审计。审计结果及时向二届二次理事会作报告，并通过报纸电台等媒体向社会公布。健全慈善管理规章制度，增加公开透明程度。重点制定完善了救助项目立项程序和回访监督制度、慈善资金和物资使用管理制度等。强化慈善救助项目的调研、论证、立项、审批、实施、监督、回访验收等程序，加强项目责任主体和实施主体，明确慈善救助资金和物资的审批、拨付、签收、入档和建立慈善固定资产管理制度。继续做好慈善档案归档立卷工作。加强和改进简报、网站等信息平台建设，增强慈善信息化服务手段。

（朱秋所）

人民生活

【概况】 2011年，镇江市在岗职工平均工资42659元，比上年增加4984元，增长13.2%。其中，市区45643元，增加4158元，增长10.0%；丹阳市40761元，增加6051元，增长17.4%；扬中市41602元，增加6428元，增长18.3%；句容市37155元，增加5188元，增长16.2%。

据200户城镇家庭抽样调查显示：2011年，城镇居民人均可支配收入26637元，比上年增长14.7%。人均消费性支出15518元，比上年增长16.4%。其中：食品类支出5936元，增长11.5%；衣着类支出1961元，增长20.5%；教育文化娱乐服务类支出2131元，增长28.9%；家庭设备用品及服务类支出989元，增长2.0%；医疗保健类支出762元，下降10.1%；交通和通讯类支出2012元，增长40.2%；居住类支出1111元，增长9.0%；其他商品和服务类支出616元，增长35.8%。

据560户农村家庭抽样调查显示：2011年，农民人均年末住房面积53.5平方米，农民人均纯收入12825元，比上年增长17.9%。农民人均生活消费支出9136元，比上年增长16.4%。其中食品类支出3445元，增长12.0%；衣着类支出651元，增长19.9%；居住类支出1343元，增长12.6%；家庭设备、用品及服务类支出517元，增长13.2%；交通通讯类支出1002元，增长21.2%；文教娱乐用品及服务类支出1441元，增长36.8%；医疗保健类支出561元，增长14.3%；其他商品和服务类支出175元，下降16.0%。

据200户城镇家庭抽样调查显示：居民住房成套率达89.0%，人均住房建筑面积35.35平方米。按人均建筑面积（平方米/户）分：8~12/6、12~16/3、16~20/6、20~24/23、24~28/23、28~30/12、30~35/37，人均35平方米以上家庭90户。按房屋产权分：租赁公房和租赁私房、自有房分别占4.0%和96.0%。居民无卫生设备户数与有厕所无浴室户数占4.0%，浴室与厕所齐全户数占95.0%。家庭拥有空调设备户数占92.5%，使用管道天然气户数占78.0%。

（陈正群）

表34-1

2011年城镇每百户居民家庭耐用消费品拥有量一览表

品名	单位	年末拥有量
家用汽车	辆	21
摩托车	辆	24
助力车	辆	94
洗衣机	台	104
电冰箱	台	106
彩色电视机	台	193
家用电脑	台	95
组合音响	套	22
摄像机	架	11
照相机	架	49
钢琴	架	3
其他中高档乐器	件	6
微波炉	台	98
空调器	台	203
淋浴热水器	台	105
消毒碗柜	台	7
洗碗机	台	1
健身器材	套	7
移动电话	部	223

（陈正群）

表34-2

2011年农村每百户居民家庭耐用消费品拥有量一览表

品名	单位	年末拥有量
洗衣机	台	92
电冰箱	台	100
空调机	台	126
抽油烟机	台	51
吸尘器	台	6
微波炉	台	68
热水器	台	101
自行车	辆	138
摩托车	辆	60
汽车（生活用）	辆	10
固定电话机	部	81
移动电话	部	197
彩色电视机	台	167
黑白电视机	台	3
摄像机	架	1
影碟机	台	26
照相机	架	15
家用计算机	台	45
中高档乐器	件	1

（陈正群）

丹阳市

【概况】 丹阳市总面积1047.44平方公里。辖13个镇(区),154个行政村,58个居委会,2011年年末总人口81.29万人。人口出生率8.74‰,死亡率8.45‰,自然增长率0.29‰。2011年,全市实现地区生产总值(GDP)724.90亿元,按可比价计算,比上年增长12.7%;完成财政总收入102.61亿元,增长28.2%,完成地方财政一般预算收入41.13亿元,增长37.1%。全年财政支出71.87亿元,增长23.6%,其中一般预算支出43.64亿元,增长24.3%。全年居民消费价格指数105.22,上涨5.2%。2011年,丹阳市被评为全国全军第一家"军民融合式发展示范区",获"全国县市科技进步考核先进集体""全国汽车零部件出口基地""全国科普示范市""江苏省文明城市""江苏省人才工作先进市""江苏省妇女儿童工作先进市"等称号。 (史志办)

【农业经济】 2011年,丹阳市实现农业总产值55.4亿元、农业增加值38.8亿元,分别增长21.7%、12.2%;粮食生产连续8年增收,总产49.57万吨,增加0.46万吨;新增高效农业面积7633公顷;蔬菜种植面积5120公顷,增加1187公顷,蔬菜总产量41.31万吨,增加3.91万吨,产值11.25亿元,增长21.49%。生猪出栏21.99万头,增加2.1万头,增长8.9%,生猪存栏16万头,增加2.5万头,增长18.52%。家禽出栏1667万羽,增加95万羽,增长6.04%,家禽存栏284万羽,减少27万羽,下降8.68%。奶牛存栏1352头,增加301头,增长28.64%。水产养殖总面积7423公顷,水产品总产量3.73万吨,增长1.1%,水产品产值9.95亿元,增长40.93%。蚕茧总产174.7吨,产值达602万元。完成绿化造林面积1027公顷,完成村庄绿化达标11个。全年完成"三资"投入农业14.95亿元,实际利用外资135.99万美元,完成农产品出口1914.3万美元。年末农业机械总动力38.50万千瓦。 (史志办)

【工业经济】 2011年,丹阳市实现工业总产值1953.53亿元,增长26.2%;工业增加值476.44亿元,增长25.2%;工业销售收入完成1749.87亿元,增长26.6%,工业利税总额达131.95亿元,增长24.0%。其中,规模以上工业总产值完成1601.97亿元,增长29.9%;工业增加值完成390.33亿元,增长14.5%;利税总额完成104.41亿元,增长48.7%。江苏宏昌有限公司于8月26日在天交所挂牌交易。全市共有上市挂牌企业8个,共计募集资金67亿元,股票市值最高突破600亿元。2011年,全市排定重点项目164个,总投资988.49亿元,开工项目125个,开工率76.2%。 (史志办)

【建筑业】 2011年,丹阳市拥有建筑资质企业98家,其中一级资质企业3家,二级资质企业23家。全年完成建筑业增加值16.66亿元,增长7.4%。全年建筑施工面积592.74万平方米,增长30.2%;竣工面积226.73万平方米,增长20.5%。创建省级文明工地10个、镇江市级文明工地18个。获镇江市质量管理成果发布奖6项、新技术示范工程3项、优质结构工程26项,丹阳市"凤凰杯"优质工程26项,镇江市"金山杯"优质工程7项,申报"扬子杯"2项。 (史志办)

【国内贸易】 2011年,丹阳市实现社会消费品零售总额173.77亿元,增长17.6%,其中,城区实现消费品零售额104.58亿元,增长14.4%;农村实现消费品零售额69.19亿元,增长22.7%。年末全市拥有各类消费品市场45个,实现成交额136.14亿元,其中亿元市场7个,实现成交额70.38亿元。 (史志办)

【对外及港澳台贸易】 2011年,丹阳市外贸进出口总额23.45亿美元,增长29.7%。其中,出口18.25亿美元,增长22.6%;进口5.21亿美元,增长63%。全市新批境外投资企业8个,累计商务部批准境外投资企业31个;中方协议境外投资1468万美元,继续保持江苏省县级市境外投资前茅。完成劳务合作合同额1677.6万美元,营业额1581.31万美元,外派劳务604人,年末在外人数1761人。全市现有对外劳务合作经营企业4个,占镇江市的50%;外派劳务国内职业中介企业3个。劳务市场仍然以日本、新加坡等国家和地区为主,其中日本334人,占外派人数的55.29%。实际利用外资2.82亿美元,下降9.17%,新注册外资项目36个,注册合同外资4.58亿美元,增长8.39%,新批外资项目39个,合同外资4.45亿美元,增长10.14%。 (史志办)

【交通建设】 2011年,丹阳市完成交通建设投资5.89亿元。3月28日,铁路丹阳站由原常州站划归苏州站管理;10月22日,丹阳站划归镇江站管理。2011年,丹阳站运输收入完成2.13亿元,增加0.38亿元;旅客运输187.8万人次,增加13.7万人次;货物发送19.8万吨,减少6.7万吨，货物到达47万吨。新开通3条城市公交线路，公交覆盖率按500米半径计算由70%提高到75%。新增镇村公交车35辆，完成客运量2465万人次，下降27.7%；完成客运周转量17.62亿人公里，下降15.6%。

（史志办）

【金融保险】 2011年，丹阳市金融机构各项本外币存款余额596.21亿元，较年初增加49.08亿元，增长8.97%。其中，本外币储蓄存款余额315.38亿元，较年初增加31.14亿元，增长10.96%；本外币贷款余额471.56亿元，较年初增加52.94亿元，增长12.65%。全市拥有各种担保机构14个，其中非融资性担保机构11个，融资性担保机构3个，融资性担保机构累计担保企业360余户，担保额近35亿元，在保余额12亿元。开设农村小额信贷公司10个，累计发放贷款2886户、51.86亿元，余额20.42亿元。光大证券丹阳营业部、西部证券丹阳营业部共完成股票基金交易量408亿元。全年保费收入14.74亿元，增长10.9%。保险业务赔款和给付3.56亿元，增长36.0%。

（史志办）

【科技工作】 2011年，丹阳市完成高新技术产业产值601.8亿元，占规模以上工业产值37.57%。全年实施各类科技计划项目69项，其中科技部13项，省科技厅16项，获镇江市以上科技进步奖6项。新增省级以上高新技术企业16家，累计48家；新创高新技术产品32个，累计186个。专利申请量3157件，增长12.5%。全年授权专利1211件，增长2.8%。

（史志办）

【教育工作】 2011年，丹阳市调整教育布局，整合教育资源。全市幼儿园（班）100个，在园幼儿22397人；小学校27所，在校小学生45376人；普通初中33所，在校学生22404人；普通高中7所，在校学生16376人；中等职业学校2所，在校学生4972人；高等教育在丹阳市有办学实体4个，在校学生8926人。农村成教中心、社区教育中心各14个，职工学校8所。全市专任教师7595人，其中省特级教师24人，镇江市学科带头人53人，镇江市教学骨干268人，丹阳市学科带头人和教学骨干分别为538人和852人。

（史志办）

【文化卫生体育】 2011年，丹阳市共有文化馆（站）14个，公共图书馆1个、藏书26.68万册。有业余文艺队196个，演出场数230场次，观众72万人次。有文物保护单位109个，其中国家级10个、省级10个、镇江市级11个。数字有线电视用户25万户。《丹阳日报》年发行量3万份。有卫生机构170个，其中医院、卫生院20个，疾病预防控制中心、妇幼保健站各1个，卫生防疫机构1个。有卫生技术人员3019人，其中执业医师和执业助理医师1568人，注册护士1451人。有医疗标准床位2721张。有体育场10个、体育馆11个、标准足球场18个、400米跑道20个、游泳池8个、乒乓球房105个、篮球场865个、排球场28个。

（史志办）

【城市建设】 2011年，丹阳市城市维护建设资金支出7.66亿元。城市建成区面积24.96平方公里。人均拥有道路面积达17.48平方米，人均公园绿地面积9.76平方米，建成区绿化覆盖率40.3%；污水日处理能力保持在7万立方米，年污水处理总量2891万吨；市区道路总长度451公里，道路面积593万平方米，拥有路灯2.26万盏。年末供水管道长度445公里，全年供水总量4053万立方米；全市天然气供气管道424公里，供气总量7680万立方米，天然气用气人口17.1万人。全市城乡居民生活用电量4.96亿千瓦时，比上年增长2.8%，其中城镇居民生活用电1.41亿千瓦时，增长2.8%。

（史志办）

【环境保护】 2011年，丹阳市以创建国家生态市为总抓手，加大环保投入，加强生态保护，年环保投入占地区生产总值比重3.75%，全市所有镇均通过生态镇验收。全年二级以上空气质量天数348天，工业废水排放达标率100%，工业废水重复利用率80.7%，工业固体废物综合利用率100%。城镇污水集中处理率82.2%，生活垃圾无害化处理率100%。

（史志办）

【人民生活】 2011年，丹阳市城乡从业人员60.74万人，其中第一产业从业人员8.75万人，第二产业从业人员36.76万人，第三产业从业人员15.23万人。城镇登记失业率为2.5%。全市城镇企业职工基本养老保险参保人数20.66万人，覆盖面98%；基本医疗保险参保人数16.30万人，覆盖面98%；失业保险人员参保人数8.10万人，覆盖面97%。新农保参保人数15.26万人，参加农村合作医疗的人数60.54万人。共确定低保对象10773人，其中城市1718人，农村9055人。全市城镇在岗职工平均工资40761元，增长17.4%。城镇居民人均可支配收入26631元，增长15.7%；人均生活消费支出13985元，增长16%。农民人均纯收入13426元，增长17.3%；人均生活消费支出10358元，增长17.7%。城市居民住宅人均建筑面积40.9平方米，农村居民人均住房使用面积55平方米。

（史志办）

【李茂川为全国新任组织部长授课】 2011年9月19日，应中组部之邀，镇江市委常委、丹阳市委书记李茂川为126位全国各地的县级组织部部长讲课。围绕中组部所出的“如何当好新形势下的组织部长”的选题，李茂川结合多年来的工作实际，作题为《县（市、区）委组织部长的角色定位》的讲座，取得较好反响。

（史志办）

【丹阳成为中国汽车零部件出口基地】 2011年12月26日，丹阳市被中国机电产品出口商会授予中国汽车零部件出口基地称号。全市有各类汽车零部件企业800余个，生产各类汽车零部件产品400余种。与一汽、东风等汽车知名整车企业有良好的协作关系，丹阳产品在国际国内都有较高的信誉。2010年被中国汽车工业协会授予中国汽车（摩托车）零部件制造基地称号。

（胡伟生　景鹤平）

【中宣部举办张雅琴事迹报告会】 2011年6月14日，中央宣传部和中共江苏省委联合主办的“张雅琴同志先进事迹报告会”在北京人民大会堂举行，中宣部副部长申维辰，江苏省委常委、宣传部长杨新力，中央、国家机关以及北京市机关干部代表，高校学生代表，部队官兵代表共700多人参听报告会。中宣部副部长申维辰主持报告会。镇江市委常委、丹阳市委书记李茂川，新桥镇金桥村党总支副书记陈建芬，新桥镇金桥村治保主任陈步军，张雅琴丈夫陆荣华和镇江电视台记者曹惠等报告团五位成员，分别从不同的侧面用朴实的语言、感人的事例，还原一个对党忠诚、一心为民、勇于担当、善于发展、呕心沥血、艰苦创业、舍小家顾大家的基层党组织书记楷模的形象。

（史志办）

【电影《张雅琴》开机】 2011年12月30日，电影故事片《张雅琴》开机仪式在丹阳市新桥镇金桥村举行。省委宣传部副部长周琪，镇江及丹阳市领导张洪水、沈岳方，上影集团副总裁孟繁明和部分剧组主创人员，以及新华社、人民日报社等20多个媒体记者出席开机新闻发布会。《张雅琴》由上海电影（集团）有限公司、江苏省委宣传部、镇江市委宣传部、丹阳市委宣传部和

丹阳广电集团联合摄制，计划于2012年上半年在全国发行。（李浩琦）

【国家茶叶综合试验站落户丹阳】 2011年2月，国家"十二五"现代茶叶产业体系综合试验站落户丹阳市，这是丹阳市茶叶产业第一次进入国家研发体系。经过严格筛选，全国共设立31个茶叶产业体系综合试验站，江苏省仅有3个站点。（史志办）

【日本汽配产业园落户丹阳】 2011年3月4日，丹阳开发区与日本丰田公司中国区签订协议，在丹阳设立日本汽配产业园项目。日本汽配产业园位于开发区通港路一侧，占地20公顷，运作模式为开发区先建设再租赁给日本企业。园区建成后，可以吸纳200～300个投资规模在300万～1000万美元的企业进驻。开发区还在园区周围预留准备引进日本整车生产企业的空地，和福田公司合作开发建设华东地区最大的汽配物流市场，并建设新能源汽车整车制造企业。（史志办）

【丹阳眼镜通过"江苏区域品牌"评审】 2011年11月28日，由江苏省质监局、省眼镜协会专家组成评审团，对丹阳眼镜申报"江苏区域品牌"进行审核。评审组对照"江苏区域品牌"申报的10项要求及现场评审内容逐一进行审核，并实地察看镇江市万新光学有限公司、江苏东方光学有限公司的生产现场，了解眼镜镜片及眼镜镜架企业的生产规模、出口产品的产能产量及存在问题。评审组认为，丹阳市眼镜商会申报材料相关信息属实，符合申报"江苏区域品牌"的基本条件，通过现场审核。（汤全斌　景鹤平）

【丹阳举办首届青年创业项目设计大赛】 2011年10月18日，丹阳团市委与市人社局在会展中心联合举办丹阳市首届青年创业项目设计大赛。大赛共收到有效参赛作品42份，云阳镇团委蔡明团队设计的创业项目田园圣树专业合作社获第一名，并获得创业基金1万元。活动特别邀请"21世纪大学生疯狂就业力培训体系"创始人潘业喜任大赛评委。（张　娟）

【丹阳南二环大桥通车】 2011年12月30日，丹阳市举行南二环大桥正式通车仪式。总投资3亿元的南二环大桥工程经过2年多建设全面完工。大桥是镇江辖区大运河上第二座独塔双索面斜拉桥，全长1438米，其中大运河桥长659米，桥面宽40米，铁路桥长779米。桥梁横断面按照一级公路双向六车道设计，两侧设置3米非机动车道和1.5米人行道。大桥通车后成为连接主城区和开发区的主要通道，缓解云阳大桥、人民大桥的通行压力。（杭　敏　黄嘉华）

表35－1　2011年丹阳市各镇经济社会发展基本情况一览表

镇名称	土地面积(平方公里)	耕地面积(公顷)	户籍人口(人)	地区生产总值(亿元)	财政收入(万元)	实际利用外资(万美元)	农民人均纯收入(元)	参加农村社会养老保险(人)
司徒镇	101.77	5062	51430	31.15	33646	1412	12430	24220
延陵镇	115.52	5783	66146	27.80	16010	646	12411	32951
珥陵镇	83.67	4835	51620	18.66	7559	325	12540	25571
导墅镇	80.60	4649	50648	29.99	17126	126	14396	21752
皇塘镇	80.44	4199	51672	41.96	21526	527	14736	20076
吕城镇	67.99	3972	51409	34.43	23520	39	15588	19886
陵口镇	64.40	3976	44446	19.50	8996	50	14258	20876
访仙镇	73.79	4419	51653	21.21	15381	50	14354	22823
界牌镇	23.63	801	22090	44.80	41404	911	23980	8506
新桥镇	26.18	1057	22784	38.21	42833	172	22980	9010
后巷镇	49.65	1739	31141	91.64	61240	336	17880	13437
埤城镇	39.29	1571	23315	35.10	26343	1063	14082	8360
云阳镇	72.01	3776	172842	121.89	166186	501	14398	25319

（史志办）

【丹阳建设文化艺术交流交易中心】 丹阳市拥有国家级非物质文化遗产2个，省级非物质文化遗产6个。为传承文化遗产，打造品牌文化，集聚特色产业，2011年，丹阳市重点建设文化艺术交流交易中心，使其成为乱针绣、刻瓷、烙铁画等"非遗"项目弘扬传承的平台和丹阳市优秀民间艺术生产、销售的集散地。该中心总面积3000平方米，11月开工，预计2012年对外开放。（束　彧）

【丹阳皇塘"马灯阵舞"被列入省级"非遗"】 2011年10月，江苏省人民政府公布第三批省级非物质文化遗产名录，丹阳皇塘镇南建村的传统舞蹈项目"马灯阵舞"榜上有名。马灯阵舞相传源于唐代，后来主要流传于皇塘镇一带。皇塘镇南建村马灯阵舞曾一度面临灭绝危机，后在南建村唐家第20代传人唐押龙等人的努力下得到完善和发展。马灯阵舞因其独特的阵法演示和浓郁的地域特色，在文化传承、文史研究、文艺欣赏、社会和谐诸多方面都具有一定价值。该项目除在周边县市地区演出外，2005年，还应邀参加在浙江嘉兴举办的江浙沪"江南文化节"并荣获行街表演金奖。2009年，在《凤舞江南》丹阳市首届民间文化艺术节上也获得一致好评。（荆　红　刘志彩）

【整理校注《清乾隆丹阳县志》】 2011年3月，《清乾隆丹阳县志》整理校注版由凤凰出版社出版。该书由政协丹阳市委员会与丹阳市史志办公室承编，丹阳市机关有关部门与企业参与编校。中共镇江市委常委、丹阳市委书记李茂川，丹阳市长裔玉乾作序。《清乾隆丹阳县志》原志刻本成于1750年，共22卷，除南京、上

图35－1　《清乾隆丹阳县志》整理校注版出版（赵卫宁）

海、镇江等图书馆有藏本外,丹阳境内几无传世。此次整理校注出版的《清乾隆丹阳县志》,以其旧志为底本,立足以旧修旧,有所创新。为方便当代读者阅读理解,承编部门依据现代志书出版规定,进行断句、标点、繁体改简体、附加注释、横排印刷。志书中刊载附录,增加人物简介、地名索引、文物图照、历史纪元表以及南朝齐梁萧氏大事年表等等,共73.8万字,收录历史文物图照120余张,尤以清乾隆时期原版丹阳县地图最为珍贵。

(史志办)

句容市

【概况】 句容市总面积1385平方公里,其中耕地面积46985公顷。2011年年末常住人口61.91万人,比上年末增加0.12万人;户籍总人口58.91万人,比上年末增加0.43万人;人口出生率7.35‰,人口死亡率6.22‰。全市有31个少数民族。辖9个镇,5个管委会(江苏省句容经济开发区管委会、茅山风景区管委会、赤山湖管委会、宝华山国家森林公园管委会、江苏省句容现代农业产业园区管委会),1个社区办,46个社区居委会、153个建制村。

2011年,全市共完成地区生产总值291.89亿元,增长12.2%;三次产业比例由上年的9.7∶ 55.2∶ 35.1调整为9.4∶ 54.1∶ 36.5。财政总收入50亿元,增长31.5%;地方财政一般预算收入20.5亿元,增长40.6%。实现社会消费品零售总额81亿元,增长17.5%。实际利用外资4.44亿美元。城镇居民人均可支配收入26264元,增长15.6%;农村居民人均纯收入11692元,增长17.8%。城镇居民人均住房建筑面积为41.21平方米,农村居民人均住房使用面积为46平方米。

(丁 阁)

【农业经济】 2011年,句容市获得"全国农业综合标准化示范市"称号,实现农业增加值27.56亿元,比上年增长16.7%,按可比价计算增幅为4.7%。粮食总产实现"八连增"。夏粮小麦平均单产312公斤/亩,增加11公斤,增长3.7%;小麦总产7.14万吨,增加0.13万吨,增长0.2%。稻谷总产24.96万吨,增加0.96万吨,增长0.4%。新增高效农业9267公顷,其中设施农业4600公顷。新发展"三大合作"组织95家、社员1.3万人,8家入选省首批"五好"合作社。

(丁 阁)

【工业经济】 2011年,句容市规模以上工业企业实现总产值726.47亿元,增长27.5%;工业对地区生产总值增长贡献率达到49.6%。完成工业增加值178.02亿元,增长13.8%;实现销售收入717.61亿元,增长27.8%;实现利税总额67.59亿元,增长42.8%。工业用电量为14.09亿千瓦时,增长11.4%。新增规模工业企业39家,累计达459家。全市销售超10亿元企业5家。全市高新技术产业累计完成工业总产值228.16亿元,增长49.52%。

(丁 阁)

【建筑和房地产】 2011年,句容市拥有资质建筑企业67家,增加4家。完成建筑业总产值52.45亿元,增长30.41%。房屋施工面积324.1平方米,增长58.7%,其中住宅施工面积286.3万平方米,增长58.1%。全年商品房销售面积96.01万平方米,增长92.8%,其中住宅销售面积91.5万平方米,增长104.2%。商品房销售总额52.15亿元,增长97.5%,其中住宅销售额48.49亿元,增长102.9%。全年商品房销售均价5432元/平方米,其中住宅销售均价5520元/平方米。

(丁 阁)

【固定资产投资】 2011年,句容市固定资产投资完成140.91亿元,增长22.3%;其中,工业投资完成79.78亿元,增长15.6%;三产投资完成60.33亿元,增长34.3%。在建亿元项目39个,累计完成投资74.56亿元,增长37.5%;亿元项目完成投资额占规模以上项目投资的比重52.9%,上升14.3个百分点。其中,总投资78.9亿元的华电项目完成10.47亿元;建华新型墙材项目完成2.92亿元;汤辰机械装备制造项目完成2.51亿元;同菲达石油化工设备项目完成1.90亿元;光轩高科技产业园项目完成1.85亿元。

(丁 阁)

【旅游与现代服务业】 2011年,句容成为全国首批"休闲农业与乡村旅游示范市",茅山风景区入选"中国旅游百强景区",茅山湖获批"省级休闲度假集聚区"。全年接待旅游人数1166万人次,增长16.5%。旅游业务总收入118亿元,增长18%。九龙山庄被农业部授予"全国休闲农业与乡村旅游四星级示范园区"称号,天王镇戴庄村创成"江苏省最具魅力休闲乡村"。服务业投资完成60.33亿元,增长34.3%。

(丁 阁)

【开放型经济】 2011年,句容市实现进出口总额5.29亿美元,增长19.7%,其中出口3.85亿美元,增长25.9%。协议利用外资4.78亿美元,增长88%;实际利用外资4.44亿美元,增长26.7%。

(丁 阁)

【交通建设】 2011年年末句容市公路总里程2326公里,其中高速公路52公里。全年实现公路客运量、公路货运量、水上货运量分别为1906万人次、1679万吨和189万吨。总投资9.13亿元的122省道句容段拓宽改造工程完成投资3.62亿元;总投资9.02亿元的104国道句容段拓宽改造工程完成投资5.19亿元。开通宁句城际公交,"金陵通句容卡"正式启用;城市综合交通枢纽开工建设。京沪高铁句容段建成通车,宁杭城铁句容西站工程全面展开;新建城乡候车厅28个,完成50公里村庄四级水泥路改造工程,硬化农村公路路肩400多公里;全市行政村实现镇村公交"村村通",建设经验在省内推广,得到交通运输部充分肯定。年末民用汽车拥有量19021辆,其中私人汽车拥有量16078辆,比上年净增2341辆,增长17.04%(不含本地车辆在句容以外领取牌照的车辆)。

(丁 阁)

【邮电通信业】 2011年,句容市完成邮电业务总量3.67亿元。其中,邮政业务总量0.38亿元;电信业务总量3.29亿元。完成邮电业务收入3.52亿元,增长20.9%。其中,邮政业务收入0.44亿元,增长25.7%;电信业务收入3.08亿元,增长20.3%。年末拥有邮政局(所)28处;拥有本地电话用户16.57万户,住宅电话用户14.04万户。移动电话用户48.16万户,互联网用户6.59万户,分别增长15.2%、20.5%。

(丁 阁)

【城市建设】 2011年,句容市文化艺术中心正式开工。新改建市区公交站台106座。学府路农贸市场、香江丽景礼宾府综合市场加快建设。世茂五星级酒店基本建成;碧桂园凤凰城一二期房产销售完毕,五星级酒店具备开业条件。城市综合体地块拆迁完成。

(丁 阁)

【生态建设】 2011年,句容生态市创建通过国家技术评估,创成国家环境优美乡镇5个,建成省级绿化示范村40个、合格村92个、省市级生态村74个,农村环境卫生在镇江市名列前茅。完成城北垃圾填埋场扩建。铺设区域供水支管网642公里、入户管网7000多公里;铺设农村污水管网59公里,7个镇级污水处理厂投入运营。启动"全国小型农田水利重点县"建设,除险加固中小水库34座,疏浚县乡河道28.5公里。万元地区生

产总值能耗下降3.7%，获得“国家绿色能源示范县”称号。（丁 阁）

【科技工作】 2011年，句容市蝉联“全国科技进步先进市”，跻身“国家知识产权强县工程试点市”，创成“全省人才工作先进市”。实施镇江市级以上科技项目58项，其中国家级“火炬”“星火”项目7项、省级项目14项，新增国家高新技术企业7家。新增科技孵化器面积6.6万平方米，在孵企业49家，今太科技创业园创成省级高新技术企业服务中心。全年专利申请量达3079件，是上年的2.5倍，超过前五年总和。科研经费支出占地区生产总值比重1.68%，科技进步贡献率56%。（丁 阁）

【教育工作】 2011年，句容市学校总数51所，在校生5.11万人，幼儿园在园幼儿1.1万人。入选全省首批职业教育创新发展实验区，通过省级社区教育实验区验收，句容中专成为国家中等职业教育改革发展示范学校。研究制订学前教育“五年行动计划”，全市79%幼儿进入省优质幼儿园就读。（丁 阁）

【文化卫生】 2011年，句容市拥有文化馆(站)11个，博物馆1个，电影院2个，图书馆1个，体育场馆41个，各种娱乐设施82个。广播覆盖率和电视覆盖率均达100%，农村有线电视数字化工程全面展开。河滨路小学二年级学生王志获第八届全国少儿广播故事大赛儿童组金奖。成功举办第46届全国象棋个人锦标赛、第7届全国城市运动会乒乓球预赛、全国首批宗教界爱国主义教育基地揭牌仪式等重大活动。年末拥有卫生机构176个，卫生人员2499人，医院床位数1367张。在镇江率先完成基层医疗卫生机构综合改革，开工建设国家标准疾控中心，完成郭庄中心卫生院和黄梅卫生院改造工程，建成1个省示范乡镇卫生院、4个省标准化城市社区卫生服务站。完成农村改厕1.4万户，33个村通过省卫生村考核。（丁 阁）

【社保工作】 2011年，句容市新增城镇就业1.3万人，实现下岗人员再就业2426人，转移农村劳动力1.2万人，城镇登记失业率下降至2.7%。“新农保”筹资标准提高到每人每年290元；城乡低保标准分别提高至每人每月380元和300元。启动被征地农民保障试点。新增300套经济适用房、700套公租房；实施3家国有场圃危旧房改造，受益职工373户。（丁 阁）

【句容建成全省首个种子出口示范基地】 镇江瑞繁农艺有限公司是从事农业种子繁育出口的中外合资企业。在句容有种子繁育品种大类30多个小类近200个，面积267公顷，年出口蔬菜。花卉种子近100吨，销售到日本、意大利等多个国家和中国台湾地区，带动全市2000余农户发展种业。公司拥有国审品种1个，省审品种6个，拥有4个注册商标，获得授权专利4项。2011年8月27日，镇江瑞繁农艺有限公司种子基地通过省农委、省出入境检验检疫局的考核验收，成为全省农业出口种子示范基地。这是全省首个非食用性种子出口示范基地，填补镇江市农业种子出口基地的空白。（丁 阁）

【华电项目落户句容】 2011年7月12日，国家发展和改革委员会下发《关于江苏华电句容电厂“上大压小”新建工程项目核准的批复》，同意建设江苏华电句容电厂“上大压小”新建工程。8月8日，举行华电新能源项目战略合作协议签约仪式。8月22日，江苏华电句容发电有限公司“上大压小”2×1000MW超超临界燃煤机组项目在下蜀临港工业集中区内开工建设，总投资约78.9亿元。机组设计供电煤耗低于每千瓦时280克，投产后年发电量约100亿千瓦时。工程采用低氮燃烧技术，同步建设烟气脱硫和脱硝装置，工业废水、废渣集中处理，全部回收并综合利用。（丁 阁）

【句容城乡客运一体化建设经验在全国推广】 近年来，句容市推进城乡客运一体化建设，共开通城乡客运一体化班线9条，营运客车95辆；投入镇村公交车辆114辆，建成市、镇、村三级客运网络，实现镇村公交全覆盖。新建成天王、茅山、郭庄3家农村客运站，城乡一体化候车亭163个。开通宁句城际公交。2011年9月16日，交通运输部推进城乡客运一体化发展现场会在句容召开，向全国推广句容做法。交通运输部副部长冯正霖、省交通运输厅厅长游庆仲到句容实地考察调研。（丁 阁）

【句容举办“茅山·碧桂园杯”全国象棋锦标赛】 2011年10月15～25日，由中国象棋协会主办，句容市政府承办的2011年“茅山·碧桂园杯”全国象棋锦标赛个人赛在省句容高级中学体育馆举办。此次比赛的参赛单位是各省、自治区、直辖市、计划单列市体育局、行业体协和经中国象棋协会审核批准的参赛单位，竞赛项目为男、女个人赛。有31支队伍，128名选手参加，其中包括8名男子全国冠军。胡荣华和徐天红作为教练出席比赛。上海棋手孙勇征和北京队的唐丹分别获男女组冠军。（丁 阁）

【“金陵通句容卡”启用】 2011年7月28日，为打造南京与句容同城建设，句容市城区公交车与南京市区公交IC卡系统实现全面接轨。句容市华通客运公司在开通宁句公交车后，将南京市民使用的“金陵通”引进句容，实现句容市民在南京乘车同城同刷。“金陵通句容卡”属不记名具有现金支付功能的储值卡，可在句容城区公交车上刷卡乘车，同时在南京除乘车外还可在其他领域刷卡消费。此卡将逐步在市城乡公交、镇村

表35－2 **2011年句容市各镇经济社会发展基本情况一览表**

镇名称	土地面积(平方公里)	耕地面积(公顷)	户籍总人口(人)	地区生产总值(万元)	财政收入(万元)	到账外资及港澳台资(万美元)	农民人均纯收入(元)
华阳镇	116	3412	44293	261976	50667	1360	11898
宝华镇	100	821	23470	97580	25043	1392	11933
下蜀镇	122	2341	40228	306766	49138	5074	11894
边城镇	109	2964	35298	165022	18494	720	11751
白兔镇	115.50	4450	40984	204873	12897	490	11699
郭庄镇	117	4528	55935	225930	10136	1530	11655
后白镇	143.28	4766	51612	240326	13646	1207	11531
天王镇	131.54	4704	55336	227960	8695	1320	11704
茅山镇	81	2963	29471	97416	4528	648	11464

（丁 阁）

图 35－2　　丁庄万亩葡萄园　　（句　史）

公交上推广使用，逐步替代城市公交上使用的月票。　（丁　阁）

【首届 LTW 国际路亚大奖赛在句容举办】 2011 年 10 月 28～30 日，首届 LTW 国际路亚（BASS）大奖赛在句容市边城镇仑山湖举办。此次 LTW 国际路亚（BASS）大奖赛是由《路亚时代》、国家体育总局社体中心、江苏省钓鱼协会、句容市人民政府联合主办，大赛共开展两场船钓比赛，每场时长 5 小时，共有中国、美国、韩国、日本等全球各地的路亚高手参加。路亚是一项新兴的做钓方式，喜欢的人群呈逐年增长态势。路亚钓法提倡“环保放流”的理念，追寻的是一种物我两忘的人生境界。　（丁　阁）

【全国宗教界第一批爱国主义教育基地在句容授牌】 2011 年 6 月 24 日，全国宗教界第一批爱国主义教育基地授牌揭牌仪式在句容茅山道院举行。句容茅山道院等 37 处宗教场所被国家宗教局命名为第一批爱国主义教育基地。这也是全国宗教界为庆祝中国共产党成立 90 周年而开展的“同心同行”主题爱国主义教育活动的一项重要内容。　（丁　阁）

【句容大棚草莓成为国家级标准示范区】 2011 年 5 月 12 日，句容市大棚草莓国家级农业标准化示范区通过国家考核验收组的目标考核，成为全省第一个也是唯一的大棚草莓国家级标准化示范区。20 世纪 80 年代，句容市从日本引进 20 棵草莓苗，到 2011 年已发展成 800 公顷的规模，成为全省最大的草莓生产基地。2003 年，被中国特产之乡委员会授予“中国草莓之乡”称号。2009 年，市大棚草莓被国家标准委列为全国农业标准化示范区。句容市严格按照国家质检总局《农业标准化示范区管理办法》，制定大棚草莓标准化示范区实施方案和草莓促成栽培技术规程省级地方标准，健全无公害大棚草莓标准化生产的标准体系，示范区内的草莓平均亩产在 2000 公斤以上，亩产值达 20000 元左右，标准化率达 98%，产品质量合格率和商品化率均达 100%。　（丁　阁）

【句容举办首届“茅山情”红色旅游文化节】 2011 年 4 月 11 日～12 日，由镇江市人民政府、省旅游局、中国新四军研究会和全国“六大山地”抗日根据地红色旅游联盟主办，句容市人民政府和镇江市旅游局承办的中国首届“茅山情”红色旅游文化节在句容举行。此次红色旅游文化节以茅山为连接点，联合全国“六大山地”抗日根据地，构筑特有的红色旅游载体、融入独特的红色文化内涵、形成丰富的红色文化体验。主要包括：大型开幕式，“重走铁军路、再忆铁军情”自驾游活动，“追寻红色足迹，践行崇高志向”——镇江百校学生茅山红色夏令营活动以及第三届“句容茅山・碧桂园杯”全国象棋冠军邀请赛“车轮战”等。　（丁　阁）

【句容跻身中国十大魅力健康养生地】 2011 年 4 月 7 日，由世界健康生活方式促进会、华夏文化促进会、《东方养生》杂志社等单位主办“2011 中国健康养生高峰论坛暨 2010 中国健康养生排行榜”活动，句容市被授予“2010 年度中国十大魅力健康养生地”。200 名国内外著名养生健康专家、传统文化学者等知名人士参加，其中山东文登、四川青城山、广西巴马、云南腾冲、海南三亚等十个城市荣获“2010 年中国十大魅力健康养生地”称号。　（丁　阁）

扬中市

【概况】 扬中市总面积 331 平方公里，辖 4 个镇、2 个街道、1 个开发区（2011 年 10 月 22 日前为 5 个镇、1 个开发区）。2011 年年末户籍人口 28.01 万人，比上年末增加 0.19 万人，其中男性人口 13.78 万人，女性人口 14.23 万人。全年人口出生率 8.42‰，比上年上升 0.23 个千分点；死亡率 7.83‰，比上年下降 0.33 个千分点；人口自然增长率 0.59‰。全市实现地区生产总值 300.05 亿元，增长 12.4%。其中，第一产业增加值 10.02 亿元，增长 8.5%；第二产业增加值 171.81 亿元，增长 12.6%；第三产业增加值 118.22 亿元，增长 12.4%。实现人均地区生产总值 8.92 万元（按常住人口计算），增长 12.2%。三次产业构成由 2010 年的 3.3∶58.8∶37.9 调整为 2011 年的 3.3∶57.3∶39.4。实现社会消费品零售总额 77.50 亿元，增长 17.6%。　（李冬冬）

【农业经济】 2011 年，扬中市完成农、林、牧、渔业总产值 16.09 亿元，增长 20.93%。其中，种植业产值 7.63 亿元，增长 22.38%；林业产值 0.61 亿元，增长 21.88%；牧业产值 2.51 亿元，增长 27.38%；渔业产值 2.04 亿元，增长 27.48%。粮食种植面积 1.42 万公顷，比上年下降 5.02%；粮食总产量 10.72 万吨，下降 0.74%，其中秋粮产量 7.05 万吨，下降 0.14%。油料种植面积 640 公顷，下降 3.03%，油料总产量 0.11 万吨，下降 26.37%。蔬菜面积 3150 公顷。

全年完成造林面积 222.8 公顷，其中成片造林面积 121.9 公顷，四旁植树 48.6 万株，完善提高农田林网 1333 公顷。全年投入资金 6439 万元，完成土方 119 万立方米，石方 4.09 万立方米，砼方 2.04 万立方米。新建、接长、维修和翻建各类配套物建筑 173 座。

全年农用化肥施用量 4705 吨，下降 9.95%；农膜使用量 156 吨，增长 22.22%；农药使用量 320 吨，下降 8.57%；农用柴油使用量 525 吨，增长 0.96%。　（李冬冬）

【工业经济】 2011 年，扬中市工业企业实现产值 865.09 亿元，增长 33.36%，其中定报工业实现产值 710.09 亿元，增长 32.18%；完成工业增加值 238.13 亿元，比上年增长 33.42%，其中定报工业完成增加值177.09亿元,增长14.7%。工业企业实现销售收入792.93亿元,增长34.79%,其中定报工业实现销售收入677.44亿元,增长31.63%;实现利税88.58亿元,增长35.66%,其中定报工业实现利税75.39亿元,增长32.98%。全年全社会用电量13.3亿千瓦时,增长26.33%,其中工业用电量10.31亿千瓦时,增长36.29%。

全年工程电器、新能源、装备制造三大支柱产业规模635亿元,占规模工业比重89.4%。其中工程电器产业规模达417亿元,增长27.1%;装备制造业产业规模136亿元,其龙头企业新韩通船舶重工年销售突破20亿元,增幅翻番,年生产能力达68万吨;光伏行业全年生产硅片3.5亿片,形成发电能力1229兆瓦,实现销售122亿元,税收4亿元。

年末,扬中市销售亿元以上工业企业90家,10亿元以上企业16家,其中大全集团产值、销售达到140.2亿元、136.4亿元。拥有中国名牌4个、中国驰名商标5个。 (李冬冬)

【固定资产投资】 2011年,扬中市完成固定资产投资120.01亿元,增长22.2%,其中工业投资99.99亿元,增长26.4%;新兴产业投资78.37亿元,增长81.5%;文化产业投资2.55亿元,增长97.2%;亿元以上项目投资94.59亿元,增长55.2%;城镇规模投资63.18亿元,增长19.5%;农村规模投资56.83亿元,增长25.3%;房地产投资10.84亿元,增长13.2%。在固定资产投资中,第一产业投资0.17亿元,与上年持平;第二产业投资99.99亿元,增长26.1%;第三产业投资19.85亿元,增长6.2%。全年新办民营企业983家,新办个体工商户1656户,新增注册资本72.14亿元,累计吸纳民资88.55亿元。 (李冬冬)

【房地产业】 2011年,扬中市有工作量的房地产企业16家。全年完成商品房施工面积75.1万平方米,增长4.5%;商品房竣工面积26.3万平方米,下降17.6%;商品房销售面积20.8万平方米,下降25%;其中住宅销售面积14.2万平方米,下降37.4%。商品房销售额12.8亿元,下降1%。 (李冬冬)

【开放型经济】 2011年,扬中市完成进出口总额89468万美元,增长37.14%,其中出口35149万美元,增长8.40%;进口54319万美元,增长65.54%。在出口总额中,外贸企业出口3321万美元,增长30.62%;生产企业出口8843万美元,增长16.54%;三资企业出口22985万美元,增长3.1%。实际利用外资17533万美元,增长18.22%;服务外包合同额2981万美元,增长1.2倍。境外投资企业6家,其中当年新办3家,投资额130万美元。 (李冬冬)

【交通运输、邮电业】 2011年,扬中市完成客运量1832万人,比上年增长19.3%,客运周转量112680万人公里,增长21.5%;货运量680万吨,增长17.9%,货运周转量37475万吨公里,增长22.7%;水运量31万吨,增长10.7%;水运周转量7627万吨公里,增长20.5%。年末全市公路里程超1000公里。

全年邮电业务收入1.43亿元,增长5.9%。其中邮政业务收入0.33亿元,增长17.9%;电信业务收入1.1亿元,与上年持平。拥有邮政局(所)13处,邮政线路总长度达1971公里;固定电话用户13万户,移动电话用户34万户,全市电话普及率达375部/百户。全市有互联网用户6.6万户。 (李冬冬)

【财政、金融和保险业】 2011年,扬中市完成财政总收入52.08亿元,增长20.51%,地方财政一般预算收入19.59亿元,增长32.88%。全年财政支出39.02亿元,增长23.18%,其中地方一般预算支出22.18亿元,增长31.72%。城乡公共服务支出占一般预算收入的比重达60%,其中投向民生领域的支出达6.4亿元。

全年社会融资总量400.05亿元,比年初增加95.3亿元。年末全市金融机构各项人民币存款余额296.74亿元,比年初增加29.36亿元。城乡居民储蓄存款余额164.55亿元,比年初增加13.87亿元。年末全市金融机构各项人民币贷款余额195.82亿元,比年初增加27.08亿元,其中短期贷款增加20.11亿元。

2011年年末全市拥有保险企业19家,参保人数17.4万人。全年保费收入7.06亿元,增长16.9%。赔付额1.61亿元,增长47.6%。 (李冬冬)

【科学技术】 2011年,扬中市高新技术产业规模达到490亿元,占规模工业的比重为69.1%,比上年提高6.8个百分点。企业研发经费支出占地区生产总值比重为2.55%。新增省级科技孵化器2家、创业孵化面积10.5万平方米。全年获国家、省级科技项目36项,资助资金4670万元,其中江苏省重大成果转化资金项目3项,资助资金2800万元。申请专利1686件,其中发明专利330件;专利授权920件,其中发明专利授权71件,发明专利授权总数、每万人口拥有的发明专利授权数、百亿元地区生产总值专利授权数名列镇江辖市(区)第一。新批高新技术企业11家,新增院士工作站1家,博士后科研工作站1家。通过2009~2010年度全国科技进步先进市考核。扬中市第七次蝉联全国科技进步先进市。 (李冬冬)

【教育工作】 2011年,扬中市委、市政府出台《扬中市教育事业发展第十二个五年规划》《关于进一步加快扬中教育事业改革和发展的意见》《关于进一步加强教师队伍建设深化教育人事制度改革的意见》,推进教育现代化进程。学前教育毛入学率98%;九年义务教育人口覆盖率100%;高中阶段教育全面普及,初中毕业生升学率99.5%。高考二本达线率36.41%,名列镇江市第一。

全市有小学12所,336个教学班,在校学生13640人,教职工1095人,专任教师1021人。现有中学10所,其中完全中学1所,高级中学2所,初级中学6所,九年一贯制学校1所,教学班288个;初中在校学生6643人,高中在校学生4633人,教职工1514人,专任教师1250人。 (李冬冬)

【体育文化事业】 2011年,扬中市投资2.5亿元的奥体中心动工建设,新文化活动中心筹建工作有序推进。有线电视入户率75%,村村通达率98.5%,农民健身设施30%达到省定一类标准,居民十分钟健身圈基本形成。举办扬中市新年健身长跑、少儿中国象棋、乒乓球、曲棍球、篮球、跆拳道比赛,第三届男子篮球赛,全国青少年女子曲棍球锦标赛、江苏省青少年女子曲棍球锦标赛、江苏省"六市一区"精英会跆拳道选拔赛、全国青少年三人篮球冠军赛等省内国内高水平赛事。市图书馆组织送书下乡活动,为村"农家书屋"捐赠图书1万册。开展校园周边文化环境整治,检查各类场所68家次,收缴非法出版物340册,取缔无证出版物销售商店8家。全市有公共图书馆1个,总藏书量26.65万册。 (李冬冬)

【卫生事业】 2011年,扬中市完成基层医疗卫生机构标准化建设,继续完善基本药物制度,药品总体价格下降40%。全市拥有各类卫生机构84个,卫生机构床位数700张。卫生技术人员1343人,其中医生636人,注册护士528人。全年医疗机构完成业务收入3.07亿元、门急诊157.6万人次、住院21.2万床日,分别增长12.9%、6.2%和15.2%。全

年完成查螺面积1750万平方米；全面完成村级改厕任务，卫生户厕普及率99.08%。（李冬冬）

【城市建设】 2011年，扬中市江洲西路实施综合改造，238省道改线具备通车条件，泰州长江公路大桥主桥实现合龙，镇江扬中直达通道工程开工。完成城乡公交客运一体化改造，建成年丰垃圾转运中心及配套设施，城乡生活垃圾实现岛外无害化处理。奥体中心完成总工程量的50%，管道燃气延伸至各个镇区街道。建成水源地保护工程和二水厂扩容工程，完成自来水内网改造。太平广场、新扬河环境综合改造、老城区雨污分流改造工程、宜禾路与新城路三岔口绿化景观工程相继完工。（李冬冬）

【环境保护】 2011年，扬中市5个镇通过全国环境优美乡镇省级考核验收，21个村获省、市"生态村"命名，通过生态市省级技术评估；万元地区生产总值综合能耗，化学需氧量、二氧化硫减排均完成年度目标任务，污水日处理能力达4.4万吨。对48家重点污染企业实行自动监控，对各类污染源及其污染防治设施实行全面监管，保障群众环境权益；功能区水、气、声全面达标，大气环境质量优良率94%以上。（李冬冬）

【人民生活】 2011年，根据对城镇住户的抽样调查，扬中市全年城镇居民人均可支配收入29595元，增长15.7%；人均消费性支出16198元，增长25.2%，其中食品支出占人均消费性支出的比重为32.9%，文化娱乐教育支出占人均消费性支出的比重为18.4%。城镇居民人均住房建筑面积53.29平方米。每百户城镇居民家庭拥有电脑97台，电话375部。根据对农村住户的抽样调查，全年农村居民人均纯收入14692元，增长17.4%；人均生活消费支出9209元，增长16.2%，其中食品支出占人均生活消费支出的比重为38.6%，文化娱乐教育支出占人均消费性支出的比重为17.6%。农村居民人均住房使用面积64平方米。每百户农村居民家庭拥有电脑73台，电话422部。年末城乡居民人均储蓄存款余额49032元，增加4052元。（李冬冬）

【社会保障】 2011年，扬中市企业养老保险参保人数8.3万人，覆盖面98.9%，城乡居民养老保险参保人数6.6万人，覆盖面98.1%，机关事业单位养老保险参保人数1.29万人；职工基本医疗保险参保人数9.13万人，覆盖面99.47%，居民基本医疗保险参保人数17.79万人，覆盖面99%；失业保险参保人数4.5万人，覆盖面98.9%；生育保险参保人数4.7万人，覆盖面98.9%。调整城乡低保标准，城镇由每人每月360元调至380元，农村由每人每月280元调至330元。全年发放低保金626.6万元，低保对象3753人；发放重残救助金748.8万元，重残救助对象2297人；全市拥有社会福利院1个，福利院床位数150张，供养137人；敬老院6个，敬老院床位数929张，供养838人；民办养老机构2个，床位数124张，入住老人64人。全市城镇社区居委会、农村村委会依法自治达标率均达到100%。（李冬冬）

【第八届中国扬中河豚美食节】 2011年3月19～4月18日，第八届中国扬中河豚美食节在扬中市举办。本次美食节由中国烹饪协会、江苏省商务厅、江苏省烹饪协会、扬中市人民政府联合主办。28个国家的驻华使节，全国近百家媒体记者参加开幕式，中国烹饪协会还授予扬中"中国河豚美食之乡""中国河豚烹饪科研基地"牌匾。开幕式当日，"中国河豚产业发展高层论坛""长江珍贵鱼种放流""豪华游轮江岛风情观光游"等活动相继举行。驻华使节寻访团向扬中市颁发"最值得驻华大使馆向世界推荐的中国河豚岛"牌匾，驻华使节及夫人还留下了手模。

自2004年以来，扬中已连续举办了七届江鲜美食节。与往届相比，本届河豚美食节取得三个突破——节庆名称首次冠以"河豚"字样、节庆品牌由地方品牌上升为国际品牌、节庆活动更为有效推动当地经济发展。美食节期间，扬中市有20个招商引资重点合作项目签约，总额105亿元。（李冬冬）

【扬中市成功申办江苏省第八届园艺博览会】 2011年8月23日上午，在宿迁举行的2013年第八届江苏省园艺博览会申办候选城市遴选会议上，扬中市一举获得省园博会的举办权，成为江苏省第一家举办省园博会的县级市。按照办园相关规划，园区占地面积约61公顷，在充分挖掘扬中岛园文化、滨江特色和湿地资源的基础上，形成"江中园、园中水、水中绿"的空间布局，打造一届水上园博、湿地园博和立体园博，诠释"江魂绿岛·水韵芳洲"的园博会主题。此次园艺博览会规划建设还将与扬中城市发展、与西沙岛和长江旅游开发、与新区建设等相结合，提升园博会的综合效益。（李冬冬）

【扬中三桥开工】 2011年10月8日，扬中市举行扬中三桥奠基开工仪式。扬中三桥在扬中一桥下游3公里处，全长6.036公里，由北接线、夹江大桥和南接线三部分组成。其中夹江大桥2.503公里，主桥桥面宽34.5米，全线采用一级公路兼顾城市快速路标准建设，双向六车道，设计车速为每小时100公里。工程起自镇江新区金港大道与大姚线相交处，跨过长江夹江，对接扬中长江路。项目概算投资9.36亿元，计划于2013年下半年竣工通车，届时可望实现镇江扬中半小时通达。（李冬冬）

【扬中城乡公交实现"村村通"】 2011年11月15日，扬中市镇村公交开通仪式在新坝镇举行，此举标志扬中市城乡客运公交一体化工程进入全面实施阶段。至年底，扬中市公交线路总数为26条，车辆总数突破100辆，镇村公交通达率为100%。镇村公交实行1元票价，城乡票价暂时实行2元起步、最高4元的惠民票价，群众出行成本降低一半左右。（李冬冬）

表35－3 **2011年扬中市各镇（区）经济社会发展基本情况一览表**

镇（区）名称	土地面积（平方公里）	耕地面积（公顷）	户籍总人口（人）	地区生产总值（万元）	财政收入（万元）	到账外资及港澳台资（万美元）	外贸进出口总额（万美元）	#出口总额（万元）	农民人均纯收入（元）	参加农村社会养老保险（人）
新坝镇	49.20	1961	47404	823718	101103	3230	18216	13014	18688	11916
三茅镇	77.16	2229	108558	561800	118306	3033	9280	8199	14876	15938
油坊镇	45.93	2174	42577	321828	39433	3212	29554	8386	15159	13497
八桥镇	34.58	1359	33682	207400	19424	1045	1700	1442	13776	10118
西来桥镇	19.50	859	17772	102290	8920	1000	207	207	12514	6242
开发区	17.59	1070	30077	275050	18295	6013	28605	2012	15224	8257

（李冬冬）

【扬中滨江新城建设展开】 2011年12月12日,扬中市滨江新城合作开发签约仪式举行,扬中市政府与中铁四局签订土地一级开发合作项目意向书,共同推进滨江新城开发建设。扬中市滨江新城开发建设项目位于扬中市市区南端,规划开发总用地面积为6.78平方公里,合作周期大致为8年,总投资约45亿元。 (李冬冬)

【扬中生态市建设通过国家技术评估】 2011年4月21日,国家生态市建设江苏省考核组对扬中市创建工作进行省级考核验收,并作出评审意见。12月14日,召开通报会,环保部国家生态市技术评估组宣布,扬中市创建指标总体达到国家生态县市建设标准,同意通过扬中生态市建设国家技术评估。 (李冬冬)

丹徒区

【概况】 丹徒区总面积617.08平方公里,其中耕地面积2.43万公顷,水面75.5平方公里。土地总面积430.35平方公里,其中耕地面积占45.2%,林地、园地面积占30.8%,水域面积占24%。辖7个镇、2个园区和1个街道,计83个村民委员会、5个社区居委会和13个集镇居民委员会,共1884个村民小组。另设有江苏省丹徒经济开发区1个、农林场圃7个。2011年全区总户数102980户,总人口286686人,其中男140980人、女145706人。全区出生人口2189人,出生率7.67‰,死亡人口1780人,死亡率6.24‰。

2011年,全区完成地区生产总值223.04亿元,比上年增长12%。财政总收入46.42亿元,一般预算收入14.81亿元,分别增长54.4%和34.4%。全社会固定资产投资141.44亿元,增长13.4%。社会消费品零售总额38.14亿元,增长17%。完成进出口总额6.08亿美元,增长34.1%;实到外资1.36亿美元。对照省、市确定的基本现代化指标体系,丹徒区有13项指标基本达标。新增建设用地128.27公顷,丹徒区再次被评为江苏省土地执法模范区。全年财政用于民生投入9.9亿元,占一般预算支出66.7%。城镇居民人均可支配收入26291元,农民人均纯收入11704元,分别增长15.5%和17%。社保扩面新增6474人,社会保险覆盖率98%。新型农村合作医疗保险参保率99.8%,5344户城乡低收入户纳入最低生活保障。新增城乡就业8713人,城镇登记失业率控制在2.29%。江苏银行等分支机构落户丹徒,蒙银村镇银行丹徒分支机构开业运营,国投创投公司及三大基金丹徒分支机构挂牌成立,新组建小额贷款公司和信用担保公司5家。完成高资撤镇建街和宜城街道组建工作。 (刘 芳)

【农业经济】 2011年,丹徒区实现农业总产值21.73亿元,纯收入9.48亿元,分别增长20.2%和28.8%。粮食总产19.34万吨,实现"八连增";生猪饲养量12.82万头,出栏生猪8.34万头;以青虾、螃蟹以及特种淡水鱼为主的现代渔业养殖基地正在形成。林木覆盖率25.96%。有22个千万元以上重点农业项目在建;组织实施农技推广应用类项目14类59个,总投资2.29亿元。新增高效农业面积4333.3公顷,其中新增设施农业面积2666.7公顷;新增农业适度规模经营面积3466.7公顷;新增流转土地面积1980公顷。完成"三资"投入农业11.35亿元,实际利用外资1400万美元。完成区、镇两级农技人员、农民培训2.46万人次。实施优质农业项目15个,新认定省级现代农业产业园1个,市级现代农业产业园4个。秸秆综合利用率95%以上,配方肥面积70%以上,农作物病虫综合防治率98%以上。

(刘 芳)

【农村工作】 2011年,丹徒区村庄环境整治工作全面启动。完成粪污综合治理基本达标场(户)56家。首批6个村庄提前完成整治任务,世业先锋村、高桥四方桥村率先跨入"三星康居示范村"行列。丹徒区被确定为全国小型农田水利建设重点县。中心河"两桥一闸"配套工程、辛丰民治沟小流域治理工程和西湾、马迹等水库除险加固工程如期完成,改造水利泵站18个,新建农村道路16.61公里,改建农村危桥6座。

(刘 芳)

【工业经济】 2011年,丹徒区完成工业增加值121.02亿元,比上年增长13.3%。规模以上工业企业309家,实现销售628亿元、利税71.7亿元、利润42亿元、增加值156亿元,分别增长32.2%、41.7%、36.9%、14.2%。完成新兴产业投资50亿元,增长105.4%,实现销售170亿元,增长36%。全区新增销售超亿元企业21家,销售超亿元企业和定报企业分别达到107家和309家。定报工业企业完成年产值644.7亿元,增长30.5%。装备制造业增势强劲,呈现集群化、规模化、高端化发展趋势,销售突破200亿元,占规模以上工业比重32.5%。全年新开工亿元以上项目40个、10亿元以上项目5个,完成投资92亿元。振光智能电网等17个重点项目竣工投产,二重、中靖氢能源等7个投资超10亿元项目加快推进。 (刘 芳)

【第三产业】 2011年,丹徒区实现服务业增加值81.4亿元,比上年增长12.3%,占地区生产总值比重上升至37.5%。冠城、宝龙等一批高端商贸业项目相继入驻丹徒新城。完成现代服务业投资45.78亿元,增长36.7%。成功举办"长江草莓音乐节""欢乐农家"等活动,全年实现旅游总收入20.4亿元,增长40%。 (刘 芳)

【外向型经济】 2011年,丹徒区新批外资项目29个,其中增资项目8个,合同利用外资2.21亿美元,实际利用外资上报数1.36亿美元。累计完成进出口总额6.08亿美元,其中出口4.87亿美元。全区新增服务外包企业5家,完成服务外包执行额2700万美元,增长473.5%,增幅位列全市第一。 (刘 芳)

【园区建设】 2011年,丹徒开发区生态工业园规划通过评审,重装产业园被认定为省级特色产业基地,国华、宝龙等六大物流项目加快建设,临港物流产业园基本成形。新城生态工业园10万平方米科技孵化器建成交付。高新技术产业园高创中心建成投用,并正式获批为省级科技创业园。 (刘 芳)

【城乡建设和管理】 2011年,338省道丹徒段改造完成,谷阳大道东延等工程抓紧建设,110千伏城西变电站完成基础施工,谷阳、上党公交枢纽站和铭基首末站基本建成,新城公交131路投入运营;开通市区至世业、辛丰、三山城乡公交。丹徒青少年活动中心开工,驸马农贸市场改造工程主体封顶,长山综合开发和文化主题公园建设全面推进,中国米芾书法公园长廊等主体工程基本完工。新组建城市社区1个,城区住宅小区基本实现物管全覆盖。完成拆迁总面积25万平方米。开工建设各类保障性住房52.2万平方米,其中安置房50万平方米,竣工交付18万平方米。

(刘 芳)

【环境保护】 2011年,丹徒区7个镇全部通过国家级生态镇省级考核,世业、高桥、谷阳、上党4个镇获环保部表彰;19个村获市级生态村命名,71个村先后创成省、市生态村,生态村创建比例达80.68%;完成区级环境综合整治示范村

12个，区级农村分散式生活污水站9个；经济开发区生态工业园区规划获省环保厅正式批复；生态区建设分别通过省级技术评估和省级考核验收，并积极争取上报国家环保部。全年环境监察5800人次，下达限期整改99件，立案查处违法企业12家，下达限期治理2批（涉及企业4家）。完成科鲁迪、李长荣化工、苏菱等三家企业强制性清洁生产审核。新建污水收集管网52公里，各镇污水处理工程全部投入运营。全年淘汰高能耗设备107台（套），关闭化工、砖瓦窑企业36家，万元地区生产总值能耗下降3.9%，减排化学需氧量294吨、二氧化硫3680吨、氨氮70.8吨。完成成片造林面积495.8公顷，完成市下达任务的135%，实现森林覆盖率22.12%。 （刘 芳）

【民营经济】 2011年，丹徒区新增私营企业794家，新发展个体工商户1940户，新发展私营个体注册资本58.05亿元，吸纳民资58.73亿元。新增私营企业794家，完成市年计划113.4%；新增个体工商户1940户，完成市年计划161.70%；新增私营个体注册资本58.05亿元，完成市年计划116.1%。2011年末，全区民营企业4599家，个体工商户16013户，注册资本总额218.17亿元。全年开展各类招商活动35场次，签约洽谈民资项目58个，民营总投资达128亿元，新兴产业项目的投资额占整个项目总投资50%以上，丹徒区全民创业民营经济主要经济指标在全市辖市（区）中综合排名第二。 （刘 芳）

【科技工作】 2011年，丹徒区实现高新技术产业产值184亿元，增长78.6%，占规模工业产值比重28.5%，比上年提高7.9个百分点。完成全社会研发投入3.7亿元，占地区生产总值比重1.68%。引进博士创业团队4个、高层次创新创业人才28名。新立市以上科技项目36项，获资助资金3128万元。新认定国家级企业技术中心1家，谷阳环保科创中心创成国家级科技孵化器。 （刘 芳）

【教育工作】 2011年，丹徒区有小学、初中29所（其中镇中学11所，镇中心小学11所，定点村完小4所，九年一贯制学校3所）。小学共有班级294个，在校学生11546人，当年招生2306人。初中共有班级185个，在校学生6748人，当年招生2016人。全区学龄儿童入学率100%，巩固率100%；初中生入学率100%，巩固率99.9%；初中毕业生升学率96%。改善办学条件，加固改造校舍1.8万平方米。青少年活动中心开工建设，驸马山庄幼儿园后续建设工程竣工，易地新建的辛丰中心幼儿园交付使用。三山中心幼儿园、驸马山庄幼儿园通过省、市优质幼儿园评估验收。8所学校通过市“无流生学校”验收，6所学校通过市“控制流生先进学校”验收，大港中学通过省四星级高中复审，丹徒高级中学接受三星级高中推进素质教育市级督导评估，丹徒中等专业学校创建国家级机电技术应用实训基地。全区市级以上优质学校比例达56%。丹徒区被评为江苏省第三批义务教育均衡发展先进区。 （刘 芳）

【文化体育】 2011年，丹徒区组织参加各类文艺演出100场；南乡田歌、上党挑花、董永的传说和双推车4个项目被列入省级非物质文化遗产保护名录；江苏恒华传媒新型绿色环保商业印刷基地项目、江苏宜和有线数字电视系统多业务经营项目、中国米芾书法公园获省级文化产业引导资金补助230万元；作品《超越自我》获国际摄影艺术展银奖，童谣《小溪流》入选中央文明办优秀童谣网上展播。冷遹纪念馆建成开馆。成功举办丹徒区第六届运动会和首届《丹徒田歌》大奖赛。丹徒区体育活动中心各场馆正式对外开放；丹徒区被国家体育总局评为2011年度全民健身活动先进单位；顺利跨入全省级体育强区行列。新增数字电视2万户，全区有线电视“户户通”目标基本实现。区社会福利中心和残疾康复中心建成启用。 （刘 芳）

【卫生工作】 2011年，全区有医疗卫生机构98个，其中区级医疗卫生机构10个。镇级医疗机构（社区卫生服务中心）10个，其中中心卫生院4个、集镇卫生院6个。全区实有床位601张，卫生人员1108人，其中卫生技术人员1076人。每千人拥有床位2.14张，每千人拥有卫生技术人员3.95人。全区有标准化社区卫生服务站54个，乡村医生240人，用房建筑总面积5700平方米。全区个体诊所20家，人员36人。区、镇医院门急诊108万人次，比上年增加16%；住院病人13118人次，比上年增加8%；实际占用床日共计133317床日，比上年增加9%；业务总收入1.89亿元，比上年增加26%；实现可用资金3158万元，比上年增加24%。 （刘 芳）

【民主法制】 2011年，丹徒区“五五”普法顺利通过省、市考核验收，“六五”普法工作全面启动，深入推进“平安丹徒”“法治丹徒”建设，社会治安技防网络体系逐步健全。全年刑事案件1548起，比上年下降2.5%。全年办复人大代表建议、议案56件，政协委员提案107件，满意率和基本满意率100%。成功调解各类纠纷3147件，7个镇被评为全市信访“四无乡镇”，70%以上的村达到“零上访村”创建标准。开展法治政府建设，行政权力网上公开透明运行58266件，门户网站和电子政务平台建设全市领先，政府机关无纸化办公全面推开。丹徒区被省委、省政府命名为社会治安安全区，被市委、市政府评为社会治安综合治理先进辖市区。“法治丹徒”建设被市委、市政府评为法治镇江建设工作先进单位。社会治安综合治理考核列全市第三

表35－4 **2011年丹徒区各镇（街道、区）经济社会发展基本情况一览表**

镇（街道、区）名称	土地面积（平方公里）	耕地面积（公顷）	户籍总人口（人）	地区生产总值（亿元）	财政收入（万元）	到账外资及港澳台资（万美元）	外贸进出口总额（万美元）	农民人均纯收入（元）	参加农村社会养老保险（人）
高桥镇	40.20	1279	20138	8.13	5840	650	5000	11864	7950
辛丰镇	74.90	2700	49087	31.57	21900	1460	13685	13985	17946
谷阳镇	46.75	1913	27963	14.66	16600	1605	17795	13420	7500
上党镇	112.60	4065	50338	26.49	14200	311	1521	11796	18848
宝堰镇	40.19	1786	25522	8.71	5200	700	600	11976	7051
世业镇	44.00	1504	14542	4.86	5861	1850	1661	12471	3357
高资镇（高资街道）	100.52	1681	41341	51.62	51300	6523	26328	14330	2983
丹徒新城（宜城街道）	48.00	970	50646	60.00	56000	4000	11000	12691	1964
江心洲生态农业园区	13.46	411	8166	2.54	4021	370	446	11359	3024
荣炳盐资源区	45.00	1532	20799	7.84	4343	356	4660	10976	5258

（刘 芳）

并被评为先进集体,世业镇、上党镇被评为镇江市“社会治安综合治理先进镇”,所有镇、街道和园区被评为镇江市“平安镇(街道、园区)”,谷阳镇、上党镇、世业镇和宝堰镇被评为镇江市“法治建设创建工作先进单位”。 (刘 芳)

【精神文明】 2011 年,丹徒区在创建国家级和省级文明城市测评中所有被测点均未扣分。组织开展“三下乡”活动,向农民赠送物品价值 10 万余元。全区网上注册志愿者约 15000 人。开展首届“和谐之星”评选活动,收到推荐候选个人和团体 53 个。未成年人思想道德建设成果突出,驸马山庄国际幼儿园和上党中心校童谣传唱视频在中央文明网、中国网络电视网等国家级网络媒体上展播。出台《加强争创省市级文明行业(单位)工作的意见》,创成省级以上文明行业、文明村镇、文明单位 35 个,世业镇跨入全国文明镇行列。 (刘 芳)

【丹徒 8 个市重点项目超额完成预定目标】 2011 年,丹徒区列入市重点项目有 8 个,其中在建项目 7 个,开工率达 87.5%;实际完成投资 30.89 亿元,完成年计划的 132.6%,居全市第一位。其中,新兴产业项目在建 2 个,实际完成投资 19.34 亿元,完成年计划的 138.1%,居全市第二位;3 个现代服务业项目全部开工建设,实际完成投资 8.36 亿元,完成年计划的 203.9%,居全市第一位。

【江苏晋工机械项目落户丹徒】 2011 年,江苏晋工机械项目落户丹徒。11 月 6 日在丹徒区南山工业园举行开工典礼,全国工商联副主席庄聪生,全国工程机械协会秘书长苏子孟,省工商联副主席何昌林,市、区领导以及晋工集团董事长柯子江、总经理柯金鼎参加典礼。项目总投资 45 亿元,规划年产 15000 台轮式装载机、叉装机及 5000 台液压履带与轮胎式挖掘机。项目一期投资 15 亿元,占地 28 公顷,建筑面积 12 万平方米,规划年产轮式装载机、叉装机 15000 台,产值达 50 亿元,并委托机械工业第三设计研究院设计,计划于 2013 年建成投产。 (刘 芳)

【丹徒驸马山庄国际幼儿园交付】 2011 年 2 月 22 日,丹徒区举行驸马山庄国际幼儿园捐赠暨开园揭牌仪式。该园建于 2009 年 11 月,占地面积 1.1 公顷,建筑面积 6500 平方米,总投资 2000 万余元。其中镇江豪斯嘉房地产公司捐资 1200 万元和 0.43 余公顷土地,并负责兴建。该园设计新颖,环境优美,设施设备齐全,是丹徒新城一座现代化的幼儿园。

图 35-3　2011 年 11 月 6 日,江苏晋工机械有限公司奠基　(丹　史)

年内,在园幼儿达到 200 人。(刘 芳)

【凤凰山庄建成】 2011 年,由镇江凤凰山庄生态农业有限公司投资建设的凤凰山庄建成并对外营业。该山庄建于 2004 年,地处镇江市丹徒区高资镇陈丰村境内 312 国道旁,具有依山傍水,环境优美,交通便利等特点,占地面积 3.3 公顷,总投资 4500 万元,是集农业观光、特色餐饮、娱乐度假为一体的休闲观光型山庄。山庄建有水上包厢 14 间、大小餐厅 16 个、会议室 3 个,可同时容纳 300 余人就餐。开发和利用闲置山丘建立养殖场、垂钓中心等,养殖园有孔雀、珍珠鸡、梅花鹿、鸵鸟等 10 余种动物。10 月,被评为国家 AA 级旅游景区。 (刘 芳)

【2011 长江草莓音乐节】 2011 年 10 月 2~5 日,由市委宣传部、市文广集团主办,世业洲旅游发展总公司、世业镇党委、政府承办的 2011 长江草莓音乐节在丹徒区世业洲鹭岛举行。活动期间,共接待海内外游客 15 万人次,实现旅游收入 4000 万元。(参见第 268 页) (刘 芳)

【米芾书法公园加快建设】 2011 年,丹徒区加快建设米芾书法公园,完成园区道路基础设施 4 公里,绿化景观 15 万平方米,宋式碑廊 5000 平方米,环境综合整治 20 万平方米,独立景点 4 个,总投资超 2 亿元。2010 年开工建设以来,形成“一园六区”的空间布局,融合书法文化、宗教文化、山水文化、旅游文化,集展示、创作、交流、研讨、教育、培训、旅游、休闲等功能于一体。“一轴四景”景观效果明显,全长 3 公里的生态景观轴连接墨池广场、墨缘广场、墨迹广场、墨香广场“四景”,15 万平方米的造景植被构成春花秋叶景观带与自然山体相得益彰。“一廊九馆”建设加速推进,整体进入施工安装阶段。“海岳天地”文化休闲区开工在建。 (刘 芳)

【丹徒冷遹路暨铁路下穿工程竣工】 2011 年 1 月 10 日,丹徒区举行冷遹路暨铁路下穿工程竣工通车典礼。冷遹路工程,北起城区丁卯桥路,南接丹徒区勤政南路,道路总长 7068 米,按照城市主干道 I 级技术标准设计,工程总投资 2.8 亿元,是丹徒区自建公路史上单体投资量最大的道路。工程于 2008 年 1 月动工,2009 年 12 月完工。冷遹路下穿工程,宽 50 米,高 5 米,于 2009 年 12 月开工建设,2010 年 12 月中旬顺利完工,2011 年通过交工验收。 (刘 芳)

【丹徒新城市民公园音乐喷泉启用】 2011 年 1 月 11 日,丹徒区举行丹徒新城市民公园音乐喷泉启用仪式。丹徒新城市民广场音乐喷泉由镇江精功集团出资捐建,丹徒新城管委会和城投公司组织实施,专业从事喷泉水景建设的北京建通兴业环境科技有限公司具体施工,喷泉共有喷头 661 个,组成水景变化达 100 多种,主喷高度可达 60 米,是一座集音乐喷泉、灯光、音响于一体的综合性大型水景表演体系,项目总投资 600 多万元。 (刘 芳)

京口区

【概况】 京口区总面积 124.69 平方公

里,其中耕地1727.51公顷。2011年7月22日,撤销象山镇、谏壁镇,分别设立象山和谏壁街道办事处。辖6个街道以及京口工业园区、共青团农场、京露茶场,10个行政村、68个社区。2011年年末户籍人口323023人,126916户。全区有30个少数民族。实现地区生产总值310亿元,增长11.8%。地方财政一般预算收入11.6亿元,增长16%。实际到位外资1.89亿美元。城镇居民人均可支配收入26988元,农民人均纯收入13648元,分别增长13.6%和18.7%。

(殷 红)

【农业经济】 2011年,京口区粮食总产1.42万吨,比上年增长9%。新增高效农业面积136公顷、设施农业面积68.67公顷,新增亩均效益万元以上的高效设施农业面积64.67公顷,新增蔬菜基地面积33.33公顷,新增入社农户700户。完成农业适度规模经营33.33公顷,吸引"三资"开发农业资金3.04亿元,实际利用外资1038万美元,农产品出口125万美元。全年出栏生猪2.3万头,出栏家禽65万羽;屠宰检疫牲畜11万头,上市肉品8200余吨。新增发酵床养猪示范场1个。全年重大动物防疫做到应免尽免,防疫密度达100%。发放各类支农惠农补贴资金255.5万元。完成小麦、油菜、水稻等农业保险3009.73公顷,涉及资金46.9万元。(殷 红)

【工业经济】 2011年,京口区共实施总投资3000万元以上项目120个,完成全社会固定资产投资179.18亿元,增长22.1%。新兴产业投资34.4亿元,增长120.2%。高新技术产业产值占规模工业产值比重达34.4%。36家企业纳入市"5+X"新兴产业行列,9个项目纳入市新兴产业示范项目。全社会研发投入占地区生产总值比重2.64%。新增省级软件企业6家、省级民营科技企业4家、工程技术研究中心4家、企业院士工作站1家。(殷 红)

【第三产业】 2011年,京口区完成服务业增加值198亿元,增长12.8%,占地区生产总值比重63.8%。完成服务业投资119亿元,增长24.5%,全社会消费品零售总额166亿元,增长17.7%。累计网上注册新增服务外包企业61家,通过认证项目85个,列全市第一。

(殷 红)

【园区建设】 2011年,京口工业园区被认定为省级高性能铝材料产业园和省级特色产业基地。京口区爱励国际、鼎铝技改等重大项目进展顺利,总投资2亿美元的汽车用铝板材和卷材项目成功签约。新民洲公共码头一期开港,新民大道具备通车条件,农民新社区和综合服务中心建成交付,港口产业园整体开发合作项目正式签约。(殷 红)

【科技工作】 2011年,京口区组织国家、省、市项目70项,获得各类科技项目经费3250万元,获得项目与资金数创新高,国际合作项目取得零的突破,连续第八次通过国家科技进步考核。新申报1家省级工程技术研究中心,新认定3家省级工程技术研究中心、1家省企业院士工作站和1家省级科技公共服务平台。申报认定国家重点新产品3个、省高新技术产品16个、省自主创新产品4个。完成高新技术产业产值113.82亿元,占区域规模工业产值的35.46%。认定高新技术企业19家。申请专利1359件,为全市第一。1人入选国家"千人计划",2人入选省"双创"计划,11人入选市"331"计划。国家"千人计划"镇江新材料研究院落户京口。高创中心创成国家级"高校学生科技创新创业实习基地"、省软件产业人才培训平台、省国际服务外包人才培训基地。(殷 红)

【城市建设和管理】 2011年,京口区加快推进"三大改造",实施拆迁项目30个,完成拆迁面积45.1万平方米。开工建设京岘家园、京润华庭二期等安置房1940套,面积24.3万平方米,回迁安置1867户。蔡家路、雩龙公路北段竣工通车,横山东路加快建设。综合整治老小区77万平方米,改造公厕10座,拆除违法建设2.9万平方米。完成桃花坞、滨东、中营、南门菜市场升级改造任务。建成城东环卫停车场、湖滨环卫俱乐部、象山花园环卫公寓,大城管考核保持全市领先。(殷 红)

【环境保护】 2011年,京口区完成上隍、雩北村庄环境整治。物业管理实现全覆盖。落实生态市创建任务,虹桥港、玉带河整治在全市率先完成,完成索普西区生态绿化带建设。象山街道获得"全国环境优美乡镇"称号。谏壁地区实现区域供水。古城公园被评为国家AA级旅游景区。完成绿化造林100公顷,其中成片造林42.14公顷,新建成绿化示范村7个。完成化学需氧量减排326吨、氨氮减排26.22吨。创建省级绿色社区2个、市级绿色社区8个、环保一条街1个、绿色商场1家、绿色家庭1家、绿色幼儿园5所。(殷 红)

【就业保障】 2011年,京口区新增私营企业1653户、个体工商户2678户、注册资本93.1亿元。推进大学生创业示范区建设,与江苏大学、江苏科技大学分别成立大学生创新创业联盟。成功扶持大学生创业439户,带动就业2051人。建成创业孵化基地12个、25.12万平方米。全年社保新增扩面18120人,安置被征地农民1928人。建成健康路街道示范性居家养老服务中心,促进社区居家养老与"智能养老院"有效对接,以政府购买方式提供居家养老服务1776人。贫困残疾人家庭无障碍环境改造工程全面入户施工。(殷 红)

【文教卫生】 2011年,京口区加快推进校舍安全工程,新建改造校舍1万平方米。市实验小学、索普学校两所改制学校回归公办,义务教育阶段小学学业水平测试位居辖市区第一,教育督导考核获得优秀等级。完成四牌楼、谏壁社区卫生服务中心改扩建工程。深入推进家庭责任医生制度,组建39个"3+X"家庭责任医生团队。建成健康主题公园和区妇女儿童健康服务中心。改建30条体育健身路径。(殷 红)

【江一社区党委获"全国先进基层党组织"称号】 2011年7月1日,京口区四牌楼街道江滨新村第一社区党委获得"全国先进基层党组织"称号,受到中共中央表彰,是全市唯一获此殊荣的党委。江一社区党委将社区划分为20个网格,并赋予不同的文化功能。每个网格设1名网格长、2名志愿者,由党员和群众骨干担任。社区在500多平方米的"服务阵地",开设"一站式"党员服务中心、信息化网络服务中心和远程教育站点,推行居民服务代理制,打造社区10分钟便民生活圈。社区建成文体活动中心、社区图书馆等活动场所。社区设立"议事阵地"和一个"两代表一委员"工作室,安排区党代表、人大代表、政协委员轮流接待党员居民,畅通民意表达渠道。一个"135"民主议事室,调解居民矛盾、协调利益。创设红色文化、服务文化等八种社区党建文化形态,打造一院(红色影院)、一站(党员服务站)等九大社区党建文化阵地。"社区党建文化"成果走进上海浦东干部学院讲堂,被评为"全国基层党建创新优秀案例奖"。(殷 红)

【国内最大航空铝合金板项目开工】 2011年1月19日,由爱励国际与鼎胜铝业共同投资近3亿美元的"航空航天及交通运输用大规格高强度铝合金板"项目在京口工业园开工建设。该项目是全市继二重项目后引进的最大产业类投资项目。项目从欧洲引进主要的生产及加工、检测设备,建设配套公辅设施和厂房22万平方米,建设周期为2年。建成达产后可形成最高年产25万吨铝合金板的生产能力,年销售收入可达200亿元。(殷 红)

图35-4 2011年9月,江苏航空信息产业园开园 (殷 红)

【江苏(京口)航空信息产业园开园】2011年9月19日,江苏(京口)航空信息产业园举行开园仪式。航空产业是镇江市战略支柱产业,列为省级重点产业。江苏(京口)航空信息产业园旨在延伸航空产业链条,抢占航空信息产业的制高点。京口区投入专项发展基金,以中国商飞集团下属的上海航空测控技术研究所为战略合作伙伴,以落户产业园的江苏锐天信息科技有限公司为骨干企业,共同建设航空信息产业园。京口区力争通过3至5年努力,引进和培育一批航空信息企业入驻,使产业园发展成为全国一流的航空信息产业园。到2016年,产业园占地面积将达到20公顷,载体面积达到20万平方米。并以此为平台,通过招引和扶持,集聚50家国内外航空信息化专业企业、2~3家院士工作站、1.5万名航空信息产业研发人才,2~3家骨干企业成为上市公司。(殷 红)

【京口区档案馆晋升为国家二级馆】2011年7月19日,京口区档案馆通过国家档案局测评组测评,晋升为国家二级档案馆。改造后的区档案馆建筑面积1400平方米,设有查阅服务区、陈列展示区、馆库区、技术加工区、办公区等功能区域。建立库房指纹读卡门禁系统、温湿度传感控制系统、光电烟感探测系统和档案数据库管理四大系统,楼内的闭路电视监控系统和消防报警系统,纳入政府大楼统一管理。馆藏档案63716卷(件),分6个全宗群、81个全宗,资料3979册、照片档案近4000张,基本形成以民生档案集聚、专门档案集中、照片档案汇集,内容丰富、门类齐全、结构合理的馆藏体系。档案数据库储容量6T,馆藏36万多条数字目录和20多万页的数字档案实施备份。查阅服务大厅内设置电子文件中心和"政府信息公开"查阅处,"京口史志档案网"与京口政府门户网站实现有效链接。档案利用者通过查阅服务大厅或内、外网站,能便捷查阅到开放档案资料目录、政府公开信息、现行文件及档案资料信息。(殷 红)

【虹桥港、玉带河整治工程完成】2011年,京口区建立健全整治黑臭河流工作领导小组,同时成立综合、督查和宣传三个专项工作组具体抓落实。明确截污纳管、河道清淤、河坡清障、河岸整治、水体交换、长效管护等6项整治任务。虹桥港、玉带河分别于5月25日和6月17日通过市整治办的考核验收,水质全部达标。提前3个月全面完成市下达的黑臭河流整治任务。(殷 红)

【京口利用外资首破1亿美元】2011年,京口区实际利用外资18926万美元,首次突破1亿美元大关,增长128.1%。新批项目中,投资总额3000万美元以上的项目4个,合同利用外资20630万美元,占全区合同外资总量的91.4%。全区外商直接投资第二、三产业合同外资所占比重分别为50.6%和46.4%,实际利用外资所占比例分别为27.5%和72.5%,爱励鼎胜铝业、凯林热能等一批制造业项目,盈盛房地产、良奕置业等一批房地产业项目,东源燃气集团等生产服务业项目的相继入驻,成为全区外资增长的亮点。盈盛房地产项目总投资9300万美元,实现当月注册当月资金全部到账。总投资29268万美元的爱励鼎胜铝业项目,到位资金4757万美元,占合同注册外资的54.3%。总投资3.85亿元人民币的凯林热能项目,到位资金1300万美元,占合同注册外资的77.5%。(殷 红)

【全市首家环卫职工俱乐部投入使用】2011年3月28日,全市首家环卫职工俱乐部——湖滨环卫职工俱乐部竣工并投入使用。该俱乐部由京口区政府投资50万元建造,位于江滨新村垃圾中转站附近,面积350平方米,二楼为主要活动区,内设淋浴、健身、棋牌、上网、影视、会议等功能室,可供环卫职工健身、休闲、娱乐和接受教育。2010年,区政府投资30万元,在江滨新村建成环卫职工之家。2011年3月5日,区政府又投资20

表35-5 2011年京口区各街道(场圃)经济社会发展基本情况一览表

街道(场圃)名称	土地面积(平方公里)	耕地面积(公顷)	户籍总人数(人)	财政收入(万元)	到账外资及港澳台资(万美元)	参加农村社会养老保险(人)
谏壁街道	33.42	805.98	32376	15787	4065.40	2363
象山街道	22.58	222.12	49858	22454	1150	4580
四牌楼街道	4.10	–	54640	10563	11529	–
正东路街道	4.90	2.89	40482	9228	–	164
健康路街道	1.89	–	82204	42556.72	–	–
大市口街道	2.30	–	60733	11154	–	–
共青团农场	24.77	510.91	1246	1672	650	124

万元改造环卫职工之家,淋浴位由5个增至10个,淋浴区还内设卫生间。

（殷 红）

【京口组建社区卫生管理中心】 2011年5月20日,京口区政府与江苏江滨医疗集团签订社区卫生服务机构一体化管理协议,共同组建京口区社区卫生管理中心,负责集团社区卫生服务机构的日常运营管理。江苏江滨医疗集团成立医疗集团临床检验中心、医学影像中心、消毒供应中心和专家会诊中心为社区卫生服务中心服务,降低各社区卫生服务中心的运行成本。为社区卫生服务中心添置部分医疗设备,改善社区卫生服务中心的医疗卫生服务条件。在健康路社区卫生服务中心建设儿童保健门诊,在谏壁街道社区卫生服务中心建设中医特色门诊,同时建设京口区妇幼保健服务中心。推进社区卫生服务中心的信息化建设,实现居民健康档案、电子病例、远程会诊、双向转诊等信息互通,加快形成服务便捷、价格低廉、群众满意的"分级诊疗、双向转诊"的"一体化"新型城乡医疗卫生服务体系。

（殷 红）

【京口社区教育服务能力提升】 京口区是镇江市唯一全国社区教育实验区,社区培训学院为省级社区培训学院、省职业教育与社会教育先进单位。2011年,区财政预算安排人均终身教育专项培训经费1.5元,出台《京口区合格居民学校标准化建设标准》和《优秀居民学校标准化建设标准》。6个街道社区教育中心均为省、市级以上社区教育中心。2011年,优秀居民学校10%、合格居民学校30%。社区培训学院网站链接社区教育中心、居民学校,开展社区教育干部、社区居民各类培训,年培训率52%。建立"十大社区教育基地",开放区属90%以上学校。实施"家长素质教育"工程,努力将"自然家长"转变为"合格家长"和"优秀家长"。开设"小巷讲坛""社区大讲堂"等活动。开展社区教育特色课程研究,完成国家级社区实验项目《校社联手整合共享乡土文化课程》验收,开发三套社区教育课程,满足辖区内居民学习需求。

（殷 红）

润州区

【概况】 润州区土地总面积132.68平方公里,其中耕地面积1489公顷,茶园面积222公顷,果园面积200公顷,另有淡水养殖面积766.7公顷。辖7个街道、3个场圃和江苏镇江润州工业园区,共15个行政村,51个社区。2011年末,区总户数为10.2万户,户籍总人口为24.8万人,人口自然增长率为1.16‰。2011年地区生产总值、财政总收入、地方一般预算收入分别完成217.59亿元、24.64亿元、15.52亿元,比上年分别增长11.8%、31.64%、37.17%。社会消费品零售总额81.86亿元,增长17.5%。

（润志办）

【农业经济】 2011年,润州区完成高效农业面积150公顷;新增高效渔业面积180公顷;全年粮食总产量3579吨;新增蔬菜基地面积33公顷;县级以上农业龙头企业销售较上年增长17%,带动农户数8000户;引进"三资"投入农业2.58亿元,其中实际利用外资203万美元;农产品出口额500万美元;新增入社农户1071户,新增农业合作社、"五好"(服务成员好、经营效益好、利益分配好,民主管理好、示范带动好)示范社3家;完成绿化造林320公顷;新增"三品"(无公害产品、绿色食品、有机食品)3个,"三品"基地占耕地比重达69%;新增发酵床养猪示范点1个;年人均收入3500元以下贫困人口和年集体收入40万元以下贫困村全部脱贫;秸秆综合利用率达98.62%;高效农业占主要种植业比重73.97%。

（润志办）

【工业经济】 2011年,润州区104家定报工业企业完成销售187.39亿元,增长13.3%;利税23.76亿元,增长18.9%。2011年有镇江船厂、中船设备、韦岗铁矿、船山集团和镇江强凌5家企业进入"镇江市工业50强"。

（润志办）

【第三产业】 2011年,润州区完成三产增加值120.1亿元,增长12.8%,占地区生产总值的55.2%;完成服务业投资146亿元,增长21.5%,其中服务业产业投资完成44亿元,增长200%,增幅名列全市第一;房地产投资完成31.12亿元,增长21.4%。现有省级以上产业集聚区2个,其中惠龙港入驻企业200余家,交易额260亿元,占全市物流行业交易额的一半;惠龙港三期、电子货运集配平台项目强势推进;西津渡文化创意产业园引进企业10余家,带动就业100余人。金山物流已形成国内10多万车辆的社会车源运输网络,覆盖全国城乡各地,日整合车辆4000多辆,日货物交易量达1万余吨,每日电子交易信息发布量达2000余条,全国各地120多家第三方物流企业已进入园区。农批市场交易额突破10亿元,冷链物流项目正式启动。

（润志办）

【招商引资】 2011年,润州区开展北京、上海、天津等系列服务业专题招商活动,举办"宜业镇江、创意润州——第二届润州区软件服务外包产业发展环境推介会"。中国十大服务外包领军企业之一的软通动力正式签约落户凤凰智慧产业园,将打造数字出版和BPO外包全球交付基地。推进总投资50亿元的红星美凯龙、总投资6亿元的颐高IT等项目,促成红土创投与江苏明和集团的股权投资合作。

（润志办）

【科技工作】 2011年,润州区共组织申报各类科技人才计划项目137项,其中:国家级11项,省级77项,市级49项;立项项目为:国家中小企业创新基金3项、国家火炬计划3项、省科技支撑计划(工业)2项、省知识产权战略推进计划1项、省级科技创新与成果转化(自然科学基金)专项3项、市新兴产业专项5项、市科技支撑计划(工业)5项、市科技支撑计划(农业)1项、市国际合作项目1项、市知识产权战略推进计划1项。经省级认定的高新技术企业2家、高新技术产品9项、民营科技型企业17家、创新型企业7家。全年完成高新技术产业产值占规模以上工业产值比重31.16%,全社会科研投入占地区生产总值比重1.94%。

（润志办）

【新兴产业】 2011年,润州区确立海工配套、新能源、信息软件三大发展重点,实现新兴产业投资20.75亿元、销售132亿元,年均增长103.7%、46%。哈电通用风能成为全市重点培育的百亿级企业,总投资50亿元的金山创意产业园开工建设,国家火炬计划镇江特种船舶及海工配套产业化基地获批。

（润志办）

【园区建设】 至2011年年底,润州工业园区四年累计完成基础设施投入13.4亿元,4.2平方公里控规范围内土地整理和主干道路网、雨污管网、变电站等基础设施基本完成;中船柴油机、蓝波造船、康士伯等9个国内外行业骨干企业落户,形成船舶与海工配套、电子信息、风电装备为主要特色的制造业基地及港口物流服务业集聚区。润州高创中心、润州软件园、五洲软件园,睿泰科技、软通动力、红土创投等10多个现代服务业项目入驻,智慧园区体验中心建成运行,中国互联网应用创新基地挂牌。

（润志办）

【社会事业】 2011年,润州区实现城镇居民人均可支配收入26498元、农民人均纯收入13395元,分别增长11.8%、13.8%。城镇职工养老、医疗、失业等参保率98%以上,5111名失地农民进企保,663名失水渔民得到安置,年收入3000元以下的贫困人口全部消除,廉租住房保障1129户;区级安置房建设按计划实施;新建41家居家养老托老站,农村五保集中供养率达到70%;累计募集慈善资金8687万元,发放救助款843万元。 (润志办)

【城市建设和管理】 2011年,官塘新城全面启动,城际广场商务区、5H时尚街区、青年广场商业副中心初步成型,金山湖景区建成开放,光明河、周家河、运粮河以及虎头山、狮子山等"青山绿水"行动成效明显。城管重心下移,建成"人员到位、经费到点、奖惩分明"的工作机制,健全"分级负责、条块结合、以块为主"的管理体制,开展系列专项整治,违法建设查处不断加强,渣土扬尘有效遏制,户外广告设置得到规范,城乡保洁实现全覆盖;15个城中村改造完成,17个老小区整治出新,182个住宅小区(片区)全部达到"五个有"要求,在全市率先实现物管全覆盖。 (润志办)

【社区建设】 2011年,润州区开展和谐示范社区创建活动,1个社区被命名为国家级和谐社区,9个社区被命名为省级和谐示范社区,18个社区被命名为市级和谐社区,38个社区(村)通过区级和谐社区评比验收。3个社区1个村申报新一轮市级和谐示范社区的创建。6月底,所有村、社区全面推行楼片长志愿者工作,共设立片长223名,楼长884名。确定在和平路街道北湖滨水片区,开展中心社区的试点工作。 (润志办)

【文教卫生】 2011年,润州区投入6.49亿元实施区域教育现代化建设,以评估第一的成绩通过省级验收;基层文化公共服务体系、体育健身设施实现全覆盖,区文化馆被评为国家一级馆,迎江路社区被评为"全国文化先进社区"。投入2.5亿元新建区疾控中心和4家社区卫生服务中心,在全市率先完成社区卫生服务中心标准化建设,工业园区社区卫生服务中心成为全国首批、镇江唯一的国家级示范中心;实行社区卫生服务中心与江苏康复医疗集团一体化管理,药品零差率让利群众5000余万元;嶂山村荣获全国人口计生基层群众自治示范村,通过省"十一五"人口协调发展先进区评估。 (润志办)

表35-6 **2011年润州区各街道经济社会发展基本情况一览表**

街道名称	土地面积(平方公里)	户籍总人口(人)	财政收入(万元)	到账外资及港澳台资(万美元)	农民人均纯收入(元)
七里甸街道	20.42	47973	41123	–	14743
蒋乔街道	24.4	11565	31284	164.9	–
官塘桥街道	22.2	9000	26191	–	13208
宝塔路街道	7.63	77143	74263	–	–
和平路街道	26	55050	16042	–	–
金山街道	6	25330	11032	300	–
韦岗街道	12.8	5000	18795	–	–

(润志办)

【环境保护】 2011年,润州区环保投入占地区生产总值比重超过3.5%,化学需氧量、二氧化硫分别减排278吨、539吨,20余家排污企业搬迁或关闭。确定11个重要生态功能保护区,强化水源地安全保护,疏浚26条县乡河道,建设重点水利工程8个。建成绿色学校、社区国家级的2个、省级9个、市级53个,高标准完成沪宁城际高铁润州段环境整治和绿化工程,首批9个村庄环境整治全市率先达标,顺利通过省级村庄绿化整体推进区验收,完成绿化造林967公顷,润州区林木覆盖率、城镇绿化覆盖率分别达到26.98%、43.1%。 (润志办)

【精神文明】 2011年,润州区积极开展"不给别人添麻烦""负责任地做产品"和"健康成长我作主"三大主题活动,明确西津古渡社区等11个"不给别人添麻烦示范点"和5个"负责任地做产品"、5个"健康成长我作主"建设阵地。以"润州区公民道德实践日"为宣传切入点,向市民宣传"讲文明、树新风"理念,引导市民自觉参与到文明创建之中。以镇江实验学校"阳光娃"道德童谣体验馆开馆为标志,涌现出众多新形式创建内容。 (润志办)

【党建工作】 2011年,润州区党建工作以"三比三争"(即比学习,争做岗位先锋;比奉献,争做服务先锋;比率先,争做跨越标兵)主题实践活动为载体,牢牢把握"承诺""评诺""践诺"三大环节,开展创先争优活动取得阶段性成效。2011年,润州区各级领导干部共深入基层调研617天,参加生产劳动218天,走访群众574户,召开党员群众座谈会111次,撰写民情日记92篇。 (润志办)

【润州区调整部分行政区划】 根据省、市政府批复精神,2011年8月,润州区撤销蒋乔镇和润州民发委,并对润州区部分区域重新调整,新成立蒋乔街道、官塘桥街道和韦岗街道。蒋乔街道行政区域面积24.4平方公里,辖1个村、5个社区。官塘桥街道行政区域面积22.2平方公里,辖3个村。韦岗街道行政区域面积12.8平方公里,辖1个村。 (润志办)

【润州承办风电发展战略研讨会】 2011年3月29日,由哈尔滨电气集团、美国通用电气能源集团、哈电通用风能(江苏)有限公司主办的风电发展战略研讨会在镇江召开。国家能源局、江苏省能源局、中国可再生能源学会风能专业委员会、中国电器协会风能分会的领导和中国工程院院士等专家,各大电力公司、各地新能源投资公司、勘测设计院80余名,围绕"十二五"期间新能源发展,面临的机遇与挑战,风电机组研发、风能并网等领域展开研讨交流。哈电集团董事长、党委书记宫晶堃,美国通用电气副总裁 VicAbate 和温跃忠,市长刘捍东等出席研讨会。 (润志办)

【润州成立全国首家红领巾娃娃党校总校】 2011年5月6日,全国首家红领巾党校——润州区红领巾娃娃党校总校在镇江市穆源民族学校成立。中共镇江市委组织部、团市委、润州区委组织部相关领导,润州区16所学校的德育副校长和辅导员老师,以及红领巾娃娃党校的学员100余人参加成立仪式。成立仪式上举行红领巾娃娃党校教材《葵花朵朵向阳开》的首发式。 (润志办)

【镇江市"三下乡"活动在蒋乔启动】 2011年1月26日,镇江市"三下乡"活动启动仪式在蒋乔乔家门举行,参与活动的部门向蒋乔送上书籍和慰问金,还表演文艺节目。活动由市委宣传部牵头,市文明办、市科技局、市文广新局、市卫生局、市司法局、市农委等20多个部门参加,下设六个分团,分别是文化、科技、卫生、法律、服务、理论分团。当天就为到场的500多名当地村民提供服务。 (润志办)

【润州公开差额选拔干部】 2011年,润州区通过公开差额选拔方式提拔的干部，占当年新提拔干部总数的40%。通过探索，总结出“综合素质测试”“实际分析问题能力测试”“结构化面试测试”三种方法，变“伯乐相马”为“赛场选马”。对参加民主推荐会议的每类对象都设置不同的权重，对每位竞争选手得到的票数都设置不同的分值，完成对推荐结果从定性评估到定量得分的转变。选拔的每一个环节，都为干部群众提供参与平台，提高公开选拔的开放度。整个选拔工作实行信息公开，提高选人用人透明度。（润志办）

【润州新金江拆迁经验在全省推广】润州区和平路街道新金江社区在配合北部滨水区开发建设的五年中，进行三次大的征地拆迁，动迁居民5000余人，企业40多家，没有发生一起因拆迁导致的信访事件。2011年7月，江苏省委书记罗志军高度评价新金江社区5年3次大拆迁实现“零上访”的工作，并作出重要指示：要求全面总结典型经验，在基层广泛推广。镇江市委书记许津荣要求“召开全市拆迁工作座谈会介绍推广，更好推进全市和谐拆迁、惠民拆迁、阳光拆迁、依法拆迁”。（润志办）

【官塘新城建设启动】 2011年，位于润州区东南端的官塘新城建设正式启动。官塘新城总面积达13.92平方公里。官塘新城的总体规划概括为“一核，五区，两轴线”，即以官塘桥路为现代门户轴，以五洲山路为东西生态景观轴，围绕四平山、大莱山绿核将片区分为度假休闲区、生态旅游区、商贸区、商业区、居住生活区五个主要功能区域。并构建商业、行政办公、度假居住、主题公园、产业园区等功能所连接的产业轴线和门户轴线。2011年10月，官塘新城供电、交通、水系、市政、景观、能源及城市设计等专项规划编制完成。全年完成土地整理200公顷，完成房屋拆迁20万平方米，开工建设安置房20万平方米。（润志办）

【润州古韵新风一条街】 2011年9月9日，润州区金山街道在火星庙巷社区举行“古韵新风一条街”开街仪式。火星庙巷社区地处老城区，有市级文保单位火星庙古戏台、节孝祠牌坊墙，还有火星庙、百年古井、救火会、冬赈局、布业公所原址，以及第一个在镇江传播共产主义思想的共产党员嵇直的故居等。金山街道为这些人文古迹设置“古韵新风”事迹展板，并将社区好人榜、社区“笑脸墙”和社区文明新风图片集列入其中，将火星庙巷社区命名为“古韵新风一条街”。（润志办）

图35－5　润州区差额选任副科职领导干部民主推荐会　（润　史）

【润州建成全市首家“维权学堂”】 2011年12月，全市首家“维权学堂”在润州区金山街道太古山社区挂牌成立。江苏大学文法学院法律维权志愿者带来第一堂法律维权课，以集中授课和一对一交流等形式，吸引数十名社区居民参与。大学生志愿者通过图文并茂的展板、生动形象的幻灯演示和法律维权的案例，向社区居民宣传相关法律和维权知识，并专门制作一批“法律维权服务卡”发放给社区居民。“维权学堂”每逢周末开课，由江苏大学文法学院50多名法律志愿者轮流为居民授课。（润志办）

【《影像大西路》纪实画册出版】 2011年6月15日，由润州区摄影家协会创作、润州区人民法院院长吴猛主编、中国摄影出版社出版的《影像大西路》纪实画册公开发行。画册从人文、风物、融合、雅俗等四个方面展现大西路的“昨天”与“今天”，是镇江市第一部运用纪实摄影方式挖掘和展现老城区文化精髓的影像志。（润志办）

【润州成立全市首家技术创新战略联盟】 2011年9月7日，全市首家技术创新战略联盟——镇江市特种船舶及海洋工程配套产业技术创新战略联盟在润州区成立。该联盟吸纳江苏省镇江船厂（集团）有限公司、镇江中船设备有限公司、康士伯船舶电气（江苏）有限公司、江苏大学、中船重工集团第七〇四研究所等30余家生产企业、高等院校和科研院所共同组成理事单位。有机整合企业、高校、政府三方资源，开展产学研深度合作，组织行业关键技术攻关，为产业转型升级发挥助推作用。（润志办）

【润州学生食堂管理模式获好评】 2011年10月22日，《新华日报》《扬子晚报》《南京晨报》《现代快报》《江苏卫视》《江苏教育在线》《江苏人民广播电台》等省内十家主流媒体的记者汇聚润州区镇江实验学校魅力之城分校，集中采访报道该区“集中采购、定点加工、统一配送、分校烹饪”的食堂管理新模式。“润州模式”实现食堂管理的“五统一”，即统一管理、统一采供、统一标准、统一财务、统一价格，降低成本，确保质量。10月26日，市政府在镇江实验学校召开全市中小学学生食堂伙食费管理现场推进会，推广润州管理模式。（润志办）

综 述

【概况】 2011 年,镇江市建成丹阳、句容、扬中、丹徒、京口、润州等 6 个省级特色产业园区,在全省率先实现每个开发园区建成一个特色产业园区的目标。2010 年度全省开发区科学发展综合评价显示,全市各开发园区核心竞争力有所增强,扬中经济开发区、京口工业园区晋升全省开发园区第二板块。全市开发园区推进在建大项目 85 个,其中,外资项目 42 个,项目总投资 207.59 亿美元;国资项目 13 个,项目总投资 93 亿元;民资项目 30 个,项目总投资 546 亿元。6 月 27 日,市商务局会同市环保局在丹阳经济开发区召开全市生态工业园建设推进会,并组织各开发园区到扬州参观学习创建国家级生态工业园的经验。修订《镇江市国家级、省级开发区考核评价暂行办法(送审稿)》。新考核指标体系设置为 7 大类 31 项,保留原考核体系中 11 项内容,调整 3 项指标,删减 3 项指标,新增 17 项指标,对国家级、省级经济开发园区实行分类考核和差别化考核,加大节能环保指标在考核中的分值。

(陈 达)

【《镇江市开发园区产业发展规划》】 2011 年,市商务局主持编制的《镇江市开发园区产业发展规划》(简称《规划》)报市政府待批。新编的《规划》分 7 章 25 节,约 3 万字。《规划》依据镇江市第十二个五年规划纲要和市商务发展第十二个五年规划,建设以先进制造业为主导、新兴产业为引擎、现代服务业为依托和特色产业更具优势的产业体系,基本确定“5 + 3 + 3 + 5 - X”的现代产业发展模式和目标:五大新兴产业快速化发展,至 2015 年,电子信息、新能源和新材料产业实现销售收入 3000 亿元以上,航空制造业和海洋工程产业实现销售收入 500 亿元以上;三大支柱产业集约化发

表 36 - 1 **2011 年镇江市省级以上开发园区情况表**

开发园区名称	实际到账外资(万美元)		进出口总额(万美元)		出口额(万美元)		地方一般预算收入(亿元)	
	当年数	增长率(%)	当年数	增长率(%)	当年数	增长率(%)	当年数	增长率(%)
合 计	143506	25.15	784308	52.44	392413	64.36	88.80	65.47
镇江经济技术开发区	52595	-32.21	419015	28.68	136448	26.13	31.02	51.33
丹阳经济开发区	25520	214.02	193931	311.52	149094	286.13	16.30	85.37
句容经济开发区	32270	190.22	32699	39.46	22666	60.26	9.51	75.39
扬中经济开发区	12974	65.44	48208	48.47	15111	0.27	10.21	74.64
丹徒经济开发区	8270	324.67	39386	37.75	32199	37.74	9.85	45.08
京口工业园区	7217	62.73	8531	-60.7	6060	-67.24	5.53	60.00
润州工业园区	4660	29.09	42538	19.66	30835	47.72	6.38	119.29

开发园区名称	工业品销售收入(亿元)		规模以上工业增加值(亿元)		全社会固定资产投入(亿元)		业务总收入(亿元)	
	当年数	增长率(%)	当年数	增长率(%)	当年数	增长率(%)	当年数	增长率(%)
合 计	3990.00	44.16	888.00	34.20	1071.87	43.47	5399.0	43.3
镇江经济技术开发区	1684.80	33.10	333.50	21.94	450.50	39.47	2258.7	37.5
丹阳经济开发区	840.36	80.69	184.87	60.25	124.53	55.89	1235.5	44.9
句容经济开发区	304.12	49.28	74.52	35.96	108.34	64.48	432.3	72.31
扬中经济开发区	364.88	35.82	91.34	33.76	107.07	57.28	405.3	45.0
丹徒经济开发区	385.47	44.52	96.33	46.40	105.76	9.27	426.4	35.00
京口工业园区	251.45	68.27	59.57	41.89	111.33	35.49	265.0	127.29
润州工业园区	158.68	7.03	48.28	14.26	79.23	42.50	400.6	80.8

(陈 达 贺联中)

展。①至2015年,把全市经济开发园区建设成为长三角地区装备制造业基地,重型装备、特种船舶与配套、汽车零配件、电力电器、工程机械装备等五大装备制造业实现销售收入2000亿元。②促进化工产业向绿色化、集约化、规模化方向发展,至2015年实现销售收入1400亿元。③促进特种金属业向高技术含量、高附加值和替代进口产品方向发展,至2015年,实现销售收入1200亿元~1500亿元;三大传统优势产业高附加值化发展,加快推进造纸、建材、电力三大传统优势产业结构优化,促进信息化与工业化融合,走新型工业化道路,至2015年,三大传统产业中50%以上中小企业实现信息化建设管理;五大特色产业品牌化发展,促进眼镜、自行车、光电子、木业加工、金属加工等五大特色产业品牌化和标准化建设,使特色产业成长为具有高市场占有率、高销售增长率的"明星产业",至2015年,特色产业销售收入超1000亿元,新创5个驰名商标;X种高投入、高消耗、高污染的"三高"产业有序边缘化,限制、淘汰丹徒经济开发区、镇江新区国际化工园区中具有巨大环境隐患的项目,关停并转对生态环境有严重影响的企业。 (陈 达)

【全市各经济开发园区建设发展评价】根据2010年度江苏省123家经济开发园区建设发展评价情况通报,全市7个省级以上开发园区建设水平综合得分和经济实力、产业结构、科技能力、开放水平等单项指标得分均有提升。其中,镇江经济技术开发区358.01分(比上年提高37.94分),仍居第一板块,列全省国家级开发区第15位、新批国家级开发区第2位;扬中经济开发区275.54分(提高57.92分),跃居第二板块,列省级经济开发区第26位;丹阳经济开发区271.91分(提高41.08分),仍居第二板块,列省级经济开发区第31位;京口工业园区254.72分(提高51.84分),跃居第二板块,列省级经济开发区第40位;句容、丹徒、润州开发园区仍居第三板块,综合评价数值分别提高43分、25分和22分。 (陈 达 贺联中)

镇江新区

【概况】 镇江新区总面积218.9平方公里,常住人口21.54万人,下辖3个镇和2个街道,享有国家级开发区经济审批和行政级别。2011年,镇江新区完成地区生产总值304.8亿元,比上年增长12.8%。定报工业企业实现销售收入922.14亿元,增长29.3%;实现利税95.44亿元,增长32.61%。全年新增规模以上工业企业46家。

全年引进外资项目59个,其中增资项目21个;工商注册实际到位外资5.3亿美元(商务部确认数);进出口总额41.90亿美元,比上年增长28.68%,其中出口额13.64亿美元,增长26.13%。全年完成城建投资131亿元,新开工项目119项,单位工程476个,工程造价53.8亿元,建筑面积347.21万平方米。受理质量报监单位工程476个,建筑面积347.21万平方米。在市招标办公开招标131个项目,工程总造价20.13亿元;在镇江新区完成小型工程招投标211项,工程总造价2.58亿元;直接发包156项,工程总造价39.35亿元。合同鉴证200份,工程总造价48.06亿元;发放施工许可证137本,单位工程686项。2011年有61项工程获评优质结构工程,1项工程获评市"金山杯"优质工程。全年创建省级文明工地6个。

实施拆迁项目58个,其中结转项目29个,新实施项目29个;实施拆迁9195户,面积197.55万平方米;完成拆迁8525户,完成面积182.33万平方米,完成全年拆迁任务的140%,是2010年拆迁完成量的1.07倍。房屋安置方面,镇江新区全年完成安置6500户、8824套、85.85万平方米,完成全年目标任务124.42%,是2010年安置面积总量的3.95倍。

完成国有土地登记、发证3665份,比上年增长20.28%。房产抵押1511份,抵押金额13.45亿元,面积72.19万平方米;抵押份数减少2.01%,抵押金额增长9.62%,抵押面积减少30.60%。紧缩农村集体土地登记发证,发证2份。完成规费征收186.41万元,其中房屋转让手续费148.69万元,增长30.58%;商品房面积测算费31万元,增长170.98%。

全区安置房开工建设面积455.66万平方米,其中,新开工面积177万平方米,在建面积278.66万平方米,竣工交付105.91万平方米。发展公共租赁房建设,精英公寓、乐业中心、国际公寓等项目总投资12.8亿元,总建筑面积95.7万平方米,其中公租房建筑面积36.1万平方米、7862套(间),工程于9月30日前全部开工建设。扩大廉租住房保障覆盖面,建立和完善廉租住房保障对象动态管理机制,经"三级审核、二次公示",对符合廉租住房条件的保障对象实施"应保尽保"。

新市镇建设。形成"135"架构,即大港中心城区—丁岗镇、大路镇、姚桥镇3个中心社区—葛村、儒里、华山等5个基层特色社区,累计完成投入近60亿元。完成"万顷良田"工程丁岗片区1260余公顷土地治理、农田水利基础设施建设,"万顷良田"建设工程成为全国土地整治示范典型。投入7亿元建设捆山河、太平河等重点农村水利工程。平昌新城小学开学,平昌社区卫生服务中心及服务站建成运营,平昌蔬菜直销点列入全省首批重点扶持直销点项目。试行平昌新城"中心社区+基层社区"的新型社区管理模式,在全市率先基本实现城乡社区养老服务站全覆盖,虚拟养老信息服务平台实现全域覆盖。

加大重点水利工程建设力度,投资11.5亿元推进捆山河、团结河、东方河、北山河整治和鸟巷水库除险加固、长江堤防达标建设工程。至2011年年底,北山河、东方河整治工程全部完工,捆山河、团结河开工建设,鸟巷水库除险加固工程完成放水涵洞和管理房的建设,长江堤防达标整治工程完成龟山闸至北港段长约7.2公里的施工图设计。推进农村水利工程建设,投入2380.9万元,疏浚县级河道1条、村庄河塘17条,完成土方30万立方米,更新改造涵闸站18座;治理坍江1185米,抛石6.56万立方米。

全年完成122个上市地块规划设计条件编制。完成镇江新区综合交通设施系统规划、大路镇新市镇规划、姚桥镇新市镇规划、镇江新区盛岗路道路北侧城市设计和镇江新区核心区发展轴线城市设计、镇江新区产业集聚与营造策略课题研究等。

全区完成造林面积608公顷,8个行政村达到新农村建设村庄绿化合格村标准,全区森林覆盖率达20.12%。 (新区办)

【"十二五"镇江新区发展目标】 根据省、市"十二五"规划和基本实现现代化目标体系要求,强化"跨越发展、转型升级、创新驱动、富民惠民、绿色增长"五个导向,实施"创新引领""转型升级""城乡一体""民生优先"四大战略,打造镇江科技新城和滨江生态产业新城,力争"十二五"末率先实现基本现代化,跻身国家级开发区20强。主要指标为:到2015年,地区生产总值达704亿元以上,地方一般预算收入力争达到100亿元;社会固定资产投资达580亿元;社会消费品零售总额达82亿元;实际利用外资达12亿美元;进出口总额达67亿美元;高新技术产业产值占规模工业总产值比重达63%;服务业增加值占地区生产总值比重达43%;R&D(研究与试验,下同）投入占地区生产总值比重提高到3.48%，万人发明专利拥有量达29.5件；城镇居民人均可支配收入达46000元，农村居民人均纯收入达23000元；城乡基本养老保险覆盖率和基本医疗保险覆盖率保持在98%以上。“十二五”期间，万元地区生产总值综合能耗下降18%，万元地区生产总值二氧化碳排放削减10%；二氧化硫、化学需氧量、氨氮和氮氧化物等主要污染物年排放总量削减10%以上。（於 鹏）

【全国国家级经济技术开发区综合发展水平评价大会】 会议于2011年9月20日在镇江科技新城举行，有128家国家级经济技术开发区代表参会。会议公布2010年国家级开发区投资环境评价结果，镇江新区在全国128家国家级经济技术开发区中名列第24位，在新升级的36家国家级经济技术开发区中名列第2位。本次评价结果由8项指数综合得出，包括综合经济实力、基础设施配套能力、经营成本、人力资源及社会责任、环境保护及节能减排、技术创新环境、管理体制建设、发展与效率指数。（钱 璐）

【镇江新区首届创业投资洽谈会】 2011年11月29日在镇江科技新城举行，参会人数近500人。会议以“创投、创新、创富”为主题，旨在搭建科技型企业与创业投资机构合作交流、项目对接的平台，引导各类社会资本支持镇江新区企业科技创新，加速投融资服务机构在镇江新区的集聚。本次创洽会，镇江新区提供对接项目信息124个，组织路演企业29家，展示科研成果110多个。深创投、红杉资本等126家创业投资、风险投资和服务机构参加会议，设立基金总规模21亿元。通过签订合作协议，融资总规模超过2亿元。《人民日报》、中央电视台、《经济日报》、香港《文汇报》、中国新闻社、《国际金融报》以及《新华日报》、《扬子晚报》、江苏卫视、江苏电台、中国江苏网、上海《东方早报》、《创业邦》杂志等海内外媒体对会议予以报道。（王 芸）

【农村工作】 2011年，镇江新区农民人均纯收入12272元，比上年增长18.5%。12个贫困村集体收入超过40万元；1815名农村贫困人口（年人均纯收入3500元以下）脱贫，人均纯收入达3750元。2011年新增高效农业面积900公顷，新增亩均效益万元以上设施农业600公顷，新增土地流转2333.3公顷；全区农村土地流转率达64%，协议利用“三资”突破10亿元，完成农业增加值6.23亿元，11项农业生产专利技术被国家知识产权局受理，《镇江新区农业现代化工程的实施意见》获省委农工办农业农村政策创新奖；推进农村集体资金、资产、资源“三资”清理工作，初步形成村级集体资产委托经营、物业经营和固定资产投资等模式。推进农村基层组织建设，全区各村（社区）500平方米村级活动阵地建设全部达标，“双强”（思想政治素质强、科学发展能力强）班子队伍达90%，全区各村级组织集体收入均达40万元，农村“新三通”（通水、通路、通信息）和信息网络站点实现全覆盖；完成农村土地确权发证工作和万顷良田范围内的土地流转。（王 芸）

【省级农业园区建设】 2011年6月，镇江新区现代农业园区通过江苏省现代农业产业园区认定。420公顷蔬菜园艺核心区年内基本完成基础设施建设，成为全市最大的连片设施蔬菜生产基地；新建“菜篮子”工程200公顷菜地，钢架大棚147公顷，高架防虫网33公顷，连栋大棚、智能温室3万平方米。配套建设公共服务平台、农产品检测中心、农产品批发市场等；园区内建成农业标准化示范园1个、有机蔬菜基地1个，新认证无公害蔬菜品种33个，新增镇江市品牌农产品1个，新开放农超对接蔬菜点2个。（朱 璟）

【社会事业】 2011年，镇江新区丁卯科技新城学校开工建设，平昌小学正式开学。建成平昌新城、大港街道、丁卯街道3个卫生服务中心和17个卫生服务站，其中平昌新城社区卫生服务中心下设大路、姚桥、石桥3个分中心。基本公共卫生人均经费达35元。落实婚前检查、孕前筛查等项目，全年完成100对检测任务，人口出生缺陷率在8‰以内，孕产妇死亡率控制在8/10万以内，婴儿死亡率在8‰以内；推进社区卫生服务，建立家庭和个人健康档案，全年建档19.6万人，重点人群服务覆盖率100%，全人口服务覆盖率90%，50%的居民拥有自己的责任医生。推行“一居一委一站一办一网”建设，在大港街道全面推行网格长工作，设置网格长150余名。全年与开发商签订无偿提供社区用房新增1.2万平方米，累计达3万平方米。全年开展各类文化惠民活动36场次，举办“秀百姓才艺 展新区活力”总决赛暨颁奖晚会，举办纪念辛亥革命100周年爱国主义教育活动和镇江新区纪念建党90周年诗书画、摄影图片展，组织600人的合唱方阵参加市“红心向党 放歌镇江”万人红歌会活动，组织2个方阵100人参加2011年镇江市元旦万人长跑活动。成功举办镇江新区首届全民运动会，镇江新区被国家体育总局授予“全国全民健身活动先进单位”称号；赵伯先故居被评定为国家AA级景区，免费开放赵伯先故居、赵氏佳城、朱氏祠堂、解氏祠堂、银山公园等5个景点。（朱 璟）

【财政收支】 2011年，镇江新区完成财政总收入64.52亿元（新区口径，下同），比上年增长34.26%；其中一般预算收入31.02亿元，增长51.33%。税收占一般预算收入比重为86.76%。财政总支出

图36－1 2011年9月20日，全国国家级经济技术开发区综合发展水平评价大会在镇江召开（毛 洁）

为 39.75 亿元，增长 48.77%；财政一般预算支出为 22.9 亿元，增长 65.92%。（李海俊 汪荣忠）

【固定资产投资】 2011 年，镇江新区完成固定资产投资 237.78 亿元，比上年增长 22%，其中：工业性投入 184.5 亿元，增长 21.6%。完成新兴产业投入 111.9 亿元，增长 102.5%；完成服务业投入 24.6 亿元，增长 68.7%。市级重点项目完成投资 76 亿元。（王文婷）

【筹融资突破百亿元】 2011 年，镇江新区实现筹融资到位 115.3 亿元；完成土地收储 321.87 公顷，实现经营性土地收入 31.04 亿元，工业性土地收入 5.04 亿元，土地净收益 19.31 亿元。（张晓丽）

【利用外资】 2011 年，镇江新区实际利用外资 5.3 亿美元，合同利用外资 6.54 亿美元，招引重大节点项目 25 个，新兴产业重点项目 26 个。引进菲舍尔航空复合材料、剑乔高强高模聚乙烯纤维及其制品、中建材薄膜太阳能电池基板及晶硅太阳能电池盖板深加工等一批具有带动性的项目，引进国家流量计型式评价实验室、中金国际、恒生电子科技园、奇美研究院等一批服务业项目。（吕少华）

【镇江新区审计局成立】 2011 年 9 月 23 日，镇江新区党工委、管委会发文，撤销原镇江新区监察审计局，设立镇江新区审计局（正科级内设机构），核定编制 10 人，设局长 1 名、副局长 2 名。全年完成结算审计项目 293 个，送审金额 7.414 亿元，最终审定金额 6.338 亿元，节约建设资金 1.076 亿元，平均核减率 14.54%。（印腊梅）

【组织和人才工作】 2011 年 6 月 22 日至 7 月 7 日，镇江新区对各镇（街道）、机关部门及所属事业单位正式在岗工作人员及大学生村官开展机关部门内设科室负责人竞争上岗工作。优化各镇党委班子性别、年龄、知识结构，形成以 35 岁～45 岁干部为主体的梯次配备，均为大专以上学历。开设新视野讲坛 10 期，举办现代服务业与转型升级专题研修班、招商引资实务培训班、社会管理与创新培训班、财税管理与财务审计培训班、农业现代化培训班等专业培训班次。全区副科级及以上干部交叉流动、换岗锻炼 47 人次，选派 6 人赴经济一线、2 人赴中科院挂职，新提拔任用科级干部 25 名。全年引进创新创业人才团队 60 个，其中领军人才团队 25 个，引进高层次创新创业人才 100 名，对上争取人才项目扶持资金 1861 万元；引进培育“千人计划”专家 3 人，入选省科技创新团队 1 个，入选省“双创计划”16 人，在全省 133 家开发园区中名列第一，超过镇江新区前四年“双创计划”入选人数总和，争取省级扶持资金 1150 万元；第三批“331 计划”22 个人才团队落户，35 人入选第四批“331”计划，占全市总数的 45%。（吕 赟）

【人力资源和社会保障】 2011 年，镇江新区举办各类招聘会 46 场，参会企业 2136 家，提供岗位 52655 个。申请创业贷款 11148 万元，421 人通过帮扶成功创业，带动就业 2097 人。建立平昌新城居民创业就业信息管理系统，录入 3185 人。面向全区困难家庭和就业困难的高校毕业生公开招聘 39 名公益性岗位专职协理员。加大“985”重点高校人才招聘力度，与 19 名应届硕士毕业生签订协议。新增扩面缴费 13254 人，扩面拉动社保基金 9857 万元，100% 完成年度目标任务；城镇职工养老保险覆盖率和基本医疗保险覆盖率均保持在 98%，老年居民养老补贴覆盖率达 100%，安置被征地农民 11160 名。全年处理各类劳动争议案件 744 件，结案率达 96.7%，为职工挽回经济损失 587.8 万元。全区实现农村劳动力转移 1983 人，SYB 创业培训 709 人、创业意识培训 5721 人、创业实用技能培训 369 人、GBO 创业培训 56 人，举办在岗职工技能提升培训 4997 人，创业帮扶 1672 人，创业带动就业 6428 人，申报创业孵化基地建设 43.8 万平方米。辖区内登记失业的被征地农民就业率达 97%，全区城镇失业登记率始终保持在 3% 以下。（吕 赟）

【镇江科技新城管委会】 2011 年，科技园东园双子楼、科技产业发展区 56 栋研发楼、中心景观区、两栋精英公寓启用，载体面积 55 万平方米。引进科技型项目 65 个，比上年增长 12%。其中，引进创新创业人才团队 56 个，增长 12%；引进高层次创新创业人才 85 名，增长 46%；引进科研院所 7 家，增长 17%，新增市级研发机构 9 家。坚持“以人才带项目，以项目聚人才”，集聚蓝烽科技、中研电控、华健检测、中华电信、闪联科技等高素质团队。引进国家“千人计划”人才 2 名，实现零的突破；入选国家“千人计划”人才 1 名；入选省“双创”人才 16 名；35 人获第四批“331”资助。完成全社会固定资产投入 48 亿元。完成规模工业销售 110 亿元，规模工业利税 12.5 亿元。完成新兴产业销售 47.5 亿元，新兴产业利税 6.3 亿元。完成一般预算收入 8.5 亿元。（朱 敏）

【镇江绿色化工新材料产业园管委会】 2011 年，绿色化工新材料产业园管委会完成规模工业销售收入 200 亿元、一般预算收入 2 亿元、固定资产投资 39.8 亿元，比上年分别增长 102%、127%、96%；生态环境、公共配套设施、科技创新联盟平台得到优化；单位地区生产总值能耗、园区化学需氧量排放、安全生产事故发生率下降。全年推进技改项目 14 个，引进节点项目 2 个。规模企业不断壮大，有销售超 30 亿元的企业 1 家，超 10 亿元的 6 家，超 5 亿元的 5 家，超亿元的 23 家。全年有 13 个新项目建成投产，园区新兴产业实现销售 130 亿元，占园区全部销售的 65%，增长 30%。（刘高院）

【中技桩业项目】 该项目由江苏中技桩业有限公司投资设立，总投资 10.64 亿元，项目位于大路镇滨江大道以东，占地 14.7 公顷，年产 1600 万米先张法预应力离心混凝土方桩。2011 年 8 月开工建设，预计 2012 年 8 月底八条方桩生产线全部竣工投产，达产后可新增年销售 80 亿元。（胡 敏）

【航天海鹰大飞机复合材料结构次件项目】 该项目由航天海鹰（镇江）特种材料有限公司投资设立，总投资 10 亿元，占地 10.4 公顷，项目分二期建设，该项目主要产品为复合材料及气凝胶。一期项目建设内容为复合材料研发厂房 2.5 万平方米，综合楼 8000 平方米，气凝胶生产厂房 5000 平方米。项目 2011 年 9 月开工，预计 2013 年 4 月竣工投产，投产后可年增加 10 亿元销售额。（胡 敏）

【中建材薄膜太阳能电池基板及晶硅太阳能电池盖板深加工项目】 该项目由中国建筑材料集团下属子公司蚌埠玻璃工业设计研究院和中国建筑工程集团有限公司投资设立，项目一期总投资 15.5 亿元，注册资本 1.6 亿元，占地 34 公顷，建设内容为两条全氧燃烧太阳能光伏玻璃生产线。2011 年 8 月开工，预计 2013 年底建成，项目达产后，将形成年产 1700 万平方米超白浮法玻璃和 2000 万平方米太阳能盖板深加工的生产能力，成为国内光伏超玻璃的龙头供应基地。（胡 敏）

【首控柔性复合材料加工系统项目】 该项目由江苏首控制造技术有限公司投资设立，项目一期总投资 1.62 亿元，注册资本 1 亿元，占地 4 公顷。该项目

2012年1月开工,预计2012年10月建成,生产一套制造FMS重型柔性复合材料的生产设备,是目前世界上最大复合材料联动生产自动线,填补我国复合材料高端产品的加工空白。项目达产后,将实现年均销售6.8亿元。　（胡　敏）

【国家级中低压检测中心项目】　该项目总投资4.5亿元,占地4公顷,建筑面积2.5万平方米,项目一期总投资2.1亿元,2011年5月启动,预计2012年7月竣工。主要建筑有低压实验楼、研发中心(综合楼)、220千伏户内试验变电站、电磁兼容实验室、母线耐温实验室、质检大楼,同时配备电寿命试验系统、数据采集系统等仪器设备。项目建成后将达到国内中低压配电设备检测试验一流水平。　（胡　敏）

【东方技校项目】　该项目于2010年5月由镇江冶金技工学校、电子工业学校、化工技工学校等三所职业技术学校整合而成。新校区位于镇江新区工程技术园内,总投资4.8亿元,占地面积18.67公顷,规划建筑面积13万平方米。2010年9月开工建设,预计2012年8月竣工。结合镇江市和新区企业的发展需要,开设钳工、车工、数控机床、机械设备维修、模具钳工、铆焊与冷作、冶金、焦化、化工等18个高级和中级技术专业工种。同时成立西南交大网络教育学院镇江学习中心,开展本科、专科段学历教育,建成后学校招生规模为5000人,职业培训规模超过5000人。　（胡　敏）

【乐业中心项目】　该项目总投资9亿元,位于镇江新区光伏产业园、航空产业园、中小企业园、轻纺工业园等多个产业集聚区的中心区域,由和诚企业集团投资建设。建筑面积20.7万平方米,其中宿舍面积11.4万平方米,商业服务建筑面积5.78万平方米。2011年5月开工,预计2012年年底建成。项目建成后,可容纳1.5万人生活居住,为现代工业园区提供全面的后勤服务。　（胡　敏）

【平昌新城建成】　平昌新城集中安置区是镇江新区“万顷良田”建设工程的配套项目,也是江苏省规模最大的集中安置小区。安置区占地106公顷,分5个住宅区,总建筑面积160万平方米,设计住宅1.42万套。该安置区于2009年10月底开工建设,2011年4月新茂苑一期率先建成交付,首批来自丁岗镇的1027户回迁户选得新房1553套。同年下半年,新乐苑、新茂苑二期、新怡苑相继建成交付,全年累计完成回迁安置4452户、6276套。随着该片区城市公交、小学、幼儿园、邻里中心生鲜菜场、大型超市卖场和社区卫生服务中心等功能设施相继投入使用,对新茂苑一期实行网格化管理。选聘15名居民代表、社区党员或原村民小组组长等人员担任网格长,形成无缝隙社区网格化管理模式。完善基层组织架构,成立新茂、新乐、新怡等3家党总支,完成回迁党员干部的信息采集。牵头丁岗、大路、姚桥等三镇,成立负责各自片区的暂三级资质物管公司,安排公益性岗位近300个。平昌新城中心社区被江苏省委认定为社会主义新农村建设先进单位。　（凌　浩）

【平昌新城邻里中心】　镇江新区平昌新城邻里中心引进新加坡邻里中心管理模式和经营理念,总占地面积8.7公顷,其中邻里公园万欣广场4.6公顷,商业中心4.1公顷。建筑总面积6.2万平方米,其中生鲜菜场建筑面积0.4万平方米,江苏明都超市建筑面积0.57万平方米,商业综合楼建筑面积3.1万平方米,地下人防工程2.1万平方米。2011年10月4日,邻里中心生鲜菜场试营业;11月19日,江苏明都超市开业。　（张晓丽）

【社会管理创新】　2011年,镇江新区实现平安新区建设“七连冠”,率先在全国建立省、市、区、镇(街道)四级视频接访系统,在全市成立价格争议联合调处工作站。全区破获各类刑事案件995起,比上年增长0.3%;“八类”案件破案率达100%;成功破获姚桥“9·1”杨国全故意伤害致人死亡案、“11·24”李浩林故意杀人案。镇江新区公安分局监控指挥中心与各派出所的监控室全部实现联网运行,技防镇(街道)建成率达100%,全区沿街商户技防入户率达80%,完成56条道路的交通智能化建设。实施公众安全感建设工程,组织开展平安法治新区建设宣传月活动和群众性义务巡防“红袖标工程”“平安先锋工程”和军警民联防活动。开展“平安工地”“平安企业”“平安村(社区)”等18项平安建设系列创建活动,制定出台《镇江新区关于实施社会管理创新工程的意见》,在全省开发区率先建成社区矫正管理教育中心,全区130名社区服刑人员未发生一例脱管、漏管和重新犯罪情况。推进社区综治工作网格化管理,把人、地、物、事、组织全部纳入网格进行管理。强化虚拟社会管理,成立网络安全保卫大队,安装网警检测系统,组建红色网民队伍,处置多起网络负面舆情事件。强化“法治新区”建设。武桥村、港南花苑等10个村(社区)被评为省级“民主法治示范村(社区)”,镇江新区政法委被省委、省政府表彰为法制宣传教育工作先进集体。　（徐　鹏）

【绿色建筑和建筑节能示范区建设】　2011年5月4日,镇江新区启动中心商贸区绿色建筑和建筑节能示范区创建申报工作,9月通过公示。该示范区建成后,可年节省标煤5500吨,减少二氧化碳排放近13000吨。2011年,镇江新区建成一批节能示范工程,其中金港大道路灯绿化工程从通港路路口以东直至扬中大桥总长10公里的道路,全部安装新型磁电灯和LED路灯。邻里公园建成全市首个绿色生态低碳公园,主要采用

图36-2　建设中的镇江新区体育馆和金融大厦　（新区办）

表 36－2　**2011 年镇江新区各镇（街道）经济社会发展基本情况一览表**

镇（街道）名　称	土地面积（平方公里）	耕地面积（公顷）	户籍总人口（人）	地区生产总值（亿元）	一般预算收入（万元）	到账外资及港澳台资（万美元）	外贸进出口总额（万美元）	农民人均纯收入（元）	参加城乡居民养老保险（人）
丁岗镇	35.36	1958	21949	5.68	3377	－	1193	12206	43
大路镇	41.67	1395	30048	4.62	3141	－	－	12376	116
姚桥镇	55.88	2580.6	45614	6.49	2422	219	－	11620	1188
大港街道	68.3	406.35	53272	－	50118	4165.76	14925	13756	118
丁卯街道	20	－	27899	－	85043	3000	－	13766	316

（新区办）

LED 光源、太阳能光伏发电，并应用趣味互动投影和接近开关的光纤泉，把景观、科技与趣味性结合为一体。（蔡　飞）

【镇江新区首届全民运动会】 2011 年 10 月 15 日开幕，11 月 22 日闭幕。运动会主题为“我运动，我健康，我快乐”，设老年部、青少部、职工部等三个部、12 个大项、82 个小项比赛项目，2500 多名运动员参赛。2011 年底，镇江新区被国家体育总局授予“全民健身活动先进单位”称号。（朱　璟）

【3 条河道整治竣工达标】 2011 年，镇江新区大港河、丁岗团结河和丁卯团结河整治完成并通过市级验收。累计完成河道清淤 28 万立方米和 12 平方公里范围内雨污水管网普查工作，封堵企业排口 67 个，河道沿线截流和雨污分流 22 处，河道换水 5 次，大港第一污水处理厂尾水排口迁移工程累计铺管长度 5500 米，建设地埋式小型泵站 4 座。（蔡　飞）

【港南社区获全国商业示范社区称号】 2011 年 7 月，大港街道港南社区被商务部授予全国商业示范社区称号。港南社区商业以大统华、港南农贸市场、卫生服务站为“中心”，以小型超市、服装专卖店、药店等为“邻里”，覆盖全社区生活服务和商业网络；社区居委会、物业公司、业主委员会形成“三位一体”基层运作机制。社区商业面积达 12.9 万平方米，社区商业服务网点 400 余个，服务社区及大港街道 7 万余人。（祝　青）

【镇江新区物业管理全覆盖】 2011 年底，镇江新区有住宅物业服务项目 44 个，物业管理服务企业 26 家，住宅物业管理规模达 463 万平方米，占住宅小区总面积的 84.64%。2011 年，镇江新区启动老旧小区、零散小区和保障性小区改造，补贴大港、丁卯两街道 40% 的老小区改造经费；计划未来五年对完成改造的老旧小区，给予每月每平方米 0.15 元的物业管理经费补贴。至 2011 年年底，全区实现有治安防范、有清扫保洁、有绿化养护、有物业维修、有停车管理的“五个有”物业管理服务标准。（蔡　飞）

辖市（区）经济开发园区

【丹阳经济开发区】 2011 年，丹阳经济开发区实现地区生产总值 256.8 亿元，综合发展水平居镇江省级开发区第一位。

产业建设。培育发展以恒神碳纤维、大力神合金材料为核心的新材料产业，以万得汽车、金波光能为龙头的新能源产业，以沥泽医药、福旦生物为主导的新医药产业，以彤明高科为代表的精密制造产业。加快建设以航空航天新材料产业园、生命科学产业园、中芬数字生态城为引领的高新产业园区，打造中合新农物流园、宏福汽配物流园、瀚博商贸城等现代服务业项目，同时推动中国（国际）眼镜城、日本汽车零部件工业园等重点项目，实现传统主导产业高端化。

招商引资。实际利用外资 2.55 亿美元，比上年增长两倍以上。其中有总投资 5 亿美元的日本汽车零部件工业园项目、总投资 3 亿元的深迪亚微电子项目和总投资 12 亿元的宝钢再生资源项目。

科技创新。建成 10 万平方米科技创业园，拥有高新技术企业 14 家、高层次人才团队 21 个、高层次人才 45 名、国家“千人计划”1 人、省“双创计划”4 人、国家级重点实验室 2 个、省级工程技术中心 5 个、省级公共服务平台 2 个，直接为开发区服务的院士、博士后超过 40 人。北航航空航天产业（丹阳）研究院、碳纤维及其复合材料重点实验室成为科技创新平台。全区高新技术产业总产值 168 亿元，占工业总产值 52% 以上。煤制乙二醇、碳纤维、平面转立体电影、商用陀螺仪、光扩散综合膜、玻纤单丝连续毡等 20 多项技术达到国际领先水平。（陈　达　贺联中）

【句容经济开发区】 2011 年，仁宝电脑、巨腾国际、台达电子、久正光电、金陵奥普特高分子材料、三鑫科技、智达高压电器等一批国内外知名企业先后落户句容经济开发园区。建设 3 个“一平方公里产业园”，即 IT 产业园，第四代显示技术产业园，新能源、新材料和智能电网产

图 36－3　占地 2 万平方米的丹阳市科技创业园区　（胡　灏）

业园;1 个"一平方公里科技园",即科技园。

招商引资。全区在建 27 个项目整体投资强度达到 5100 万元/公顷。先后引进智达高压电气、UV 新材料海田科技、金曼科技等新兴产业项目。华北电力大学电力科技园、南京理工大学句容分校、上海核工业研究所等一批高层次科研院校先后落户。同时建立政府引导、企业主导的产学研机制,华阳金属管件、天力变压器等区内企业与清华大学核能与新技术研究院、上海理工大学等在产业、科技、教育和人才等方面建立合作关系。建设句容市科技新城,科技新城位于黄梅集镇以西,新老 122 省道交叉区间,面积约 1 平方公里,重点引进市域经济纳税前五名企业总部、国内五百强企业和跨国公司区域总部、研发机构和省属重点以上院校等。2011 年 9 月 7 日,《关于争创国家级开发区的实施意见》出台,成立由市委书记童国祥、市长尹卫东为组长的争创国家级开发区领导小组,启动国家级开发区争创工作。

(陈 达 贺联中)

【扬中经济开发区】 2011 年,扬中经济开发区基础设施建设投入 21 亿元,完成拆迁 1500 余户,腾地 530 余公顷。组建扬中开发区经济技术发展总公司。开发区以临港产业、现代物流业、新能源以及装备制造业等为主导产业,以光伏太阳能产业为特色产业。园区内龙头企业主要有镇江荣德新能源科技有限公司、中电电气集团公司、镇江环太硅科技有限公司、江苏星河集团公司、江苏香江科技股份有限公司等。扬中经济开发区工业用地产出效益年增长率达 35.11%,开发单位面积税收增长率达 71.11%,高新技术产业产值年增长率达 41.79%,科技孵化器面积达 5.5 万平方米。新增研发中心 4 家,申请专利总数为 241 件,万元地区生产总值综合能耗年均下降率为 3.52%,化学需氧量、二氧化硫排放总量控制在省市下达目标值以内。推进岸线招商,中浩滨江新城开发、宝源华东物流园、兴隆码头一期和二期等项目落户,其中兴隆码头一期工程建成启用;新加坡家用太阳能等一批新能源产业项目加快推进。加强项目投入产出效益评估,建立项目建设全程跟踪管理制度。2011 年,开发区沿江工业集中区区域环境影响报告书获省环保厅批复,省级(镇江)太阳能光伏产业园成为国内太阳能光伏产业第一家省级园区。

(陈 达 贺联中)

【丹徒经济开发区】 2011 年,丹徒经济开发区完成全社会固定资产投入 105.8 亿元。随着二重、中盐等一批重大项目实施,安置房建设、生态园区创建以及其他各项民生工程得到推进。至年底,二重集团(镇江)重型装备厂有限责任公司核电容器厂房部分具备生产条件,一期全面投产后可实现年销售 50 亿元以上;二期项目安全壳厂房主体完成,千吨级内河码头主体竣工;三期项目报批手续完成。江苏镇江发电有限公司当年实现销售收入 38.54 亿元,中化镇江焦化有限公司实现销售收入 19.1 亿元,金海宏业(镇江)石化有限公司实现销售收入 57.32 亿元。

产业布局。优化工业园区布局,高资河以西以中盐盐化、金海宏业等企业为骨干做精精细化工,做大石油化工产业;高资河以东以中国二重为龙头做强重型装备产业;沿江则以建设综合保税物流中心,发展现代物流产业为主。对照基本现代化指标要求,规划石马新社区和开发区集中安置区,建设基础设施完善,教育、卫生、体育、文化等配套齐全的新市镇。通过宕口关闭、次生林改造、退耕还林、土地复垦整理等手段加快生态修复,利用高资香山、五州山、长山等自然资源,发展现代观光农业、高效农业和特色旅游产业。

科技创新。园区有高新企业 10 家,高新企业产值占比 16.4%,申请专利数为 573 件,授权专利数为 408 件,知名品牌数 8 个,设立研发机构 7 家,设立公共技术服务平台 7 个。

至 2011 年年底,南北共建园区建成投产。工业企业有连云港神舟新能源、金信利不锈钢、键坤实业等 15 家,从业人数达 3193 人,实现业务总收入 45.6 亿元、工业增加值 10.9 亿元、地方一般预算收入 6756 万元。

(陈 达 贺联中)

【京口工业园区】 2011 年,京口工业园区先后获批成为江苏省航空铝材特色产业基地、江苏镇江京口高性能铝材料产业园,并获批创建省级生态工业园区。全年内资企业注册资本 2.89 亿元,比上年增长 45.65%。当年引进大集团地区总部、区域采购中心、结算中心、销售中心和研发中心 6 个。服务外包业务收入 564.35 万美元,增长 53.72%;工业增加值 59.57 亿元,开发工业用地面积 286.70 公顷,每公顷工业增加值 2078.1 万元,增长 21.49%;税收收入 6.65 亿元,开发面积 331.09 公顷,单位面积税收 201.15 万元,增长 5.42%;高新技术产业产值 107.12 亿元,增长 122.37%;建成科技孵化器面积 6.25 万平方米;新获省级以上特色产业园区、服务外包示范区 6 个。

招商引资。2011 年引进大项目 6 个:总投资 2.93 亿美元爱励鼎胜铝业(镇江)有限公司大规格高强度铝合金板项目,总投资超 2 亿美元爱励鼎胜铝业(镇江)有限公司汽车用铝板材卷材项目,总投资 8.89 亿元镇江鼎胜铝业股份有限公司年产 12 万吨铝箔项目,总投资 6.9 亿元镇江鼎胜铝业股份有限公司年产 8 万吨汽车散热器用复合箔项目,总投资 5.6 亿美元、一期投资 5.63 亿元宏鑫绿洲新能源(镇江)有限公司薄膜提样能光伏电池项目,中国浩远集团投资 150 亿元综合开发项目。

科技创新。全年获批院士工作站和博士后流动站各 1 个,获批中组部"千人"计划项目 1 个。(陈 达 贺联中)

【润州工业园区】 2011 年,润州工业园区康士伯海事项目、莫仕天安连接器项目、七〇七制药、镇江船电、中船重件码头等 5 个项目竣工投产。中煤电子、宏业科技、荣基重工、中驰新材料、镇江港龙交通等 5 个项目一期工程竣工,镇江船厂三期顺利推进。全市重点项目哈电通用风电项目进展顺利,3.5 兆瓦直驱式海上风机研发制造总装厂房竣工并投入使用。镇江船厂成功研发"大功率多功能深海石油平台支援船";惠龙港国际新引进裕本、京楚、中攀股份等 23 家骨干企业,入驻企业近 200 家;金山物流作为全市首家以城市物流配送为主的公路物流运营基地,入驻企业 70 多家,成为省第六批重点物流企业。

招商引资。苏润电子、广庆电子、华印夏普完成规划选址,总投资 10 亿元的江科大船舶科技园项目进入实质性谈判。韦岗铁矿与香港光达集团合资兴办的注册资本 1226 万美元的兴龙物流项目 8 月获交通运输部批复。

科技创新。镇江(润州)船舶产业集群被审核认定为第二批江苏省特色产业集群。园区获批为省海洋工程装备及配套件特色产业园,"镇江市海上风电装备特色产业基地"落户园区。园区在全市成立首家开发区科技协会和技术创新战略联盟——镇江市特种船舶及海洋工程配套产业技术创新战略联盟。润州区港口物流业商会在园区挂牌成立。镇江特种船舶及海洋工程配套产业基地公共技术服务平台、江苏省镇江船厂有限公司四点定位大转矩舵海洋平台维修供应船和镇江中船设备有限公司 L32/40 船用中速柴油机国产化等三个船舶及海工配套项目入围 2011 年度国家火炬计划。有 1 个双创个人入选,并获得资助。

(陈 达 贺联中)

市级新任党政军领导

李国忠

2011年8月任中共镇江市委副书记、秘书长。

1957年10月生，江苏武进人。1985年8月加入中国共产党，党校研究生学历。1981年7月起在镇江地委办公室工作；1983年7月起在镇江市委办公室综合科工作，其间1986年9月至1988年7月，在镇江市委党校党政干部基础专业学习；1989年2月任镇江市委办公室综合科副科长；1990年2月任镇江市委办公室综合科科长；1992年11月任镇江市委办公室副主任；1994年12月任镇江市政府办公室副主任，其间1995年9月至1997年7月，在东南大学科技经济与行政管理专业研究生课程进修班学习；1995年12月任镇江市政府办公室主任、党组成员；1998年3月任镇江市政府副秘书长、办公室主任；2001年3月任镇江市政府秘书长兼政府办公室主任、党组书记，其间2001年7月至2002年12月，在江苏省委党校行政管理专业研究生班学习；2002年1月任镇江市政府党组成员、秘书长兼政府办主任、党组书记；2003年1月任镇江市副市长；2003年5月任镇江市委常委、秘书长，其间2004年5月至2004年12月兼任扬中市委书记。（组织部）

秦景安　2011年6月任镇江市委常委、常务副市长。

1957年6月生，江苏张家港人。1987年1月加入中国共产党，大专学历。1971年5月在沙洲县锡剧团参加工作，历任演员、编剧；1980年12月在沙洲县晶体管厂工作；1985年5月调沙洲县（张家港市）人大办公室工作，历任副股级秘书、综合科科长；其间1982年9月至1985年8月在江苏广播电视大学中文教学班学习；1992年3月任张家港市妙桥镇党委副书记（正科级）、农工商总公司副董事长；1993年4月起，先后任张家港市双山乡党委书记、农工商总公司董事长，妙桥镇党委书记、农工商总公司董事长，杨舍镇党委书记、农工商总公司董事长、人大主席，张家港市司法局局长、党组书记，港区镇党委书记、农工商总公司董事长、人大主席；2001年2月任张家港市副市长；2005年7月任徐州市副市长、徐州经济开发区党工委书记、管委会主任；同年12月任徐州市委常委、徐州经济开发区党工委书记、管委会主任。（李映虹）

孙　健

2011年5月任镇江市委常委、纪委书记。

1958年5月生，江苏常州人。1986年10月加入中国共产党，大专学历。1977年5月起在常州汽车修造厂（客车厂）工作；1981年12月起在常州客车制造厂办公室工作；1983年7月起在常州机械冶金公司宣传科工作；1987年11月任常州市机电基层工委团委副书记、书记；1989年9月任常州市机冶工委团委书记；1990年8月起，先后任常州工矿电机车厂党委副书记兼纪委书记、党委书记；1995年4月起，先后任常州市机械冶金工业工委副书记、纪委书记，常州市机冶控股（集团）有限公司党委副书记、纪委书记、副董事长，其间1996年6月至1998年1月在天津大学管理学院工商管理专业研究生进修班学习；1998年10月任常州市委副秘书长；2001年4月任常州市委副秘书长、市委办公室主任；2002年11月任常州市委组织部副部长、企业工委书记，其间2004年4月至2005年10月在南京师范大学公共管理学院行政管理专业研究生课程班学习；2005年2月任常州市经贸委主任、党组书记；2008年4月任淮安市委常委、纪委书记。（组织部）

李小平

2011年8月任中共镇江市委常委、镇江新区（镇江经济开发区）党工委书记。简介参见《镇江年鉴（2010）》第319页。（组织部）

李雪峰　2011年8月任中共镇江市委常委、政法委书记。

1969年5月生，江苏如东人。1987年7月加入中国共产党，党校研究生学

历。1990年8月在淮海交通专科学校汽车运输管理专业毕业后，分配至如东县交通局直镇交管所任交管员；1992年4月被共青团如东县委借用；1993年6月任共青团如东县委宣传部副部长；1993年11月任如东县新光乡党委副书记；1996年1月任如东县新光乡党委副书记、乡长；1996年11月任共青团南通市委副书记、党组成员；2000年10月任共青团南通市委书记、党组书记，其间2001年9月至2002年12月，在省委党校政治经济学专业研究生班学习；2003年8月起历任南通崇川区委副书记、代区长、区长兼南通市旅游度假区管委会主任、开发公司董事长，其间2004年9月至2006年4月，在南京大学与荷兰马斯特里赫特管理学院合作举办的工商管理硕士学位课程班学习获工商管理硕士学位，2005年6月至2005年9月，在德国海德堡大学江苏省第九期高级管理人才经济研究班学习；2007年11月任中共南通市通州市委副书记、代市长；2007年12月任中共南通市通州市委副书记、市长；2009年7月任中共南通市通州区委副书记、区长；2011年7月任中共镇江市委常委。（组织部）

鄂金书

2012年1月当选镇江市人大常委会副主任。

1956年8月生，江苏丹阳人。1984年11月加入中国共产党，大学普通班学历，硕士学位。1980年1月，镇江农机学院动力系水力机械专业毕业后，分配至镇江地区农机局农机科工作，任技术员。1983年3月起，在镇江市水利局机电排灌科工作，任技术员。1984年11月起，任镇江市水利勘测设计室副主任。1985年12月起，历任镇江市水利局工程管理科科长，党组成员兼长江堤岸涵闸工程管理处主任、长江镇扬河段整治工程办公室主任，副局长、党组成员，副局长、党组副书记，局长、党组副书记，局长、党组书记。其间，1986年9月～1987年1月在镇江市委党校中青年干部培训班学习，1995年9月～1997年5月在南京大学国际商学院工商管理专业研究生课程班学习，1998年7月～1999年9月在新加坡南洋理工大学学习，获理学硕士学位。2002年4月起，历任镇江市建设局局长、党委副书记，镇江市建设局局长、党委书记，其间，2003年7月～2004年5月兼任市天然气有限责任公司董事长、总经理。2010年2月起，任镇江市住房和城乡建设局局长、党委书记。江苏省第九届人大代表，镇江市第四次、第五次、第六次党代会代表，镇江市第四届、六届人大代表。（陈 杰）

丁 憬

2011年11月任镇江市副市长。

1964年8月生，江苏泰兴人。1986年6月加入中国共产党，党校研究生学历。1983年4月起先后任镇江市润州区谏壁镇团委干事、团委副书记，1985年9月在江苏广播电视大学镇江分校档案专业学习，1988年11月任谏壁镇团委书记，1989年10月调润州区团区委工作，先后任干事、团区委副书记、团区委书记，1991年10月任官塘桥乡党委副书记、乡长，1993年4月任官塘桥乡党委书记、人大主席，1995年5月任七里甸镇党委书记，1997年4月任润州区副区长，2000年12月任丹徒县副县长（后改任丹徒区副区长），2002年11月任丹徒区委常委、副区长（其间2003年8月至2004年12月兼任丹徒新区党工委书记、管委会主任），2005年7月任丹徒区委副书记、代区长，2006年1月任丹徒区委副书记、区长，2008年2月任丹徒区委书记。（李映虹）

李廷祥

2011年4月任镇江市副市长。（挂职时间至2012年春节前结束）

1963年3月生，青海贵德人。1991年12月加入中国共产党，党校研究生学历。1980年7月至1989年6月，任青海省海南州公路工程队技术员（其间1984年9月至1986年7月在福州大学土木建筑工程系路桥专修班学习）。1989年6月至1990年3月，任青海省海南州公路工程队副队长，1990年3月至1990年5月，任青海省贵德县公路工程队队长。1990年5月至1995年1月，任青海省贵德县工业交通局副局长、局长。1995年1月至1998年4月，任青海省贵德县经济建设局局长。1998年4月至2000年1月，任青海省兴海县副县长。2000年1月至2002年12月，任青海省兴海县委常委、副县长（其间1999年8月至2001年12月在中央党校领导干部函授本科班经济管理专业学习）。2002年12月至2003年4月，任青海省兴海县委副书记、副县长、代县长。2003年4月至2005年7月，任青海省兴海县委副书记、县长（其间2001年2月至2003年7月在青海省委党校研究生部经济管理专业学习）。2005年7月至2010年1月，任青海省贵南县委书记（其间2007年10月至2007年12月在青海省委党校第35期中青班学习）。2010年1月至2010年4月，任青海省海南州委常委、贵南县委书记。2010年4月至今，任青海省海南州委常委、秘书长。（李映虹）

模范人物

徐长林

镇江鼎盛铝业有限公司技术员，2011年获全国五一劳动奖章。

1954年11月生，江苏镇江人，中共党员，大专文化，助理工程师。他注重学习新知识、新技术，并将新工艺、新技术应用到工作之中。在铸轧熔铝炉用天然气替换燃油的工作中，在保证不影响铸轧生产的前提下，使铸轧熔铝炉替换燃料一次性点火成功。降低生产成本，改善生产环境，每年可节约费用1200万元；在对水泵进行重新选型改造中，用同样功率的一台泵供三条生产线，运行成本降低50%，每年可节约10万元以上；针对铸轧每天要收购40多瓶高纯氮气的情况，他在原来氮气机总量只有110立方米/小时的基础上，增加一台110立方米/小时的制氮机，年节约成本达90万元。2009年，他被授予江苏省五一劳动奖章。

（叶兆国）

解加平 镇江邮政局丁岗支局乡邮员，2011年获全国五一劳动奖章。简介

参见《镇江年鉴(2010)》第325页、《镇江年鉴(2011)》第339页。

(叶兆国)

夏照明　镇江市地税局局长，2011年获全国五一劳动奖章。

1958年3月生，江苏镇江人，中共党员，研究生文化，会计师、税务师。他担任局长以来，坚持创新，提出新时期地税工作理念。2010年组织各项收入145亿元，其中一般预算收入80亿元，增长36%以上，增幅位居全省前列，社会保险费征收38.3亿元，增长30%，征缴率达99%；他提出推进二、三产业分离的“金点子”，一年为地方财政增税近1亿元，该成果获全省第11届哲学社会科学优秀成果三等奖；他提出“符合政策坚决办，两可之间从宽办，不懂政策辅导办，所有减免及时办”的税收政策理念，每年办理税收减免3.5亿元；他在全省地税系统率先改革涉税审批制度，简化办税流程；他在全国税务系统首家成立“维权协会”，为纳税人维权。在他的带领下，地税局2009、2010年连续两年获镇江市“跨越发展有功单位”称号。他先后获全国普法工作先进个人、江苏省地税系统优秀公务员、江苏省地税系统三等功、江苏省地税系统优秀处级领导干部、全省职业教育先进个人、全省扶残助残先进个人等多项称号。　(叶兆国)

朱沪生　扬中市人民法院审判员，2011年获全国政法系统优秀党员干警称号。

女，1958年9月生，中共党员，大学文化。她自1991年从事审判工作以来，共审结各类案件3100余件，无一件被提起申诉再审，无一件被发回改判，无一件当事人上访缠诉。她连续多年被评为先进工作者，二十余次受到全国、省、市、县各级表彰，先后被江苏省高级人民法院评为全省人民满意的法官、全省优秀法官，记个人一等功、二等功各一次，获全省法院改革开放三十年英模纪念章，被最高人民法院授予全国人民法庭优秀法官、全国优秀女法官、全国模范法官称号。　(张传军)

吴爱民　镇江市人民检察院控告申诉检察处副处长。2011年获全国政法系统优秀党员干警称号。

1970年12月生，湖北黄梅人。中共党员，本科学历，法律硕士。从事控申举报接待工作10年来，先后接待群众来访达6000余人次，其中集体访、告急访50件400余人次，处理群众来信5000余件，化解各类矛盾纠纷200余件。曾获全省检察机关优秀接待员、江苏省检察机关先进工作者、镇江市优秀检察官、镇江市百名文明服务明星、镇江市杰出青年卫士等称号，立三等功2次。　(康　珺)

茅仲华　镇江市中级人民法院党组书记、院长，2011年获全国优秀法官和全国审判业务专家称号。

在省高院负责刑事审判工作期间，审理和参与审理多起全国或全省有重大影响的刑事案件，在中文核心期刊发表学术论文10多篇。先后被中央纪委、最高人民法院、江苏省委等机关记二等功三次、三等功二次，被评为江苏省十佳法官、全省法院先进工作者(享受市级劳模待遇)、江苏省杰出政法干警、江苏省审判业务专家。简介参见《镇江年鉴(2011)》第334页。　(张传军)

景荣春　江苏科技大学教授，2011年被评为全国高校创先争优先进典型、江苏省敬业奉献模范。

1946年2月生，2010年8月逝世，江苏丹阳人。中共党员、民盟盟员。生前为江苏科技大学船舶与海洋工程学院教授、硕士生导师。省级一类优秀课程

“理论力学”组长兼省级二类优秀课程“工程力学”组长。1964～1970年就读于清华大学光学仪器专业，1979～1980年在清华大学两年制进修班学习，1982年获得江苏工学院工学硕士学位，1986～1987年教育部公派美国威斯康星大学(Madison)访问学者，1994年11月加入中国民主同盟，2010年6月加入中国共产党。他一直从事各门基础力学课程的教学和工程应用研究，为研究生、本科生授课十多门；主持完成部级民品攻关项目一项，填补国内空白；主持完成部级国防科研两项；获省级一等奖一项；合作出版工程力学、理论力学、材料力学教材8本；主编各种理论力学、材料力学、工程力学习题详解14本，合计400余万字；在《工程力学》《实验力学》等杂志和国际会议发表论文30余篇；多次被学校评为教学名师、优秀教育工作者，获全国力学优秀教师、镇江市劳动模范等称号。

2011年1月1日，景荣春教授获镇江市第三届“大爱之星”称号；2011年3月7日，他作为践行当代教师核心价值观的楷模，成为中央文明办举办在“中国好人榜”候选人之一；2011年3月31日，省委书记罗志军对景荣春的先进事迹作出重要批示，指出景荣春先进事迹很感人，值得在全省乃至全国更好地宣传推广。　(裴　伟)

唐明觉　镇江市社科联副主席、镇江市社科专家协会副主席。2011年9月被评为全国先进社科工作者。

1959年4月生，江苏句容人。中共党员，大学文化，镇江市硬笔书法家协会主席。2000年起任市社科联副主席，分管科普、科研、《镇江社会科学》编辑部(前身为《镇江学刊》)等。他建立市级社科应用研究课题立项资助制度，2010年和2011年两年立项课题115项；调动、协调社会力量共同开展社科普及活动，争取2个省级社科普及示范基地，建立6个市级社科普及基地；每年科普周(月)受省社科联资助(奖励)的项

目在市级社科联中居前列，科普工作多次获得省社科联表彰。（薛玉刚）

蔡世源　镇江市残疾人康复活动中心主任，2011年被国务院残疾人工作委员会评为全国残疾人工作先进个人。

1973年10月生，江苏扬中人，中共党员。1993年毕业于南京特殊教育师范学校，即分配至镇江市残疾人康复活动中心工作至今，先后担任副主任、主任职务，1997年起主持全面工作。在职函授取得研究生学历。蔡世源探索残疾儿童学前教育新路子，与浙江中医院联合，举办小天使培训部和启智班，累计收训残儿300余名，其中80%的聋儿进入普通小学随班就读。联系五个残疾人协会，做"残疾人之家"和"残疾人之友"，先后策划聋人书画摄影展览、盲人电脑培训，主动承担"全国助残日"、国际"盲人节"、"聋人节"及省、市残疾人运动员选拔、集训参赛工作。推动康复中心门诊部成为基本医疗保险定点医疗机构，门诊部为6种救助对象实行医疗费用减免政策，年均有120多人次收益。门诊部对患者实行弹性工作制，错时服务，2010年即诊治4500人次。在评残工作中，组织医务人员下乡入户对重残人员预约上门鉴定。该中心连续三年被市总工会评为"五一"文明单位。（孙　萍）

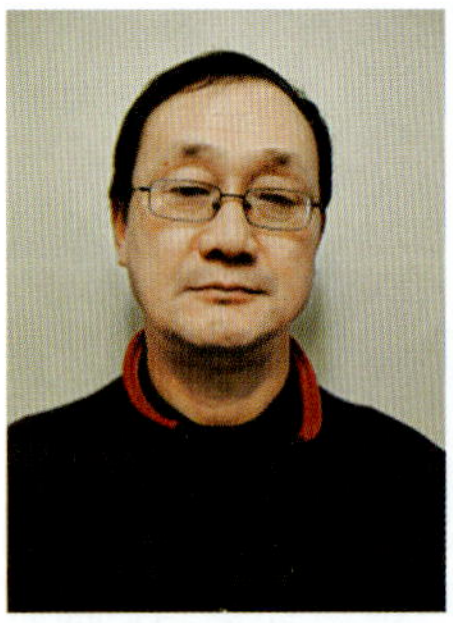

吴立庭　镇江有色金属铸造厂退休职工，2011年被国务院残疾人工作委员会评为全国残疾人工作先进个人。

1950年7月生，江苏镇江人，任江苏省残联主席团委员、江苏省聋人协会副主席、镇江市聋人协会主席。7岁因脑膜炎双耳致聋，1965年毕业于镇江聋校，同年升入常州聋校读书，1967年毕业。1972～1977年在镇江市迎江工具厂工作，1977～1997年在镇江市有色金属铸造厂工作。先后当过工人、宣传干事、工会干事、美工等职。吴立庭1984年开始学习美术，先后在镇江美协美专班、中国书画函授大学自费学习，先后有多幅书画摄影作品在省、市美术摄影展览中获奖，在报刊上刊载。2000年，他主持镇江市聋人协会工作，以志愿者身份、义务服务十多年，2002年创办"聋人聚会交流沙龙"及活动室，形成每周二下午的学习日制度。开展形式多样的教育、文化、体育活动，发挥聋人协会在残疾人社会保障和社会服务"两个体系"建设中的作用。吴立庭在聋人群体中威望较高，为广大聋人服务，维护聋人的合法权利。多次组织镇江市参与江苏省聋人书画摄影艺术活动，举办羽毛球、乒乓球比赛，聋人手语和聋人文化研究。写有调研论文；深入基层，到聋人集中的福利企业了解聋人就业、培训、工作待遇等情况；争取优惠扶助政策，为聋人通讯、乘车、景点旅游等作努力；参与《江苏聋声》《镇江聋人》刊物编辑出版等工作。（孙　萍）

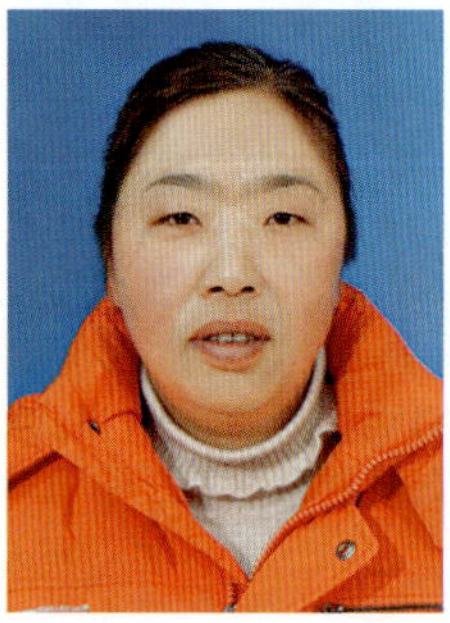

周素英　镇江市环境卫生管理处业务考核员，2011年获江苏省劳动模范称号。

女，1964年4月生，江苏镇江人，中共党员，初中文化，高级工。她在八年的清扫工作中，扫过的马路面积达1310万平方米，相当于20个镇江市区。市东门坡中转站是全市垃圾量最多的中转站之一，在任站长期间，她坚持带头清洗墙壁，疏通阴沟。在担任业务考核员后，她以道路地面干净、20小时保洁、地面无杂物作为检查标准，坚持市区干道作业现场动态检查考核管理。她曾获全国三八红旗手、江苏省五一劳动奖章、镇江市劳动模范、镇江市十大杰出行业标兵、镇江市城管系统"优秀共产党员"等称号。（叶兆国）

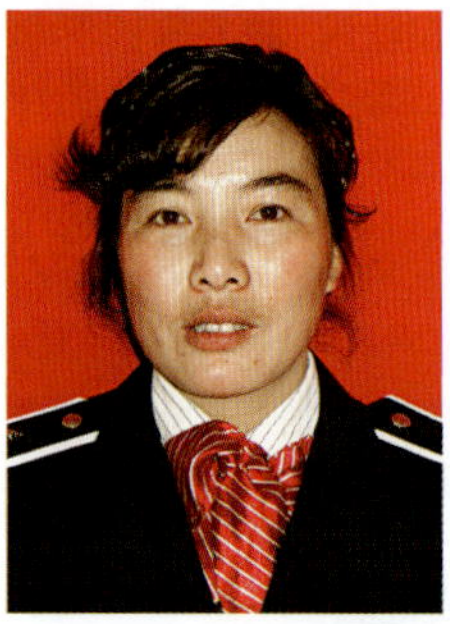

卢　萍　江苏省镇江江天汽运集团有限责任公司站务员，2011年获江苏省劳动模范称号。

女，1963年9月生，江苏镇江人，中共党员，高中文化。她自2001年担任"雷锋车"工作以来，坚持在车站服务的岗位上，树立"雷锋车"的品牌效应，架起车站与旅客之间的服务"心桥"。她不仅能熟练地为普通旅客服务，还能通过掌握的哑语、英语知识为特殊群体和外国旅客服务，成为班组的"多面手"。她不仅将"雷锋车"的关爱送到旅客身边，还将"雷锋精神"传播到社会的各个角落，她当上"社会妈妈"，成为社会福利院的"爱心使者"。2010年，汽车客运站迁入新址以后，她带头推出便民车，把热水、便民物品送到旅客们中间，零距离服务旅客。她曾获全国交通行业文明职工标兵、江苏省十佳文明职工、江苏省巾帼建功标兵、江苏省五一劳动奖章、镇江市城镇妇女"巾帼建功"岗位明星、镇江市第二届百佳文明市民、镇江市劳动模范等称号。（叶兆国）

赵曙勤　镇江港务集团有限公司集装箱分公司修理班班长，2011年获江苏省劳动模范称号。

1965年10月生，江苏镇江人，中共党员，大专文化，技师。他自1992年进港工作以来，掌握娴熟的钳工技能，并自觉运用到生产实践中。他曾负责主持大型门机小修项目的攻关，探索并改变一直由上海港机厂修理的局面，自行主修门机20余次，节约费用72万元。2006年，他就2000型集装箱桥吊的上机高压电缆使用一段时间后就会蛇形变形的现象开展攻关，将传动机构中单向轴承反转安装，使电机反转后，改变电缆在收放过程中走"S"弯的现状，从而使原本只有一年半寿命的高压电缆延长数倍的寿命，当年就节约费用30万元。他注重做好传帮带，所带的徒弟成为企业技术骨干。他多次被评为公司优秀共产党员、优秀班组长，并先后被授予江苏省"金锚奖"、江苏省技术能手、江苏省有突出贡献技师、镇江市五一劳动奖章、镇江市有突出贡献的技师等称号，并享受镇江市政府特殊津贴。（叶兆国）

王树立　金东纸业（江苏）股份有限公司机械部维保处处长，2011年获江苏省劳动模范称号。

1966年3月生，安徽明光人，大学文化，工程师。他1989年大学毕业后到镇江煤矿专用设备厂工作，其参加的ZM5080ZJ汽车钻机项目获江苏省煤炭工业科学技术进步三等奖。1997年，他加入金东纸业（江苏）有限公司，先后在金东公司机械部担任技术员、领班、值班

主管等职，至2007年被公司提升为维保处处长。他先后参加金东公司一期、二期、三期扩建工作。在扩建中主要负责设备材料管理和设备安装进度、安装品质等工作，生产中负责各机台机械设备的保养体系的建立，现场设备维修管理，辊子研磨等工作。多年来，他在工作中勇于进取，不断探索，金东公司设备故障率、维修费用逐年下降。2001年获得金东公司第一届金牌员工称号，2003年获得镇江市劳动模范称号。

（叶兆国）

包宗伟　江苏齐航数控机床有限责任公司主任工艺师，2011年获江苏省劳动模范、江苏省五一劳动奖章称号。

1955年8月生，江苏镇江人，初中文化，高级技师。他多年来为公司成功地解决重型产品大孔径加工等问题，仅一项创新发明就为公司创造经济效益120万元。在负责研制新品普机CW61206、C61250Z这两种车头箱体加工过程中，利用机床的特点，最大限度的利用机床的承重能力，加班奋战20余天完成任务。他自行设计并制造可调式加工多孔系箱体内孔割槽刀具，这一刀具申请国家专利保护，被批准为实用新型刀具。为完成研制CW61160（32t）新品，他承担镗削任务，一个月内坚持每天加班至晚上10时，最终解决普通镗床加工大型箱体与测量的技术瓶颈问题，该成果被省总工会评为江苏省十大先进操作法。他曾获江苏省五一劳动奖章、镇江市有突出贡献的高级技师等称号。

（叶兆国）

黄庆明　镇江维科精华棉纺织有限公司工段长，2011年获江苏省劳动模范称号。

1953年4月生，江苏镇江人，中共党员，高中文化，技师。他从事设备管理与设备维修工作四十余年，为提高产品质量，降低消耗，使日本设备更为公司所用，他提出合理化建议及小改小革小发明几十项（其中“三角气流板改造”这一

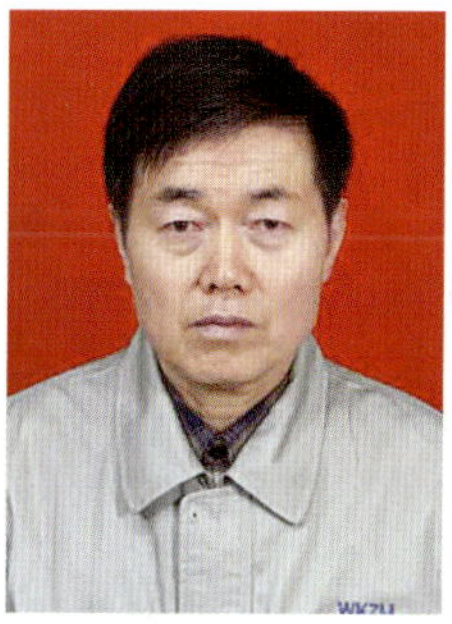

项就为企业节约费用20万元），并获集团总部二等奖两项、三等奖三项，分公司二等奖十二项。他配合企业的重大工作调整，在担任车间精梳工段长时，能合理调整工作节奏，使车间精梳设备管理工作上台阶，受到总部及日本专家赞扬。他先后两次被集团公司评为优秀员工，2007年被评为镇江市劳动模范。

（叶兆国）

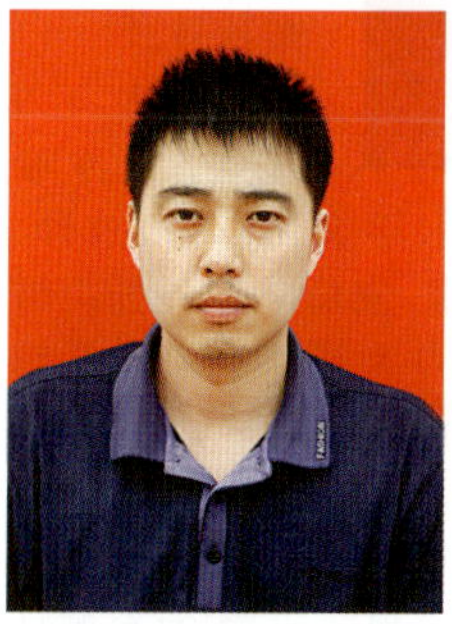

孙志刚　中国石化华东石油局第六普查勘探大队70829井队队长，2011年获江苏省劳动模范称号。

1978年1月生，江苏镇江人，中共党员，大学文化，高级工。他十多年来扎根一线，多次被单位评为“技术标兵”和“先进个人”，他带领的团队先后获得六普“文明集体示范队伍”“模范职工小家”“金牌队”等称号。2006年，孙志刚带领的团队面对腰英台油田开发以来的第一口高难度薄油层水平井，在低孔隙、低渗透、低压力的“三低”复杂环境中，创出井深2744.5米，水平位移521.07米，水平井段261.26米，水平段井眼轨迹油层有效穿透率86.6%，水平井钻井无回填井段，全井“零事故率”的“双优工程”，且产量是常规投产井初期平均日产油的四倍多。2007年，面对被专家们称之为“硬骨头”的高压气井，他们使用先进的欠平衡钻井技术并采用小井眼钻进，日产天然气11万立方米、日无阻流量30万立方米。2010年8月，面对洪灾，他带领井队全体成员，连续五天五夜奋战在抢险一线，加固除险，保住油井，保住国家财产的安全。

（叶兆国）

杜连新　丹阳市政建设有限公司助理工程师，2011年获江苏省劳动模范称号。

1955年6月生，江苏丹阳人，初中文化，助理工程师。他1983年从事市政建设工作，由他参与施工的东门外大街拓宽改造工程、城河路改造工程、香草路市政道路等工程相继获得镇江市金山杯

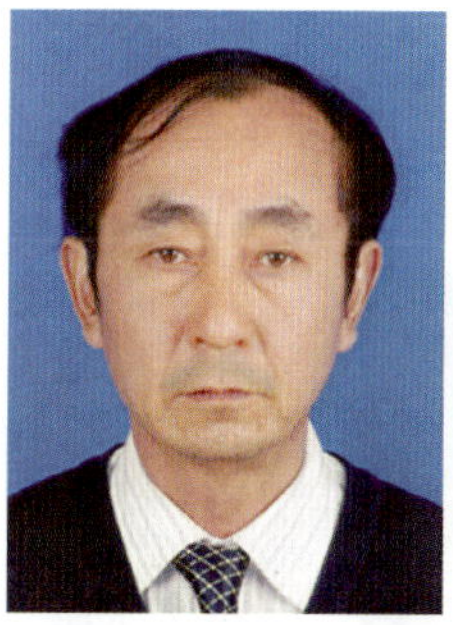

优质工程奖。在丹延路施工的高温季节，他坚持工作，留守工地，未探望重病卧床的父亲。在城河路改造工程进行沥青混凝土面层施工，他带病坚持在施工工地时，病情加重，喉咙失音。他多次被评为单位、城管局先进个人，2003年获镇江市劳动模范称号。

（叶兆国）

黄汉龙　镇江中船设备有限公司技术中心副主任，2011年获江苏省劳动模范称号。

1965年1月生，江苏常州人，九三学社社员，大学文化，高级工程师。他长期以来敬业爱岗，为中船公司的快速发展作出贡献。该公司5L23/30H柴油机被评为国家级高新技术产品，黄汉龙作为该产品开发项目的主要参与者，获得镇江市科技进步特等奖、江苏省科技进步一等奖。他参与的混合式脉冲转换涡轮增压系统研发项目，2010年获国家科技进步二等奖。多次被评为镇江中船设备公司先进工作者，2005年获镇江市优秀科技工作者称号，2006年获镇江市有突出贡献中青年专家称号，2006年获中船集团公司首批“集团级专家”称号，2009年被中船集团公司和国防邮电工会评为中国船舶工业集团公司劳动模范。

（叶兆国）

杨周鑫　江苏省交通工程集团有限公司镇江分公司项目经理，2011年获江苏省劳动模范称号。

他曾多次获企业“标兵”“优秀项目经理”“十大杰出青年”，获镇江市交通系统“优秀共产党员”、镇江市建筑业“优秀项目经理”、镇江市青年岗位能手、镇江市劳动模范、江苏交通控股有限公司“先进个人”、江苏省五一劳动奖章、全

国交通系统“青年岗位能手”等称号。简介参见《镇江年鉴(2009)》第310页。

（叶兆国）

徐雪君

江苏船山矿业股份有限公司车间主任、支部书记，2011年获江苏省劳动模范称号。

1966年11月生，江苏常熟人，中共党员，大学文化，工程师。他自参加工作以来，上机台，入班组，解决生产难题，车间生产及各项工作走在前列。几年来共平整绿化固化采场106560余平方米，累计配矿202万吨。他率先在车间内部对每台设备运作情况进行跟踪分析，对备品备件的领用、设备利用率、完好率以及人员对设备“三好”“四会”的掌握程度等情况进行梳理，最终制定一套完整的考核细则，并运用到生产的全过程。2008年，采运车间被授予“省工人先锋号”称号。车间成员思想上有疙瘩，经济上有困难，他主动帮助，近年来，他为车间员工争取补助23460元，被称为“员工的贴心人”。他领导的车间和车间党支部多次被评为公司“一流车间”“先进集体”和“先进党支部”。他先后获镇江市冶金系统科技标兵、十佳青年、镇江市劳动模范、江苏省五一劳动奖章等称号。

（叶兆国）

王国俊

江苏捷诚车载电子信息工程有限公司总工程师，2011年获江苏省劳动模范称号。

1969年10月生，江苏镇江人，中共党员，大学文化，高级工程师。他主要从事车载电子信息系统工程的设计开发工作，在近20年的工作中，面对研制开发项目多、时间紧、难度大的情况，研制开发大功率电台车通信系统、×××网系通信系统、集团军指控系统等一百多项重点军工项目，研制开发以飞艇、装甲车等特种承载平台为基础的新型通信系统，在产品开发中运用多种先进技术，适应当前机械化、数字化部队发展的需要，为提高我军通信系统的防护抗毁能力、越野机动能力和全天候连续工作能力，全面提升作战效能作出贡献。在主持开发的项目中，为我军某部队研制的应急作战机动技术保障装备系统获国家科学技术进步二等奖，另有多项指挥、通信和测控装备获解放军科技进步奖。他曾获镇江市劳动模范、省“333高层次人才培养工程中青年科技领军人才”、市有突出贡献的中青年专家等称号。（叶兆国）

栾建明

江苏省电力建设第三工程公司热机专业公司党支部书记，2011年获江苏省劳动模范称号。

1955年9月生，江苏泰州人，中共党员，大学文化，高级技师。他工作三十多年来，先后参加各种类型的30万千瓦、60万千瓦、100万千瓦机组的安装、调试、检修工作。特别是近年来，在新一轮电源建设施工中，面对时间紧、任务重、困难大等严峻的施工生产形势，他发扬三公司人敢于拼搏、善打硬仗的精神，完成多项施工任务。2009年在金陵工程中，他受公司委托，协助分公司抓好金陵100万千瓦机组锅炉水压这一关键项目，他从公司全局出发，坚持在一线，通过理重点、抓关键、求突破，如期实现锅炉水压一次成功，创造100万千瓦机组锅炉安装的新速度，为年内机组并网发电移交打下基础。他曾获江苏电力公司“安全生产先进个人”、江苏电力公司“电力建设功臣个人”、江苏电力公司“先进生产工作者”，2009年获江苏省五一劳动奖章。（叶兆国）

赵启明

中国国电集团公司谏壁发电厂副总工程师，2011年获江苏省劳动模范称号。

1963年6月生，江苏镇江人，中共党员，大学文化，高级工程师，镇江市京口区第七届人大代表。他抓好检修全过程的质量管理，使检修管理水平提高。在任期间，8号机、5号机、12号机、6号机、9号机大修均取得全优，机组非停次数大大降低，机组可靠性有了提高。#8机主油泵事故频发且无良策，他通过分析，发现轴电压对轴瓦的腐蚀是造成主油泵事故的原因，在对接地炭刷改进后两年多未发生异常。他先后发表《浅谈高压变频调速系统在国电谏壁发电厂的应用》《国外进口炉水泵故障原因浅析》《发电厂凝泵高压变频改造》《330MW汽轮发电机励磁调节装置改选改造方案应用》等多篇高质量论文，并先后获谏壁发电厂先进生产者、谏壁发电厂优秀党员、江苏电网暨调度系统安全管理先进个人、中国国电集团公司2007年度、2010年度二级奖章、中国国电集团公司第二届“168”优秀专业技术人才、华东分公司一级专家、镇江市科协建言献策软课题一等奖等荣誉。（叶兆国）

路志坚

丹阳博昱科技有限公司技术总监，2011年获江苏省劳动模范称号。

1962年10月生，美籍华人，博士。他1991年赴美留学，获得液晶显示专业博士学位，就职于霍尼韦尔、朗讯等国际企业，创办Lumimax研究机构。2008年，路志坚放弃在美国的优越工作，携发明专利“光扩散膜(板)及其生产技术”来到家乡创业。2009年，他一方面研发生产三维微结构增亮光学膜(板)，另一方面成立研发中心，并获得国家发明专利。2011年，具有国际领先水平三维微结构增亮光学膜生产线调试成功，全年产量有望超亿元，届时将改变我国该产品完全依赖进口的局面。他发明的三维微结构增亮光学膜技术拥有美国发明专利两项。他先后被列为省、市高层次创新创业人才、全省留学回国先进个人、2010年入选国家“千人计划”。（叶兆国）

张玉宏

江苏恒顺调味食品有限公司副总经理，2011年获江苏省劳动模范称号。

1964年1月生，江苏泰兴人，中共党员，大学文化，高级政工师、技师。他在恒顺股份化、规模化发展进程中，推动企业经营、管理工作水平提升，为公司发展作出贡献。2006年，恒顺着手兴建50万吨香醋项目(一期)工程，该项目是镇江市“十一五”

期间重点推进的大项目之一，也是镇江制醋业有史以来规模最为宏大的一项工程。两年多时间里，他发挥自身在经营、管理方面的优势，深入现场一线，有效推进项目进程，确保项目建设任务的顺利、高效完成。他导入新的管理方法，推进公司“三项制度”改革，推动公司工作流程的优化，企业生产经营保持高速、平稳增长。他先后被评为江苏省青年科教兴农产业带头人标兵、镇江市销售工作先进个人、镇江市优秀科技工作者、镇江市科技骨干、镇江市五一劳动奖章、镇江市劳动模范等称号。（叶兆国）

叶正喜

镇江建工建设集团有限公司副总经理，2011年获江苏省劳动模范称号。

1947年7月生，江苏镇江人，中共党员，高中文化，高级经济师。他分管企业生产施工、管理工作十多年来，协助董事长（总经理）带领职工推进企业快速发展。2010年企业施工产值30亿元，实现利税9500万元，职工人均收入年增幅达16%以上，各项主要经济指标增长率居全市建工企业之首。近年来，企业先后投入近200万元进行社会公益活动，对职工给予各项慰问补助费达300多万元；连续多年派生产技术骨干出国旅游，同时针对公司因生大病或天灾人祸造成特殊困难的职工或子女，成立特困救助资金会。企业获得“中国滑模协会知名承包商”“全国建筑业优秀企业”“全国质量管理先进企业”“镇江市和谐先进企业”等称号。他先后获得镇江市劳动模范，江苏省建筑业机械管理先进个人，镇江市安全生产、文明施工先进个人，集团公司优秀共产党员、岗位标兵等称号。

（叶兆国）

徐荣良

江苏丹毛纺织股份有限公司董事长，2011年获江苏省劳动模范称号。

1953年4月生，江苏丹阳人，中共党员，大专文化，高级经济师。公司在他的带领下不断发展做大做强，有21000锭精纺面料生产规模，职工1500多人，2010年生产精纺面料772万米，销售3.2亿元，向国家纳税1870万元，跻身国内毛纺行业竞争力前10强。该公司为丹阳市慈善事业冠名认捐“丹毛慈善救助基金”150万元，先后获镇江市劳动关系和谐企业、江苏省技术改造先进单位、江苏省环境友好企业、江苏省高新技术企业、江苏省信息化与工业化融合试点企业、2010全国纺织劳动关系和谐企业、全国纺织工业先进集体等称号。他先后被授予丹阳市文明市民、丹阳市高级技能人才工作先进个人、丹阳市劳动模范、镇江市优秀企业管理者、镇江市经济工作先进个人、镇江市劳动模范等称号。（叶兆国）

马宁一

句容市兴文包装有限公司总经理，2011年获江苏省劳动模范称号。

1955年4月生，江苏句容人，中共党员，大学文化，高级经济师。他担任总经理以来，为企业发展作出贡献。他一心扑在企业发展上，没有休息日，在他的领导下企业三年跨出三大步，克服2009年的金融危机，2010年企业经营业绩较2009年增长23.38%，实现销售2.426亿元，产品产销两旺，并获江苏省名牌产品称号，兴文商标被评为江苏省著名商标，企业被评为句容市工业三十强企业、句容市优秀成长型企业。他作为镇江市人大代表，句容市政协常委，积极建言献策，履行职责，工作业绩突出，2007年被评为江苏省第三届“创业之星”，2010年被评为句容市十佳创业之星。他积极参加社会公益慈善活动，企业曾被评为句容市首届“慈善企业”，他曾获句容市首届“慈善爱心使者”、江苏省扶残助残先进个人等称号。（叶兆国）

徐　翔

大全集团有限公司党委书记、总裁，2011年获江苏省劳动模范称号。

他是中共江苏省11届党代会代表，曾获江苏省新长征突击手、镇江市劳动模范、镇江市优秀企业家、镇江市十大杰出青年等称号，2006年被江苏省委宣传部评为“江苏青年创业典型”，2007年被评为“十大风云苏商”，2008年当选为奥运火炬手。简介参见《镇江年鉴（2010）》第323页。

（叶兆国）

伊　立

江苏镇江建科建筑科学研究院有限公司董事长，2011年获江苏省劳动模范称号。

1966年8月生，江苏镇江人，中共党员，研究生文化，高级工程师。他长期从事建筑新材料、新科技的研究、开发和推广应用，科研成果处于国内领先水平。他共主持或参与完成近20项科研项目，获省建设科技进步奖二等奖2项，三等奖2项；市科技进步二等奖4项，三等奖4项。该公司成为江苏省粉煤灰综合利用产业化基地，镇江市高新技术企业，江苏省建筑业科技进步先进企业。他参与镇江南徐新城建设、拆迁安置房建设等多项重点工程，在监理、检测、设计、科技咨询服务等多个方面提供技术服务和支持。2006年改制以来，他加强企业管理，开拓市场，2010年产值超亿，职工收入五年来实现倍增。他是国务院政府特殊津贴享受者、江苏省“333”工程培养对象、江苏省有突出贡献中青年专家、镇江市学术技术带头人，曾获江苏省建设系统科技创新先进、江苏省优秀科技工作者、江苏省建筑业“科技创新能手”、镇江市科技标兵、镇江市五一劳动奖章等称号。（叶兆国）

翟志高

镇江韦岗铁矿有限公司董事长、总经理，2011年获江苏省劳动模范称号。

他先后获得全国冶金矿山十佳厂矿长、全国重视老年工作领导者功勋奖、江苏省五一劳动奖章、依靠职工办企业先进个人、优秀创业企业家、和谐劳动关系企业家、镇江市劳动模范、保护环境白鹭奖、安全生产先进个人、关心支持党建工作企业家等称号。简介参见《镇江年鉴（2009）》第311页。（叶兆国）

沈恩达 镇江供电公司总经理、党委副书记，2011年获江苏省劳动模范称号。

1961年7月生，浙江吴兴人，中共党员，大学文化，工程师。他始终心系安全，建立内部风险预警和客户用电隐患排查常态机制，确保电网安全、人身安全和设备安全；他始终心系发展，建成投运镇江市首座500千伏变电站，全面服务于镇江经济社会发展大局；他始终心系管理，把反思融入企业管理，65.6%的指标位居全省前3名；他始终心系服务，建成集约服务大厅，完成各类重大政治经济社会活动的保电任务。该公司取得行风测评和社会综合满意度两个第一名，获“全国实施用户满意工程先进单位”称号，连续三届蝉联江苏省服务业质量奖。他参与四川汶川大地震的救灾工作。他先后获得江苏省五一劳动奖章、国家电网公司抗震救灾先进个人、江苏省电力公司抗震救灾功臣、省公司优秀高级经营管理者等称号。（叶兆国）

汤龙保 镇江万新光学眼镜有限公司董事长、总经理，2011年获江苏省劳动模范称号。

1955年9月生，江苏丹阳人，中共党员，大专文化，高级经济师。他领导企业成为中国专业生产眼镜的重点骨干企业，年产各类眼镜架350多万付，CR－39树脂镜片3000多万片，产品畅销40个国家和地区。2010年实现销售4.28亿元，利税5600万元，出口创汇3600万美元，技改投入1亿元。企业产品被列入“省星火计划项目”，“万新”商标获中国眼镜制造业唯一“中国驰名商标”。2008年面对国际金融危机，企业销售业绩仍以25%的增长幅度上升。他关心职工，上门慰问企业员工的白血病女儿，并带头发动公司员工为其捐款近5万元。2006年，在他的倡导下，企业联合中国眼镜协会等单位举办“红色之旅视光万里行”，重走长征路的大型公益活动。2008年汶川大地震，他组建一支由14名党员组成的服务队，为灾区学生送去价值300余万元的眼镜产品，并组织党员为灾区捐款达25万余元，个人累计捐款上千万元。他曾是镇江市人大代表，曾获镇江市劳动模范、全国轻工行业劳动模范、镇江市优秀共产党员等称号。（叶兆国）

祝行礼 句容市茅山风景区南塘行礼果园果树种植专业户，2011年获江苏省劳动模范称号。

1957年3月生，江苏句容人，中共党员，高中文化。他1998年承包马埂村荒山7公顷地搞果树种植，当时承包的荒山离村较远，条件艰苦，他迎难而上，建成马埂村第一个百亩果园，其产品获得2006年句容市优质产品奖，国家有机产品认证证书。在自己创业致富同时，他更不忘带动身边人共同创业致富，前后共开垦100公顷荒山，带动周边农民共同致富。他曾多次获得致富带头人称号，获共产党员示范户、乡村优秀科技人才、句容市劳动模范、镇江市劳动模范、全国绿色小康户等称号。他被聘请为句容市行风监督员，2006年当选为市人大代表和政协代表。（叶兆国）

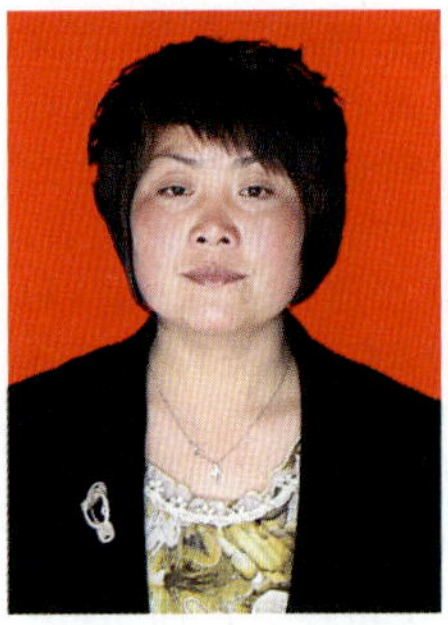

秦桂兰 扬中市西来桥镇北胜村柳编专业户，2011年获江苏省劳动模范称号。

女，1970年9月生，江苏扬中人，高中文化，经济师。她投身柳器编织业17年来，拜师学艺，调研市场，柳编系列产品年销售超过1100万元，畅销全国10多个省市，部分出口俄罗斯、日本等国家。她以高票当选为扬中柳编协会副会长，成为该行业的领头人。她吸纳周边的贫困农民、下岗职工、残疾人等从事柳编业，手把手传授技术，送原料送资金上门。她宁可做亏本生意，也不让农户的利益受损失。10多年间吸纳400多个家庭、600多人加入柳编业，每户年收入超过2万元，最高达8万元。她投资数万元新建厂房，长期免费提供给拆迁农户使用；结对帮扶8个特困儿童和困难家庭，多次为修桥铺路等社会公益事业慷慨解囊。她曾获镇江市劳动模范、镇江市突出贡献技师、江苏省五一劳动奖章等称号。（叶兆国）

戴网成 镇江市丹徒区高资镇石马村畜禽养殖户，2011年获江苏省劳动模范称号。

1950年1月生，江苏镇江人，中共党员，中专文化，高级畜牧师。他从事畜牧养殖30多年，在对日本“稻鸭共作”“发酵床养猪”技术引进研究再创新与推广、发展生态高效农业、促进农业增效农民增收等方面作出贡献。他有五项科研成果处国际国内领先，申请专利16项，获省政府推广三等奖1次；获镇江市科技进步奖4项（一等奖2项）。他参与和指导拍摄的“稻鸭共作技术”科教片获第23届国际农业电影节一等奖，“发酵床养猪”数字电影获中国电影华表奖。他牵头将“稻鸭共作”技术在4个省（市）推广面积达10多万公顷，把“发酵床养猪”技术推广到八个省，共使农民增收10亿元以上。他参加四川灾区的援建。他曾获丹徒区优秀共产党员、2010年镇江市“大爱之星”等称号。（叶兆国）

仲明亮 镇江市新区姚桥镇仲宝村仲家二组养鸡专业户，2011年获江苏省劳动模范称号。

1959年9月生，江苏镇江人，高中文化。他和他的家人为温氏鸡养殖付出艰辛和努力。他注重对温氏鸡养殖的生产管理知识的学习，挤出时间研读书籍，参加培训班，向技术员虚心求教。他家产出的温氏鸡个大、健康。整个鸡场养殖面积达1000余平方米，年出栏成品鸡40000余只，年销售达50余万元。他参与村级经济发展，利用自身掌握的致富知识服务农民，为他们脱贫致富提供载体，村域内外有近30户农户发展起温氏养鸡业。2007年获得镇江市劳动模范称号，2010年获得镇江新区创先争优先进典型和支持跨越发展先锋等称号。（叶兆国）

王学凤

丹阳市佳洁环卫服务有限公司环卫工，2011年获江苏省劳动模范称号。

女，1971年2月生，江苏丹阳人，初中文化。她在环卫处从事马路清扫保洁工作，她所负责的路段沿街商铺多，人流、车流量大，清扫工作量大。工作中，发现自己的劳动工具有破损时，她先自己进行修理，领到新扫帚时，她总是自己先加固，延长扫帚的使用期限。她的习惯影响了其他同事，为单位节省资金。她参加单位应急任务，如晚上加班冲洗马路、清扫落叶、铲除积雪等，发挥模范带头作用。她乐于奉献社会，前后义务献血达到2000毫升，创下单位个人义务献血记录。2007年获镇江市劳动模范称号。（叶兆国）

马爱明

镇江市京口区环境卫生管理所清洁一队队长，2011年获江苏省劳动模范称号。简介参见《镇江年鉴（2011）》第339页。

（叶兆国）

陈志敏

丹阳市新桥镇群楼村委会党总支书记，2011年获江苏省劳动模范称号。

1954年10月生，江苏丹阳人，中共党员，大专文化。38年来，他始终牢记党的宗旨，与时俱进，开拓进取，坚持“富民强村”的理念，壮大集体经济，带领村民走上共同致富的道路。在新农村建设中，他带领村级两套班子成员，因地制宜探索，推进新农村建设，群楼村被省人民政府评为“新农村建设先进村”。多年来，在他带领下，群楼村先后获江苏省先进基层党组织、江苏省文明村、江苏省示范村、江苏省生态村、江苏省卫生村、镇江市先进党组织、镇江市文明村、镇江市百强村、丹阳市先进党支部、丹阳市文明村等称号。他先后获丹阳市劳动模范、省建设厅先进工作者、镇江市五一劳动奖章等称号。

（叶兆国）

傅德利

扬中市八桥镇红光村党总支书记，2011年获江苏省劳动模范称号。

1956年7月生，江苏扬中人，中共党员，大专文化。他扎根农村30年，从农民技术员到村党总支书记，带领一个贫困村一跃成为富裕村。2010年，全村工业产值1.5亿元，村级集体经济收入100多万元，使村经济在五年内翻了两番多。他领导下的红光村先后获得江苏省文明村标兵、江苏省文明村、江苏省卫生村、江苏省生态村等10多项省、市级称号。他把提高村民素质作为创建工作的重点，曾经创造36年无村民越级上访纪录，是典型的模范人物、党员干部的旗帜。先后获得镇江市十佳共产党员标兵、镇江市十佳勤廉干部等多项称号，2007年被评为镇江市劳动模范。

（叶兆国）

谢桐洲

丹阳市嘉贤稻鸭共作专业合作社理事长，2011年获江苏省劳动模范称号。

1949年12月生，江苏丹阳人，中共党员，大专文化，农艺师。他长期从事稻鸭共作项目研究。2002年该项目通过江苏省科技厅成果鉴定，并被农业部稻米及制品监督测试中心授予稻鸭共作优质无公害稻米生产“定点基地”，列入国家星火计划。为带领家乡农民致富，他带领农户成立丹阳市嘉贤稻鸭共作专业合作社，把稻鸭共作项目与农民共享，为农民增收近200万元。合作社年产优质无公害大米2.5万吨，实现产值3000余万元，带动农户1200余户，涉及种植面积800公顷，解决就业人员116人，短期用工5000多人次，帮扶困难农户21户，帮扶资金10万余元。他利用稻鸭共作先进技术为创建生态农业和为消费者提供安全放心食品开拓一条可持续发展之路。

（叶兆国）

王明华

句容市后白镇延福果品专业合作社社长，2011年获江苏省劳动模范称号。

女，1958年10月生，江苏金坛人，大学文化。她曾是一名下岗工人，1999年与后白镇签订近7公顷土地承包合同，创办双华农业园，她自己动手修建道路、建房。经过十年努力，双华农业园达一定规模，市场供不应求。2008年，她成立句容市后白镇延福果品专业合作社，以引进日本桃为主，涵盖油桃和水蜜桃两大类十几个品种，注册“抱朴”牌商标。创业以来，王明华累计投资100多万元，带动和引导周边老百姓增收致富，在她的指导下，不少农户建立自己的基地，年收入达20万元，双华农业园也被评为全国“双学双比”示范基地。她先后被评为全国双学双比致富能手、江苏省巾帼创业先进个人、镇江市巾帼创新业十佳、镇江市三八红旗手标兵、镇江市劳动模范、句容市劳动模范、句容市致富能手等称号，并当选为省第十次妇代会代表、句容市第七届政协委员。

（叶兆国）

邓克孝

镇江市丹徒区宝堰镇鲁溪村丹兴水产养殖合作社社长，2011年获江苏省劳动模范称号。

1961年4月生，江苏镇江人，中共党员，高中文化。他从1996年开始发展他的养殖业，面对困难，他四处拜师学艺，学习养殖技术。2009年，邓克孝成立丹兴水产养殖合作社，拥有水面近14公顷，养殖青虾、珍珠等，由于技术先进、管理规范，年净利润50多万元。他传授周围乡邻技术、帮助防病、治病，多次从省、市农林局、科技园请来教授、老师讲课，并为乡亲们养殖的青虾找好销路，形成养销一条龙。在他的带领下，合作社54户社员，平均每户年收入超过10万元，他带动一方乡邻从贫困走上共同致富之路。他先后获镇江市劳动模范、镇江市优秀科技人员等称号。

（叶兆国）

吴芬芳 丹阳市公安局中山路派出所副所长，2011年获江苏省先进工作者称号。

女，1972年11月生，江苏丹阳人，中共党员，大学文化。她扎根社区，把创建平安社区和构建和谐社区结合起来，发动和依靠群众参与安全防范工作，小区可防性案件逐年下降。她多次受到镇江和丹阳市公安局的嘉奖，先后获丹阳市劳动模范、三八红旗手、公正廉洁执法先进个人；被镇江市公安局评为“治安管理能手”“治安管理标兵”“群众喜爱的民警”；被省政法委、省人事厅、省公安厅评为“全省优秀女警官”；被公安部评为“全国实施社区警务战略工作先进个人”，先后五次立个人三等功。

（叶兆国）

吴兴春 句容市国家税务局局长，2011年获江苏省先进工作者称号。

1965年6月生，江苏句容人，中共党员，研究生文化。他在全国税务系统率先实行“房地产企业最低警戒应税所得率征收办法”，得到国家税务总局的采用，使全局税收征管年年突破，全市国税一般预算收入增幅连续四年位列镇江四个市（区）之首；他创新的“干部学习积分制管理”，成为镇江国税系统第一个推广的创新型项目；全局连续16年没有一名干部受到纪检监察机关处理；他是第一个带头缴纳私事用车管理费用的“一把手”局长，该局成为镇江国税系统唯一的受省人事厅和省国税局联合表彰的“江苏省国税系统先进单位”；他先后三次拿出自己一个月全额工资为地震灾区和贫困大学生捐款，并发动全局干部捐款35.29万元。他开展“国税阳光助学活动”，先后资助11名特困大学生。他曾获镇江市财税先进个人、镇江市五一劳动奖章等称号。

（叶兆国）

卜美琴 镇江市正东路街道酒海街社区主任、书记，2011年获江苏省先进工作者称号。

女，1969年3月生，江苏镇江人，中共党员，大学文化。她扎根社区18年，视居民为亲人，数十年来照顾孤寡老人苏美清，先天残疾兄弟孙爱龙、孙宝龙，为他们做饭做菜、洗衣洗被、送汤送药。把自己的手机作为公开电话，居民随叫随到。老社区缺乏资源、资金、场地，她通过结对共建、积极争取，完成老小区整治。她做响阳光党建品牌，打造阳光课堂、阳光京剧票房、阳光书画、阳光文明小分队等系列阳光品牌。她履行人大代表职责，连续两届担任镇江市人大代表，被市人大评为“优秀人大代表”。她的工作赢得居民认可，连续几届社区换届均100%全票连任。她先后获镇江市三八红旗手、镇江市五一巾帼示范能手等称号，并被推选为江苏省妇代会代表。 （叶兆国）

江晓鹏 镇江市润州区七里甸街道党工委委员、社区书记，2011年获江苏省先进工作者称号。

1959年9月生，江苏镇江人，中共党员，大学文化，工程师。他发挥人大代表作用，重视民生建设，近三年来收集建议226件，每年都在区人大评比中名列前茅。他反映群众心声，2010年“加快安置房建设”的建议作为市人代会重要建议交市政府处理，被市人大评为优秀人大代表。为妥善安置改制企业职工，他通过上门、电话预约、请律师等措施，为近千名职工争取到资金，化解矛盾；他还参与中华路、万家庄等地块的拆迁工作，为“三公开一监督”和谐拆迁作出贡献。他多方筹资近2000万元，建成新的七里甸小商品市场等创业楼近2万平方米，使集体经济增值近亿元。他曾获省、市优秀共产党员等称号。

（叶兆国）

曹卫华 镇江科技新城管委会副主任，2011年获江苏省先进工作者称号。

1975年5月生，江苏南通人，中共党员，博士。他坚持学习借鉴与自主创新结合，坚持国际、国内招才引智“两条

线作战”，重点引进创新创业团队、科研院所、“园中园”项目以及高新规模企业总部人才，走以应用研发为主导的引进消化吸收再创新之路。三年来，共引进科技类项目100多个，引进领军型团队20多个，领军型人才40多人；先后引进南京大学、北京交通大学、中科院计算机所等14家院（所）在园区设立研究院；先后负责或配合成功创建省级、国家级大学科技园，省级创新型科技园区，省级十大科技创新园，省级服务外包示范城市等品牌。他曾获镇江新区跨越发展先锋、镇江新区创先争优先进典型、镇江市跨越发展突出贡献者等称号。 （叶兆国）

吴文庆 镇江市食品药品监督管理局政策法规处处长，2011年获江苏省先进工作者称号。简介参见《镇江年鉴（2010）》第325页。

（叶兆国）

庄志南 镇江市人力资源和社会保障局职业能力建设处主任科员，2011年获江苏省先进工作者称号。

1963年6月生，江苏常州人，中共党员，大学文化，经济师。他率先在全国推出劳动仲裁释明制度，获省厅创新成果奖；率先在全省开辟农民工维权“绿色通道”，倡导“案件快立、快审、快结”，并在全省推广；他带领全市专、兼职仲裁员调处近6000件劳动争议案件，为劳动者和用人单位分别追回经济损失6000余万元和800余万元。仲裁委员会连续多次获得全省先进集体称号，仲裁处多次获得全市先进集体称号。在任职业能力建设处正科职主任科员后，他推进人社系统“大培训”工作，基本建立培训门类齐全、专业化程度较高，

法定培训、公共培训和市场化培训并举的"大培训"体系，成为新一轮地方政府机构改革后的亮点工程；他完善培训制度和方式，尤其是公务员培训绩效评价制度和网络培训方式成为全省乃至全国都有影响的品牌。他多次被评为优秀公务员、全省优秀劳动仲裁员，两次获市政府授予先进工作者称号，2007年获镇江市劳动模范称号。（叶兆国）

张宝华 镇江市公安局京口分局学府路派出所社区民警，2011年获江苏省先进工作者称号。

1967年4月生，江苏丹阳人，中共党员，大专文化。他开展社区警务工作，独创出"大宝社区信息库""大宝爱民热线""大宝就业介绍站"等惠民服务，赢得辖区群众爱戴，维护平安稳定。近年来，通过走访为群众办急事、解难事、做好事3200余件，帮助210余名失业人员安置工作，化解各类矛盾纠纷400余起，抓获违法犯罪嫌疑人350余人，为企业挽回经济损失150余万元，拒礼贿价值17余万元。用实际行动树立新时期"人民群众最爱，犯罪分子最怕"的人民警察良好形象。他两次立个人三等功，被评为"群众喜爱的民警"，先后获镇江市劳动模范、全国优秀人民警察、江苏省五一劳动奖章、全省"111"工程先进个人、江苏省优秀政法干警等称号。（叶兆国）

陈海岛 镇江市农村公路建设管理办公室副主任，2011年获江苏省先进工作者称号。

1962年10月生，江苏南通人，无党派人士，大专文化，高级工程师。他2003年以来任镇江市农村公路建设管理办公室副主任，负责全市农村公路和危桥改造建设工作。在农村公路建设过程中，他加大质量监督力度，带领工程建设者，克服农村公路点多、量大、面广、资金紧张、质量管理难度较大等诸多困难，在农村公路建设管理上取得较好成绩。完成农村公路建设改造3500千米，超计划完成27%；完成全市危桥改造134座，基本完成全市县道危桥改造任务，完成投资18亿元，为镇江在全省率先完成村村通公交作出贡献。全市农村公路的建设成绩得到省、市各级部门的表彰，建设质量在全省连续五年排名第一。他曾获省交通系统先进工作者等称号。（叶兆国）

时　英 镇江报业传媒集团《京江晚报》综合新闻部主任，2011年获江苏省先进工作者称号。简介参见《镇江年鉴（2010）》第321页。（叶兆国）

纪宏革 镇江市中心血站体采成分科主任，2011年获江苏省先进工作者称号。

1967年10月生，江苏镇江人，中共党员，大学文化，主管技师。他热爱无偿献血事业，钻研成分输血新技术。在他的努力下，2005年镇江市中心血站在全省第一家向临床推广"去白细胞悬浮红细胞"血液成分；2006年再次在省内率先推广使用"病毒灭活血浆"；从2004年起，他开始配合临床进行白血病的治疗，先后进行10余例外周血干细胞采集、移植后输血治疗等工作。配合临床开展血浆置换、血小板和白细胞去除采集工作50余例。他是全市第一批受卫生部表彰的无偿献血奉献奖金奖获得者，镇江市第一名机采血小板捐献者。他捐献全血7次、血小板25次，总献血量达22400毫升。多年来，他参加各类慈善捐助活动。他曾受卫生局嘉奖4次，曾获局优秀党员、局先进个人、站先进个人、站杰出员工标兵、镇江市劳动模范等称号。（叶兆国）

徐必胜 镇江市规划设计研究院总工程师，2011年获江苏省先进工作者称号。

1966年3月生，江苏苏州人，中共党员，大学文化，高级规划师。他投身镇江山水花园城市的建设。组织南徐新城区一系列项目的方案招标；主持一批城建重点工程项目的规划设计编制；参与包括南山西入口景区等许多重大项目的规划服务，为山水花园城市的建设和城市跨越发展贡献力量。"十一五"期间，他参与、完成千余项的设计任务，并多次获得部省级、市级优秀设计奖和市科技进步奖。他克服长期眼疾的困扰，奋斗在工作第一线，争当规划建设团队的时代先锋。他多次获市规划局"先进工作者"及"优秀共产党员"称号，曾被评为镇江市劳动模范，并受到镇江市千名共产党员好人好事奖励。（叶兆国）

姚克兵 镇江市植保植检站站长，2011年获江苏省先进工作者称号。

1974年10月生，江苏扬中人，中共党员，大学文化，高级农艺师。他2006年任职以来，从事农作物病虫防治技术指导、植物检疫和科研推广工作。在他的带领下，市植保植检站加强农作物重大病虫监测与防控指导，推进专业化统防统治，推广高效低毒低残留农药，拓宽植保服务范围，开展蔬菜、鲜果等高效设施农业服务，控制各类病虫草害，为保护农业生产、提高农产品质量和保护农田生态环境作出贡献。该站2006年被评为镇江市科技进步先进集体。他曾获全国农业科技推广先进个人、江苏省农林系统先进工作者等称号。（叶兆国）

李　平 镇江出入境检验检疫局检验检疫技术中心高级工程师，2011年获江苏省先进工作者称号。

1962年11月生，江苏金坛人，中共党员，大学文化，高级工程师。他致力食品中污染物快速检测技术研究十余年，先后取得科研及制标成果17项，主持完成国家十五食品安全重大专项课题2项，成果和论文获省部级奖四次，获市厅级奖十次，1项成果申报专利已公示，1项成果被列入“国家科技成果重点推广计划项目”。在江苏率先创建全国质检系统首家“国家食品添加剂及调味品检测重点实验室”，承担江苏进出口食品添加剂及调味品卫生质量检测和相关企业产品质量验证，承担全国进出口食品安全风险监控计划的策划和实施，承担全国质检系统食品添加剂检测能力统计和信息情报分析工作。他曾获镇江市劳动模范、2006年国家质检总局学术技术骨干、2007年江苏省“333高层次人才培养工程”首批中青年科学技术带头人、2010年镇江市有突出贡献中青年专家等称号。

（叶兆国）

张玉坤　江苏省镇江第一中学校长、党委书记，2011年获江苏省先进工作者称号。

1959年3月生，江苏金坛人，中共党员，大学文化，高级讲师。他任镇中校长时，推进内部管理和师资建设，提高教育教学质量，高考本一本二上线率持续取得突破，被誉为老校振兴的“省镇中现象”。2010年调任第一中学任校长兼党委书记，他提出“文化立校、名师强校、科研兴校”的工作方针，打造可持续发展的学习型教师团队，形成“导学导练，突出主体，综合培养”的模式。他曾获全国中师青年语文教师赛课一等奖。在省级刊物发表论文50余篇，主编六套教辅用书，主持中央电教馆“十一五”现代教育技术专项课题、全国教育科学“十五”规划教育部重点课题和江苏省教育科学“十一五”规划课题等多个课题研究，被选评为长三角地区名校长，列入教育部名校长培养对象。他曾获镇江市优秀共产党员、镇江市“169工程”学术技术带头人、江苏省特级教师、江苏省有突出贡献的中青年专家、镇江市学术技术带头人、镇江市名校长等称号，并享受国务院特殊津贴。

（叶兆国）

张　弛　江苏大学科学研究院副院长，2011年获江苏省先进工作者称号。

1967年9月生，江苏镇江人，中共党员，博士生导师。他先后在美国（博士后）、德国（洪堡学者）、日本（JSPS长期特别研究员）留学、从事科学研究。他在

非线性光学分子功能材料与过渡金属簇合物化学研究领域取得进展，先后在国际材料学、化学著名学术期刊Angewandte Chemie International Edition（影响因子：11.829），Advanced Materials（影响因子：8.379），Coordination Chemistry Reviews（影响因子：11.225），Chemical Communications，Chemistry A European Journal，Journal of Materials Chemistry，CrystEngComm，Crystal Growth & Design等上发表研究论文60多篇，授权国家发明专利2项。近年来主持国家、部省级重要科技项目10余项，主持被中国科技部根据中澳科技合作联委会联合公报确定的重点研究领域——“中国—澳大利亚功能分子材料联合研究中心”。2010年，中国国家副主席习近平为中心正式揭牌。他曾获国家杰出青年科学基金，是“新世纪百千万人才工程”国家级人选、享受国务院特殊津贴专家、江苏省高校“青蓝工程”科技创新团队带头人、江苏省学校“优秀共产党员”。

（叶兆国）

吴青龙　镇江市水利局副局长、水投公司总经理，2011年获江苏省先进工作者称号。

1963年3月生，江苏丹阳人，中共党员，研究生文化，高级经济师。他曾是一名援藏干部，在水利局任职以来，始终坚持尽责以“情”、善思以“行”、成事以“先”、省身以“严”，坚守在一线岗位。他爱岗敬业，恪尽职守顾大局，乐于奉献，牺牲小家为大家。2009年正在上大学的儿子患白血病，当时他负责北湖工程，坚持工作16个月。在他的带领下，北部滨水区建设取得突出成绩，受到水利部、省、市各级领导肯定。他曾获2010年全市跨越发展先进典型、全国群众体育先进个人等称号。

（叶兆国）

朱莉莉　镇江市经济开发区人民检察院党组成员、检察委员会专职委员、侦查监督公诉科科长。2011年获江苏省

三八红旗手、江苏十佳女检察称号。

女，1971年6月生，江苏金坛人，中共党员，本科学历。从事检察工作17年来，长期奋战在侦查监督和公诉工作第一线。2003年以来，直接承办批捕案件和主办、协办公诉案件1700余件、1900余人，并主办一批省、市公安部门挂牌督办的严重刑事犯罪案件，所办案件无一错漏，为维护全区的社会稳定作出贡献。曾获江苏省检察业务专业能手、江苏省检察机关刑事抗诉“百日会战”先进个人、镇江市“普法十佳新人”、镇江市“十佳公诉人”、“镇江市政法系统优秀党员干警”等称号，立三等功3次。

（康　珺）

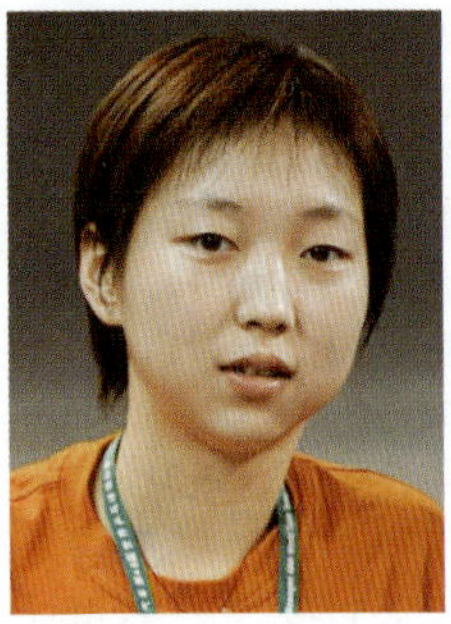

范　瑛　女子乒乓球运动员，2011年乒乓球团体世界杯冠军。

女，1986年2月生，江苏镇江人。她8岁开始打球，1998年进入省市队，2000年入选国家队并多次在国际重大赛事上取得冠军，为中国取得好成绩。2011年11月6日，参加在德国马格德堡举行的2011年乒乓球团体世界杯，与李晓霞、丁宁、郭焱、郭跃一起夺得2011年乒乓球团体世界杯女子团体冠军，成为中国乒乓球队的第103位世界冠军，并成为镇江市第三位乒乓球世界冠军。

（刘　剑）

薛　飞　田径运动员，2011年全国田径锦标赛女子1500米、5000米冠军。

女，1989年8月生，江苏镇江人。13岁时进入业余体校接受正规训练，2005年初加盟江苏省田径队。2006年8月获第11届世界青年田径锦标赛冠军女子1500米冠军，12月获得多哈亚运会女子5000米冠军。2011年9月13日，参加2011年全国田

径锦标赛。在女子1500米比赛中，以4分10秒49的成绩夺冠；在女子5000米比赛中，以15分27秒46的成绩夺得冠军。（刘　剑）

镇江市人民奖章获得者

王伟耀　江苏沃得集团董事局主席、总裁，镇江市人民奖章获得者。

1963年5月生，中共党员，高中文化。在发展企业、致富农民方面作出贡献。该集团下属8个子公司，涉及工程、农业、造纸环保等机械行业和汽车零部件行业等，2010年实现销售收入108.85亿元，纳税11380万元。沃得精机（中国）有限公司于2006年4月在新加坡上市，成为镇江首家境外上市企业。推动地方建设，2007年拿出3000多万元支持村企合作建设新农村，为所在乡镇出资1亿元修建道路，每年以分红形式发给当地村民每户7000元～8000元。支持慈善事业，2008年企业和员工向汶川地震灾区捐赠1100万元，2009年为爱佑华夏慈善基金会捐赠100万元，2010年赴西藏达孜捐赠600万元。该企业获中华慈善突出贡献单位（企业）奖，获中国民营500强企业、全国发展县域经济突出贡献乡镇企业、江苏省高新技术企业等称号。个人先后获全国乡镇企业家、江苏省第四届十大杰出青年乡镇企业家称号。

（陈　杰）

王禄宝　江苏环太集团董事长，镇江市人民奖章获得者。

在转型升级、推动企业跨越发展方面作出贡献。个人先后获全国归侨侨眷先进个人、江苏省优秀创业企业家、江苏省侨联抗震救灾先进个人、镇江市国家级创业型城市建设先进个人称号。简介参见《镇江年鉴（2010）》第326页。（陈　杰）

华兴龙　镇江市政府办公室调研员，镇江市人民奖章获得者。

1953年9月生，中共党员，大学文化。在加强信访工作、维护群众合法权益方面作出贡献。任市信访局局长期间，实现信访工作观念由被动向主动转变、工作思路由滞后向超前转变、工作方式由单一向多元转变、工作重心由治标向治本转变，全市信访存量逐年减少、信访增量逐步降低、信访总量逐渐平稳，没有发生一起恶性信访事件。几年来，接待百人以上群众集访数十批3500多人次，办理交通事故、医疗纠纷、意外死亡、民间矛盾等引发的棘手信访个案40多起。在全国党代会、“两会”、北京奥运会、上海世博会等重大活动期间，坚持一线指挥协调，做好现场信访接待和处置工作。单位被评为全省信访系统先进集体、镇江市跨越发展突出贡献有功单位等。个人先后获江苏省信访系统优秀工作者、镇江市先进工作者、镇江市信访工作标兵称号。

（陈　杰）

孙玉芳　润州区环卫所环卫工人，镇江市人民奖章获得者。

女，1960年4月生，初中文化。在美化镇江城市方面作出贡献。24年如一日，每天凌晨4时到岗清扫保洁、清运垃圾，下午1时才离岗，累计清运垃圾约2.1万吨。她的保洁区域历来免检，是样板保洁区。每逢重大活动，在干好自己岗位保洁的同时，还经常被抽调去支援其他队友，即使是大年初一也不休息，24年来仅为送走三名亲人而请假14天。个人先后获全国五一劳动奖章和中国好人榜“敬业奉献”好人、江苏省劳动模范、江苏省先进工作者、江苏省文明职工、江苏省十佳巾帼新市民、江苏省第五届十大女杰称号。

（陈　杰）

张玉坤　镇江第一中学校长、党委书记，镇江市人民奖章获得者。

在发展教育事业方面作出贡献。2003年任镇江中学校长、党委书记，用三年时间投入1.2亿元，新建教学楼12幢，更新教育教学设施设备，同时推进内部管理和师资建设，实现“老校改造，全省一流”的目标。2010年任现职后，在学校建设、内部管理、教育教学等方面采取一系列新举措，践行“关怀教育”的理念和“培养有深厚文化教养的现代中国人”的育人目标。是江苏省教育学会课堂教学模式研究中心副主任，市中学语文教学研究会理事长，享受国务院特殊津贴，被选拔为长三角地区名校长并列为教育部名校长培养对象。个人先后获全国中师青年语文教师赛课一等奖和江苏省劳动模范、江苏省有突出贡献中青年专家、江苏省特级教师、镇江市名校长称号。简介参见第324页。

（陈　杰）

张尤历　江苏大学附属医院党委副书记、纪委书记，镇江市人民奖章获得者。简介参见《镇江年鉴（2009）》第311页、《镇江年鉴（2010）》第320页。

（陈　杰）

周贤海　镇江鼎胜铝业股份有限公司董事长，镇江市人民奖章获得者。

1961年7月生，中共党员，高中文化。在自主创新、升级企业核心竞争力方面作出贡献。注重产品研发、知识产权保护和人才队伍建设，每年均有新品研制成功，已获实用新型专利5项、发明专利8项，新产品和高新技术产品的产销量达80%以上，在国内外市场上保持优势。主导产品空调铝箔的国内市场占有率达35%以上。2010年实现销售收入34.29亿元，纳税7825万元。2010年与德国爱励国际成立爱励鼎胜铝业(镇江)有限公司,大规模生产航空航天及交通运输用高精度中厚板材。该企业是国内最大空调箔生产基地和华东地区最大铝加工基地之一、国家高新技术企业、中国民营500强企业、全国有色金属行业先进集体、第六届中国百强成长第八名、江苏省名优企业。个人获镇江市五一劳动奖章,镇江市先进个人3次。 (陈 杰)

赵杰文 江苏大学教授、博士生导师,镇江市人民奖章获得者。

1945年4月生,民盟盟员。在食品科学与工程的研究应用方面作出贡献。主持完成国家863专项、国家自然基金、国家支撑计划等项目30余项,获发明专利18项、计算机软件著作权3项,研制出国内外第一台农产品气味图像化识别系统、第一台融合三种技术和获取多种信息的水果检测装置、第一台牛胴体等级检测装置、第一台智能软胶囊分选机,创建国内最早的"食品科学与工程"一级学科博士后流动站,主讲的现代食品检测技术被评为国家级精品课程,主编的《现代食品检测技术》被列为"十一五"国家级规划教材。是中国工程院院士候选人,享受国务院特殊津贴。个人先后获国家技术发明二等奖,中国农业工程30年科技发展贡献奖,中国机械工业科技进步一等奖,中国轻工业科技发明一等奖,江苏省科技进步一等奖、二等奖和全国归侨侨眷先进个人称号。 (陈 杰)

胡 坚 镇江市给排水管理处处长、党委书记,镇江市人民奖章获得者。

1967年8月生,中共党员,研究生(博士)学历。在改善城乡水环境方面作出贡献。加快雨污水设施建设,完成投资8.4亿元,新建和改扩建污水处理厂8座,城市污水、乡镇污水、雨水等泵站27座、6座、22座,建设雨污水管网1078公里,市区污水处理能力达到26.5万立方米/日,城区污水集中处理率比"十五"期末增加25%,达87.49%。全面推进区域供水工程,截至"十一五"期末,完成投资10.2亿元,铺设管道600多公里,区域供水普及率达95.5%,新增受益人口34.5万人。单位污水处理项目获江苏省人居环境范例奖,完成市级科技成果鉴定12项,获镇江市科技进步二等奖2项、三等奖4项等。个人被评为市级有突出贡献中青年专家和"333工程""169工程"学术技术带头人,获创建国家环保模范城市二等功和省优秀科技工作者等称号。 (陈 杰)

胡雪林 镇江市公安局公交分局副局长兼反扒大队大队长,镇江市人民奖章获得者。

在打击犯罪、创建平安镇江方面作出突出贡献。简介参见《镇江年鉴(2009)》第308页、《镇江年鉴(2011)》第335页。 (陈 杰)

姚 华 句容市住建局局长、城投公司董事长,镇江市人民奖章获得者。

1965年8月生,中共党员,大学本科。在水利建设、城乡建设方面作出贡献。任句容市水利农机局局长、党委书记期间,争取国家扩大内需水利大项目3个,完成总投资近1亿元水利重点工程10多项,实施水利基础建设项目近50项,改造中低产田0.53万公顷,恢复改善灌溉面积0.55万公顷,改善群众的生产、生活条件。任现职后,在项目建设中关注民生,推进区域供水工程,确保句容南部、中部632个自然村60230户居民的生活饮用水;推进近10万平方米的老社区环境整治、城区道路改造、背街小巷整治等实事项目;建成和在建经济适用房、廉租住房、公共租赁住房、危旧房改造分别完成13.23万平方米、7078平方米、1.69万平方米、6万平方米。2010年投资建设的项目总量15.5亿元,超过"十一五"期间前四年投资总量。个人先后获镇江市跨越发展突出贡献奖和江苏省人防办、江苏省军区司令部先进个人称号。 (陈 杰)

徐 翔 大全集团有限公司总裁、党委书记、副董事长,镇江市人民奖章获得者。

在开拓进取、引领企业持续快速发展方面作出贡献。扶贫济困,累计捐款1000多万元,为中华慈善总会建立500万元留本捐息慈善救助基金,向汶川地震灾区捐款120万元。企业获中华慈善事业突出贡献奖,是中国民营500强、中国机械工业100强、中国电器企业100强企业,多次被评为民营企业纳税和就业先进单位、江苏省安全生产诚信企业、江苏省和谐劳动关系模范企业等。简介参见第319页。 (陈 杰)

高国华 镇江经济开发区法院院长、党组书记,镇江市人民奖章获得者。

1958年3月生,中共党员,大学本科。在公正司法、服务发展大局方面作出贡献。擅长破产、知识产权等案件的审判工作。带领全院干警提升素质,使开发区法院成为全市唯一拥有知识产权和涉外案件管辖权的基层法院,四年来受理各类案件12518件,年人均结案数始终保持全省法院系统第一。创优司法举措,维护破产企业职工和拆迁户的合法权益,为辖区企业清欠在外货款、应对金融危机等提供法律援助。注重协调,化解矛盾,有效执结上级法院交办的"执行难"案件28件。实行院庭长敞门接待制度,使涉诉信访保持全省最低。该单位被评为全省法院诉讼服务中心先进集体、信访工作先进集体和司法公开示范法院,镇江市服务跨越发展有功单位、"五五"普法先进集体等。个人先后获江苏省先进工作者、江苏省维稳先进个人、江苏省优秀法官称号和镇江市突出贡献奖。 (陈 杰)

郭 琰 江苏省镇江船厂有限责任

公司董事长、总经理、党委书记，镇江市人民奖章获得者。

1954 年 4 月生，中共党员，硕士学历。坚持错位发展、差异竞争，在特种工程船舶领域创造 21 项中国第一，是全国第一、世界第二的全回转船舶生产厂家，实现海洋工程船舶国内市场零的突破，全回转港作拖船、多用途海洋工程船和多型挖泥船形成系列化产品，销往国内 20 多个省、市、自治区及 20 多个国家和地区，2010 年实现销售收入 17.66 亿元，纳税 12224 万元。在全市率先实行依法签订劳动合同和工资集体协商、职工带薪休假等制度。该企业获国家高新技术企业、全国模范劳动关系和谐企业、全国厂务公开先进单位、江苏省民营成长型企业百强等称号。个人先后获江苏省委颁发的优秀党务工作者和江苏省劳动模范、江苏省优秀中国特色社会主义事业建设者、江苏省优秀科技工作者称号。

（陈　杰）

盛生兰

镇江市农业科学研究所水稻研究室主任，镇江市人民奖章获得者。

1957 年 9 月生，中共党员，大专文化。在水稻育种研究和品种推广方面作出贡献。承担国家、省、市级研究 40 余项，育成水稻新品种 34 个，申请品种权和专利 31 项，育成的品种累计推广 8000 余万亩，增产稻谷 30 多亿公斤，增加效益 50 多亿元。其中超级杂交稻"II 优 084"创造世界水稻单产纪录（1231.17 公斤/亩），是全市唯一的农业世界记录；粳稻品种"镇稻 10 号"大米近 2 万吨，通过全市 114 家超市和 136 家放心粮油店投放市场，打响地方粮油品牌。其科研成果获国家科技进步一等奖 1 次，部科技进步一等奖 2 次，省科技进步二、三等奖各 2 次，市科技进步一等奖 4 次，市自主创新重大成果奖和市政府特别奖各 1 次。个人享受国务院特殊津贴，获全国五一劳动奖章和江苏省先进工作者、江苏省农业科技先进工作者、江苏省有突出贡献中青年专家等称号。

（陈　杰）

戴网成

镇江市天成畜禽有限公司董事长，镇江市人民奖章获得者。

在农业科技成果的应用与推广方面作出贡献。是镇江市最早参加稻鸭共作、发酵床养猪技术引进、研究、推广的技术人员之一。创建镇江水禽研究所，选育出性能优异的役用鸭系列品种，在全省水稻产区推广应用稻鸭共作技术。对发酵床养猪技术进行创新，达到国内领先水平，被江苏省太湖办作为太湖治理重要技术措施之一进行推广，获授权实用新型专利 7 项。带头成立发酵床养殖合作社，带领周边群众致富。个人获江苏省劳动模范、江苏省厂会协作先进工作者、江苏省科技创业先进个人、江苏省农业科技创新与推广先进个人、镇江市优秀科技工作者、镇江市"大爱之星"等称号。简介参见第 320 页。

（陈　杰）

人物表录

表 37－1

2011 年度镇江市获省系统以上荣誉人物表

姓　名	性别	单位职务(职称)	授予单位	荣誉称号	获奖时间
韩振生	男	镇江市水政监察支队副支队长	水利部	全国长江河道采砂管理先进个人	2011－01
鲍荣龙	男	润州区官塘桥街道科协副主席兼秘书长、科技卫生助理	中国科协、财政部	全国科普惠农兴村带头人	2011－06
邹丽伟	男	丹阳市人民检察院检察员	最高人民检察院等 8 部门	"世博会"知识产权保护专项行动先进个人	2010－12
周兴元	男	江苏农林职业技术学院风景园林系主任	教育部	第六届高等学校教学名师奖	2011－09
杨志伟	男	中共镇江市纪律检查委员会副书记、镇江市监察局局长	中共江苏省委、江苏省人民政府	全省纪检监察先进工作者	2011－06
张和荣	男	镇江市经济开发区人民检察院职务犯罪侦查局副局长、检察员	江苏省人民检察院	全省检察机关反渎职侵权"侦查办案业务标兵"	2011－01
王　军	男	镇江市京口区人民检察院监察室主任、检察员	江苏省人民检察院	全省检察机关纪检监察工作先进个人	2011－03
沙坤生	男	丹阳市人民检察院监察室副主任、检察员	江苏省人民检察院	全省检察机关纪检监察工作先进个人	2011－03
陈建平	男	扬中市人民检察院检察员	江苏省人民检察院	全省十佳派驻检察人员	2011－03
李玉书	男	镇江市湾山地区人民检察院检察员	江苏省人民检察院	全省优秀派驻检察人员	2011－03
蒋　松	男	镇江市京口区人民检察院反贪污贿赂局副局长、检察员	江苏省政法委	全省政法系统优秀党员干警	2011－07
袁　越	女	镇江市京口区人民检察院侦查监督科副科长、检察员	江苏省政法委	全省打黑除恶先进个人	2011－09

续表 37－1

姓　名	性别	单位职务(职称)	授予单位	荣誉称号	获奖时间
章　晖	女	镇江市润州区人民检察院监所检察科科长、检察员	江苏省综治委特殊人群服务管理工作领导小组	全省社区矫正工作先进个人	2011－11
刘　凯	男	镇江市中级人民法院民三庭副庭长、审判员	江苏省高级人民法院	全省优秀法官	2011－04
李　俊	男	镇江市京口区人民法院民一庭审判员	江苏省高级人民法院	全省优秀法官	2011－04
杨　云	女	扬中市人民法院执行局副局长、审判员	江苏省高级人民法院	全省优秀法官	2011－04
马　骏	男	镇江市中级人民法院法警支队支队长	江苏省高级人民法院	全省司法警察标兵	2011－12
陆文优	男	镇江市经济开发区人民法院法警大队法警	江苏省高级人民法院	全省司法警察标兵	2011－12
葛世伦	男	江苏科技大学副校长	江苏省人才工作领导小组	江苏省第三期“333 工程”突出贡献奖	2011－08
李振陆	男	江苏农林职业技术学院副院长	江苏省教育厅等 5 部门	2010 年江苏省职业教育创新大赛 2010 年度校长奖	2011－01
刘庆新	男	江苏农林职业技术学院教师	江苏省文明办、团省委、省志愿者协会	江苏省优秀青年志愿者	
简祖平	男	江苏农林职业技术学院组织人事处处长	江苏省委组织部	全省优秀宣传思想工作者	2011－02
吴　洁	女	江苏科技大学科技处副处长	江苏省教育科学研究院	江苏省教育科研先进个人	2011－12
钱志发	男	江苏科技大学发改处处长	江苏省教育科学研究院	江苏省教育科研先进工作者	2011－12
杨松林	男	江苏科技大学能源与动力工程学院院长	江苏省教育工委	江苏高校大学生最喜爱的教师	2011－09
赵明珍	女	江苏农林职业技术学院教务处处长	江苏省教育厅	第六届江苏省高等学校教学名师	2011－06
王全智	男	江苏农林职业技术学院教师	江苏省农委、江苏省教育厅、江苏省科技厅	挂县强农富民工程先进个人	2011－03
杨士虎	男	江苏农林职业技术学院教师	江苏省农委、江苏省教育厅、江苏省科技厅	挂县强农富民工程先进个人	2011－03

（丽　书）

表 37－2

2011 年镇江市第四届“大爱之星”情况表

姓名(团体名称)	性别	单位、职务
陈弘毅	男	丹阳棉纺厂厂医
江玉琴	女	卫岗奶业句容经销处总经理
许兆娣	女	句容市华阳镇姚徐村村民
张芝荣	男	扬中市住建局人防指挥通信科科长
宋正凤	女	镇江市丹徒区宝堰镇岗下村村民
许　前	女	镇江市丹徒区荣炳许布医疗器械厂厂长
申建平	男	陆军船艇学院船艇教练大队四级军士长
张希波	男	镇江市润州区桃园新村“雷锋茶亭”负责人
卜素兰	女	镇江市润州区三元巷社区魏同兴巷居民
孙　萍	女	镇江新区大港中学政治教师
陈明东、张云仙夫妇	－	镇江市第三干休所离休干部
翟志高	男	镇江韦岗铁矿有限公司董事长、总经理
梁刚卫	男	镇江市公安局水上分局副局长
方增宁	男	镇江市建管处副主任
熊毅雯	女	镇江骨髓捐献志愿者服务队队长
刘元斌	男	镇江市第一人民医院影像科技师
王千金	女	镇江市京口区健康路街道健康社区居民
李永生	男	镇江船舶辅机厂配电房工人
范文清	男	平安人寿镇江中心支公司保安
张晓春	男	镇江市润州区紫阳口腔诊所所长
南门大街抬车救人四名三轮车师傅	－	－
运河“919”水上救助队	－	－
扬中市人民检察院“知心姐姐”热线团队	－	－
镇江义购萬苣网络助农群体	－	－
青春呵护蒲公英“团哥青姐”志愿群体	－	－

（丽　书）

2011 年镇江市劳动模范名录

曹国珍(女)	范忠辉	夏益新	刘建俊	邵建军	王木泉	邹俊燕(女)	蒋鹏宇	张建国	倪国华(女)
许国林	田玉伟	徐怀兔	王洪君	李光辉	窦鹏飞	王雅仙(女)	戴永祥	柴永强	陈董良
罗正国	刘文锦	杨贵洋	牛选平	马保红(女)	牛 凯	刘春岐	吕 健	陶红辉(女)	洪宗原
白云霞(女)	师 平	王贵成	王志东	徐 铭	赵康仁	钱 军	孙炳伟	郁金红(女)	许益明
孙晓天	方义勇	唐 伟	孙志国	杨远东	张海燕	朱龙祥	颜 军	林田中	邵守言
方银喜	尤长润	丛 彬	韩小云	陆永祥	陈华宏	张康明	郁文红(女)	张建民	完 琪(女)
周建芳(女)	任志翔	陈 新	秦志文	祝玉方	张 明	马玮芬(女)	展 宇	王 丽(女)	倪 琦(女)
许建华	刘宽心	李关白	王俊康	许金荣	高 峰	华 芳(女)	胡晓玲(女)	赵旭东	薛志荣
欧建华	秦邦民	陈恒宝	杨 桦(女)	姜锁平	程 莹(女)	杨 勇	徐晓声	刘 斌	张明生
崔立峰	顾新华	吴锁军	金 磊	陈 炜	辛学锋	张 利	周尚飞	曹国权	曹晓国
张文学	孟明华	李 鸣(女)	袁敢红	倪道宏	姚建明	吕永忠	张 中	施文进	朱林华
张 慧(女)	王俊秋	叶 鸣	陈建东	周鹤銮	席明军	杨 斌	西胁正树	于少东	李卫东
潘大治	徐国中	蒋士新	张冬才	郭洪彬	王凤祥	陆小林	张 俭	居家怀(女)	张和平
彭永康	郑志伟	王金和	方荣法	范有根	李治顺	李家斌	杨祥其	聂永平	沈明顺
王其荣	赵军荣	欧润华(女)	郭巧美(女)	肖行行(女)	邢 鸣	袁 宏	刘 勇	韩海敬	丁和金
王保庚	王旭华	顾国祥	马青松	刘 华	戴德明	徐军民	赵雅娟(女)	耿振英(女)	张国忠
赵辛辰	黄玉梅(女)	施治和	戴敦林	王 妍(女)	曾明泉	仲亚励(女)	王 炜	陆明芳(女)	臧 翔
嵇 虹(女)	徐梅花(女)	李罗仁	徐伟忠	倪扣林	陆霄霞(女)	周志良	王 华(女)	冯兵罗	居秋生
蒋红武	杨怀庆	耿宜燕	吴晨乡(女)	窦高林	张久召	吴尚德	黄 自	杨正宏	张志英(女)
顾 明	王小平	程佳平(女)	朱爱萍(女)	毛建军	余建明	赵硕伟	丁美荣(女)	周志华	

（叶兆国）

表 37-3

2011 年镇江市获正高级专业技术资格人员情况表

姓 名	性别	出生年月	工作单位	专 业	资格名称
汪 华	女	1962-01	镇江技师学院	教育管理	教授级高级讲师
薛菊金	女	1963-09	丹徒区农业技术推广中心	作物栽培	农业技术推广研究员
许俊彦	男	1958-09	省农业广播电视学校句容市分校	农技推广	农业技术推广研究员
杨 光	男	1963-06	句容市农业技术推广中心	农技推广	农业技术推广研究员
梁明华	男	1965-02	句容市农业技术推广中心	农技推广	农业技术推广研究员
王友成	男	1965-10	句容市农业技术推广中心	农技推广	农业技术推广研究员
李传德	男	1965-01	市农业委员会、市园艺技术指导站(兼)	茶叶	农业技术推广研究员
史良雨	男	1957-08	市动物卫生监督所	畜牧兽医	农业技术推广研究员
殷亚南	男	1960-08	市林业技术指导站	林业	研究员级高级工程师
李冬梅	女	1969-09	镇江市高等专科学校	历史	教授
黄力明	男	1956-09	镇江市高等专科学校	计算机	教授
万碧波	女	1962-11	镇江市高等专科学校	教育管理研究	研究员
杨 新	男	1956-11	江苏联合职业技术学院	教育管理研究	研究员
朱孝锋	男	1962-10	市水产技术指导站	水产	研究员级高级工程师
陆素琴	女	1970-04	镇江市中医院	中医内科	主任中医师
谢东宇	男	1968-09	镇江市中医院	中医内科	主任中医师
张 俊	男	1968-09	镇江市疾病预防控制中心	皮肤病与性病	主任医师
仲志鸿	男	1968-08	镇江市疾病预防控制中心	微生物检验技术(技)	主任技师
杨保民	男	1961-07	镇江市疾病预防控制中心	理化检验技术(技)	主任技师
杨建文	男	1957-08	镇江市疾病预防控制中心	学校卫生与儿少卫生	主任医师
康裕斌	男	1968-08	镇江市第一人民医院	小儿内科	主任医师
陆培松	男	1965-10	镇江市第一人民医院	神经外科	主任医师
顾绍庆	男	1969-10	镇江市第一人民医院	小儿内科	主任医师
管荣祥	男	1962-07	镇江市第一人民医院	普通外科	主任医师
康 英	女	1964-05	镇江市第一人民医院	护理学	主任护师
黄卫兵	男	1967-06	镇江市第一人民医院	肿瘤内科	主任医师
沈亚杰	女	1967-11	镇江市第一人民医院	妇产科	主任医师
严志新	男	1969-07	镇江市第一人民医院	整形外科	主任医师
李卫东	男	1967-01	镇江市第一人民医院	心血管内科(心电诊断)	主任医师
孙玉姣	女	1964-05	镇江市第一人民医院	护理学	主任护师
刘建琴	女	1968-11	镇江市第一人民医院	妇产科	主任医师
宋文燕	女	1963-02	镇江市第一人民医院	卫生管理	研究员
钱 军	男	1971-09	镇江市第一人民医院	血液病	主任医师
薛春泉	男	1968-01	镇江市第一人民医院	放射肿瘤治疗学	主任医师
赵松兰	女	1964-08	镇江市第一人民医院	妇产科	主任医师
陈明松	女	1965-10	镇江市第一人民医院	护理学	主任护师
李学忠	男	1968-09	镇江市第一人民医院	神经内科(脑电诊断)	主任医师
祁卫东	男	1967-09	镇江市第一人民医院	普通外科	主任医师

续表37－3

姓 名	性别	出生年月	工作单位	专 业	资格名称
徐 军	男	1967－05	镇江市第一人民医院	普通外科	主任医师
蒋鹏程	男	1969－09	镇江市第一人民医院	普通外科	主任医师
肖 明	男	1968－12	镇江市第一人民医院	肿瘤内科	主任医师
戴甫成	男	1967－06	镇江市第一人民医院	麻醉	主任医师
徐 静	女	1966－09	镇江市第四人民医院(镇江市妇幼保健院)	妇产科	主任医师
陶存山	男	1968－12	镇江市第四人民医院	神经外科	主任医师
陈廷美	女	1967－01	镇江市第四人民医院	妇产科	主任医师
缪川梅	女	1969－08	镇江市第四人民医院	耳鼻喉科(头颈外科)	主任医师
孙炳吉	男	1967－01	镇江市第四人民医院	消化内科	主任医师
钱进军	男	1968－02	镇江市第四人民医院	神经内科(脑电诊断)	主任医师
李春明	男	1966－09	镇江市第三人民医院	传染病	主任医师
武谦虎	男	1962－05	镇江市第三人民医院	中药学	主任中药师
缪家文	男	1967－01	镇江市第三人民医院	临床检验技术(技)	主任技师
周春兰	女	1966－04	镇江市第三人民医院	结核病	主任医师
桑嘉贵	男	1962－09	镇江市第二人民医院	神经内科(脑电诊断)	主任医师
周兴华	女	1969－03	镇江市第二人民医院	急诊医学	主任医师
朱承松	男	1967－12	镇江市第二人民医院	肾内科	主任医师
叶 云	男	1968－10	镇江市第二人民医院	骨外科	主任医师
滕 凯	男	1965－05	镇江市第四人民医院	临床医学检验临床化学技术(技)	主任技师
谭 明	男	1968－09	扬中市人民医院	普通外科	主任医师
谢文生	男	1968－04	扬中市人民医院	内分泌	主任医师
钱纪银	男	1966－06	扬中市人民医院	临床医学检验临床血液技术(技)	主任技师
袁茂祥	男	1963－08	扬中市经济开发区兴隆卫生院	全科医学	社区主任医师
程贤宁	男	1963－05	句容市人民医院	耳鼻喉科(头颈外科)	主任医师
葛荣富	男	1963－03	句容市人民医院	口腔修复	主任医师
丁玉琴	女	1966－11	句容市人民医院	心血管内科(心电诊断)	主任医师
朱卫明	男	1966－01	京口区大市口社区卫生服务中心	全科医学	社区主任医师
唐阳明	男	1967－04	镇江市中医院	眼科	主任医师
张腊娣	女	1967－12	江苏省丹阳市人民医院	呼吸内科	主任医师
卢国群	男	1963－09	丹阳市中医院	中医内科	主任中医师
李伟新	男	1966－12	丹阳市中医院	中医内科	主任中医师
朱 虹	男	1968－03	丹阳市人民医院	针灸科	主任中医师
徐 强	女	1965－01	丹阳市人民医院	小儿内科	主任医师
张俊华	男	1968－10	丹阳市人民医院	普通外科	主任医师
吕 真	女	1959－08	丹阳市人民医院	中医内科	主任中医师
吴庆凤	女	1964－12	扬中市人民医院	护理学	主任护师
兰魁田	男	1964－12	江苏大学社区卫生服务站	社区全科医学	社区主任医师
张曦颖	女	1965－01	江苏大学社区卫生服务站	社区全科医学	社区主任医师
任 罡	男	1971－10	镇江市图书馆	图书	研究馆员
王念约	男	1953－02	镇江市文化馆	群众文化	研究馆员
冯爱民	男	1959－01	镇江画院	演员	一级美术师
周建青	男	1963－01	镇江市文化馆	艺术	一级艺术监督
吴家平	男	1962－11	镇江市第四人民医院	思想政治工作	研究员级高级政工师
许亚文	女	1960－07	镇江市第一人民医院	思想政治工作	研究员级高级政工师
刘 翔	男	1970－11	镇江市药品检验所	药品检验	主任中药师
朱文英	女	1968－07	江苏七〇七天然制药有限公司	药品检验	主任中药师
罗仁朝	男	1972－05	市规划设计研究院	城市规划	研究员级高级工程师
马学源	男	1963－02	深圳市嘉信装饰设计工程有限公司	建筑装饰	研究员级高级工程师
史忠海	男	1956－11	丹阳市抗震办公室	抗需审查、建筑节能	研究员级高级工程师
艾永道	男	1953－08	市城市干道工程建设办公室	道路与桥梁	研究员级高级工程师
史健洁	女	1968－11	市规划局	城市规划	研究员级高级工程师
朱乾震	男	1963－05	江苏省交通工程集团有限公司	经济管理、企业管理	正高级经济师
尹常庆	男	1954－12	镇江市环境监测中心站	环境监测	研究员级高级工程师
张增发	男	1957－12	镇江市长江河道管理处	施工管理	研究员级高级工程师
陈 怡	男	1967－08	中化镇江焦化有限公司	冶金工程	研究员级高级工程师
冯金龙	男	1964－06	江苏苏润高碳材股份有限公司	冶金工程	研究员级高级工程师
丁 钢	男	1972－01	镇江高等专科学校	冶金工程	研究员级高级工程师
邵守言	男	1970－08	江苏索普(集团)有限公司	石化	研究员级高级工程师
赵丽江	女	1965－04	镇江广播电视台	新闻	高级记者
马 季	男	1964－01	镇江文联金山杂志社	文学创作	一级作家
汤道平	男	1961－05	江苏中坚汇律师事务所	律师	一级律师

续表 37－3

姓 名	性别	出生年月	工作单位	专 业	资格名称
顾晓波	男	1964－04	江苏现代造船技术有限公司	船舶制造	研究员级高级工程师
赵 鸥	女	1968－11	江苏大学杂志社	传播学	编审
杨 娟	女	1974－05	江苏大学材料学院	材料学	教授
袁新华	男	1975－09	江苏大学材料学院	材料学	教授
刘满平	男	1964－02	江苏大学材料学院	材料学	教授
张济建	男	1965－07	江苏大学财经学院	会计学	教授
诸德宏	男	1968－09	江苏大学电气学院	电工	教授
杨建宁	男	1956－12	江苏大学电气学院	电工	教授
严金川	男	1965－10	江苏大学附属医院	心血管内科	教授
杜建国	男	1970－10	江苏大学工商学院	管理工程	教授
冯 缨	女	1970－09	江苏大学工商学院	管理工程	教授
程发新	男	1966－06	江苏大学工商学院	管理工程	教授
毛翠云	女	1963－10	江苏大学工商学院	管理工程	教授
李春香	女	1964－09	江苏大学化学化工学院	分析化学	教授
黄卫红	男	1968－06	江苏大学环境学院	环境科学	教授
江 洪	女	1963－10	江苏大学机械学院	机械工程	教授
刘 伟	男	1960－01	江苏大学基础医学院	医学心理学	教授
钱 晖	女	1970－10	江苏大学基础医学院	基础医学二(功能学科)	教授
宋余庆	男	1959－03	江苏大学计算机学院	计算机应用技术	教授
许晓东	男	1965－07	江苏大学计算机学院	计算机应用技术	教授
刘一松	男	1966－11	江苏大学计算机学院	计算机应用技术	教授
于忠海	男	1967－06	江苏大学教师教育学院	教育学原理	教授
杨宏林	男	1969－12	江苏大学理学院	管理工程	教授
王军锋	男	1975－12	江苏大学能动学院	基础	教授
戴迎华	女	1969－02	江苏大学人文学院	马列主义公共课	教授
周亚竟	男	1958－11	江苏大学生命科学研究院	生物学	教授
张红印	男	1972－06	江苏大学食品学院	食品科学	教授
邹小波	男	1974－12	江苏大学食品学院	农产品加工及贮藏工程	教授
吴庆宏	女	1969－10	江苏大学外国语学院	英语语言文学	教授
周爱华	男	1966－12	江苏大学药学院	药学	教授
王 强	男	1967－10	江苏大学艺术学院	工业设计艺术学	教授
张文莉	女	1968－01	江苏大学艺术学院	工业设计	教授
周金元	男	1965－04	江苏大学图书馆	图书情报	研究馆员
袁建平	男	1970－11	江苏大学流体中心	流体机械及工程	研究员
汤 跃	男	1959－05	江苏大学流体中心	流体机械及工程	研究员
叶晓琰	女	1963－01	江苏大学流体中心	流体机械及工程	研究员
李洪波	男	1971－08	江苏大学学工处	教育管理研究	研究员
李战军	男	1960－01	江苏大学组织部	教育管理研究	研究员
嵇春艳	女	1976－02	江苏科技大学	力学	教授
佘建国	男	1963－11	江苏科技大学	机械工程	教授
李滨城	男	1962－01	江苏科技大学	机械工程	教授
田雨波	男	1971－12	江苏科技大学	电子与通讯	教授
任 南	女	1973－09	江苏科技大学	管理工程	教授
狄 为	男	1965－11	江苏科技大学	工商管理	教授
张学军	女	1964－03	江苏科技大学	工商管理	教授
魏 敏	女	1966－04	江苏科技大学	马列主义公共课	教授
吴 庆	男	1971－12	江苏科技大学	土建	教授
蒋春雷	男	1963－03	江苏科技大学	学生思想政治教育	教授
姜佩剑	男	1962－07	江苏科技大学	教育管理研究	研究员
周云祥	男	1953－03	江苏科技大学	教育管理研究	研究员
李 玲	女	1964－10	江苏科技大学	出版	编审
陈志明	男	1957－07	江苏农林职业技术学院	园艺	教授
王润贤	男	1963－11	江苏农林职业技术学院	茶叶	农业技术推广研究员

（马 原 裴 伟）

逝世人物

沙曼翁

当代书法篆刻家、金石学家，2011年10月逝世，享年96岁。

1916年9月生，江苏镇江人。满族，祖姓爱新觉罗，原名古痕。早年师从虞山萧退暗系统研习籀、篆、隶各体书法及中国文字学。长期以来，他对书法篆刻艺术实践及其艺术原理进行开创性的研究，并形成古朴淳雅、苍劲清逸的独特风格。当代草圣林散之高度评价其为“此真书道之狡贼”。1979年，沙曼翁创作的甲骨文对联在“全国首届群众书法征稿评比”中获得一等奖。三十余年中，其书法、篆刻作品参加历届全国性重大书法篆刻展览并在各大专业报刊上专题介绍。他先后应邀赴南京、无锡、郑州、新加坡、北京等地举办个展。出版有《沙曼翁篆刻卷》《曼翁书画篆刻选》《曼翁篆刻选》等。他50岁后学画，深受八大、石涛、虚谷等人画风所影响，作品笔墨趣味高雅绝俗，清逸之气扑人眉宇。2009年，因其在书画篆刻艺术领域的突出成就和影响，中国书法家协会授予沙曼翁为艺术指导委员会委员和第三届中国书法兰亭奖终身成就奖。2011年9月30日，他又获得中国书法家协会颁发的纪念中国书法家协会成立三十周年“荣誉奖”。沙曼翁生前曾担任中国书法家协会会员兼培训中心教授，江苏省文史研究馆馆员，苏州市书法家协会名誉主席，东吴印社名誉社长，彭城印社名誉社长，中泠印社名誉社长，新加坡中华书学会评议委员，菲律宾中华书学会学术顾问。

（丽　书）

龚松柏　原中共镇江地委常委、行署副专员。2011年1月在镇江逝世，享年88岁。

1924年10月生，江苏海安人。中共党员，1943年4月加入中国共产党。

1944年6月至1945年6月，历任泰县迴谈乡党支部副书记、书记兼指导员。1945年7月至1949年12月，历任泰县雅周区委组织干事、区委委员、宣传科副科长，雅周交通站站长，泰县如黄交通干线站站长，泰县芦桥区委书记、雅周区委书记，泰县县委组织部副部长，泰县支前总队副队长兼独立大队政委，泰县姜埝区委书记。1950年1月至1955年8月，历任泰县县委城工委副书记、县总工会主席泰州市委组织部副部长、工业部部长。1955年9月至1956年7月，在中央第三中级党校学习。1956年7月至1966年，历任扬州地委委员、泰州市委第一书记、仪征县委第一书记、扬州市委第一书记。1967年1月，受“文化大革命”冲击靠边。1968年4月至1974年5月历任省革委会常委、省委候补委员，扬州地委常委、地区革委会副主任，扬州市革委会副主任。1969年4月，当选为中共九大代表。1974年6月至1983年3月，历任镇江地委常委、地区革委会副主任、行署副专员、镇江市委书记等职。地改市后，任镇江市人民政府顾问，1985年离休。　（陈　红）

伏镇钧

镇江市第一届人大常委会副主任、中国民主同盟镇江市委员会原主任委员，2011年2月逝世，享年96岁。

1915年11月生，江苏泰兴人，民盟盟员。1949年8月参加革命工作。1944年7月在四川重庆中央大学教育系毕业，先后任四川省贡井旭川中学教员兼教务主任，湖北沙市新沙中学教员、班主任，南京市钟山中学教员、教务主任。1948年2月到镇江市工作，先后任镇江市东南中学教员、教务主任，镇江市第一初级中学教师、教导主任，镇江市初级师范学校副校长，镇江市第一初级中学副校长，镇江市教育局副局长。1952年8月加入中国民主同盟，历任民盟镇江市第一届委员会委员，第二、三、四届委员会副主任委员，第五、六、七届委员会主任委员，第八、九、十届委员会名誉主任委员。其间，他还担任镇江地辖市第一至四届政协委员、常委，镇江市第二届政协常委，镇江市第二届人大代表，江苏省第七届人大代表。1981年9月任镇江地辖市第七届人大常委会副主任，1983年3月任镇江市第一届人大常委会副主任兼教育科学文化卫生委员会主任。1992年8月退休。

（陈　杰）

毕伟国

原江苏省镇江军分区副司令员、市政协常委，大校军衔。2011年9月14日逝世，享年55岁。

1957年9月生，江苏常熟人，中共党员。1976年12月入伍，1979年6月加入中国共产党。历任排长、参谋、秘书、指导员、副教导员、组织处秘书、司令部副主任、主任，省军区司令部处长，参谋长，镇江军分区副司令员等职。他在35年的军旅生涯中，政治立场坚定，对党、对军队、对中国特色社会主义事业无限忠诚。他刻苦学习马克思列宁主义、毛泽东思想、邓小平理论和“三个代表”重要思想，贯彻落实科学发展观，坚决执行党的路线方针政策，具有很强的政治敏锐性和政治鉴别力，善于从政治上观察、分析和处理问题，在大是大非面前头脑清醒，始终坚持与党中央、中央军委保持高度一致。他坚持解放思想、实事求是、与时俱进，具有较强的宏观决策能力和较高的领导水平。他军政素质全面，具有强烈的革命事业心和高度的政治责任感，始终把党和军队的利益放在至高无上的位置，为省军区部队和国防后备力量建设作出突出贡献。他严格遵守党的纪律和政治生活准则，坚持和发扬党的优良传统。他严于律己，廉洁奉公，生活朴素，不计较个人得失，始终保持共产党人优良的政治本色和高尚的道德情操。　（刘晓平　罗　优）

大事记

责任编校：陈春鸣

1月

6日 丹徒公安分局吴正斌、吕邦亮、詹苏丹、孔兴君、吴江五名民警在执行办案任务途中突遇交通事故殉职。

9日 镇江市被国务院批准为国家学前教育体制改革试点地区，丹阳市被省政府批准创建省义务教育优质均衡发展示范区。

12日 省委书记罗志军考察镇江。

16日 代省长李学勇到镇江考察。

19～21日 市政协六届四次会议召开。会议听取并通过市政协六届四次会议提案审查情况的报告；通过关于《政协镇江市第六届委员会常务委员会工作报告》的决议和关于《政协镇江市第六届委员会常务委员会关于提案工作情况的报告》的决议；通过《政协镇江市第六届委员会第四次会议决议》。

21～23日 市六届人大四次会议召开。会议通过《关于市政府工作报告及镇江市国民经济和社会发展第十二个五年规划纲要的决议》《关于镇江市2010年国民经济和社会发展计划执行情况及2011年国民经济和社会发展计划的决议》《关于镇江市2010年财政总预算执行情况和2011年财政总预算的决议》《关于镇江市人民代表大会常务委员会工作报告的决议》《关于镇江市中级人民法院工作报告的决议》《关于镇江市人民检察院工作报告的决议》。增选帅巧芳为市六届人大常委会副主任，补选茅仲华为市中级人民法院院长。

22日 省委常委、宣传部部长杨新力率省民政、残联、教育、文化等部门负责人到镇江走访慰问困难劳模、困难职工、老党员、低保户、重残对象、优抚对象以及敬老院。

23日 副省长李小敏带队慰问驻镇73667部队。

2月

6日 中共中央政治局委员、中央书记处书记、中央组织部部长李源潮到镇江市烈士陵园缅怀先烈祭英灵。省委常委、组织部部长石泰峰，市领导许津荣、刘捍东、李国忠、夏新平等参加活动。

11日 镇江市14所改制学校将全部恢复公办或者停办。

17日 西津渡历史文化街区被批准为国家AAAA级旅游景区。

26日 镇江首家农村商业银行成立，下辖1个营业部和25个支行。

3月

2日 句容市被授予“全国休闲农业与乡村旅游示范县（市）”称号。

3日 市政府第27次常务会议召开，研究部署十大民生工程等工作。

17日 全省促进农民创业就业工作会在镇江市召开。省委常委、副省长黄莉新率与会人员现场参观镇江市农民创业典型企业、园区和培训中心。

△ 孟加拉国驻华大使孟什·法亚兹·艾哈迈德为团长的驻华使节及夫人一行40人到镇江参观访问。

19日 28个国家的驻华使节和夫人在扬中市东新港码头放流2000余条河豚和2万余条长江珍贵鱼种。

23日 市六届人大常委会第42次主任会议举行。会议听取市政府关于2011年城乡建设重点工程实施情况的汇报。

△ 高达16.4米、重200多吨的江苏省最高汉白玉观音雕像在句容市宝华山隆昌寺落成开光。

31日～4月1日 长江三角洲城市经济协调会第11次市长联席会议在镇江举行，共同签署《长三角城市合作（镇江）协议》。

4月

2日 市委、市政府召开全市农村工作会议。会议确定“十二五”镇江市“三农”工作总体目标。

6日 中国航天三院镇江产业园开工。

8日 原中共中央政治局委员、中央军委副主席、国务委员兼国防部部长迟浩田将军偕夫人重访革命老区茅山。

8～9日 全国政协常委、民革中央副主席郑建邦一行对民革镇江市委会开展祖国统一工作情况进行调研。

11日 副省长史和平率省整治办检查镇江市高速公路沿

线广告设施整治情况。

12 日 中国首届“茅山情”红色旅游文化节暨第十一届中国句容茅山旅游文化节在句容茅山风景区开幕。

17 日 镇江市美术馆挂牌开馆，馆名由李岚清题写。首次作品展推出“江山多娇——镇江新貌长卷及新二十四景”。

△ 12 家港澳台媒体抵达扬中，开展“寻访中国河豚岛——港澳台媒体扬中行”采访活动。

26 日 市六届人大常委会第 43 次主任会议举行。会议听取市政府关于民族村脱贫致富奔小康情况的汇报，讨论《中华人民共和国城乡规划法》执法检查情况的报告。

28 日 市政协六届 17 次常委会议举行。会议主要内容是讨论推进镇江市现代服务业跨越发展。

△ 第 12 届南山杜鹃花节暨南山网络旅游推介会开幕。

29 日 市六届人大常委会举行第 29 次会议，表决通过关于任命李廷祥为镇江市副市长的决定。

30 日 镇江市被评为全国文化体制改革工作先进地区。

△ 镇江市首届十大杰出职工颁奖典礼举行。孙志国、刘洋、仇隽、吴军、任静、李斌、史寿芝、杨以和、束兴辉、孙艳伟等当选。

5 月

3 日 《关于开展农村土地承包经营权登记试点工作的方案》决定，在“三新”建设的镇江新区丁岗镇等 11 个试点镇、50 个试点新社区，开展农村土地承包“确权试点”。

6 日 市委召开常委(扩大)会，专题听取、讨论 2011 年保障和改善民生工作任务的推进落实情况。

8 日 《镇江市 2010 年第六次全国人口普查主要数据公报》发布。截至 2010 年 11 月 1 日零时，全市常住人口为 3113384 人。

9 日 芬兰驻沪总领事馆贺睦宁一行到镇江访问。

12 日 中国社科院《中国城市竞争力蓝皮书：中国城市竞争力报告》发布。全国 294 个地级以上城市(含港澳台城市)2010 年综合竞争力排名中，镇江名列第 52 位。

14 日 国家旅游局局长邵琪伟到镇江考察。

18 日 镇江东方电热科技股份有限公司(上市代号 300217)在深圳证券交易所创业板上市，成为全市首家在深市创业板上市的民营企业。

20 日 镇江现代农业(深圳)项目发布会举办。

24 日 镇江市被列为“国家创新型试点城市”。

△ 省委常委、组织部长石泰峰一行赴扬中调研窗口单位创先争优工作。

26 日 水利部部长陈雷率国家防总太湖流域防汛抗旱检查组到镇江市检查九曲河水利枢纽防汛抗旱工作。

△ 市政协召开六届 38 次主席会议，会议专题讨论“努力实现居民收入倍增计划，不断提高居民收入水平”。

△ 镇江市人民政府获中央宣传部、司法部表彰的“2006～2010 年全国法制宣传教育先进单位”称号。

27 日 镇江市举行防灾减灾应急分队授旗仪式。

28 日 2011“春风又绿江南岸”镇江旅游节开幕暨第二届中国镇江金山湖国际龙舟大奖赛落下帷幕，温州秀屿队获得冠军。

△ 镇江市首家政府引导型县级创业投资机构——扬中创业投资有限公司成立，公司注册资本 1 亿元。

28 日～29 日 乌克兰、阿根廷、保加利亚、法国、新加坡、南非、英国、印度等 26 国驻沪总领事馆官员 95 人到镇江考察访问。

30 日 新华社、中央电视台等中央媒体分别报道丹阳市新桥镇金桥村原党总支书记张雅琴的先进事迹。

31 日 市六届人大常委会第 30 次会议举行。会议听取关于检查《中华人民共和国城乡规划法》实施情况的报告，表决通过《关于镇江市与匈牙利科斯克罗市缔结友好城市关系的决定》和有关人事任免。

△ 2011 中国镇江(上海)现代服务业合作恳谈会举行。

6 月

1 日 2011 版镇江市医保自购药品目录执行。

5 日～6 日 全国人大常委会副委员长、农工民主党中央主席桑国卫到镇江视察。

9 日 副省长史和平率省经信委、科技厅等部门负责人到镇江豪然喷射、鼎胜铝业 2 家企业调研。

△ 2011 中国云计算产业发展高峰论坛暨云计算专业委员会成立大会在镇江市开幕。会议宣布成立云计算专业委员会，倡议并成立“中国云计算基地(中心)联盟”。

10 日 镇江市档案馆晋升为国家一级档案馆。

14 日 由中共中央宣传部和中共江苏省委联合举办的张雅琴同志先进事迹报告会在北京人民大会堂举行。中宣部副部长申维辰主持报告会，省委常委、宣传部部长杨新力，市领导许津荣、张洪水等，与北京市的党员干部代表、首都高校师生代表、驻京部队官兵代表等共 700 多人参加。

15 日 秦景安任镇江市委委员、常委，孙健任镇江市委委员、常委、市纪律检查委员会书记。

16 日 中国共产党镇江市第五届委员会举行第十二次全体会议。会议讨论通过关于召开中国共产党镇江市第六次代表大会的决议，通过中共镇江市第六届委员会、纪律检查委员会组成原则，决定中国共产党镇江市第六次代表大会于 8 月召开。

△ 市政协召开六届 39 次主席会议，围绕“发展我市学前教育”进行咨政建言。

△ 2011 中国镇江(厦门)新兴产业项目合作恳谈会在厦门举办，签约项目 34 个，总投资 184.3 亿元。

17 日 张雅琴同志先进事迹报告会在省政协礼堂举行。

△ 奇美化工、金东纸业跻身 2010 年全省百强企业，沃得集团、大亚集团、大全集团、飞达集团、天工集团和江苏省交通工程集团等 6 家民营企业入围全省“百强民企”名单。

20 日 市政府第 29 次常务会议召开。会议讨论通过《镇江市食品安全事故调查处理和责任追究办法》。

22 日 省委常委、组织部部长石泰峰到镇江调研。

△ 省委常委、苏州市委书记蒋宏坤率苏州党政代表团到镇江考察。

23 日 省长李学勇到镇江重点调研高新技术产业发展、基层社区建设和医疗体制改革等方面工作。

26 日 国土资源部部长、党组书记、国家土地总督察徐绍史一行，在副省长徐鸣等陪同下，对镇江新区万顷良田和丹徒区谷阳镇国土资源中心所进行考察调研。

27 日 《中国共产党镇江历史》第二卷(1949～1978)出版发行，举行首发式。

△ 市六届人大常委会举行第 45 次主任会议，听取市政府基本农田保护情况汇报。

28 日 市六届人大常委会举行第 31 次会议，表决通过关于任命秦景安为镇江市副市长的决定、关于接受陈照煌辞去镇江市副市长职务请求的决定和关于接受黄万荣辞去镇江市人大常委会委员职务请求的决定。

△ 国内首个"国家智慧旅游服务中心"在镇江揭牌。

29 日 中共镇江市委集会庆祝建党 90 周年,表彰全市先进党组织、优秀共产党员和优秀党务工作者,并举行张雅琴先进事迹报告会。

△ 各辖市(区)党委、纪委完成换届工作,选出新一届领导班子。

30 日 镇江市举行"红心向党 放歌镇江"——庆祝中国共产党成立 90 周年万人演唱会。

△ 省人大常委会副主任丁解民一行到镇江市调研。

7 月

12 日 国家发改委发文,同意建设江苏华电句容电厂"上大压小"新建工程。

12～13 日 省政协副主席张九汉率部分省政协委员到镇江调研推进社会管理创新、促进社会和谐稳定等情况。

16 日 《镇江市土地利用总体规划(2006～2020 年)》获国务院批准,目标是全市耕地面积保有量不低于 16040.8 公顷。

18 日 市委召开常委(扩大)会议,专题讨论全市"八项工程"实施意见。

△ 市长刘捍东主持召开市政府常务会议,研究部署"十二五"治污减排等工作。

19 日 市委、市政府召开国家创新型试点城市专家咨询会。

21 日 市六届人大常委会第 46 次主任会议举行,听取"控制高资化工园区水污染"重要建议办理情况汇报。

△ 丹阳六中女足在全国第 11 届中学生运动会中七战全胜夺冠。

22 日 省政府批准:撤销京口区象山镇、谏壁镇,丹徒区高资镇,润州区蒋乔镇等 4 个镇,分别设立相应的街道。

23 日 省委研究决定,李雪峰任中共镇江市委委员、常委。

△ 由市图书馆和江大图书馆联合申报的《文心雕龙》专题特色数据库课题,经 CALIS(中国高等教育文献保障系统)三期专题特色数据库项目管理组专家评审通过,正式立项。

25～26 日 市六届人大常委会第 32 次会议举行,听取市政府上半年政情通报,听取和审议市政府关于 2011 年上半年国民经济和社会发展计划及财政预算执行情况的报告、关于 2010 年财政总决算和同级审计情况的报告、关于法制宣传教育工作情况的报告,授予王伟耀等 16 人"镇江市人民奖章获得者"称号。

26～29 日 市委书记许津荣率团在香港展开以金融、创意等现代服务业招商,发布 49 个项目,总投资 151 亿美元。

△ 省委常委、副省长、省双拥工作领导小组副组长黄莉新等慰问南京军区空军驻镇 94689 部队。

29 日 市政协六届 40 次主席会议召开,主要议题是大力推进传统产业的转型升级。

8 月

1～3 日 日本仓敷市少男少女友好之翼访华团一行 21 人访问镇江。

2～9 日 市委书记许津荣、市委副书记张庆生率镇江市党政代表团到新疆农四师六十六团,实地了解受援地区经济社会发展情况,推进对口支援工作。

3 日 市双井路大运河遗址中仓基遗址、建筑基址等两项保护工程启动。仓基遗址采取覆土回填保护方式,建筑基址采取原样套取保护方式。

6 日 2011"情缘七夕"中日友好广场晚会活动在沃得广场举行。

9 日 镇江市大全集团有限公司"风电全功率交流器研发"等 89 个项目被列入省重点技术创新项目计划。

12 日 2011 镇江国际友城交流大会以"让高校成为城市创新的源泉"为主题,在南山碧榆园国际会议中心举行。

△ 镇江万达广场、万达喜来登酒店开业。

16 日 由省委常委、南京市委书记杨卫泽,市长季建业带队的南京市党政代表团到镇江实地考察学习镇江历史文化保护和人才开发情况。

19 日 交通运输部部长李盛霖、副省长史和平到镇江考察。

23 日 市六届人大常委会举行第 47 次主任会议,会议听取市政府关于"高度重视人口老龄化,进一步完善养老保障体系"重要建议办理情况的汇报。

24 日 市 6 届人大常委会举行第 33 次会议。

26～29 日 中国共产党镇江市第六次代表大会召开,选举产生新一届市委委员 51 名、候补委员 9 名、市纪委委员 35 名;选举许津荣、刘捍东、李国忠、李茂川、魏红军、秦景安、张洪水、孙健、王树均、李小平、李雪峰为市委常委,选举许津荣为市委书记,刘捍东、李国忠为市委副书记,孙健为市纪委书记。选举出席中共江苏省第十二次代表大会的代表 40 名。

28 日 镇江有 6 家企业进入中国民营企业 500 强名单:中电电气集团有限公司(第 183 名)、大亚科技集团有限公司(第 193 名)、大全集团有限公司(第 212 名)、江苏沃得机电集团有限公司(第 215 名)、江苏飞达集团(第 220 名)、江苏天工工具有限公司(第 247 名)。

9 月

1 日 镇江市政府"12345"热线官方微博开通。

4 日 省委常委、宣传部部长杨新力到镇江慰问张雅琴家属,并召开省、市新闻单位"走基层、转作风、改文风"活动座谈会,调研镇江市信息网络管理工作,对镇江市加强和完善信息网络管理工作予以肯定。

7 日 副省长曹卫星、省教育厅厅长沈健一行在市领导许津荣、王萍陪同下调研镇江市教育工作。

8 日 省委书记罗志军,省委常委、常务副省长、省委秘书长李云峰,率领省教育厅、省委办公厅负责人到镇江市慰问教育战线部分教师代表以及景荣春教授家属。

△ 镇江市出台《关于市区被征地农民参加社会保险的意见》。

△ 丹阳市被中国轻工业联合会和中国皮革协会联合授予"中国鞋业基地"称号。

17 日 扬中市列 2011 中国中小城市科学发展百强县市第 26 位。

18 日 市政府出台《推进劳动关系和谐企业创建标准化实施意见》。

19 日 市政协召开6届42次主席会议，会议围绕全市农田水利建设进行讨论。

20 日 原镇江丹阳市新桥镇金桥村党总支书记张雅琴当选第三届“全国道德模范”。

23 日 中国国民党副主席江丙坤偕同夫人陈美惠一行在“海协会”副会长王富卿、副秘书长李忠斌，省台办副主任申晓健等陪同下到镇江市参访。

24～25 日 卫生部副部长尹力一行到镇江调研医改工作。

△ 润州区法院被最高人民法院授予“全国法院党建工作先进集体”称号。

28 日 泰州大桥跨江主桥合龙。

△ 市6届人大常委会举行第48次主任会议。会议听取市政府关于“进一步加快城乡公交一体化步伐，化解客运市场矛盾”建议办理情况的汇报。

图38－1 2011年8月26日至29日，中共镇江市第六次代表大会召开（魏 兢）

29 日 市6届人大常委会第34次会议举行。会议听取和审议市政府关于新市镇、新园区、新农村建设情况的报告，关于生态市创建进展情况的报告，关于评议垂直管理部门效能建设情况的报告；表决通过关于接受李小平辞去镇江市副市长职务请求的决定。

10 月

2～5 日 “2011长江草莓音乐节”在世业洲举行。

9 日 记录镇江籍辛亥革命先驱赵伯先短暂而光辉一生的传记《赵伯先》在市伯先公园首发，电视纪录片《诗心剑胆——辛亥革命先驱赵伯先》在镇江新区赵伯先故居首映。

△ “纪念辛亥百年 缅怀冷遹先生”暨冷遹纪念馆开馆仪式在丹徒辛丰黄墟老街举行。

10 日 中宣部副部长、中央外宣办主任、国务院新闻办公室主任、国家互联网信息办公室主任王晨一行到镇江调研互联网宣传管理工作。

△ 省委书记罗志军、副省长史和平到镇江考察丹阳市航空航天产业及军民融合式发展情况。

△《辛亥革命与镇江》举行首发式。

11～13 日 镇江市“大爱镇江”慈善板块入选“慈善之光——中华慈善总会暨团体会员慈善成果展”，并在北京农业展览馆展出。

13 日 全国政协副主席、九三学社中央副主席王志珍到镇江视察。

18 日 市政协召开6届43次主席会议，会议围绕创新社会管理、做好群众工作进行讨论。

19～20 日 全国人大常委会副委员长、民革中央主席周铁农到镇江考察。

21 日 镇江火车站恢复为上海铁路局直属管辖站。

22 日 商务部副部长蒋耀平到丹阳调研。

26 日 复建完成的文宗阁向游人开放。

26～27 日 辽宁省委常委、宣传部部长张江率辽宁省宣传文化系统负责人到镇江考察。

28 日 “加强内涵建设，服务经济转型”高峰论坛开幕式暨江苏大学组建10周年暨办学109周年庆典在该校体育馆举行，4000余人参加。

△ 市6届人大常委会第35次会议举行，会议表决通过《关于全市市县乡三级人民代表大会换届选举问题的决定》。

△ 镇江国投创业投资有限公司（国投创业）成立。

30 日 丹阳市档案馆晋升为国家一级档案馆。

△ 镇江市穆源民族学校少先队获“全国少先队先进集体”称号。

31 日 阿联酋驻华大使欧麦尔·艾哈迈德·白伊塔尔等访问镇江，参加镇江焦化集团与阿联酋穆巴达拉公司合资6.3亿元建设年产50万吨阳极煅烧石油焦炭项目。

11 月

1 日 全市村庄环境整治工作启动。

2 日 美国坦佩市市长休·豪曼等一行3人访问镇江。

△ 丹徒区首个省级技术服务中心——江苏省轴承产业公共技术服务中心在辛丰镇开工建设。

3 日 全国人大常委会原副委员长顾秀莲到镇江考察。

5 日 《2011中国城市科学发展综合评价报告》发布，镇江综合排名列全国地级及以上城市第16位，获“2011中国城市科学发展典范城市”称号。

6 日 江西省吉安市委书记王萍、市长胡世忠带领吉安市党政代表团到镇江考察。

7 日 镇江籍选手范瑛获2011年乒乓球世界杯团体赛女团冠军。

11 日 国务院侨务办公室副主任、中国侨商投资企业协会常务副会长任启亮一行到镇江市调研侨务经济科技工作。

△ “江苏恒顺集团有限公司国家级企业技术中心”获国家发改委批准。

12 日 由住房和城乡建设部科学技术委员会、国家发展和改革委员会国际合作中心、联合国环境规划署可持续建筑促进会和镇江市人民政府共同主办的第八届中外绿色人居论坛在镇江市举行。

△ 副省长何权考察镇江市城市建设。

△ 全国首条千吨级碳纤维生产线在恒神公司投产。

16～17日 致公党镇江市第六次代表大会召开，卢章平当选为中国致公党镇江市第六届委员会主委。

17日 省政协副主席包国新到镇江调研。

18日 泰州市党政代表团到镇江考察。

△ 镇江市获“2011 中国经济十大领军城市（地级市）”称号。

20日 日本津市市长前叶泰幸一行 5 人开始对镇江市开展为期 4 天的友好访问。

21日 副省长曹卫星率省教育、财政、编办等部门到扬中调研学前教育改革发展工作。

22日 市 6 届人大常委会举行第 50 次主任会议，听取市政府关于现代服务业发展情况的汇报、关于安置房和保障性住房建设情况的汇报；讨论《中华人民共和国职业病防治法》执法检查报告和市六届人大五次会议筹备工作意见。

△ 《镇江年鉴》举行创刊 20 周年纪念大会。

△ 镇江农科所研制出全国首个用于草莓生产全程生物防治的专利制剂——SB177 菌剂，并通过中国科学院微生物研究所鉴定。

24日 中国民主促进会镇江市第六次代表大会召开，徐平当选民进镇江市第六届委员会主委。

△ 镇江市青年民营企业家商会成立，高庆文担任会长。

26日 外交部副部长李金章一行到镇江考察。

28日 中央政治局委员、中央书记处书记、中宣部部长刘云山考察镇江互联网建设管理工作，寄语镇江市：“镇江在互联网建设管理工作上要率先探索，在全国互联网建设管理工作中起到示范作用。”

29～30日 市 6 届人大常委会第 36 次会议举行，会议审议通过《关于召开镇江市第六届人民代表大会第六次会议的决定》和《关于批准调整 2011 年财政预算的决定》，表决通过《关于任命丁憬为镇江市副市长的决定》和有关人事任免。

12月

1日 镇江被评为“2009～2010 年度全国科技进步先进市”，丹阳市、扬中市、句容市获“全国科技进步考核先进县（市）区”称号。13 人被评为“全国科技进步考核先进个人”。

1～2日 中国民主建国会镇江市第十一次代表大会召开，强南山当选为民建镇江市第十一届委员会主委。

2日 副省长何权，省长助理、省科技厅厅长徐南平等调研镇江科技创新工作。

3日 老挝中央委员、计划和投资部部长宋迪·隆迪率 2011 年度第五批老挝干部考察团一行 25 人访问镇江。

△ 镇江市餐饮安全监督所揭牌。

4日 国家“千人计划”（镇江）新材料研究院揭牌。

6日 句容市以少儿故事为特色、丹阳市皇塘镇以书画为特色，被文化部命名为“2011～2013 年度中国民间文化艺术之乡”。

△ 丹阳市被中国机电产品进出口商会定为“中国汽车零部件出口基地”。

6～7日 九三学社镇江市第七次代表大会召开，王贵成当选为九三学社镇江市第七届委员会主委。

7日 韩国釜山江西区厅长姜仁吉为团长的一行 9 人访问镇江。

8日 市政协召开 6 届 44 次主席会议，围绕建设“健康镇江”进行专题研究、咨政建言。

8～9日 中国农工民主党镇江市第九次代表大会召开，赵庆荣当选农工党镇江市第九届委员会主委。

9～10日 全国网络文化建设和管理现场经验交流会在镇江召开。中央外宣办、国务院新闻办、国家互联网信息办主任王晨，工业和信息化部副部长杨学山，公安部副部长、国家互联网信息办兼职副主任张新枫，省领导罗志军、杨新力，市领导许津荣、刘捍东、张洪水、王萍、夏新平等出席会议。

12～13日 中央督导组到镇江督导检查领导干部接访、信访积案化解、体制机制创新等工作。

14～15日 中国民主同盟镇江市第十二次代表大会召开，陈昆山当选为民盟镇江市第十二届委员会主委。

19日 省委常委、副省长黄莉新一行到镇江市调研村级“四有一责”（有持续稳定的集体收入、有功能齐全的活动阵地、有先进适用的信息网络、有群众拥护的双强带头人、强化村党组织领导责任）建设情况。

21～22日 民革镇江市第九次代表大会召开，宋余庆当选为民革镇江市第九届委员会主委。

23日 省长李学勇等在句容调研。

26日 中国共产党镇江市第六届委员会举行第二次全体会议。市委书记许津荣代表市委常委会阐述下年工作的总基调。会议的主要任务是：全面落实中央、省经济工作会议和省、市党代会精神，总结当年，部署下年，动员全市进一步坚定信心、稳中求进，保持跨越发展强劲态势，全面加快现代化建设进程。

29日 市政协 6 届 45 次主席会议、6 届 20 次常委会召开。

30日 市 6 届人大常委会第 51 次主任会议举行。

△ 新版《镇江市地名图》和《镇江市城区地名图》出版。

31日 “今世缘·国缘杯”镇江市迎新年万人健身跑活动举行。

书　目

表 39-1

2011 年镇江市部分作者著作书目一览表

书　　名	编著者	出版者	出版年月	字数（千字）
艺术地图	王　川	江苏文艺出版社	2010－02	320
大地三部曲	(美)赛珍珠著,王逢振等译	人民文学出版社	2010－03	769
休闲读品·天下:二〇一〇年.第二辑	高　远	休闲读品杂志社	2010－03	－
书海巡舟:高校图书馆工作与研究探论	钱承军	青海人民出版社	2010－04	250
帝王女人:中国最后一位皇后的故事	(美)赛珍珠著,王逢振、王予霞译	东方出版中心	2010－05	333
母亲	(美)赛珍珠著,夏尚澄编译	东方出版中心	2010－05	175
美育杂谈	贾叙伦	台海出版社	2010－06	－
乔国老传奇	王玉国、李德柱	内蒙古人民出版社	2010－07	480
离歌.Ⅲ	饶雪漫	文化艺术出版社	2010－07	120
东吴文化暨第十二届《三国演义》学术研讨会论文集	王玉国	安徽大学出版社	2010－08	978
柳诒徵文化思想研究	范红霞	人民出版社	2010－08	300
范用传:沉醉于书香国度	傅益萍	江苏人民出版社	2010－08	102
乡镇政府工作实务	吴铭忻	南京出版社	2010－09	210
村民委员会工作实务	吴铭忻	南京出版社	2010－09	210
正是荼蘼花开时	徐　翱	江苏文艺出版社	2010－10	320
美裘:春秋吴季子传	周松林	中国戏剧出版社	2010－12	150
镇江名胜楹联精华	镇江市档案局	中国档案出版社	2010－12	31.4
Cyclodextrins:Chemistry and Physics	胡　杰	Transworld Research Network	2011－01	480
门老师教你快速识别和检测电子元器件	门　宏	人民邮电出版社	2011－01	368
门老师教你快速看懂电子电路图	门　宏	人民邮电出版社	2011－01	362
圣火的光辉——马克思的基本原理概论专题讲演	张金鹏	江苏人民出版社	2011－01	350
现代成像技术及其在食品、农产品检测中的应用	赵杰文	机械工业出版社	2011－01	321
从教师到教育家——洪宗礼评传	东　缨	教育科学出版社	2011－01	317
看图识电子电路图	门　宏	电子工业出版社	2011－01	302
看图识电子元器件	门　宏	电子工业出版社	2011－01	288
看图识电子小制作	门　宏	电子工业出版社	2011－01	281
看图识用万用表	门　宏	电子工业出版社	2011－01	268
中国小说观念的嬗变及其文化精神	梁爱民	中国社会科学出版社	2011－01	240
集中封闭大型团体咨询	刘　伟	中国轻工业出版社	2011－01	200
船舶焊接	赵洪江	人民交通出版社	2011－01	96
健身高手	陶　渊、李宗堂	北京体育大学出版社	2011－01	90

续表 39－1

书　　名	编著者	出版者	出版年月	字数（千字）
广告策划	徐　艟、倪　莉	合肥工业大学出版社	2011－02	437
物理化学学习指导	袁爱华	苏州大学出版社	2011－02	431
中国近现代史纲要专题讲座	刘华明	合肥工业大学出版社	2011－02	352
机械原理学习指导与解题范例	李滨城	北京师范大学出版社	2011－02	221
乐游镇江	熊兴邦、钟程发	台海出版社	2011－02	207
小王子	冯瑞贞(译)	湖南文艺出版社	2011－02	150
醋糟有机基质和有机肥料的生产与应用技术	李萍萍	台海出版社	2011－02	57
现代免疫学	王胜军	江苏科学技术出版社	2011－03	480
天工之道	唐金波	红旗出版社	2011－03	425
叹哉！紫禁城(英文版)	唐　艳 撰文	外文出版社有限公司	2011－03	－
茶叶质量与安全检测技术及分析方法	赵杰文	中国轻工出版社	2011－03	340
温室生态经济系统分析	李萍萍	科学出版社	2011－03	210
影像大西路	润州区摄影家协会	中国摄影出版社	2011－03	20
税法	张鹏飞	科学出版社	2011－04	509
忏悔无门	(雨城)张晓平	百花出版社	2011－04	260
布什时期美国霸权主义的调整与变化	颜剑英	知识产权出版社	2011－04	240
那些不能告诉大人的事	饶雪漫	译林出版社	2011－04	110
大众篆刻：李岚清篆刻书法艺术作品集	李岚清	高等教育出版社、西泠印社出版社	2011－05	－
泉州湾河口湿地植物的环境适应性	吴沿友	科学出版社	2011－05	285
赵伯先	陆潮洪、祝瑞洪	上海文艺出版社	2011－05	247
扶摇皇后(四本)	(天下归元)卢菁	江苏文艺出版社	2011－06	2400
大学生职业生涯规划与就业指导	苏小冬	华中师范大学出版社	2011－06	450
《现代饭店管理实务》	罗春燕	中国物资出版社	2011－06	349
隋史稿	张先昌	河南人民出版社	2011－06	340
中国共产党镇江历史(第2卷)	镇江市史志办公室	中共党史出版社	2011－06	305
野菊花	王桂宏	作家出版社	2011－06	300
采藤张花集	蔡　炜、滕建峰、张晓波、花　蕾	江苏文艺出版社	2011－06	290
无线传感网可生存理论与技术研究	王良民	人民邮电出版社	2011－06	226
爱的天堂	田　冰	江苏文艺出版社	2011－06	224
地吟	李克俭	江苏文艺出版社	2011－06	162
大学文化素质教育：理念与实践创新	范　明	教育科学出版社	2011－07	364
热处理检验与质量控制	吴　晶	机械工业出版社	2011－07	330
三种模式信用担保机构发展研究	文学舟	中国社会科学出版社	2011－07	250
肖流诗文选	肖流	中国大地出版社	2011－07	220
中小企业电子商务采纳—实施—评价影响因素及方法研究	冯　缨	化学工业出版社	2011－07	200
区域知识产权战略的实施与评价——江苏之实践与探索	唐　恒	知识产权出版社	2011－07	160
镇江年鉴2011	镇江市史志办公室	方志出版社	2011－08	1330
白发狂夫(日文版)	王　川	NHK出版社(日本)	2011－08	800
大学体育教育教程	曹　俊	中国书籍出版社	2011－08	514
园林树木	邱国金	江苏教育出版社	2011－08	480
新型喷灌装备设计理论与技术	袁寿其	机械工业出版社	2011－08	368
记忆——镇江历史上的今天	镇江市史志办公室	社会科学文献出版社	2011－08	350
大学计算机信息技术实训教程	李汝光	南京大学出版社	2011－08	315
大学生性教育	于立东	哈尔滨工程大学出版社	2011－08	217
能不忆江南	杨　莹	南京大学出版社	2011－08	204
大学计算机信息实验指导及习题	常本勤	南京大学出版社	2011－08	195
模拟结构集成电路设计(1版)	李效龙	机械工业出版社	2011－08	189
信号与系统学习指导	张尤赛	哈尔滨工程大学出版社	2011－08	172
凤凰与魔毯	张　杰(译)	上海人民美术出版社	2011－08	140
大学体育教育教程	牛　广	中国书籍出版社	2011－08	20
经济学基础	丁　鸿	江苏教育出版社	2011－08	－
丹阳年鉴2011	丹阳市史志办公室	方志出版社	2011－09	676
计算机网络测试与维护	李永忠	西安电子科技大学出版社	2011－09	643
机电设备维护与管理	黄　伟	国防工业出版社	2011－09	612
化工安全与环保	朱建军	北京大学出版社	2011－09	430

续表 39－1

书　　名	编著者	出版者	出版年月	字数（千字）
植物与植物生理	顾立新	化学工业出版社	2011－09	423
快速学认电子元器件（双色版）	门　宏	人民邮电出版社	2011－09	372
快速学会电子技术（双色版）	门　宏	人民邮电出版社	2011－09	359
快速学看电子电路图（双色版）	门　宏	人民邮电出版社	2011－09	350
宠物行为与驯导	高利华	化学工业出版社	2011－09	304
化工安全与环保	徐吉成	北京大学出版社	2011－09	80
丹徒年鉴 2011	《丹徒年鉴》编辑部	方志出版社	2011－10	725
润州年鉴 2011	润州区史志档案办公室	方志出版社	2011－10	560
热处理设备实用技术	苗润生	机械工业出版社	2011－10	363
能源供需系统分析	田立新	科学出版社	2011－10	294
中国英语学习者会话增量行为习得研究	李　民	中国社会科学出版社	2011－10	261
和优秀教师一起读福禄培尔	王佳佳	中国青年出版社	2011－10	145
塔：王者之居	王　川	东方出版中心	2011－10	140
句容年鉴 2011	句容市史志办公室	方志出版社	2011－11	787
京口年鉴 2011	京口区史志档案办公室	方志出版社	2011－11	717
长三角区域非均衡发展演化及协调对策研究	杜建国	经济管理出版社	2011－11	375
镇江儿童文学作品选	贾叙伦、刘同祥	上海三联书店	2011－11	－
扬中年鉴 2011	《扬中年鉴》编辑部	广陵书社	2011－12	750
若相惜（全本）	（懒水）刘颖颖	时代出版社	2011－12	659
商务礼仪	徐　艟	安徽师范大学出版社	2011－12	544
会计电算化	王　旭	合肥工业大学出版社	2011－12	492
美在爱和死——凯特·肖邦作品研究	万雪梅	中国社会科学出版社	2011－12	300
技术创新社会化服务网络的生成机理与动态演化研究	李守伟	科学出版社	2011－12	200
员工创新行为的激发	杨晶照	中国社会科学出版社	2011－12	170

注：本表补录了往年出版的部分书目。

（史　图　尚　恪　叶　卜）

表 39－2

2011 年江苏大学出版社出版图书书目一览表

书　　名	编著者	出版年月	字数（千字）
知识产权中介服务体系的构建与发展	唐　恒	2011－01	228
研究生培养模式论	曹　健	2011－01	200
大学物理实验	许伯强	2011－02	385
少儿快速心算.3	刘永年、管　青	2011－02	60
临床检验诊断学实验教程	胡嘉波	2011－02	155
梦溪笔谈注	[北宋]沈　括著，王　骧注	2011－03	1159
高等教育及其课程、发展模式的国际比较	高有华	2011－03	530
高级工商管理培训教程	吴君民、焦怀庆	2011－03	789
集团房地产市场营销全流程管理操作手册	董晨鹏	2011－03	575
农村的基层政权建设	戴利朝、杨吉安	2011－04	290
镇江公路交通科技论文选萃	江苏省镇江市公路学会	2011－04	529
百草园之华：鲁迅杂文主题话语辑	王纯真	2011－04	162
王维研究（第 5 辑）	梁瑜霞、师长泰	2011－04	393
雁过留声	颜福康	2011－04	348
桑榆集	邹序欣	2011－04	280
文宗书韵：文宗阁与《四库全书》	徐　苏	2011－04	100
党旗高扬小康路：庆祝党的生日文艺汇演节目集萃	中共盐城市委组织部	2011－04	240
文明·发展·交流：社会科学研究的多维视角	曲鸿亮	2011－05	331
华文文学与文化政治	刘小新	2011－05	350
视域与转换：文学的媒介视域与文化符号的转换	管　宁	2011－05	273
"民族"与八十年代的精神征候	练暑生	2011－05	250
科学哲学新论：关于科学的理性思考	钱兆华	2011－05	235
汽车实习指导驾驶员岗位培训教材	谭　颖、周广侠	2011－05	819

续表 39－2

书 名	编著者	出版年月	字数(千字)
汽车驾驶员岗位培训教材	谭 颖、周广侠	2011－05	525
范伯子研究资料集	陈国安、孙 建	2011－06	570
走进民间	康新民	2011－06	499
吴风楚韵:镇江非物质文化遗产图文集	刘振兴、杭维立、周明磊	2011－06	255
当代中国文化新观察	杨明辉、李 昕、卞 敏、朱 珊、李 宁、陆月宏、余日昌、胡发贵	2011－06	250
镇江双拥亮点报告	镇江市双拥领导小组办公室	2011－07	355
公共卫生(预防医学)综合知识手册	王孝娃	2011－07	332
计算机模拟技术及其在农业工程中的应用	陈树人等	2011－07	330
C语言程序设计学习指导与练习提高	刘建华、刘 颖	2011－07	302
生态学研究进展:王兆骞教授农业生态学学术思想研讨会文集	李萍萍	2011－07	292
高等数学:土建类	王德华	2011－08	377
临床基础检验	褚静英	2011－08	474
电工电子实训技术教程	李凤祥	2011－08	208
高等数学:机械类	沙淑波	2011－08	398
高等数学:财经类	李本图	2011－08	304
国际金融学	谭中明等	2011－08	544
电工学实验教程	谭延良、陆 晋	2011－08	311
高等数学:轻化纺织类	施桂萍	2011－08	400
高等数学:计算机类	高玉静	2011－08	310
高新技术企业核心能力动态演化及评价	范新华	2011－08	130
电工学1:电子技术	赵不贿、周新云	2011－08	450
电工学2:电工技术	赵不贿、景 亮	2011－08	440
研究生英语写译教程	任晓霏、李崇月、路 静	2011－08	399
贯彻《教育规划纲要》,传承大学精神,强化人才培养:中国高教学会高等教育管理研究会2010年学术年会论文集	中国高教学会高等教育管理研究会秘书处	2011－08	659
课程基础理论及其应用	高有华	2011－08	586
少儿快速心算.1	刘永年、管 青	2011－08	60
山水花园城市:摄影大赛作品选	中共镇江市委宣传部、镇江市发展和改革委员会、镇江市文学艺术界联合会	2011－08	160
国际金融实务	付中丽	2011－08	337
电子商务概论	许 忠、何有世	2011－08	515
审计学(第2版)	姚瑞马	2011－08	706
大学生理财	张凤林	2011－08	350
庖丁解牛式考研英语词汇宝典	林 健、俞 光	2011－08	417
基础会计(第2版)	宋秀珍、牟伟明	2011－08	417
辛亥革命与镇江	镇江市政协文史资料委员会	2011－09	346
发现·镇江	王致同	2011－09	326
高等数学(上册)(第2版)	田立新	2011－09	400
高等数学(下册)(第2版)	田立新	2011－09	504
镇江市第三次全国文物普查重要新发现	镇江市文化广电新闻出版局	2011－10	150
物联网价值网络:识别、刻画与构建	陈玉川	2011－10	182
江苏大学志(全3册)	《江苏大学志》编撰委员会	2011－10	2895
媒眼:江苏大学外宣报道选粹:2001～2010	高 鸣	2011－10	563
江苏大学史话	高 鸣	2011－10	230
中级财务会计模拟实验教程	黄爱玲	2011－10	344
数据库系统程序设计 Visual FoxPro	刘秋生	2011－10	456
数学物语	陆广地	2011－10	225
数学乐读	陆广地	2011－10	213
法学视野下的农民工权益保障问题研究	周秋琴	2011－10	250
舞墨明德:陈照煌书法作品集	陈照煌	2011－10	110
拼音速成学	於建军	2011－10	62
江海流韵:南通非物质文化遗产的开发与利用	曹锦扬	2011－11	264
剖析三棱锥:寻求区域创新能力形成的立体路径	陈玉川	2011－11	238

续表 39－2

书　　名	编著者	出版年月	字数(千字)
数控实训教程	方立志、王青云、邹本学	2011－11	230
冲突与协调:我国农村土地制度变革中农民权益的保障	周秋琴	2011－11	230
文化产业与文化创新	张　帆	2011－12	513
课程与教学论基础	潘洪建、刘　华、蔡　澄	2011－12	356
青山绿水新镇江:文艺作品集	镇江市文学艺术界联合会	2011－12	300
小学数学课程 60 年	刘久成	2011－12	340
小学思想品德课程 60 年	翟　楠、薛晓阳	2011－12	317
江苏大学年鉴	江苏大学档案馆	2011－12	1020
财务会计学(全 2 册)	吴君民、沈志蓉、王秀萍	2011－12	1405
住房公积金:理论思考与实践创新	王　捷	2011－12	302
汉英数字认知表征对比研究	何南林、鞠小丽、闫林琼	2011－12	200
文化现场	张大华	2011－12	250
有容乃大:辽宋金元时期饮食器具研究	韩　荣	2011－12	394
中国运动员人力资本投资及其产权制度研究	王武年	2011－12	200
独生子女家庭关系及其影响因素研究:以镇江市为例	石　燕	2011－12	209
基于演化视角的高校辅导员管理研究	李洪波	2011－12	250
会计理论研究	吴君民、魏晓卓、丁　俊	2011－12	804
一位退役上校坦克团长的随想录	顾开宁	2011－12	260
广西北部湾物流与经济发展研究	朱芳阳、张小强	2011－12	480
公正视角下的遗嘱自由与限制私法研究	叶　朋	2011－12	230
先进激光制造技术	张永康等	2011－12	420
瘗鹤铭.2011	丁　超	2011－12	200

(顾正彤　常　钰)

文　摘

国民党、共产党镇江地方组织的建立

1924 年实现国共合作,中国共产党党员以个人身份加入国民党后,为推动大革命发展,在全国各地积极建立和发展国民党的地方组织。1924 年 2 月,恽代英约当时在上海沪西地区从事工人运动的嵇直和苏州、常州的同志在上海环龙路 44 号,研究在江苏各地建党的问题。根据江苏的实际情况,经过讨论形成了在江苏各地一般情况下,先建国民党组织,然后建共青团组织,最后建共产党组织的意见。

一、国民党镇江地方组织的建立

1924 年 3 月 1 日,国民党上海执行部成立,管辖江苏、浙江、安徽、江西 4 省。江苏各地组建国民党地方组织的步伐加快。镇江地区最早建立的国民党地方组织是国民党丹阳区分部。1924 年 3 月,丹阳革命青年戴盆天、黄竞西从《民国日报》上看到国民党上海执行部以胡汉民名义登载的征求党员启事。戴盆天、黄竞西等青年相约致函询问入党手续。国民党上海执行部寄来国民党党章和三大政策等有关资料。他们认真阅读学习,认识很快取得一致,开始与国民党上海执行部建立通信联系。当年夏天,戴盆天、钱正表受丹阳青年委托,赴上海联系办理入党手续。胡汉民、毛泽东接见并接受他们加入国民党,接着黄竞西和夏霖也相继参加,在夏霖家秘密成立了国民党丹阳区分部,直属国民党上海执行部。1925 年 7 月,区分部改建为国民党丹阳县党部,在城厢、吕城等地相继建立了 4 个区分部,共有党员 100 多人。

嵇直 1922 年 2 月离开镇江奔赴上海,同年 3 月由张秋人介绍参加中国社会主义青年团后,成为职业革命者。他从改造上海东南师范专科学校为上海大学到接受团组织派遣在沪西开展工人运动的过程中,结识了张秋人、杨贤江、恽代英、侯绍裘、徐玮等革命者并建立了联系。同时,他一直关心镇江斗争情况,曾将《中国国民党第一次代表大会宣言》寄给镇江的陈斯白,告诉他关于建立国民党组织的问题。1924 年 6 月,嵇直又陪同在国民党上海执行部工作的中共党员恽代英到镇江做社会调查,进行革命宣传,将陈斯白和杨植之等人介绍与恽代英认识。返沪后,他们及时向正在筹备国民党江苏省党部的中共党员侯绍裘介绍镇江的情况,研究在镇江建立国民党组织的有关工作。

1924 年下半年,镇江又来了一位共产党员陈景福。他 1922 年与中共党员萧楚女在重庆同办重庆公学时参加中国共产党,因为宣传革命被军阀当局驱逐出境。1924 年下半年他受聘于江苏省立第六中学任体育部主任。11 月 2 日,他写信给当时在上海工作的萧楚女,要求"做有益于社会的事"。萧楚女在复信中要他在群众中开展宣传活动。陈景福接信后,就去上海找组织研究组建国民党的事,同时以个人身份参加了国民党。

陈景福回镇后,经筹备于 1924 年底建立有 5 名成员的中国国民党镇江小组,除陈景福外他们是杨植之、陈斯白、柳健和黄始鸿。1925 年 5 月,镇江国民党第一区分部成立,党员 7 人,柳健为常务委员,陈景福为组织委员,陈斯白为宣传委员。当年秋成立第二区分部,次年初,又成立第三区分部。1926 年夏成立国民党镇江第一区党部,有党员 51 人,常务委员柳健,组织委员杨植之,宣传委员陈斯白。

随着国民革命军北伐的胜利,国民党江苏省党部决定在镇江成立市党部,其管辖范围主要是丹徒县(后改为镇江县)城区。1927 年初,有 20 多名党员出席的第一次党员代表大会,选举了镇江市党部第一届执行委员会。柳健任常务委员,胡健民任组织部部长,韩天眷任宣传部部长,李西侯任农人部部长,曹秉乾任青年部部长,马志英任妇女部部长,金铸人任商人部部长,候补委员闵春华任工人部部长。大会还选举杨植之为监察委员，董国章为候补监察委员。1927年3月23日，北伐军抵镇后，市党部开始公开活动。组织发展工作扩大到丹徒全县，到4月底已有党员300多人。

句容县的国民党组织在镇江地区建立最晚。1927年3月24日，北伐军攻克南京后，派东路第十七军一部进驻句容，由指导员上官芬接受县政，同时组建国民党临时县党部。县党部由骆继纲、巫兰溪等7人组成。

二、共产主义青年团镇江特别支部建立

中共党员陈景福与团中央取得联系后，经常向团中央汇报、请示工作。1925年3月至1926年5月曾7次向团中央做书面报告。1925年秋，上级团组织派中共党员曹壮父到镇江，筹建共青团组织。经陈景福介绍，先后发展了江苏省立第九师范学校的学生胡健民、闵春华、阎颂仁、杨义宣、何国魂等入团，后在蒜山脚下一个旅馆内开了一天会，先由曹壮父向团员进行形势和任务的教育，宣布成立共产主义青年团镇江特别支部，而后选举胡健民为支部书记，与上级联系事宜仍由陈景福负责。

三、中共丹阳支部的建立及改建为独立支部

自从国民党丹阳区分部建立后，中共党员恽代英、侯绍裘、刘重民、董亦湘等中共早期的革命家，以国民党员的身份先后来到丹阳活动，物色建党对象，发展组织。1925年4月，恽代英、侯绍裘、刘重民分别介绍戴盆天、黄竞西、夏霖、钱正表、吴起文参加中国共产党，在县第二高等小学校秘密宣誓。誓词内容是：严守秘密，牺牲个人，阶级斗争，实行革命，服从纪律，誓不背党。5月15日建立第一个中共丹阳支部，书记为戴盆天，直属中共上海地方执行委员会领导（另一说，第一个中共丹阳支部建立时间为4月）。当年9月，中共丹阳支部改建为中共丹阳独立支部，先由黄竞西任临时书记，11月起任书记。

四、中共镇江、句容县委和扬中县党组织的建立

"四一二"事变后，镇江城区革命形势进入低潮。共青团员闵春华到丹阳寻找党团组织，遇到大革命时期的中共党员管文蔚，管文蔚嘱咐闵在镇江先团结好左派力量，等待时机。闵春华回镇江继续在镇江总工会活动。在1927年5月1日召开的工会代表大会上，闵春华被选为镇江总工会执行委员会常务委员（相当于工会主席）。1927年冬，管文蔚以省委特派员身份到镇江，负责镇江、金坛、句容、丹阳和扬中5个县的开辟与发展工作。管文蔚经过观察首先发展闵春华入党，接着又将闵春华周围的阎颂仁（大革命时期的共青团员）、何国魂、杨义宣、刘治昌和数名铁路工人发展入党。当年冬建立中共镇江第一个支部（另一说，支部建立时间为1927年11月），支部书记闵春华。到1928年夏，已发展党员67名，建立起党支部7个。1928年7月4日，由管文蔚主持召开有13名代表参加的党员代表会议，选举产生由9名委员组成的中国共产党镇江县委员会。省委派夏采曦到会作形势和任务的报告。7月5日，镇江县委召开第一次委员会议，选出常委5人，经省委同意由闵春华任县委书记。县委下设组织、宣传、工运、农运、妇运、兵运等科，县委机关设在万古一人巷赵宅内。

1927年11月，中共句容小组成立，最初有6名党员，后来发展到17名，于1928年3月成立中共句容县支部。1928年10月，经过贯彻"工农组织路线"，中共句容支部有党员16人，其中农民9人、工人4人、其他成分3人。1929年3月8日，中共句容县委建立，辖2个支部、28名党员，直属江苏省委领导。

1928年，中共镇江县委建立后在扬中发展两名党员。1928年夏，中共江阴县委书记茅学勤率领红军游击队到扬中活动。1932年夏，中共江阴县委又派人到扬中开展建党工作，共发展党员19名，建立了扬中县第一个党支部——中共太平洲支部。

［摘自镇江市史志办公室:《中国共产党镇江史第一卷(1919~1949)》32~78页，北京，国家行政学院出版社，2006］

图39－1　2011年6月30日举办"红心向党　放歌镇江"——镇江市庆祝中国共产党成立90周年万人演唱会　（孙悦萌）

江上青、江树峰在镇江的短暂活动

裴　伟

2005年出版的美国作家罗伯特·劳伦斯·库恩写的《他改变了中国:江泽民传》（谈铮、于海江等译，上海译文出版社）写作严谨，史料丰赡，其中涉及江上青在镇江活动的文字。

第24页提到江上青在私立江苏流通图书馆兼职——"有时就在国民党官员的鼻子底下"。作者注"曾经有一度江上青在私人的江苏流通图书馆兼职，而馆长就是国民党在江苏省的调查局头目"。

私立江苏流通图书馆1931年由国民党省执委组织科长陈涛在住处南门大街道崇观小学内始创。后来在其远亲——江苏省主席陈果夫支持下，在水陆寺巷建新馆，1935年正式迁入，藏书1万册，登记借书者4000余人，在苏北泰州、海安、东台设分理处。馆长陈涛是CC系重要人物，而当时进步青年"藏"在馆里工作的也有好几人。江上青在流通图书馆兼职事，不见于《缅怀江上青烈士》（江苏人民出版社，1990年版，书中有烈士传略）、《气夺山河——江上青文学传记》（申勤栓著，解放军文艺出版社，1996年版），但估计是江1934年后辞职，应友人邀请，南游苏州、常州，到常熟养病期间。

据翻译家、诗人江枫称：江枫家也是1935年迁入水陆寺巷76号居住，流通图书馆就在北面与他家为邻，当为75号，"登记借书者4000余人"，其中有一名女

士张谅之，是他的母亲。77号住着一户中道衰落的“旗人”，户主是一名寡居妇女，姓何，膝下有一男一女。他家盖房的地就是从她那里买来的。

江上青在1934年秋写《望海潮》词“北固远蹲，金焦对峙”。而1935年江树峰到镇江崇实女子中学（今市第二中学）任国文教员，还兼任《新江苏报》记者，又负责进步刊物《写作与阅读》在镇江的组稿、印刷和发行事宜，住所在薛家巷。现存《写作与阅读》第一卷就是他编辑出版的。封底注明联络处在“薛家巷57号”。其时他20多岁，卒业于吴淞公学经济系，曾在天长、扬州短期任教，却已成为镇扬文教界颇有影响的人物。他常回扬州与江上青叙话，与平民中学教师孙芗谷（名树馨，江都大桥人）熟稔。芗谷赏识江氏兄弟才华，在写给江上青的七律中，有一联“构思久擅生花笔，举目遥瞻隔岸峰”，“隔岸峰”即指在镇江任教的江树峰。江上青步韵一律，用“花开花落成知己，江北江南仰岱峰”联来表述对孙的崇敬。

江树峰《怎样做作文》，发表于崇实女中1937年5月1日刊印《晨钟》校刊，是编者在卷首语内重点推荐的文章，“可为同学做作文一助也”。江树峰结合游金山、焦山等谈做作文的方法，从写文章的选材、立意、谋篇等娓娓谈来，深入浅出，体现了循循善诱的教学态度和白话文教学思想，也显示了作者扎实的文字功底。（摘自2011－04－17《京江晚报》）

辛亥革命中镇江的历史作为
——纪念辛亥革命100周年

陆朝宏

辛亥革命，已经百年。在这场伟大的革命中，镇江有哪些历史作为呢？

赵声领导两次广州起义。辛亥革命中，镇江人赵声的历史贡献在于1910年、1911年先后两次组织领导广州起义。1911年4月27日，赵声组织领导的广州黄花岗起义虽然没有成功，但革命党人为国捐躯、甘洒热血的壮举打击了清廷统治，唤醒了民众觉悟，促进全国革命高潮的更快到来。在组织、领导广州起义过程中，赵声作为新军中一名杰出的革命思想传播者和军事指挥，从江苏到广州培养、积聚了一批革命军官，其中，有在安庆起义和广州起义中牺牲的熊成基和倪映典，还有在辛亥革命中作出贡献的李竟成、冷遹、柏文蔚、林述庆等人，形成了一个以赵声为核心的辛亥革命将领群体。对于赵声等反清革命志士多年从事的革命活动，孙中山曾作评价：“大江上下，夙愿多豪杰之士，十稔以还，烈士奋起，或潜谋狙击，或合举义旗，取义成仁，项背相望，如赵君声、吴君樾，熊君成基，倪君映典，尤其卓然著称才也。”1935年版《江苏省鉴》记载：“恢复国家，其成功之迅速，虽曰：兴中同盟诸会为先导，为中坚，与夫两千年民族精神之总表现，然实际上最有力者，要推新军队之奋斗，而所谓新军队之率先为革命倡，其纪元实在赵声烈士之练兵南京。赵氏所练之新军不啻为当时隐然之革命干部，如熊成基烈士起义于安庆，倪映典烈士起义于广州为最轰烈者，而赵熊诸烈士，皆苏籍焉，此外赵声亲自策划之黄花岗一役，中尤多苏籍健儿。”

和平光复的成功范例。1911年10月10日，武昌起义爆发。11月3日上海光复，11月4日杭州光复，11月5日苏州光复，11月8日镇江光复。赵声的两位战友林述庆、李竟成，以及同盟会会员杨邦彦在镇江光复中起到了决定性的作用。林述庆、李竟成除在新军中分头联络、策动、宣传，对当时驻防镇江的其他部队如守备炮台的千人巡防营、千人新水师营、徐淮巡防营二营等进行说服动员，支持或参加举义，最大限度地孤立驻防旗营4个营近2000人。杨邦彦与林、李积极配合，与其他地方士绅一起做清军官员的劝降工作，在光复前一日主持召开包括各方人士200多人参加的特别会议，得到全城绅商各界的响应，迫使清军京口驻防副都统载穆率全体旗营官兵缴械投降，实现了镇江的和平光复。大势所趋，人心所向，镇江不费一枪一弹，便实现了光复。不同于苏州那种清廷江苏巡抚衙门改换为江苏军政府都督府的方式，镇江的和平光复成为东南地区的成功范例。

为民国定都创造环境。镇江光复当夜，镇江新军根据上海同盟会中部总会“立即向周围地区扩展光复范围”的决议，迅速由李竟成率徐宝山水师营渡江北上扬州，占领扬州，成立扬州军政分府，并传檄光复泰州、东台、兴化等扬属2州6县。镇江光复次日，南京新军九镇统制徐绍桢（赵声的上司）响应革命，攻打南京。但缺乏后援，新军失利，利用拂晓乘雾向镇江退却。败退的九镇新军大量溃退到镇江，镇江新军收容整顿了这些败军，并在镇江组成江浙联军总司令部进攻南京。紧接着，镇江又在争取江宁海军起义、重组江浙联军攻克南京、支援武昌起义以及民国定都南京中多次发挥作用……这些都是光复后的镇江在辛亥革命中作出的重要历史贡献。

（摘自2011－10－14《镇江日报》）

资料链接：葛剑雄谈辛亥革命与镇江

2011年9月25日，历史学博士、博士生导师葛剑雄在江苏大学图书馆作“百年辛亥的启示：统一与分裂”专题讲座。他认为：辛亥革命中镇江的历史作为，是与镇江的地理环境、人文环境密不可分的。一头连接上海、一头连接南京的镇江，处于长三角交通要道，同时镇江还曾是整个苏北地区的桥头堡。沪宁铁路线、长江水运通道如动脉血管般一刻不停地运送人流、物流、信息流。从战略的角度分析，镇江分别是南京、上海这两座城市的前沿和后方。（裴　伟）

镇江市人口婚姻状况分析

王　军

我国人口普查将婚姻状况分为四类：未婚、有配偶、丧偶和离婚。未婚是指从未结过婚的人；有配偶是指已婚并处于婚居状态的人；丧偶是指已结过婚，但配偶已死亡，而且本人并未再婚的人；离婚是指已通过法律手续正式解除婚姻关系，且没有再婚的人。

一、镇江婚龄人口婚姻构成情况

2010年第六次全国人口普查10%长表抽样资料显示，镇江15岁及以上人口中，未婚人口占17.05%，比2000年第五次人口普查时上升1.94个百分点；有配偶人口占75.77%，下降2.15个百分点；离婚人口占1.38%，上升0.5个百分点；丧偶人口占5.8%，下降0.29个百分点（图39－2）。

二、镇江人口婚姻状况主要特征

1. 未婚人口主要特征

（1）男性未婚人口比重高于女性

2010年，未婚人口中男性占57.57%，女性占42.43%，未婚男性大于女性，且从各个年龄看，男性均大于女性，自41岁起，男性未婚比例占到90%以上，即41岁及以上未婚人口大都为男性。

与2000年相比，未婚人口中男性比例下降2.42个百分点，女性上升2.42个百分点，男性未婚比例占到90%以上的起始年龄推后5岁。表明10年来，女性未婚比例在明显提升。

（2）女性中未婚人口比重升幅高于男性

分性别看，男性未婚人口占15岁及以上男性总人口的19.51%，与2000年相比，上升1.39百分点；女性未婚人口占15岁及以上女性总人口的14.55%，上升2.48个百分点，女性未婚人口比重升幅高于男性1.09个百分点。

（3）大龄未婚男性和女性人口比重

呈反向趋势

2010 年,大龄未婚人口(30～44 岁)占全部未婚人口总数的 4.52%,比 2000 年略有下降;性别比为 363.5(女为 100),比 2000 年的 901.3 大幅下降。其中,大龄未婚男性占未婚男性的比重为 6.16%,大龄未婚女性占未婚女性的比重为 2.3%,男性比 2000 年下降 0.74 个百分点,女性比 2000 年上升 1.15 个百分点,大龄男性和女性未婚比重呈反向趋势。女性 30～44 岁年龄段中,各年龄未婚比例均表现为上升。分年龄组看,未婚女性在 30～34、35～39、40～44 岁年龄组中分别上升 0.7、0.3、0.14 个百分点;未婚男性在 30～34、35～39、40～44 岁年龄组中分别下降 0.39、0.28、0.06 个百分点。

(4) 未婚人群中高学历者比重大幅上升

2010 年,在所有未婚人口中具有大专及以上学历的占 34%,与 2000 年相比,上升 18.6 个百分点。其中,大专学历占 19.2%,上升 11.4 个百分点;本科占 13.7%,上升 6.28 个百分点;研究生占 1.1%,上升 0.9 个百分点。

(5) 不婚人口上升

一般把女 50 岁以上、男 55 岁以上未婚者称为不婚人口,这部分人终身不娶、不嫁。2010 年,镇江市不婚人口占 15 岁及以上人口的 0.34%,男性不婚人口占 15 岁及以上男性人口的 0.63%,女性不婚人口占 15 岁及以上女性人口的 0.07%,分别比 2000 年上升 0.06、0.11、0.03 个百分点。

2. 有配偶人口主要特征

2010 年,镇江有配偶人口占全市 15 岁及以上人口的 75.77%,比 2000 年下降 2.15 个百分点。

(1) 平均初婚年龄推迟

2010 年,镇江常住人口的平均初婚年龄为 22.99 岁,比 2000 年上升 0.32 岁。其中男性平均初婚年龄为 24.02 岁,女性 22 岁,分别比 2000 年上升 0.11 岁和 0.5 岁。

(2) 受教育程度越高初婚越迟

数据显示,平均初婚年龄明显呈现由低文化程度向高文化程度递增的趋势,未上过学的最低,其初婚年龄为 21.38 岁,依次为,小学 22.43 岁,初中 22.79 岁,高中 23.73 岁,大学专科 24.63 岁,大学本科 25.26 岁,研究生 26.05 岁。

(3) 男、女有配偶比重逆转

2010 年在 15 岁及以上人口中,男性有配偶人口比重为 75.91%,女性为 75.63%,男性有配偶比重高于女性 0.28 个百分点,与 2000 年情况相反(2000 年男性比女性低 0.69 个百分点),与 2000 年相比,男、女有配偶比重分别下降 1.67 个和 2.64 个百分点。

(4) 20～34 岁人群有配偶比重下降明显

对比 2000 年的情况,在有配偶占该年龄段人口比重方面,20～24、25～29、30～34岁,这三个年龄段下降明显,其占比为 23.35%、77.66%、92.95%,分别下降 7.11、9.58、2.92 个百分点,其中女性下降幅度均高于男性,较为突出的是 20～24岁年龄组,男性下降 2.09 个百分点,而女性则下降 12.02 个百分点,这从另一角度说明男女初婚年龄在推后,且女性推后更多。

3. 离婚人口主要特征

第六次全国人口普查 10% 长表抽样资料显示,离婚人口占 15 岁及以上人口的比重为 1.38%,比 2000 年上升 0.5 个百分点。其中,男性离婚率上升 0.45 个百分点,女性上升 0.56 个百分点。

(1) 离婚人口总量及女性离婚比例上升明显

2010 年,离婚人口中男性占 55.5%,女性占 44.5%。而 2000 年,男性占 61.55%,女性占 38.45%。10 年间,离婚人口中男性比重下降 6.05 个百分点,而女性上升 6.05 个百分点。

推算离婚人口总量,2010 年全市离婚人数为 3.87 万人,比 2000 年增长 85.15%,其中男性 2.18 万人,增长 67.42%;女性 1.69 万人,增长 113.64%,女性离婚人数显著增加,表明随着女性经济地位独立以及婚姻观念的改变,当婚姻发生问题时,选择离婚的女性也越来越多。这可以从侧面反映出男性离婚后再婚的比女性要多。

(2) 离婚人口中的中年人口比重明显增加

2010 年,离婚人口中中年比重明显增加。35～49 岁中年人口离婚比重占全部离婚人口的 56.15%,比 2000 年上升 8.52 个百分点。其中,40～44 岁和 45～49 岁年龄组上升尤为明显,分别上升 5.19 个和 5.48 个百分点。离婚人口峰值年龄组,也由 2000 年的 35～39 岁向后推 5 岁至 40～44 岁。

中年离婚人口比重上升表明,该年龄段的人经受了婚姻观念巨大转变,也开始注重追求生活品质,精神生活的充裕;其次,这年龄段的人们所承受的生活和工作压力都较大,巨大压力容易激化家庭生活中存在的各种矛盾,如果这种矛盾得不到及时有效缓解,就造成离婚增多。

4. 丧偶人口主要特征

随着人民生活水平提高及医疗卫生条件的改善,镇江丧偶人口比重呈现下降趋势。2010 年,镇江丧偶人口占 15 岁及以上人口的 5.8%,比 2000 年下降 0.29 个百分点。

分性别看,男性丧偶人口占男性人口比重为 3.05%,女性丧偶人口占女性人口比重为 8.58%,女性丧偶比重比男性高 5.53 个百分点。

分年龄看,丧偶人口比重随年龄增长而增大,其中 60 岁及以上丧偶人口占到全部丧偶人口的 83.24%。观察各年龄组,丧偶人口占同年龄组人口比重与 2000 年对比,都表现为下降,其中 60 岁及以上丧偶人口比重下降 8.54 个百分点。

(摘自"镇江统计信息网",2011－12－31 发布)

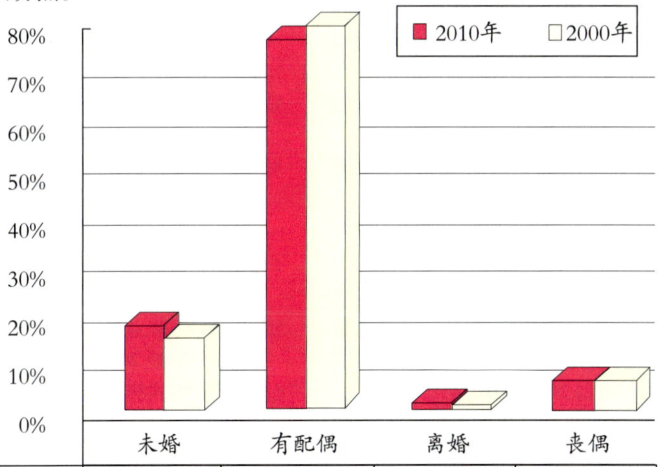

	未婚	有配偶	离婚	丧偶
■ 2010年	17.05%	75.77%	1.38%	5.80%
□ 2000年	15.10%	77.92%	0.88%	6.10%

图39-2　　2010年、2000年镇江市人口婚姻状况对比图

报刊文章题录

政治与经济

战略性新兴产业发展问题及财税对策——以江苏省镇江市为例/邱峰/当代经济 2011－10
镇江市狮子山滑坡地质灾害综合整治工程概况/张剑/地质学刊 2011－01
试论对驰名商标的国际保护——由"镇江香醋"商标抢注案引起的思考/张燕/法制与经济(下旬刊)2011－09
镇江市雨水利用示范工程水量平衡计算及效益分析/黄勇强、吴涛/工业安全与环保 2011－01
基于生态足迹法的镇江市产业结构调整研究/李芳林、张海斌/技术经济与管理研究 2011－05
镇江市港口物流现状、问题与对策/吴海跃、李白艳等/价值工程 2011－02
镇江市城市综合交通规划(2008～2020)思路探讨/纪书锦、过秀成等/江苏城市规划 2011－06
推进镇江高校与城市经济融合发展的策略研究/陶珠/江苏科技大学学报(社会科学版)2011－01
镇江船舶行业的专利现状与发展对策/李恒川、王淑梅等/江苏科技大学学报(社会科学版)2011－02
镇江市物流产业发展战略定位思考/王利、覃爱民/江苏科技大学学报(社会科学版)2011－02
江苏省镇江市农业科技成果产业化的障碍与对策/刘照亭/江苏农业科学 2011－05
镇江市医院污水处理状况分析/朱志勇、李磊/江苏卫生保健 2011－04
镇江城郊农家游旅游产品开发刍议/吴玮/旅游纵览(行业版)2011－07
对话柳传志:从平板到投资的多维联想/耿国彪/绿色中国 2011－06
创新要素集聚与扩散的经济增长效应分析——以江苏宁镇扬地区为例/高丽娜、蒋伏心/南京社会科学 2011－10
镇江市古建筑保护与开发/王志祥、钱伟等/山西建筑 2011－30
听取鸭声一片——2011 年稻鸭共作记事/沈晓昆、戴网成/水禽世界 2011－05
用模糊综合评判法分析长江引水对大运河镇江段水质的改善作用/郭海峰/水资源与水工程学报 2011－04
三线城市经济型酒店发展策略研究——以镇江市为例/王小琴/太原城市职业技术学院学报 2011－10
镇江市主城区交通综合整治规划/孙一挥、陈辉方/现代交通技术 2011－02
2010 年镇江市小麦质量情况简析/潘华兴、孙伟、吕秀鑫/现代面粉工业 2011－01
浅谈生态农业园规划与景观设计——江苏丘陵地区农业示范园为例/王小瑞/现代园艺 2011－09
创业型城市建设下关于创业大赛的思考——以镇江市电子商务创业技能大赛为范本/唐群/职业 2011－05
金山翠芽茶农产品地理标志保护与管理/李传德、荆国芳/中国茶叶 2011－07
镇江大港客汽渡安全现状与管理对策/薛辉/中国水运(下半月)2011－09
镇江"十一五"商标战略实施情况调研/刘海东/中华商标 2011－04
镇江旅游营销存在的问题及对策分析/罗春燕/镇江高专学报 2011－01
镇江文化资源与旅游产业发展的交互研究/王雅琴/镇江高专学报 2011－04
宁镇扬经济一体化与镇江经济新增长极研究/李守伟/镇江社会科学 2011－01
镇江经济开发区转型为生态工业园的对策研究/赵喜仓/镇江社会科学 2011－01
镇江文化生产力布局及文化产业发展策略/课题组/镇江社会科学 2011－01
反清革命志士张立瀛——写在辛亥革命 100 周年之际/袁瑛/镇江社会科学 2011－02
高举旗帜跟党走,沧桑巨变话镇江——喜迎中国共产党成立 90 周年/周文娟、陈正群/镇江社会科学 2011－02
张雅琴先进事迹报告(1—5)/镇江社会科学 2011－02
镇江第一个马克思主义传播者——坚定的共产主义战士嵇直/郭绍全/镇江社会科学 2011－02
加快转型升级,推进跨越发展,为率先基本实现现代化而不懈奋斗——在中国共产党镇江市第六次代表大会上的报告/许津荣/创新 2011－09
驻村调研的几点体会与思考/李雪峰/创新 2011－11
镇江旅游业发展前景分析及策略/市委党校/镇江日报 2011－06－13

(沙 跃 叶 卜)

社 会

行政区碎化与空间整合研究——对江苏镇江市行政区冲突的探缘/罗小龙、田冬/城市规划 2011－10
镇江方言声调音系过程的管辖音系学解释/贺俊杰/方言 2011－01
长江下游镇江至吴淞段潮位相关途径预报方法/朱琰、水艳等/河海大学学报(自然科学版)2011－06
镇江滨江带湿地修复对浮游生物群落结构的影响/何连帅、石磊等/环境污染与防治 2011－11
镇江老城区降雨径流污染特征分析/盛建国、曾平等/江苏科技大学学报(自然科学版)2011－05
2008～2009 年镇江市餐饮单位餐具卫生状况分析/周韦、王抒倩/江苏卫生保健 2011－01
西津渡过街石塔的设计与中国传统文化/张峥嵘/南通职业大学学报 2011－02
江苏镇江文化产业发展现状及对策研究/翟冬平/生产力研究 2011－02
镇江市不同社会阶层城镇成年人体质调查研究/吴磊燕/体育世界(学术版)2011－04
镇江市新装修的不同规模商场空气卫生质量调查/郝世轩、蒋兆峰/职业与健康 2011－04
镇江市两次参加全国个人剂量比对的结果与分析/巢秀琴/中国辐射卫生 2011－01
不同区域城市居民生活质量的比较研究——以江苏无锡、镇江和盐城三市为例/邱明星/中国集体经济 2011－04
镇江:寻求博弈下的均衡/邹萃/中国社会保障 2011－07
镇江市职业病防治现状与对策/陈国银/中国实用医药 2011－17
镇江肴肉中腐败菌的初步分离鉴定/祝莹、董英等/中国食品学报 2011－02
镇江市:谈判机制成为医保管理的手段/王翔/中国医疗保险 2011－03
医保付费改革的方略选择——基于镇江市 17 年改革实践/王翔/中国医疗保险 2011－07
慈悲楷模 四众导师——纪念茗山法师圆寂十周年/心澄、和生、曙明/中国宗教 2011－06
高校图书馆与地域文化建设思考——兼谈"镇江文化专题数据库"建设/毛倩/镇江高专学报 2011－01
镇江藏书事业概述/任罡/镇江高专学报 2011－01
城乡一体化背景下镇江中心城空间结构研究/史健洁、王金花、马强/镇江高专学报 2011－02
山水为体 文化为魂——建设山水花园城市初探/范然/镇江高专学报 2011－02
镇江市中等职业教育对策研究/茅蓉/镇江高专学报 2011－04
公共服务模式转型背景下公立医院改革策略研究——以镇江市为例/周以林/镇江社会科学 2011－01
构建与镇江新兴产业对接的人才高地/贾夕/镇江社会科学 2011－01
构筑低碳消费生活型的生态镇江/阎静、郦伟/镇江社会科学 2011－01

镇江市城镇职工基本医疗保险基金风险预警及对策研究/石宏伟、孟庆超/镇江社会科学 2011－01
关于文化广电创业集团组织架构的思考与实践/潘新生、邵军/镇江社会科学 2011－04
我市居民收支变化趋势及对策/龚丹萍/镇江社会科学 2011－04
镇江创业文化的价值提升:价值核心、基本要求和根本动力/课题组/镇江社会科学 2011－04
积极创新互联网宣传管理/许津荣/创新 2011－11
赛珍珠,古城镇江的国际名片——写在中国赛珍珠研究启动 20 周年/滕建锋/镇江日报 2011－01－21
《老残游记》影响《围城》举例/吴宗海/镇江日报 2011－02－25
解读文宗阁/徐苏/镇江日报 2011－02－25
公立医院改革,破解难题待引"资和智"/黄品涛、徐经纬/镇江日报 2011－04－25
镇江山水花园城市建设的特色与路径/镇江市委党校课题组/镇江日报 2011－04－25
关于推进医疗保险市级统筹的意见/镇江日报 2011－09－12
关于修订《镇江市社会医疗保险办法》的通知/镇江日报 2011－09－12
重修北固楼,满眼几多风光/许益明/镇江日报 2011－09－16
"三山—金山湖"、南山是家底丰厚的"地质公园"——一位地质旅游学者的两大设想/何菁、翟进/京江晚报 2011－01－30
镇江文化个性化在哪里/张红梅、束剑竑/京江晚报 2011－06－12

（沙 跃 叶 卜）

文 史

二十世纪以来《梦溪笔谈》的研究/王星光、罗思静/中国史研究动态 2011－02
中国合众蚕桑改良会镇江女子蚕业学校创办始末/王福海、黄为民/北方蚕业 2011－02
民国时期镇江的职业教育/章晓斌/档案与建设 2011－03
江苏镇江西津渡遗址发掘简报/镇江博物馆、镇江古城考古所/东南文化 2011－01
西津渡历史文脉及文化价值探析/刘建国/东南文化 2011－01
关于镇江宋元粮仓的几个问题——转般仓、淮东总领所、大军仓/王书敏/东南文化 2011－05
论释宗仰佛教革新的理论建树/沈潜/法音 2011－07
都市回族社区的历史变迁——以镇江杨家门社区为例/杨荣斌、马一/贵州民族研究 2011－01
镇江民国省会期间的三本地情书/陆朝宏/江苏地方志 2011－01
镇江城南驸马庄得名由来——兼谈淮安驸马巷由来/裴伟/江苏地方志 2011－06
文宗阁《四库全书》校勘史迹述略/彭义/科技情报开发与经济 2011－01
高长虹的表现主义话剧《白蛇》/李斌/鲁迅研究月刊 2011－04
《画筌》对京江、虞山及常州等画派的影响/张琼/美术大观 2011－06
论刘牢之的成败与北府武人势力的兴起——兼析次等士族将门早期代表人物的心态/王永平/南京师大学报(社会科学版)2011－05
弘扬优秀六朝文化,促进镇江名城保护和现代化建设/钱永波/南京晓庄学院学报 2011－01
镇江地域六朝陵墓石刻研究述略/杨再年/南京晓庄学院学报 2011－01
镇江"晋陵罗城"命名问题的探讨/刘斌/南京晓庄学院学报 2011－04
论苏轼金山诗的禅宗因缘/赵丹琦/前沿 2011－12
一座多景楼,几许登临意——由地域视角论宋人题咏多景楼诗/陶广学/山西师大学报(社会科学版)2011－04
"永嘉南渡"与天师道的南传——再论焦湾侯家店道教六面铜印/曾维加/世界宗教研究 2011－03
"小把戏"的由来/阎泽川/文史月刊 2011－11
《文选》异文考——以《月赋》为例/尹大海/北方文学(下半月)2011－08
《文选·赋》"物色"类选赋蠡测——《文选·赋》"物色"类研究之六/钟其鹏/长春大学学报 2011－11
《文选》编辑宗旨拟测——《文选》研究之一/钟其鹏/楚雄师范学院学报 2011－05
原本《玉篇》避讳字"统"、"纲"发微/苏芃/辞书研究 2011－01
文书学档案学史上的并蒂奇葩——《文心雕龙》与《文选》/吴荣政/档案学通讯 2011－03
镇江地区文献资源共享联合体建设及存在问题分析/滕斌/新世纪图书馆 2011－11
镇江城南驸马庄得名缘由再探/裴伟/寻根 2011－01
圌山史料札记/裴伟/镇江高专学报 2011－01
镇江藏书事业概述/任罡/镇江高专学报 2011－01
浅析清至民国时期镇江慈善事业的特征/张峥嵘/镇江高专学报 2011－03
镇江竹枝词之题材内容分类研究/孙欣/镇江高专学报 2011－03
镇江非物质文化遗产的活态记忆/罗戎平/镇江高专学报 2011－04
镇江六朝时期琴文化源流谈略/李洁、刘之育/镇江高专学报 2011－04
扬州人王骧为《梦溪笔谈》作注/裴伟/扬州晚报 2011－04－02
道姓/犀泽/镇江日报 2011－01－07
晚清镇江报刊知多少/习斌/镇江日报 2011－01－07
丹徒龙溪凌氏/凌全福/镇江日报 2011－01－14
丹阳有座褚遂良墓/符志成/镇江日报 2011－01－14
丹徒眭姓祖先是眭昭符/犀泽/镇江日报 2011－01－21
镇江姓氏谈略——丹徒神姓/犀泽/镇江日报 2011－01－28
《扬子江白话报》的前世今生/习斌/镇江日报 2011－02－11
句容寺庙谈略/陶正玉/镇江日报 2011－02－11
东乡仲姓/犀泽/镇江日报 2011－02－18
张其昀眼中的"新省会镇江"/羽白/镇江日报 2011－02－18
句容南乡人,你来自何方?/毕道玉/镇江日报 2011－03－04
叶灵凤谈"镇江美食"/陈静/镇江日报 2011－03－04
人文镇江,山水镇江——镇江历史文化的诗话素描/滕建锋/镇江日报 2011－04－01
文宗阁劫后余生/徐苏/镇江日报 2011－04－08
元代多景楼胜迹/陈静/镇江日报 2011－04－08
文字的神秘·甲骨文·刘鹗之死/吴宗海/镇江日报 2011－04－15
千年古渡,百年机遇——西津渡遗址的考古和未来/刘建国/镇江日报 2011－04－22
清代文宗阁的位置及形式/徐苏/镇江日报 2011－04－22
王震三次视察练湖农场/虞国梁/镇江日报 2011－04－29
用收藏触摸历史与文化——镇江私家收藏一瞥/滕建锋/镇江日报 2011－04－29
明时多景楼/陈静/镇江日报 2011－05－06
文宗阁藏书的抄校/徐苏/镇江日报 2011－05－06
李白与茅山道教的渊源/杨莹/镇江日报 2011－05－13
清代多景楼/陈静/镇江日报 2011－05－20
镇江城有多少座山?/滕建锋/镇江日报 2011－05－20
《康熙字典》圌山条为何独缺镇江风光/吴宗海/镇江日报 2011－06－03

晚晴镇江旧闻三题/陈静/镇江日报 2011-06-03
宋代镇江七夕节/陈静/镇江日报 2011-08-05
古镇辛丰地名谈略/李军/镇江日报 2011-08-26
朱德在农科院蚕业研究所/王福海/镇江日报 2011-08-26
旧时镇江 UFO 拾趣/章云华/镇江日报 2011-09-02
两首相互涵容的唐诗考辨/郭殿忱/镇江日报 2011-09-02
《闲话扬州》旧闻二题/陈静/镇江日报 2011-09-09
唐太宗内道场供养茅山徐昂法师——《魏法师碑》道教文献价值简介/吴宗海/镇江日报 2011-09-09
辛亥光复南京战斗中的镇江民军/谭金土/镇江日报 2011-09-16
周汝昌与刘鹗世家/鲁家用/镇江日报 2011-09-16
趣拾《红楼梦》中的句容方言/陶正玉/镇江日报 2011-09-23
荣炳地名谈略/李军/镇江日报 2011-09-23
谈迁笔下的镇江/方亮/镇江日报 2011-09-30
赵声铜像是谁设计的?/裴伟/镇江日报 2011-09-30
闽北光泽县有座"镇江府第"/王建成/镇江日报 2011-10-28
阎崇年纵论文宗阁与《四库全书》/陈志奎/镇江日报 2011-10-28
撷拾《三国志》中的何庄史话/陶正玉/镇江日报 2011-11-04
民国时期的镇江蚕种制造场/王福海、黄为民/镇江日报 2011-11-11
乾隆与"民俗"一词/陈静/镇江日报 2011-11-11
南宋北固亭即北固楼/陈静/镇江日报 2011-11-15
"文宗、文汇"两阁命名之揣想/裴伟/镇江日报 2011-11-18
丹徒谷阳地名史话/李军/镇江日报 2011-11-18
再到润州寻祖迹/苏永祈/镇江日报 2011-12-02
李涉咏润州诗考异及其他/郭殿忱/镇江日报 2011-12-23
文天祥镇江脱险/陈静/镇江日报 2011-12-23
《至顺镇江志》与《魏法师碑》/裴伟、吴宗海/镇江日报 2011-12-30
顾况与茅山/陶正玉/镇江日报 2011-12-30
古卞国与镇江/许洪声、何菁、翟进/京江日报 2011-08-07
王骧与《梦溪笔谈》/王锐、戴蓉/京江晚报 2011-05-22
镇江"三重城"/王锐、戴蓉/京江日报 2011-08-07
"南海圣人"康有为藏书 6600 余卷在镇江/彭义/京江晚报 2011-08-14
民间兴起修家谱热/翟进/京江晚报 2011-09-11
扬剧在镇江/戴蓉/京江晚报 2011-09-11
镇江的清真寺/许林/京江晚报 2011-09-18
镇江话/蔡建康/京江晚报 2011-09-21
文宗阁选择了镇江/王玉国/京江晚报 2011-10-16
乾隆和文宗阁/陈其福/京江晚报 2011-10-30
大市口的青铜时代/马温/京江晚报 2011-12-04

(沙　跃　叶　卜)

镇江人物研究

沈括:鲜为人知的北宋外交家/快哉风/政府法制 2011-08
略论萧统《文选》的编辑学思想/曾祥旭/中国出版 2011-17
宗仰:一代奇僧与辛亥革命/张大华/中国宗教 2011-05
李宗海的兴化情结/陈麟德/档案与建设 2011-04
只此一家——为二刚写照/马鸿增/东方收藏 2011-04
《文选序》与《文选》之异乃属正常现象辨——《由〈文选序〉辨析选学若干疑案》商兑之三/力之/汉语言文学研究 2011-03
中国近现代学术大师系列——柳诒徵/黑龙江教育学院学报 2011-09
《文选》随札——略论萧统之思想倾向/路振召/湖北成人教育学院学报 2011-05
萧统及其《文选》评议/胡惠明、徐艳艳/济宁学院学报 2011-01
意蕴萧然,得于声外——沈括之民族音乐表演美学思想解读/孙伟/民族艺术研究 2011-02
柳诒徵及其目录学成就/陈锦荣/图书情报研究 2011-01
科学巨人,政治矮子——话说沈括其人/王伟/文史天地 2011-04
文化视野下的律学典案研究——评《中国古代文化与〈梦溪笔谈〉律论》/王安潮/音乐研究 2011-03
从文化入手,释乐律悬疑——《中国古代文化与〈梦溪笔谈〉律论》读后/杜亚雄/浙江艺术职业学院学报 2011-01
"孤游"离京口,"疲老还旧邦"——鲍照与京口浅探/乔长富/镇江高专学报 2011-01
柳诒徵与南社诗人交谊述略/李金坤/镇江高专学报 2011-01
独对春风舞一场——宋代诗人石曼卿传奇人生纪略/卢志容/镇江日报 2011-03-25
辛弃疾登临多景楼/陈静/镇江日报 2011-03-25
苏东坡与多景楼/陈静/镇江日报 2011-04-01
从徐霞客想到陈光甫/吴雷、李臻/镇江日报 2011-05-20
包明叔在镇江的日子/徐苏/镇江日报 2011-08-12
孙中山与赵声/李守静/镇江日报 2011-09-23
闲话米芾四题/陈静/镇江日报 2011-10-28
许浑迁居润州的时间和住地/乔长富/镇江日报 2011-11-04
叶天士师从金山寺医僧/吴宗海/镇江日报 2011-11-15
辛亥志士/江谦吾/镇江日报 2011-12-23
赵声出生日期辨正/裴伟/镇江日报 2011-12-30
佛教领袖赵朴初与茗山的书香情谊/张春华/京江晚报 2011-07-24
艺高为范,百世流芳——忆镇江籍书画篆刻大师沙曼翁/张春华/京江晚报 2011-10-30
爱国民主人士杨公崖/薛龙和/京江晚报 2011-11-06
沙名鹿:范用的革命引路人/薛龙和/京江晚报 2011-12-18

(沙　跃　叶　卜)

赛珍珠研究

赛珍珠中国题材小说的传奇性/张桂玲、方维保/安徽师范大学学报(人文社会科学版)2011-04
乡村经典女性形象——分析赛珍珠小说《母亲》中母亲命运特征/张倩/安徽文学(下半月)2011-09
异国的灵魂栖息在何处——论《异邦客》中关于精神自我的追寻/吴碧玉、陈泽星/安徽文学(下半月)2011-09
孜孜以求,写实中国——米高梅对小说《大地》的改编/李青霜/北京电影学院学报 2011-05
赛珍珠的英译《水浒传》/顾钧/博览群书 2011-04
探索心灵世界的《埋骨:赛珍珠在中国》/郭英剑/博览群书 2011-06
杂合的身份,杂合的译文——赛珍珠与《水浒传》译本/张荣梅/长春师范学院学报 2011-11
从权力话语探讨 All Men Are Brothers 中鲁智深的绰号翻译/王娟娟/长江大学学报(社会科学版)2011-10
伦理类型的转换与赛珍珠问题的性质——论"抄袭"问题的凸显及其伦理类型前提/胡志刚/常州大学学报

(社会科学版)2011－01
《水浒传》两英译本翻译策略评析——以“智取生辰纲”译文为例/戴淑云/赤峰学院学报(汉文哲学社会科学版)2011－04
赛珍珠《水浒传》译本的霍米·巴巴式解读/张荣梅/赤峰学院学报(汉文哲学社会科学版)2011－10
银幕上的赛珍珠/李青霜/当代外国文学 2011－01
父亲·传教士·异邦客——赛珍珠《战斗的天使》中的父亲形象/周俐玲/杭州师范大学学报(社会科学版)2011－04
从会话含义分析看小说《大地》的人物塑造/刘媛媛、吴庆宏/河北理工大学学报(社会科学版)2011－03
评价理论指导下《群芳亭》中话语的态度意义/张晨晨、吴庆宏/河北理工大学学报(社会科学版)2011－04
赛珍珠《东风·西风》中的婚姻家庭观/段艳萍、吴庆宏/河北理工大学学报(社会科学版)2011－04
赛珍珠作品中的辩证思想/柴玉洁/河南机电高等专科学校学报 2011－02
赛珍珠笔下的中国乡村生活——以《大地》为例/黄燕/湖北师范学院学报(哲学社会科学版)2011－05
译者主体性在文学翻译中的体现——以《水浒传》中人物绰号的翻译为例/吴静/湖南财政经济学院学报 2011－04
从《群芳亭》看晚清传教士英语教学法/施云波/淮海工学院学报(社会科学版)2011－03
韦努蒂异化翻译理论与赛珍珠英译《水浒传》/尤芳/吉林省教育学院学报 2011－02
《大地》中的问题婚姻——赛珍珠隐伏的著者关注/李林臻/佳木斯教育学院学报 2011－01
关联理论观照下《大地》译文的效度与信度浅析/潘玥/佳木斯教育学院学报 2011－03
从赛珍珠《大地》中看美国人心中的中国形象/兰兴/剑南文学(经典教苑)2011－09
母性·妻性·女性——论赛珍珠的长篇小说《母亲》中的母亲形象/成秀萍/江南大学学报(人文社会科学版)2011－05
中国农村生活的史诗——赛珍珠小说《大地》的文学人类学解读/梁志芳/江苏大学学报(社会科学版)2011－01
从绿林枭雄到草莽司令——王虎形象探源/裴伟/江苏大学学报(社会科学版)2011－02
中国农村生活的史诗——赛珍珠小说《大地》的文学人类学解读/梁志芳/江苏大学学报(社会科学版)2011－02
“感性罩壳”下的诗意——论《大地》中土地意象的多重构成/张正欣/江苏大学学报(社会科学版)2011－04
《中国今昔》:一曲文化边缘者的“天鹅之歌”/唐艳芳/江苏大学学报(社会科学版)2011－04
徐宝山并非王虎的“现实原型”/陈辽/江苏大学学报(社会科学版)2011－04
从《大地》《母亲》看赛珍珠中国题材小说中的“现实感”/周俐玲/江苏大学学报(社会科学版)2011－06
历史考察·中西比较·他者智慧——论赛珍珠的中国小说研究的对话性/姚君伟/江苏大学学报(社会科学版)2011－06
赛珍珠的异族婚恋观及其在《同胞》中的实践/周思源/江苏大学学报(社会科学版)2011－06
从杂合理论看粗俗语的翻译——《水浒传》赛珍珠译本与沙博理译本之比较研究/张荣梅/江苏科技大学学报(社会科学版)2011－03
从《龙子》的电影改编看战争对好莱坞的影响/李青霜/江西社会科学 2011－09
赛珍珠小说《大地》与东西方协会/张素菊/兰台世界 2011－20
接受理论视域下的赛珍珠英译《水浒传》——赛译本成功原因之探析/钟再强/兰州学刊 2011－10
跨文化语境下赛珍珠对中国小说的接受/邵志华/兰州学刊 2011－10
逃避、反抗与屈膝——《马伯乐》与《龙子》之后殖民比较研究/孙晶瑶/洛阳师范学院学报 2011－09
论《大地》中女性主义的形成/王冕/名作欣赏 2011－33
中国他者形象的转移——从《大地三部曲》中看赛珍珠笔下的中国他者/周子玉/名作欣赏 2011－12
《大地》中的恋地情结与农民形象/黄剑、戴丽华/农业考古 2011－03
《大地》与《春蚕》中中国乡土民俗比较/卜玉伟、常晓梅/前沿 2011－16
一本书的能量有多大——《大地》与美国人的中国观/黄飞/世界文化 2011－10
再读赛珍珠和她的《大地》/王逢振/宿州学院学报 2011－03
时间之维的绣者——浅谈赛珍珠《大地》的叙事特点/鲍旦旦/宿州学院学报 2011－04
论赛珍珠跨文化写作的对话性/姚君伟/外语研究 2011－04
赛珍珠的中国文化观/雷斌慧/新闻爱好者 2011－02
《大地》中的农民形象分析(英文)/李琳/语文学刊(外语教育与教学)2011－06
从功能翻译理论角度看赛珍珠《水浒传》的翻译/游洁/郑州航空工业管理学院学报(社会科学版)2011－01
论赛珍珠《大地》中的男权反抗者阿兰/于沛/职业技术 2011－04
儒家精神对赛珍珠思想的影响/张春蕾/中国宗教 2011－03
赛珍珠与《水浒传》/裴伟/京江晚报 2011－07－31
一市民珍藏 1933 年赛译本《水浒》/翟进/京江晚报 2011－08－28
赛珍珠与孙中山/李进发/京江晚报 2011－10－16

(沙　跃)

外地媒体报道

张雅琴 金桥村里“架桥人”/申琳/人民日报 2011－05－31、2011－06－01
镇江用微笑指数衡量文明高度/王伟健/人民日报 2011－09－12
网络架桥 问计于民/姚雪青/人民日报 2011－11－14
党建新探索:公开带来民主 让阳光照亮党务政务/顾烨/新华社 2011－06－22
利益作纽带组建集团 良性就医模式初显/朱旭东/新华社 2011－08－23
江苏镇江:小病到社区,大病进医院/朱旭东/新华社 2011－09－08
镇江军地围绕主题主线推进双拥工作创新发展/李江苏、刘晓平/解放军报 2011－06－06
“和风”吹拂镇江城——创建和谐劳动关系的“镇江实践”/王伟、刘业林/工人日报 2011－03－08
镇江:从显山露水走向青山绿水/董超标、翟慎良/新华日报 2011－07－05
张雅琴的心愿/中央电视台 2011－05－30
江苏镇江:用好网络服务社会/中央电视台 2011－12－10
时代先锋 张雅琴“软扁担”书记的硬功夫/中央电视台 2011－05－30、2011－06－02
问政网络 网聚人心/中央电视台新闻频道 2011－11－15

(高小琪)

综　合

表 40-1

2011 年镇江市行政区划、土地面积及人口概况表

项　目	单　位	全　市	市　区	京口区	润州区	丹徒区	丹阳市	扬中市	句容市
街道办事处	个	18	16	6	7	1	–	2	–
居民委员会	个	286	159	68	61	14	58	46	23
镇政府	个	35	9	–	–	6	13	4	9
村民委员会	个	504	139	10	13	83	154	153	58
土地面积	平方公里	3847	1082	118	130	611	1047	331	1387
#建成区土地面积	平方公里	172.65	114.10	–	–	–	24.96	11.52	22.07
总户数	万户	102.24	40.23	12.69	10.2	10.3	28.61	10.9	22.5
总人口	万人	271.86	103.65	32.3	24.8	28.67	81.29	28.01	58.91
#女	万人	136.46	51.71	15.82	12.2	14.57	40.99	14.22	29.54
人口自然增长率	‰	1.49	1.19	0.90	1.16	1.43	0.29	0.59	4.11
乡村人口	万人	115.91	24.19	0.96	1.56	15.33	45.19	15.30	31.23

注:"市区"数据含镇江新区。

（统计局）

表 40-2

2011 年镇江市经济社会主要指标表

项　目	单　位	全　市	市　区	项　目	单　位	全　市	市　区
年末人口	万人	271.86	103.65	人寿险	亿元	44.75	21.90
从业人员	万人	190.26	68.25	赔款和给付	亿元	11.86	5.41
地区生产总值	亿元	2311.45	1023.31	财产险	亿元	6.12	3.22
第一产业	亿元	100.77	24.41	人寿险	亿元	5.74	2.19
第二产业	亿元	1272.39	555.13	社会消费品零售总额	亿元	664	329
#工业	亿元	1175.63	494.36	居民消费价格总指数	%	105	105
第三产业	亿元	938.29	443.77	国内旅游人数	万人	3100.83	1423.13
人均地区生产总值	元	73983	84901	货运量	万吨	18898	9753
农林牧渔业总产值	亿元	153.25	39.40	客运量	万人	12335	7134
规模工业总产值	亿元	5208	2158	港口货物吞吐量	万吨	13336	10760
规模工业销售收入	亿元	5040.45	2069.55	邮电业务总量	亿元	28.92	13.55
全社会固定资产投资	亿元	1226.94	732.40	全社会用电量	万千瓦时	1840898	963808
#城镇固定资产投资	亿元	868.80	612.80	#工业用电	万千瓦时	1489542	789674
#工业性投资	亿元	721.58	364.38	城乡居民生活用电	万千瓦时	167727	74163
#房地产开发投资	亿元	141.47	83.08	在岗职工平均工资	元	42659	45643
进出口总额	万美元	100.73	63.08	城市居民人均可支配收入	元	26637	26181
#出口总额	万美元	56.19	30.60	城市居民人均生活消费支出	元	15518	16419
协议利用外资金额	万美元	206407	108676	农村居民人均纯收入	元	12825	–
实际利用外资金额	万美元	180759	90283	农民人均生活消费支出	元	9136	–
财政收入	亿元	531	327	高等学校在校学生数	万人	37.35	20.44
#地方财政一般预算收入	亿元	182	101	中等专业学校在校学生数	万人	2.54	1.42
财政支出	亿元	427	266	普通中学在校学生数	万人	11.28	4.11
金融机构年末存款余额	亿元	2432	1282	小学在校学生数	万人	13.09	4.92
#居民储蓄存款余额	亿元	1109	484	幼儿园在园幼儿数	万人	6	2
金融机构年末贷款余额	亿元	1787	960	卫生机构数	个	868	372
保费收入	亿元	58	29	卫生机构床位数	张	10940	6255
财产险	亿元	13.16	7.40	医院、卫生院技术人员	人	11094	6249

（统计局）

表 40-3

2011 年镇江市主要统计指标占江苏省的比重表

项　　目	单　位	江苏省	镇江市	镇江占全省比重(%)
土地面积	万平方公里	10.26	0.38	3.7
年末人口	万人	7898.80	271.86	3.4
地区生产总值	亿元	49110.27	2311.45	4.7
第一产业	亿元	3064.78	100.77	3.3
第二产业	亿元	25203.28	1272.39	5.0
#工业	亿元	22280.61	1175.63	5.3
第三产业	亿元	20842.21	938.29	4.5
人均地区生产总值	元	62290	73983	-
固定资产投资完成额	亿元	26693.82	1226.94	4.6
#房地产开发	亿元	5567.94	141.47	2.5
财政收入	亿元	14119.85	531.27	3.8
#一般预算内财政收入	亿元	5148.92	181.90	3.5
地方财政一般预算支出	亿元	6221.72	202.90	3.3
金融机构年末存款余额	亿元	65723.56	2431.84	3.7
金融机构年末贷款余额	亿元	47868.30	1787.42	3.7
农林牧渔业总产值	亿元	5237.45	153.25	2.9
粮食产量	万吨	3307.76	121.89	3.7
油料产量	万吨	144.05	4.37	3.0
肉类产量	万吨	226.76	8.25	3.6
水产品产量	万吨	475.97	8.81	1.9
规模工业总产值	亿元	107680.68	5207.67	4.8
社会消费品零售总额	亿元	15988.38	664.07	4.2
进出口总额	亿美元	5397.59	100.73	1.9
#出口总额	亿美元	3126.23	56.19	1.8
协议利用外资金额	亿美元	595.54	20.64	3.5
实际利用外资金额	亿美元	321.32	18.08	5.6
在岗职工平均工资	元	45987	42659	-
城市居民人均可支配收入	元	26341	26637	-
农民人均纯收入	元	10805	12825	-
居民储蓄存款余额	亿元	25914.74	1108.83	4.3
居民消费价格总指数	%	105.3	105.0	-

（统计局）

表 40-4

2011 年“镇江的一天”情况表

项　　目	单　位	2011 年	2010 年	项　　目	单　位	2011 年	2010 年
地区生产总值	万元	63327	54456	市区公共汽车乘客人数	万人次	26.5	25
第一产业	万元	2761	2234	居民储蓄存款余额	万元	30379	27221
第二产业	万元	34860	30702	全社会用电量	万千瓦小时	5044	4499
第三产业	万元	25706	21520	能源消费量	吨标准煤	3047	27233
农业总产值	万元	4199	3362	邮电业务总量	万元	792	1047
财政收入	万元	14555.3	10452	出生人数	人	59	58
财政支出	万元	11697.5	8312	死亡人数	人	48	58
社会消费品零售总额	万元	18194	15471	粮食产量	吨	3339.5	3275.6
进出口总额	万美元	2760	2234	油料产量	吨	119.7	160.2
实际利用外资	万美元	495	442	肉类产量	吨	225.9	188.8
固定资产投资	万元	33615	27436	水产品产量	吨	241.4	234.6
新增固定资产	万元	26035	18403	发电量	万千瓦小时	7480.3	6566.0
施工房屋建筑面积	万平方米	5.0	4.6	水泥产量	万吨	3.3	3.0
货物运输量	万吨	34	29	彩色电视机产量	台	849.8	584.4
旅客客运量	万人	52	43	食醋产量	吨	443.9	418.1
接待旅游者人数	万人	8.67	7.3	机制纸及纸板	吨	7750.3	7909.6

（统计局）

农业和工业

表 40-5

2011 年镇江市农林牧业生产情况表

项　目	单　位	全　市	市　区	丹阳市	扬中市	句容市
一、粮食作物						
面　积	千公顷	175.04	41.23	69.96	14.19	49.66
单　产	公斤/公顷	6964	6758	7085	7556	6795
总　产	吨	1218934	278627	495675	107217	337415
二、油　料						
面　积	千公顷	27.06	5.72	4.93	0.64	15.77
单　产	公斤/公顷	1615	1660	1880	1658	1514
总　产	吨	43699	9495	9268	1061	23875
二、棉花(皮棉)						
面　积	千公顷	1.56	0.02	–	–	1.54
单　产	公斤/公顷	963	1000	–	–	963
总　产	吨	1503	20	–	–	1483
三、林　业						
1. 当年造林面积合计	公顷	2752	783	835	83	1051
(1) 用材林	公顷	1825	348	566	7	904
(2) 经济林	公顷	281	76	81	–	124
(3) 防护林	公顷	646	359	188	76	23
2. 零星(四旁)植树	万株	343	67	112	54	110
3. 育苗面积	公顷	3128	260	633	75	2160
4. 当年苗木产量	万株	1222	377	385	200	260
四、牧　业						
肉类总产量	万吨	8.24	3.51	2.36	0.92	1.45
生猪年内出栏数	万头	55.78	14.32	21.99	8.22	11.25
生猪年末存栏数	万头	41.95	10.63	17.20	8.12	6.00
羊年内出栏数	万只	5.55	1.64	1.38	1.63	0.90
羊年末存栏数	万只	4.12	1.19	1.57	0.86	0.50
家禽年内出栏数	万只	1822.91	959.61	460.00	96.50	306.80
家禽年末存栏数	万只	586.22	271.12	165.00	53.60	96.50
五、桑、茶、果						
茶园面积	公顷	4467	1077	873	–	2517
茶叶产量	吨	1182	362	410	–	410
果园面积	公顷	9142	2431	513	278	5920
水果产量	吨	59932	10133	5300	3499	41000
桑园面积	公顷	543	–	473	–	70

（统计局）

表 40-6

2011 年镇江市农业现代化基本情况表

项 目	单位	全 市	市 区	京口区	润州区	丹徒区	新 区	丹阳市	扬中市	句容市
农用化肥施用量(折纯)	吨	63453	16424	667	1974	10506	3277	17285	4705	25039
氮 肥	吨	29349	7433	261	710	4847	1615	9109	2919	9888
磷 肥	吨	6155	468	86	114	243	25	272	479	4936
钾 肥	吨	3048	568	65	99	339	65	1074	466	940
复合肥	吨	24901	7955	255	1051	5077	1572	6830	841	9275
农用薄膜使用量	吨	2918	680	39	57	209	375	1170	156	912
#地膜使用量	吨	1597	194	13	16	143	22	756	145	502
农用薄膜覆盖面积	公顷	7944	1710	111	163	1364	72	3167	341	2726
农用柴油使用量	吨	22222	4864	195	24	3995	650	7670	525	9163
农药使用量	吨	3073	532	26	34	297	175	1201	320	1020
农业机械总动力	千瓦	1339104	336506	57239	23508	192559	63200	384971	123490	494137
柴油机	千瓦	834222	194669	32472	7201	116396	38600	225924	63225	350404
汽油机	千瓦	96466	25894	6512	8385	7397	3600	53566	6633	10373
电动机	千瓦	408416	115943	18255	7922	68766	21000	105481	53632	133360
农业机械年末拥有量										
大中型拖拉机	台	3369	822	100	33	456	233	1477	415	655
小型拖拉机	台	20067	4598	30	69	3899	600	4474	779	10216
水 泵	台	32785	11884	1320	979	6635	2950	6069	5989	8843
联合收割机	台	1949	427	30	–	229	168	1048	149	325
机动脱粒机	台	5149	–	–	–	–	–	4949	200	–
机动喷雾(粉)机	台	9438	1705	65	52	523	1065	3849	1081	2803
饲料粉碎机	台	1809	405	33	56	216	100	895	66	443
农用运输车	辆	9416	1717	98	14	1167	438	2138	1158	4403

（统计局）

表 40-7

2011 年镇江市规模以上工业企业主要经济指标表

单位:万元

项 目	单 位	镇江市	市 区	京口区	润州区	丹徒区	丹阳市	扬中市	句容市
规模以上工业企业单位数	个	2173	707	63	95	324	712	295	459
#亏损企业	个	160	49	6	7	7	85	22	4
工业总产值	万元	52076677	21579772	3166439	1972001	6502477	16049437	7296649	7150820
资产合计	万元	38319306	18652616	3082504	1819794	3953906	10373526	6275353	3017812
#应收账款净额	万元	4912030	1468167	220878	214153	362242	1624486	1378119	441258
负债合计	万元	21839657	10502635	2413811	1030969	2304798	6304123	3512847	1520053
所有者权益合计	万元	16479649	8149981	668693	788825	1649108	4069404	2762506	1497759
产品销售收入	万元	50404496	20695543	3133776	1822538	6348067	15690134	6959351	7059468
利税总额	万元	4683170	2185866	278765	219731	713296	1052685	774815	669805
利润总额	万元	3015846	1508779	168692	148944	445916	682645	488918	335505
全部从业人员年平均人数	人	488505	145904	19506	23408	54478	171050	70010	101541

注:“市区”数据含镇江新区。

（统计局）

表 40-8

2011 年镇江市主要工业产品产量表

产品名称	单位	实绩	产品名称	单位	实绩
一、冶金工业产品			风机	台	4745
铁矿石(原矿)	万吨	38.61	碱性蓄电池	万只	57.08
生铁	万吨	6.96	六、建材工业产品		
成品钢材	万吨	450.91	水泥熟料	万吨	847.16
铜材	万吨	5.80	水泥	万吨	1186.34
铝材	万吨	29.77	预应力混凝土桩	万米	1831.75
二、电力工业产品			商品混凝土	万立方米	207.48
发电量	亿千瓦小时	273.03	水泥电杆	根	476
#镇江发电公司	亿千瓦小时	98.31	人造板	万立方米	206.26
谏壁发电厂	亿千瓦小时	112.10	复合木地板	万平方米	3447.51
三、炼焦工业产品			耐火材料制品	万吨	2.26
焦炭	万吨	64.21	玻璃纤维纱	万吨	2.43
煤气生产量	万立方米	6349	石墨及碳素制品	万吨	80.32
四、化学工业产品			建筑石	万吨	547.55
硫酸(折100%)	万吨	72.27	七、纺织工业产品		
盐酸(含量31%以上)	万吨	0.72	纱	万吨	2.99
醋酸	万吨	101.84	布	万米	6462
烧碱(折100%)	万吨	11.13	纯棉布	万米	3982
纯苯	万吨	0.44	棉混纺布	万米	2260
初级形态的塑料	万吨	102.07	纯化纤布	万米	220
化学农药(原药)	万吨	8.49	印染布	万米	5723
涂料	万吨	3.23	丝织品	万米	715
合成橡胶	万吨	12.64	服装	万件	15225
化学纤维	万吨	0.78	皮革服装	万件	12.37
塑料制品	万吨	11.26	皮革鞋靴	万双	959.44
中成药	吨	1249	八、其他产品		
润滑油	万吨	17.22	机制纸及纸板	万吨	282.89
石油沥青	吨	9856	纸制品	万吨	27.55
炭黑	万吨	106.63	布鞋	万双	3587.80
五、机械工业产品			麻花钻	亿支	2.76
电力电缆	千米	21903	汽车配件	亿元	15.52
绝缘制品	吨	48166	日用玻璃制品	万吨	15.31
泵	台	12674	电光源(灯泡)	万只	41579
金属切削机床	台	2184	自行车	万辆	78.02
金属成型机床	台	22764	彩色电视机	万台	31.02
民用钢质船舶	总吨	143519	家用电冰箱	万台	2.26
汽车(改装汽车)	辆	11385	电子元件	亿只	13.24
液压元件	万件	110.67	饮料酒	千升	12916
收获机械	台	34348	软饮料	万吨	5.55
挖掘机械	台	5682	原盐	万吨	41.27
混凝土机械	台	463	小麦粉	万吨	73.35
轴承	亿套	27.26	方便面	万吨	2.54
阀门	吨	7436	食用植物油	万吨	0.34
工业锅炉	蒸发量吨	2522	大米	万吨	10.03
变压器	万千伏安	1802.37	鲜、冷藏肉	万吨	0.89
金属切削工具	亿件	28.91	酱油	万吨	0.47
铸件	万吨	21.26	食醋	万吨	16.20
锻件	万吨	9.99	眼镜成镜	万副	225.26
高低压开关板	万面	19.00	单色印刷品	令	587026
桥架	万吨	31.15	多色印刷品	对开色令	1039188
母线	万米	133.54			

注：本表口径为规模以上工业，即国有工业企业及年销售收入在2000万元以上的非国有工业企业。（统计局）

基础建设

表 40-9

2011 年镇江市固定资产投资完成情况表

单位：万元

项　目	全　市	市　区	京口区	润州区	丹徒区	新　区	丹阳市	扬中市	句容市
固定资产投资总额	12269399	7324020	1794114	1737854	1414371	2377681	2316800	1200088	1428491
一、按产业性质分									
第一产业	30654	7208	–	780	6428	–	13740	1720	7986
第二产业	7215912	3643945	597736	251031	950146	1845032	1774170	999999	797798
#工业投资	7215776	3643815	597606	251031	950146	1845032	1774170	999993	797798
第三产业	5022833	3672867	1196378	1486043	457797	532649	528890	198369	622707
二、按登记注册类型分									
内资	10182430	5930652	1587414	1656953	1288667	1397618	2210672	759711	1281395
#国有	2838319	2280854	625283	819825	379163	456583	135861	48039	373565
集体	266580	91420	5000	76000	–	10420	27221	16513	131426
民营	7167521	3494753	906198	779157	887521	921877	2070050	711672	891046
#私营	3656678	1846347	376821	393204	740414	335908	1353431	242862	214038
港澳台商投资	803899	555616	60430	23318	86202	385666	34746	75041	138496
外商投资	1283070	837752	146270	57583	39502	594397	71382	365336	8600
三、按城乡分									
城镇投资	8687961	6128015	1678449	1518906	639582	2291078	1203013	631800	725133
#房地产投资	1414747	830788	204839	324459	125390	176100	237878	108436	237645
农村投资	3581438	1196005	115665	218948	774789	86603	1113787	568288	703358
四、产业类投资	8647381	4949662	971995	710324	1187101	2080242	1960116	1052470	685133
#文化产业投资	605401	475685	139341	157212	87249	91883	66095	25466	38155
新兴产业投资	4079084	2171258	344426	207523	500206	1119103	730324	783695	393807
服务业产业投资	1670430	1384960	510149	457249	171982	245580	171906	55345	58219

（统计局）

国内贸易、外向型经济

表 40-10

2011 年镇江市社会消费品零售总额表

单位：万元

项 目	全 市	市 区	京口区	润州区	丹徒区	新 区	丹阳市	扬中市	句容市
合 计	6640744	3287946	1661048	826052	384870	415976	1753520	782117	817161
一、按所在地分(不含其他类)									
城 镇	6296835	3287946	1661048	826052	384870	415976	1648881	723333	636675
乡 村	343909	–	–	–	–	–	104639	58784	180486
二、按行业分									
批发业	888740	642727	255079	345443	41301	904	88106	63693	94214
零售业	5028751	2305688	1182016	416624	300146	406902	1476955	623773	622335
住宿业	62143	34430	12962	11195	10199	74	5994	16181	5538
餐饮业	661110	305101	210991	52791	33224	8095	182466	78469	95074
三、按规模分(不含其他类)									
限额以上	3298555	2222489	1123064	593893	93006	412526	405029	308413	362624
批发业	645873	591127	240082	320946	29494	605	35208	17693	1845
零售业	2405456	1484114	799867	230718	48764	404765	321504	259380	340458
住宿业	40645	19760	8027	9844	1881	8	4540	12013	4332
餐饮业	206581	127488	75088	32385	12867	7148	43777	19327	15989
限额以下	3342189	1065457	537984	232160	291864	3449	1348492	473703	454537
批发业	242867	51600	14997	24497	11807	299	52898	46000	92369
零售业	2623295	821574	382149	185906	251382	2137	1155451	364393	281877
住宿业	21498	14670	4935	1351	8318	66	1454	4168	1206
餐饮业	454529	177613	135903	20406	20357	947	138689	59142	79085

（统计局）

表 40-11

2011 年镇江市外向型经济主要指标表

项 目	单 位	全 市	市 区	京口区	润州区	丹徒区	新 区	丹阳市	扬中市	句容市
一、新注册企业数	个	125	70	7	4	20	39	36	5	14
二、协议利用外资	万美元	206407	108676	22576	3835	20481	61784	41371	8548	47812
三、实际利用外资	万美元	180759	90283	18926	4670	13567	53120	26854	19207	44415
四、进出口总额	万美元	1007315	630846	59530	86013	60777	418619	234510	88626	53334
#省级以上开发区进出口总额	万美元	784306	509468	8531	42538	39386	419015	193931	48208	32699
#进口总额	万美元	445374	324885	5422	21265	12076	282575	52053	53600	14836
#省级以上开发区进口总额	万美元	391893	303926	2471	11703	7187	282567	44837	33097	10033
出口总额	万美元	561941	305958	54108	64747	48701	136044	182458	35027	38498
#省级以上开发区出口总额	万美元	392413	205542	6060	30835	32199	136448	149094	15111	22666
五、新签对外承包劳务合同额	万美元	55934	55934	23006	32928	–	–	–	–	–
六、对外承包劳务营业额	万美元	25920	25920	5414	20506	–	–	–	–	–
七、对外劳务输出										
年末在外人数	人	4233	3859	1972	1887	–	–	374	–	–
全年新派人数	人	1302	1165	470	695	–	–	137	–	–

注："市区"数据含市直属。

（统计局）

教育、卫生

表 40-12

2011 年镇江市教育事业概况表

项　目	学校数(所)	招生数(人)	在校学生数(人)	毕业生数(人)	专任教师数(人)
合　计	269	91666	373513	98736	26160
#普通高等学校	5	24925	88013	23042	5281
普通中等专业学校	12	7529	25367	5390	1622
普通中学	108	34806	112834	43867	10210
#高中	22	14012	45687	16842	3680
初中	86	20794	67147	27025	6530
职业高中	3	1067	3214	1241	35
技工学校	7	5004	12249	3916	587
小　学	129	23183	130872	21166	8297
特殊教育学校	5	152	964	71	128

（统计局）

表 40-13

2011 年镇江市市区普通高中教育基本情况表

单位：人

项　目	在校学生				毕业生数	专任教师
		高一年级	高二年级	高三年级		
镇江中学	2839	901	931	1007	967	223
镇江市第一中学	2766	901	928	937	826	201
镇江市第二中学	1187	376	423	388	417	86
镇江市实验高级中学	2799	943	917	939	913	185
镇江市国际学校	288	77	96	115	114	33
镇江市第九中学	307	–	–	307	393	53
江苏省大港中学	2408	698	843	867	1072	235
镇江市丹徒区高级中学	2728	803	871	1054	847	196

（统计局）

表 40-14

2011 年镇江市卫生事业基本情况表

项目	单位	全市	市区	丹阳市	扬中市	句容市
卫生机构数	个	868	372	236	84	176
#医院	个	35	22	4	2	7
卫生院	个	58	19	21	5	13
疾病预防控制中心(防疫站)	个	7	4	1	1	1
妇幼保健院(所、站)	个	6	3	1	1	1
卫生机构床位数	张	10940	6255	2618	700	1367
#医院	张	8210	5418	1478	580	734
卫生院	张	1942	529	740	92	581
卫生工作人员	人	18248	9880	4198	1671	2499
卫生技术人员总计	人	14225	7965	3197	1250	1813
#执业(助理)医师	人	5684	3088	1313	541	742
注册护士	人	5618	3393	1203	379	643
#卫生防疫人员	人	324	157	76	44	47
医院、卫生院技术人员	人	11094	6249	2446	962	1437
#执业(助理)医师	人	4197	2248	960	407	582
注册护士	人	4724	2879	976	328	541
5 岁以下儿童死亡率	‰	3.4	2.4	4.0	1.5	5.3
婴儿死亡率	‰	2.1	1.4	2.3	1.0	2.6
产妇住院分娩比例	%	100.00	100.00	100.00	100.00	100.00
每千人拥有卫生机构床位数	张	3.49	5.17	2.71	2.07	2.21
每千人拥有医院(卫生院)床位数	张	3.24	4.92	2.29	1.99	2.12
每千人拥有卫生技术人员数	人	4.54	6.58	3.3	3.7	2.93
每千人拥有执业(助理)医师数	人	1.81	2.55	1.36	1.6	1.2
每千人拥有注册护士数	人	1.79	2.8	1.24	1.12	1.04
城镇基本医疗保险覆盖面	%	98.6	99.0	98.2	98.4	97.5
新型农村合作医疗覆盖面	%	100.00	100.00	100.00	100.00	100.00

(统计局)

人民生活

表 40-15

2011 年镇江市劳动工资主要综合指标表

项目	单位	全市	市区				丹阳市	扬中市	句容市
				京口区	润州区	丹徒区			
全部单位从业人员数	人	392675	195762	68531	55533	39886	86980	46622	63311
#在岗职工工人数	人	362555	174454	58500	46894	39556	83224	43701	61176
国有单位从业人员数	人	151646	83052	33667	28945	10791	36244	10964	21386
#在岗职工工人数	人	134588	71604	29864	23270	10580	33456	10185	19343
集体单位从业人员数	人	19251	6366	1226	1026	3646	4236	4763	3886
#在岗职工工人数	人	18501	5780	1179	588	3619	4208	4702	3811
其他单位从业人员数	人	221778	106344	33638	25562	25449	46500	30895	38039
#在岗职工人数	人	209466	97070	27457	23036	25357	45560	28814	38022
全部单位在岗职工工资总额	万元	1570257	814244	289892	232905	157010	340665	182910	232438
#国有单位	万元	779217	426505	181054	150044	55540	180837	60878	110997
集体单位	万元	66073	19947	3220	2108	13023	18293	16613	11220
其他单位	万元	724967	367792	105618	80753	88447	141536	105418	110221
全部单位在岗职工平均工资	元	42659	45643	48449	46635	40337	40761	41602	37155
#国有单位	元	56014	56763	58878	58605	53658	52654	58978	57378
集体单位	元	35468	34943	30320	34117	36181	42045	35522	28821
其他单位	元	34379	37585	37823	34081	35394	31493	36435	27951

注:“市区”数据含市直属。

（统计局）

表 40-16

2011 年镇江市城市居民和农村居民生活基本情况表

项目	单位	绝对数	项目	单位	绝对数
城市居民			农村居民		
调查户数	户	200	调查户数	户	560
平均每户家庭人口	人	2.6	平均每百户常住人口	人	315
平均每户就业人口	人	1.3	平均每百户 7～15 岁在校学生人数	人	18
平均每户离退休人口	人	0.9	平均每百户整半劳动力	人	252
平均每一就业者负担人数	人	2.0	平均每百户就业劳动力人数	人	242
平均每户就业面	%	51.2	平均每人年内新建(购)住房面积	平方米	1.1
现住房平均每人建筑面积	平方米	35.4	平均每人年末住房面积	平方米	53.3
#现住房平均每人使用面积	平方米	26.5	平均每人年末住房价值	元	-
家庭总收入	元/人	28621	家庭总收入	元/人	15417
#可支配收入	元/人	26181	#人均纯收入	元/人	12825
#工薪收入	元/人	16755	工薪收入	元/人	7622
经营净收入	元/人	16687	经营净收入	元/人	6290
财产性收入	元/人	2407	财产性收入	元/人	354
转移性收入	元/人	386	转移性收入	元/人	1151
出售财物收入	元/人	9073	家庭总支出	元/人	12961
借贷收入	元/人	8124	家庭经营费用支出	元/人	2192
家庭总支出	元/人	423	生活消费支出	元/人	9136

（统计局）

表 40-17

2011 年镇江市城乡居民家庭生活消费支出表

单位:元

项　目	金　额	项　目	金　额
城镇居民全年生活消费性支出	16419	农村居民全年生活消费性支出	9136
一、食品	6557		
#粮食类	566	#服务性	2796
油脂类	178		
肉类	986	#食品	3445
二、衣着	2047		
三、家庭设备用品及服务	973	衣着	651
#耐用消费品	349	居住	1343
四、医疗保健	863		
五、交通和通信	2202	家庭设备用品	517
#通信	586		
六、教育文化娱乐服务	1894	交通和通信	1002
文化娱乐用品	475	文化教育.娱乐	1441
文化娱乐服务	879		
教育费用	540	医疗保健	561
七、居住	1238		
八、杂项商品和服务	645	其他商品和服务	175

（统计局）

表 40-18

2011 年镇江市商品零售价格分类指数表

项　目	以上年价格为 100	项　目	以上年价格为 100
商品零售价格总指数	104.3	九、交通、通信用品	95.0
一、食品类	111.7	十、家具	106.4
二、饮料、烟酒	104.2	十一、化妆品类	102.4
三、服装、鞋帽类	101.5	十二、金银珠宝类	117.0
四、纺织品类	106.1	十三、中西药品及医疗保健用品类	98.3
五、家用电器及音像器材	98.0	十四、书报杂志及电子出版物类	105.6
六、文化办公用品	95.0	十五、燃料类	108.2
七、日用品	106.1	十六、建筑材料及五金电料类	105.1
八、体育娱乐用品	101.2		

（统计局）

表 40-19

2011 年镇江市居民消费价格分类指数表

项　目	以上年价格为 100	项　目	以上年价格为 100
居民消费价格总指数	105.0	三、衣着	101.8
非食品价格指数	102.2	服装	100.9
服务项目价格指数	103.2	衣着材料	109.2
扣除鲜菜鲜果总指数	104.9	鞋袜帽	103.8
消费品价格指数	105.9	衣着加工服务	112.5
一、食品	112.0	四、家庭设备用品及维修服务	105.2
粮食	108.8	耐用消费品	103.1
淀粉及薯类	99.4	室内装饰品	102.8
干豆类及豆制品	108.8	床上用品	107.2
油脂	113.3	家庭日用杂品	104.4
肉禽及其制品	122.9	家庭服务及加工维修服务	116.3
蛋	115.7	五、医疗保健和个人用品	101.2
水产品	112.7	医疗保健	98.4
菜	105.8	个人用品及服务	105.2
#鲜菜	105.6	六、交通和通讯	101.3
调味品	115.0	交通	103.4
糖	113.6	通信	98.0
茶及饮料	105.9	七、娱乐教育文化用品及服务	100.1
干鲜瓜果	111.5	文娱用耐用消费品及服务	89.4
#鲜果	109.8	教育	99.8
糕点饼干	108.7	文化娱乐类	104.1
液体乳及乳制品	103.9	旅游	103.4
在外用膳食品	107.5	八、居住	103.7
其他食品	111.5	建房及装修材料	103.9
二、烟酒及用品	104.3	租房	103.2
烟草	100.0	自有住房	105.4
酒	112.5	水、电、燃料	100.7

（统计局）

表 41 - 1

2011 年重要文件、规范性文件一览表

文件名	发文号	发文日期
关于表彰全国粮食生产先进单位和先进个人的决定	国发〔2011〕45 号	2011 - 12 - 22
关于命名第五批(2010 年度)国家节水型城市的通报	建城〔2011〕72 号	2011 - 05 - 26
中央宣传部 司法部关于表彰 2006 ~ 2010 年全国法制宣传教育先进集体和先进个人的决定	司发通〔2011〕90 号	2011 - 05 - 05
关于表彰先进基层党组织、优秀共产党员和优秀党务工作者的决定	苏委〔2011〕413 号	2011 - 06 - 09
省政府关于 2010 年度江苏省科学技术奖励的决定	苏政发〔2011〕19 号	2011 - 02 - 25
省政府关于江苏省第十一届哲学社会科学优秀成果奖的决定	苏政发〔2011〕32 号	2011 - 03 - 25
省政府关于表彰劳动模范和先进工作者的决定	苏政发〔2011〕60 号	2011 - 04 - 25
省政府关于表彰"十一五"全省节能工作先进集体的决定	苏政发〔2011〕73 号	2011 - 05 - 14
省政府关于表彰"十一五"全省污染减排工作先进集体的决定	苏政发〔2011〕85 号	2011 - 06 - 28
省政府关于公布第三批省级非物质文化遗产名录的通知	苏政发〔2011〕124 号	2011 - 09 - 02
省政府关于公布第七批省级文物保护单位的通知	苏政发〔2011〕181 号	2011 - 12 - 19
关于公布江苏省现代农业(渔业)产业园区名单的通知	苏政办发〔2011〕77 号	2011 - 06 - 10
关于公布 2011 年全省环境整治试点村名单的通知	苏政办发〔2011〕114 号	2011 - 08 - 08
省政府关于江苏省防洪规划的批复	苏政复〔2011〕21 号	2011 - 04 - 06
省政府关于江苏省水资源综合规划的批复	苏政复〔2011〕29 号	2011 - 05 - 13
省政府关于南京等 13 市矿产资源总体规划的批复	苏政复〔2011〕34 号	2011 - 06 - 09
省政府关于江苏省重金属污染综合防治"十二五"规划的批复	苏政复〔2011〕40 号	2011 - 07 - 02
省政府关于撤销镇江市丹徒区高资镇设立高资街道办事处的批复	苏政复〔2011〕41 号	2011 - 07 - 02
省政府关于撤销镇江市润州区蒋乔镇设立蒋乔街道办事处的批复	苏政复〔2011〕42 号	2011 - 07 - 02
省政府关于撤销镇江市京口区象山镇、谏壁镇分别设立街道办事处的批复	苏政复〔2011〕43 号	2011 - 07 - 02
省政府关于撤销扬中市三茅镇设立三茅街道办事处和兴隆街道办事处的批复	苏政复〔2011〕55 号	2011 - 10 - 18
省政府关于镇江市高等专科学校机构规格的批复	苏政复〔2011〕70 号	2011 - 11 - 26
省政府关于全省林地保护利用规划(2010 ~ 2020 年)的批复	苏政复〔2011〕73 号	2011 - 12 - 12
省政府关于镇江市县乡土地利用总体规划的批复	苏政复〔2011〕75 号	2011 - 12 - 21
关于公布 2010 年江苏名牌产品(企业)的决定	苏名推委发〔2011〕1 号	2011 - 01 - 13
省体育局关于命名江苏省体育强市和体育强县(市)的决定	苏体办〔2011〕2 号	2011 - 01 - 10
关于设立中共镇江市委新闻发言人的通知	镇发〔2011〕8 号	2011 - 03 - 21
关于进一步加强和改进未成年人思想道德建设的意见	镇发〔2011〕9 号	2011 - 03 - 28
关于加快水利改革,发展推进水利现代化的实施意见	镇发〔2011〕12 号	2011 - 04 - 08
关于加强惩治和预防渎职侵权违法犯罪工作的决定	镇发〔2011〕14 号	2011 - 05 - 11
中共镇江市委党务公开实施办法(试行)	镇发〔2011〕17 号	2011 - 05 - 25
中共镇江市委关于表彰全市先进基层党组织、优秀共产党员和优秀党务工作者的决定	镇发〔2011〕19 号	2011 - 06 - 28
关于转型升级工程的意见	镇发〔2011〕27 号	2011 - 08 - 23
关于科技创新工程的意见	镇发〔2011〕28 号	2011 - 08 - 23
关于农业现代化工作的意见	镇发〔2011〕29 号	2011 - 08 - 23
关于实施文化建设工程的意见	镇发〔2011〕30 号	2011 - 08 - 23
关于民生幸福工程的意见	镇发〔2011〕31 号	2011 - 08 - 23

续表 41－1

文件名	发文号	发文日期
关于社会管理创新工程的意见	镇发〔2011〕32 号	2011－08－23
关于生态文明工程的意见	镇发〔2011〕33 号	2011－08－23
关于实施党建创新工程的意见	镇发〔2011〕34 号	2011－08－23
关于印发建设国家创新型城市试点工作实施方案的通知	镇发〔2011〕43 号	2011－09－20
关于实施农民收入五年倍增计划的意见	镇发〔2011〕47 号	2011－10－19
关于深化平安镇江建设的意见	镇发〔2011〕55 号	2011－12－16
关于表彰 2011 年度镇江市自主创新重大成果和杰出人才的决定	镇发〔2011〕56 号	2011－12－29
关于实施十大民生工程的意见	镇政发〔2011〕1 号	2011－03－16
关于深入实施商标战略的意见	镇政发〔2011〕2 号	2011－01－05
关于加强国家级创业型城市建设工作的意见	镇政发〔2011〕4 号	2011－01－20
关于表彰市劳动模范的决定	镇政发〔2011〕18 号	2011－04－28
关于推进医疗保险市级统筹的意见	镇政发〔2011〕35 号	2011－09－01
关于市区被征地农民参加社会保险的意见	镇政发〔2011〕34 号	2011－09－05
关于市区住宅小区物业管理全覆盖的实施意见	镇政发〔2011〕30 号	2011－09－09
关于转发《镇江市菜市场管理实施细则》的通知	镇政发〔2011〕38 号	2011－09－26
关于印发《市政府规范性文件目录》(有效和废止)的通知	镇政发〔2011〕47 号	2011－11－29
关于授予 2011 年度镇江市科技进步奖的决定	镇政发〔2011〕48 号	2011－12－05
关于完善镇江市城乡居民社会养老保险制度的意见	镇政发〔2011〕52 号	2011－12－28
关于公布镇江市第三批非物质文化遗产名录的通知	镇政办发〔2011〕12 号	2011－01－14
关于公布镇江市第一批珍贵古籍名录的通知	镇政办发〔2011〕13 号	2011－01－14
关于重新公布行政许可(审批)等权力事项和行政主体的通知	镇政办发〔2011〕9 号	2011－01－18
印发关于加快职业教育改革发展的意见的通知	镇政办发〔2011〕71 号	2011－03－21
关于印发镇江市信息化和工业化融合示范区认定暂行办法的通知	镇政办发〔2011〕147 号	2011－06－03
关于印发《镇江市政府信息媒体公开管理办法》的通知	镇政办发〔2011〕168 号	2011－10－18
印发《关于邀请公民列席市政府常务会议实施办法(试行)》的通知	镇政办发〔2011〕179 号	2011－10－28
关于调整丹徒区部分行政区划的批复	镇政复〔2011〕15 号	2011－07－20
关于调整润州区部分行政区划的批复	镇政复〔2011〕16 号	2011－07－20
关于丹阳司徒—延陵镇“万顷良田建设工程”规划方案的批复	镇政复〔2011〕36 号	2011－12－29
关于丹阳市埤城—吕城—皇塘镇“万顷良田建设工程”规划方案的批复	镇政复〔2011〕37 号	2011－12－29
关于丹阳经济开发区“万顷良田建设工程”规划方案的批复	镇政复〔2011〕38 号	2011－12－29
关于印发《镇江市政府规范性文件制定程序规定》的通知	镇政规发〔2011〕1 号	2011－06－24
关于印发《镇江市食品安全事故处置和责任追究暂行办法》的通知	镇政规发〔2011〕2 号	2011－07－16
关于印发《镇江市人民政府重大行政决策程序规定》的通知	镇政规发〔2011〕3 号	2011－08－22
关于修订《镇江市社会医疗保险办法》的通知	镇政规发〔2011〕4 号	2011－09－05
关于印发《镇江市政府投资项目管理暂行办法》的通知	镇政规发〔2011〕5 号	2011－10－19
关于印发《镇江市国有土地上房屋征收与补偿办法》的通知	镇政规发〔2011〕6 号	2011－12－21
关于修订《镇江市征地补偿和被征地农民基本生活保障办法》的通知	镇政规发〔2011〕7 号	2011－12－28
关于印发《镇江市国有建设用地批后监管暂行办法》的通知	镇政规发〔2011〕8 号	2011－12－30

(吴小娟)

表 41－2

2011 年镇江市市区标准地名命(更)名情况表

标准地名	实体状况说明
京江路	位于润州路北段东侧,西起润州路,东至引航道闸,长 3512 米,宽 40 米
滨水路	位于北固山公园东侧,南起东吴路,北转东北再转向东南至原焦山公园大门的东吴路,长 3846 米,宽 20 米
焦山路	位于焦山公园新大门南侧,北起江滨路,南至禹山路,长 1600 米,宽 30 米
龙门港路	位于跃进河南侧,东起长江路,西转北至镇江龙门港区,长 5181 米,宽 24 米
五州山路	位于白龙山路南侧,东起九华山路,西至御桥港路南延段,长 1897 米,宽 50 米
秀山路	位于 S338 省道北侧,东起上隍路南延段,西至官塘桥路,规划全长 7376 米,宽 40～50 米
四平山路	位于秋山路北侧,东起楚桥路,西至规划道路莱山路,规划全长 6738 米,宽 40 米
潘宗路	位于镇江新区丁卯片区,西起星卯路,东至智慧大道,长 2300 米,宽 24 米
秋山路	位于镇江新区丁卯片区,东起智慧大道,西转南至秀山路,长 2500 米,宽 22 米
秋实路	位于镇江新区丁卯片区,北起镇大铁路,南至秀山路,长 2000 米,宽 24 米
春晖路	位于镇江新区丁卯片区,西起经七路,东至楚桥路,长 1300 米,宽 30 米
星卯路	位于镇江新区丁卯片区,北起谷阳路,南至 S338 省道,长 4200 米,宽 30 米

续表 41－2

标准地名	实体状况说明
扬帆路	位于镇江新区丁卯片区，南起秋山路，北至美林湾路，长 1600 米，宽 24 米
龙溪路	位于镇江新区大港片区，东起通港路，西至松林山路，长 4000 米，宽 20 米
华阳路	位于镇江新区大港片区，东起圌山路，西至港中路，长 3000 米，宽 20 米
银山东路	位于镇江新区大港片区，西起银山西路，东至五峰山路，长 2000 米，宽 24 米
银山南路	位于镇江新区大港片区，东南起港中路南延段，西北转北至银山东路，长 1800 米，宽 30 米
银山西路	位于镇江新区大港片区，西起通港路，东至银山东路，长 1600 米，宽 24 米
培山路	位于镇江新区大港片区，东起圌山路，西至五峰山路，长 1900 米，宽 20 米
虞河路	位于镇江新区大港片区，东起圌山路，西至北角路，长 1600 米，宽 20 米
宜侯路	位于镇江新区大港片区，东起圌山路，西至通港路，长 5600 米，宽 30 米
观塘路	位于镇江新区大港片区，东起御秋路，西至银山南路，长 3800 米，宽 40 米
平昌路	位于镇江新区大港片区，东起圌山路，西至银山南路，长 4000 米，宽 30 米
瑞城路	位于镇江新区大港片区，东起圌山路，西至港中路南延段，长 3000 米，宽 40 米
大山路	位于镇江新区大港片区，北起金港大道，南至新 S338 省道，长 2800 米，宽 30 米
周章路	位于镇江新区大港片区，北起金港大道，南至镇澄路，长 2000 米，宽 30 米
南宫路	位于镇江新区大港片区，北起扬子江路，南至瑞城路，长 2600 米，宽 30 米
凤栖路	位于镇江新区大港片区，北起金港大道，南至瑞城路，长 3600 米，宽 30 米
安港路	位于镇江新区大港片区，北起兴港东路，南至华阳路，长 1600 米，宽 30 米
北角路	位于镇江新区大港片区，南起瑞城路，北至虞河路，长 3500 米，宽 30 米
厚角路	位于镇江新区大港片区，南起瑞城路，北至虞河路，长 3500 米，宽 30 米
御秋路	位于镇江新区大港片区，南起瑞湖路，北至虞河路，长 2800 米，宽 30 米
慈寿路	位于润州路北段东侧，西起京江路，北转东北再转向东南至环湖路，长 1272 米，宽 24 米
镜天路	位于润州路东侧，北起京江路，南至长江路，长 1016 米，宽 24 米
中泠路	位于镜天路东侧，北起慈寿路，南转东南至环湖路，长 1160 米，宽 32 米
金润路	位于京江路西段南侧，西起润州路，东至中泠路，长 665 米，宽 16 米
百花路	位于金润路南侧，西起润州路，东至金山湖路，长 705 米，宽 24 米
金塔路	位于规划道路金水路东侧，北起京江路，南至环湖路，长 710 米，宽 24 米
征润洲路	位于新河西岸西侧，南起长江路，北至环湖路，长 1200 米，宽 35 米
茶砚山路	位于檀山路西侧，东北起北府路，西南至南山路，长 265 米，宽 20 米
江洲路	位于虹桥港东侧，南起江滨路，北至滨水路，长 817 米，宽 20 米
苗家湾路	位于焦顶山西侧，北起学府路，南至丁卯桥路，规划全长 1011 米，宽 30 米
瑞阳路	位于瑞泰新城东侧，南起丁卯桥路，北至纬六路，规划全长 910 米，宽 24 米
太平路	位于三茅宫新村，南起朱方路，北至长江路，规划全长 1372 米，宽 24 米～32 米
坡岗路	位于魅力之城，北起团山路，南至蛋山路，长 400 米，宽 16 米
站前路	位于五州山路南侧，东起友谊路，西至檀山路，长 984 米，宽 24 米
友谊路	位于九华山路南段西侧，南起 S312 国道，北至白龙山路，长 1187 米，宽 35 米
美林湾路	位于镇江新区丁卯片区，东起经七路，西至星卯路，长 1400 米，宽 24 米
美林湾支路	位于镇江新区丁卯片区，北起美林湾路，南至潘宗路，长 340 米，宽 20 米
潘宗支路	位于镇江新区丁卯片区，北起潘宗路，南至四平山路，长 400 米，宽 14 米
兴泽路	位于镇江新区丁卯片区，西起星卯路，东至镇江市金舟船舶救生设备有限公司，长 1200 米，宽 24 米
兴泽支路	位于镇江新区丁卯片区，北起潘宗路，南至四平山路，长 600 米，宽 14 米
春华路	位于镇江新区丁卯片区，西起经七路，东临楚桥路，长 1300 米，宽 22 米
玉潭路	位于镇江新区丁卯片区，东起智慧大道，西至景观人工湖，长 600 米，宽 24 米
石淙路	位于镇江新区丁卯片区，北起四平山路，南转西至星卯路，长 1400 米，宽 22 米
瑞湖路	位于镇江新区大港片区，东起圌山路，西转南至瑞城路，长 800 米，宽 24 米
万欣路	位于镇江新区大港片区，东南起瑞湖路，西北至观塘路，长 500 米，宽 20 米
智慧大道	原经十二路，位于镇江新区丁卯片区，北起学府路，南至 S338 省道，长 8000 米，宽 60 米
绿蒲路	原经十路，位于镇江新区丁卯片区，北起丁卯桥路，南至秀山路，长 3600 米，宽 20 米
楚桥路	原经十四路，位于镇江新区丁卯片区，北起学府路，南至秀山路，长 5000 米，宽 24 米
滨江大道	原滨江路，位于镇江新区大港片区，北起武桥村，南至太平河，长 15700 米，宽 60 米
银山北路	原银山路，位于镇江新区大港片区，北起银环路，南至银山西路，长 1300 米，宽 30 米
山巷	原山巷，南起宝盖路，北至大西路。现变更为南起宝盖路，北至中华路，长 530 米，宽 24 米
学府路	原学府路，西起梦溪广场，东至丹徒集镇西小桥口。现变更为西起梦溪广场，东至禹山路，长 6718 米，宽 40 米
丹徒路	原丹徒路，西起丹徒集镇西小桥口，东至谏壁街道越河街。现变更为西起禹山路，东转东南至丁卯桥路，长 1743 米，宽 30 米
越河街	原越河街，西起原谏壁砖瓦厂路口，东至莺歌桥。现变更为西起丹徒路，东转东南至金港大道，长 8217 米，宽 40 米

续表 41－2

标准地名	实体状况说明
五峰山路	原五峰山路，位于镇江新区大港片区，北起兴港东路，南至港南路。现变更为北起兴港东路，南至新 338 省道，长 6800 米，宽 40 米～50 米
横山路	原横山路，位于镇江新区大港片区，北起兴港东路，南至港南路。现变更为北起兴港东路，南至瑞城路，长 6000 米，宽 30 米～40 米
港中路	原港中路，位于镇江新区大港片区，北起临江东路，南至港南路。现变更为北起临江东路，南至瑞城路，长 7600 米，宽 40 米
烟墩山路	原烟墩山路，位于镇江新区大港片区，北起临山东路，南至港南路。现变更为北起临江东路，南至瑞城路，长 7300 米，宽 40 米
扬子江路	原扬子江路，位于镇江新区大港片区，东起圌山路，西至北山路。现变更为东起圌山路，西至青龙山路，长 8400 米，宽 24 米
东方路	原东方路，位于镇江新区大港片区，西起烟墩山路，东至横山路。现变更为西起烟墩山路，东至圌山路，长 2600 米，宽 30 米
东方支路	原东方支路，位于镇江新区大港片区，北起东方路，南至东方河。现变更为北起东方路，南至银河路，长 640 米，宽 15 米
赵声路	原赵声路，位于镇江新区大港片区，北起宏成路，南至港南路。现变更为北起宏成路，南至新 S338 省道，长 8300 米，宽 30 米
银河路	原银河路，位于镇江新区大港片区，西起通港路，东至横山路。现变更为西起通港路，东至圌山路，长 5000 米，宽 30 米
银环路	原银环路，位于镇江新区大港片区，东起港中路，西至赵声路。现变更为东起港中路，西至通港路，长 1400 米，宽 24 米
港南路	原港南路，位于镇江新区大港片区，东起培山村，西至纪庄村。现变更为东起滨江大道，西至金港大道，长 13000 米，宽 40 米～60 米
圌山路	原圌山路，位于镇江新区大港片区，北起韩桥路，南至港南路。现变更为北起韩桥路，南至瑞城路，长 7200 米，宽 30 米～40 米
跑马山桥	位于跑马山东南侧檀山路沪宁铁路线上，长 528 米，宽 45 米
北府路高架桥	位于北府路沪宁铁路线上，长 660 米，宽 26 米
九华山路高架桥	位于九华山路沪宁铁路线上，长 327 米，宽 32 米
金山湖桥	位于江南桥西侧征润洲路上，长 98 米，宽 39 米
怡康桥	位于镇江新区大港片区港中路团结河上，长 42 米，宽 46 米
绿园山庄	位于御桥港路 6 号，东至御桥港路，南至团山路，西临君临南山沁园居民住宅区，北临南徐大道，总建筑面积 11.37 万平方米
时代华府	位于天桥路 5 号，东至矿机路，南临鸿鹤桥路，西至岗子下路，北至天桥路，总建筑面积 13.7 万平方米
宜嘉湖庭花园	位于禹山路 199 号，东临美馨嘉苑居民住宅区，南至禹山路，西至胜利港，北至规划道路象山路，总建筑面积 14.5 万平方米
蓝山花园	位于九华山路 19 号，东至九华山路，南至白龙山路，西至枣林路向南延伸段，北至规划道路小龙山路，总建筑面积 41.64 万平方米
瑞鑫嘉园	位于银河路 98 号，东至赵声路，南至银河路，西至通港路，北至镇大铁路，总建筑面积 49.53 万平方米
美景豪庭	位于丁卯桥路南侧，东至丁卯社区服务中心，南至锦绣花园居民住宅区，西临四明河，北至丁卯桥路，总建筑面积 2.72 万平方米
皇冠假日花园	位于长江路 27 号，东临春江华庭住宅小区，南临会莲庵街，西至双井路，北临镇江皇冠假日酒店，总建筑面积 7 万平方米
江南茗苑	位于御桥巷 33 号，东临臻美源小区，南、西至规划的光明河路，北临御景华庭住宅小区，总建筑面积 3 万平方米
紫晶国际花园	位于禹山路 18 号，东临小米山路，南至镇江技师学院，西至香山华庭居民住宅区，北至禹山路，总建筑面积 6.62 万平方米
蓝湾小区	位于禹山路 333 号，东至规划中卢家圩路，南至禹山路，西至谷阳路向北延伸段，北至夜河，建筑面积 7.31 万平方米
玫瑰苑	位于御桥港路 9 号，东至规划中坡岗路，南至冠城路，西至御桥港路，北临南徐大道，建筑面积 3.9 万平方米
锦园	中南世纪城分片区名称。位于东吴路 170 号，东、南至中南世纪城住宅区，西至东吴路，北至江滨路，建筑面积 4.29 万平方米
镇江万达广场	位于黄山西路 17 号、19 号，北府路 82 号、84 号、86 号、88 号，庄泉路 17 号、19 号。东至达信街，南至北府路，西至庄泉路，北至黄山西路，总建筑面积 38.85 万平方米
常发广场	位于黄山西路 29 号，东至庄泉路，南至百盛家园居民住宅区，西临九华山路，北至黄山西路，总建筑面积 18.7 万平方米
益华广场	位于港南路 399 号，东至港中路，南至宜侯路，西至银山南路，北至港南路，总建筑面积 49.53 万平方米
丁卯五金电器城	位于智慧大道 689 号，东至智慧大道，南临纬四路，西至绿蒲路，北至丁卯桥路，总建筑面积 12.78 万平方米
镇江食品商城	位于谷阳路 68 号，东至经四路，南至纬一路，西至谷阳路，北临纬三路，建筑面积 7.74 万平方米
新城尚府	位于茶砚山路 1 号，东南临檀山路，西南至南山路，西北至茶砚山路，东北至北府路，建筑面积 8.4 万平方米

（徐雨平）

表 41－3

2011 年镇江市辖市（区）标准地名命（更）名情况表

辖市（区）	标准地名
丹徒区	美澜园、自力沁园、润城国际花园、润丰幸福园、阳光丽景小区、祥龙雅苑、兰亭山庄、清水苑、千里新村、山河郡
丹阳市	机场路、通港路、华都锦城、锦绣江南小区、新香草苑、首府小区
句容市	仙林悦城、阅江花园、世茂名品商业街、恒大雅苑、嘉烨御花园、龙山湖花园、汇金半岛溪岸、上书房花园、御东国际、锦隆逸山苑、新天地大厦、广源商住楼、崇明商住楼、官港金街、天悦容城、中央美地小区、凤雅苑、凤仪苑、凤曦苑、凤鸣苑、碧桂园凤凰城、都市晴园商业街、水畔御景、安和家园、公园道、锦香苑、锦隆宝华山花园酒店、富民公寓、林枫墨庄、建中公寓
扬中市	长虹路、南江路、同心路、长江路、江城路、浩云湾小区、扬子商业广场、金星花苑、祥泰小区、民盛小区、新都小区、滨江新村、博爱新村、风雅苑、同心新村南区、同心新村北区、花园新村东区、企东新村、宁馨新村、浮玉花园

（徐雨平）

2012 年 1 月 1 日起镇江市市区实施的医疗保险新政策简介

一、一般诊疗费纳入医疗保险基金报销范围。自 2012 年 1 月 1 日起，一般诊疗费医保支付改由统账结合基本医疗保险社会统筹基金或居民基本医疗保险基金支付 90%，个人支付 10%。即统账医保、居民医保参保人员在定点社区医疗机构就诊时，每次每人支付的 10 元一般诊疗费，医保统筹基金报销 9 元，个人每次支付现金 1 元。

二、提高在校学生参加居民医保财政补助标准。自 2012 年起，市区在校学

图 41－1　三级甲等医院——镇江市第一人民医院外景　（谢　戎）

生参加居民基本医疗保险的筹资标准由每人每年120元提高到每人每年220元，其中个人缴费由每人每年50元提高到每人每年80元，财政补助由每人每年70元提高到每人每年140元。符合《镇江市社会医疗救助办法》（镇政发〔2007〕118号）规定的城乡低保户、特困职工家庭成员等社会医疗救助对象，参加市区居民（学生）基本医疗保险所需个人缴纳的部分，全部由医疗救助资金缴纳。

三、提高居民医保筹资和财政补助标准。自2012年1月1日起，市区居民基本医疗保险筹资标准由每人每年300元提高到400元，其中财政补助由每人每年200元提高到240元，同时个人缴费由每人每年100元提高到160元。“5060”老年非职工居民参加居民基本医疗保险的，个人缴费80元，其余部分由政府财政资金补助。年满70周岁以上且自2004年起连续参保的老年非职工居民，个人缴费部分由政府财政全额补助。符合《镇江市社会医疗救助办法》（镇政发〔2007〕118号）规定的城乡低保户、农村五保户、优抚对象、在乡精简老职工、特困职工家庭成员等社会医疗救助对象，参加市区居民基本医疗保险所需个人缴纳的部分，由医疗救助资金缴纳。

四、调整离休人员医疗统筹有关政策。自2012年1月1日起，调整市区离休人员医疗统筹有关政策。一是提高离休人员医疗统筹金缴费标准。2012年市区离休人员统筹费标准确定为每人32000元，由离休人员所在单位按此标准直接交至市社会保险经办机构。二是提高离休人员个人医疗费用账户划入标准。当年筹集的离休人员医疗统筹金中，每人划入6000元作为离休人员个人医疗费用账户，其余作为统筹医疗资金。离休人员个人医疗费用账户既可用于门诊，也可用于住院，往年结余部分可用于支付本人自付、自费费用；统一执行本市医保药品目录和诊疗项目目录，使用药品目录中注★、★★、★★★的药品全部报销，个人不再按比例先支付；用于抢救的非目录药品费用报销40%；床位费最高报销标准提高到50元/床日。使用诊疗项目目录中的乙类诊疗项目，个人先自付比例由15%降为10%。在定点社区卫生服务机构门急诊的免收诊疗费。

五、提高残疾军人医疗保障金缴费标准。自2012年1月1日起，市区残疾军人医疗保障金缴费标准由每人每年11000元调整为13000元，其中按全省上年度非私营单位在岗职工平均工资的11.5%划入基本医疗保险金（含大病统筹），其余部分作为残疾军人医疗补助金。残疾军人在享受本市统账结合基本医疗保险和大病医疗统筹、自费医疗补充保险待遇的基础上，同时享受残疾军人医疗补助待遇。残疾军人个人账户由残疾军人医疗补助金补足至4000元，可用于支付当年发生符合规定的医疗费用和诊疗项目费用的个人先付部分，当年个人账户结余部分转入下年继续使用。在基本医疗和大病统筹待遇中，按政策规定由个人支付的费用由残疾军人医疗补助金支付；在执行医保药品目录的基础上，对目录中注★、★★、★★★药品的个人先支付费用由残疾军人医疗补助金支付；用于抢救的非目录药品费用由残疾军人医疗补助金支付40%；床位费（含空调费）最高报销标准为50元/床日。

六、精神病、慢性肝炎纳入居民医保门诊特殊病种。自2012年1月1日起，增加精神病、慢性肝炎为市区居民医保门诊特殊病种，由居民基本医疗保险基金补偿50%。市区（含京口区、润州区、丹徒区和镇江新区）范围内的参保居民患有符合规定的精神病或“慢性肝炎”类疾病的，到相关医疗机构进行资格审核后，办理门诊特病登记并对“社会保障卡”进行相应的标识。市区患有精神病的参保居民到市第四人民医院精神科慢性病门诊就诊；京口区、润州区和镇江

图 41－2　三级甲等医院——江苏大学附属医院门诊部　（叶　卜）

新区患有“慢性肝炎”类疾病的参保居民到市第三人民医院肝病科门诊就诊，丹徒区参保居民到丹徒区人民医院肝病科门诊就诊。参保居民诊治精神病、慢性肝炎疾病的医疗费用由居民医保基金支付50%；属于医疗救助对象的，个人支付部分由慈善资金补助40%。

七、住院分娩医疗费用纳入居民医保基金支付范围。自2012年1月1日起，将居民基本医疗保险参保人员住院分娩发生的符合规定的生育医疗费用纳入基金支付范围，按顺产800元、剖宫产1000元的定额标准给予补偿，由参保人员持医保卡、发票等相关凭证到市社保支付中心报销。（王　翔）

表41－4　**2011年镇江市城镇职工基本医疗保险定点医疗机构简况表**

定点医疗机构名称	地　　址	邮政编码	信用等级
镇江市第一人民医院	镇江市电力路8号	212001	三级甲等
镇江市江苏大学附属医院	镇江市解放路438号	212001	三级甲等
镇江市第四人民医院	镇江市南门大街248号	212001	三级甲等
镇江市第三人民医院	镇江市润州区戴家门300号	212000	三级乙等
镇江市中医院	镇江市桃花坞十区8号	212001	三级乙等
镇江市解放军第三五九医院	镇江市中山东路8号	212001	三级乙等
镇江市口腔医院	镇江市润州区运河路81号	212001	二级甲等
镇江市东吴医院	镇江市东吴路118号	212001	二级甲等
镇江市第一人民医院新区分院	镇江新区兴港西路2号	212000	二级甲等
镇江市第二人民医院	镇江市长江路243号	212002	二级甲等
丹阳市中医院	丹阳市云阳路38号	212300	二级甲等
丹阳市人民医院	丹阳市新西路2号	212300	二级甲等
句容市中医院	句容市华阳镇	212400	二级甲等
句容市人民医院	句容市华阳镇	212400	二级甲等
句容市妇幼保健院	句容市华阳镇	212400	二级甲等
扬中市中医院	扬中市扬子东路125号	212200	二级甲等
扬中市人民医院	扬中市扬子中路235号	212200	二级甲等
丹徒区中医院	镇江市丹徒新城金谷南路	212028	二级甲等
丹徒区人民医院	镇江市丹徒新区	212143	二级甲等
中国地方煤矿镇江职业病医院	镇江润州区官塘桥路50号	212011	一级甲等
镇江新区银山鑫城卫生服务站	镇江新区大港	212000	一级甲等
镇江新区姚桥镇社区卫生服务中心	镇江新区姚桥医院	212135	一级甲等
镇江新区姚桥镇儒里社区卫生服务站	镇江市儒里镇	212138	一级甲等
镇江新区姚桥社区卫生服务中心石桥分中心	镇江新区石桥镇卫生院	212136	一级甲等
镇江新区丁卯社区卫生服务中心	镇江市丁卯谷阳新村二区17幢	212000	一级甲等
镇江新区丁岗镇社区卫生服务中心	镇江新区平昌新城社区服务中心	212134	一级甲等
镇江新区大路镇社区卫生服务中心	镇江新区大路镇卫生院	212133	一级甲等
镇江新区大港社区卫生服务中心	镇江新区兴港西路48号	212000	一级甲等
镇江新区大港街道港南社区卫生服务站	镇江新区大港	212000	一级甲等
镇江市新港医院	镇江市大港镇银杏家园14幢109号	212000	一级甲等
镇江市市级机关医院	镇江市永安路3号	212001	一级甲等
镇江市烧伤医院	镇江市东吴路129号	212000	一级甲等
镇江市仁济医院	镇江市丁卯经济开发区经八路	212000	一级甲等
镇江市口腔医院牌湾分部	镇江市朱方路1号	212000	一级甲等
镇江市口腔医院大西路分部	镇江市大西路265号	212000	一级甲等
镇江市口腔医院大港分院	镇江市大港新区小商品市场119－122号	212000	一级甲等
镇江市康洁齿科有限公司	镇江市正东路139号尚友大厦内	212001	一级甲等
镇江市京口区计划生育宣传技术指导站	镇江市梦溪园巷24号	212000	一级甲等
镇江市江苏省工人镇江疗养院门诊部	镇江市梦溪路5号	212000	一级甲等
镇江市计划生育宣传技术指导所	镇江市阳彭山路1号	212001	一级甲等
镇江市疾病预防控制中心门诊部	镇江市运河路81号	212003	一级甲等
镇江市丁卯医院	镇江市丁卯桥路166号	212000	一级甲等
镇江市第二人民医院大港分院	镇江市大港港口医院	212006	一级甲等
镇江市残疾人康复中心专科门诊部	镇江市中山东路1号	212000	一级甲等
丹徒区新城社区卫生服务中心	丹徒区西麓镇	212028	一级甲等
丹徒区辛丰镇社区卫生服务中心	丹徒区辛丰镇	212141	一级甲等
丹徒区世业社区卫生服务中心	丹徒区世业镇	212115	一级甲等
丹徒区石马社区卫生服务中心	丹徒区石马镇	212113	一级甲等

续表 41－4

定点医疗机构名称	地　　址	邮政编码	信用等级
丹徒区上会社区卫生服务中心	丹徒区上会镇	212124	一级甲等
丹徒区上党社区卫生服务中心	丹徒区上党镇	212121	一级甲等
丹徒区荣炳社区卫生服务中心	丹徒区荣炳镇	212126	一级甲等
丹徒区人民医院水陆寺巷门诊部	镇江市水陆寺巷	212002	一级甲等
丹徒区人民医院机关门诊部	镇江市丹徒新城区政府西南侧	212028	一级甲等
丹徒区人民医院化肥厂门诊部	镇江市丹徒镇化肥厂	212010	一级甲等
丹徒区江心社区卫生服务中心	丹徒区江心镇	212144	一级甲等
丹徒区黄墟社区卫生服务中心	丹徒区黄墟镇	212142	一级甲等
丹徒区谷阳社区卫生服务中心	丹徒区谷阳镇	212143	一级甲等
丹徒区高资镇社区卫生服务中心	丹徒区高资镇	212113	一级甲等
丹徒区高桥社区卫生服务中心	丹徒区高桥镇	212137	一级甲等
丹徒区妇保所	镇江市丹徒新城金谷南路	212028	一级甲等
丹徒区宝堰社区卫生服务中心	丹徒区宝堰镇	212126	一级甲等
京口区正东路社区卫生服务中心京口路社区卫生服务站	镇江市京口路 88 号	212001	一级甲等
京口区正东路社区卫生服务中心贺家弄站	镇江市贺家弄 150 号	212001	一级甲等
京口区正东路社区卫生服务中心	镇江市南门大街 246 号	212001	一级甲等
京口区镇江元中仁济口腔医疗诊所有限公司	镇江市健康路 6 号	212001	一级甲等
京口区镇江全璟齿科有限公司	镇江市禹山路 1 号红豆购物广场 3 楼	212003	一级甲等
京口区雅美口腔诊所	镇江市南门大街 310 号 406 室	212001	一级甲等
京口区新民洲港口产业园社区卫生服务站	镇江市京口区新民洲农场	212000	一级甲等
京口区象山镇社区卫生服务中心上埋卫生服务站	镇江市京口区象山街道上埋村委会	212014	一级甲等
京口区象山镇社区卫生服务中心	镇江市学府路 118 号	212000	一级甲等
京口区四牌楼社区卫生服务中心阳光世纪花园社区卫生服务站	镇江市江滨新村 97 幢旁	212000	一级甲等
京口区四牌楼社区卫生服务中心江滨新村站	镇江市江滨新村广场 38 号	212000	一级甲等
京口区四牌楼社区卫生服务中心	镇江市东吴路 153 号	212000	一级甲等
京口区江苏大学社区卫生服务站	镇江市学府路	212000	一级甲等
京口区谏壁镇社区卫生服务中心雩山社区卫生服务站	镇江市谏壁镇雩山村	212000	一级甲等
京口区谏壁镇社区卫生服务中心西街社区卫生服务站	镇江市谏壁镇西街	212000	一级甲等
京口区谏壁镇社区卫生服务中心李华社区卫生服务站	镇江市京口工业园李华村委会	212000	一级甲等
京口区谏壁镇社区卫生服务中心	镇江市谏壁镇雩山街 108 号	212000	一级甲等
京口区健康路桃花坞社区卫生服务站	镇江市桃花坞路 125 号	212000	一级甲等
京口区健康路社区卫生服务中心	镇江市中山东路 239 号	212001	一级甲等
京口区丹徒镇社区卫生服务中心	镇江市象山镇丹徒东兴仁巷 77 号	212014	一级甲等
京口区大市口社区卫生服务中心花山湾站	镇江市花山湾路 108 号	212000	一级甲等
京口区大市口社区卫生服务中心鼓楼岗社区卫生服务站	镇江市鼓楼 2 村 13 号	212000	一级甲等
京口区大市口社区卫生服务中心	镇江市大西路 108 号	212000	一级甲等
润州区痔科医院	镇江市中山西路 124 号	212000	一级甲等
润州区云台医院	镇江市伯先路 78 号	212000	一级甲等
润州区许正顺诊所	镇江市庄泉路华都名城美锦苑 70 幢 101、102	212000	一级甲等
润州区韦岗医院	镇江市蒋乔镇韦岗村	212113	一级甲等
润州区韦岗社区卫生服务中心	镇江市润州区韦岗街道	212000	一级甲等
润州区人民医院花山湾门诊部	镇江市润州区花山湾 3 区 1 号	212000	一级甲等
润州区七里甸社区卫生服务中心	镇江市润州区朱方路 245 号	212000	一级甲等
润州区南山景区社区卫生服务站	镇江市九华山路 9 号	212000	一级甲等
润州区金山社区卫生服务中心中华路社区卫生服务站	镇江市大西路 265 号	212000	一级甲等
润州区金山社区卫生服务中心桃园社区卫生服务站	镇江市桃园新村 35 幢东侧	212000	一级甲等
润州区金山社区卫生服务中心三茅宫社区卫生服务站	镇江市三茅宫新村民政大院	212000	一级甲等
润州区金山社区卫生服务中心	镇江市大西路魏同兴巷 47 号	212000	一级甲等
润州区金江医院	镇江市朱方路 68 号	212000	一级甲等
润州区洁雅齿科	镇江市中山西路 47 号(润居商务中心)二楼	212001	一级甲等
润州区蒋乔社区卫生服务中心(原官塘)	镇江市官附路 2 号	212000	一级甲等
润州区计划生育宣传技术指导站	镇江市凤鸣新村 20 幢	212000	一级甲等
润州区黄山医院	镇江市中山西路何家门	212000	一级甲等
润州区红光社区卫生服务站	镇江市金山街道王家湾 32 号	212000	一级甲等

续表 41－4

定点医疗机构名称	地　址	邮政编码	信用等级
润州区和平路社区卫生服务中心	镇江市长江路243号	212002	一级甲等
润州区光明社区卫生服务站	镇江市御桥路1号	212000	一级甲等
润州区工业园区社区卫生服务中心乔家门社区卫生服务站	镇江市镇句路乔家门	212000	一级甲等
润州区工业园区社区卫生服务中心大桥社区卫生服务站	镇江市润州工业园区大桥村	212000	一级甲等
润州区工业园区社区卫生服务中心	镇江市润州工业园区富润路1号	212000	一级甲等
润州区妇幼保健所	镇江市王家巷44号	212000	一级甲等
润州区第二人民医院黄山门诊分部	镇江市黄山路65号	212000	一级甲等
润州区宝塔路社区卫生服务中心李家大山社区卫生服务站	镇江市李家大山3区14－1	212000	一级甲等
润州区宝塔路社区卫生服务中心	镇江市矿机路7号	212000	一级甲等
润州区宝塔路街道凤鸣新村社区卫生服务站	镇江市东岳巷14号	212000	一级甲等

说明：本表登载范围为全市二级以上、市区一级甲等以上医疗机构。

（王　翔）

表 41－5

镇江市市区社会医疗保险定点零售药店名录

名　称	地　址	邮政编码	电　话
镇江存仁堂医药连锁有限责任公司中山药店	中山西路61号	212002	85226928
镇江存仁堂医药连锁有限责任公司利民药店	大西路336号	212004	85273706
镇江存仁堂医药连锁有限责任公司公济药店	解放路83号	212001	85022779
镇江存仁堂医药连锁有限责任公司益民药店	谏壁新街7号	212006	83361388
镇江存仁堂医药连锁有限责任公司青年广场药店	运河路101号	212003	84425433
镇江存仁堂医药连锁有限责任公司七里药店	七里供销社商厦	212002	85612194
镇江存仁堂医药连锁有限责任公司益寿堂药店	大港银杏家园1栋	212322	83171198
镇江存仁堂医药连锁有限责任公司梦溪药店	梦溪路16号	212001	84448110
镇江存仁堂医药连锁有限责任公司同仁药店	中山东路286号	212001	85290507
镇江存仁堂医药连锁有限责任公司康盛药店	桃花坞路140号	212001	85285700
镇江存仁堂医药连锁有限责任公司老存仁堂药店	大西路476号	212001	85290507
镇江存仁堂医药连锁有限责任公司滨东药店	东吴路60号	212001	85285700
镇江存仁堂医药连锁有限责任公司镇港药店	赵声路90号	212132	85585032
江苏大众海伦医药连锁有限公司电力路分店	电力路2号	212002	85248935
江苏大众海伦医药连锁有限公司桃花坞分店	桃花坞路10区4号	212003	88818702
镇江恒泰保健品有限公司恒泰药店	朱方路102号	212004	13305286537
镇江国泰大药房有限公司紫金大厦店	解放路紫金大厦	212001	85081928
镇江国泰大药房有限公司三茅宫药店	三茅宫新村57号	212004	85600029
镇江国泰大药房有限公司国康药店	解放路305号	212001	85033026
镇江开泰大药房有限公司开泰大药房	梦溪路56号	212001	88830291
镇江芝林大药房有限公司黄山店	黄山支路7号	212001	88881976
镇江芝林大药房有限公司金山店	金山路75号	212032	85275011
镇江芝林大药房有限公司美林湾店	丁卯美林湾四区	212000	88770366
江苏大德生药房连锁有限公司镇江大药房	学府路恒美嘉园	212003	13186633276

（王　翔）

索 引

说 明

一、本索引采用主题分析方法编制。标引词中机构、单位名称按《简称全称对照表》,用简称。市机构、单位名称前不加"镇江市"或"市"。标引词按第一字汉语拼音音序排列;第一字相同,按第二字排列,依次类推。

二、类目、分目(次分目)名称用黑体字标明。标引词后的阿拉伯数字表示内容所在页码,数字后的字母a、b、c分别表示从左至右第一、二、三栏。标引词后第二个页码起,表示该索引参见内容所在位置;空一字起排的为上一标引词的附见内容。

三、《大事记》和彩色画页未编索引。

K

L

P

Q

T

穿过市民公园的南山路

镇江市

干道办

文化公园

建成后的京沪高铁镇江南站站场全景

建设中的体育会展中心

京沪高铁镇江南站站场绿地

加快转型升级加快

天地石刻园开园

2011 首届群楼农民艺术节

丹阳历史悠久、人杰地灵、人文荟萃。近年来，丹阳抓住涉及当前和长远的目标定位、规划布局、载体建设、产业集群、集聚吸纳、服务环境等关键环节，打牢发展基础，为蓄势腾飞建好“跑道”、搭好“跳板”，成为沪宁线上新兴的工贸城市。

1、发展提速、质量提升、效益提高正成为丹阳发展的主趋势。2011 年，实现地区生产总值 724.9 亿元，增长 12.7%；全社会固定资产投资 325.9 亿元，增长 24.9%；工业销售 1750 亿元，增长 25.2%；财政总收入 102.6 亿元，增长 28.2%；一般预算收入 41.1 亿元，增长 37.1%。相继建成“中国眼镜生产基地”“中国眼镜出口基地”“江苏省五金工具出口基地”和“国家级车辆灯具检测重点实验室”“中国汽车零部件制造基地”。眼镜产业成为国家行业标准的制定者。木业产业夺得国内同行业 10 大品牌中的三块。汽车零部件产业正从零部件制造走向整车制造。创建全国首个航空航天材料产业园、“军民融合式发展示范区”，正打造丹阳第一个千亿级产业群。

2. 创新驱动、人才带动、金融推动已成为丹阳发展的主动力。连续 8 年被评为全国科技进步先进县（市），是全国 3 个国家知识产权试点县市之一。科技创新专项资金设立、争取省重大科技成果转化专项扶持资金、“国家科技兴贸基地”建设等多个方面在全省县级市领先，煤制乙二醇等 200 多项技术和成果填补国内空白，20 多项技术达到国际先进水平。共引进海归创业创新团队 70 多个、高层次人才 200 多名，被评为省高层次人才创新创业基地，其中 4 人入选“国家千人计划”，是全省首批创新型城市试点市。上市企业累计 8 家，总市值突破 600 亿。在全省首创天工惠农小额贷款公司，目前共有小额贷款组织 10 家，农村资金互助合作社 15 家，村镇银行 1 家。

3. 优化服务、强化开放、深化改革已成为丹阳发展主抓手。行政审批推行“一站式服务、一票制收费、一车制勘察、一表制审批”制度，成为沪宁线上收费项目最少、收费标准最低的城市，吸引德国汉高、法国欧尚、美国 AIG、德国贺利氏等世界 500 强企业先后落户。

4. 统筹发展、共享发展、和谐发展正成为丹阳发展的主基调。城镇化率由 48% 提高到 56%，形成“一城两区、一体两翼”的城市格局。在成功创建国家卫生城市的平台上，稳步推进国家生态市和国家环保模范城市的创建工作。加快构建“新市区—新市镇—新社区”三级城镇体系。2011 年，城镇居民人均可支配收入 26631 元，增长 15.7%；农民人均纯收入 13426 元，增长 17.3%。

丹阳正以“四城建设”（创新之城、文化之城、生态之城、和谐之城）为总抓手，向着率先基本实现现代化的宏伟目标阔步前进！

基本实现现代化进程

——镇江“十二五”开局成就（丹阳篇）

丹阳市在第三届镇江文化产业（杭州）招商会上发布招商项目

国内智能化程度最高的种猪场——丹阳康乐农牧有限公司智能化养猪场和发酵床养殖车间

江苏飞达中冶东方大型铸锻件项目竣工投产

京沪高铁丹阳北站正式运行

2011 年在建的练湖安居工程

南二环大桥正式通车

加快转型升级 加快基本实现现代化进程

——镇江“十二五”开局成就（句容篇

2011 年 12 月 23 日 省长李学勇（左）调研句容经济社会发展工作

2011 年 10 月 13 日 镇江市委书记许津荣（女）调研句容市农业园建设工作

2011 年，是“十二五”开局之年，句容市坚持稳中求进力促好中求快，全面加快基本现代化建设进程。

转型发展取得新成效。全市实现地区生产总值 291.89 亿元，增长 12.2%；一般预算收入 20.5 亿元，增长 40.6%，其中税收占比达 82.5%。新增民营注册资本 88.7 亿元；实际利用外资 4.4 亿美元，进出口总额 5.3 亿美元。完成规模以上固定资产投资 141 亿元，社会消费品零售总额 81 亿元。

产业结构更趋优化。三次产业比为 9.4∶54.1∶36.5。现代农业加速提效，获“全国农业综合标准化示范市”称号，新增高效农业近万公顷。完成规模以上工业增加值 178 亿元，增长 13.8%，新增规模工业企业 39 家，光电产业集群、激光显示技术产业园分别创成省级特色产业集群、特色产业基地。华电一期正式开工建设，天工钛合金、建华新型墙材、汤辰机械等项目建成投产。IBM 主题技术园正式落户，华北电力大学电力科技园开工建设，万城总部经济园首批入户企业达 30 家。服务业增加值占 GDP 比重达 37.5%，交通银行句容分行、吴江农商行句容分行开业运营，民生银行句容分行正式落户。句容成为全国首批“休闲农业与乡村旅游示范市”；茅山风景区入选“中国旅游百强景区”，茅山湖获批“省级休闲度假集聚区”。

城乡环境展现新面貌。122 省道快速化改造句容段建成通车、104 国道句容绕城段基本贯通，宁杭城铁句容西站站房基本竣工，城市客运枢纽开工建设，宁句城际公交开通运营，“金陵通”句容卡联网启用。全市行政村实现镇村公交“村村通”。

社会建设开创新局面。新增城镇就业 1.3 万人，实现下岗人员再就业 2426 人，转移农村劳动力 1.2 万人，城镇登记失业率下降至 2.7%。启动被征地农民保障试点。实施 3 家国有场圃危旧房改造，受益职工 373 户。城镇居民人均可支配收入增长 15.6%，农民人均纯收入增长 17.8%。

城市新貌

2011 年 8 月 22 日 江苏华电句容发电有限公司“上大压小”2×1000MW 机组项目奠基

2011 年 12 月 31 日 江苏创壹国际数字出版传媒产业园项目奠基

加快转型升级 加快

区委书记陈琳（左1）陪同副省长何权到丹徒调研

镇江市长朱晓明（中）视察丹徒

2011年，丹徒区以科学发展观为统领，开拓进取，开启现代化建新征程。全区实现地区生产总值223亿元，比上年增长12%；财政总入46.42亿元，增长54.5%，其中一般预算收入14.8亿元，增长34.3%全社会固定资产投资141.4亿元，增长22%；社会消费品零售总38.1亿元，增长17%；城镇居民人均可支配收入26291元，农民人均收入11704元，分别增长15.5%和17%；完成进出口总额6.1亿美元增长34.1%。

优势产业提速增效。规模以上工业实现销售628亿元、利税71元、增加值156亿元，分别增长32.2%、41.7%和14.2%。完成新兴产投资50亿元，增长105.4%，实现销售170亿元，增长36%。装备制造销售突破200亿元，占规模以上工业比重32.5%，成为丹徒发展最潜力最大的产业。

服务业提档升级。实现服务业增加值83.6亿元，增长22.3%，GDP比重上升至37.5%。完成服务业投资45.8亿元，增长36.7%，增全市第一。成功举办“长江草莓音乐节”“欢乐农家”等活动，全实现旅游业总收入20.4亿元，增长40%。

现代农业提质扩量。吸引“三资”投入农业11.3亿元，实施优质业项目15个，新认定省级现代农业产业园1个，市级现代农业产业园个。新增高效农业面积4333.33公顷，亩产效益超万元的设施农业面扩大到1800公顷。全年推广新品种、新技术面积1.82公顷，粮食生产现“八连增”。

项目推进成效显著。全年新开工亿元以上项目40个、10亿元上项目5个，实际完成投资92亿元。振光智能电网等17个重点项竣工投产，二重、中靖氢能源等7个投资超10亿元项目加快推进。工机械、华通重工、香港联盛等一批优质项目成功落户。

区委书记陈琳视察生态农业

科技创新能力增强。实现高新技术产业产值184亿元，增78.6%，占规模工业产值比重28.5%，增加7.9个百分点。完成全社研发投入3.7亿元，占GDP比重1.68%。引进博士创业团队4个、高次创新创业人才28名。新立市以上科技项目36项，获助资金3128元，省重点科技成果转化项目顺利实施。新认定国家级企业技术中心家，谷阳环保科创中心创成国家级科技孵化器。

生态建设力度加大。生态区创建顺利通过省级考核，正式进入家级考评程序。被授予“绿色江苏”建设先进单位称号。新建污水收管网52公里，乡镇污水处理工程全部投入运营。全年淘汰高能耗设107台（套），关闭化工、砖瓦窑企业36家，万元GDP能耗下降3.9%减排化学需氧量294吨、二氧化硫3680吨、氨氮70.8吨。

各项事业全面发展。教育质量稳步提升；建成标准化社区卫生务站56家，高资、江心卫生院新建工程竣工交付。跨入全省体育强行列。成功举办区第六届运动会和首届《丹徒田歌》大奖赛。冷遹纪念建成开馆。《超越自我》荣获国际摄影艺术展银奖，《小溪流》在中央文办优秀童谣网展播。区社会福利中心和残疾人康复中心建成启用。

基本实现现代化进程

——镇江“十二五”开局成就（丹徒篇）

宝龙城市广场奠基

江苏晋工机械项目奠基

丹徒区第六届运动会

中福马人造板加工设备制造项目开工典礼

智谷商业中心开工典礼

丹徒区人民医院外科大楼奠基

2011年11月28日，中央政治局委员、中央书记处书记、中宣部部长刘云山到京口视察网上居委会

2011年1月18日，副省长史和平（右）会见爱励鼎胜铝业董事会主席史蒂文

加快转型升级 加快基本实现现代化进程

——镇江“十二五”开局成就（京口篇）

2011年12月4日，国家“千人计划”（镇江）新材料研究院落户京口

综合实力大幅提高。2011年，京口区完成地区生产总值310亿元，地方财政一般预算收入11.65亿元，服务业增加值198亿元，全社会消费品零售总额164.6亿元，新兴产业投资34.4亿元，全社会固定资产投资179亿元，实际到位外资首次突破1亿美元大关，达1.89亿美元。

创新发展活力显著增强。大润发京口店建成开业，航空信息产业园开园入驻，中美金太医学研究中心、国家“千人计划”镇江新材料研究院落户。总投资2亿美元的汽车用铝板材和卷材项目成功签约。高创中心创成国家级“高校学生科技创新创业实习基地”，1人入选国家“千人计划”，连续第八次通过国家科技进步考核。

群众生活持续改善。2011年，城镇居民人均可支配收入26988元，农民人均纯收入13648元。扶持大学生创业439户，带动就业2051人。社保新增扩面18120人，安置被征地农民1928人。建成健康路街道示范性居家养老服务中心，新建改造校舍1万平方米。组建39个“3+X”家庭责任医生团队。建成健康主题公园和区妇女儿童健康服务中心。改建30条体育健身路径。贫困残疾人家庭无障碍环境改造工程全面入户施工。区档案馆晋升为国家二级馆。

2011年7月26日，省妇联主席张京霞到江一社区考察妇女参与社会管理创新活动情况

2011年7月21日，市委书记许津荣视察京口大项目建设

2011年4月27日，市长刘捍东到京口视察虹桥港整治工作

2011年5月5日，区委书记胡宗元、
区长郭建督查推进全区服务业项目建设

2011年1月18日，爱励鼎胜铝业奠基

2011年9月11日，中美金太临床医学研究
中心暨江苏金太生命科技有限公司成立

城乡环境日益优化。实施拆迁项目 30 个，完成拆迁面积 45.1 万平方米。开工建设京岘家园、京润华庭二期等安置房 1940 套，面积 24.3 万平方米，回迁安置被拆迁群众 1867 户。大城管考核始终保持全市领先。物业管理实现全覆盖。虹桥港、玉带河整治在全市率先完成。古城公园被评为国家 AA 级旅游景区。

社会和谐不断巩固。率先推行网格化管理，举办全国互联网属地管理现场会。四牌楼街道江一社区被评为“全国先进基层党组织”“全国文明单位”。通过全国“双拥模范城”“省放心消费示范区”考核，获得“省科普示范区”“省土地执法先进区”“省法制宣传教育先进区”称号。

2011年9月6日，京口区校舍安全工程集中开工

整治后的虹桥港

加快转型升级

——镇江“十二五”开局成就（润州篇）

区委书记王冬生（右4）、区长胡小青（左2）陪同卫生部领导视察基层医疗卫生工作

区长胡小青（左1）到社区调研

2011年，润州全区上下深入贯彻落实科学发展观，围绕建设现代化新城区的总目标，大力弘扬“迎难而上、奋勇争先”的新时期润州精神，坚持以赶超跨越为主题、转型升级为重点、创新发展为动力、富民惠民为根本，城乡面貌发生翻天覆地变化，推动了经济社会新一轮更高质量的跨越。产业结构加速调优。全年实现社会消费品零售总额81.86亿元，增长18.2%，服务业投资总量、集聚区数量分别占全市的1/3和1/2。城市综合体体量位居全市之首。万达广场、九润广场开业，惠龙港国际钢铁物流市场年交易额突破200亿元，农批市场通过商务部“双百市场”验收，西津渡文化街区全国知名，服务外包年执行额达3411万美元，总量跃居全市第4位。工业主导产业支撑增强。2011年三大主导产业销售、利税占比分别为59.2%、63.2%，全区销售超亿元、超10亿元企业分别达到35家、4家。都市农业特色彰显。新建农民专业合作组织43家，其中五好示范社5家，带动农户7000户，蝴蝶兰生产及组培研发基地建成，产品创新行业领先，成为全市高效农业品牌。新兴产业迅猛增长。确立了海工配套、新能源、信息软件三大发展重点，2011年实现新兴产业投资20.75亿元、销售132亿元，分别增长103.7%、46%。

润州区将以科学发展观统揽全局，深入贯彻省第十二次党代会、市第六次党代会和区第七次党代会精神，全面落实“六个注重”、大力实施“八项工程”，围绕率先基本实现现代化的总目标，坚持转型升级、创新驱动、富民惠民，全力实现经济现代化、科技现代化、社会现代化、民生现代化、生态现代化，奋力开创具有时代特征、体现润州特色、人民群众满意的“全面城市化、率先现代化”新局面。

康士伯海事工程中心开工

新建成的菜市场

九润开业

加快基本实现现代化进程

镇江市特种船舶及海洋工程
配套产业技术创新战略联盟

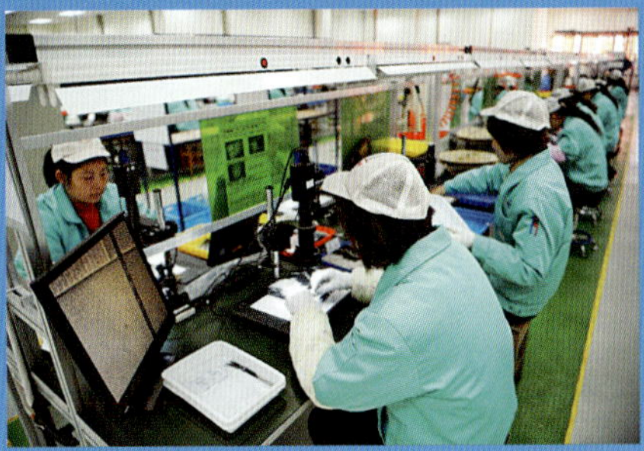

园区企业生产线

蝴蝶兰组培生产

纪念建党九十周年歌咏大会

“大爱镇江”走进蒋乔

南城新貌

全民健身

镇江科技新城双子楼及周边景色

物流大厦

1

2

1 在国家级经济技术开发区综合发展水平评价中，镇江经济技术开发区2010年发展水平名列全国地级开发区第二

2 2011年11月29日举办的2011中国镇江新区首届创业投资洽谈会上，创投机构与新区企业签约

3 2011年5月18日，东方电热上市

4 2011年10月28日，环保产业全球领先者——赛锡科技（镇江）有限公司开业

5 红星美凯龙家居生活广场

6 中节能太阳能科技（镇江）有限公司生产线

7 万顷良田上，丁岗村水稻开镰收割

8 2011年10月，镇江新区举办第一届全民运动会

5

光大光伏太阳能发电站

镇江新区管委会

3

4

7

8

标准更高 特色更优

镇江市召开双拥六创推进会

农行首发军人保障卡

镇江市是一片具有双拥光荣传统的热土，已连续六次获“全国双拥模范城”。近年来，全市军地各级按照“标准更高、特色更优、品牌更响”的双拥六创思路，紧紧围绕双拥“八大工程”和“五百行动”，创新工作机制，丰富创建内容，打造双拥品牌。双拥工作基础扎实、特色鲜明、成效显著，各项工作进一步向深度、广度拓展。全市军政军民关系和谐融洽，军地双拥共赢促发展。双拥作为镇江的城市品牌受到全市方方面面的高度重视，也为镇江的经济发展、社会和谐稳定作出了积极贡献。

牌更响
——镇江双拥六创掠影

镇江市召开 2009 年度随军家属安置布置会

镇江市第 11 条“双拥路”揭牌仪式在 94932 部队举行

镇江双拥国防教育网

窗口单位拥军服务公约和退役士兵安置

祝建军 81 周年文艺会上，镇江市委、
府为百岁老红军罗青云祝寿

镇江市连续七年在《江苏双拥简报》上用稿量居全省第一

驻军编外儿女与空巢老人结对帮扶

2011 年 10 月 9 日举行《诗心剑胆
——辛亥先驱赵伯先》首映式

联合召开纪念中国共产党成立 90 周年学术研讨会

镇江市史志办公室

2012 年 1 月 6 日，全市史志系统主任会议在句容召开

2011 年，镇江市史志办公室出版《中国共产党镇江历史》第二卷（1949~1978），开展征集市级老领导口述史资料工作。二轮修志完成分纂稿 37 卷。组织召开《丹阳市志（1986 ~ 2005）》终审评审会议，完成《扬中市志（1986 ~ 2006）》总纂篇目的审核，完成《江苏省志 · 市县概况》和《汶川特大地震江苏援建志》镇江市部分志稿审编工作。编撰出版《镇江年鉴（2011）》，召开《镇江年鉴》创刊 20 周年纪念会。继续开展史志工作进社区、进广场、进学校、进军营、进乡镇、进企业活动。编印 6 期《镇江大事记》。完善镇江市史志办公室网站的维护和更新工作。2011 年，《镇江年鉴（2010）》获得第五届全国年鉴编校质量检查评比特等奖。市史志办被市委、市政府授予 2008~2010 年度文明机关称号，机关党支部获 2010 年度市级机关先进党支部称号。

IZHI BANGONGSHI

《镇江年鉴》创刊 20 周年

2011 年 9 月 28 日召开市志总纂篇目评审会

2011 年 11 月 22 日召开《镇江年鉴》创刊 20 周年纪念会

2011 年 6 月 9 日，中国江苏网采访市史志办公室主任胡振

2011 年 4 月 1 日举行史志工作进官塘秀山社区活动

镇江市经济

省经信委主任徐一平调研镇江市转型升级情况

市经济和信息化委员会是组织推进全市工业经济、民营经济、全社会信息化、节能降耗等工作的经济综合部门。

2011 年，全市经信战线认真贯彻市委、市政府的决策部署，紧紧围绕转型升级主线，立足本职、创新作为，各项工作取得了较好的成绩：五大新兴产业爆发式增长态势，实现销售 1635.2 亿元，连续 2 年保持 50% 以上的高速增长；工业销售突破五千亿大关，全市规模以上工业实现工业增加值 1260 亿元，增长 14.3% 继装备制造业之后，绿色化工业成功迈入千亿产业行列；全社会工业投入首破千亿大关，增幅位列全省第一；产业结构持续优化，新兴产业销售占规模以上工业销售比重达到 32.6%，全面完成省下达的落后产能淘汰计划；信息化和工业化两化融合进程加快，“云神工程”正式启动，云神科技股份有限公司正式挂牌运营，成功举办首届云计算产业发展高峰论坛，“智慧旅游”新模式雏形已显，市民卡工程有序推进；集聚集约发展水平明显提升，全年全市共有 3 家“省中小企业产业集聚示范区”，5 家“省特色产业集群”；铁腕完成了省定的节能降耗任务。服务质效不断优化，全年帮助企业争取各类产业类扶持资金近 2 亿元，总量超过去年，组织开展了企业家创新大讲堂等系列培训活动，累计培训 1600 人次。

2011 年，市经信委相继获得了省“十一五”节能工作先进集体、省经信系统综合考核优胜奖、省春运工作先进集体、省墙材革新工作考核一等奖、省散装水泥工作考核一等奖、省经信系统“五五”普法工作先进集体、市级机关作风建设、目标管理和社会评议综合考评“十佳单位”、市文明机关、市级机关先进党组织等荣誉。

主任、党委书记、中小企业局
局长朱云峰赴重点企业服务指导

2011 年度全市工业经济
和信息化工作推进会

和信息化委员会

全市经济和信息化工作会议

2011 年全市节能工作会议

2011 年镇江市国防
信息动员通信保障演练

江苏省企业高级职业经理人任职资格培训班开学典礼

企业家创新大讲堂开讲

深入开展创先争优活动 全面提升党校科学发展水平

——中共镇江市委党校

时任镇江市委书记许津荣亲临党校授课，为学员宣讲如何做好新形势下群众工作

近年来，中共镇江市委党校认真贯彻落实市委对干部队伍能力和素质的要求，不断创新教育培训方法，努力提高教育培训质量，以县处班、中青班、党外干部班和中青年妇女干部班等为主体的干部教育培训实现了常态化、规范化，发挥了党校在干部教育培训中的主阵地作用；围绕全市经济社会发展的重大问题和人民群众关心的热点难点问题，加强对策性和应用性研究，为市委、市政府及有关部门的决策提供咨询参考，发挥了党校作为思想库和智囊团的作用；服务全市经济社会发展，不断加强各类人才的教育和培训，研究生教育、网络大学和成人教育蓬勃发展；积极开辟教学、科研、人才培养渠道，是中国浦东干部学院、延安干部学院、井冈山干部学院教学基地和中央党校报刊社科研基地，发挥了党校在展示镇江形象、学习先进经验、促进对外交流中的“窗口”和平台作用；坚持“党校姓党、从严治校”的原则，深入开展创先争优活动，不断加强干部人才队伍建设和各项内部管理，促进了党校各项事业的科学发展。

深入开展科研调研工作，召开全市党校系统调研成果交流暨科研工作研讨会

组队参加庆祝中国共产党成立90周年“唱红歌”比赛

深入开展“对标找差，创先争优”，举办第9期中青班举行“对标找差”青年干部论坛

“加快转型升级，全面加快现代化建设进程”为主题的第29期县处级干部进修班结业论坛

镇江市科学技术协会

科普农业专家赵亚夫向农民普及农业知识

向农民捐赠科普图书

镇江市科学技术协会是全市科学技术工作者的群众组织，是市委领导下的人民团体，是党和政府联系科学技术工作者的桥梁和纽带，是推动科学技术事业发展的重要力量。

2011年，镇江市科协坚持以科学发展观为指导，认真贯彻落实中国科协“八大”精神，以实现市委提出的“加快转型升级、实现强市富民”为目标，紧紧围绕市委市政府的中心工作，积极搭建学术交流平台；组织广大科技工作者为镇江经济社会发展建言献策；贯彻落实《全民科学素质行动计划纲要》，着力提高全民科学素养；深入开展民间国际科技交流；创新科普宣传的形式和手段，以寓教于乐、喜闻乐见的科普形式向公众宣传科学知识、传播科学思想、倡导科学方法、弘扬科学精神，推动全民科学素质的提高；认真组织开展创先争优活动，切实加强自身建设和科普基础设施建设，努力把科协建成科技工作者之家。

为城市居民讲解低碳知识

开展中国科协会员日活动

组织镇江市首届科普文艺汇演

依托科普宣传车开展科普宣传活动

镇江市人力资源和社会保障局

中宣部副部长、国新办主任王晨
视察市人社局网络发言人工作

市委书记许津荣视察 12333 咨询服务中心

2011 年，市人社局紧紧围绕市委市政府“加快转型升级，实现强市富民”的要求，以创先争优为动力，着力推进创业就业、社会保障、人才引领、人事管理、和谐劳动关系等重点工作，实现人力资源社会保障事业发展新提升，整体工作进入全省第一方阵，市级机关作风建设和目标管理综合考评进入前五位，先后荣获国家、省、市荣誉 30 多项，市人社局创先争优工作走在全市前列，在全市为民服务创先争优大会上作典型介绍。

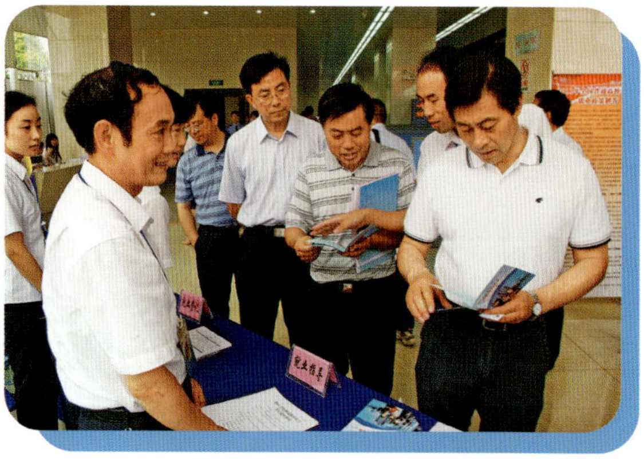

市委常委、常务副市长秦景安
视察高校毕业生专场招聘会

深入开展结对帮扶活动

局党委书记、局长秦双林走进电视台
“新闻相对论”节目，解读居民收入倍增计划

开展“民生热线就在你身边”广场咨询活动

国土资源部部长徐绍史（左二）视察镇江基层国土所

镇江城市地质调查项目启动

镇江市国土资源局

市长刘捍东（中）视察合山综合整治工程

数字镇江地理空间框架建设项目启动

市国土局举办新一轮土地利用总体规划新闻发布会

国土系统举办纪念建党90周年暨庆祝第21个全国“土地日”军民联欢会

镇江市食品药品监督管理局

镇江市食药监局局长史国平带队帮扶企业发展

参加行风热线

2011 年，镇江市食药监局紧紧围绕保障全市人民饮食用药安全这一主旋律，抓重点、克难点、创亮点，强化市场监督，扶持产业发展，狠抓队伍建设，实现“十二五”良好开局。

餐饮保化监管工作在探索中前行。先后制定出台《餐饮单位节点式监管办法》《餐饮服务信誉等级风险度量化分级管理办法》等 16 项制度。明确了市、区两级餐饮安全监管部门责权范围。立案查处餐饮保化类违法违规案件 413 起，罚没收入 88.9 万元，完成餐饮食品抽检 3479 批次；相继开展餐饮食品添加剂、火锅底料等 48 项专项整治工作。全力做好“2011 年长江草莓音乐节”等 58 次重大活动餐饮安全保障。

药械市场秩序更趋规范。加强药品、药包材注册现场核查和“两证”换证的后续监管，强化基本药物生产、配送、使用环节监管，实施流通领域药品分类监管，保持打假治劣高压态势，检查单位 4681 家次，立案 378 件，涉案物品标值 58.73 万元，依法移送公安机关案件 2 件。镇江新区创成省级药品“两网”示范区。

医药产业呈现健康快速发展态势。遴选出年度投资 1000 万元以上的 16 个重点项目实施领导干部挂钩帮扶，大力推行“预约服务”“四零”服务，实行“一条龙保姆式”全程跟踪服务。在药械企业中开展“负责任地做产品”主题实践活动。全市医药经济发展环境进一步优化。

“负责任地做产品”现场会

执法人员庄严宣誓

庆祝建党90周年红歌演唱会

庆祝镇江市食药监局成立十周年

镇江市物价局

省、市领导视察平价商店

2011年，市物价局在市委、市政府的领导下，在省物价局的悉心指导下，以科学发展观为指导，紧紧围绕稳定价格总水平这一首要任务，坚持“立足当前、着眼长远，综合施策、重点治理，保障民生、稳定预期”的原则，着力提升价格调控能力，着力加强市场价格监管，着力助推经济结构调整，着力服务民生改善，为镇江强市富民、实现新跨越作出了应有的贡献。

市政协视察调研蔬菜价格情况

隆重纪念“12358”举报电话开通十周年

价格干部竞争上岗

全市第一批平价商店授牌

红歌演唱，庆祝建党90周年

规范中小学学生食堂伙食费管理

全市价格系统开展惠农价费万户行活动

镇江市水利局

镇江市水利局是市人民政府的水行政主管部门，负责全市水资源的开发、利用、配置、节约、保护和管理。是涉水事务的综合管理部门，统一管理全市水利工作。

2011年，全市水利系统干部职工开拓进取，城市水利转型升级迈出实质性步伐，被水利部确立为全国水利改革发展之镇江样本；全系统干部职工自加压力，创新作为，镇江水利现代化开局良好；水资源管理、水利工程管理水平省内争先；创先争优履职承诺全部兑现。

国家水利部部长陈雷、副省长黄莉新视察九曲河水利枢纽

“颂歌献给党”歌咏比赛

引航道水利枢纽

焦南闸

俯瞰北固湾广场

镇江北固湿地

白娘子爱情文化园

江苏省水文水资源勘测局镇江分局

省水利厅长吕振霖视察水质中心工地

原水利厅徐俊仁厅长视察新落成的水质化验室

江苏省水文水资源勘测局镇江分局隶属于江苏省水利厅垂直管理的副处级全民事业单位，分局常年担负着镇江市境内水位、流量、降水、蒸发、水质监测、水生态监测、泥沙颗粒分析等项目的监测分析、调查分析计算和水文情报预报任务。

在长期为地方社会、经济服务的过程中，分局多次受到镇江市委、市政府及省水利厅等上级领导机关表彰，其中：2 项成果获省水利厅科技进步二等奖；6 项成果获市政府和省水利厅颁发的科技进步三等奖；10 多篇论文获市级以上优秀论文奖；连续三次被市委、市政府授市级“文明单位”称号，所属句容水文站分别被水利部和省水利厅授予“文明测站”光荣称号；还分别被授予“省级机关青年文明号”和“省级青年文明号”；被市水利局党委授予“党员示范岗”。

分局在全省率先颁布了市一级的“水文管理办法”，镇江潮位站是我省第一处被列为市级文物保护单位的水文设施，第一个开通了水文信息网，第一个实现了办公网络自动化。

镇江市副市长曹当凌视察镇江潮水位站

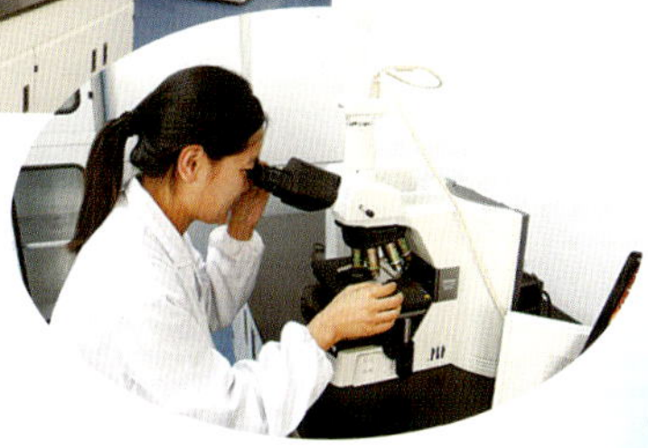

监测现场

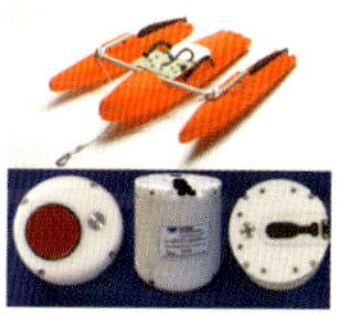

ADCP 自动测流系统二套

CORS 测量系统四套

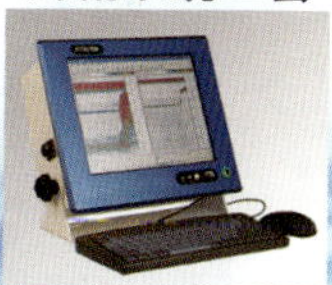

水下地形测量系统二套

多波束侧扫声纳测深系统

镇江市民防局（人防办）

副市长陈杰视察大市口地下人防通道工程

2011年，镇江市民防局加强民防（人防）组织指挥训练，按照人防训练纲目和考核标准，区分指挥机构、民防（人防）机关、指挥保障人员和民防专业队伍四个层次，分期分批组织指挥机构演练，使各级各类人员在熟悉方案、明确职责的同时，提高自身的专业素质和指挥保障能力。开展人防综合资源数据库基础数据采集，对全市包括175个人防工程、48个固定警报点在内的重点人防设施，共完成1500余项图片、影像、地理座标等基础数据的采集工作。完成防空警报控制系统改造升级，对全市125个固定警报点的集中控制系统完成升级改造，“9·18”防空警报试鸣通过使用测试，各项指标均达到国家人防办的目标要求。适应城市发展需要，加强人防工程建设。竣工人防工程面积比上年增长87.3%，市区人均人防工程使用面积0.97平方米，全面超额完成省定目标。人防工程开发利用率达90%，为社会提供就业岗位近1.5万个，各项平战结合指标均达到年度目标。共受理人防工程审批事项148件，行政许可项目集中到位率、审批职能归并率、审批权限授权率、审批人员到位率均为100%，提前办结率在98%以上。在2011年度全省民防目标考核中，市民防局被评为完成年度目标任务一等奖单位，跻身于全省第一方阵行列。

人防专业队点验大会

紧急求助员国家职业资格培训

“民防杯”网友植树活动

学生民防综合演练

2011年9·18警报试鸣及综合演练

中国地震局常务副局长刘玉辰（左二）在省地震局局长丁仁杰（左一）、市政府副市长陈杰（右二）、市地震局局长冷国桂（右一）陪同下视察镇江市地震监测台网中心

镇江市地震局

市人大考察市地震监测台网中心

召开2011年度市防震减灾工作联席会议

市地震局被评为2011年度江苏省防震减灾工作第二名

《镇江市活动断层探测与地震危险性评价》总体设计方案通过专家组评审

市地震局参加中国地震局组织的“2011年地震应急指挥系统服务保障能力（江苏分会场）演练”，图为市地震局局长冷国桂在演练现场通过视频会议系统向北京演练总指挥部报告演练情况

镇江市文化广

2011年文化嘉年华开幕

2011年镇江市“欢乐家园”文化惠民活

《白蛇情缘》综艺晚会现场

镇江博物馆邀请青铜器专家孔祥星到镇江作铜镜的发展与演变讲座及青铜镜鉴定

电新闻出版局

举办"中国瘗鹤铭奖"书法艺术大展

举办"多彩贵州·黔印象"原生态民族歌舞晚会

镇江首届百校学生茅山红色夏令营开营

修缮完工的市级文保单位米芾墓

镇江市卫生局

卫生部副部长尹力到镇江视察卫生工作

全国公立医院改革会议在镇召开

健康镇江 2015 行动启动仪式

全市卫生工作会议

2011 年，市卫生局在市委、市政府的领导下，深化医药卫生体制改革，创新体制机制，巩固完善措施的基础上，全面落实国家、省政府和省卫生厅医改试点任务。以“着力打造健康城市”为目标、“医未病之病”为导向，全面启动实施“健康镇江 2015 行动”卫生项目，市城乡居民健康素养综合水平达 22.01%，从两年前的全省第 8 位跃居第一。全面推行“3+X”家庭健康责任团队服务工作，市区共组建 224 支服务队，深入社区为社区居民健康服务，社区卫生服务机构门诊量占全市的 55.09%，居全省第一位。全力推进市公立医院重大体制机制综合改革和公立医院服务体系建设，医疗集团成立儿科、产科、心血管三个临床诊疗中心和影像、临检、病理三个临床诊断中心，中心实施一体化管理，医疗集体组织架构和管理机制不断完善，行政管理、学科建设、服务标准、集团信息和社区管理等 9 项一体化管理进入实体化运作。服务便捷、价格低廉、人民满意的“分级分工、双向转诊”的一体化新型城乡医疗卫生服务体系正在建成。

镇江市医改工作汇报会

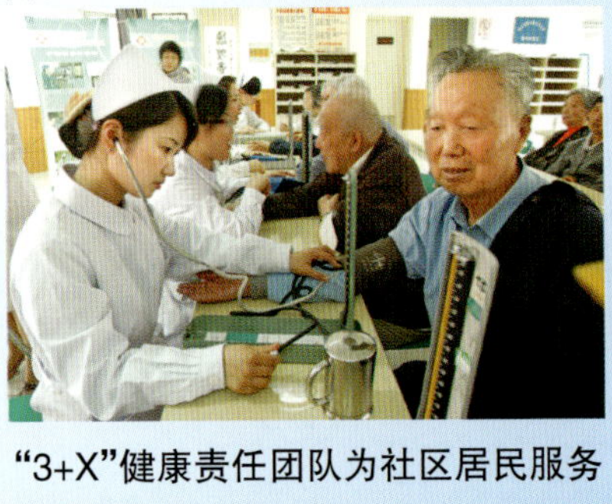

“3+X”健康责任团队为社区居民服务

卫生系统建党 90 周年红歌会

镇江市中心血站

省卫生厅副厅长黄祖瑚和市政府副市长
王萍为镇江市无偿献血志愿者之家揭牌

省市领导视察中心血站新址

镇江市中心血站成立于 1992 年 5 月，于 2011 年 10 月搬迁至镇江市南山路 23 号，占地面积 1.2 公顷，建筑面积 8800 平方米。中心血站拥有流动采血车 4 台、献血房车 2 台、献血屋 3 个、全自动酶免系统 3 套、全自动生化仪 2 套、全自动血型分析系统一套、整体冷库一套，以及各类专业设备 200 余台件。

中心血站下设办公室、总务科、财务科三个职能科室以及检验科、质量管理科、献血服务科、供血处和体检采血成分科五个业务科室，除了市级总站以外，中心血站还下设丹阳分站和扬中采储血点、句容采储血点。

中心血站于 2000 年 8 月全省首家通过 ISO9000 质量体系认证，2006 年 7 月又在全省首家通过 ISO17025 实验室质量体系认证。2011 年与江苏大学合作，开办《输血医学教育与法律治理》研究生课程班，共有 34 名职工参加了为期两年的课程学习。

镇江市中心血站承担着全市无偿献血的组织和临床用血的供应，在近两年几次出现结构性、季节性、突发性用血紧张的情况下，采取了各种有力措施，有效地保障了临床用血安全，为满足临床用血，挽救患者生命，保障人民健康，发挥了积极作用。

镇江市 2010 年被评为全国无偿献血先进城市。镇江市中心血站连续多年被评为市级文明单位，被市政府授予优质服务奖单位以及市用户满意服务明星企业等荣誉。2010 年无偿献血志愿者服务队荣获镇江市“大爱之星”先进集体。血站党支部连续多年被评为先进党支部。

检验科

供血处
整体冷库

成分血采集室

志愿者之家

体检初筛区

质量管理科
实验室

镇江市体育局

市委书记许津荣、市长刘捍东等市领导参加 2011 年迎新年万人健身长跑

市体育局局长徐萍（前右一）开通全市“十分钟体育健身圈”网络服务平台

2011 年中国国际男子排球挑战赛颁奖仪式

2011 年全国啦啦操锦标赛在镇江市举行

2011 年，镇江市体育工作深入贯彻落实科学发展观，以基础建设引领全年工作，群众体育社会化和普及程度明显提升，后备人才培养输送有较大突破，体育赛事规模和影响不断扩大，体育产业市场体系初步形成，新体育中心着手运营筹备工作，县级体育新“四个一”工程和场地设施建设继续提档升级。市体育局获国家体育总局颁发的全民健身活动优秀组织奖，被江苏省委宣传部评为 2011 年度江苏省“三下乡”先进集体，被省体育局表彰为 2011 年体彩工作先进单位、承办全国以上体育竞赛最佳赛区和优秀赛区，被市委、市政府表彰为跨越发展有功单位。

制定《镇江市全民健身实施计划（2011—2015 年）》《镇江体育产业发展规划》和《镇江市加快发展体育产业的实施意见》。全省率先开通“十分钟体育健身圈”网络服务平台，新增 50 块近 10000 平方米塑胶地面，每万人拥有健身点 5 个以上，城乡社区体育健身设施建设覆盖率达 100%。新增社会体育指导员 1500 名，万人社会体育指导员数量达 30 名。

组织开展元旦万人健身长跑、“健身大拜年、体育进万家”“全民健身你我同行”“迎党庆、颂党恩”健身大展示、全民健身日南山徒步行、科学健身“进百家单位、强万人体魄”走进机关、九九重阳游北湖观新城登南山等活动。

承办 2011 年中国国际男排挑战赛、2011 年国际女排对抗赛、2011 年全国男排大奖赛、全国女子篮球俱乐部杯联赛、全国围棋甲级联赛，2011 年全国啦啦操联赛、全国“肯德基”三人篮球比赛、全国羽毛球超级联赛江苏主场（丹阳）、第七届全国城市运动会乒乓球预赛（句容）、全国青少年曲棍球锦标赛（扬中）等 8 项省级体育比赛、12 项全国比赛、5 项国际比赛，组织田径、游泳、足球、排球、篮球、乒乓球以及羽毛球等 14 项市级赛事。全年输送优秀体育后备人才 17 人，引进高水平运动员 8 人，1 人获乒乓球世界杯团体冠军、1 人获青年亚洲冠军、6 人获 5 项全国冠军。

市体育会展中心建设按序时推进，体育场、综合训练馆、体育会展馆等三大主体竣工。成立镇江市体育产业发展有限公司，面向全国开展市体育会展中心运营管理招投标、运营管理方案征集活动。体育彩票销售 6.04 亿元，增幅 50%，市场份额占比全省第三。

2011 年 12 月，镇江市被省体育局命名为江苏省体育强市。

庆祝第三个全国“全民健身日”南山徒步大会

开展“七彩的夏日”未成年人阳光体育暑期系列活动

镇江市妇女联合会

“三八”101周年纪念大会

上海市长宁区妇联到镇考察交流

省妇联常委视察嶂山村妇女儿童之家

2011年，市妇联围绕市委、市政府“转型升级、强市富民”中心任务，以建设“坚强阵地”和“温暖之家”为目标，以党群共建创先争优为动力，以为妇女儿童办实事为重点，服务大局争作为，开拓创新谋发展，打造品牌创特色，妇女儿童事业呈现出蓬勃发展的良好态势。市妇联荣获省妇联系统重点工作目标考核特等奖、创新工作项目特等奖；市先进基层党组织，编制规划先进集体、社会治安综合治理先进集体等十多项省市级荣誉。

镇江女性周末讲坛

巾帼家庭服务技能大赛

健身成果展示大赛

女性与城市发展论坛

·镇江市运输管理处

推行安全标准化管理，强化行业安全监管

组建维修救援网络，及时为车主排忧解难

首届江苏绿色汽修论坛推广镇江的经验做法

强力推进城乡客运一体化和镇村公交

推广驾驶模拟器，创新绿色教学新模式

全市首个物流交易平台——金山物流网投入运营

镇江市城市客管处

客管处书记、主任刘英俊调研四车队服务品牌活动时与队长合影

爱心车队是我市交通运输行业常年坚持学雷锋的先进典型。他们的承诺是：“真诚服务、热心公益、关怀弱者、助人为”。建队以来，他们热心公益事业。先后荣获江苏省“五一”劳动奖状，江苏省志愿服务优秀团队，镇江市大爱之星和优质服务品牌。

在爱心车队的引领下又发展了“真情车队”、“雷锋车队”、“博爱车队”，客管处把他们作为行业的引领标杆，全面提升行业服务水平。

2012 年 4 月，市交通运输局党委发出了向爱心车队学习的决定：学习爱心车队坚定信仰、坚持不懈的精神，爱岗敬业、争创一流的精神、助人为乐、无私奉献的精神，嫉恶如仇、见义勇为的精神。在交通运输系统组织爱心车队事迹报告会，还将他们的事迹向全市推广。

“雷锋车队”参加爱心送考活动

2011 年博爱车队队员参加市红十字会组织的应急救援训练

爱心车队联合江滨社区开展“携手幸福游”活动

四车队为的哥王德平爱女王琪身患白血病组织爱心募捐活动

四车队积极参加义务献血活动

真情车队恐龙园爱心活动

镇江市社会福利服务中心

简介

镇江市社会福利服务中心是隶属于市民政局的全民事业单位，主要负责对市社会福利院、儿童福利院、老年公寓和市仁济医院四个单位的统一管理与服务工作，其职责是为市城区“三无”人员、孤残儿童、“三无”精神病人提供收养、收治服务，并兼为社会老人、残儿、精神病人提供寄养和康复医疗。中心位于新区丁卯开发区经八路北端古运河风光带南岸，占地 28000 平方米，建筑面积 26000 平方米，总床位 700 张，是集休养、康复、医疗、教育和娱乐为一体的多功能社会福利服务中心。中心全体员工坚持以人为本，牢固树立全心全意为孤老残儿服务的办院宗旨，积极进取，开拓创新，服务质量与管理水平不断提高。2003 年 10 月底顺利通过的 ISO9000 国际质量标准体系认证，使中心的管理和服务工作实现了从传统经验型向科学规范型模式的转变。中心连续多年被评为省、市级文明单位、省涉外收养工作先进单位 、江苏省示范性养老机构、全国民政系统首批行风建设示范单位等荣誉称号。

中心组织医务人员为社区居民义诊

社会福利服务中心全景

老年公寓外景

休养员书法作品展

中心工作人员与休养员共庆中秋佳节

中心组织孤残儿童参观游览南京海底世界

孤残儿童在宽敞明亮的教室上课

儿童福利院外景

镇江青企会

Zhenjiang Young Entrepreneurs Association

镇江青年

Zhenjiang You

青企会一届二次理事会议

镇江青年民营企业家商会是镇江市政府及有关部门的的关心支持下，经镇江市民政局审核批准登记、取得独立社会团体法人资格的民间社团组织，具有联合性、地方性、公益性和非营利性的特点。

镇江青年民营企业家商会的中文简称为：镇江青企会；英文译名为：Zhenjiang Young Entrepreneurs Association；英文缩写为：Z.J.Y.E.A。

青企会已建立了包括商会核心理念、发展战略在内的完整的工作制度和有效的运行机制，实现了民主和规范办会，青企会现有会员上百家，业务涉及食品、电缆、包装、房地产、建筑设计、建材、医疗、物流、旅游、商贸、投资、服务等行业。

青企会会坚持以会员为服务对象，积极开拓各种渠道，为会员提供产业经济和教育科研信息，提供商机，提供科研，提供经济合作与产业发展的平台，提供相关的政策法规咨询，提供权益保护措施，提供相关持续发展和规模发展的理论和指导意见。

青企会的宗旨是：拥护中国共产党的领导，遵守宪法、法律、法规和国家政策，遵守社会道德风尚。诚信互助，风雨同舟，商企共赢，精诚团结，努力为国家的社会发展、政治经济建设建言献策、出资出力。

民营企业家商会
Entrepreneurs Association

青企会苏北考察

与镇江地税召开“青企会长谈维权”会议

缅怀先烈 栽种诚信树林

青企会副会长单位 诺德轮毂制造有限公司

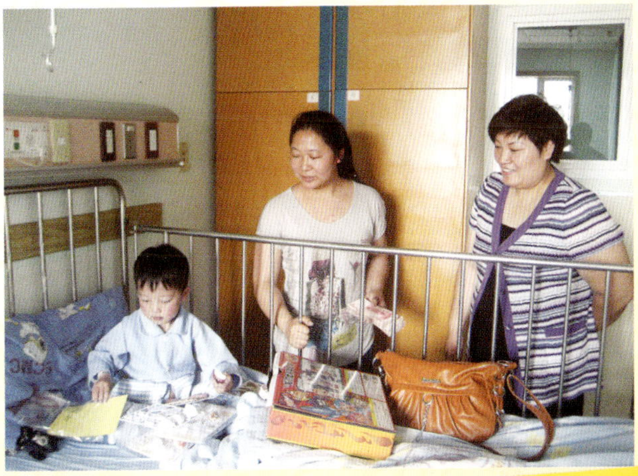

许紫琳副会长代表青企会为上海心脏病患儿捐献善款

青企会成员参加慈善拍卖活动